AMAND VON SCHWEIGER-LERCHENFELD

VOM ROLLENDEN FLÜGELRAD

VOM ROLLENDEN FLÜGELRAD

Darstellung der Technik des heutigen Eisenbahnwesens

von

Amand von Schweiger-Lerchenfeld

Einführung zur Reprint-Ausgabe

Alfred B. Gottwaldt

KLASSIKER DER TECHNIK

VDI VERLAG

CIP-Kurztitelaufnahme der Deutschen Bibliothek

Schweiger-Lerchenfeld, Amand von:
Vom rollenden Flügelrad: Darst. d. Technik d. heutigen Eisenbahnwesens / von Amand Freih. v. Schweiger-Lerchenfeld. -
Erstmaliger Reprint d. Ausg. Wien, Pest, Leipzig, Hartleben,
1894. - Düsseldorf: VDI-Verlag, 1985.
    (Klassiker der Technik)
    ISBN 3-18-400704-9

Die Erstausgabe dieses Reprints erschien 1894 im A. Hartlebens Verlag,
Wien . Pest . Leipzig.

Die Einführung zur Reprint-Ausgabe schrieb Alfred B. Gottwaldt,
Vorsteher der Abteilung Landverkehr auf Schienen im Museum für
Verkehr und Technik, Berlin.

Die Reihe „Klassiker der Technik" wird von C. G. Schmidt-Freytag
betreut.

© VDI Verlag GmbH, Düsseldorf 1985
Gesamtherstellung: Boss-Druck, Kleve
ISBN 3-18-400704-9

EINFÜHRUNG

Alfred B. Gottwaldt

Vor einhundert Jahren übernahm das Eisenbahnwesen in Alltag und Technik Mitteleuropas für längere Zeit die Rolle einer *Speerspitze des Fortschritts*. Die Schienennetze wuchsen rapide, immer mehr Fahrzeuge für immer höhere Geschwindigkeiten und Nutzlasten wurden gebaut. Dadurch wurden die Verteilung der industriell hergestellten Massenwaren und die Bewegung ganzer Heerscharen (an Soldaten wie an Arbeitern) durch das neugeschaffene Deutsche Kaiserreich viel rascher und billiger möglich als je zuvor. Noch wußte niemand, welche Grenzen die Entwicklung finden würde.

Auch dieser Fortschritt war teuer erkauft: Die Epoche lernte aus Zugzusammenstößen wie aus Kesselexplosionen und schuf bessere Betriebsvorschriften und Nachrichtenmittel, führte die Materialüberwachung in Bau und Betrieb von Maschinen ein. Als Symbol für das Ende ungebrochenen Fortschrittsgeistes wird - besonders in Deutschland nach dem Erscheinen der gleichnamigen Ballade Fontanes - der Einsturz der *Brücke am Thay* im schottischen Dundee angesehen, für den wohl Mängel in Konstruktion, Materialqualität, Pflege der Brücke und ein heftiger Sturm im Dezember 1879 zugleich ausschlaggebend gewesen sind. In den nun folgenden Jahrzehnten bis zum Beginn des Ersten Weltkriegs wurde das Eisenbahnwesen daher tiefer wissenschaftlich durchdrungen. Die Ingenieurverbände, die technischen Hochschulen, zahlreiche Fachzeitschriften und eine zunehmende staatliche Aufsicht trugen dazu bei.

Für die Menschen brachte das stürmische Wachstum der Eisenbahnen unvorstellbare Veränderungen mit sich: selbst kleinste Dörfer erhielten mit dem Bahnhofsgebäude ein Tor zur Welt und zur Zukunft. Die Bildungsreise mit der Eisenbahn, die Fahrt zur Arbeit mit dem Vorortzug und die Migration aus dem armen deutschen Osten nach Berlin und zu den Auswanderungshäfen ist durch das Wachstum der Eisenbahnen erst möglich gewesen und hat erst dieses Wachstum der Eisenbahnen möglich gemacht.

Ein vollkommen neuer Menschentyp, der Eisenbahner, wurde in jährlich wachsender Zahl benötigt, und er wurde durch Regeln und auch Strafen herangezogen. Aus Landarbeitern und Handwerkern wurden mit der *Industrialisierung von Raum und Zeit im 19. Jahrhundert* (Wolfgang Schivelbusch) viele hunderttausende Räder im Getriebe der Eisenbahnen herangebildet, die zuverlässig und pünktlich funktionierten. Durch die Eisenbahn erfuhr dieser Prozeß kollektiver Dressur, der bereits für die Fabriken notwendig gewesen war und blieb, eine gewaltige Vergrößerung. Die Organisation größerer Eisenbahnsysteme lehnte sich zudem an die Strukturen des Militärs an, übernahm auch dessen Begriffe von Disziplin und Pflichtgefühl.

Ein Beispiel soll illustrieren, was damit gemeint ist: Als diese jetzt als Reprint neu herausgegebene *Darstellung der Technik des heutigen Eisenbahnwesens* von ihrem Verfasser zu Papier gebracht wurde, führten die deutschen Eisenbahnverwaltungen gerade (am 1. April 1893) zur Betriebserleichterung gemeinsam die *Mitteleuropäische Zeit* ein, welche die bis dahin geltenden zehn verschiedenen Ortszeiten ablöste. Selbst der alte Moltke hatte sich im Reichstag noch in die damit verbundene Debatte eingeschaltet und auf die Unterschiede im Zeitbegriff seiner Gutsleute und der Eisenbahnbeamten in launigem Ton aufmerksam gemacht. Im gleichen Jahr führte Preußen übrigens auch die Bahnsteigsperre ein, ebenfalls ein Kennzeichen der Abgrenzung von einer schier unendlichen Maschine.

Als 1894 das vorliegende Buch *Vom rollenden Flügelrad* aus der Feder des österreichischen Barons von Schweiger-Lerchenfeld bei Hartleben in Wien, Pest und Leipzig erschien, galt es als erster *Versuch, die Eisenbahntechnik in eine populäre Darstellung zu kleiden (Vorwort)*. Wohl waren bis dahin schon ganze Bibliotheken (und vielfältige Bibliographien: Kletke 1845, Engelmann 1850, Heusinger 1862, dazu der Literaturdienst in *Glasers Annalen für Gewerbe und Bauwesen* zu eisenbahnspezifischen Fragen gedruckt worden, doch hatte sich anscheinend noch niemand an eine Darstellung für den gebildeten Bürger und Nichtfachmann gewagt, mit der man die Lexika der Zeit ergänzen konnte.

Ob man der Einschätzung folgen kann, das Buch Schweiger-Lerchenfelds sei nun wirklich das erste populär-wissenschaftliche Werk über das Eisenbahnwesen seiner Zeit überhaupt gewesen? Schon der Titel läßt aufhorchen: *Vom rollenden Flügelrade* hieß bereits ein 1882 bei Hofmann in Berlin herausgekommenes Werk von Erzählungen „Aus dem Reiche der Technik" des Dichter-Ingenieurs Max-Maria von Weber (1822 - 1881), den Schweiger-Lerchenfeld in seiner Arbeit vielfach (z. B. Seiten 59, 321, 593, 630, 645) und zustimmend zitiert. Es sei daran erinnert, daß Urheber- und Verlagsrecht damals noch in den Kinderschuhen steckten.

Immerhin war Weber, ein Sohn des *Freischütz*-Komponisten, anders als Schweiger-Lerchenfeld ein ausgesprochener Berufseisenbahner; mit seiner *Schule des Eisenbahnwesens* (Leipzig 1857) und der *Praxis des Baues und Betriebes der Sekundärbahnen* (Weimar 1873) sowie einer Fülle anderer Schriften zum Eisenbahnwesen (vgl. auch

S. 762 - 763 des vorliegenden Nachdrucks) hatte er sich einen erstrangigen Namen gemacht. In dem Jahrzehnt seit dem Tode Webers war das Interesse weiter Kreise an der Technik stark gewachsen. Besonders seit Kaiser Wilhelm II. galt das Interesse an Kolonien und Stahlbau, an Dampfschiffen und Eisenbahnen schon fast als salonfähig; die Technik selbst war auf den Weg von der platten *Zivilisation* zur erhabenen *Kultur* gelangt. Im Stolz auf das Erreichte begann man, aus der Menge überholter Technik der industriellen Frühzeit solche Objekte herauszusuchen, die in den geplanten Technikmuseen der Kaiserzeit aufgestellt werden sollten: 1906 wurde in München der Grundstein zum Deutschen Museum gelegt, in Berlin das Verkehrs- und Baumuseum durch *Seine Majestät* feierlich eröffnet. Die beim Druck von Schweiger-Lerchenfelds *Flügelrad* bevorstehende Gewerbeausstellung in Berlin 1896 unterstrich diesen Fortschrittsglauben und Deutschlands Drang zur Weltmacht.

Wie das gesamte Spektrum der Reprint-Reihe *Klassiker der Technik* zeigt, hatte die populäre technische Literatur für den Bildungsbürger am Ende des vergangenen Jahrhunderts eine Zeit der Hochblüte. Im beschreibenden und bewertenden Baedeker-Stil wurde *dem gebildeten Leser ein zusammenfassendes Gemälde der vielerlei Elemente des technischen Eisenbahnwesens, anschaulich geschrieben und durch zahlreiche Abbildungen unterstützt, vor Augen* geführt; so das Vorwort zum vorliegenden Kompendium.

Damit ist bereits gesagt, daß die Darstellung im *Rollenden Flügelrad* bei allem Bemühen seines Verfassers um Exaktheit stets eine recht persönliche Farbe trägt. Sie spiegelt den Zeitgeist beim Erwähnen des 16-Stunden-Tages (S. 321) ebenso wider wie die Qualifikation der *tüchtigen Völker* mit den *tüchtigen Eisenbahnpersonalen* (S. 593). Gerade diese subjektive Komponente, die Schweiger-Lerchenfelds Buch als pures antiquarisches Fachlexikon etwas schwierig sein

Holzstich aus: A. v. Schweiger-Lerchenfeld:
Das Eiserne Jahrhundert (1884). (Foto: Museum für
Verkehr und Technik, Berlin)

läßt, macht aber heute für den aufgeklärten Leser den Reiz der Lektüre aus.

Wer aber war Amand Freiherr von Schweiger-Lerchenfeld? Am 17. Mai 1846 zu Wien geboren, erhielt er beim österreichischen Militär seine wissenschaftliche Ausbildung. Er wurde Offizier bei der Artillerie und nahm 1866 an dem italienischen Feldzug teil. 1871, also mit 25 Jahren, nahm er seinen Abschied und trat nun zahlreiche Fernreisen an. In rund zwanzig Buchveröffentlichungen hat er hierüber berichtet, so über Exkursionen nach Afrika, über den Atlantik, zum Schwarzen Meer und in den Kaukasus, in den Orient und nach Marokko, aber auch über Reisen an die Adria, zu den italienischen Alpenseen und zu *Unseren Sommerfrischen.* Mit welch universellem Bildungsanspruch der Freiherr lebte, erhellen auch seine Werke *Das Frauenleben der Erde, Das Mikroskop, Im Kreislauf der Zeit. Beiträge zur Ästhetik der Jahreszeiten, Tauern-Gold. Eine Geschichte aus dem Knappenleben in*

den Hochalpen und *Das neue Buch der Natur.* Zu einem großen Handatlas *Die Erde in Karten und Bildern* mit über tausend Abbildungen verfaßte er den Text. Alle diese Schriften wurden vom Verlag Hartleben reich illustriert und sehr ordentlich gebunden herausgebracht; für das anspruchsvolle Publikum wurden *Original-Prachteinbände* hergestellt, die den bibliophilen Wert der Bücher noch erhöhten.

In vielen seiner Reiseberichte schrieb Schweiger-Lerchenfeld über die dort benutzten Eisenbahnen. 1875 erschien sein Buch *Die großen internationalen Transit-Schienenwege nach Vorder- und Central-Asien. Ein Beitrag zu den Perspektiven des Welthandels der Zukunft* mit reichhaltigen Kartenbeilagen in Wien. Von großer Bedeutung für die Geschichte des Maschinenbaus und des Eisenbahnwesens ist aber erst sein 1884 herausgekommenes Werk *Das eiserne Jahrhundert.* Mit seinen 50 Bogen (790 Seiten) Umfang und über 200 Abbildungen ist

Stellwerk in einem Bahnhof. Typischer Holzstich aus der 2. Hälfte des 19. Jahrhunderts

es in gewisser Weise ein Vorläufer des hier vorliegenden Werkes, es widmet sich der *Dampfarbeit [als der] Idee des XIX. Jahrhunderts*. Dort bahnt sich bereits an, was Schweiger-Lerchenfelds Stil im *Rollenden Flügelrad* ausmacht: eine tiefschürfende, sozusagen epische Anlage des Themas. Von den frühen Dampflokomotiven und der Überschienung der Alpen (dieser Teil des Buches ist 1983 beim Steiger-Verlag in Moers als Nachdruck wieder aufgelegt worden) bis zur *Lokomotive als Culturpflug (Amerikanische Eisenbahnen)* und den *Weltbahnen der Zukunft* reicht die Spannweite, ergänzt um Beiträge zur Schiffahrt, den modernen Kriegsmitteln, der Telegraphie, der Flugtechnik sowie zur Gewinnung von Kohle und Eisen. Also ein wahrhaft universeller Ansatz.

Ein Jahrzehnt später erschien nun sein vorletztes größeres Werk, das Buch *Vom rollenden Flügelrad*. Viel Material zu diesem Werk kam Schweiger-Lerchenfeld sicherlich ins Haus, seit er Redakteur der 1889 gegründeten illustrierten Halbmonatsschrift *Der Stein der Weisen* geworden war, die *Unterhaltung und Belehrung aus allen Gebieten des Wissens... für Haus und Familie* nach Art der

bekannten Blätter *Über Land und Meer* und *Gartenlaube* verbreitete.

Aus dem Fundus dieser Zeitschrift, die ebenfalls in Hartlebens Verlag erschien, und aus manchen seiner früheren Werke bezog Amand von Schweiger-Lerchenfeld nicht nur Gedanken und Informationen zum Text im *Rollenden Flügelrad,* sondern auch manche Abbildung. Gerade diese alten Holzstiche tragen viel zum optischen Reiz des vorliegenden Buches bei. Bekanntlich mußten vor der Erfindung der Autotypie (des gerasterten Bildes, wie es etwa auf Seite 32 zu sehen ist) die meisten einfarbigen Abbildungen von besonders ausgebildeten *Xylographen* nach Bildern, Fotografien oder nach der Natur selbst in Holz gestochen werden. Daher stammt auch die häufige Formulierung *Nach einer Photographie* (S. 29, 383, 678 und viele andere); einige Bilder auch nach Fotografien des Barons selbst. Der Holzstich ermöglichte mit seinen feinen Linien sehr effektvolle Darstellungen, doch befand er sich stets am Rande der Realität: was an der Vorlage noch originalgetreu war, was *dazugedichtet* werden konnte, entschieden Redakteur und Verlag – besonders bei Katastrophenmeldungen – gern selbst. Daher die häufig recht statische Wirkung der frühen mit Raster wiedergegebenen Fotos, deren Nüchternheit sie zunächst als (vom Preis diktierten) Rückschritt gegenüber dem Holzstich erscheinen läßt. Der Vollständigkeit halber sei erwähnt, daß damals einfachere Strichzeichnungen ohne Hell-Dunkel-Effekte (S. 24, 25) auch als sogenannte Strichätzungen bereits fotografisch reproduziert und abgedruckt werden konnten.

Als das Buch *Vom rollenden Flügelrad* 1894 erschien, war die Holzstichzeit im Abklingen, wie die einzelnen eingestreuten Rasterbilder zeigen. Der Verlag Hartleben tat gut daran, das in den Holzblöcken steckende Kapital rasch noch einmal zu verwerten, ehe der unaufhaltsame Fortschritt zur Autotypie daraus einen Haufen von Brennholz werden ließ (ganz so, wie es acht Jahrzehnte später wiederum den Arsenalen gehegter Buch-

Saint Clairtunnel im Bau (Holzstich als Buch- und Zeitschrift-Illustration).

Hubbrücke mit Rollgewichten (Holzstich in mehrfacher Verwendung).

druckklischees ergehen sollte, die zu Zinkschrott wurden). Tatsächlich hatten es Bücher mit Holzstich-Illustrationen seit der Jahrhundertwende schwer, noch einen Käufer zu finden, denn sie galten als rückständig und überholt. Das läßt sich sogar an der Geschichte des Exemplars aus dem Nürnberger Verkehrsmuseum ablesen, das für diesen Nachdruck zur Verfügung stand: ursprünglich zum Preis von 15 Mark angeboten, fand es erst im Jahre 1913 bei Hugendubel in München für ganze 6 Mark noch den Weg in eine Bibliothek – vielleicht nicht typisch, aber doch amüsant, denn nun reizte es nur noch ein Eisenbahnmuseum. Es liegt nahe, an diese Preisangaben einige Bemerkungen zu Geld und Lohn jener Zeit zu knüpfen. Bei Schweiger-Lerchenfeld geht es, wie der Untertitel sagt, nur um die Technik der Bahn, nicht um ökonomische Aspekte. Immerhin finden aber die Prämien für das Maschinenpersonal (S. 250, 325) eine Erwähnung.

Ein Lokomotivheizer der Preußischen Staatseisenbahnen erhielt 1913 pro Jahr 1200 bis 1680 Mark; ein Henschel-Arbeiter mußte im Jahre 1911 bezahlen: für 1 kg Rindfleisch 1,83 M, für 1 kg Schweinebauch 1,53 M, für 1 Pfund Speck 0,85 M, für 1 kg Roggenbrot 0,26 M, für 1 Pfund Butter 1,41 M, für 1 l Vollmilch 0,21 M und für ein Ei etwa 0,10 Mark (nach Maedel: S 10.1, Geschichte der letzten preußischen Schnellzug-Dampflokomotiven, Stuttgart 1972). Der Eisenbahn-Fahrpreis für einen Kilometer lag 1901 im Deutschen Reich bei 3,4 bis 4,0 Pfennig (3. Klasse), in der 1. Klasse bei 8 Pfennig.

Für 2 Pfennig pro Kilometer konnte man in der 4. Klasse fahren, die es aber nur in den Ländern Preußen, Oldenburg, Mecklenburg und Sachsen noch gab. Zimmer im Berliner Savoy-Hotel am Bahnhof Friedrichstraße waren anno 1900 von 3,50 Mark an zu haben, und 6 bis 8 Mark kosteten damals die legendären roten Baedeker-Reiseführerbände.

Sehr lesenswert sind heute auch Schweiger-Lerchenfelds Notizen zum Dienst auf der Maschine, die sich auf den Seiten 321, 401 ff. und 593 ff. besonders ausführlich finden. Hier hört man den persönlichen Ton des Freiherrn deutlich, ebenso bei Beurteilung der Hofzugbeförderung: *Es empfiehlt sich nicht, das Maschinenplateau mit höheren Organen zu füllen, da dadurch die Maschinenbedienung behindert, Führer und Heizer leicht verwirrt werden könnten* (S. 409).

Das zeittypische Menschenbild von *Adel, Militär, höherer Beamtenschaft, Unternehmern und sogenanntem Bildungsbürgertum* (Ulrich Troitzsch) spricht aber im Buch *Vom rollenden Flügelrad* nicht nur aus dem Text, sondern auch aus den Abbildungen selbst: Menschen sind manchmal als Maßstab, manchmal als Bestandteil der Maschine, vielfach natürlich auch bei einer Arbeit dargestellt. Das Betrachten von Pose und Kleidung der Personen auf den Holzschnittbildern bildet ein eigenes Vergnügen, nicht zu vergessen auch das zeitgenössische Damencoupé (S. 404) im Bild. Bei dem vorliegenden Nachdruck ging es neben der Verbreitung einer historischen technischen Dokumentation auch um eine Reflexion dieser gesellschaftlichen Sichtweise.

Betrachtet man die technische Darstellung Schweiger-Lerchenfelds unter Einbeziehung dieser Gesichtspunkte, so erschließt sich dem Leser von heute erst ihr voller Wert als Sachbuch, wie man es modern wohl nennen würde. Wenden wir uns nun einigen Details der Sachdarstellung und ihrer Bedeutung für die Gegenwart zu. 1894, nicht einmal zehn Jahre nach der Erfindung des Automobils, hatten die Eisenbahnen der Welt noch nicht ihre größte Ausdehnung erreicht; die Schienenstränge wuchsen in großem Maße noch bis zum Ersten Weltkrieg weiter, ehe eine Marktsättigung erreicht war. Immerhin zwangen aber steigende Kosten und Kapitalmangel zur gesetzlichen Einführung von Kleinbahnen (Preußen 1892), von Vizinalbahnen (Bayern 1869/1872) und Lokalbahnen (Bayern 1884), denen sich Schweiger-Lerchenfeld auf den Seiten 55 ff. und 683 ff. widmet. Heute sind diese Bahnen weitgehend durch den Kraftwagen verdrängt, und die einst von Jahr zu Jahr wachsenden Streckenlängen sinken wieder. Streitigkeiten über die Spurweiten, wie sie auf Seite 58 erwähnt sind, gehören der Vergangenheit an.

Folgen wir nun den Kapiteln im Buch *Vom rollenden Flügelrad* mit einem gelegentlichen Blick auf heutige Verhältnisse. Der Bahnbau (S. 67) nutzt heute Maschinenarbeit statt Menschenkraft, der Tunnel- und Brückenbau wird bei den Neubaustrecken der Bundesbahn dank des Baustoffes Beton zum beherrschenden Element der Trassierung. Im Oberbau (S. 159) haben wir es heute meist mit Betonschwellen und schweren Schienenprofilen über 60 kg/m Gewicht zu tun, die fest miteinander verschweißt oder gar verklebt werden. Noch immer wird aber auch mit Langschwellen (S. 195) und anderen Formen des Plattenoberbaus herumprobiert. Bei den Weichen (S. 200) geht es heute um Schnellfahrkonstruktionen mit beweglichem Herzstück, wie sie nach der Jahrhundertwende bereits auf der Militär-

bahn von Marienfelde bei Berlin nach Zossen eingebaut und später mit 200 km/h befahren wurden. Drehscheiben (S. 232) sind heute kaum noch gefragt, weil alle Triebfahrzeuge mit Führerständen für beide Fahrtrichtungen ausgerüstet werden.

Damit erreichen wir im Buch Amand von Schweiger-Lerchenfelds den 2. Abschnitt, die Eisenbahnfahrzeuge betreffend (S. 243 ff.). Im Jahre 1894 beruhte die Zugförderung noch allein auf der Dampflokomotive, während die elektrische Traktion sich bis zum Ersten Weltkrieg auf Lokalbahnen und Straßenbahnen (S. 690) beschränkte. Selbst der Dampflokomotivbau hatte 1894 seine höchste Vollendung noch nicht erreicht, denn die Erfindung des Heißdampfverfahrens durch den Kasseler Zivilingenieur Wilhelm Schmidt (1858 – 1924) war gerade erstmals auf Lokomotiven praktisch angewandt worden; bei Schweiger-Lerchenfeld sind Heißdampf und Überhitzer noch nicht erwähnt. Noch steht die Verbundmaschine mit zweistufiger Dampfdehnung nach Mallet und von Borries (S. 32 und 279 ff.) als wirtschaftlichste Dampflokbauart im Mittelpunkt des Interesses. Ihr üblicher spezifischer Kohleverbrauch wird mit 2 kg/PSh (S. 278, 301) angegeben, während die ein halbes Jahrhundert danach gebauten letzten Dampfloks nur noch etwa die Hälfte dessen benötigten. Auch die Leistungen wuchsen noch erheblich über die bei Schweiger-Lerchenfeld als normal genannten 200 bis 300 PS (S. 278) an. Fahrgeschwindigkeiten von 70 bis 90 km/h waren damals die höchsten im Regelbetrieb (S. 265), doch eine neue amerikanische Lok hatte 1893 bereits das fabelhafte Tempo von 179,2 km/h erreicht (S. 320). Die höchsten bei Dampflokomotiven gemessenen Geschwindigkeiten waren 1936 in England und Deutschland etwas mehr als 200 km/h. Schweiger-Lerchenfeld beschreibt daraufhin eine Fülle heute vergessener Experimente zur elektrischen Zugförderung (S. 299 ff.) sowie mancherlei Bergbahnen (S. 307 ff.).

Bei den Personenwagen (S. 327) fallen besonders die Salonwagen für gekrönte Häupter einerseits sowie die amerikanischen Pullmanwagen auf, bei den Güterwagen (S. 372) besonders die Drehgestellfahrzeuge und Schwertransporter. Auch auf diesem Fachgebiet ist der Wandel durch längere Konstruktionen, leichte Werkstoffe und die Schweißtechnik enorm gewesen. Recht inkonsequent wird das Kapitel mit Gedanken zum Rangieren, zum Fahrdienst und zu den Zuggattungen (S. 397 ff.) fortgesetzt, ehe es mit Kupplungseinrichtungen weitergeht. Mit Zentralpufferkupplungen hat man schon 1894 experimentiert (S. 413); Traum der Eisenbahner sind sie bis heute geblieben. Beheizung und Beleuchtung der Wagen (S. 419) boten damals noch ein weites Feld für Versuche, als die Dampfheizung in den Kinderschuhen steckte und die Gasbeleuchtung eben erst allgemein eingeführt war. Über elektrische Stirnlampen für Lokomotiven war 1894 nichts Positives zu vermelden (S. 271).

Bei den Stationen und dem Signalwesen, denen der 3. Abschnitt im Buch *Vom rollenden Flügelrad* gewidmet ist, läßt sich wegen der langen Lebensdauer dieser Objekte wohl am leichtesten ein Faden zur Gegenwart spinnen: der Frankfurter Hauptbahnhof von 1888 (S. 473) ist heute noch vorhanden, doch widmet Schweiger-Lerchenfeld dem damals bereits unübersehbaren Übergang zum Durchgangsbahnhof (er nennt ihn *Langstation,* S. 477) nach dem Muster von Hannover und Straßburg relativ wenig Aufmerksamkeit. Sehr schön dagegen die Ausführungen zu Wasserstationen, Kohlenstationen und Remisen (S. 485 ff.) sowie eine bemerkenswerte Liste der damaligen Lokomotiv- und Waggonfabriken mit Angabe ihrer jeweiligen Kapazitäten. Ihre Zahlen sind bis zum heutigen Tag erheblich zurückgegangen, weil die Schienennetze wieder verkleinert wurden und die modernen Triebfahrzeuge wesentlich höhere Laufleistungen erzielen: damals brachte es eine gute Schnellzuglok auf 40 000 km im Jahr (S. 272), während die heutigen Intercity-Maschinen den gleichen Wert im Monat hinter sich bringen.

Der Telegraphie, dem Signalwesen und selbst der jungen Telefonie sind die nun folgenden neunzig Seiten des Buches gewidmet. Dieses Kommunikationssystem, von Schweiger-Lerchenfeld *zu den sinnreichsten Einrichtungen, welche das Eisenbahnwesen aufzuweisen hat* (S. 500), voller Begeisterung gezählt, wird in vorbildlicher Weise beleuchtet. Erst mit dem Blocksystem und den zugehörigen Übertragungssystemen für Informationen wurden die großen Transportleistungen der Eisenbahn möglich. Über Jahrzehnte hielt man im Signalwesen an mechanischen Stellwerken und Sicherungsanlagen fest, ehe man sich zu elektromechanischen und elektrischen Bauteilen durchrang. Heute steht der ebenfalls sehr langwierige Übergang von der Relaistechnik zum elektronischen Stellwerk mit Mikroprozessoren ins Haus, wieder durch vielerlei Fragen nach Sicherheit und Zuverlässigkeit im harten Bahnbetrieb begleitet.

Mit diesem Thema eng verbunden ist der 4. Abschnitt des Buches über Betrieb und Bahnschutz. Die Einleitung über den Fahrdienst (S. 593 ff.) und das dazu nötige Betriebspersonal bis hin zu den Qualitäten eines *Eisenbahnchefs* läßt schmunzeln. Auch der Ton, in dem über *Gebrechen* (S. 606, 323) und *Verletzung* (S. 649) der Lokomotiven gesprochen wird, ist heute nicht mehr üblich. Zum Bahnbetrieb zählt er auch die Postambulanzen, weil *die Bahnposten heutzutage die Pulsadern des Weltverkehres bilden* (S. 606). In der Gegenwart schwanken wir zwischen Nachtluftpostnetz und Post-Intercity-Zug, zwischen Fernsprecher und papierlosem Informationsaustausch; damals träumte man von der *telephonischen Correspondenz auf fahrenden Zügen* (S. 622 ff.), zu der erste Versuche schon 1886, vor einem Jahrhundert, stattgefunden haben (S. 628). Der Abschnitt schließt mit sehr lesenswerten Ausführungen zur Unfallforschung, zur Kontrolle des Bahnzustandes (mit dem Dorpmüllerschen Gleismessapparat) und zu sonstigen Ursachen von Betriebsstörungen, besonders durch Maschinendefekte

(S. 644) und Naturereignisse (S. 652). Sehr ausführlich werden Blockaden durch Schnee erörtert (S. 653), bis hin zu einer Zusammenstellung des kgl. preußischen meteorologischen Instituts über die Schneeverhältnisse (S. 659). Die hier verwendeten Bilder (S. 666 f.) amerikanischer Schneeschutzanlagen sind übrigens komplett bereits einmal im *Eisernen Jahrhundert* (dort S. 304 – 312) erschienen. Erdbeben, Kollisionen und Brückeneinstürze mit ihren Folgen für die Bahn werden am Schluß des Abschnitts dargestellt.

Der fünfte und letzte Abschnitt in Schweiger-Lerchenfelds Buch *Vom rollenden Flügelrad* faßt solche Beispiele des spurgeführten Verkehrs zusammen, die man nicht zu den normalen Eisenbahnen rechnete (S. 683 ff.). Gerade waren in London, Paris, Berlin, Wien und in amerikanischen Metropolen die Stadtbahnen aufgekommen, deren wesentliches Kennzeichen ihre Verlegung über das Niveau der Straßen auf eine zweite Ebene bildete. Der Grundsatz der Trennung vom Straßenverkehr besteht für Stadtbahnen noch heute, doch geht man mittlerweile lieber kostspielig unter die Erde. Die elektrischen Straßenbahnen, in der Praxis aus Amerika kommend, waren 1894 der letzte Schrei (S. 690). Noch experimentierte man mit den günstigsten Systemen von Stromabnehmer und Antrieb; Halle an der Saale stellte (nach Berlin, Frankfurt/Offenbach und Wien) die erste brauchbare Trambahn in Dienst. Kleinbahnen und Grubenbahnen kommen noch relativ kurz weg (S. 698), während die transportablen Industrie- und Feldbahnen – auch dank der Überlassung von Holzstichen durch die Fabriken Dolberg und Koppel – wieder eine sehr eingehende Würdigung finden. Diese Transportsysteme sind heutzutage weitgehend durch Lastkraftwagen ersetzt, haben aber in Technikmuseen und bei Museumsbahnen inzwischen ihren festen Platz. Sehr aufschlußreich sind Schweiger-Lerchenfelds Bemerkungen zur militärischen Benutzung der Eisenbahn (S. 722 f.). Zu solchen Zwecken

wurden auch die anschließenden beschriebenen Seilbahnen im Ersten Weltkrieg benutzt. Die Sachdarstellung schließt mit Schilderungen der *Außergewöhnlichen Constructionen* (S. 729 ff.) von Einschienenbahnen unterschiedlicher Systeme, darunter auch Eugen Langens Schwebebahn, wie sie bald darauf im Wuppertal erstmalig ausgeführt worden ist (S. 739). Diese Bahn funktioniert bis zum heutigen Tag anstandslos, doch ist sie in anderen Städten nie mehr realisiert worden. Wer weiß heute zu sagen, was einmal aus den futuristischen Magnetschwebebahnen wird, deren Erprobungsphase jetzt anläuft?

Schweiger-Lerchenfelds Buch klingt aus mit dem kurzen Kapitel *Entwicklung des Eisenbahnwesens* (S. 752 ff.) mit knappen Beschreibungen der wichtigsten europäischen Länder. Es ist ein Genuß eigener Art, sich diese Mischung von Urteil und Vorurteil im ungebrochenen Selbstbewußtsein der Jahrhundertwende zu Gemüte zu führen, ehe man dieses wahrhaft erschöpfende Werk nach fast 800 Seiten der Lektüre und des Bildbetrachtens aus der Hand legt.

Tatsächlich muß man feststellen, daß kein anderer Autor jener Zeit die Technik des Eisenbahnwesens in ähnlich verständlicher und gründlicher Weise zugleich darzustellen vermochte. Wohl gab es zuvor Heusinger von Waldeggs tiefschürfende wissenschaftliche Handbücher *für specielle Eisenbahntechnik* in den siebziger Jahren des vergangenen Jahrhunderts, ab 1897 auch die *Eisenbahntechnik der Gegenwart* von Blum/v. Borries/Barkhausen, doch wandten sie sich nicht an den gebildeten und interessierten Laien, sondern an Berufeisenbahner.

In den Jahren nach dem Ersten Weltkrieg war es Artur Fürst (1880 – 1926), der mit seinen Arbeiten *Die Welt auf Schienen* (1918) und *Das Weltreich der Technik* (1923 – 1927)*

---

* Artur Fürst, Weltreich der Technik
  Vierbändiger Reprint der Ausgaben von 1923 bis 1927, Hrsg. Prof. Dr. Kurt Mauel, VDI-Verlag Düsseldorf 1985/86.

sozusagen das Erbe Schweiger-Lerchenfelds antrat. Fürst, damals als ein *Bölsche der Technik* bezeichnet, galt damals als Meister des Sachbuchs. Ähnlich arbeitete damals allerdings nur noch mit (meist ausgeliehenen) Abbildungen, John Fuhlberg-Horst mit seiner vierbändigen Folge *Die Eisenbahn im Bild* (Stuttgart 1925), in der wieder fast achthundert Bilder enthalten sind. Auch diese Bücher harren ihrer Wiederauflage. Einen ganz hervorragenden Überblick des Fachgebietes geben auch die beiden Ausgaben von *Rölls Enzyklopädie des gesamten Eisenbahnwesens,* 1890 – 1895 in sieben Bänden und 1912 – 1923 in zehn Bänden erschienen, mögen sie auch für den Bildungsbürger der Zeit viel zu umfangreich gewesen sein.

Verweilen wir noch kurz bei Amand von Schweiger-Lerchenfeld. Sein letztes großes Werk, wieder eine sagenhafte kompilatorische Leistung, erschien im Jahre 1900 bei Hartleben: *Im Reiche der Cyklopen. Eine populäre Darstellung der Stahl- und Eisentechnik,* abermals 950 Seiten mit 855 Abbildungen. Darin werden die metallurgischen Prozesse, Eisenarchitektur und Brückenbau, der Eisenschiffbau, Kriegsmittel zu Land und zu Wasser sowie die Verkehrsmittel zu Land sehr systematisch beschrieben. Es finden sich darin auch Kapitel über Fahrräder und Draisinen, über die Motorwagen sowie eine aktuelle, zwanzig Seiten umfassende Ergänzung und auszugsweise Wiederholung des vorliegenden Werkes über die Lokomotiven. Inzwischen hatte Schweiger-Lerchenfeld nimmermüde noch einen *Atlas der Himmelskunde* und das *Buch der Experimente* herausgebracht; seine Zeitschrift vom *Stein der Weisen* lieferte jährlich 24 Hefte mit 800 doppelspaltigen Seiten und etwa 1000

Holzstich einer nordamerikanischen Lokomotive.

Abbildungen demjenigen ins Haus, der dafür 12 Mark im Jahr erlegte.

All das ist heute fast vergessen, und auch Schweiger-Lerchenfelds weiteres Schicksal, sein Tod etwa um 1914, liegt verborgen. Seine Arbeiten veralteten und ruhten in wenigen Bibliotheken, oft wegen ihrer persönlichen Sprache und der populären Zusammenfassung als unwissenschaftlich abgetan, ehe man in unseren Tagen gerade den Wert seiner subjektiven Stellungnahme und der Konzentration auf das Wesentliche erkannte.

150 Jahre nach dem Bau der ersten deutschen Eisenbahn zwischen Nürnberg und Fürth (1835) bietet uns Amand von Schweiger-Lerchenfelds Buch *Vom rollenden Flügelrad* eine faszinierende Zwischenbilanz aus dem Eisenbahnwesen der Jahrhundertwende, wie wir sie an keiner anderen Stelle und bei keinem anderen Autor in derart kompakter Form finden. Sein Werk verdient höchste Anerkennung.

Vom rollenden Flügelrad.

Darstellung

der

Technik des heutigen Eisenbahnwesens.

Von

Amand Freih. v. Schweiger-Lerchenfeld.

Mit 25 Vollbildern und 669 Abbildungen und Figuren im Texte.

Wien. Pest. Leipzig.

A. Hartleben's Verlag.

1894.

Den Manen

George Stephenson's

des genialen Schöpfers der ersten Locomotiv-Eisenbahn.

> . . . . »Die Eisenbahn, vollständig und fertig, wie sie uns Stephenson hinterließ, ist ein Product der Nothwendigkeit und des Geistes ihrer Zeit. Das ungelehrte Talent, das gesunde praktische Denken des Volkes, die schwielige Hand des Arbeiters hat sie allein geschaffen; die Schulweisheit hat keinen Antheil an ihr. Keine Formel ist bei der größten technischen Schöpfung unserer Zeit entwickelt, keine Gleichung dabei gelöst worden.« . . . .
>
> M. M. Freih. v. Weber.

Vorwort.

Das Werk, welches ich hiermit den Freunden des Eisenbahnwesens — und auf sie ist in erster Linie Rücksicht genommen — in die Hände lege, ist, so weit mir bekannt, der erste Versuch, die Eisenbahntechnik in eine populäre Darstellung zu kleiden. Das Unternehmen schien gewagt, wenn man bedenkt, daß die Technik des Eisenbahnwesens das hervorragendste Object der Ingenieurwissenschaften ist, also einer Disciplin, welche ihres exacten Inhaltes wegen einer gemeinverständlichen Behandlung sich schwer unterziehen läßt. An dieser Klippe verzagen, hieße, weiten Kreisen einen sachlichen Einblick in Dinge vorenthalten, die ihnen im alltäglichen Leben ununterbrochen vor Augen treten und ihre Aufmerksamkeit nachhaltig erregen, ohne daß sie immer und jederzeit in der Lage wären, in das Wesen dieser Dinge klar zu blicken. Gewiß ist, daß sowohl die Entwickelung dieses wichtigen technischen Zweiges, sowie alle damit verbundenen Fortschritte, welche mit den Interessen des öffentlichen Lebens inniger in Wechselwirkung stehen, als irgend ein anderer Zweig der praktischen Wissenschaften, jeden Einzelnen nach Maßgabe des Verständnisses, welches er der Eisenbahntechnik entgegenbringt, nachhaltig beschäftigen.

Von diesem Gesichtspunkte ausgehend, erschien es als eine dankbare Aufgabe, dem gebildeten Leser ein zusammenfassendes Gemälde der vielerlei Elemente des technischen Eisenbahnwesens, anschaulich geschrieben und durch zahlreiche Abbildungen unterstützt, vor Augen zu führen. Die Aufgabe war nicht leicht, konnte jedoch unternommen werden, wenn die Darstellung sich auf Dinge beschränkte, welche dem allgemeinen Interesse naheliegen und zu deren sachlichem Erfassen Fachkenntnisse nur insoweit vorausgesetzt wurden, als selbe zum Verständnisse technischer Einrichtungen unbedingt nothwendig sind. Um indes den Inhalt des Werkes nicht zu verflachen, wurde den textlichen Ausführungen, wenn nur immer angänglich, eine streng sachliche Unterlage gegeben, wobei es vornehmlich darauf ankam, die der allgemeinen Verständlichkeit gezogene Grenze nicht zu überschreiten. Sollte mir dies gelungen sein, würde ich die dem Werke zugewendete Mühe im reichlichen Maße entlohnt sehen.

Dem Eisenbahnfachmanne in einem populären Werke Neues bieten zu
wollen, lag mir völlig ferne. Gleichwohl glaube ich dessen Zustimmung sicher zu
sein, daß die compendiöse Zusammenfassung des ungeheuer weitschichtigen Stoffes,
vornehmlich aber die Heranziehung eines überreichen Bildermateriales, dem Werke
einen Inhalt verleiht, dessen sachlicher Werth nicht zu leugnen ist. Unterstützt wird
diese Voraussetzung durch den Umstand, daß es mir — dank dem freundlichen Entgegenkommen einer großen Zahl von Eisenbahnämtern, Locomotiv- und Waggon-
bau-Werkstätten u. s. w. — möglich war, ein überaus reichhaltiges Material zu
verarbeiten, welches selbst Fachmännern nicht ohne weiteres in die Hände zu fallen
pflegt. Aus diesem Grunde halte ich es für meine Pflicht, den nachbenannten An-
stalten für das mir entgegengebrachte Wohlwollen meinen aufrichtigen Dank aus-
zusprechen. Besonders werthvolles Material (meist prachtvolle Photographien) haben
für die Zwecke des Werkes beigestellt: die Locomotivfabriken: Henschl & Sohn
in Kassel, Kraus & Comp. in München, v. Maffei in München, Berliner Maschinenbau-Actiengesellschaft, Vereinigte Elsässische Maschinenfabriken in Mülhausen, Locomotivfabrik vorm. G. Sigl in Wr.-Neustadt, Maschinenfabrik der österr.-ung.
Staatseisenbahn-Gesellschaft in Wien, die Locomotivfabrik zu Floridsdorf bei Wien
(vornehmlich Berglocomotiven), Maschinenfabrik der kgl. ungarischen Staatsbahnen,
die Locomotivfabrik in Winterthur (Schweiz), John Cockerill in Seraing (Belgien),
Dubs & Co. und Sharp, Stewart & Co., beide in Glasgow, Baldwin in Phila-
delphia und Rogers in Paterson (New-Jersey); die Waggonfabriken: Van der
Zypen und Charlier in Köln-Deutz, Nürnberger Maschinenbau-Actiengesellschaft,
F. Ringhoffer in Smichow-Prag, J. Rathgeber in München, Herbrand & Co. in
Ehrenfeld-Köln, Schweizerische Industrie-Gesellschaft in Neuhausen, Düsseldorfer
Eisenbahnbedarf und Pullman's Palace Car Cy. in Chicago; schließlich A. Koppel
(transportable Bahnen) in Berlin und J. Pohlig (Otto'sche Drahtseilbahnen) in
Köln und Brüssel.

Der Verfasser.

Inhalts-Verzeichniß.

Allgemeine Uebersicht.

Eintheilung der Eisenbahnen.

Erster Abschnitt: Der Schienenweg.

Unterbau.

Oberbau.

Dritter Abschnitt: Die Stationen und das Signalwesen.

1. Die Bahnhofsanlagen.

2. Die Eisenbahn-Telegraphen und das Signalwesen.

Vierter Abschnitt: Betrieb und Bahnschutz.

1. Die Züge in der Bewegung.

2. Betriebsstörungen.

Fünfter Abschnitt: Eisenbahnen niederer Ordnung. — Außergewöhnliche Constructionen.

1. Stadtbahnen.

2. Elektrische Straßenbahnen.

3. Kleinbahnen.

4. Transportable Industrie- und Feldbahnen.

5. Drahtseil- und Hängebahnen.

6. Außergewöhnliche Constructionen.

Entwickelung des Eisenbahnwesens.

Geschichtliches. — Eintheilung der Eisenbahnen.

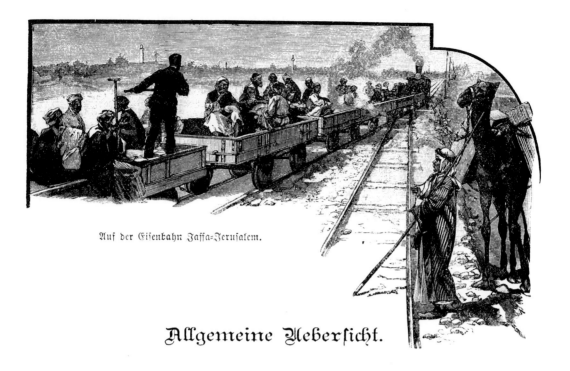

Auf der Eisenbahn Jaffa=Jerusalem.

Allgemeine Ueberſicht.

Der wahre Fortſchritt iſt kein Ergebniß des Zufalls und hängt nicht von den Reichthümern ab, welche günſtige Umſtände den Menſchen in den Schoß legen, ſondern er wurzelt in der Thatkraft des menſchlichen Geiſtes. Wo immer und wann immer dieſes Ferment im Lebenslauf der Völker zu erlahmen begann, trat jener ruhende Punkt auf, um den ſich entnervende Weichlichkeit, unnatürlicher Stillſtand und ſclaviſche Entäußerung der Willenskraft als drei lähmende katalep= tiſche Ringe legten, unter deren Bleigewicht ſelbſt weltbeherrſchende Civiliſationen (z. B. jene Roms) erdrückt wurden. Aus ſolchen Zuſtänden der Lebensſtarre keimen jene tiefgehenden Umwandlungen hervor, deren wirkende Kräfte im Sinne des Zeit= geiſtes ſich entfalten. Selbſt mächtige Impulſe, welche dieſem Zeitgeiſt widerſtreben, führen niemals zum Ziele. Zwiſchen Ideen und Intereſſen beſteht ein nimmer= ruhender Kampf, da die Mannigfaltigkeit der Thatſachen auf beiden Seiten eine unendliche Vielzahl von Conflictspunkten ſchafft.

Da nach einem bekannten Fundamentalſatze Leben und Bewegung integrirende Begriffe ſind, wird — im Sinne der Cultur — das reichſte Leben dort zu finden ſein, wo die aufeinander reagirenden Kräfte die dauernde Wirkſamkeit des Realbeſitzes fördern, indem ſie die durch den Raum und die Zeit gegebenen Trennungen nach Thunlichkeit abkürzen. Die Güter, die im Raume verſchoben werden müſſen, um Production und Conſumtion einander zu nähern, ruhen im Sinne ihrer wirth= ſchaftlichen Kraft während der Dauer der Verſchiebung. Je geringer der Zeit= aufwand hierbei iſt, beziehungsweiſe je raſcher ſich durch die gegebenen Hilfsmittel die räumlichen Verhältniſſe überwinden laſſen, deſto intenſiver wird der ruhende Volksreichthum in lebendige wirthſchaftliche Kräfte umgeſetzt.

Durch die ganze Geſchichte der Menſchheit macht ſich das Axiom geltend,
daß diejenigen Völker die reichſten und fortgeſchrittenſten und demgemäß die
geſittetſten waren und ſind, welche im Raume die größte Beweglichkeit bethätigten
durch Erweiterung ihres Geſichtskreiſes über ausgedehnte Gebiete, die jeweils
beſtehenden geiſtigen und materiellen Zuſtände gegeneinander abwägen und aus der
Vielzahl der Erſcheinungen die Summe ziehen konnten, welche ihr Denken und
Handeln leitete. Auf dieſen Sachverhalt ſtützt ſich die ungeheuere Bedeutung des
Welthandels und der Bewegung geiſtiger und materieller Güter innerhalb zweck=
mäßiger Wirkungskreiſe überhaupt. Die Hilfsmittel hierzu waren nicht immer die
gleichen und beſchränkten ſich in entlegenen Zeiten, da die Unſicherheit des Verkehrs
über Land und der Mangel an geographiſchen Kenntniſſen der Ueberwindung der
Raumverhältniſſe noch unüberſteigliche Hinderniſſe entgegenſetzten, auf die Schiff=
fahrt, d. h. auf den Seeweg.

Ein hervorragender Culturforſcher hat den geiſtvollen Satz ausgeſprochen,
daß die »Geſchichte der Wege« — welche noch nicht geſchrieben iſt — die Geſchichte
der Civiliſation ſei. Und conform dieſer Anſchauung ermißt man die Bedeutung
des geflügelten Wortes eines James Watt: »The roadmap of a country is the
likenes of its welfare« — die Straßenkarte eines Landes iſt das Bildniß
ſeiner Wohlfahrt. Die Wege nun, welche die Civiliſation im Laufe der Jahr=
tauſende gewandelt iſt, waren nicht immer glatt, die Mittel, ſie auszunützen, nicht
immer gleichwerthig den zu bewältigenden Aufgaben. Aber der Keim zu einer groß=
artigen Entfaltung dieſer Mittel lag in der Natur ſelbſt, er ſchlummerte in ihr,
ein ruhender Punkt inmitten der latenten Kräfte.

Und wie voreinſt die Propheten auftauchten, welche die verhüllte Wahrheit
entſchleierten und den von Dämmerungen umdunkelten menſchlichen Geiſt mit dem
Funken der Erkenntniß erhellten, traten jene anderen, modernen Propheten auf
die Schaubühne, welche das Weſen der Naturkräfte erfaßten und die ſchlummern=
den Titanen zu ungeahntem Leben erweckten. Aber auch Rieſen ſind, wenn ſie in
die Welt treten, zunächſt noch Wickelkinder, welche mühſam aufgezogen werden
müſſen. Ein Knirps dieſer Art war der Titane Dampf, als er im kindlichen Ueber=
muth den Deckel von Watt's Theemaſchine wegſchleuderte. Er iſt ſeitdem ein mäch=
tiger, weltbeherrſchender Herr geworden und man darf wohl ſagen, daß keine noch
ſo wirkſame Kraft des im menſchlichen Geiſte ſich bethätigenden Weltintellects eine
ſo großartige Umformung der Civiliſation hervorgerufen hat, als jene rohe Natur=
kraft, welche zu meiſtern und zu zügeln dem Menſchen ſo trefflich gelungen iſt.

Mit der von der fortſchreitenden wiſſenſchaftlichen Erkenntniß getragenen
Ausnützung der Naturkräfte — des Dampfes und der Elektricität — hat die
Cultur innerhalb eines verhältnißmäßig kurzen Zeitraumes eine Verallgemeinerung
gefunden, die mit keiner anderen Errungenſchaft der Menſchheit ſich vergleichen
läßt. Dampfkraft und Elektricität prägen unſerem Jahrhundert einen beſtimmten
Charakter auf, ſie ſind die Kräfte, welche den ganzen ungeheueren Austauſch geiſtiger

und materieller Güter bewirken, die todten und lebenden Massen in Bewegung setzen und lebend erhalten: mächtig, impulsiv, die Leistungsfähigkeit des Menschen auf Permutationen einer unübersehbaren Vielzahl von Factoren stellend. Je groß= artiger diese Leistungsfähigkeit sich entfaltet, desto nachhaltiger ist der Eindruck, den man vom menschlichen Können erhält. »Der Mensch ist nicht in dem Sinne der Günstling der Natur, daß diese Alles für ihn gethan hätte, sondern in dem Sinne, daß sie ihm die Macht verliehen hat, Alles für sich selbst zu thun.«

Eine einfache Rechnung hat ergeben, daß die Gesammtmasse der producirten Kohlen eine Leistungsfähigkeit von über 1500 Millionen Arbeitern repräsentirt, daß also alle zur Zeit lebenden Menschen nicht ausreichen würden, die Dampf= kraft zu ersetzen. Und außer der Steinkohle wirken noch andere Brennstoffe, und neben der Dampfkraft noch andere mechanische Kräfte mit, die heutige Güter= erzeugung der Welt zu fördern, beziehungsweise die im Welthandel liegenden Güter= werthe zu bewegen. Nirgend sonstwo tritt das Causalitätsprincip so scharf hervor wie hier. Die in ungeheurer Menge in Action gesetzten Arbeitskräfte bedürfen eine ebenso ungeheure Masse von Rohstoffen, welche nicht zur Stelle gebracht werden könnten, wenn nicht Dampf und Elektricität in Wirksamkeit träten, und die aus jenen gewonnenen Industrieproducte nicht ebenso ausgiebig und rasch in Circulation versetzten. Es ist sonach klar, daß jede Steigerung der Arbeitskräfte, beziehungs= weise der Arbeitsleistung ein rascheres Pulsen des Verkehrs voraussetzt, und daß das beschleunigte Tempo in der Translation wieder nur entweder durch Abkürzung der Wege oder Zeitgewinn erreicht werden kann.

Die Abwägung der Ursachen und Wirkungen, welche in den Pulsschlägen des Weltverkehrs in die Erscheinung treten, die daraus folgernden Calculationen und Combinationen, welche den Gleichgewichtszustand zwischen Nachfrage und Bedarf regeln, die beständig fluctuirenden Werthe ins Gleichgewicht setzen und die Summe aller materiellen Wirkungen zu einem gesetzmäßigen Aufbau der öffent= lichen Interessen und des Volkswohlstandes gestalten: das ist der Bereich der geistigen Arbeit des Nationalökonomen. Er allein aber vermöchte die Dinge nicht im Gange zu halten, wenn ihm nicht eine andere Kraft zur Seite stünde, welche die theoretische Speculation in praktisches Können umsetzt.

Das ist der Ingenieur. Er bedarf nicht des universellen Ueberblickes, der den geistigen Vertreter der Weltwirthschaft auszeichnet; er würfelt nicht um Mil= liarden und schlägt nicht seine Fangnetze über unübersehbare Gebiete. Seine geistige Potenz aber ist concentrirter, sie ist weniger beweglich als zielbewußt, weniger centrifugal als centripetal. Der Scharfsinn des Constructeurs, dessen mechanisches Genie die Mittel ausfindig macht, mittelst welchen die Wirkungen der Kräfte in maschinelle Arbeit umgesetzt werden: er ist es, welcher die Ideen, von welchen der Welthandel befruchtet ist, verwirklicht. Die Wege, welche der Nationalökonom der Bewegung im Raume vorzeichnet, muß der Ingenieur öffnen. Er unterwühlt die Grundfesten der Gebirge, wirft das Netzwerk seiner Eisenbrücken über Thäler,

Ströme und Meeresarme und bricht ſich durch alle Hinderniſſe Bahn. In ſeiner
Hand liegt der kunſtvolle Mechanismus, welcher die Schiffskoloſſe ſicher durch die
Wogen des Oceans führt, die ſchwerbelaſteten Wagenzüge im Fluge dahingleiten
läßt. Von ſeinem Können hängt es ab, ob die Menge des zu befördernden Gutes
zu bewältigen ſei oder nicht, und ſeiner ſchöpferiſchen Kraft iſt es zu danken, wenn
hundertfältige Organe zu einem ſinnverwirrenden Getriebe ineinandergreifen, in
geſetzmäßiger Wechſelwirkung ſich gegenſeitig fördernd und entlaſtend.

Es iſt bezeichnend, daß das fortgeſchrittenſte Volk der Welt — die Engländer
— das einzige iſt, welches ſchon frühzeitig die große Bedeutung der techniſchen
Wiſſenſchaft als ebenbürtigen Factor im Geiſtesleben der Völker erkannte und ſeine
großen Ingenieure gleich den anderen Geiſtesheroen ehrte. Man hat ihnen Denk-
mäler geſetzt, ihr Andenken in Erz verewigt. Wir ſehen in den Veſtibuls der
großen engliſchen Eiſenbahnen die Standbilder ihrer Erbauer und begegnen ihnen
wieder in den Städten, wo ſie geboren wurden oder gewirkt haben. Die Meiſter
der Ingenieurkunſt ſchauen auf uns herab, wenn wir den großen Prunkſaal der
erſten techniſchen Geſellſchaft der Welt, des »Königlichen Inſtitutes der Civil-
ingenieure« in London, betreten. Und damit dieſe Meiſter auch an der höchſten
Ehrenbezeugung, welche das engliſche Volk ſeinen großen Todten erweiſen kann,
Antheil hätten, hat man ſie in die Gruft der Weſtminſter-Abtei gebettet.

Das heutige Weltverkehrsweſen gipfelt in den fünf Inſtitutionen moderner
Zeit: den Eiſenbahnen, der Schiffahrt, den Straßen und Canälen, der Poſt und
den Telegraphen. Wenn nun auch die großartige Entfaltung der modernen Civiliſation dem Zuſammenwirken dieſer Inſtitutionen zu danken iſt, löſt ſich gleichwohl
das Eiſenbahnweſen von jener Fünfzahl als diejenige Errungenſchaft ab, welche,
wie keine andere, dem gewaltigen Drängen der menſchlichen Arbeit Vorſchub geleiſtet
und den fortwirkenden Bedingungen des Lebens der Culturvölker eine Grundlage
gegeben hat, von der man vor etwas mehr als einem halben Jahrhundert keine Ahnung
hatte. Die wirthſchaftliche Speculationskraft hat in den Eiſenbahnen ihren leiſtungs-
fähigſten Förderer gefunden. Es wäre weit gefehlt, das techniſche Genie als den
Gehilfen des Speculationsgeiſtes anzuſehen; denn zu Zeiten wird dieſer ſehr hilflos,
ſein Calcül geht in die Brüche und alles techniſche Können iſt vergebens, wenn
die ſchweren Rechenfehler, die ſich die Speculation zu Schulden kommen läßt, das
vom Techniker geſchaffene Werk gänzlich entwerthen.

Es darf indes nicht überſehen werden, daß das wirthſchaftliche Leben, ſofern
wir es von der Materie, an der es unmittelbar haftet und von der es ausgeht, los-
löſen können, nichts als ſittliche Momente und ſittlich wirkende Kräfte enthält.
Die Bewunderung, die wir dieſer großartigen Bewegung entgegentragen, kann
alſo in gleichem Maße an den Milliarden, welche durch die geſammte Weltwirth-
ſchaft fluctuiren, hängen, als an den tiefgehenden Wirkungen im Sinne der Auf-
klärung und Erkenntniß, welche das wirthſchaftliche Leben ſtützen, ihr Genügen
finden. Zu dieſem ethiſchen Grundzug geſellt ſich die Wiſſenſchaft, welche uns ver-

möge ihrer Fortschritte die Möglichkeit darbietet, dem Verkehrswesen als Dienerin der Weltwirthschaft der Vollkommenheit immer näher zu bringen und ihr eine unbeschränkte Zahl von denkenden, forschenden und erfindenden Köpfen zuzuführen. Aber weder das Verkehrswesen im Allgemeinen noch das Eisenbahnwesen allein bildet eine Wissenschaft für sich; es ist vielmehr ein Vereinigungspunkt vieler Disciplinen, der Brennpunkt, in welchem die Strahlen eines ebenso reichen als der Allgemeinheit nützlichen Geisteslebens zusammenlaufen.

Die Geschichte der Eisenbahnen reicht, wie bekannt, bis in den Anfang des 18. Jahrhunderts zurück und beginnt in England und Amerika mit den unvollkommenen Bergwerksbahnen. Aber erst 1814 gelang es Georg Stephenson eine brauchbare Maschine zu construiren, die im Stande war, auf einem Geleise Güter zu transportiren. Im Jahre 1829 endlich wurde für Menschen und Güter die erste Locomotivbahn zwischen Liverpool und Manchester eröffnet. Mehr als ein Jahrhundert brauchte der Gedanke für seine richtige Construction.

Mit Schluß des Jahres 1890 aber — also nach genau sechs Jahrzehnten — waren auf der ganzen Erde 617.285 Kilometer Locomotivbahnen im Betriebe, eine Länge, welche nahezu das $15\frac{1}{2}$fache des Umfanges der Erde am Aequator und das $1\frac{2}{3}$fache der mittleren Entfernung des Mondes von der Erde darstellt. Denkt man sich alle Bahnen der Erde als ein einziges zusammenhängendes Geleise, so würde ein Schnellzug mit einer Geschwindigkeit von 60 Kilometer pro Stunde 422 Tage (oder rund 1 Jahr und 2 Monate) benöthigen, um die ganze Strecke zu durchlaufen.

Auf die einzelnen Erdtheile entfallen von der vorstehend angegebenen Gesammtlänge von 617.285 Kilometer, und zwar auf:

Amerika . . . 331.417 Kilometer (54 %)
Europa . . . 223.869 » (36 %)
Asien . . . 33.724 » ($5\frac{1}{2}$ %)
Australien . . 18.889 » (3 %)
Afrika . . . 9.386 » ($1\frac{1}{2}$ %)

In Europa stellt sich die Rangordnung der einzelnen Staaten in Bezug auf die absolute Länge der Eisenbahnen wie folgt:

Deutschland . . . mit 42.869 Kilometer
Frankreich . . . » 36.895 »
England . . . » 32.297 »
Rußland . . . » 30.957 »
Oesterreich-Ungarn . » 27.113 »
Italien . . . » 12.907 »
Spanien . . . » 9.878 »
Schweden . . . » 8.018 »
Belgien . . . » 5.263 »
Schweiz . . . » 3.190 »
Niederlande . . . » 3.060 » u. s. w.

Die relative Länge, d. i. per 100 Quadratkilometer, ergiebt eine andere Gruppirung, und zwar:

Belgien	mit 17·8	Kilometer
England	» 10·3	»
Niederlande	» 8·8	»
Deutſchland	» 7·7	»
Schweiz	» 7·7	»
Frankreich	» 7·0	»
Italien	» 4·4	»
Oeſterreich=Ungarn	» 4·0	»
Spanien	» 1·9	»
Schweden	» 1·8	»
Rußland	» 0·6	»

Eine ganz weſentliche Verſchiebung dieſer Reihenfolge ergiebt ſich, wenn man die Geſammtlänge der Eiſenbahnen in den vorgenannten Ländern zu deren Be= wohnerzahl in ein relatives Verhältniß bringt. Es entfallen dann auf je 10.000 Ein= wohner in

Schweden	16·8	Kilometer
Schweiz	10·8	»
Frankreich	9·6	»
Deutſchland	8·7	»
Belgien	8·6	»
England	8 5	»
Niederlande	6·4	»
Oeſterreich=Ungarn	6·2	»
Spanien	5·2	»
Italien	4·3	»
Rußland	3·2	»

Auffallend groß ſtellt ſich dieſes Verhältniß in Auſtralien, wo in Neuſeeland auf je 10.000 Einwohner 50·1 Kilometer Eiſenbahnen kommen, in Queensland 87·2, in Südauſtralien 88·4 und in Weſtauſtralien vollends 168·4 Kilometer. Es kenn= zeichnet dies eine relativ große Entwickelung der Schienenwege in Ländern mit ſehr dünn geſäeter Bevölkerung. Aehnliche Verhältniſſe beſtehen in Amerika, wo beiſpielsweiſe in Britiſch=Nordamerika auf je 10.000 Einwohner 46·7, in den Ver= einigten Staaten 42·7 Kilometer Eiſenbahnen entfallen.

Es iſt ſelbſtverſtändlich, daß ein ſo großartig entwickeltes Eiſenbahnnetz einen gewaltigen Aufwand von Fahrbetriebsmitteln erfordert. Nach einer Schätzung wird das Rollmaterial ſämmtlicher Eiſenbahnen der Erde mit Schluß des Jahres 1890 auf rund 120.000 Locomotiven, 250.000 Perſonenwagen und 3 Millionen Güterwagen veranſchlagt. Mit dieſen Fahrbetriebsmitteln wurden etwa 2000 Mil= lionen Perſonen und 1200 Millionen Tons Güter befördert, ſo daß im Durchſchnitt täglich etwa 5¹/₂ Millionen Personen auf allen Schienenwegen der Erde verkehrten und ungefähr 3¹/₃ Millionen Tons Güter an ihren Bestimmungsort gebracht wurden. Die Zahl der auf der Erde für den Eisenbahnbetrieb thätigen Personen betrug im Jahre 1865 2 Millionen, 1885 2¹/₂ Millionen, dürfte sonach zur Zeit 3 Millionen erreichen, was einem Familienstande von 8 Millionen Menschen entspricht.

Der Ausdehnung des Schienennetzes der Erde entsprechend ist der Capitals= aufwand, welchen dasselbe bedingt. Am Schlusse des Jahres 1890 bezifferte sich das Gesammtanlagecapital auf rund 135 Milliarden Mark. Den größten Antheil an dieser Summe haben, wie nicht anders zu denken, die Vereinigten Staaten von Amerika, nämlich circa 43·6 Milliarden. Weiter folgen der Reihe nach: England mit 14·9 Milliarden, Frankreich mit 11·5, Deutschland mit 10·4, Rußland mit 6·5, Oesterreich=Ungarn mit 6·2 Milliarden Mark. Am relativ höchsten beziffert sich das Anlagecapital bei den englischen Bahnen mit 555.762 Mark pro Kilo= meter. Hieran schließen Belgien mit 327.125, Frankreich mit 318.969, die Schweiz mit 274.263, Deutschland mit 250 390, Oesterreich=Ungarn mit 247.238, Italien mit 237.630 und Rußland mit 230.330 Mark pro Kilometer. — Die Vereinigten Staaten, deren Eisenbahnen mit größtmöglicher Oekonomie hergestellt werden, weisen nur 165.957 Mark pro Kilometer auf. Im Durchschnitte entfallen in Europa auf den Kilometer Eisenbahn 302.500 Mark, in den außereuropäischen Ländern hingegen nur 160.000 Mark. Das niedrigste Anlagecapital weisen die Eisenbahnen Australiens (meist zwischen 50.000 und 100.000 Mark), jene Nor= wegens (93.053 Mark), Schwedens (108.821 Mark) und Dänemarks (113.600 Mark) auf.

Wenn man den einfachen technischen Mechanismus der ersten Eisenbahnen mit dem jetzigen Aufwand an maschinellen Hilfsmitteln, dem reichen Detail in den constructiven Elementen, der großartigen Ausgestaltung der Kunstbauten, der Bahn= hofsanlagen und der ingeniösen Auskunftsmittel behufs Consolidirung der Bahn im schwierigen Terrain, beziehungsweise Aufrechterhaltung ihres Betriebes, einer Vergleichung unterzieht, erfaßt man unschwer den ungeheueren Reichthum von Talent und Können, der sich in den Dienst des Eisenbahnwesens gestellt und hierbei schier Unglaubliches vollbracht hat. Man denke an die ersten in England in Ge= brauch gekommenen Maschinen und stelle ihnen die jetzigen Zugmittel mit ihrem complicirten Organismus, der sinnreichen Ausnützung der Dampfexpansion, der gewaltigen Leistungskraft der schwersten Typen mit ihren gekuppelten Achsen, Vauclain'schen Zwillingcylindern, Doppelkesseln u. dgl. gegenüber, und man wird zugeben müssen, daß hierbei die Vergleichsmomente eigentlich gänzlich fehlen, indem das Gewordene dem Urbild so wenig gleicht, wie ein bahnbrechendes Genie dem lallenden Kinde, das es einst gewesen.

Wie mit den Locomotiven ist es mit den Wagen bestellt. An Stelle der auf Schienen rollenden Kalesche ist der moderne Salonwagen getreten, jenes luxuriöse temporäre Heim des unruhigen Menſchenkindes, das im Expreßzuge in einigen Tagen Europa von einem Endpunkte zum anderen durchfliegt. In ſauſendem Fluge geht es durch meilenlange Tunnels, über thurmhohe Brücken, deren Gewirr von Eiſen=

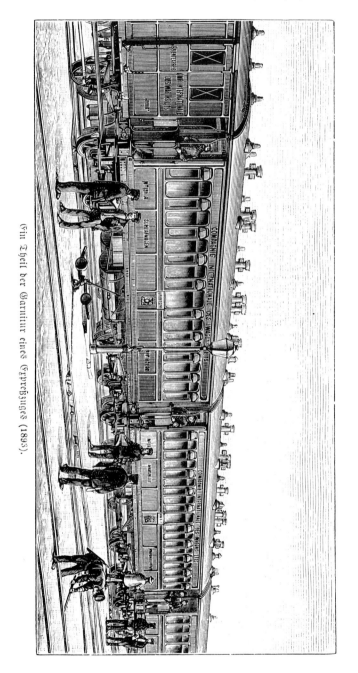

Ein Theil der Garnitur eines Expreßzuges (1893).

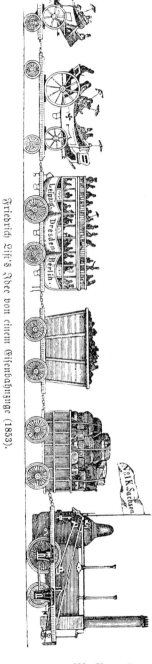

Friedrich Liſt's Idee von einem Eiſenbahnzuge (1833).

theilen in kunſtvollen Maſchen ſich verſchlingt und die ſchwerſten Maſſen durch ingeniöſe Anwendung der mechaniſchen Geſetze entlaſtet, ſie zu einem Spielzeug mathematiſcher Berechnung geſtaltet. Aus den impoſanten Hallen der Bahnhöfe, mit den ungeheueren Spannungen ihrer Eiſenrippen, gleiten die Züge über mannig=

fach) ineinander verschlungene Geleise hinweg, sicher geleitet durch den Aufwand von Hilfsmitteln, welche sie vor Gefahren schützen. Man denke an die ersten primitiven optischen Signaleinrichtungen und den zur Zeit entfalteten Apparat von Annäherungs= und Liniensignalen, den Distanz= und Zugdeckungssignalen, den Sicherheitsstellwerken für die Weichen, und all' die wundersamen Controlvorrichtungen, welche die Entwickelung der Elektrotechnik im Gefolge hatte.

Und wenn der Laie vielleicht von all' diesen Dingen wenig bemerkt, wenn er gleichgiltig im Vorüberfahren zu dem Weichenthurm emporblickt, in welchem sich

Speisewagen eines Expreßzuges.

all' die Fäden, welche den Durchlauf der Fahrbetriebsmittel durch die Weichen= straßen mit wenigen Griffen sicher und correct gängeln, vereinigen, gleich den Nerven in dem Ganglion eines thierischen Organismus — er findet genug Stoff zu Beobachtungen, die ihm in handgreiflicher Form den Wandel der Dinge zwischen einst und jetzt vor Augen führen. . . . Versuchen wir es mit einem Beispiele.

Es ist ein frostiger Tag. Schneemassen verhüllen die Mutter Erde, die Flüsse starren in Eis. Geschäfte oder andere Angelegenheiten, worunter das Ver= gnügen nicht in letzter Reihe steht, veranlassen uns zu einer längeren Eisenbahn= fahrt. Ein behaglicher Warteraum nimmt uns auf. Elektrische Glühlämpchen hängen wie Lichttropfen in einem Astwerke von Krystall. Lautlos schreitet unser Fuß über

Teppiche, schwellende Sitze laden zur Rast, Glanz und Duft umgeben uns. Nur geringe Zeit währt das Harren, dann öffnet sich die Pforte, hinter der im bleichen Lichte der elektrischen Lampen die dunkle Masse einer »Garnitur« oder — wie man gewöhnlich zu sagen pflegt — eines Eisenbahnzuges sichtbar wird. Es sind keine Wagen, sondern kleine Gebäude. Helles Licht strahlt aus den hohen Spiegel= fenstern, behagliche Wärme umgibt uns, sobald wir die freundlichen Räume betreten.

Und siehe da, welche Ueberraschung! Es ist wohl ein Zauber, der hier waltet, und sein »Tischlein deck' dich« zu unserem Heile gesprochen. Ein ganzer Speisesaal in einem Zuge! Weiße Linnen, Couverts, funkelnde Weine, geschäftige Geister um uns, Licht und Raum hinter den scheinbar engen Wänden eines gewöhnlichen Eisenbahnwagens. Wir verlassen diesen Raum, überschreiten auf sicherem Stege die Kuppelung zwischen diesem Gefährt und dem daranstoßenden . . . Ein Saal, schier so groß wie ein Wohnzimmer, nimmt uns auf. Zwei Reihen Lehnstühle, eine lange Doppelflucht von hohen Fenstern, Getäfel, Fußschemmel, Teppiche, auf den vielen Tischchen Zeitungen, Albums — über Alles der Schimmer des milden Lichtes gegossen: Behaglicheres läßt sich nimmer ersinnen. Dann die niedlichen Damen= salons, weiter ein Wagen mit einer langen Reihe abgesonderter Zellen, welche dem Reisenden gestatten, sich nach Wunsch aus dem Gewühle der Mitfahrenden in eine behagliche Klause zurückzuziehen und des Nachts eine Schlafstätte von tadelloser Bequemlichkeit aufzusuchen.

Das ist die Garnitur des Expreßzuges. Und jetzt ertönt das Glockenzeichen, ein schriller Pfiff folgt, sachte rollt die ambulante Wohnung mit ihren Salons und Schlafcabinets, ihrem Speisesaale, ihrer Küche und Vorrathskammer in die eisige Nacht hinaus. Ringsum wird es finster, gespenstisch huschen die Weichen= lichter vorüber, die Schatten langer Wagenreihen legen sich vor die Spiegel= scheiben und zuletzt flimmert mit mattem Scheine die weiße Schneefläche zu den Fenstern herein.

Im sanften Schaukeln und beim flüchtigen Schein der weißverhüllten Land= schaft dämmert eine halbvergessene Erinnerung in uns auf. Man schreibt das Jahr 1801. In dem kleinen Städtchen Camborne, an der äußersten Westspitze von Cornwall herrscht gewaltige Aufregung. Es hat sich die Nachricht verbreitet, ein Feuerwagen werde die Straßen durcheilen, mit der Geschwindigkeit eines Renners, zwar von Menschenhand gelenkt, aber unabhängig von irgend welcher Beihilfe sich selber in der Bewegung erhaltend. Der Meister, welcher dieses Gefährte ersonnen, war Richard Threvetick, der Vorläufer Georg Stephenson's, der eigentliche Begründer der Dampflocomotion. Als die Stunde anbrach, drängten sich die Menschenmassen an den Schauplatz heran. Ein Wunder sollte geschehen. Die Männer waren der Erwartung voll, die Frauen zeigten sich geängstigt. Das könne unmöglich gut enden, meinten die starkgläubigen Schönen; der Teufel sei mit dem finsteren Manne, der das Unerhörte vollbringen wolle, im Bunde.

Der Versuch gelang, aber es war doch nur ein Versuch, nach welchem noch mehr als zwei Dutzend Jahre verstreichen sollten, ehe die erste Locomotivbahn in England eröffnet wurde. Wenn es noch eines Beweises bedürfte, wie sehr die unverständige Mehrheit der Menschen des Genies bedarf, das sie mit sich fortreißt, gäbe die erste Locomotivbahn einen solchen ab. Im South Kensington-Museum ist Stephenson's »Rocket«, die Siegerin bei der ersten Locomotivwettfahrt, aufgestellt. Daneben hängt unter Glas und Rahmen ein Zeitungsblatt, welches sich in Schmähungen und Spötteleien über die neue »Narrheit« ergeht. Die spätgeborenen Geschlechter stehen mit Ehrfurcht vor dem Mechanismus, der nachmals der Civilisation Flügel verliehen hat, und lächeln geringschätzend über die Beschränktheit ihrer Altvordern.

Drei Dinge sind es vornehmlich, welche beim Studium des modernen Eisenbahnwesens zu Anknüpfungen an vergangene Zeiten Anlaß geben: die Eisenbahnanlagen an sich, die Formen des Verkehrs und die Sicherung des Betriebes. Bezüglich der Anlagen ergeben sich zwei auffällige Gegensätze: die verhältnißmäßig geringen Vervollkommnungen, welche der eigentliche Oberbau gegenüber der großartigen Ausgestaltung der Tunnelbau- und Brückenbautechnik gefunden. Bis in die allerjüngste Zeit begnügte man sich bei den Geleiseanlagen derselben einfachen Mittel wie vor mehreren Jahrzehnten, trotz der erhöhten Ansprüche, welche in Folge der Vervollkommnung der Betriebsmittel an jene gestellt werden. Dieser Stillstand ist um so auffälliger, als die Lasten, welche auf den Geleisen fortbewegt werden, und die gesteigerte Geschwindigkeit, mit der dies geschieht, ein gewisses Gleichmaß in der Fortentwickelung aller constructiven Elemente bedingen.

Eine größere Stabilität der Geleise wurde nun allerdings zunächst durch Einführung der Stahlschienen erzielt, während der ungenügende Zusammenhalt der Geleise bislang bestehen blieb. Ja, in England ist man in Anerkennung der ihr zukommenden Vortheile sogar zu der älteren Oberbauconstruction (der Stuhlbahn) zurückgekehrt. Ein durchgreifender Fortschritt nach dieser Richtung wird erst mit dem Allgemeinwerden des eisernen Oberbaues platzgreifen, der sich zur Zeit noch im Stadium der mannigfachsten Experimente befindet.

Groß ist dagegen der Fortschritt, welcher mit den vielen Verbesserungen an den Fahrbetriebsmitteln zusammenfällt. Die größere Stabilität der Personenwagenconstruction durch Anwendung des Eisens haben die Gefahren bei Unfällen um ein bedeutendes Maß herabgemindert, wie die Praxis aus Vergleichen mit den fast ganz aus Holz hergestellten Personenwagen früherer Zeit erweist. Solche Wagen wurden bei Zusammenstößen schon zu Splittern zusammengedrückt, denen die modernen Personenwagen noch unversehrt widerstehen. Auch die stabilere Construction der Güterwagengestelle, die Ausrüstung aller Wagen mit elastischen Puffern und Zugvorrichtungen, sowie das Ueberhandnehmen der Stahlachsen bei gleichzeitig stärkerer Dimensionirung derselben, trug zur Steigerung der Leistungsfähigkeit und Erhöhung der Sicherheit ganz wesentlich bei.

Dazu gesellen sich die mancherlei Einrichtungen, welche im Sinne des har=
monischen Zusammenschlusses aller Organe einer bewegten Wagencolonne (Garnitur)
sich geltend machen: in erster Linie die durchgehenden Bremsen, sodann die allen
Wagen gemeinsame Beheizung, die Beleuchtung mittelst Gas — in besonders fort=
geschrittenen Fällen mit elektrischem Lichte —, die Nothsignale im Zuge und einige
andere, vorerst nur versuchsweise in die Praxis übertragene Apparate, z. B. der
im Coupé untergebrachte Stationsanzeiger, eine höchst sinnreiche Vorrichtung, durch
welche der Reisende den Namen jeder Station, in welche der Zug einfährt, kennen
lernt. Durch die Einführung der zum Theil außerordentlich sinnreich construirten
continuirlichen Bremsen, zu deren Betrieb die Kraft durch Luftdruck, Dampf, Luft=
leere, Ketten und Elektricität fortgepflanzt wird — von Westinghouse, Webb, Clarke,
Smith, Kitson, Heberlein, Hardy u. A. —, konnte die Geschwindigkeit das bis
dahin zulässige Maximum bedeutend überschreiten, ganz abgesehen von der
erhöhten Sicherheit des Betriebes, welche dadurch erzielt wurde.

Was die Formen des Verkehrs anbelangt, in welchen das moderne Eisen=
bahnwesen seinen complicirtesten Ausdruck findet, setzt sich derselbe aus einer großen
Anzahl von Factoren zusammen, deren hervorragendste die Masse und Dichte des
Verkehrs, die Zusammensetzung desselben und das Schnelligkeitsmaß sind. Dazu
kommen die mancherlei Complicationen, welche in der Vielzahl der Bahn= und
Geleiseeinmündungen, die Zahl der Zugsbegegnungen und Zugsüberholungen, der
Uebernahme von Betriebsmitteln fremder Bahnen, beziehungsweise Uebergabe der=
selben, Zahl der Stationen, Ein= oder Doppelgeleisigkeit, die die Verkehrsform be=
einflussende Gestaltung der Bahn in Bezug auf die Neigungs= und Richtungs=
verhältnisse, klimatische Einflüsse u. s. w. gegeben sind.

Wie sehr diese Factoren aufeinander wirken, beleuchtet unter Anderem die
Thatsache, daß unter dem gefährdeten Einfluß der kolossalen Dichte des Verkehrs
auf den englischen Bahnen ein etwa sechsmal größerer Aufwand von sichernden
Vorkehrungen nöthig ist, als in den großen continentalen Staaten. Die wirksamste,
aber auch kostspieligste Vorkehrung besteht in England in der Ausrüstung von
circa 70% aller Bahnen mit Doppelgeleisen und die Vermehrung der Geleise auf
drei oder mehr, wo die Dichte des Verkehrs und die die Sicherheit des Betriebes
beeinflussenden Factoren der Schnelligkeit und Anordnung des Verkehrs es ver=
langen.

So befördert beispielsweise die London and North Western Railway —
die größte der englischen Bahngesellschaften — in einem Jahre an 55 Millionen
Passagiere und 33 Millionen Tons Güter. Vergleichsweise sei angeführt, daß die
Gesammtzahl der auf allen Bahnen Oesterreich=Ungarns beförderten Personen nur
um ein weniges höher, die Zahl der Gütertonnen nur etwa doppelt so groß ist.
Pro Kilometer Betriebslänge stellt sich aber das Verhältniß ganz anders: die von
der vorgenannten Bahn beförderte Zahl von Personen stellt sich sechsmal höher,
die Zahl von Gütertonnen nicht ganz viermal höher.

Neben dieser ungeheueren Dichtigkeit des Verkehrs, welcher eine fast conti=
nuirliche Befahrung der Geleise bedingt, wobei der Güterdienst ganz in den Nacht=
stunden verlegt ist, tritt noch ein anderer Factor hinzu: die Vielzahl der einge=
schalteten Schnellzüge. Auf der London and North Western Railway verkehren
zwischen London und Glasgow täglich ein halbes Dutzend Schnellzüge, welche nur
in den Hauptstationen anhalten. Dieselben haben an 50 Bahnanschlüsse, 10 große
Bahnknotenpunkte, fast 200 Stationen und Haltestellen zu passiren, an 10 Stellen
Passagierwagen abzugeben und aufzunehmen und über 70 Züge verschiedener Ge=
schwindigkeit zu überholen.

Die Schnelligkeit des Verkehrs ist dasjenige Element, welches wie kein anderes
im Eisenbahnwesen in der Voraussetzung einer besonderen Solidität der Betriebs=
mittel fußt. Denn abgesehen von der größeren Leistungsfähigkeit der Locomotiven
durch zweckentsprechende Dimensionirung und Anwendung ihrer einzelnen Organe
und des damit parallel laufenden Baues der Personenwagen, handelt es sich hierbei
noch um einen weiteren, sehr wichtigen Factor: um die Ermittlung der in Folge
des Aufeinanderwirkens der verschiedenen Constructionselemente sich ergebenden
Erschwernisse in der Fortbewegung. Nur die reiche Erfahrung im Verbande mit
der wissenschaftlichen Ausgestaltung der Eisenbahntechnik konnte diesfalls so schwer=
wiegende Fragen der Lösung näher bringen, welche in der Zeit der vagen Empirie
kaum in Erwägung gezogen wurden. Dem Laienverständnisse erscheint es zur Er=
zielung einer größeren Geschwindigkeit in der Bewegung der Züge ausreichend,
wenn man über vorzüglich arbeitende Maschinen, eine Wagencolonne von tadel=
loser Construction und einen soliden Oberbau verfügt. Nun wird aber, wie er=
wähnt, die Geschwindigkeit der Fortbewegung paralysirt durch eine Reihe von
störenden Einwirkungen, welche man die »Zugswiderstände« nennt. Mit diesen
wieder hängt die Abnützung der Radreifen und die Veränderung der Geleisanlage
zusammen, wodurch die Sicherheit gegen Entgleisungen erheblich herabgemindert wird.

Auf alle diese Dinge wird in den betreffenden Abschnitten dieses Werkes
näher eingegangen werden. Es sei hier vorläufig bemerkt, daß die Ermittlung der
Zugswiderstände, beziehungsweise das Bestreben, sie nach Möglichkeit zu beseitigen,
eines der schwierigsten technischen Probleme ist, da zu viele Factoren aufeinander=
wirken. Hauptantheil hieran haben das Radreifenprofil, der Radstand, beziehungs=
weise die Einstellbarkeit der Achsen (welch' letztere Idee auf die Einführung der
sogenannten »Lenkachsen« geführt hat), die Verbindung der Fahrzeuge untereinander,
d. i. die Zug= und Stoßapparate, das Schienenprofil und die Form und Aus=
führung des Geleises. Diese Elemente lassen eine Menge von Combinationen zu,
welche theils zusammenwirken, theils einander entgegenwirken. So ist — um vor=
läufig nur zwei Beispiele anzuführen — in Curven die für den Widerstand des
Wagentrains günstige Lage der Kuppelungen und Zugstangen schädlich für den
Eigenwiderstand der Locomotive; ferner ist der Curvenwiderstand des freilaufenden
Wagens größer als bei dem im Zuge laufenden Wagen und kommt für die radiale

Verschiebung der Wagen in den Curven der Angriffspunkt der Kräfte gar nicht, sondern nur die Richtung derselben in Betracht.

Der Schnellverkehr ist derjenige Factor des Eisenbahnwesens, welcher unserer impulsiven nervösen Zeit ihren charakteristischen Stempel aufdrückt. Weniger ist es die Masse, in höherem Grade die Dichte des Verkehrs, die hierselbst als gleich=werthig in die Erscheinung treten. Kein Wunder also, daß der Schnellverkehr im öffentlichen Leben eine so große Rolle spielt und das Schnelligkeitsmaß in der Fortbewegung der Züge schon in der frühesten Jugendzeit der Eisenbahnen deren Werthmesser abgab. Nichts ist in dieser Richtung bezeichnender als das »Examen«, welches Georg Stephenson noch vor der Fertigstellung der ersten Locomotivbahn Manchester=Liverpool zu bestehen hatte. Es handelte sich darum, ob es überhaupt zweckmäßig sei, die neue Bahn mit Maschinen zu befahren, und wurde Georg Stephenson diesbezüglich von den Sachverständigen des Parlaments=Comités einem scharfen Kreuzverhör unterzogen.

Von allen Examinatoren war es insbesondere Alderson, welcher Stephenson am meisten zusetzte. Wir lassen hier den betreffenden Discurs folgen:

Alderson: Wenn ein Körper auf der Straße in Bewegung ist, wächst nicht sein Moment mit der Geschwindigkeit?

Stephenson: Gewiß.

A.: Wie groß würde das Moment von 40 Tonnen sein, welche sich mit 12 Meilen (engl.) Geschwindigkeit in der Stunde fortbewegen?

St.: Es würde sehr groß sein.

A.: Haben Sie eine Bahn gesehen, welche hierbei den nöthigen Widerstand leisten würde?

St.: Ja.

A.: Wo?

St.: Eine Eisenbahn, welche mit 4 Meilen Lasten zu tragen vermag, ich will sagen, eine Bahn, welche bei 4 Meilen Geschwindigkeit aushält, widersteht auch bei 12.

A.: Sie glauben, daß eine Bahn, auf welcher mit 12 Meilen in der Stunde gefördert würde, nicht stärker construirt zu werden braucht, als eine solche, wo man mit 4 Meilen in der Stunde fährt?

St.: Ich will hierauf eine Antwort geben. Ich darf wohl annehmen, daß Jedermann, welcher auf dem Eise gefahren ist, oder Personen auf demselben schleifen gesehen hat, bemerkt haben wird, daß dasselbe umso leichter trägt, je rascher man über dasselbe hinweggleitet.

A.: Setzt die Anwendung dieser Hypothese nicht voraus, daß die Eisenbahn vollkommen sei.

St.: So ist es.

A.: Setzen wir den Fall, eine dieser Maschinen liefe mit 9 bis 10 Meilen Ge=schwindigkeit und es käme ihr eine Kuh entgegen — wäre dies nicht ein fataler Umstand?

St.: Allerdings sehr fatal — für die Kuh.

Ein anderes Mitglied des Comités bestritt heftig die Möglichkeit, schneller als mit 6 Meilen zu fahren, so daß Stephenson schließlich, um zu einem Resultate zu kommen, 5 Meilen ansetzte.

Und jetzt? Es ist der Mühe werth, den Gegensatz durch einige Daten zu kennzeichnen. Die Geschwindigkeit der Personenzüge auf den englischen Bahnen beträgt bei den Expreß- und Mailtrains 44—52·8 engl. Meilen = 71—85 Kilometer. Der Continental-Expreßtrain der South Eastern Railway durchfährt die 83 engl. Meilen (141·6 Kilometer) lange Strecke von London bis Dover ohne Aufenthalt in einem Zeitraume von 1 Stunde 40 Minuten, was einer Geschwindigkeit von 85 Kilometern entspricht. Auf einigen anderen englischen Bahnen beträgt die Geschwindigkeit, und zwar: auf der Midland Railway 80 Kilometer, auf der London and North Western 79·7, auf der Great Northern 77·4, auf der Great Western 73·4, auf der London Chatam and Dover Ry. 71·7, auf der South Western 70·5.

Auch auf dem Continente hat der Schnellverkehr bedeutende Fortschritte gemacht. So verkehren zwischen Berlin-Wittenberg-Hamburg Schnellzüge, welche die 286 Kilometer lange Strecke unter Berücksichtigung des 14 Minuten betragenden Zeitunterschiedes in 3 Stunden 56 Minuten, also mit einer durchschnittlichen Geschwindigkeit von 72·7 Kilometer in der Stunde zurücklegen. Die Strecke Berlin-Hannover, 255 Kilometer, wird unter Berücksichtigung des 15 Minuten betragenden Zeitunterschiedes in 3 Stunden 58 Minuten, also mit einer durchschnittlichen Fahrgeschwindigkeit von 64·5 Kilometer in der Stunde zurückgelegt. Dagegen legt der österreichische Schnellzug Bodenbach-Wien die 518 Kilometer lange Strecke mit einer durchschnittlichen Fahrgeschwindigkeit von nur 57·7 Kilometer in der Stunde zurück, während der Schnellzug Berlin-Köln auf seiner 583 Kilometer langen Strecke 59·3 Kilometer in der Stunde leistet. Der Schnellzug Bordeaux-Paris legt die 585 Kilometer lange Strecke in 9 Stunden 43 Minuten, d. i. durchschnittlich 60·2 Kilometer in der Stunde zurück; er fährt also nur wenig schneller als der Berlin-Kölner Zug. Der amerikanische Schnellzug New-York-Chicago erreicht nicht einmal diese Fahrgeschwindigkeit, indem er 1467 Kilometer in 25 Stunden, in der Stunde sonach 58·6 Kilometer leistet. Nach der englischerseits angestellten Berechnung wären es freilich 1563 Kilometer, wonach 62·5 Kilometer auf die Stunde entfielen.

In jüngster Zeit ist vielfach die Frage aufgeworfen worden, ob die bisher erzielte Maximalleistung nicht vernünftigerweise als Grenze angesehen werden solle, und weiter, ob eine erhebliche Steigerung ohne Gefährdung des Zuges noch zu erzielen wäre. Eine Handhabe hiefür bieten die im Jahre 1890 auf der Strecke Paris-Sens stattgehabten Locomotivwettfahrten, an welchen sich die hervorragendsten französischen Eisenbahnen betheiligten. Es wurde hierbei ein doppelter Zweck verfolgt, indem man einerseits die Locomotiven an und für sich in der schnellsten, noch mit

Sicherheit vorzunehmenden Fahrgeschwindigkeit, anderntheils sie mit ihrer Zugkraft prüfen wollte. In der Schnellfahrt erreichte man 120—144 Kilometer in der Stunde, wobei die Crampton'sche Schnellzug-Locomotive der Ostbahn mit Flaman-

Inneres eines Waggons I. Classe der Eisenbahn Wiesbaden-Langenschwalbach.
(Nach einer vom Constructeur — Van der Zypen & Charlier in Cöln-Deutz — zur Verfügung gestellten Photographie.)

schem Doppelkessel den Sieg davontrug. Was die Zugkraft anbelangt, wobei man sich eines Dynamometers, das zwischen der Locomotive und den Wagen eingeschaltet war, legte eine Locomotive der Nordbahn mit einer Zuglast von 240 Tons 95 Kilometer in der Stunde zurück, während eine Locomotive der Ostbahn 294 Tons Last gegen heftigen Wind mit 82 Kilometer in der Stunde beförderte. Diese

Leistungen scheinen aber von den schottischen Bahnen noch übertroffen zu werden. Ein Berichterstatter des »Engineering« hat die bei den schottischen Eilzügen zwischen einzelnen Stationen vorkommenden Geschwindigkeiten genau ermittelt und gefunden, daß zweimal 149 Kilometer in der Stunde, und zweimal vollends 152 Kilometer erreicht wurden. Unter 117 Kilometer in der Stunde wurde nicht gefahren.

Aus dem beigegebenen Tableau ist zu ersehen, in welchem Maße die durchschnittliche Maximalgeschwindigkeit und das Zugsgewicht von Jahrzehnt zu Jahrzehnt zugenommen und wie sehr die äußere Erscheinung und die Art der Zusammenstellung der Züge — von der Construction der Locomotiven und der Wagen ganz abgesehen — sich geändert haben. Vielleicht noch drastischer als diese graphische Darstellung illustrirt der nachstehende Bericht den Zugsverkehr von heute mit dem in der ersten Kindheit der Eisenbahnen.

Jahr.	Darstellung der Länge und Zusammenstellung der Züge	Zuggewicht in Tonnen *)	Zuggeschwindigkeit in Knpr.Stde **)
1840		50	30
1850		90	42
1860		110	48
1870		170	56
1880		200	60
1890		280	70

*) Inclusive Maschin und Tender. — **) Fahrplanmäßig, alle inclusive Aufenthalte. (Die absolute Geschwindigkeit ist sonach entsprechend höher zu veranschlagen.)

Am 16. September 1838 wurde die Linie Leipzig-Dahlen eröffnet und schilderte ein Theilnehmer an dieser Fahrt seine Erlebnisse im »Leipziger Tageblatt« wie folgt:

»Wir fuhren im zweiten Wagenzuge um 7 Uhr Morgens von Leipzig ab
und erreichten Wurzen (25·6 Kilometer von Leipzig) ungefähr in ³/₄ Stunden.
Hier ſollte die Locomotive neue Füllung erhalten, was bei der des erſten Wagen=
zuges in einer halben Stunde bewerkſtelligt wurde. Nachdem wir hierauf gewartet
hatten, ſahen wir den erſten Zug weiterfahren und den Anfang mit der Füllung
unſerer Locomotive machen. Hierzu war ebenfalls ungefähr eine halbe Stunde
erforderlich und wir brachten auf dieſe Weiſe ungefähr eine Stunde in Wurzen
zu, und zwar im Wagen, da wir nicht ausſteigen durften, weil durch das Aus=
und Einſteigen zu viel Zeit verloren geht. Nach dieſem Aufenthalte langten wir
nach ¹/₄10 Uhr in Dahlen an. Nach ³/₄10 läutete die Glocke wieder zur Rückfahrt.
Nachdem alle Paſſagiere ihre Plätze eingenommen hatten und die Wagenthüren
ſorgfältig verſchloſſen waren, kam unſere Locomotive, die bisher müßig dageſtanden,
an unſere Seite und begann kaltes Waſſer einzunehmen, was — inbegriffen mit
der Zeit, die zur Entwickelung der Dämpfe von kaltem Waſſer nöthig war —
ungefähr ³/₄ Stunden dauerte. Obgleich die Locomotive, ſowie bei der Füllung
in Wurzen, nicht vor dem Wagenzuge ſtand, ſondern auf der Seitenbahn, war
den Paſſagieren demnach auch diesmal nicht geſtattet auszuſteigen, und verbrachten
daher wieder ein Stündchen wartend im Wagen. ¹/₂11 Uhr bewegte ſich der Zug
endlich in mittelmäßiger Schnelle bis Wurzen, wo die Locomotive durch falſche
Weichenſtellung in den Sand fuhr. Während des Herauswindens wurde es uns
erlaubt die Wagen zu verlaſſen, und bei unſerer Rückkehr fanden wir eine andere
Locomotive — den »Columbus« — die uns ungefähr in der Schnelle eines mäßigen
Schrittes bis zum Marchener Einſchnitte führte, dort aber ihre Functionen gänzlich
einſtellte. Wir ruhten hier ein Viertelſtündchen und fuhren dann wieder langſam
weiter, bis uns eine andere Locomotive entgegenkam, die uns raſch nach Leipzig
führte, ſo daß wir um ¹/₂2 Uhr Nachmittags daſelbſt eintrafen.« . . . Die Reiſe
auf der 43·2 Kilometer langen Strecke hatte alſo hin und zurück (86·4 Kilometer)
mit Einſchluß eines halbſtündigen Aufenthaltes zwiſchen Hin= und Rückfahrt
16¹/₂ Stunden erfordert.

Und nun ſtelle man die Dichtigkeit und Schnelligkeit des heutigen Zugs=
verkehrs dem gegenüber. Man denke an die 80 Millionen Paſſagiere, welche die
Londoner Metropolitan Railway jährlich befördert; an die 1000 Perſonenzüge,
welche täglich auf dieſer Bahn verkehren, zu denen noch 90 Güterzüge kommen,
welche dieſelbe Strecke (faſt ausſchließlich in den Nachtſtunden) befahren; an die
tauſend und mehr Güterwagen, welche auf den großen Londoner Güterſtationen
täglich ab= und zugehen. Wie koloſſal dabei die Transportmaſſen ſind, ergiebt ſich,
wenn man die auf einem Londoner Bahnhofe in einer Nacht abgehenden Ladungen
ſich vergegenwärtigt. Von Camden Town, dem Central=Güterbahnhof der größten
engliſchen Bahn, der London and North Western, gehen in jeder Nacht zwiſchen
8 und 4 Uhr an 1300 Wagen, einſchließlich der leeren Vieh= und Kohlenwagen
in die Provinz ab. Erwägt man ferner, daß mit dieſen Leiſtungen eine erſtaun=

liche Exactheit bei relativ beschränkten Raumverhältnissen verknüpft ist, daß durch
maschinelle Eingriffe die Manipulationen des Personals entlastet werden, durch
Disponirung der Arbeitsräume und Rangirgeleise in Etagen bei ausschließlicher Be=
nützung der Drehscheiben eine außerordentliche Beschleunigung der Manipulationen
erzielt wird, so bekommt man eine ungefähre Vorstellung von der Großartigkeit
dieses Betriebes.

Der treibende Impuls hierzu ist der Wettbewerb. Die unwirthschaftliche,
theilweise weit über das natürliche Bedürfniß hinausgehende Art dieses Wett=
bewerbes der großen Eisenbahngesellschaften wird von den betheiligten Kreisen selbst
zugegeben und hat bereits ein Regulativ darin gefunden, daß die Tarifconcurrenz
fast ganz aufgehört hat. Nur bezüglich der Fahrgeschwindigkeit und anderer dem
reisenden Publicum zu Gute kommenden Einrichtungen besteht der Wettbewerb noch
fort. Indes bringt das Publicum selber dem unnöthig gesteigerten, dabei die Be=
triebskosten übermäßig erhöhenden Schnellfahren mehr Abneigung als Sympathie
entgegen. Selbst aus dem Kreise der Verwaltungen werden Stimmen laut, welche
eine Verständigung bezüglich der Herabminderung der Fahrgeschwindigkeit, be=
ziehungsweise der Verminderung der Zahl schnellfahrender Züge das Wort reden.
Hierbei ist für das in England bestehende System potenzirter Leistung auf Grund
des Wettbewerbes bezeichnend, daß die Bahnen untereinander auf zweckmäßige Zug=
anschlüsse nicht die gehörige Rücksicht nehmen, da jede Bahn vorwiegend ihr eigenes
Interesse im Auge hat und wobei ein mächtiger Antrieb zu pünktlicher Betriebs=
führung, wie sie bei einem Bahnsystem, welches von einer Hand geleitet wird,
selbstverständlich ist, in Wegfall kommt. Ebenso bezeichnend ist, daß die Leistungen
der englischen Bahnen umsomehr nachlassen, je weniger ein Wettbewerb für sie
in Frage kommt und je weiter man in entlegenere, verkehrsärmere Bahngebiete
vordringt

Die Combinationen, welche sich aus der Schnelligkeit gewisser Zugsgattungen
einerseits und der absoluten Dichte des Verkehrs andererseits ergeben, finden ihren
Ausdruck in dem, was man die Zusammensetzung des Verkehrs nennt. Es
ist ohneweiters klar, daß je verschiedener das Schnelligkeitsmaß in der Fort=
bewegung der einzelnen Zugsgattungen auf einer und derselben Strecke ist, und
in je kürzeren Pausen die einzelnen Züge einander folgen, desto complicirter der
Betrieb sich gestaltet. In der Vielzahl der Kreuzungen und Ueberholungen, ver=
bunden mit den Abstufungen der Schnelligkeit, einschließlich der Durchfahrten der
Schnellzüge durch zahlreiche aufeinander folgende Stationen, bekundet sich ein
außerordentlich complicirter Betriebsmechanismus, dessen gefahrlose Ausübung nur
durch außergewöhnliche Sicherungsmaßregeln möglich ist.

Und damit sind wir bei dem Punkte angelangt, mit dem wohl eine der
größten Errungenschaften der Verkehrstechnik zusammenhängt — dem Signal=
wesen. In der Zeit, da der ganze Streckenbetrieb zu seiner Sicherung auf das
System der optischen Signale angewiesen war, wäre die Bewältigung eines Verkehrs,

wie er zur Zeit auf den großen Hauptbahnen Englands und des Continents
besteht, ein unlösbares Problem gewesen. Mit der allmählichen Beschleunigung und
Verdichtung des Verkehrs wurde die Reform des Signalwesens eine immer
dringendere. Mit der Einführung der akustischen Streckensignale glaubte man eine
Leistung vollführt zu haben, mit der man für absehbare Zeit das Auslangen
finden werde.

Bekanntlich lehrt die Noth beten. So nützte man denn die durch elektrische
Vorrichtungen zum Ertönen gebrachten Signalglocken zu einer großen Zahl von
telegraphischen Mittheilungen aus, deren Complicirtheit ebenso verwerflich war, als
die Wirksamkeit des Apparates an sich vielfach dann in Frage kam, wenn die
Entfernung des Streckenwächters vom Signalorte, oder ungünstige Luftströmungen
die Signale unvollständig den ersteren übermittelten. Die Folge war, daß die
akustischen Signale allmählich eine immer weitergehende Beschränkung fanden und
sich schließlich auf einige wenige Begriffe erstreckten.

Lange Jahre hindurch wurde auf diesem Gebiete des Eisenbahnwesens fort=
experimentirt und schließlich in der Signalgebung ein wahres Chaos geschaffen,
welches vornehmlich dadurch verschuldet wurde, daß, ohne Berücksichtigung der je=
weiligen Bedürfnisse und der Formen des Verkehrs und mit Außerachtlassung des
individualistischen Princips, Einrichtungen von fremden Bahnen und aus fremden
Ländern in den eigenen Betriebsapparat eingezwängt wurden. Dem Wesen nach
lassen sich alle diese Bestrebungen auf zwei Gesichtspunkte zurückführen: Auf die
Sicherung der Strecke mittelst der durchgehenden Signale und die localen Deckungs=
signale. Die letztere Einrichtung repräsentirt »den größten Fortschritt, den die
gesammte Betriebsmechanik der Eisenbahnen in der Jetztzeit gemacht hat«. Es ist
der zuerst in England in Anwendung gekommene »Reciprock=Verschlußapparat«
(Interlocking Apparatus), der seine größte Vervollkommnung in dem System der
Central=Weichenanlagen gefunden hat. Nach diesem System werden die
Weichen durchwegs durch Gestänge bewegt, welche mit Compensationsvorrichtungen
zum Ausgleich gegen die Längenausdehnung in Folge von Temperatureinflüssen
versehen sind. Die Signal= und Weichenhebel sind derart combinirt, daß sie absolut
eine Stellung der Signalvorrichtung verhindern, welche die Ein= oder Durchfahrt
an einem gefährdeten Punkte gestattet, ehe nicht alle Vorrichtungen, Weichen, Dreh=
scheiben, Schiebebühnen, aus deren unrichtiger Stellung Gefahren erwachsen können,
ordnungsmäßig gestellt sind.

Mit dieser zuerst in England verwirklichten Einrichtung hängt auch die
Concentrirung der bis dahin zersplitterten Thätigkeit und Verantwortlichkeit zahl=
reicher Functionäre in einer Hand zusammen. Der »Signalmann« kam zu Ehren.
Von seiner überhöhten Cabine aus überschaut er die Geleise und Weichen, deren
scheinbar unentwirrbare Verschlingungen vornehmlich auf den großen Londoner
Bahnhöfen alle Vorstellung übersteigen. Auf verhältnißmäßig kleinem Raume laufen
zahlreiche Geleise zusammen, ineinander, übereinander und untereinander, denn die

Kreuzungen erfolgen theils im Niveau, theils auf Viaducten, welche stellenweise übereinander liegen. Durch dieses Labyrinth winden sich täglich hunderte von Zügen und geben ein Bild von außerordentlicher Lebendigkeit, sowie auch von imponirender Ordnung ab. Im Central-Weichenthurme mancher englischen Station befinden sich an 70 und mehr Weichen und ebensoviele Signalhebel. Und dennoch reichen zur Bedienung dieser anderthalbhundert Hebel drei bis vier Signalmänner, welche unter der Aufsicht eines »Vormannes« (Foreman) stehen, aus.

Aus der Ausdehnung des Deckungssignalsystems von einzelnen Gefahrpunkten aus auf die ganze Bahnstrecke entwickelte sich der zweitgrößte Fortschritt, den die Betriebsmanipulation aufzuweisen hat: Die Einführung des Raumsystems an Stelle des Zeitsystems, d. h. die Trennung der Züge auf einer Bahn in ihrer Aufeinander- folge nach Raumdistanzen statt nach Zeitintervallen. Dieses Princip findet seinen Ausdruck in dem sogenannten Blocksignalsystem, dessen Wesen darin besteht, daß die Bahn in permanent abgesperrte Strecken abgetheilt wird, und daß kein Zug den Anfang einer solchen Strecke passiren darf, ehe nicht das Signal meldet, daß der vorangehende Zug das Ende dieser Strecke passirt habe. Es leuchtet ohne- weiters ein, daß mit diesem System die einzige rationelle Lösung des Problems, bei dichten Verkehren den Betrieb absolut sicher zu führen, erzielt wurde, während das System der Zeitintervalle beständig in sich die Gefahr barg, daß durch irgend eine Verzögerung des vorauslaufenden Zuges derselbe durch den nachfahrenden über den Haufen gerannt werden könnte.

Da der forschende und arbeitende Geist mit keinem Resultate sich zufrieden giebt und eine ausgeführte Idee meist den Keim zu neuen Ideen in sich birgt, ist man auch bei den vorstehenden Signalsystemen nicht stehen geblieben. Den größten Ansporn hierzu gaben die unerwarteten Fortschritte auf dem Gebiete der Elektrotechnik. Die Versuche hierin sind fast unübersehbar und zeigen zur Zeit mehr von ingeniöser Speculation als praktischer Ausführbarkeit. Hierzu zählen die soge- nannten Zugstelegraphen, d. h. die Möglichkeit der Verständigung zwischen fahrenden Zügen untereinander, beziehungsweise zwischen ersteren und den Stationen. Die diesbezüglichen Versuche, auf welche wir später näher eingehen werden, sind bisher vorwiegend in Amerika angestellt worden und haben im Allgemeinen das Stadium des Experimentes nicht überschritten.

Ein nicht minder dankbares Feld für die Speculation ergab die Telephonie. Sowie man seinerzeit bei Einführung der akustischen Signale an Stelle der optischen in ersteres ein fast unfehlbares Mittel entdeckt zu haben glaubte, erkannten San- guiniker in der Telephonie eine Art Arcanum, das alle elektrischen Telegraphen und einen großen Theil der Signale zu verdrängen berufen sei. Dahin ist es nun nicht gekommen, wenn auch die Anwendung des Fernsprechers im Eisenbahnwesen vielfach zur Vereinfachung und Beschleunigung der Geschäfte beigetragen hat, sofern er neben den bestehenden elektrischen Telegraphen- und Signalanlagen benützt wird. Das Verlockendste der Fernsprecheinrichtung ist die Bequemlichkeit, also gerade

dasjenige, dem im verantwortlichen Theile des Bahndienstes mit Vorsicht Geltung
und Zutritt gestattet werden darf. Was schließlich den telephonischen Verkehr
zwischen Zügen und Stationen anbetrifft, sind diesbezügliche Versuche in den Vereinigten Staaten von Amerika (Phelps, Smith, Edison, Batchelor) mit über-
raschendem Erfolge angestellt worden, ohne daß daraus allgemeiner Nutzen gezogen
worden wäre.

Die Fortschritte der Elektrotechnik führten, wie selbstverständlich, auch zu
dem Versuche, inwieweit die Elektricität als Kraftquelle bei Bremsvorrichtungen
Anwendung finden könnte. Man kann nicht sagen, daß diese Frage — wie die
zahlreichen aufgestellten Constructionen beweisen (Lartigue, Delebecque und Banderali,
Burlington, Eames, Achard, Duvelius, Widdifield, Bowman, Edison, Sawiczenski,
Siemens, Deprez) — vernachlässigt worden wäre. Indes ist es bisher nicht gelungen,

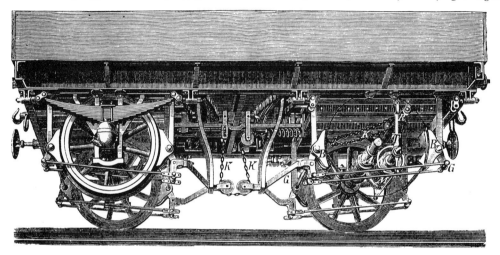

Achard's elektrische Bremse.

eine brauchbare Construction ausfindig zu machen, und geht in fachmännischen
Kreisen die allgemeine Ansicht dahin, daß die bisherigen versuchsweise gewonnenen
Resultate schwerlich in nächster Zeit die einfachen und sehr wirksamen Luftdruck-
und Saugbremsen verdrängen würden, ganz abgesehen davon, daß eine Vermehrung
der bereits in Verwendung stehenden Constructionen nicht wünschenswert sei.
Jeder complicirte Mechanismus leidet an dem Gebrechen, daß er gerade im
kritischen Momente versagen kann, somit seinen Zweck nicht erfüllt, seine Wirksamkeit
zu einem problematischen Factor macht. In der That wird sich auch der Laie von
der Subtilität einer solchen Vorrichtung eine ungefähre Vorstellung machen, wenn
er beispielsweise das überwuchernde Detail der obenstehend dargestellten Achard'schen
Bremse mit all' den Hebeln, Ketten, Spulen, Gelenkträgern, Elektromagneten u. s. w.
wahrnimmt. Der Apparat gleicht mehr einem Uhrwerke als dem Laufwerke eines
gewöhnlichen Eisenbahnwaggons. Alle sachlichen Bedenken gegen die elektrischen
Bremsen sind einer späteren Besprechung vorbehalten.

Von größerem, ja hervorragendem Nutzen hat sich die Ausnützung der Elektricität in der Construction von mannigfachen Controlvorrichtungen erwiesen, worunter jenen zur Feststellung der Zugsgeschwindigkeit und den mit dem Signalsystem integrirend verbundenen Controlapparaten eine hervorragende Bedeutung zukommt. Im Signalwesen sind die Controlvorrichtungen aus dem naheliegenden Grunde von principieller Wichtigkeit, weil sie auf dem Fundamentalsatze fußen, daß empfangene Aufträge oder Nachrichten rückbestätigt werden, Mißverständnisse also ausgeschlossen sind. Mit den mehr oder minder sinnreichen elektrischen Apparaten zur Controle der Fahrgeschwindigkeit, welche theils in eigens hierzu adaptirten, in den Zug einrangirten Wagen (»Meßwagen«) installirt, theils als Contactvorrichtungen am Bahngestänge angebracht sind, hat die Betriebsmechanik ein neues, sehr werthvolles Hilfsmittel gewonnen, dessen praktischen Nutzen Niemand verkennen wird.

Bei diesem Aufwande von Sicherheitsmitteln, welche zur Zeit auf allen Eisenbahnen Englands und der europäischen Culturstaaten, bei großer Mannigfaltigkeit der Dispositionen im Detail, functioniren, frägt man sich unwillkürlich, wie es kommt, daß auf den Bahnlinien der Vereinigten Staaten von Amerika, welche bislang all' die geschilderten complicirten Signalvorkehrungen nicht kannten, die Sicherheit kaum geringer sich gestaltete. Die mit großer Gründlichkeit durchgeführten statistischen Ausweise der amerikanischen Eisenbahnverwaltungen stellen dies unzweifelhaft fest. Nun darf freilich nicht übersehen werden, daß die Fahrgeschwindigkeit auf den meisten amerikanischen Bahnen bislang eine relativ geringere als auf den europäischen war, und daß bei der großen Ausdehnung des Netzes die Dichte des Verkehrs weit hinter der auf den abendländischen Linien zurückstand. Seitdem sind, zumal in den östlichen Staaten, die Maschen dieses Netzes immer enger und enger geknüpft worden und auch die Fahrgeschwindigkeit ist, wenigstens auf den Hauptlinien, gesteigert worden. Dadurch wurde denn auch in letzterer Zeit den Signalvorkehrungen größere Aufmerksamkeit geschenkt, und es wäre in der That mit seltsamen Dingen zugegangen, wenn der allgemeine Aufwand von Arbeitskraft und Intelligenz, wie er sich auf technischem Gebiete jenseits des Oceans bekundet, sich nicht auch auf das Feld, von dem hier die Rede ist, geworfen hätte. Manche, zum Theile sehr interessante Experimente, wie z. B. die Williams'schen und Phelps'schen Apparate für die telegraphische Correspondenz zwischen fahrenden Zügen und den Stationen, oder die Versuche eines telephonischen Verkehrs dieser Art durch Phelps, Smith, Edison u. A., sind zuerst in Amerika aufgetaucht.

Als principiell wichtig hat auch rücksichtlich der Signalgebung zur Sicherung des Betriebes das bewährte Axiom Geltung behalten, daß die Complicirtheit der Vorkehrungen nicht die conditio sine qua non für das Ausmaß der Sicherheit sein kann, und daß auch diesfalls — wie überhaupt auf allen Gebieten des Eisenbahnwesens — dem individualisirenden Elemente der größte Spielraum zu gewähren

ift, da erfahrungsgemäß ein und dasſelbe Signalſyſtem ſich für die eine Bahn als
zweckmäßig, für eine andere aber als das gerade Gegentheil erweiſen wird, und
daß einfacheren Formen, wenn ſie den örtlichen Verhältniſſen entſprechen, eine höhere
Gewähr der Sicherheit zukommt als complicirteren, wenn dieſe dem Conſtructions=
ſyſtem der Bahn nicht entſprechen. Weiter können wir auf dieſe Frage nicht ein=
gehen, da deren eingehendere Beleuchtung einem beſonderen Abſchnitte dieſes Werkes
vorbehalten iſt.

Die Ausgeſtaltung, welche das Eiſenbahnweſen rückſichtlich ſeiner Leiſtungs=
fähigkeit erlangt hat, hängt — von den vorſtehend flüchtig berührten Betriebs=
einrichtungen abgeſehen — in erſter Linie mit dem die Fortbewegung bewirkenden
mechaniſchen Apparat zuſammen. In der That bildet das Eiſenbahnmaſchinen=
weſen ein für ſich ſcharf abgeſchloſſenes Ganzes und iſt als ſolches die jüngſte der
praktiſchen Wiſſenſchaften. Seine Bedeutung iſt umſoweniger zu verkennen, als, wie

bereits in den einleitenden Zeilen
angedeutet wurde, der Verkehr auf
dem mechaniſchen Bewegungsappa=
rate fußt, und daß die rationelle
Ausgeſtaltung dieſes Apparates
durchaus auf wiſſenſchaftlichen
Principien beruht, die ihrerſeits
von den Erfahrungen der Phyſik
und Mechanik getragen werden.

Der Anfang des Maſchinen=
weſens bei den Eiſenbahnen ſteckte
noch tief in roher Empirie. Es
gab keine Vorbilder, keine Er=
fahrungen: alles mußte erſt aus

Stephenſon's Preis=Locomotive »Rocket« (1828).

den ſich haſtig überſtürzenden Ideen herauskryſtalliſiren, auf dem Wege des Ex=
perimentes erprobt werden. Bei der erſten Locomotivbahn iſt »keine Formel ent=
wickelt, keine Gleichung gelöſt worden. Das ungelehrte Talent, das geſunde prak=
tiſche Denken des Volkes, die ſchwielige Hand des Arbeiters hat ſie allein geſchaffen«.
Bekannt ſind die denkwürdigen Worte Georg Stephenſon's, der, von den Stich=
und Kreuzfragen der gewandteſten Fachmänner und Redner des Parlaments in die
Enge getrieben, ausrief: »Ich kanns nicht ſagen, aber ich werde es machen.«

Und merkwürdig genug: ſeit Stephenſon's erſter Locomotive ſind faſt ſieben
Jahrzehnte verſtrichen, und noch iſt die beſte Type nicht unbeſtritten feſtgeſtellt.
Jedes Land, ja jede Werkſtätte hat ihre Muſterkarte von Typen, und prüft man
eine Collection von mehreren hundert Conſtructionen, ſo wird man theils prin=
cipielle, theils nebenſächliche Abweichungen entdecken. Dadurch erhält gerade das
Maſchinenweſen der Eiſenbahnen ein Element der Unruhe, des Suchens und Com=
binirens, wobei ein großartiger Aufwand von Intelligenz in die Erſcheinung tritt,

der sich glücklicherweise in der letzten Zeit mit dem thatsächlichen Können insoweit paart, als ein Grad von Vollkommenheit erreicht worden ist, der nicht leicht noch gesteigert werden könnte.

Sehen wir zu, wie diese Dinge sich entwickelt haben. Als die erste Eisenbahn (Liverpool=Manchester) der Vollendung nahe und der maschinelle Betrieb auf derselben im Principe angenommen war, erfolgte eine Preisausschreibung für die

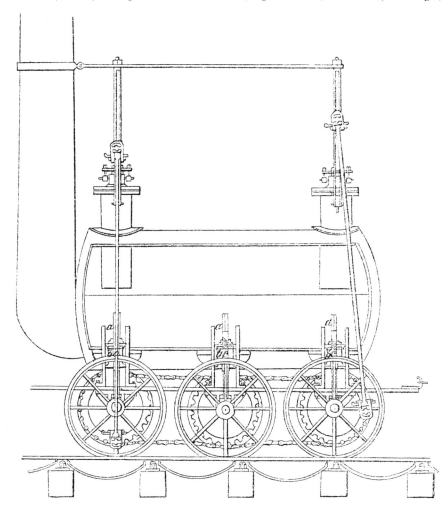

Locomotive von Losh und Stephenson (1830).

beste Locomotive. Die Bedingungen waren: 1. Die Maschine soll ihren Rauch verzehren; 2. die Maschine soll bei einem Gewicht von 6 Tons täglich 20 Tons Last einschließlich des Tenders und Wasserbehälters mit 10 Meilen (engl.) Ge=schwindigkeit in der Stunde bei einer Dampfspannung, welche 50 Pfund auf den Quadratzoll nicht übersteigen darf, zu ziehen vermögen; 3. der Kessel soll zwei Sicherheitsventile besitzen, von denen keines befestigt sein darf und eines der Con=trole des Maschinenwärters entzogen werden kann; 4. Maschine und Kessel müssen auf Federn und sechs Rädern ruhen; das Ende des Schornsteins darf nicht höher als 15 Fuß über der Bahn liegen; 5. das Gewicht der Maschine soll bei gefülltem Kessel 6 Tons nicht überschreiten; einer leichteren Maschine wird der Vorzug gegeben, wenn sie eine verhältnißmäßige Last zu ziehen vermag; wenn das Gewicht 5 Tons nicht übersteigt, braucht die zu bewegende Last nur 15 Tons zu betragen; bei Maschinen von nur 4¹/₂ Tons und darunter genügen 4 Räder; 6. ein an der Maschine befestigtes Quecksilber-Manometer soll Dampfspannungen über 45 Pfund auf den Quadratzoll ablesen lassen; 7. die Maschine muß bis längstens 1. October 1829 für die Probefahrt an das Liverpooler Ende der Bahn bereit gestellt werden; 8. der Preis der Maschine darf 550 Pfund Sterling nicht übersteigen.

Von den Maschinen, welche sich zur Concurrenz eingefunden hatten, soll hier nur von Stephenson's »Rocket«, dem ein ebenso hohes historisches als sachliches Interesse zukommt, die Rede sein. Der »Rocket« unterschied sich von allen bisher construirten Maschinen zunächst durch die Art der Dampfheizung. Im Kessel waren 25 kupferne Röhren, durch welche die heißen Gase strömten. Die große Feuerfläche, welche dem Wasser hierdurch geboten wurde, mußte die Dampfentwicklungsfähigkeit selbst außerordentlich heben. Die Cylinder waren zu beiden Seiten des Kessels angebracht und

Englische Schnellzugs-Locomotive vom Jahre 1832.

jeder wirkte nur auf ein Rad. Das Blasrohr, die in der Schornsteinmitte vertical aufwärtssteigende Fortsetzung des Dampfaustrittes, verursachte eine Zugwirkung, welche ohne diese Vorrichtung nur durch einen außergewöhnlich hohen Schornstein oder durch ein Gebläse zu erzielen gewesen wäre. Der »Rocket« hatte bei der Probefahrt bei 4¹/₂ Tons Eigengewicht einen Zug von 12³/₄ Tons mit einer mittleren Geschwindigkeit von 13·8 Meilen (englische) per Stunde transportirt, also 13·8 × 17 = 234·6 Meilentons geleistet. Diese Leistung ist vornehmlich in Bezug auf diejenige späterer Locomotiven von principiellem Interesse.

Die äußere Erscheinung und die Anordnung der maschinellen Organe am »Rocket« sind aus der beigegebenen Zeichnung zu ersehen. Trotz der imponirenden Ausgestaltung, welche das Maschinenwesen im Laufe der Zeit genommen hat, vermißt man an jenem Urbilde keines der wichtigsten constructiven Elemente. Man hat sie verbessert, combinirt und complicirt, man hat, auf Grund der fortschreitenden Eisentechnik, das zu verwendende Material bis zu einem Maximum der Wider-

standsfähigkeit verbessert, und der Dimensionirung der einzelnen Theile so weit
Grenzen gesteckt, als nur immer zulässig war: aber das principiell Typische an
einer Locomotive hat keine Aenderung erfahren. Dafür erlangte eine ganze Reihe
von Factoren eine Bedeutung für die Constructionen, die sich noch zur Zeit fort
und fort vermehren und compliciren und die den Constructeur vor immer neue
Probleme stellen, da die gegebene Spurweite, die Breite, Höhe und Länge der
Motoren unübersteigliche Grenzen bilden.

Hierfür ein Beispiel. Die Leistungsfähigkeit einer Locomotive wird vorwiegend
bedingt durch die Dampferzeugung und Zugkraft. Beide Factoren laufen parallel,
da die intensivere Dampferzeugung einen größer dimensionirten Kessel bedingt,
welcher seinerseits wieder das Adhäsionsgewicht der Locomotive erhöht, und damit
die Zugkraft. Nun müssen aber die Kessel einen kreisrunden Querschnitt haben, um

Schnellzugs-Locomotive vom Jahre 1837.

dem hohen Dampfdruck entsprechenden Widerstand zu bieten. Die Größe des Querschnittes richtet sich aber nach der Spurweite; außerdem kommt ein großer Kessel
höher über die Ränder zu liegen, wodurch die Maschine an Stabilität einbüßt.
Die vorbezeichnete Beschränkung im Durchmesser der Kessel führte zu dem Auskunftsmittel, sie entsprechend länger zu dimensioniren. Damit ist aber eine Vermehrung
der Achsen verbunden, der totale Radstand wird ein sehr bedeutender und die
Locomotive dadurch ungeeignet, durch starke Krümmungen zu fahren. Es wirkt
sonach, wie zu ersehen, immer ein Factor auf den anderen, oder mehrere zugleich
aufeinander, und die Folge ist, daß die einzelnen Organe in ihrer constructiven
Gesammtheit immer wieder anders angeordnet werden. Die Summe der sich hierbei
ergebenden Auskunftsmittel ist in erster Linie die Ursache der großen zur Zeit
bestehenden Verschiedenheiten der Typen, wobei noch die örtlichen Verhältnisse und
die jeweilige Construction der Bahn in Betracht kommen. Außerdem fußt der
rationelle Maschinendienst fast durchwegs auf Erfahrungs-Coëfficienten, indem die

Größen der Adhäſion, der Zugkraft und der effectiv zur Nutzbarmachung gelangenden Dampfſpannung, der Zugswiderſtände u. ſ. w. Factoren ſind, denen keine abſoluten Werthe zukommen.

Kein Wunder alſo, daß der geſammten Entwickelung des Maſchinenweſens der Eiſenbahnen das Gepräge des Experimentellen aufgedrückt iſt, und daß die typiſchen Repräſentanten von Locomotiven innerhalb beſtimmter Zeitabſchnitte Stadien aufweiſen, welche theilweiſe einen rationellen Fortſchritt darſtellen, theilweiſe als unzweckmäßige, ja ſelbſt ungeheuerliche Abnormitäten das Staunen des nachgeborenen Technikers erregen. Vergleicht man die Glieder der ganzen langen

Schnellzugs-Locomotive vom Jahre 1850.

Kette mit einander, ſo möchte man ſich zu der Anſicht hinneigen, daß das mechaniſche Genie nicht geboren, ſondern erzogen wird. Ein in allen ſeinen Theilen ſo vollkommener und harmoniſcher Mechanismus, wie ihn eine der modernen Locomotiv-Typen darſtellt, würde ſelbſt das größte Genie nie und nimmer in einem Guſſe fertig gebracht haben. Es ſteckt etwas vom Darwin'ſchen Entwickelungsgeſetze in dieſem Sachverhalte.

Die hier abgebildeten Locomotivconſtructionen geben einen guten Ueberblick auf das allmähliche Fortſchreiten des Maſchinenbaues. Zunächſt ſehen wir eine dem »Rocket« ähnliche, von Stephenſon und Loſh im Jahre 1830, alſo unmittelbar nach der Eröffnung der Eiſenbahn Liverpool-Mancheſter, conſtruirten Maſchine. An ihr ſind weniger die ſenkrecht angeordneten Cylinder, als der erſte Verſuch, durch Kuppelung der Räder das Adhäſionsgewicht der Maſchine zu erhöhen, bemerkenswerth. Auf welche Weise dieses Princip zu verwirklichen angestrebt wurde, geht aus der Zeichnung so klar hervor, daß weitere Worte überflüssig sind.

Ein ganz anderes Bild giebt die Schnellzugsmaschine vom Jahre 1832. Zwei Jahre haben genügt, die eigenthümliche Gestalt der ersten Locomotive in einer Weise umzuformen, daß diese Construction bereits sehr dem Bilde sich nähert, welches wir uns von einer Locomotive vor Augen halten. Charakteristisch für diese von Carmichael u. Co. zu Dundee für die Bahn Dundee=Newtyli gebaute Maschine sind das große Treibräderpaar, durch welches sie sich als Schnellläufer kennzeichnet, und die zu einem Drehgestell (»Truck«) vereinigten zwei rückwärtigen

Tender=Locomotive mit combinirtem Drehgestell. Dienstgewicht 43 Tons.
(Nach einer vom Constructeur — Kraus & Co. — zur Verfügung gestellten Photographie.)

Achsen. Die Cylinder stehen noch senkrecht, wie bei den vorangegangenen Con=structionen. Durch eine Hebelanordnung wird die lothrechte Bewegung der Kolben=stange in die kreisförmige Bewegung der Treibräderkurbeln umgesetzt. Diese Loco=motive wog in dienstgemäßer Ausrüstung 9·25 Tons, von welchem Gewichte nur ein Theil für die Adhäsion nutzbar gemacht war. Einen ganz wesentlichen Fort=schritt zeigt die auf S. 27 abgebildete Schnellzugs=Locomotive vom Jahre 1837.

Eine Bestätigung unserer obigen Bemerkung, daß in der Entwickelung des Locomotivbaues zuweilen Rückfälle zu unzweckmäßigen Constructionen sich geltend machten, bietet die hier abgebildete Schnellzugs=Locomotive vom Jahre 1850. Eine wahre Carricatur einer Locomotive! Von der Dimensionirung der einzelnen Theile abgesehen, welche den ganzen Typus zu einem höchst abenteuerlichen Aussehen

verhilft, wird dem Beſchauer freilich nicht entgehen, daß hier bereits eine wohl=
durchdachte Anordnung der einzelnen Organe in die Erſcheinung tritt: die Ver=
legung der ungemein großen Treibräder — durch welches ſich die Maſchine als
Schnellläufer kennzeichnet — nach rückwärts, die Lage der Dampfcylinder
und die Anordnung von drei Laufachſen als Drehgeſtell unter dem Keſſel. Alles
Uebrige aber kann als Fortſchritt nicht bezeichnet werden, weder der grotesque
Schlot, noch der wunderlich geformte Dampfdom und nicht minder die plumpe
Einrichtung des Führerſtandes, welche allerdings eine Idee verkörpert, die erſt
einige Luſtren ſpäter Eingang fand.

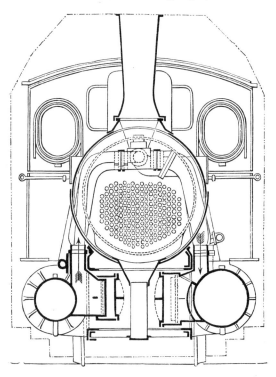

Compound=Locomotive.

Im Laufe der Zeit hat ſich der
Locomotivbau in unzählige Con=
ſtructionsſyſteme zerſplittert. Indes
treten aus der großen Muſterkarte
von Typen einige derſelben als charak=
teriſtiſch für die ganze Gattung ſcharf
hervor. Andere wieder beſitzen in ihren
Organen die Kennzeichen zeitweiliger
Experimente in einer beſtimmten
Richtung, handelt es ſich nun um
rein maſchinelle Principien oder um
die Anpaſſung der Conſtructions=
ſyſteme an örtliche Verhältniſſe. Hierzu
gehören die auffälligen Abweichungen,
z. B. Belpaire's Balanciermaſchine,
die »Steyerdorf« mit der Blindachſe,
Fairlie's »little Wonder« —
eine unter falſcher Flagge ſegelnde
alte deutſche Erfindung —, dann
Meyer's und Fell's Gebirgs=
maſchinen, Grund's Locomotive, die
Syſteme Wetli, Riggenbach, Locher und Abt für den Gebirgsbetrieb, Engerth's
Tender=Locomotive und die vielen anderen aus vorſtehenden Conſtructionen hervor=
gegangenen Spielarten, z. B. Mallet's Viercylindermaſchine (Duplex), die
Flaman'ſche Doppelkeſſel=Locomotive, Kraus' Gebirgsmaſchine mit combinirtem
Drehgeſtell, und die mancherlei, zum Theile von den Grundtypen ſehr abweichenden
amerikaniſchen Conſtructionen, über welche wir ſpäter referiren werden.

Die ſtetig wachſenden Anforderungen an die Fahrgeſchwindigkeit einerſeits
und an die Zugkraft anderſeits, gaben dem Maſchinenweſen bei den Eiſenbahnen
neue Antriebe zu fortſchreitender Entwickelung. Für den Schnellverkehr iſt die
Crampton'ſche Locomotive mit ihrer hinter der Feuerbüchſe liegenden Treibachſe,
deren Räder einen Durchmeſſer von über 2 Meter haben, typiſch geworden. Die

meiſten anderen Conſtructionen dieſer Art verlegen die Treibachſe in die Mitte, wieder andere ſchalten noch eine Kuppelachſe ein, wozu noch die Combinationen von einzelnen Laufachſen oder Trucks hinzukommen. Die engliſchen Schnellzugs= Locomotiven haben meiſt nur eine Treibachſe, deren Räder einen außergewöhnlich großen Durchmeſſer (bis 2·5 Meter), ein vorderes zweiachſiges Drehgeſtell und eine hintere feſte Laufachſe haben.

Behufs Erzielung einer größeren Zug= kraft vermehrte man die Zahl der Achſen, welche gekuppelt wurden, wodurch — weil der Bewegungsantrieb von den Dampfcylindern aus gleichzeitig auf alle Räder wirkt — das volle Adhäſionsgewicht der Locomotive aus= genützt werden konnte. Da aber bei der er= wähnten Beſchränkung des Querſchnittes der Keſſel dieſe, um eine möglichſt große Dampf= leiſtung zu ergeben, eine unverhältnißmäßige Länge erhielten, luden ſie ſowohl nach vorne als nach hinten übermäßig aus, da die Kuppel= achſen einen ſehr kurzen totalen Radſtand er= halten mußten, um bei der Durchfahrt von Curven nicht zu ſchwerfällig zu werden. Dieſe Anordnung hatte und hat den Fehler, daß ſolche Locomotiven in der Bewegung ſtark ſchlingern und überhaupt einen unruhigen Gang haben. Um dieſen Uebelſtand zu paralyſiren, ſchaltete man unter den Vordertheil des Keſſels eine Laufachſe oder vollends ein zweiachſiges Truckgeſtell ein, während das rückwärtige Ende der Locomotive gleichfalls eine Laufachſe zu ihrer Unterſtützung erhielt. Eine ſolche ſiebenachſige Locomotive führen wir in einer trefflichen bildlichen Darſtellung (Voll= bild) vor. Sie leiſtet wohl das Aeußerſte, was ſich in der Vielzahl von Achſen er= zielen läßt.

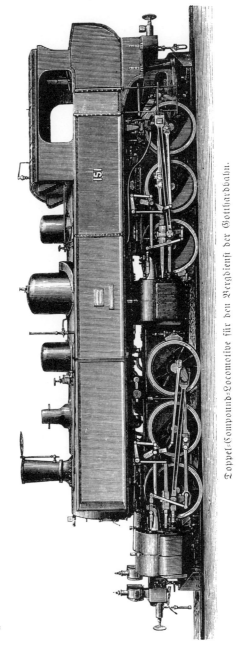

Doppel=Compound=Locomotive für den Bergdienſt der Gotthardbahn.

Einen weiteren Fortſchritt im Maſchinenbau bezeichnet die Compound= Locomotive, oder, wie ſie entſprechend den deutſchen Beſtrebungen nach Sprach= reinigung genannt wird: die »Verbund=Locomotive«. Das Princip dieſer Conſtruction, welches bei feſtſtehenden Dampfkeſſeln ſchon ſeit längerer Zeit ausgedehntere An=

Amerikaniſche Compound=Locomotive (Syſtem Pland in). Dienſtgewicht 60·7 Tons.

(Nach einer vom Conſtructeur — Baldwin Locomotive Works in Philadelphia — zur Verfügung geſtellten Photographie.)

wendung ge=
funden, be=
ruht auf der
rationellen
Ausnützung
des Dampfes,
welche bei den
nach dieſem
Principe ge=
bauten Ma=
ſchinen darin
beſteht, daß
auf jeder
der Locomo=
tiven ein Cy=
linderpaar
angeordnet
iſt. Der
Dampf tritt
zunächſt in
den kleinen
Cylinder,
wirkt auf den
Kolben, indem
er theilweiſe
expandirt,
nimmt dann
ſeinen Weg in
den größeren
Cylinder auf
der anderen
Seite der Lo=
comotive, voll=
endet hier ſeine
Expanſion
und entweicht
durch den
Schornſtein.
Die Verbund=
Locomotive
verbraucht

Englische Güterzugs-Tenderlocomotive (Dienstgewicht 47 Tons).
(Nach einer Photographie des Constructeurs: Dubs & Co. in Glasgow.)

demnach weniger Dampf und nützt die Expansion desselben in höherem Grade aus, als die gewöhnliche Locomotive. Die erste Maschine dieser Art, welche im Jahre 1876 von dem schweizerischen Ingenieur Mallet construirt wurde, erhielt durch den deutschen Ingenieur v. Borries dadurch eine wesentliche Verbesserung, daß durch ein selbstthätiges Ventil beim Anfahren auch in den großen Cylinder Dampf einströmt, und daß dieser Zufluß erst dann abgesperrt wird, wenn in dem Verbindungsrohre zwischen den beiden Cylindern und ihren Schiebern die richtige Dampfspannung eingetreten ist.

Um die Leistungsfähigkeit der Locomotiven zu steigern, hat der Scharfsinn der Maschinentechniker nicht geruht und er erachtet seine Aufgabe noch lange nicht für gelöst. So haben die Ingenieure Mallet und Brunner das »Duplex«-System ersonnen, d. h. eine viercylindrige Locomotive, deren Mechanis=

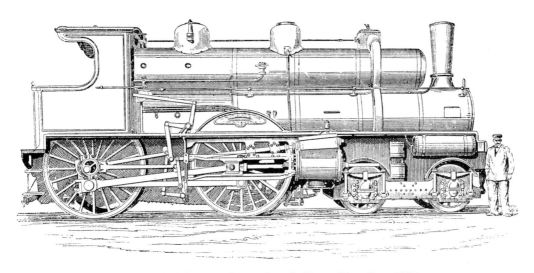

Französische Schnellzugs=Locomotive mit Flaman'schem Doppelkessel.

mus in zwei, unter einem gemeinschaftlichen Kessel hintereinander laufenden Motoren= gruppen getrennt ist. Die besonderen Vorzüge dieser Construction liegen in der Unterbringung der Munition (Wasser und Kohle) auf dem Motor selbst und in der Theilbarkeit der gesammten Zugkraft auf eine größere Anzahl Treibräder mit möglichst zwanglosem Lauf der einzelnen Räderachsen. Die Abbildung auf S. 31 veranschaulicht eine solche von Maffei in München für die Gotthardbahn gebaute Maschine.

In anderer Weise hat Flaman die Anforderung an höhere Zugleistung gelöst. Sein System besteht in der Anordnung zweier cylindrischer Kessel übereinander, die durch drei kurze, weite Stützen miteinander verbunden sind. Beide Kessel sind mit der Feuerbüchse vereinigt, die zu diesem Zwecke entsprechend höher als gewöhn= lich gebaut ist. Der untere Kessel, in welchem die Siederohre liegen, ist größer als der obere, welcher bis etwa zur Hälfte Wasser enthält, während die obere

Hälfte den Dampfraum bildet. . . . In anderer Weiſe wieder löſt die amerikaniſche
Strong-Locomotive die Anforderung größerer Leiſtungsfähigkeit. Dieſe Locomotive hat zwei Heizkammern, die ſich zu einer Verbrennungskammer vereinigen.

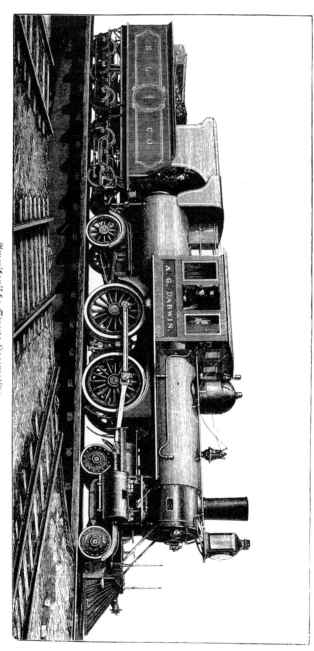

Amerikaniſche Strong-Locomotive.

An letzterer ſchließt ſich der
zweitheilige Röhrenkeſſel an.
Die beiden Heizkammern ergänzen ſich gegenſeitig: während
in der einen das Feuer ange-
macht wird, muß in der andern
ein lebhaftes Feuer unterhalten
werden, damit die halboxydirten
Gaſe, welche der erſteren ent-
ſtrömen, durch die beſonders
heißen Gaſe der letzteren in der
Verbrennungskammer vollſtändig oxydirt werden. Der Ver-
brennungsproceß iſt ſonach ein
ſehr energiſcher und es kann
auch ſchlechtes Brennmaterial
zur Verwendung kommen.

Das moderne Eiſenbahn-
weſen hat ſich auch Motoren
zu Nutze gemacht, welche den
herkömmlichen Begriff von einer
Locomotive — nämlich eines
mit einem Feuerherde verſehenen
mechaniſchen Fahrapparates —
nicht decken. Wir haben hierbei
weniger die Motorenwagen der
elektriſchen Eiſenbahnen, welche
einen Typus des techniſchen
Verkehrsweſens für ſich bilden,
vor Augen, als vielmehr ſolche
Motoren, welche entweder durch
comprimirte Luft, oder durch
überhitztes Waſſer (Francq's
Heißwaſſer-Locomotive), oder
durch Einleitung eines chemiſchen Proceſſes (Honigmann's Natron-Locomotive) u. ſ. w.
in Bewegung geſetzt werden. Wir kommen auf dieſe Conſtructionen, zu welchen
auch die Locomotive mit »gemiſchter Feuerung« (Kohle und Petroleum) zu zählen
iſt, in einem ſpäteren Abſchnitte zurück.

Mit den stets wachsenden Ansprüchen an die Leistungsfähigkeit der Locomotiven und den Bestrebungen der Constructeure, diesen Forderungen gerecht zu werden, haben manche Typen eine Dimensionirung und damit ein Totalgewicht erlangt, das zu über=schreiten kaum mehr mög=lich sein dürfte. Von den 4½ Tons des Stephenson=schen »Rocket«, ist man allmählich auf 10, 20, 30 Tons übergegangen, alsdann bei den schwersten Typen auf 40 und 50 Tons. Zur Zeit ist man über dieses Maxi=mum weit hinaus. Die vorerwähnte Maffei'sche Duplex=Compound=Loco=motive hat, bei einem totalen Radstand von 8·1 Meter und einer Länge von 13·7 Meter, ein Dienstgewicht von 86 Tons und ist zur Zeit die schwerste Maschine dieser Art auf der ganzen Erde. In den Vereinigten Staaten von Amerika ist jüngst eine Locomotive aus den berühmten Bald=win'schen Werkstätten zu Philadelphia für die Grand-Trunk-Railway in Canada hervorgegan=gen, welche ein Dienstge=wicht von 88½ Tons hat.

Aber auch diese Riesenmaschine ist bald überholt worden. Die

Nordamerikanische Locomotive. Dienstgewicht 88½ Tons.
Nach einer vom Constructeur — Baldwin Locomotive Works in Philadelphia — zur Verfügung gestellten Photographie.)

Hyde Park Locomotive Works zu Glasgow — wohl die großartigste Werkstätte in Europa — haben eine größere Zahl von Doppel=Locomotiven nach dem System Fairlie gebaut, welche für den Betrieb der langen Steigungen von 40%/₀₀ mit Krüm=mungen von 100 Meter Radius der Bahn von Vera Cruz nach Mexico bestimmt sind. Das Gewicht einer solchen sechsachsigen Tendermaschine ist mit vollen Vorräthen über 90 Tons, der Preis über 50.000 Gulden. Freilich leistet dieser Motor das Doppelte wie eine gewöhnliche schwere Gebirgsmaschine. Damit nicht genug, haben die Rhode Island Locomotive Works in jüngster Zeit für die mexikanische Central= bahn Locomotiven construirt (System Fairlie), deren Dienstgewicht 130 Tons beträgt! Das ist zur Zeit die schwerste Type. (Siehe das Vollbild.)

* * *

Eintheilung der Eisenbahnen.

Wenn wir das Eisenbahnwesen in seiner heutigen universellen Ausgestaltung überschauen, erkennen wir an demselben den ausgeprägten Zug der Individuali= sirung. Die Eisenbahnen sind der Natur der Sache nach der vollkommenste Ausdruck des Verkehrswesens, und da das letztere bezüglich seiner charakteristischen Formen aus den nationalen Bedürfnissen und Eigenthümlichkeiten hervorgeht, tragen auch die Einrichtungen der Transportmittel ein diesem Sachverhalte entsprechendes Ge= präge, das von Volk zu Volk, von Land zu Land zum Theile sehr tiefgehende Verschiedenheiten im Gefolge hat. Sie sind theils wirthschaftlicher, theils technischer Natur, im Großen und Ganzen aber durch die örtlichen Verhältnisse, eingelebten Bedürfnisse und herrschenden Gewohnheiten bedingt.

Eine Charakterisirung der jeweils in die Erscheinung tretenden Formen würde hier zu weit führen und überdies im Verlaufe dieser Schrift zu unliebsamen Wiederholungen Anlaß geben, da wir noch reichlich Gelegenheit finden werden, den bei den Eisenbahnen — vornehmlich was die Typen der Fahrbetriebsmittel anbelangt — herrschenden Individualismus das Wort zu reden. Zugleich aber muß hervorgehoben werden, daß selbst innerhalb relativ beschränkter Gebiete eine große Mannigfaltigkeit der Constructionsweisen, je nach den angestrebten Zwecken in den localen Bedingungen, zur Geltung kommt. Damit hängen wieder zahlreiche andere Factoren zusammen, welche dem Eisenbahnwesen jene große Schmiegsamkeit verliehen haben, die ihren Ausdruck in den verschiedenen Systemen und in den ihre Rangordnung bestimmenden Abstufungen der Leistungsfähigkeit, finden.

Es ist also begreiflich, daß die Eisenbahnen eines und desselben Landes ein sehr buntes Bild abgeben, wenn man sie vom Standpunkte der mancherlei Zwecke, denen sie dienen, beurtheilt. Die überwiegende Mehrzahl aller bestehenden Eisen= bahnen sind Adhäsionsbahnen, bei welchen die Zugkraft der Locomotiven ver= möge der Reibung ihrer glatten Treibradumfänge auf den Schienenköpfen aus= geübt wird. Es liegt in der Natur der Sache, daß hierbei immer nur mäßige Steigungen bewältigt werden können. Selbst bei den die Alpen übersteigenden inter= nationalen Bahnlinien gehen die größten Steigungen in der Regel nicht über 25 auf 1000 (1 : 40) und niemals über 40 auf 1000. Nur in vereinzelten Fällen, wenn die Art des Verkehrs ganz leicht zu bildende Züge gestattet, hat man stärkere Steigungen zur Ausführung gebracht, z. B. bei der nur dem Per=

Gebirgslocomotive System Fairlie.

(Für den Betrieb auf der mexicanischen Centralbahn, zur Zeit die schwerste Locomotive
der Welt. Dienstgewicht 130 Tons.)

jonenverkehr dienenden Bahn zwischen Enghien und Montmorency 45 auf 1000 (1 : 22·2), und in der Bahnlinie von der Stadt Zürich nach dem Uetliberg im Maximum 70 auf 1000 (1 : 14).

Die Grenze, welche den Adhäsionsbahnen gezogen ist, wirkt in hohem Maße auf die Gestaltung der Trace, auf ihre Entwickelung im schwierigen Terrain zurück, und dieser Umstand hat gerade in jüngster Zeit, d. h. seitdem der Gebirgsbahnbau — dank dem Aufwande an maschinellen Hilfsmitteln, welche sich ihm dienstbar erwiesen — in ein rascheres Tempo gekommen ist, der Eisenbahntechnik ein weites Feld für ihre Leistungsfähigkeit eröffnet. Hierbei machen sich

Georgtown-Zweigbahn der Union-Pacificbahn (Colorado).

zwei Gesichtspunkte geltend, indem nämlich einerseits die Ueberwindung bedeutender Niveaudifferenzen durch eine complicirte Anlage von Schleifen angestrebt wird, während man ihnen anderseits durch lange Tunnels in relativ tiefen Lagen auszuweichen trachtet. In besonders schwierigen Fällen erweist sich eine Combination beider Principien als unerläßlich. Die Gotthardbahn beispielsweise, in der zur

Zeit die längste Tunnellirung der Welt liegt, bedurfte gleichwohl, um die offene
Bahn bis zu den beiden Mundlöchern des großen Tunnels führen zu können, ein
großartiges System von Schleifenanlagen, Kehr= und Spiraltunnels, in welcher
sie von keiner anderen Bahn übertroffen wird.

In Bezug auf die Disponirung der Trace als offene Bahn in einem Terrain
von geringer Erstreckung, aber großen Niveaudifferenzen, darf die Schwarzwald=
bahn als ein typisches Vorbild hingestellt werden. Zur Vermeidung kostspieliger
Thalüberbrückungen und der Anlage eines langen Haupttunnels, wurde die Linie
der Plastik des Gebirges angepaßt, d. h. an den Abdachungen desselben hingeführt.
Dies konnte nicht anders als durch zahlreiche Ausbiegungen in Seitenthäler, all=
mähliches Anklimmen der Höhen durch staffelförmige Disposition der Linie auf
einem und demselben Gehänge mit Einschaltung rückläufiger »Kehren« und zahl=
reicher kleiner Tunnels, kurz, durch eine ingeniöse Umschlingung der sich in den
Weg stellenden Hindernisse erreicht werden. Betrachtet man den Situationsplan der
Schwarzwaldbahn, so würde man meinen, den verschlungenen Pfad eines Laby=
rinthes und nicht den Verlauf eines Schienenweges vor sich zu haben. Daraus
erklärt sich auch, daß in der nur 26 Kilometer langen eigentlichen Gebirgsstrecke
nicht weniger als 38 Tunnels liegen mit zusammen 9·5 Kilometer Dunkelraum.
Es liegt also der dritte Theil der Bahn unterirdisch. Außerdem ist der zahlreichen
Brücken und hohen Aufdämmungen zu gedenken, durch welche die Schwarzwald=
bahn einen Formenreichthum bekundet, der selbst durch die Gotthardbahn nicht
wesentlich überboten ist.

Eine große Virtuosität, von aller Schematisirung abweichend, bekunden die
amerikanischen Eisenbahntechniker in der Ueberwindung örtlicher Hindernisse. Von
den gewaltigen Anlagen, welche die mächtigen Gebirge des Westens queren, ganz
abgesehen, tritt bei den amerikanischen Bahnen das Princip der Individualisirung
so stark hervor, daß Normen und Formen so gut wie gar keine Giltigkeit haben
und nur das jeweils Zweckmäßige im Auge behalten wird. Die möglichst innige
Anpassung der Schienenwege an die Bodenverhältnisse, um allen kostspieligen Kunst=
bauten aus dem Wege zu gehen, drückt den amerikanischen Eisenbahnen den
Stempel des Provisorischen, des Unfertigen auf. Es wird aber damit erreicht, daß
örtliche Hindernisse, bei Wahrung der größten Oekonomie, durch Adoptirung der
jeweils zweckmäßigsten Disposition eine längere Entwickelung der Trace erwächst,
was aber durchaus nicht in Betracht kommt, da auf die Consolidirung der be=
treffenden Linie wenig Gewicht gelegt wird.

Ein typisches Beispiel, wie die Amerikaner nach dieser Richtung verfahren,
giebt das beigefügte Bild, welches eine große Schleife auf der Georgtown=Ab=
zweigung der Union=Pacific=Eisenbahn in Colorado darstellt. Die Schleife hat
eine Länge von 6·5 Kilometer und verbindet zwei Punkte, welche in gerader Richtung
nur 2 Kilometer entfernt, aber um 183 Meter verschieden hoch liegen. Die Bahn
hätte sonach, um die gerade Richtung einzuhalten, eine Steigung von 90 auf 1000

erhalten müſſen. Dies wäre nur bei Anwendung der Zahnſtange möglich geweſen. Aus der Abbildung läßt ſich aber erkennen, daß die Geſtaltung des Geländes einer directen Erſteigung nicht günſtig iſt. Man verlängerte daher auf künſtlichem Wege die Trace, welche dadurch in ein Steigungsverhältniß von 28 auf 1000 zu liegen kam.

In Anbetracht des Umſtandes, daß Adhäſionsbahnen an ein beſtimmtes Maximum der Steigungsverhältniſſe gebunden ſind, liegen dieſelben meiſt ziemlich tief, da die oberen Partien der Gebirge ein Ueberſchreiten ohne Zahnſtangenanlage nicht geſtatten. Außerdem hat man mit den klimatiſchen Verhältniſſen zu rechnen, welche die zuläſſige Höhe, bis in welche eine auf Adhäſionsbetrieb fußende Locomotivbahn geführt werden kann, vorzeichnen. So liegt der Scheitelpunkt der Gotthardbahn in 1154, jener der Mont-Cenisbahn in 1294, jener der Arlbergbahn in 1300 Meter Seehöhe. Die höchſte Lage unter allen Adhäſionsbahnen in Europa hatte bislang die Brennerbahn, welche in 1366 Meter Seehöhe in offener

Partie an der Davosbahn.

Bahn die Waſſerſcheide im Centralalpenſtocke überſchreitet. Dieſe Höhe iſt aber in jüngſter Zeit bedeutend überſchritten worden, allerdings von keiner Hauptbahn, ſondern von einer Secundärbahn mit ſchmaler Spur, jener von Landquart nach dem berühmten Curorte Davos, deren höchſter Punkt in 1634 Meter liegt.

Neben den Adhäſionsbahnen haben ſich zu dem Zwecke, außergewöhnliche Steigungen zu überwinden und bedeutende Höhen zu erklimmen, beſondere Formen von

Steilbahnen (Bergbahnen) ausgebildet, welche die mannigfaltigsten Constructions=
weisen darbieten, theils bezüglich der in Anwendung kommenden Motoren, theils rück=
sichtlich der Bahnlage an und für sich. Die Geschichte dieser Unternehmungen ist noch
sehr jung, ihre Ausgestaltung aber sehr interessant. . . . Im Jahre 1863 trat der
schweizerische Ingenieur Riggenbach mit dem Vorschlage an die Oeffentlichkeit,
auf die Höhe des Rigi eine Zahnradbahn zu bauen. Er hatte auf der eidgenössischen
Centralbahn, die in kühnen Steigungen sich erhebt, die Erfahrung gemacht, daß
die Anwendung der Adhäsions=Locomotive auf steilen Gebirgsbahnen unvortheilhaft
sei, und ihn auf den Gedanken gebracht, große Steigungen mittelst Zahnstange
und Zahnrad=Locomotive zu überwinden.

Arth=Rigibahn — Rothenfluhbachbrücke.

Riggenbach's Vorschlag blieb unbeachtet. Zwei Jahre später empfahl er sein
Project zur Ueberschienung des St. Gotthard statt der zahlreichen Serpentinen
und des kostspieligen Haupttunnels. Erst als die Kunde aus Amerika kam, daß
dort eine Zahnstangenanlage sich vorzüglich bewähre, änderten sich die allgemeinen
Anschauungen gegenüber den Zahnradbahnen. Zwei Ingenieure, Näff und
Zschokke, boten nun Riggenbach die Hand zur Ausführung seines älteren Pro=
jectes, und im Herbste 1870 fuhr die erste nach seinem System erbaute Zahnrad=
Locomotive von den Ufern des Vierwaldstättersees, von Vitznau, auf den höchsten
Gipfel des Rigi, den »Kulm«. Die Welt erlebte ein neues überraschendes Schau=
spiel: zu einer Höhe von 1750 Meter über dem Meere drang die Locomotive auf
schiefen Ebenen mit einer Steigung von 1 Meter auf 4 Meter empor. Und die
Thalfahrt, welche die Gegner des Systems, als besonders gefährlich erklärt hatten.

gelang nicht minder gut als die Bergfahrt. Die Locomotive raste nicht, wie jene prophezeit hatten, mit wachsender Geschwindigkeit, jedem Bremsversuche widerstehend, thalwärts; nein, es erwies sich vielmehr die in dem Dampfcylinder comprimirte Luft, welche dem Kolben wie ein Polster entgegenwirkte, als eine mächtige hemmende Kraft.

Die Zahnradbahn von Vitznau auf den Rigi wurde als Touristenbahn am 21. Mai 1871 eröffnet. Sie ersteigt eine Höhe von 1311 Meter auf eine Länge von etwas über 7000 Meter. Die Bahn hat ein Geleise mit normaler Spurweite und zwischen beiden Schienensträngen einen dritten, die Zahnstange, welche dazu bestimmt ist, das Zahn= und Triebrad der eigens für dieses Betriebssystem con= struirten Gebirgs=Locomotive aufzunehmen und dieser die sicheren continuirlichen Stützpunkte zu bieten, um sich bergwärts emporzuarbeiten, oder den Zug mit mäßiger Geschwindigkeit thalab zu führen. Die äußeren, zur Aufnahme der Lauf= räder bestimmten Schienen sind auf Querschwellen befestigt und diese auf Lang= schwellen gefaßt. Die Zahnstange liegt nur auf den Querschwellen, und zwar auf deren Mitte. Das ganze System ist in Bezug auf Anlage und Betrieb von so eminenter Sicherheit, daß es nicht Wunder nehmen kann, wenn im Verlaufe der letzten zwei Decennien zahlreiche ähnliche Verkehrsanlagen, insbesondere in den Alpen, geschaffen wurden.

Auf die Vitznau=Rigibahn folgte bald ihre Concurrentin, die Arth=Rigi= bahn. Sie ist in technischer Beziehung bemerkenswerther als die erstgenannte. Der kühnste Theil der Bahn liegt in der Krübelswand, welche einen 530 Meter langen Felseinschnitt aufweist. Rinnen und Pultdächer schützen die Bahn vor Regenfluthen. Durch den 63 Meter langen Rothenfluhtunnel und einen Wald, unter welchem in finsterer Schlucht der Aarbach rauscht, gelangt man zum Rothfluhbach, über welchen eine Gitterbrücke setzt. Weiterhin geht es an der thurmhohen Wand der Rothfluh vorüber zur Station Frittli und jenseits derselben durch den Pfedernwald mittelst der 33 Meter langen Dossenbachbrücke und dem 43 Meter langen Pfedernwald= tunnel. Auf die nächste Station Klösterli folgt die Station Rigi=Staffel, wo sich die Linie mit der von Vitznau kommenden vereinigt. Von dieser letzteren zweigt eine Seitenlinie nach Rigi=Scheidegg ab. Sie windet sich am südlichen Gehänge des Rothstock und ist größtentheils in Felsen gehauen. Bemerkenswerth sind in dieser Strecke der Tunnel bei Unterstetten und der hohe Damm am Dossentobel.

Die günstigen Ergebnisse des Betriebes der beiden ersten Zahnradbahnen, waren die besten Empfehlungen für das System. Auf Grund dessen folgten bald andere Eisenbahnen. Zunächst bedeutete die Eröffnung der Zahnradbahn von Rorschach am Bodensee nach dem klimatischen Curorte Heiden, der auf einer Höhe der letzten Ausläufer des Appenzeller Gebirges liegt, ein neues wichtiges Moment in der Entwickelungsgeschichte der Zahnradbahnen. Diese an landschaft= lichen Reizen hochinteressante Bahn, welche bei einer Länge von 5·5 Kilometer eine Höhe von 390 Meter erklimmt, war die erste Zahnradbahn, welche nicht blos dem Personenverkehr, sondern auch dem Güterverkehr diente, und deren Betrieb sich nicht blos auf die günstige Jahreszeit beschränkte, sondern auch während der Wintermonate aufrecht erhalten wurde.

In Oesterreich-Ungarn wurden die Bergbahnen mit der Anlage einer Zahn= radbahn auf den Kahlenberg eröffnet, doch wurde diesem Unternehmen keine be= geisterte Heerfolge geleistet. Es bedurfte langer Jahre, ehe dem gegebenen Beispiele nachgefolgt wurde. Zur Zeit bestehen außer der Kahlenbergbahn vier Bergbahnen in den Alpen: die Gaisbergbahn in Salzburg, die Achenseebahn in Nordtirol, die Schafbergbahn in Oberösterreich und die Erzbergbahn in Obersteiermark. Letztere sowohl als die Gebirgsstrecke der Bahn Sarajewo-Mostar repräsentiren als Zahn= radbahnen mit durchgehendem Verkehr eine neue Entwickelungsstufe dieses Systems.

Dies verhält sich so: Schon die Gaisbergbahn bedeutete einen großen Fortschritt in der bisher erreichten Vervollkommnung des Riggenbach'schen Systems, vornehmlich bezüglich der Einrichtung der Locomotiven. Es wird nämlich hier nur in der Bergfahrt mit Dampf gefahren, während bei der Thalfahrt comprimirte Luft in Anwendung kommt. Zu diesem Ende wird der Zutritt des Dampfes in die Cylinder abgesperrt und durch die Bewegung der Kolben in die ersteren Luft gepreßt und wieder ausgestoßen. Da durch eine entsprechende Vorrichtung die herausgepreßte Luft auf einen erheblichen Widerstand stößt, ergiebt sich die Mög= lichkeit, den Motor völlig zu beherrschen und die jeweilig gewünschte Schnelligkeit genau zu reguliren. Weitere Verbesserungen betreffen die ausgezeichneten Brems= vorrichtungen, vermöge welcher der Betrieb von fast absoluter Sicherheit ist, so weit eben menschliches Vermögen einen solchen Grad von Sicherheit bieten kann. Die Locomotive hat drei Bremsen, von welchen jene, die der Locomotivführer handhabt, auf die Kurbelachse, die vom Heizer bediente auf die Laufachse, und die Luftbremse endlich auf das Zahnrad wirkt. Auch die Wagen besitzen eine vortreff= lich functionirende Bremsvorrichtung, welche es ermöglicht, den vollbesetzten Wagen selbst im größten Gefälle sofort zum Stillstande zu bringen. Wie bei allen Berg= bahnen, werden auch hier die Wagen von der Locomotive bergwärts geschoben, thalwärts aufgehalten. Die Wagen sind an der Locomotive nicht angekuppelt. Die Gaisbergbahn hat 1 Meter Spurweite, ist 5·3 Kilometer lang und überwindet eine Höhendifferenz von 848 Meter. Von den 5300 Meter der Gesammtlänge liegen 1800 Meter in der größten Steigung von 25 Procent (1 : 4). Das bedeutendste Object ist der 500 Meter lange, im Mittel 10 Meter tiefe Fels= einschnitt oberhalb der Zistelalpe.

In ihren unteren Theilen hatte die Gaisbergbahn mit gefährlichem Rutsch= terrain zu kämpfen, und mußten deshalb umfangreiche Schutzbauten (Terrassirungen und Sickerwerke) angelegt werden. Bemerkenswerth ist ferner, daß diese Bahn zum größten Theil während des Winters von 1886 auf 1887 erbaut wurde, eine Leistung, die in erster Linie der Thatkraft und Umsicht des Erbauers, Ingenieurs Schroeder, zu danken ist. Es war ein Novum außergewöhnlicher Art, im Hoch=

gebirge, im Kampfe mit Eis und Schnee einen Schienenweg von tadelloser Con=
struction herzustellen. Die Eröffnung der Gaisbergbahn fand am 25. Mai 1887 statt.

Unterdessen arbeitete Riggenbach unentwegt weiter an der Verbesserung seines
Systems. Er war der erste, der für die kleine Zahnradbahn Ostermundingen
(im Canton Bern) eine Locomotive construirte, bei welcher je nach Bedürfniß die
Adhäsion oder das Zahnrad die Fortbewegung vermittelt. Diese Zahnradbahn war

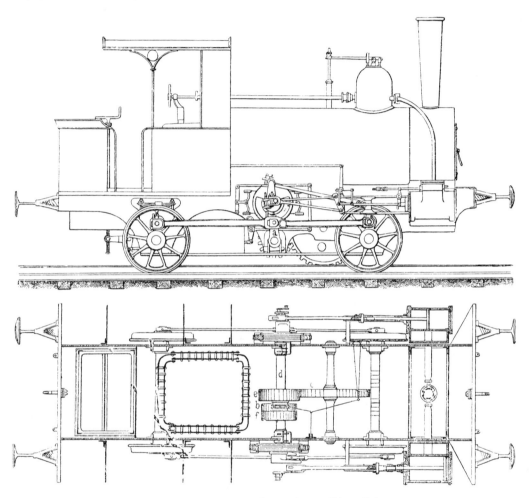

Riggenbach's Zahnradbahn=Locomotive gemischten Systems.

sonach die erste Zahnradbahn »gemischten Systems«, wie man diese wichtige
Neuerung benannte. Leider hafteten ihr mancherlei Mängel an, wodurch die Zahl
der Gegner dieses Systems erheblich wuchs. Trotzdem arbeitete Riggenbach an
seiner Erfindung weiter, insbesondere im Vereine mit dem Ingenieur Thommen;
denn er hatte erkannt, daß eigentlich in dem sogenannten »gemischten System« die
Zukunft der Bergbahnen mit durchgehendem Verkehr liege.

Die vorgenommenen Verbesserungen waren so befriedigend ausgefallen, daß
alsbald Bergbahnen nach diesem Systeme ausgeführt wurden, z. B. die Achensee=

bahn in Tirol. Bei Riggenbach=Thommen's Locomotive iſt das Princip der Ad=
häſionswirkung und jenes der Zahnradwirkung — ſoweit der Bewegungsmechanis=
mus in Betracht kommt — innig verbunden, aber es tritt das eine Syſtem voll=
kommen außer Thätigkeit, wenn das andere zu functioniren beginnt, indem der
Locomotivführer bei Einfahrt in die Zahnſtrecke durch eine beſondere Vorrichtung
eine Verſchiebung des Zahnrades bewirkt. In den ſteilen Strecken greift das
Zahnrad der Locomotive in die Zahnſtange ein und arbeitet ſich in der bekannten
Weiſe empor. Die ebenen oder ſchwach geneigten Stellen entbehren der Zahnſtange
und hier tritt das Zahnrad außer Function, indem die Locomotive die Arbeit einer
gewöhnlichen Adhäſions=Locomotive leiſtet.

Von der 6·3 Kilometer langen Achenſeebahn iſt die Hälfte Zahnradbahn,
die andere Adhäſionsbahn. Der Erbauer dieſer Bahn iſt derſelbe, welcher der

Zahnrad=Locomotive Syſtem Abt.

Berg=Locomotive den Zugang auf die Gaisbergſpitze bei Salzburg eröffnet hat. Die
Spurweite beträgt 1 Meter. Die Erdbewegung war eine ganz erhebliche; außer=
dem mußten auf lange Strecken Stütz= und Futtermauern aufgeführt werden.
Trotzdem war die Linie im Großen und Ganzen in 6 Monaten, die noch obendrein
in das Winterhalbjahr fielen, fertig.

Bald nachdem Riggenbach an der kleinen Zahnradbahn in den Steinbrüchen
von Oſtermundingen im Canton Bern zum erſtenmale das gemiſchte Syſtem in
Anwendung gebracht hatte, trat der Schweizer Roman Abt mit einem neuen
Syſteme hervor. Dasſelbe wurde zuerſt bei der Erbauung der Harzbahn ver=
wirklicht. Die Elemente dieſes Syſtems liegen nun allerdings in jenem, das die
Vorläufer Abt's erſonnen hatten, doch iſt bei Abt die Art und Weiſe der con=
ſtructiven Durchführung durchaus originell.

Abt bedient ſich nicht der ſogenannten »Leiterzahnſtange«, ſondern legt
mehrere gezahnte Lamellen nebeneinander, und zwar derart, daß deren Zähne gegen=

seitig versetzt sind. Demgemäß combinirt sich auch das Zahnrad der Locomotive aus ebenso vielen gleicherweise angeordneten Zahnkränzen mit gegeneinander verschobenen Theilungen. In dieser Anordnung liegt eine Reihe nennenswerther Vortheile: die Sicherheit des Betriebes wird wesentlich erhöht, der Gang der Maschine gewinnt an Ruhe und Gleichmäßigkeit. Ein neuartiger Gedanke liegt der Abt'schen Locomotive zu Grunde. Diese Locomotive hat neben den Dampfcylindern für die Adhäsionsräder zwei besondere Dampfcylinder für das Zahnrad. Die Locomotive offenbart also schon in ihrer äußeren Construction ihren Charakter: sie ist eine Adhäsions-Locomotive, bei welcher das Zahnrad als unentbehrliches Hilfsorgan für Bahnstrecken mit größeren Steigungen beigegeben wurde.

Zahnrad-Mechanismus System Abt.

Ursprünglich schwebte dem Erfinder eine dreitheilige Zahnstange mit einem Zahnrad vor. Am Harz wurde insoweit ein Fortschritt erzielt, als an Stelle des einen Zahnrades zwei Zahnräder hintereinander in Anwendung kamen. In seiner jetzigen Ausgestaltung zeigt das System eine zweitheilige Zahnschiene, sodann die Lagerung der Zahnräder in einem besonderen Rahmen, welcher an die Laufachsen mittelst Lagern aufgehängt ist. In Folge dieser Einrichtung sind die Zahnräder nicht den Schwankungen der Locomotive, welche durch die Federn verursacht werden, ausgesetzt, so daß der Gang des Zahnradapparates ein außergewöhnlich ruhiger und gleichmäßiger ist.

Da nach dem gemischten System die Adhäsionsstrecken mit Zahnschienen abwechseln, mußte auch eine besondere Einrichtung rücksichtlich des Ueberganges von der einen Strecke auf die andere getroffen werden. Dieselbe besteht darin, daß an die feste Zahnstange an Charnieren bewegliche, auf starken Federn ruhende Lamellen angefügt werden. Die Zähne dieser Lamellen nehmen gegen das außen liegende Endstück (die »Zunge«) an Höhe ab und ihre Oberfläche verläuft in einer etwas aufsteigenden Linie gegen die feste Zahnschiene hin. Das Principielle in dieser Einrichtung besteht in Folgendem: Wenn die Locomotive von der Adhäsionsstrecke auf die Zahnradstrecke übergeht und der Zahnradmechanismus zu functioniren beginnt, wird es im ungünstigsten Falle geschehen, daß die Zähne der Zahnräder auf jene der Lamellen stoßen. Da nun diese auf starken Federn ruhen, geben sie dem Drucke nach, bis der correcte Eingriff erfolgt, was in der Regel beim dritten, vierten, unbedingt aber beim vierzehnten Zahn erfolgt.

Von der Anwendung des Abt'schen Systems im Auslande ist jene zur Ueber=schreitung des Bolanpasses an der südlichen Grenze Afghanistans wohl die interessanteste. Die Seite 44 abgebildete Locomotive verkehrt in dieser Strecke. Auf der Venezuela=bahn in Südamerika, welche den Hafenplatz Puerto Cabello mit dem Hochplateau Venezuelas verbindet, stehen reine Zahnradbahnen nach System Abt im Betriebe. Die nachfolgende Zusammenstellung giebt eine Uebersicht über die bisher ausgeführten Abt'schen Bergbahnen.

Bezeichnung	Gebaut	Spurweite in Millimeter	Länge		Steigung		Minim. Radius	
			Zahn=stange	Total	Ad=häsion	Zahn=stange	Ad=häsion	Zahn=stange
			Kilometer		⁰/₀₀		Meter	
Harzbahn, Braunschweig (A. u. Z.)	1884/85	1435	7·5	30·5	25	60	180	200
Lehesten, Thüringen (A. u. Z.)	1885	1435	1·3	2·7	35	80	150	150
Oertelsbruch, Thüringen (A. u. Z.)	1885	690	0·7	5	50	135	35	100
Puerto Cabello=Valenzia, Venezuela (Z.) . . .	1886	1067	3·8	3·8	—	80	—	125
Bolan, Indien (A. u. Z.)	1887	1676	11·6	?	25	50	180	180
Visp=Zermatt, Schweiz (A. u. Z.)	1889/90	1000	7·5	35	28	125	80	100
Generoso, Schweiz (Z.)	1889/90	890	9	9	—	220	—	60
Rama=Sarajevo, Bosnien (A. u. Z.) . . .	1890	760	19·5	68	15	60	125	125
Eisenerz=Vordernberg, Steiermark (A. u. Z.) .	1890	1435	14·5	20	25	71	150	180
Manitou = Pike's Peak, Colorado, Nord=amerika (Z.)	1890	1435	14·7	14·7	—	250	—	115
Transandino, Südamerika (A. u. Z.)	1890/92	1000	38	75	25	80	115	200
Diakophto=Kalavoyta, Griechenland (A. u. Z.) .	1890/91	750	3·6	23	35	145	30	50
Rothhorn, Schweiz (Z.)	1891	800	7·5	7·5	—	250	—	60
Glion=Naye, Schweiz (Z.)	1891	800	7·5	7·5	—	220	—	80
San Domingo, Centralamerika (A. u. Z.) . .	1891	765	6·4	36	40	90	50	100
Mont Salève, Savoyen, elektr. (Z.)	1891/92	1000	9	9	—	250	—	35
Usui Toge, Japan (A. u. Z.)	1891/92	1067	8·5	?	25	67	—	260
Aix=les=Bains=Revard, Savoyen (Z.) . . .	1891/92	1000	9·2	9·2	—	210	—	75
Salève=Piton, Savoyen (Z.)	1892	1000	7·5	7·5	—	320	—	80
Montserrat, Spanien (Z.)	1891/92	1000	8	8	—	150	—	80

(Z. bedeutet nur Zahnrad, A. u. Z. Adhäsion und Zahnrad.)

Hiezu kommt noch die Brünigbahn, welche im Jahre 1889 vollendet wurde und Luzern mit Meiringen im Haslithale, beziehungsweise mit Brienz ver=

bindet und den 1037 Meter hohen Brünigpaß überſchreitet. Die eigentliche Brünig=
bahn zwiſchen Giswyl und Meiringen wird nur vom 1. April bis 30. November
befahren.

Die im Jahre 1892 fertiggeſtellte Erzbergbahn im ſteiriſchen Hochlande
verbindet den uralten Hüttenort Erzberg mit Vordernberg und kam hier das
gemiſchte Syſtem im vollen Umfange zur Ausführung. Ihre Länge beträgt 20 Kilometer, wo= von 14·5 Kilometer auf die Zahn= ſtangenſtrecken, der Reſt auf die Ad= häſionsſtrecken ent= fallen. Die größte Steigung in den Zahnſtangen= ſtrecken iſt 71 pro Mille, in den Ad= häſionsſtrecken 25 pro Mille. Der höchſte Punkt der Bahn liegt im Scheiteltunnel am Präbichl in 1204 Meter Seehöhe. In der Bahn liegen 5 Tunnels mit zu= ſammen 2570 Me= ter Dunkelraum, wovon auf den Plattentunnel (den längſten der Bahn) 1302 Meter ent=

Partie von der Erzbergbahn. (Sauerbrunngraben=Viaduct.)

fallen. Ganz hervorragend iſt die Erzbergbahn durch ihre ſchönen, zum Theil groß=
artigen Viaducte, welche in mitunter beträchtlicher Höhe über Abgründe und Schluchten
hinwegſetzen und vielfach in Krümmungen liegen. Analogien zu dieſen prächtigen
Kunſtbauten finden ſich auf den Bahnen in den Oſtalpen nur am Semmering und
auf der Arlbergbahn. In Folge der ungünſtigen Bodenverhältniſſe mußten manche
Pfeiler dieſer Viaducte bis 17 Meter unter dem natürlichen Terrain fundirt werden.

Eine zweite Bahn mit Abt'schem System mit durchgehenden Verkehr ist die den Iwansattel überschreitende Gebirgsstrecke der Linie Sarajevo-Mostar. Von der 87·5 Kilometer langen Gesammtlinie liegen 19·5 Kilometer in der Zahnstangenstrecke, 68 Kilometer in der Adhäsionsstrecke. Die größte Steigung in der ersteren beträgt 60 pro Mille, in der letzteren 15 pro Mille. Der eigentliche Iwanaufstieg beginnt bei der Station Podorožac. Die Linie entwickelt sich zunächst mittelst einer Schleifenanlage durch das Seitenthal Pravošnica. In der Mitte und am oberen Ende dieser Schleife liegt je ein Tunnel von 163, beziehungsweise 157 Meter Länge. Außerhalb der nächsten Station (Brdjani) liegt die Bahn theils in tiefen Fels-

Partie an der Iwanbahn (Bosnien).

Zahnradbahn System Locher.

einschnitten, theils läuft sie auf hohen Steindämmen und mächtigen Steinsätzen. Außerdem liegen in ihr drei Tunnels. Vor dem 680 Meter langen Iwantunnel, in welchem die 876 Meter hohe Wasserscheide zwischen dem Adriatischen und Schwarzen Meere überschritten wird, befindet sich eine zweite Schleifenanlage. Bei der ersten Station jenseits des Scheiteltunnels, Rasteljica, endet die Zahnstangenstrecke.

Die kühnste unter allen bestehenden Bergbahnen ist unbestritten diejenige auf den Pilatus am Vierwaldstättersee. Sie ist nebenher eine Specialität unter den Zahnradbahnen. Die Achsen der Zahnräder der Locomotive sind nämlich vom

Constructeur derselben — Oberst Locher — nicht wie jene der Adhäsionsräder parallel, sondern senkrecht zur Bahnebene angeordnet, so daß die Zahnräder seitlich in die Zahnstange eingreifen und die Zähne dieser Stange an den beiden verticalen Seiten derselben sich befinden. In dieser Construction liegt der charakteristische Unterschied von Locher's System gegenüber dem System Riggenbach's, und zugleich die Gewähr eines zuverlässigen Betriebes auf so außerordentlich kühnen Steigungen, wie solche die Pilatusbahn aufweist.

Diese Bahn, welche am 17. August 1888 zum erstenmale befahren und Frühjahr 1889 dem allgemeinen Verkehr übergeben wurde, führt von Alpnach=Staad am Vierwaldstättersee auf die Höhe des Pilatus. Die Endstation »Pilatus=Kulm« liegt in 2090 Meter Seehöhe. Mit der größten Steigung von 480 pro Mille emporkletternd (also fast 1 : 1), überwindet diese Bahn, welche an Kühnheit der Anlage derzeit ihresgleichen nicht hat, bei einer Länge von 4618 Meter einen Höhenunterschied von 1629 Meter. Der Unterbau besteht aus einer durchlaufenden, mit Granitplatten und Rollschaaren abgedeckten Mauerung; der Oberbau ist aus Stahl und Eisen construirt und mittelst starker Schrauben im Mauerwerk verankert.

Bei der Anlage der Pilatusbahn waren unglaubliche Schwierigkeiten zu bewältigen. Schon die Tracirungsarbeiten stellten an die Ingenieure Aufgaben, denen selbst Gemsjäger und Wildheuer zur Noth gewachsen gewesen wären. An fast senkrechten Gewänden, mitunter vollends an unzugänglichen Abstürzen, mußten Vorrichtungen angebracht werden, um diese außergewöhnlich exponirten Stellen überhaupt betreten zu können. Noch waghalsiger gestaltete sich die Bauausführung. Da die Bahn nicht, wie in vielen ähnlichen Fällen, auf mehreren Punkten zugleich in Angriff genommen werden konnte, sondern sozusagen aus sich selbst sich entwickeln mußte, war es nicht möglich, die Arbeiten auf die ganze Linie zu vertheilen. Schrittweise wurde von der Ausgangsstation her dem Felsengerüste der erforder=liche Raum abgerungen. An vielen Stellen boten sich dem Fuße des Arbeiters kaum fußbreite Streifen, meist fehlte aber auch dieser Halt und war der Angriff auf die Felsen nur dadurch zu bewirken, daß Bretter an Seilen befestigt wurden. Diese schwebenden Stege waren indes nicht unmittelbar zu erreichen, sondern es mußten die Arbeiter an Seilen hinabgelassen werden. Bewunderungs=würdig war der Pflichteifer und der Muth der schlichten Arbeiter, welche sich Gefahren solcher Art aussetzten. Sie fanden aber in ihren Führern, dem Obersten Locher und dem Ingenieur Häußler thatkräftige und unerschrockene Vorbilder.

Neben den technischen Schwierigkeiten ergaben sich auch solche, welche die Natur an die Organisation der Arbeit und der Verpflegung stellte. Eine An=ordnung, die des Morgens getroffen wurde, mußte in Folge Wetterwechsels oft schon vor der Mittagszeit abgeändert werden. Auch hierin konnte die Leitung nicht nach herkömmlichen Normen verfahren, sondern mußte von Fall zu Fall den gegebenen Verhältnissen sich accommodiren, wobei die bei den anderen Bergbahnen gemachten Erfahrungen nicht ausreichten. Da die Bahn nur von einer Seite her — der unteren Ausgangsstation — in Angriff genommen werden konnte, war es möglich, die jeweils fertiggestellte Theilstrecke in Betrieb zu setzen, beziehungsweise sie zum

Materialtransport zu benützen. Im vollen Umfange war dies jedoch nicht thunlich, so daß es der vereinigten Kraft der Arbeiter und Tragthiere bedurfte, um alles Nothwendige vom jeweiligen Endpunkte der fertiggestellten Theilstrecke bis zum Arbeitsort zu transportiren. Die Maulthiere, welche als Tragthiere verwendet wurden, bewährten sich auf den unwirthlichen Höhen, halsbrecherischen Steigen und bei schwerem Wetter ganz vortrefflich; sie wären selbst durch die ausdauerndsten Gebirgspferde nicht zu ersetzen gewesen.

Wegen der ungünstigen örtlichen Verhältnisse mußten die Arbeiten schon früh im Herbste eingestellt werden. Nur in den Tunnels wurde weiter gearbeitet. In einer Höhe von 2000 Meter, auf einem unwirthlichen Felsberge, der seiner exponirten

Ansicht der Pilatusbahn von der Mattalp aus.

Lage halber allen Wetterunbilden ausgesetzt ist, bedurfte es der geschultesten und ausdauerndsten Arbeiter, um der Aufgabe Herr zu werden. Aber nicht dieser Umstand allein machte das Unternehmen während der Wintermonate bedenklich. Für den Fall andauernder Niederschläge lag die Eventualität nahe, daß den exponirten Arbeitern nicht beizukommen sein würde. Es mußte daher nicht nur für entsprechende Unterkunft, sondern auch für reichliche Verpflegung, Ausrüstung mit Medicamenten und Anlage einer »eisernen Ration« von Verpflegsartikeln Sorge getragen werden. Auch in dieser Richtung hat die Unternehmung gethan, was in ihren Kräften stand.

Von anderen Zahnradbahnen (durchwegs nach Riggenbach's System) seien genannt: die Zahnradbahn von Königswinter auf die Höhe des Drachenfels, jene von Rüdesheim, beziehungsweise von Aßmanshausen auf den Niederwald, und die Zahnradbahn von Stuttgart nach Degerloch.

Endstation der Pilatusbahn.

Eine geringere Anwendung haben die Seilbahnen gefunden und sie beschränkt sich auch derzeit meist nur auf industrielle Anlagen. Als solche ganz zweckmäßige Fördereinrichtungen werden wir sie in einem der letzten Abschnitte dieses Werkes eingehend behandeln. Die bekanntesten Seilbahnen sind: die seit 1869 im Betriebe stehende Ofener Drahtseilbahn; die Bahn Territet-Montreux-Glion, welche in jüngster Zeit durch eine 7·5 Kilometer lange Zahnradbahn nach dem aussichtsreichen Gipfel Naye verlängert worden ist; die Monte Salvatorebahn; die Gießbachbahn; die Vesuvbahn u. a. m. Die Gießbachbahn ist 346 Meter lang und steigt mit 28% an, während die 800 Meter lange Vesuvbahn sich im Verhältniß von 1 : 2 emporhebt, indem die zu überwindende Höhendifferenz 380 Meter beträgt. Ihr Endpunkt liegt in 1180 Meter Seehöhe, 70 Meter unter dem Gipfel.

Die merkwürdigste, vermöge ihrer Ausdehnung hervorragendste Seilbahn ist die Santosbahn in Südbrasilien, an der das Seilprincip in der ungewöhnlichen

Die Drahtseilbahn auf den San Salvatore bei Lugano.

Länge von 8365 Meter Anwendung gefunden hat. Sie verbindet Santos mit der Binnenstadt San Paolo und zerfällt in vier Rampen zu 1948, 1080, 2697 und 2640 Meter Länge. Das mittlere Gefälle beträgt auf den Meter 0·1 Meter. Jede Rampe wird mit zwei gekuppelten Dampfmaschinen von je 150 Pferdekraft betrieben. Sie stehen auf den höchsten Stellen der Rampen und drehen eine Trommel, um welche das Kabel gewunden ist und mit seinen Enden gleichzeitig einen Zug emporzieht und einen niedergleiten läßt. Da die Anlage eingeleisig ist, liegen an verschiedenen Stellen sinnreich erdachte Weichensysteme in der Bahn. Hat der aufsteigende Zug die Höhe der Rampe erreicht, so wird das Kabel auf zwei besondere Rollen seitwärts gebogen und in das Maschinenhaus dieser Strecke geleitet. Hier wird es um eine Rolle von 3 Meter

Durchmesser mit 3 Hohlkehlen geschlungen. Die Bahn dient ebenso dem Per=
sonen= als dem Güterverkehr. Die Leistung in letzterem beträgt 100.000 Tonnen
jährlich.

Eine ganz eigenartige eisenbahntechnische Anlage bildet die am 14. August
1891 dem Verkehr übergebene Linie Lauterbrunnen=Grütsch=Mürren. Sie ist
combinirt aus einer kurzen Drahtseilbahn (Lauterbrunnen=Grütsch) und einer längeren
Schmalspurbahn mit elektrischem Betrieb. Mit der ersten Theilstrecke wurde die
Absicht erreicht, auf möglichst kurzem Wege eine bedeutende Höhe zu gewinnen,
um alsdann von dieser Stelle aus am Gehänge des Gebirges mit einer Adhäsions=

Seilbahn von Santos nach San Paolo (Brasilien).

bahn, auf welcher allerdings Steigungen bis 5% vorkommen, das Ziel (Mürren)
zu erreichen. Die Drahtseilbahn beginnt am nördlichen Ende von Lauterbrunnen,
gegenüber der Station der Berner Oberlandbahnen, und führt in gerader Linie
hinauf in die Grütschalpe. Die Höhendifferenz beider Stationen beträgt 674 Meter.
Die Station Grütsch ist zugleich Ausgangspunkt der elektrischen Bahn und dem=
nach als Umsteigestation eingerichtet. Die Länge der Drahtseilstrecke beträgt
1392 Meter. In Anbetracht der sehr ungünstigen Bodenverhältnisse mußten sämmt=
liche Einschnitte ausgemauert werden. Ungefähr der vierte Theil der ganzen Draht=
seilstrecke läuft auf Viaducten. Die größte Höhe derselben (mit der Fundirung)
beträgt 17 Meter und macht der 210 Meter lange Hauptviaduct, vom Saum=
pfade aus gesehen, einen bedeutenden Eindruck.

Der Oberbau ist zweigeleifig, besteht aber nur aus drei Laufschienen und zwei Riggenbach'schen Leiterzahnstangen. Um mehr Platz für die Trag= und Leitrollen zu gewinnen, befindet sich die Zahnstange nicht in der Mitte des Geleises, sondern ist mehr einwärts verschoben. In der Mitte der Strecke befindet sich eine Ausweichstelle.

Eine eigenartige Einrichtung dieser Bahn ist die folgende. Etwa 40 Meter vor der Station Grütsch beginnt das Geleise sich zu erweitern, d. h. die beiden Geleise trennen sich und man findet hier nur eine Laufschiene. Die Erweiterung erleichtert die Abwicklung des Seiles von der großen Seilrolle und es sind bei dieser Anordnung die üblichen Seitenrollen völlig überflüssig. Die große Seilrolle hat einen Durchmesser von 3·6 Meter. Die Wagen sind mit zwei getrennten Brems= systemen versehen, einer Hand= und einer automatischen Bremse, deren jede sowohl auf die vordere als auf die hintere Achse wirkt, und zwar auf besondere Brems= räder. Die automatische Bremse wird wirksam, wenn entweder das Seil reißen sollte oder die vorgeschriebene Geschwindigkeit überschritten wird. Im Nothfalle kann der Conducteur durch einen Tritt auf einen Hebelarm die automatische Bremse in Thätigkeit setzen und den Wagen sofort zum Stillstehen bringen.

Der zweite Theil der Mürrenbahn — die elektrische Schmalspurbahn — beginnt bei der Endstation Grütsch der Drahtseilstrecke in 1490 Meter Seehöhe. Sie verläuft am Gehänge des Gebirges und schmiegt sich nach Möglichkeit den Terrainunebenheiten an, wobei mehrere Bäche, darunter der Staubbach, der weiter unten den weltberühmten Lauterbrunnenfall bildet, überschritten werden. Bemerkens= werth ist, daß derselbe Bach die Turbinenanlage, durch welche die Dynamo= maschine des elektrischen Betriebes in Bewegung gesetzt wird, speist. Der Bahnhof der Endstation Mürren der 4300 Meter langen Strecke liegt in 1631 Meter Seehöhe, so daß auf ihr eine Höhendifferenz von 151 Meter überwunden wird, was stellenweise durch Steigungen bis 5% erreicht wird. Eine Zwischenstation ist nicht vorhanden, doch findet sich halbwegs eine Weichenanlage.

Mit der vorstehend gegebenen Uebersicht sind die Bergbahnen keineswegs erschöpft. Es vergeht kein Jahr, daß nicht neue Projecte auftauchen und verwirklicht werden. Im Entstehen begriffen sind: die Bahn auf die Scheinigenplatte bei Interlaken und auf das Stanserhorn. Auch das berühmte Kleine Scheideck zwischen Lauterbrunnen und Grindelwald hat seine Bergbahn erhalten. Eine Zahn= radbahn auf die Schmittenhöhe bei Zell am See im salzburgischen Pinzgau, eine elektrische Bahn von Lend im Salzachthale nach Wildbad=Gastein, und andere ähnliche Projecte harren noch der Verwirklichung. Die größten Triumphe aber sind noch auszuspielen: Die Bergbahnen nach den Gipfeln der Jungfrau und des Matterhorns, zu denen sich auch noch das Project einer Glocknerbahn von Norden her (durch die Pfandelscharte und längs der Pasterze bis in die Nähe des Glocknerhauses) gesellt. Auch auf die gewaltige Pyramide des Eiger hat man ein Auge geworfen. Diese Bauwuth der Schweizer überrascht umsomehr, als die Bergbahnen erwiesenermaßen nur geringen Ertrag abwerfen.

Wir haben im Vorstehenden die mancherlei Systeme der Eisenbahnen rück=
sichtlich der an ihnen zum Ausdrucke kommenden technischen Maximen besprochen.
Es braucht wohl kaum hervorgehoben zu werden, daß trotz des Nutzens, der den
einzelnen fallweise zur Anwendung kommenden Constructionsweisen innewohnt, die
Adhäsionsbahn diejenige ist, die allein die typische Form der Dampflocomotion
repräsentirt, indem an ihr Zugkräfte zur Geltung kommen, welche große Massen
bewegen und in denen das Mittel zu einer universellen Gestaltung der Verkehre
gegeben ist.

Die Mürrenbahn.

Indes zeigt auch die Adhäsionsbahn nach Maßgabe der jeweils zu lösenden
Aufgaben und nach dem Grade der ihr zukommenden Leistungsfähigkeit mehrerer Ab=
stufungen, welche zu einer weiteren Classification der Eisenbahnen führen. Dieselben
lassen sich nämlich in zwei Kategorien trennen, deren jede den ihr erwachsenden
Aufgaben gerecht wird, und zwar in Voll= oder Hauptbahnen und Neben=
oder Secundärbahnen (Localbahnen). Zu den ersteren zählen vor Allem jene
Linien, welche hauptsächlich auf längeren Strecken dem durchgehenden Verkehre zu
dienen haben, sich sonach als die eigentlichen Vermittler des Weltverkehrs dar=
stellen. In zweiter Linie kommen diejenigen Bahnen in Betracht, welche sich zwar
nicht unmittelbar in das System der vorstehend charakterisirten Hauptschlagadern

großer Verkehrsgebiete einfügen lassen, indes gleichwohl auf Grund ihrer hervor=
ragenden örtlichen Bedeutung, ihrer technischen Anlage und der Art der Betriebs=
führung als Sammellinien ganzer Complexe und als Verbindungswege von großer
Länge zwischen hervorragenden Verkehrsmittelpunkten den Rang als Vollbahnen
für sich beanspruchen. Wo die Grenze zwischen ihnen und den der zweiten Kate=
gorie zufallenden minderwerthigen Bahnen zu ziehen ist, wird von den jeweiligen
Umständen abhängen. Es werden sich Uebergangsformen ergeben, vornehmlich dann,
wenn bei Anlage einer Bahn ein größerer bau= und betriebstechnischer Aufwand

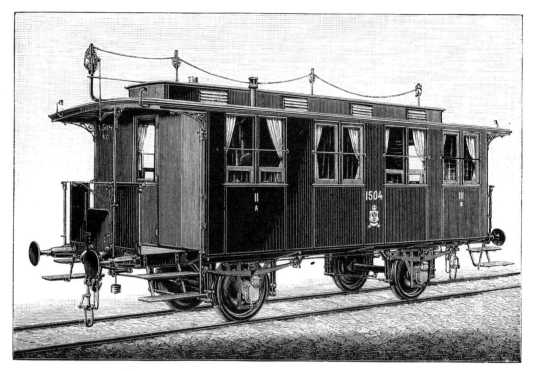

Personenwagen für Secundärbahnen mit Normalspur. (Mit Heberlein=Bremse.)
(Nach einer vom Constructeur — »Düsseldorfer Eisenbahnbedarf« — zur Verfügung gestellten Photographie.)

zu einem Mißverhältnisse gegenüber den zu lösenden Aufgaben geführt hat, der
dann zu einer einfacheren Betriebsführung, die dem Wesen der Vollbahn incongruent
ist, zwingt. Anderseits können Nebenbahnen, die unter sehr bescheidenen Voraus=
setzungen ins Leben gerufen worden sind, im Laufe der Zeit an Bedeutung gewinnen
und sich allmählich zu Vollbahnen entwickeln.

Damit ist die Stellung der zweiten Kategorie — der Nebenbahn — inner=
halb ausgedehnter Complexe gekennzeichnet. Dem Principe nach sind Nebenbahnen
solche Anlagen, deren Verkehre sich in bescheidenen Grenzen bewegen, und deren
Zweck vornehmlich der ist, abgelegene oder gänzlich isolirte Gebiete an die großen
Verkehrslinien anzugliedern, sofern die wirthschaftlichen Vorbedingungen hierzu
überhaupt gegeben sind. Auch hierbei ergeben sich mancherlei Abstufungen, welche

den Werthmesser für derlei Anlagen bilden. Vielfach wird es sich einfach nur um kurze Ausästungen der betreffenden Vollbahn handeln, also um Zweigbahnen, deren weiterer Entwickelung durch örtliche Hindernisse (z. B. Gebirge) sehr enge Grenzen gesteckt sein können (Sackbahnen). Andere Anlagen wieder werden, theils durch ihre längere Erstreckung oder durch den Nutzen, den sie in dicht bevölkerten Gegenden mit bemerkenswerther landwirthschaftlicher oder gewerblicher Thätigkeit stiften, im Range steigen, zumal dann, wenn sie zugleich zu verbindenden Gliedern zwischen räumlich von einander getrennten Hauptbahnen sich entwickeln.

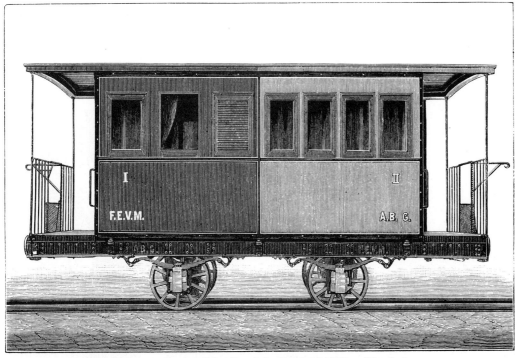

Personenwagen der Schmalspurbahn Valadolid-Medina (Spanien).
(Nach einer vom Constructeur — »Nürnberger Maschinenbau=Gesellschaft« — zur Verfügung gestellten Photographie.)

Zuweilen gestaltet sich aber das Verhältniß der Nebenbahnen derart, daß die vorstehend gekennzeichnete Unterordnung nicht zutrifft, weil das Vergleichs= object überhaupt fehlt. Es giebt große Complexe von Eisenbahnen, welchen be= züglich der Anlage und der Betriebsführung dem Typus der Nebenbahnen ein= rangirt werden müssen, die aber in Folge ihrer völligen Isolirung ihr eigenes inneres Leben haben, da sie unabhängig von anderen Complexen höherer Ordnung die ihnen zufallenden Aufgaben voll und ganz erfüllen. Ihre Rolle ist diesfalls ganz dieselbe, welche den Vollbahnen unter wesentlich anderen Voraussetzungen zukommt. Nebenbahnen dieser Art findet man fast immer in abgeschlossenen Staaten mit dünn gesäeter Bevölkerung, z. B. in Schweden, Norwegen und Rußland, und in ausgedehnten, wirthschaftlich erst zu erschließenden Gebieten, wie z. B. in den Vereinigten Staaten von Amerika.

Mit der vorstehend gekennzeichneten Unterscheidung der Eisenbahnen in Haupt-
und Nebenbahnen hängt ein anderes unterscheidendes Merkmal zusammen, das von
großer principieller Wichtigkeit ist. Es ist dies die Spurweite der Schienenwege.
Bekanntlich ist dieselbe nicht etwa das Resultat von technischen Erwägungen, sondern
ganz zufällig entstanden, indem man die ersten Spurbahnen in Nordengland der
dort üblichen Spurweite der Straßen-Kohlentransportwagen anpaßte. Man ist aber
dabei nicht stehen geblieben und es entsprach völlig dem experimentellen Charakter
des Eisenbahnwesens in seinem Jugendstadium, daß von dem ersten, ganz willkürlich entstandenen Spurmaße vielfach abgewichen wurde. Zunächst entschied man
sich zu Gunsten der breiteren Spur, um hinterher wieder in das entgegengesetzte
Extrem zu verfallen. Die äußersten Grenzen dieses technischen Eiertanzes bezeichnen
zwei englische Eisenbahnen, die von dem berühmten Brünell erbaute Great Western-
Bahn mit einer Spurweite von 2·3 Meter und die Festiniogbahn, deren Spurmaß
nur 0·6 Meter beträgt. Die größere Spurweite fand außer in England auch auf
dem Continent — in Rußland, Spanien, Holland, Baden — und in Amerika
Anwendung.

Hier, wo man auf dem Gebiete des Eisenbahnwesens sich weniger als irgend
sonstwo in der Welt an Vorbilder gebunden erachtete, kam mit der Zeit rücksichtlich des Spurmaßes ein wahres Chaos zum Durchbruche. Man begreift am Ende,
daß die Wahl einer Spur von 1·8 Meter, beziehungsweise von 0·9 Meter, statt
der sogenannten »Normalspur«, eine gewisse Berechtigung haben kann. Dagegen
haben geringfügige Abweichungen keine Berechtigung und es liegt auf der Hand,
daß die Vielzahl der Schienenweiten insbesondere dann, wenn mehrere Linien,
oder ganze Complexe in unmittelbaren Verkehrsbeziehungen miteinander stehen,
dieselben ungemein complicirt und dadurch die allgemeinen Interessen im hohen
Grade schädigt. Wir begegnen in den Vereinigten Staaten von Amerika Bahnen
von 1·830 Meter, 1·678, 1·525, 1·474, 1·435 (Normalspur), 1·068 und 0·913 Meter
Spurweite.

Die sich hieraus ergebenden Uebelstände hatten zur Folge, daß zu allerlei
Constructionen und Hilfsmitteln gegriffen werden mußte, um den Uebergang der
Fahrbetriebsmittel von der einen Spur auf die andere zu ermöglichen. War die
Abweichung gering, so begnügte man sich damit, den Spurkränzen der Räder eine
breitere Lauffläche zu geben. In anderen Fällen schob man die Gestänge entweder
um einige Millimeter näher zueinander (bei der breiteren Spur), oder man vergrößerte die Entfernung um dasselbe Maß (bei der schmäleren Spur). Bahnen
mit der größten Spurweite (1·830 Meter) sahen sich veranlaßt, eine dritte Schiene
einzustellen, welche der normalen Spur entsprach, um schließlich ganz zu dieser
Spur überzugehen.

Die Denver- und Rio Grande-Eisenbahn ist gegenwärtig in den Vereinigten Staaten diejenige Linie, auf welche man am häufigsten hinweist, wenn
vom Werthe schmalspuriger Bahnen gesprochen wird. Sie hat 0·915 Meter Spur-

L.E. Petrovits. GÜNTHER & RÜCKER X.A. E.J. MEISSNER SC.

Die Denver- und Rio Grande-Eisenbahn im Thale des Rios de las Animas.

weite und leistet in Bezug auf Größe der Steigungen und Kleinheit des Curven=
radius das größtmögliche. Das beigegebene Vollbild vermittelt eine ausreichende
Vorstellung von der Kühnheit der Anlage dieser Bahn.

Die Schmalspurbahnen sind auch in Canada sehr verbreitet, ja dieses Land
ist gewissermaßen die Wiege der Schmalspur auf dem amerikanischen Continente,
da die erste Anlage dieser Art mit der im Jahre 1869 erfolgten Eröffnung der
ersten Theilstrecke der Toronto= und Nissipingbahn zusammenfällt. Im Uebrigen
hat man das Mißliche verschiedener Spurmaße bald begriffen und ist vielfach zur
Reconstruction des Oberbaues geschritten, was bei der Umwandlung einer breit=
spurigen Bahn in eine normalspurige relativ wenig Mühe verursacht. Umständlicher
ist selbstverständlich die Abänderung des Rollmaterials. Bekannt ist, daß bei
der Grand-Trunk-Eisenbahn in Canada ohne irgend ein Uebergangsstadium die
Reduction der Geleisweite an einem Tage vorgenommen wurde.

Bei den großen Spurabweichungen erwies sich das amerikanische Genie in
Ersinnung technischer Hilfsmittel als außerordentlich fruchtbar. Man traf entweder
die Einrichtung, lange Wagen von ihren Drehgestellen abzuheben und sie auf Plateau=
wagen der Bahn mit breiterer (beziehungsweise engerer) Spur zu übertragen; oder
man schuf complicirte Geleisanlagen, um die Fahrbetriebsmittel zweier Bahnen
mit verschiedenen Spurmaßen eng aneinander zu bringen, durch Hebevorrichtungen
oder Geleissenkungen die Drehgestelle der Wagen auszuwechseln, wodurch es
möglich wurde, einen beladenen Wagen binnen wenigen Minuten von der einen
Spurweite auf die andere zu übertragen.

In Europa hat die Frage, ob für die Nebenbahnen die Normalspur oder
die Schmalspur die zweckmäßigere sei, ganze Bibliotheken von Fachschriften
geliefert, unter welchen diejenigen des genialen M. M. Freiherrn von Weber sich
durch Klarheit der Gesichtspunkte und Schlagfertigkeit der Motivirung besonders
auszeichnen. Nach seiner Anschauung, welche glücklicherweise die herrschende geworden
ist und vielfach auch die Gegner derselben zur Umkehr veranlaßt hat, läßt sich
die Frage, ob für Nebenbahnen die gewöhnliche oder eine engere Spur zu wählen
sei, im Allgemeinen überhaupt nicht entscheiden, da je nach Umständen und auf
Grund bestimmter örtlicher Voraussetzungen bald das eine, bald das andere System
am Platze sein wird.

Die Verfechter der Schmalspur machen zunächst geltend, daß die Abminderung
aller Dimensionirungen sowohl an der Bahn selbst, als an den Fahrbetriebsmitteln
und den Gebäuden, sowie der Wegfall der Streckenbewachung durch eine Posten=
kette von Wächtern, des Bahnabschlusses, der Sperrung der Niveauübergänge u. s. w.
die Kosten bedeutend herabmindere. Wenn es nun auch zutrifft, daß bei der
Schmalspur der Bahnkörper den Bodenverhältnissen sich inniger anschmiegen kann,
Curven von dem kleinsten zulässigen Halbmesser und größere Steigungen die Tracen=
führung erleichtern, indem sie kostspieligen Kunstbauten aus dem Wege geht, so
hat sich dennoch — wie wir später sehen werden — in der Praxis des Baues

und Betriebes der Schmalſpurbahnen ergeben, daß das Maß der Erſparniß an
Baukoſten der Spurabminderung nicht adäquat iſt. Es iſt ferner bekannt, »daß die
Abnahme der Dimenſionen der Käſten der Güterwagen, die Fähigkeit, die Ladung
in denſelben zu disponiren, die ökonomiſche Ausnüßbarkeit derſelben ſich vermindert,
ſo daß gewiſſe Transportgegenſtände von uſuellen Maßverhältniſſen, vor allem
aber der Viehverkehr, gewiſſe Dimenſionen der Güterwagen kategoriſch verlangen,
die deren Abminderung nach Verhältniß der Spurweite verbieten. So iſt es
gekommen, daß die Dimenſionen der Fuhrwerke auf allen ausgeführten Schmalſpur=
bahnen bedeutend größer geworden ſind, als der Reduction der Spur angemeſſen

Gedeckter Güterwagen der Schmalſpurbahn Kriens=Luzern.
(Nach einer vom Conſtructeur — »Nürnberger Maſchinenbau=Geſellſchaft« — zur Verfügung geſtellten Photographie.)

geweſen wäre. Daraus wieder folgert conſequent, daß an Tunnels, Durchfahrten,
Ueberbrückungen, Hochbauten ꝛc. bei Anwendung der Schmalſpurbahn nur ein
mäßiger Procentſaß von der Erſparniß erzielt werden kann, welche die Reduction
der Spurweite erwarten laſſen könnte.« (Weber.)

Dazu kommt noch eine Menge von Factoren, welche wir hier nur ganz kurz
andeuten können. So leiſtet z. B. ein Fuhrwerk der Schmalſpurbahn weit weniger
als dasjenige einer Normalſpurbahn, ſo daß bei ſonſt gleicher Transportleiſtung
im erſteren Falle der Fahrpark ein größerer ſein muß. Oekonomiſch aber iſt nur
derjenige Transport, welcher mit möglichſt wenigen Wagen mit möglichſt großer
Tragfähigkeit bewältigt wird. Die geringen Raumverhältniſſe der Perſonenwagen
ſeßen deren Ausnüßung gewiſſe Grenzen, welche gleichfalls unökonomiſch iſt. Aehnlich

verhält es sich mit den Locomotiven, welche der Natur der Sache nach erheblich
schwächer dimensionirt werden müssen, und demgemäß eine geringere Zugkraft
äußern. Will man also dieselbe Last, welche auf der Normalspurbahn eine Loco=
motive bewältigt, auf der Schmalspurbahn befördern, so bedarf es hierzu zweier
Maschinen, die mehr kosten als eine große Maschine.

Wenn die Frage der Rentabilität einer Schmalspurbahn aufgeworfen wird,
kommt es, wie bereits weiter oben hervorgehoben worden ist, sehr darauf an,
welchen Zwecken sie zu dienen hat. Zunächst ist im Auge zu behalten, ob eine
solche Bahn den Güterverkehr, oder ausschließlich den Personenverkehr, oder
ob sie beiden zu dienen hat. Das System wird sich — unter andern noch zu
besprechenden Vorbehalten — im ersteren Falle günstiger, als in den beiden anderen
Fällen erweisen und am wenigsten empfehlenswerth sein, wenn der Schwerpunkt
in der Rentabilität ausschließlich im Personenverkehre gesucht werden muß. Der zu=
sammengesetzte Verkehr motivirt sich höchstens da, wo die bewegten Massen relativ
gering sind, der Personenverkehr ohne Bedeutung ist und ein wenig verwöhntes
Publicum in Frage kommt. Bei einer Steigerung dieser Factoren wird die Schmalspur
sich nicht bewähren, wogegen sie ganz am Platze ist, wenn es sich lediglich um
den Güterdienst handelt, und zwar in Form des Transportes von Materialien von
zweckentsprechender Ladefähigkeit — z. B. Erzen, Steinen, Kleinholz u. s. w. —
und bei geringem Aufwand von Betriebsmanipulationen.

Die Anhänger des Schmalspursystems machen — von den eingangs erwähnten,
mit der Abminderung der Dimensionirungen zusammenhängenden Vortheilen abgesehen
— geltend, daß die Maximalbelastung der Fuhrwerke bei Normalspurbahnen nicht
congruent mit deren Leistungsfähigkeit sei, sofern jene auf die Hauptbahnen über=
gehen, wo sie den hierselbst festgesetzten Normen unterliegen. Das ist allerdings
zutreffend, da die Wagen der normalspurigen Bahnen in Berücksichtigung der sehr
abgeminderten Fahrgeschwindigkeit eine größere Belastung zulassen würden. Dagegen
wird der im Sinne der Betriebsökonomie viel schwerer wiegende Umstand über=
sehen, daß die Fuhrwerke der Schmalspurbahnen, welche der Natur der Sache
nach auf die normalspurige Hauptbahn nicht übergehen können, durch längere Zeit
im Zustande der Ruhe sich befinden, bis sie ent=, beziehungsweise beladen werden.
Ueber die Erschwernisse, welche diese Umlade=Manipulationen im Gefolge haben,
und welche den Betrieb sehr vertheuern, brauchen wir uns wohl nicht näher ein=
zulassen.

Einer der ausschlaggebendsten Factoren zu Gunsten der Normalspur ist der,
daß deren Fahrbetriebsmittel sich in nichts von denen der Hauptbahn unterscheiden,
daher bei gesteigertem Verkehr eine Entlehnung von Fuhrwerken ohneweiters
platzgreifen kann, und weiter, daß der Fahrpark eine Dotirung mit dem von der
Hauptbahn ausrangirten Materiale gestattet. Steht die Nebenbahn — was meistens
der Fall ist — im Betriebe der Hauptbahn, so kann hier eine Ausnützung des
Rollmaterials bis zur äußersten Grenze platzgreifen. Die Schmalspurbahn leidet

dagegen unter dem empfindlichen Nachtheil, daß sie bei plötzlichem Eintritt größerer
Verkehrsbewegungen ihren Fahrpark nicht ohneweiters vermehren kann, das Roll=
material daher schon von Haus aus der zu erwartenden maximalen Transport=
leistung gemäß dotirt sein muß, was jedenfalls unökonomisch ist, da unter nor=
malen Verhältnissen die über den durchschnittlichen Bedarf vorhandenen Fuhr=
werke unbenützt bleiben.

Die Neubeschaffung aller Wagentypen, wie sie bei der Schmalspur erforder=
lich wird, bildet an sich einen so schwerwiegenden Kostenpunkt, daß die mehrfach
hervorgehobenen anderen Vortheile völlig paralysirt werden. Principiell wird man

Tender=Locomotive für Schmalspurbahn. (Spurweite: 0·760 Meter. Dienstgewicht 20 Tons.)
(Nach einer vom Constructeur — »Locomotivfabrik vorm. G. Sigl« — zur Verfügung gestellten Photographie.)

also sich nur dann für das Schmalspursystem entscheiden, wenn es sich darum
handelt, isolirten Gegenden, welche den Hauptadern des Verkehrs ziemlich entlegen
sind, die Wohlthat eines leistungsfähigen Transportmittels angedeihen zu lassen.
Die mehrfach hervorgehobenen Uebelstände werden alsdann in dem Maße abnehmen,
je weniger die betreffenden Schmalspurbahnen mit den Hauptbahnen in Berührung
kommen und je länger die Linien sind, auf welchen sich der Verkehr der ersteren bewegt,
da die Kosten der Umlademanipulationen in einem umgekehrten Verhältniß zu
den kilometrischen Kosten stehen, d. h. mit anderen Worten: bei einer kurzen
Schmalspurbahn fällt der Arbeitsaufwand bei der Umladung sehr schwer in die
Wagschale, so daß die Kosten sich mit denen des Transportes auf der Schiene fast

gleich hoch stellen, wogegen bei langen und sehr langen Schmalspurbahnen die
Auslagen für die Umladung sich zu einem entsprechenden Bruchtheile abmindern.

Damit sind die Factoren, welche mit der zu Zeiten so leidenschaftlich dis-
cutirten Frage »Normalspur oder Schmalspur« zusammenhängen, in Kürze skizzirt.
Näher können wir uns in diesen Gegenstand, der eine Fülle lehrreicher Controversen hervorgerufen hat, leider nicht einlassen.

Von den Spurmaßen ganz abgesehen, lassen sich in den Begriff »Nebenbahnen« noch mancherlei technische Formen einfügen, bei denen wesentlich andere
Gesichtspunkte in Betracht kommen, als wir sie vorstehend erläutert haben. Zu

Berliner Stadtbahn.

diesen technischen Formen zählen, soweit es sich um den Betrieb mit Abhäsions-
maschinen handelt, zunächst die Industriebahnen, welche ausschließlich dem
Transporte von Rohproducten oder gewerblichen Erzeugnissen dienen; alsdann —
deren Gegensatz — die Dampftrambahnen, welche dem Personenverkehr im
Bereiche der großen Städte dienen, und welche als »Straßenbahnen«, d. h. wenn
sie mit Benützung eines bestehenden Landstraßenkörpers ausgeführt sind und demgemäß von den Städten aus sich auf relativ größere Entfernungen erstrecken, den
Uebergang zu den eigentlichen Nebenbahnen bilden.

Als eine Gruppe für sich, bei welcher sowohl die Art der Anlage, als der
in Anwendung kommende Motor die mannigfachsten Spielarten zulassen, sind die
Stadtbahnen zu betrachten. Unter dem Zwange der engen Raumverhältnisse
und anderer durch die in ausgedehnten und dichtbevölkerten Siedelungen gegebenen

Beschränkungen, hat die Verkehrstechnik zu allen erdenklichen Constructionsweisen gegriffen, welche als »Hochbahnen« und »Tiefbahnen« (Untergrundbahnen), mit Dampfbetrieb und elektrischem Betrieb, als gewöhnliche Adhäsionsbahnen bis zu den complicirten Einrichtungen der »Stufenbahnen«, »Gleitbahnen« u. s. w. dem Erfindungstalente ein weites Feld darboten und noch immer darbieten.

An diese Kategorie von Eisenbahnen schließt sich als letztes Glied der langen Kette eine Gruppe von Constructionsweisen, welche sich am passendsten als »eisenbahntechnische Curiosa« zusammenfassen lassen, indem sie weniger aus dem Zweckmäßigkeitsprincipe, als vielmehr aus der individuellen Laune des experimentirenden Technikers entspringen. Als typische Repräsentanten dieser Art können Lartique's »einschienige Eisenbahn« und Boynton's »Velocipedbahn« angesehen werden. Wir kommen auf alle diese Constructionsweisen noch eingehender zu sprechen.

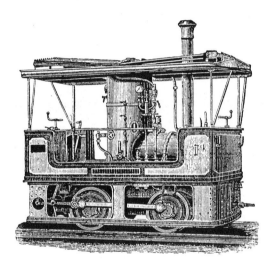

Straßenbahn-Locomotive.

Erster Abschnitt.

Der Schienenweg.

Unterbau.

1. Die Erdarbeiten.

Der Unterbau ist das den eigentlichen Schienenweg tragende Bauwerk. Er setzt sich aus künstlichen Anschüttungen (Dämmen), aus natürlich gelagerten, durch Abtragung von Erdkörpern bloßgelegten Massen (Einschnitten) und aus der Combination beider, d. i. den sogenannten »Anschnitten« zusammen, bei welch' letzteren in den Querprofilen der gewonnene Abtrag als seitlicher Auftrag in Verwendung kommt. Im Felsboden genügt in der Regel der einseitige Anschnitt, bei welchem es sich nur um einen partiellen Abtrag ohne den sonst das Querschnittprofil ergänzenden Auftrag handelt. Außer diesen Erdbauten werden zum Unterbau noch die Brücken und Durchlässe, die Tunnels, die Wegübergänge, Schneegallerien und Unterfahrungen von Wildbächen und andere minder bemerkenswerthe Vorkehrungen gerechnet.

Wie in Allem, was mit der Technik des modernen Eisenbahnwesens zusammenhängt, die rapid fortgeschrittene Ausgestaltung auf den neuesten Erfahrungssätzen beruht, so auch beim Unterbau. Während einerseits die seit altersher bestehenden Normen, wie sie für den Unterbau im engeren Sinne Giltigkeit haben, principiell dieselben geblieben sind, hat anderseits der Bau der Gebirgsbahnen der soliden und gesicherten Herstellung des Planums neue Aufgaben zu lösen gegeben, welche theils aus den jeweils vorhandenen außergewöhnlichen Verhältnissen entsprangen, theils im Kampfe mit den Elementen sich ergaben. Gewisse Schutzvorrichtungen zur Abwehr der den regelmäßigen Betrieb störenden Gefahren sind ganz ausschließlich das Ergebniß der im Gebirgsbahnbau gemachten Erfahrungen. Bergschlipfe und Lawinenstürze, Ueberschwemmungen in engen Thälern, in deren Sohle sich Bahn und Fluß theilen, Torrenten und Wildwasser u. dgl. zwangen den ausführenden Ingenieur zu Constructionsweisen, für die es so gut wie keine Vorbilder und Erfahrungen gab.

In ganz außergewöhnlicher Weise aber ist die Technik bezüglich der Brücken= und Tunnelbauten aus den früheren engen Schranken hervorgetreten. Schon die Führung der Trace in hohen Gebirgslagen bei starken Steigungsverhältnissen in den zur Verfügung stehenden Thälern und die damit verknüpfte Aufgabe, die Linie möglichst günstig zu placiren, stellte den ausführenden Techniker vor neue, schwer zu lösende Aufgaben. Um beträchtliche Niveaudifferenzen zu überwinden griff man zu complicirten Tunnelanlagen — den sogenannten Kehr= und Spiral= tunnels — mittelst welchen die Trace in förmlichen Schneckenwindungen die ver= schiedenen Höhenlagen überwindet. Außerordentliche Leistungen sind ferner die großen Alpentunnels, die Unterfahrungen von breiten Flüssen (in England und Amerika) und schließlich die großartigen Brückenbauten der letzten Zeit, wahre Wunderwerke der Technik, welche aller Hindernisse spotten und sich im gigantischen Aufbau über Thäler und Meeresarme spannen. Sie sind das sichtbare Abbild der erstaunlichen Energie, mit welcher der moderne Bautechniker den unglaublichsten Schwierigkeiten trotzt. Diese Energie wird aber ganz wesentlich unterstützt durch die Fortschritte der einschlägigen Hilfstechniken, vornehmlich in der Bewältigung großer Eisen= und Stahlmassen als constructive Elemente, nach welcher Richtung man der Grenze des Erreichbaren ziemlich nahegerückt sein dürfte.

Gegenüber den imponirenden Tunnel= und Brückenanlagen tritt, soweit es sich um das äußerliche Moment handelt, der eigentliche Unterbau erheblich zurück. Er ist, soweit das Laieninteresse in Betracht kommt, das Stiefkind der Eisenbahn= technik. Ungeachtet dieser Sachlage erfordert ein solider, ökonomisch zweckmäßig durchgeführter Unterbau nicht nur hervorragende theoretische Kenntnisse und weit= gehende praktische Erfahrungen, sondern zugleich ein höheres Maß von Scharfblick, durch welchen sich der intelligente Ingenieur von dem Durchschnitts=Techniker unter= scheidet. Für den Nichtfachmann scheint nichts einfacher als die Herstellung eines Bahnkörpers, der sich als eine Reihenfolge von Dämmen und Einschnitten darstellt; er ist geneigt, das Hauptverdienst an dieser Leistung nicht dem leitenden Kopf, sondern den ausführenden Händen zuzuschreiben.

Das wichtigste Moment bei der Herstellung des Unterbaues ist die sogenannte Massendisposition. Man versteht darunter die zweckmäßige Bewegung der Boden= massen, um einen möglichst ökonomischen Ausgleich zwischen Abtrag und Auftrag zu erzielen. Da die Massendisposition von vornher auf einer eingehenden und zuverlässigen Berechnung sich stützt und diese letztere die Grundlage für die auszuführenden Erd= arbeiten bildet, läßt sich die Wichtigkeit dieser technischen Vorarbeit ermessen. Trotzdem wird es nicht immer möglich sein, das ideale Verhältniß zwischen Abtrag und Auftrag zu erzielen. Ergiebt ein Einschnitt eine größere bewegte Bodenmasse als zur Ver= wendung der benachbarten Dammanlagen oder zu solchen in noch rationell auszu= nützender Entfernung nothwendig ist, so wird man gezwungen sein, den Ueberschuß an Bodenmasse in der Nähe der Bahn zu belassen. Man spricht in diesem Falle von Seitenablagerung. Tritt das umgekehrte Verhältniß unter gleichen Voraus=

ſetzungen ein, d. h. ergeben die Einſchnitte nicht hinlängliches Material für die aufzuſchüttenden Dämme, und iſt die ökonomiſch zuläſſige Entfernung für die Zufuhr nicht gegeben, ſo muß das fehlende Material beſonderen in der Nähe der Bahn gelegenen Abbauorten entnommen werden. Man nennt dieſes Verfahren Seiten=entnahme. Da man durch ſie, und desgleichen bei der Seitenablagerung, in die Zwangslage verſetzt wird, Grundſtücke zu erwerben, iſt es Aufgabe des leitenden Ingenieurs, wenn nur immer möglich, bei der Maſſenberechnung dieſem Uebelſtande aus dem Wege zu gehen. Seitdem in den ſogenannten »Interimsbahnen«, welche als ſchmälſpurige Förder= oder Arbeitsbahnen gleichzeitig mit der Inangriffnahme des Unterbaues hergeſtellt werden, ein äußerſt ökonomiſches Hilfsorgan gewonnen worden iſt, kommen Seitenablagerungen und Seitenentnahmen in der Maſſen=diſpoſition faſt gar nicht mehr vor.

Neben den vorſtehend erläuterten Factoren hat indes der Bauleiter einer Bahn noch die mannigfaltigſten, zum Theil von vornherein jeder Berechnung ſich entziehenden Verhältniſſe im Auge zu behalten: die zu bearbeitenden Erdmaſſen in Bezug auf deren Grad der Schwierigkeit, welche das Löſen derſelben aus ihrer natürlichen Lagerung verurſacht; die Berückſichtigung des verſchiedenen Verhaltens geſchichteter und ungeſchichteter Geſteine; das Maß der Cohäſion und des Reibungs=widerſtandes bei den einzelnen Erdarten; die Waſſerhältigkeit des anzuſchneidenden Bodens, beziehungsweiſe die Nachforſchung nach Grundwaſſer u. dgl. m. In ſcheinbar conſiſtentem Terrain können in tieferen Lagen Rutſchflächen vorhanden ſein, die erſt in Folge der durch die Bodenbewegung verurſachten partiellen Gleich=gewichtsſtörungen wirkſam werden. Eine ſolche unliebſame Entdeckung kann zu großen Verlegenheiten, zur Verzögerung, beziehungsweiſe zur Vertheuerung des Baues führen und unter Umſtänden ſelbſt auf die Maſſendiſpoſition ungünſtig einwirken, inſoferne beiſpielsweiſe dem Abtrag in die tieferen Lagen nicht die Qualification eines guten Auftragmaterials zukommt.

Alle dieſe Schwierigkeiten und unvorhergeſehenen Störungen erhalten erhöhte Bedeutung, wenn die Bahn durch ſehr coupirtes Terrain oder über moorige Land=flächen geführt werden muß; oder bei Anſchnitten in geſchichtetem Geſtein von großer Verwitterungsfähigkeit, bei Führung der Bahn an Geländen, welche fall=weiſe von Hochwaſſer beſpült werden, am meiſten aber im Gebirge in tiefen und engen Flußthälern, wo die Nothwendigkeit häufigen Uferwechſels und die Com=bination von Brücken und Tunnels den Scharfblick des Ingenieurs in Verbindung mit gründlichen geologiſchen Studien und der Kenntniß von dem Weſen der auf=einander wirkenden geophyſikaliſchen Factoren in mehr als gewöhnlichem Maße erfordern.

Nicht minder ſchwierig, wenn auch mehr auf praktiſche Erfahrung als auf geſchulte Intelligenz fußend, geſtalten ſich jene Verhältniſſe, welche wir als Dynamik der Bodenmaſſen bezeichnen möchten. Sowohl bei den Anſchüttungen als den Abtragungen handelt es ſich um die Ermittlung der zu erwartenden Druck=

wirkungen, einerseits in dem blosgelegten Boden, anderseits in den aufgetragenen
gelösten Maſſen. Der Gleichgewichtszuſtand eines Erdbauwerkes hängt von den
Werthen des Gewichtes, der Reibung und der Cohäſion ab. Von dem Maße, in
welchem dieſe Factoren ſich entweder entgegenwirken oder wechſelſeitig paralyſiren,
hängt dann die Größe des Druckes (Schubes), den der Erdbaukörper ausübt, ab.
So wird beiſpielsweiſe eine und dieſelbe Erdart in trockenem Zuſtande — unter
ſonſt gleichen Verhältniſſen — eine geringere ſeitliche Druckkraft äußern, als im
naſſen Zuſtande, weil in letzterem Falle die Reibung vermindert, das Gewicht
aber vergrößert wird. Das Maß der Cohäſion wieder iſt beſtimmend für den
Werth der Reibung, d. h. es werden minder conſiſtente Maſſen leichter aus ihrer
Verbindung — alſo leichter ins Gleiten kommen — als conſiſtentere. Die Cohäſion
iſt überdies proportional der Größe der Fläche, nach welcher die Trennung der
Erdmaſſe erfolgt.

Der vorſtehend auseinandergeſetzte Sachverhalt iſt maßgebend für den
Neigungswinkel, unter welchem die Böschungen in Einſchnitten und an Dämmen
angelegt werden müſſen. Das zuläſſige Maß dieſes Neigungswinkels beträgt bei
Dammerde, ob nun locker oder feſt, trocken oder durchfeuchtet, 40°; bei lehmiger
Erde (unter den gleichen Vorausſetzungen) 40°; bei ſandigem feinen Kies (trocken
oder feucht) 37°, bei Schotter 25—40°, bei Sand (trocken oder feucht) 32°. In
der Praxis erweiſt ſich die unerläßliche Nothwendigkeit, dieſe theoretiſchen Werthe
um ein entſprechendes Maß herabzumindern, d. h. die jeweiligen Böschungswinkel
kleiner zu wählen. Man nennt dies den »Sicherheitsgrad«. Denn abgeſehen davon,
daß obige Werthe die Grenze andeuten, bei welcher die betreffende Erdmaſſe ſich
im Zuſtande des Gleichgewichtes befindet, vermögen Witterungseinflüſſe (Hitze,
Froſt, Niederſchläge) das Gewicht und die Cohäſion, und in Folge deſſen auch die
Reibung, in ungünſtiger Weiſe zu beeinfluſſen.

Durch die Einführung des Sicherheitsgrades, beziehungsweiſe in Folge der
ſtärkeren Abflachung der Böschung, ergiebt ſich der Uebelſtand, daß die Baſis der
Dämme, beziehungsweiſe die obere Oeffnung der Einſchnitte mitunter eine bedeutende
Breite erreicht, was auf die Grundeinlöſung ungünſtig einwirkt. Aus dieſem Grunde
ſowohl als nicht minder deshalb, um weniger conſiſtenten Erdmaſſen eine ſteilere
Böschung geben zu können, werden Mauern oder Wände aufgeführt. Sie heißen
Stützmauern, wenn ſie zum beſſeren Verbunde der Anſchüttungsmaſſe dienen,
Wand= oder Futtermauern, wenn ſie in Einſchnitten zur Erhaltung des Gleich=
gewichtszuſtandes der natürlich lagernden Anſchnittsmaſſen hergeſtellt werden.

Die Stärke dieſer Mauern ſowie die Neigung, die ihre äußeren und inneren
Flächen erhalten, ſind nicht gleichgiltig; Dicke und Neigung ſtehen vielmehr in
Wechſelwirkung, welche beſtimmte Werthe ergeben, doch werden die jeweiligen ört=
lichen Verhältniſſe ſich häufig derart geſtalten, daß verſchiedene Mauerquerſchnitte zu
dem gleichen Reſultate führen. Weitere Combinationen ergeben ſich aus der Flächen=
geſtalt der Mauern, d. h. aus deren »Profil«. Das geradlinige ſenkrechte Profil

beſitzt, unter ſonſt gleichen Umſtänden, die geringſte Stabilität. Wo daſſelbe —
z. B. innerhalb der Häuſeranlagen in Städten, oder überall dort, wo die Grund=
fläche des Bahnkörpers ſehr beengt iſt — in Anwendung kommt, muß die Mauer,
ſoll ſie nicht dem Seitenſchube nachgeben und umkippen, ſehr ſtark gehalten werden.
Eine größere Stabilität (bei geringerer Dicke) kommt den einwärts geneigten Mauern
zu. Noch widerſtandskräftiger ſind Mauern mit geſchweiftem Profil, die concave
Seite nach außen. Es iſt dies das ſogenannte »engliſche Profil«. Endlich können
die Mauern auch noch an der Innen= und Außenfläche abgeknickt werden, wobei
das flachere Profil dem Fuß, das ſteilere dem oberen Theile der Mauer gegeben
wird. In dieſem Falle ſpricht man vom »deutſchen Profil«.

In der fallweiſen Anwendung dieſer Profile werden mancherlei Factoren zu
berückſichtigen ſein, ſo daß der ausführende Ingenieur anzuſtreben hat, das Zweck=

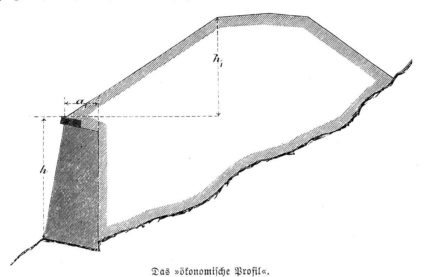

Das »ökonomiſche Profil«.

mäßigſte mit den geringſten Mitteln zu erreichen, was nothgedrungen zur An=
wendung des kleinſten Querſchnittes führt. In dieſem Sinne ſpricht man vom
»ökonomiſchen Profil«. In der beigegebenen Figur ſei ein gegebenes Beiſpiel
erläutert. Die Dicke der Mauerkrone (a_1) ergiebt ſich aus einer Gleichung, in
welcher die Höhe der Mauer (h) und die Höhe des ſichtbaren Dammkörpers (h_1)
die wichtigſten Elemente ſind. Näher in dieſe Berechnung einzugehen, erſcheint uns
in einem populären Werke nicht am Platze.

In ähnlicher Weiſe wird bei Futtermauern vorgegangen. Hier wird (S. 72)
die Höhe h_1 dadurch ermittelt, daß man von der Rückwand der Mauer aus eine
Linie NB. unter 45° zur Wagrechten bis dorthin zieht, wo ſie die natürliche Boden=
fläche trifft. Das Weitere iſt aus der Figur erſichtlich.

Anſtatt der Stützmauern werden fallweiſe Steindämme dem Zwecke dienen,
ſteilere Böſchungen herzuſtellen. Sie finden überall dort Anwendung, wo die
Maſſendispoſition dies geſtattet oder geradezu nothwendig macht, wie beiſpielsweiſe

im felsigen Terrain. Bei den neueren Alpenbahnen (St. Gotthard, Arlberg) haben die Steinsätze oder sogenannten »Packungen« eine ausgedehnte Anwendung gefunden. Sie empfehlen sich vorzugsweise an steilen, felsigen Lehnen, an denen Druckerscheinungen sich bemerkbar machen oder Rutschungen zu befürchten sind, also an Stellen, die eines sehr soliden Bahnkörpers bedürfen und Erdmaterial in der Regel gänzlich mangelt. Dem Principe nach sind die Packungen Trockenmauern von prismatischer Gestalt, aus schweren Bruchsteinen ausgeführt, deren Zwischenräume durch kleineres Abtragsmaterial verkeilt werden. Die Art und Weise, wie solche Packungen hergestellt werden, ist aus den beigegebenen Figuren zu ersehen. Man giebt ihnen nie eine größere Neigung als 45°. Soll die Böschung noch

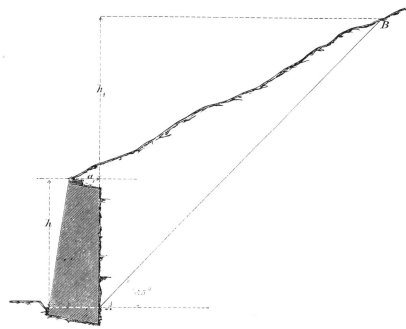

Ermittlung der Höhe der Futtermauern.

steiler gehalten werden, so müssen an Stelle der Packungen wirkliche Mauern, entweder Trockenmauern oder gemörtelte Mauerwerkskörper, treten.

Bekannt wegen ihres großartigen Aufwandes von Mauerwerk ist die Semmeringbahn, in welcher Richtung sich keine Bahn der Welt mit ihr messen kann. Die gesammte Mauerung beträgt nämlich 610.533 Cubikmeter, so daß auf den laufenden Meter der ganzen zweigeleisigen Strecke fast 15 Cubikmeter Mauerwerk entfallen. Die Wand- und Stützmauern nehmen eine Länge von 13 Kilometer ein. . . . Dagegen wieder zeigen die neuen Alpenbahnen, wie die Gotthardbahn und die Arlbergbahn, die weitgehendste Anwendung der Steindämme und Packungen. Auf der Arlbergbahn hat die Herstellung des großartigen Trisanna-viaductes weniger Schwierigkeiten verursacht, als die ihm zur Seite liegenden Zufahrtsstrecken zwischen den Stationen Pians und Strengen.

Auf der einen Seite Rutschterrain, auf der anderen Lawinenstraßen, Mur=
gänge, enge Tobel mit tückischen Wildwassern: das war hier die Situation, der
die Kunst des Ingenieurs beikommen mußte. Als die Bahn bereits fertig war,
mußte eine Trockenmauer, welche in Folge von Rutschungen ganz deformirt worden
war, um 4 Meter gegen die Lehne gerückt werden. Gleich außerhalb der Station
Pians setzt die Bahn mit einem vierbogigen Viaduct über den Ganderbach. Es
folgt nun die »Mayenwand«, welche senkrecht zur Sanna abstürzt. Um dieser
Felswand, welche in einer Höhe von 100 Meter über dem Flusse dahinzieht,
Herr zu werden, mußten zwei 30 bis 40 Meter hohe Stützmauern und zwischen
beiden ein Felseinschnitt hergestellt werden.

An diese schwierigen und kostspieligen Bauten schließt unmittelbar der Viaduct
über den Wolfsgruberbach mit 5 Oeffnungen zu 8 Meter an. Jetzt erst hatte man
die Höhe, beziehungsweise den
Stützpunkt gewonnen, von dem
aus der große Trisannaviaduct
die tiefe Thalkluft überspannen

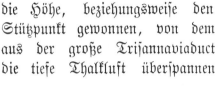
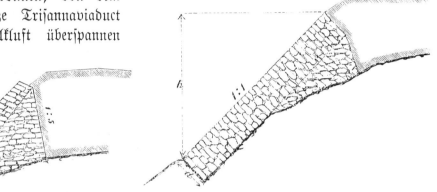

Steinpackungen.

konnte. Jenseits derselben mußte die Bahn gegen eine Anzahl gefährlicher Lawinen=
straßen durch großartige Stütz= und Futtermauern, außerdem durch Unterfahrungen
der Muren geschützt werden. Aus dem Waggoncoupé sieht man von diesen Dingen
wenig, und dennoch hatte hier die Ingenieurkunst an schwierigeren Aufgaben sich zu
erproben, als an mancher gigantischen Brücke, an manchem prunkenden Viaduct
oder pfropfenzieherartig gewundenem Spiraltunnel.

Großartige Anlagen von Stütz= und Futtermauern findet man auch an der
Brennerbahn, der Schwarzwaldbahn, ganz besonders aber an der Gotthard=
bahn, wo neben steilen Felsgehängen zahlreiche mächtige Schutthalden, also der
denkbar beweglichste Untergrund, zu überwinden waren. Das starke Gefälle der
Reuß auf der Nordseite (bei Waasen) und des Tessin auf der Südseite (zwischen
Prato und Giornico) zwang zu der Anlage von Kehr=, Schleifen= und Spiral=
tunnels, deren Zufahrts= und Verbindungsstrecken vielfach die Herstellung gemauerter
Bahnkörper nothwendig machten.

Die Trockenmauern werden aus Bruchsteinen hergestellt, die, mit dem Hammer
roh bearbeitet, in regelrechten Verband gelegt werden. Die Zwischenräume verkeilt

man mit kleinerem Abtragsmateriale. Sehr zweckmäßig ist das Einbetten der Steine in Moos, wodurch eine gute Druckvertheilung erzielt wird. Unter solchen Umständen können Trockenmauern einen Böschungswinkel von 2 : 3 erhalten. An den neuen Alpenbahnen hat man Trockenmauern vielfach mit Steinsätzen in Verbindung gebracht, und damit eine große Stabilität der Dammanlagen erzielt. Wie aus der beigegebenen Figur, welche ein Profil der Gotthardbahn zeigt, zu ersehen ist, lehnt sich eine verhältnißmäßig dünne Trockenmauer an einen gepackten Steinkörper, ohne jedoch in Verbund mit demselben zu stehen, so daß beide Theile unabhängig von einander sich setzen können. Die Höhe (h) beträgt hier 9 Meter.

Bei Dämmen, welche im Anschnitt — also an der Lehne eines mehr oder minder starken Abhanges — liegen, empfiehlt es sich, bei wenig consistentem Material der Unterlage für die Anschüttung ein stufenförmiges Profil zu geben, wodurch in wirksamster Weise Rutschungen vorgebeugt wird. Sehr umständlich, kostspielig und unberechenbar sind die Dammanlagen in beweglichem flachen Boden, z. B. Mooren oder wasserhältigen sanften Abdachungen. In solchen Fällen erwächst für den Bauleiter die Aufgabe, allen Eventualitäten gewappnet gegenüber zu stehen, denn nichts ist fataler, als ein in Bewegung gerathener Damm, der in der Regel nur durch den Aufwand außergewöhnlicher Maßnahmen wieder zum Stillstand gebracht werden

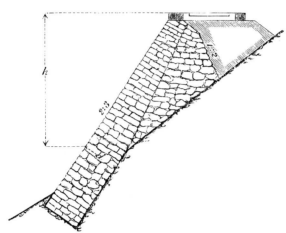

Trockenmauer mit gepacktem Steinkörper (Gotthardbahn).

kann. Verdächtige Stellen müssen durch Abteufungen auf ihren Zustand untersucht, ausgesprochen nachgiebige Unterlagen aber in ihrer ganzen Ausdehnung tragfest gemacht werden. Aber selbst bei Beachtung aller Vorsicht wird man häufig das Unzulängliche jeder Berechnung erfahren müssen. Ein classisches Beispiel hiefür liefert die Anlage des Dammes, welcher das große Moor bei Laibach durchschneidet. Der ca. 2400 Meter lange Damm sank mehrmals vollständig ein, und erst nach jahrelangen Nachbauten und Steinschüttungen, und nachdem die Basis des Dammes erst in 10—15 Meter Tiefe eine widerstandskräftige Unterlage (mit Sand vermengte Thon- und Lettenschicht) gefunden hatte, erlangte das Riesenwerk die nothwendige Stabilität. Unter normalen Verhältnissen würde es kaum des fünften Theiles des aufgewendeten Materiales zu dessen Herstellung bedurft haben.

In den Vereinigten Staaten von Amerika, wo die Eisenbahnen vielfach längs den versumpften Ufern der großen Seen oder durch die moorigen Niederungen der großen Ströme geführt sind, wäre es in den meisten Fällen ganz

unmöglich gewesen, einen soliden Unterbau auf dem herkömmlichen Wege der Damm=
anlagen fertig zu bringen. Als Ersatz für letztere wurden sogenannte Pfahl=
brücken, eine den »Trestle Works« verwandte Construction, in Anwendung
gebracht. Sie bestehen aus nahegestellten Jochen aus Holz, die mitunter zu ganz
gewaltigen Tiefen pilotirt sind. So ist die Madison=Linie der Nord=Western=
Eisenbahn in Wisconsin mittelst 4·6 Meter von einander gestellten, theilweise bis
zu Tiefen von 35 Meter eingetriebenen Pfahlreihen über das Moor geführt. Die
großen Längen der hiefür nöthigen Piloten wurden durch Verbindung einzelner
aufeinander gestellter Stämme mittelst
Dübel bewirkt. Eine andere solche Pfahl=
brücke in derselben Bahn ist 2200 Meter
lang und reicht manche Pilote bis in
36½ Meter Tiefe. Ein Theil der
Brücke, welcher in einer Curve liegt,
wurde durch Streben gesichert, die sich
in Entfernungen von 18·3 Meter auf
Gruppen von je acht mit Ketten zu=
sammengebundenen Piloten stützen. Die
Anzahl der Piloten in einem Joche
wechselt von 4—8 und beträgt bei der
ganzen Brücke 2598. Ihre Erbauung er=
forderte 5 Monate Zeit und einen Kosten=
aufwand von 72.000 Dollars.

Bahnanlage am Felsgehänge.

Mitunter gerathen Dämme, welche
durch Jahrzehnte sich als vollständig
consolidirt erwiesen, durch außergewöhn=
liche Ereignisse, z. B. langanhaltende
Regengüsse, in Bewegung. Tritt die
letztere plötzlich ein, z. B. durch die Last
oder Erschütterung eines Zuges, welche den
bereits an der äußersten Grenze stehenden
Gleichgewichtszustand stört, so kann ein solcher Zwischenfall zu schweren Kata=
strophen führen. In der Geschichte des Eisenbahnbetriebes sind indes solche Fälle
selten, da die Bewegung sich in augenfälligen Merkmalen ankündet. Es lösen sich
zunächst, vornehmlich durch die Belastung und Erschütterung der Züge, kleinere
Massen vom Dammkörper los und rollen die Böschungen hinab. Später folgen
Risse und es kommen ganze schollenartige Massen ins Gleiten.

Die Ursachen dieser Erscheinung liegen theils in der Beschaffenheit des zu
den Schüttungen verwendeten Materials, theils in äußeren Einflüssen. Die Wir=
kungen können sehr bedenklich werden, in vielen Fällen aber belanglos sein. Durch
Eindringen von Wasser, Frost, große Hitze u. dgl. entsteht eine oberflächliche

Störung des Gleichgewichtszustandes im Böschungskörper, indem Reibung und
Cohäsion vermindert werden. In diesem Falle hat es mit dem Abbröckeln sein
Bewenden. Liegt aber die Ursache in dem Eindringen vielen Wassers bis zur Auflage=
fläche des Dammkörpers, durch welche die Reibung zwischen diesem und der natür=
lichen Bodenfläche eine allzugroße Verminderung erleidet, so wird eine vollständige
Dammrutschung eintreten. Am verderblichsten sind aber die sogenannten »Quellungen«
Sie treten zwar meistens in Einschnitten auf, doch werden sie auch an Dämmen,
vornehmlich an solchen aus ungeeignetem Schüttungsmateriale, beobachtet. Starke
Regengüsse bringen ein solches Erdbauwerk völlig aus seinem Zusammenhang, so

Förder=Kippwagen.

daß es in aller Form zerfließt. Wir werden später bei den Einschnitten sehen,
welcher Mittel man sich bedient, um Gefahren dieser Art zu begegnen.

Die Solidität einer Bahnanlage hängt nicht einzig von der Verläßlichkeit
der Unterlage und der Güte der Schüttungsmateriales, sondern in gleichem Maße
von der Art der Schüttungsarbeit selbst ab. Der naturgemäße Aufbau eines
Dammes erfolgt durch Anschüttung von der Unterlage aus. Eine weit festere
Lagerung wird aber dadurch erzielt, daß man in der Höhe des herzustellenden
Dammes ein Gerüst zimmert, auf welches die Interimsbahn gelegt wird. Ver=
mittelst dieser Anlage können ganze Züge von Kippwagen anfahren, deren Inhalt
durch den Fall in die Tiefe, welche mitunter sehr bedeutend ist, sich stark zusammen=
preßt. Aber selbst die umsichtigste Bauleitung wird nicht verhindern können, daß
die hergestellten Dämme, welche erst nach Jahren die Consistenz natürlicher Lage=

rungen erhalten, einige Zeit nach ihrer Vollendung einsinken, oder, wie der tech=
nische Ausdruck lautet, sich »setzen«. Das Maß solcher Senkungen bewegt sich zwischen
1 bis 5 Procent der Dammhöhe, kann aber unter besonders ungünstigen Umständen
10 Procent überschreiten. Setzungen sind besonders dann gefährlich, wenn sie sich
mit Rutschungen oder Quellungen combiniren. In solchen Fällen giebt es kein
anderes Auskunftsmittel, als die Anlage gänzlich zu reconstruiren. Alle halben
Maßregeln sind verwerflich, weil das Uebel früher oder später in größerem Maße
zu Tage treten und seine Bewältigung schwere Geldopfer erfordern würde, wozu
noch die Störung des Betriebes hinzukommt.

Die Kronenbreite der Dämme beträgt bei eingeleisigen Bahnen 4 bis 5, bei
zweigeleisigen Bahnen 7 bis 9 Meter. Die Höhe ist sehr verschieden; 30 Meter
hohe Anschüttungen zählen schon zu
den höchsten, doch finden sich zuweilen
Anlagen dieser Art, welche über
50 Meter Höhe
haben. Abge=
sehen davon,
daß bei solchen
kolossalen künst=
lichen Erd=
körpern die vor=
geschilderten
Uebelstände in
proportional
wachsendem
Grade in die Er=
scheinung treten
können, sind sie

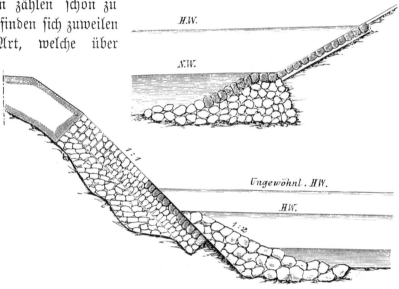

Verkleidung von Dammböschungen, welche dem Hochwasser ausgesetzt sind.

zugleich kostspieliger als Viaducte, da, abgesehen von den zu bewegenden Massen, auch
die Größe der zu erwerbenden Grundfläche in die Wagschale fällt. Selbstverständlich
werden die Böschungen der Dämme behufs Erzielung einer größeren Dichtigkeit
und Festigkeit des oberflächlichen Materiallagers mit Ackererde bedeckt und mit
Grassamen besäet.

Dammböschungen, deren Fuß von fließendem oder stehendem Wasser bespült
wird, ferner solche, welche Hochwassern ausgesetzt sind, erhalten eine besondere
Verkleidung. Es wird ein fester Fuß aus zusammengeworfenen Bruchsteinen her=
gestellt, an welchen bis über die Hochwasserlinie hinaus eine solide Pflasterung
anschließt. Es empfiehlt sich, diese letztere bis zu entsprechender Tiefe auch über die
Steinwürfe auszudehnen. Bei einer Bespülung durch einen sehr reißenden Fluß
genügen die einfachen Steinwürfe nicht und es müssen in diesem Falle am Damm=
fuße Piloten eingerammt werden, welche durch aufgeschraubte Langhölzer eine feste

Verbindung erhalten. Im Uebrigen entscheiden die örtlichen Verhältnisse, auf welche
Weise diesfalls zu verfahren ist. Die beigegebene Figur führt ein specielles Beispiel
von der Gotthardbahn vor, mit Steinpackungen und sorgfältig gepflasterten Vorder=
böschungen, deren Pflasterdecke, vom festen Boden ausgehend, bis 1 Meter über die
außergewöhnliche Hochwasserlinie reicht. Vor diesem Steinkörper liegt ein Stein=
wurf, dessen Krone auf die normale Hochwasserlinie gelegt ist.

  Wir kommen nun zu den Einschnitten. Den Dämmen gegenüber haben sie
den Vortheil einer festen Unterlage für sich, und in sehr schwerem Boden den einer

Anschnitt in Felsen.

gesicherten Seitenbegrenzung, die, wie beispielsweise in felsigem Terrain, keinen Be=
wegungen ausgesetzt ist. Indes kommt diesen Vortheilen nur eine relative Be=
deutung zu; denn wie einerseits selbst in der natürlichen Lagerung der Einschnitt=
sohle Veränderungen vor sich gehen können, in Folge der durch den Anschnitt der
Bodenmasse hervorgerufenen Störungen des Gleichgewichtszustandes, hat man ander=
seits auch mit den Felsböschungen häufig seine liebe Noth. Der Verwitterungs=
proceß, das Ausbrechen von Sickerwasser äußern ebenso ihre zerstörenden Einflüsse,
als die durch den Zugsverkehr hervorgerufenen Erschütterungen, welche zu Stein=
schlägen Anlaß geben.

Beim normalen Einschnitt richtet sich das Profil — ganz so wie bei den Dämmen — nach der Bodenart, in welche es gelegt wird. Hierbei fällt insbesondere die Tiefe des Einschnittes in die Wagschale. Ist dieselbe mäßig, etwa 5 Meter nicht überschreitend, und der anzuschneidende Boden von geringer Consistenz, so wird der entsprechenden Abflachung der Böschungen nichts im Wege stehen. Bei größerer, oder außergewöhnlich großer Tiefe aber würde die obere Oeffnung des Profils eine so große Bodenfläche beanspruchen, daß die Anlage eines solchen Einschnittes sich unökonomisch erweist. Man wird in diesem Falle entweder Stützmauern aufführen, oder einen sogenannten »gedeckten Einschnitt« herstellen, oder — was unter Umständen das rationellste sein wird — für die Tunnellirung sich entscheiden.

Ergeben sich Fälle, in denen aus irgend einem Grunde die weite, obere Oeffnung des Profils für die Anlage eines mehr als 5 Meter tiefen Einschnittes rücksichtlich des Kostenpunktes irrelevant ist, so empfiehlt es sich, die großen Flächen der Böschungen durch »Permen« zu gliedern. Es sind dies, wie aus der beige-

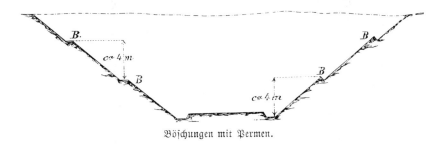

Böschungen mit Permen.

gebenen Figur BB (links) zu ersehen ist, schmale Absätze, welche Stützpunkte für Abbröckelungen und abgeschwemmten Humus bilden und überdies dem Zerklüften der Flächen durch abfließendes Regenwasser ein Ziel setzen. Es kann aber auch geschehen, daß die Permen gerade im letzteren Falle Stauungen des Sickerwassers fördern und sonach die unmittelbare Ursache von Rutschungen werden. Die örtlichen Verhältnisse allein können hier die Handhabe zu zweckmäßigem Vorgehen abgeben. Wo solche Permen vorhanden sind, können sie als Gangsteige benützt werden. Einwärts geneigte Absätze (in der Figur BB rechts) eignen sich selbstverständlich nicht dazu, und ist ihre Anlage auch aus anderen Gründen nicht zu empfehlen.

Rücksichtlich des Neigungsverhältnisses der Böschungen gilt das bei den Dämmen Gesagte und richten sich dieselben einerseits nach der Consistenz der angeschnittenen Erdart, beziehungsweise dem Grade der Durchnässung. Dammerde und Sand können im Verhältnisse von 1 : 2, brauchbare Lehmerde und Kies von 1 : 1·5, grobes Geröll und Steinbrocken von 1 : 1 abgeböscht werden, doch gilt als Princip, daß bei zunehmender Tiefe des Einschnittes unter sonst gleichen Verhältnissen die Böschungen flacher zu halten sind. Bei der Lösung bedeutender Massen wird man sich mit Vortheil der Excavatoren bedienen. Eine eigenartige Con-

struction ist die hier abgebildete von Osgood. Der Apparat besteht aus einem
achträderigen Wagen und wird auf Schienen bis dicht an die Arbeitsstelle heran=
geführt. In dem Maße als die Arbeit fortschreitet, werden selbstverständlich die
Schienen verlängert und der Apparat vorgeschoben. Die 1500 Kilogramm wiegende
mächtige Stahlschaufel ist an einem starken Balken befestigt, welcher über eine Rolle
in dem vorderen Krane läuft. Die Schaufel selbst wird mittelst zweier schwerer
Ketten bewegt; der vordere Kran ist um seine Achse beweglich. Die Triebvor=
richtung besteht in einer im Wagengehäuse untergebrachten Dampfwinde. Um den
Apparat in Function zu setzen, wird die Schaufel nach vorne geschoben, gegen
die zu lösende Masse gedrückt und alsdann gehoben, so daß sie sich mit Erde füllt.

Einschnittsbetrieb mit dem Osgood'schen Excavator.

Hierauf schwingt sie auf die Seite, wo auf einem zweiten Geleise die Kippwägen,
welche das gelöste Material aufzunehmen haben, bereit stehen. Durch Oeffnen
einer Klappe an der Unterseite der Schaufel wird deren Inhalt entleert. Die
Leistungsfähigkeit beträgt zwei Ladungen in der Minute. Der Apparat ist selbst=
verständlich nur in Einschnitten für eine doppelgeleisige Bahn verwendbar, da bei
Einschnitten für eine eingeleisige Bahn der Raum zur Anlage der Hilfsgeleise
fehlen würde.

Die Böschungen der Einschnitte bedürfen gewisser Vorkehrungen, welche sie
gegenüber den Witterungseinflüssen widerstandskräftiger machen. In der Regel
erhalten sie eine Bedeckung mit fruchtbarer Erde, welche dann der Besamung unter=
zogen wird. Gute Stützpunkte gegen etwaige Beweglichkeit der angeschnittenen
Massen geben Rasenstreifen, welche mittelst Holzpflöcken festgemacht werden. Ist

die Böschungsfläche der Besamung nicht leicht zuzuführen, oder steht zu befürchten, daß Niederschläge die Humusdecke wegspülen, so ist es am zweckmäßigsten, eine Abdeckung mit Rasenziegeln vorzunehmen. Man unterscheidet »Flachrasen«, wenn die quadratischen Rasenstücke dicht nebeneinander gelegt und mit Holzpflöcken befestigt werden, oder »Kopfrasen«, wenn man eine Anordnung der Rasenstücke trifft, wie sie in der beigegebenen Figur ersichtlich gemacht ist, nämlich übereinander geschichtet, mit senkrechten oder etwas nach einwärts geneigten Lagen. Außerdem gelangen auch Flechtzäune in Anwendung.

Um die Einschnittssohle vor Durchweichungen zu schützen, ist die Anlage von Seitengräben unerläßlich. Gewöhnlich werden dieselben abgeböscht, doch können Raummangel oder andere Ursachen es als nothwendig erweisen, ge=

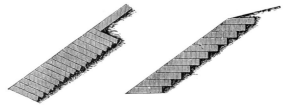

Abdeckung der Böschungen mit Rasenziegeln.

mauerte Seiteneinfassungen herzustellen, wie dann auch die Grabensohle überall dort gepflastert werden muß, wo der Wasserzufluß stärker und die Neigung des Grabens

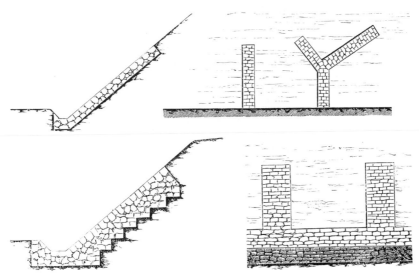

Abpflasterung der Böschungen in Einschnitten.

eine so beträchtliche ist, daß eine Ausspülung der Sohle stattfinden könnte. Der durch die Sohlenpflasterung angestrebte Zweck wird aber nur dann vollkommen erreicht, wenn die Pflasterung auf eine nicht wasserdurchlässige Unterlage zu liegen kommt. Sind die Einschnittsböschungen fließendem Wasser ausgesetzt, so muß letzteres in gepflasterte Abfallrinnen gefaßt und nach den Abzugsgräben hingeleitet werden.

Anders gestalten sich die Schutzmaßregeln, wenn die angeschnittenen Massen an sich wasserhältig sind und durch das Hervorquellen des Grundwassers eine Gefahr für den Bestand der Einschnittsböschungen vorhanden ist. In diesem Falle werden die einfachen Abfallrinnen nicht genügen, sondern es müssen mehrere derselben derart in Verbindung gebracht werden, daß die verschiedenen Ausbruchstellen mit= einander zusammenhängen. Schleichende Sickerwässer, die sich nicht gut fassen lassen, und die Ursachen einer allgemeinen Durchweichung der Böschung sind, bekämpft man am besten durch Anlage von ausgedehnt liegenden Steinkörpern, durch welche die erwünschte Festigkeit der Böschungsflächen erzielt wird. Die Unterlagen dieser Mauerwerkskörper sind dann nicht glatt, sondern treppenartig eingeschnitten.

Alle diese Behelfe betreffen indes nur solche Fälle, in denen es sich um oberflächliche Sickerwasser handelt. Bei völliger Durchweichung der Böschungs= massen muß zur förmlichen Tiefendrainage geschritten werden. Dieselbe besteht, um kurz zu sein, in bis fast auf die Höhe der Grabensohle herabreichenden Sicker= schlitzen (in nebenstehender Figur B C), deren untere Hälfte mit Steinen ver= schüttet, während die obere Hälfte mit Erde abgedeckt wird. Zugleich führt man

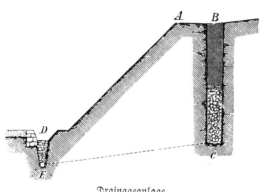

Drainageanlage.

eine sanft geneigte Dohle zwischen der Sohle des Sickerschlitzes und jener des Abzugsgrabens, welch' letzterer gleichfalls mit Steinen abgedeckt wird.

Zuweilen trifft es sich, daß die Durchweichung nur in den oberen Theilen der Böschungskörper auftritt, indem unter diesen Lagen eine un= durchlässige Schichte ein tieferes Ein= dringen des Wassers verhindert. In solchen Fällen wird der auflagernde Theil früher oder später ins Gleiten kommen und das sich ablösende Material die Einschnittsohle und damit die Fahrbahn verschütten. Das einfachste Ver= fahren zur Bekämpfung dieses Uebelstandes ist der gänzliche Abbruch der be= treffenden Bodenoberfläche. Dies ist aber nur dann thunlich, wenn es sich um keine zu große Materialbewegung handelt. In diesem Falle wird man der Rutschfläche durch Anlage einer Dohle (A B in nebenstehender Figur), oder — wenn die Durchweichung tiefer hinabreicht — durch Herstellung einer Längsdohle, d. h. eines Abzugsgrabens, der mit der Bahnachse parallel läuft und ein entsprechendes Gefälle hat, Herr werden. Durch Querabzweigungen, welche da und dort angelegt werden, erfolgt die Ableitung des Wassers in die Bahngräben.

Mehr Verlegenheiten als die vorbesprochenen Zustände, wenn sie von Fall zu Fall an den Böschungen der Einschnitte auftreten, bereiten Durchweichungen der Einschnittssohle, wodurch Quellungen entstehen können. Das radicalste Aus= kunftsmittel ist die gänzliche Entfernung des ungeeigneten Materials und Ersatz durch ein besseres. Das ist aber nicht jederzeit ohne Zeitverlust oder ohne eine Materialbewegung auf größere Entfernungen zu bewirken. Steinpackungen, insbe= sondere in Form von nach abwärts gerichteten Bögen, die auf entsprechende Ent=

fernungen durch liegende Mauerwerkskörper versteift werden, wodurch widerstands=
kräftige Spannungen entstehen, leisten vorzügliche Dienste. In allen minder bedenk=
lichen Fällen muß an eine regelrechte Entwässerung geschritten werden. Das Auf=
quellen von Grundwasser in der Einschnittssohle ist insbesondere in der kälteren
Jahreszeit gefährlich, weil es zur Bildung von Eisklumpen Anlaß giebt, die leicht
zu Entgleisungen führen können.

Felsige Böschungen bedürfen einer sehr vorsichtigen Behandlung, vornehmlich
wenn die angeschnittenen Flächen kein festes Gefüge besitzen. Aber selbst bei sehr
harten Gesteinen werden die Massen durch die Sprengungsarbeiten aus ihrem
natürlichen Verbande gebracht und mehr oder weniger gelockert. Vorspringende
Blöcke müssen unbedingt entfernt werden. Alsdann sind die Wände genau zu unter=
suchen, ob sich
nicht Stellen mit
gelockerter
Schichtung vor=
finden. Diese
Maßregeln ge=
nügen indessen
nur bei völlig wetterbeständigem Ma=
terial. Ist dies nicht der Fall und
ist man aus irgend einem Grunde
gezwungen, sehr steile Böschungen
herzustellen, so müssen sie durch fort=
laufende Wandmauern gestützt werden.
Bei sonst standfesten Felswänden sind
die bedenklichen Stellen, insbesondere
solche mit Sickerwasser, durch Mauer=
werk zu verkleiden, wobei auf die

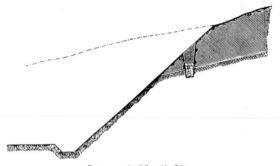

Quer= und Längsbohlen.

Ableitung des Wassers Bedacht zu nehmen ist. Ist ein Erdschub nicht zu befürchten,
so genügen in der Regel schwache Profile; im Gegenfalle muß entweder das Profil
an sich, oder in entsprechenden Entfernungen durch Strebepfeiler verstärkt werden.

Nimmt der Einschnittsbetrieb große Dimensionen an, so gestaltet er sich sehr
kostspielig, in felsigem Terrain durch die Schwierigkeiten, welche das zu lösende
Material verursacht, in schlechtem Boden durch die bedeutende Abflachung des
Profils, was die Grunderwerbung ganz erheblich vertheuert. Bei sehr tiefen Ein=
schnitten kommt noch die Menge des zu bewegenden Materials, welches nicht in
gleichem Maße Verwendung für den Auftrag findet, in Betracht. In England ist
der Einschnittsbetrieb sehr im Schwunge und hat sich hierselbst eine besondere
Baumethode für große und tiefe Einschnitte ausgebildet, welche man geradezu den
»englischen Einschnittsbetrieb« nennt. Durch die zu lösende Masse wird ein Stollen
durchgetrieben, sodann eine Anzahl von Schachten, welche in ihrem oberen Theile

trichterartige Erweiterungen erhalten, hergestellt. Durch diese Schachte wird der
Abtrag hinabgeworfen und fällt in die im Stollen auf einem Interimsgeleise stehen=
den Rollwagen, um von diesen fortgeschafft zu werden. Diese Methode ist so
rationell, daß sie auch außerhalb Englands allenthalben Eingang gefunden hat.

In den Vereinigten Staaten von Amerika weicht man mit ausgesuchter
Vorsicht nicht nur allen Einschnitten, sondern auch der Anlage größerer Dämme
aus. Man lehnt sich überall möglichst unmittelbar an das vorhandene Terrain
an, und man sucht durch scharfe Curven oder starke Steigungen die vorhandenen
natürlichen Hindernisse zu überwinden, ohne auf die späteren Bedürfnisse eines

A. E. Buchanan's Pflug zur Herstellung von Bahngräben.

wesentlich leichteren Betriebes Rücksicht zu nehmen. Statt der Dämme baut man
mit Vorliebe hölzerne Viaducte (Trestle Works), die indes bei den consolidirten
Bahnen rasch verschwinden und durch Eisenconstructionen ersetzt werden.

Auch in Bezug auf Normalprofile des Bahnkörpers oder für den lichten
Raum der Bahn bestehen keine bestimmten Vorschriften, die das Wünschenswerthe
bezeichnen, und fällt es lediglich dem ausführenden Ingenieur anheim, durch seine
praktische Befähigung das angestrebte Ziel mit den geringsten Mitteln zu erreichen.
Demgemäß soll die Kronenbreite für das eingeleisige Planum etwa 4·4 Meter, für
ein zweigeleisiges etwa 8·2 Meter betragen, und die Böschungen, ausgenommen in
den Felseinschnitten, mit 1½facher Anlage hergestellt werden. Thatsächlich ist aber
das Planum überall nur so breit, daß die Schwellen eben ein sicheres Auflager

haben. Die Einschnitte sind auf das geringste Maß beschränkt und die Böschungen der Dämme gehen wenig über den natürlichen Ablagerungswinkel der betreffenden Bodenart hinaus.

In neuester Zeit haben wenigstens die consolidirten Bahnen sich dazu gefunden, eine Erhöhung des in der Regel fast auf dem Niveau des natürlichen Bodens befindlichen Bahnkörpers und die Anlage von Abzugsgräben überall dort, wo die Verhältnisse es zwingend erheischen, vorzunehmen. Nach echt amerikanischer Art ist man aber, was die Gräben anbelangt, nicht bei der einfachen Handarbeit stehen geblieben, sondern es wurde ein maschinelles Hilfsmittel herangezogen. Die betreffende Construction rührt von A. E. Buchanan her und wurde zuerst auf der St. Louis= Arkansasbahn erprobt. Der Hauptsache nach besteht dieser Apparat aus einem ungeheuren Pflug von 20 Tonnen Gewicht, der seitlich an einem vierräderigen Plateauwagen aufgehängt ist. Mit Hilfe eines auf dem Wagen montirten Krahnes und eines seitwärts vom Wagen hervorstehenden Trägers wird der Pflug in der gewünschten Lage erhalten. Durch Beschwerung des Wagens mit 10 Tonnen Schienen erhält derselbe die nothwendige Stabilität. Der Wagen, und mit ihm der Pflug, werden von einer Locomotive gezogen. Der Pflug reißt eine 30 Centimeter tiefe und 80 Centimeter breite Furche ein und ein großes Streichbrett wirft die Schollen zur Seite. Mit einem derartigen Apparat kann in 10 Arbeitsstunden ein drei Kilometer langer Graben von den vorstehend angegebenen Dimensionen her= gestellt werden.

Mit eigenartigen Verhältnissen hatte man bei der Erbauung der trans= kaspischen Bahn, welche größtentheils durch Sandwüsten führt, zu rechnen. Um des gefährlichsten Feindes, der sich der Herstellung dieses Schienenweges entgegen= setzte, des Flugsandes, Herr zu werden, wurden zwei Methoden eingeschlagen. Die erste bestand darin, daß der Bahnkörper mit Seewasser und einer Lehmlösung begossen wurde. Damit schützte man ihn nun allerdings vor Verwehung, nicht aber vor Versandung. Ueberdies hängt dieses Verfahren von dem Vorhandensein von Lehm und Seewasser ab. Rationeller erwies sich die zweite Methode, das Ein= legen von Saxaulzweigen in horizontalen Schichten, deren Enden über die Damm= kanten etwas hervorstanden. Nebenher erreichte man den angestrebten Zweck ganz vortrefflich durch Besamung und Bepflanzung mit Sandpflanzen, wozu sich selbst= verständlich die einheimischen Arten, wie Tamarix, Saxaul, wilder Hafer am besten eigneten. Gegen die Sandstürme schützte man die Bahn durch Vorrichtungen, welche sich im Principe in nichts von den bekannten Schneewänden unterscheiden.

Rücksichtlich der Massendisposition ist es von Interesse, einen Vergleich zwischen der Erdbewegung bei Bahnen mit normaler und schmaler Spur anzustellen. Bekanntlich ist das Hauptargument zu Gunsten der Schmalspurbahnen das der billigeren Herstellungskosten, wobei auf die schärferen Krümmungen und stärkeren Steigungen, die leichteren Schienen, das kleiner dimensionirte Rollenmaterial u. s. w. hingewiesen wird. Als Hauptvortheil der Schmalspurbahn werden vorzugsweise die

geringeren Unterbaukosten hervorgehoben. Nun ist es einleuchtend, daß eine be=
deutende Kostenverringerung nicht unmittelbar der Näherrückung der beiden ein
Geleise bildenden Schienenstränge zu verdanken ist. Denkt man sich die Differenz
der Spurweite aus der Mitte des normalen Geleises herausgeschnitten, so ist die
Ersparniß an Erdarbeit ein Prisma von der Breite dieser Differenz, also beispiels=
weise von 1·435—0·915 = 0·520 Meter, und der Höhe der Einschnitte oder Auf=
dämmungen. Beiläufig bemerkt, würde die Ersparniß an Bettungsmaterial, an
Schwellen, an Mauerwerk bei Brücken u. s. w. sich ebenfalls auf diese um
0·52 Meter geringere Breite, beziehungsweise Länge, verringern.

Der amerikanische Ingenieur B. H. Latrobe hat schon vor längerer Zeit
den ziffermäßigen Nachweis gegeben, daß die Ersparniß an Erdarbeit bei den
Schmalspurbahnen gegenüber den Bahnen mit normaler Spur verhältnißmäßig
belanglos ist. Er findet für eine eingeleisige Bahn in 1·525 Meter tiefem Ein=
schnitte:

Spurweite in Meter	Breite der Plattform in Meter	Erdarbeit per Kilometer in Cubikmeter
1·435	4·42	9·067
0·915	3·66	7·904

somit eine Differenz zu Ungunsten der Normalspur von . 1·163 Cbm. (15½%).

Für eine zweigeleisige Bahn in 1·525 tiefem Einschnitte:

1·435	7·93	14·413
0·915	6·41	12·090

somit eine Differenz zu Ungunsten der Normalspur von . 2·323 Cbm. (19¼%).

Für eine eingeleisige Bahn in 6·10 Meter tiefem Einschnitte:

1·435	4·42	64·159
0·915	3·66	59·512

somit eine Differenz zu Ungunsten der Normalspur von . 4·647 Cbm. (7⁸⁄₁₀%).

Für eine zweigeleisige Bahn in 6·10 Meter tiefem Einschnitte:

1·435	7·93	85·548
0·915	6·41	76·249

somit eine Differenz zu Ungunsten der Normalspur von . 9·299 Cbm. (12²⁄₁₀%).

Es darf aber hierbei nicht übersehen werden, daß die schmale Spur ein viel
innigeres Anschmiegen an das Terrain gestattet, indem schärfere Krümmungen und
größere Steigungen zulässig sind, daher Erdbewegungen ausgewichen werden kann,
die unter sonst gleichen Voraussetzungen bei der normalen Spur nicht zu umgehen
sind. In diesem Falle kann, die ungünstigsten Bedingungen angenommen, der Unter=
bauwerth einer normalspurigen Bahn sich bis auf 30 Procent steigern. In der
Regel aber wird die Differenz nicht mehr als 10 Procent betragen. Die Erfahrung
hat gelehrt, daß Erdarbeiten, um überhaupt stabil, wetterbeständig und ökonomisch
in der Unterhaltung zu sein, eine gewisse Kronenbreite haben müssen; daß ferner

die Distanz zwischen Schiene und Dammkante bei Schmalspur und Normalspur die gleiche sein müsse, um die seitlichen Pressungen der Geleise beim Befahren aushalten zu können, und bei vorkommenden kleinen Abwaschungen und Rutschungen nicht gleich das Geleise zu gefährden; daß endlich weder Schwellen noch Bettung, um dem Geleise die genügende Breitenstabilität zu geben, beliebig mit Abminderung der Spur verkürzt oder verschmälert werden können.

Mit der Herstellung der Einschnitte und Dämme ist der Bahnkörper noch lange nicht vollendet. Zunächst hat man darauf Bedacht zu nehmen, daß das Fließwasser an geeigneten Stellen unterhalb des Bahnkörpers abgeleitet werde, was mittelst der Durchlässe erreicht wird. Die einfache Form, welche bei geringen Wassermengen ausreicht, ist der Röhrendurchlaß. Man verwendet hierzu entweder Röhren aus Gußeisen, Cement oder Thon, oder man mauert die Röhren aus Ziegel= steinen, wobei sie in der Regel ein ovales Profil erhalten. Größere Durchlässe stellt man in Form von gemauerten Canälen mit quadratischem Querschnitt her und deckt sie mit Steinplatten ab. Man spricht dann von »Plattendurchlässen«. Wird das Profil des Durchlasses größer, so wählt man den »offenen Durchlaß«, welche Bezeichnung daher rührt, daß die Abdeckung lediglich aus den Bohlen besteht, die zwischen den Schienen, beziehungsweise den sie tragenden eisernen Trägern gelegt werden. Die letzteren stützen sich auf kleine senkrechte Mauerwerkskörper. Die lichte Weite solcher Durchlässe soll nie mehr betragen als die normale Entfernung der Querschwellen. Noch größere Durchlässe erhalten die Gestalt kleinerer gemauerter Brücken und werden als Tonnengewölbe ausgeführt.

In Amerika pflegt man den offenen Durchlässen keinen Bohlenbeleg zu geben sofern sich dieselben zur Seite von Wegübergängen befinden. Es entspricht dies einer anderen Einrichtung, welche lediglich dem Zwecke dient, das Vieh vom Bahn= körper abzuhalten. Die Entschädigungen, welche manche Bahnen in früherer Zeit für durch ihr Verschulden beschädigtes oder getödtetes Vieh jährlich zu zahlen hatten, erreichten oft erhebliche Summen, ganz abgesehen davon, daß solche Zwischenfälle häufig Unglücksfälle und Betriebsstörungen im Gefolge hatten. Die Entschädigungs= summe betrug mitunter in einem Jahre bei einer und derselben Bahn an 50.000 Dollars.

Da nun das Weidevieh erfahrungsgemäß das Bahngeleise am häufigsten an jenen Stellen betritt, wo die Bahn nahezu im Niveau des Terrains geführt ist, somit auch von den zwischen Einschnitt und Aufdämmung liegenden Durchgangs= punkten, so wird an solchen Stellen die Continuität der Bahn durch einen Quer= graben unterbrochen und demselben die Form eines gewöhnlichen offenen Durch= lasses gegeben.

Diese Vorrichtung wird »Cattle-Guards« genannt. Wie die Erfahrung zeigt, wird das Vieh durch solche Unterbrechungen nicht nur abgehalten, von den Null= punkten aus auf die Bahn überzutreten, sondern es verläßt auch, wenn es auf seiner im Bahngeleise begonnenen Flucht vor einem Zuge solche Unterbrechungen

begegnet, das Geleiſe, und entgeht dadurch der Tödtung oder Verſtümmelung.
Durch Anbringung der großen Bahnräumer an der Vorderſeite der Locomotive
trachtet man, ſolche Begegnungen wenigſtens für die Sicherheit des Zuges minder
gefährlich zu machen. Die Thiere werden natürlich arg beſchädigt bei Seite geſchafft,
wenn ſie mit dem »Cow-Catcher« in Berührung kommen.

Bei den meiſten großen europäiſchen Bahnen wird der Zugang zum Bahn=
körper durch Einfriedungen abgewehrt. Eine Ausnahme machen Nebenbahnen
mit geringem Verkehr, beziehungsweiſe Secundärbahnen, bei denen jede Koſten=
erſparniß von principieller Wichtigkeit iſt. An Wegübergängen oder anderen Stellen,
welche dem ſonſt ſtreng verbotenen Betreten des Planums ausgeſetzt ſind, werden bei
den Hauptbahnen Wegſchranken von mannigfacher Conſtruction angebracht, auf den
Secundärbahnen Pfähle mit Tafeln eingerammt, welche die Warnung »Achtung
auf den Zug« o. dgl. enthalten. In Amerika ſtehen dieſe Tafeln in einiger Ent=
fernung zu beiden Seiten der Wegüberſetzung und dienen zur Orientirung des
Locomotivführers, indem ſie ihn an das zu gebende Zeichen mahnen. Zu dieſem
Ende zeigen die Tafeln entweder ein W (Whiſtel = Pfeife) oder ein B (Bell =
Glocke).

Im Allgemeinen herrſcht in den Vereinigten Staaten rückſichtlich des Bahn=
abſchluſſes eine große Sorgloſigkeit. Selbſt im Weichbilde der großen Städte findet
man auf viele Kilometer Länge im Niveau der Straßen, längs derſelben und quer
durch dieſelben führende Bahngeleiſe, auf welchen zahlreiche Züge verkehren. Ander=
ſeits haben die großen Bahnen aus Anlaß der Erbauung neuer Centralbahnhöfe
durch Tieferlegen der Bahn und durch Hebung der dieſelben kreuzenden Straßen
dem Uebelſtande der Niveaukreuzungen abgeholfen. Wo die herkömmlichen Ver=
hältniſſe fortbeſtehen, iſt bei den frequentirteſten Ueberſetzungen ein Wächter poſtirt,
der mit einer weißen oder rothen Fahne dem Publicum, beziehungsweiſe dem
Maſchinenperſonal charakteriſtiſche Zeichen giebt. Außerdem ſind die bekannten
Warnungstafeln mit entſprechender Inſchrift, etwa: »Lock out for the Locomotive«,
aufgeſtellt.

---

2. Der Tunnelbau.

Wenn das äußere Bild einer Bahnanlage — ihre mächtigen Aufdämmungen,
ihre Schlangenwindungen an den Gehängen, der Schwung ihrer ſchlanken eiſernen
Brücken und hochbogigen Viaducte — gewiſſermaßen deren äſthetiſcher Ausdruck
iſt, in welchem vornehmlich die Anmuth der Linien und die Abwechslung in den
Formen hervortritt, repräſentirt andererſeits der Tunnelbau das techniſche Kraft=
moment. Die unterirdiſch liegenden Strecken einer Eiſenbahn ſind dem Auge un=

sichtbar; selbst die kühnste Anlage dieser Art entzieht sich der sinnlichen Wahr=
nehmung. Der Beschauer sieht nichts als ein dunkles Thor, in welchem ein Zug
verschwindet, und wenn sein eisendröhnendes Leben allmählich in leiser werdenden
Schallwellen erstirbt, wird sein Verschwinden in der Nacht des Gebirges nur mehr
durch die aus dem schwarzen Mundloche hervorschwebenden Rauchwolken verrathen.

Der Laie in Eisenbahndingen, der in eine solche Pforte der Unterwelt hinein=
schaut, macht sich in der Regel keine zutreffende Vorstellung von der Leistung, die
der Tunnelbau repräsentirt. Jeder Bau über Tag ist der allgemeinen Controle
ausgesetzt, man sieht ihn allmählich aus dem Boden herauswachsen, man überschaut
das Gewimmel der Arbeiter auf den Rüstungen, bewundert das Werden der kühnen
Eisenconstructionen und ist vermöge dessen im Stande, sich ein Bild von der
Gesammtleistung zurechtzulegen. Anders steht es mit unterirdischen Bauten. Der
Arbeitsraum ist dem Nichtbetheiligten nicht zugänglich, und ist der Tunnel voll=
endet, so beschränkt sich die nähere Bekanntschaft mit demselben auf die Fahrt durch
den finsteren Stollen. Auf Gebirgsbahnen mit complicirter Tracenführung zerbricht
sich der Eine oder der Andere den Kopf, in welchem Zusammenhange die vielen
dunklen Tunnelmündungen da und dort, über= und nebeneinander, hüben und
drüben eigentlich stehen, und wenn er sich mehreremale mit dem dahinhastenden
Zuge förmlich im Kreise herumgedreht hat, verliert er alle Orientirung, gleich dem
Kinde im Blindekuhspiele.

In der That unterscheidet sich der Tunnelbau früherer Zeit in seinem hand=
werksmäßigen Betriebe mit Schlägel und Eisen von den kunstvollen Leistungen der
Gegenwart wie der Strumpfwirker von einer Dampfspinnerei. Zwei Momente
stellen den modernen Tunnelbau in den Vordergrund der Eisenbahntechnik: erstens
die Einschaltung der unterirdischen Strecken in die mitunter höchst complicirten
Tracenführungen bei Gebirgsbahnen, zweitens die maschinellen Hilfsmittel, welche
die Durchführung dieser Dispositionen gestatten. Das erstere wird durch die sinn=
reiche Anordnung von Schleifen und Spiralen erreicht, dessen Grundtypus der
sogenannte »Kehrtunnel« ist. Die maschinellen Hilfsmittel wieder machen die Bau=
ausführung unabhängig von der Länge der unterirdischen Strecken.

In ihrer Gesammtheit kennzeichnet die heutige Tunnelbautechnik das poten=
cirteste Vermögen, gegebene Hindernisse in der Anlage von Schienenwegen zu
überwinden. Zwar hat sich die Brückenbautechnik diesfalls fast als ebenbürtig er=
wiesen. Aber die Grenzen, die der letzteren gesteckt sind, ergeben sich naturgemäß
aus der Plastik des Terrains und aus den Zweckmäßigkeitsgründen. Der Aufwand
colossaler Massen von Stahl und Eisen, wie er in einigen der neuesten Brücken=
bauten zum Ausdrucke kommt, die Gefahren für die Stabilität, die Veränderlich=
keit des Materials auf Grund der auf dasselbe wirkenden äußeren Einflüsse und
manches Andere setzen der Entfaltung der Brückenbaukunst weit eher Schranken,
als den unter Tag liegenden Bauausführungen. Anderseits gestatten jene in den
meisten Fällen eine weitgehende Ausnützung mechanischer Hilfskräfte, was bei der

Beengtheit des Raumes unter der Erde nicht möglich ist. Die Brückenbaukunst
wird vorwiegend gestützt durch mathematisches Wissen, indem sie die aufeinander
wirkenden Druck- und Zugkräfte ins Gleichgewicht bringt und gewaltige Massen
durch Stabilitätsgesetze entlastet, wogegen der Tunnelbaukunst ein hoher Grad von
materieller Kraftleistung zukommt.

Dementsprechend verdankt die letztere die großen Triumphe, die sie in der
Neuzeit errungen hat, weniger der kühnen Disposition der einzelnen Tunnelanlagen
zueinander, d. i. ihrer Ausnützung zur Entwickelung der Trace in Gestalt von
unterirdischen Spiralen und Schleifen — wie sie in schier raffinirter Weise auf
der Gotthardbahn verwirklicht wurden —, sondern hauptsächlich der modernen
Bohrtechnik. Dynamit, Sprenggelatine und Bohrmaschinen sind die unüberwind-
lichen Waffen des Tunnel-Ingenieurs. Und es sind in der That Waffen, denn der
Tunnelbau ist ein wirklicher Kampf, nicht figürlich genommen, sondern ausgedrückt
durch die maschinellen Angriffe, welche sich gegen ein Widerstand leistendes
Hinderniß richten. Bei keiner Arbeit über Tag werden die Gemüther so erregt,
die Nerven in Bezug auf ihre Widerstandskraft derart auf die Probe gestellt, als
im finsteren Stollen vor der ehernen Brust des Gebirges, gegen welche die Stahl-
bohrer mit furchtbarer Energie wettern.

Bevor wir auf diesen Gegenstand näher eingehen, ist es unerläßlich, einen
Blick auf die Elemente des Tunnelbaues zu werfen. Wie alle Zweige der Eisenbahntechnik hat auch der Tunnelbau seine Ausgestaltung nicht in schablonen-
mäßiger Weise erfahren, sondern sich in den einzelnen Ländern auf Grund der
zu lösenden Aufgaben, beziehungsweise an der Hand der bis dahin in der Berg-
baukunde gewonnenen Erfahrungen entwickelt. Die Art der Bauausführung ist demgemäß sehr verschieden, sowohl in Bezug auf die Lösung des Gebirges, d. h. die eigentliche Ausbruchsarbeit, als was die Fortschaffung des gelösten Materials, die Zimmerung des ausgebrochenen Raumes, die Art der Ausmauerung u. s. w. anbelangt. Aus
der Menge der sich diesfalls ergebenden Combinationen lösen sich indes vier sogenannte »Tunnelbaumethoden« ab, welche nach denjenigen Ländern, in denen sie
zur Anwendung kamen und in der Folge consequent durchgeführt wurden, ihre
specielle Bezeichnung erhielten. In diesem Sinne spricht man von einer englischen,
belgischen, deutschen und österreichischen Tunnelbaumethode. Die Unterscheidungs-
merkmale beziehen sich auf den Vorgang bei der Durchführung des vollen Tunnel-
ausbruches und auf die Art und Weise, wie die Mauerung hergestellt wird.

Zur Kennzeichnung dieses Unterschiedes sei zunächst auf die elementare Bauausführung eines Tunnels hingewiesen. Jeder Laie weiß, daß beim Beginne der
Arbeit nicht sofort der Ausbruch des vollen Tunnelprofils bewirkt, sondern ein
sogenannter Richtstollen durch das Gebirge getrieben wird. Sein Name besagt,
daß er die Linie des auszuführenden Tunnels einzuhalten hat, und zwar entweder
auf Grund der oberirdisch vorgenommenen Absteckung, oder, wo dies aus Anlaß
der örtlichen Verhältnisse nicht möglich ist, mit Hilfe trigonometrischer Vermessung.

In der Regel wird es möglich sein, den Richtstollen von den beiden Enden des künftigen Tunnels her in Angriff zu nehmen. Bei großen Tunnels ist dies eine der wichtigsten Vorbedingungen behufs Beschleunigung der Bauausführung; sie erfordert aber zugleich einen hohen Grad von Vorsicht und Genauigkeit der leitenden Ingenieure, damit die beiden Stollen genau aufeinanderstoßen. Bei einem geradlinigen Verlauf der Tunnelachse ist diese Aufgabe minder schwierig als bei den in neuester Zeit so beliebten Kehr= und Spiraltunnels, deren Sohle zudem meist ein bedeutendes Neigungsverhältniß aufweist. Bei großen Tunnels, deren Enden in Curven liegen, werden Nebenstollen in der Achse des geradlinigen Haupt= theiles hergestellt. So befand sich am St. Gotthard bei Airolo ein Observatorium in der Richtung des Richtstollens, von dem aus der geradlinige Fortschritt con= trolirt wurde. Vom Eingange des Nebenstollens konnte die Richtungs= und Central= visur bis zu dem Punkte stattfinden, wo die geradlinige Achse in die Curve übergeht.

Je mehr Angriffspunkte zur Herstellung des Richtstollens die örtlichen Ver= hältnisse darbieten, desto rascher wird die Arbeit von Statten gehen. Die Ver= mehrung der Angriffspunkte wird theils durch Seitenstollen, theils durch soge= nannte Tunnelschächte erzielt. Erstere, welche nur in dem Falle durchführbar sind, wenn der herzustellende Tunnel in einer Berglehne liegt, werden von dieser aus senkrecht gegen die Tunnelachse vorgetrieben und der Stollenausbruch sodann nach beiden Seiten hin bewirkt. Es ergeben sich hierbei mehrere Durchschlagsstellen, welche zwischen zwei solchen Angriffspunkten, beziehungsweise zwischen ihnen und den äußersten Mundlöchern liegen. Die Tunnelschächte sind nur dort ohne über= mäßigen Kostenaufwand herstellbar, wo die Mächtigkeit des über der Tunnelachse sich erhebenden Gebirges das Maß der Zulässigkeit nicht überschreitet.

Die Terrainverhältnisse bringen es häufig mit sich, daß der Stollen nicht unmittelbar am künftigen Mundloche des Tunnels in Angriff genommen werden kann, sondern der Zugang durch sogenannte Voreinschnitte erst geschaffen werden muß. Sind dieselben lang und tief, so empfiehlt es sich, statt sie »aufzuschlitzen«, einen »Einschnittsstollen« vorzutreiben, der weiterhin am zweckmäßigsten nach dem früher besprochenen englischen Einschnittsbetriebe abgebaut wird. Erhält der Ein= schnittsstollen eine außergewöhnliche Länge, so wird man überdies in der Verticalen über dem künftigen Tunnelmundloche einen Schacht — den sogenannten »Mund= lochschacht« — abteufen. Vom Fuße des letzteren aus wird sowohl der Richtstollen in der Tunnelachse als der Einschnittsstollen gegen den Fuß der Voreinschnittes hin vorgetrieben. Es ergeben sich diesfalls drei Angriffspunkte, was zur Be= schleunigung der ganzen Arbeit wesentlich beiträgt.

Die Führung des Richtstollens ist nicht so aufzufassen, als handelte es sich lediglich um dessen Herstellung, ohne vorläufige Berücksichtigung des vollen Aus= bruches. Es ist gerade das Entgegengesetzte der Fall: mit dem Fortschreiten des Stollenbaues geht nicht nur der Ausbruch auf das volle Tunnelprofil, sondern

auch die Mauerung — ſofern dieſelbe überhaupt nothwendig ſich erweiſen ſollte
— Hand in Hand. Ein Tunnelbau wird ſonach in den meiſten Fällen die ver=
ſchiedenen Stadien des Stollendurchſchlages, des vollen Ausbruches und der Mauerung
aufweiſen, welche von der Stollenbruſt bis zum Mundloche in entſprechenden Ent=
fernungen aneinander anſchließen. Von größter Wichtigkeit, nicht nur für die
Förderung des gelöſten Gebirges, ſondern auch für die Materialzufuhr, iſt das
zweckmäßige Ineinandergreifen aller Hilfsmittel des Baubetriebes, wozu in erſter
Linie die Seitenſtollen und die Tunnelſchachte zu zählen ſind.

Wir müſſen nun noch ein Detail hervorheben, dem in den früher erwähnten
Tunnelbaumethoden eine große Rolle zufällt. Es iſt dies die Lage des Richtſtollens
zur Tunnelachſe. Liegt der Richtſtollen auf der Sohle des herzuſtellenden Tunnels,
ſo führt er die Bezeichnung Sohlenſtollen, dagegen Firſtſtollen, wenn er im

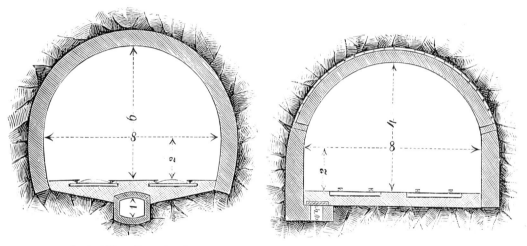

Zweigeleiſiges Tunnelprofil.   Tunnelprofil der Gotthardbahn.

Scheitel des Tunnels vorgetrieben wird. Die Frage: ob »Sohlenſtollen oder Firſt=
ſtollen«, hat die Gemüther in der techniſchen Welt zu Zeiten ſehr erhitzt und ſie
iſt bis auf den Tag unentſchieden geblieben. Jede dieſer beiden Anlagen hat ihre
Vor= und Nachtheile, und hängt es ganz weſentlich von der Beſchaffenheit des zu
löſenden Gebirges, beziehungsweiſe von den allgemeinen Baudiſpoſitionen ab,
welche Methode jeweilig in Anwendung zu kommen hat. Der Sohlenſtollen geſtattet
eine raſchere Materialförderung und rationellere Entwäſſerung, wogegen der Firſt=
ſtollen rückſichtlich des Vollausbruches im Vortheil iſt.

Mit dieſer Frage ſtehen die mehrgenannten Tunnelbaumethoden im Zu=
ſammenhange, jedoch nicht in dem ausſchlaggebenden Maße als gemeinhin an=
genommen wird. Bei der engliſchen Methode wird als Richtſtollen ein Sohlen=
ſtollen vorgetrieben, von dieſem werden ſenkrechte Schachte nach aufwärts hergeſtellt
und nun auch ein Firſtſtollen nachgetrieben. Alsdann werden die oberſten Kronenbalken
der Zimmerung eingelegt, der Vollausbruch nach beiden Seiten durchgeführt und
das ganze Joch eingebaut. Sowohl dieſer Vorgang als der der Mauerung beſchränken

sich jederzeit auf bestimmte kurze Strecken (3 bis 8 Meter), welche man »Zonen« nennt. Dem Systeme kommt der Vortheil großer Sicherheit bei minder standfestem oder beweglichem Gebirge zu, erfordert aber einen steten Wechsel der beschäftigten Arbeiter, indem bald nur Erdarbeiter, bald nur Maurer in Verwendung kommen.

Der belgischen Tunnelbaumethode kommt das charakteristische Merkmal zu, daß vom vorgetriebenen Firststollen aus sofort der Ausbruch der oberen Hälfte des Tunnelprofils erfolgt (»Calotte«) und gleichzeitig die Mauerung in Angriff genommen wird. Da diese auf dem noch nicht ausgebrochenen unteren Theile des Tunnelprofils aufruht, muß das Gewölbe beim Fortschreiten des Baues unter=fangen werden. Zu diesem Ende wird vom Firststollen aus der Sohlenschlitz her=gestellt und von diesem der Vollausbruch zunächst nach der einen Seite des Ge=birges bis zum Fuße des Gewölbes, das mit starken Bäumen gestützt (»unter=fangen«) wird, bewirkt. Hierauf wird das Widerlager eingesetzt. In gleicher Weise verfährt man auf der entgegengesetzten Seite des Sohlenschlitzes. Die bel=gische Tunnelbaumethode gestattet übrigens auch die Anwendung des Sohlenstollens, indem man von diesem aus senkrechte Schachte herstellt, um mittelst eines gleichzeitig vorzutreibenden Firststollens den Ausbruch der Calotte, beziehungsweise der Mauerung vor=nehmen zu können.

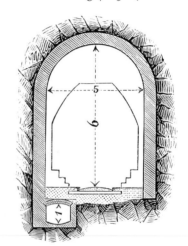

Eingeleisiges Tunnelprofil.

Was nun die deutsche Tunnelbaumethode anbetrifft, kommt sie ihrer Kostspieligkeit halber fast gar nicht mehr in Anwendung. Sie ist die älteste Tunnelbaumethode und verdankt ihren Ursprung einem unter besonderen Erschwernissen durchgeführten Bau, den im Schwimmsande hergestellten Königsdorfer=Tunnel der Köln=Achener Bahn (1837). Das Principielle dieser Methode besteht darin, daß neben dem Firststollen seitliche Sohlenstollen vorgetrieben werden, so daß an Stelle des eigentlichen achsialen Sohlenstollens ein Erdkörper — der sogenannte »Kern« — zurückbleibt, welcher der Zimmerung zur Stütze dient. Das letztere kann unter Umständen sehr problematisch werden, wenn das Ausbruchsmateriale nicht sehr widerstandsfähig ist, in welchem Falle der Kern dem Zerdrücken ausgesetzt ist. Die Mauerung beginnt mit den Widerlagern und schreitet gegen den Scheitel hin vor.

Was schließlich die österreichische Tunnelbaumethode anbetrifft, erscheint dieselbe deshalb besonders rationell, weil sie durch Abstufung der Baustadien vom nachgetriebenen Sohlenstollen zum vollen Ausbruch, zu der Zimmerung und Mauerung eine sehr zweckmäßige Ausnützung der Arbeitskräfte zuläßt. Mit der Mauerung wird (wie bei der englischen Methode) erst nach dem Vollausbruch begonnen, jedoch nicht auf kurze Zonen, sondern auf längeren Strecken, wobei also ein Wechsel von Erdarbeitern und Maurern nicht stattzufinden braucht. Bei beweglichem

Gebirge bringt indes diese Methode mehr als irgend eine andere die Gefahr von
Einstürzen während des Vollausbruches mit sich. Wo die Möglichkeit solcher
Zwischenfälle von vornherein erkannt wird, bietet indes gerade diese Methode mit
ihrer ausgezeichneten und widerstandskräftigen Zimmerung die Gewähr einer
erfolgreichen Bekämpfung schwimmenden oder druckweichen Gebirges.

       Neben der Einrüstung des Tunnels aus Holz hat diejenige aus Eisen, trotz
der vielen Vortheile, die sie darbietet, wenig Verbreitung gefunden. Ihr Erfinder
ist der österreichische Ingenieur Ržicha, eine Autorität ersten Ranges auf dem
Gebiete des Tunnelbaues. Ihrem Wesen nach besteht diese Methode darin, daß
das Gebirge des Vollausbruches durch eiserne Bogen getragen wird, die aus zwei
Rahmen bestehen, von welchen der innere die Bestimmung hat, den eingesetzten

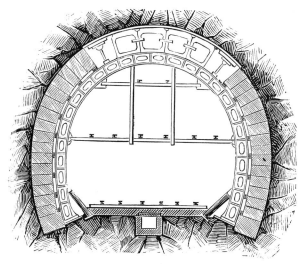

Ržicha's eiserne Tunnelbaumethode.

Werkstücken (oder Ziegeln) der
Gewölbsmauerung als Lehrgerüste
zu dienen. Der äußere Rahmen,
welcher sich an den inneren dicht
anschmiegt, besteht aus einem Kranze
von rahmenförmigen, einzeln lös=
lichen Stücken. Der ganze Kranz
stemmt sich unmittelbar an das
Gebirge. Durch das successive Aus=
lösen dieser kleinen Rahmen und
Ersetzung durch die Mauerung,
kommt diese zuletzt ganz auf den
inneren Hauptrahmen zu ruhen,
der also, wie erwähnt, als Lehr=
gerüste figurirt, und erst dann zur
nächsten Baustrecke verwendet wird,

wenn der betreffende Gewölbsring geschlossen ist. Zur Erleichterung der Arbeit
werden innerhalb des inneren Rahmens in entsprechender Höhe horizontale Träger
aus alten Eisenbahnschienen und auf diesen die Arbeitsgeleise für die Förderkarren
angebracht.

       Ueber die Förderung des Ausbruches aus dem Tunnelraume ist nichts be=
sonderes zu sagen. Je nach den Umständen, wobei die Länge der Bohrung von
ausschlaggebender Wichtigkeit ist, wird man sich entweder der thierischen oder
maschinellen Kraft als Fördermittel, beziehungsweise beider zugleich bedienen, indem
im Richtstollen Pferde, im Vollausbruch und in den ausgemauerten Strecken
Locomotiven zur Verwendung gelangen. Der Rauch der Dampf=Locomotiven bildet
eine große Erschwerniß für ihre Verwendung in größeren Tiefen und hat man
dieselben mit Vortheil durch Luft=Locomotiven ersetzt, z. B. am Gotthard, wo die
Dampf=Locomotiven nur auf Entfernungen bis höchstens 4 Kilometer (in der Regel
nur halb so weit) vom Tunnelportal aus verkehrten.

In neuester Zeit ist in Nordamerika eine elektrische Fördermaschine in Aufnahme gekommen, die jedoch, wie es scheint, zur Zeit mehr für Minenzwecke als im Tunnelbau Verwendung gefunden hat. Ihr Erfinder ist Thomson van

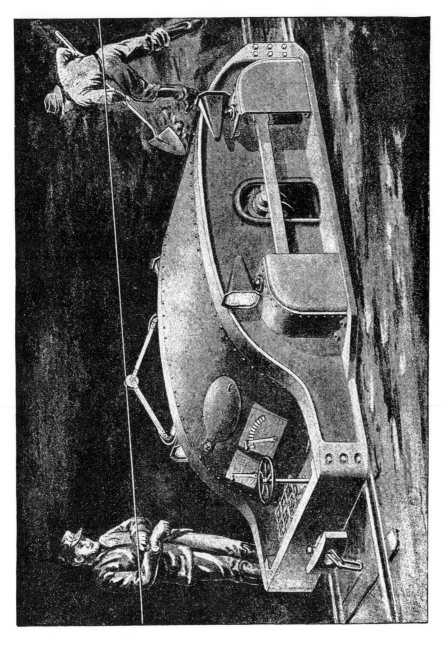

Elektrische Fördermaschine.

Deporte. Die äußere Erscheinung dieser Fördermaschine ist aus der beigegebenen Abbildung zu ersehen. Ein schwerwiegender Uebelstand ist, daß der Motor nicht durch Accumulatoren, sondern (wie bei den elektrischen Eisenbahnen) durch eine Leitung, welche mit der Maschine durch eine entsprechende Vorrichtung in Contact steht, bewegt wird. Da das Leitungskabel der Natur der Sache nach sehr tief hängt, sind die Arbeiter, sofern sie nicht die größte Vorsicht beobachten, beständig der Gefahr ausgesetzt, mit dem Kabel in Berührung zu kommen und zu ver= unglücken. Den größten Maschinen dieser Art, welche die Höhe von einem Meter nicht überschreiten, kommt eine Leistungsfähigkeit von 60 Pferdekräften zu. Durch paarweise an der Vorder=, beziehungsweise an der Rückseite angebrachte Reflectoren wird die Fahrstrecke auf beträchtliche Entfernung beleuchtet.

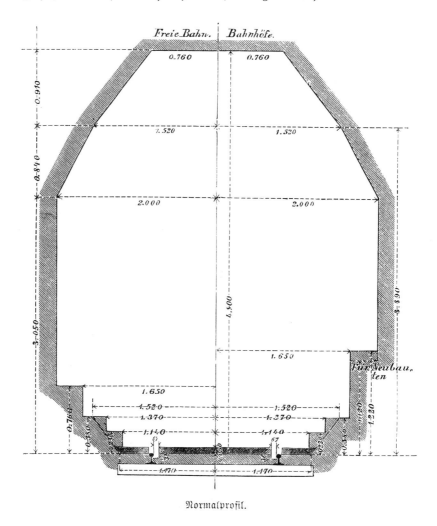

Normalprofil.

Was die Tunnelmauerung anbetrifft, hängen ihre Dimensionen, beziehungs= weise die Art der Ausführung mit den örtlichen Verhältnissen zusammen. Bei druck= reichem, beweglichem Gebirge muß die vollständige Mauerung, eventuell in den stärksten Dimensionen, durchgeführt werden. Ist von der Tunnelsohle her ein Auftrieb zu befürchten, so muß auch unter diese ein flaches, nach abwärts gekrümmtes Gewölbe hergestellt werden.

Mit diesem Sachverhalte hängt zum Theile der Querschnitt des lichten Raumes, das Profil, zusammen, in dem man bei schwierigen Verhältnissen demselben

Partie von der Schwarzwald-Bahn.

eine fast kreisförmige, bei vorherrschendem Verticaldruck eine mehr eirunde Form giebt. Obwohl die Profile der Tunnels im Allgemeinen keine Einheitlichkeit aufweisen, liegt denselben gleichwohl ein bestimmtes Maß zu Grunde, d. h. die Dimensionirung eines Luftraumes, welcher von den Fahrzeugen beim Durchlaufen in Anspruch genommen wird. Man nennt dies das »Normalprofil des lichten Raumes«. Der Verein deutscher Eisenbahn-Verwaltungen hat nach langwierigen, umfangreichen Verhandlungen ein Normalprofil aufgestellt, das in der beigegebenen Zeichnung wiedergegeben ist, und selbstverständlich nicht nur für die Tunnels, sondern für alle Durchfahrten (Brücken, Einschnitte), für die Entfernung der Geleise von einander und Distanzirung der Hochbauten zur Seite der Schienenstränge Giltigkeit hat. Das Erforderniß des lichten Raumes ist aber in einzelnen Fällen ungleich und so hat Folgendes zu gelten. Das Normalprofil des für die freie Bahn mindestens offen zu haltenden lichten Raumes ist das auf der beigegebenen Darstellung links gezeichnete, wobei auf die Spurerweiterung und die Geleisüberhöhung in den Krümmungen Rücksicht zu nehmen ist. Für diejenigen Geleise der Bahnhöfe, auf welchen Züge bewegt werden, ist das rechts gezeichnete Profil unter gleichzeitiger Berücksichtigung der vorerwähnten Factoren in Krümmungen einzuhalten. Im Durchschnitte hat das eingeleisige Tunnelprofil eine Breite von 5 Meter, das zweigeleisige eine solche von 8 Meter; die Höhe beträgt bei beiden etwa 6 Meter.

Die Tunnels erhalten an ihren Mundlöchern solid gemauerte Portale von einfacher architektonischer Ausstattung, die sich indes nach den jeweiligen Bedürfnissen richtet und wobei in erster Linie der Zweckmäßigkeit Rechnung getragen wird. Damit im Zusammenhange steht die Mauerung des Voreinschnittes, die Führung ihrer Krone in aufsteigender Linie oder treppenartig, die Abdeckung der Wölbung mit Gesimsen oder mit einem starken Ueberbau als Stütze für das nachdrängende Erdreich u. dgl. m. Die Anbringung von Flügelthoren an den Portalen zu dem Zwecke zeitweiliger Absperrung der Mundlöcher kommt nur ausnahmsweise vor.

Die Zahl der in einer Bahn liegenden Tunnels ist insbesondere in Gebirgsgegenden eine sehr beträchtliche. So liegen beispielsweise in der durch ihre landschaftlichen Reize hervorragenden, sowie als technischer Typus bemerkenswerthen Semmeringbahn 15 Tunnels, die zusammen allerdings nur eine Länge von 4267 Meter haben, wovon 1428 Meter auf den Haupttunnel entfallen. In der Brennerbahn liegen 22 Tunnels mit einer Gesammtlänge von 5232 Meter, in der Mont Cenisbahn 38 mit 23.814 Meter Dunkelraum (von welchen 12.233 Meter auf den großen Tunnel entfallen), in der Gotthardbahn 53 Tunnels mit einer Gesammtlänge von 40.718 Meter (einschließlich des 14.990 Meter langen Haupttunnels), in der Schwarzwaldbahn 38 Tunnels mit zusammen 9475 Meter Länge. Sehr tunnelreich sind ferner einige die Apenninen überschreitende Bahnen, die durch ihre großartigen Kunstbauten ausgezeichnete Pontebbabahn, dann der längst der weltberühmten Riviera ziehende Schienenweg u. s. w.

Die zur Zeit bestehenden zehn längsten doppelgeleisigen Tunnels auf der ganzen Erde sind die folgenden:

Gotthardtunnel	14.990 Meter
Mont Cenistunnel	12.233 »
Kodschatunnel (Schikarpur-Kandahar) . . .	10.281 »
Arlbergtunnel	10.270 »
Haupttunnel der Giovibahn (Genua) . . .	8.260 »
Hoosactunnel in Massachusetts	7.640 »
Severntunnel	7.250 »
Tunnel von Marianopoli (Catania-Palermo) .	6.480 »
Slandridgetunnel (London-Birmingham) . . .	4.970 »
Nerthetunnel (Marseille-Avignon)	4.620 »

Der längste eingeleisige Tunnel ist der bei Belbo in der Linie Bra-Savona (Italien) mit 4240 Meter. Alsdann der Monte Bovetunnel (3870 Meter) zwischen Rom und Salmona, und der Cocullotunnel (3500 Meter) in derselben Bahn. Der längste eingeleisige Tunnel in Deutschland ist der Krähbergtunnel im Odenwald (3100 Meter), in der Schweiz der Tunnel von La Croix (300 Meter). . . Von den Riesentunnels der Zukunft ist wohl nur der am Simplon ernst zu nehmen. Seine präsumtive Länge ist 19.000 Meter. Der seit Langem projectirte Tunnel unter dem Canal la Manche würde eine Länge von 32.000 Meter erhalten, doch stehen seiner Verwirklichung derart schwere Hindernisse entgegen, daß an seine Ausführung nicht zu denken ist. Kaum größere Aussicht auf Verwirklichung hat der auf circa 14.000 Meter Länge berechnete Tunnel unter der Meerenge von Messina.

Die Anlage langer eingeleisiger Tunnels wird nach Thunlichkeit vermieden, weil sie im Falle, daß in ihnen durchgreifende Reparaturen oder vollends förmliche Reconstructionen ausgeführt werden müßten, unter Umständen zur Einstellung des Betriebes für längere Zeit Veranlassung geben würden. Bei sehr schwierigen Verhältnissen und einer Tunnellänge von etwa 1000 Meter, wäre, wie die Erfahrungen beweisen, eine Sistirung des Betriebes für viele Monate, ja vielleicht für ein Jahr nothwendig. Indes ist auch die Reconstruction eines zweigeleisigen Tunnels bei Aufrechterhaltung des regelmäßigen Betriebes mit Erschwernissen verbunden, die solche Arbeiten zu den mühsamsten und zeitraubendsten, welche die Technik der Eisenbahnen kennt, gestalten.

Und dennoch muß mit solchen Eventualitäten gerechnet werden. In manchem Tunnel treten Druckerscheinungen oder Wassereinbrüche längere Zeit nach Eröffnung des Verkehrs ein. Beide Erscheinungen werden zu ausgiebigen Reparaturen, und wenn sich Verdrückungen einstellen, zu gänzlicher Reconstruction der deformirten Stelle zwingen. In zweigeleisigen Tunnels können die Arbeiten ohne Störung des

Betriebes vorgenommen werden, weil die lichte Weite derselben eine zweckentsprechende
Ausnützung des Raumes für Depôts von Materiale gestattet. Dazu kommt noch
die Wirkung der Erschütterungen, welche der Verkehr der Züge in Tunnels hervorruft.
Diese wiederholten Erschütterungen sind von großem Nachtheil für die Bölzungen,
weil sie dieselben lockern. Die sorgsame Instandhaltung der Bölzungen ist aber von
größter Wichtigkeit für die Erhaltung des nöthigen Durchfahrtsprofiles und muß
etwa weiter fortschreitenden Bewegungen mit allen zu Gebote stehenden Mitteln
entgegengearbeitet werden.

   In eingeleifigen Tunnels werden
die Erschütterungen in höherem Grade
fühlbar, was in der Natur des be=
engten freien Raumes liegt, der durch
den Querschnitt des Profils der Fahr=
betriebsmittel verdrängt wird. Von
einer Ausnützung des Raumes ist in
diesem Falle keine Rede, da das Profil
der Fahrbetriebsmittel derart aus=
ladet, daß kaum ein Meter beider=
seits der Geleise bis zum Widerlager
frei bleibt. Es müssen also besondere
Vorrichtungen getroffen werden, um
sowohl das Material des Abbruches
als jenes für die Erneuerung zu und
von der Baustelle schaffen zu können.
Dem Principe nach bestehen diese Vor=
richtungen aus Gerüstwagen, welche
mittelst Drehscheibe von ihrem außer=
halb des Mundloches gelegenen Stand=
platze auf das Bahngeleise geschoben,
zur Baustelle im Tunnel gebracht und

Eingeleifiger Tunnel und Viaduct am Felsgehänge.

dort fixirt werden. Von diesen Gerüstwagen aus werden die Arbeiten vorgenommen.
Um den Tunnel für den Zugsverkehr frei zu halten, muß der in Verwendung
stehende Gerüstwagen sammt seiner Ladung nach erhaltenem Signal aus dem Tunnel
geführt und von hier erst nach einer längeren, auf die Durchfahrt des Zuges folgen=
den Pause wieder eingeschoben werden. Befindet sich die Baustelle etwa 500 Meter
vom Mundloche, so wird jeder Zug etwa eine fünfeinviertelstündige Unterbrechung
der Arbeit verursachen. Daraus kann man ermessen, welche Störungen in der Recon=
struction eingeleifiger Tunnels platzgreifen und wie die Schwierigkeiten im Ver=
hältnisse mit der Entfernung der Baustelle vom Mundloche und durch die Zu= und
Abfuhr der nöthigen Baumaterialien, welche im eingeleifigen Tunnel eben nur auf
einem und demselben Geleise befördert werden können, wachsen.

Besonders schwierige Reconstructionen haben einige Tunnels in der Brenner=
bahn verursacht, allen voran der 872 Meter lange Mühlthaltunnel. Hier hatte
das Rutschterrain und überhaupt die ungünstige Beschaffenheit des Materials
(Thon und Glimmerschiefer) das Object derart deformirt, daß theilweiser Einsturz
unvermeidlich schien. Um sich zu helfen, wurde folgendes Verfahren eingeschlagen.
Man trieb von der Thalseite des Tunnels Stollen vor, teufte Schächte ab, führte
dann wieder Stollen, bis das Fundament des Widerlagers erreicht war. Dasselbe
wurde unterfahren und ausgemauert, hierauf der Stollen erweitert, ein zweiter
Mauerklotz angesetzt, bis das Widerlager die nothwendige Tragkraft erlangt hatte.
Diese Verstärkung des Widerlagers führte man bis auf Kämpferhöhe durch, worauf
die Gewölbsringe ausgewechselt wurden. Bei zwei anderen Tunnels wurden besonders
complicirte Stollen und Schächte hergestellt, um bis zum Widerlager vordringen
zu können. Trotz dieser schwierigen Arbeiten war der Zugsverkehr nicht eine Stunde
unterbrochen.

Die Druckerscheinungen waren für den Tunnelbau eine unerwartete Er=
scheinung. Am St. Gotthard hatte man mit derselben sehr unangenehme Erfahrungen
gemacht. So stürzte beispielsweise der Wattinger Kehrtunnel noch vor der Betriebs=
eröffnung ein und verschüttete mehrere Arbeiter. Ein starker, sorgfältiger Holz=
einbau vermochte nicht dem losen Gestein zu widerstehen. Im großen Tunnel wurde
an einer Druckstelle alles zerstört und zermalmt, was Menschenhände und Ma=
schinenkraft geschaffen hatten. Erst als man Werkstücke von Gneis von 1 bis
1·5 Meter Mächtigkeit im Scheitel des Tunnels einfügte, konnte man der Situation
Herr werden. Anfangs wurde das Gebirge einfach für blähend gehalten; aber die
schädlich wirkende Eigenschaft ist die Plasticität des in dem Granit eingelagerten,
zersetzten, breiartigen Gneis. In Folge dessen mußten ganz besondere Maßregeln
ergriffen werden, um der Gebirgsbewegung zu steuern.

Eine weitgehende Ergänzung erhalten die weiter oben erläuterten Tunnel=
baumethoden durch die maschinelle Bohrarbeit. In Verbindung damit
stehen jene anderen Einrichtungen, welche für die ungestörten Bauausführungen
sehr langer Tunnels unerläßlich sind: Die Compressoren und deren Leitungen zum
Betriebe der Bohrmaschinen, die Installationen der Motoren für Ventilation, die
Wasserstauwerke, die Ausnützung elektrotechnischer Errungenschaften u. s. w. Die
Vereinigung all' dieser Hilfsmittel zur gesicherten und raschen Lösung der vor=
gezeichneten Aufgabe haben dem Tunnelbau jene großartige Ausgestaltung ver=
liehen, in welcher er uns heute als ein ans Wunderbare grenzender Organismus
vor Augen tritt. An ihm kommen Kraft, Energie und Ueberlegenheit der mecha=
nischen Hilfsmittel gegenüber den schwersten materiellen Hindernissen zum glänzendsten
Ausdrucke.

Als der erste große Alpentunnel — jener am Mont Cenis — in Angriff
genommen wurde, lag es in der Natur der Sache, daß die technischen Kreise von
der Frage angeregt wurden, ob es nicht möglich sei, die langwierige Handarbeit

durch irgend eine maschinelle Einrichtung zu entlasten. Noch in der Zeit, da der belgische Ingenieur Heinrich Mauß sich mit dem Projecte eines Alpenüberganges mit Seilbetrieb beschäftigte, faßte er zum erstenmale den Gedanken, für die Bohrungsarbeiten sich der motorischen Kraft zu bedienen. Nicht Sommeillier — das »mechanische Genie« des Cenis-Unternehmens — sondern Mauß ist der Vater der Tunnelbohrmaschine. Beide hatten mit ihren Erfindungen nur die Rudimente zu einem Organe geliefert, welches erst von zweiter Hand in Thätigkeit gesetzt werden sollte. Die Unausführbarkeit des Mauß'schen Apparates lag vornehmlich darin, daß er zum Betriebe seiner Maschine die Wasserkraft ausnützen wollte,

Bohrmaschine System Sommeillier.

welche auf große Entfernung vom Motor auf die Maschine übertragen werden sollte. Auch über das anzuwendende Ventilationssystem war sich Mauß nicht ganz klar, obwohl er vorgeschlagen hatte, den Ventilationsapparat mit der Bohrmaschine in mechanische Verbindung zu bringen.

Das war bis vor dem Jahre 1848. Das Mauß'sche Project fiel der Ver-gessenheit anheim und erst 1855 trat der Genfer Professor Daniel Colladon mit der Idee an die Oeffentlichkeit, zum Betriebe eines die maschinelle Bohrungs-arbeit besorgenden Apparates comprimirte Luft anzuwenden. Dieselbe sollte nicht direct vom Erzeugungsorte außerhalb des Stollens die Bohrmaschine in Bewegung setzen, sondern vielmehr von einem, im Tunnel aufzustellenden Locomobil auf den Mechanismus übertragen werden. Ueber die Art, wie der unerläßliche und ziemlich

bedeutende dynamische Effect zu erzielen war, gab das Colladon'sche Elaborat
keinen Aufschluß.

Die Frage des maschinellen Bohrbetriebes war noch unerledigt, als 1857
die Arbeiten am Mont Cenis ihren Anfang nahmen. Die Entscheidung erfolgte jedoch
bald auf dem Fuße, als zur selben Zeit unweit von Genua mit den von Belgien
bezogenen Maschinen Bohrversuche angestellt wurden, welche die Möglichkeit der
Anwendung von comprimirter Luft als Triebkraft selbst auf große Entfernungen,
wie sie bei dem geplanten Tunnel sich ergaben, außer allen Zweifel setzten. Gleich=
wohl war man erst im Jahre 1861 so weit, mit den Installationen beginnen zu
können. Die meisten principiellen Verbesserungen rührten von Sommeillier her. So
setzte er beispielsweise an Stelle der Compressoren mit Wassersäulen, welche in
Folge der mächtigen Erschütterung dem Zerspringen ausgesetzt waren, Compressoren
mit Pumpen, in welchen das Wasser zwischen den Kolben und der zu com=
primirenden Luft blieb und auf diese Weise (durch stete Erneuerung des Wassers)
die Erhitzung der Luft vermieden wurde.

Die Sommeillier'sche Maschine — welche zur Zeit selbstverständlich nur mehr
ein historisches Interesse hat — arbeitete mit neun beweglichen Bohrern, von denen
einige parallel mit der Achse, die anderen in divergirender Richtung gegen die
Stollenbrust sich bewegten. Die Bewegung der Bohrer war eine doppelte, eine
stoßende und eine rotirende. An jedem Bohrer waren zwei bewegliche Röhren
angebracht, die eine für die comprimirte Luft, die andere für das Wasser, das
in die Bohrlöcher gespritzt wurde. Zur Bedienung dieser Maschine waren 37 Per=
sonen nothwendig. Bei jedem Angriff auf die Stollenbrust wurden durchschnittlich
80 Löcher von 75 bis 80 Centimeter Tiefe gebohrt. Der durchschnittliche Stollen=
fortschritt auf beiden Angriffspunkten zusammen betrug im Tage 3 bis 4 Meter,
das Maximum über 5 Meter.

Es ist begreiflich, daß in dem Jahrzehnt, in welchem die Sommeillier'schen
Maschinen am Mont Cenis arbeiteten, die Techniker hinlänglich Zeit gefunden
hatten, über Verbesserungen an diesem kräftigen Hilfsorgane Studien und Experi=
mente anzustellen. Als das Gotthard=Unternehmen perfect geworden war, gab es
bereits mehrere Systeme, welche der Verwerthung harrten. Zwar hatte Louis
Favre der italienischen Regierung gegenüber sich verpflichtet, alle jene am Mont
Cenis benützten Maschinen sammt Zubehör zu erwerben und wurden 88 solche
Maschinen zur Stelle geschafft. Benützt aber wurden sie niemals, denn an ihre Stelle
traten die neuen Constructionen von Ferroux, Dubois=François und Mac=Kean.
Die Ferroux=Maschine, in ihren Organen der Sommeillier'schen ähnlich, zeichnet
sich durch besonders solide Construction und leichte Handhabung aus. Sie arbeitet
automatisch, unterscheidet sich also wesentlich von der Dubois=François=Maschine,
bei der das Vorrücken gegen die Stollenbrust durch Menschenhand mittelst Kurbel
und Zahnrad an einer unten angebrachten Schraubenspindel bewerkstelligt
werden muß.

Beide Maſchinen erfordern die gleiche Zahl von Bedienungsmannſchaft und arbeiten auch gleich ſchnell; der Arbeitseffect iſt aber, wie ſelbſtverſtändlich, bei der automatiſch vorrückenden Ferroux-Maſchine ein bedeutend größerer; dagegen conſumirt die Ferroux-Maſchine bei jedem Kolbenſtoß 2·3 Liter, die Dubois-François-Maſchine nur 1·6 Liter comprimirte Luft. Später ſtellte Ferroux eine verbeſſerte Maſchine in Betrieb. Sie erzielte mit einem 35 Millimeter ſtarken Bohrer bei einer Luftſpannung von 6 Atmoſphären Ueberdruck und 300 Schlägen in der Minute ein 6 Centimeter tiefes Bohrloch. Die weſentliche Verbeſſerung bei der neuen Conſtruction beſtand darin, daß das Setzen des Bohrers und die Steuerung nicht mehr durch einen getrennten Mechanismus bewerkſtelligt wurden, ſondern mit der Bohrmaſchine in organiſchem Zuſammenhange ſtanden. Dieſe Maſchinen trugen über alle anderen den Sieg davon, wodurch nach und nach alle anderen am Gotthard eingeſtellten Maſchinen außer Betrieb geſetzt wurden.

Einen neuen Abſchnitt in der Entwickelung der Bohrtechnik bezeichnet das Arlbergunternehmen. Zunächſt iſt hervorzuheben, daß am Arlberg die dem maſchinellen Betriebe vorausgegangene Handarbeit einen durchſchnittlichen Tages-fortſchritt per Ort von 1·65 Meter, oder 3·3 Meter zuſammen erreichte, alſo ſo viel als am Mont Cenis der Maſchinenbetrieb, wobei es ſich hier um Kalkgebirge, dort um Urgebirge handelte. Am Arlberg waren bereits die Ferroux-Maſchinen in Ausſicht genommen, als es dem Hamburger Ingenieur Alfred Brandt gelang, Beweiſe der Leiſtungsfähigkeit ſeiner hydrauliſchen Drehbohrmaſchine am Gotthard zu erbringen. Wenn auch die Erfolge Brandt's am Pfaffenſprungtunnel weit hinter jenen zurückgeblieben waren, welche ſeine Concurrenten Ferroux und Seguin erzielt hatten, entſchloß man ſich gleichwohl Brandt's Maſchine am Arlberg zum Wett-kampfe zuzulaſſen. So trat das Syſtem Ferroux (Percuſſionsbohrung mit com-primirter Luft) auf der Oſtſeite, die hydrauliſche Bohrmaſchine auf der Weſtſeite des Arlbergtunnels in Action. Beeinflußt wurde dieſe Anordnung durch den Um-ſtand, daß auf der Oſtſeite größere Waſſerkräfte als auf der Weſtſeite zur Ver-fügung ſtanden, und daß zum Betriebe der hydrauliſchen Maſchinen ein geringerer motoriſcher Kraftaufwand erforderlich iſt, als zum Betriebe der Percuſſionsmaſchinen, beziehungsweiſe zur Erzeugung der comprimirten Luft.

Auf der Weſtſeite ſetzte eine mit 335—250 Pferdekräften arbeitende Turbine eine Gruppe von 4 Compreſſionspumpen in Bewegung, welche pro Secunde 9·2 Liter Waſſer von 100 Atmoſphären Spannung durch eine Rohrleitung den zwei Bohrmaſchinen zuführten. Dieſe letzteren waren auf einem Wagen, beziehungsweiſe auf einer beweg-lichen (jedoch auf dem Wagen befeſtigten) Spannſäule, welche ſich gleichfalls unter hydrauliſchem Drucke gegen die Stollenwände preßte, montirt. Die Verbindung zwiſchen Rohrſtrang und Maſchinen wurde durch maſſive, jedoch leicht bewegliche Kettenſchläuche hergeſtellt.

Die Compreſſionsmaſchinen beſtehen aus dem eigentlichen Bohrmechanismus und dem Geſtelle. Zwei von einander abſtehende große Schraubenſpindeln nehmen

die rückwärtigen Enden des Bohrmechanismus auf. Derselbe läßt sich auf den
Spindeln heben und senken, und sowohl in verticaler als in horizontaler Richtung
drehen. Der gegen die Stollenbrust zugekehrte Theil des Gestelles trägt ebenfalls,
und zwar dicht hintereinander, zwei starke verticale Schraubenspindeln, auf denen
sich zusammen sechs Arme auf- und abbewegen lassen. Die Arme sind der Länge
nach geschlitzt und dienen zur Unterstützung des vorderen Theiles der Maschine,
deren horizontale Verschiebung durch die Schlitze ermöglicht wird. Zum Einführen
der comprimirten Luft in den Mechanismus sind am Bohrgestelle zwei Reihen
Hähne angebracht. Der ganze Apparat ruht auf vier Rädern, von denen die
größeren, rückwärts befindlichen durch eine Zahnübersetzung gedreht werden können
und zur Bewegung des Bohrgestelles auf den Schienen dienen. Zur Speisung der

Bohrmaschine System Ferroux.

Maschine geht vom Ende der schmiedeeisernen Luftleitung unmittelbar vor der
Stollenbrust ein starker Kautschukschlauch nach einem Behälter am Bohrgestelle,
von dem mehrere dünne Kautschukröhren zum Bohrmechanismus abzweigen.

Es würde hier zu weit führen, der vielen Bohrmaschinen zu gedenken, welche
allmählich auftauchten, wie das immer zu geschehen pflegt, wenn irgend eine tech=
nische Errungenschaft sich eines durchschlagenden Erfolges zu erfreuen hat. Dem
Principe nach lassen sich zwei Systeme unterscheiden: Stoßbohrmaschinen und
Drehbohrmaschinen. Zu letzteren gehört unter anderem die beistehend abgebildete
Maschine des Engländers Crampton, welche versuchsweise bei Herstellung des
Probestollen an dem projectirten Riesentunnel unter dem Aermelcanal in Action
trat. Der Mechanismus besteht aus einer Scheibe von zwei Meter Durchmesser,
welche auf ihrer vorderen Fläche mit 70 sehr scharfen Meißeln ausgerüstet ist.
Wird diese Scheibe mittelst Wasserkraft in Drehung versetzt, so schürfen die Meißel

E. MEISSNER SC.

GÜNTHER & RÜCKER X.A.

A. Brandt'sche Tunnel-Bohrmaschine.

das Gestein ab, wobei die losgelösten Theile in kleine, an der Rückseite der Scheibe angebrachte Behälter fallen, deren Inhalt in eine geneigte Rinne entleert wird. Das Material wird weiterhin durch zugeleitetes Wasser in einen Behälter gespült, wo es in Brei verwandelt wird. Zum Betriebe der Crampton'schen Maschine, wie sie für die Versuchsstrecke des Canaltunnels in Anwendung kam, war eine Dampfmaschine von 925 Pferdekräften erforderlich, von denen 500 auf die Pumpen kamen, welche den Brei zu entfernen hatten. Die Scheibe des Mechanismus vollführte zehn Umdrehungen in der Minute, so daß die äußeren, von der Achse am entferntesten liegenden Meißel sich mit der Geschwindigkeit von 350 Meter in der Minute fortbewegten.

Crampton's Tunnel-Bohrmaschine.

Im Allgemeinen theilen sich die Drehbohrmaschinen in zwei Typen: rasch rotirende mit geringem Drucke auf das Gestein, und langsam rotirende mit starkem Drucke. Die letzteren sind die hydraulischen Bohrmaschinen (Crampton, Brandt), die ersteren die sogenannten »Diamantbohrmaschinen«. Bei diesen sind die stählernen Köpfe der Bohrer mit schwarzen Diamanten besetzt. Beim Stollenbau kommt dieses System seltener in Anwendung als beim Schachtbau, insbesondere dann, wenn Abteufungen von großer Tiefe vorzunehmen sind.

Auch die elektromotorische Kraft hat man in den Dienst der Tunnel-Bohrmaschinen gestellt. Eine derartige Construction ist Taverdon's »Elektrischer Gesteinsbohrer«. Er ist ein Diamantbohrer, bei welchem die verwendeten schwarzen Diamanten, um das lästige Ausbrechen zu verhüten, an der Spitze des Bohrers angelöthet sind. Nun lassen sich aber Diamanten nicht direct verlöthen; um dies zu ermöglichen, versah sie Taverdon auf galvanoplastischem Wege mit einer ganz dünnen Kupferschichte, welche das Verlöthen gestattete. An jenen Stellen, mit welchen der Diamant arbeitet, reibt sich die dünne Kupferschichte natürlich sofort

von selbst ab. Bohrmaschine und Motor sind auf getrennten Wagengestellen montirt.
Der Bohrer ist an einer Muffe, die auf einer Säule auf= und abwärts geschoben
werden kann, befestigt, damit dem Bohrer jede erforderliche Höhe und Richtung
gegeben werden könne. Die Festigung der Tragsäule erfolgt durch eine oben an=
gebrachte Schraube, die sich durch Herausdrehen gegen den First des Stollens
preßt. Der Bohrkopf erhält seine rotirende Bewegung durch einen Rollen=
mechanismus, der in einer am entgegengesetzten Ende der Bohrmaschine angebrachten
Büchse eingeschlossen ist. Die Einrichtung ist aus der auf Seite 107 stehenden Ab=
bildung zu ersehen. Das Treibseil a a' ist nicht direct über die Rolle e geführt,

Elektrischer Gesteinsbohrer von Taverdon.

welche den Bohrer in Rotation versetzt, sondern muß die Schnurscheibe b b' passiren.
Diese Anordnung ermöglicht ein Drehen des Bohrers ohne die Treibseile in
Unordnung zu bringen. Als Motor wird eine Dynamomaschine verwendet, von
deren Riemenscheibe aus das Treibseil über eine Rolle mit horizontaler Achse (zum
Betriebe der Wasserpumpe) und eine verstellbare Rolle zur Bohrmaschine läuft.
Auf dem Wagengestelle des Dynamo ist ein Windkessel nach Art derjenigen bei
Feuerspritzen befestigt, vermittelst welchen dem Bohrer behufs Reinigung der Bohr=
löcher Wasser unter Druck zugeführt wird.

In den langen Alpentunnels erreichte die Menge des geförderten Ausbruch=
materials, wie nicht anders zu denken, einen ungeheueren Umfang. So betrug
beispielsweise derselbe am Mont Cenis bis zum Stollendurchbruche 800.000 Cubik=

meter und waren 40.000 Karren nöthig, um dieses Material fortzuschaffen. Zur Bekleidung des fast durchwegs gemauerten Tunnels bedurfte es 125.000 Cubik= meter Werksteine und circa 16 Millionen Ziegel. Die Länge der Bohrlöcher erreichte die enorme Ziffer von 3½ Millionen Meter (gegen 320.000 Meter am Gotthard, wo Dynamit statt Pulver verwendet wurde), und die Menge des ab= gebrannten Pulvers betrug 1 Million Kilogramm (gegen rund ½ Million Kilo= gramm Dynamit am Gotthard). Aus diesem riesigen Pulverquantum hätte man 233 Millionen Gewehrpatronen (à 4½ Gramm) anfertigen und durch 13 Jahre täglich ein Pelotonfeuer von 50.000 Flinten= schüssen abgeben können.

Auch sonst bietet die Statistik des Baues der großen Alpentunnels ein reiches und interessantes Material. Wir müssen uns indes hier nur auf etliche Daten beschränken. So betrug beispielsweise auf der ganzen Gotthardlinie bis Schluß des Jahres 1880 die Anzahl der vorgekom= menen Tödtungen 246; verwundet, ohne tödtlichen Ausgang, wurden 601. Verhält= nißmäßig waren auf der Südseite ebenso viele Tödtungen wie auf der Nordseite. Beim Durchbrechen des großen Tunnels aber waren die Arbeiter auf der Südseite in Folge der dortigen geognostischen Ver= hältnisse erheblich im Nachtheil. Beim Vortreiben des Richtstollens mußten sie oft in dem nur langsam abfließenden Wasser bis zu den Knien stundenlange waten. Außerdem waren sie oft ebenso lange dauernden Wasserstürzen ausgesetzt,

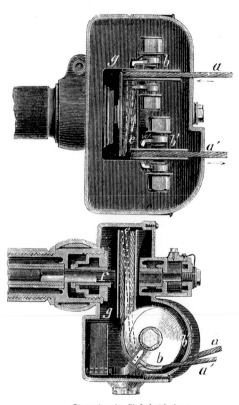

Taverdon's Gesteinsbohrer.

deren gewaltiger Druckkraft Niemand widerstehen konnte. In einem speciellen Falle mußte ein besonders mächtiger Strahl in eine eiserne Röhre gefaßt und abgeleitet werden. Es liefen 10½ Liter Wasser in der Secunde ab. Im ganzen Tunnel betrug die Wasserandrang von 1874 bis Ende 1877 pro Secunde 233 Liter, d. i. pro Tag rund 20.000 Cubikmeter. Das Maximum betrug 348 Liter in der Secunde, also 30.000 Cubikmeter pro Tag. Am Gotthard wurden die Arbeiter zum Schutze gegen die Wassereinbrüche mit ledernen Kleidern versehen.

Ein zweiter, die Gesundheit der Arbeiter wesentlich beeinträchtigender Factor, waren die Unbilden, denen die nur halb bekleideten, den Oberkörper total entblößten Leute ausgesetzt waren. Am Gotthard stieg 1879 in der südlichen Hälfte des großen Tunnels in der Tiefe von 7 Kilometer die Temperatur auf fast 33° C., während in den vorangegangenen Monaten sich dieselbe ziemlich constant bei 31° C. gehalten hatte. Auf der Nordseite betrug die mittlere Temperatur in der gleichen Zeit 30·3° C. Nimmt man nun mit Dr. Napff (»Wärmezunahme nach dem Inneren der Hochgebirge«) an, daß die praktische Grenze der Arbeitsmöglichkeit in trockenen Tunnels und bei Luftcompressions- und anderen Ventilations-Anlagen vom Umfange jener am St. Gotthard bei 45·7° C. liegt, und daß darüber hinaus Siech- thum, wenn nicht baldiger Tod der Arbeiter erfolgen müsse, so kann man annähernd ein Wahrscheinlichkeitsbild vom Zustande der Lungenthätigkeit und Bluthitze der Arbeiter in langen Tunnels sich machen. Nur durch unausgesetztes Hinzuführen von einer enormen Menge comprimirter, relativ trockener Luft (z. B. 150 Liter pro Secunde für den Mann) vermochte man es, die Arbeiter in einem solchen Grade von Rüstigkeit zu erhalten, welche den Fortschritt der Arbeit nicht in Frage stellte.

Es sei bei diesem Anlasse bemerkt, daß zu Zeiten durchschnittlich 800 Arbeiter gleichzeitig im Tunnel arbeiteten und zwei Dutzend Pferde sich darin aufhielten. In 24 Stunden wurden durchschnittlich 350 Kilogramm Dynamit verschossen und gleichzeitig brannten über 800 Lampen. Außerdem bewegten sich noch zwei Dampf- Locomotiven auf 2 bis 4 Kilometer vom Portal aus, neben den Luft-Locomotiven, die weiter gegen die Mitte hin in Thätigkeit waren... Durch die Luftcompressoren wurden täglich zwischen 150.000 bis 200.000 Cubikmeter Luft in den Tunnel geleitet. Am Arlberg erfolgte zu Beginn die Versorgung der Arbeitsstelle mit Luft auf der Ostseite durch Compressoren, auf der Westseite durch einen Hochdruckventi- lator, der, von einer kleinen Turbine von 30 Centimeter Durchmesser getrieben, circa 1000 Umdrehungen in der Minute machte und bis 1200 Meter Stollenlänge ausreichend Luft vor Ort brachte.

Da der Arlberg vorläufig die Reihe der großen Tunnels schließt, ist es von Interesse, den hier erzielten Arbeitsfortschritt kennen zu lernen. Als Minimal- leistung war ein durchschnittlicher Fortschritt im Sohlenstollen und in der Mauerung von 3·3 Meter auf jeder Seite, zusammen also 6·6 Meter festgesetzt worden. Es ist zu bemerken, daß am Gotthard in den letzten zwei Baujahren — also nach einer siebenjährigen Erfahrung und Praxis in der Handhabung der Maschinen — nicht mehr als der vorstehend angesetzte Minimalfortschritt per Ort erzielt wurde. Während auf der Ostseite nahezu sämmtliche Apparate in Thätigkeit gesetzt werden mußten, sollte ein größerer als der geforderte Fortschritt erzielt werden, fand man auf der Westseite mit einer einzigen Gruppe von Pumpen und einer einzigen Turbine das Auslangen. Während dort 400 Liter Wasser in der Secunde bei 140 Meter Druckhöhe kaum ausreichten, die Maschinen und Com- pressoren zu bedienen, genügten auf der Westseite 110 Liter bei 180 Meter Druck- höhe. Die Ventilation des Tunnels wurde durch je zwei Gruppen von vier an- einander gekuppelten Centrifugal-Ventilatoren, welche Gruppen aber ebenfalls gekuppelt werden konnten, besorgt.

Indes mehrten sich die Schwierigkeiten auf der Westseite in unerwarteter Weise. Die maschinelle Bohrung mußte hier in Folge der ungünstigen Beschaffenheit des Gebirges oft wochenlange unterbrochen und der Stollen vielfach unter Anwendung von Getriebezimmerung aufgefahren werden. Die Ausbrüche mußten durchwegs nach dem schwersten Profil, welches die hier angewendete englische Baumethode kennt, verzimmert werden, während auf der Ostseite durchschnittlich kaum die schwächste zur Anwendung kam. Dort erhielten die Mauerungen fast eine doppelt so große Stärke als hier, und so blieb die Westseite gleich im zweiten Baujahre sowohl in der Stollenlänge als in der Mauerung erheblich im Rückstande. Am Ende des zweiten Baujahres ergaben sich folgende Resultate: Länge des Sohlenstollens 3220 Meter (1858 Meter auf der Ostseite, 1362 Meter auf der Westseite); 2200 Meter Vollausbruch, 2000 Meter ausgemauertes Profil. Rücksichtlich des Stollenfortschrittes ist zu bemerken, daß seit der Uebernahme durch die Bauunternehmungen (Ceconi auf der Ostseite, Brüder Lapp auf der Westseite) 2545 Meter Sohlenstollen, oder 7·6 Meter pro Tag, also eine Mehrleistung von einem Meter erzielt wurde.

Hierzu wurden im Baujahre 1881 auf der Ostseite 1123 maschinelle Angriffe mit einem mittleren Fortschritte pro 1·36 durchgeführt. Ein solcher Angriff dauerte ungefähr 7¾ Stunden und es wurden hierbei rund 24 Löcher mit einem Durchmesser von 30—40 Millimeter und einer Gesammtlänge von 36 Meter mit 6 Maschinen hergestellt. Der Bohrerverbrauch war pro Angriff durchschnittlich 80 Stück, der Dynamitverbrauch rund 27 Kilogramm. Auf der Westseite wurden nur 725 maschinelle Angriffe mit einer durchschnittlichen Leistung von 1·2 Meter erzielt. Hierzu waren 7 Löcher mit einem Durchmesser von 70 Millimeter und einer Gesammtlänge von 11 Meter nothwendig, welche von 2 Maschinen gebohrt wurden. Der Bohrerverbrauch war pro Angriff 10 Stück, der Dynamitverbrauch 12 Kilogramm, aus welchen Ziffern sich ein zutreffender Rückschluß auf die Beschaffenheit des Gebirges ergiebt.

Im dritten Baujahre (1882) war der Sohlenstollen auf eine Länge von 6811 Meter vorgedrungen (3772 Meter auf der Ostseite, 3039 Meter auf der Westseite) und betrug der durchschnittliche Tagesfortschritt seit Beginn des Baues sonach 7·41 Meter. In dem genannten Jahre allein waren auf der Ostseite 1914 Meter, auf der Westseite 1678 Meter aufgefahren, was einen durchschnittlichen Tagesfortschritt von 5·24, beziehungsweise 4·6 Meter ergiebt. Der Firststollen war auf rund 6500 Meter, die Mauerung auf 4900 Meter nachgerückt. Im vierten Baujahre (1883) ergab sich vollends ein durchschnittlicher Tagesfortschritt von 10·82 Meter (5·42 auf der Ostseite, 5·40 auf der Westseite). Um diese bedeutenden Fortschritte zu erzielen, waren auf der Ostseite 3·7 maschinelle Angriffe pro 24 Stunden mit einem mittleren Fortschritte von 1·66 Meter, auf der Westseite vier Angriffe mit einem mittleren Fortschritte von 1·3 Meter nothwendig. Auf der Ostseite bohrten 8 Maschinen per Attaque 32 Löcher mit einer Gesammtlänge von 58 Meter, auf der Westseite 4 Maschinen 14 Löcher mit einer Gesammtlänge von 21 Meter. Die Maschinen arbeiteten auf der Ostseite mit comprimirter Luft von 4 Atmosphären Spannung, auf der Westseite mit auf 80 bis 90 Atmosphären gepreßtem Wasser. Der Verbrauch an Bohrern stellte sich auf der Ostseite mit 100 Stück, auf der Westseite mit 60 Stück, der Dynamit= verbrauch auf ersterer mit 30, auf letzterer mit 27 Kilogramm. Da der Durchschlag des Richtstollens am 19. November 1883 erfolgte, so ist der 10.270 Meter lange Sohlenstollen in 3 Jahren, 4 Monaten und 24 Tagen erfolgt und hat die Her= stellung des ganzen Tunnels nicht ganz 4 Jahre erfordert. Der durchschnittliche Tagesfortschritt betrug 8·3 Meter. Diese Leistung ist ohne Beispiel in der Geschichte des Bergbaues. Am Gotthard betrug der durchschnittliche Fortschritt im Richtstollen 4·6 Meter, die größte Monatsleistung 211 Meter. Die letztere erreichte ihr Maximum am Arlberg mit 382 Meter. Auch der nachfolgende Vergleich ist von Interesse. Am Arlberg waren zur Zeit des Stollendurchschlages an Mauerung noch circa 2000 Meter, an Gewölbe 350 Meter herzustellen. Am Gotthard waren in der gleichen Bauperiode noch 6700 Meter Widerlager und 4000 Meter Gewölbe auszuführen.

Eine eigenthümliche Complication der Förderungsarbeiten ergab sich auf der Ostseite des Arlberg. Der Culminationspunkt des Tunnels konnte nämlich in Folge der um 200 Meter verschiedenen Höhenlage der beiden Mundlöcher nicht in die Mitte des Tunnels verlegt werden, sondern in der Steigung von 2 pro Mille bis 4100 Meter; von da ab fällt die Nivellette mit 15 pro Mille. In Folge der außergewöhnlichen Fortschritte, welche die Ostseite erzielte, kam sie, nachdem der Brechpunkt überschritten war, auf eine viel längere Strecke des Gefälles, als vor= gesehen war. Die steile Rampe war selbstverständlich für die Materialförderung ein bedeutendes Hinderniß, dessen Bewältigung einen größeren Kraftaufwand von Menschenhänden erfordert hätte. Für die Verwendung von Pferden fehlte ebenso der Raum wie für die Anlage einer Seil= oder Kettenförderung.

Aus diesem Dilemma arbeitete sich Ceconi durch folgenden einfachen Arbeits= vorgang heraus. Er verband mehrere Rollwagengestelle durch lange hölzerne Balken und schuf dadurch eine starre, auf dem gewöhnlichen Arbeitsgeleise bewegliche, der Arbeitsstrecke entsprechend lange »Kette«. Waren die Wagen in der Arbeitsstrecke geladen, so wurden dieselben dort zu einem Zuge zusammengestellt und ge= kuppelt. Die »Kette« war während dieser Zeit auf einem Arbeitsgeleise im fertigen Tunnel aufgestellt. Auf ein gegebenes Zeichen schob eine Förder=Locomotive die Kette in die Arbeitsstrecke, sodann wurden die Wagen an sie angehängt und der ganze Zug durch zwei Locomotiven hervorgeholt. Diese Art der Förderung hat sich durch ihre Einfachheit und der leicht zu erzielenden Festigkeit der Kette als vorzüglich bewährt.

Als Ergänzung dieser rein technischen Mittheilungen, möchten wir nun dem Leser in einer Anzahl von Bildern das Treiben innerhalb der langen Stollen zu lebendiger Anschauung bringen. Wir verbleiben zu diesem Ende gleich am Arlberg und wählen — der Absonderlichkeit wegen — eine Winternacht. Der Leser, der die Bilder von der Arlbergbahn in Erinnerung behalten hat, macht sich schwerlich eine Vorstellung von der Situation, die wir nun zu schildern haben. Die Winternächte waren taghell, denn auf den hohen Masten auf der Westseite flammte je eine elektrische Sonne mit einer Lichtstärke von circa 1500 Kerzen. Millionen Schneekrystalle funkelten und verbreiteten ihre Reflexe in die dämmerige Ferne. Im gespenstischen Zwielichte standen die hohen Schnee= und Felshöhen, welche mit ihren Steilstürzen das stille Klosterthal einschließen.

Als Gegensatz zu der Einsamkeit des Ortes und den ungewöhnlichen Höhenfeuern der elektro=dynamischen Maschinen stellte eine Regsamkeit sich ein, die jeder Beschreibung spottet. Hunderte von Arbeitern bewegten sich gleich Spukgestalten zwischen Materialien und Steintrümmern, und huschten als verzerrte Schatten über die weißen Wände. Aus dem Innern der hellerleuchteten Baulichkeiten drang ein Summen gleich den in weiter Ferne grollenden Wasserstürzen: Menschenstimmen, Rädersurren, Feilen, Hämmern und mancherlei andere, unenträthselbare Laute. Da standen auch die Turbinen für die Compressionspumpen, in welchen die lebendige Kraft für die Bohrmaschinen geboren wurde. Vermittelst der Centrifugal=Ventilatoren wurde die zusammengepreßte Luft durch gewaltige eiserne Leitungsröhren in das Innere des schier endlosen, finsteren, feuchten und stickdunstigen Stollen getrieben.

Wie es aber in diesem letzteren zuging, das zu beschreiben ist die Feder unfähig. So etwa möchte sich die Einbildungskraft den Eingang in den mythischen Tartaros vorstellen. Unter den Rädern der Karren rieseln förmliche Bäche, denn die Bohrmaschinen erschlossen immer wieder neue Quellen. Selbst nach der Bezwingung der aus vieltausendjährigem Schlafe erwachten Quellgeister rieselte fort und fort das Wasser aus dem Gestein und bildete da und dort Pfuhle, aus welchen Felsbrocken und Werkstücke wie Klippen aufragten.

Um aber den gewaltigen Druck des Berges, dessen Urgesteinsmassen viele hundert Meter über den Köpfen der Arbeiter sich wölbten, zu bemeistern, mußte ein ganzer Wald von Stämmen herhalten. Da standen sie, dicht gedrängt, wie eine gewaltige Schutzwehr, an den dunklen Wänden; andere liefen als »Kappen« ihnen zu Häupten und hielten mit ihrem elastischen Nacken den Druck aus, welcher den Eindringlingen in die ewige Nacht der Mutter Erde in verderbendrohender Weise sich geltend machte. . . .

Ein anderes Bild. . . Mitten zwischen den flackernden Irrlichtern wurden rußige Menschengestalten sichtbar. Sie förderten den »Berg« (die Ausbruchsmassen) zu Tage. Karren reihte sich an Karren. Flüchtige Schatten, Lärm und Getöse dort, kalte Traufen von oben, Schutt und Sumpf am Boden: ein Wandern durch die Höllenkreise Dante'scher Einbildungskraft. . . . Da machte sich plötzlich ein erquickender Odem fühlbar. Die Centrifugal=Ventilatoren thaten ihre Schuldigkeit.

Ihre mächtigen Athemzüge belebten wunderbar diese geschäftigen Menschen, welche
mit eisernem Trotze, unbesiegbarer Kraft und einem Selbstvertrauen ohnegleichen
für das, was sie erzweckten, den Kampf mit den unterirdischen Mächten führten —
für den Laien ein wahrhaft verblüffendes Schauspiel! Der kühle Hauch war noch
in einer Entfernung von 12 Meter fühlbar, so ausgiebig waren die Athemzüge
der Maschine. Auf einem solchen Gange in die Unterwelt konnte man die verschiedenen
Stadien der Arbeiten ganz gut überblicken. Die dem Eingange zunächst gelegene
Strecke war bereits mit mächtigen Quaderringen ausgewölbt, deren Massigkeit
jedem Drucke von oben trotzen konnte. Hieran schloß sich eine Strecke, wo der
Ausbruch auf das volle Tunnelprofil eben vollendet worden war. Wieder einige
hundert Schritte weiter schrumpfte der finstere Raum zu dem engen unheimlichen
Sohlenstollen zusammen. Hier war es, wo das Gefühl, beständiger Gefahr ausgesetzt zu sein, sich am lebendigsten erhielt. Die gewaltigen Stämme der Zimmerung
knarrten und ächzten unter der Last, die sie zu tragen hatten. Andere, geborsten,
verkrümmt, wie Binsen zerfasert, lagen umher. Dazu kam eine sehr hohe Temperatur. Zu den feuchten Traufen, die zwischen den Balken der Verbölzungen herab-
rieselten und die Arbeiter zu Zeiten mitten in einen Regenschauer versetzten, trat
der Schweiß, der aus allen Poren hervorgepreßt wurde.

Besonders turbulent ging es an jenen Stellen zu, wo der Berg auf das
volle Tunnelprofil ausgebrochen wurde. Da waren kaminartige Schächte, welche die
Verbindung zwischen dem Sohlenstollen und dem darüber laufenden Firststollen
herstellten. Durch diese Schächte polterte und kollerte das Ausbruchmaterial in
die darunter stehenden Karren. Schweißtriefend hantirten die Leute, den Oberkörper
entblößt, die Gesichter geschwärzt. Unstet flimmernde Lichter, ein unbeschreiblicher
Geruch von Oel, qualmigem Staub, Rauch und anderen athmungswidrigen Dingen
erfüllten diese Hölle.

Und wieder ein anderes Bild. Man hörte Rufe, verhallende Commandoworte.
Viele Lichter bewegten sich hastig aus der Tiefe nach vorne. Bald hierauf erfolgte
ein furchtbarer Donnerschlag. Tausend Nerven des todten Gesteins schienen entzwei-
gerissen, der Boden unter den Füßen schwankte, durch unergründliche, von Felsen
umpanzerte Abgründe grollten die Echos der heulenden Berggeister auf. Die
Minen »von Ort« waren explodirt. Das Dynamit hatte ein gewaltiges Stück des
Gesteins von der Stollenbrust weggerissen. Aber nur kurz währte dieser Zwischenfall.
Alsbald bewegten sich wieder die Lichtpünktchen in der Finsterniß, und das Drängen,
Hämmern, Schreien, Pfeifen und Rufen ging von Neuem an.

War das eine friedliche Arbeit, oder war es eine wilde, furchtbare Schlacht,
wie eine ähnlich schauerliche draußen im Sonnenlichte sich nicht denken ließe?
Was die Gewohnheit nicht Alles fertig bringt! Wer hier an diesem gruseligen Orte
zu thun hatte, wurde entweder von der Triebkraft der Pflicht zur Thätigkeit angehalten — wie jeder andere brave Arbeiter unter ungleich günstigeren Voraussetzungen — oder es lockte die »Prämie« für größere Arbeitsleistung.

Zwischen den einander drängenden Menschen standen die Bohrmaschinen, das Geschütz des Tunnelbaues. Mit ihren stählernen Bajonnetten bohren sie sich in rasend schneller, drehender Bewegung in das Urgestein ein. Es waren die Brandt'schen Drehbohrmaschinen. Verblüffender für den Laien ist die Wirksamkeit der Percussionsmaschinen, deren vehemente Stoßattaquen etwas Sinnverwirrendes haben. Sie wurden auf der Ostseite des Tunnels verwendet. Das sind die

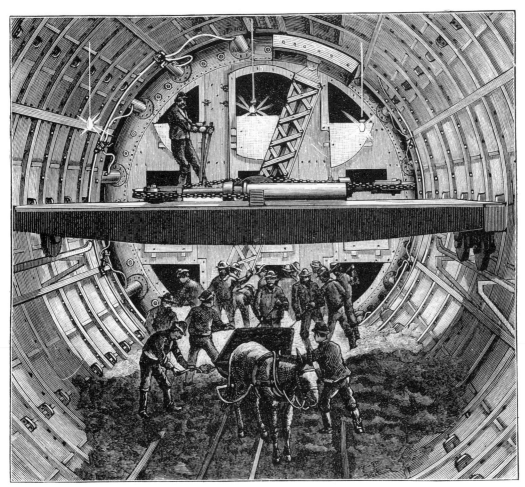

Tunnelbau mit hydraulischem Schirm (Hudsontunnel).

maschinellen Hilfsmittel eines Kampfes, den der Mensch im Innern der Erde aufgenommen hat — eines Kampfes, in welchen buchstäblich jeder Zoll der widerspenstigen Natur abgerungen werden muß. Wer jemals Augenzeuge eines solchen Kampfes war, dem ist die Thatsache unfaßbar, daß dieses Leben voll Mühsal und Gefahr in den alltäglichen Bereich der Berufsarbeit einer Schaar von Helden, von Kämpfern für die Sache der Civilisation gehöre.

So ging es fort durch Monate, durch Jahre, bis das große Werk vollendet war. Dann verschwanden die Tausende von Arbeitern, es verschwanden die Ma-

schinen- und Motorengebäude, es wurde fast wieder so einsam als zuvor. In der
Schlacht, die im Dienste der Cultur geschlagen worden war, ist auch der Führer
dieser tapferen Schaar geblieben, wie dort am St. Gotthard, wo der Bauleiter
Octave Favre mitten im Tunnel einem Herzschlage erlag. Am Arlberg war es der
Oberbaurath Lott, den ein ähnliches Schicksal ereilte. Ein Denkmal neben dem
östlichen Tunnelportal erinnert an diesen ausgezeichneten Mann.

Wir haben nun noch über eine Tunnelbaumethode zu berichten, welche der
neuesten Zeit angehört und mit der Unterfahrung von Flüssen und Meeresarmen
zusammenhängt. Ihre Anwendung fand sie bisher nur in England und Amerika,
und letzteres ist die Heimat dieser Methode. Die reiche Gliederung der Küsten-
umrisse des britischen Inselreiches, insbesondere aber die langen, fjordartigen Buchten,
welche in die Continuität des Küstenverlaufes breite und nur auf weiten Umwegen
zu umgehende Lücken bilden, haben sich seit Jahren als ein störendes Hinderniß
kürzester Eisenbahnverbindungen erwiesen. Erst mit der großartigen Entwickelung
der Brückenbautechnik wurde es möglich, diesem Hindernisse Herr zu werden, indem
man den Schienenweg über Pfeiler und Joche, die in mitunter beträchtlicher
Wassertiefe des wellenbewegten Meeres fundirt sind, führte. So entstand die
ungeheuer lange Taybrücke, welche unseligen Andenkens am 28. December 1879 theilweise
einstürzte und den eben auf ihr befindlichen Zug mit in die Tiefe riß. Sie wurde
wieder hergestellt und trotz der Bedenklichkeit solcher Anlagen, folgte bald darauf
ein noch gewaltigeres Werk, die großartige Forthbrücke, welche im modernen
Brückenbau unbestritten die Krone der Leistungsfähigkeit bezeichnet.

Nun bringen es aber die örtlichen Verhältnisse mit sich, daß die Ueberbrückung eines Stromes oder Meeresarmes nicht gut möglich ist, sei es, weil es
an dem nothwendigen Raum zur Entwickelung der Zufahrtsstrecken fehlt und
dadurch die wünschenswerthe hohe Lage der Brückenbahn im Interesse der ungestörten Schiffahrt nicht zu erzielen ist, oder weil die Ufer bereits völlig von
Häuseranlagen occupirt sind. Sowohl in England als in Amerika hat sich nun in
jüngster Zeit wiederholt die Gelegenheit ergeben, Flüsse zu unterfahren, wobei
die vorhanden gewesenen Schwierigkeiten in der Herstellung der Tunnels zu einer
Constructionsweise geführt haben, die von den bisherigen Methoden ganz wesentlich abweicht. Es handelte sich in allen vorliegenden Fällen um Arbeiten in
wasserdurchlässigen, wenig consistenten Schichten, die überdies einem enormen
verticalen Wasserdruck ausgesetzt sind, wodurch die Gefahr von Einstürzen und
Einbrüchen zu einem Factor wurde, mit dem in erster Linie gerechnet werden
mußte.

Zur Bekämpfung dieser Gefahr und zur Erzielung einer rationellen Baumethode griff man zunächst nach einem Hilfsmittel, das bereits früher bei den
Fundirungsarbeiten großer Brückenpfeiler in Anwendung kam, und welches darin
besteht, daß durch comprimirte Luft, welche in die Caissons getrieben wird, dem
Eindringen des Wassers ein mächtiger Gegendruck entgegengesetzt wird. Der

amerikanische Ingenieur Haskin war der erste, welcher diese Methode bei einem subaquaten Tunnel in Anwendung brachte, nämlich bei demjenigen, welcher unter dem Hudson New-York mit New-Jersey verbindet. Auf diese Weise ist es gelungen, das bewegliche Ausbruchmaterial (Thon) zu festigen und zu trocknen und gleichzeitig dem Wasserandrange Widerstand entgegenzusetzen.

Da indes dieser Vorgang auf eine längere Tunnelstrecke wirkungslos geblieben wäre, mußte die Stollenarbeit selbst in einer von den bisherigen Methoden abweichenden Weise bewerkstelligt werden. Das Mittel hierzu gab der von A. E. Beach

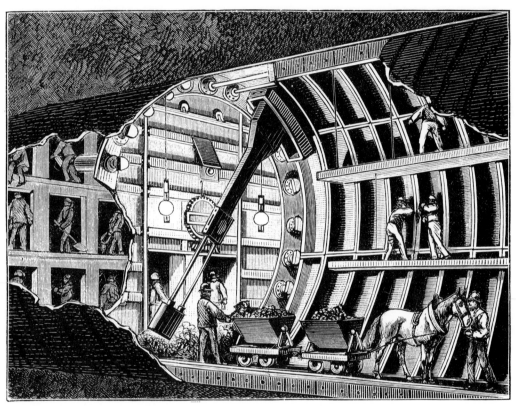

Tunnelbau mit hydraulischem Schild (Saint Clairtunnel).

erfundene »hydraulische Schild«. Er besteht der Hauptsache nach aus einem Stahlblechcylinder von 6 bis 7 Meter Durchmesser und etwa 5 Meter Länge, mit 25 bis 30 Centimeter dicken Wänden. Die am Hudson verwendeten Schirme sind durch zwei horizontale und zwei verticale Scheidewände in neun Abtheilungen geschieden, welche sowohl an der Stirn- als an der Rückseite durch Thüren verschließbar sind. Dieser Schirm wird mittelst starker hydraulischer Kolben, welche sich an der bereits fertiggestellten Tunnelwand stützen, gegen die Stollenbrust gepreßt, wodurch bei geöffneten Vorderthüren das weiche Ausbruchmaterial theilweise in den Cylinder hereingedrückt und von den Arbeitern abgebaut wird. Nach der Seite des Tunnels sind in der Regel alle Thüren geschlossen, bis auf die unteren, durch welche das Ausbruchmaterial in den fertigen Tunnel gefördert und von hier mittelst Kippwagen fortgeschafft wird.

Die beiden Abbildungen S. 113 und 115 zeigen je einen solchen Schild, wie er beim Baue der Tunnels unter dem Hudson, beziehungsweise unter dem Saint Clairflusse, an der Grenze zwischen Canada und den Vereinigten Staaten, in Anwendung kam. Die beiden Constructionen unterscheiden sich nur in einigen un= wesentlichen Details. So hat beispielsweise der Schild von Saint Clair nicht neun, sondern zwölf Abtheilungen, indem noch eine dritte Scheidewand eingeschoben ist. Im Hudsontunnel ist noch ein horizontaler Laufkrahn vorhanden. Der Einbau des Vollausbruches findet unmittelbar hinter dem Schild statt, und zwar tritt hier der eiserne Einbau in Anwendung. Derselbe besteht aus starken Segmenten, welche mittelst eines am Schilde angebrachten Pendelkrahnes in die gewünschte Lage gebracht und sodann mit Flanschen verbölzt werden. Der Krahn ist, um dessen Handhabung zu erleichtern, an seinem entgegengesetzten Ende ausbalancirt. Mit Hilfe des Schildes und des Krahnes kann ein täglicher Fortschritt von über 4 Meter erzielt werden. Im Saint Clairtunnel besteht das Ausbruchmaterial aus ziemlich lockerem Thon, der auf einer rissigen Felsschichte ruht. Der Thon enthält brennbare Gase, die gelegentlich einmal eine Explosion verursachten. Die Arbeiter wurden deshalb mit Sicherheitslampen ausgerüstet. Der Hudsontunnel liegt gleich= falls in Thon, auf welchem eine Wasserfläche von 18 Meter im Maximum lastet. Eigentlich sind es zwei nebeneinander laufende eingeleisige Tunnels, wodurch für den Fall einer Störung in dem einen Tunnel der andere für den Verkehr offen bliebe. Die Gesammtlänge der unterirdischen Anlage (d. h. jedes Tunnels) beträgt 4000 Meter, von denen 1600 Meter unter dem Flußbette liegen.

In England sind in neuester Zeit zwei subaquate Tunnels ausgeführt worden, welche von hervorragendem technischen Interesse sind. Der eine derselben ist unter dem Severn in der Nähe von Bristol geführt, der zweite verbindet Liverpool mit Birkenhead und läuft unter dem Mersey. Der Severntunnel, der eine Länge von 7·3 Kilometer (6 Kilometer unter Wasser) hat, wurde nach den Plänen des Ingenieurs Richardson von der Great Western Railway Co. in der verhältnißmäßig langen Zeit von 1873 bis 1886 erbaut. Man muß aber die ganz beträchtlichen Erschwernisse, welche diese Anlage mit sich brachte, in Berück= sichtigung ziehen, um zu erkennen, daß der scheinbar so große Zeitaufwand in der That kein so beträchtlicher ist. Noch im Jahre 1880, als der Bau bereits weit fortgeschritten war, hatte ein Wassereinbruch eine völlige Ausfüllung des Stollens zur Folge. Viele Monate waren nun nur von den Pumparbeiten in Anspruch genommen. Im Jahre 1883 erfolgte ein zweiter Wassereinbruch, der ähnliche lang= dauernde Arbeitsstörungen zur Folge hatte, obwohl in dieser Bauperiode bei 4000 Arbeiter beschäftigt waren.

Der Severntunnel ist zweigeleisig, hat eine lichte Höhe und Breite von je 8 Meter, und liegt mit seinem Gewölbschlusse 18 Meter unter dem Niederigwasser,

30 Meter unter dem Hochwasser. Die geringste Dicke zwischen dem Gewölbe und der Sohle des Flußbettes beträgt 10 Meter.

Der Merseytunnel hat eine Länge von 3·2 Kilometer, ist also bedeutend kürzer als der Severntunnel. Er hat die gleiche lichte Breite wie dieser (8 Meter), während seine lichte Höhe nur 6 Meter beträgt. Die vom Gewölbe zu tragende Bodenschichte hat an ihrer schwächsten Stelle eine Höhe von etwa 11 Meter. Hergestellt wurde diese Anlage in den Jahren 1881 bis 1885. Sie hat also einen bedeutend geringeren Zeitaufwand erfordert, als jene unter dem Severn, trotzdem

Der Merseytunnel mit den Entwässerungs= und Ventilationsanlagen.

auch hier zeitraubende Vorarbeiten durchzuführen waren. Man hatte zunächst zwei 55 Meter tiefe Schachte angelegt, über welchen Pumpen installirt wurden, deren Leistungsfähigkeit eine sehr bedeutende war. Es konnten im Nothfalle bis 6000 Gallonen in der Minute ausgeschöpft werden. Auf der Birkenheader Seite, wo das Gestein ziemlich weich ist, gelangte die Tunnelbohrmaschine von Beaumont, auf der Liverpooler Seite die S. 105 beschriebene Crampton'sche Maschine in Anwendung.

Mit dem Merseytunnel ist eine permanente Entwässerungs= und Ventilationsanlage verbunden, welche in der beistehenden Abbildung im Durchschnitte dargestellt ist und zu deren Erläuterung einige Worte nothwendig sind. Die Entwässerungs=

anlage beſteht aus einem unter dem Planum laufenden, mit dieſem durch kurze
Schächte verbundenen Stollen, in welchem ſich das Sickerwaſſer anſammelt.
Entfernt wird dasſelbe durch je ein an den beiden Ufern über dem Tunnel
inſtallirtes Pumpwerk. Der Ventilation dient ein zweiter, ober der Tunnelwölbung
laufender Stollen, von dem kurze, ſchiefgeſtellte Schächte in den lichten Raum des
Tunnels münden. Dieſer Luftſtollen ſteht mit großen Flügelgebläſen in Verbindung,
welche neben den vorbeſchriebenen Pumpwerken etablirt ſind.

Zu den Hilfsmitteln, waſſerhältigen Gebirges Herr zu werden, zählt auch
das in allerjüngſter Zeit von F. H. Poetſch erfundene ſogenannte »Gefrier=
verfahren«. Der Erfinder, ein Berg= und Hüttenmann von Beruf, beſchäftigte
ſich in ſeinen freien Stunden mit Elektrotechnik. Er ſuchte einen Strom ſo ſtark zu

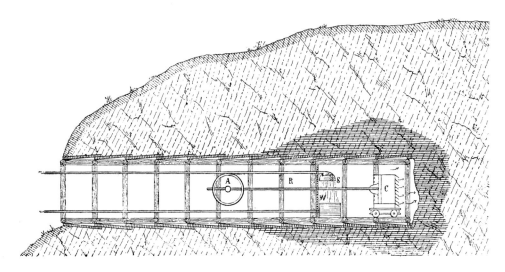

Stollenbau mittelſt des Gefrierverfahrens.

erzeugen, um von Europa aus mittelſt eines elektriſchen Druckapparates in Amerika
und Auſtralien Zeitungen drucken zu können und fand, indem er mit heißer und
kalter Luft operirte, das Gefrierverfahren. Urſprünglich glaubte der Erfinder, daß
ſeine Erfindung ſich nur die Aufgabe zu ſtellen habe, Schächte im waſſerreichen
und ſchwimmenden Gebirge ſicher, lothrecht und innerhalb einer feſt bemeſſenen
Zeit herzuſtellen. Es hat ſich aber gezeigt, daß dieſes Verfahren ſich auch bei
Fundirung tiefer Brückenpfeiler, und ebenſo beim Tunnelbau gute Dienſte leiſtet.

Das Gefrierverfahren iſt charakteriſirt durch die Ueberführung des Grund=
waſſers in den feſten Aggregatzuſtand vor der Ausführung des Tiefbaues, Er=
haltung der hergeſtellten Froſtmauer während des Abbaues, beziehungsweiſe
während der Herſtellung der Zimmerung oder Mauerung. Die Abkühlung des
Erdreiches, welche das Gefrieren des in demſelben enthaltenen Waſſers bezwecken
ſoll, wird auf die Weiſe ausgeführt, daß man mit Hilfe einer beliebigen Kälte=
erzeugungsmaſchine Luft abkühlt und in den iſolirten Raum einbläſt, oder daß

man mit einer solchen Maschine eine Haloïdsalzlauge bis — 30° C., oder Alkohol bis — 50° C. abkühlt und diese Flüssigkeit in den abzukühlenden Raum nieder= fallen läßt. Für das Gefrierverfahren von Poetsch werden sowohl Carré'sche Eis= maschinen als solche von Windhausen angewendet. Für die Größe der Kälte= erzeugungsmaschine, welche im Einzelfalle zur Anwendung zu bringen ist, sind die Art des Gebirges, der cubische Inhalt der zum Gefrieren zu bringenden Massen und die Dauer der Ausführung maßgebend. Aus dem Wassergehalt und den übrigen Bestandtheilen des zu erstarrenden Gebirgstheiles läßt sich berechnen, wie viele Wärmeeinheiten entzogen werden müssen. Sind also alle diese Größen bekannt, so läßt sich durch Rechnung bestimmen, welches die Wirkung der Kälteerzeugungs= maschine in der Zeiteinheit sein muß. Besitzt man eine bestimmte Eismaschine, so läßt sich, alle anderen Umstände als bekannt vorausgesetzt, die Zeit berechnen, innerhalb welcher eine gewisse Gebirgsstrecke zum Gefrieren gebracht werden kann.

Die nebenstehende Darstellung zeigt einen im schwimmenden Gebirge hergestellten Stollen. Es wird durch die Wand W ein isolirter Raum hergestellt und die Luft in demselben durch eine Haloïdlösung von — 12° bis 15° C. abgekühlt, die man durch das Rohr R einpumpt und bei S in Form eines feinen Regens niederfallen läßt. C ist ein Cylindergebläse, welches von A aus in Betrieb gesetzt wird und den Zweck hat, die kalte Luft an die Wand zu pressen, wodurch das Gefrieren des Gebirges beschleunigt wird. Ist das Gebirge einen Meter tief gefroren (in der Zeichnung dunkler schraffirt), so kann der Stollen weiter vorgetrieben werden, als wenn vollkommen trockenes Gebirge vorhanden wäre. Die Arbeiter sind hierbei vor aller Gefahr des Ertrinkens oder Verschüttetwerdens bewahrt und haben auch von der kalten Luft nichts zu befürchten, da die Luft im Arbeitsraume durch ein mit Condenswasser oder Dampf erwärmtes U=Rohr auf einer bestimmten ange= nehmen Temperatur erhalten wird, ohne daß hierbei der Frostmauer durch vor= zeitiges Aufthauen Schaden zugefügt würde.

Damit hätten wir Alles Wissenswerthe über den Tunnelbau vorgeführt. Zu den großen Mauerwerkskörpern einer Bahn, welche in dieses Fach einschlagen, gehören noch die Gallerien und die Unterfahrungen von Muhrbrüchen und Torrenten. Die ersteren werden entweder an den Lehnen brüchiger Gebirge hin= geführt, um den Bahnkörper von Steinschlägen und Felsabstürzen zu schützen, oder einem eventuellen starken Schube entgegenzuarbeiten, kurz, der Anlage größere Festigkeit zu geben. Vielfach werden solche Gallerien im natürlichen Felsterrain hergestellt, wenn der Tunnelraum in geringer Entfernung von der Außenfläche der Lehne sich befindet und durch Pfeileröffnungen, die ins Freie münden, theils eine ausgiebige Ventilation des Tunnels, theils eine größere Festigung der Lehne erzielt wird. Solche Anlagen findet man weniger häufig im Gebirge als an den Felsufern des Meeres, längs welchen die Bahn hinzieht.

Verschieden von diesen Anlagen in Bezug auf örtliche Disposition und Zweck sind die Lawinenschutz=Gallerien, welche zum erstenmale auf der Fell'schen

Zahnradbahn am Mont Cenis — der Vorläuferin der eigentlichen Cenisbahn —
in Anwendung kamen. In ihrem Profil sind diese Anlagen sehr einem Tunnelbau
ähnlich, mit dem Unterschiede, daß sie thalseits durch Pfeilerstellungen eine hallen-
förmige Front erhalten, was indes nicht immer nothwendig ist. Um den Stoß der
oft mit enormer lebendiger Kraft abgehenden Lawinen zu paralysiren, wird der
Gewölbschluß mit einer gepflasterten schiefen Ebene abgedeckt, auf welcher die
Schneemassen abgleiten können.

In Amerika, und zwar auf den die Felsengebirge und die Sierra Nevada
übersteigenden pacifischen Linien, hat man bisher von gemauerten Schneegallerien
abgesehen und an ihrerstatt starke Zimmerungen angewendet, was bei dem großen
Holzreichthum der dortigen Gegenden gewiß das Rationellste ist. Hierbei hat man
zwei Typen zu unterscheiden: Schneeschutzgallerien schlechtweg, welche sich als eine
ununterbrochene Ueberdeckung der ganzen in der Region des hohen Schnees liegenden Bahn darstellen, und Lawinenschutzdächer. Letztere werden in Anbetracht der
Wucht der abgehenden Schneemassen beträchtlich stärker hergestellt. Man giebt
ihnen die Gestalt tunnelartiger Durchfahrten, oder die eines Pultdaches, das sich
möglichst steil an den Felsabhang anstemmt. In dem Maße, als dieses Pultdach
flacher ist, muß das Gebälke widerstandskräftiger werden. Während die gewölbten
Schutzbauten gegen Lawinen den Luftraum innerhalb der Gallerie auf ein Geringes
reduciren, fassen hingegen die gezimmerten Lawinendächer einen so großen Luftraum,
daß keiner der der Gallerie anhaftenden Uebelstände hier empfunden wird.

Auf den Alpenbahnen hat sich vielfach die Nothwendigkeit ergeben, durch
Unterfahrungen der aus den Seitenschluchten hervorgebrochenen Muhren den
Gefahren auszuweichen, welche den zu Zeiten mit furchtbarer zerstörender Kraft
niedergehenden Wildwassern innewohnt. Diese Unterfahrungen werden tunnelartig
hergestellt und mit einem solid gemauerten Gerinne für das Hochwasser abgedeckt.
An minder gefährlichen Stellen begnügt man sich mit den bei Wildwasserverbau-
ungen üblichen Methoden mit durchschnittlich gutem Erfolge.

---

3. Die Eisenbahnbrücken.

Wir haben bereits früher einmal hervorgehoben, daß die Werke der Brückenbaukunst dasjenige Element einer Eisenbahnanlage sind, welches dem Auge am
auffälligsten entgegentritt und dadurch maßgebend für den malerischen Anblick des
betreffenden Schienenweges ist. Zugleich zeigt sich in diesen Bauwerken der Grad
der Kühnheit in der Disponirung der Trace und das technische Können rücksichtlich
des zu überwindenden Hindernisses. Ein hervorragender Eisenbahntechniker hat
einmal gegenüber dem Verfasser dieses Werkes die Bemerkung gemacht: Eisenbahnen,
welche sich durch besonders kühne und elegante Brückenanlagen auszeichnen, seien

dem Bedürfnisse der betreffenden Constructeure, für die — illustrirten Zeit=
schriften zu arbeiten, entsprungen. Mag dieser Bemerkung auch keine andere Bedeutung
als die eines schlagfertigen Witzes innewohnen, so trifft sie gleichwohl den Nagel
auf den Kopf. Eine großartige Brückenanlage ist ein Kunstwerk, und so rechnet
der Künstler auf die Bewunde=
rung seiner Schöpfung, mag es
auch unter ganz anderen Vor=
aussetzungen entstanden sein.

So kommt es, daß das
Kunstwerk (im technischen Sinne)
nicht immer den ästhetischen An=
forderungen entspricht. Auch
das Bedürfniß nach effectvoller
Schaustellung tritt zuweilen
hinter dem durch die örtlichen
Verhältnisse gegebenen Zwang,
bedeutende Anlagen zu schaffen,
zurück. Dies gilt ganz besonders
von den amerikanischen und
neuerdings von einigen eng=
lischen Constructionen. Dort
waren die Riesenströme Missis=
sippi und Messouri ganz dar=
nach, die Unternehmungslust
und die Leistungsfähigkeit der
Techniker herauszufordern. Zu=
dem tritt bei dem Ueberwiegen
des praktischen Bedürfnisses das
ästhetische fast ganz in den
Hintergrund. Allerdings ist
nicht zu leugnen, daß ein im
technischen Sinne stylvoll durch=
geführtes Brückenwerk schon an
sich einen vortheilhaften, also
ästhetischen Eindruck auf den
Beschauer macht, angesichts der

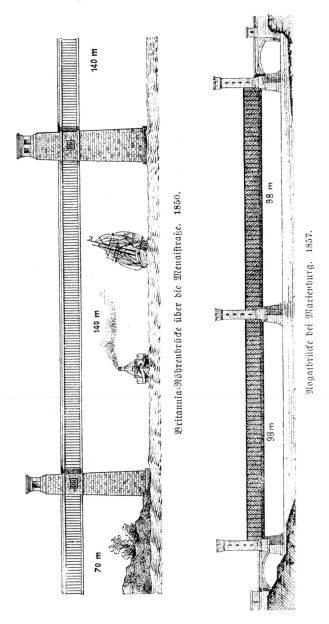

Britannia=Röhrenbrücke über die Menaistraße. 1850.

Nogatbrücke bei Marienburg. 1857.

zur Geltung kommenden Dimensionen und deren Anpassung an den angestrebten Zweck.
Werden nun sogenannte »künstlerische Zuthaten«, Ornamente, Maßwerk u. dgl., an=
gebracht, so heißt dies den angestrebten Zweck verkennen und dem Bauwerke den
Schein von etwas Anderem geben, als es in der That ist. Als Grundsatz hat zu
gelten: Decorire die Construction, aber construire niemals eine Decoration.

Dem Laien wird es ſelten klar, weshalb die eine Maſchine plump und ungefüge, die andere leicht und elegant erſcheint; ihm wird beim Vergleiche von Stephenſon's Röhrenbrücke über den Menaicanal und der dicht daneben befindlichen Hängebrücke von Telford erſtere nur durch ihre Maſſenhaftigkeit imponiren, letztere aber wegen ihrer graziöſen Schönheit gefallen. Für den Techniker liegt die Schönheit einer Maſchine, einer Conſtruction darin, daß der Zweck mit dem Aufwande von gerade genügendem Material erreicht erſcheint. Das Zweckmäßige iſt alſo zugleich ſchön, während der in die Augen fallenden Unzweckmäßigkeit zugleich eine unkünſtleriſche Wirkung zukommt.

Die Nothwendigkeit, Brücken herzuſtellen, ergiebt ſich in der Regel überall dort, wo die Continuität des Bahnkörpers durch örtliche Verhältniſſe unterbrochen wird. In dieſem Sinne wären alſo nur Flußläufe oder Schluchten als maßgebend anzuſehen. Es ergeben ſich aber Umſtände, durch welche die Einführung von Brückenbauten in den Zug des Bahnkörpers ſich als nothwendig erweiſen, ohne daß von einem eigentlichen Hinderniſſe die Rede iſt. Dieſer Fall tritt beiſpiels= weiſe ein, wenn eine Straßenkreuzung im Niveau vermieden, oder der Herſtellung eines allzu großen Dammes aus dem Wege gegangen werden ſoll. Außerdem wird man ſich faſt immer, wenn die Bahn am Gehänge in hoher Lage dahingeführt iſt und ein Querthal im Wege ſteht, für die Ueberbrückung des letzteren entſcheiden, um der Nothwendigkeit, die Trace durch eine Schleifenanlage unzweckmäßig zu ver= längern, auszuweichen. Gerade dieſe Thalüberbrückungen ſind es, welche ſich ent= weder durch außergewöhnliche Höhe oder bedeutende Länge bei Anwendung der größten zuläſſigen Spannungen auszeichnen. Die längſten eiſernen Bahnbrücken in Europa und Amerika ſind:

Taybrücke . . . . 3300 Meter
Miſſiſſippibrücke bei Memphis
   (fertiggeſtellt im April 1892) 3260 »
Forthbrücke . . . . 2394 »
Moerdybrücke . . . . . . 1470 »
Wolgabrücke bei Syzran . . 1438 »
Weichſelbrücke bei Fordon . . 1325 » (die längſte in Deutſchland)
Thornerbrücke . . . . . . 1272 »
Graudenzerbrücke . . . . . 1092 » u. ſ. w.

Die größten Spannungen wurden bisher bei nachſtehenden Brücken erreicht:

Forthbrücke (Kragträger) . 521·2 M.		Miſſiſſippibrücke bei Mem=	
Brooklyn=Hängebrücke . 487·7 »		phis . . . . 240·9 M.	
Niagara=Hängebrücke . . 250·2 »		Clifton=Hängebrücke . . . 214 »	
Viaurviaduct (Kragträger) . 250 »		Ménoc=Hängebrücke . . . 176·8 »	
Suſſurbrücke (Kragträger) . 249·9 »		Garabitbrücke (Bogen) . . 164·6 »	
Hängebrücke bei Freiburg		Duerobrücke (Bogen) . . 160 »	
(Schweiz) . . . . . 246 »		Harlemerbrücke (Bogen) . . 155·5 »	

St. Louisbrücke (Bogen) . 153 M. | Niagara-Kragbrücke . . . 143·3 M.
Addabrücke bei Paderno | Britanniabrücke (Röhren) . 140 »
(Bogen) . . . . 150 »

Die Rieſenbrücke über den Hudſon, zu der im Sommer 1891 die Vorarbeiten begonnen haben, wird im Mitteltheile eine Spannweite von 868 Meter erhalten, also ein Mehr von 347 Meter gegenüber der Forthbrücke. Unter den längſten amerikaniſchen Bahnbrücken figurirt die anfangs November 1882 fertiggeſtellte, über den Pecos-River der Süd-Pacificbahn (Texas), mit 763 Meter.

Die höchſten Bahnbrücken ſind zur Zeit:

Pecosviaduct . . . . . 100·6 Meter (Nordamerika)
Kinzuaviaduct . . . . . 92 » »
Trisannaviaduct . . . . 86 » (Tirol)
Verrugasviaduct . . . . 77·8 » (Peru)
Eiſackbrücke b. d. Franzensfeſte 76·3 » (Tirol)
Kentuckyviaduct . . . . . 75 » (Nordamerika)
Portageviaduct . . . . 62 »
Boubleviaduct . . . . . 57·5 » (Frankreich)
Crumlinviaduct . . . . 53 » (Südwales) u. ſ. w.

Zur Kennzeichnung der mancherlei Brückentypen iſt es nothwendig, einige Bemerkungen über deren Lage im Terrain, über das zur Verwendung gelangende Material, die Conſtructionsſyſteme u. ſ. w. vorzubringen. Im Allgemeinen bedient man ſich der Bezeichnung »Brücke«, wenn das zu überbauende Hinderniß ein fließendes oder ſtehendes Gewäſſer iſt. Thalüberbrückungen ſowie ſolche Conſtructionen, welche an Stelle eines Dammes treten, werden gemeinhin »Viaducte« genannt. Die Unterſcheidung von Brücke und Viaduct wird, zum Mindeſten im Sprachgebrauche, nicht immer ſtreng beachtet. In Bezug auf das zur Verwendung gelangende Material werden die Brücken in ſteinerne, hölzerne, eiſerne und ſtählerne Brücken, in Bezug auf die Conſtructionsſyſteme Balkenbrücken, Hängebrücken und Bogenbrücken, zu welchen in neueſter Zeit auch noch die Kragbrücken hinzugekommen ſind, eingetheilt. Schließlich giebt es feſte und bewegliche Brücken, welch' letztere wieder in Dreh-, Hub-, Roll- und Zugbrücken zerfallen. Die Claſſification in proviſoriſche und definitive Brücken ergiebt ſich aus den betreffenden Bezeichnungen.

Betrachten wir nun vorerſt die Brücken nach ihren Conſtructionsſyſtemen. Die Claſſification in Balken-, Hänge- und Bogenbrücken beruht auf der Art der Laſtübertragung auf die Auflagerpunkte, je nachdem auf dieſe ſenkrechter Druck, Zug oder Schub ausgeübt wird. Die einfachſte Art der Balkenbrücke iſt der vollwandige Träger. Derſelbe findet zur Zeit nur mehr bei ſehr kleinen Oeffnungsweiten Anwendung, während er früher für große Spannweiten benützt wurde. Typiſch für dieſes Conſtructionsſyſtem iſt die berühmte »Britanniabrücke« des jüngeren Stephenſon, welche den Meeresarm von Menai zwiſchen dem engliſchen

Feſtlande und der Inſel Angleſey überſetzt und eine größte Spannweite von 140 Meter aufweiſt. Da hier die Blechträger oben und unten geſchloſſen ſind, die Brücke alſo einen vollſtändigen röhrenförmigen Kaſten bildet, hat ſie die Be= zeichnung als »Röhrenbrücke« erhalten. Eine ähnliche Conſtruction iſt die Victoria= brücke über den St. Lorenzſtrom bei Montreal.

Es leuchtet ohneweiters ein, daß bei den vollwandigen Blechträgern eine ſehr anſehnliche Materialverſchwendung ſich geltend macht. Um dieſem Uebelſtande zu begegnen, hat man an Stelle der Wände ein dichtes Maſchenwerk von Stäben geſetzt, deren ſtatiſche Wirkungs= weiſe der Vollwand annähernd gleich= kommt. Auf dieſe Weiſe entſtanden die Gitter= oder Netzwerkträger, für welche die hier abgebildete Nogatbrücke bei Marienburg (erbaut von Lentze) ein typiſches Beiſpiel abgiebt. Principiell war die Gliederung der vollen Blech= wand in ein Syſtem von Stäben richtig, doch wurde auch bei dieſer Conſtructions= weiſe der Materialverſchwendung nur in geringem Maße begegnet. Es lag ſonach der Gedanke nahe, das Netzwerk noch weiter zu lockern, d. h. die Zahl der Stäbe, bei gleichzeitiger ſtärkerer Dimen= ſionirung derſelben, zu verringern. So entwickelte ſich der Fachwerksträger, welcher zuerſt von dem jüngeren Brunel conſtruirt wurde. Das Syſtem iſt typiſch für alle folgenden Conſtructionen ge= worden, wenn auch im Detail mancherlei Abweichungen ſich ergeben.

Die Fachwerkträger hatten ur= ſprünglich (gleich den Blech= und Netzwerk= trägern) oben und unten horizontale Begrenzungsbalken (ſogenannte »Gurtungen«), und hießen dieſe letzteren demgemäß »Parallelträger«. Indem man nun die obere Gurtung krümmte, entſtand der »Bogenſehnenträger«, der bald als Halbparabel=, bald als Parabelträger conſtruirt wird. Die Combination von Parabel= und Halb= parabelträgern bei einer und derſelben Brücke findet vielfach dort Anwendung,

Elbebrücken bei Harburg und Hamburg. 1872 bezw. 1887.

98 m   98 m

Rheinbrücke bei Mainz. 1862.

101 m   101 m

wo es sich um eine mittlere, große und mehrere kleinere Oeffnungen handelt. Wird der obere Gurt noch stärker gekrümmt, so daß seine Endpunkte mit denen des unteren zusammenfallen, so entsteht, je nach der Art der Krümmung, der »Parabel= träger« oder der »Schwedlerträger«, bei welch' ersterem die gekrümmte Seite auch häufig unten angeordnet wird. Beide Arten von Trägern finden nur bei kleineren und mittleren Oeffnungsweiten Anwendung. Durch Krümmung beider Gurten entsteht der »Fischbauchträger«. Eine Abart desselben ist der durch eine besondere geometrische Form der Krümmung charakterisirte »Pauli'sche Träger«. Als Beispiel

Parabelträger (Oetzthalviaduct an der Arlbergbahn).

hiefür diene die Rheinbrücke bei Mainz. Der Schwedlerträger zeigt in der Mitte parallele Gurtungen und in Folge dessen schärfere Krümmung des Obergurtes an den Enden.

Eine Abart der Balkenbrücken, die, obwohl bereits in den Sechziger=Jahren theoretisch hergestellt, erst in jüngster Zeit zur Ausführung kam, sind die soge= nannten »Kragträger«, nach ihrem Erfinder (Gerber) auch »Gerberträger« geheißen. Sie werden ohne Rüstung erbaut, wodurch es möglich ist, beliebig große Oeffnungs= weiten zu überspannen. Die hier abgebildete Niagarabrücke (von Schneider erbaut) wurde, ohne Einrüstung der Mittelöffnung, in der beispiellos kurzen Zeit von drei Monaten fertiggestellt. Dieses Brückensystem kann, da Kragarme und Mittelträger unabhängig von einander durchgebildet werden können, auch in anderen Formen zur Anwendung kommen.

Die großartigste nach diesem System erbaute Brücke ist jene über den Firth of Forth. Sie ist hervorragend durch den kolossalen Aufwand von Material, durch die Kühnheit ihrer Anlage und die bedeutenden Schwierigkeiten, welche die Fundamentirung der Pfeiler hervorrief. Vom ästhetischen Standpunkte befriedigt sie nicht, doch mag zur Entschuldigung ihrer Erbauer hervorgehoben werden, daß in Folge der Nothwendigkeit großer Spannweiten einerseits und bedeutender Höhe über dem Wasserspiegel andererseits die gewaltige Dimensionirung der constructiven Theile zwingend gegeben war und die Anwendung des Kragsystems eine Entlastung der Massen nicht gestattete. Dadurch hat das Bauwerk jene schwerfällige, plumpe Gestalt erhalten, die zwar nichts weniger als schön genannt werden kann, aber durchaus dem Zweckmäßigkeitsprincipe entspricht. Mit diesem Riesenwerke wurde

Parabelträger (Anordnung nach abwärts).

ein Umweg von nicht weniger als 240 Kilometer erspart.

Die Forthbrücke hat übrigens eine eigenartige Vorgeschichte. Bereits im Jahre 1873 hatte sich die betreffende Baugesellschaft constituirt, um das vom Ingenieur Thomas Bouch ausgearbeitete Project zur Ausführung zu bringen. Es war eine ungemeine kühne Hängebrücke mit zwei Oeffnungen von je 480 Meter. Schon waren die breiten Brückenthürme in Angriff genommen, als in der Nacht des 24. December 1879 in Folge eines heftigen Sturmes ein Theil der Taybrücke einstürzte und den auf ihr befindlichen Schnellzug in die Tiefe riß, wobei 100 Menschen das Leben verloren. Dadurch wurde die Forth-Company stutzig gemacht und sie zog in Erwägung, ob die projectirte Hängebrücke dem Winddrucke einen hinreichenden Widerstand entgegensetzen würde. Das Ergebniß der Untersuchung ließ berechtigte Zweifel über die Zweckmäßigkeit der adaptirten Construction aufkommen, und die Folge war, daß sie gänzlich verworfen und ein mittlerweile von den Ingenieuren Fowler und Baker ausgearbeitetes Project nach dem Cantilever- oder Kragsystem zur Ausführung angenommen wurde.

Die Stelle des Firth of Forth, über welche die Brücke gebaut worden ist, hat eine Breite von circa 19 Kilometer. Da aber die Insel Inchgarvie in der Richtungslinie lag, war es möglich, in ihrer unmittelbaren Nähe einen sicheren

Standort zu gewinnen und damit die Brücke in zwei Spannungen, je von 521 Meter lichter Oeffnung, zwischen den Pfeilern herzustellen. Jeder der Haupt=

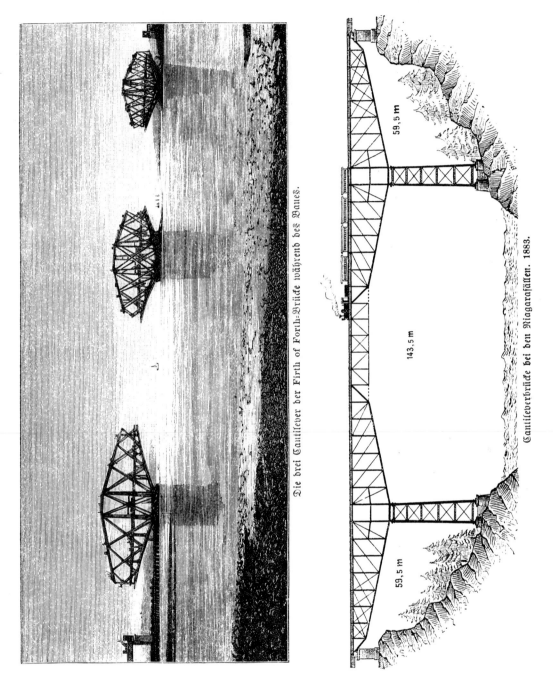

Die drei Cantilever der Firth of Forth=Brücke während des Baues.

Cantileverbrücke bei den Niagarafällen. 1883.

pfeiler, welche sich bis zu 106 Meter über den Fluthspiegel des Meeresarmes er= heben, besteht aus vier mächtigen stählernen Säulen, welche durch horizontale und diagonale Streben miteinander versteift und etwas einwärts geneigt sind, so daß deren Abstand von einander an der Basis 35·5 Meter, an der Spitze 9·7 Meter beträgt. Die Pfeiler stehen auf granitenen Sockeln, deren Fundirung — wie wir später sehen werden — erhebliche Schwierigkeiten verursachte.

Um dem Leser einen Begriff von den Materialmassen, welche bei diesem Baue bewältigt werden mußten, zu geben, seien die nachfolgenden Daten angeführt. Das Gewicht der Pfeilerthürme betrug für Inchgarvie 4060, für den Nord= und Südthurm 46·180 Tons. Die Pfeiler erforderten 18.000 Tons Mauerwerk und die Brücke an 50.000 Tons Stahl. Für das Zusammenfügen der Theile waren über 8 Millionen Nietnägel er= forderlich. Um die Metallconstruction gegen das Rosten zu schützen, mußten 6 Millionen Quadrat= meter Oberfläche dreimal mit Oelfarbe überstrichen werden. Die für die röhrenförmigen stützenden Theile der Construction verwendeten gebogenen Stahlplatten würden, aneinandergereiht, die erstaunliche Länge von 70 Kilometer erreicht haben. Der Bau der Brücke begann im April 1883 und war Anfangs Januar 1890 vollendet. Die Gesammtkosten beliefen sich auf rund 30 Millionen Gulden; die Arbeiter= zahl schwankte in der lebhaftesten Bauzeit zwischen 4000 und 5000.

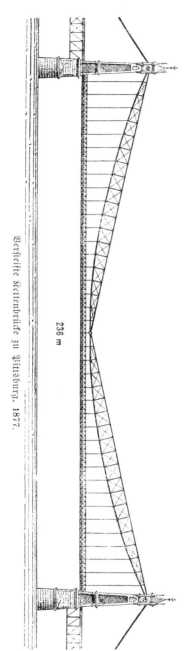

Versteifte Kettenbrücke zu Pittsburg. 1877.

236 m

Wir kommen nun zu einem anderen Construc= tionssystem, den Hängebrücken. Man unterscheidet, abgesehen von der Verwendungsform des Materials als Kette oder Drahtseil, welche die Wirkungsweise des Trägers nicht beeinflußt, zwei besondere Arten: die »unversteifte« (oder unvollkommen versteifte) und die »versteifte« Hängebrücke. Erstere, früher allein angewendet, besteht aus der an die einfachen Trag= ketten oder Tragkabel aufgehängten, mehr oder weniger durch Längsträger gegen Höhenschwingungen ge= sicherten Fahrbahn. Es leuchtet ein, daß bei dieser Brückenart eine nicht gerade in der Mitte befindliche Belastung den Tragketten eine andere Form zu geben bestrebt ist. Mit der Bewegung der Last würde diese Formveränderung ebenfalls fortschreiten. Um dies nun zu verhindern, versieht man die Fahrbahntafel mit eisernen oder hölzernen Trägern, welche die Belastung auf einen längeren Theil der Kette übertragen . . . Das Princip der versteiften Hängebrücke besteht darin, daß entweder durch Ver= bindung parallel übereinander laufender Kabel oder Ketten, oder durch feste Eisen=

Die Eisenbahnbrücke über den Firth of Forth.

construction die Tragwände in der verticalen Ebene unverschieblich gemacht werden, wodurch die vorerwähnten Schwankungen hintangehalten werden. Die vorstehend dar=

Die projectirte Hängebrücke über den Hudson zwischen New-York und Hoboken.

gestellte Brücke über den Monongahela bei Pittsburg, erbaut von Hemberle, zeigt eine eigenartige Form der Versteifung mit Mittelgelenk. Häufiger findet man die Anwendung paralleler Ketten oder Kabel mit Dreiecksverbindung zwischen einander, wie sie unter anderem die projectirte Hudsonbrücke zeigt.

Diese letztere, deren Vorarbeiten, wie bereits erwähnt, im Sommer 1891 in Angriff genommen worden sind, kann bis auf Weiteres noch als der großartigste Brückenbau angesehen werden. Von ihrer Spannweite (Mittelbahn: 868 Meter) und ihrer Höhe (46 Meter) abgesehen, zeichnet sich die Construction hauptsächlich durch drei übereinander liegende Fahrbahnen aus, von denen indes vorerst nur die unterste zur Ausführung gelangen soll. Dieselbe wird zunächst 6, später 8 Schienengeleise für den regelmäßigen Eisenbahndienst zu tragen haben; auf der zweiten (mittleren) Fahrbahn sollen 4 Geleise für den Schnellzugsverkehr und 2 Geleise für den Güterdienst hergestellt werden; die oberste Brückendecke endlich wird als 6 Meter breiter Fußgängerweg eingerichtet. Von einem Fahrweg für Fuhrwerke mußte abgesehen werden, da die Zugangsstellen zu tief liegen. Der Plan der Brücke ist auf den Verkehr begründet, welcher gegenwärtig auf dem New-Jerseyer Ufer besteht. Es verkehren nämlich daselbst täglich über 150 Schnell- und 680 Localzüge. Die im Betriebe stehenden Fähren befördern zur Zeit etwa 52 Millionen Menschen im Jahre, und man nimmt an, daß von dieser Zahl mindestens 30 Millionen die Brücke schon im ersten Jahre ihres Bestehens benützen würden, wobei auch die Steigerung des Verkehrs innerhalb der nächsten zehn Jahre, während welcher die Brücke fertiggestellt sein soll, nicht Rücksicht genommen ist.

Das dritte Constructionssystem sind die Bogenbrücken, welche nach Art der gewölbten Steinbrücken ausgeführt werden. Sie fanden schon zu Ende des vorigen Jahrhunderts in England Anwendung und wurden aus Gußeisen hergestellt. Jetzt freilich findet Gußeisen keine Anwendung mehr und auch die Gewölbeanordnung ist verlassen worden, nachdem sich ergab, daß das Gußeisen hiefür ungeeignet ist. Kleine Bogenbrücken werden mit vollwandigen Bögen, größere mit solchen aus Fachwerk hergestellt. Die bedeutendste Bogenbrücke ist die von Eads erbaute Mississippibrücke, bei welcher Stahl in Anwendung kam. Ihre Fertigstellung erfolgte am 18. September 1872. Sie besitzt drei Felder, deren mittleres 158·5 Meter lang ist, während die Endspannweiten je 153 Meter Länge aufweisen. Jedes Feld ist vermittelst eines Bogens überspannt, auf welchen durch Einschaltung von verticalen Streben die Fahrbahn ruht. Letztere trägt zwei Eisenbahngeleise und über denselben eine Fahrstraße und Gehsteige für Fußgänger. Die Bogen bestehen aus zwei concentrischen röhrenförmigen Gurten aus Stahl, welche durch ein mit denselben gelenkförmig verbundenes Netzwerk vereinigt sind. Die Montirung erfolgte ohne Rüstung, indem man durch zwei provisorische Aufbauten auf den Pfeilern die Bogenhälften in Kragarme verwandelte.

In neuerer Zeit führt man Bogenbrücken häufig mit gelenkartigen Auflagerungen und bisweilen auch mit einem Scheitelgelenk aus. Solche Brücken sind einfach als umgekehrte, versteifte Hängewerke anzusehen, wobei in den Tragwänden hauptsächlich Druck statt Zug auftritt. Mitunter werden die Bogenträger auch über der Fahrbahn angeordnet, wobei alsdann diese zur Ausgleichung des Bogenschubes, also zur Verankerung der Auflager benützt wird.

Detail vom Garabit-Viaducte.
(Nach einer Photographie.)

Rücksichtlich des bei den Brückenbauten zur Verwendung gelangenden Ma=
terials entscheiden die jeweiligen Verhältnisse oder Dispositionen. Steinerne
Brücken finden ihre Anwendung vornehmlich dort, wo das zu verwendende Ma=
terial zur Hand ist, alsdann bei Disponirung der Trace an Gehängen mit seit=

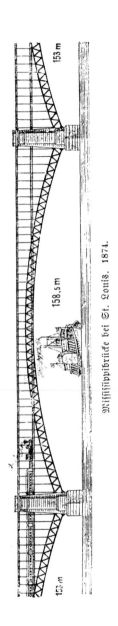

Mississippibrücke bei St. Louis. 1874.

Trisannaviaduct in der Arlbergbahn.

lichen Schluchten und Thalübersetzungen, die in Curven liegen. Holzbrücken
finden zur Zeit mäßige Anwendung, weil ihre Instandhaltung sehr theuer ist.
Indes findet das Holz bei Reconstructionen und sogenannten »Provisorien« nach
eingetretenen Betriebsstörungen durch Elementarereignisse zweckentsprechende Ver=
wendung und sind insbesondere in Gebirgsländern zum Theil großartige Anlagen

dieser Art innerhalb kurzer Frist zur Ausführung gekommen. Eine hervorragende
Rolle spielten die hölzernen Brücken in Nordamerika, wo die Ingenieure im An=
beginne des Bahnbaues fast ausschließlich auf das in so reichlicher Menge vor=
handene Material angewiesen waren. Später freilich wurden die hölzernen Objecte
allmählich durch eiserne ersetzt, doch hält man in neu zu erschließenden Gegenden
mit Recht noch immer auf dem alten Standpunkte.

Außerdem waren und sind es nicht immer Brücken über Ströme und Viaducte,
über Thäler und Schluchten, zu deren Herstellung man das Holz benützt, sondern
es fand und findet auch überall dort Anwendung, wo bedeutenden Dammanlagen
aus dem Wege gegangen werden soll. An ihre Stelle treten dann — worüber wir
schon Seite 75 kurz berichteten — die Gerüstbrücken oder Trestle Works. Das
Princip derselben beruht in der Anwendung kleinerer Constructionstheile, deren
geringfügige Dimensionen einerseits ein Näherrücken der Pfeiler bis auf ganz
minimale Spannweiten und deren Anordnung in Etagen nothwendig machen. Ein
solches Bauwerk mit seinem gleichsam netzförmigen Aussehen erhält seine Stabilität
durch die zahlreichen Querverbände und gestattet, vermöge seiner durch Verviel=
fältigung der Einzelglieder zu erzielenden bedeutenden Gesammtdimension, die An=
wendung auf langen Strecken und bei Thalübersetzungen in großer Höhe. Bei der
überwiegenden Mehrzahl der Bahnbrücken tritt das Eisen als Constructions=
material in Anwendung, und zwar hauptsächlich Schmiedeeisen, da Gußeisen den
starken Erschütterungen mit der Zeit unterliegt. Stahl ist erst in jüngster Zeit in
Aufnahme gekommen und findet eine zunehmende rationelle Ausnützung, insbesondere
bei großen Spannweiten, wo bei größerer Tragfähigkeit ein geringeres Material=
quantum beansprucht wird.

Eine Combination von Stein und Eisen findet rücksichtlich der Gesammt=
anlage einer Brücke in dem Falle statt, wenn das eiserne Tragwerk auf steinernen
Pfeilern ruht. In Europa ist dies der normale Typus, obwohl seit einiger Zeit
außergewöhnlich große Brückenbauten ganz aus Eisen hergestellt werden. Der eiserne
Brückenpfeiler hat seine weitgehendste Anwendung in Nordamerika gefunden. Zwar
lehnte man sich hier ursprünglich an europäische Vorbilder an; die örtlichen Ver=
hältnisse aber, sowie das den Amerikanern innewohnende Bestreben, selbst solche
Hindernisse, welche aller menschlichen Kraft zu spotten scheinen, zu bewältigen,
brachte diesem technischen Zweige eine Entwickelung, welche wahrhaft staunen=
erregend ist. Die Amerikaner haben es zuerst verstanden, durch Herstellung von in
sich selbst versteiften »Thurmpfeilern« Brücken in bedeutenden Höhen zu legen
und diesen Bauwerken, trotz ihrer scheinbaren Gebrechlichkeit, trotz ihres, wie dünnes
Gespinnst auf den Beschauer wirkenden Aussehens, eine bedeutende Stabilität zu
verleihen.

Das Principielle dieser Brückenconstructionen beruht auf der Anwendung
von Knotenverbindungen an Stelle der festen Nieten. Dadurch wird die Elasticität
der Gesammtconstruction gesteigert, das Montirungsverfahren vereinfacht. Das

letztere geht so weit, daß die Brücken in den betreffenden Etablissements fertig= gestellt, ihre Theile nach der Baustelle überführt und daselbst in unglaublich kurzer Zeit mit wenigen Arbeitern und meist ohne Rüstungen montirt werden.

Die Krone aller amerikanischen Brückenwerke bilden die eisernen Trestle Works und die meist großartigen Viaducte. Wie die einzelnen eisernen Träger= systeme sich aus den ähn= lichen Typen der Holz= brücken entwickelten, sind auch die eisernen Trestle Works im Grunde ge= nommen nichts anderes, als eiserne Gerüstbrücken, wobei das widerstands= kräftigere Material eine wesentliche Vereinfachung der Versteifungen ge= stattete. Ihre großartigste Anwendung finden die eisernen Trestle Works in jenen Riesenviaducten, welche für die amerikani= schen Eisenbahnen typisch geworden sind. Als be= sonders hervorragend in dieser Beziehung seien genannt: der Kentucky= viaduct in der Cin= cinati Southern Railway, der Kinzuaviaduct in der nach Elk = County führenden Zweiglinie der Eriebahn, und der neue, Ende 1892 fertiggestellte Pecosviaduct in der

Gemauerter Viaduct (Schmidtobelviaduct in der Arlbergbahn).

Southern Pacificbahn. Der erstgenannte Viaduct setzt über die 300 bis 400 Meter breite, 90 bis 140 Meter tiefe Schlucht des Kentucky=River und weist zwei eiserne Thurmpfeiler von je 53 Meter Höhe auf. Die Brücke hat bei einer Gesammtlänge von 343 Meter drei Oeffnungen, deren mittlerer eine Spannweite von 114 Meter zukommt. Trotz der bedeutenden Höhe wurde die Brücke ohne Rüstung und noch dazu in der fabelhaft kurzen Zeit vom October 1876 bis Februar 1877 fertig= gestellt, und zwar mit einem Arbeiteraufgebot von durchschnittlich 53 Mann.

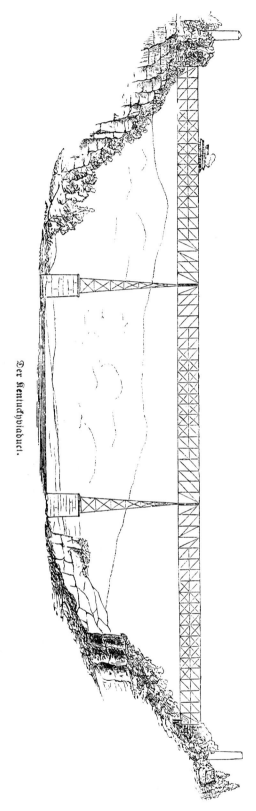

Der Kentuckyviaduct.

Noch großartiger ist der Kinzua=
viaduct. Er ist 625 Meter lang und
quert das Kinzuathal in 92 Meter Höhe.
Die Träger ruhen auf 20 Thurmpfeilern,
welche im Mittel 30·3 Meter von einander
abstehen. Die Pfeiler sind in Etagen von je
10 Meter hergestellt. Auch diese Brücke
wurde ohne Rüstung montirt und das ganze
Bauwerk in 8½ Monaten fertiggestellt.
Constructeur und Erbauer desselben ist
Adolf Bonzano, der auch den Pecos=
viaduct ausgeführt hat. Constructeur des
letzteren ist M'Kee. Dieses Bauwerk hat
eine Länge von 763 Meter, und eine größte
Höhe von 100·6 Meter, übertrifft also in
beiden Ausmaßen den Kinzuaviaduct noch
bei weitem. Die Zahl der Thurmpfeiler be=
trägt 23. Die Ausführung (ohne Rüstung)
erforderte ein Jahr.

Die nachstehenden Abbildungen bringen
einige bemerkenswerthe Eisenbahnbrücken der
letzten Jahre zur Darstellung, welche der
textlichen Erläuterung bedürfen. Das Voll=
bild führt ein Detail am großen eisernen
Bogen des Garabitviaductes vor. Dieses
Bauwerk — vom Ingenieur Eiffel im
Jahre 1884 ausgeführt — ist durch die
eigenartige Combinirung einer Fachwerk=
brücke mit Parallelträgern und einer Bogen=
brücke von Interesse. Um nämlich die große
mittlere Spannweite zu bewältigen, schaltete
der Constructeur einen mächtigen Bogen
ein, dessen lichte Oeffnung 165 Meter und
dessen Höhe 60 Meter beträgt. Auf diesem
Bogen, aus welchem in entsprechender Höhe
noch zwei kurze Thurmpfeiler hervortreten,
sowie auf zwei zu beiden Seiten des Bogens
sich erhebenden mächtigen Thurmpfeilern
ruht das Mittelfeld des Viaductes auf. Auf
der einen Seite sind dann noch vier mit
dem Anstiege des Thalgehänges successive

Viaduct über den Pecos River (Süd=Pacificbahn).

Länge 763 Meter, größte Höhe 100·6 Meter, größte Spannweite 56·4 Meter. Fertiggestellt anfangs November 1891 durch A. Bonzano. Entwurf von H. A. M'Kee.

an Höhe abnehmende Thurmpfeiler eingeschaltet, worauf die Brückenbahn auf einen gemauerten Viaduct übergeht. Auf der entgegengesetzten Seite, wo das Ende des Viaductes gleichfalls als steinerne Bogenbrücke ausgeführt ist, fehlen die Zwischen= pfeiler.

Die zweite Abbildung führt den Viaduct über den Viaur im Departe= ment Tarn vor. Es ist eine Art Kragbrücke mit eigenthümlicher Anwendung des Systems der Bogenbrücke, wobei die Pfeiler eigentlich ganz entfallen, da die Bogensegmente bis zu den Fundamenten herabreichen. Der Viaduct, welcher über ein Thal von 800 Meter Breite und 130 Meter Tiefe setzt, hat eine Länge von

Viaduct über den Viaur (Departement Tarn).

870 Meter, wovon 410 Meter auf die Eisenconstruction, 460 Meter auf die beiderseitigen gemauerten Bogenbrücken (als Endstrecken) entfallen. Die mittlere Oeffnung hat eine Spannweite von 250 Meter, die beiden Seitenöffnungen haben je 80 Meter lichte Weite. Höhe der Schienen über der Thalsohle: 116 Meter. Trotz der bedeutenden Materialmasse, welche bei dieser Construction aufgewendet wurde, macht der Viaduct keinen schwerfälligen Eindruck.

Das dritte Bild zeigt den Viaduct von Malleco in Chile. Ende October 1890 dem Verkehr übergeben, ist dieses Bauwerk ganz aus Stahl ausgeführt. Die Construction — ein von fünf Thurmpfeilern getragenes Fachwerk mit Parallel= trägern — hat nichts Bemerkenswerthes. Der Viaduct ist 425 Meter lang, die größte Pfeilerhöhe mißt 70 Meter, die Höhe der Schienen über dem Wasserspiegel

des Fluſſes 100 Meter. Die lichte Weite zwiſchen den Pfeilern iſt überall die
gleiche, nämlich 70 Meter.

Ein wichtiges Capitel im Brückenbau ſpielt die Fundamentirung der
Pfeiler. Bei den ungeheueren Laſten, welche dieſelben bei außergewöhnlich großer
Dimenſionirung des Unterbaues zu tragen haben, iſt die ſolide Fundamentirung
häufig mit großen Schwierigkeiten verbunden. Selbſt Landpfeiler, welche auf
wenig tragfähiges Terrain zu ſtehen kommen, müſſen oft in bedeutender Tiefe
fundamentirt werden. Die Unzukömmlichkeiten ſteigern ſich bei Strompfeilern und

Viaduct über den Malleco (Chile).

erreichen ſchließlich bei Bauten in Meeresarmen einen Grad der Erſchwerniß,
welcher das ganze Unternehmen ernſtlich in Frage ſtellen kann.

Auch die Fundamentirungsarbeiten zeigen einen ſehr bemerkenswerthen
Fortſchritt. In früherer Zeit begnügte man ſich bei Fundamentirungen im Waſſer
mit der Herſtellung ſogenannter »Fangdämme«, einem ſchachtförmig ausgeführten
Pfahlwerk, das mit Lehm verdichtet wurde. Nach erfolgter Auspumpung des
Waſſers konnten alsdann die Arbeiten auf dem betreffenden trockengelegten Theil
des Stromgrundes in Angriff genommen werden. Dieſer Vorgang iſt zur Zeit ſo
gut wie gar nicht mehr in Uebung, wogegen die ſogenannten »Senkkaſten« bei ein=
facheren Bauten noch allenthalben zur Anwendung kommen. Der Vorgang beſteht
darin, daß derjenige Theil des Pfeilers, welcher unter Waſſer kommt, in einem
ſchwimmenden, oben offenen Kaſten mit hölzernem Boden und hölzernen, waſſer=

dicht gemachten Wänden, aufgemauert und alsdann versenkt wird. Hierauf werden die Seitenwände entfernt. . . . Eine andere Methode besteht in der Betonirung des Baugrundes. Zu diesem Ende wird der Raum des künftigen Pfeilerfunda= mentes umpfählt und der Baugrund so lange ausgebaggert, bis man auf eine trag= fähige Schicht stößt. Ist dieses Resultat erst in bedeutender Tiefe zu erreichen, so empfiehlt es sich, einen Pfahlrost einzurammen und darauf den Betonblock, welcher das künftige Fundament bilden soll, aufzuschütten, und zwar bis zu einer Höhe, welche den niedrigsten Wasserstand noch nicht erreicht. Alsdann wird rings um den Betonkern ein Fangdamm hergestellt, das Wasser innerhalb desselben aus= gepumpt und der eigentliche Pfeilerbau durchgeführt. Nachträglich wird der Fang= damm selbstverständlich wieder entfernt.

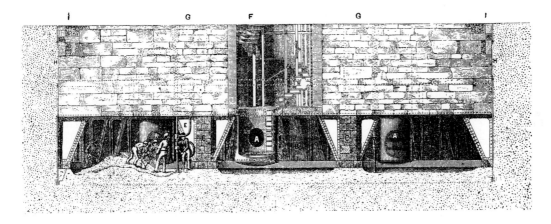

Fundirung der St. Louisbrücke.

A Einsteigeöffnungen, B Luftkammer, C hölzerne Abschlußwände, E Sandpumpe, F Hauptschacht, G Nebenschächte, H Blechwand, J hölzerne Versteifung.

Alle diese Methoden entsprechen indes nicht, wenn es sich um besonders schwierige, in große Tiefe reichende Fundirungen handelt. Um diese durchführen zu können, wählt man entweder die »Brunnenfundirung« oder die »pneuma= tische Fundirung«. Im Principe sind sich beide Methoden insoferne gleich, als es sich hier um das Absenken hohler Fundamentkörper handelt. Bei der Brunnen= fundirung handelt es sich um ein aus Ziegeln aufgebautes Mauerwerk von rundem oder viereckigem Querschnitt, welches versenkt wird. Dieser Brunnen ist an seinen beiden Enden offen, so daß er mit Beginn der Ausbaggerung des Baugrundes beständig nachsinkt, bis die tragfähige Schicht erreicht ist. Nun wird die Beton= unterlage unter Wasser hergestellt und wenn dieselbe erhärtet ist, letzteres aus= gepumpt. Innerhalb des Brunnens erfolgt alsdann die Ausführung des Mauer= werkes. Bei starken Pfeilern müssen mehrere solche Brunnen, welche in ent= sprechenden Verbund kommen, hergestellt werden.

Für bedeutende Tiefen steigern sich die Schwierigkeiten der Brunnenfundirung derart, daß an ihrer Stelle die pneumatische Fundirung tritt. Dieselbe wird

mittelſt der ſogenannten »Caiſſons«, Käſten, welche (wie die Taucherglocken) nur
auf der unteren Seite offen ſind, bewirkt. Die Caiſſons werden meiſt aus Eiſen=
blech hergeſtellt, doch findet auch das Holz (insbeſondere in Amerika) Verwendung.
Der Bauvorgang iſt nun der folgende: Auf der oberen Fläche des an Gerüſten
befeſtigten Caiſſons wird der unterſte Theil des Pfeilerkörpers aufgemauert, wobei
jene Räume frei bleiben, welche zur Aufnahme der eiſernen, mit der oberen Seite
des Caiſſons verbundenen und durch Luftſchleuſen geſchloſſenen Schachte dienen.
Durch dieſe Schachte erfolgt theils der Materialtransport, theils der Verkehr der
Arbeiter von und nach dem Innern des Caiſſons.

Iſt der Caiſſon ſammt dem Mauerkörper verſenkt, ſo wird in erſteren com=
primirte Luft eingepumpt, was zur Folge hat, daß das Waſſer aus dem Hohl=
raume herausgepreßt wird. Die Arbeiter können alsdann auf dem Baugrunde die
Materialablöſung bewirken, mit deren Fortſchreiten Caiſſon und Pfeilerkörper immer
tiefer ſinken, bis ſie die tragfähige Schicht erreicht haben. Zuletzt wird der Hohl=
raum des Caiſſons mit Beton ausgefüllt und das Pfeilerfundament iſt fertig.

Die pneumatiſche Fundirung hat ihre großartigſte Anwendung zuerſt bei den
Rieſenbrücken in Nordamerika, ſpäterhin bei den gleich mächtigen Bauwerken in
Großbritannien (Taybrücke, Forthbrücke) gefunden. Es dürfte daher von allge=
meinem Intereſſe ſein, auf dieſen Gegenſtand etwas näher einzugehen. Bei der Er=
bauung der Miſſiſſippibrücke (S. 130) bei St. Louis, wurde die pneumatiſche
Fundirung in Tiefen angewendet, welche bis dahin noch nicht vorkamen. Ingenieur
Fr. Steiner ſchildert den Vorgang wie folgt: Zuerſt wurde mit dem öſtlichen
Mittelpfeiler begonnen; am 25. October 1869 legte man den erſten Stein auf
den Caiſſon und am 28. Februar 1870 erreichte letzterer in einer Tiefe von
39 Meter unter Hochwaſſer den felſigen Grund. Der Caiſſon hatte im Grund=
riſſe die Form eines Sechseckes mit einer Fläche von 373·5 Quadratmeter.
Seine Decke war durch oben aufgelegte, in der Richtung der Brückenachſe laufende
Träger verſteift und außerdem durch zwei hölzerne, 75 Centimeter ſtarke Balken=
wände, welche den Arbeitsraum in drei nahezu gleich große Abtheilungen ſchieden,
geſtützt. Außer der in der Mitte des Caiſſons angebrachten Hauptſchleuſe von
1·83 Meter Durchmeſſer, zu welcher man in dem drei Meter weiten, ausge=
mauerten Schacht auf einer Treppe hinabſtieg, waren noch in jeder Abtheilung zwei
Luftſchleuſen von je 1·45 Meter Durchmeſſer angebracht, zu welchen eiſerne Schachte
durch das Pfeilermauerwerk führten. Außen erhielt der Pfeiler einen cylindriſchen
Mantel aus 9 Millimeter ſtarkem Keſſelblech, der als Fangdamm zu wirken hatte,
als die Aufmauerung des Pfeilers in Folge einer verzögerten Lieferung der Granit=
quader nicht mehr gleichen Schritt mit dem Maß der Abſenkung halten konnte.
In Folge eines eingetretenen Zwiſchenfalles bei Hochwaſſer wurde dieſe Vorrichtung
durch einen hölzernen Fangdamm erſetzt.

Die Herausſchaffung des Materials geſchah durch Sandpumpen, welche hier
zum erſtenmale in ſo ausgedehnter und vollkommen entſprechender Weiſe zur An=

wendung gelangten. Eine Pumpe mit 8·9 Centimeter Bohrung war im Stande, stündlich 15·3 Cubikmeter 36·6 Meter hoch zu heben; die erforderliche Wasser= pressung betrug 10·5 Kilogramm per Quadratcentimeter. . . . Die Luftpressung im Caisson hielt sich immer um etwas höher, als sie der drückenden Wassersäule entsprach. Das bei diesem Pfeiler erreichte Maximum der Pressung betrug 3·6 Atmosphären. Was die Einwirkung der comprimirten Luft auf den mensch= lichen Organismus anbetrifft, hat die Erfahrung ergeben, daß nur das zu lange Verweilen in derselben schädlich wirken könne, und daß selbst bedeutende Tiefen zu erreichen möglich sind, wenn die Arbeit dementsprechend abgefürzt wird. Bei den vorstehend geschilderten Arbeiten wurden zuletzt nur einstündige Schichten an= gewendet. Nichtsdestoweniger kamen unter den 352 Arbeitern zahlreiche Erkrankungen vor, wovon 12 tödtlichen Ausgang hatten.

Den Bauvorgang bei den anderen Pfeilern der Mississippibrücke können wir übergehen, bemerken jedoch, daß bei einem derselben principielle Verbesserungen an dem Caisson vorgenommen wurden. So erhielt der Hauptschacht an seiner unteren Oeffnung zwei Luftschleusen von je 2·44 Meter Durchmesser; außer ihm waren nur noch zwei Schächte von je 1·22 Meter Weite, ebenfalls unten mit Luftschleusen versehen, hauptsächlich nur der Sicherheit halber angeordnet. Auch wurde dieser Caisson der Hauptsache nach aus Holz gebaut. Die Decke erhielt eine Stärke von 1·47 Meter und wurde dieselbe von zwei Längswänden, die sich von 3·05 Meter nach abwärts auf 1·06 Meter Stärke verjüngten, sowie von den 3 Meter hohen, ebenfalls aus Holz construirten Umfassungswänden gestützt. Der Caisson hatte die Form eines unregelmäßigen Sechseckes mit einer Länge von 22·5 Meter und einer Breite von 25·6 Meter. Das Holzwerk war außen mit 9½ Millimeter starkem Bleche verkleidet und durch aufgenietete Winkeleisen versteift. Eine bedeutende Er= sparniß wurde bei diesem Pfeiler noch dadurch erzielt, daß zur Ausfüllung des Caissonraumes nach der Versenkung anstatt Beton Sand verwendet wurde. Pein= liche Vorsichtsmaßregeln verhinderten ein Entweichen des Sandes. Die Seiten= wände des Caissons waren übrigens so stark construirt, um selbst beim vollständigen Abrosten der Eisenhülle der Pressung des durch den Pfeiler belasteten Sandes Widerstand zu leisten.

In noch großartigerem Maßstabe, wenn auch nicht bis in so bedeutender Tiefe, fand die pneumatische Fundirung beim Baue der Riesenbrücke über den East River zwischen New=York und Brooklyn statt. Jeder der beiden Thürme der Hängebrücke ist auf einer Grundfläche von 1590 Quadratmeter fundirt und beträgt der Druck auf dieselbe per Quadratmeter 71 Tons, auf die Oberfläche der Caissons 109 Tons. Ungeachtet dieser enormen Last wurden hölzerne Caissons angewendet. Die Bohrungen ergaben auf der Brooklyner Seite in 24 bis 30 Meter Tiefe Gneisfelsen, mit wechselnden Schichten von Sand, grobem Kies und Thon, in welchem Findlinge eingebettet waren, überlagert. Das Material erwies sich aber schon in einer Tiefe von 15 Meter so compact, daß man sich entschloß, nicht unter diese Tiefe herabzugehen. Ein weniger günstiges Resultat ergaben die Bohrungen auf der New-Yorker Seite. Hier bestand das Material aus zum Theil mächtigen Schlamm-, Sand- und Schwemmsandschichten, auf welche erst in einer Tiefe von 24 bis 28 Meter fester Felsboden folgte.

Von besonderem Interesse sind die Daten und Mittheilungen, welche Fr. Steiner über die hier verwendeten Caissons giebt. Dieselben erhielten eine rechteckige Grundrißform mit 52·5 Meter Länge und 31·5 Meter Breite. Die Decke war aus starken, sich rechtwinkelig kreuzenden Balkenlagen construirt, welche eine solide Masse von 4·6 Meter Dicke beim Brooklyner und 6·7 Meter beim New-Yorker Caisson bildeten. Die Arbeitsräume wurden durch fünf starke Querwände in sechs Abtheilungen geschieden, hauptsächlich aus dem Grunde, um bei etwaigem Entweichen der comprimirten Luft nicht die ganze Last auf den Rändern der Seitenwände ruhen zu lassen. Zur Communication mit der Außenwelt dienten bei jedem Caisson zwei Luftschächte von mehr als einem Meter Durchmesser. Sie mündeten an der Decke des Caissons in die wasserdicht aufgezimmerten Hohlräume der Pfeiler, durch welche die Arbeiter auf- und niederstiegen. Die Luftschleusen befanden sich beim Brooklyner Caisson am oberen Ende des Schachtes, unmittelbar über der Decke des ersteren, während sie beim New-Yorker Caisson nach abwärts verlegt und zu zweien an jedem Luftschacht angebracht waren, um dem ganzen Arbeitercontingent von 120 Mann auf einmal den Aus- und Eintritt zu gestatten.

Die Förderung des Materials geschah durch entsprechende Wasserschachte, die aus Kesselblech gefertigt und ebenfalls durch die Pfeilerräume geführt waren. In jedem der Caissons arbeitete eine zangenartig sich schließende Cumming'sche Baggerschaufel, welche das in dem unterhalb gelegten Sumpf geworfene Material in die Höhe förderte. Daß diese Wasserschachte leicht zu einer drohenden Gefahr werden konnten, wenn ihnen nicht volle Aufmerksamkeit zugewendet wurde, um den Druck in der zweckentsprechenden Höhe zu halten, beweist ein Zwischenfall beim Brooklyner Caisson. Es war an einem Sonntagmorgen, bei tiefem Ebbestand, als plötzlich ein Wasserschacht mit ungeheurem Getöse »ausgeblasen« wurde, wobei er Wasser, Stein und Schlamm bis zu der enormen Höhe von 150 Meter empor-schleuderte. Durch diese plötzliche Entleerung der Luftkammer kam auf den Caisson ein Druck von fast 18.000 Tons. Er hielt jedoch Stand und erhielt, außer der Zerknickung mehrerer Querwände in Folge einer plötzlichen Senkung, keine nennens-werthe Beschädigung.

Im New-Yorker Caisson entwickelten die Sandausbläser eine höchst vehemente Thätigkeit, indem sie in zwei Minuten einen Cubikmeter Sand entfernten. Der um die untere Mündung des Schachtes aufgeschaufelte Sand wurde bis zu 150 Meter emporgeschleudert. Mitgerissene Steine verletzten einzelne Arbeiter, indem sie ihnen die Finger wegrissen, oder die Arme zerschmetterten. Große Vorsicht be-durfte es, um den Ausbruch von Feuersbrünsten in den hölzernen Caissons zu verhüten. Trotzdem trat dieser Fall wiederholt ein und einmal nahm ein solcher

Brand einen derartigen Umfang an, daß er bis in die feste Balkenlage vordrang und der Caisson unter Wasser gesetzt werden mußte. Die Aufstellung des Brooklyner Caissons hatte 27 Monate in Anspruch genommen; er enthielt über 3000 Cubikmeter Holz und 270 Tons Eisen. Die in ihm geförderte Grundmasse betrug 15.000 Tons.

Im Nachfolgenden vermitteln zwei bildliche Darstellungen in anschaulicher Weise die Fundirungsweise bei den zwei hervorragendsten neuesten Brückenbauten in Europa: der neuen Taybrücke und der Forthbrücke. Bekanntlich stürzte ein Theil der älteren Taybrücke (bei Dundee in Schottland) während eines orkanartigen

Fundirung der Pfeiler der neuen Taybrücke.

Sturmes am Weihnachtsabend 1879 ein. Bald hierauf wurde zur völligen Reconstruction des großartigen Bauwerkes geschritten. Dasselbe hat eine Länge von 3300 Meter und besteht aus drei Abschnitten, und zwar dem Theile über dem Meeresspiegel, welcher sich 24 Meter über diesem erhebt, und 13 Pfeiler von 70 zu 70 Meter Spannweite, und den beiden Landbrücken mit 45 beziehungsweise 27 Pfeiler von 15—51 Meter Spannweite. Am südlichen Ufer bildet eine steinerne Bogenbrücke mit 4 Bogen zu je 15 Meter Lichtweite den Abschluß. Die Pfeiler der Hauptbrücke bestehen aus eisernen auf Granitblöcken ruhenden Säulen.

Rücksichtlich der Fundirung ist zu bemerken, daß bei der mittleren Brücke und der südlichen Landbrücke aus Eisenblech zusammengenietete cylinderförmige Caissons, bei der nördlichen Landbrücke hingegen gußeiserne Caissons in Verwendung kamen. Der Durchmesser derselben schwankt zwischen 3 bis 7 Meter, je nach der Spannweite der betreffenden Brückenfelder. Abgesehen von einigen Fällen, wo diese Caissons auf felsiger Unterlage aufliegen, sind dieselben in Tiefen von 6 bis 9 Meter versenkt, und die zu einem und demselben Pfeilerpaar gehörigen Caissons durch gußeiserne Träger miteinander verbunden. Die kastenförmigen Fundamente haben eine 24 Meter hohe Betonfüllung. Auf diesen Fundamenten erheben sich die gemauerten achteckigen Pfeiler, die durch Bogen miteinander in Verbindung stehen, welche den Brückenträgern zur Unterlage dienen.

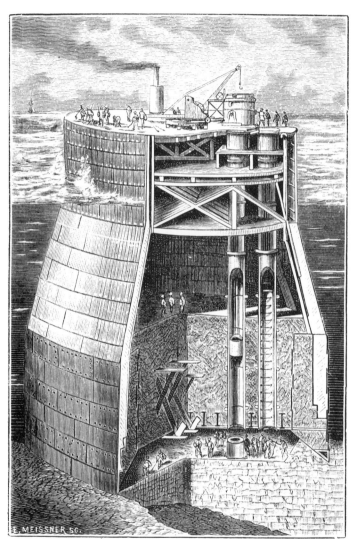

Fundirung eines Pfeilers der Forthbrücke.

Die beigegebene Abbildung giebt eine ungefähre Vorstellung von dem Bauvorgange. Der Arbeitsplatz besteht aus zwei großen aus Eisenblech zusammengenieteten Kästen, welche durch Träger miteinander zu einem viereckigen Gerüste verbunden sind. In der Plattform sind zwei viereckige Räume ausgespart, welche zum Absenken der cylindrischen Caissons dienen. Die Plattform ist an den vier hohlen eisernen Säulen, welche 1·5 Meter Durchmesser haben und die an den

vier Ecken durch die erstere hindurchgehen, nach auf- und abwärts verschiebbar. Diese Bewegung, welche bei Arbeiten im Meere in Folge des Wechsels in der Wasserstandshöhe bei Ebbe und Fluth nothwendig ist, wird in der vorstehenden Anordnung mittelst hydraulischen Pressen bewirkt. Behufs Bewegung der beiden Caissons sind auf der Plattform zwei Dampfkrahne von je 10 Tonnen Tragkraft montirt. Außerdem sind eine »Betonmaschine«, eine Centrifugalpumpe, eine Dampf- und eine Handwinde untergebracht. Jeder Pfeiler erforderte vier solcher Plattformen sammt allem Zubehör. Bei der Forthbrücke hatten die Caissons eine andere Anordnung als die bisher geschilderte. Da sich bei der bedeutenden Tiefe, bis in welche die Caissons versenkt werden mußten, diese durch den gewaltigen Auftrieb des Wassers mit letzterem gefüllt hatten, mußten Caissons in Anwendung kommen, welche unten geschlossen und mit Preßluft gefüllt waren. Die auf diese Weise schwimmfähig gemachten Cylinder wurden mittelst Dampfer zur Absenkungsstelle geschleppt und durch eine entsprechende Betonfüllung zum Sinken gebracht. Der eingewölbte Boden bildete eine Arbeitskammer von 2·1 Meter Höhe. Dieselbe stand durch die üblichen Fahrschachte mit dem Arbeitsplatze auf der Caissonoberfläche in Verbindung. Der Baugrund wurde durch eine von oben eingeführte Wassersäule gelockert und mittelst der eingeführten Preßluft hinausgetrieben, zum Theil unter dem Bodenrande des Caissons hindurch, zum Theil durch den Förderschacht einer Strahlpumpe. Die unter dem Schlamme lagernde Thonschicht mußte mittelst Sprengarbeit gelockert werden. Der Arbeitsraum hatte elektrische Beleuchtung, was von großem Vortheil für die Arbeiter war, die sich in der Regel drei Stunden lang in einem Luftraume von drei Atmosphären Druck aufhalten mußten.

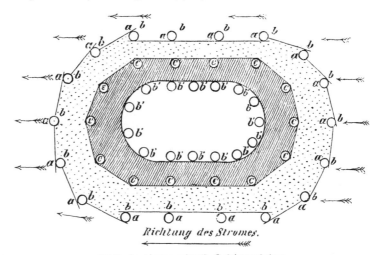

Pfeilerfundirung mittelst Gefrierverfahren.

Das Absenken eines Caissons nahm im Durchschnitte vier Monate in Anspruch. Bei einem Caisson aber beanspruchten die Arbeiten die doppelte Zeit, und zwar aus nachfolgendem Grunde. Der Caisson kam nämlich auf abschüssigem Fels zu ruhen, so daß seine Oberfläche auf der einen Seite den Baugrund berührte, während er auf der diametral entgegengesetzten Seite um volle sechs Meter abstand. Dadurch war man gezwungen, eine künstliche Unterlage zu schaffen, was sehr mühsam und zeitraubend durch Absenkung von Sandsäcken erreicht wurde. Die Zahl derselben betrug 50.000 und wurde mittelst diesen ein entsprechend höheres Auflager hergestellt, damit der Caisson, in Berücksichtigung seines bedeutenden Gewichtes, nach dem Zusammenpressen der Sandsäcke genau in die horizontale Lage zu stehen kam.

In neuester Zeit sind mit dem beim Tunnelbau erwähnten Gefrierverfahren erfolgreiche Versuche angestellt worden. Indem wir auf das früher hierüber Gesagte verweisen (vgl. S. 118), wollen wir den Vorgang hier kurz schildern. Man bohrt Röhren (a) von 30 Centimeter Weite bis in das feste Flußbett, setzt in

dieſelben dicke Tannenbalken aus Rundholz, die ſo lang ſein müſſen, daß ſie bis
über die Hochwaſſerlinie hervorragen; alsdann zieht man das Bohrrohr mittelſt
Winde und Kabel über den ſenkrechten Balken (b) hinweg. Der Grundriß des
Brückenpfeilers iſt durch die beiden Pfahlreihen b b' gekennzeichnet. An denſelben
wird über der Hochwaſſerlinie eine wagrechte Bohrbühne hergeſtellt, von welcher
aus die Bohrlöcher für die Gefrierröhren (c) bis etwa fünf Meter tiefer in das
Flußbett eingebohrt werden, als der Brückenpfeiler fundirt werden ſoll. Nach
Fertigſtellung der Bohrlöcher wird zwiſchen die Verſchalung der Balken b und b'
Thon bis über die Hochwaſſerlinie hinauf eingeſtampft. Dieſe Thonmaſſe nun iſt es,
welche man durch das hier in Frage kommende Verfahren zu einem feſten Körper
gefrieren, beziehungsweiſe mit dem Baugrunde zuſammenfrieren läßt. Innerhalb
der Froſtmauer wird alsdann die Ausbaggerung vorgenommen und der Mauer=
werkskörper aufgeführt. Nach beendeter Mauerung entfernt man die Gefrier= und
Bohrröhren, die Balken und das benützte Füllungsmaterial.

Von den bisher beſchriebenen Fundirungsmethoden unterſcheiden ſich die=
jenigen, welche von der Herſtellung eines Mauerwerkskörpers abſehen und an deſſen
Stelle ein Pfahlwerk oder ſogenannte Röhrenpfeiler treten laſſen. Bei der letzt=
genannten Methode werden gußeiſerne Röhren pneumatiſch verſenkt und von unten
herauf mit Beton angefüllt, auf den, den oberen Theil der Röhren füllend, ein
ſolides Steinmauerwerk in Schichten geſetzt wird. Das Gewicht der Träger ſelbſt
wird lediglich durch die Füllung auf den Untergrund übertragen, ſo daß die
Röhren außer dem durch ihr Eigengewicht erzeugten, keinen weiteren Druck auf=
zunehmen haben und einzig die ſchützende Hülle repräſentiren. Auf der oberſten
Schichte des Füllungsmauerwerkes ruht eine maſſive gußeiſerne Lagerplatte, welche
mit Rippen verſehen iſt, die den Rand der Pfeilerröhre umgreifen und ſo einen
guten Abſchluß herſtellen.

Dieſe Fundirungsmethode iſt vornehmlich in Nordamerika beliebt, welche
übrigens in verſchiedener Weiſe angewendet wird, z. B. bei den ſogenannten
Central=Röhrenpfeilern. Dieſelben beſtehen aus einer ſchmiedeeiſernen Röhre
von etwa 2·5 Meter Durchmeſſer, um welche außen in gleichen Abſtänden ſechs
kleinere Röhren von je 1·2 Meter Durchmeſſer gruppirt ſind. Sie ſind aus
gleich hohen Trommeln zuſammengeſetzt und ſowohl unter ſich als auch mit der
ſtarken Centralröhre über der mittleren Waſſerſtandslinie durch Querverbindungen
in Form von Streben und adjuſtirbaren Zugſtäben verbunden. Die Ausfüllung
der Röhren und Abdeckung mit Lagerplatten geſchieht wie vorſtehend geſchildert
wurde.

Ein anderes amerikaniſches Syſtem iſt das der Schraubenpfeiler, d. h.
die Fundirung durch Drehbohrung, eine Methode, welche, wie hervorragende
techniſche Autoritäten verſichern, in Zukunft unter allen anderen üblichen
Syſtemen die größte Rolle zu ſpielen berufen iſt, da mittelſt derſelben jene Tiefen=
grenze, welche der pneumatiſchen Fundirung von Natur aus geſteckt iſt, weitaus

überschritten werden könnte. In der That haben die Amerikaner, in richtiger Erkenntniß der Vortheile dieser Methode, dieselbe bereits vielfach in Anwendung
gebracht. Dem Principe nach bestehen die Schraubenpfeiler aus gewalzten Schäften
von 15 bis 20 Centimeter und schmiedeeisernen Scheiben an deren Enden von
1 bis 2 Meter Durchmesser. Ein Schraubenpfeiler besteht in der Regel aus zwei
gegenüberstehenden Reihen von je drei Schäften, welche bis zur gehörigen Tiefe
eingebohrt, oben einen eisernen Querträger unterstützen, der mit ihnen fest vernietet ist und direct die Fahrbahn aufzunehmen hat. Zwischen demselben und dem
Wasserniveau sind noch zwei oder drei Felder durch horizontale, gleichfalls mit

Eisackbrücke bei Franzensfeste (Tirol).

den Schäften fest verbundene Streben gebildet und in jedem derselben zwei adjustir-
bare Zugschließen angebracht. In gleicher Weise sind auch die Querverbindungen
zwischen je zwei einander gegenüberliegenden Gliedern beider Reihen, sowie auch
in horizontalen Ebenen in der Längsrichtung des Pfeilers senkrecht auf der
Brückenachse angeordnet. Dadurch werden die einzelnen tragenden Glieder zu einem
festen, zusammenhängenden Ganzen verbunden und wird die wünschenswerthe
Stabilität erzielt.

Wir haben bisher nur von den festen Brücken gesprochen. Von ihnen verschieden sind die beweglichen Brücken, welche überall dort angewendet werden,
wo die Fahrbahn so tief zu liegen kommt, daß sie der Schiffahrt ein Hinderniß
bildet. Außerdem können militärische Erwägungen zur Herstellung beweglicher

Brücken Anlaß geben, z. B. in der Nähe strategisch wichtiger Punkte, in oder im Bereiche von Festungen u. s. w. Ein interessantes Beispiel letzterer Art giebt die Eisackbrücke bei der Franzensfeste in Tirol ab. Es durchschneidet hier die Puster=thaler Bahn die genannte fortificatorische Anlage, um außerhalb derselben in die Brennerbahn einzumünden. Es ist nun die Einrichtung getroffen, daß auf Rollen, welche in die kleinen Landpfeiler eingelassen sind, die Endfelder der Brücke mittelst einer Zugvorrichtung eingezogen werden können, so daß im Bedarfsfalle die Brücke der Benützung entzogen wird.

Die beweglichen Brücken weisen eine Anzahl charakteristischer Typen auf, deren jede wieder mancherlei Abweichungen rücksichtlich der constructiven Elemente zeigt. Man unterscheidet Drehbrücken, Rollbrücken, Zugbrücken und Hub=brücken, deren Eigenart durch ihre Bezeichnungen gekennzeichnet ist. Die Dreh=brücken zerfallen wieder in einarmige und zweiarmige; im ersteren Falle wird nur ein Brückenfeld geöffnet und muß dasselbe auf der entgegengesetzten Seite in ent=sprechender Weise ausbalancirt werden, weil sonst das Feld durch sein eigenes Gewicht abknicken würde. Die doppelarmigen Drehbrücken öffnen zwei Felder und haben ihr Pivot in dem betreffenden, zwischen beiden Oeffnungen liegenden Pfeiler. Eine Ausbalancirung ist in diesem Falle nicht nöthig, weil die beiden Felder sich das Gleichgewicht halten.

In Europa sind die Drehbrücken selten, sehr häufig dagegen in Nordamerika, wo sie in den verschiedensten Formen zur Anwendung gelangen. Die größte Dreh=brücke der Welt ist die im Hafen von New=York, deren Bau im Jahre 1887 begann und in etwas mehr als zwei Jahren fertiggestellt wurde. Das drehbare Tragsystem hat eine Länge von nicht ganz 149 Meter und 4·8 Meter Breite, mit einem Gewicht von 656 Tons. Der durch die Drehung entstehende freie Raum hat auf der einen Seite eine Breite von 61·8 Meter, auf der gegenüberliegenden Seite eine solche von 64·2 Meter. Wenn die Brücke geschlossen ist, spielen die beiden Theile des beweglichen Trägers gleichsam die Rolle von fixen, auf zwei Stütz=punkten ruhenden Trägern; ist jedoch die Brücke geöffnet, so werden die beweglichen Theile gleich consolenförmigen Constructionen von stählernen Stützen getragen, welche von dem als Zapfen dienenden Brückenpfeiler auslaufen. Die Höhe der Brücke über dem Pfeiler beträgt 16·2 Meter.

Eine andere bedeutende Construction dieser Art ist Raritan Bai Swing Bridge, welche eine Länge von 143·8 Meter und ein Gewicht von 590 Tons hat. . . . Die größten Drehbrücken in Europa finden sich zu Marseille, bei Ber=keley am Severn (England) und zu Rotterdam mit 62, beziehungsweise 59·7 und 54·5 Meter Oeffnung.

Bei den Rollbrücken wird, wie schon der Name besagt, das zu bewegende Feld seitwärts weggerollt, bei den Hubbrücken emporgehoben. Eine eigenartige Construction dieser Art ist jene der Brücke über den Moriscanal zwischen Jersey Citty und Lafayette. Die beigegebene Abbildung bedarf nur weniger Worte der

Erläuterung. Die Brücke liegt in einer eingeleisigen Bahn und hat eine Gesammtlänge von 17·5 Meter, wovon circa 8 Meter auf den beweglichen Theil entfallen.
Das Gewicht der letzteren ist 3 Tons. Gehoben wird dasselbe durch zwei gewaltige
walzenförmige Gewichte, welche an einem galgenförmigen, die Fahrbahn frei-
lassenden Gerüste in elliptischen Geleisen laufen. Drahtseile verbinden die Gewichte
mit den freien Enden des beweglichen Feldes. Sie laufen auf zwei auf einer
gemeinsamen Achse montirten Rollen, deren eine mit einem Getriebe von Zahnrädern in Verbindung steht und das mittelst einer Kurbel in Bewegung gesetzt

Hubbrücke mit Rollgewichten in der Bahn Jersey Citty-Lafayette.

wird. Gewichte und Brückenfeld sind derart ausbalancirt, daß ein einziger Mann,
der die Kurbel bedient, das Feld heben kann.

Die Möglichkeit, Drehbrücken anzuwenden, wird durch örtliche Verhältnisse
bedingt. Es können Fälle eintreten, wo die Anlage einer Brücke überhaupt ausgeschlossen ist, sei es aus pecuniären oder anderen Gründen, der unbehinderte
Bahnverkehr jedoch aufrecht erhalten werden muß. In solchen Fällen werden
Trajectanstalten angelegt. Sie finden auch an Binnengewässern Anwendung.
Nach der Art der Anordnung der diesbezüglichen Transportmittel unterscheidet
man freifahrende Trajecte, Schlepptrajecte und Seil- oder Ketten-
trajecte. In ersterem Falle wird das Trajectschiff, auf welchem sich ein oder

mehrere Geleise zur Aufnahme der Waggons (Locomotiven werden niemals über=
führt) befinden, durch seine eigene Dampfmaschine fortbewegt; im zweiten Falle
besorgt diese Fortbewegung ein Remorqueur (Schlepper); im dritten Falle arbeitet
sich das Trajectschiff mittelst Ketten oder Seilen nach dem Principe der diesfalls
bei der Stromschiffahrt zur Anwendung gelangenden Construction vorwärts.

Unter allen diesen Anordnungen finden die freifahrenden Trajecte die ver=
breitetste Anwendung und ist es wieder Nordamerika, das eine großartige Aus=
nützung dieser Transportart aufweist. Die dortigen großen Ströme, an welchen
Brückenanlagen sehr kostspielig sind, zwingen gewissermaßen zu diesem Auskunfts=
mittel. Uebrigens sind Trajecte auch in Europa nicht selten, und sind besonders
diejenigen auf dem Bodensee hervorzuheben. Die Verbindung der Landgeleise mit

Donautraject bei Gombos.

dem Trajectschiff erfolgt überall dort, wo der Wasserstand Schwankungen unter=
liegt, derart, daß die Landerampen in der Verticalebene sich heben und senken lassen,
um den exacten Schienenanschluß zu erzielen. Es können aber Fälle eintreten, wo
in Folge einer außergewöhnlichen Ueberhöhung der Ufer die Anlage von Lande=
rampen von herkömmlicher Art unmöglich ist. Dieselben werden dann als Platt=
formen construirt, welche mittelst hydraulischen Druckes gehoben, beziehungsweise
gesenkt werden. Die eigentlichen Landegeleise liegen auf der Höhe des Ufers, wo
alsdann deren exacter Anschluß an die Geleise der Plattform stattfindet. Mitunter
werden die auf dem Trajectschiffe sich befindlichen Waggons mittelst Dampfkrahnen
einzeln gehoben und auf die Landegeleise gebracht. . . . . Die beigegebene Abbildung
veranschaulicht eine Trajectanlage an der Donau in der Alföldbahn (Ungarn).
Sie ist nach dem System des Oberbauraths Hartwich construirt und vermittelt
den Verkehr auf dem hier bei Niederwasser 500, bei Hochwasser 1300 Meter

breiten Strom, dessen Ueberbrückung einen Kostenaufwand von etwa 3¹/₂ Millionen erfordert haben würde, während die Trajectanlage wenig über den siebenten Theil dieser Summe beanspruchte. Das Geleise auf jedem Trajectschiff hat eine Länge von 62·7 Meter, was genügt, um eine Wagencolonne von acht Personen- oder zehn Güterwagen aufzunehmen.

Beim Anblicke einer der gewaltigen Brücken, welche die moderne Ingenieur= kunst geschaffen, drängt sich manchem nichtfachmännischen Beschauer die Frage auf, wie es möglich sei, solche Massen von Eisen oder Stahl in einem Gewirre von Balken, Stäben, Streben aufzulösen, beziehungsweise sie in so innige Verbindung zu bringen, daß bei Anwendung der mindest nothwendigen Materialmasse und Herstellung der größten Spannweiten ein absoluter Grad von Sicherheit erreicht werde. Die außergewöhnliche Höhe solcher Bauwerke ist vom technischen Stand= punkte selbstverständlich irrelevant, wenn sie auch zur Steigerung des äußeren Effectes wesentlich beiträgt. Ist die Brücke nicht nur sehr hoch, sondern weist sie zugleich beträchtliche Spannweiten auf, so vermittelt sie das Bild einer kühnen und großartigen Anlage in der wirkungsvollsten Weise.

Wenn also eine Anlage dieser Art als Kunstwerk auf den Beschauer wirkt, muß sie nothwendigerweise als solches ausgeführt werden. Die Bezeichnung ist aber insoferne nicht zutreffend, als es sich hier nur in Bezug auf die Gesammt= erscheinung des Bauwerkes, insoweit es von ästhetischen Gesichtspunkten betrachtet wird, um künstlerische Erwägungen handelt; alles Andere fußt auf mathe= matischen Grundsätzen, welche theoretisch auf rechnerischem Wege gewonnen, in praktische Mechanik umgesetzt werden. Von dem Grade der diesfalls unerläß= lichen Exactheit macht sich der Laie kaum eine zutreffende Vorstellung. Ihm erscheint es unglaublich, daß bei der Größe der einzelnen Constructionsglieder Alles und Jedes auf Millimeter stimmen muß, und zwar einfach deshalb, weil die Uebertragung selbst winziger Abweichungen vom rechnerischen Resultate auf lange Bauglieder, beziehungsweise auf das ganze zu bestellende Feld, sehr be= deutende Differenzen aufweisen würde, wozu noch die Einwirkungen der Temperatur kommen, welche sich für eben diese Differenzen als schwerwiegender Factor erweisen.

Hiefür ein Beispiel. Bei Herstellung des großartigen Kinzuaviaductes in der Gesammtlänge von 346 Meter, wovon auf ein »Feld« 114 Meter kommen, und bei der Lage der künftigen Brückenbahn in 92 Meter über dem Nullwasser, beziehungsweise bei einer Höhe der Thurmpfeiler von 53 Meter zwischen dem gemauerten Fundamentpfeiler und dem Untergurt des Trägers, handelte es sich darum, Lasten von 1295 Kilogramm (das Gewicht eines einzelnen Trägers) von der Montirungsstelle her auf die Thurmpfeiler vorzubauen. Es leuchtet ohne weiteres ein, daß in Folge des Ueberhängens des auf diese Weise vorgebauten Trägers sowohl die Richtungslinie in der Brückenachse als der richtige Winkel, welchen man den Stäben an der Außenstelle zu geben hatte, um das unterstützende Gerüst in der Mitte eines jeden Endfeldes in richtiger Höhe zu erreichen, erheb=

liche Schwierigkeiten verurſachen mußte. Außer zwei zu vorſtehendem Zwecke unter
den künftigen Endfeldern aufgeführten Gerüſtthürmen, wurde nämlich der Viaduct
ohne eigentliche Rüſtung montirt. Dieſe Thürme nun waren mit Winden verſehen,
durch deren Anwendung den Trägern die richtige Höhenlage gegeben und zum
Theile auch die Verankerung entlaſtet werden konnte.

Trotz alledem wurde das Lager in der Pfeilerkrone nicht in der beabſichtigten
Diſtanz erreicht, theils in Folge des Eigengewichtes des Trägers, welches eine
Verkürzung des Untergurtes bewirkte, theils wegen zu niederer Temperatur. Um
nun die richtige Lage zu erhalten, wurde der ganze Pfeiler etwas gegen die Wider=
lager geſchoben, was durch die unten angebrachten Rollenlager erleichtert wurde.
Von hier aus wurde nun beiderſeits der Träger freiſchwebend gegen die Mitte
vorgebaut. Hierbei kamen in der Mitte die Theile nicht ganz zum Schluß, ſondern
es ergab ſich ein Zwiſchenraum, der an den vier Vereinigungspunkten der Gurten
nicht überall derſelbe war, ſondern innerhalb der Grenzen von 51 und 127 Milli=
meter differirte. Durch Bewegungen der Pfeiler, Vorſchieben des Untergurtes an
den Ankerſtellen, durch Schrauben und Abwarten günſtiger Temperatur wurde
innerhalb 24 Stunden an allen vier Stellen die Vereinigung anſtandslos bewirkt.

Ein zweites Beiſpiel, bis zu welchem Grade von Exactheit die rechneriſchen
Reſultate in die praktiſche Ausführung übertragen werden müſſen, ergiebt ſich aus
der Baugeſchichte einer anderen großartigen Brückenanlage, der Miſſiſſippi=
brücke bei St. Louis (Bild S. 131). Sie iſt, wie der Leſer von früher her
weiß, eine Bogenbrücke. Die Bogen beſtehen aus zwei concentriſchen, röhrenförmigen
Gurten aus Stahl, welche durch ein mit demſelben gelenkförmig verbundenes Netz
vereinigt ſind. Der Abſtand der Gurten iſt 3·6 Meter. Die Gurten ſind an den
Enden eingeſpart und beſtehen aus einzelnen Tuben, deren Achſen die Sehnen
eines Kreisbogens bilden. Um nun dieſe Tuben aneinanderzufügen, mußten ſie,
da von einer Rüſtung abgeſehen wurde, von den Widerlagern her freiſchwebend
vorgebaut werden, was man durch Anwendung von Kabeln, an welchen die
Röhrenſtücke hingen, erreichte. Die Kabel waren an hohen Gerüſten über den
Pfeilern befeſtigt.

Trotzdem nun der Compreſſion, welche jedes der Röhrenſtücke durch den
Druck erfährt, dadurch Rechnung getragen war, daß jedes einzelne Stück ent=
ſprechend länger gehalten wurde (in Summa für jede Bogenhälfte 4 Centimeter),
ergab ſich in Folge ungleicher Erwärmung eine ſtörende Differenz. Auch das Mehr
der Länge der Röhrenſtücke war, als das Schlußſtück eingeführt werden ſollte,
durch das Anſpannen der Kabel ausgeglichen. Ueberdies ergab ſich, daß die beiden
Bogenhälften nicht alignirt waren; das Ende der einen lag um 17·1 Centimeter
zu nieder, das andere um 8·2 Centimeter zu hoch, während in der Horizontal=
projection betrachtet, die eine Hälfte um 2·5 Centimeter, die andere um 7·6 Centi=
meter zu weit ſeitwärts ſtanden. Die Seitenabweichungen konnten vermittelſt der
Kabel leicht ausgeglichen werden, nicht aber die verticalen Abweichungen. Man

wartete also einen Temperaturwechsel ab, der auch thatsächlich eintrat, wodurch die Differenz sich auf 57 Millimeter herabminderte. Um keine Zeit zu verlieren, sollten nun die Gurten auf künstlichem Wege abgekühlt werden. Sie wurden mit wasserdichtem Zeuge umhüllt und hierauf 10 Tonnen Eis über den Träger vertheilt. Während 36 Stunden brachten 50 Arbeiter unausgesetzt Eis auf. Ein warmer Wind verhinderte aber theilweise dessen Wirkung, so daß die Differenz nicht mehr unter 16 Millimeter hinabging. Man schritt nun dazu, die mittelst Schrauben auf eine Adjustirung von im Maximum 32 Millimeter eingerichteten Röhrenstücke einzusetzen, was ohne Anstand gelang.

Mit diesen Mittheilungen haben wir eine andere Frage, welche der Leser zu stellen berechtigt ist, bereits überholt. Sie betrifft die Art und Weise, wie die einzelnen Bestandtheile einer eisernen Brücke zusammengestellt werden. Es geschieht dies auf verschiedene Arten, unter welchen die Verbindungen mit Nieten und jene mit Gelenkbolzen die am meisten angewendeten sind. In Europa hält man sich fast ausschließlich an erstere Montirungsweise, in Nordamerika vorzugsweise an letztere. Der Vorgang beim Nieten ist wohl allgemein bekannt. Die zu verbindenden Stücke erhalten eine entsprechende Zahl von genau aufeinander passenden gleich großen Löchern, durch welche rothglühend gemachte, mit einem Kopfe versehenen Bolzen (Nieten) gesteckt werden. Das hervorstehende Ende des Bolzens wird alsdann durch Hammerschlag zu einem zweiten Kopfe geformt.

Die Verbindung mit Gelenkbolzen ist eine wesentlich abweichende. Hier erhalten die Verbindungspunkte der Brückenträger je einen einzigen entsprechend stark construirten Gelenkbolzen, über welche die an ihren Enden mit Löchern (Augen) versehenen und demgemäß daselbst etwas stärker dimensionirten Stäbe einfach übergeschoben werden. Dieses System vermeidet also die Ausführung von Nietarbeiten auf der Baustelle und gewährt dadurch eine einfache und schnelle Zusammensetzung der Brückenträger auf derselben. Die Herstellung der einzelnen Theile muß aber diesfalls mit peinlicher Genauigkeit und nach einheitlichen Modellen durchgeführt werden, was in Nordamerika auf fabriksmäßigem Wege durch einige dortige große Brückenbauanstalten thatsächlich geschieht. Die hervorragendsten derselben sind: die Phönixville Bridge and Iron Works bei Philadelphia, die Klystone Bridge Co. in Pittsburg und die American Bridge Co. in Chicago.

Der amerikanische Ingenieur C. H. Latorbe äußert sich über das System der Gelenkbolzen wie folgt: »Im Felde genügen eine tragbare Schmiede, einige Seile, Blocks, zwei gewöhnliche Winden und etliche Werkzeuge, um für die Aufstellung hinreichend ausgerüstet zu sein. Die einzelnen Bestandtheile werden in den Werkstätten vollständig hergerichtet und sind an Ort und Stelle lediglich aneinanderzufügen, ohne eine Niete eintreiben zu müssen. Ein intelligenter Vorarbeiter mit einigen gewöhnlichen Arbeitern reicht hierzu aus. Um die Geschwindigkeit und Leichtigkeit, mit der solche Bauten errichtet werden können, zu zeigen, hat die

Baltimore Bridge Co. 152 laufende Meter Viaduct von 18 Meter Höhe in 10 Arbeitsstunden mit 28 Mann hergestellt.«

Diese Leistung erscheint fast unglaublich und wird in der That von europäischen Ingenieuren angezweifelt. Nichtsdestoweniger sind die Vortheile dieses Systems derart in die Augen springend, daß von fachmännischer Seite ihr praktischer Werth bedingungslos zugegeben wird, allerdings mit etlichen Vorbehalten, unter welchen die exacte Arbeitsausführung in erster Linie steht. Jedes Versäumniß in der genauen Durchbildung der Augen und Bolzen würde zu schlotternden Bewegungen der einzelnen Theile der Construction Anlaß geben, was selbstverständlich von höchst unvortheilhaftem Einfluß auf die fahrenden Züge ist. In der Erkenntniß dieser Sachlage befleißigen sich die Brückenbauanstalten in den Vereinigten Staaten der peinlichsten Sorgfalt in den Ausführungsarbeiten und die Regierungen der einzelnen Staaten haben überdies in gesetzmäßigem Wege genaue Vorschriften nach dieser Richtung erlassen. Dadurch hat sich die amerikanische Brückentechnik außerordentlich vervollkommnet und sind die Fälle, wo entweder durch unreelle Ausführungsarbeiten und unverständige Controle, oder in Folge unfachmännischer Leitung der Montirung, Brücken nach dem Principe der gelenkförmigen Knotenverbindungen sich als untauglich erwiesen, oder vollends zu Katastrophen führten, wohl nur vereinzelt vertreten. Es kann nicht bezweifelt werden, daß die Brückenbauanstalten ihr bestes Können einsetzen und zugleich mit großer Gewissenhaftigkeit die ihnen gelieferten Bestandtheile prüfen. Wenn die Probestücke aus vorzüglichem, die übrigen nachgelieferten Bestandtheile aber minderwerthig sind, so liegt darin eine Calamität, die von vornherein schwer zu beseitigen ist. Deshalb ist es von großem Vortheil, wenn in einer Brückenbauanstalt (wie z. B. in jener der Phönixville Bridge and Iron Works) das Material alle Processe vom Erze bis zur fertigen Brücke durchmacht.

Die Gegner der Bolzenverbindungen machen geltend, daß in Folge der kleinen Drehungen, die bei Be= und Entlastungen der Brücke eintreten, der Raum zwischen dem Auge dem Bolzen allmählich vergrößert wird. Indes erzählt der Ingenieur Fr. Steiner (dem wir hier hauptsächlich folgen), daß in einem speciellen Falle bei der Zerlegung einer Brücke mit gelenkförmigen Knotenverbindungen die Bolzen, welche nur mit Mühe herauszubringen waren, sich vollkommen gut erhalten zeigten, und daß die Augen der Gitterstäbe ihre genaue kreisrunde Form bewahrt hatten. In Peru hat man Bolzen nach achtjähriger Dienstzeit untersucht und sie vollkommen kreisrund gefunden.

Das Gelenksystem ist übrigens auch noch von einem anderen Standpunkte der Nietenverbindung vorzuziehen, nämlich vom militärischen. Eine Brücke nach letzterem System ist innerhalb kurzer Zeit nicht zu demontiren und muß daher, wenn man sie der Benützung des Feindes entziehen will, mit Dynamit gesprengt werden. Soll sie hinterher wieder in eigene Benützung treten, so erfordert ihre Wiederherstellung einen unverhältnißmäßig großen Aufwand von Arbeit und Zeit.

Beim Gelenksystem genügt es, die Bolzen einzelner Verbindungen herauszuschlagen und die Brücke wird unbenützbar, wobei durch Mitnahme der Bolzen dem Feinde die Möglichkeit der sofortigen Reconstruction genommen ist. Ebenso rasch und einfach kann das Object wieder in Dienst gestellt werden. Ganz unvergleich= lich vortheilhaft aber erweist sich das Gelenksystem in solchen Fällen, wo bei provisorischen Bahnanlagen, wie sie der jeweilige Stand der Kriegführung von Fall zu Fall ergiebt, Brücken hergestellt werden sollen. In Nordamerika sind die Fälle, daß vollständige Brückenbauconstructionen auf telegraphischem Wege bestellt werden (!), durchaus keine Seltenheiten. In wenigen Tagen ist das Material in Begleitung eines tüchtigen Monteurs und ausgezeichnet geschulter Arbeiter zur Stelle, und in ebenso wenigen Tagen das Object fertiggestellt.

Aus den vorstehenden Darlegungen hat der Leser die Methoden kennen gelernt, nach welchen die Bestandtheile einer Brückenconstruction zusammengestellt werden. Das Hilfsmittel hierzu bildet in der Regel die sogenannte »Rüstung«, d. i. ein Zimmerwerk, welches den Constructionstheilen zur Stütze, den mit der Zusammenstellung der Brückentheile betrauten Arbeitern als Bauplatz dient. Indes haben wir schon in den vorangegangenen Mittheilungen andeutungsweise hervor= gehoben, daß die Gerüste nicht unbedingt nothwendig sind, und daß dieselben — wie wir vernommen haben — bei den amerikanischen Gelenkträgern in sehr be= schränktem Maße oder gar nicht zur Anwendung kommen. Auch bei uns wird fallweise von der Einrüstung abgesehen, wenn die Herstellung derselben aus irgend einem Grunde entweder sehr erschwert oder zu theuer sich gestalten würde. Es wird alsdann die Brücke auf einem oder beiden Ufern vollständig montirt und über die Stromöffnung bis auf die Pfeilerspitzen gerollt. Eine andere Methode besteht in dem Zuführen fertig montirter Brückenconstructionen mittelst entsprechend gebauter Schiffe bis an die Pfeiler, auf die sie überschoben oder mittelst an den Pfeilern angebrachten Hebewerken emporgehoben werden. Daß ganze Brückenfelder dadurch hergestellt werden, indem man sie von den Ufern her gegen die Mittel= pfeiler hin stückweise vorbaut, wobei die Construction entsprechend verankert wird, wurde bereits früher einmal erwähnt.

Bei sehr großen Spannungen und Anwendung von hohen eisernen Thurm= pfeilern, welche bei Temperaturänderungen Hebungen und Senkungen verursachen, die ungünstig auf die Kräftesysteme des Trägers einwirken, wird ein besonderer, hauptsächlich in Amerika üblicher Vorgang eingehalten. Zur Ueberrollung am Ufer fertig montirter Constructionen eignet sich der Natur der Sache nach selbstver= ständlich nur ein sogenannter »continuirlicher« Träger, der aber mehr als ein ge= gliederter den vorerwähnten Temperatureinflüssen ausgesetzt ist. In diesem Falle bieten die durch Shaler Smith, den genialen Erbauer des Kentuckyviaductes, adaptirten continuirlichen Gelenkträger, ein System, das übrigens in Deutschland schon früher von Gerber in Anwendung gekommen war, die Möglichkeit einer exacten baulichen Ausführung. Das Princip dieser Trägerform besteht bekanntlich

darin, daß man den continuirlich über drei Felder sich erstreckenden Balken an
zwei Punkten im Mittelfelde oder in je einem Außenfelde durchschneidet und an
diesen Stellen Gelenke anbringt. Man erhält im ersteren Falle zwei Träger mit
je einem überhängenden Ende, auf denen der Mittelbalken hängt; im zweiten Falle
hat man es mit einem über die beiden Mittelstützen hinausragenden Träger zu
thun, auf dessen Enden und den Widerlagern die einfachen Träger der Endfelder
sich stützen. Shaler Smith wählte beim Kentuckyviaduct die letztere Anordnung.

Es wurde vorstehend erwähnt, daß in Folge der Hebungen und Senkungen
der Pfeiler, in Folge von Temperaturänderungen Störungen des in einer Träger-
construction wirkenden Kräftesystems eintreten. Dies führt uns auf ein anderes
Thema, das in der Brückenbaukunde eine große Rolle spielt. Eine Brückenconstruction
unterliegt nämlich der Einwirkung verschiedener Kräfte, welche sich in zwei Gruppen
trennen lassen, in solche von außen wirkende und in solche, deren Wesen in der Construction selbst begründet ist, indem die im festen Verbunde zueinander stehenden
Bestandtheile zu Spannungen Anlaß geben. Die äußeren Kräfte sind theils von
vornherein gegebene, theils Folgewirkungen derselben, wie: Eigengewicht, Belastung
durch den Verkehr (die sogenannte »zufällige Belastung«), Wärmeeinflüsse und Winddruck. Bei den in Curven gelegenen Brücken kommt auch noch die Centrifugal-
wirkung in Folge der seitlichen Schwankungen der Fahrzeuge in Betracht, doch
ist dies ein nicht sonderlich schwer in die Wagschale fallender Factor.

Das Eigengewicht wird zunächst auf Grund ähnlicher bereits ausgeführter
Constructionen schätzungsweise angenommen und sodann auf Basis der projectirten
Querschnittsgrößen rechnerisch festgestellt. Wird an der Hand der für die einzelnen
Trägersysteme normirten Formeln das Eigengewicht theoretisch abgeleitet, so hat
man dieses letztere mit dem bei ausgeführten Brücken ermittelten »Constructions-
coëfficienten« zu multipliciren. . . . Zur Feststellung der zufälligen Belastung dient
als Grundlage die Annahme der schwersten Locomotiven und Züge, welche die
Brücke zu befahren haben werden, und sind nebenher die jeweils in Kraft stehenden behördlichen Vorschriften maßgebend für entsprechende Modificationen. . . . Der
Einfluß der Wärme ist im Großen und Ganzen irrelevant, wenn in der Construction selbst die Möglichkeit unbehinderter Ausdehnung oder Zusammenziehung
durch Freilassung entsprechender Spielräume zwischen den einzelnen Balkenträgern
gegeben ist. Der Reibungswiderstand an den beiden Auflagern kommt hierbei kaum
in Betracht. Bei continuirlichen Trägern gestaltet sich aber die Sache anders und
hier können durch ungleiche Erwärmung der Gurten (z. B. des besonnten Obergurtes und des beschatteten Untergurtes) erhebliche Spannungen entstehen. . . .
Was schließlich den Winddruck anbelangt, wird derselbe mit 250—270 Kilogramm
per Quadratmeter Anprallsfläche für die unbelastete, 150—170 Kilogramm für
die durch einen Zug belastete Brücke angenommen. . . .

Die als »innere Kräfte« auftretenden Spannungen in den einzelnen Constructionstheilen sind das Ergebniß der von außen her einwirkenden Kräfte und

müſſen ſonach rechneriſch ermittelt werden. Sind die Spannungen bekannt, ſo laſſen ſich daraus die Querſchnittsgrößen der einzelnen Trägertheile beſtimmen. Ein weiteres Eingehen in die Statik einer Brückenconſtruction erſcheint uns in einem populären Werke nicht am Platze.

Aus dem Wenigen, was wir hier über die Construction der eiſernen Brücken vorgebracht haben, wird der Leſer erſehen, daß die theoretiſchen Normen im Bunde mit praktiſchen Erfahrungen ein hohes Maß von Zuverläſſigkeit in ſich ſchließen und die Brückenbauten ſonach, entgegen der landläufigen Anſchauung, diejenigen Theile

Probebelaſtung.

einer Bahn ſind, welchen von vornherein in Bezug auf Sicherheitsansprüche im weiteſten Maße Rechnung getragen iſt. Trotz alledem hält der Laie die Brücken für die bedenklichſten Glieder einer Schienenanlage. Die Sache iſt pſychologiſch erklärlich, weil ſich mit der Fahrt über breite, mächtige Ströme, oder über unge- heuere Abgründe eine ſtarke Wirkung ungewohnter Eindrücke verbindet, welche das Gefühl der Gefahr wachruft. Brückenkataſtrophen ſind aber erfahrungsgemäß ſeltener, als Unglücksfälle in offener Strecke, und wo ſich erſtere zutragen, ſind ſie ent- weder in Folge einer fehlerhaften Conſtruction oder einer vernachläſſigten Con- trole — alſo Unterlaſſungen, die auch in offener Bahn immer von Unheil be- gleitet ſein werden. Tüchtigkeit der ausführenden Ingenieure und ſtrenge Pflichterfüllung der controlirenden Organe sind für jede Brückenconstruction die Gewähr ihrer absoluten Zuverlässigkeit.

Eine gewisse Skepsis weiter Kreise gegenüber den Brückenbauten wird zum Theile noch unterstützt durch die vorschriftsmäßige Probebelastung, welche dieselben vor ihrer Eröffnung für den Verkehr unterzogen werden. Der Laie ist daher gewillt anzunehmen, die Brückenprobe werde nur deshalb vorgenommen, um zu constatiren, daß die Construction den ihr zugedachten Maximalanstrengungen auch thatsächlich gewachsen sei. Darin prägt sich ein gewisses Mißtrauen gegenüber dem theoretischen und praktischen Können der ausführenden Ingenieure aus, das völlig unbegründet ist, da nach dem Stande der heutigen Brückenbautechnik ein Miß= erfolg als gänzlich ausgeschlossen angenommen werden muß. Die Belastungsprobe wird vielmehr deshalb vorgenommen, um die für die Construction rechnerisch bestimmten Elasticitätsverhältnisse an den thatsächlichen Verhältnissen zu controliren, beziehungsweise die bleibende Durchbiegung der ganzen Construction festzustellen.

Bezüglich der Belastungsprobe bestehen in den verschiedenen Ländern be= stimmte Vorschriften. Gewöhnlich werden mehrere schwere Locomotiven langsam auf die Brücke gefahren und durch einige Zeit in der Mitte des Feldes, wo die größte An= strengung für die Träger bewirkt wird, belassen. Alsdann fahren diese Locomotiven in mäßiger, zuletzt mit der größten zulässigen Geschwindigkeit, und zwar mehrere= male über die Brücke, womit die Belastungsprobe beendet ist. Bei sehr großen Spannweiten werden vor und hinter die Locomotiven beladene Güterwagen an= gehängt, oder es wird das ganze Feld mit Locomotiven belastet, beziehungsweise befahren. Die auf diese Weise hervorgerufene Durchbiegung der Construction wird nach der Entlastung der Brücke nicht wieder gänzlich aufgehoben, sondern es hebt sich dieselbe bis zu einem gewissen Punkte unterhalb der ursprünglichen Lage. Die Differenz zwischen beiden nennt man die »bleibende Einbiegung«, das Maß der Senkung von dieser bis zur untersten Grenze die »elastische Einbiegung«. Zur Bestimmung dieser Werthe bedient man sich verschiedener Meß= und selbstregi= strirender Schreibapparate, von deren Beschreibung wir, weil dem Laieninteresse ferneliegend, absehen.

Oberbau.

1. Die älteren Oberbausysteme.

Unter dem Begriffe »Oberbau« lassen sich im weitesten Sinne alle Organe zusammenfassen, welche den eigentlichen Schienenweg bilden oder mit demselben organisch zusammenhängen, also die Geleisanlagen als Fahrgeleise und Weichen, die Drehscheiben und Schiebebühnen. In den Lehrbüchern und fachmännischen Werken pflegt man indes dem Begriffe Oberbau engere Grenzen zu stecken, indem man mit demselben nur die Fahrschienen mit ihren Unterlagen vor Augen hat. Die Weichen, Drehscheiben und Schiebebühnen aber in jene Gruppe von Constructionen verweist, welche gemeinhin »Betriebsvorrichtungen« genannt werden. Wir halten an der ersteren Eintheilung fest, weil sie in consequenter Weise alle Elemente in sich vereinigt, welche die Fahrbahn einer Bahnanlage bilden. Daraus ergiebt sich naturgemäß die weitere Unterteilung des zu behandelnden Stoffes in nachstehende fünf Abschnitte: 1. Aeltere Oberbausysteme, 2. der eiserne Oberbau, 3. die Bettung und die Geleise, 4. die Kreuzungen und Weichen (einschließlich der Centralweichenanlagen), 5. die Drehscheiben und Schiebebühnen.

Die älteren Oberbausysteme umfassen die verschiedenen Formen des Oberbaues, wie er sich in seiner Ausgestaltung vom Beginne der Eisenbahnbauten bis zur versuchsweisen Einführung des eisernen Oberbaues darbietet. Von diesen Formen haben einige nur mehr ein historisches Interesse, während andere wieder bis zur Zeit herrschend geblieben sind und als typisch gelten können, so lange die vielfachen, meist über das Stadium experimenteller Versuche nicht hinausgehenden Constructionen eiserner Oberbausysteme nicht zur allgemeinen Anwendung gelangen. Die Wandlungen, welche die älteren Systeme erfahren haben, hängen einestheils mit der Querschnittsform der Schienen, anderntheils mit ihren Unterlagen, d. h. mit jenen Organen, welche zur Aufnahme der Schienen und Uebertragung der über sie fortbewegten Last auf die Bettung dienen, zusammen.

Von den mannigfachen nebenſächlichen Abweichungen der Querſchnittsform
der Schienen abgeſehen, können wir vier Haupttypen unterſcheiden: Flachſchienen,
Brückenſchienen, Stuhlſchienen und breitbaſige Schienen. Die Flachſchienen
gehören, zum Mindeſten ſoweit die Locomotiv-Eiſenbahnen in Betracht kommen,
der Geſchichte an. Ihre Querſchnittsform iſt die eines Rechteckes, die Schiene ſelbſt
alſo nichts als ein Stück Flacheiſen, welches auf einer hölzernen Langſchwelle
montirt, der Spurführung dient. Flachſchienen mit einer Spurrinne verſehen, finden
zur Zeit ſelbſt bei Pferdebahnen nur mehr eine beſchränkte Anwendung. Aus der
Flachſchiene entwickelte ſich die Brückenſchiene (von ihrem Erfinder auch »Brunel-
ſchiene« genannt), durch welche bei gleichem Materialaufwande eine größere Höhe
und ein feſteres Auflager durch rechtwinkeliges Ausbiegen der Seitenflächen erzielt
wurde.

Gänzlich verſchieden von dieſen beiden Formen ſind die Stuhlſchienen,
welche bereits die typiſche Form des Schienenkopfes und des ihn tragenden Steges
zeigen. Ihren Namen haben dieſe Schienen, welche entweder nur mit einem Kopfe,

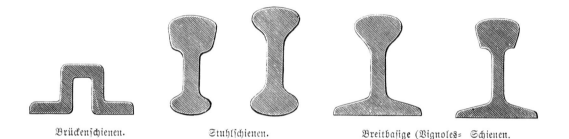

Brückenſchienen.   Stuhlſchienen.   Breitbaſige (Vignoles-) Schienen.

oder mit je einem Kopfe oberhalb und unterhalb des Steges verſehen ſind, von
den Verbindungsſtücken, mittelſt welchen ſie an den Schwellen befeſtigt werden
und die man »Stühle« nennt. Die Dimenſionirung der doppelköpfigen Schienen iſt
nicht immer die gleiche und wurde letztere früher nur in jenen Fällen bevorzugt, wo
auf die Ausnützung beider Schienenköpfe (durch Wenden nach erfolgter Abnützung
des einen Kopfes) Gewicht gelegt wurde, was ſeit Anwendung des Flußeiſens als
Material für die Schienen, in Folge der ſehr bedeutenden Ausnützungsfähigkeit des
letzteren, überflüſſig geworden iſt.

Aus der Stuhlſchiene iſt ſchließlich, in dem Beſtreben, die Verbindungsſtücke
zwiſchen Schiene und Unterlage ganz entrathen zu können, die breitbaſige
Schiene hervorgegangen. Sie wurde zuerſt von dem Amerikaner Stevens im
Jahre 1832 conſtruirt und bald hierauf in Anwendung gebracht, ſpäter aber von
Vignoles nach Europa verpflanzt, wo ſie den Namen des Importeurs erhielt.
Das Principielle dieſer Schienenform beſteht in der Erweiterung des unteren
Kopfes der Stuhlſchiene zu einer breiten, glatten Auflagefläche, mittelſt welcher die
Vignolesſchiene unmittelbar an die Unterlage befeſtigt wird. Principiell gleichwerthig
für beide Typen iſt ihre Trägerform, indem die Schienen, ähnlich wie bei

den Balkenträgern einer Brücke, die Last aufzunehmen haben und die in dem Tragkörper entstehenden Spannungen durch entsprechende Dimensionirung der einzelnen Theile verringern. Das Ideal einer diesfalls zweckentsprechenden Anordnung der einzelnen Theile wäre ein möglichst hoher und dünner Steg und eine möglichst breite Basisfläche bei geringer Dicke der Querbalken (Flanschen). Indes stehen dem theoretischen Calcül praktische Erwägungen gegenüber, welche der Dimensionirung gewisse Grenzen stecken, die durch die langjährige Erfahrung begründet sind. Aehnliche Erwägungen sind bei der Erzeugung der Schiene maßgebend.

In der Streitfrage, ob der Stuhlschiene oder der Vignoleschiene der Vorzug zu geben sei, ist man zu keiner Entscheidung gekommen, und läßt sich das Ergebniß der in den verschiedenen Ländern gesammelten Erfahrungen dahin zusammenfassen, daß jedem der beiden Typen im gleichen Maße Vor= und Nachtheile zukommen. Bei den Stuhlschienen kommt ein Bestandtheil mehr (der Stuhl) in Anwendung, was das System jedenfalls vertheuert. Dagegen lassen sich die Stuhlschienen leichter und rascher auswechseln und verleihen die Stühle dem Gestänge eine größere Standfestigkeit gegen den seitlichen Druck der Fahrbetriebsmittel. Die Befestigung der Stuhlschienen mittelst Keilen erfordert eine aufmerksame Controle, wogegen der Befestigung der breitbasigen Schienen mittelst Hakennägeln unmittelbar auf die hölzernen Schwellen — als einem wenig widerstandskräftigen Material — der Nachtheil ein=

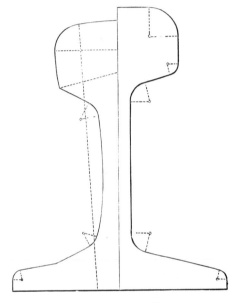

Form der Vignoleschiene.

tretender Lockerungen der Verbindung zukommt, insbesondere nach wiederholt vorgenommener Auswechslung der Schienen. Auch die längere Ausnützung der Stuhlschienen mit gleich groß dimensionirten Köpfen durch Wenden derselben, hat ergeben, daß die Fläche des unteren Kopfes in den Stühlen Eindrücke bekomme, welche, sobald die Schiene gewendet ist, den Fahrzeugen einen unruhigen Gang verleihen. Der abgenützte Kopf hinwieder fügt sich schlecht in den Stuhl und schließlich sind Brüche bei gewendeten Stuhlschienen eine sehr häufige Erscheinung. Da, wie bereits einmal erwähnt, bei der neuen Herstellungsweise der Schienen (Flußeisen) die Nothwendigkeit des Wendens entfällt, verzichten die Verfechter des Stuhlsystems auf jenen minderwerthigen Vortheil. Der Stuhlbau hat sich theilweise in Frankreich, fast allgemein aber in England erhalten.

Für die Form des Schienenprofils hat die praktische Erfahrung die entsprechenden Anhaltspunkte gegeben. Die Abweichungen der Abmessungen sind in den einzelnen Ländern nicht groß, immerhin aber principiell wichtig. So wird der Kopf gegen den Steg hin entweder abgerundet oder unterschnitten; der Steg selbst kann eine etwas eingebogene oder völlig ebene Fläche haben, welch' letzteres vortheilhafter für die Verbindung der Schienen untereinander ist, und schließlich soll der Uebergang des Steges in die Basis nicht zu unvermittelt sein. Wie bereits hervorgehoben wurde, ist es von Vortheil, den Steg möglichst hoch und dünn abzumessen und die Flanschen des Fußes auf das zulässige Maß der Dicke herab= zumindern. Abweichende Anschauungen haben diesfalls zu einer großen Zahl von einander differirenden Querschnittsformen geführt, welche aber so geringfügig sind, daß es überflüssig erscheint, das Gedächtniß des Lesers mit ziffermäßigen Angaben zu belasten.

Dasselbe gilt hinsichtlich der Längenausmaße der Schienen. Gegen die Verwendung zu langer Schienen sprechen gewichtige Gründe. Das Maß der Temperatureinwirkungen ist hier größer, als bei kurzen Schienen, wodurch man gezwungen ist, breitere Zwischenräume (»Stöße«) an den Anschlußstellen frei zu lassen, an welche dann die Laufflächen der Räder stärker anschlagen. Dagegen vermindern lange Schienen die Zahl der Stöße, welche erfahrungsgemäß die schwächsten Punkte des Gestänges bilden. Sie sind aber bedeutend schwerer und in Folge dessen durch die Arbeiter schlecht zu handhaben. Die Vortheile kurzer Schienen mit engen Stößen werden ihrerseits aufgehoben durch die Vertheuerung, welche die Vermehrung der Verbindungsbestandtheile und der Schwellen (die an den Stoßverbindungen enger zueinander gelegt werden müssen) verursachen. Dagegen geht bei schadhaft gewordenen kurzen Schienen, wenn sie ausgewechselt werden, weniger Material verloren als bei langen Schienen. Die zur Zeit als zweckmäßig anerkannte Länge ist 9 Meter, und schwanken die Extreme zwischen 6—12 Meter, doch beziehen sich die größten Längen nur auf Stahlschienen.

Mit diesem zuletzt gemachten Hinweis berühren wir einen anderen sehr wichtigen Gegenstand, nämlich das Material der Schienen. Dasselbe besteht entweder aus Schweißeisen oder aus Flußeisen (Flußstahl). In ersterem Falle wird bei der Fabrikation der Schienen zum Auswalzen jeder einzelnen derselben erforderliche Block aus mehreren, in nicht flüssigem Zustande gewonnenen Theilen zusammengeschweißt. Bei den Flußmetallschienen hingegen wird der Block in einem Stücke gegossen. Das Frisch= und Puddeleisen verläßt den Ofen meist als ein Ball, der aus einem mechanischen Gemische von Eisenkörnchen und Schlacke besteht; erstere haften vermöge der hohen Temperatur beim Drucke aneinander und ver= schweißen dadurch zu homogenen Massen. Die Schlacke dagegen muß flüssig genug sein, um durch kräftigen Druck herausgequetscht zu werden, so daß nur ein Minimum zurückbleibt, welches gewissermaßen als Kitt für die einzelnen Be= standtheile dient und jedenfalls dazu beiträgt, daß das Eisen beim Aus= strecken die faserige Structur annimmt. Der früher für solches gehörige Eisen be= anspruchte Vorzug von körnigem und krystallinischem Eisen ist kaum zuzugestehen.

Besonders das moderne Flußeisen (Bessemer- und Siemens-Martin-), bei dem die vollkommene Schmelzung alle Schlacke eliminirt hat, sowie das Feinkorneisen und der Puddelstahl, die bei möglichst hoher Temperatur und mit einer eisenarmen, dünnflüssigen Schlacke dargestellt werden, zeigen wenig Sehne, trotzdem oder richtiger eben deswegen erhöhte Festigkeit.

Der dem Puddelofen entnommene Klumpen wird unter dem Dampfhammer geschmiedet und sodann zu gleichförmigem Flacheisen (Rohschienen) von bestimmten Dimensionen (10 und 20 Centimeter Breite und 2 Centimeter Dicke) ausgewalzt. Aus diesem Flacheisen werden dann Packete von ungefähr 20 Centimeter Breite und Dicke zusammengelegt, und zwar derart, daß die breiten in ihrer Breite verschieden dimensionirten Stäbe miteinander abwechseln, um Lagen »voll auf Fug« zu erzielen. Die Packete erhalten oben und unten einen Abschluß von stärker dimensionirten, die ganze Breite der ersteren einnehmenden Flacheisen, und zwar besteht die obere Platte, welche den künftigen Schienenkopf zu bilden hat, aus körnigem Eisen, die untere Platte (der künftige Schienenfuß) aus sehnigem Eisen. Schließlich wird das ganze Packet unter den Dampfhammer genommen und sodann bis zur definitiven Schienenform ausgewalzt.

Packetiren der Schienen.

Wie der Walzbetrieb vor sich geht, dürfte dem Leser bekannt sein. Er besteht darin, daß ein zwischen die übereinander gelagerten oder nebeneinander gestellten Walzen eingeführtes Metallstück durch die Reibung ergriffen und in die Convergenz der beiden Walzen hineingezogen wird. An der engsten Stelle erfährt es die Pressung, passirt dieselbe und tritt an der abgewendeten Seite heraus, wo es von den divergirenden Walzenflächen freigelassen wird. Natürlich müssen die Walzen selbst hinreichend fest sein; sie liegen mit ihren Enden in passenden Achsenlagern, die in äußerst festen Ständern festgemacht sind. Da ein stark dimensionirtes Metallstück nicht auf einmal in der gewünschten Dicke ausgewalzt werden kann, muß es nach und nach immer engere »Kaliber« passiren.

Die gewalzte Schiene kommt rothglühend aus dem letzten Walzenkaliber und wird sofort auf einem verschiebbaren Schlitten gegen rasch rotirende Circularsägen herangeführt, welche die unganzen Enden abschneiden. Bei dem stets gleichen Abstande der Circularsägen wird dadurch gleichzeitig die Länge der Schiene regulirt. Schließlich werden die zur Verbindung der Schienen untereinander erforderlichen Löcher (je zwei an jedem Schienenende) durchgestoßen und im Schienenfuße kleine Einkerbungen eingestanzt. Nach dem Erkalten der Schiene erfolgt der Ausgleich etwaiger kleiner Verbiegungen mittelst der Dampfpresse.

Das Schweißverfahren ist durchaus keine einfache Operation, was in der Natur der zu packetirenden verschiedenen Eisensorten liegt. Die neuerdings hervorgehobene, weiter oben flüchtig erwähnte Gleichwerthigkeit des körnigen und sehnigen Eisens hat sich in der Schienenfabrikation nicht bestätigt. Je nach der Wahl des

einen oder anderen Materials für die ganze Schiene (im Intereſſe ihrer Homo=
genität) litt entweder die Widerſtandsfähigkeit des Kopfes oder die des Fußes.
Noch ſchwieriger geſtaltet ſich die homogene Verbindung von Eiſen und Stahl.

In einem Schienenwalzwerke.

Dies haben die ſogenannten Stahlkopfſchienen bewieſen, welche in der Weiſe
erzeugt wurden, daß man zur Abdeckung der zu Packeten zuſammengelegten Roh=
ſtücke Stahlplatten wählte. Bei dieſen Schienen trat es ſehr häufig ein, daß nach
einiger Zeit die Stahllage ſich ſtückweiſe oder in ihrer ganzen Länge ablöſte. Um

dies zu verhindern, hat man den Deckplatten eine Verstärkung in der Mitte oder
an beiden Rändern gegeben, welche möglichst tief in das Packet hineingriffen.

Die Fabrikation der Stahlschienen machte allen diesen Experimenten ein
Ende. Der Stahl enthält bekanntlich etwas mehr Kohlenstoff als das Schmiedeeisen
und weniger als das Roheisen. Die Stahlsorten mit geringerem Kohlengehalt ähneln
in Schmied= und Schweißbarkeit dem Schmiedeeisen, die kohlenstoffreicheren ent=
behren zwar der Schweißbarkeit, sind dafür aber leichter zu schmelzen. Grund=
bedingung eines guten Stahles ist das möglichst vollkommene Freisein von schäd=
lichen Beimengungen (Schwefel, Phosphor), da die hierdurch bedingten nachtheiligen
Eigenschaften des »Rothbruches« (Sprödigkeit im heißen Zustande) und des »Kalt=
bruches« (Sprödigkeit bei gewöhnlicher Temperatur) beim Stahl sich besonders
geltend machen. Werden diese Bedingungen erfüllt, so kann man guten Stahl ent=
weder aus dem Erze selbst durch Reduction und schwache Kohlung (Rennstahl),
oder aus Roheisen durch Entziehung des Kohlenstoffes, bis Stahl zurückbleibt
(Frischstahl, Puddelstahl, Bessemerstahl), oder aus dem Stabeisen durch Kohlen=
zufuhr herstellen. Bleibt das Stabeisen dabei
fest und nimmt es den Kohlenstoff aus
pulverförmiger Kohle auf, in der es längere
Zeit glühend erhalten wird, so erhält man
den vorzüglichen Cementstahl. Der
Schmelzproceß mit ausgesuchtem Stahl=
material in Tiegeln, mittelst Coaksfeuer
durchgeführt, liefert den hochfeinen Gußstahl.

Zusammensetzung der Stahlkopfschienen.

Da wir im Verlaufe dieser Schrift noch häufig Gelegenheit haben werden,
auf die verschiedenen Stahlsorten zurückzukommen, ist es unerläßlich, einige Worte
über die moderne Stahlerzeugung vorauszusenden. Man unterscheidet das
Bessemer=, Thomas= und Martin Siemens=Verfahren. Die Erzeugung des
Bessemerstahles beruht darauf, daß durch geschmolzenes graues Eisen ein Luftstrom
durch zahlreiche Düsen vertheilt wird. Der Sauerstoff der Luft verbrennt das
Silicium, die Kohle und einen Theil des Eisens unter so gewaltiger Temperatur=
steigerung, daß das rückständige reine Schmiedeeisen dünnflüssig einschmilzt. Bei
diesem grundlegenden Verfahren ergab sich indes seinerzeit, daß das Product zu
grobkörnig krystallinisch war und in Folge dessen sehr leicht zerbrach. Erst als
man das reinste, Schwefel und Phosphor nur in Spuren führende, dafür aber
an Silicium reiche Eisen, und zwar in großen Massen anwendete, und nur so
lange Luft durchtrieb, daß noch etwas Kohlenstoff zurückblieb, der, richtiger gesagt,
das fertige reine Eisen durch Zugabe reinen Spiegeleisens wieder mit Kohlenstoff
versah und gleichzeitig durch den Mangangehalt des letzteren jede Spur von Eisen=
oxyd entfernte, erhielt man das eminent brauchbare Bessemermetall, das, je nach dem
Zwecke, dem es dient, mehr oder weniger gekohlt wird. Man kann demnach ebenso
gut von Bessemereisen als von Bessemerstahl reden. Sehr bezeichnend ist der

Ausdruck »Flußeiſen«, indem in der That hier zuerſt neben dem aus einzelnen Körnchen zuſammengeſchweißten Eiſen, gefloſſenes Eiſen zur Anwendung kam, das vollkommen frei von Schlacken und durchwegs homogen war.

Beim Beſſemerproceß wird das Roheiſen in einem hochgeſtellten Flamm= oder Cupol= (Gebläſe=) Ofen eingeſchmolzen und ergießt ſich in die ſogenannte Beſſemerbirne. Dieſe iſt ein auf zwei Schildzapfen drehbares birnförmiges Gefäß aus ſtarkem Keſſelblech, das im Innern mit Quarzziegeln oder geſtampftem »Ganiſter« (ſchiefrigem Quarzſand) ausgefüttert iſt. Am Bodentheil iſt durch das Futter eine Anzahl Düſen aus feuerfeſtem Thon eingeſchoben, die außen von einem Windkaſten umſchloſſen ſind. In dieſen letzteren wird von einem mächtigen Cylindergebläſe

Beſſemerwerk.

ſehr ſtark gepreßte Luft eingetrieben. Die Birnform und die mechaniſche Drehung geſtatten es, in der einen Stellung durch eingeſchütteten Coaks das Futter ſtark vorzuwärmen, beziehungsweiſe nach Umſtülpung die Aſche herauszublaſen; in der zweiten Stellung füllt ſich der horizontal geſtellte Bauch mit dem eingelaſſenen geſchmolzenen Eiſen, das dadurch von dem Eintritte in die Düſen abgehalten wird. Bevor man wieder aufrichtet, wird das Gebläſe wieder in Thätigkeit geſetzt. Es durchſtrömt alsdann die in mindeſtens 49 Strahlen zertheilte Luft die Eiſenmaſſe und ruft in ihr eine lebhafte Verbrennung hervor, die ſich durch eine mächtige und rauſchende Flamme äußert, welche aus dem Brennhalſe nach einer hochſtehenden Eſſe ausſtrömt. Das Eiſen quillt oft bis zum Rande der Birne auf, wobei Maſſen von gebildeter Schlacke ausgeworfen werden.

Vermindert ſich die Flamme, was nach etwa einer Viertelſtunde eintritt, und zeigt der Spectralapparat, den man auf die Flamme richtet, daß die letzten der auftretenden grünen und blauen Linien verschwunden sind, so senkt man die Birne in die Anfangsstellung zurück, sperrt das Gebläse ab und prüft nun Metall und Schlacke auf ihre Beschaffenheit. Je nach dem Befund oder nach der Qualität des zu erzeugenden Stahles wird hierauf mehr oder weniger geschmolzenes Spiegel= eisen beziehungsweise Ferromangan zugegeben, einen Augenblick lang zur Mischung aufgerichtet und geblasen und schließlich der blau leuchtende Metallstrom durch weiteres Neigen der Birne in die mit Thon ausgefütterte Gußpfanne entleert, aus der durch Heben eines Zapfenventils die im Kreise aufgestellten prismatischen Ingotsformen gefüllt werden.

Schematische Darstellung einer Bessemeranlage.

A Bessemerbirnen (Converter). B Mündungen der Converter. C Essen für die Converter. D Schlote. F Cupolöfen. P Gußpfanne. T Ingotsform.

Der Bessemerproceß erfordert, wie erwähnt, ein vorzügliches, siliciumreiches Roheisen; das weit billiger zu erzeugende weiße und phosphorhaltige Roheisen ist für diesen Proceß ungeeignet. Da traf Gilchrist Thomas Abhilfe, indem er die Ausfütterung der Birne mit basischem Material erfand. Auch der Phosphor des Eisens verbrennt, und zwar mit bedeutender Wärmeentwickelung, was zum Flüssig= erhalten der Metallmasse vortheilhaft ist, im durchgeblasenen Luftstrome zur Phosphorsäure. In einer Birne mit kieselsaurem Futter bleibt dieselbe aber frei und wird durch das überschüssige Eisen immer wieder zu Phosphor reducirt, der also nicht abgeschieden werden kann. Das ändert sich sofort, sobald man ein basisches Futter aus scharf gebrannten Magnesitsteinen, oder besser eine Ausstampfung mit gebrannter Magnesia und dickem Steinkohlentheer (als Bindemittel) anwendet. Letzterer geht beim Ausglühen in Kohle über. Außerdem setzt man, um das Futter

zu schonen, beträchtliche Mengen gebrannten Kalkes ein. Dies ist die Erzeugungs=
weise des »Thomasstahl«.

Das Martin Siemens=Verfahren endlich ist ein sehr bequemes Mittel,
allerlei Eisen= und Stahlabfälle, vor Allem aber die Massen Alteisen (also auch
verbrauchte Eisenbahnschienen) zu verwerthen. Mit Hilfe eines sogenannten Siemens=
schen Regenerativgasofens wird in einem Flammofen eine enorm hohe Temperatur
erzeugt. In dem vertieften Herde dieses Ofens wird eine verhältnißmäßig kleine
Menge guten Roheisens eingeschmolzen und in dieses Bad die passend zugeschnittenen
Alteisenabfälle in rothglühendem Zustande allmählich eingetragen. Am Ende der
Operation setzt man noch abgewogene Mengen Spiegeleisen in Stücken zu und
wiederholt die Schmiedeprobe, bis der Charakter des gewünschten Stahles erreicht
ist, worauf das Abstechen in die Ingotsformen und das weitere Auswalzen derselben
wie beim Bessemerstahl erfolgt. Da das Probeziehen sehr erleichtert ist, gelangt
man sicherer als beim Bessemerverfahren zu der gewünschten Stahlqualität.

Die Schweißeisenschienen standen bis zum Beginne der Siebziger Jahre fast
ausschließlich in Verwendung. In sehr bescheidenem Maße, was bei der Kostspielig=
keit des Fabrikates begreiflich ist, bediente man sich der Schienen aus Tiegelguß=
stahl. Häufiger waren die Puddelstahlschienen, d. h. die Schweißung und Aus=
walzung einzelner Stahlplatten. Seitdem hat die Erzeugung der Stahlschienen nach
dem vorgeschilderten Verfahren die Oberhand gewonnen. Damit nicht befriedigt,
sann man auf ein Mittel, welches dem Uebel aller homogenen Schienen abhelfen
sollte, nämlich deren Entwerthung in Folge des Auswechselns bei oft nur geringer
Beschädigung an einer einzelnen Stelle.

Das Ergebniß war die sogenannte »zusammengesetzte Schiene«, welche in
Amerika bereits im Jahre 1840, einige Jahre später in Deutschland in Aufnahme
kam. Dem angestrebten Zwecke gemäß bestand diese Neuerung im Wesentlichen darin,
daß beim Schadhaftwerden des Kopfes der Schiene nur dieser ausgewechselt zu
werden brauchte. Zu diesem Ende wurde die Schiene aus mehreren Theilen zu=
sammengesetzt, deren Anordnung aus den beigegebenen Figuren zu ersehen ist. Je
nach der Zahl der Theile unterschied man zwei= oder dreitheilige Schienen, wobei
die Anordnung getroffen werden konnte, daß der Kopftheil aus besonders wider=
standskräftigem Material hergestellt wurde. Die zweite und vierte der angefügten
Figuren zeigen diese Anordnung. Die umständliche Herstellungsweise dieser Art von
Schienen, sowie ihr bedeutendes Gewicht haben ihre Verwerthung verhindert.

Es leuchtet Jedem ein, daß die Schienen, insbesondere diejenigen auf den
Hauptbahnen mit sehr dichtem Verkehre, in hohem Grade in Anspruch genommen
werden. Mit der Einführung der Stahlschienen wurde deren Abnützungsfähigkeit
erheblich gesteigert, so daß die durchschnittliche Dauer derselben, je nach dem
Charakter der Bahn als Thal= oder Gebirgsbahn, auf 20 bis 30 Jahre ange=
nommen wird, während eiserne Schienen nur etwa die Hälfte dieser Zeit stand=
hielten. Interessanter sind die Erfahrungen rücksichtlich des Maßes der Abnützung

an den Schienenköpfen. Nach den vorliegenden Aufzeichnungen des »Vereins
Deutscher Eisenbahnverwaltungen« tritt ein Abschleifen des Schienenkopfes um
1 Millimeter unter den günstigsten Bedingungen (geringste Steigung, großer Curven-
halbmesser, Strecken, auf welchen nicht gebremst wird) erst bei einer auf dem betreffenden Geleise fortbewegten Bruttolast von 10 bis 20 Millionen Tonnen ein. Dieselbe
wird aber bedeutend geringer bei minder günstigen Verhältnissen, indem sie auf
Bahnen mit mittlerem Gefälle, auf welchen theilweise gebremst wird, auf 6 bis
7 Millionen Tonnen, bei stärkeren Steigungen und Curven mit mittlerem Krümmungshalbmesser auf 4 Millionen Tonnen, und bei den stärksten Steigungen und
Curven mit kleinstem Radius vollends auf 1 bis 2 Millionen Tonnen herabgeht.

Neben dieser regelmäßigen Abnützung sind indes die Schienen auch der unregelmäßigen Abnützung ausgesetzt, welche sich entweder auf Zufälligkeiten oder in
der Beschaffenheit des Materials gründet. Hierher gehören die als »Schienenbrüche«
auftretenden kleinen Querrisse, die Abbröckelungen einzelner Stellen des Schienenkopfes (»Ausbrüche«) und die entweder auf Schweißfehlern oder im Schienenkörper

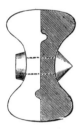  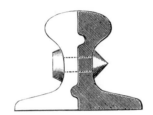 

Zusammengesetzte Schienen.

verbliebenen Gußblasen rückzuführenden »Druckflecken«, nämlich kleinen Vertiefungen
auf der Lauffläche der Schienen. Sehr interessant ist die Wahrnehmung, daß unter
sonst gleichen Verhältnissen die Schienen jener Geleise, welche (wie bei den zweigeleisigen Bahnen) nur in einer Richtung befahren werden, eine geringere Abnützung aufweisen als die Schienen eingeleisiger Bahnen, auf welchen der Verkehr
in beiden Richtungen stattfindet. Außerdem können unter sonst gleichen Verkehrsverhältnissen in Bezug auf die bewegten Massen die einzelnen Formen der unregelmäßigen Ausnützung in verschiedenem Grade auftreten, je nach dem Zustande des
Oberbaues, der Fahrgeschwindigkeit, den Witterungs-, Steigungs- und Richtungs-
verhältnissen der Bahn. Bei den Schweißeisenschienen war die regelmäßige Abnützung am stärksten bei jenen Bahnen, die ihre Fahrzeuge mit Radreifen aus
Stahl ausgerüstet hatten, welcher Umstand die Einführung der Stahlschienen
beschleunigte.

Neben den vorstehend skizzirten Formen der Schienenabnützung kommen noch
die Deformationen in Betracht, welche eine Folge von Spannungszuständen im
Schienenkörper selbst sind. Die Untersuchungen hierüber sind sehr complicirt,
wurden aber schon vor geraumer Zeit in sehr exacter Weise (insbesondere durch

M. M. von Weber) angeſtellt, ſodann durch andere Techniker bis in die jüngſte Zeit fortgeſetzt, ohne daß die Ergebniſſe einen definitiven Abſchluß gefunden hätten. Die fraglichen Spannungen werden durch die Bewegung der Fahrzeuge bedingt, durch den ſenkrechten Druck, welche Durchbiegungen veranlaſſen, alsdann durch den unruhigen Gang der Fahrzeuge und deren ſeitliche Angriffe auf die Schienen in den Curven, welche Verdrehungen der Schienen oder deren Umkanten zur Folge haben können. Auch die Aufſchläge der Radreifen auf die Schienenenden an den Stoßverbindungen und die dadurch veranlaßte Inanſpruchnahme der Laſchen, iſt ein Factor, der in Betracht zu ziehen iſt. Das nähere Eingehen in dieſe Verhält= niſſe würde ausſchließlich fachmänniſche Fragen berühren, welche dem Intereſſe des Laien ferneliegen.

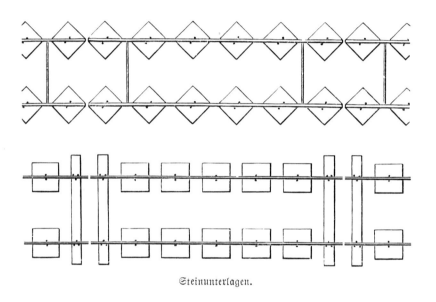

Steinunterlagen.

Wir kommen nun zu einem zweiten Detail des Oberbaues, den Schienen= unterlagen. Ihr Zweck ergiebt ſich aus ihrem Namen. Die Unterlagen ſind entweder aus Stein, Holz oder Eiſen, bei welch' letzterem vorläufig der eiſerne Unterbau nicht in Betracht kommt. Die ſteinernen Unterlagen ſind diejenigen, welche in der Anwendung am weiteſten zurückreichen und theilweiſe bis auf den Tag ſich erhalten haben. Selbſt zu einer Zeit, wo ſie längſt aufgegeben waren, wurde ihre Wiederanwendung bedingungsweiſe angeregt, und zwar vornehmlich unter dem Einfluſſe hoher örtlicher Holzpreiſe, welche die Holzſchwellen ſehr vertheuerten. Am längſten haben ſich auf dem Continent die ſteinernen Unterlagen auf den baye= riſchen Staatsbahnen und auf der Taunusbahn erhalten, doch wird auf erſteren ſchon ſeit einiger Zeit ein planmäßiges Auswechſeln dieſer Unterlagen gegen Holz= ſchwellen vorgenommen.

Die Gründe gegen die Steinunterlagen ſind mancherlei; zunächſt ihre geringe Elaſticität, welche ein ſehr »hartes Fahren« bedingt und dadurch indirect die Ab=

nützung von Schienen und Radreifen erhöht; alsdann die Zerbrechlichkeit der für die Unterlagen benützten würfelförmigen Quader und die Schwierigkeit der Befestigung; schließlich der Mangel eines Verbundes der Auflagepunkte der beiden Schienenstränge eines Geleises untereinander, was insbesondere an den Stößen ein schwerwiegender Nachtheil ist. Um speciell diesem letzteren entgegenzutreten, hat man die Stoßverbindungen mit Zuhilfenahme zweier Holzschwellen bewirkt und andererseits den Verbund der parallelen Gestänge durch. sogenannte »Spurstangen« erzielt. Durch die Anordnung der Steinwürfel mit der Diagonale in der Richtung der Schienenachse glaubte man zugleich mit der Erzielung der größeren Auflagefläche ein wirksames Mittel gegen das Umkanten der Würfel gefunden zu haben. Es hat sich aber ergeben, daß durch diese Anordnung jeder Würfel als Keil wirke, wodurch die Widerstandskraft des Gestänges in der Fahrrichtung nothwendigerweise leiden müsse. Alle diese Details sind in den nebenstehenden Figuren veranschaulicht.

Eine besondere Construction der Steinunterlagen rührt von Stierlin her, welcher an Stelle der Granit- oder Sandsteinwürfel auf künstlichem Wege aus einem Gemenge von Asphalt und Kies erzeugte kreuzförmige Unterlagen empfahl. Zur Aufnahme, beziehungsweise exacteren Verbindung der Schienen mit dem Steinkörper sind drei Eisentheile eingegossen: ein T-Eisen, dessen breite Flansche an der oberen Fläche sichtbar ist und zu unmittelbarer Auflage des Schienenfußes dient; ein zweimal rechtwinkelig umgebogenes Eisen, dessen nach aufwärts stehende und aus dem Steinkörper hervortretende Enden mit Schraubengewinden versehen sind,

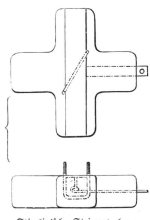

Stierlin'sche Steinunterlage.

welche durch Aufnahme von Muttern die Befestigung der Schiene auf den Unterlagen gestatten; schließlich ein im Steinkörper entsprechend verankertes, seitwärts (an der Innenseite) hervortretendes Flacheisen, zur Aufnahme der Spurstangen. Diese Unterlagen sind ebenso complicirt als theuer und beheben nur theilweise die den Steinunterlagen anhaftenden Mängel.

Die weiteste Verbreitung haben die hölzernen Unterlagen — gemeinhin »Schwellen« genannt — gefunden, und zwar entweder in Form von Langschwellen bei allen aus Flach- oder Brückenschienen hergestellten Gestängen, oder in Form von Querschwellen, wie sie bei dem typischen Oberbau in die Erscheinung treten. Langschwellen fanden übrigens auch beim Stuhlbau und bei den Vignolesschienen Anwendung, ohne daß sie sich zu behaupten vermocht hätten, und zwar aus sehr stichhältigen Gründen. Zunächst sind die Langhölzer schwer zu handhaben, alsdann sind sie dem Werfen und Verkrümmungen ausgesetzt, sie verhindern die Entwässerung des Bettungskörpers und bedürfen überdies der Querverbindungen, um die Spurweite aufrecht zu erhalten.

So wurde nach und nach der Querschwellenbau zum herrschenden und seine Vortheile erwiesen sich bedeutend genug, um zu begreifen, daß derselbe sich durch lange Zeitläufe in unveränderter Gestalt erhalten hat. Das Material der Querschwellen (und Schwellen überhaupt) ist Eichen-, Föhren- und Fichtenholz, seltener Lärchen- und Buchenholz. Die Dauerhaftesten sind die ersteren, die minderwerthigsten die letzteren. Die zu Schwellen bestimmten Hölzer werden in festgesetzten Längen (durchschnittlich 2·5 Meter) und Querschnittsmaßen hergestellt, entweder rechteckig oder trapezförmig behauen oder als halbe Rundhölzer entsprechend zugerichtet, indem man die obere Wölbung, welche zur Aufnahme der Schienen bestimmt ist, abglättet. Die Ausmaße der Schwellen hängen theils von der Güte des Bettungsmaterials, theils von der in Zukunft über die Schienen fortzubewegenden Last ab. Die »Stoßschwellen«, welche zur Aufnahme der sogenannten »ruhenden Stöße« bestimmt sind, müssen stärker dimensionirt werden, weil sie stärker in Anspruch genommen sind, als die Zwischenschwellen.

Die Querschwellen werden auf den (später noch zu besprechenden) Bettungskörper quer zur Längenachse des Planums gebracht, und zwar in bestimmten Ent=

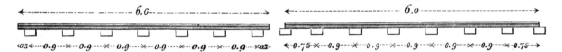

Entfernung der Querschwellen.

fernungen von einander, die sich nach der Stärke der Fahrschienen richten. Bei Hauptbahnen beträgt diese Entfernung einen Meter oder etwas weniger. Ist das Gestänge nach dem Principe des »schwebenden Stoßes« hergestellt, d. h. erhalten die beiden aneinanderstoßenden Schienen an ihrer Trennungsfuge keine Unterlage, so müssen die dem Stoß zunächstliegenden Schwellen bedeutend näher zueinander rücken. Gewöhnlich beträgt das Maß der Entfernung diesfalls die Hälfte des obenstehenden Betrages, oder etwas mehr. Bei Gestängen mit »ruhendem Stoß« pflegt man die der Stoßschwelle benachbarten Schwellen um ein kleines Maß an jene heranzurücken. Die beigefügten Figuren veranschaulichen beide Anordnungen.

Bekanntlich sind die Radreifen der Fahrzeuge nicht cylindrisch, sondern konisch geformt, was zur Folge hat, daß die Schienen, damit deren Köpfe geeignete Laufflächen abgeben können, etwas nach einwärts geneigt sein müssen. Dementsprechend müssen die Schwellen auf den Schienenauflageflächen mit geneigten Einkerbungen versehen, d. h. »gekappt« werden.

Neben den anerkannten Vorzügen fällt den hölzernen Schwellen der schwerwiegende Nachtheil zu, daß sie wenig widerstandsfähig sind und unter dem Einflusse der Witterung sowohl, als durch ihre Inanspruchnahme im Betrieb verhältnißmäßig rasch zu Grunde gehen. Erfahrungsgemäß kommt den eichenen Schwellen eine Dauer von 13 bis 16 Jahren, den kiefernen eine solche von durch=

schnittlich 8, den Tannen= und Fichtenschwellen von 4 bis 5, den Buchenschwellen von 2 bis 3 Jahren zu. Die wenig in Verwendung kommenden Lärchenschwellen erhalten sich durch 7 bis 10 Jahre. Das sind indes nur Durchschnittsziffern, denn es kommen mancherlei Factoren in Betracht, welche für die Dauer der Schwellen maßgebend sind. Unter ungünstigen Witterungsverhältnissen gehen die Schwellen vorzeitig durch Fäulniß zu Grunde, bei starkem Verkehr durch mechanische Angriffe. In Nebengeleisen, welche vom Verkehr wenig in Anspruch genommen werden, erfolgt die schließliche Zerstörung durch Fäulniß, während in Hauptgeleisen die Schwellen durch die fortgesetzten Pressungen und Stöße der Fahrzeuge, lange bevor die Wirkungen der Fäulniß sich fühlbar machen, unbrauchbar werden. Den heftigsten Angriffen sind selbstverständlich die Auflageflächen ausgesetzt; dieselben werden mit der Zeit verdrückt, wodurch neue Kappungen nothwendig werden. Dadurch greift aber diese immer tiefer in das Holz ein und der Schwellenkopf wird derart geschwächt, daß dessen Abknickung zu befürchten ist. Das Auswechseln der Schienen oder die Reparaturen an seitlichen Verdrückungen bedingen ein wiederholtes Aus= ziehen und Wiedereintreiben der Hackennägel, was für das Schwellenholz gewiß

Schienenneigung.

nicht von Vortheil ist. Dazu kommt noch das Aufspalten der Schwellen bei raschem Temperaturwechsel oder aus anderen Ursachen.

Auf dem Wege der Erfahrung haben sich folgende Thatsachen ergeben: Am häufigsten gehen die Schwellen durch »Einfressen«, d. h. durch Zerstörung des Holzgefüges an den Schienenauflagern zu Grunde, eichene Schwellen rascher als kieferne, und zwar im geringeren Maße in den Bahnhofs= und Nebengeleisen als in den Hauptfahrgeleisen. Den nächst höheren Procentsatz weisen die »zernagelten« Schwellen auf, wobei wieder die eichenen gegenüber den kiefernen überwiegen, mit einem geringeren Antheil der Bahnhofs= und Nebengeleise als der Hauptfahrgeleise. Hieran schließen sich (im procentualen Verhältnisse) die durch Fäulniß zu Grunde gegangenen Schwellen mit einem Ueberwiegen der eichenen gegenüber den kiefernen, und zwar gehen diesfalls in den Bahnhofs= und Nebengeleisen fast dreimal so viel zu Grunde als in den Hauptgeleisen. Zuletzt kommen die »aufgespalteten« Schwellen. Hier stellen die Hauptfahrgeleise den größten Procentsatz und überwiegen die eichenen erheblich die kiefernen.

In einem speciellen Falle gestalteten sich diese Verhältnisse wie folgt: Es wurden circa 9000 Schwellen ausgewechselt, hievon etwa 6000 in den Hauptfahr= geleisen, 3000 in den Bahnhofs= und Nebengeleisen, und zwar circa 6200 eichene, 2800 kieferne. Davon waren zerstört durch (in Procenten)

	Verfaulen	Zernageln	Anſpalten	Einfreſſen
in den Hauptgeleiſen	8·2	26·7	20·9	44·2
in den Bahnhofs= und Nebengeleiſen	46·6	23·0	9·3	21·1
überhaupt	21·1	25·5	16·7	36·7

Um die Dauer der Schwellen zu verlängern, werden dieſelben imprägnirt, wobei verſchiedene Methoden in Anwendung kommen, welche insgeſammt dasſelbe bezwecken, nämlich dem Holze den größten Theil ſeines Waſſergehaltes zu entziehen und an deſſen Stelle einen fäulnißwidrigen Stoff zu ſetzen. Erleichtert werden dieſe Verfahren, wenn die zu Schwellen beſtimmten Hölzer in der Zeit, in welcher der Saftumlauf ſiſtirt iſt (alſo im Winter), gefällt und die aufbereiteten Schwellen gut ausgetrocknet werden. Eine gute Nachhilfe ergiebt das Dörren in beſonderen Trockenräumen, oder das »Ausdampfen« in großen Keſſeln. Die eigentliche Im= prägnirung erfolgt alsdann im Großen und Ganzen auf dreifache Weiſe. Die Schwellen werden nämlich entweder in eine wäſſerige Löſung von Queckſilberchlorid eingelegt; oder es wird durch die zu Schwellen beſtimmten, noch mit der Rinde verſehenen Rundhölzer in der Richtung der Faſern eine Kupfervitriollöſung ein= gepreßt; oder es werden die fertigen Schwellen in eigenen Keſſeln, welche eine

Imprägnirmethode nach Boucherie.

Löſung von Zinkchlorid oder Steinkohlen= theer (oder eine Miſchung beider) ent= halten, unter einem Drucke von 8 bis 10 Atmoſphären behandelt.

Das erſtgenannte dieſer Verfahren rührt von Kyan her und wird deshalb »Kyaniſiren« genannt; das Durchpreſſen wurde zuerſt von Boucherie angewendet. Die zuletzt beſchriebene Methode wird das Hochdruckverfahren genannt. Das Kyaniſiren iſt durch die beigefügte Figur erläutert. Es beſteht im Weſentlichen darin, daß von einer Röhrenleitung (B), welche mit einem überhöhten Reſervoir, das die Imprägnirungsflüſſigkeiten enthält, in Verbindung ſteht, kurze Zweigröhren nach den nebeneinander gelegten Rundklötzen derart abgehen, daß ſie in die Stirn= ſeiten derſelben eingeführt werden können. Es iſt indes nothwendig, dieſelbe ent= weder mit einer Blechkapſel (A) oder mit einem Brettchen, das auf einem Ring aus gefettetem Seil aufruht, abzudecken. Die Klötze werden durch entſprechende Unter= lagen in einer geneigten Lage nach der vom Leitungsrohre entgegengeſetzten Richtung erhalten. Durch den hydroſtatiſchen Druck der Imprägnirungsflüſſigkeit dringt die= ſelbe vermittelſt der Zuleitungsröhren in die Rundhölzer ein und wird nach der entgegengeſetzten Richtung durchgepreßt. Hier nimmt ein Canal (C) die austretende, alſo überſchüſſige Flüſſigkeit auf. Da die Imprägnirung der einzelnen Klötze nicht gleichmäßig vorſichgeht, ſind an den Zweigröhrchen Hähne zum abſperren der Zuleitung angebracht.

In neuerer Zeit iſt das Kyaniſiren durch das Hochdruckverfahren verdrängt worden. Hierbei wird eine größere Zahl von Schwellen mittelſt eiſerner Räder=

gestelle, die auf Schienen laufen, in den Imprägnirungsraum gebracht, welcher mit einem Dampfkessel in Verbindung steht. Durch das Einlassen von Dampf wird den Hölzern der Saft entzogen und durch ein Rohr am Boden entfernt. In dem hierauf mittelst einer Dampfpumpe erzeugten luftverdünnten Raume wird die Imprägnirungsflüssigkeit (Zinkchlorid) eingepumpt und der Kessel durch mehrere Stunden einem Drucke von mindestens 8 Atmosphären ausgesetzt. Damit ist das Verfahren beendet. Sehr von Vortheil sind die sogenannten »Imprägnirungswagen«, auf welchen der Apparat montirt ist, und der sonach nicht an einen bestimmten

Imprägnirwagen.

(Nach einer vom Constructeur — Maschinenbau-Gesellschaft in Nürnberg — zur Verfügung gestellten Photographie.)

Ort gebunden ist, sondern überall dort, wo er eben gebraucht wird, in Verwendung treten kann ... Die Erfahrungen, welche man mit imprägnirten Schwellen gemacht hat, lehren, daß ihre Dauer erheblich verlängert wird, und zwar um das Doppelte und Dreifache bei Kiefer= und Fichtenschwellen, etwas weniger bei den Eichenschwellen.

Neben den steinernen und hölzernen Schienenunterlagen sind schon vor mehreren Jahrzehnten auch eiserne in Verwendung gekommen, und zwar hauptsächlich das Graeve'sche »Glockenlager« (Schalenlager), welches umstehend abgebildet ist. Es hat die Form eines kreisrunden, mit der Oeffnung nach abwärts gewendeten Beckens mit angegossenem Stuhle zur Aufnahme der Schiene. Zwei auf der Oberfläche der Wandung angebrachte Löcher hatten den Zweck, das Ein=

ſtampfen des Bettungsmaterials zu geſtatten. Der Werth dieſer »Calotten« ge=
nannten Schalenlager für Eiſenbahnen in tropiſchen Ländern, wo ſie eben haupt=
ſächlich zur Anwendung gelangten und wo die hölzernen Schwellen naturgemäß
ſehr dem Verderben ausgeſetzt ſind, iſt nicht zu unterſchätzen. Da die Calotten nicht
zu ſchwer dimenſionirt werden dürfen, können ſie nur auf Bahnen mit ſchwachem
Verkehr und verhältnißmäßig geringen fortbewegten Laſten mit Vortheil angewendet
werden.

　　Schiene und Schwelle bilden die beiden Organe eines Geſtänges, und müſſen
demgemäß in möglichſt ſoliden Verbund gebracht werden. Es geſchieht dies in ver=
ſchiedener Weiſe bei den Stuhlſchienen und bei den breitbaſigen Schienen. Bei
erſteren gelangen gußeiſerne »Stühle« in Verwendung, dem Weſen nach ſtarke
Lagerplatten mit ſeitlich aufſtehenden Backen und Verſtärkungsrippen. Form und

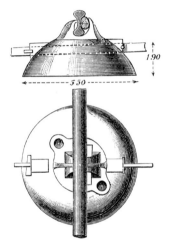

Anordnung dieſer Beſtandtheile ſind aus den bei=
gefügten Figuren zu erſehen. Die Schiene kommt in
den von den beiden Backen gebildeten Hohlraum zu
ruhen, lehnt ſich hierbei an die äußere Backe, und
zwar derart, daß ſie die erforderlich Neigung nach ein=
wärts annimmt, und wird ſchließlich durch Eintreiben
eines Holzkeiles zwiſchen dem Schienenſteg und der
anderen Backe feſtgemacht. Zwei Löcher am Fuße des

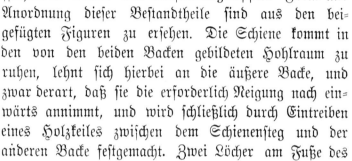

Schalenlager.　　　　　　　　Befeſtigungsweiſe der Stuhlſchienen.

Stuhles dienen zur Befeſtigung deſſelben auf der Unterlage (Steinwürfel oder
Holzſchwelle).

　　Beim älteſten Stuhlbau kamen eiſerne Keile und hölzerne Befeſtigungsnägel
in Anwendung, welche ſich nicht bewährten, die letzteren auch dann nicht, als man
in dieſelben noch überdies einen eiſernen Nagel eintrieb, deſſen breiter Kopf das Ende
des Holznagels abdeckte. Späterhin verwendete man entweder einen oder zwei
gegeneinander getriebene Keile, welche indes den Uebelſtand aufwieſen, daß ſie bei
ſtarker Durchweichung aufquollen und den Stuhl ſprengten, beziehungsweiſe beim
Schwinden der Sonnenhitze locker wurden und herausfielen. Erſt als man lernte,
die verwendeten Keile durch Preſſen und Sieden in Oel ihrer Eigenſchaft der
Volumenveränderung zu entkleiden, gaben ſie gute Befeſtigungsmittel ab. Zur
Verbindung der Stühle mit den Unterlagen bediente man ſich fortan nur mehr
eiſerner Nägel oder Schraubenbolzen.

　　Da die Keilverbindung trotz alledem den ſchwächſten Punkt des Stuhlbaues
bildet, hat es nicht an Verſuchen gefehlt, für die hölzernen Keile Erſatz zu ſchaffen.

Dering empfahl Keile aus cylindrisch geformtem Stahlblech mit dem Querschnitt der gewöhnlichen Holzkeile, konnte aber damit nicht durchdringen. So lange man bei den Stuhlschienen darauf bedacht war, sie durch Wenden entsprechend länger auszunützen, jedoch die Wahrnehmung machte, daß der am Boden des Stuhles aufruhende Schienenkopf Eindrückungen erhielt, ersann man eine Anordnung, welche dahin abzielte, die unmittelbare Berührung des unteren Schienenkopfes mit dem Stuhlboden aufzuheben. Diese Anordnung war ziemlich complicirt und wurde schließlich gegenstandslos, als der Vortheil des Wendens als ein sehr problematischer sich erwies.

Zur Befestigung der Schienen auf den Unterlagen verwendete man ursprünglich Holzschrauben, welche bald durch Nägel und Schraubenbolzen verdrängt wurden. Bei Steinwürfeln als Unterlagen wurden die vorgebohrten Löcher mit Holz ausgefüttert und in dieses die Nägel eingeschlagen. Die Holzschrauben waren besonders bei den auf Langschwellen zu befestigenden Flachschienen beliebt, wobei man die Köpfe der ersteren versenkte und den Löchern in den Schienen eine ovale Form gab, um den durch die Temperaturschwankungen bedingten Bewegungsspielraum zu gewinnen; auch bei den

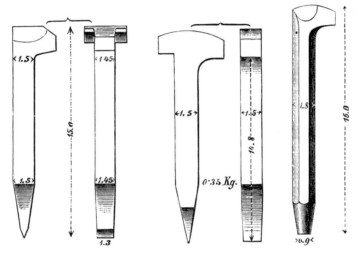

Schienenhakennägel.

breitbasigen Schienen, insbesondere im Langschwellenbau, kamen Holzschrauben in Verwendung, wurden aber mit Verallgemeinerung des Querschwellenbaues allmählich durch die eisernen Nägel verdrängt.

Anfänglich wurden die Nägel durch Löcher im Schienenfuß getrieben, was diesen unbedingt schwächte, so daß es einen wesentlichen Fortschritt bedeutete, als man Hakennägel mit gleichzeitiger Benützung von Unterlagsplatten in Anwendung brachte. Die Hakennägel haben vorwiegend quadratischen Querschnitt, sind gegen die Spitze hin nicht verjüngt und enden in einer Schneide. Die vielfach in Verwendung stehenden achteckigen Nägel laufen in einem kurzen abgestutzten Conus aus. Behufs leichteren Ausziehens der Nägel aus dem Schwellenholze erhalten dieselben hakenförmige Ansätze, entweder je einen zur Seite des Nagelkopfes, oder einen einzigen nach auswärts gerichteten. Neben den Nägeln kamen früher öfters auch Schraubenbolzen vor, doch war ihre Befestigungsweise complicirt, indem die Bolzen von unten her durch im Schwellenholz vorgebohrte Löcher gesteckt

werden mußten, um die Muttern aufſchrauben zu können. Mitunter legte man die
letzteren in der Schwelle feſt und ſchraubte die Bolzen ein. Dieſe Umſtändlichkeiten
ſowohl als die Nachtheile der Schraubenverbindungen in quellendem oder
ſchwindendem Holze, haben dieſelben faſt ganz außer Gebrauch geſetzt.

Die Schienen werden mittelſt der Hakennägel vielfach nicht unmittelbar an die
Schwelle feſtgemacht, ſondern man bedient ſich hierzu eines Zwiſchentheiles, der
ſogenannten Unterlagsplatten. Sie bilden ein ausgezeichnetes Mittel, die durch
die Nägel bewirkte Verbindung zu verſteifen, weil im Falle mechaniſcher Einwirkungen auf die Schiene alle Nägel einer Verbindungsſtelle gemeinſchaftlich in
Anspruch genommen werden. Nebenher mindern die Unterlagsplatten das Eindrücken des Fußrandes der Schienen in die Schwellen ab. Um die Reibung
zwiſchen Platten und Schwellen bei ſeitlichem Drücken der Schienen wirkſam zu
machen, erhalten die erſteren an der äußeren Kante (mitunter auch an der inneren)
einen überhöhten Rand, an welchen ſich die Kante des Schienenfußes dicht anlegt.
Die Löcher für die Nägel werden meiſt dicht an dieſem Rand eingeſtanzt.

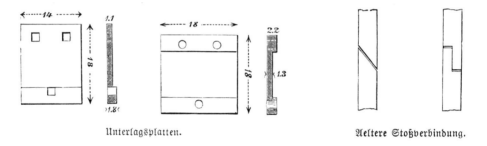

Unterlagsplatten.   Aeltere Stoßverbindung.

Wir kommen nun zur Verbindung der Schienen untereinander, d. h. zur
Fertigſtellung des vollſtändigen Geſtänges. Es iſt dies eine der wichtigſten Manipulationen, da dieſe Verbindungspunkte die ſchwächſten Stellen des Geleiſes ſind.
Die Schienen unterliegen nämlich den Einwirkungen der Temperaturſchwankungen,
d. h. ſie dehnen ſich in ihrer Längsrichtung aus, oder ziehen ſich zuſammen, wodurch es unthunlich erſcheint, die Schienenenden knapp aneinander zu ſtellen. Es
wird vielmehr eine Trennungsfuge freigelaſſen, welche man »Stoß« nennt. Mag
dieſelbe verhältnißmäßig noch ſo ſchmal ſein, immer wird das darüber rollende
Rad an das ihm entgegenſtehende Schienenende aufſchlagen. Erwägt man die
Häufigkeit dieſes Vorganges, ſo ergiebt ſich ohne weiteres, daß die Schienenenden
nicht nur einer ſorgfältigeren Befeſtigung auf den Unterlagen, ſondern zugleich
einer ſehr exacten Verbindung untereinander bedürfen, um der Inanſpruchnahme
durch die Fahrzeuge gewachſen zu ſein.

Die Stoßverbindungen haben eine Zeit vielfacher Experimente hinter ſich
und ſind gewiß auch heute noch verbeſſerungsfähig, obwohl alles Erdenkliche geſchehen iſt, um den Schienenanſchluß zu einem möglichſt ſicheren zu geſtalten. Urſprünglich glaubte man dies durch ſchräges Abſchneiden der Schienenenden oder durch

Zusammenblatten derselben zu erreichen, erzielte aber nicht den gehofften Erfolg; ja die Schienenenden wurden bei diesem Vorgange noch viel rascher abgenützt als sonst. Die erste solide Stoßverbindung, die construirt wurde, bestand in der Unterlegung der Schienenbasis mit einer auf beiden Seiten mit überhöhten Leisten versehenen und durchlochten Unterlagsplatte, und die Befestigung derselben, sowie des Schienenfußes mittelst Nägeln oder Schraubenbolzen an die Schwelle, beziehungsweise den Steinwürfel. Auch der Stuhl wurde zu Versuchen herangezogen, doch zeigte es sich bald, daß in Folge der großen Weite der Stuhlhöhlung, welche durch

Schienenbefestigung an den Stößen.

den breiten Schienenfuß bedingt war, sowie in Folge der unverhältnißmäßig dicken Keile, die aus demselben Grunde zur Anwendung kamen, die Verbindung eine sehr unsichere wurde. Die Backen der Stühle pflegten häufig zu brechen, während die Keile in außergewöhnlichem Maße den Einwirkungen der Witterung ausgesetzt waren.

Die letzte Entwickelungsstufe der Stoßverbindungen ist durch die Verlaschung, die zur Zeit allein im weitesten Umfange in Anwendung stehende, bezeichnet. Das Princip der Verlaschung beruht darauf, daß lange, schmale und entsprechend dicke Platten aus Eisen oder Stahl derart zwischen dem Unterrande des Schienenkopfes und dem unteren Ende des Steges quer über die Fuge der beiden Schienenenden gelegt werden, daß sie dem Schienenkopfe eine widerstandskräftige Stütze gegen seitliche Verdrückungen darbieten. Um dies möglichst vollkommen zu erzielen, muß der

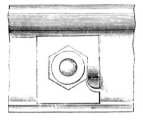 

Verlaschung nach Hohenegger.

Anschluß der Laschen an die Schiene sehr innig und dauernd sein. Die Laschen werden sowohl an der Außen= als an der Innenseite der Schienenenden angelegt und mittelst Schraubenbolzen befestigt.

Ein Uebelstand der den Bolzen anhaftet ist der, daß die Schraubenmuttern in Folge der fortgesetzten Erschütterungen mit der Zeit locker werden, sonach einer unausgesetzten Controle bedürfen. Von den vielen Mitteln, welche zur Beseitigung dieses Uebelstandes theils in Vorschlag gebracht wurden, theils versuchsweise in Anwendung kamen, ist die Anordnung von zwei Muttern mit gleichen oder entgegengesetzten Gewinden und die von Hohenegger herrührende Construction hervor=

zuheben. Bei letzterer wird zwischen der einen Lasche und der Schraubenmutter ein etwa dritthalb Millimeter dickes Metallplättchen von viereckiger Grundfläche eingeschoben, das seitlich mit einem Einschnitte versehen ist. Dadurch läßt sich ein Theil des seitlichen Randes des Plättchens mittelst eines Meißels oder dergleichen aufheben und legt sich dieser Aufbug derart an die Mutter, daß diese nicht losgehen kann, es wäre denn, sie übertrüge die Bewegung auf das Plättchen. Das ist aber deshalb ausgeschlossen, weil die hintere Kante des letzteren auf dem Schienenfuß aufliegt, eine drehende Bewegung also nicht annehmen kann.

Was den Querschnitt der Laschen, beziehungsweise die Form der Flächen derselben, soweit sie mit den Schienen in Contact kommen, anbelangt, kommt diesem Detail eine größere Bedeutung zu, als dem Uneingeweihten plausibel erscheint. Ursprünglich gab man den beiden Berührungsflächen oben und unten eine convexe Form, kam aber bald davon ab und ließ an ihre Stelle ebene Flächen treten. Ferner erhielten die Laschen durch eine stärkere Dimensionirung der aufliegenden Theile und Geradführung des Mitteltheiles eine zweckentsprechende Versteifung.

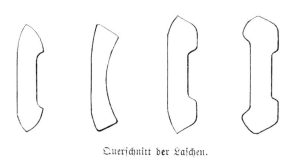

Querschnitt der Laschen.

Die Laschen erhalten vier Löcher, welche mit den Löcherpaaren der beiden Schienenenden correspondiren. Um zu verhüten, das beim Festnehmen der Muttern die Bolzen sich mitdrehen, erhalten die Löcher hinter dem Kopfe einen quadratischen, ovalen oder in anderer Weise geformten Querschnitt, mit welchem sie in den entsprechenden Vertiefungen in der Lasche sitzen, oder man läßt die quadratischen Köpfe der Bolzen zwischen zwei Längsstreifen der einen Lasche greifen, wodurch gleichfalls das Drehen verhindert wird. In Berücksichtigung der Ausdehnung der Schienen nach ihrer Längenachse erhalten die Löcher in den Schienenenden entweder einen größeren Durchmesser, oder man giebt ihnen eine ovalängliche Form, wodurch der erwünschte Spielraum erzielt wird.

Wir haben bisher nur im Allgemeinen über die Stoßverbindungen gesprochen, ohne Rücksicht auf die Lage des Stoßes selbst in der Bettung. Dieselbe ist von größter principieller Wichtigkeit und bildete durch lange Zeit den Gegenstand eingehender Controversen. Man unterscheidet nämlich den »ruhenden Stoß« und den »freiliegenden (schwebenden) Stoß«; im ersteren Falle kommen die beiden Schienenenden auf eine Unterlage zu ruhen, an der sie in herkömmlicher, aber sorgfältigerer Weise befestigt werden, während im zweiten Falle die Unterlage entfällt, indem die unmittelbar einander benachbarten Schwellen, welche zu diesem Ende auf die Hälfte der normalen Entfernung (von Schwelle zu Schwelle) herangerückt werden, die Unterstützung übernehmen.

Auf den ersten Blick erscheint der ruhende Stoß, bei welchem neben der Laschenverbindung auch die Befestigungstheile zwischen Schienen und Schwelle zur Vergrößerung des innigen Anschlusses der beiden Schienenenden beitragen, als die einzig rationelle Stoßverbindung. Es hat sich aber ergeben, daß der schwebende Stoß erheblich niedrigere Unterhaltungskosten verursachte, und daß die von gegnerischer Seite vorgebrachten Befürchtungen, es könnten bei Anwendung schwebender Stöße in starken Gefällsstrecken Laschenbrüche eintreten, nach dem Stande der praktischen Erfahrung nicht eintraten. Interessant ist, daß die erste Anwendung des schwebenden Stoßes nicht das Ergebniß einer sachgemäßen Erwägung war, sondern sich ganz zufällig ergab. Als nämlich in England die Verlaschung der Stuhlschienen in Aufnahme kam und der beiderseits mit Laschen gedeckte Stoß nun keinen Platz in den Stühlen fand, stand man vor der Wahl, entweder größere Stühle für die Stoßschwellen einzuführen, oder die Stöße überhaupt nicht zu unterstützen. Man entschloß sich für den letzteren Ausweg und die damit gemachten Erfahrungen waren durchaus befriedigende.

Die gewöhnliche Anordnung der Unterlagen am schwebenden Stoß ist, wie erwähnt, die, daß man die Schwellen auf das halbe Maß der normalen Entfernung der Zwischenschwellen aneinanderrückt. Es wurde aber auch der Vorschlag gemacht, sogenannte »excentrische« Stöße auszuführen, indem empfohlen wurde, die Fuge nicht in der Mitte zwischen beiden Schwellen zu verlegen, sondern sie um ein bestimmtes Maß seitlich zu schieben, und zwar gegen diejenige Schwelle, welche dem anfahrenden Zuge zunächst gelegen ist. Diese Anordnung paßt selbstverständlich nur für solche Bahnen, deren Geleise immer nur nach einer Richtung befahren werden, also ausschließlich für zweigeleisige. Mit der vorstehenden Anordnung erwartete man den Aufschlag der Räder beim Uebergange über die Fuge noch weiter zu mildern, wenn sich das kürzere Ende unter der Last eines Rades nicht stärker durchbiege als das längere, erst durch Vermittlung der Laschen gebogene. Der Vorschlag hat keine praktische Verwerthung gefunden. Ebensowenig konnte man sich mit den sogenannten verwechselten Stößen (Stößen im Verband) befreunden, bei welchen die Stöße entweder um eine Schwellenentfernung oder um halbe Schienenlänge gegeneinander versetzt sind, im Gegensatze zu der normalen Anordnung, bei welcher die Fugen einander gegenüberliegen.

Bei dem fortgesetzten Bestreben, die Verlaschungen zu verbessern, ergaben sich im Laufe der Zeit mancherlei Constructionen, die der Vollständigkeit halber hier erwähnt werden sollen. Der Engländer Dering schlug sogenannte »Federlaschen« vor, elastische Stahlbleche, welche den Kopf der Stuhlschiene oder den Fuß der Vignolesschiene, sowie den Steg derselben mit dichtem Anschlusse umfassen und vermöge ihrer Elasticität sich fest an dieselben anlegen. Heusinger v. Waldegg empfahl Nieten aus weichem Eisen an Stelle der Bolzen. Eine ältere Anordnung besteht darin, daß statt vier nur drei Bolzen in Anwendung kamen, zwei seitliche und ein mittlerer, welcher genau durch die Stoßfuge hindurchging. Andere

Formen der Stoßverbindungen sind die Winkellaschen, deren Anordnung aus
den beigegebenen Figuren zu ersehen ist. Man gab den Laschen entweder eine den
Schienenfuß übergreifende Form, wobei der rechtwinkelig abgebogene Theil ent=
weder mittelst Bolzen mit der Schwelle verschraubt wurde oder nicht, oder man
verlängerte die äußere Lasche bis zur Höhe der Lauffläche des Schienenkopfes,
wodurch die Räder eine breitere Unterstützung erhielten, u. dgl. m.

Wenn wir Alles das, was wir in knapper Form über die Organe eines
Geleises vorgebracht haben, noch einmal überblicken, wenn wir ferner die Wirk=
samkeit dieser Organe gegenüber den mechanischen Angriffen, denen sie ausgesetzt
sind, in Betracht ziehen, wird vielleicht mancher Leser von der verhältnißmäßig
großen Subtilität überrascht sein, welche einer Construction zukommt, bei der man
sie, obenhin betrachtet, schwerlich voraussetzen würde. Die Geleisanlagen sind der=
jenige Theil der Eisenbahnen, welche vermöge ihrer Natur in technisch=wissenschaft=
licher Beziehung eine ausschließlich nur auf Erfahrungssätzen begründete Vervoll=
kommnung erhalten konnten, entgegen anderen Materien des Eisenbahnwesens,

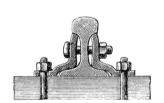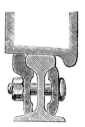

Verschiedene Methoden der Laschenverbindung.

welche, wie der Maschinenbau, der Tunnel= und Brückenbau, ihre Entwickelungs=
stadien parallel mit den allgemeinen Fortschritten der Technik durchmachten.

Um die Menge der bei der soliden Herstellung eines Geleises in Frage
kommenden Factoren klarzulegen, bedürfte es nur des Hinweises auf die diesbezüg=
liche, ungemein reichhaltige einschlägige Literatur, unter welcher es Werke giebt, die
auf streng wissenschaftlicher Grundlage fußen. Ein Buch, wie beispielsweise dasjenige
des Freiherrn M. M. von Weber, welches von »der Stabilität des Gefüges der
Eisenbahngeleise« handelt, wird selbst ein nicht fachmännisch, aber mit den Ge=
setzen der Mechanik vertrauter Leser mit großem Vortheile durcharbeiten. Hierbei
bewährt sich v. Weber's stylgewandte Feder, die selbst einem so spröden Stoff, gleich
dem, um welchen es sich hier handelt, eine lebensvolle Anschaulichkeit aufzudrücken
versteht. Die wörtliche Wiedergabe seines zusammenfassenden Urtheils über die Be=
deutung der bei einem Geleise in Betracht kommenden Kräfte und Wirkungen
wird dies bezeugen. »Lassen wir den Blick,« sagt v. Weber, »von der historischen
Ermittlung auf die experimentative hinübergleiten, so tritt uns eine auffallende
Thatsache entgegen, deren Wunderbarkeit fast nur noch dadurch übertroffen wird,
daß sie so wenig gekannt und noch weniger sorgsam beachtet worden ist:

Daß schon seit mehr als einem Menschenalter die Transportmassen der Eisenbahnen, alle die kraftvollen und schnellen Maschinen, die zahllosen Fuhrwerke auf Wegen hinrollen, deren Geschmeidigkeit so groß ist, daß jedes Rad eine Welle in dieselben eindrückt, daß sie jede Schwankung der Fuhrwerke in der Horizontalen verschiebt und deren ganzer Zusammenhalt, insoweit er von der Widerstandsfähig= keit ihrer mechanischen Organe abhängt, im Verhältnisse zu den Einwirkungen, welche die Fuhrwerke darauf äußern, ein so unzureichender ist, daß fast jede jener Einwirkungen ihn bis an die Grenzen höchster Gefahr anstrengen, ja zerstören müßte, wenn nicht jedes Fahrzeug in seiner und der Last, die es trägt, erst das kräftigste Agens für den Zusammenhalt unserer Geleise, die Reibung mit sich brächte, überall so ein Unzulängliches antreffend und ein Unzulängliches hinter sich lassend.«

Anknüpfend an die vorausgegangenen Mittheilungen, ergänzen wir dieselben durch etliche Bemerkungen über den Oberbau der amerikanischen Eisenbahnen, bei welchem vielfach abweichende Anordnungen sich geltend machen. Was zunächst die Schienen anbelangt, sind sie durchwegs Vignolesschienen, doch zeigen die Bahnen wenig Uebereinstimmung in den Profilen, Dimensionen und dem Gewichte pro Längeneinheit. Sehr groß ist der Aufwand von Schwellen, was theils durch den großen Holzreichthum des Landes ermöglicht wird, theils ein Gebot der Noth= wendigkeit ist, da die dichtere Lage der Schwellen bis zu einem gewissen Grade die Gebrechen eines nicht immer tadellosen Unterbaues paralysirt. In den Geleisen der meisten nordamerikanischen Eisenbahnen liegen die Schwellen so dicht, daß ihre Entfernung von einander (von Mitte zu Mitte) fast immer kaum 0·6 Meter beträgt. Ja auf einzelnen Bahnen pflegt man die Schwellen nur so weit von einander zu legen, daß die Breite des Zwischenraumes nahezu der Breite der Schwelle gleich ist.

Die Länge der Schienen ist in der Regel 30 englische Fuß, somit circa 9·15 Meter. Das Material war bis vor dem Aufschwunge der Bessemerstahl= industrie stets Eisen, doch trat der Bessemerstahl, welcher nicht nennenswerth theurer ist, schon vor anderthalb Jahrzehnten in den Vordergrund. Interessant ist eine Mittheilung, welche der Ingenieur E. Pontzen macht. Darnach mußten die Eisenschienen einer Bahn nach circa einem Jahre, innerhalb welcher Zeit 2,263.675 Tons über dieselbe geführt worden waren, beseitigt werden. Ueber die nachher eingelegten Stahlschienen sind in den ersten neun Jahren circa 24,300.000 Tons geführt worden, ohne daß die ersteren nennenswerth gelitten hätten.

Bezüglich der Verbindung der Schienen untereinander kommen alle erdenk= lichen Anordnungen, von der primitivsten bis zur beststudirten vor. Vielfach behilft man sich ohne Kuppelung und legt eine Platte unter den Stoß. Fehlt auch diese Platte, so sind die Nägel, welche am Ende jeder Schiene in die Stoßschwelle getrieben sind, die einzige Gewähr dafür, daß die aufeinanderfolgenden Schienen

ihre gegenſeitige Lage beibehalten. Indes ziehen die meiſten Bahnen den ſchweben=
den Stoß vor und erfolgt diesfalls die Kuppelung mittelſt Winkellaſchen, durch
deren horizontale Flanſchen die Nägel eingreifen und auf dieſe Weiſe der Ver=
ſchiebung vorbeugen. In früherer Zeit verwendete man häufig hölzerne Kuppelungs=
ſtäbe, welche über die Querſchwellen reichten und 1·50 Meter lang, 0·15 Meter
breit und 0·08 Meter hoch waren. Dieſe aus Eichenholz hergeſtellten Kuppelungs=
ſtäbe waren durch vier Schrauben mit den Schienen, deren Stoß von einer
Schwelle unterſtützt war, verbunden. Den außen angebrachten Stäben gegenüber
wurden an der inneren Seite eiſerne Laſchen mittelſt der zwei den Schienenenden
zunächſt ſtehenden Schrauben befeſtigt. Die Vorkehrungen zur Verhinderung des
Loswerdens der Schraubenmuttern ſind ſehr zahlreich und ſind dieſelben mehr
oder weniger den auf europäiſchen Bahnen zu gleichem Zwecke angewandten
Mitteln ähnlich.

Außer den Stoßverbindungen, welche durch hochkantige, an den Schienenkopf
und Schienenfuß anſchließende Laſchen erzielt werden, giebt es auch Verbindungen,

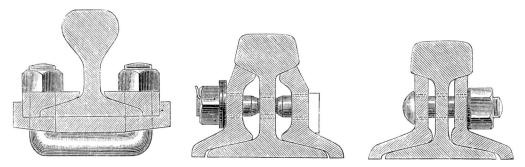

Befeſtigung der Schienen auf nordamerikaniſchen Bahnen.

welche nur an den Schienenfuß anſchließen. Bei unterſtützten Schienen begnügt
man ſich fallweiſe damit, die Unterlagsplatten beiderſeits mit zwei Einſchnitten
zu verſehen und von den dadurch gegebenen drei Lappen auf jeder Seite die mittlere
derart aufzubiegen, daß ſie ſich an die Unterſeite des Schienenkopfes ſtützt. Die
vier übrig bleibenden Lappen werden in gewöhnlicher Weiſe mittelſt Hakennägeln
an der Schwelle oder zwei einander benachbarten Schwellen befeſtigt. In dieſem
Falle erhalten die Flanſchen eine Länge von 0·6 Meter. Die Schrauben, welche
den Schienenfuß zwiſchen der Sohlplatte und den Uebergreifungsplatten feſt=
klemmen, haben immer zwei und zwei einen gemeinſchaftlichen Schaft, welcher,
gabelförmig abgebogen, quer unter dem Schienenfuße liegt.

Die Stöße der beiden Geſtänge liegen nicht in derſelben Querachſe des Ge=
leiſes wie bei uns, ſondern ſind derart gegeneinander verſetzt, daß die Stöße des
einen Geſtänges gegenüber der Mitte der Schienen des anderen Geſtänges zu
liegen kommen. Eine eigenthümliche Vorſchrift, welche J. Broſius mittheilt, beſteht
auf der Pennſylvaniabahn. Sie lautet, daß die Köpfe der Schwellen bei einem
Doppelgeleiſe an den Außenſeiten, bei einem einfachen Geleiſe aber nur diejenigen

in der Richtung nach Norden oder Westen rechter Hand gelegenen, mit dem Ge=
stänge parallel ausgerichtet sein müssen.

Auf den amerikanischen Bahnen werden die Schwellen nicht gekappt. Mit der
Imprägnirung der Schwellen hat man sich bis zur Zeit nicht befreunden können,
da der Holzreichthum des Landes einen größeren Aufwand gestattet. Da aber
einerseits die dichte Lage der Schwellen, anderseits die höheren Arbeitslöhne das
Auswechseln der Schwellen sehr vertheuern und überdies Klagen über die zu=
nehmende Devastirung der Wälder laut werden, wird die Zweckmäßigkeit der Im=
prägnirung früher oder später zur Geltung kommen, wenn nicht die allgemeine
Einführung des eisernen Oberbaues diese Vorsorge gegenstandslos machen würde.

---

2. Anlage der Geleise.

Die Schienenunterlagen werden nicht unmittelbar auf den Bahnkörper gelegt,
sondern in eine Anschüttungsmasse, welche man die Bettung nennt. Sie ist deshalb
erforderlich, weil der durch den Unterbau gewonnene Erdkörper in den seltensten
Fällen die Eignung besitzt, den Schwellen ein sicheres Auflager darzubieten; sie
würden unter dem Gewichte der auf den Schienen fortbewegten Lasten sehr bald,
und zwar nicht allerorten im gleichen Maße, in den Bahnkörper eingedrückt werden
und dadurch Lagenveränderungen des Schienengefüges hervorrufen. Aber selbst
vorausgesetzt, daß es möglich wäre, ohne alle weiteren Maßnahmen durch un=
mittelbares Auflegen der Unterlagen auf die Dammkrone oder die Einschnittsohle
eine günstige Druckvertheilung und dadurch die Standfestigkeit der Schienenstränge
zu erzielen, wäre noch immer ein schwerwiegender Uebelstand zu bekämpfen. Durch
das Einbetten der Unterlagen in die Anschüttungsmasse oder in den gewachsenen
Boden würden nämlich die ersteren entweder in ein sehr wenig oder gar nicht
durchlässiges Material zu liegen kommen und dadurch rasch dem Verderben
(der Fäulniß) ausgesetzt werden. Auf felsigem Boden aber ergäbe sich der Uebel=
stand, daß durch den Mangel eines elastischen Unterlagsmaterials die durch die
Labilität der Constructionstheile gegebene Beweglichkeit ihre Wirksamkeit einbüßte,
ganz abgesehen davon, daß dem Geleise durch den Mangel einer zweckmäßigen
Lagerfläche nur ein sehr geringer Grad der Standfestigkeit in Bezug auf die seit=
lichen Druckwirkungen zukäme.

Aus all diesen Gründen bildet der Bettungskörper einen nothwendigen
Bestandtheil einer Bahnanlage. Er soll aus einem möglichst wasserdurchlässigen
Materiale von großem Reibungswiderstande bestehen, um einerseits die Unterlagen

vor Nässe und deren schädlichen Folgen zu bewahren, anderseits ihr Beharrungs=
vermögen und damit zugleich die Stabilität des Geleises zu erhöhen. Das beste
Bettungsmaterial ist Steinschlag, demnächst grober Flußkies, wogegen Grubenkies
wegen der ihm anhaftenden erdigen Bestandtheile minderwerthig ist.

Bezüglich der Art, wie die Bettung angeordnet wird, unterscheidet man
zwei Formen. Bei der einen, der sogenannten amerikanischen Bettung
(»Kofferbettung«), wird auf der Dammkrone, beziehungsweise auf der Einschnitts=
sohle ein zur Aufnahme des Bettungskörpers erforderlicher Raum (Koffer) aus=
gespart, dessen Tiefe der Dicke der Bettung entspricht und dessen Breite um ein

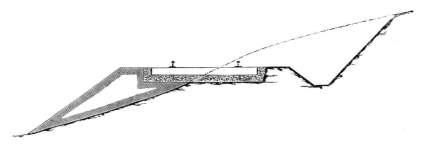

Amerikanische Bettung.

geringes Maß über die Schwellenlänge genommen wird. Diese Methode hat den
Nachtheil, daß sie einem der Haupterfordernisse, welche man an eine zweckmäßige
Bettung zu stellen hat, nämlich der Wasserdurchlässigkeit, in mangelhafter Weise
gerecht wird. Das Niederschlagswasser, das in den Bettungskörper eindringt, vermag

Englische Bettung.

nämlich seitlich nicht zu entweichen, wodurch eigene Entwässerungsanlagen — nach
beiden Seiten in der Bahnachse etwas geneigt verlaufende Längsdohlen —
nothwendig werden. Da nun die Neigung der Längsdohlen nicht ausgiebig genug
hergestellt werden kann, mäßige Neigungen aber durch das »Setzen« der Lager=
fläche des Oberbaues sehr bald ausgeglichen werden, verliert die Entwässerungs=
anlage ihre Wirksamkeit.

Aus diesem Grunde kommt ganz allgemein eine andere Form der Bettung,
die sogenannte englische Bettung in Anwendung. Bei dieser reicht der Unterbau
der Dämme oder Einschnitte nur bis etwa 0·5 Meter unter die Schienenunterfläche,
worauf dann der nach beiden Seiten hin vollkommen freiliegende Bettungskörper
aufgeschichtet wird. Die Vortheile dieser Anordnung ergeben sich ohne weiteres aus

der Thatsache, daß das freiliegende Bettungsmaterial das Niederschlagswasser rasch und vollständig abführt, indem es seitlich ausbricht, vorausgesetzt, daß der Zustand des Oberbaues ein Einsickern in demselben verhindern würde.

Bei nicht genügend consolidirtem Unterbau genügt die bloße Anschüttung des Bettungsmateriales nicht und muß in diesem Falle die Lagerfläche mit einer Steinpackung abgedeckt werden, um eine gleichmäßige Druckvertheilung zu erzielen. Tritt der vorerwähnte Uebelstand in mäßigem Grade auf, so genügt es, der Bettungsschichte eine größere Tiefe (Dicke) zu geben, was auch immer dann noth-

Herstellung des Bettungskörpers auf amerikanischen Eisenbahnen mittelst Steinbrechmaschine.

wendig ist, wenn das Bettungsmaterial sich als minderwerthig erweist, oder wenn der Bahnkörper an sich wenig wasserdurchlässig ist. In letzterem Falle kann es nämlich geschehen, daß durch Ansammlung des Niederschlags- und Grundwassers, welches bei Frostwetter gefriert, das Geleise gehoben wird, beziehungsweise beim Aufthauen einsinkt. Aus diesem Grunde muß die Bettung in Einschnitten mit größerer Sorgfalt hergestellt werden als auf Dämmen, bei welch' letzteren ohnedies durch die in der ersten Zeit des Betriebes eintretenden Setzungen ein fortgesetztes Nachschütten von Bettungsmaterial als nothwendig sich erweisen wird.

Da es nicht möglich ist, die obere Fläche des Bettungskörpers mathematisch genau flach herzustellen, oder ihr den für die betreffende Bahnstrecke festgesetzten Neigungswinkel zu geben, werden die Schwellen, nachdem die Gestänge auf ihnen befestigt sind, »unterstopft«, wozu man sich eines Werkzeuges bedient, das einer gewöhnlichen Krampe gleichsieht, nur daß sie an Stelle der Schneide eine wulst= förmige Verdickung hat. Das für die Unterkrampung nothwendige Material wird zwischen die Schwellen geschüttet und von hier von einigen Arbeitern in gleich= mäßigen Schlägen unter die Schwellen getrieben, und zwar so lange, bis einerseits der erforderliche dichte Anschluß zwischen dem Bettungsmaterial und der Unter= seite der Schwellen, anderseits die glatte Lage der Schienen erzielt ist. ... In Nordamerika bedient man sich neuerdings einer eigens für Bettungszwecke con= struirten Steinbrechmaschine, welche von einer Locomotive gezogen wird. Seitlich der Schienen aufgeschichtete Bruchsteine liefern das Material, das in die Maschine eingebracht, von dieser zerkleinert und ausgestoßen wird. Der übrige Vorgang ist aus der beigegebenen Abbildung zu ersehen.

Wie wir erfahren haben, setzt sich die Oberbauconstruction aus der Bettung, den Unterlagen (Schwellen, Steinwürfeln) und den Schienen zusammen, wozu noch das zur Verbindung der letzteren untereinander und zu ihrer Befestigung auf den Unterlagen erforderliche Kleineisenzeug (Laschen, Unterlagsplatten, Schienen= nägel und Schraubenbolzen) hinzukommt. Die Herstellung des Oberbaues erfordert indes noch einige Maßnahmen, welche sich auf die Lage der Schienen gegeneinander beziehen. Da ist zunächst die Spurweite, worunter man die Entfernung zwischen den beiden Schienensträngen, senkrecht zwischen den Innenkanten derselben gemessen, versteht. Wie wir bereits an anderer Stelle hervorgehoben haben (S. 58), ist das Spurmaß kein durch sachliche Erwägungen zu Stande gekommenes, sondern lediglich ein zufälliges, indem bei Schaffung der ersten Locomotivbahn die bis dahin auf englischen Geleisstraßen für Landfuhrwerke angewendeten Abmessungen auf jene übertragen wurden.

Diese von Stephenson eingeführte Abmessung, welche in der ersten Zeit der Eisenbahnen theils unverhältnißmäßig überschritten, theils kleiner angesetzt wurde, beträgt 1·435 Meter und ist mit geringen Ausnahmen auf allen Eisenbahnen der Erde unter der Bezeichnung »Normalspur« das herrschende geworden. Eine kleine Abweichung zeigen die französischen Bahnen, bei welchen der Abstand der Geleis= stränge von Mitte zu Mitte der Schienenköpfe mit 1·5 Meter festgesetzt ist, woraus sich als eigentliches Spurmaß (zwischen den inneren Kanten der Schienenköpfe) 1·45 Meter ergiebt.

Die Spurweite einer Bahn ist kein constanter Factor. Abgesehen von den in Folge des Betriebes sich ergebenden Abweichungen, welche bis 3 Millimeter unter und 6 Millimeter über die Normalspur praktisch zulässig sind, bedingt die Lage der Geleise gegeneinander in nichtgeraden Strecken eine Spurerweiterung, deren Maß im Erfahrungswege gewonnen wurde. Mit anderen Worten: in Krümmungen muß die Spurweite nach Maßgabe des Halbmessers derselben und des Achsenstandes der Fahrzeuge, sowie mit Rücksicht auf die Form der Lauf= flächen der Räder und des Schienenkopfes vergrößert werden. Dadurch werden

die in den Curven sich geltendmachenden Bewegungshemmnisse, welche vornehmlich
in der Reibung der Spurkränze an den Innenkanten der Schienen und in dem
Umstande liegen, daß die Achsen der Fahrzeuge nicht mit den Krümmungshalb=
messern zusammenfallen, etwas abgemindert.

Wie es sich damit verhält, erläutert die beigegebene stark verzerrte Zeichnung,
welche die Stellung eines Eisenbahnwagens in
einer starken Krümmung vergegenwärtigt. Aus
dieser Darstellung ist zu ersehen, daß die rück=
wärtige Achse mit dem Krümmungshalbmesser
der Curve zusammenfällt (der technische Aus=
druck hiefür lautet: sie ist »radial eingestellt«),
während dies bei der vorderen Achse nicht der
Fall ist und nicht sein kann, wenn die beiden
Achsen mit dem Wagengestelle fest verbunden

Stellung der Wagenachsen in Curvengeleisen.

sind. Der Parallelismus der beiden Schienenstränge einer Geleiskrümmung bedingt
ferner, daß die äußere Schiene um ein bestimmtes Maß länger ist als die

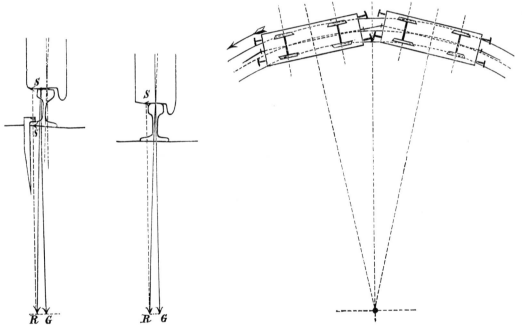

Schienenneigung und Conicität der Räder.   Pufferstellung im Curvengeleise.

innere, der von den außenliegenden Rädern zurückzulegende Weg sonach etwas
länger ausfällt, als der, welchen die innen liegenden Räder zu durchlaufen haben.
Nun stehen aber die Schienen, wie wir bereits früher ausgeführt haben, etwas
nach einwärts geneigt, und die Laufflächen der Räder sind konisch geformt —
eine Anordnung, welche aus dem einfachen Grunde getroffen wird, weil eine
lothrecht stehende Schiene eine cylindrische Lauffläche der Räder bedingen würde,

deren Spurkränze alsdann dicht an die Schienenkanten anschlössen, was nicht
von Vortheil wäre. Durch die Schiefstellung der Schienen erreicht man einerseits,
daß ein Theil des Horizontalschubes aufgehoben wird, anderseits, daß die Schienen
den unvermeidlichen, durch die schlingernden Bewegungen der Fahrzeuge verursachten
horizontalen Stößen besser widerstehen, indem die Resultante aus dem Schienen=
druck G und dem Horizontalschub S durch die Mittellinie der Schiene geht,
während bei geneigten Schienen und cylindrischen Laufflächen dies nicht der
Fall ist. (Siehe die umstehende Figur links unten.)

Betrachten wir nun die S. 187 gegebene bildliche Darstellung, so nehmen
wir wahr, daß beim Befahren der Curven das vordere äußere Rad mit seinem
Spurkranze hart an die Schienenkante sich anlegt, während das hintere innere
Rad sich regelrecht anschmiegt. Dadurch entsteht aber für die rückwärtige Achse
ein ganz verkehrtes Laufkreisverhältniß, indem auf dem äußeren — also längeren
— Strange ein kleinerer Laufkreis zur Berührung gelangt als auf dem inneren
kürzeren. In der That haben Wöhler und Scheffler bewiesen, daß die Conicität
der Radreifen für die Befahrung der Curven keinen Nutzen gewährt, weil trotz
derselben die hierbei auftretenden Kräfte die vorstehend auseinandergesetzte mißliche
Sachlage hervorrufen müssen. Diese Kräfte werden, wie aus der dritten Figur
zu ersehen ist, durch die Zug= und Stoßapparate verursacht, indem die Zug=
kraft nicht mit der Mittellinie des Geleises zusammenfällt, und von den Puffern
nur die innen liegenden wirksam werden. Bei den sechsräderigen Fahrzeugen ist
dieses Verhältniß ein ähnliches, indem (nach Scheffler) diejenige Stellung der sechs=
räderigen Fahrzeuge die größte Wahrscheinlichkeit für sich hat, bei welcher das
äußere Vorderrad und das innere Mittelrad (also nicht das innere Hinterrad) zur
Berührung mit seinem Schienenstrange kommt.

Das Maß der Spurerweiterung begründet sich, wie bereits erwähnt, auf
Erfahrung, die nicht in allen Ländern ein gleiches Resultat ergeben hat. Für die
meisten deutschen und österreichischen Bahnen ist Regel, bei Halbmessern von unter
1000 Metern bis zu solchen von 180 Metern eine successive wachsende Spur=
erweiterung platzgreifen zu lassen, wobei als Maximum 30 Millimeter zu
gelten hat.

So wie die beiden Schienenstränge eines Geleises nicht immer gleich weit
von einander entfernt sind, ebenso wechselt ihre Höhe zueinander, und zwar ist
eine gleich hohe Lage der Schienenköpfe theoretisch nur in vollkommen geraden
Strecken zulässig. In allen Krümmungen wird der äußere Strang je nach der
Größe des Curvenhalbmessers um ein bestimmtes Maß überhöht. Diese Maßregel
ist deshalb nothwendig, weil beim Durchfahren der Curven die äußeren Räder der
Fahrzeuge in Folge ihres Druckes gegen die äußeren Schienen das Bestreben
haben, an denselben aufzusteigen, wobei sie bei größerer Fahrgeschwindigkeit durch
die Wirkung der Centrifugalkraft auf die Fahrzeuge ganz wesentlich unterstützt
werden. Um nun diese Wirkung zu paralysiren, wird der äußere Schienenstrang

überhöht, in Folge dessen sich die Fahrzeuge schief nach innen neigen, und wobei die durch das Gewicht der letzteren wirksam gemachte Seitenkraft in hinreichendem Maße der Centrifugalkraft entgegentritt.

Die Wirkung der Centrifugalkraft äußert sich um so stärker, je kleiner der Krümmungshalbmesser und je größer die Geschwindigkeit ist, mit der die Fahrzeuge die Curvengeleise durchlaufen. Es leuchtet sonach ein, daß schnellfahrende Züge unter sonst gleichen Verhältnissen ein größeres Maß der Schienenüberhöhung erfordern als langsam fahrende. Daraus ergiebt sich ein gewisses Mißverhältniß, indem die größere Ueberhöhung, durch welche die Angriffe der äußeren Räder schnellfahrender Züge auf den äußeren Strang herabgemindert werden, bei langsam

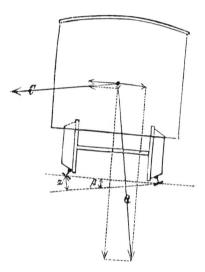

fahrenden Zügen zur Folge hat, daß vermöge des nach innen sich neigenden Gewichtes zahlreicher und schwerer Wagen der innere Strang übermäßig in Anspruch genommen wird. Man hat sonach die Wahl, entweder sich für ein Mittelmaß der Ueberhöhung zu entscheiden und die Fahrgeschwindigkeit schnellfahrender Züge in den Curven-

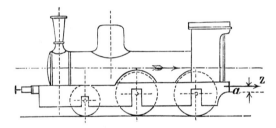

Stellung der Fahrzeuge im Curvengeleise.　　　　Wirkung der Zugkraft.

strecken entsprechend abzumindern, oder die größere Ueberhöhung beizubehalten. In letzterem Falle kann es wohl geschehen, daß sehr lange und schwere Güterzüge gelegentlich einmal in einer Curvenstrecke stecken bleiben, wogegen die Herabminderung der Schienenüberhöhung eine beständige Entgleisungsgefahr in sich schließt.

Dazu kommt noch ein anderer Umstand, der einerseits mit der Construction der Locomotiven, anderseits mit den Wirkungen der Zugkraft zusammenhängt. Dieselbe greift, wie die vorstehende Figur (rechts) darlegt, über der Mittellinie der Achsen an und erzeugt ein Drehmoment ($Z\,a$), welches die Hinterachse stärker belastet, die Vorderachse dagegen entlastet. Zu dieser Kraft tritt noch das Bestreben des in den Federn hängenden Theiles der Locomotive, sich in die Richtung der Fahrt zurückzubiegen (in der Figur durch einen Pfeil angedeutet), so daß bei großer Fahrgeschwindigkeit die Vorderachse ganz wesentlich entlastet wird, was bei der Locomotivconstruction durch eine entsprechende Lastvertheilung Berücksichtigung findet. In den Curvenstrecken bildet nun die Zugkraft (Z) einen Winkel mit der Mittellinie der Locomotive und bewirkt die Componente (Z') der Zugkraft eine Drehung der Locomotive um den in der Mittelachse gedachten Schwerpunkt (C), wodurch die Tendenz zur Entgleisung angebahnt wird. Fährt nun ein Zug — und dies ist das Moment, auf welches wir hinweisen wollten — mit geringer Fahrgeschwindigkeit in die Curve, so findet eine plötzliche und bedeutende Steigerung des Bewegungswiderstandes statt, damit gleichzeitig eine solche der Zugkraft, beziehungsweise der Componente, d. h. die Entgleisungsgefahr wächst mit dem plötzlich und stark vermehrten Entgleisungs-Adhäsionsdruck. Daraus erklärt sich, weshalb beim langsamen Durch-

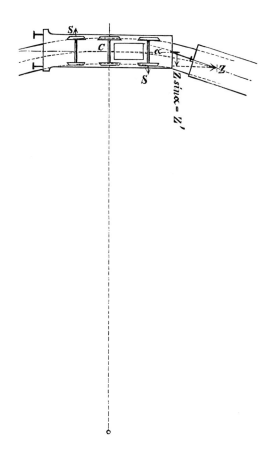

Wirkung der Zugkraft im Curvengeleise.

fahren der Curvenstrecken leichter Entgleisungen stattfinden, als beim schnellen Durchfahren. Die Praxis nützt diesen Erfahrungssatz insoferne aus, daß sie dem Zuge vor der Curveneinfahrt eine große lebendige Kraft ertheilt und durch diese den durch die Curven erhöhten Widerstand ohne Vergrößerung der Zugkraft überwindet. (Siehe nebenstehende Figur.)

Da aus dem Vorstehenden sich ergiebt, daß das schnelle Fahren durch Curven minder gefährlich ist als das langsame Fahren, das erstere aber ein größeres Maß der Schienenüberhöhung bedingt, so wird man sich in dem Falle hiefür entscheiden, wenn auf demselben Geleise auch viele langsam fahrende und schwere Güterzüge verkehren. Im Uebrigen werden die herrschenden Verkehrsverhältnisse für die jeweils als zweckmäßig befundenen Dispositionen maßgebend sein.

Ein wichtiges Moment bildet der Uebergang einer Curve von bestimmtem Krümmungshalbmesser in eine andere, wobei letzterer sich ändert oder vollends in eine gerade Strecke übergeht. Es liegt auf der Hand, daß die Sicherheit des Betriebes es erfordert, daß dieser Uebergang nicht unvermittelt erfolge. Zu diesem Ende wird zwischen je zwei Curven von ungleichem Radius, beziehungsweise zwischen einer Curve und einer Geraden eine sogenannte Uebergangscurve, welche den allmählichen Ausgleich der hier in Betracht kommenden Ueberhöhungsmaße bewirkt, eingelegt. Dieselbe erhält die Form einer cubischen Parabel und gilt der Grundsatz, daß die Länge derselben mindestens das 200fache der Ueberhöhung zu betragen hat. Da beim Abstecken der Bahnachse nur Kreisbögen und gerade Linien berücksichtigt werden, erfordert die Ausführung des Geleises eine theilweise Verlegung der Bahnachse in Folge der einzulegenden parabolischen Uebergangscurven. Indes ist das Maß dieser Verlegung so gering, daß der fertiggestellte Unterbau dadurch nicht berührt wird.

---

3. Der eiserne Oberbau.

Aus den vorangegangenen Ausführungen haben wir entnommen, daß die Bestrebungen zur Erzielung eines den Betriebsansprüchen entsprechenden Oberbaues durch verhältnißmäßig bescheidene Mittel unterstützt werden. Die erreichten Verbesserungen, welche zur Zeit allerdings den billigerweise an die älteren Oberbausysteme zu stellenden Anforderungen Genüge leisten, haben aber ihre Grenze erreicht, so daß auf eine weitere Ausgestaltung der Constructionen mit Beibehaltung der Holzschwellen nicht mehr zu denken ist. Aus Erwägungen dieser Art hat sich denn auch schon vor längerer Zeit die Nothwendigkeit ergeben, versuchsweise von der bestehenden Oberbauform mit Holzschwellen zum Oberbau in Eisen überzugehen und scheinen der allgemeinen Einführung desselben neben den schwankenden Ansichten rücksichtlich des Werthes der einzelnen Systeme vornehmlich örtliche Verhältnisse entgegenzustehen. Denn überall dort, wo der Holzreichthum nach wie vor die Beibehaltung der älteren Construction gestattet, wird man sich von ihr nicht so leicht trennen, da sie bei annähernd gleicher Leistungsfähigkeit billiger zu stehen kommt als der Oberbau in Eisen. Dagegen wird man sich (und es ist dies auch thatsächlich geschehen) in allen Fällen, wo einerseits die hohen Holzpreise, anderseits die Nothwendigkeit, der darniederliegenden Eisenindustrie ein neues Arbeitsgebiet zu öffnen, entscheidend eingreifen, leichter den neuen Systemen zuwenden.

Conform dieses Sachverhaltes sehen wir denn auch in der That die ersten Versuche mit dem eisernen Oberbau in Ländern auftauchen, wo die zuletzt hervorgehobenen Erwägungen den Anstoß zu der hier in Frage kommenden Ausgestaltung der älteren Constructionsform gaben. Großbritannien und Norddeutschland, sowie andere Länder, in denen sich die Eisenindustrie auf einer hohen Stufe befindet, haben den Anfang gemacht, andere Länder sind tastend und zögernd nachgefolgt. Die eingehaltene Vorsicht war insoferne begründet, als mit einemmale zahlreiche Systeme auftauchten, die bald wieder von der Bildfläche verschwanden, um neuen Experimenten Platz zu machen. Je fruchtbarer aber der Erfindungsgeist der Techniker sich erwies, desto skeptischer verhielten sich die meisten Bahnverwaltungen gegenüber den einander drängenden Neuerungen, welche ein Element der Unruhe in altbewährte Baunormen gebracht hatten.

Die Entwickelung des eisernen Oberbaues in allen seinen Stadien zu ver=
folgen ist unthunlich und zugleich dem Orientirungsbedürfnisse des Laien kaum
zweckdienlich, da ihn die Fülle der rein technischen Details verwirren würde. Das
principiell Wichtige läßt sich ohne Schwierigkeiten aus der Vielzahl der auf=
gestellten Systeme herausschälen, wobei wieder gewisse Constructionen typisch hervor=
treten, was die Uebersichtlichkeit ganz wesentlich erleichtert. Zunächst handelt es
sich um zwei Hauptformen, conform den älteren Systemen, nämlich um den
Langschwellenoberbau und den Querschwellenoberbau. Der erstere zerfällt
wieder, je nach der Zahl der die Construction zusammensetzenden Theile, in den
ein=, zwei= und dreitheiligen Oberbau.

Der Urtypus des eisernen Langschwellensystems ist die Woodhouse'sche
Röhrenschiene, welche einen trapezförmigen Querschnitt mit muldenförmiger Ver=
tiefung in der Lauffläche zur Aufnahme der Räder hatte. Diese Construction, bei
welcher die Schienen in den Landstraßenkörper eingelegt wurden, fand bereits im

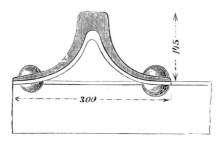

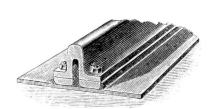

Barlow'sche Schiene.　　　　　　　　　Mac Donell'scher eiserner Oberbau.

Jahre 1805 Anwendung, jedoch nur für Landfuhrwerke. Erst fünfthalb Jahrzehnte
später, also genau zwanzig Jahre nach Eröffnung der ersten Locomotivbahn, griff
Barlow die Idee wieder auf und construirte die nach ihm benannte sattelförmige
Schiene, welche nebenstehend abgebildet ist. Sie fand in England sofort ausgedehnte
Anwendung, und erhielt bald hierauf eine Verbesserung, indem man auf die
Brückenschiene (vgl. S. 158) zurückgriff, sie jedoch etwas schmäler im Querprofil
construirte. Als Unterlage benützte man eine flache, in der Längsmitte mit einer
Rippe versehene eiserne Langschwelle. Zwischen ihr und den nach auswärts ge=
richteten Flanschen der Schiene wurden, um eine größere Elasticität der Fahrbahn
zu erzielen, durchlaufende Holzunterlagen eingeschaltet.

Die Vortheile dieses Systems liegen sowohl in der Längsrippe, welche die
seitliche Verschiebung der Schiene verhütet, als in der breiten Auflagefläche der
Unterlage, was jedenfalls zur Erhöhung der Reibung von Eisen auf Kies beiträgt.
Dagegen ist die Verquickung von Holz und Eisen minder rationell; die verhältniß=
mäßig schwach dimensionirten Unterlagshölzer sind wegen der Unnachgiebigkeit
der darunter liegenden eisernen Langschwellen sehr dem Zerdrücken ausgesetzt.
Außerdem erfordert das flache Auflager der Langschwelle sorgfältige Unterstopfungen,

um Unebenheiten der Lauffläche in der Lothrechten, insbesondere aber Niveau=
differenzen an den Stößen zu verhindern. Das hier besprochene System wurde
zuerst auf der Bahn Bristol=Exeter in England angewendet und hat sich seltsamer=
weise bis auf den Tag erhalten. Sein Urheber ist Mac Donell.

Im Jahre 1865 trat Baurath Hartwich mit einem eintheiligen eisernen
Langschwellenoberbau hervor, bei welchem, wie schon die Bezeichnung andeutet,
von einer Unterlage völlig abgesehen wurde. Zu diesem Ende wählte der Con=
structeur die breitbasige Schiene, gab ihr jedoch ungewöhnliche Abmessungen; ihre
Höhe betrug 28·8 Centimeter, ihr Gewicht etwa um die Hälfte mehr als das bei
den gewöhnlichen Vignolesschienen übliche. Abgesehen von der erhöhten Tragfähig=
keit, welche dieser Schiene in Folge ihres außergewöhnlich hohen Steges zukam,
konnte sie entsprechend tief in die Bettung eingelegt und durch querlaufende Stäbe,
welche abwechselnd durch Löcher unter dem Schienenkopfe, beziehungsweise oberhalb
des Schienenfußes eingriffen, genügend versteift werden. Späterhin erwies sich

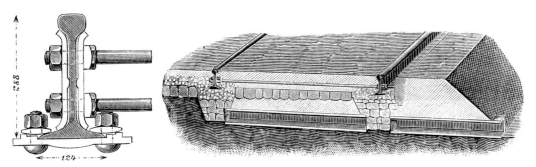

Hartwich's eiserner Oberbau.

die große Höhe des Steges als nicht absolut nothwendig und man reducirte sie auf
23·6 Centimeter. Die beigegebenen Abbildungen veranschaulichen schematisch und
perspectivisch das Hartwich'sche System. Durch Steinsätze unterhalb des Schienen=
fußes und Herstellung von querlaufenden Abzugscanälen wurde sowohl eine
größere Stabilität der Gestänge, als der Anforderung einer ausreichenden Ent=
wässerung des Bettungskörpers Genüge geleistet.

Das Hartwich'sche System ist, wie man sieht, kein Langschwellenoberbau, da es
eintheilig ist und der Unterlage überhaupt entbehrt. Ueber den Werth des Systems
verlautete aus Fachkreisen anfänglich nur Günstiges; später wurden Bedenken wach,
die sich vornehmlich gegen die unelastische Unterlage, welche ein hartes Fahren
zur Folge hat, und gegen die übermäßige Materialverschwendung beim Auswechseln
der Schienen richteten. Auch die Höhe der Unterhaltungskosten wurde beanständet.
Zuletzt kam man zu der Erkenntniß, »daß das eintheilige System um so viel un=
vortheilhafter ist, je weniger die Schiene den Einwirkungen der Züge zu wider=
stehen vermag«. Der Grund der kurzen Dauer der Hartwich'schen Schienen lag
in der schwierigen Schweißung derselben. Auch die Reibung war ungenügend und

die Folge hiervon die mangelnde Widerstandsfähigkeit gegen seitliche Angriffe. Wo es sich um ein geringes Maß von Abnützung in Folge unbedeutender Belastung handelt, das harte Fahren nicht in Betracht kommt und die Berücksichtigung seitlicher Angriffe entfällt, hat sich das Hartwich'sche System übrigens ganz gut bewährt, so auf Pferdebahnen und Localbahnen mit bescheidenem Verkehr.

Ist der eintheilige eiserne Oberbau vereinzelt geblieben, so gilt dies nicht vom zweitheiligen, in welche Gruppe verschiedene, mehr oder weniger brauchbare Systeme fallen. Als erster Versuch dieser Art, der sich indes nur vereinzelt bewährt hat, ist der weiter oben beschriebene von Mac Donell. Dagegen hat das Hilf'sche System die weiteste Verbreitung gefunden, insbesondere auf den preußischen Staatsbahnen und auf den Nassauischen Bahnen. Seine Anordnung veranschaulichen die beigefügten Figuren. Die Langschwelle ist ein muldenförmiger

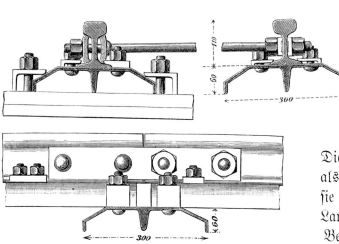

Eiserner Oberbau System Hilf.

polygonaler Körper, der mit seinen seitlichen Flügeln die compacte Unterstopfung des Bettungsmaterials umfaßt und in der Mitte durch eine kräftige Längsrippe versteift wird. Diese letztere hat sich indes nicht als zweckmäßig erwiesen, da sie den im Hohlraume der Langschwelle eingeschlossenen Bettungskörper theilt und in Folge dessen wenig widerstandsfähig macht.

Die zwei aufeinander folgenden Langschwellen lassen zwischen sich einen Raum von 4 Centimeter frei, über welchen der Schienenstoß zu liegen kommt. Die Verbindung der Schienen untereinander ist die gewöhnliche mit Laschen, jene der Schienen mit den Schwellen erfolgt mittelst Schraubenbolzen und Deckplättchen. Zur Sicherung des Schienenstoßes ist unter den beiden Langschwellenenden eine eiserne Querschwelle von gleichem Profil eingefügt. Zur Versteifung der beiden Gestänge untereinander ist von Schienenmitte zu Schienenmitte eine Spurstange eingezogen. Rücksichtlich der Querschwelle hatten sich bald fachmännische Stimmen vernehmen lassen, welche die tiefe Lage derselben als unzweckmäßig erklärten und deren Nutzen als Stoßversicherung insoferne als minderwerthig bezeichneten, als durch die Verstärkung die Elasticität der betreffenden Stellen stark herabgemindert werde, im Gegensatze zu den übrigen Theilen des Gestänges.

Gleichwohl vereinigte das Hilf'sche Oberbausystem die Elemente einer überaus zweckmäßigen Geleisconstruction in sich, so daß es theils die Grundlage für eine

Reihe anderer, den gleichen Principien sich anlehnenden, aber ausgestalteten
Formen bildete, theils zu ganz abweichenden Constructionen führte. In ersterer
Beziehung ist einer Modification des Hilf'schen Oberbaues zu gedenken, welche
aus der Erwägung entsprungen ist, daß die schwachen Stellen des Gestänges jene
an den Stößen der Langschwellen und der Schienen (welche bei Hilf bekanntlich
in dieselbe lothrechte Ebene fallen) seien, und die Beseitigung dieses Uebelstandes
in der Verstärkung der Schienen und der zu ihrer Verbindung dienenden Laschen

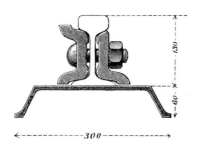

Modification des Hilf'schen Systems.

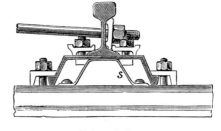

System Hohenegger.

angestrebt werden müsse. So entstand die hier abgebildete Anordnung: eine ver=
hältnißmäßig schwach dimensionirte Langschwelle von trapezförmigem Querschnitt
und Schienen von größeren Abmessungen, welche an den Stößen mittelst starken
Winkellaschen miteinander verbunden sind. Die Schwellenstöße und die Schienen=
stöße fallen nicht in dieselbe lothrechte Ebene, sondern sind um ungefähr einen

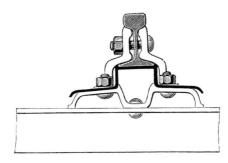

System Haarmann.

halben Meter gegeneinander versetzt. Zur Versteifung des Gestänges sind an jedem
Schienenpaar drei Spurstangen eingelegt.

Eine andere Anordnung zeigt das Hohenegger'sche System. Dasselbe lehnt
sich im Großen und Ganzen an das Hilf'sche an, indem es die Unterstützung der
Langschwellenstöße durch Querschwellen beibehält, dagegen die im Innern der
Langschwelle angebrachte Mittelrippe, welche sich als nicht zweckmäßig erwiesen
hat (siehe weiter oben), durch sattelförmige Deckplatten ersetzt. Dieselben dienen
hauptsächlich zur Deckung des Stoßes. Die Schienen zeigen stärkere Abmessungen
wie bei Hilf, ihre Verbindung an den Stößen (welche gegen die Schwellenenden

um ein kleines Maß versetzt sind) erfolgt mit Winkellaschen, die Befestigung der Schienen an den Schwellen in herkömmlicher Weise mittelst Schraubenbolzen. Zur Versteifung des Gestänges dienen zwei Spurstangen pro Schienenpaar.

Von den verschiedenen Modificationen der hier erläuterten eisernen Oberbautypen hat insbesondere die Haarmann'sche Construction allgemeine Anerkennung und unter Mitwirkung Schwedler's bereits im Jahre 1878 versuchsweise Anwendung gefunden. Die Elemente dieser Construction zeigen eine erheblich abweichende Gestalt von den bisher besprochenen Systemen. Da ist zunächst die rücksichtlich ihres Querschnittes an die Brückenschiene erinnernde Langschwelle mit breiten Seitenflügeln, welche eine gute Druckvertheilung ermöglichen und durch bedeutende Reibung dem Gestänge eine größere Widerstandsfähigkeit sichern. Auf der Oberfläche der Langschwelle sind seitlich Rippen angebracht, an welche sich der Schienenfuß mit seinen beiden Kanten stützt. Die Befestigung der Schiene auf der Schwelle geschieht durch federnde Klemmplatten, welche mittelst einer gemeinschaftlichen, durch den Sattel der Schwelle gehenden Schraube angezogen werden. Große Sorgfalt wird auf die Laschenverbindung und auf die Versteifung der beiden Gestänge untereinander verwendet. Die Art der Stoßverbindung ist aus der angefügten Zeichnung zu ersehen. An Stelle der Querschwellen treten sattelförmige Deckplatten, statt der Spurstangen kommen Winkeleisen, welche zugleich den Längsverschiebungen der Schienen genügenden Widerstand entgegensetzen.

Um den Gestängen eine größere Elasticität zu verleihen, hat man versuchsweise die Anordnung getroffen, den mittleren Theil der Langschwellenunterlage zu vertiefen und die Schienen nur auf vorstehenden Leisten mittelst des Fußendes aufruhen zu lassen. Nun war aber die elastische Durchbiegung so bedeutend, daß sie zu Brüchen des Schienenfußes führte. Daraufhin wurde diese Anordnung wieder verworfen.

Wir kommen nun auf den dreitheiligen Langschwellenoberbau zu sprechen. Seiner Complicirtheit wegen hat er sehr beschränkte Anwendung gefunden, obwohl einige Systeme sich durch Einfachheit der Gesammtanordnung auszeichnen. Der Erwägung gemäß, daß beim Auswechseln der Schienen möglichst wenig Material verloren gehen sollte, führte Scheffler auf die Idee, die Schiene ohne Fuß und mit möglichst kurzem Steg zu construiren und sie derart innerhalb zweier starker Winkel einzulegen, daß sich der Schienenkopf an seiner Unterseite an die oberen Kanten derselben stützte, während der Hals zwischen den senkrechten Flanschen der Winkel mittelst Schraubenbolzen, welche Hals und Flanschen durchdrangen, festgeklemmt wurde. Die nebenstehende Figur veranschaulicht die Anordnung aller drei Theile untereinander und die Art der Befestigung auf die unter den Stößen angebrachten Platten. Zur Erhaltung der Schienenstränge in der richtigen Lage wurden keine Spurstangen, sondern hochkant gestellte Flacheisen verwendet. Aenderungen im Detail erfuhr die Scheffler'sche Construction mehrfach. Ueberdies gab sie Anlaß zu Modificationen, von welchen diejenigen von Köstlin, Battig, Darlen und de Serres die bemerkenswerthesten sind.

Darlen gab den Winkelschenkeln rippenförmige Säume, welche sich in Nuthen des Schienenkopfes einlegten, wodurch der kurze Steg der Scheffler'schen Schiene in Wegfall kam. Bei dieser war es ein Uebelstand, daß die zur Aufnahme der Bolzen bestimmten Löcher im Schienenhalse diesen bedenklich schwächten. Bei Darlen durchbrechen die Bolzen nur die beiden Winkel und pressen die Längs= rippen derselben in die Nuthen des Schienenkopfes, wodurch eine feste Verbindung erzielt wird. Die Bolzen sind Keile. Hochkant stehende Flacheisen versteifen die Gestänge untereinander. . . . Eine große Vereinfachung zeigt das System von Battig und Serres, welches in sinnreicher Weise sämmtliches Kleineisenzeug der Verbindungsmittel vermeidet. Die beiden Hälften der Langschwelle (oder »Unter=

schiene«) stützen sich in einen Einschnitt der durch die erstere hin= durch gesteckten Quer= verbindung und wer= den durch die darüber rollende Last fest zu= sammengedrückt, so daß sie die Schiene unverrückbar einge= klemmt halten.

Im Großen und Ganzen haben die hier in Kürze ange= führten dreitheiligen Oberbausysteme im

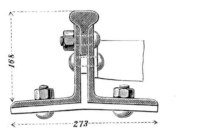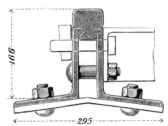

Dreitheilige Oberbauconstruction.

System Scheffler.　　　System Darlen.

Eiserne Querschwellen.

Bereiche deutscher Eisenbahnverwaltungen mehrfach Anwendung gefunden und ein befriedigendes Resultat ergeben, wobei das Für und Dagegen bei den einzelnen Constructionen sich so ziemlich die Wage halten. Am treuesten hat die Braun= schweigische Staatsbahn — auf der zuerst über Scheffler's Vorschlag im Jahre 1864 der dreitheilige Oberbau zur versuchsweisen Anwendung kam — an dem von ihr adoptirten System festgehalten. Da der dreitheilige Oberbau haupt= sächlich der Erwägung, beim Schienenwechsel Material zu ersparen, entsprungen ist, bei der heutigen ausgebreiteten Verwendung von Stahlschienen aber die hieran geknüpfte Voraussetzung der Schienenabnützung in den Hintergrund tritt, erklärt es sich, weshalb die hier berührten Systeme keine Verbreitung gefunden haben.

Ganz anders verhält es sich mit dem eisernen Querschwellenoberbau, der seiner Einfachheit wegen, und in Berücksichtigung der beim Holzschwellen= oberbau üblichen Anordnung der einzelnen Theile sich umso rascher einbürgern konnte, als die hohle eiserne Querschwelle dem von ihr eingeschlossenen Bettungs=

material eine größere Reibung mit dem Kieskörper zu verleihen geeignet war
als die Holzschwelle. Unter den mancherlei Querschnitten, welche die eisernen
Hohlschwellen erhielten, sind zwei Formen typisch geworden: die nach Vautherin
benannte Querschnittsform und die insbesondere auf den preußischen Staatsbahnen
rasch in Aufnahme gekommene muldenförmig eingebogene Schwelle. Beide Typen
sind nebenstehend veranschaulicht. Die letztere hat gegenüber der Vautherin'schen
Schwelle den Vortheil eines größeren kubischen Inhaltes und sie vermag vermöge
ihrer nach abwärts gerichteten Kanten besser in den Bettungskörper einzudringen,
als es bei der Vautherin'schen Construction durch die beiderseitigen breiten Fuß=
ränder der Fall ist.

Einige Schwierigkeiten ergaben sich bei der Lösung der Frage, auf welche
Weise die erforderliche Schiefstellung der Schienenstränge nach einwärts zu erzielen
sei. Anfangs behalf man sich dadurch, daß man die Schwelle bogenförmig einbog,
wodurch ihre Enden eine entsprechende Neigung nach einwärts erhielten. Vielfach
begnügte man sich durch Aufbiegen der beiden Schwellenenden, machte aber hierbei

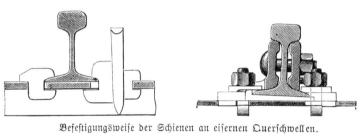

die Erfahrung, daß in
Folge der elastischen
Durchbiegung, welche
überdies das Bestreben
der aufgebogenen
Theile, in ihre ur=
sprüngliche Lage zu=
rückzugehen, förderte,

Befestigungsweise der Schienen an eisernen Querschwellen.

Spurveränderungen entstanden. Die Anwendung von Schienen mit einwärts
geneigten Köpfen hat keinen Anklang gefunden, weil in diesem Falle die Richtung
des senkrecht auf die Lauffläche des Schienenkopfes erfolgenden Druckes nicht mit
dem lothrecht stehenden Schienensteg zusammenfällt, was jedenfalls irrationell ist.
Die beste Lösung dieser Frage wurde zweifellos durch Anwendung keilförmiger
Unterlagsplatten erzielt. Hierbei erreichte man überdies, daß die Schwelle vor den
Angriffen des Schienenfußes geschützt wurde.

Nicht mindere Sorgfalt erforderte die Ermittlung der rationellsten Verbindung
von Schienen und Schwellen. Anfänglich hielt man sich vorwiegend an die Keil=
befestigung, die indes nicht befriedigte, weil die ziemlich dünnen Befestigungsstücke
in den entsprechenden Schlitzen der Schwellendecke schlecht saßen. Zwar erzielte
man durch Verstärkung der Schwellendecke oder Benützung von Unterlagsplatten
befriedigende Ergebnisse, ebenso durch Anwendung von zwei Kramphacken und einem
besonderen Schlußstücke auf der Innenseite, wodurch der Keil eine größere Festig=
keit erhielt. Durch Vergrößerung der Abmessungen des inneren Kramphackens und
des Schlußstückes konnte die Spurerweiterung in den Curven durchgeführt werden.
Trotz alledem erwies sich die Schraubenbefestigung vortheilhafter und hat besonders
die von Heindl herrührende Anordnung der einzelnen Befestigungstheile diese Frage

in rationeller Weise gelöst, wenngleich sie das Kleineisenzeug nicht unwesentlich vermehrt.

Wie aus der angeschlossenen Zeichnung zu ersehen ist, ruht der Schienenfuß auf einer keilförmigen Unterlagsplatte, welche auf der Außenseite mit einer über=höhten Kante versehen ist, gegen welche sich ersterer stützt. Um die Schrauben=bolzen nicht mit dem Schienenfuße in Berührung treten zu lassen, werden Beilags=stücke eingeschoben, welche überdies die Regulirung der Spurweite gestatten und sowohl den Seitenschub als den Längsschub verhindern. Die Art und Weise, wie die einzelnen Beilagsstücke sowie die Kuppelungslaschen angeordnet werden, geht klar aus der Figur hervor.

In den nachfolgenden Darstellungen führen wir noch einige Constructions=weisen vor, welche vornehmlich in England und Frankreich versuchsweise zur An=wendung kamen, und deren Anordnung so klar ist, daß wenige Worte der Er=läuterung genügen werden. Bei diesen Constructionen ist dem Holzkeil seine vom

Eiserner Stuhlschienenoberbau.

Eigenartige Anordnung beim eisernen Stuhlschienenoberbau.

Stuhlbau her bekannte Rolle ungeschmälert erhalten und ist von Interesse, zu sehen, auf welch' verschiedenen Wegen dies erzielt wird. Die normale Anordnung ist die, wie sie der gewöhnliche Stuhlbau erfordert. Die diesbezügliche Construction zeigt Querschwelle und Stuhl zu einem Stücke vereinigt, und zwar derart, daß die erstere durch eine wulstförmige Verstärkung des Stuhles hindurchgeht. Die Befestigung der zweiköpfigen Schiene erfolgt sodann in der herkömmlichen Weise mittelst starker Holzkeile.

Bei der zweiten Construction entsteht durch hackenförmige Aufbiegungen von ungleicher Länge eine Art von Stuhl, in welchem die gewöhnliche Vignolesschiene ruht. Der Holzkeil wird zwischen dem inneren höheren Hacken und dem Schienen=steg getrieben und damit die äußere Kante des Schienenfußes gegen den außen=liegenden niederen Hacken der sich im Bogen über den Fuß krümmt, gepreßt. Wie aus der Abbildung zu ersehen ist, wird das halbkreisförmige Verbindungsstück von der Innenseite der Schwelle, und zwar durch entsprechende Schlitze in deren Decke, eingeführt. Durch seitlich an dem Verbindungsstücke hervorstehende Rippen wird dasselbe in die richtige Höhe gebracht und am Durchschlüpfen durch die Schwellen=schlitze verhindert.

Eine etwas schwerfällige Construction ist die des Amerikaners Jones. Er wendet gußeiserne Querschwellen an, welche zur Aufnahme der breitbasigen Schienen mit entsprechenden Einschnitten versehen sind. Außerdem sind noch seitliche Hohlräume zur Aufnahme von besonderen Schlußstücken vorhanden, welche mittelst seitlich durch die Schwelle getriebenen Holzkeilen gegen die Schienenstege gepreßt

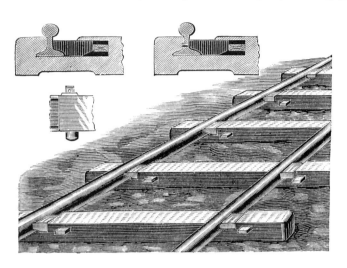

werden. Dieselben legen sich auf der entgegengesetzten Seite in Einschnitte, welche dem unteren Theile des Schienenprofils nachgebildet sind, um einen möglichst dichten Anschluß zu erzielen. Die Anordnung der Keilverschlüsse ist, wie aus der Abbildung zu ersehen, nicht symmetrisch, indem sie bei dem einen Gestänge sich an der Innenseite, bei dem anderen an der Außenseite befindet. Die Unterseite der Schwellen ist durch vier breite, rippenartige Ansätze — zwei in der Mitte, je eine unter jedem Schwellenende

Jones' eiserner Querschwellenoberbau mit Keilbefestigung.

— verstärkt, womit ein größeres Maß der Reibung zwischen Schwelle und Bettungskörper erzielt werden soll.

---

4. Weichen und Kreuzungen.

Jedes Eisenbahnfahrzeug erhält durch das Geleise, auf welchem es rollt, seine Führung innerhalb der durch die Gestänge gesteckten Grenzen. Es kann also nicht, wie das gewöhnliche Landfuhrwerk, begegnenden Fahrzeugen ausweichen, oder dieselben, sofern diese letzteren sich auf demselben Geleise befinden, überholen. Ebensowenig könnten auf den vielen Geleisen eines Bahnhofes die Wagen und Locomotiven seitlich, d. h. von einem Geleise auf das andere bewegt werden, wenn dies nicht besondere Vorrichtungen ermöglichen. Diese Vorrichtungen sind:

die Weichen, welche den Uebergang von einem Geleise auf das andere während
der Fahrt und überdies die Bewegung ganzer Züge gestatten; ferner die Dreh=
scheiben, welche in die Geleise eingeschaltet werden und durch ihre Bewegung um
eine lothrechte Achse und durch Anordnung entsprechender Verbindungsgeleisstücke ein
Verschieben der Fahrzeuge von Geleis zu Geleis gestatten; schließlich die Schiebe=
bühnen, d. h. solche mechanische Vorrichtungen, mittelst welchen nur eine Parallel=
verschiebung vorgenommen werden kann. Mittelst der Drehscheiben und Schiebe=
bühnen können immer nur einzelne Fahrzeuge, welche sich im Zustande der Ruhe
befinden, in transversaler Richtung bewegt werden.

Die Weichen, im Einzelnen eine sehr einfache Anordnung, gestalten sich
zu einem höchst heiklen und complicirten Mechanismus in ihrer Gesammtanordnung
innerhalb ausgedehnter Bahnhofsräume, indem sie in großer Zahl die vielen
Geleise untereinander und mit den mancherlei dem Betriebe dienenden Bau=
lichkeiten (Werkstätten, Depôts, Remisen u. s. w.) verbinden und dadurch den
Betriebsmanipulationen einen Grad von Freiheit in der Bewegung gewähren, der
insbesondere in jüngster Zeit durch die Centralisirung des gesammten Weichen=
dienstes mit bewunderungswürdiger Exactheit arbeitet. Diese Centralisirung —
über welche später ausführlich die Rede sein wird — besteht in einem äußerst
sinnreichen, mit größter Zuverlässigkeit functionirendem Riegel=, Zugstangen= und
Hebelwerk, welches die Ein= oder Durchfahrt eines Zuges an einem Gefahrspunkte
absolut verhindert, ehe nicht alle Weichen (Drehscheiben, Schiebebühnen) ꝛc., aus
deren unrichtiger Lage Gefahren erwachsen könnten, die für die sichere Fahrt des
betreffenden Zuges erforderliche correcte Stellung erhalten haben.

Die Weichensysteme sind das wichtigste mechanische Organ in der Ausübung
des sogenannten »Rangirdienstes«. Auf großen Bahnhöfen sammeln sich oft in
wenigen Stunden tausend und mehr Wagen, die auf Geleisen, deren Ausdehnung
oft viele Kilometer beträgt, und welche durch hunderte von Ausweichungen ver=
bunden sind, nebeneinander fahren. Fast niemals gelangt ein Wagen gleich bei
seiner Einfahrt an die Stelle, wo er hingehört, sondern es gilt, diese unzähligen
Wagen zu trennen, theils neue Züge daraus zusammenzustellen, theils sie vor ver=
schiedene Güterschuppen zu bringen, theils sie für Reparaturen auszuscheiden, die
entfrachteten zu beseitigen, die zu beladenden an die betreffende Stelle zu bringen.
Hieraus ergiebt sich, daß viele Wagen oft viele Kilometer weit bewegt werden
müssen, um einen einzigen aus einem Zuge herausheben und an den Bedarfsort
fördern zu können. Ja, kaum ein einziger Wagen kann aus einem Zuge entfernt
werden, ohne die sämmtlichen Fahrzeuge desselben zu verschieben. Die hierdurch
nothwendig werdende Bewegung an einer Stelle bedingt hundert andere an anderen,
oft sehr entfernten Punkten des Bahnhofes. Um einen einzigen Wagen von einem
ersten Geleise auf ein drittes oder viertes zu setzen, müssen oft, zur Frei=
machung der nöthigen Weichen und Geleise, hunderte von Wagen auf viele
Kilometer weit verschoben werden, so daß an einem Tage lebhafter Ran=

girung die Wagen mitunter tauſende von Achskilometern auf demſelben Bahnhofe
zurücklegen.

Da dieſe ganze Bewegung durch die Weichen vermittelt wird, geſtalten ſich
dieſelben zu einem der wichtigſten Beſtandtheile des Oberbaues. Ihre Bedeutung
tritt aber überall dort zurück, wo — wie z. B. in England — das Rangiren
der Wagen mittelſt vielfach ſich kreuzenden Reihen von Drehſcheiben und (auf
größeren Stationen) mittelſt ſinnreicher hydrauliſcher Vorrichtungen ſtattfindet.
Hier erfolgt die Verſchiebung der Maſſen nur auf kleine Diſtanzen hin und faſt
ganz ohne Locomotivkraft. Faſt an jedem Punkte des Bahnhofes können durch
Vorkehrungen Wagen rangirt, mitten aus dem Zuge genommen und auf andere
Geleiſe geſtellt werden, ohne daß es nöthig iſt, andere Wagencolonnen endlos hin-
und herzuſchleppen, andere Manipulationen zu ſtören. Auf manchen großen
engliſchen Güterſtationen wäre deren enormer Verkehr bei Anwendung des Weichenbetriebes abſolut nicht zu bewältigen.

Wir wollen uns nun zunächſt mit den Weichen beſchäftigen. Sollen zwei
parallele Geleiſe (I und II) miteinander in fahrbare Verbindung gebracht werden,
ſo wird zwiſchen beiden ein drittes Geleisſtück (III) eingelegt, welches an den Verbin-
dungsſtellen einen möglichſt ſpitzen Anſchluß an die erſterenerhält. Dies

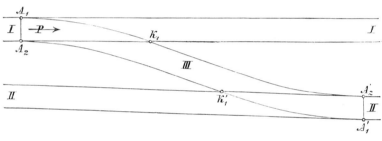

Einfache Ausweichung.

iſt die typiſche Form der ſogenannten einfachen Ausweichung. Wäre das Ver-
bindungsgeleiſe durchaus feſtgelegt, alſo auch an den Anſchlußſtellen, ſo könnte ein
Zug wohl von dem einen Geleiſe auf das andere übergehen, wogegen die Durchfahrt auf jedem der beiden Hauptgeleiſe verſperrt wäre. Um letzteres zu vermeiden,
ſind die Endſtücke des Ausweichungsgeleiſes derart beweglich angeordnet, daß ſie je
nach Bedarf den Anſchluß an die Hauptgeleiſe bewirken oder ihn unterbrechen
können. Außerdem ſind beſondere Anordnungen an jenen beiden Strängen der
Hauptgeleiſe nöthig, welche vom Geleiſe der Ausweichung durchſchnitten werden.
Aus dieſem Sachverhalt ergiebt ſich, daß jede Ausweichung aus drei Theilen
beſteht: dem beweglichen Endſtücke, d. i. der Weiche (Wechſel) ſchlechtweg ($A_1 A_2$),
der feſtliegenden Kreuzung ($K_1 K'_1$) und dem feſten Ausweichgeleiſe (Weichenbogen).

Die älteſte Weichenanordnung iſt die des ſogenannten »Schleppwechſels«.
Derſelbe beſteht aus einem beweglichen Schienenpaar, deſſen Drehpunkte ($A_1 A_2$)
am Stammgeleiſe feſtliegen und deren freie Enden ($B_1 B_2$) durch eine Stellvorrichtung
je nach Bedarf den Anſchluß am Hauptgeleiſe oder am Ausweichgeleiſe bewirken.

Diese Vorrichtung hat (wie aus der Zeichnung leicht zu ersehen ist) den Uebelstand, daß jederzeit ein Geleise völlig unterbrochen ist, wodurch bei falscher Weichen= stellung unfehlbar eine Entgleisung stattfinden muß. Würde sich beispielsweise bei der Stellung der Weiche $B_1 B_2$ — also im Anschlusse an das Weichengeleise — ein Zug auf dem Hauptgeleise I nach der Richtung des Pfeiles bewegen, so käme er an die durch punktirte Linien angedeutete Unterbrechungsstelle, was seine Entgleisung zur Folge hätte.

Die Schleppwechsel wurden daher alsbald durch eine zweckmäßigere Con= struction ersetzt, deren schematische Anordnung in nebenstehender Figur veran= schaulicht ist. Hier befinden sich die Drehpunkte ($C_1 C_2$) des beweglichen Theiles der Weiche nicht an den beiden Gestängen des Hauptgeleises, sondern einer an diesem, der andere aber am Ausweichgeleise, wodurch der eine Strang ununter=

brochen vom Hauptgeleise in das Ausweichgeleise übergeht ($M_2 N_2$). Von den Drehpunkten laufen zwei vorne zugespitzte und zugeschärfte sogenannte »Zungenschienen« ($A_1 C_1$ und $A_2 C_2$) aus, welche gegenseitig versteift sind und mittelst einer Stellvorrichtung in der Horizontalebene derart hin= und herbewegt werden können, daß der Schienenanschluß immer nur an einem Strange stattfindet.

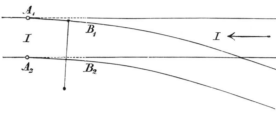

Schleppwechsel.

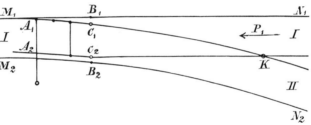

Selbstwirkender Sicherheitswechsel.

Die nebenstehende Fi= gur veranschaulicht die An= ordnung so klar, daß weitere Worte kaum zu verlieren sind. Bei der Stellung der Weichenzungen, wie sie die Figur darstellt, kann ein von links kommender Zug unbehindert aus dem Haupt= geleise I in das Ausweichgeleise II einfahren, weil die eine Zungenschiene den Uebergang zu dem Weichenbogen vermittelt, indem sie an dem linken Strang des Hauptgeleises anliegt, während die andere Zungenschiene vom Hauptgeleise absteht, sonach die Durchfahrt von M_2 nach N_2, d. i. ebenfalls in den Weichenbogen gestattet. Dagegen würde ein im Hauptgeleise von rechts her, also in der Richtung des Pfeiles fahrender Zug mit seinen rechtsseitigen Rädern in den verschlossenen Zwickel zwischen $B_1 M_1$ gelangen, mit den linksseitigen Rädern aber auf der Zungen= schiene $C_2 A_2$, welche keinen Anschluß hat, laufen. Trotzdem ist hier eine Entgleisung nicht möglich, weil die in den Zwickel des Schienenanschlusses bei A sich ein= zwängenden Spurkränze der Räder die Weichenzunge beiseite drücken, wodurch gleichzeitig — da beide Zungenschienen vermöge ihrer gegenseitigen Versteifung

jede Verschiebung gemeinschaftlich vollführen müssen — die Weichenzunge A_2 an
M_2 sich anlegt, also den correcten Schienenanschluß bewirkt. Man sagt in diesem
Falle, der Wechsel wird »aufgeschnitten«.

Gegenüber dem Schleppwechsel hat sonach diese Anordnung, welche man den
selbstwirkenden Sicherheitswechsel nennt, den großen Vortheil, daß eine
Ausgleisung in jedem Falle verhütet wird, wenngleich der gewaltsame Vorgang
des »Aufschneidens« den Weichenmechanismus beschädigen kann. Mißlich ist nur,
daß beim Fahren »gegen die Spitze« (in unserer Figur von links nach rechts) ein
Zug in ein anderes Geleise, als beabsichtigt war, gelangen kann, was unter Um=
ständen natürlich mit Gefahren verbunden ist.

Gehen wir nun auf die Einzelheiten einer Weichenconstruction näher ein.
Was zunächst die Zungenschienen anbetrifft, erhalten dieselben gleiche Länge und
sind sie entweder beide gerade, oder es ist nur die eine gerade und die andere
gebogen. Die letztere Anordnung ist in die Augen springend die vortheilhaftere,
weil sie die Erschütterung der Fahrzeuge beim Uebergange des Zuges vom Haupt=
geleise auf das Ausweichgeleise herabmindert. Die Entfernung der Zunge vom
nebenliegenden Strange ($A_2 M_2$) soll dem Spurkranze des durchrollenden Rades
den nothwendigen Raum gewähren.

Was speciell den Anschluß der Zunge an den benachbarten Strang — der
sogenannten »Anschlagschiene« (auch »Stockschiene« genannt) — anbetrifft, erzielte
man denselben früher dadurch, daß sich die ersteren mit ungefähr mit der Hälfte ihrer
Länge in einen am Kopfe der Stockschiene befindlichen Ausschnitt legte. Die Zungen=
schiene war nicht zugespitzt und ihre Kopfhöhe durchgehends die gleiche. Diese An=
ordnung hatte das Bedenkliche, daß bei geöffneter Stellung der Zunge der mit
dem Ausschnitt versehene Theil der Stockschiene den Fahrzeugen eine schwache Stütze
darbot, was zu gefährlichen Verdrückungen und dergleichen führen konnte. Ein
»Aufschneiden« eines solchen Wechsels mußte zu Entgleisungen führen, wenn der
Spurkranz an die Endkante des Ausschnittes anstieß und somit zum Aufsteigen
auf den vollen Schienenkopf förmlich gezwungen wurde.

Man nennt solche Zungen »einschlagende«. Von ihnen verschieden sind die
»unterschlagenden« Zungen, welche keilförmig spitz auslaufen und sich hart unter
den Kopf der Stockschiene, welche ihr volles Profil behält, anlegen. Außerdem ist
das Zungenende niedriger als die Stockschiene und steigt allmählich an, bis sie an
jener Stelle, wo sie die über sie rollende Last voll zu übernehmen hat, die nor=
male Schienenhöhe und zugleich die ausreichende Breitenabmessung erreicht. Eine
weitere Verbesserung liegt in Folgendem. Benützt man als Wechselzunge eine
Schiene gewöhnlichen Querschnittes, so müssen, damit der Zungenanschluß bewirkt
werden könne, die Füße beider Schienen theilweise beseitigt werden, was eine Ver=
schwächung beider Schienenköpfe, insbesondere aber derjenigen der allmählich in
die Spitze auslaufenden Zunge herbeiführt. Daß diese Anordnung zu Mißständen
Anlaß geben kann, liegt auf der Hand. Man beugt demselben vor, indem man

der Zungenschiene einen besonderen Querschnitt giebt, wodurch die Nothwendigkeit entfällt, deren Fuß zu bearbeiten. Durch Anordnung eines breiteren Fußes erreicht man überdies eine größere seitliche Steifigkeit.

Da die Zungenschienen beweglich sind, erfordert ihre Befestigung an den Drehpunkten, wo erstere in den Weichenbogen übergehen, besondere Sorgfalt. Allerdings sind die Zungenschienen so lang, daß sie Elasticität genug besitzen, um selbst dann noch beweglich zu bleiben, wenn die Verlaschung der Wurzelenden mit den Strängen des Weichenbogens sehr fest hergestellt wird. Sollte indes eine größere Beweglichkeit geboten erscheinen, so wählt man kürzere Laschen und stellt die Verbindung am Wurzelende nur durch einen einzigen Bolzen her, dessen Mutter überdies nicht ganz fest angezogen wird. Dieses Verfahren ist übrigens nur bei Zungenschienen gewöhnlichen Profils möglich, nicht aber bei solchen mit abweichendem Profile. In diesem Falle kommen besonders geformte Laschen in Anwendung und erhält das Wurzelende überdies dadurch ein sicheres Lager, daß es auf einen an der Unterlagsplatte angebrachten lothrechten Zapfen gesteckt wird. Um das Abheben zu verhüten, erfolgt eine Versicherung durch Deckplättchen und Schrauben, Keilbolzen u. dgl.

Die Beweglichkeit der Zungenschienen erfordert eine besondere Einrichtung des Schienenauflagers. Zunächst erhalten die Zungendrehpunkte eine große Unterlagsplatte, welche auch noch durch die benachbarten Stränge rechts und links hindurchreicht, also vier Schienen zum Auflager dient. Ferner kommen die Zungen auf einer Anzahl von guß= oder schmiedeeiserner Unterlagsplatten, welche in der üblichen Weise auf den Querschwellen befestigt sind, zu ruhen. Sie heißen »Gleitstühle«. Die Stockschiene wird gleichfalls auf den Gleitstuhl gelagert und an einem Backen desselben seitlich festgeschraubt, während die Zunge auf einer schmalen, zur Erhöhung der Beweglichkeit zu schmierenden Gleitfläche ruht.

Diese letztere muß der Natur der Sache nach horizontal liegen. Aus diesem Grunde kann bei der Zungenschiene von gewöhnlichem Querschnitt die Schiefstellung des Kopfes nach einwärts — conform der Conicität des Radreifens — nicht bewirkt werden. In Folge dessen werden auch die Stockschienen lothrecht gestellt und vielfach auch die Schienen des Weichenbogens. Anderntheils stellt man einen allmählichen Uebergang von den lothrecht stehenden Zungen= und Stockschienen zu den Gestängen des Weichenbogens her. Anders liegt die Sache bei den Zungenschienen von besonderem Querschnitt. Dieselben können, weil eben nur für diesen Zweck bestimmt, von vornherein mit schiefstehendem Kopfe hergestellt werden. Diese Anordnung hat indes wenig Anklang gefunden.

Damit beide Weichenzungen sich gemeinschaftlich bewegen, erhalten sie eine Versteifung durch eine Anzahl von Rundstangen, deren eine, in der Regel diejenige, welche den Zungenspitzen zunächst liegt, zu der Stellvorrichtung führt, indem sie durch ein Loch in der im Wege stehenden Stockschiene geführt ist, oder unterhalb derselben hindurchgreift. Die Stellvorrichtung (der »Weichenbock«) ist ein zwei-

armiger Hebel mit wagrechter Drehachſe oder eine Kurbelvorrichtung mit lothrechter
Achſe. Mit dem Hebel iſt behufs Feſthaltung des Wechſels in einer beſtimmten
Lage ein Gegengewicht verbunden, das im Falle des »Aufſchneidens« (ſiehe oben)
der anſchließenden Weichenzunge die Umſtellung des Wechſels »ſelbſtwirkend«
beſorgt. Jeder Weichenbock iſt mit einem optiſchen Signal verſehen, das beim Um=
ſtecken des Wechſels um 90° ſich dreht und ſo dem Locomotivführer anzeigt, ob
das Geleiſe fahrbar iſt oder nicht. Dieſes Weichenſignal beſteht aus einer Laterne,
welche an ihren breiten Flächen einen aus Milchglas gebildeten Pfeil o. dgl. zeigt.

Da das Befahren der Weichen im Sinne der Sicherheit des Betriebes erhöhte
Aufmerkſamkeit erfordert, vermeidet man nach Thunlichkeit Alles, was zu Gefähr=
dungen führen könnte. So werden beiſpielsweiſe ſolche Weichen, die nur aus=
nahmsweiſe bewegt werden, durch entſprechende Verſchlußvorrichtungen feſt=
gemacht. Zu den bedenklichen Seiten des Weichenbetriebes gehört unter anderem
das ſogenannte Fahren »gegen die Spitze«, d. h. gegen die äußeren Enden der
Weichenzungen. Eine falſche Stellung der Weiche lenkt den Zug in ein unrichtiges
Geleiſe, was unter Umſtänden eine ſchwere Kataſtrophe zur Folge haben kann.

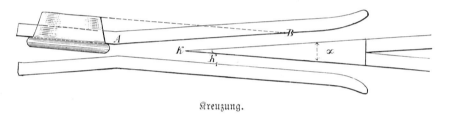

Kreuzung.

Oder es ſtehen die Weichenzungen »auf halb«, d. h. der Anſchluß derſelben iſt in
Folge irgend eines Hinderniſſes (dazwiſchen liegende feſte Körper u. ſ. w.) nicht
vollſtändig. Hierdurch gelangt das vorderſte Räderpaar der Locomotive auf zwei
nicht zu einem Geleiſe gehörige Schienenſtränge und die Maſchine entgleiſt. Auch
kann ein Klaffen der Weichenzungen erſt dann eintreten (z. B. durch horizontale
Durchbiegung), wenn ein Theil des Zuges die betreffende Stelle bereits hinter
ſich hat, ſo daß die Entgleiſung eines oder mehrerer Fahrzeuge ſtattfindet. Bei
den ſpäter zu beſprechenden centraliſirten Weichenſtellwerken wird das Klaffen der
Weichenzungen allerdings durch einen Controlapparat (Läutewerk) angezeigt, ſo
daß Gegenmaßregeln ergriffen werden können. Bei gewöhnlichen Weichen aber
kann nur die größte Achtſamkeit allen Fällen der vorbeſprochenen Art entgegen=
wirken.

Wenn es nun auch mit der Gefährlichkeit des Fahrens gegen die Spitze
der Ausweichung ſeine Richtigkeit hat, ſo iſt es dennoch mit Unzukömmlichkeiten
verbunden, wenn die Bau= und Betriebsvorſchriften mancher Länder die Anlagen
ſolcher Weichen auf das Aeußerſte beſchränkt wiſſen wollen. Sie rufen dadurch
die Nothwendigkeit hervor, mit Zügen, die in ein anderes Geleiſe übergehen
ſollen, durch Zurückſtoßen und Verſchieben zu manipuliren, wodurch neue und

größere Gefahren erzeugt werden, als durch das Befahren der Weichen gegen die Spitze. Bei langsam befahrenen Bahnen ist ihre Anlage unbedenklich, auf eingeleisigen und auch wohlfeil herzustellenden unvermeidlich. Aber auch auf schnellbetriebenen Hauptbahnen werden die Bedenken, welche betreffs des Fahrens gegen die Spitze gehegt werden, überall dort gegenstandslos, wo der Weichenbetrieb durch die Centralstellwerke den höchsten Grad von Sicherheit gewährleistet.

Wir kommen nun auf den zweiten Theil der Ausweichung, die Kreuzung, zu sprechen. Da bei einer Weichenanlage das Weichengeleise die beiden inneren

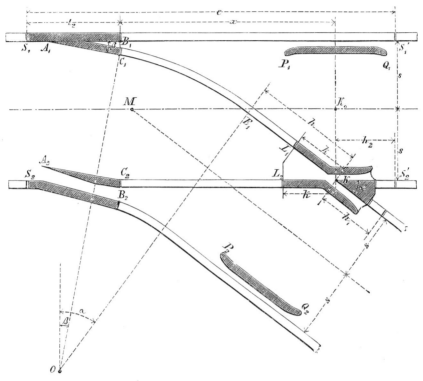

Detail der Weichenanlage mit der Kreuzung.

Stränge der miteinander zu verbindenden Hauptgeleise überschneidet, müssen diese beiden Schnittpunkte eine besondere Anordnung erhalten, damit die Räder die nothwendige Führung an den Spurkränzen erhalten. Die Anordnung, welche Demjenigen schwer begreiflich zu machen ist, der von ihr keine zutreffende Vorstellung besitzt, soll an der Hand der Figur auf Seite 206 kurz und klar erläutert werden.

Ein von links kommendes Fahrzeug gelangt mit seinem inneren Vorderrade bei A an die fragliche Ueberschneidungsstelle. Von hier ab erhält es seine Führung durch das keilförmige Endstück KK_1, welches mit seinem rückwärtigen Ende mit den Fahrschienen organisch verbunden ist. Man nennt diesen Keil das »Herzstück«. Die linksseitigen Fahrschienen enden nicht unmittelbar an der Stelle, wo der Keil des Herzstückes die Führung übernimmt, sondern knicken ab und laufen eine Strecke weit parallel zu den Schenkeln des Herzstückes. Man nennt diese an ihren Enden etwas auswärts gebogenen Schienenstücke »Knieschienen« (Flügel= oder Hornschienen). Das Herzstück endet niemals in einen haarscharfen Keil, sondern die Spitze ist etwas abgerundet. Man benennt sie die »wirkliche Herzstückspitze« (K_1), und unterscheidet von ihr den »mathematischen Kreuzungspunkt« (K), der sich durch die Verlängerung der Schenkel des Keiles an ihrem geometri= schen Schnittpunkt ergiebt. Zwischen den Knieschienen und dem Kreuzstück — welche einschließlich eines kurzen Stückes der der Keilspitze gegenüberliegenden Fahrschienen aus einem Blocke hergestellt werden, und welcher der »Kreuzungs= block« genannt wird — befinden sich die Spurkranzrinnen, welche den Uebergang über die Lücke $A K_1$ vermitteln. Der Winkel (α) des Keilstückes heißt der »Kreuzungs= winkel«.

Die ganze Anlage der Weiche ist in allen ihren Details aus der Seite 207 stehenden schematischen Darstellung zu ersehen. Sie zeigt in Wirklichkeit ganz andere Abmessungen und eine wesentlich abweichende Disposition der einzelnen Theile; die Verzerrung ist aber zwingend, weil die Beengtheit des Raumes eine correcte Darstellung nicht zuläßt. In der Figur sind — mit Hinweglassung der vielen mathematischen Constructionslinien, welche dem Interesse des Nichtfachmannes ferne liegen, ersichtlich: die beiden Stränge des Hauptgeleises $S_1 S_1'$ und $C_2 S_2'$; sodann die Stränge des Ausweichgeleises $C_1 E_1 L_1$ und $S_2 B_2$ nach rechts herab; ferner die beiden Weichenzungen $A_1 C_1$ und $C_2 A_2$ mit den Stockschienen $S_1 B_1$ und $S_2 B_2$; schließlich das Herzstück K mit den Knieschienen und den daran stoßen= den (in der Zeichnung gleich diesen und dem Herzstück schraffirt) Stücken der Fahr= schienen, welche mit dem Herzstück den Kreuzungsblock bilden. Außerdem nimmt man noch zwei Details wahr, von welchen bisher noch nicht die Rede war. Es sind dies die schraffirten Schienenstücke $P_1 Q_1$ und $P_2 Q_2$. Sie werden »Zwang= schienen« genannt und haben den Zweck, den Rädern an der Unterbrechungsstelle zwischen den Endpunkten der Knieschienen und dem Anfange des eigentlichen Herz= stückes zur Führung zu dienen. Dadurch werden Seitenschwankungen verhindert und wird überdies verhütet, daß die Räder, welche das Herzstück passiren, mit den Spurkränzen gegen den Keil anschlagen.

Die Figur auf Seite 209 veranschaulicht die diesfällige Disposition im Quer= schnitt. Hier ist 2 s die Spurweite, 2 a die Entfernung der Räder von einander an ihrer Innenseite; I ist der Schienenstrang, II die Zwangschiene, III der Kreuzungsblock mit den Spurkranzrinnen und den Knieschienen. Der Querschnitt ist etwas innerhalb der Herzspitze gelegt, so daß die Darstellung den Moment vergegenwärtigt, wo der Spurkranz die Laufrinne bereits verlassen und auf das keilförmige Herzstück übergegangen ist.

Dieser Uebergang wird übrigens auf zweifache Weise erreicht, und zwar unter nachstehenden Voraussetzungen. Wenn der Radkranz (vgl. die Figur auf S. 206) bei A die Knieschiene verläßt, wird wegen der Conicität des ersteren die Lauf=

fläche immer kleiner und das Rad sinkt um ein bestimmtes Maß herab, um als=
dann — jenseits der Lücke — vom Keil des Herzstückes wieder gehoben zu werden.
Damit ist aber eine schädliche Stoßwirkung verbunden, bei gleichzeitig starkem
Schleifen der Räder jeder Achse, welche diesfalls mit ungleich großen Laufkreisen
über das betreffende kurze Geleisstück rollen. Um den ersteren Uebelstand zu be=
heben, kann man — vorausgesetzt, daß der Kreuzungsblock aus einem Stücke
besteht — entweder die Knieschiene vom Knickpunkte aus um ein bestimmtes Maß
aufsteigen lassen (wodurch die immer kleiner werdenden Laufkreise unwirksam
werden), oder man erhöht die Spurrinnen, wodurch dem Niedersinken vorgebeugt
wird, indem die Radkränze auf ihrer Kante rollen. Die letztere Anordnung wird
übrigens nicht allgemein für zweckmäßig erachtet. Gegen den zweiten Uebelstand,
das Schleifen, hilft man sich bis zu einem gewissen Grade, indem man die
Kreuzungsblöcke aus möglichst widerstandsfähigem Material erzeugt.

Dasselbe bestand durch geraume Zeit aus Gußeisen, nachdem die ältere An=
ordnung mittelst gewöhnlicher Schienen, sowie jene andere, bei welcher das ei= gentliche Herz= stück als Stahl= keil gebildet wurde, in Ab= nahme kam. Die letztere Anord=

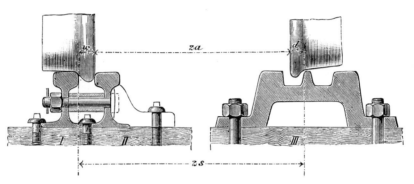

Lauf der Räder über die Kreuzung.

nung hat sich übrigens bei manchen Bahnen bis auf den Tag erhalten. Die besten
Kreuzungsblöcke sind diejenigen aus Hartguß und aus Gußstahl. Den Kreuzungs=
blöcken letzterer Art giebt man oben und unten ein gleiches Profil, so daß sie, nach
erfolgter Abnützung, umgewendet werden können. Bei diesen und den Hartguß=
Kreuzungsblöcken giebt man den Schienenköpfen die erforderliche Neigung, während
sie bei den älteren Anordnungen lothrecht gestellt wurden.

Was schließlich das Ausweichgeleise an sich betrifft, sollte (siehe die Figur
S. 207) der Weichenbogen $A_1 C_1 E_1$ theoretisch bis dicht an das gerade Stück der
Knieschiene (bei L_1) geführt werden, doch wird es für zweckmäßig erachtet, das
Stück des Stranges vom Ende der Knieschiene bis zur Geleismitte (M K) bei E_1
gerade zu führen und erst von hier ab den Weichenbogen bis C_1 und weiter bis
zur Zungenspitze A_1 zu führen. Der Radius dieses Bogens richtet sich theils nach
der Beschaffenheit der Fahrzeuge, dem Maße der Geschwindigkeit, je nach der
Stelle, an der die Weichen liegen und anderen Factoren. Er wechselt demgemäß
zwischen 150 und 1000 Meter, sollte aber erfahrungsgemäß niemals unter
180 Meter herabgehen. Die zweckmäßigste Länge ist die zwischen 300 bis 500 Meter.

Andere Verhältnisse, welche durch Rechnung sich ergeben, betreffen die Grenzwerthe für die Kreuzungsgrade, die Schieneneintheilung in der Ausweichung (durch welche dem Zerschneiden von Schienen und Entwerthen derselben vorgebeugt werden soll), ferner die Gesammtlänge der Ausweichung (e in der Figur S. 207), welche immer einem Vielfachen der normalen Schienenlänge gleich sein soll, und andere rein fachmännische Fragen, welche für den Laien ohne Interesse sind.

Die Anordnung der Schwellen, auf welchen die Schienen innerhalb der Ausweichung ruhen, ist aus den untenstehenden Figuren zu ersehen. Unter das Zungenende kommt, wegen der Zugstange, welche zum Weichenbock führt, eine lange Schwelle zu liegen. Hieran schließt eine Reihe gewöhnlicher (jedoch vollkantiger) Schwellen bis zur Weichenwurzel, deren Anschluß an den Weichenbogen als ruhender Stoß behandelt wird. Von hier ab beginnen die vier Stränge der Weichenanlage sich allmählich zu erweitern, so daß weiterhin längere Schwellen in Anwendung kommen, eine Strecke weiter noch längere und die längsten endlich unter dem Kreu-zungsblock.

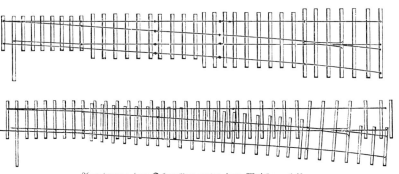

Anordnung der Schwellen unter den Weichengeleisen.

Es ruhen also bei dieser Anordnung durchgehends alle vier Strän-ge auf denselben Schwellen. Ab-weichend hievon ist eine andere Anordnung, bei welcher nur beim Kreuzungsstück sämmtliche Schienenstränge auf gemeinsamen langen Schwellen ruhen, während von dieser Stelle ab gegen die Spitze des Wechsels hin kürzere Schwellen, welche, einander übergreifend, je drei Stränge unterstützend, zu liegen kommen, und zwar bis zu den Wurzelenden der Weichenzungen. Von hier ab liegen dann Schwellen von normaler Länge in der Bahn. Daß hier der Schwellenbedarf größer ist, leuchtet ein. Die enge Lage der Schwellen aber erschwert gleichzeitig sehr das Unterkrampen und ist auch der Ent-wässerung des Bettungskörpers nicht günstig. Außerhalb Frankreichs, wo diese An-ordnung sehr häufig, wird sie wenig angewendet.

Außer der im Vorstehenden behandelten Constructionsweise der Weichen, welche wohl als typisch gelten kann, sind noch mancherlei Nebenformen zu ver-zeichnen, z. B. die sogenannten »Plattenweichen«, bei welchen zwischen den hölzernen Querschwellen und den Schienen lange Blechplatten, die gewissermaßen die Rolle von Langschwellen übernehmen, unterlegt und durch genietete alte Schienen gegen-seitig verbunden sind. An Stelle der Platten traten dann förmliche, durch Quer-schwellen miteinander verbundene Langschwellen, oder man setzte vollends an Stelle der hölzernen Querschwellen solche aus Eisen. Weniger konnte man sich bisher mit der Anordnung der Weichen auf eisernen Langschwellen befreunden, welche sonach das Schicksal der nur mehr vereinzelt vorkommenden Plattenweichen zu theilen scheinen.

Der Leser braucht wohl kaum besonders darauf aufmerksam gemacht zu werden, daß neben der im Vorstehenden ausführlich behandelten »einfachen Ausweichung« — welche typisch für Anlagen dieser Art ist — verschiedene andere Formen in Anwendung kommen. Wir haben gesehen, welcher Art die Anordnung ist, wenn von einem geraden Hauptgeleise eine Ausweichung abzweigt. Die nächstverwandte Form ist die gewöhnliche Ausweichung im gekrümmten Hauptgeleise, die sogenannte »Curvenweiche«, welche sich principiell von dem Grundtypus nicht unterscheidet. Fachmännisch beurtheilt ist sie dagegen insoferne complicirter, als die geometrischen Werthe der Construction mitunter aus schwierigen Rechnungen genommen werden müssen.

Die nächste Form ist die »symmetrische Ausweichung«, und zwar die einfache und die doppelte. Bei der ersteren setzt sich das gerade Hauptgeleise von der Ausgangsstelle der Abzweigung nicht fort, sondern spaltet sich in je eine Ausweichung nach jeder Seite. In der beigegebenen Figur liegen die beiden Weichenzungen

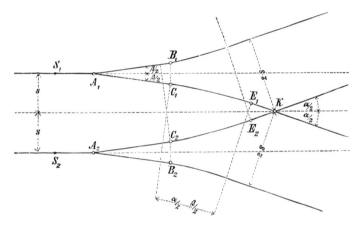

Symmetrische Ausweichung.

$A_1 C_1$ und $A_2 C_2$ gleichzeitig an ihren Stockschienen an, was in Wirklichkeit unmöglich ist, in der Zeichnung aber zur Kennzeichnung des theoretischen Principes nothwendig ist. Die Anschlußschienen setzen sich hier aus den Geraden $S_1 A_1$ ($S_2 A_2$) und den Krümmungen $A_1 B_1 (A_2 B_2)$ zusammen, für welch' letztere der Winkel β maßgebend ist. $C_1 E_1 (C_2 E_2)$ ist der Weichenbogen, $E_1 K (E_2 K)$ die Kreuzungsgerade, K endlich die Kreuzung. Es ist bei dieser Anordnung nur eine solche vorhanden und entsteht dieselbe durch das Ueberschneiden der äußeren Stränge beider Ausweichungen.

Die doppelte symmetrische Ausweichung im geraden Hauptgeleise ergiebt sich, wenn letzteres sich in der geraden Richtung fortsetzt. Die Anordnung der beiden Ausweichungen ist die gleiche wie vorstehend, mit dem Unterschiede, daß zwar nur zwei Anschlagschienen, aber vier Weichenzungen vorkommen, welche — wie die hier folgenden Figuren veranschaulichen — durch zwei Ausrückvorrichtungen (Weichenböcke) bedient werden. Die Folge ist, daß jederzeit zwei Zungen »geöffnet«

ſind. In der erſten Figur ſchließt die Weichenzunge $A_1 C_1$ an die linke Stockſchiene (im Sinne der Richtung des Pfeiles) an, während die rechtsſeitigen Zungen der linken Ausweichung und des Hauptgeleiſes geöffnet ſind, alſo die Durchfahrt bei A_2 freigeben. Der Zug wird in Folge deſſen auf die rechte Ausweichung über= gehen. Soll das Hauptgeleiſe frei= gegeben werden, ſo ſtehen die beiden geöffneten Zungen, ſo wie in der zweiten Darſtellung veranſchaulicht iſt, alſo ſymmetriſch innerhalb der Stränge des Haupt= geleiſes. Bei der dritten Darſtellung endlich tritt das= umgekehrte Ver= hältniß der erſten ein: der Zug geht auf die linke Aus= weichung über.

Während bei dieſer Anordnung die Länge der Zun= gen theoretiſch gleich lang angenommen ſind, werden die= ſelben in Wirklich= keit ungleich lang conſtruirt, um einen

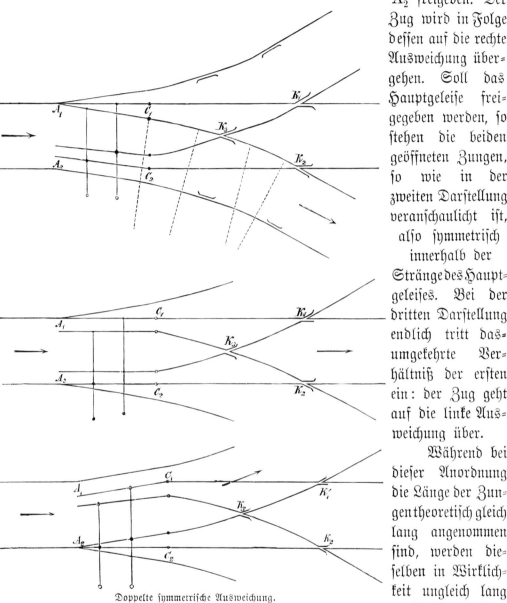

Doppelte ſymmetriſche Ausweichung.

beſſeren Anſchluß zu erzielen. Aus den Figuren iſt ferner zu erſehen, daß ſich drei Kreuzungen ergeben, indem ſich einerſeits die äußeren Stränge beider Ausweichungen einmal überſchneiden (vgl. die vorſtehenden Figuren) und jeder dieſer Stränge außerdem die beiden Stränge des Hauptgeleiſes an zwei gegenüberliegenden Punkten überſchneiden. Dieſe Anordnung iſt zum Theil theoretiſch correct, praktiſch aber bedenklich, weil bei der ſymmetriſchen Lage der Kreuzungen $K_1 K_2$ die Anlage zweier Zwangschienen unmöglich ist. Man rückt daher die beiden Wechsel so weit auseinander, daß der zurückliegende eben noch vollkommen geöffnet werden kann. Andere Uebelstände ergeben sich aus der zu nahen Lage beider Weichenböcke, durch welche leicht eine falsche Einstellung erfolgen kann, und aus der starken Abnützung, welche die Weichenzungen erfahren. Da aber die dreitheiligen Weichen eine sehr rationelle Raumausnützung gestatten, werden sie allgemein als empfehlenswerth erklärt, unter der Voraussetzung einer sehr aufmerksamen Bedienung und der Verwendung eines widerstandskräftigen Materials.

Bisher war immer nur von einem geraden Hauptgeleise und den von ihnen abzweigenden Ausweichungen die Rede. Eine der gewöhnlichsten Anordnungen ist nun die, daß zwei parallele Geleise durch eine Ausweichung miteinander verbunden werden. Die beigefügte Figur ist so klar, daß sie nur wenige Worte der Erläuterung bedarf. Vom Geleise I zweigt bei M_1 die Ausweichung in der bekannten Weise ab, desgleichen vom Geleise II bei M_2 eine zweite Ausweichung.

Weiter handelt es sich um nichts anderes, als diese beiden Ausweichungen in Verbindung zu setzen, was durch Einschaltung des »Verbindungsgeleises« m ge-

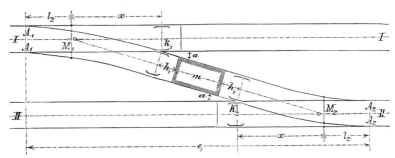

Verbindung zweier paralleler Geleise durch eine Ausweichung.

schieht. In der Figur sind (des gegebenen Raumes wegen) die Verhältnisse sehr verzerrt dargestellt, demnach auch die Länge des Verbindungsgeleises, welche in Wirklichkeit viel größer ist. Den Uebergang derselben zu den Weichenbögen vermitteln die Kreuzungsgeraden h_1. Bei dieser Anlage kommen zwei Kreuzungen ($K_1 K_2$) vor, indem die beiden Stränge der Ausweichung die inneren Stränge beider Hauptgeleise überschneiden.

Denken wir uns nun, daß ein von rechts her auf dem Geleise I fahrender Zug in der gleichen Fahrtrichtung auf das Geleise II überführt werden soll, so werden sich folgende Bewegungsvorgänge ergeben. Zunächst fährt der Zug über die Weiche bei M so weit hinaus, daß sie umgelegt werden kann. Der mittlerweile stehen gebliebene Zug nimmt nun eine rückläufige Bewegung an und rollt auf dem Verbindungsgeleise in das Geleise II, und zwar so weit über den Wechsel bei M_2, daß dieser umgelegt werden kann. Jetzt erst kann der auf der Rückfahrt ebenfalls zum Stehen gebrachte Zug auf dem zweiten Geleise in der ursprünglichen Fahrtrichtung verkehren. Dasselbe gilt für einen vom Geleise II auf das Geleise I überzuführenden Zug, und beide Fälle wiederholen sich, wenn der Zug von links her sich bewegt.

Es leuchtet ein, daß in diesem Vorgange eine gewisse Schwerfälligkeit zur
Geltung kommt, die sich im Falle häufiger Wiederholung desselben ganz erheblich
steigert. Man trifft daher überall dort, wo es die Verhältnisse erfordern, eine Anordnung, bei welcher zwei sich kreuzende Verbindungsgeleise eine symmetrische Ausweichung für beide Geleise und nach beiden Fahrtrichtungen herstellen. Diese Anordnung, welche in der untenstehenden Figur veranschaulicht ist, wird »Kreuzweiche« genannt. Mit ihrer Hilfe kann jeder Zug von einem Hauptgeleise auf
das andere übergehen, ohne lang hin- und hergeschoben zu werden. Allerdings
erfordert die Anlage einen größeren Aufwand von Weichenconstructionstheilen,
unter welchen die sogenannten »Doppelkreuzungen« K_7 und K_8 uns bisher noch
nicht unterge-
kommen sind.

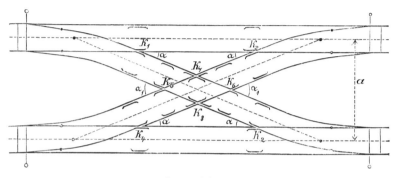

Kreuzweiche.

Um nämlich
Rinnen für die
längs der In-
nenseite der
Schienen lau-
fenden Spur-
kränze der Rä-
der zu erhalten,
müssen die sich
kreuzenden
Stränge vor
Allem ein stum-
pfes Herzstück
mit der Spitze
K_7 (K_8) bilden,
sodann zwei

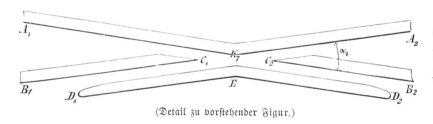

(Detail zu vorstehender Figur.)

Knieschienen ($B_1 C_1$, $B_2 C_2$ in der vorstehenden Figur) mit spitzwinkeligen
Knien, wozu weiter noch die Zwangschiene ($D_1 E D_2$) kommt. Auffällig ist nun, daß
die beiden Knieschienen die Form und Function von zwei Herzstücken übernehmen und
die Zwangschiene nicht gerade, sondern im gleichen Winkel abgeknickt ist, wie das ihr
gegenüberliegende Kreuzstück. Ein Uebelstand, der aber in der Praxis nicht sehr hervortritt, ist der, daß die Zwangschiene bei K_3 den die Lücken überschreitenden Rädern
noch eine gewisse Führung gewährt, wenn der Winkel α_1 nicht zu spitz ist. Im
anderen Falle geht jede Führung verloren und muß auf das Trägheitsmoment
der Räder beim Laufen über die Lücken gerechnet werden, was praktisch zulässig
ist, insbesondere dann, wenn die Länge der Lücken nach Thunlichkeit einge-
schränkt wird.

In der nächstfolgenden Figur ist das in der Kreuzweiche zum Ausdruck
kommende Princip auf die Hauptgeleise selbst übertragen, indem diese sich kreuzen,

die Ausweichungen aber durch parallele Verbindungsgeleise in Zusammenhang gebracht werden. Aus dieser etwas umständlichen Anlage ergiebt sich bei hinläng= licher Kleinheit des Ueberschneidungswinkels α_1 unter wesentlicher Vereinfachung die sogenannte »englische Weiche«. Ist nur eine Ausweichung vorhanden, d. h. kann der von rechts her im Geleise I (Figur S. 216) anfahrende Zug nicht ohne weiteres nach links in das Geleise II übergehen, wohl aber der von rechts im Geleise II anfahrende nach links in das Geleise I so heißt die Anordnung »Einfache (halbe) englische Weiche«. Ist die Ausweichung symmetrisch hergestellt, conform den Kreuzweichen bei parallelen Hauptgeleisen, so ergiebt sich die »Doppelte (ganze) englische Weiche«. Bei dieser Anordnung kann jeder Zug, sei es nun von rechts oder von links her, von dem einen Geleise auf das andere übergehen, ohne daß es eines Hin= und Herschiebens bedürfte. Die englischen Weichen sind der scharfen Weichencurven wegen für Hauptgeleise wenig geeignet, doch sehr bequem im Falle ihrer Zulässigkeit, da viel Platz erspart wird.

Auf Bahn= höfen kommen na= türlicherweise die mannigfaltigsten Weichenanordnun= gen vor, insbeson= dere was die Lage der einzelnen Wei= chen zu einander und in ihren Be= ziehungen zu den

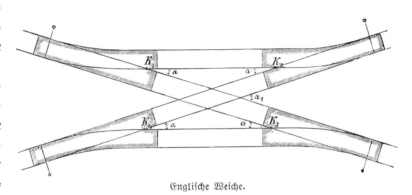

Englische Weiche.

Geleisen anbetrifft. Der Flächenraum großer Bahnhöfe ist mit zahlreichen Geleisen bedeckt, von denen eine größere Zahl derart durch Weichen miteinander verbunden ist, daß sie sämmtlich nach dem einfachen oder doppelten Geleise der freien Bahn hin convergiren und schließlich in dieses münden. Anderseits werden mehrere parallele Geleise durch Weichen derart verbunden, daß die einzelnen Verbindungen unmittelbar aneinander schließen und zusammen ein schräg verlaufendes Geleise ergeben. Man nennt es die »Weichenstraße«.

Die Convergenz der Hauptgeleise kann übrigens vermieden werden, wenn vom Streckengeleise eine Abzweigung durchgeführt und diese durch eingeschaltete Ausweichungen mit den parallelen Geleisen in Verbindung gebracht wird, etwa in der Form, wie sie in umstehender Figur (unten) dargestellt ist. Die Abzweigung wird dann zum Hauptgeleise, und die Fortsetzung des Streckengeleises erhält die Bezeichnung »Stamm= oder Muttergeleis«. Die Anlage ist sehr einfach, hat aber den Nachtheil, daß die »nutzbare Länge« der Nebengeleise beträchtlich gekürzt wird. Soll z. B. das Stammgeleise (I) befahren oder mit Fahrzeugen belegt werden, so darf dies nur bis zu einem gewissen Abstand von der ersten Weiche stattfinden, soll diese nicht verlegt werden. Dieser Punkt wird durch einen Pfahl (»Markirpfahl«) bezeichnet und soll derselbe mindestens $3\frac{1}{2}$ Meter von Mitte zu Mitte der beiden Geleisachsen angebracht werden. In der Figur ist dieses Markirzeichen mit P_1 kenntlich gemacht. Dasselbe wiederholt sich bei den anderen Nebengeleisen (II, III u. s. w.), bei welchen die entsprechenden Markirpflöcke mit P_2, P_3 bezeichnet sind.

Ist nun der Abzweigungswinkel α ziemlich stumpf, so wird die »nutzbare Länge« größer, wogegen sie sehr erheblich abnimmt, wenn ersterer sehr spitz ist, weil in Folge dessen die Markirzeichen weit hineinrücken. Dieselben Verhältnisse wiederholen sich selbstverständlich auch auf der entgegengesetzten Seite des Bahnhofes.

Um diesem Uebelstande einigermaßen zu steuern, pflegt

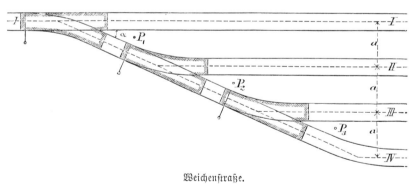

Englische Weiche.

Weichenstraße.

man die Nebengeleise zu beiden Seiten des Stammgeleises anzuordnen. In anderer Weise trifft man Abhilfe, indem die Abzweigung nicht gerade, sondern im Bogen geführt und sodann mit einem Gegenbogen mit dem ersten Nebengeleise in Verbindung gebracht wird. Derselbe Vorgang wiederholt sich natürlich bei jedem weiteren Nebengeleise. Die Erläuterung anderer Hilfsmittel, insbesondere die schiefe Ein führung des Streckengeleises in den Bahnhof, dessen Spurplan dann in Form eines Parallelogramms hergestellt wird, übergehen wir, weil sie den Gegenstand zu sehr specialisiren würden.

Die angefügte Figur veranschaulicht in natürlichen (also nicht verzerrten) Verhältnissen das Endstück eines großen Bahnhofes, aus welchem einige der vorstehend erwähnten Details sehr klar zu ersehen sind. Die Abzweigungen sind hier so ziemlich symmetrisch auf beiden Seiten der Stammgeleise durchgeführt und vermitteln den Uebergang zu zahlreichen parallelen Nebengeleisen, welche wieder untereinander durch zwei ineinander mündende Weichenstraßen miteinander verbunden sind. Sehr deutlich tritt in dieser Darstellung die Abminderung der nutzbaren Länge der Nebengeleise vor Augen, desgleichen die Kleinheit des Abzweigungswinkels, wobei die früher erwähnte Abzweigung beziehungsweise Ueberführung der Hauptgeleise mit kurzen Gegencurven nicht durchgeführt ist.

So einfach sich die vorstehend erläuterten Einrichtungen der Weichen darstellen, so complicirt gestalten sie sich in ihren Beziehungen zu einander, d. h. wenn eine große Zahl von Weichen auf ausgedehnten Bahnhöfen in organischen Zusammenhang gebracht werden soll. Der Laie wird verblüfft, wenn er von irgend einem günstigen Standorte die ungemein vielartigen Ver-

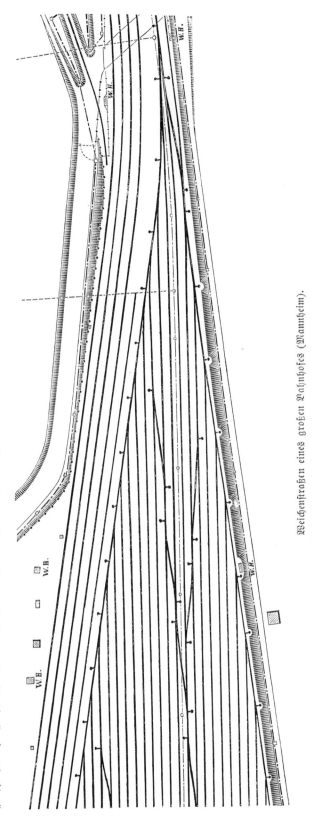

Weichenstraßen eines großen Bahnhofes (Mannheim).

schlingungen der Geleise überschaut, sie von Locomotiven und ganzen Wagencolonnen befahren sieht, bald vor, bald zurück, hier dicht auf parallelen Geleisen nebeneinander herrollend, dort sich kreuzend oder überholend, wobei ganze Wagengruppen abge= stoßen werden, u. s. w. Die glatte Abwickelung dieser beständig ineinandergreifenden Bewegungen erscheint dem Nichtfachmann wie ein Wunder, als ein Vorgang höchst verwickelter Natur.

In der That war bis in die jüngste Zeit die sichere Führung des Weichen= dienstes innerhalb des ausgedehnten Raumes großer Bahnhofsanlagen keine so einfache Sache. Eine schwache Seite des älteren Systems bestand vornehmlich darin, daß die Bedienung der Weichen einem vielköpfigen Personal überlassen war, dessen Zusammenwirken durch vielfache, an sich unscheinbare Mißverständnisse und Störungen häufig in Frage gestellt wurde. Daraus erwuchs aber eine beständige Gefahr für die sichere Ausübung des Weichenstelldienstes, und in Consequenz dessen lag in dem System selbst die Ursache zahlreicher und häufiger Unglücksfälle. . . . Der überbürdete Weichensteller, der einen Augenblick von der anstrengenden Arbeit ausruht, wird plötzlich durch Lichter, Pfiffe und Zurufe aufgeschreckt, er giebt dem ihm anvertrauten Hebel einen unbedachten Ruck und — der heranbrausende Zug ist entgleist. Und nun gar die Weichensignale in ihrer verwirrenden Menge! »Das problematische des Nutzens der letzteren« — sagt M. M. v. Weber — »wird Jedem klar, der jemals Nachts auf der Locomotive in eine große Eisenbahnstation eingefahren ist und das prachtvolle, aber unbehaglich irritirende Chaos von Lichtern aller Farben gesehen hat, die sich bei jedem Platzwechsel der Maschine zu neuen Constellationen unentwirrbar durcheinanderschieben, und in denen auch das geübteste Auge nicht die mit scheibigem Glanze leuchtenden Signale derjenigen Weichen herauszufinden vermag, die der Zug bis zu seinem Haltepunkte zu durch= laufen hat.«

All' diese Erschwernisse und Gefahren des Weichenstelldienstes sind in jüngster Zeit durch die Anwendung gewisser mechanischer Vorkehrungen fast gänzlich beseitigt worden und haben sich letztere demgemäß als eines der wirksamsten Sicherungsmittel des Eisenbahnbetriebes erwiesen. Es ist dies das sogenannte Central=Weichensystem. Die Vorkehrungen desselben bewirken durch eine sinn= reiche Combination von mechanischen Organen, daß ein Signal, welches die Er= laubniß zum Befahren eines Systems von Weichen, die ein Zug beim Einfahren in eine Station oder in eine Bahnabzweigung durchlaufen muß, zu ertheilen hat, absolut nicht eher gegeben werden kann, bis auch die letzte der betreffenden Aus= weichungen ihre richtige Stellung erhalten hat.

Die Manipulationen dieser sämmtlichen zu einem Signale gehörigen Weichen, oder auch der Weichen mehrerer solcher Systeme, geschieht von einem Punkte aus durch einen oder mehrere Männer, welche 20, 30, 50, ja weit über 100 Weichen zu bedienen haben und auf deren Schultern die gesammte Verantwortlichkeit allein liegt, allerdings erleichtert durch die Unfehlbarkeit des Apparates, welcher Miß=

griffe, durch welche unmittelbar Gefahren erzeugt werden könnten, unmöglich macht. Diese Vorkehrungen haben durch eine lange Reihe von sich immer mehr aus= gestaltenden Constructionen eine Form erhalten, die kaum noch eine Verbesserung wünschen läßt. Man darf behaupten, daß erst diese Vorkehrungen aus dem Be= dürfnisse großer Betriebsentwickelungen hervorgegangen, die sichere Bewältigung sehr dichter Verkehre erst möglich gemacht haben, indem sie die zersplitterte Thätig= keit und Verantwortlichkeit zahlreicher Functionäre in einer Hand concentriren und den Irrthum durch die Unfehlbarkeit der mechanischen Vorrichtung ausschlossen. Der immensen Wirksamkeit derselben ist auch ihre Verbreitung conform gewesen.

Obwohl nun die Weichenstellwerke sich von den anderen Sicherungsvor= kehrungen, insbesondere gewissen Signaleinrichtungen nicht gut trennen lassen, erfordert es gleichwohl der Gegenstand, daß erstere, vorläufig nur übersicht= lich mit der letzterwähnten Einrichtung im Zusammenhang behandelt, hier des weiteren erörtert werden. Zunächst ist hervorzuheben, daß Bahnabzweigungen und Bahnhofseinfahrten durch fernwirkende Signale gedeckt werden müssen, welche die Aufgabe haben, dem heranfahrenden Zug die Fahrt zu verbieten, so lange sein Weg zur Befahrung nicht gänzlich frei ist. Solche Signale (es sind die Distanz= signale) sollen, sofern sie dazu bestimmt sind, mit Weichen versehene Bahnstellen zu decken, mit diesen in unmittelbarer Wechselwirkung stehen; es müssen nämlich, so lange die sämmtlichen in Betracht kommenden Weichen nicht richtig stehen, die betreffenden Signale die Fahrt verbieten, und umgekehrt, wenn mit dem Signale die Fahrt erlaubt ist, müssen die Weichen vorher in die richtige Lage gebracht sein. Damit war erreicht, erstens, daß die einzelnen Theile der zu befahrenden Weichen gehörig lagern, d. h. daß die mechanische Einrichtung in Ordnung ist und insbesondere die Spitzschienen an der Stockschiene anliegen, damit nicht ein Aufsteigen oder Durchfallen der Fahrzeuge, also eine Entgleisung herbeigeführt werde; zweitens wird die Weiche für den richtigen Schienenweg gestellt, damit der Zug nicht etwa in eine falsche oder gar »feindliche«, d. i. von Gegenzügen oder sonstigen Hindernissen belegte Fahrstraße gelenkt werde.

Außer dem Distanzsignal wird auch das Blocksystem für die Central=Weichen= stellwerke ausgenützt. Es ist daher nothwendig über die erstere einige (unserer späteren ausführlichen Mittheilungen vorausgreifende) Erläuterungen zu geben. Aus der Erstreckung des Deckungssignalsystems von einzelnen Gefahrspunkten auf die ganze Bahnstrecke, entwickelte sich ein fundamentaler Fortschritt in der Siche= rung der Betriebsmanipulationen: Die Einführung des Raumsystems an Stelle des Zeitsystems, d. h. die Trennung der Züge auf einer Bahn in ihrer Aufeinander= folge nach Raumdistanzen anstatt nach Zeitintervallen. Das Raumsystem hat seinen vollkommensten physischen Ausdruck im sogenannten Block= (Absperr=) Signalsystem gefunden. Dieses vollkommenste, ja eigentlich allein im Princip und Ausübung gleich gesunde Signalsystem beruht auf der Idee, daß die ganze Bahn in permanent abgesperrte Strecken getheilt wird, und daß unbedingt kein Zug den Anfang einer

solchen überschreiten darf, ehe nicht vom Ende derselben her nach jenem Anfange
hin durch ein elektrisches Signal gemeldet ist, daß der vorhergehende Zug das
Ende passirt hat.

Das Central-Weichensystem ist englischen Ursprungs und führt hier den Namen
»Interlocking-Apparatus«. Es war die Folge der ungeheuren Verkehrssteigerung,
welche das Bedürfniß nach solchen Einrichtungen geltend machte. Bald hierauf
kam es in Frankreich, Belgien, Deutschland, in der Schweiz, in jüngster Zeit in
Oesterreich-Ungarn in Aufnahme. Die Central-Weichenanlagen weisen zwei Formen
auf: entweder geschieht die Stellung der Weichen und jener der respectiven Distanz-
signale auf getrennten Punkten oder auf einem gemeinsamen Stellorte. Im ersteren
Falle können die Umstellungen mit den gewöhnlichen mechanischen oder elektrischen
Hilfsmitteln durchgeführt sein, die gegenseitige Abhängigkeit wird aber unter diesen
Umständen, sobald es sich um größere Entfernungen handelt, nur im elektrischen
Wege leicht durchgeführt werden können.

Ohne auf die organische Verbindung des Central-Weichenstellwerkes mit der
Blockeinrichtung hier näher einzugehen, wollen wir nun die mancherlei Einrichtungen der ersteren vornehmen. Das auf dem europäischen Continente verbreitetste System ist jenes von Siemens und Halske. Mit den Weichen-

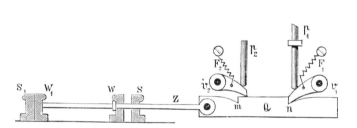

Central-Weichenstellwerk System Siemens & Halske.

zungen $W W_1$ (in vorstehender Figur) ist durch die Stange Z ein Riegel Q verbunden, welcher mit einem Inductor in einem Kästchen seitwärts untergebracht ist.
Der Riegel hat zwei Einschnitte (m n), in welche die Sperrkegel v_1 oder v_2 vermöge des durch die Stangen p_1 oder p_2 auf sie ausgeübten Druckes einschnappen.
Ist dies geschehen, so können Wechselströme nach dem Bureau-Blockapparat gesendet
werden, wo sie die Weichenstellung durch rothe beziehungsweise weiße Felder anzeigen.

Die Sperrung der Weiche allein genügt jedoch nicht zur Sicherung starker
Verkehre, denn in Stationen mit vielen Weichen, von welchen einige in die Hauptgeleise münden, müssen behufs sicherer Ein- und Ausfahrt der Züge alle in Frage
kommenden Wechsel derart stehen, daß keine unrichtigen Geleise befahren werden.
Daraus folgert, daß es sich nicht um die Lage einer einzigen Weiche, sondern um
Gruppen von Weichen im Zuge einer bestimmten Weichenstraße handelt, wozu
eine verläßliche Controle nothwendig ist. Dies wird dadurch erreicht, daß man
die Stellvorrichtungen aller wichtigen Weichen mit langen, auf Rollen in kleinen
abgedeckten Canälen sich bewegenden Stangen (Röhren) und mit Winkelhebeln nach
einer Stelle zusammenführt, von wo aus — wie mehrfach erwähnt — die Bedienung aller dieser Weichen stattfindet.

Am Stellorte befindet sich ein speciell diesem Zwecke dienendes Gebäude, der sogenannte Weichenthurm. Je nach Maßgabe der Ausdehnung des Bahnhofs= raumes und der damit erschwerten Uebersicht ist der Weichenthurm mehr oder minder hoch. Er enthält ein nach allen Seiten freien Ausblick gewährendes Zimmer, in welchem die Stangen= und Winkelleitungen zusammenlaufen. Jede Weiche hat ihren Hebel und jeder der letzteren eine deutliche Bezeichnung der zugehörigen Weiche. Durch mechanische Verbindung jedes Hebels mit den anderen Hebeln, beziehungs= weise mit den Signalvorrichtungen, kann eine Weiche niemals verstellt werden, ohne daß mit

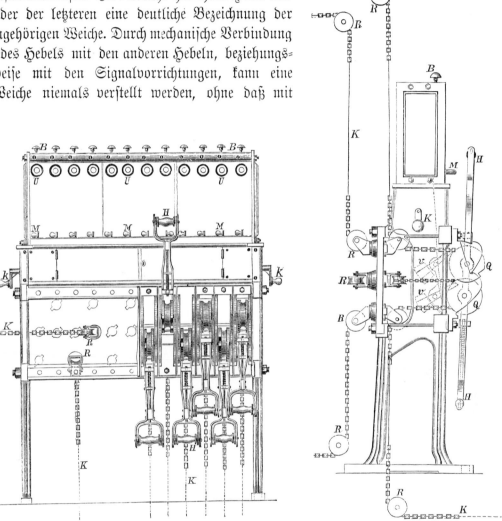

Central=Weichenstellwerk System Siemens & Halske.

Vorderansicht.   Seitenansicht.

ihr correspondirend zugleich andere Weichen verstellt, beziehungsweise die ent= sprechenden Signale gegeben würden.

Die beigefügten Abbildungen veranschaulichen den im Weichenthurme unter= gebrachten Hebelmechanismus. Das Stellen und Verriegeln der Weichen geschieht vermittelst der Handhebel H und der damit verbundenen Ketten beziehungsweise Drahtzüge. Jedem Hebel entspricht ein oberhalb desselben angebrachtes Signal=

fenster und ein Blockirtaster. Die Controle der Weichenstellung und die Erlaubniß zur Aenderung der Stellung seitens des Controlwächters geschieht durch den Beamten im Dispositionsbureau. Der den Controlapparat bedienende Mann kann einen nach abwärts hängenden Hebel (H) aus der Haltestellung nur dann in die senkrecht aufwärts stehende Position bringen, wenn in Bezug auf die beabsichtigte Fahrtbewegung alle Riegelhebel die richtige Lage haben; aber selbst in diesem Falle kann er die Umdrehung erst dann bewirken, wenn ihm dies vom Bureau aus möglich gemacht wird.

Vergegenwärtigen wir uns nun den ganzen Zusammenhang des Vorganges. Stünde beispielsweise die Weiche wie die Figur auf S. 220 zeigt, und ginge von

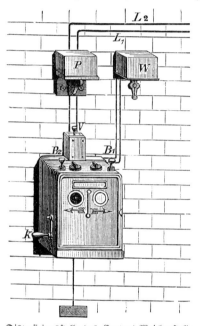

Dispositionsstelle des Central-Weichenstell-werkes.

dem Apparatsatze der Stange p_1 die Leitung L_1 zu dem nebenstehend dargestellten Apparate der Dispositionsstelle, so ist, nachdem der Weichen-wächter die Stromabgabe bewerkstelligt hat, sein v_1 und p_1 festgehalten, wogegen am Dispositions-orte B_1 frei ist und das betreffende Fensterchen das rothe Feld zeigt. Man sagt in diesem Falle »Die Weiche ist blockirt.« Die Dispositionsstelle kann sie wieder frei machen, wenn dort B_1 nieder-gedrückt und die Inductionskurbel K gedreht wird. Beim Weichenapparat hebt sich, da die Feder F_1 wirksam wird, die Stange p_1 in die Höhe und v_1 tritt aus n heraus, worauf Q nicht mehr festgehalten, die Weiche also beliebig verstell-bar wird. Soll aber im Falle der Ein- oder Aus-fahrt eines Zuges die Weiche so gestellt werden, daß ihre Zunge W an die Stockschiene S zu liegen kommt, und soll gleichzeitig der Weichenschluß ver-riegelt werden, so drückt der Weichenwächter seinen Blocktaster B_2 nieder, wodurch er p_2 herab und v_2 in m hineinschiebt. Der Schnapper h_2 stellt sich vor p_2, v_2 wird festgehalten. Die Weiche ist »blockirt«. Durch die Wechselströme, die der Wächter gleichzeitig durch Drehung der Kurbel des Inductors in die Linie H_2 entsendet, deblockirt er am Apparate der Dispositionsstelle den Taster B_2, und macht das betreffende Fensterchen roth.

Die angefügte Abbildung veranschaulicht die Central-Weichenanlage eines Bahnhofes von mittlerer Ausdehnung. Im ersten Stockwerke des vierstöckigen Weichenthurmes W ist der Apparat untergebracht, mit dessen Hilfe die Weichen a, b, c, d, e nur derart gestellt werden können, daß »erlaubte Fahrt« erst dann signalisirt werden kann, wenn die in der zu öffnenden Fahrlinie liegenden Weichen richtig gestellt und in dieser Stellung fixirt sind, nebstdem aber auch diese Fahr-straße allseitig durch Deckungssignale gesichert ist. Ein elektrischer Blockapparat im Weichenthurme dient zum Verschließen der Signalhebel nach der Rückstellung in die Normalstellung (Halt). Hiermit in Verbindung zeigt ein sogenannter Avertirungsapparat dem Wächter die Freigabe eines Hebels optisch in einem Fensterchen hinter dem in Frage kommenden Hebel und akustisch durch Ertönen eines Läutewerkes an.

Im Inspectionszimmer, wohin die Drahtleitungen l und l' vom Weichenthurm aus führen, befindet sich ein zur Freigabe der Signalhebel im Weichenthurm dienender Deblockirungsapparat. Ein elektrischer Controlapparat (wir kommen auf diese Einrichtung weiter unten eingehender zu sprechen) in obenerwähntem Bureau dient dazu, die jeweilige Stellung des Signalarmes (a) controliren zu können, was durch eine Contactvorrichtung erzielt wird. Das Mastsignal m (in diesem speciellen Falle nur

Central-Weichenanlage eines großen Bahnhofes.

der Ausfahrt dienend) mit dem Arm a giebt die Fahrt frei oder verweigert sie, je nachdem der Arm entweder 45° nach aufwärts gerichtet oder horizontal gestellt ist. Die Scheibe L, für Nebengeleise geltend, dient Locomotivfahrten, Scheibe R Rangirzwecken.

Der Vorgang bei der Weichenstellung ist nun der Folgende. Soll die Ein- oder Ausfahrt eines Zuges vorsichgehen und es obwaltet dagegen kein Hinderniß, so bewegt der Beamte am Blockirungsapparate im Inspectionszimmer denjenigen Hebel aufwärts, welcher dem Einfahrts= beziehungsweise Ausfahrtssignal für den betreffenden Zug auf einer bestimmten Fahrstraße entspricht. Hierdurch wird das Signal m noch nicht auf »Frei« gestellt; dies geschieht erst durch den Wärter im Weichenthurm. Durch die vom Beamten vorgenommene Manipulation wurde nämlich der Wärter optisch und akustisch vorläufig darauf aufmerksam gemacht, daß das bezeichnete Signal deblockirt ist, und gilt dies als Auftrag, den in Frage kommenden Signalhebel umzulegen. Nun ist aber dieses »Frei=Fahrt=Stellen« mittelst des Armes a dem Wächter mechanisch unmöglich gemacht, bevor er nicht alle jene Weichenhebel umgelegt hat, welche auf dem Schilde des Signalhebels verzeichnet sind. Hat alsdann der Wärter den Signalarm a in die Stellung »Erlaubte Fahrt« gebracht, so erscheint im Inspectionsbureau gleichzeitig am Controlapparat in Folge des elektrischen Contactes statt der rothen Scheibe in dem betreffenden Fensterchen die weiße.

Nach Passirung des Zuges wird sogleich wieder die als normal geltende Signalstellung »Verbotene Fahrt« bewirkt und werden alsdann die Weichenhebel in die ursprüngliche Stellung zurückgelegt. Eine Irrung bei dem vorbeschriebenen Vorgange kann insoferne eintreten, als der durchfahrende Zug auf ein mit Fahr= betriebsmitteln besetztes Geleise geleitet werden könnte, was indes der Wächter im Weichenthurm, der die ganze Geleisanlage überschaut, ohne weiteres verhüten kann.

Außer der im Vorstehenden erläuternden Central=Weichenvorrichtung giebt es noch eine ganze Reihe anderer Systeme, von welchen wir der Vollständigkeit halber einige kurz auseinandersetzen wollen. Die Figur auf S. 225 veranschaulicht die Anordnung, wie sie der Amerikaner Gassett getroffen hat, und bei welcher das automatische Blocksystem für die Interlockinganlage ausgenützt ist. S ist das Distanz= signal der isolirten Streckensection X Y, welche bei q endet. Bei den durch die Weiche bedingten Unterbrechungspunkten werden die einzelnen Weichentheile durch die Drähte c s und b x und durch Vermittlung eines Linienwechsels W mit den Hauptsträngen des Geleises verbunden. Die beweglichen Weichenzungen sind gegen= einander und die übrigen Theile durch passende Zwischenlagen (z. B. aus hartem Holz) isolirt. Der in einem wasserdichten Gehäuse verschlossene, neben dem Weichen= bocke auf dem Weichenroste gut befestigte Linienwechsel (siehe die zweite Figur) besteht aus einer isolirten Platte G aus Hartgummi (o. dgl.), in welche drei metallene Contactplatten a, b und c eingesetzt sind, von welchen jede mit dem Geleise mittelst Drähten in leitende Verbindung gebracht ist. Oberhalb der drei Contact= platten a, b, c liegt der auf der Achse A A drehbare Hebel H H, welcher die mehrfach geschlitzten, durch Kautschukzwischenlagen gegen A A beziehungsweise H H isolirten Contactfedern m und n trägt. Je nach der Lage des Hebels H H werden entweder die Federn m m auf den Contactplatten a und b aufliegen, wodurch a und b in metallische Verbindung tritt, wogegen c isolirt bleibt; oder n n wird mit a und c metallisch verbunden, in welchem Falle a isolirt bleibt.

Diese zwei Stellungen des Linienwechsels werden durch die Spitzschiene der Weiche bewirkt, indem diese bei der Weichenlage auf die »Gerade« den Knopf C in das Rohr R hineindrückt, wodurch die kleine, aber kräftige Spiralfeder f den Hebel H H in die dargestellte Lage, bei welcher b und a durch m m in Verbindung kommen, bringen und dieselbe festhalten kann. Steht die Weiche auf »Ausweiche«, so kann die in der Röhre R auf die Zugstange Z wirkende stärkere Spiralfeder F die Stange Z hinausschieben, wobei der an Z festsitzende Ring D den von H H emporstehenden Hebel G mitnimmt und, den Einfluß der Feder F aufhebend, H H so weit dreht, daß sich die Federn n n auf c und a legen und diese metallisch ver= binden.

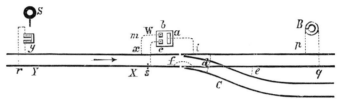

Central-Weichenanlage System Gaffett.

Steht nun die Weiche auf die »Gerade«, so wird die Batterie B ihren Strom von p über i, a, b, x, y durch den Elektro= magnet des Signals S weiter über r, Y, X, f, d wirken lassen können und wird S auf »Frei« zeigen, vorausgesetzt, daß sich zwischen S und B nicht etwa ein Zug befindet, der B kurz schließt. Jeder einfahrende Zug deckt sich also sofort, wenn er das Signal S passirt und demselben den Strom entzieht. Das Signal S stellt sich aber immer auf »Halt«, wenn die Weiche auf »Ausweiche« gestellt wird, weil dann zwischen a und b eine Unterbrechung eintritt. Wenn ein Stück

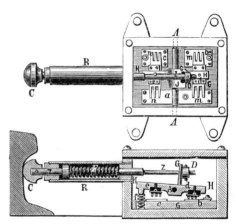

(Detail zu obenstehender Figur.)

des Schienenstranges C der Ausweiche isolirt ist, so kann mit Hilfe der Verbindungs= drähte e und d nebenher erzielt werden, daß jeder auf der Ausweiche befindliche Zug, wenn er nicht genügend vom Geleisdelta entfernt steht, und somit den Verkehr auf dem Hauptgeleise gefährden würde, die Batterie gleichfalls in kurzen Schluß bringt und S auf »Halt« stellt. Aehnlich, nur verwickelter, sind die Fälle mit mehreren Weichen und mehreren Distanzsignalen (vgl. Kohlfürst, »Die elektrischen Einrichtungen der Eisenbahnen 2c.«).

Auf amerikanischen Bahnen ist vielfach das System Hall in Anwendung gekommen. Bei diesem befindet sich am Weichenbocke eine Contactvorrichtung, welche den Stromschluß einer Batterie B (Seite 226) über den Elektromagnet M in dem Falle herstellt, wenn die Weiche auf »Ausweiche« gestellt ist. Es wird alsdann der Anker A angezogen und vom Contacte C abgehoben, wodurch in der von C und A bei m

und n zu den isolirten Schienen s s geführte Leitung eine zweite Unterbrechungs=
stelle kommt und der im Zuge untergebrachte Signalapparat sofort ausgelöst wird.
Mit anderen Worten, der Zug erhält das Haltesignal, sobald die vorne an der
Locomotive angebrachte metallische Contactbürste über die Unterbrechungsstelle bei s s
gelangt.

Eine andere, von Schnabel und Henning herrührende Anordnung ist die
folgende. Am Stellbocke wird mit Hilfe eines Hebels (K) das in Frage kommende
Weichenpaar unter Vermittlung eines auf Rollen (r) gelagerten Rohrgestänges (R)
und der sogenannten Spitzenverschlüsse (S$_1$, S$_2$) gleichzeitig gestellt. Ein zweiter
Hebel (K$_1$) dient zum Stellen der beiden Distanzsignale, was mit Hilfe doppelter
Drahtzugleitungen, deren Enden über ein Rad am Weichenbocke laufen, geschieht.
Steht der Hebel senkrecht, so befinden sich die beiden Distanzsignale in der Halt=
lage; ist der Hebel um 90° nach vorwärts umgelegt, so steht das eine Signal

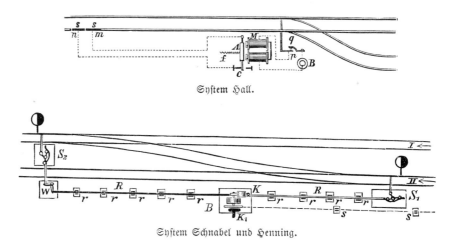

System Hall.

System Schnabel und Henning.

auf »Frei«, wogegen das andere auf »Halt« bleibt. Ist K$_1$ endlich um 90° nach rück=
wärts umgelegt, so steht das eine Distanzsignal auf »Frei« und das andere bleibt
auf »Halt«; es können sonach niemals beide Signale gleichzeitig auf »Frei«
gebracht werden.

Wir haben den vorstehenden Systemen deshalb Raum gegeben, weil deren
Einrichtung klar und einfach, dem Verständnisse des Nichtfachmannes sonach an=
gepaßt ist. Daneben giebt es aber zahlreiche, zum Theil sehr complicirte Systeme,
mit Hinzuziehung verschiedener anderer Vorrichtungen, welche derartige Construc=
tionen zu streng fachmännischen Materien gestalten, in diesem Buche also nicht am
Platze sind. Zu den mit den Weichenstellwerken in Zusammenhang gebrachten Vor=
richtungen gehören beispielsweise die sinnreichen sogenannten Zustimmungs=
contacte und die sehr wichtigen Weichen=Controlapparate. Erstere helfen
dem Uebelstande ab, daß der verantwortliche Betriebsbeamte vielfach durch wichtige
Obliegenheiten außerhalb des Bureaus, in welchem die Stationsapparate zu den
Signalverschlüssen untergebracht sind, sich befindet. Wenn nun auch diese seitens

des Betriebsbeamten dem Telegraphenbeamten zur Handhabung überwiesen werden, erfordert es gleichwohl die verantwortliche Stellung des ersteren, daß er auch außerhalb des Apparatenlocales jederzeit in die Lage versetzt ist, die nothwendigen Dispositionen zu treffen. Zu diesem Zwecke dient der »Zustimmungscontact«, ein kleiner Apparat, welcher für den Stationsbeamten in leicht erreichbarer Nähe aufgestellt ist, und mittelst welchem die Freigabe einer Fahrstraße ausschließlich dem Befehle beziehungsweise der Zustimmung des genannten Beamten vorbehalten bleibt. Auf die Construction solcher Apparate können wir hier nicht eingehen.

Dagegen ist es von allgemeinem Interesse, von den sogenannten Weichen-Controlapparaten Kenntniß zu nehmen. Dieselben beruhen auf dem Principe aller Controlapparate, nämlich auf der Möglichkeit, über den Vollzug einer an entfernter Stelle auszuführenden Weisung, oder über den jeweiligen Stand einer Einrichtung genaue Rechenschaft zu gewinnen, ohne gerade an Ort und Stelle anwesend zu sein. Was nun speciell die Weichencontrole anbelangt, haben die hier einschlägigen, seinerzeit sehr gepflegten Vorrichtungen allerdings durch die weitgehendste Einführung der centralisirten Stellwerke an Werth verloren. Dagegen finden wieder aus dem gleichen Grunde jene Formen eine um so häufigere Anwendung, bei welchen sich die Controle auf das richtige

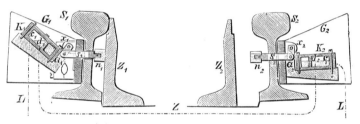

Quecksilbercontact von Lartigue.

Anliegen der Weichenzunge oder auf das sogenannte »Aufschneiden« der Weichen erstreckt. Bezüglich des richtigen Zusammenschlusses der Weichenzunge mit der Stockschiene ist zunächst einer älteren Anordnung von Lartigue zu gedenken. Bei derselben kommen Quecksilbercontacte in Verwendung. Sie bestehen in kleinen, mittelst Schrauben an der Außenseite der Stockschienen befestigten Kästchen (K), welche sich um eine Achse (x) senkrecht drehen lassen und durch eine senkrechte Scheidewand in zwei ungleich große Räume getheilt sind. Ein mit einem regulirbaren Kopf (n) versehener Stift (s) ist durch eine Achse (a) mit der Kästchenwand verbunden. Wie die Weiche gestellt, drückt die Weichenzunge (Z_1) gegen die Stockschiene (S_1), so wird erstere, auf den Kopf (n_1) des betreffenden Kästchens drückend, das Quecksilbergefäß (K_1) in die geneigte Lage heben, wodurch aus dem größeren Abschnitte das Quecksilber in den kleineren abfließt und der bestandene Contact zwischen den Anschlüssen ($c_1\,d_1$) der Centralleitung aufhört. Steht die Weichenzunge (Z_2) von der Stockschiene (S_2) ab, so fällt das Kästchen (K_2) in die horizontale Lage, das Quecksilber gleicht sich in beiden Räumen des ersteren aus und die Linienanschlüsse ($c\,d$) treten in metallische Verbindung.

Werden für eine Weiche zwei getrennte Controllinien und Apparate mit diesen Contactvorrichtungen verbunden, so wird damit gleichzeitig die Stellung der

Weiche und das richtige Anliegen der Weichenzunge controlirt. Es können aber auch die Contactvorrichtungen mehrerer Weichen (einer ganzen Weichenstraße) in eine Controllinie gelegt werden, wodurch man auf Grund einer correcten Zeichengebung des Controlapparates die Versicherung erlangt, daß alle für die fragliche Einfahrt maßgebenden Weichen die richtige Lage haben und vollkommen schließen.

Von den verschiedenen sinnreichen Vorrichtungen für die Weichencontrole wollen wir hier (nach Kohlfürst »Fortentwickelung der elektrischen Eisenbahneinrichtungen«) zwei des näheren erläutern. Die eine dieser Anordnungen ist die nebenstehend abgebildete von Politzer. Die Stange h ist mit dem Weichengestänge steif verbunden und hängt mittelst eines Gelenkes a an dem in einem gußeisernen Ständer gelagerten Winkelhebel a x b. Am Obertheil des Lagerständers sind die zwei parallel liegenden Contactfedern m und n isolirt befestigt und mit den Centralleitungsenden L und L₁ in leitende Verbindung gebracht. Bei der dar-

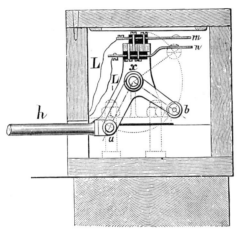

Vorrichtung für Weichencontrole nach Politzer.

gestellten Lage, bei welcher der zugehörige Wechsel etwa auf »Ausweiche« steht, ist ersichtlichermaßen die Controllinie unterbrochen; wird jedoch die Weiche umgelegt, so gelangt der Winkelhebel a x b in die mit punktirten Linien dargestellte Lage, wobei ein auf b angebrachter Rollenzapfen die Feder n nach aufwärts drückt und dadurch den Stromweg von L L₁ schließt. Der eingeschaltete Controlwecker (oder sonstige Controlapparat) wird nunmehr die Lage der Weiche auf die »Gerade« kennzeichnen.

Die zweite vorerwähnte Vorrichtung ist der in den Stationen der Gotthardbahn angewendete Weichencontact. Die Hebel H des Centralstellwerkes bestehen aus zwei Theilen P und Q, die auf der Achse y sich drehen und so lange einen einzigen steifen Arm bilden, als der Stift x sie fest verbindet. Unter normalen Verhältnissen hat also der Weichenhebel die in nebenstehender Figur veranschaulichte Anordnung. Der ganze zweiarmige Hebel dreht sich auf der Achse P und schiebt beim Umstellen das Weichengestänge (G) nach vorwärts beziehungsweise rückwärts. Würde bei der dargestellten Lage des Weichenhebels die Weiche von rückwärts aufgeschnitten, so zöge der Spitzenverschluß das Gestänge kräftig an, wodurch der Stift x abgesperrt würde, weil der Hebel, durch einen Fallriegel festgehalten, nicht nachgiebt.

Die Folge ist, daß die beiden Theile P und Q von einander getrennt und eine Stellung annehmen werden, wie sie in der ersten Figur dargestellt ist. Damit nun ein solches dem Wärter im Weichenthurme sofort zur Kenntniß gelange, sind in dem ersteren ein kräftiger Relaiswecker und eine Batterie aufgestellt. Die

Relaisanschlüsse des Weckers sind mit der Batterie im Ruhestrom geschaltet und die betreffende Leitung ist über sämmtliche vorhandene Weichenhebel derart geführt, daß an jedem Weichenhebel an zwei Stellen, nämlich bei a an dem Hebeltheil Q, bei b an dem Hebeltheil P ein Stück des isolirten Drahtes festgeschraubt wird. Wird eine Weiche von rückwärts aufgeschnitten, so zerreißt in Folge der Trennung der beiden Hebelarme das Leitungsstück a b; die hierdurch entstehende Unterbrechung

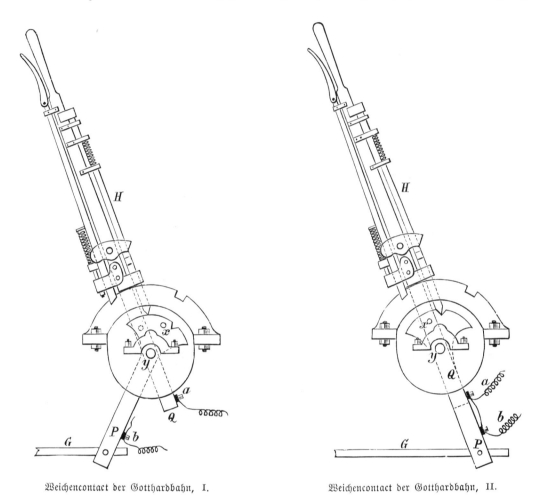

Weichencontact der Gotthardbahn, I.   Weichencontact der Gotthardbahn, II.

bringt den Selbstunterbrecher in kurzen Schluß, der Wecker läutet. Damit das Läuten nicht bis zur vollständigen Behebung der Unordnung fortdauert, ist eine Einrichtung getroffen, welche das erstere abstellt.

Eine eigenthümliche Vorrichtung, welche aber mit den centralisirten Stell=werken nichts zu schaffen hat, ist die Sicherheitsweiche des Amerikaners Wharton. Die Aufgabe, welche sich dieser stellte, war die, ohne Unterbrechung des Haupt=geleises den Uebergang auf ein Nebengeleise zu ermöglichen und überdies eine An=ordnung zu treffen, welche selbst für den Fall, daß ein Wechsel für das Neben=geleise gestellt wäre, einen gegen den Wechsel fahrenden Zug des Hauptgeleises

in die Lage zu setzen, den Wechsel selbst zu verstellen und unbehindert auf dem
Hauptgeleise zu rollen.

Beide Ziele sind in einer Anordnung erreicht, welche untenstehend abgebildet
ist. Aus den beiden Darstellungen ist zu ersehen, daß der Uebergang auf das Neben=

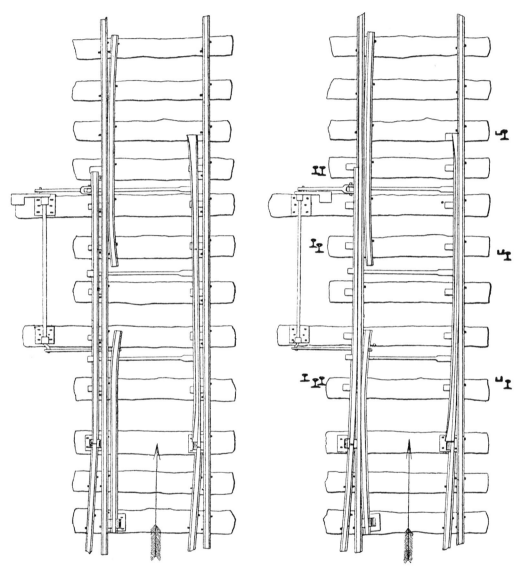

Wharton's Sicherheitsweiche

geleise dadurch bewirkt wird, daß durch Auflaufen auf die überhöhten Schienen des
Nebengeleises die Räder um die Spurkranzhöhe gehoben und so deren Uebergang über
die nicht unterbrochene Schiene des Hauptgeleises ermöglicht wird. Wenn die Weiche
für das Nebengeleise gestellt ist, so verschiebt der auf dem Hauptgeleise gegen dieselbe
fahrende Zug die hervorragende Gegenschiene, und damit gleichzeitig — ehe er
dieselben belastet und dadurch schwer beweglich macht — die an die Schienen des

Hauptgeleises angelegt gewesenen, zum Nebengeleise führenden überhöhten Schienen. Da die Erhebung um die dem Spurkranze entsprechende Höhe auf einer geringen Länge erfolgt, erfahren die auf das Nebengeleise übergehenden Züge bei diesem Uebergange, insbesondere wenn derselbe mit größerer Fahrgeschwindigkeit erfolgt, Erschütterungen. Bei mäßiger Fahrgeschwindigkeit ist dieser Uebelstand unbedenklich. Durch Herabminderung der Ueberhöhung und die Wahl längerer Schienen hat man eine bedeutende Verminderung der Erschütterung erzielt.

Auf amerikanischen Bahnen, wo — was freilich immer seltener wird — der überwundene Schleppwechsel sich noch erhalten hat, wurde durch eine eigen=

Adamson's Sicherheitsweiche.

artige Construction der Möglichkeit, daß ein Zug in eine verstellte Weiche gelange und dadurch unfehlbar entgleise, vorgebeugt. Diese Construction rührt von Robert Adamson her und ist derart eingerichtet, daß die falschgestellte Weiche durch den Zug automatisch eingestellt wird. Zu diesem Ende ist auf den Schwellen zu beiden Seiten der Weichenanschlußstelle eine aus zwei Führungen bestehende kleine schiefe Ebene festgebolzt, auf welcher ein Gleitklotz verschiebbar ist, gegen welchen die an= fahrende Locomotive mit einem zu diesem Zwecke unterhalb des Kuhfängers an= gebrachten Ansatz anstößt und dadurch den Gleitklotz auf seinen schrägen Führungen so weit abwärts schiebt, daß schließlich der Ansatz den Contact mit dem Gleitklotz verliert. Mit jedem der beiden Gleitklötze ist eine endlose in geeigneter Weise über Rollen geführte Kette verbunden, durch welche die Weichenziehvorrichtung in Be=

wegung gesetzt und die Weiche selbst entsprechend eingestellt wird. Zugleich bringt
der über die letztere fahrende Zug dieselbe nach dem Passiren in die ursprüng=
liche Lage.

Auf den englischen Bahnen sind die Centralweichen= (und Sicherungs=)
Anlagen ausschließlich nach dem System Saxby und Farmer durchgeführt und
findet man dieselben sogar auf den kleinsten Stationen. Um den tadellosen Anschluß
der Weichenzungen an die Stockschienen zu sichern, sind Weichenriegel vorhanden,
welche derart eingerichtet sind, daß der Weichenhebel vom Wärter (Signalmann)
nicht vollständig umgestellt werden kann, wenn die Zunge der betreffenden Weiche
unvollkommen anschließt. . . . Um zu verhindern, daß in Folge Bruches einer
Weichenverbindungsstange der Signalhebel sich entriegelt, ohne daß die Weiche in
die richtige Lage sich stellt, haben Saxby und Farmer einen »The Duplex
Detector« construirt und zur Ausführung gebracht. Dieser Apparat ermöglicht,
daß der Wärter die Stellung der Weichen selbst dann nicht ändern kann, wenn
der Zug das Signal passirt hat und dieses vom Wärter bereits auf »Gefahr« oder
»Halt« gezogen ist.

5. Drehscheiben und Schiebebühnen.

Zu den Vorrichtungen, welche die Bewegung der Fahrzeuge von einem
Geleise auf das andere vermitteln, zählen nächst den Weichen noch zwei Construc=
tionen, denen wir zum Schlusse einige Worte widmen wollen. Es sind dies die
Drehscheiben und die Schiebebühnen. Von den Weichen unterscheiden sich diese
Vorrichtungen principiell dadurch, daß erstens die Fahrzeuge den Geleiswechsel
nicht fahrend bewirken, sondern auf entsprechend eingerichteten Tragbühnen bewegt
werden, und daß zweitens nicht ganze Wagencolonnen, sondern nur einzelne Wagen,
höchstens eine Locomotive mit ihrem Schlepptender den Geleiswechsel bewirken
können. Nur ganz ausnahmsweise findet man z. B. in Nordamerika Constructionen
dieser Art, welche es ermöglichen, nebst Locomotive und Tender auch etliche Wagen
auf die Drehvorrichtung anfahren zu lassen.

Die Drehscheiben sind, wie schon ihr Name andeutet, in die Fahrgeleise ein=
geschaltete Constructionen, welche die Continuität derselben aufrecht erhalten, jedoch
vermöge der scheibenförmigen Unterlage, welche sich mittelst eines entsprechenden,
im übrigen sehr einfachen Mechanismus im Kreise drehen läßt, sich gegen das durch=
laufende Geleise rechtwinkelig verstellen lassen. Durch Einlegen kurzer Geleisstücke
zwischen die nebeneinander liegenden Geleise und Anordnung mehrerer Drehscheiben
nach dieser Richtung, können die Fahrzeuge einzeln den Geleiswechsel vornehmen.

Der betreffende Wagen wird zunächst auf die vor ihm liegende Drehscheibe ge=
schoben, hierauf diese so weit gedreht, daß das Geleisstück der Scheibe den Anschluß
mit dem Transversalgeleise erhält, was durch Umlegen sogenannter Klinkhaken
vor der Scheibe in Kerben des feststehenden Randes oder andere Vorrichtungen

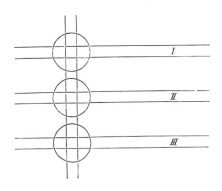

Gewöhnliche Anordnung der Drehscheiben.

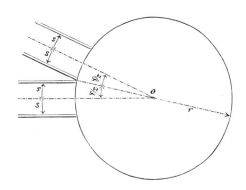

Zusammenführung der Geleise auf eine Drehscheibe, I.

exact erreicht wird. Alsdann wird der Wagen über das Verbindungsgeleisestück
auf die vorliegende nächste Drehscheibe des Nachbargeleises geschoben und diese um
das erforderliche Maß behufs Erzielung des Schienenanschlusses gedreht. Die ge=
wöhnliche Anordnung
ist die, daß die Dreh=
scheiben mit ihren Ver=
bindungsgeleisen senk=
recht auf den parallelen
Hauptgeleisen stehen.
Bei sehr enger Lage
dieser letzteren zu ein=
ander wird der Ab=
stand derselben im Ver=
hältnisse zum Scheiben=
durchmesser zu klein,
und das Drehscheiben=
geleise erhält dann eine
schiefe oder zickzack=
förmige Anordnung.

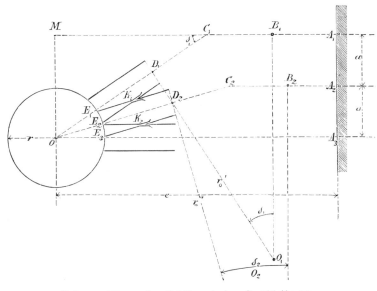

Zusammenführung der Geleise auf eine Drehscheibe, II.

Außerdem er=
geben sich aus Zweckmäßigkeitsgründen Fälle, in welchen nicht in jedes der mit=
einander zu verbindenden Geleise eine Scheibe eingelegt wird, sondern vielmehr
sämmtliche gleichlaufenden Geleise auf eine einzige Drehscheibe zusammengeführt
werden. Hierbei kann der Schienenanschluß entweder derart erfolgen, daß die Fahr=
geleise hart bis an den Rand der Scheibe heranrücken, ohne sich gegenseitig zu durch=

schneiden (Fig. I), oder daß — bei einer größeren Zahl von Geleisen und Beschränkt=
heit des Raumes — ein solches Durchschneiden stattfindet (Fig. II). Die Endstücke
der Fahrgeleise müssen in diesem Falle immer gerade sein und geschieht die Ueber=
führung mit Hilfe von Kreisbogen von bestimmten Halbmessern ($r'\,o_1$, $r''\,o_2$), welche
ziemlich klein, etwa noch 130 Meter, angenommen werden dürfen, weil die Fahr=
geleise nur langsam bewegt werden. Die Schnittpunkte der auf die Scheibe zu=
laufenden Geleise werden nach Art der Kreuzstücke bei Weichen construirt.

Bezüglich der Dimensionirung der Drehscheiben entscheidet ihre Bestimmung.
Scheiben, welche zur Bewegung von Wagen (meist Güter= und Personenwagen
mit kurzem Radstande) benützt werden, sind einfacher und leichter construirt als
Locomotivdrehscheiben, welche mitunter eine bedeutende Last aufzunehmen haben. Sie
erhalten demgemäß einen Durchmesser von 4·5 bis 5, beziehungsweise 7·5 bis 8 Meter,
für Locomotiven mit Tender 12 Meter und darüber. Die tragenden Theile der
Scheiben und der Bewegungsmechanismus sind in einer Vertiefung versenkt, welche
man die »Grube« nennt. Erstere sind entweder gewöhnliche Eisenbahnschienen oder
gewalzte Träger anderen Querschnittes, oder genietete Blechbalken. Die Haupt=
träger großer, für Locomotiven bestimmter Drehscheiben werden vielfach aus Stahl
oder Flußeisen hergestellt.

Die Bewegung der Scheiben erfolgt um einen Mittelzapfen, welcher den
größten Theil der Last auf sich nimmt. Da aber dieselbe auf die ganze Scheibe
vertheilt wird, muß auch deren Rand eine Führung erhalten. Zu diesem Ende
wird an der äußeren Peripherie der Grube eine ringförmige Bettung aufgemauert,
als Lagerfläche für die Führungsrollen, deren Anordnung eine verschiedene ist. Es
sitzen nämlich die Laufrollen entweder auf dem ringförmigen Fundament und die
Scheibenwand gleitet darüber hinweg, oder die ersteren sind an den letzteren
befestigt, so daß die Laufrollen sich über den Fundamentring bewegen. Eine specielle
Anordnung ist die, daß die Rollen sich zwar ebenfalls auf einem unteren Lauf=
kreise bewegen, ihre Achsen aber nicht mit der Scheibe verbunden sind, sondern
gegen den Drehzapfen gerichtet, an einem besonderen Gestelle sitzen, welches das
Lager des ersteren ringförmig umschließt und sich um diesen dreht, während die
Scheibe über die Rollen gleitet. Das Zweckmäßige dieser Anordnung ist darin zu
suchen, daß die Last der Scheibe nicht auf die Achsen, sondern die Umfänge der
Rollen übertragen und deshalb die gleitende Reibung möglichst vermieden wird. . . .
Eine eigenartige Anordnung der Unterstützung rührt von Weickum her, welcher
an Stelle der Rollen gußeiserne Kugeln setzt, wobei das Steinfundament entfällt
und die ganze Construction auf ein sorgfältig construirtes Schotterbett zu
liegen kommt.

Kleine Drehscheiben werden entweder mit Bohlen, Gußplatten oder geriffeltem
Eisenblech abgedeckt, während gußeiserne Scheiben ganz aus einem Stück hergestellt
werden, wobei die Schienenstränge angegossen sind. Große Drehscheiben werden in
der Regel nicht als solche, sondern als Drehbrücken construirt, indem die Grube

zur Seite derselben offen bleibt. Die Schienenstränge kommen auf zwei starken Hauptträgern zu ruhen, welche durch entsprechende Verspannungen und Verbände versteift sind. Zu beiden Seiten der Träger werden entsprechend breite Streifen, welche der Bedienungsmannschaft als Fußsteige dienen, abgedeckt. Will man die Grube nicht offen lassen, was seine Unzukömmlichkeiten hat, da sie bei Nachtzeit förmliche Fallen für das Betriebspersonal bilden, so bringt man an den Hauptträger Seitenträger an, welche sodann in herkömmlicher Weise abgedeckt werden.

Auf den amerikanischen Eisenbahnstationen sind die Wagendrehscheiben wegen der durch die große Wagenlänge bedingten Kostspieligkeit nicht gebräuchlich, sondern nur solche für Locomotiven. Dagegen findet man erstere häufig in den großen Werkstättenanlagen, und zwar solche von außergewöhnlicher Größe. Die größte Drehscheibe der Welt liegt wohl in dem Reparaturschuppen für Güterwagen in der Werkstätte zu Altona. Sie hat den ungewöhnlich großen Durchmesser von 21·3 Meter und kann eine Rangirmaschine mit einem angehängten Wagen aufnehmen. Dadurch wird das Heranrollen und Wegbringen der Wagen sehr rasch und mit geringem Arbeitsaufwand besorgt. Im Uebrigen finden sich in Nordamerika noch vielfach Drehscheiben, welche ganz aus Holz hergestellt und in den seltensten Fällen abgedeckt sind. Von der berühmten Maschinenbauanstalt von W. Sellers in Philadelphia werden eiserne Drehscheiben von vorzüglicher Art hergestellt, welche sich einer wachsenden Verbreitung erfreuen.

So geringes Interesse die Drehscheiben von bautechnischem Standpunkte darbieten, erhalten sie gleichwohl eine nicht zu unterschätzende Bedeutung in betriebstechnischer Beziehung, indem sie ein ausgezeichnetes Geleisverbindungsmittel bilden und somit behufs Bewältigung eines außergewöhnlich starken Güterverkehres unbedingt nothwendig sind. Für durchgehende Geleise, in welchen die Drehscheiben als bewegliche Theile eine Gefährdung des Betriebes herbeiführen können, eignen sich dieselben nun freilich nicht. Um so höher steigt ihre Bedeutung in Rangirbahnhöfen, wo sie innerhalb einer räumlich umgrenzten Geleisanlage die kürzesten Verbindungen der einzelnen Geleise herstellen und somit eine rasche Bewältigung des Wagenverschubes gestatten.

Bekannt ist die nach dieser Richtung sehr weitgehende Anwendung der Drehscheiben auf englischen Güterbahnhöfen, wo sie mit einer Vorrichtung in Verbindung stehen, welche die Verschubmanipulationen ganz wesentlich erleichtert. Die Bewegung der Wagen erfolgt nämlich mittelst Winden (Captans), welche durch hydraulische Kraft bewegt werden. Die Captans, um welche ein Seil gewunden wird, bewegen sich in dem Augenblicke um ihre Achse, als der Arbeiter unmittelbar auf einen neben der Winde angebrachten Knopf tritt. Das eine Ende des Seiles, an welchem ein eiserner Hacken befestigt ist, wird an einer geeigneten Stelle in den Wagen eingehängt, zu welchem Zwecke letztere an den Ecken mit eisernen Ringen versehen sind. Der Zug des Seiles nach jeder Richtung hin erfolgt durch kleinere senkrechte Rollen, welche auf bestimmten Punkten neben den Geleisen vertheilt sind. Sobald

der Wagen auf der Drehscheibe sich befindet, wird er unterlegt, der Einlegehaken
der Drehscheibe gehoben und nach erfolgter Drehung von dem beim Wagen
stehenden Arbeiter wieder eingelegt. Die Bewegung der Drehscheiben erfolgt, sobald
das Seil einen Winkel zu der Fahrtrichtung des Wagens bildet. Mit Hilfe des
Captans können bis zu 15 leere Wagen auf einmal in einer Richtung bewegt
werden.

Außer dieser Einrichtung existirt auf den englischen Rangirbahnhöfen eine
Gepflogenheit, welche von dem diesseitigen Rangirdienst insoferne abweicht, als das
Heranholen der Wagen nicht mittelst Locomotiven, sondern durch Pferde besorgt

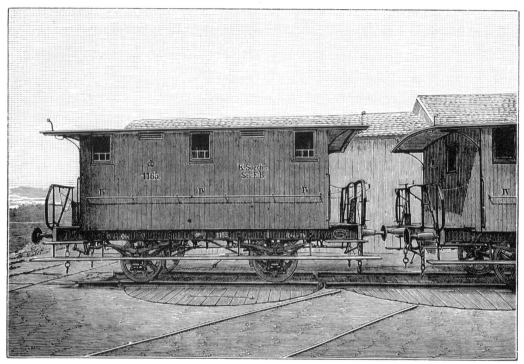

Kleine Drehscheibe; Durchmesser 4·5 Meter. (Nach einer Photographie.)

wird. Wo das Gefälle der Geleise es gestattet, laufen die Wagen ohne jede Nachhilfe durch die Weichenstraßen in die tiefer liegenden Geleisabschnitte und
werden dort in dem für sie bestimmten Geleise durch Feststellung der Handbremsen
angehalten beziehungsweise halten sich selbst durch Auflaufen auf die ersten fest-
gestellten Wagen an. Auf jenen Rangirstationen, wo ein derartiges Gefällsver-
hältniß nicht vorhanden ist, werden die Wagen, wie erwähnt, mittelst Pferden
angezogen und laufen dann erst allein weiter. Selbstverständlich entstehen dadurch
erhebliche Rangirkosten, doch werden dieselben durch Ersparniß an Locomotivkraft
und an Rangirmannschaft paralysirt, ganz abgesehen von der Erzielung einer
größeren Sicherheit für das beim Rangiren beschäftigte Personal und von der
Schnelligkeit der auszuführenden Manipulationen, namentlich dort, wo dieses
System rein durchgeführt ist.

In ähnlicher Weise wie auf den englischen Güterbahnhöfen dienen auch auf den meisten französischen Anlagen dieser Art die Drehscheiben zur Handhabung eines raschen und rationellen Verschubdienstes. Zur Bewegung derselben bedient man sich zuweilen kleiner Tendermaschinen (System Brotherhood) sowie ziemlich allgemein der Winden, welche durch hydraulische Kraft angetrieben werden. Die vorerwähnten Tendermaschinen haben behufs Aufwickelung des Draht- oder Hanf- seiles vorne eine Trommel. Die auf französischen Bahnhöfen beim Verschieben in Verwendung stehenden Pferde werden stets im gleichen Rayon des Bahn- hofes verwendet und wird deren Führung stets demselben Kutscher anvertraut,

Große Drehscheibe mit radial zugeführten Fahrgeleisen; Durchmesser 8 Meter. (Nach einer Photographie.)

woraus sich die außerordentliche Dressur dieser Thiere erklärt. Ein Pferd bewegt durchschnittlich bei zwölfstündiger Dienstleistung 100 Wagen pro Tag.

Im Gegensatze zu den französischen und englischen Bahnen finden die Dreh- scheiben auf deutschen und österreichischen Bahnen eine verhältnißmäßig beschränkte Anwendung, und zwar weniger der geringen Verkehrsanforderungen wegen, sondern vielmehr in Folge der Vielgestaltigkeit der auf diesen Bahnen laufenden Fahr- zeuge, welche zum Theile sehr große Längenabmessungen besitzen und dementsprechend auch große und schwere Drehscheiben beanspruchen. Auch aus Rücksichten auf klimatische Verhältnisse hat man sich diesseits mit der größeren Ausnützung von Drehscheibenanlagen nicht befreunden können.

Ganz unentbehrlich aber sind sie in den Werkstätten und Heizhausanlagen. Bei diesen, welche über mindestens zwei Drehscheiben verfügen sollen, von welchen wenigstens eine derart zu dimensioniren ist, daß sie eine Locomotive sammt Tender aufnehmen kann, müssen erstere derart angeordnet sein, daß sie nicht in Geleisen liegen, über welche zum und vom Heizhause unaufhörlich gefahren wird, weil sie diesfalls steter Beschädigung ausgesetzt und schwer in gutem Zustande zu erhalten sind. Die Locomotivremisen werden daher mit Vorliebe polygonartig, winkel=, halb= oder ganz kreisförmig angelegt, in deren Mittelpunkt sich die Drehscheibe befindet. Der Einwand, daß bei dieser Anordnung im Falle des Versagens der Drehscheibe das ganze Heizhaus versperrt werden könnte, ist wohl kein stichhältiger,

Einfache Wagenschiebebühne. (Nach einer Photographie.)

weil diese Drehscheibe eben stets nur langsam befahren werden kann. Außerdem kann durch Anlage getrennter Remisen diesem immerhin berücksichtigenswerthen Uebelstande abgeholfen werden. Bei Remisen für einzelne Maschinen mit Durchgangsgeleisen ordnet man die Drehscheibe derart an, daß sie nicht befahren wird. Rücksichtlich ihrer Abmessungen genügt es in diesem Falle, daß sie eine Locomotive ohne Tender aufnehmen kann. Die Stellung der vor den Remisen disponirten Drehscheiben ist bei Tag und Nacht durch deutliche Signale erkennbar zu machen. —

Das zweite Hilfsmittel zur Bewegung der Fahrzeuge von einem Geleise auf das andere sind die Schiebebühnen. Sie unterscheiden sich von den Drehscheiben dadurch, daß sie die Ortsveränderung mitmachen und die angestrebte Verbindung nur in senkrechter Richtung zu den benachbarten Geleisen herstellen können. Die

Schiebebühnen bestehen aus einem Geleisstück von der jeweils erforderlichen Länge, welches auf Langträgern aufruht, die ihrerseits untereinander versteift und mit Rollen in Verbindung gebracht sind. Die Anordnung der ganzen Vorrichtung ist entweder eine solche, daß alle Bestandtheile der Bühne mit Ausnahme des Geleis= stückes und der Abdeckung unter das Bahnniveau zu liegen kommen, oder es erhebt sich die Bühne mit allen ihren Theilen über das Planum. Im ersteren Falle ist die Anlage einer Grube, auf deren Sohle die Schienenstränge für die Bühne liegen, erforderlich, wodurch sämmtliche Geleise, welche mit der Bühne in Verbindung zu setzen sind, unterbrochen werden. Da diese Anordnung in Haupt=

Locomotivschiebebühne.
(Nach einer von Henschl & Sohn in Kassel zur Verfügung gestellten Photographie.)

geleisen aus naheliegenden Gründen absolut unzulässig ist, finden die Bühnen mit »versenktem Geleise« nur zur Verbindung von Werkstätten= und Remisengeleisen Anwendung, während für Rangirzwecke die andere Construction platzgreift.

Die Details der Schiebebühnen mit Gruben zeigen mancherlei abweichende Anordnungen, doch ist das Princip immer dasselbe. Die beigegebenen Abbildungen veranschaulichen drei verschiedene Constructionen, zu deren Erläuterung einige Worte genügen. Die eine dieser Schiebebühnen findet ihre Verwendung in einer Wagenbauanstalt, dient also lediglich zur Bewegung relativ leichter Fahrzeuge. Die kleinen Rollen, an deren Achsen die Querträger aufgehängt sind, haben einen sehr kleinen Durchmesser, die Querträger hängen tief herab, und das Geleisstück ruht, ohne Unterführung von Längsträgern, unmittelbar auf den Querträgern auf. Auf Grund dieser Anordnung kann von einer Grube hier nicht die Rede sein, da sie nur wenige Centimeter Tiefe hat. Die Bühne hat drei Rollenpaare, welche auf drei Schienensträngen laufen. Zur sicheren Führung hat das mittlere Rollen= paar doppelte Spurkränze, so daß der Schienenkopf von diesen völlig umfaßt wird.

Die zweite Abbildung veranschaulicht eine Locomotiv=Schiebebühne in einer Remise. Sie läuft auf einem versenkten Doppelgeleise gewöhnlicher Construction und setzt sich aus paarweise zu beiden Seiten der Rollen gestellten Querträgern, den darüber gestellten Längsträgern mit starken Versteifungen und einer doppelten

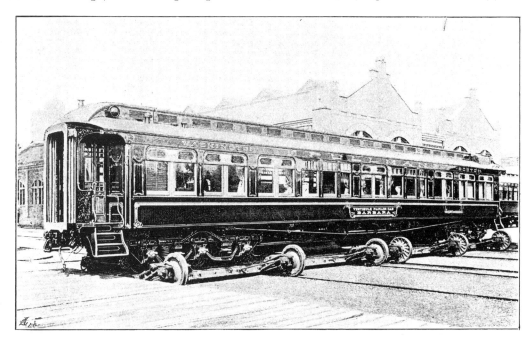

Wagenschiebebühne im Pullman'schen Etablissement zu Chicago.
(Nach einer vom Etablissement zur Verfügung gestellten Photographie.)

Abdeckung mit Pfosten und Steinplatten zusammen. Die Spurkränze der Rollen sind an den beiden Randsträngen des Doppelgeleises nach einwärts, an den beiden innenliegenden Strängen nach auswärts gestellt.

Die dritte Abbildung — eine Schiebebühne in dem berühmten Etablissement der Pullmann Palace Car Company in Chicago darstellend — läßt eine An= ordnung erkennen, welche gewissermaßen den Uebergang zu der Schiebebühne ohne Grube bildet, da das Maß der Versenkung hierselbst ein Minimum aufweist. Soll nämlich die Grube ganz entfallen, so wählt man entweder große Laufrollen und Querträger, deren Länge die Spurweite der Geleise übertrifft, oder statt dessen kleine Rollen mit so kurzem gegenseitigen Abstand, daß sie noch unter den Achsen und zwischen den Rädern der diesfalls auf die Schiebebühne emporzuhebenden Fahrzeuge Platz finden. Diese Anordnung gestattet eine sehr tiefe Lage der Trag=

Dampfschiebebühne der Heizhausanlage in Sampierdarena bei Genua.

(Nach einer Photographie des Constructeurs: Maschinenfabrik der österr.-ung. Staatseisenbahn-Gesellschaft.)

vorrichtung, die das Geleisstück aufzunehmen hat, auf welches das zu bewegende Fahrzeug emporgehoben wird. Die Schienen der Bühnen sind entweder rinnenförmig construirt, in welchem Falle die Räder des Fahrzeuges mit ihren Spurkränzen auf das Bühnengeleise übergehen, oder es kommen auf die Querträger Längsträger zu liegen, welche in passender Weise aus Winkeln und Blechen zusammengesetzt derart angeordnet werden, daß die Räder des Fahrzeuges nicht mit den Spurkränzen, sondern mit den kegelförmigen Reifen aufzuliegen kommen. Das Aufbringen des Fahrzeuges auf die Bühne geschieht gewöhnlich mit Hilfe kurzer, keilförmiger Stücke, welche an der Bühne mit Charnieren befestigt sind und auf die Schienen entweder niedergeklappt oder von der Seite her eingedreht werden.

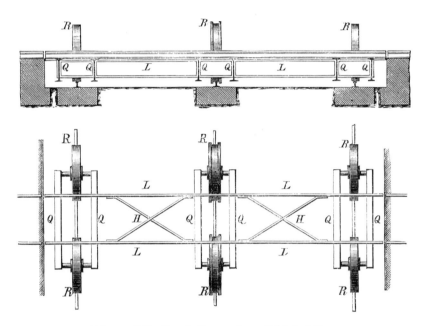

Schematische Darstellung einer Schiebebühne.
LL Längsträger, QQ Querträger, RR Laufrollen, HH Horizontalverband.

Eine Schiebebühne von größten Abmessungen veranschaulicht das beigegebene Vollbild einer Dampfschiebebühne, welcher der große Vortheil zukommt, daß sie neben ihrer Function als Verbindungsmittel zwischen parallelen Geleisen auch das Heranholen und Abziehen des Fahrzeuges besorgt. Da diese Construction für Locomotiven bestimmt ist, können dieselben, auch wenn sie nicht unter Dampf sind, also sich selbst nicht fortzubewegen vermögen, versetzt werden. Die Hauptbestandtheile dieser Construction sind der Wagen und der Dampfmotor mit den Getrieben. Der Wagen als Traggerippe mit einer Geleislänge von 15 Meter ruht auf 13 Rädern, wovon 5 Treibräder sind, welche auf einer durchgehenden Welle sitzen und unmittelbar von dem Treibwerke in Bewegung gesetzt werden. Den Antrieb besorgt ein Dampfmotor auf einem Rädergetriebe. Der Dampf von acht Atmosphären effectiver Spannung wird in einem liegenden Siederohrkessel erzeugt.

Die Arbeit der Zwillingsdampfmaschine wird entweder durch Vorgelege auf die
Treibradwelle für die Fortbewegung der Bühne, oder nach Umstellung einer
Kuppelung auf die Trommel übertragen, welche das Heranholen oder Abziehen
der Locomotive von der Bühne besorgt. Um ein leichtes und genaues Einstellen
auf die Geleise zu ermöglichen, befindet sich am Schwungrad der Kurbelwelle eine
kräftig wirkende Bandbremse. Für den Fall einer Kesselreparatur oder geringeren
Kraftbedarfes können beide vorerwähnte Bewegungen auch durch eine entsprechend
angebrachte Handwinde besorgt werden. Eine solche Dampfschiebebühne vermag mit
Leichtigkeit eine ausgerüstete Achtkuppler-Lastzugslocomotive sammt Tender im
Gewichte von 85 Tons mit einer Geschwindigkeit von 0·5 Meter pro Secunde
fortzubewegen. Constructeur der hier abgebildeten Dampfschiebebühne, deren sich
zwei in der Heizhausanlage der italienischen Mittelmeerbahn von Sampierdarenna
bei Genua im Betriebe befinden, ist die Maschinenfabrik der österreichisch-ungarischen Staatseisenbahn-Gesellschaft.

Zweiter Abschnitt.

Die Eisenbahnfahrzeuge.

1. Die Locomotiven.

Der Mechanismus, welcher die Fortbewegung der Last auf der eisernen Spur besorgt, ist dasjenige Element des Eisenbahnwesens, von dem gesagt werden kann, daß von ihm nicht nur die eigentliche Wirksamkeit des ganzen Apparates abhängt, sondern daß es zugleich am greifbarsten das Kraftmoment, welches der Dampfarbeit innewohnt, zum Ausdrucke bringt. Bei den stationären Maschinen ist das nicht im gleichen Maße der Fall, weil hier die Kraft nur im materiellen, nicht aber im räumlichen Sinne wirkt. Bei der Locomotive wird die Kraft in Ortsveränderung umgesetzt und das Maß der hierbei sich ergebenden Geschwindig= keit ist der lebendige Ausdruck einer Leistungsfähigkeit, welche den Eisenbahnen jene raumbeherrschende Bedeutung verschafft hat, die eminent culturfördernd ist.

An der Locomotive, diesem ebenso sinnreichen, als kräftigen Organismus, hat die moderne Zeit, welche im Verschwinden der Postkutschen die Poesie und Romantik des Reisens vernichtet wähnte, ein Element erhalten, mit welchem die aus ihren altväterischen Träumereien unliebsamerweise aufgerüttelte Einbildungskraft sich sehr bald befreundet hat. Sie erkannte in dem genialen Mechanismus ein Kunst= werk, und damit war die Anknüpfung zu einer milderen Beurtheilung der »nüchternen Prosa«, welche man dem Eisenbahnwesen andichtete, gegeben. Die einherrasende Maschine mit ihren fieberhaft bewegten Organen, eines in das andere greifend, als steckten in dem Eisen Blut und Nerven: was ist sie anders, als ein Abbild unseres eigenen Organismus mit seiner Anspannung und Erschlaffung, dem Wechsel von Ruhe und Bewegung, Vermögen und Hinfälligkeit! Daß eine kräftige Loco= motive, welche blitzschnell mit der an ihr angehängten Wagencolonne an uns vorüberstürmt, auf die Phantasie einen gewissen Eindruck hervorruft, wird Niemand läugnen. Giebt man diesen Sachverhalt zu, so findet sich leicht die Brücke zu jener Vorstellung, welche in der Bezeichnung »die Poesie der Eisenbahnen« liegt.

Sachlich genommen ist das Maschinenwesen derjenige Factor der Eisenbahnen,
auf welchem deren Leistungsfähigkeit in erster Linie beruht. Wir haben an
anderer Stelle (vgl. Seite 24) auseinandergesetzt, wie sich der rationelle Ma-
schinenbetrieb bei den Eisenbahnen aus roh empirischen Anfängen entwickelte und
erst allmählich nach Gesetzen strenger Wissenschaftlichkeit mit seiner ihm zukommenden Aufgabe groß geworden. In der That zeigen die heutigen Locomotiven einen
Grad der Vollkommenheit und Vollendung, welcher kaum noch der Steigerung
fähig zu sein scheint. Bei all' diesen bedeutsamen Fortschritten darf aber niemals
übersehen werden, daß die Rudimente des Mechanismus von vornherein gegeben
waren und daß die Geschichte des Locomotivbaues ihrem Wesen nach eine Entwickelungsgeschichte ist — eine Art maschineller Darwinismus — indem die einzelnen Organe und ihr Zusammenwirken sich mehr und mehr vervollkommneten, ohne
die von Stephenson aufgestellten Grundlinien zu verrücken.

In Berücksichtigung dieser Thatsache ist es nothwendig, zunächst den Bau
der Locomotive kennen zu lernen, da dem Laien ohne die unerläßliche elementare
Vororientirung das Verständniß für die heutigen, in ihren Einzelheiten von einander abweichenden Constructionen nicht vermittelt werden könnte. Es giebt eine
große Zahl von Locomotivtypen, welche den Beweis liefern, daß das Aufstellen
einer besten Haupttype ein unlösbares Problem ist, da an eine gute Locomotive
sehr verschiedene Ansprüche gestellt werden, je nach dem Zwecke der Verwendung
und die Art der Bahnanlage. Wem aber die Constructionselemente geläufig sind,
der orientirt sich rasch und leicht selbst in verwickelte Einzelheiten. Selbst das
Studium einer tadellosen Zeichnung oder einer klaren Photographie bietet dem
Unterrichteten vielfache Belehrung und er vermag, selbst nur auf Grund einer
Orientirung über die äußere Anordnung der einzelnen Organe, sich eine zutreffende
Vorstellung von deren Wirksamkeit in Verbindung mit den nicht sichtbaren Con-
structionstheilen zu machen.

Die Locomotive als Fahrapparat zerfällt in drei Haupttheile, und zwar:
den Kessel, die Maschine und den Wagen. In ersterem wird in Verbindung
mit einem Feuerherde die motorische Kraft durch Ueberführung des Wassers in
Dampf erzeugt; die Maschine macht die motorische Kraft nutzbar, und der Wagen
endlich ermöglicht die Fortbewegung des Ganzen als Zugapparat. Die Maschine
wird häufig auch das »Treibwerk«, der Wagen das »Laufwerk« genannt. Um das Zusammenwirken dieser drei Haupttheile zu erzielen, enthält jeder derselben eine Anzahl
dem Principe nach bei allen Constructionen sich gleichbleibender Organe, welche
derart miteinander in Verbindung gebracht sind, daß der Apparat als ein einheitliches Ganzes sich präsentirt und das Fehlen auch nur eines einzigen wichtigen
Organes den Apparat untauglich machen würde. Sehr bezeichnend vergleicht Ingenieur A. Birk den Dampfkessel mit dem Rückenmark, die Maschine mit dem
Herzen, das Laufwerk mit den Bewegungsorganen. Der Kessel, als Ursprungsort
der motorischen Kraft, ist der größte und schwerste Theil der Locomotive. Er

besteht aus zwei innig zusammenhängenden Theilen: aus der Feuerungsanlage (der sogenannten »Feuerbüchse«) und aus dem eigentlichen Dampfkessel (einem Langkessel), welcher vorn durch einen besonderen Raum, die »Rauchkammer«, begrenzt wird. Er ist sowohl gegen diese letztere, als gegen die Feuerbüchse (und zwar, wie wir gleich sehen werden, die »innere«) durch je eine Wand abgeschlossen, welche man die »Rohrplatte« nennt. Zwischen diese beiden Wände ist nämlich eine größere Zahl von Röhren (»Siederöhren«) eingelegt, welche vom Wasser des Kessels umgeben sind und durch welche die in der Feuerbüchse entwickelten heißen Gase streichen, um in die Rauchkammer und von hier durch den Schornstein abzuziehen.

Die Feuerbüchse setzt sich aus der inneren Feuerbüchse und der äußeren Feuerbüchse zusammen. Die erstere schließt nach unten den Rost ab und findet in ihr aus dem Brennstoffe die Entwickelung der heißen Gase zur Ver=

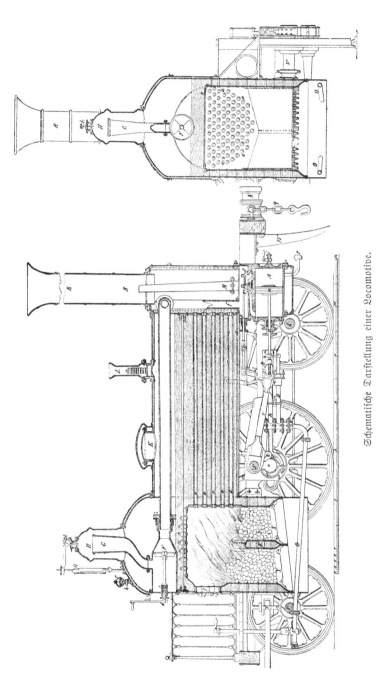

Schematische Darstellung einer Locomotive.

wandlung des Wassers in Dampf statt. Diese innere Feuerbüchse ist in einem Abstande von etwa 7 Centimeter von der äußeren Feuerbüchse (Stehkessel) umhüllt. Am unteren Ende schließen sich beide Feuerbüchsen dicht aneinander oder sind durch einen zwischengelegten Rahmen verbunden. Zur Absteifung der ebenen Wände beider Feuerbüchsen dienen die »Stehbolzen«. Oben überragt die äußere Feuerbüchse die innere erheblich; sie ist entweder gerade oder gewölbt, in welch' letzterem Falle die Decke ihrer Form halber dem Dampfdrucke ohne weitere Vorrichtungen widersteht. Unter der Feuerbüchse liegt der Aschenkasten. Er ist mit Oeffnungen versehen, deren Klappen vom Führerstande aus geöffnet oder geschlossen werden können, je nachdem ein kräftigerer oder schwächerer Luftzug sich als nothwendig erweist.

Wie bereits erwähnt, strömen die vom Brennmateriale der Feuerungsanlage ausgehenden heißen Gase durch die Siederöhren des bis in geringe Höhe unter seiner oberen Wölbung mit Wasser gefüllten Langkessels. Die Siederöhren werden also an ihrer ganzen äußeren Fläche vom Wasser umspült, die Feuerbüchse hingegen nur an fünf Seiten. In Folge der Berührung des Wassers mit diesen heißen Flächen geht ersteres in Dampf über und erfüllt alle freien Räume des Kessels. Durch Anwendung der Siederöhren wird es möglich, bei verhältnißmäßig kleiner Kesselanlage eine große vom Feuer berührte Fläche zu schaffen. Man bezeichnet die Fläche der Feuerbüchsenwandungen, welche von den Flammen unmittelbar bedeckt werden, als »directe Heizfläche«, jene der Siederöhren als »indirecte Heizfläche«; erstere verdampft auf einem Quadratmeter fast dreimal so viel Wasser als letztere. Das Verhältniß der indirecten Heizfläche zur directen stellt sich bei modernen Schnellzugslocomotiven wie 13 : 1 und darüber, und beträgt die Gesammtheizfläche bei sehr großen Maschinen über 150 Quadratmeter. Es leuchtet ohne weiteres ein, daß von der Größe der Gesammtheizfläche die Leistungsfähigke.. der betreffenden Locomotive abhängen muß, da das Maß der Dampferzeugung im geraden Verhältnisse zu der Ausdehnung der mit dem Wasser in Berührung kommenden Heizflächen steht. Indes hängt die Menge des erzeugten Dampfes ganz wesentlich von der Beschaffenheit des Brennstoffes ab. Alsdann kommt auch die Temperaturdifferenz der Verbrennungsproducte in der Feuerbüchse und im Schornsteine in Betracht. Daraus folgern gewisse Wechselwirkungen, die von einschneidender Wichtigkeit sind. Soll die Kohle möglichst vollständig verbrennen, so muß ihr mehr Luft zugeführt werden, wodurch indes die Temperatur in der Feuerbüchse herabgemindert und demgemäß auch der Heizeffect in den Siederöhren beträchtlich verringert, die Temperatur im Schornstein aber erhöht wird, was ein langsameres Streichen der heißen Gase durch die Siederöhren zur Folge hat. Es kann also ein Kessel sehr gut und die Bedienung der Feuerstelle durch den Heizer eine sehr aufmerksame sein, ohne daß der vorgesehene Heizeffect erzielt würde, wenn das Brennmaterial minderwerthig ist. Aus diesem Grunde wird bei der Construction der Feuerbüchse (ihrer Rostfläche u. s. w.) auf die Güte des in Aussicht genommenen Brennmateriales Rücksicht genommen.

Die Erfahrung ergiebt, daß 1 Kilogramm Kohle zwischen 3 und 7·5 Kilogramm Wasser verdampft, wobei jedoch zu bemerken ist, daß die betreffenden Werthe nicht auf ganz gleichen Grundlagen beruhen, indem sie mit verschiedenen Maschinen von verschiedener Rostfläche und Dampfspannung, auf verschiedenen Strecken, mit verschiedenen Zügen für eine und dieselbe Kohlengattung gewonnen wurden. Im Allgemeinen beruht die Verwerthung des Brennstoffes auf dessen Verdampfungsfähigkeit; dies ist die wichtigste Eigenschaft, die zur Beurtheilung maßgebend ist; der Procentsatz der Rückstände, die Schlackenbildung, das Backen, der Funkenflug sind von secundärer Bedeutung.

Zur Heizung der Locomotiven dient überwiegend die Kohle. Torf und Holz gehören zu den großen Ausnahmen und besteht letzteres meist aus den alten Schwellen; ebenso kommen Coaks auf dem Continente selten zur Verwendung, weil

Locomotive für Kohlen= und Petroleumheizung.

sie theuer sind und Kessel und Röhren stark angreifen. Die Kohlen sind Braun= und Schwarzkohlen. Ebenso wichtig als die Gattung der Kohle ist die Größe ihrer Theile als Stück=, Würfel=, Förder= oder Kleinkohle. Dem Ideale eines ausgezeichneten Brennstoffes kommt die Würfelkohle am nächsten, doch ist sie nicht billig, weshalb sie nicht das rationellste Heizmittel ist; als letzteres darf unbestritten die Förderkohle gelten, also jener Zustand der Kohle, in welchem dieselbe unmittelbar aus der Grube kommt.

Da der Brennstoff einen namhaften Theil der Gesammtausgaben einer Bahn verursacht (etwa 8 bis 12 Procent), so empfiehlt sich selbstverständlich die größtmöglichste Oekonomie. Nun läßt sich aber einerseits das Minimum der zu verheizenden Kohle nicht im Vorhinein feststellen, weil es durch zahlreiche unvorherzusehende Umstände beeinflußt wird und der Betrieb unter gewissen Voraussetzungen

auf das äußerste gefährdet würde; anderseits würde die Normirung einer Durch-
schnittsverbrauchsquote theils Mangel, theils Verschwendung, jedenfalls kein ratio-
nelles Vorgehen beim Heizen erzielen. Nachdem die erste Pflicht des Maschinenpersonales die der anstandslosen Beförderung der Züge ist, wird dasselbe an und
für sich geneigt sein, stets die höchste Dampfspannung ohne Schonung des Brennstoffes zu erhalten, welcher Zweck aber bei sorgsamer Bedienung des Rostes, bei
sorgfältiger Erwägung aller Gefälle, Aufenthalte, der Last im Allgemeinen, stets
mit einem gewissen, unter dem gedankenlosen Verbrauche bleibenden Quantum erzielbar ist. Das Mittel hierzu bilden die Prämien, d. i. die principielle und als
Vorschrift geltende Betheiligung des Maschinenpersonales an jenen nachweislichen
Ersparnissen, die bei der Handhabung, der Führung, der Heizung und der Instandhaltung der Maschinen — theilweise auch durch günstige Rostflächen — erzielt
werden. Die mit den Prämien erreichten Erfolge sind von größter ökonomischer
Bedeutung und sind die damit erzielten Ersparnisse sehr bedeutend.

Außer den weiter oben genannten Brennstoffen gelangt zuweilen auch
Petroleum zur Verwendung, und zwar dort, wo es eben vorhanden ist, z. B. in
Rußland. In England wieder hat man den Versuch mit gemischtem Heizmaterial
— Petroleum und Kohle gemacht, zu welchem Ende James Holden für
die Locomotiven der Great Easternbahn eine besondere Construction des Heizraumes ersonnen hat. Dieselbe zeigt den gewöhnlichen Typus einer englischen Locomotive und ist auch der gewöhnliche Feuerrost und das mit feuerfesten Ziegeln
gefütterte Schirmdach des Heizraumes beibehalten. Neu sind nur die symmetrisch
auf jeder Seite angebrachten Injectoren (C), welche das Petroleum in den Heizraum, und zwar über dem Kohlenlager auf dem Roste, zuführen. Die Injectoren
functioniren nach Bedarf, je nachdem man den Feuerraum mit Petroleum beschicken
will oder nicht. Das Petroleum soll nämlich nur als Hilfsmittel zur raschen Erzielung größerer Hitzeffecte dienen.

Das aus den Injectoren austretende Petroleum entzündet sich sofort, wenn
es mit dem Kohlenfeuer in Berührung kommt, wodurch eine innige Mengung der
heißen Gase stattfindet. Das Petroleum wird durch die Mittelröhre B zugeführt,
während durch die Röhre A aus dem Dampfkessel Wasserdampf in die Centralröhre D einströmt. Ein Ringgebläse F, welches durch den in das Rohr C eintretenden Wasserdampf wirkend gemacht wird, vermittelt die nothwendige Zufuhr
von atmosphärischer Luft, die zu vollkommener Verbrennung des Heizmaterials
erforderlich ist. Das in der Hauptröhre zuströmende Gemenge von Petroleum,
Wasserdampf und Luft tritt nun aus den drei Oeffnungen bei E in den Kessel.
Das Petroleumreservoir befindet sich im Tender bei R und wird das Petroleum
aus demselben durch eine mit einem Regulirhahn versehene Speiseröhre zugeführt.
Eine besondere Röhre gestattet das Einführen von Wasserdampf in das Petroleumreservoir, um dasselbe im Winter erwärmen zu können. Schließlich wird die Zufuhr
des Wasserdampfes aus dem Kessel zum Injector durch die Leitungsrohre A und E

vermittelt. Wird Petroleum zur Heizung verwendet, so darf auf dem Roste nur eine geringe Menge von Kohle liegen, der Aschenfall muß geschlossen werden und der Luft wird nur durch die Oeffnungen in der Feuerthüre Zutritt gestattet. Durch diese Einrichtungen, welche die herkömmliche Construction des Langkessels in keiner Weise beeinflussen und außer dem vorbeschriebenen Mechanismus und der Schaffung eines Petroleumbehälters im Tender keine außergewöhnlichen Vorrichtungen er= fordern, ist es gelungen, die Verwendung von Petroleum als Heizmaterial in ebenso einfacher als zweckmäßiger Weise möglich zu machen. Man erreicht dadurch eine leicht regulirbare Heizung, ferner kann die Maschine rascher in Gang gesetzt und der Dampfdruck gleichmäßiger erhalten werden, da eine durch 10 Minuten unterhaltene Petroleumzuheizung schon genügt, um eine Dampfspannung von neun Atmosphären zu gewinnen.

Setzen wir nun unsere unterbrochene Beschreibung einer Locomotive fort. Der erhöhte Raum, welchen man in der Abbildung S. 247 auf dem Kessel erblickt, ist der Dampfdom. In ihm sammelt sich ziemlich trockener Dampf, welcher sich von hier aus durch das Rohr G, beziehungsweise F, und sodann durch die nach beiden Seiten abzweigenden Röhren f dem Cylinder zugeführt wird. In der schon erwähnten Rauchkammer herrscht eine Temperatur von 300° C., so daß alle Wasser= theilchen, welche der Dampf auf seinem Wege in den Röhren f etwa noch mit sich führt, hier verdampft werden und nicht in die Cylinder gelangen. In der Rauchkammer liegen ferner die beiden Röhren, welche den Dampf aus den Cylindern aufnehmen, sobald er in diesen seine Arbeit geleistet hat, und welche sich zu einem einzigen Rohre M, dem sogenannten Blasrohre (Exhaustor), vereinigen.

Die Bedeutung dieser Vorrichtung ergiebt sich aus Folgendem. Die Schnellig= keit der durch die Siederöhren streichenden heißen Gase wird um so größer sein, je größer der Zug ist, der seinerseits wieder mit der Höhe des Schornsteins wächst. Nun sind aber diesem bezüglich seiner Höhenabmessung durch die Natur der Dinge bestimmte Grenzen gesteckt. Die Anordnung des Blasrohres gestattet aber die An= bringung eines niedrigen Schornsteines, da der durch das enge Blasrohr strömende Dampf mit großer Geschwindigkeit ins Freie entweicht; er reißt die Luft und alle anderen Stoffe, welche sie erfüllen, aus der Rauchkammer mit sich und erzeugt auf diese Weise einen luftverdünnten Raum. Dadurch wird vom Rost her durch die Feuerbüchse und die Siederöhren in die Rauchkammer ein heftiger Luftzug erzeugt, der aus den weiter oben entwickelten Gründen absolut nothwendig ist.

Rauch und Funkenflug sind eine sehr lästige Erscheinung an jeder Locomotive. Sie hängen unmittelbar — die sonstige gute Construction der Maschine voraus= gesetzt — mit der Güte des Brennstoffes zusammen. Gegen den Funkenflug schützt man sich theilweise durch eine besondere Construction am Schornstein, den soge= nannten »Funkenfänger«. Gegen die starke Rauchentwicklung giebt es aber kein Mittel, trotzdem allerlei Vorrichtungen, welche eine rauchverzehrende Function verrichten sollten, ersonnen worden sind. Sie verschwanden sammt und sonders alsbald

von der Bildfläche. Der alte Price Williams pflegte zu sagen: »der beste Rauch=
verzehrer ist ein guter Heizer«. . . . Es steckt Wahrheit in diesem geistreichen Aus=
spruche, aber eine bedingte, wie ja der Leser selber beurtheilen kann, wenn er das
von uns über den Brennstoff und seine sehr variable Güte sich in Erinnerung
bringt.

Die untenstehende Abbildung veranschaulicht eine rauchverzehrende Locomotive
nach dem Systeme der amerikanischen Ingenieure Edson und Hadlock. Der
Schornstein ist nach rückwärts gebogen und ein Funkenfänger von gleicher Höhe
wie der erstere ist einer darunter befindlichen Büchse angepaßt. Der Funkenfänger
ist durch eine gebogene Scheidewand in zwei Kammern getheilt, von denen die
Oeffnung der vorderen in einer horizontalen Ebene mit dem Mundstück des
Schornsteins liegt, während die hintere Kammer ins Freie führt. Beide Kammern

Rauchverzehrende Locomotive.

stehen mit der vorstehend erwähnten Büchse in Verbindung. Diese Büchse hat einen
doppelten Deflector, welcher im mittleren Theile der ersteren untergebracht ist, und
von jeder Seite der Büchse laufen Röhren längs beider Seiten des Dampfkessels
bis zu einer unter dem Schirm in der Feuerbüchse sich befindlichen Entleerungs=
stelle. Am Rost ist eine Zugklappe angebracht, von welcher eine Röhre aufwärts
zum Schirm läuft. Auf dem Boden des Aschenkastens befinden sich Querstäbe und
ebensolche sind an einem Schieber angebracht, welcher derart eingerichtet ist, daß
er durch einen in den Schirm gehenden Hebel bedient werden kann. Vermöge dieser
Vorrichtung können Schlacken und Asche an beliebigen Punkten gestaut werden,
was zur Erreichung der Rauchcirculation nothwendig ist. Ob die ganze rauch=
verzehrende Vorrichtung ein befriedigendes Resultat ergeben hat, ist nicht bekannt
geworden.

Bevor wir auf den zweiten Haupttheil der Locomotive — der Maschine —
übergehen, ist es erforderlich, einige Bemerkungen über die Dampfspannung im
Kessel vorauszusenden. Um den üblichen Dampfüberdruck von 8 bis 13 und mehr
Atmosphären sicher zu widerstehen, muß der Kessel dampf= und wasserdicht und

überhaupt entsprechend dimensionirt sein. Da der Dampf durch das heftige Auf-
wallen des kochenden Wassers in der Nähe der Oberfläche des letzteren am
feuchtesten sein wird, so entnimmt man ihn an einer Stelle des Dampfraumes,
welche am höchsten liegt. Zu diesem Zwecke wird auf dem Langkessel, wie bereits
erwähnt, den Dampfdom aufgesetzt. Ist der Hinterkessel überhöht, so wird man
dieser Stelle den Dampf entnehmen. Damit ist aber der Uebelstand einer außergewöhnlichen Länge der Dampfleitung im Kessel verbunden. Ist schließlich der
Hinterkessel nicht überhöht und will man auch den Dampfdom vermeiden, so wird
der Dampf durch ein Rohr abgeführt, welches den ganzen Langkessel entlang in
dem Dampfraume liegt und oben mit schmalen Schlitzen versehen ist.

Schlechte Dampferzeugung kann herrühren von: zu engen Ausgängen in den
Funkenfängern des Schornsteins; zu engen Rostspalten, schiefstehendem Schornstein
oder Blasrohr; sorgloser Feuerung, ungleichmäßiger, schlechter Rostbedeckung, Verlegen des Rostes mit Schlacken, langem Offenlassen der Heizthüre; schlechtem
Brennstoff, verlegten Röhren, Wasserverlust und starkem oder schwach regulirtem
Speisen; zu geringer Rostfläche, Mißverhältniß zwischen directer und localer Heizfläche u. s. w. Gleichmäßige Dampfspannung, und zwar bis zum Maximum zu
halten, ist Gebot, weil sie das Agens des Transportes ist, und selbst auf Gefällen, wo sie mit wenig Brennstoff erzielbar ist, weil sie beim Eintritt von
Störungen zum Anhalten des Zuges im Augenblicke nothwendig werden kann,
alsdann aber nicht schnell genug herzustellen wäre.

Der Dampfdruck bildet das wichtigste Element in der Berechnung der Zugkraft. Für schnellfahrende Maschinen sind in Folge dessen die Rost- und directe
Heizfläche viel wichtiger als die Gesammtheizfläche und der Kolbendurchmesser. Zu
kleine Roste machen das Verbrennen der zur Verdampfung für die entsprechende
Leistung nöthigen Brennstoffmengen innerhalb bestimmter Zeit unmöglich, weil die
mangelnde Fläche der Brennstofflagerung nicht durch deren Dicke ersetzt werden
kann, welche nur bei Coaks eine unbegrenzte ist. Mangelhafte Dampferzeugung
kann auch noch eintreten, ungeachtet der correcten Manipulationen des Maschinenpersonales, wenn die Rauchkammer undicht ist, sei es an der Thür, am Boden
oder an einer anderen Stelle, so daß Luft in dieselbe von außen eindringen kann;
oder von Dampfausströmung aus einem undicht gewordenen Leitungsrohr innerhalb
der Rauchkammer, so daß dieselbe mit Dampf gefüllt wird und keine Luftverdünnung in ihr entstehen kann.

Jeder Locomotivkessel ist für einen größten zulässigen Dampfdruck gebaut;
die Ueberschreitung dieses Druckes kann zu verheerenden Explosionen führen. Es
sind daher Vorrichtungen nothwendig, welche dem Dampf, sobald seine Spannung
die erlaubte Grenze überschreitet, selbstthätig den Weg ins Freie öffnen. Man
nennt sie Sicherheitsventile. Die beigegebenen Abbildungen veranschaulichen die
Anordnung derselben. Der Dampf drückt gegen die untere Fläche des Ventils, das
sich gegen einen Hebel stützt, dessen freies Ende durch eine gespannte Feder nieder-

gehalten wird. Diese Feder ist nämlich einerseits vermittelst der Stange h und der Schraube m an dem Hebel, anderseits mit Hilfe des Stückes s an dem Kessel befestigt. Die Schraube m gestattet die Spannkraft der Feder zu erhöhen und zu verringern, also auch den Druck auf das Sicherheitsventil zu reguliren. Die einzelnen Constructionen weichen im Detail von einander ab, das Princip ist aber immer dasselbe.

Zeigt die Wirksamkeit des Sicherheitsventils die Ueberschreitung der Dampf= spannung an, so erkennt der Führer anderseits am Manometer die jeweilig im Kessel herrschende Dampfspannung. Ventil und Manometer müssen miteinander in Uebereinstimmung sein. Auf dem Manometer ist die höchste zulässige Dampfspannung durch einen rothen Strich bezeichnet. Auch an einer leicht sichtbaren Stelle des Kessels, in der Regel oberhalb der Feuer= thüre, ist die höchste effective Dampfspannung in Atmosphären oder in Kilogramm per Quadrat=Centimeter markirt. Jede willkürliche Ver= änderung an den Sicherheitsventilen ist dem Führer strenge verboten und er darf sich unter keiner Bedingung erlauben, durch welch' immer für

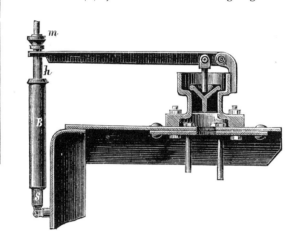

Sicherheitsventile.

Mittel einen höheren als den gestatteten Maximal= dampfdruck zu erreichen oder gar zu unterhalten, und selbst bei abblasenden Ventilen, um etwa eine größere Leistungsfähigkeit der Maschine zu erzielen. Die Sicherheitsventile werden in der Regel am Dampfdome angebracht. Sie unmittelbar auf dem Steh= oder Langkessel anzubringen, ist nicht empfehlenswerth, weil das beim Abblasen mitgerissene heiße Wasser die Mannschaft gefährdet.

Wir werden weiter unten eine Einrichtung kennen lernen, mittelst welcher es möglich ist, den Cylinder nur zum Theile mit Dampf zu füllen und sodann die Verbindung mit dem Kessel abzusperren. Es ist deshalb nothwendig, weil die Locomotive bei ihrer Fahrt nicht immer dieselbe Arbeit zu leisten hat. Der in den Cylindern eingeschlossene Dampf dehnt sich aus und bewegt die Kolben mit einem Drucke, der in dem Maße geringer wird, als der Dampf durch die Verschiebung des Kolbens sich allmählich Raum zu verschaffen vermag. Man sagt dann: die Locomotive arbeitet »mit Expansion« — ein Vorgang, durch welchen jegliche Vergeudung der so kostspieligen Lebenskraft der Locomotive vorgebeugt wird. Es ist immer von Vortheil, mit hohem Dampfdrucke zu fahren, den Regulator stark zu öffnen, dagegen stark zu expandiren. Es ist trockener Dampf einer viel besseren

Ausnützung fähig als nasser. Bei ersterem kann von der Expansion ein größerer Gebrauch gemacht werden und die Maschine wird viel freieren Lauf haben. Trockener Dampf giebt sich beim Ausströmen durch den Rauchfang durch bläuliches Aussehen zu erkennen, wogegen nasser Dampf weiß erscheint.

Auf dem Kessel befinden sich noch zwei Vorrichtungen, die nicht übergangen werden können. Die eine derselben ist die Signalpfeife, die andere der Sandkasten, der aber nicht bei jeder Locomotive vorhanden ist. Die Dampfpfeife (deren Ton, beiläufig bemerkt, an Höhe mit dem Durchmesser der Glocke abnimmt) besteht aus einem Rohre a, das mit dem Dampfkessel in Verbindung steht und vermittelst des Hahnes b geöffnet und geschlossen werden kann. Will der Führer ein Zeichen geben, so öffnet er den Hahn, der Dampf strömt durch das Rohr in die Schlitze c c ins Freie, trifft hierbei den scharf gedrehten Rand der Glocke e und versetzt dieselbe

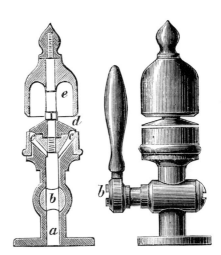

in schnelle Schwingungen, wodurch der weittragende schrille »Locomotivpfiff« erzeugt wird. Die Dampfpfeifenglocke sollte niemals am Dache des Führerstandes festsitzen, weil deren Rohr durch dessen Vibrationen gefährdet wird; es genügt, dem Rohr darin eine Führung zu geben und es am Dome mittelst starken Aufsatzes zu befestigen. Die Unterschale der Glocke soll mehrmals durchbohrt sein, weil das im Winter sich bildende Eis die Glocke beim Einblasen des Dampfes leicht zersprengen könnte.

Signalpfeife.

Der Sandkasten dient dazu, um bei gewissen Vorkommnissen, welche ein Gleiten der Räder auf den Schienen verursachen, die Wirkung der Adhäsion herbeizuführen, und aus ersterem vermittelst eines Handgriffes Sand auf die Schienen zu streuen. Derselbe gelangt durch gekrümmte Röhren unmittelbar vor die Lauffläche der Treibräder. Der Sandkasten selbst, welcher äußerlich dem Dampfdome ähnlich ist, sitzt dicht am Kessel und soll möglichst groß sein, doch ist die Größe durch die Schwere des Sandes begrenzt. In Amerika läßt man den Sand durch ein hinter den letzten Rädern mündendes Dampfblaserohr wieder beseitigen, um den Wagenwiderstand zu verringern. Das Sandstreuen wird in der Regel bei nassem Wetter oder Glatteis, aber auch sonst, wenn das Adhäsionsgewicht der Maschine auf Steigungen oder im Falle zu großer Last versagt, nothwendig werden; desgleichen beim Anfahren oder auf der Fahrt durch Bahnhöfe in Folge Verunreinigung der Schienen.

Zu den Details, welche mit dem ersten Haupttheil einer Locomotive in Verbindung stehen, gehört ferner der Schornstein und das Schutzdach des Führer-

standes. Der erstere kann um so niedriger gehalten werden, je kräftiger das Blase=
rohr functionirt. Er hat in der Regel eine cylindrische Form, oder die eines um=
gekehrten Kegels, mit der abgestutzten Spitze nach abwärts, oder er setzt sich aus
zwei schwach kegelförmigen Theilen zusammen, wobei die größte Verengung sich in
der Mitte befindet. Es kommen indes auch andere Formen, z. B. viereckige (in
Belgien) oder cylindrische mit aufgesetztem birnförmigen Funkenfänger. Abschluß=
klappen für cylindrisch geformte Schornsteine sind nicht praktisch, da sie leicht
einrosten. Sie sind aber anderseits von Werth, weil Locomotiven nicht immer
remisirt werden können, also den Unbilden der Witterung ausgesetzt werden müssen.

Das Schutzdach des Führerstandes, das auf den älteren Locomotiven fehlte,
wodurch das Maschinenpersonale allen Wetterunbilden schonungslos ausgesetzt war,
wird derart hergestellt, daß es seitlich nicht zu weit zurückreicht, weil sich sonst im
Plattformraume Dunst ansammelt, der die Fenster trübt. Lange Seitenwände
verhindern überdies die Ausschau und das seitwärtige Heraussehen. Es genügt,
mittelst der Vorderwand Sturm, Regen und Schnee abzuhalten. Die ganz ge=
schlossenen Führerstände haben nur dort eine Berechtigung, wo die klimatischen
Verhältnisse oder außergewöhnlich lange Fahrstrecken einen wirksamen Schutz des
Maschinenpersonales erfordern, z. B. in Rußland und Amerika. Hier erhalten,
wie wir später sehen werden, die Plateaus eine außergewöhnlich comfortable Ein=
richtung, so daß sie förmlich Wohnräumen gleichen.

Wir kommen nun zum zweiten Haupttheil der Locomotive, der Maschine
oder dem Treibwerk. In der Maschine wird die Spann= oder Expansionskraft
des Dampfes zur Arbeit herangezogen. Auf jeder Seite der Locomotive liegt ein
Cylinder (A, Abbildung S. 247), in welchem sich ein Kolben (n), dicht an seine
Wandungen anschließend, hin= und herbewegen kann. Um eine solche Bewegung
hervorzurufen, muß der Dampf abwechselnd auf der einen und dann wieder auf
der anderen Seite des Kolbens wirken; es muß ferner dem Dampf die Möglichkeit
geboten werden, nachdem er seine Arbeit vollführt hat, ins Freie entweichen zu
können, damit der Gegendruck aufgehoben werde. Außerdem muß die Zuführung
des Dampfes in dem Cylinder derart regulirbar sein, daß die Locomotive je
nach Bedarf nach vor= oder rückwärts in Bewegung gesetzt werden kann.

Alle diese Aufgaben erfahren ihre wirksame Lösung durch eine höchst sinn=
reiche Anordnung, welche man Steuerung nennt. Betrachtet man das Bild S. 247,
so nimmt man über dem Cylinder (A) einen zweiten, kleineren Raum wahr. Das
ist der »Schieberkasten«, von welchem zwei Canäle (j und m) in den Cylinder
führen, während eine dritte Oeffnung (h) mit der freien Luft communicirt. Im
Kasten bewegt sich der Schieber in horizontaler Richtung hin und her, wodurch
er in verschiedene Stellungen zu den vorgenannten Canälen gelangt und damit
die Bewegung des Kolbens veranlaßt.

In der beigegebenen Abbildung ist der Vorgang schematisch dargestellt. Bei
I sperrt der Schieber beide Schlitze in der Cylinderwandung, der Dampfkolben

steht am Beginne der Rückbewegung; der Schieber bewegt sich nach rechts, der linke Schlitz öffnet sich und giebt dem Dampfe freien Weg in den Cylinder, während sich der rechte Schlitz gegen die Höhlung des Schiebers öffnet und dem Dampfe einen Ausweg in die freie Luft gewährt. In II hat der Kolben seinen

halben Rücklauf vollendet, der Schie= ber beginnt sich wieder nach links zu bewegen. In III ist der Kolben am Ende des Rück= laufes angelangt; der Schieber hat dieselbe Stellung wie in I, seine Be= wegung ist jedoch nach links gerichtet, um den rechten Schlitz für die Ein= strömung des Dampfes in den Cylinder zu öffnen. In IV hat der Kolben seinen Vor= wärtsgang zur Hälfte vollendet, während der Schie= ber sich wieder nach rechts zu bewegen anfängt. Schließ= lich gelangen alle Theile wieder in die Stellung, welche I repräsentirt, und der ganze Vorgang beginnt von Neuem.

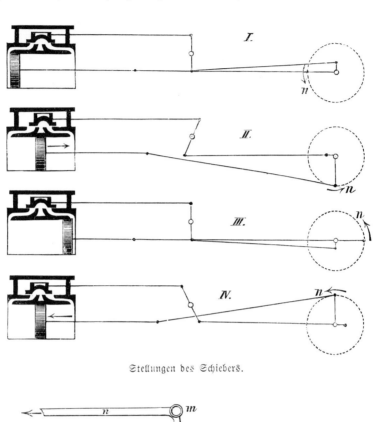

Stellungen des Schiebers.

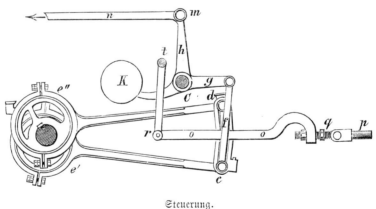

Steuerung.

Die Bewegung des Schiebers erfolgt nicht durch einen besonderen Mechanis= mus, sondern wird durch den Kolben, dessen Bewegung wieder seinerseits von der Function des Schiebers abhängt, bewirkt; beide Theile beeinflussen sich also gegen= seitig. Dieses äußerst sinnreiche Zusammenwirken zweier Organe wird durch eine besondere Vorrichtung — das Excenter — erzielt. Dasselbe ist eine kreisförmige

eiserne Scheibe (e' e" in Abbildung auf Seite 257), welche von einem Ringe aus
Schmiedeeisen derart umspannt ist, daß sie sich in ihm mit voller Freiheit drehen
kann. Mit dem Ringe steht eine Stange in fester, unabänderlicher Verbindung.
Der Drehungspunkt der Scheibe, zugleich der Verbindungspunkt mit der Locomotiv=
achse, liegt außerhalb ihres Mittelpunktes, in einer gewissen Entfernung von dem=
selben, so daß jeder Punkt des Ringes bei der Drehung der Scheibe allmählich
der Achse sich nähert und von ihr sich wieder entfernt, wodurch sich die mit ihm
festverbundene Stange in wagrechter Richtung hin= und herbewegt.

Nun muß hervorgehoben werden, daß zu jeder Seite der Locomotive auf
eine Achse derselben je zwei solche Scheiben (e' e") befestigt sind, und zwar derart,
daß die größeren Abstände der Mittelpunkte vom Umfange einander gerade ent=
gegengesetzt liegen. Die Stangen dieser Scheiben verbindet das geschlitzte Bogen=
stück c d — die sogenannte Coulisse. Vermittelst der Gabel f hängt dieses Bogen=

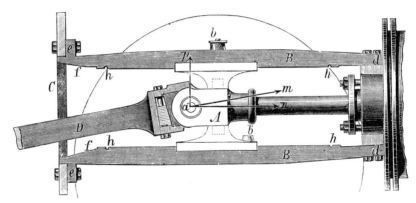

Kreuzkopf.

stück an dem Winkelhebel g h, der vom Führerstande aus durch die Zugstange n,
beziehungsweise durch den an ihm befindlichen »Reversirhebel« um den Fixpunkt C
am Locomotivrahmen gedreht werden kann. Das Gegengewicht k, welches die an
dem Winkelhebel hängende Last ausgleicht, erleichtert dem Locomotivführer wesent=
lich die Bewegung, vermöge welcher er im Stande ist, die Coulisse zu heben und
zu senken. Im Schlitz der letzteren ist ein entsprechend geformtes Metallstück be=
weglich eingepaßt; es steht durch die Stange O und das Schraubenstück q mit
der Schieberstange p in Verbindung. Mittelst des Bügels t r ist dieses Gestänge
bei t an dem Locomotivrahmen drehbar aufgehängt.

Damit ist indes nur ein Theil der sinnreichen Anordnung des Bewegungs=
mechanismus erschöpft, und zwar gewissermaßen das Mittelglied. Damit das Ex=
center functionire, muß es in Umdrehung gesetzt werden, welche, da die Vorrichtung
auf einer Achse der Locomotive sitzt, gleichzeitig mit der Umdrehung dieser Achse
erfolgt. Auf diese sogenannte »Treibachse« wirkt aber unmittelbar der Kolben, und
zwar vermittelst eines gegliederten Gestänges, welches sich aus der Kolbenstange,

dem »Kreuzkopf« (A in nebenstehender Figur), seinem Führungsrahmen (B, B) und der Kurbelstange (auch Pläuelstange genannt, D) zusammensetzt. Die letztere ist mittelst eines Gelenkes (a) am Kreuzkopf befestigt. An der Außenseite der Treibachse endlich befindet sich eine Kurbel, auf welche das andere Ende der Pläuelstange festgekeilt ist. Der Zusammenhang des ganzen Mechanismus ergiebt sich aus der Abbildung Seite 247.

Es ist weiter zu bemerken, daß die Kurbel auf der einen Seite der Locomotive gegen jene auf der anderen Seite im rechten Winkel verstellt ist. Bildet also die Pläuelstange mit der einen Kurbel eine gerade Linie, so steht die andere Kurbel senkrecht. Jene befindet sich im »todten Punkt«, d. i. in einer Lage, in welcher sie keine Wirkung zu äußern vermag, die zweite Kurbel dagegen nimmt die Stellung der größten Wirkung ein. Beide Stellungen ergänzen sich also und bedingen die nothwendige gleichmäßige Bewegung der Treibachse.

Bei der Stellung der Coulisse, wie sie Seite 257 abgebildet ist, versperrt der Schieber beide Dampfschlitze und verbleiben auch dann in Ruhe, wenn die Treibachse bewegt würde. Nehmen wir nun an, daß der Führer den Reversirhebel nach vorwärts legt, so wird sich die Coulisse senken und sein Ende d wird das in seinem Schlitze befindliche Metallstück berühren. Dann stellen sich die Verhältnisse, wie die Abbildung auf S. 257 sie in einfachen Linien markirt. Das Excenter ist als eine kleine Kurbel gezeichnet, da sie principiell als solche wirkt; der Kreis den die Treibradkurbel beschreibt, ist punktirt. Man erkennt ohne weiteres, daß bei der Bewegung des Schiebers, welche zuerst nach rechts gerichtet ist, das Excenter und mit ihm die Treibradkurbel sich im Sinne des Pfeiles bewegen müssen. Die Locomotive läuft vorwärts. Wird hingegen der Reversirhebel nach rückwärts umgelegt, so hebt sich die Coulisse, das Metallstück kommt mit dessen unterem Ende c in Berührung und die Scheibe steht in directer Verbindung mit dem Excenter e'. Dieses Excenter ist, wie bereits erwähnt, gegen das Excenter e" um 180 Grade verstellt. Besieht man sich die Zeichnung, so erkennt man sofort, daß nun gerade die entgegengesetzte Bewegung des Excenters und der Treibkurbel eintritt, als zuvor. Die Locomotive läuft rückwärts.

Wir haben weiter oben (Seite 254) erwähnt, daß in Anbetracht der wechselnden Ansprüche an die Leistung der Locomotive während der Fahrt, das Haushalten mit dem Dampfe zur Nothwendigkeit wird, und daß dies durch die Expansion erreicht wird. Man sperrt zu diesem Ende zeitweilig den Dampfzutritt in die Cylinder ab, oder man regulirt das Mehr oder Minder durch Beeinflussung der Schieberbewegung. Der Führer bewirkt dies durch ein bestimmtes Maß der Hebung oder Senkung der Coulisse, dessen Theile um so größere Wege zurücklegen, je weiter sie von der Mittellinie, d. h. von der Stelle, wo (in Abbildung Seite 257) die Schieberstange das Bogenstück mit dem Schlitz (d c) kreuzt, entfernt liegen. In dieser Stellung findet, wie wir erfahren haben, eine Bewegung der Schieberstange überhaupt nicht mehr statt; der Dampfzutritt in die Cylinder ist alsdann gänzlich abgesperrt, während jedes Maß der Hebung (beziehungsweise Senkung) einer entsprechenden Menge von Dampf den Zutritt gewährt. Das Einlassen des Dampfes in die Cylinder überhaupt findet vermittelst des Regulators, den der Führer handhabt, statt.

Nachdem wir die einzelnen Theile des Bewegungsmechanismus einer Locomotive kennen gelernt haben, erübrigen noch einige sachliche Bemerkungen über dieselben. Die Dampfcylinder, deren Durchmesser in Berücksichtigung der hohen Dampfspannung so construirt werden, daß sie für die Expansion, sowie für gutes Anfahren zur baldigen Erreichung der normalen Geschwindigkeit, endlich zum ökonomischen Dampfverbrauche gleich dienlich sind, werden durch Rippen verstärkt. Die Cylinderdeckel und deren Blechverschalung pflegen in den Füllungen schwächer

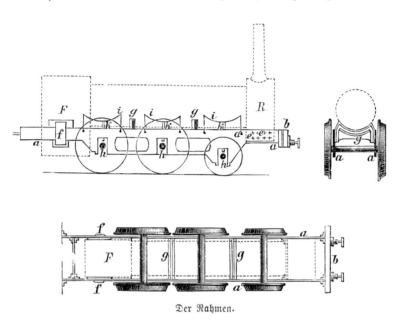

Der Rahmen.

zu sein als die Cylinderwand, damit sie bei Kolbenbrüchen in Mitleidenschaft gezogen werden, der Cylinder aber intact bleibe. Sowohl auf jedem Cylinder, als auf jedem Schieberkasten befindet sich eine automatische Schmiervase. Zur Anfeuchtung von Kolben und Schiebern bei langen Thalfahrten ohne Dampf wird Kesselwasser mittelst Rohrabzweigung eingelassen. Für Kolben ist die schwedische Art, mit selbstspannenden gußeisernen Doppelringen, die beste. Die Umsteuerung und Handhabung der Expansion geschieht, wie erwähnt, mittelst des Reversirhebels. Besser ist eine Combination von Schraube und Hebel; die Schraube allein hindert das schnelle Reversiren, kann wegen Erzielung möglichst weniger Umdrehungen nur mit grober Steigung construirt werden, wirkt daher wieder zum Expandiren nicht fein genug; der Hebel allein dagegen ist bei geöffnetem Regulator schwer zu handhaben. Rücksichtlich der Steuerungen finden sich geringfügige Abweichungen (System Groch, Allan), aber auch solche von eigenartiger Construction, wobei die Schieberbewegung durch ein vom Kreuzkopf ausgehendes Hebelwerk 2c. bewirkt wird. Wenn der Leser die weiterhin folgenden Locomotivtypen einer Musterung unterzieht, wird er ohne weiteres sowohl diese als andere Abweichungen von der principiellen Anordnung der einzelnen Locomotivtheile herausfinden und sich darnach selbstständig sein Urtheil bilden können.

Wir kommen nun zum dritten Haupttheile der Locomotive, dem Wagen. Er dient zur Aufnahme des Kessels mit seiner Armatur und der Maschine und setzt sich aus dem Rahmen und den Achsen mit den Rädern zusammen. Der Rahmen (Frame) besteht aus zwei miteinander versteiften Längsträgern (a, a in Abbildung auf Seite 260), welche vorne durch die Pufferbohle (b), rückwärts durch den Zugkasten verbunden sind. Der Kessel kommt nicht unmittelbar auf den Rahmen, sondern auf Träger (G) zu ruhen. Die Schrauben e, e stellen eine feste Verbindung zwischen dem Rahmen und der Rauchkammer her, während die Feuerbüchse (F) sich (bei ff) in der Längsrichtung verschieben kann, wodurch der Kessel befähigt ist, sich unter der Einwirkung der Wärme in seinem Inneren ungehindert auszudehnen.

An den Rahmen befinden sich ferner Federn (i), welche mittelst Stützen (k) auf die Achslagerkasten (h) drücken. Letztere sind in entsprechende Einschnitte in den

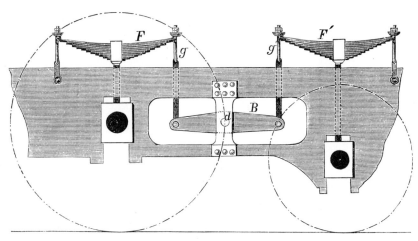

Balancier.

Rahmenblechen von unten her eingeschoben. In diesen Lagerkasten rotiren die Achsen der Räder. In der vorstehenden Abbildung ist diese Anordnung im Detail dargestellt. Hierbei tritt eine weitere Einzelheit hervor, welche der Erläuterung bedarf. Die Federn F und F¹ sind nämlich nur je einer Seite unbeweglich aufgehängt, während auf den Innenseiten eine eigenartige Anordnung getroffen ist, welche man »Balancier« nennt. Es ist dies ein Hebelbalken (B), welche um einen Fixpunkt (d) beweglich und mit je zwei benachbarten Federn verbunden ist (g, g). Die Federn haben die Bestimmung, die Erschütterungen, welche die Locomotive auf der Fahrt erleidet, zu mildern. Durch den Balancier wird dieser Zweck in noch höherem Maße erreicht. Jeder Stoß, welcher die Achse trifft, bewirkt eine, wenn auch nur geringe Verschiebung der Lagerkasten in den Rahmen und dadurch eine Mehranspannung der Feder. Durch den Balancier wird aber die Spannung auch auf die Nachbarfeder übertragen, wodurch ein Ausgleich der Spannung stattfindet. Jeder Stoß, welchen die eine Feder erleidet, wird von ihr auch der anderen mit getheilt, so daß jede der Federn nur die Hälfte der Beanspruchung zu verarbeiten braucht, also schwächer und mithin biegsamer construirt werden kann. Man rühmt den Locomotiven mit Balanciers einen besonders ruhigen und sicheren Gang nach.

Die Rahmen fallen bei genügend versteiften Doppelblechen leichter und fester aus, als aus einem Stücke. Die Ausschnitte zwischen den Lagerkästen werden in der Regel nach oben verengt, weil die Rahmen die Tendenz haben, während der Fahrt zu federn. Es ist von Vortheil, die Rahmenbleche nicht ganz an die Brust reichen zu lassen, damit bei Stößen eher die Befestigungswinkel abbiegen oder brechen. Außenrahmen neigen nämlich, weil sie so ziemlich in der Pufferlinie liegen,

Lastzuglocomotive mit Außenrahmen. (Effective Dampfspannung 11 Atmosphären; totale Heizfläche 132·6 Quadrat= meter; Dienstgewicht 40·6 Tons; Zugkraft 7 Tons.)
(Nach einer Photographie des Constructeurs: Locomotivfabrik vorm. G. Sigl, Wr.=Neustadt.)

zu parallelen Verschiebungen und Abbiegungen. Es sind deshalb auch die elastischen Holzbrüste den ganz eisernen vorzuziehen.

Wie schon vorstehend angedeutet wurde, liegen die Rahmen bald außen, bald innen, d. h. die Räder stehen entweder vor oder hinter denselben. Die bei= gefügte Abbildung veranschaulicht die letztere Anordnung, welche übrigens viel seltener ist, als die erstere. Locomotiven mit Außenrahmen haben einen sehr ruhigen Gang, doch können sie nur mit größerem Raddurchmesser construirt werden. Bei Rädern unter 1·5 Meter Durchmesser, also ziemlich tiefer Lage des Rahmens, kann das Normalprofil des Vereines Deutscher Eisenbahnverwaltungen (vgl. S. 96) nicht eingehalten werden, indem die Cylinder, Kurbeln. Steuerungswellen u. s. w. in die zwei untersten Stufen des Profils fallen, und es wurde vergebens versucht, diese Stufen abzuschrägen und das Normale zu ändern, so daß bei Einhaltung desselben Innenrahmen und Räder von mindestens 1·26 Meter Durchmesser gewählt werden. Beides bedauerlich in Bezug auf den ruhigen Gang und die Leistung der Locomotiven.

Mitunter werden auch die Cylinder und überhaupt das ganze Triebwerk nach innen verlegt, eine Anordnung, die hauptsächlich in England beliebt ist. Der Mechanismus wird dadurch sehr von äußerem Einfluß geschützt, ist aber schwer zugänglich und gestattet keine raschen Reparaturen. In diesem Falle ist auch eine besondere Form der Radachsen noth-wendig, auf welche wir sofort zu sprechen kommen.

Die Zahl der Achsen einer Loco-motive ist verschieden. Die kleinsten Typen weisen nur zwei Achsen auf, andere sind mit drei Achsen ausge-rüstet, wieder andere mit 4, 5, ja selbst 6 und 7 Achsen, wobei aber die beiden vordersten an einem besonderen Gestelle — dem Truckgestelle — montirt sind, welches mit dem Rahmen nicht fest verbunden wird, sondern um einen centralen Zapfen sich bewegt. Dadurch stellt sich der Truck in den Curven radial ein, was bei dem langen totalen Radstand der viel-achsigen Maschinen absolut nothwendig ist. Der Bestimmung nach unterscheidet man Treibachsen und Laufachsen. Mit einer einzigen Ausnahme (beim Duplex-systeme, auf das wir weiter unten zurückkommen) hat jede Locomotive nur eine Treibachse. Die übrigen Achsen sind Laufachsen. Der Durchmesser der

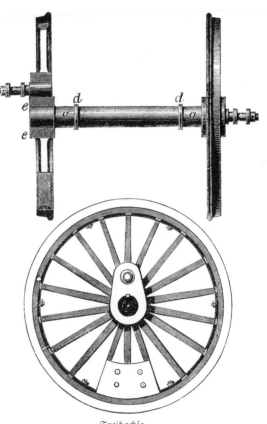

Treibachse.

Räder einer und derselben Locomotive ist entweder der gleiche, oder er ist bei den Rädern der Treibachse größer als bei den Laufachsen. Den kleinsten Durchmesser haben die Räder der Trucks. Der größere Durchmesser der Treibräder charakterisirt den Schnellläufer, das vier- und fünfachsige Laufwerk mit gleich dimensionirten Rädern, welche überdies noch durch eine später zu besprechende Anordnung gleich-zeitig mit der Treibachse zur Arbeit herangezogen werden, kennzeichnet die schwere Lastmaschine.

Eine Treibachse mit Rädern veranschaulicht die beigegebene Abbildung. Der in den Lagern laufende Theil ist mit a bezeichnet; der »Bund« d verhütet die seitliche Bewegung der Lager. Die Räder sind auf der Achse derart aufgekeilt, daß sich beide gemeinschaftlich drehen. Wir sehen in der Abbildung die Kurbel und zwischen den Speichen des Rades das sogenannte Gegengewicht, welches die Bestimmung hat, die gefährlichen Einflüsse, die aus der Bewegung der horizontal hin- und herlaufenden Maschinentheile für den ruhigen Gang der Locomotive entstehen, nach Thunlichkeit aufzuheben. Eine andere, vorwiegend in England beliebte Construction zeigt die hier stehende Figur. Es ist dies die sogenannte »gekröpfte Achse«; sie ist an vier Stellen, bei $a^1 a^1$ und $a a$, gelagert; bei b und b greifen die Pläuelstangen an, welche die Bewegung der Kolben auf die Achsen übertragen. Es ist klar, daß bei einer solchen Anordnung die Cylinder innerhalb der Rahmen liegen müssen, was, wie bereits hervorgehoben, sehr von Vortheil für den ruhigen Gang der Locomotive ist.

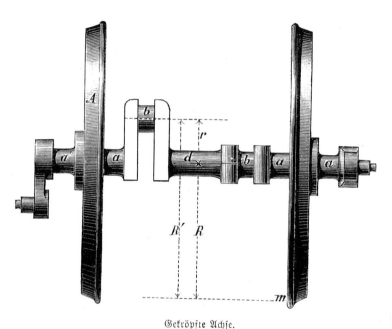

Gekröpfte Achse.

Es ist einleuchtend, daß das Gesammtgewicht der Locomotive sich auf deren sämmtliche Achsen entweder gleichmäßig, oder nach einem bestimmten Schema vertheilt. Beträge beispielsweise ersteres 30 Tons und wären drei Achsen mit Rädern von gleichem Durchmesser vorhanden, so entfällt auf jede Achse ein Gewicht von 10 Tons. Die Leistungsfähigkeit einer Maschine hängt aber — alle anderen Factoren beiseite gelassen — von dem Widerstande ab, den die Treibräder auf den Schienen finden, d. h. von dem Maße der Reibung, das zwischen Rad und Schiene besteht. Arbeiten nun die Treibräder für sich allein, so wird dieser Widerstand (Adhäsion) bedeutend geringer sein, als wenn auch die Laufachsen der Adhäsion dienstbar gemacht werden. Zu diesem Ende werden sie mit der Treibachse »gekuppelt«, d. h. es werden entsprechende Verbindungsstangen (Kuppelstangen) derart eingelegt, daß sie sämmtliche Achsen miteinander verbinden. Selbstverständlich erhalten die Laufachsen dann gleichfalls Kurbeln.

Es empfiehlt sich, sämmtliche gekuppelte Achsen gleich zu belasten, damit die Abnützung der betreffenden Radreifen und damit die Raddurchmesser möglichst gleichmäßig ausfallen. Sind noch ungekuppelte Laufachsen vorhanden, so giebt man

diesen zweckmäßig eine geringere Belastung als den Treibachsen, um das adhä=
rirende Gewicht der Maschine nicht zu sehr zu vermindern. Für das Maß der Belastung
der Achsen bestehen theils Vorschriften, theils ergiebt es sich aus der Erfahrung.
Schwere Maschinen beanspruchen der Natur der Sache nach eine größere Achsenzahl,
weil der sehr lange Kessel einer entsprechenden Unterstützung bedarf, um vorne
und hinten nicht übermäßig auszuladen, was einen sehr unruhigen Gang zur Folge
hat; außerdem darf eine einzelne Achse über ein gewisses Maß hinaus (etwa
14 Tons) nicht belastet werden.

Die Vielzahl der Achsen bedingt, bei sonst gleichen Verhältnissen, kleinere
Raddurchmesser; die Achsen werden gekuppelt und wird dann die Locomotive, je
nachdem 3, 4 oder 5 gekuppelte Achsen vorhanden sind, »Sechskuppler«, beziehungs=
weise »Achtkuppler« und »Zehnkuppler« (nach der Zahl der Räder) genannt. Da
bei gleicher Kolbengeschwindigkeit auch die gleiche Zahl von Radumdrehungen
erzielt wird, leuchtet ein, daß in derselben Zeit ein größeres Rad eine größere
Wegstrecke zurücklegen wird als ein kleineres Rad, entsprechend der Verschiedenheit
ihrer Radumfänge. Darnach richtet sich nun die Fahrgeschwindigkeit. Nehmen wir
an, wir hätten drei Typen: 1. eine Eilmaschine mit Treibrädern von 1·7 Meter
Durchmesser, 2. eine Personenzugmaschine mit Treibrädern von 1·5 Meter Durch=
messer, und 3. eine Lastmaschine mit Treibrädern von 1·2 Meter Durchmesser. Nehmen
wir ferner vier Radumdrehungen per Secunde mit Bezug auf zulässige Kolben=
geschwindigkeit als Maximum an, so ergiebt sich eine Fahrgeschwindigkeit pro Stunde

für Type 1 . . . . . 79 Kilometer

» » 2 . . . . 71 »

» » 3 . . . . 54 »

Zwei Meter Treibraddurchmesser würden für die Eilmaschine 90 Kilometer
Geschwindigkeit ergeben. Selbstverständlich sind bei diesem Vergleiche die gleichen
Bahnverhältnisse vorausgesetzt.

Da die Locomotive nur als Fahrapparat aufzufassen ist, bedarf sie noch
eines integrirenden Theiles, in welchem das zur Inbetriebsetzung der ersteren
nothwendige Brennmaterial und Wasser untergebracht ist. Dieser integrirende Theil
ist der Tender, ein vier= oder sechsrädriger, ganz aus Eisen construirter Wagen,
dessen Innenraum aus einer hufeisenförmigen, den ganzen oberen Raum ein=
nehmenden Cisterne für das Wasser und einem zwischen den Schenkeln der Cisterne
sich ergebenden Behälter für den Brennstoff besteht. Die Plattform des Tenders
hat gleiche Höhe mit dem Führerstande (nur bei den amerikanischen Locomotiven liegt
letzterer höher), um eine bequeme Hantirung mit dem Brennmaterial zu ermöglichen.
Das Tendergewicht mit vollen Vorräthen ist sehr bedeutend und beträgt mitunter
über 30 Tons. Gelenke, Schlußbolzen und Nothketten stellen die Verbindung
zwischen Tender und Locomotive her. Der Kasten des Tenders soll nicht abnehmbar,
sondern mit dem Chairs, welche ihrerseits mit dem Rahmen aus einem Stücke
sind, fest verbunden, die obere Decke nach vorne abfallend sein. Unter allen Um=

ständen sind dreiachsige Tender (in Amerika giebt es vierachsige, je zwei Achsen zu
einem Truck vereinigt) die empfehlenswerthesten, weil sie bei größtem Wasserinhalt
von 9 Cubikmeter und gleichem Raum für Brennstoff, also fast 10 Tons
Kohlen fassend, eine günstige Radbelastung, 50 Procent mehr Bremswirkung, mehr
Schonung der Achsen und Radreifen und mehr Sicherheit überhaupt bieten als
zweiachsige.

Um das zum Verdampfen erforderliche »Speisewasser« aus dem Kessel in
den Tender zu bringen, bediente man sich früher ausschließlich der Druck- und
Saugpumpen. Sie sind indes größtentheils durch den Injector verdrängt worden.

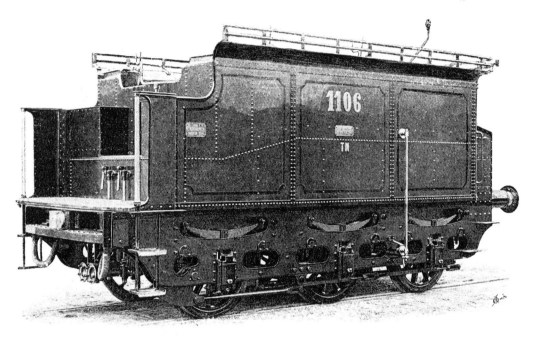

Tender.
(Nach einer Photographie des Constructeurs: F. Ringhoffer in Smichow.)

Derselbe steht bei C (in Abbildung auf Seite 267) mit dem Tenderwasser, bei r
mit dem Dampfraum des Kessels in Verbindung. Der eintretende Dampf durch-
strömt die Düse b und das Rohr a mit großer Geschwindigkeit, reißt die ihn
umgebende Luft mit sich und erzeugt auf solche Weise eine bedeutende Luftverdünnung. In Folge dessen tritt das Speisewasser durch den Rohrstutzen C und
die Schlitze zwischen b und a in das Rohr a, öffnet das Ventil d und fließt
durch E in den Wasserraum des Kessels.

In Anbetracht des ansehnlichen Gewichtes, das der Tender besitzt, erscheint
es begreiflich, daß die Maschinenbauer der Idee näher traten, dasselbe für die
Adhäsion auszunützen. Das war insbesondere in der Zeit, als die ersten Gebirgsbahnen in Betrieb gesetzt wurden, der Fall. Man trachtete dieses Ziel auf zweierlei
Wege zu erreichen: erstens, indem man den (im Uebrigen für den Kohlenbedarf

eingerichteten) Tender mittelst eines gemeinschaftlichen Rahmens mit der Locomotive eng verband und dadurch ein langes, auf zehn Rädern ruhendes Ganzes erhielt. Der Urheber dieser auch in die Praxis übertragenen Idee war Ingenieur Engerth. Das Wasser führte diese Maschine in großen Kästen zu beiden Seiten des Kessels mit sich. Bei der zweiten, gleichfalls von Engerth herrührenden Construction — der eigentlichen »Tenderlocomotive« — befindet sich gar kein Tender und führt auch selbe den Brennstoff in entsprechenden Behältnissen mit sich.

Während die erstere Art sich nicht bewährt hat und das zu erhöhende Ad=häsionsgewicht der Maschinen in anderer Weise erreicht wurde, haben die eigent=lichen Tenderlocomotiven immer mehr Anklang gefunden und werden zur Zeit in der verschiedensten Weise construirt. Da sie das Adhäsionsgewicht der Maschine erhöhen, die zum Fortbewegen des Schlepptenders erforderliche Zug=kraft aber ersparen, sind sie principiell sehr von Nutzen. Anderseits freilich ge=statten das geringere Totalgewicht, die Beschränktheit des Vorrathes und das während der Fahrt abnehmende Ge=wicht in Folge Materialverbrauches nur eine beschränkte Anwendung, z. B. auf Localstrecken oder Gebirgsstrecken von geringer Ausdehnung, sowie bei mäßiger Fahrgeschwindigkeit. Ein weiterer Vortheil ist, daß die Tender=maschinen gleich gut vorwärts und rückwärts fahren, also an den End=stationen nicht gedreht zu werden

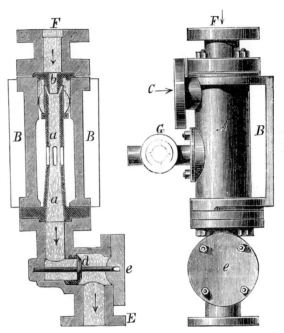

Injector.

brauchen. Zu den Uebelständen sind ferner zu zählen: geringe Heizfläche, oftmaliges Anhalten zur Ergänzung der Vorräthe, unruhiger Gang und Complicirtheit der Construction. Von den verschiedenen Typen von Tendermaschinen führen wir hier zwei derselben vor, deren eine die gewöhnliche Type für den Localverkehr darstellt, während die andere, nach dem System Kamper=Demmer — eine schwere Gebirgstendermaschine, wie solche auf der Arlbergbahn im Dienste stehen, zur An=schauung bringt. Diese letztere greift auf das ältere Engerth'sche Princip zurück, jedoch mit der Modification, daß hier ein zweirädriger Schlepptender vermittelst eines gemeinsamen Rahmens mit der rückwärtigen Kuppelachse in fester Verbindung steht. Das Räderpaar des Tenders ist als Truckgestell construirt, um die noth=wendige Geschmeidigkeit des ganzen Fahrzeuges in den Curven zu erzielen.

Ueberblicken wir Alles, was wir über die Construction der Locomotive, das Ineinandergreifen ihrer einzelnen Theile und das Zusammenwirken der die Fort=

bewegung besorgenden Organe vorgebracht haben, so ergiebt sich ohne weiteres,
daß neben dem rein Typischen so vielfache Punkte zu zweckmäßigen Verbesserungen
sich ergeben, daß die große Zahl von Typen, die man in allen Ländern antrifft,
nicht Wunder nehmen kann. Dem Leser wird es genügen, wenn er die im ein=
leitenden Capitel vorgeführten Constructionen, sowie die speciell diesen, dem Maschinen=
wesen gewidmeten Blättern beigegebenen Abbildungen überprüft. Keine der vor=
geführten gleicht, soweit es sich um das Detail handelt, der anderen. Und dabei
ist die gegebene Auslese verhältnißmäßig eng begrenzt, denn es war nicht an=
gänglich, die von jeder Werkstätte construirten Typen bildlich vorzuführen, so

Tenderlocomotive für Secundärbahnen. (Effective Dampfspannung 12 Atmosphären; totale Heizfläche
52·8 Quadratmeter; Dienstgewicht 25·5 Tons.)
(Nach einer Photographie des Constructeurs: Locomotivfabrik vorm. G. Sigl, Wr.-Neustadt.)

interessant eine solche Nebeneinanderstellung gewesen wäre, sowohl für den ver=
ständnißvollen Laien als für den Fachmann. Beträgt doch die Zahl der von den
hervorragendsten Werkstätten des In= und Auslandes dem Verfasser bereitwilligst
zur Verfügung gestellten Photographien von Typen weit über anderthalbhundert!

Betrachten wir nun die Beziehungen, welche zwischen den Locomotiven und
dem Oberbau bestehen. Von hervorragendem Einfluß auf letzteren ist der sogenannte
Radstand, d. i. die Entfernung der beiden Endachsen von einander. Um in den
Bahnkrümmungen einen geringen Widerstand zu erhalten, darf der Radstand ein
gewisses Maß nicht überschreiten. Man wählt daher in der Regel einen sehr kleinen
Radstand, wodurch die Locomotive ihren sicheren Gang in den geraden Strecken
einbüßt, da die überhängenden Theile mit ihren sehr ansehnlichen Gewichten sehr

groß werden. Bei einigermaßen gesteigerter Geschwindigkeit entstehen große, senkrecht und seitlich wirkende Kräfte, welche den Oberbau sehr in Anspruch nehmen. Der kurze Radstand ist daher nicht zweckmäßig, wenn die Länge der Curvenstrecken bedeutend geringer ist, als die der geraden Strecken. Der Reibungsverlust, welcher in den Geleiskrümmungen durch den größeren Radstand entsteht, wird reichlich aufgewogen durch die bessere und sichere Führung und den ruhigeren Gang der Loco= motive, demzufolge also durch geringeren Widerstand in den geraden Strecken. Der größere Radstand bringt das gefährliche »Nicken« (Galoppiren) in der Vertical= ebene, sowie das »Schlingern« in der Horizontalebene zum Verschwinden.

Das beste Material für Achsen ist Tigelgußstahl. Die Achse ist sozusagen die Basis alles technischen Eisenbahnwesens und verdient sonach höchste Beachtung,

Lastzug=Tenderlocomotive, System Kamper=Demmer. (Totale Heizfläche 164 Quadratmeter; Dienstgewicht 76·8 Tons.)
(Nach einer Photographie des Constructeurs: Wiener Locomotiv=Fabriks=Actiengesellschaft, Floridsdorf.)

so daß Bedenken gegen den hohen Preis des Gußstahles keine Geltung haben und ge= trachtet werden muß, der Unsicherheit gegenüber dem Eintritte des Bruches möglichst Schranken zu setzen. Auch sind die Achsbrüche seit der allgemeinen Anwendung des Bessemerstahles nicht vermindert worden. . . . Als Radgestelle verwendet man überwiegend solche aus Schmiedeeisen, und zwar mit massiven, ungenieteten Speichen, weil bei gußeisernen Naben das Losewerden der Speichen bald eintritt. Radsterne mit Speichen von ovalem Querschnitt sind sehr schön und fest. Daß Räder mit massiven Speichen weniger elastisch sind als solche mit genieteten und getheilten Speichen, ist eher ein Vorzug als ein Nachtheil für das Festhalten des Reifes. Stahlscheibenräder sind gleich empfehlenswerth; dagegen haben sich Räder mit Holz= und Papierscheiben nicht bewährt. Für die Radreifen wird allgemein noch das billigere Material vorgezogen, obwohl das beste Material, der im Preise etwas höher stehende Tigelgußstahl, erwiesenermaßen ökonomisch das Vortheilhafteste und das Sicherste ist.

Die kegelförmige Lauffläche der Räder entsprechend der Schienenneigung, hält sich im Betriebe bekanntlich nur kurze Zeit; die Flächen werden bald cylindrisch. Thatsächlich haben Versuche ergeben, daß Fahrzeuge mit cylindrisch abgedrehten Rädern keinen Unterschied im Gange erkennen ließen, gegen solche mit kegelförmig abgedrehten Rädern. Je steiler der Kegel für die Lauffläche genommen wird, um so mehr Material geht beim Nachdrehen der Räder in die Späne.

Was den Kessel anbelangt, hält man an seiner Form und Anordnung mit großer Consequenz fest, und greifen Abweichungen von demselben nur in geringem Maße Platz. Dasselbe gilt von der Lage des Kessels. Die jetzige tiefe Lage, in Verbindung mit der tiefen Feuerbüchse, ist eine Folge des kurzen Radstandes, von dem abzugehen man sich schwer entschließt. Die amerikanischen Maschinen mit ihrem großen totalen Radstande haben den Kessel durchwegs hoch, mitunter außergewöhn= lich hoch liegen, so daß die Kesselträger als förmliche Tragsäulen erscheinen. Ein Uebelstand ist es ferner, daß man behufs Erzielung einer großen indirecten Heiz= fläche die Zahl der Siederohre thunlichst groß nimmt. Dadurch werden die Zwischenräume sehr eng, und da selten gutes Speisewasser zur Verfügung steht, werden jene Zwischenräume durch Kesselstein versperrt. Ebenso werden durch die große Zahl der Rohre die Stege zwischen den Rohrlöchern in den Rohrplatten sehr schmal, so daß sie leicht brüchig werden und nach kurzem Gebrauche aus= gewechselt werden müssen.

Bei den Stehbolzenkesseln bildet jeder Bolzen einen schwachen Punkt, wodurch Reparaturen häufig nothwendig werden. Dieselben beanspruchen jedoch sehr viel Zeit und bedingen in Folge dessen einen größeren Reparaturstand und größere Räumlichkeiten zur Vornahme der Reparatur. Aus diesem Grunde treten die sonstigen Vortheile des Stehbolzenkessels zurück und hat man denselben neuerdings mit Glück durch den Wellrohrkessel ersetzt. Das Kupfer für die Feuerbüchse leistet bei mäßiger Inanspruchnahme der Locomotivkessel ausgezeichnete Dienste; dieselben vermindern sich aber zusehends, wenn der Kessel sehr angestrengt wird. Die Frage nach einem geeigneten Material steht sonach noch offen. Desgleichen sind die vor= theilhafte Luftverdünnung in der Rauchkammer für eine gute Verbrennung der Kohle, die Größenverhältnisse der Rostfläche und ihre Luftweite noch lange nicht in dem Maße erprobt, um das relativ Günstigste feststellen zu lassen.

Was schließlich die äußere Ausstattung der Locomotiven anbetrifft, sollte nicht übersehen werden, daß sie nicht nur ein zweckmäßiges, sondern auch dem Auge ein wohlgefälliges Object abzugeben haben. In dieser Beziehung wird jetzt, wo den Fahrbetriebsmitteln im allgemeinen große Aufmerksamkeit geschenkt wird, der bei den Personenwagen bereits zum Luxuriösen hinanreicht, Großes geleistet. Die modernen Maschinen sind vielfach bis ins Einzelne wahre Kunstwerke der Mechanik und der äußeren Ausstattung. Am weitesten hierin gehen die Engländer. Aber auch in Deutschland und Oesterreich wird dem Maschinenbau die weitgehendste Sorgfalt zugewendet, dabei jedoch alles überflüssige Zierat vermieden. Man legt Gewicht

auf schöne Arbeit, besonders der blanken Theile, und gute Lackirung der rohen
Flächen, was in Anbetracht des hohen Preises dieses kostspieligen Objectes nur zu
gerechtfertigt ist. Die Amerikaner geben ihren Locomotiven eine bunte, phantastische
Bemalung und lackiren vielfach auch die blanken Theile. Blank bearbeitet sollen
sein: die Außenflächen der Radreifen, die Achsen, Treib= und Kuppelstangen sammt
Lagern, Führungen und Kurbeln, Achslager sammt Backen, die ganze Steuerung
und Armatur nebst den Kupferröhren. An englischen Maschinen sind vielfach auch
die Schornsteine blank bearbeitet.

Die Locomotiven neuer Construction sind durchwegs mit selbstthätigen
Bremsen ausgestattet, über deren Construction in einem späteren Abschnitte be=
richtet wird. Ein weiteres Ausrüstungsstück bilden die Signallampen an der

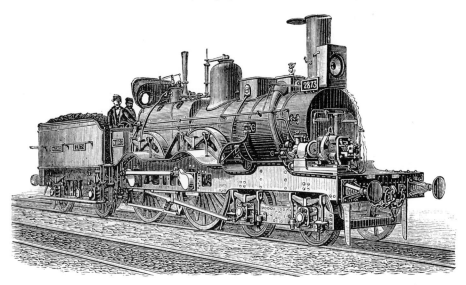

Locomotive mit Sedlaczek's Lampe.

Brust der Maschine, über welche weiter nichts zu sagen ist. Der Versuch mit elek=
trischem Licht hat zu keinem befriedigenden Resultate geführt. Eine Locomotivlampe
dieser Art haben vor einigen Jahren Sedlaczek und Wikulill construirt. Die
Lampe ist mit einem Reflector versehen und um die Laterne, welche nach ameri=
kanischer Art unmittelbar vorne am Schornstein der Locomotive befestigt ist, ein=
gesetzt. Die Laterne ist vorne durch Glimmerplatten gegen den Luftzug geschützt,
und ein hinter den Glimmerplatten angebrachtes, aus einigen Eisenstäben bestehendes
Gitter verleiht ersterer hinreichende Festigkeit. Die Laterne kann vom Standpunkte
des Führers auch seitlich gedreht werden, um beim Befahren der Curven auch
diese zu beleuchten. Bei einer Lichtstärke von 4000 Normalkerzen erhellt sie die
Strecke ein bis zwei Kilometer weit, läßt Signale auf sehr bedeutende Entfernungen
vollkommen scharf und deutlich erkennen, beeinflußt die Farben der Signallichter
absolut nicht und brennt trotz der heftigen Stöße, die sie erleiden muß, voll=
kommen ruhig. Den Strom für die Lampe liefert eine Schuckert'sche Flachring=

maschine, welche von einer Brotherhood'schen Dampfmaschine in Bewegung gesetzt
wird. Letztere bezieht ihren Dampf aus dem Kessel der Maschine und ist mit der
Lichtmaschine durch directe Kuppelung verbunden. Die Lichtmaschine ist sammt der
Dampfmaschine entweder hinter dem Schornstein auf dem Dampfkessel, oder auf
dem Gestelle montirt. Letztere Anordnung zeigt die beigegebene Abbildung.

Wir kommen nun auf ein wichtiges Thema des Eisenbahnmaschinenwesens
zu sprechen: die Leistungsfähigkeit der Locomotiven. Andeutungen hierüber
wurden bereits auf den voranstehenden Blättern gemacht. Es kommen hierbei zwei
Gesichtspunkte in Betracht, die Leistungsfähigkeit der Maschinen in Bezug auf ihre
Construction und Gliederung nach Typen, und das Maß der Ausnützungsfähigkeit
jeder einzelnen Locomotive. Letzterer Factor hängt von der Dotation der Fahr=
betriebsmittel, von der Länge der Bahn und der Dichtigkeit des Verkehrs ab. Es
leuchtet ein, daß eine geringe Zahl von Locomotiven, welche auf langen Strecken
rollen und überdies einen lebhaften Verkehr zu bewältigen haben, mehr angestrengt
werden, als in Fällen, wo sich diese Verhältnisse günstiger stellen. Die Leistung
der Maschinen wird daher je nach den Umständen eine sehr verschiedene sein, indem
einige derselben bis 40.000 Kilometer im Jahre durchlaufen, woran sich Ab=
stufungen bis zur Hälfte dieser Zahl und selbst weit darunter anschließen. Die
größte Leistung repräsentiren die Eilmaschinen (mit durchschnittlich 35.000 Kilo=
meter pro Jahr, alsdann die Personenmaschinen mit 25.000 und die Lastmaschinen
mit 20.000 Kilometer.

Die Wahl der Locomotiven hängt lediglich vom Verkehr ab. Werden Eil=
züge nicht erforderlich und sind mit Bezug auf den Lastentransport keine größeren
Steigungen vorhanden, so wird man mit Sechskupplern das Auslangen finden.
Hierbei empfiehlt sich eine Dotation mit einer möglichst geringen Zahl von Typen,
weil deren verschiedene Leistungsfähigkeit nach der einen oder anderen Richtung
Störungen in der Calculation ergiebt und überhaupt Erschwernisse in der Betriebs=
führung zur Folge haben kann. Grundsätzlich ist daran festzuhalten, daß es für
jede Bahn eine gewisse beste Type giebt, welche auf einer anderen Bahn nicht in
dem gleichen Maße, oder überhaupt nicht entspricht. Da nun die Bahnverhältnisse
je nach der Rangordnung der Schienenwege, sowie die an die verschiedenen Kate=
gorien des Verkehrs gestellten Anforderungen sehr ungleich sind, hat sich im Laufe
der Zeit die Zahl der Typen ganz unverhältnißmäßig vergrößert. Dadurch wird
nicht nur die Wahl brauchbarer Typen erschwert, sondern es tritt auch noch der
Uebelstand ein, daß besonders complicirte Systeme Leuten anvertraut werden, die
auf eine vorwiegend praktische Schulung zurückblicken, den subtilen Constructionen
sonach nicht die ihnen zukommende Aufmerksamkeit widmen.

Trotz alledem wäre es ein schwerer Fehler, bei der Wahl der Typen auf
engherzige Uniformität bedacht zu sein. Das Individualisiren ist ja einer der charak=
teristischesten Züge im modernen Eisenbahnwesen, so viele Fachmänner auch dagegen
sein mögen. Bezüglich der Locomotiven handelt es sich vornehmlich darum, Maß

zu halten und alle Factoren zu erwägen, welche bei der Ausnützung der Maſchinen in Betracht kommen oder kommen könnten. Thatſache iſt, daß das Eiſenbahn= maſchinenweſen im gleichen Schritt mit der Entwickelung des Bahnbaues über= haupt ſich ausgeſtaltete. Man hat aber auch hier die Zerſplitterung zu weit ge= trieben, indem man faſt für jede unter außergewöhnlichen Verhältniſſen entſtandene Bahn, eine denſelben entſprechende Type conſtruirte. So hatten die erſten Gebirgs= bahnen (Semmering, Brenner) beſondere Conſtructionen im Gefolge, welche hinterher wieder beſeitigt wurden, nachdem ſich ergeben hatte, daß zu deren Betrieb die landläufigen Syſteme ausreichen.

Eilzug=Locomotive für Sicilien. (Effective Dampfſpannung 10 Atmoſphären; totale Heizfläche 119 Quadrat= meter; Dienſtgewicht 42·5 Tons.)
(Nach einer Photographie des Conſtructeurs: Maſchinenfabrik der öſterr.=ungar. Staatseiſenbahn=Geſellſchaft.)

Sieht man von allen außergewöhnlichen Umſtänden ab, ſo ergiebt ſich, daß eine Hauptbahn mit einer verhältnißmäßig geringen Zahl von Typen das Aus= langen finden wird. Dieſelbe wird bedürfen: eine Eilmaſchine mit zwei gekuppelten und einer oder zwei Laufachſen und einem Dienſtgewichte von 40 bis 50 Tons; eine Perſonenmaſchine mit zwei oder drei gekuppelten Achſen und einem Dienſt= gewichte von 35—40 Tons; eine leichte Laſtmaſchine mit drei gekuppelten Achſen (ohne Laufachſen) und einem Dienſtgewichte von durchſchnittlich 40 Tons; eine ſchwere Laſtmaſchine mit gekuppelten Achſen und einem Dienſtgewichte von 50—60 Tons; ſchließlich eine Rangirmaſchine mit zwei oder drei gekuppelten Achſen und einem Dienſt= gewichte von durchſchnittlich 35 Tons. Unter »Dienſtgewicht« iſt die volle Ausrüſtung

mit Wasser und Brennmaterial zu verstehen. Für sämmtliche Typen genügt eine Dampf=
spannung von 10 Atmosphären, ein Kesseldurchmesser von 1·3—1·5 Meter, ein Rad=
durchmesser für die Eil= und Personenmaschinen von 1·5—1·7 Meter und totale
Heizflächen zwischen 120—150 Quadratmeter. Die Leistung wird sich dann bei
den Eilmaschinen mit 110—120 Tons, bei den Personenmaschinen mit 220 bis
250 Tons, bei den Lastmaschinen beider Kategorien mit 300—400 Tons, und bei
den Rangirmaschinen mit 200 Tons und darüber stellen.

Rücksichtlich der schweren Lastmaschinen besteht die Schwierigkeit, daß die
Bahnverhältnisse auf deren rationelle Ausnützung sehr ungünstig einwirken können.
Nehmen wir z. B. an, eine Bahn setze sich zu gleichen Theilen aus starken Stei=
gungen und ebenen Strecken zusammen. Die ersteren würden dann einen schweren
Achtkuppler erforderlich machen, der in der ebenen Strecke nicht voll ausgenützt
werden könnte. Die ideale Ausnützung des Achtkupplers ist aber auch unter günstigen
Bahnverhältnissen auf ebenen Strecken nicht möglich, weil so bedeutende Lasten
ohne Gefährdung der Zugvorrichtungen nicht mehr transportirt werden können.
Außerdem versperren übermäßig lange Züge den Bahnhofraum der kleineren und
selbst der mittelgroßen Stationen. Man wird daher selbst auf Bahnen mit
ungünstigen Steigungsverhältnissen die Sechskuppler ausnützen können, wenn
der Procentsatz der größeren Steigungen (d. i. über 1 Procent) im Ganzen
50 Procent nicht erreicht. Bei jedem Mißverhältniß zwischen den Streckenlängen
der starken Steigungen und der schwachen Steigungen, wobei als Mißverhältniß
der geringe Procentsatz der ersteren Streckenlänge zu verstehen ist, werden die Sechs=
kuppler, beziehungsweise der Nachschubdienst am Platze sein.

Was die Eilmaschinen anbelangt, hängt ihre Leistungsfähigkeit von dem Grade
ihrer Ausnützung im Sinne der Geschwindigkeit und der zu bewegenden Last ab.
Beide haben im Laufe der Zeit eine ganz erhebliche Steigerung erfahren. Früher
waren die Eilzüge aus wenigen, nicht schweren Wagen zusammengesetzt, und die
Geschwindigkeit betrug selten über 50 Kilometer, ja sie hält sich vielfach auch heute
noch auf dieser Höhe. Der Eilverkehr hat sich aber, wie gesagt, außerordentlich
entwickelt, vornehmlich auf den langen durchgehenden Linien im internationalen
Anschlußverkehr. Die Wagen sind immer schwerer geworden und haben in den
äußerst solid und comfortable hergestellten Schlaf=, Speise= und Salonwagen fast
schon das Maximum des zulässigen Gewichtes erreicht. Damit im Zusammenhange
steht die sehr ansehnliche Geschwindigkeit, welche bei Expreßzügen 60, 70 und 90,
ja ausnahmsweise sogar über 100 Kilometer (von gewissen Parforcejagden mit
130—150 Kilometer abgesehen) erreicht.

Die Expreßmaschine hat sonach, wie man sieht, eine sehr ansehnliche Arbeit
zu leisten, und muß ihre Construction eine dem entsprechende sein. Bedingungen
sind: großer Radstand, gekuppelte Räder von bedeutendem Durchmesser, große
Heiz= und Rostfläche, große Adhäsion, Beweglichkeit in den Curven. Großer Rad=
stand und Beweglichkeit wird erzielt, indem man hinter oder unter die Feuerbüchse

eine Achse — welche entweder die Treibachse (System Crampton) oder eine Laufachse sein kann — verlegt, vorne jedoch, und zwar mit Vortheil, ein vierrädriges Truck= gestell anbringt. In Amerika typisch, bricht sich das Truckgestell in Europa nur langsam Bahn, trotz mancher Verbesserung, die es hier erfahren hat. Eine derselben besteht in der durch F. Kamper erfundenen Führung des Truckgestells mittelst Vorderdeichseln und schiefen Pendeln, welche einen stetigen Gang des Gestells in der Geraden, eine rationelle Aufhängung des Kessels und Ausgleichung der Feder= last in den Curven anstreben. Von einer Beschreibung dieser sinnreichen Vorrichtung, die nur für den Fachtechniker von Interesse ist, sehen wir ab.

Schnellzug=Locomotive der preußischen Staatsbahnen. (Effective Dampfspannung 12 Atmosphären; totale Heizfläche 125 Quadratmeter; Dienstgewicht 49·5 Tons.)
(Nach einer Photographie des Constructeurs: Henschl & Sohn, Cassel.)

Die verwendbarste Locomotivtype ist die Personenmaschine mit zwei ge= kuppelten Achsen und einer Laufachse, einem Dienstgewichte zwischen 35—45 Tons und einem Adhäsionsgewichte zwischen 25—30 Tons. Sie ist im Stande, leichte Last, Gemischte und Personenzüge bis zu 60 Kilometer absoluter Fahrgeschwindigkeit zu transportiren und eignet sich auch vorzüglich zum Verschub und stationären Reservedienst.

Hat diese Type einen kurzen Radstand — was meistens der Fall ist — so wird der Gang der Maschine in Folge der stark überhängenden Theile ein unruhiger, wodurch das Maß der Fahrgeschwindigkeit nothwendigerweise reducirt werden muß. Immerhin kann man mit solchen Maschinen Lasten von durchschnittlich

220 Tons auf 1 Procent Steigung noch mit einer Geschwindigkeit von 35 Kilo=
meter pro Stunde führen. Behufs Abminderung der Schlingerbewegung hat man
zu verschiedenen Mitteln, welche auf eine Versteifung von Maschine und Tender
abzielen, gegriffen. Die rationellste Methode ist wohl die Tilp'sche »Zahnkuppe=
lung«, welche Anlaß zu zahlreichen anderen ähnlichen Constructionen gab, die jedoch
sämmtlich theoretisch unrichtig waren.

Wir haben weiter oben in Kürze auseinandergesetzt, daß die Ausnützung der
Lastmaschinen, repräsentirt durch zwei Typen als Sechs= und als Achtkuppler,

Dreicylindrige Verbund=Lastzug=Locomotive. (Effective Dampfspannung 12 Atmosphären: totale Heiz=
fläche 127 Quadratmeter; Dienstgewicht 41·7 Tons.)
(Nach einer Photographie des Constructeurs: Maschinenfabrik der österr.=ung. Staatseisenbahn=Gesellschaft, Wien.)

durch die Bahnverhältnisse bestimmte Grenzen gesetzt sind. Sehr klar kennzeichnet
E. Tilp die Ausnützungsfähigkeit dieser Maschinen. Wir folgen hier seinen Aus=
führungen. . . . Der Sechskuppler giebt eine für Steigungen bis zu 1 Procent
und die schärfsten Curven zweckmäßige Lastmaschine, deren Leistung selbst unter
ungünstigen Verhältnissen daselbst noch 300 Tons bei 20 Kilometer Fahr=
geschwindigkeit beträgt. Nachdem für solche Steigungen höchstens 15, selbst auch
nur 11—12 Kilometer Geschwindigkeit pro Stunde angewendet werden, ergiebt
sich eine noch höhere Leistung, die nur noch von Achtkupplern übertroffen wird.
Doch können letztere dann nicht ausgenützt werden, wenn das Procent der großen
Steigungen zur Gesammtlänge der Bahn ein zu geringes wäre. Mit Sechskupplern
kann ohne Vorspann oder Nachschub ein Zug von 300 bis 350 Tons durchaus

befördert werden; in ebenen Strecken iſt die Leiſtung bei voller Ausnützung eine faſt doppelt ſo große.

Der Achtkuppler — die dritte Achſe als Treibachſe — ergiebt für Bahnen mit anhaltend ſtarken Steigungen von mehr als 1 bis 2½ Procent, oder von einem großen Theile der Bahnlänge ſelbſt mit 1 Procent vorzügliche Aus= nützung, günſtige Vertheilung des Gewichtes, Adhäſion und Zugkraft bei nicht zu großem Radſtande. Die Durchfahrt durch die Curven wird durch die ſeitliche Ver= ſchiebbarkeit der letzten Achſe etwas erleichtert; dieſe wird einfach durch tiefere Lagergehäuſe und längere Kurbelwarzen erreicht und genügt bei der geringen Fahr=

Achtkuppler im Betriebe der Semmering= und Brennerbahn. (Effective Dampfſpannung 9 Atmoſphären; totale Heizfläche 170 Quadratmeter; Dienſtgewicht 52 Tons.)
(Nach einer Photographie des Conſtructeurs: Locomotivfabrik vorm. G. Sigl, Wr.=Neuſtadt.)

geſchwindigkeit ſolcher Maſchinen für den angeſtrebten Zweck. Hingegen ſind com= plicirte Vorrichtungen (ſchiefe Lager, drehbare Achſen ꝛc.) völlig überflüſſig. Die Achtkuppler bedingen jedoch, um voll ausgenützt werden zu können, außer obigen Steigungen ſehr lange Stationsplätze für die außergewöhnlich lange Wagencolonne mit ihrer Laſt von 750 bis 1000 Tonnen, die ſie auf horizontaler Bahn ziehen. Eine weitere Bedingung der rationellen Ausnützung dieſer Maſchinen iſt ein ent= wickelter, regelmäßig ſtarker Laſtverkehr mit Maſſengütern bei vollbeladenen Wagen.

Die Berechnung der Leiſtungsfähigkeit einer Locomotive erfolgt auf Baſis der mechaniſchen Wärmetheorie. Die durch ein Kilogramm Kohle dem im Keſſel zu verdampfenden Waſſer zugeführte Wärme beträgt ungefähr 3700 Kalorien. Eine Kalorie entſpricht nach der mechaniſchen Wärmetheorie einer Arbeitsleiſtung von

424 Kilogrammmeter. Das ist so zu verstehen. Ein Dampfmaschine, welche ein
Kilogramm auf die Höhe von 400 Meter zu heben hätte, bedürfte hierzu einer
Wärmemenge, die im Stande wäre, 12 Gramm Eis zu schmelzen. Um ein Kilo
zu schmelzen, braucht man 79 Einheiten, also $^{79}/_{1000}$ für jedes Gramm, und bei=
nahe 1 Einheit für 12 Gramm. Die Maschine verbraucht also fast eine Wärme=
einheit, wenn sie 1 Kilo auf 400 Meter hebt. Genauer berechnet, gehört eine
Wärmeeinheit dazu, um 1 Kilogramm auf 424 Meter zu heben; man sagt deshalb,
eine Wärmeeinheit gilt so viel als 425 Kilogrammmeter, und nennt diese Zahl das
mechanische Aequivalent der Wärme.

Nun setzt aber die Maschine nur etwa 8 Procent obiger Wärme von
3700 Kalorien in Arbeit um, da 92 Procent Wärme mit dem ausströmenden
Dampfe und andere Ursachen verloren gehen. Ein Kilogramm Kohle repräsentirt
daher eine Arbeitsleistung von $3700 \times 0.08 \times 424$, d. i. rund 125.000 Kilogramm=
meter. Die stündliche Leistung einer Pferdekraft beträgt aber 270.000 Kilogramm=
meter. Es ergiebt sich demnach die Arbeit einer Locomotive pro Stunde und
Pferdekraft durch Theilung des Productes des in Kilogramm ausgedrückten Ge=
wichtes der in gleicher Zeit auf dem Roste verbrannten Kohle mit der Zahl
125.000 durch 270.000. Gehen wir weiter. Nehmen wir an, eine Locomotive ver=
brauche pro Stunde und Pferdekraft rund 2 Kilogramm Kohle; jedes Kilogramm
erzeugt etwa 5.5 Kilogramm reinen Dampf, 2 Kilogramm Kohle sonach 11 Kilo=
gramm Dampf. Anderseits beträgt die stündliche Dampfbildung pro Quadratmeter
Heizfläche zwischen 25 bis 30 Kilogramm und kann daher die Leistung einer Loco=
motive in Pferdekräften doppelt bis zweieinhalbmal so hoch als ihre in Quadrat=
metern ausgedrückte Heizfläche angenommen werden. Die Größe der Rostfläche
wieder ist maßgebend für die Menge der stündlich verbrannten Kohlen. Daraus
folgert, daß von zwei Maschinen mit gleichen Heizflächen diejenige mit dem größeren
Roste den meisten Dampf bildet. Ohne näher in diese Berechnungsfactoren einzu=
gehen, sei erwähnt, daß die normale Leistung der Locomotiven zwischen 200 bis
300 Pferdekräften schwankt, welche Leistung durch forcirtes Feuer noch um das
Anderthalbfache verstärkt werden kann.

Mit der Leistung hängt die Zugkraft zusammen. Es ist einleuchtend, daß
die ideale Ausnützung der Zugkraft darin bestände, die volle Last mit einer Loco=
motive durch die ganze Strecke mit minimaler Geschwindigkeit zu transportiren.
Dies geht aber — von manchen betriebstechnischen Bedenken abgesehen — wegen
der wechselnden Niveauverhältnisse einer Bahn und den Witterungsverhältnissen
nicht an. Um den Grad der Ausnützung der Zugkraft zu erfahren, berechnet man
für jede Maschinen=Zugskategorie und Strecke die durchschnittliche Normalbelastung
etwa für 0º R. Hierzu kommt noch das Verhältniß des Brutto zum Netto, wobei
die Tara bekannt ist. Da das ideale Netto aus der Zahl der Sitzplätze bei Personen=
wagen, beziehungsweise aus der Tragfähigkeit bei Last= und Gepäckwagen eben=
falls gegeben ist, so wird sich die Ausnützung im günstigsten Falle als ziemlich

gering ergeben und dürfte durchſchnittlich kaum höher als mit zwei Drittel der disponiblen Zugkraft gegenüber dem thatſächlichen Durchſchnittsbrutto anzunehmen ſein.

Die Anwendung einer zweiten Maſchine iſt in der Regel irrationell, weil dadurch eine Schmälerung der Maximallaſt ſtattfindet. Außerdem kommt die leere Retourfahrt der Vorſpann= oder Schiebemaſchine, beziehungsweiſe der Umſtand in Betracht, daß letztere durch längere Zeit ·unter Dampf in Reſerve ſteht, alſo gar keine Arbeit leiſtet. . . . Auch die Fahrgeſchwindigkeit iſt von großem Einfluß für die Ausnützung der Zugkraft. Erfahrungsgemäß ſtehen die Transportkoſten im geraden Verhältniſſe zur Fahrgeſchwindigkeit und ſtellen ſich dieſelben bei Perſonenzügen gegenüber den Laſtzügen wie 2 : 1. Das Verhältniß des Netto zum Brutto ſtellt ſich aber bei erſterer wie 1 : 10, bei letzterer wie 1 : 2½. Es vertheuert ſich alſo der Perſonentransport um $\frac{20}{2½}$ oder das Achtfache. Es iſt alſo unrichtig, kleine Eilzüge als wenig koſtſpielig anzuſehen, wogegen es rationell erſcheint, unter dem Normale belaſtete Laſtzüge auf gewiſſen Streckenabſchnitten den Perſonen= oder Gemiſchten Zügen beizugeben, beziehungsweiſe mehrere Laſtzüge in einen zu vereinigen.

Selbſtverſtändlich ſind der Erhöhung der Leiſtungsfähigkeit der Locomotiven in Bezug auf ihre Zugkraft gewiſſe Grenzen geſteckt. Wir haben ſchon im einleitenden Capitel darüber berichtet, daß behufs Erzielung einer größeren Zugkraft mancherlei Mittel angewendet worden ſind, zunächſt die Vergrößerung des Keſſels, deſſen bedeutende Länge die Vermehrung der Kuppelachſen von 4 auf 5 geſtattete. Da aber ein ſo bedeutender Radſtand, wie ihn ein Zehnkuppler aufweiſt — vornehmlich dann, wenn noch eine Laufachſe oder ein Truckgeſtell dazu kommt — mancherlei Uebelſtände mit ſich bringt, war man auf eine Aenderung der Form des Keſſels bedacht. Dem franzöſiſchen Ingenieur Flaman iſt dies durch die Anordnung zweier Keſſel übereinander in zweckentſprechender Weiſe gelungen. Wir haben darüber Seite 33 berichtet, desgleichen über das Syſtem der Strong=Locomotive mit zwei Heizkammern.

Wichtiger als dieſe auf die Vermehrung der Dampferzeugung beruhenden Conſtructionen iſt eine andere, welche auf die rationelle Ausnützung des Dampfes abzielt und in der Compound=Locomotive in glücklichſter Weiſe gelöſt erſcheint, indem durch ſie die Expanſion in höherem Maße dienſtbar gemacht wird als bei bei den gewöhnlichen Conſtructionen. Die erſte Compound=Locomotive wurde im Jahre 1876 vom ſchweizeriſchen Ingenieur Mallet conſtruirt und nachmals durch den deutſchen Ingenieur v. Borries verbeſſert (vgl. S. 32). Mallet und Brunner geſtalteten alsdann die Conſtruction vermittelſt des ſogenannten »Duplexſyſtems« noch weiter aus.

Was ſchließlich die mit der Zeit platzgegriffene Steigerung des Totalgewichtes der Locomotiven anbelangt, wolle man das auf Seite 35 mitgetheilte nachleſen.

Das Princip der Duplex-Compound-Locomotiven beruht auf der Anwendung von zwei unter einem Kessel angeordneten Zwillingsdampfmaschinen,
— einer Hoch- und einer Niederdruckmaschine, von denen erstere mit frischem
Kesseldampf, die andere mit Abdampf aus den Hochdruckcylindern arbeitet. Das
Hochdruckmaschinensystem steht mit dem Kessel in fester Verbindung, während die
nach vorne liegende Niederdruckmaschine, auf welcher der Kessel nur lose aufruht,
mit ersterer durch ein Charnier verbunden und deshalb horizontal drehbar ist,
wodurch eine gewisse Curvenbeweglichkeit erreicht wird. Der durch die zwei Ma-
schinensysteme geleisteten großen Zugkraft steht ein verhältnißmäßig leichter Bahn-
oberbau gegenüber, weil durch die Trennung des Motors in zwei Systeme doppelt
so viel Triebräder vorhanden sind. Die bei gewöhnlichen zweicylindrigen Compound-
Locomotiven vorkommenden Anfahrschwierigkeiten bestehen für die Duplex-Locomotiven

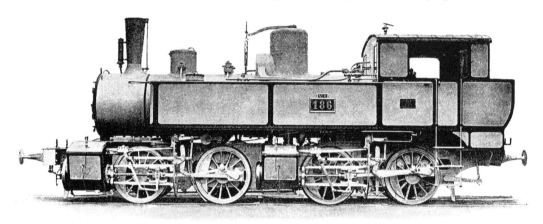

Duplex-Compound-Güterzuglocomotive. (Effective Dampfspannung 12 Atmosphären; totale Heizfläche
116·4 Quadratmeter, Dienstgewicht 59·5 Tons.)
(Nach einer Photographie des Constructeurs: J. A. Maffei, München.)

nicht. In Folge des Compoundsystems arbeitet die Locomotive ökonomisch, vermöge der auf beiden Maschinenseiten symmetrischen Cylinderanordnung rechts und
links mit gleicher Kraft und ruhig, und endlich in Folge der bei großem Radstand im verticalen Sinne steifen Rahmen stabil in der Längsrichtung.

Um auch die mitzuführenden Vorräthe für Adhäsionszwecke nutzbar zu
machen, werden die Duplex-Locomotiven in der Regel als Tendermaschinen gebaut
und haben sich in dieser Form für große und kleine Zugkräfte sehr gut bewährt.
Wenn große Vorräthe mitzuführen sind, können auch separate Tender angehängt
werden. Die beiden Maschinengruppen haben außenliegende und meistens horizontal gelagerte Cylinder, sowie außenliegende Steuerung mit festliegender
Coulisse. Beide Maschinengruppen haben in der Regel die gleiche Anzahl mit
einander gekuppelter Achsen, und zwar entweder $2 \times 2 = 4$, oder $2 \times 3 = 6$
gekuppelte Achsen. Auf Seite 31 ist eine Locomotive letzterer Art, hier vorstehend eine ersterer Art abgebildet. Beide Maschinengruppen arbeiten mit an-

nähernd gleichen Zugkräften und sind deshalb die Abmessungen der doppelt vor=
handenen Maschinenorgane — mit Ausnahme der Dampfcylinder — die gleichen,
wodurch Ueberwachung und Instandhaltung derselben erleichtert wird.

Da das hintere oder Hochdruckmaschinengestell gegen den Kessel nicht drehbar
ist, so erfolgt die Zuleitung frischen Kesseldampfes nach den Hochdruckcylindern —
wie bei gewöhnlichen Locomotiven — durch feste Dampfleitungen. Das vordere
oder Niederdruckmaschinengestell ist dagegen in einem starken verticalen Doppel=
charnier, welches eine Drehung im horizontalen Sinne gestattet, an das Hinter=
gestell gehängt und geht deshalb der Dampf von den Hoch= nach den Niederdruck=
cylindern durch ein horizontal bewegliches Rohr — den sogenannten Recciver —,
welches nicht schwer dicht zu halten ist, weil die Dampfspannung in demselben
4 bis 5 Atmosphären nicht überschreitet. Außerdem führt eine bewegliche Abdampf=
leitung von den Niederdruckcylindern nach dem Blasrohr, deren Dichthalten bis
höchstens $^1/_2$ Atmosphäre Ueberdruck keine Schwierigkeiten bietet.

Der Rahmen des mit der Feuerbüchse fest verbundenen hinteren Maschinen=
gestells überragt das Vordergestell, indem derselbe nach oben abgeköpft ist, und
trägt auch den cylindrischen Kesseltheil, so wie die seitlichen Wasserkasten. Mittelst
geeigneter Gleitbacken ruht dieser Hauptrahmen auf dem Vordergestell, welches sich
somit unter dem vorderen Kesselende hin= und herbewegen kann. Um eine allzu
große Beweglichkeit dieses Gestells zu verhindern und dasselbe nach dem Curven=
durchgang in die Gerade zurückzuführen, sind entsprechende Spannfedern angeordnet,
welche gegen einen unterhalb der Rauchkammer befestigten Support drücken. Beide
Maschinengestelle haben innenliegende Rahmen und die Tragfedern sind durch
Balanciers verbunden. Die Schiebersteuerungen der zwei Maschinen sind in allen
Theilen ganz identisch construirt. Das Querschnittsverhältniß der beiden Cylinder
ist so gewählt, daß diese gleiche Füllung erhalten, und erfolgt demnach die Um=
steuerung — wie bei gewöhnlichen Locomotiven — von einer einzigen Steuer=
schraube aus, welche zunächst auf den Steuerhebel des hinteren festen Maschinen=
gestelles wirkt; von da aus erfolgt die Uebertragung auf das vordere drehbare
Maschinengestell mittelst Zwischenhebel und Charnierstange.

Beim Anfahren arbeitet die Locomotive zuerst nur mit den beiden Hochdruck=
cylindern; der Abdampf fällt alsdann auf den Recciver und übt Gegendruck auf
die Hochdruckkolben, sowie gleichzeitig directen Druck auf die Niederdruckkolben
aus. Genügt der erstgeleistete Druck auf die Hochdruckkolben nicht, so kann
durch Oeffnen eines Hilfshahnes frischer Kesseldampf direct nach den Niederdruck=
cylindern geführt werden, wodurch die Locomotive mit voller Zugkraft arbeitet.
Wenn gewünscht, kann die Bewegung dieses Hilfshahnes mit der Umsteuerung
zwangläufig verbunden werden.

Die Vorzüge der Duplex=Compound=Locomotiven, insbesondere deren große
ökonomische Zugkraftleistung und freie Curvenbeweglichkeit kommen in erster Linie
beim Betriebe von Bahnen mit starken Steigungen und kleinen Krümmungen —

also von Gebirgsbahnen — zur Geltung. Aber auch für Bahnen des Flachlandes
mit großem Güter= oder gemischtem Verkehr können Duplex=Locomotiven zweckmäßig
an Stelle der üblichen doppelten Vorspannmaschinen treten, während für Klein=
bahnen mit leichtem Oberbau solche Locomotiven, welche billigste Anlage und
sparsamen Betrieb ermöglichen, besonders geeignet scheinen.

Im Vergleiche mit gewöhnlichen, gleich schweren Maschinen — mit und ohne
Tender — wurde von der Duplex=Locomotive (Maffei'scher Construction) bei gleicher
Leistung eine Kohlenersparniß von 15 bis 22 Procent erzielt. Die Abnützung der
einzelnen Theile, beziehungsweise die Reparaturkosten, gestalten sich für die Duplex=

Vierchlindrige Compound=Schnellzug=Locomotive der Französischen Nordbahn.
(Nach einer Photographie der Constructeurs: Elsässische Maschinenbau=Gesellschaft, Mülhausen.)

maschine schon aus dem Grunde günstiger, weil jede einzelne Maschinengruppe der=
selben blos die halbe Arbeit einer zweicylindrigen gewöhnlichen Maschine von
gleicher Zugkraft zu leisten hat.

Eine eigenartige Anordnung des Compoundsystems zeigt die hier abgebildete
Locomotive der Französischen Nordbahn, deren erste im Jahre 1886 von der
»Elsässischen Maschinenbaugesellschaft« in Mülhausen gebaut wurde. Diese Maschine
befördert auf andauernden Steigungen von 8%/₀₀ einen Zug von 140 Tons, be=
ziehungsweise 220 Tons mit Einbeziehung des Gewichtes der Locomotive und des
Tenders, und zwar mit der Geschwindigkeit von 70 Kilometer in der Stunde, auf
andauernden Steigungen von 5%/₀₀ einen Zug von 225 Tons (beziehungsweise
305 Tons) mit einer Geschwindigkeit von 75 Kilometer, und in freier Ebene

210 Tons (beziehungsweise 290 Tons) mit einer Geschwindigkeit von 90 Kilo=
meter pro Stunde. Die mit dieser Maschine erzielte Kohlenersparniß beträgt circa
15 Procent.

Die Eigenart der Construction besteht in der Vertheilung der Bewegungs=
arbeit auf zwei Achsen. Die beiden Hochdruckcylinder treiben die hintere Achse an,
die 2 Niederdruckcylinder die mittlere; die Kuppelung der Achsen ist nur deshalb
bewirkt, um die günstige Position der hin= und hergehenden Massen zu sichern.
Eine entsprechende Einrichtung ermöglicht es dem Maschinisten durch einfaches

Tandem=Compound=Eilzugmaschine. (Effectiver Dampfdruck 13 Atmosphären; totale Heizfläche
134·6 Quadratmeter; Dienstgewicht 54·4 Tons.)
(Nach einer Photographie des Constructeurs: Locomotivfabrik der ungarischen Staatsbahnen, Budapest.)

Bewegen eines Handgriffes, beide Cylinderpaare mit directem Kesseldampf zu
speisen und directen Auspuff zu erzielen, wodurch eine äußerst rasche Ingangsetzung
erreicht wird. Schon am Ende des zweiten Kilometers kann die Fahrgeschwindig=
keit von 65 Kilometer pro Stunde erreicht werden. Das ist entschieden ein sehr
bemerkenswerther Vorzug dieser Construction. Außerdem hat es sich gezeigt, daß
trotz der anscheinend mit diesen Maschinen verbundenen Complication die Unter=
haltungskosten denjenigen der gewöhnlichen Locomotiven gleich, unter besonders
günstigen Umständen aber sogar noch geringer sind. Schließlich mag hervorgehoben
werden, daß die Vertheilung der Bewegungsarbeit auf zwei Achsen den Theilen
des Mechanismus sehr reichlich bemessene Reibungsflächen bietet.

Die hier abgebildete Tandem=Compound=Eilzugslocomotive — gebaut in der Werkstätte der kgl. ungarischen Staatsbahnen — steht der vorbeschriebenen Type ebenbürtig zur Seite. Die Maschine fördert in freier Ebene Züge von 200 Tons mit einer Geschwindigkeit von 80 Kilometer in der Stunde, auf Steigungen von 7 %₀ mit 60 Kilometer pro Stunde. Diese bedeutende Leistung wird einerseits durch den für minderwerthige Kohlensorten mit einer Rostfläche von 3 Quadratmeter construirten Kessel mit 13 Atmosphären Ueberdruck, anderseits durch Anwendung des Tandem=Verbundsystems der beiderseits symmetrisch angeordneten Dampfmaschinen erzielt. Das Truckgestell verleiht dieser Maschine einen sehr ruhigen, gleichmäßigen Gang, wodurch gleichzeitig der Oberbau geschont wird.

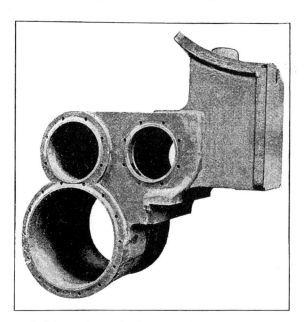

Cylinderanordnung bei Vauclain's Verbund=Locomotive.

Verhältnißmäßig spät haben die Verbund=Locomotiven in Amerika Eingang gefunden, indem die erste Maschine dieser Art erst 1889 von England aus dorthin importirt wurde. Die amerikanischen Ingenieure konnten sich indes mit dem Detail der Construction nicht befreunden, was man bei dem ganz eigenartigen Locomotivenbau in den Vereinigten Staaten ohne weiteres begreift. In der That kam alsbald eine neue Construction zu Stande — jene Vauclains — und die berühmte Baldwin'sche Locomotivfabrik in Philadelphia brachte sie zur Ausführung.

Der Verfasser verdankt dem freundlichen Entgegenkommen des genannten Etablissements eine große Zahl von bildlichen Darstellungen des Systems, beziehungsweise der Anordnung der constructiven Theile, sowie zahlreiche Photographien von ausgeführten Locomotiven. Dieselben haben vier Dampfcylinder, zu jeder Seite einen größeren und einen kleineren, deren Volumverhältniß sich nahezu wie 3 : 1 stellt. Beide Cylinder sind mit dem Schiebergehäuse und dem Sattel aus einem Stück gegossen; sie liegen in einer verticalen Ebene so dicht übereinander, als dies mit Rücksicht auf eine genügende Stärke der Zwischenwand überhaupt möglich ist. Wenn es der Durchmesser der Treibräder und die Maschinentype überhaupt gestatten, wird der kleinere (der Hochdruckcylinder) über dem größeren angeordnet, wie dies nebenstehend abgebildet ist. Wenn aber die Räder einen kleinen Durchmesser haben (bei den Lastzugsmaschinen), liegt der größere Cylinder über dem kleineren.

Das Schiebergehäuſe hat bei Vauclain's Conſtruction ſeinen Platz in dem Sattelſtücke zwiſchen dem Keſſel und den Cylindern; da aber ſeine Innenwand nicht mit jener glatten Fläche ausgeführt werden kann, welche zur leichten Be= wegung des Schiebers nothwendig iſt, wird es mit einem entſprechend durch=

brochenen, cylinderförmi= gen Lager ausgefüttert. Der Schieber iſt als Ventilkolben conſtruirt; er beſteht eigentlich aus vier Kolben, von denen jeder wieder zwei Ringe zur Dichtung beſitzt. Die beiden äußeren Ringe ergeben die Dampfzu= ſtrömung und die Dampf=

Schieber bei Vauclain's Verbund=Locomotive.

abſtrömung bei dem Hochdruckcylinder, während den inneren Ringen dieſe Aufgabe bezüglich des Niederdruckcylinders zufällt. Zum Anfahren kann auch dem Nieder=

Die Maſchine der Verbund=Locomotive Vauclain's.

druckcylinder friſcher Dampf gegeben werden; der Führer braucht nur einen Hahn zu öffnen, der in die entſprechende Verbindung eingelegt iſt. Vauclain hat alſo von der Selbſtthätigkeit dieſer wichtigen Vorrichtung abgeſehen; ob dies für die Dauer ſich bewährt, iſt abzuwarten. Die Wirkungsweiſe der Kolbenſtangen iſt aus vorſtehender Abbildung zu erſehen. Die beiden Stangen greifen an einem ſenk= rechten Querſtücke des Kreuzkopfes an. Bei ungleicher Kraftleiſtung beider Kolben

wird der Kreuzkopf in einer Weiſe beanſprucht, die etwas bedenklich erſcheint. (Eine
Abbildung der Vauclain'ſchen Verbund=Locomotive befindet ſich auf Seite 32.)

Der deutſche und öſterreichiſche Locomotivbau zeigt eine außerordentlich große
Verſchiedenheit der Typen; ſelbſt ein und daſſelbe Etabliſſement arbeitet nach
mehreren Modellen, welche durch die im Laufe der Zeit ſich ergebenden Neuerungen
eher vermehrt als vermindert werden. Größere Uniformität zeigen die belgiſchen,
franzöſiſchen und engliſchen Locomotiven mit charakteriſtiſcher Ausprägung
der ihnen eigenthümlichen äußeren Erſcheinung. Die hier abgebildeten Locomotiven

Eilzug=Locomotive der belgiſchen Staatsbahnen. (Totale Heizfläche 130 Quadratmeter; Dienſtgewicht
49 Tons.)

(Nach einer Photographie des Conſtructeurs: John Cockerill in Seraing.)

zeigen dies in ſehr deutlicher Weiſe. An den belgiſchen Maſchinen (hervorgegangen
aus den berühmten Werkſtätten vormals John Cockwill in Seraing) ſind als be=
ſonders charakteriſtiſch hervorzuheben: der vielfach in Anwendung ſtehende Schlot
mit viereckigem Querſchnitt, die Durchſichtigkeit des Lauf= und Treibwerkes, und
die ſchweren, eigenthümlich geformten Rahmen.

In Frankreich, welches faſt gar keine Gebirgsbahnen hat, überwiegen die
gekuppelten Zweiachſer; als Schnellzugs=Locomotive erhält ſich die Type »Crampton«
mit den großen Treibrädern. Ihr gewöhnlicher Durchmeſſer beträgt zwiſchen 2 und
2·3 Meter. Die gekuppelten Treibräder befinden ſich bald vorn, bald hinten; im
erſteren Falle iſt hinten eine Lauferachſe eingelegt, im letzteren vorne ein zwei=
achſiger Drehſchemmel. Die zweite Type führt allgemein die Bezeichnung »Ma-

chine outrance«. Bei mehreren Bahnen, insbesondere bei der Orleanbahn, sind bewegliche Achsen, zum Theil nach amerikanischem System eingeführt. Der totale Radstand beträgt meist über 5 Meter; die größte Länge der Maschinen beträgt 8·5 Meter, ausnahmsweise bis 9·2 Meter. Die Cylinder liegen größtentheils außerhalb, vielfach jedoch auch innerhalb und ist man in Fachkreisen nicht einig, welche Anordnung den Vorzug verdient. Bekanntlich verleiht das System der inneren liegenden Cylinder der Locomotive mehr Halt und es vermindert insbesondere die Unruhe der hin= und hergehenden Massen. Anderntheils aber sind hierselbst etwaige Reparaturen sehr erschwert, abgesehen von den abweichenden Constructionen der Räder und Achsen.

Schnellzug=Locomotive der Französischen Ostbahn. (Effective Dampfspannung 10 Atmosphären; totale Heizfläche 93·6 Quadratmeter; Dienstgewicht 42 Tons.)

(Nach einer Photographie des Constructeurs: Locomotivfabrik vorm. G. Sigl, Wr.=Neustadt.)

Die Regulirung des Ganges der Maschine erfolgt durch Schrauben an Stelle des üblichen, schwer zu handhabenden Hebels. Bei den Locomotiven der Lyoner Bahn tritt noch ein Dampfgegengewicht hinzu. Die Lage der Cylinder ist in der Regel horizontal und sie tragen ihre Schieber an der oberen Seite. Die Kolben sind nach dem sogenannten »schwedischen System« und mit zwei eisernen Ringen umgeben. Zuweilen sind sie behufs Verminderung der Reibung aus Bronze, desgleichen die Backen der Schieberstange. Die Längenachse des Kessels liegt meist 2·1 Meter über den Schienen. Der Rost ist bei den Maschinen der Nord=, der Ost= und der Lyonerbahn lang und nach vorne geneigt, die Stäbe sind dünn, eng nebeneinander liegend, um auch feinen Kohlen das Durchfallen zu verwehren. Die Maschinen der Lyoner Bahn verfeuern Briquetts, und zwar mit ausgezeichnetem Erfolge. Durch das neue System der engen Roste hat man eine niedrige Lage der Decke der Feuerbüchse und damit einen wirksamen Heizeffect erzielt.

Allerdings erwies sich hierbei die Nothwendigkeit, den Heizraum entsprechend zu verlängern.

Die Kessel bieten nichts Bemerkenswerthes. Sie sind sämmtlich mit Domen versehen. Die Dampfspannung beträgt in der Regel 10 Atmosphären, doch geht man allmählich auch zu höheren Spannungen über, wie solche in Deutschland, Oesterreich-Ungarn und anderwärts bereits seit einiger Zeit Anwendung finden. Die Speisung der Kessel erfolgt fast nur mehr durch Injectoren, und zwar giebt es Maschinen mit einem und solche mit zwei Injectoren; die Orleanbahn hat bei ihren Maschinen neben dem Injector auch die Pumpe beibehalten.

Die englischen Locomotiven sind schon äußerlich durch die Einfachheit der Construction, den Abgang des vielartigen Details und die gefällige Gesammt-

Englische Tenderlocomotive. (Dienstgewicht 52·3 Tons.)
(Nach einer Photographie des Constructurs: Sharp, Steward & Co. in Glasgow.)

anordnung auffällig. . . . Die Architektur und Formenschönheit der aus einer großen Fabrik oder Bahnwerkstätte stammenden englischen Locomotive ist — schreibt Ingenieur A. Brunner — einzig in ihrer Art und wird nicht einmal in Amerika erreicht, wo doch auch Großes in dieser Beziehung geleistet wird; allein die amerikanische Locomotive ist schon in der allgemeinen Anordnung zu unruhig angelegt und mit zu vielem Beiwerk ausgestattet, um eine einheitlich ästhetische Wirkung hervorbringen zu können. Die englische Locomotive zeigt vom Fußtritt bis zur Kaminkrone nur gerade, kreisförmige, oder parabolisch geschwungene Linien, und diese, in Verbindung mit sorgfältigster Vollendung und Malerei geben dem ganzen Werke einen Stil, der den Meister kennzeichnet. Die Ausführung der Locomotiven in der Fabrik wird von Seite der Bahngesellschaften stets durch einen besonderen Beamten, »Inspecting Engineer«, überwacht, welcher aber nicht blos die formellen Materialproben macht, sondern sich fortwährend auch im Zeichensaal und in den Werkstätten umsieht; für diesen wichtigen und gut besoldeten Posten wird auch nicht ein junger Akademiker, sondern ein »älterer, erfahrener Arbeiter oder Werkmeister gewählt«.

Zur Beurtheilung des englischen Locomotivbaues ist die Thatsache maß= gebend, daß beim Ueberwiegen des Schnellverkehrs sowohl im Personen= wie im Güterdienst und die Bewältigung des letzteren durch viele, aber nicht sehr schwere Züge, nothwendigerweise die Constructionsweise der Maschinen sich von selbst ergiebt. Schwere Güterzug=Locomotiven bilden eine seltene Ausnahme, dagegen sind mächtige Schnellzug=Locomotiven besonders charakteristisch. Die gewöhnliche Anordnung ist die einer freien Treibachse mit Rädern von außergewöhnlich großem Durchmesser (bis 2·5 Meter), einem vorderen zweiachsigen Drehgestell und einer hinteren festen Laufachse. Häufig kommen zwei gekuppelte Achsen vor. Die Cylinder liegen bald

Englische Tenderlocomotive. (Effective Dampfspannung 11 Atmosphären; totale Heizfläche 143·5 Quadrat= meter; Dienstgewicht 62·7 Tons.)
(Nach einer Photographie des Constructeurs: Dubs & Co. in Glasgow.)

außen, bald innen. Die Feuerbüchsen, in welchen die besten Steinkohlen auf mäßiger Rostfläche verbrannt werden, haben in der Regel eine große Tiefe, im Gegensatze zu den belgischen Locomotiven, welche meist mit Staubkohlen (»Menus«) geheizt werden, was eine dünne Kohlenschicht und demgemäß einen großen Rost bedingt.

Die Leistungsfähigkeit, die Uniformität und die tadellose Erscheinung der englischen Locomotiven entspringt, wie nicht anders zu denken, einem ausge= zeichneten, mit allen erdenklichen Hilfsmitteln ausgestatteten Werkstättenbetrieb. Da finden sich z. B. Werkzeugmaschinen, die auf dem Festlande kaum dem Namen nach bekannt sind: Vervielfältigungsmaschinen, welche die Wirkung einer Reihe von Werkzeugen derselben Gattung in sich vereinigen. Die Umbördelung der Kesselbleche, welche in der neuesten englischen Praxis mit Vorliebe aus weichem Siemens=Martinstahl gewählt werden, geschieht nicht mehr durch Klopfen mittelst Holzhämmer, sondern durch hydraulische Preßvorrichtungen. Alle Vernietungen

werden, wo dies nur immer angeht, mittelst Maschinen, und die Kesselwandungen
stets mit doppelter Laschennietung ausgeführt.

Eine Eigenthümlichkeit der schottischen Locomotivfabriken sind die Schleifereien,
in welchen auf riesigen Schleifsteinen verschiedene Bestandtheile der Locomotive
abgeschliffen werden. Damit wird die langsamere Arbeit der Hobel- und Stoß-
maschinen vielfach ersetzt, indem die Arbeiter eine solche Geschicklichkeit sich an-
eignen, daß sie gewisse Arbeiten genau nach dem Lineal ausführen können.

Eine Sonderstellung im Locomotivbau nehmen die Vereinigten Staaten
von Amerika ein. Es ist dies in der Eigenart des dortigen Eisenbahnwesens

Speisewassergraben auf amerikanischen Bahnen.

begründet. Zu rühmen ist vor Allem die große Gleichmäßigkeit in der Construction
und die allgemein streng beibehaltene, typisch gewordene Anordnung der Constructionstheile. Dadurch werden zum Voraus zwei große Vortheile gewonnen:
erstens die leichte und billige Herstellung der einzelnen Theile und der Montage
durch ein ausgezeichnet geschultes Personale, zweitens die genaue Kenntniß und
schnelle Vertrautheit des Führers mit jeder Maschine, welche ihm übergeben wird.
Dieser Grundzug im amerikanischen Locomotivbau hat daher Maschinen geschaffen,
welche nur wenigen unter sich sehr verwandten Typen angehören; er hat demgemäß auch zur Folge gehabt, daß sämmtliche Eisenbahngesellschaften nur eine
geringe Zahl von Locomotivtypen in ihrem regelmäßigen Betriebe verwenden.
Erst in allerjüngster Zeit machen sich Abweichungen von den bisherigen Typen

bemerklich; so ist der eigenthümlich geformte Schlot fast ganz verschwunden, bei schweren Zehnkupplern das vordere Truckgestell u. s. w.

Charakteristisch für die amerikanischen Locomotiven sind deren bedeutende Abmessungen, der große Radstand, insbesondere aber das mit einem Achsenpaare weit vorstehende Truckgestelle mit dem daran befestigten »Kuhfänger«, die bunte Bemalung und die große Durchsichtigkeit — wenn man sich so ausdrücken darf — der ganzen Construction. Fast alle Organe liegen unverhüllt vor dem Blicke und gestatten jederzeit und ohne Umständlichkeiten die Controle. Bei der starken

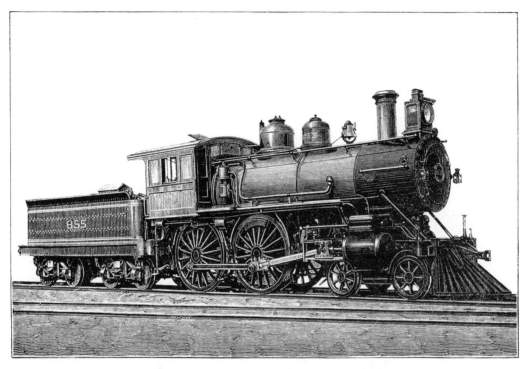

Nordamerikanische Locomotive. (Type: »American«.) — Dienstgewicht 49·9 Tons.
(Nach einer Photographie des Constructeurs — »Baldwin Locomotive Works« — in Philadelphia.)

Inanspruchnahme der Maschinen und der Nothwendigkeit guter Instandhaltung durch die Fahrmannschaft (an Stelle der Werkstättencontrole) ist diese Anordnung unbedingt ein Vortheil, wenn auch der Nachtheil starker Beeinflussung der Constructionstheile durch äußere Einflüsse nicht zu leugnen ist. Die amerikanische Locomotive ist in dieser Beziehung gerade das Gegentheil der englischen, bei der alles Detail den Blicken verborgen ist. Aeußerlich machen die amerikanischen Maschinen den Eindruck großer Stabilität. Der bedeutende Radstand sichert einen ruhigen Gang, was bei den europäischen Locomotiven mit ihren meist überhängenden Feuerbüchsen und Rauchkammern nicht immer der Fall ist. Der Führerstand ist, in Anbetracht der weiten Fahrten, außergewöhnlich comfortabel und können die Führer ihren Dienst sogar sitzend ausüben.

An den Tendern ist charakteristisch, daß die Federn des Truckgestells außerhalb der Räder liegen und mit ihren nach abwärts gekehrten Enden direct auf
den Achsbüchsen des Gestelles aufruhen. Je zwei auf einer Seite liegende Achsbüchsen eines Truckgestells sind durch einen schmiedeeisernen Rahmen und dieser
durch zwischen den beiden Achsen angebrachte Querbalken mit einander verbunden.
Hierdurch unterscheidet sich das Tendertruckgestelle wesentlich sowohl von jenem der
Locomotiven, als von jenem der Wagen. Im Allgemeinen sind die Tender größer
und schwerer als in Europa.

Nordamerikanische Locomotive. (Type »Mogul«.) Dienstgewicht 66·8 Tons.
(Nach einer Photographie des Constructeurs: »Baldwin Locomotive Works« in Philadelphia.)

Eine specifisch amerikanische Einrichtung, die beiläufig bemerkt auch in England Eingang gefunden hat, ist die Speisung des Tenders mit Wasser während
der Fahrt. Zu diesem Zwecke befinden sich auf vollkommen ebenen Strecken zwischen
den Schienen blecherne Rinnen von 400 bis 500 Meter Länge. In diese Rinnen
wird vor Eintreffen des Zuges Wasser eingelassen und der Tender schöpft dasselbe während der Fahrt über die Rinne, ohne Hinzuthun eines complicirten Mechanismus, ein. Wenn der Tender nämlich über den Anfang der Rinne, welcher
durch ein Signal kenntlich gemacht ist, weggefahren ist, senkt der Heizer eine am
Boden des Tenders heraustretende Knieröhre so tief, daß sie in die Wasserrinne
taucht, und hebt sie, bevor die Rinne passirt ist. In Folge der Geschwindigkeit
der Züge und der dem Rohre gegebenen Form steigt das Wasser durch dasselbe
auf und entleert sich in den Tender. . . . In einem Lande, in welchem die Zeit

einen so großen Werth hat, ist es erklärlich, daß man zu Vorkehrungen hinneigt, welche die mit der Wasser= und Kohlenversorgung verbundenen Manipulationen auf das thunlichste beschränken. Vermittelst kleiner Brücken, welche quer über einen Einschnitt der Bahn liegen, wird die Kohlenversorgung dadurch bewirkt, daß kleine »Hunde« mit ihrer Ladung zu den mit der Brücke verbundenen Schüttröhren gebracht und hier ihres Inhaltes entleert werden, indem der Tender unmittelbar unter den Schüttröhren Aufstellung nimmt.

Die amerikanischen Locomotiven lassen sich in wenige Haupttypen eintheilen, wobei die Bezeichnungen sich theils auf die Zahl der Kuppelachsen, theils auf die Anordnung des Trucks beziehen. Die ältere Type ist die »American Locomotive«

Nordamerikanischer Zehnkuppler. Dienstgewicht 68 Tons.
(Nach einer Photographie des Constructeurs: Rogers in Paterson, New=Jersey.)

mit zwei oder drei Kuppelachsen und einem vierräderigen Drehschemmel. Die Type »Mogul« zeigt drei Kuppelachsen, an Stelle des vierräderigen Trucks indes nur einen zweiräderigen, den sogenannten Ponnytruck. Es ist — gleich dem zweiachsigen Gestell — ein Schwingegestell, indem hier in gleicher Weise der gußeiserne Drehfuß des Gestells mittelst vier Hängeeisen an den starken schmiedeeisernen Quertraversen aufgehängt ist und so dem Gestelle eine seitliche und zugleich drehende Bewegung um den vor der ersten Achse liegenden verticalen Drehzapfen erlaubt. Sowohl das zweiachsige als das einachsige Gestell sind im Stande, durch ihre schwingende und drehende Bewegung sich allen vorkommenden Curven auf das Beste anzu= schmiegen und sie mit Sicherheit zu durchlaufen.

Die schwersten amerikanischen Locomotiven sind durch die Type »Consoli= dation« vertreten; sie zeigt vier Kuppelachsen und einen Ponnytruck. Bei Zehn= kupplern entfällt das einachsige Drehgestell und die Rauchkammer überhängt wie bei den europäischen Locomotiven. Die Anordnung der Tenderlocomotiven, welche sehr verbreitet sind, weicht von den herkömmlichen Constructionen insoferne ein wenig ab, indem die Vorräthe nicht in besonderen, an der Seite des Kessels und hinter dem Führerstande angebrachten Behältnissen untergebracht werden, sondern hierzu ein gewöhnlicher Schlepptender dient, der constructiv mit der Locomotive zu einem Ganzen vereinigt ist, also für die Adhäsion ausgenützt wird. Tender und Locomotive erhalten je ein zwei= oder dreiachsiges Truckgestell. Diese Maschinen sind sehr leistungsfähig, haben in Folge ihres großen totalen Radstandes einen sehr ruhigen Gang und vermöge der Anordnung zweier Trucks eine große Be= weglichkeit in den Curven. Neben dieser Type findet man auch abweichende Con= structionen, deren eine hierselbst abgebildet ist. Die Anordnung ist leicht zu ersehen und bedarf keiner Erläuterung.

Nordamerikanische Tenderlocomotive. Dienstgewicht 72·4 Tons.
(Nach einer Photographie des Constructeurs: Rogers in Paterson, New=Jersey.)

Bezüglich des allgemeinen Eindruckes, den die amerikanischen Locomotiven auf europäische Constructeure hervorbringen, ist wohl das Auffallendste die Construction des Rahmens, zu deren Motivirung man vergebens nach zwingenden Gründen sucht, so daß man sich nur wundern kann, wie denn eine so schwere und überaus theuere Construction eine so ausschließliche Anwendung finden konnte. Abgesehen von dem ungünstigen Profile eines so wichtigen Trägers und abgesehen von der theueren Herstellung, zeigt die Construction — wie Ingenieur A. v. Feyrer hervorhebt — den nicht unbedeutenden Nachtheil, den Platz zwischen den Rahmen, namentlich für die Breite der Feuerbüchse, noch mehr zu beengen, die Solidität durch Herstellung aus zwei zusammengeschraubten Stücken zu verringern und die Festigkeit durch eine ganz bedeutende Zahl von Schweißstellen zu beeinträchtigen. Maschineninspector J. Brosius constatirt indes, daß die Rahmen stark genug sind, gefällig aussehen und die Theile unter dem Kessel besser revidiren lassen.

Der Kessel der amerikanischen Locomotiven ist im Großen und Ganzen von der gleichen Anordnung, wie bei den europäischen Maschinen. Der Langkessel besteht aus drei Sätzen, welche je aus einem einzigen, häufig auch aus zwei Blechen gebildet werden. An diese Bleche setzen sich zwei nach der Feuerbüchse konisch sich erweiternde Bleche an, welche den Uebergang zur überhöhten Feuerbüchse bilden, wodurch das vordere Blech der Feuerbüchse nur eine Höhe bis zur Mitte des Kessels erfordert und billiger und solider, als bei Verlängerung bis zur Decke der Feuerbüchse, hergestellt werden kann. Die äußere Feuerbüchse schließlich wird gebildet aus einem halbkreisförmigen Deckblech, zwei Seitenblechen und der, mit der Feuerthür versehenen Rückwand. Durch diese Construction werden von der Circulation ausgeschlossene Dampfräume gänzlich vermieden und ist der Uebergang vom Langkessel zur Feuerbüchse ein sehr zweckmäßiger.

Die Feuerrohre sind aus Schmiedeeisen hergestellt und ist ihre Länge zwischen den Rohrplatten in Folge der sehr langen Feuerbüchse eine auffallend geringe, was von hohem Werthe ist. Wenn der Mantel abgeschrägt ist, hat der Dampfdom seinen Platz auf dem Langkessel vor der Feuerbüchse, sonst auf dieser. Manche Locomotiven haben zwei Dampfdome; der auf der Feuerbüchse dient alsdann nur als Dampfraum, wogegen der Regulator in dem vorderen seinen Platz hat. Der Sandkasten (von welchen mitunter zwei vorhanden sind) ist aus Gußeisen und im Aeußeren dem Dampfdome ähnlich.

Entsprechend den großen Feuerbüchsen sind auch die Rostflächen der amerikanischen Locomotiven durchwegs sehr große und fordert eine sehr gute Kohle. Bei Locomotiven, welche Anthrazitkohle — welche die meiste Luft zur Verbrennung braucht — feuern, wird der Rost von schmiedeeisernen Röhren gebildet, welche in den beiden Feuerbüchswänden (wie die Siederöhren in den Rohrwänden) befestigt sind und in welchen das Kesselwasser circulirt. Den Rohrmündungen gegenüber sind die Wände des Mantels durchbohrt und mit Kopfschrauben geschlossen. Durch diese Oeffnung erfolgt die Reinigung, Reparatur und Auswechslung der Roströhren. Zur Entfernung der Schlacke ist in der Mitte oder an mehreren Stellen statt des Rohres ein massiver runder Eisenstab eingeschoben, der vom Führerstande herauszuziehen und häufig derart angeordnet ist, daß er auch hin- und hergeschüttelt und zur Seite gedreht werden kann.

Die Rauchkammer ist stets cylindrisch und setzt sich meist als letzter Satz des Langkessels fort, oder sie ist außerhalb der Rohrplatte auf denselben aufgenietet. Mit ihrer unteren Basis sitzt sie auf den Cylindern, deren Ein- und Ausströmungscanäle, in einem Stücke mit den Cylindern gegossen, bis in die Mitte der Locomotive reichen, wo sie gegen einander verschraubt sind. Der cylindrische Schornstein ist gewöhnlich mit einem sehr auffällig profilirten Funkenfänger versehen, doch zeigen die neuesten Locomotiven eine Form des Schornsteines, welche demjenigen europäischer Locomotiven durchaus gleicht. Die Baldwin'schen Maschinen haben in der Essenmündung ein trichterförmig über der Dampfausströmung angebrachtes Drahtsieb, wodurch der Schornstein einfach cylindrisch bis an sein Ende geführt werden kann. Den vorderen Verschluß der Rauchkammer bildet ein gußeiserner Rahmen, auf welchem sich eine stark ausgebauchte kreisförmige Thür befindet.

Der Regulatorhebel wird horizontal dirigirt und befindet sich an der vorderen Feuerbüchsenwand. Auf dem Dampfdome befinden sich stets zwei Sicherheitsventile, von denen das eine durch Federwerke im Führerstande beliebig belastet werden kann, während das zweite, welches auf 9—12 Atmosphären gestellt ist, dem Führer unzugänglich ist. Die Speisung des Kessels erfolgt meistens durch Speisepumpen, doch finden die Injectoren immer mehr Eingang. Die Dampfpfeife, von der übrigens sehr mäßiger Gebrauch gemacht wird, hat einen tieferen Ton als bei uns. Die für die amerikanischen Locomotiven charakteristische Alarm= oder Signalglocke hängt in einer auf dem Langkessel befestigten Gabel und wird durch den Heizer mittelst einer Leine, seltener durch einen mittelst Dampf betriebenen Mechanismus in Bewegung gesetzt.

Der Führerstand — von dessen bequemer Einrichtung bereits flüchtig Erwähnung geschah — ist ganz verschieden von denen auf europäischen Locomotiven. Er ist ganz in sich geschlossen und bildet einen förmlichen kleinen Wohnraum. Selbst der gepolsterte Sitz mit Rücklehne fehlt nicht. An den Wänden der Cabine sieht man Bilder in Rahmen, Fahrpläne, Instructionen u. dgl. Das Fahrpersonale, welches fast nie gewechselt wird, versteht es auch sonst, sich seinen Aufenthalt behaglich zu gestalten. Der Führerstand liegt ziemlich hoch, so daß der Heizer eine Stufe herabsteigen muß, wenn er feuern will. Durch diese Anordnung ist übrigens der Führer nicht in der Lage, die Feuerung zu übersehen. In der Vorderwand der Cabine befindet sich auf jeder Seite eine Thür, welche auf die zur Seite des Kessels laufende Plattform führt.

Bezüglich des Treib= und Laufwerkes amerikanischer Locomotiven sind verschiedene Eigenthümlichkeiten hervorzuheben. Die Dampfcylinder sind oft zu beiden Seiten symmetrisch, in welchem Falle sie durch ein Gußstück verbunden sind. Dieses sehr kräftig gehaltene Mittelstück enthält die eingegossenen Dampfröhren von der Rauchkammer bis zum Cylinder; es bildet die Unterstützung mit der Rauchkammer, mit welcher es verschraubt ist, und außerdem hat es am unteren Ende den hohlen Spurzapfen, welcher sich auf die Spurplatte des Truckgestelles legt. Uebrigens giebt es auch abweichende Constructionen, z. B. daß je ein Cylinder mit seinen Dampf=Ein= und Ausströmungsröhren zu einem Stück gegossen ist und diese beiden Gußstücke in der Längenachse der Locomotive zusammenstoßen und gegenseitig verschraubt sind. Dagegen ist der Schieberkasten nicht aus einem Stück mit dem Cylinder hergestellt, kann also im Falle einer Untersuchung abgenommen werden. Die Dampfkolben sind gewöhnlich aus Gußeisen mit Federn zum Spannen der Ringe versehen, oder es wird der Dampf selbst benützt, die Ringe gegen die Cylinder zu pressen. Die Kolbenstangen werden aus Schmiedeeisen oder Stahl erzeugt. Die Führung des Kreuzkopfes geschieht auf verschiedene Art, entweder durch vier Lineale zu beiden Seiten des Kreuzkopfes, oder durch zwei Lineale ober=

und unterhalb desselben, oder endlich durch einen starken Balken, an welchem der Kreuzkopf hängt. Die Führungslineale sind gewöhnlich aus Stahl und in kräftigen Dimensionen erzeugt. Die Pleuel= und Kuppelstangen sind durchwegs in sehr starken Dimensionen aus Schmiedeeisen erzeugt und sind entweder ausgehobelt oder nicht. Die Köpfe sind meist offen, mit schweren eckigen Kappen versehen, die breiten Messingbüchsen mit einem oder zwei Keilen nachstellbar. Kurbel= und Kuppel= stangen sind nicht immer polirt, sondern vielfach nur mit dicker Oelfarbe an= gestrichen.

Die Steuerung ist, vereinzelte Ausnahmen abgerechnet, die Stephenson'sche Coulissensteuerung. Die Excentrics und Coulissen des Rahmens liegen unter dem Kessel. Da nun die Schieber außerhalb liegen, so findet eine Uebersetzung der Be= wegung mittelst einer zweiarmigen Kurbelwelle statt, wobei die Schieberkurbel an die lange Schieberstange angreift. Diese ist nicht gelenkig, muß sich also um den Ausschlag der Kurbel biegen. Jede Coulisse hängt nur an einem Hängeeisen. Die zur Ausgleichung des Gewichtes der Excenterstangen und Coulissen üblichen Gegen= gewichte sind durch Federn ersetzt.

Was schließlich die Räder und Achsen betrifft, so werden die letzteren jetzt bereits vielfach aus Bessemerstahl erzeugt, gegen den man bislang ein schwer zu bekämpfendes Vorurtheil hatte. Die Treibräder sind ausnahmslos Speichenräder, jene der zweiachsigen Trucks nicht immer, während die Räder des Ponytrucks immer Vollguß sind. Die Anordnung der Type ist derjenigen bei europäischen Rädern gleich. Die Truckräder haben nur zuweilen, die Tenderräder niemals Bandagen. Da die Beweglichkeit des Gestelles nur bei Laufräder rationell ausgenützt werden kann, bei dem großen totalen Radstande der Acht= und Zehnkuppler aber das Durchfahren der Curven bedenklich wäre, findet hier ein Constructionsmodus An= wendung, der überall sonst verpönt ist. Man stellt nämlich die Räder der mittleren Achsen ohne Spurkranz her, um den zu großen seitlichen Druck auf die Schienen zu vermeiden. Versuche mit Rädern aus elastischem Material (ja selbst aus Papier= masse), wie solche von Grigg, Atwood, Radin u. A. angestellt wurden, haben sich nicht bewährt. Eine Locomotive ist eben ein so schwerer Mechanismus, daß nur das stärkste zur Anwendung kommende Material die Bürgschaft für volle Sicherheit zu bieten vermag.

Die Locomotiven, die wir vorstehend kennen gelernt haben, stellen einen Fahr= apparat vor, welcher sich derart in unsere Vorstellung eingelebt hat, daß wir mit dem Begriffe einer »Locomotive« immer die Anwesenheit eines Feuerherdes ver= binden, von welchem heiße Gase ausgehen, um ihre Wärme dem Wasser mitzu= theilen und dieses in Dampf zu verwandeln. Es giebt aber — wie Jeder weiß — Locomotiven, bei denen dies nicht zutrifft, indem sie des Wasserdampfes als motorische Kraft entweder ganz entbehren, oder ihn ohne Feuerherd entwickeln. Zu den ersteren zählen die pneumatischen und elektrischen Locomotiven, zu den letzteren die Heißwasserlocomotive und die Natronlocomotive.

Die beigegebene Abbildung veranschaulicht eine durch comprimirte Luft
getriebene Locomotive, wie solche versuchsweise vor einiger Zeit auf einer
französischen Localbahn in Verwendung gekommen sind. Die motorische Kraft wird
dadurch erzeugt, daß eine Dampfmaschine von 80 Pferdekräften die Luft in die
vier Stahlblechkessel, welche hier an Stelle des gewöhnlichen Wasserkessels treten,
mit einem Ueberdruck von 30 Atmosphären comprimirt wird. Die Maschine unter=
scheidet sich principiell in nichts von der einer gewöhnlichen Locomotive, indem
der Bewegungsapparat ganz so wie bei dieser functionirt. Die Locomotive hat
zwei Kuppelachsen und eine Laufachse. Zur Regulirung des Luftdruckes ist eine

Durch comprimirte Luft getriebene Locomotive.

entsprechende Vorrichtung vorhanden. Eine automatische Luftbremse (neben einer
Handbremse) tritt in Wirksamkeit, sobald der Regulator geschlossen wird, wodurch
der Wagen fast augenblicklich zum Stillstand kommt. Mit einer einmaligen Luft=
füllung legt eine solche Locomotive einen Weg von circa 15 Kilometer zurück,
wobei am Endpunkte der Fahrt der Ueberdruck der comprimirten Luft auf
12 Atmosphären herabgesunken ist. Die Füllung bis zu dem nothwendigen Ueber=
druck muß dann neuerdings erfolgen.

Bezüglich der Ausnützung der elektrischen Kraft zur Fortbewegung
von Eisenbahnfahrzeugen haben wir hier nur solche im Auge, welche that=
sächlich als Locomotiven functioniren, also nicht die selbstständig mit Motoren aus=
gerüsteten Personenwagen. Solche elektrische Locomotiven haben den Vortheil

größerer Leiſtungsfähigkeit für ſich, indem der Motor weit größer hergeſtellt werden kann, als es bei den Wagen der im beſchränkten Maße vorhandene Raum geſtattet.

Die elektriſche Locomotive iſt nicht ſo jungen Datums als man meinen möchte. Gleich nach Erfindung der elektro-magnetiſchen Maſchinen bauten Stratingh und Becker in Gröningen (1835) und Botto in Turin (1836) ein elektromag-netiſches Fahrzeug. Im Jahre 1842 wurde auf die Edinbourgh-Glasgower Bahn ein Verſuch mit einer elektromagnetiſchen Locomotive von Davidson ausgeführt. Die Geſchwindigkeit betrug vier Meilen in der Stunde, die bewegte Laſt betrug ſechs Tons. Im Jahre 1851 machte Dr. Page mit einer elektriſchen Locomotive eine Probefahrt zwiſchen Waſhington und Bladensburg. Auch ſonſt ſind ſchon vor

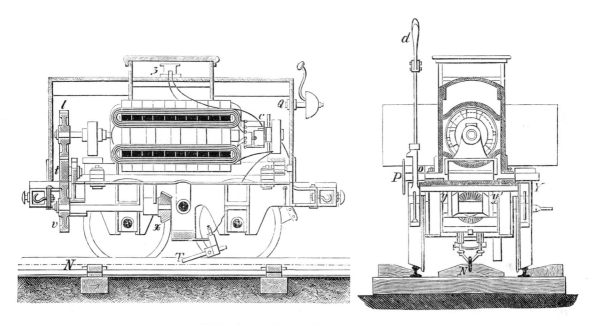

Elektro-Locomotive von Siemens & Halske.

Jahrzehnten mancherlei Verſuche angeſtellt worden, die elektromagnetiſche Kraft als Zugkraft zu verwerthen.

Während bei dieſen Verſuchen meiſt die galvaniſche Batterie auf der Loco-motive ſelbſt untergebracht war, tritt der Gedanke, die Batterie bleibend an einem Orte der Bahn aufzuſtellen und dem Fahrzeuge den Strom durch iſolirte, zwiſchen den Schienen liegende Zuleitungsdrähte zuzuführen, zum erſtenmale im Jahre 1865 in einem von L. Bellot conſtruirten Modell zu Tage. Aber erſt 1875 gelang es Siemens und Halske, eine praktiſch verwerthbare Conſtruction zu erſinnen und in dieſem Jahre wurde dann auch die erſte elektriſche Bahn gelegentlich der Berliner Gewerbe-Ausſtellung in Betrieb geſetzt. Es war freilich nur ein Verſuchsobject: ein etwa 300 Meter langer, oval in ſich ſelbſt geſchloſſener Schienenweg, auf welchem ein Wagen, der die Form einer Doppelbank (Lehne gegen Lehne) hatte,

von einer elektrischen Locomotive fortgezogen wurde. Diese letztere bestand aus einem
vierräderigen Wagengestelle, auf welchem ein Elektromotor derart angebracht war,
daß die Rotationswelle parallel zu den Schienen lag. Die Rotation übertrugen
die Zahnräder l, t, v und x (in Abbildung auf Seite 299) auf die Räder der
kleinen Locomotive. Der auf der letzteren angebrachten secundären Maschine wurde
der Strom der primären Maschinen durch die Eisenschiene N zugeführt, welche,
von der Erde isolirt und auf Holzunterlagen befestigt, in der Mitte der bei den
Eisenbahnschienen diese in ihrer
ganzen Länge begleitete.

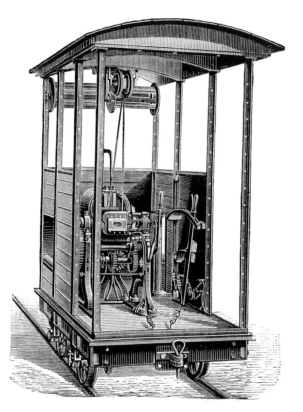

Elektrische Locomotive.

Der Erfolg dieser Con=
struction führte alsbald zu anderen
Versuchen, die sich allenthalben be=
währten, so daß heute die Zahl
der elektrischen Eisenbahnen bereits
eine sehr ansehnliche ist. Ins=
besondere in Nordamerika hat
dieser Zweig des technischen Ver=
kehrswesens große Fortschritte ge=
macht. Da wir aber dem Straßen=
bahnwesen in einem besonderen
Abschnitte eingehende Behandlung
zu Theil werden lassen, beschränken
wir uns hier auf jene Art von
elektrischen Eisenbahnen, bei wel=
chen die Locomotive ihre mo=
torische Kraft nicht zugeleitet er=
hält, sondern mit sich führt.
Man erreichte dieses Ziel zunächst
mit Hilfe der sogenannten Accumu=
latoren, d. h. in welchen die mo=

torische Kraft aufgespeichert wird. Für praktische Zwecke erfolgt das »Laden« der
Accumulatoren durch Maschinen; es können aber auch galvanische Elemente oder
Thermosäulen benützt werden.

Die vorstehende Abbildung veranschaulicht eine elektrische Locomotive, die
in der großen Bleicherei zu Breuil en Auge (Calvados) zur Anwendung kam.
Sie besteht aus einem Wagen, auf welchem eine Siemens'sche Maschine aufgestellt
ist, die ihre Bewegungen durch die Ströme der Accumulatoren erhält und entweder
auf die Räder der Locomotive oder die Rollen und Walzen überträgt, welche das
Einziehen der Leinwand zu besorgen haben. Die auf der rechten Seite der Ab=
bildung sichtbaren Hebel dienen dazu, diese verschiedenen Bewegungen einzuleiten.
Mit ihrer Hilfe kann die Locomotive in schnelleren oder langsameren Gang versetzt

oder unter Mitwirkung einer Bremse zum Stillstand gebracht werden. Die Um=
stellung eines Hebels gestattet auch, die Bewegung der Siemens'schen Maschine je
nach Bedarf entweder auf die Räder der Locomotive oder die Einziehvorrichtung zu
übertragen. Die Locomotive hat ein Gewicht von 935 Kilogramm und zieht nebst
dem Batteriewagen im Gewichte von 700 Kilogramm sechs Waggons, deren jeder
beladen 800 Kilogramm wiegt, also eine Gesammtlast von etwa 6·4 Tons. Die
erreichbare Geschwindigkeit bei voller Last ist 12 Kilometer pro Stunde.

Es leuchtet ein, daß eine durch Accumulatoren betriebene elektrische Loco=
motive von der Leistungsfähigkeit der ersteren abhängig ist und die Erschöpfung
der motorischen Kraft das Fahrzeug zum Stillstand bringt. Demgemäß richtet sich
das Augenmerk der Techniker in neuester Zeit auf eine Construction, welche es
ermöglichen soll, die nothwendige Zugkraft auf der Maschine selbst zu erzeugen,
also ganz so wie bei der Dampf=Locomotive. Wir wissen von früher her, daß eine

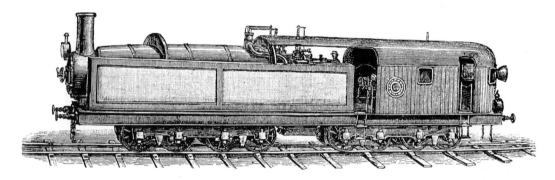

Elektro=Locomotive von Heilmann.

Locomotive pro Stunde und Pferdekraft etwa 2 Kilogramm Kohle verbraucht.
Verwenden wir dasselbe Quantum Kohle, welches erforderlich ist, um die für eine
Locomotive nothwendige Dampfmenge zu erzeugen, und benützen wir den durch
dieses Kohlenquantum erzeugten Wasserdampf als Triebkraft für eine andere Ma=
schine, welche elektromotorische Kraft erzeugen soll, so ergiebt sich, daß mit nur
1·8 Kilogramm Kohle derselbe Nutzeffect erzielt wird, d. h. daß damit eine
motorische Kraft producirt wird, deren Effect einer Pferdekraft gleich ist. Hierzu
kommt noch, daß man diese elektromotorische Kraft nicht sofort zu verwenden braucht,
sondern für den Zeitpunkt des Bedarfes aufspeichern kann. Daraus ergiebt sich,
daß die elektromotorische Kraft ökonomischer ist, als die reine Dampfkraft. Ein
zweiter Vortheil der elektrischen Locomotiven ist die zu erreichende bedeutende
Geschwindigkeit, welche unter normalen, die Betriebssicherheit nicht gefährdenden
Verhältnissen zum Mindesten doppelt so hoch anzuschlagen ist, als bei den Dampf=
Locomotiven.

In neuester Zeit haben sich zwei Techniker mit Constructionen befaßt, welche
das vorentwickelte Princip zur Richtschnur genommen haben: Brown und Heilmann.

Bei dem System Brown ist die als Elektricitäterzeuger verwendete Dampfmaschine
auf der Locomotive selbst untergebracht und steht mit der als Erreger dienenden
Dynamomaschine in unmittelbarer Verbindung. Die mit dem Dynamo erzeugte
elektromotorische Kraft wird auf secundäre Maschinen, welche im Niveau der Loco-
motivachsen liegen und »Empfänger« genannt werden, übertragen. Soll die Locomotive das zur Zeit vorhandene Rollmaterial ziehen, so geschieht die Kraftüber-
tragung nur auf die Räder der Locomotive. Bei neu anzulegenden Bahnen mit
eigens hierzu gebauten Wagen würde die Einrichtung getroffen werden, daß sich
an allen Wagen im Niveau der Achsen Empfänger befinden, womit sich der besondere Effect erzielen ließe, daß im Augenblicke, wo der elektrische Strom spielt,
sich sämmtliche Räder des Zuges zu gleicher Zeit in Bewegung setzen.

Ansicht der elektrischen Locomotive ohne Dach mit der Ansicht des elektrischen Motors.

Der mit dieser Anordnung erzielte Vortheil ist in die Augen springend.
Man betrachte nur die keuchende und pustende Dampflocomotive eines schweren
Güterzuges. Um in Lauf zu kommen, muß die Maschine nicht nur das ihrem
Eigengewicht entsprechende Trägheitsmoment überwinden, sondern auch dasjenige
jedes einzelnen Waggons. Bis zur Erreichung der normalen Geschwindigkeit verstreicht eine ansehnliche Zeit, und auch das plötzliche Anhalten eines schweren
Güterzuges ist — selbst im Falle, daß derselbe mit durchgehenden Bremsen ausgerüstet wäre, was zur Zeit nur versuchsweise geschieht — sehr schwer zu bewirken,
eingedenk des Beharrungsvermögens einer so bedeutenden Last, die sich in Bewegung findet. Bei der elektrischen Locomotive mit den Secundärmaschinen
an allen Wagenachsen arbeiten dagegen alle Räder gleichzeitig; der Zug setzt
sich mit einem Ruck in Bewegung und kann viel schneller zum Stillstand gebracht werden, als es bei den jetzigen Locomotions- und Bremsvorrichtungen der
Fall ist.

Die elektrische Locomotive nach dem System Heilmann, deren Anordnung und Constructionsdetails aus den hier stehenden Abbildungen zu entnehmen sind, besteht aus einem Doppelwagen mit je vier Achsen, von welchen je zwei gekuppelt sind. Alle zur Erzeugung der motorischen Kraft erforderlichen Apparate befinden sich am Vorderwagen (Vordertheil), während die Dampfmaschine, der Dampfkessel und die Vorräthe im Hinterwagen (Hintertheil) untergebracht sind. Sämmliche maschinellen Organe sind unter Dach, sozusagen in einem Kasten eingeschlossen. Um sie gegen Stöße und starke Erschütterungen zu schützen, ist eine besondere, gelenkartige Verbindung der Achsen mit dem Wagenkasten hergestellt, wodurch die von

Ein elektrischer Eisenbahnzug.

den Rädern empfangenen Stöße bedeutend abgeschwächt werden. Diese Einrichtung ist von principieller Wichtigkeit, weil die Federschwingungen einen bedeutenden Einfluß auf den unruhigen Gang der Locomotive nehmen.

Sehen wir zu, wie es sich damit verhält. Die Federn der normalen Locomotiven vollführen ihrer Belastung entsprechend, wenn sie durch Stöße erschüttert werden, in der Secunde etwa 5·6 bis 7 Schwingungen. Vergleichen wir diese Schwingungszahlen mit der Anzahl der Treibachsenumdrehungen in der gleichen Zeit bei gewisser Fahrgeschwindigkeit, so erhalten wir (nach den Ausführungen eines anonymen Fachmannes) folgende Beziehungen. Bei jeder Umdrehung erhält die Treibachse von der Dampfmaschine zweimal senkrecht gerichtete Kräfte, welche bei der Umsetzung der geradlinigen Kolbenbewegung in die kreisförmige der Kurbel entstehen. Der Umfang der Treibräder mit mittelstarken Reifen an den

Normal-Locomotiven für Personen= und Güterzüge ist etwa 5·3 und 4 Meter. Bei einer Radumdrehung legen also diese Locomotiven einen Weg von 5·3 be= ziehungsweise 4 Meter zurück.

Nehmen wir nun beispielsweise die Zahl der Treibachsenumdrehungen in der Secunde gleich der Hälfte von der oben angegebenen Zahl der Federschwingungen, also $\frac{5·6}{2} = 2·8$ und $\frac{7}{2} = 3·5$, so wird bei dieser Zahl von Umdrehungen der von den Treibrädern zurückgelegte Weg in der Secunde für Personenzug=Loco= motiven $2·8 \times 5·3$ Meter und $3·5 \times 5·3$ Meter — für Güterzug=Locomotiven $2·8 \times 4$ Meter und $3·5 \times 4$ Meter, oder durch Kilometer in der Stunde wieder= gegeben:

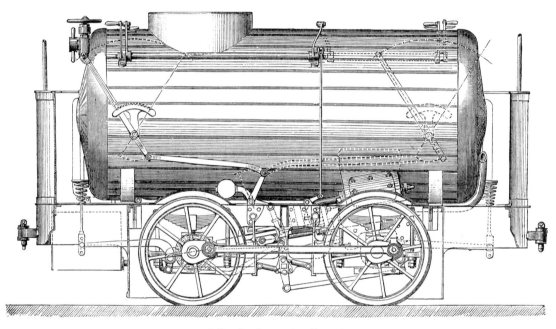

Heißwasser=Locomotive Francq's.

$$\frac{2·8 \times 5·3 \times 3600}{1000} = 53·4 \text{ Kilometer und } \frac{3·5 \times 5·3 \times 3600}{1000} = 66·8 \text{ Kilometer}$$

für Personenzug=Locomotiven sein. Für Güterzug=Locomotiven erhalten wir auf dem gleichen rechnerischen Wege 40·3 beziehungsweise 50·4 Kilometer in der Stunde. Innerhalb der Grenzen dieser Geschwindigkeiten fallen die halben Um= drehungen der Treibachsen, also gleichzeitig auch die Kraftwirkungen aus der Dampfmaschine, mit den Federschwingungen zusammen. Diese Kraftwirkungen bei jeder halben Radumdrehung werden also bei diesen Geschwindigkeiten die Feder= schwingungen sehr beeinflussen und den unruhigen Gang der Locomotive verstärken.

Was nun die Heilmann'sche Locomotive anbelangt, ist deren mittlere Fahr= geschwindigkeit mit 90—100 Kilometer angenommen. Ein nicht zu unterschätzender Uebelstand bei allen elektrischen Locomotiven, welche die motorische Kraft selbst erzeugen, ist der ungünstige Einfluß der Eisenmassen auf die Elektricitätserzeugung. Ueber das Stadium von Projecten sind übrigens die Constructionen Brown's und Heilmann's zur Zeit noch nicht hinausgekommen.

Wir kommen nun zur Heißwasser=Locomotive. Sie wurde von dem Amerikaner Lamm erfunden und von dem französischen Ingenieur Francq verbessert, und erzeugt den Dampf in feststehenden Kesseln, aus welchen er unter bedeutendem Drucke in das doppelwandige, mit Wasser gefüllte Reservoir der Locomotive geleitet wird. Die Temperatur steigt hoch über den Siedepunkt, aber seine Theilchen können sich nicht in Dampf verwandeln, weil der auf ihnen lastende Druck zu bedeutend ist. Sobald aber der Führer ein Ventil öffnet, strömt ein Theil des über dem Wasser lagernden Dampfes den Cylindern zu, und in dem Maße, als sich in Folge dessen der Druck vermindert, verdampft das Wasser. Es findet also derselbe Vorgang statt, wie im Kessel der gewöhnlichen, mit einem Feuerherd versehenen Locomotive. Auf dem Wege vom Reservoir zu den Cylindern passirt der Dampf einen kleinen sinnreichen Apparat, welcher dem Führer gestattet, die Fahrt mit einer bestimmten Dampfspannung in den Cylindern zurückzulegen, und diese nach Bedürfniß innerhalb gegebener Grenzen zu vermindern oder zu vergrößern.

Francq's Heißwasser=Locomotive führt die Wärmequelle für die Dampferzeugung nicht mit sich und darin liegt eine gewisse Beunruhigung, weil das Arbeitsvermögen der Locomotive fallweise unter die erforderliche Größe herabsinken kann. . . . Um diesem Uebelstande abzuhelfen, hat der deutsche Ingenieur Honigmann einen Ausweg gefunden, indem er seiner feuerlosen Loco-

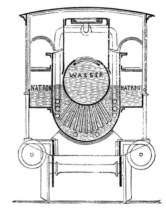

Honigmann's Natron=Locomotive.

motive eine Wärmequelle gab. Als solche fungirt die Natronlauge. Die wässerige Lösung von Aetznatron besitzt eine große Leidenschaft für Wasserdampf, den sie gierig aufsaugt, um ihn wieder in Wasser zu verwandeln. Dabei steigert sich ihre Temperatur, sie entwickelt Wärme, wodurch jene zur Wärmequelle wird. Honigmann umgiebt den Warmwasserkessel seiner Locomotive mit einem zweiten Kessel, den er mit der durstigen Natronlauge füllt. Aus dem hocherhitzten Wasser des inneren Kessels entwickelt sich Dampf, welcher den Cylindern zuströmt, dort Arbeit leistet, dann in den äußeren Kessel übergeht und hier vom Aetznatron in Wasser verwandelt wird. Hierbei entwickelt sich Wärme, diese steigert die Temperatur des Wassers und erhält sie fast gleichmäßig auf einer gewissen Höhe. Nach einiger Zeit muß die Natronlauge von neuem »eingedampft« werden, damit sie wieder fähig werde, Dampf aufzunehmen, ihn zu condensiren und Wärme zu entwickeln.

Sowohl die Heißwasser=Locomotive Francq's als die Natron=Locomotive Honigmann's haben in Deutschland, Frankreich und insbesondere in überseeischen Ländern Anwendung gefunden. Sie werden mit den elektrischen Motoren auf

Straßen= und Stadtbahnen jedenfalls in ernste Concurrenz treten, sobald die Be=
geisterung für die elektrische Locomotive jener ruhigen Anschauung gewichen sein
wird, welche einen berechnenden Vergleich zwischen Motoren gestattet, die auf ver=
schiedene Weise das gleiche Ziel anstreben.

Eine eigenartige Stellung im Maschinenwesen der Eisenbahnen nehmen die
Berg=Locomotiven ein, denen bei rationeller Ausnützung der bisher gewonnenen
Erfahrungen eine große Zukunft bevorsteht. Wenn bereits das einfache Adhäsions=
system, wie wir gesehen haben, eine schier unübersehbare Zahl verschiedener Loco=
motivconstructionen und zugehörigen Leistungen ins Leben gerufen hat, so ist es

Blenkinshop's Zahnradbahn (1812).

erklärlich, daß eine Combination von Adhäsion und Zahnstange eine noch gesteigerte
Mannigfaltigkeit zuläßt. Es ist bemerkenswerth, daß die Zahnrad=Locomotive früher
die Eisenbahntechniker beschäftigte, als die Adhäsionsmaschine, weil man (vor Er=
öffnung der ersten Locomotivbahn) der Meinung war, daß zwischen Rad und
Schiene die wünschenswerthe Reibung zur Fortbewegung von Lasten nicht zu er=
zielen sein möchte. Blenkinshop, Maschinist im Midletoner Kohlenbergwerke,
glaubte diesfalls ein Auskunftsmittel gefunden zu haben, indem er zwischen den
beiden Bahnschienen eine dritte Schiene in Form einer Zahnstange einlegte, in
welche die Zähne eines unter dem Kessel der Locomotive angebrachten Rades
eingriffen.

Der Erfolg war nicht zu unterschätzen. Blenkinshop's Zahnrad=Locomotive,
welche im Jahre 1811 in Thätigkeit gesetzt wurde, wog 5 Tons und beförderte

auf der horizontalen, 5·6 Kilometer langen Bahn zwischen Midleton und Leeds
eine Gesammtlast von 94 Tons mit einer Geschwindigkeit von etwas mehr als
5 Kilometer pro Stunde. Sie soll, nach den Mittheilungen Cummings, auf der
Steigung von etwa 66%/00 (1/15) einen Zug von 15 Tons Bruttolast mit einer
Geschwindigkeit von 16 Kilometer fortgeschafft haben. Trotz dieser überraschenden
Leistung liegt es auf der Hand, daß dieses System die Geschwindigkeit beeinträchtigte
und ein Theil der Zugkraft derselben durch die Reibung im Zahnapparate verloren
ging. Als nun zwei Jahre später Blacket die Möglichkeit der Adhäsionsloco-
motive nachwies, wandten sich die Constructeure dieser letzteren zu und von
Blenkinshop's Zahnrad-Locomotive war nicht mehr die Rede.

Wir haben in der allgemeinen Uebersicht eine zusammenfassende Darstellung
der Entwickelung der Bergbahnen mit Zahnbetrieb gegeben, und wollen daher zur
Vermeidung von Wiederholungen uns im Folgenden nur mit den Berg-Locomotiven
beschäftigen. . . . Nachdem es sich einmal gezeigt hatte, daß die Adhäsions-Locomotive in mehr als ausreichendem Maße leistungsfähig sei, ging man von diesem
Principe auch dann nicht ab, als mit dem Bau der Gebirgsbahnen bedeutende
Steigungen auf langen Strecken zu überwinden waren. Die Erfahrung steckte aber
der rationellen Ausnützung der gewöhnlichen Gebirgs-Locomotiven naturgemäß eine
Grenze, welche unter normalen Verhältnissen bei einem Steigungsverhältniß von
25%/00 (1/40) liegt. Nur ganz ausnahmsweise werden noch steilere Rampen überwunden. Am Uetliberg in der Schweiz zieht eine Tendermaschine von 24 Tons
Dienstgewicht auf einer Steigung von 70%/00 einen Zug vom Gewichte der Maschine; auf der Wädensweil-Einsiedelnbahn zieht eine 32 Tons schwere Tendermaschine normal 50 Tons auf 50%/00 Steigung; am Surampaß der Linie Poti-
Tiflis ziehen zwei Fairliemaschinen von zusammen 132 Tons auf 46%/00 einen
Zug von 198 Tons. Auch auf der mexicanischen Centralbahn werden ähnlich
große Steigungen mit den dort im Betriebe stehenden gewaltigen Maschinen nach
dem Fairliesysteme überwunden. Im Großen und Ganzen aber geht man bei Gebirgsbahnen selten über 30%/00 Steigung hinaus, wenn auch solche von 50%/00 als zulässig
erklärt werden, eine mäßige Betriebssicherheit und bescheidene Verkehrsverhältnisse
vorausgesetzt. Auf längeren Gebirgsbahnen mit starkem Verkehr ist der reine Adhäsions-
betrieb der Unzuverlässigkeit der Adhäsion wegen außerordentlich theuer und wenig
leistungsfähig: es ziehen die Maschinen auf den Steigungen von circa 50%/00 nur
noch rund das 1 1/2fache ihres Gewichtes. Das Bestreben, auf noch steileren
Rampen gegebene örtliche Hindernisse zu überwinden, mußte naturgemäß zu einer
besonderen Construction der Locomotive führen. Dieses Problem wurde bekanntlich
zuerst von Riggenbach durch sein Zahnradsystem gelöst. Seitdem, d. i. seit Eröffnung der ersten Zahnradbahn auf dem Rigi im Jahre 1869, hat Riggenbach
zahlreiche ähnliche Bahnen ausgeführt, welche durchaus von Erfolg begleitet waren,
Dank der hohen Stufe der Vollendung, auf welche Culmann die Construction der
Zahnstange gebracht hatte.

Die ersten Zahnrad=Locomotiven waren nur für den Zahnstangenbetrieb ein=
gerichtet und gehören demgemäß, wie man zu sagen pflegt, dem »reinen System«
an, zum Unterschiede von dem später aufgetauchten »gemischten System«, dessen
Locomotiven auch auf Adhäsionsbahnen benützt werden können. Die Locomotive
ersterer Kategorie besitzt einen aufrecht stehenden, gegen die Verticale um circa $\frac{1}{5}$
geneigten Kessel. Die hierbei stattfindende unvollkommene Ausnützung des Brenn=
stoffes ließ die Anwendung liegender Kessel als vortheilhaft erscheinen. Man gab
daher den späteren Maschinen eine solche Anordnung, daß ihre Längenachse mit
der Bahnnivellette einen Winkel von bestimmter Größe einschloß, so daß der Kessel
bei einer Steigung von etwa 50‰ horizontal zu liegen kam.

Die Locomotiven mit aufrechtstehendem Kessel, welche auf der Rigibahn ver=
kehren, haben ein Dienstgewicht von 12·5 Tons und entwickeln dieselben bei einer
Geschwindigkeit von 5 Kilometer pro Stunde eine Maximalleistung von 105 Pferde=
kräften. Zur Beurtheilung der Leistungsfähigkeit der Zahnrad=Locomotiven diene
folgende Gegenüberstellung. Nach Fr. A. Birk können z. B. die am Semmering
in Verwendung stehenden »Achtkuppler« (Bild S. 277), welche im dienstfähigen
Zustande ein Adhäsionsgewicht von 50·5 Tons und ein Tendergewicht von 27 Tons,
d. i. zusammen ein Maschinengewicht von 77·5 Tons besitzen, im allergünstigsten
Falle nur eine Bruttolast von circa 200 Tons, also beiläufig nur das 2·5fache
desselben auf der Steigung von 25‰ ($\frac{1}{40}$) mit einer Geschwindigkeit von
11 Kilometer pro Stunde fortschaffen. Um eine größere Leistung zu erzielen,
müßten die Locomotiven entsprechend vergrößert werden, wobei jedoch ein großer
Theil des Nutzeffectes durch das Eigengewicht der Maschine verloren ginge, ganz
abgesehen von der damit hervorgerufenen außergewöhnlich starken Beanspruchung
des Oberbaues.

Wie günstig sich dagegen die Zahnrad=Locomotive bezüglich ihres Gewichtes
stellt, ergiebt sich (nach Müller in Heusinger's Organ) daraus, daß z. B. bei
Effecturirung einer in Rücksicht auf die Construction der Kuppelungsapparate zu=
lässigen constanten Zugkraft von mindestens 6·5 Tons am Zughaken das Gewicht
der gewöhnlichen Adhäsions=Locomotive mit Schlepptender bei Annahme eines Ad=
häsionscoëfficienten von circa $\frac{1}{14}$ und bei Außerachtlassung des Reibungswider=
standes der Maschine doppelt so groß werden müßte, wenn man die Steigung der
Bahn von 25‰ auf 57‰ vergrößerte, während bei Ausübung derselben Zug=
kraft von 6·5 Tons am Zughaken und der Geschwindigkeit von circa 8 Kilometer
das Gewicht der reinen Zahnrad=Locomotive, welches in diesem Falle 18·5 Tons
betragen würde, für letztere nur um circa $\frac{1}{10}$ zuzunehmen hätte, und erst bei
Steigung von 200‰ doppelt so groß nothwendig wäre, als bei jener von
25‰.

Dem Riggenbach'schen Zahnradsystem wurde durch geraume Zeit kaum ein
höherer Werth zugemuthet, als der einer eisenbahntechnischen Spielerei, welche
gerade gut genug war, um den touristischen Kreisen einen willkommenen Zeit=

vertrieb zu bieten. Von der Leistungsfähigkeit der neuen Construction hielt man nicht viel, von der Betriebssicherheit der Zahnstangenbahnen desgleichen. Später verlegte man sich nicht mehr aufs einfache Negiren, sondern bekämpfte in zum Theil sehr leidenschaftlicher Weise das neue System und nahmen selbst hervorragende Techniker an diesem Kampfe Antheil.

Sicher war gerade diese Sachlage die Veranlassung zu neuen Anstrengungen seitens der Urheber und Vertreter des Riggenbach'schen Systems. Die Folge war, daß dieses letztere sich immer mehr ausgestaltete und einen Grad von Vollkommenheit erreichte, daß die allgemeine Anerkennung nicht mehr ausbleiben konnte. In der

Erste Zahnrad-Locomotive System Riggenbach mit verticalem Kessel.

That hat sich das Zahnstangensystem im letzten Jahrzehnt in großartiger Weise entwickelt und durch den Uebergang vom »reinen System« zum »gemischten System« eine Ausbildung erfahren, vermöge welcher es sich als äußerst nützliches Glied in das Weltbahnensystem einfügen ließ.

Die nächste Etappe bis zu dieser Gestaltung der Dinge ist durch das gemischte System bezeichnet. Worin das Princip desselben besteht, weiß der Leser von früher her (vgl. S. 43). Die erste Locomotive dieser Art wurde von Riggenbach im Jahre 1870 zum Betriebe der Ostermundingenbahn gebaut. Sie sollte theils Adhäsionsstrecken, theils Strecken, in welche in Folge der bedeutenden Steigung die Zahnstange eingelegt war, befahren. Zu diesem Zwecke ist das Princip der Adhäsionswirkung und jenes der Zahnradwirkung innigst verbunden, indem das eine System außer Thätigkeit tritt, wenn das andere zu functioniren beginnt. Be=

hufs Erreichung dieses doppelten Zweckes ist durch die Treibachse eine mit derselben zu kuppelnde Welle gesteckt, deren Kurbeln mit jener einer sogenannten Blind= welle durch Kuppelstangen verbunden sind. Bei der Fahrt wird mittelst einer ent= sprechenden Vorrichtung die Treibachse ausgelöst. Das Gewicht dieser Locomotive, welche wegen mehrfacher Mängel nicht mehr in Anwendung kommt, beträgt 21 Tons im dienstfähigen Zustande.

Die erste Locomotive gemischten Systems erfuhr alsbald eine verbesserte Construction, doch trat auch bei dieser der Uebelstand hervor, daß eine größere Geschwindigkeit als die bei Zahnradbahnen reinen Systems übliche nicht erzielt wurde, die Maschine sonach auf Hauptbahnen nicht verwendet werden konnte. Aus dem Bestreben, solche Maschinen auch für letztere geeignet zu machen, entstand eine neue Construction, welche über Anregung A. Thommens von Riggenbach aus= geführt wurde.

Dieselbe ist Seite 43 abgebildet und tragen wir die in der dortigen Textstelle fortgelassenen technischen Details hier nach. Je zwei der vier Lauräder dieser Locomotive sind mit den Kurbeln der Blindwelle a gekuppelt, die Ueber= tragung der Zugkraft auf diese mit festem Zahnkloben b versehene Welle sowohl als auf das Zahntriebrad c wird durch eine zweite Blindwelle d bewerkstelligt, welche behufs Realisirung der alternativen Arbeit zwei verschiebbare Zahnkloben e und f enthält, die sich lose auf ihr bewegen, oder durch Feder und Nuth fest= gehalten werden können. Mittelst einer einfachen (im Grundriß angedeuteten) Vor= richtung, kann der Locomotivführer während der Fahrt, welche beim Eintritte der Locomotive in die Zahnstangenstrecke etwas gemäßigt werden muß, die Verschiebung bewirken. Es kann also, je nach Bedarf, das eine oder andere System in oder außer Thätigkeit gesetzt werden. Bemerkenswerth ist hierbei die Einrichtung, daß die verschiebbaren Zahnkloben nicht außer Eingriff mit den durch sie bewegten Zahnrädern gelangen können.

Nach Riggenbach's Angaben zieht die größere Type dieser seiner Locomotive auf horizontaler Bahn (ohne Anwendung der Zahnrades) eine Bruttolast von 300 Tons, auf der Steigung von 25°/$_{00}$ 70 Tons, bei 50°/$_{00}$ (mit Anwendung des Zahnrades) 90 Tons und bei 100°/$_{00}$ noch 36 Tons. Ihr Dienstgewicht ist 18 Tons. In Steigungen von 25°/$_{00}$, in welchen das Zahnrad nicht in An= wendung kommt, verkehrt die Locomotive mit einer Geschwindigkeit von 20—25 Kilo= meter, in den Zahnstangenstrecken mit einer Geschwindigkeit von 10—12 Kilometer pro Stunde. Seitdem hat Riggenbach auch schwerere Locomotiven seines gemischten Systems construirt, deren Leistungsfähigkeit eine sehr bedeutende ist. Die Ma= schinenfabrik zu Winterthur hat neuerdings einige Locomotiven dieser Art für einige Bergbahnen in der Schweiz gebaut.

Auf den Adhäsionsbahnen mit der Maximalsteigung von 25°/$_{00}$ ist erfahrungs= gemäß als durchschnittliche Belastung der Güterzüge bei Anwendung von nur einer Locomotive eine Bruttolast von 150 Tons anzunehmen. Unter Zugrundelegung

dieses Gewichtes stellt sich für die Anwendung der Zahnrad-Locomotiven vorer-
wähnter Construction die Steigung von 40—50%₀ als die zweckentsprechendste
dar. In jenen Fällen dagegen, wo die Fortschaffung leichterer Züge zulässig
erscheint, kann das Steigungsverhältniß dem Zugsgewichte entsprechend überschritten
werden.

Einen weiteren, sehr bedeutsamen Fortschritt erzielte das gemischte System
durch den Schweizer Ingenieur Roman Abt, indem er dem Zahnrade seiner
Locomotive die Aufgabe zutheilte, auf jenen Bahnstrecken, auf welchen die Adhäsion
allein zu schwach erscheint, dieselbe zu unterstützen, sie im nothwendigen Maße zu
ergänzen. Abt trennt beide Systeme vollständig; er giebt der Locomotive zwei besondere Dampfcylinder für das Zahnrad. Die Abt'sche Locomotive ist also eine
Adhäsions-Locomotive, welcher das Zahnrad als ein unentbehrliches Hilfsorgan
für die Bahnstrecken mit größeren Steigungen beigegeben wurde. Das erste Grundprincip dieses Systems ist sonach die volle Ausnützung der Adhäsion auch auf den
Zahnradstrecken; die Zahnstange wird nur mit der jedesmaligen Differenz zwischen
der erforderlichen Zugkraft und der vorhandenen Adhäsion beansprucht. Das zweite
Grundprincip besteht in der Erzielung eines ruhigen, stoßfreien Ganges auf der
Zahnstange durch Nebeneinanderlegen mehrerer Zahnlamellen mit verschränkter
Zahnstellung. In Folge dessen findet ein Eingriff vieler Zähne in kurzen Zwischen-
räumen, das gleichzeitige Arbeiten mehrerer derselben und dadurch eine erhöhte
Sicherheit und richtiger Gang auch bei größter Geschwindigkeit statt.

Abt bezeichnet seine Locomotive als »combinirte Normal-Locomotive«.
Dieselbe wird gebildet durch eine gewöhnliche Adhäsionsmaschine und eine reine
Zahn-Locomotive, jedoch mit gemeinschaftlichem Dampfkessel. Das ganze Fahrzeug
wird von vier Achsen getragen, von welchen drei gekuppelt sind (vgl. S. 44).
Sie werden von einem außenliegenden Cylinderpaare in Bewegung gesetzt und
erzeugen die natürliche Adhäsionszugkraft von 42 Tons Belastung. Die vierte
Achse liegt unter dem Führerstande und ist radial verstellbar angeordnet. Die Vorräthe an Speisewasser und Brennmaterial sind derart untergebracht, daß das Adhäsionsgewicht constant bleibt, wodurch auch gegen das Ende einer Fahrt die nütz-
liche Zugkraft nicht nur nicht geringer, sondern sogar größer ist als bei Beginn.
Principielle Abweichungen gegenüber einer gewöhnlichen, gut construirten Adhäsionsmaschine kommen nicht vor.

Der Zahnradmechanismus hat keine eigenen Tragräder, sondern stützt sich
auf zwei Achsen der Adhäsionsmaschine und vermehrt deren Adhäsionsgewicht.
Einfache Rahmen tragen die Lager zweier gekuppelter Zahnradachsen und werden
letztere durch ein inneres Cylinderpaar direct angetrieben, wodurch sie auf den
stärkeren Steigungen die Adhäsionsräder bei der Fortbewegung des Zuges unterstützen. Jede Maschinenabtheilung hat ihre eigene Steuerung, Dampf-Ein- und
Ausströmung, Regulator und Bremsen. Letztere sind angesichts ihrer wichtigen
Aufgabe zweifach: zur Regulirung der Fahrgeschwindigkeit auf längeren Gefällen

kann jedes Cylinderpaar für sich in einen Luftcompressor umgewandelt und als
Bremse benützt werden; außerdem besitzt aber jede Abtheilung noch eine kräftige
Spindelbremse für außergewöhnliche Vorkommnisse und für den Dienst auf den
Stationen.

Es sind also zwei Maschinen durch ein Personal zu bedienen, doch ist dessen
Inanspruchnahme gleichwohl keine höhere, im Gegentheile eine mäßigere, als auf
jeder Schnellzugmaschine. Die mechanische Arbeit der combinirten Maschinen ist gleich
derjenigen unserer kräftigsten Adhäsionsmaschinen. Der Heizer hat sonach ungefähr
dasselbe Quantum Brennmaterial einzubringen. Thatsächlich kommt ihm aber der

Zahnradmechanismus System Abt (Eisenerzbahn) I.

Umstand zu Gute, daß das allerbeste Brennmaterial — in Form von Briquetts
— zum Betriebe von Steilrampen das Vortheilhafteste ist. Die Feuerung mit solchem
Material ist aber ungleich leichter als mit gewöhnlicher Steinkohle und arbeitet
deshalb der Heizer der combinirten Normal-Locomotive weniger angestrengt als
der auf einer Adhäsions-Locomotive, der auf gewöhnliche Steinkohlenfeuerung angewiesen ist.

Die Abt'sche Maschine besitzt entsprechend den Lamellen der Zahnschiene
mehrere Zahnradscheiben, welche auf einer gemeinschaftlichen Achse aufgesteckt und
gegen seitliches Verschieben gesichert sind. Die ersten Zahnschienen, welche Abt benützte, waren dreitheilig, doch hat sich nachmals die zweitheilige besser bewährt.
Bei dieser ist bei 120 Millimeter Zahntheilung die eine Zahnscheibe gegen die andere

um 60 Millimeter verstellt, also genau so wie die Zahnschiene. Kommen aber zwei hintereinander stehende Zahnräder mit je zwei Scheiben zur Anwendung, so wird die Stellung der Zahnräder selbst gegeneinander versetzt, und zwar um 30 Milli= meter, so daß also alle vier Zahnscheiben unter sich derart verschränkt sind, daß gegen die erste Scheibe die Verschiebung der zweiten 30 Millimeter, der dritten 60 Millimeter, der vierten 90 Millimeter beträgt. Bei dieser Reihenfolge, welche die Aufeinanderfolge der gleichen Eingriffsstellungen der Zähne sämmtlicher vier Scheiben in Zwischenräumen von 30 Millimeter charakterisirt, bilden die erste und dritte Scheibe das eine Zahnrad, die zweite und vierte Scheibe das andere Zahn= rad. Bei Beginn des Eingriffes eines Zahnes stehen sonach drei andere Zähne in vollem Contact; es ist also der im gewissen Sinne gefährliche Moment des Ein= trittes eines Zahnes in die betreffende Lücke dreifach sichergestellt.

Zahnradmechanismus System Abt (Eisenerzbahn) II.

Es wurde bereits weiter oben erwähnt, daß die Zahnräder in Rahmen ruhen, welche mittelst Lagern auf die Laufachsen aufgehängt sind. Da dadurch die von den Federn herrührenden Schwankungen der Locomotive auf die Zahnräder nicht übertragen werden, bleibt die Tiefe des Eingriffes immer dieselbe, was einen be= deutenden Fortschritt gegenüber den früheren Zahnrad-Locomotiven bedeutet, bei welchen das Zahngetriebe, weil im Hauptrahmen gelegen, alle dessen Bewegungen mitmachte. Abt giebt übrigens dem Zahnmechanismus eine zweifache Anordnung, welche aus den auf den Seiten 312 bis 315 stehenden Abbildungen zu ent= nehmen ist.

Ueber verschiedene principiell wichtige Momente, welche dem Abt'schen Systeme zukommen, geben wir im Folgenden die Anschauungen seines Urhebers im vollen Wortlaute, jedoch mit den in einer populären Darstellung unbedingt nothwendigen Kürzungen wieder. Abt führt zunächst aus, daß zur Construction einer guten Zahnradmaschine nicht allein die bewährtesten Details, sondern auch die aus=

gewähltesten Materialien verwendet werden müssen. Denn gerade hier zeige sich
die Thatsache, daß eine Ausgabe am richtigen Platze zur eigentlichen Ersparniß
werden kann. Es gelte dies ganz besonders in Bezug auf den Kessel. Lange Siede=
rohre nützen die Wärme entschieden besser aus als kurze, allein das damit bedungene
Mehrgewicht des Motors gestattet auf Steilrampen diese kleine Oekonomie nicht.
So unerläßig ein leistungsfähiger Kessel für Gebirgs=Locomotiven ist, so angezeigt
ist dennoch die möglichste Reduction des todten Gewichtes. Dieser Forderung kann
nun aber umso leichter entsprochen werden, als die Feuerbüchse und der ihr zu=

Zahnradmechanismus System Abt (Ivanbahn, Bosnien) I.

nächst liegende Theil der Siederohre eine viel höhere Verdampfungsfähigkeit auf=
weisen als der entfernter liegende Theil.

Die wichtigsten Abmessungen an der combinirten Normal=Locomotive sind
folgende: Rostfläche 2·2 Quadratmeter, Heizfläche 140 Quadratmeter, Kesseldruck
10 Atmosphären, Gewicht der leeren Maschine 42 Tons, größtes Dienstgewicht
56 Tons, Adhäsionszugkraft 6·5 Tons, Zahnradzugkraft 6·0 Tons.

Als Maßeinheit für die Arbeitsleistung einer Locomotive hat R. Abt
seinerzeit die Locomotivstärke vorgeschlagen, welche gleich ist der mechanischen Arbeit
von 1 Tons auf einen Weg von 1 Kilometer, während des Zeitraumes einer
Stunde. Eine combinirte Normal=Locomotive entwickelt bei 8 Kilometer Fahr=
geschwindigkeit eine Leistung von 3 Pferden pro 1 Quadratmeter Heizfläche, also
total 420 Pferde oder 113 Locomotivstärken; bei 10 Kilometer Geschwindigkeit

bei gleicher Heizfläche 3·2 Pferde, somit 448 Pferde oder 121 Locomotivstärken, und bei 12 Kilometer Geschwindigkeit 3·4 Pferde pro 1 Quadratmeter Heizfläche, sonach total 476 Pferde oder 128 Locomotivstärken.

Da nach den obenstehenden Angaben die durch die Adhäsion geleistete Zugkraft 6500 Kilogramm, die durch das Zahnrad aufgenommene 6000 Kilogramm, die Zugkraft aber durch Verminderung der Geschwindigkeit bedeutend gesteigert werden kann — z. B. bei 9 Kilometer auf 13.333 Kilogramm, bei 8 Kilometer auf 15.000 Kilogramm —, so ergiebt sich, daß die Grenze der Leistungsfähigkeit des Abt'schen Systems nicht in diesem selbst liegt, sondern lediglich von der Beschaffenheit der Stoß- und Zugfähigkeit der von den Anschlußbahnen übergehenden Wagen; denn die Abt'sche Zahnstange ist derart construirt, daß sie noch mit voller Sicherheit den Zahndruck von 8000 Kilogramm und darüber aufnehmen kann.

Zahnradmechanismus System Abt (Jvanbahn, Bosnien) II.

Bezüglich der Leistungsfähigkeit seiner Locomotive giebt R. Abt folgende Darstellung. Für Geschwindigkeiten von 18 und mehr Kilometer soll, abgesehen von Sicherheitsgründen, die combinirte Normalmaschine nicht verwendet werden, weil die zu solcher Leistung nöthige Zugkraft schon von der Adhäsionsmaschine allein gegeben wird. Handelt es sich hauptsächlich um Massentransporte, dann müßte unter 15 Kilometer Geschwindigkeit gefahren werden, weil die zum Fortbewegen der Wagencolonne zulässige Zugkraft fast der totalen Zugkraft gleichkommt, zur Fortbewegung der Locomotive also so wenig übrig bleibt, daß damit keine in Betracht kommende Steigung mehr überwunden werden kann. Handelt es sich aber nicht darum, die größtmögliche Zugkraft auszunützen, als vielmehr mit einer mittleren Last rasch vorwärts zu kommen (z. B. für Personenzüge), so ist eine Geschwindigkeit von 15 Kilometer noch zulässig. Das vortheilhafteste Gebiet der combinirten Normal-Locomotive ist augenscheinlich: Fahrgeschwindigkeiten von 10—12 Kilometer und Steigungen von rund 30—60 pro Mille mit den zugehörigen Zugsbelastungen von 120—200 Tons.

Wie bei dem Riggenbach'schen System stellt sich auch bei der Abt'schen Locomotive das Steigungsverhältniß von 50⁰/₀₀ als die zweckentsprechendste dar (vgl.
Seite 311). Die günstige Fahrgeschwindigkeit von 11 Kilometer ist dieselbe, welche
den Güterzügen auf Adhäsions-Gebirgsbahnen in der Regel zukommt. So lange es
sich also blos um das Fortschaffen von Lasten handelt, kann kein Zweifel darüber
sein, daß die combinirte Maschine mehr leistet als die Adhäsions-Locomotive, da
sie bei einer Fahrgeschwindigkeit von 18 Kilometer per 25⁰/₀₀ Steigung zwar nur
147 Tons Zuglast durch reine Adhäsion fortschafft, dagegen mit Abnahme der
Geschwindigkeit und Zunahme der Steigungen sich als sehr leistungsfähig erweist.

Ein Beispiel wird dies zeigen. Nehmen wir eine Steigung von 30⁰/₀₀ an.
Die Adhäsionsmaschine hebt hier im günstigsten Falle in einer Stunde 104 Tons
auf eine Höhe von 600 Meter; die gleich starke combinirte Maschine aber hebt
auf der ihr günstigeren Steigung von 60⁰/₀₀ nicht nur 104, sondern 122 Tons
in derselben Zeit auf gleiche Höhe. Die kräftigsten Maschinen unserer Gebirgsbahnen sind Locomotiven mit Schlepptender im Gesammtgewichte von 70 bis
80 Tons. Sie schaffen auf Rampen von 25⁰/₀₀ Steigung 175 Tons mit rund
11 Kilometer Geschwindigkeit. Eine continuirliche Rampe vorausgesetzt, heben sie
also in einer Stunde 175 Tons 300 Meter hoch. Hätten diese Bahnen z. B.
50⁰/₀₀ Steigung, so würde eine combinirte Normal-Locomotive in der gleichen
Zeit und bei gleicher Fahrgeschwindigkeit 118 Tons 600 Meter hoch heben, d. h.
sie würde auf blos 300 Meter Höhe in einer Stunde 230 Tons befördern, ganz
abgesehen von den geringeren Feuerungskosten. Eine combinirte Normal-Locomotive
kann bei einer Fahrgeschwindigkeit von 28 Kilometer auf einer Steigung von
40⁰/₀₀ noch ein Zugsgewicht von 79 Tons fortschaffen, bei Eingriff des Zahnmechanismus und Herabminderung der Fahrgeschwindigkeit auf 12 Kilometer jedoch
212 Tons. Die weitere Leistung ergiebt sich aus der folgenden Zusammenstellung:

Geschwindigkeit in Kilometer	Steigung pro Mille	Zugkraft	Zuggewicht			
12	40	10·0	157	Adhäsion	und	Zahnrad
11	40	10·9	177	»	»	»
11	50	10·9	135	»	»	»
10	60	12·0	122	»	»	»
10	70	12·0	98	»	»	»
10	80	12·0	80	»	»	»

Zum Vergleiche diene die für die Riggenbach'sche Zahnrad-Locomotive gemischten Systems auf Seite 310 gemachte Zusammenstellung.

Auf Bahnen mit starken Steigungen verdient die Betriebssicherheit eine gesteigerte Aufmerksamkeit. So sicher die Bergfahrt ist, so verhängnißvoll kann die
Thalfahrt werden, und es wäre Leichtsinn anzunehmen, daß jene Mittel, welche
die Aufwärtsbewegung ermöglichen, allein zur Thalfahrt genügen sollten. Die

Vorsicht gebietet, daß auf diesen Bahnen der Zug für sich auch ohne Locomotive seine Geschwindigkeit mit voller Sicherheit reguliren kann. Continuirliche Bremsen sind darum ganz unschätzbare Hilfsmittel zum Betriebe einer Zahnradbahn.

Auf Steigungen von 50—60%₀₀ hält R. Abt für ausreichend wenn mindestens ein Drittel, auf 80%₀₀ die Hälfte der Wagenachsen gut gebremst werden kann. Eine Complicirung des Bremsapparates, d. h. für die in Betracht kommenden Steigungen auch für die Wagen Zahnradbremsen anzuwenden, hält Abt für überflüssig. Zweckmäßig ist es, die Spindelbremsen nur mäßig anzuziehen, um ein Schleifen der Radreifen zu vermeiden. Auf der Eisenerz-Vordernberg-Bahn ist das

Zahnrad-Locomotive für Abt'sche oder Leiterzahnstange. (Effective Dampfspannung 14 Atmosphären; totale Heizfläche 32·2 Quadratmeter; Dienstgewicht 17 Tons; Zugkraft 6·5 Tons.)
(Nach einer Photographie des Constructeurs: Locomotivfabrik in Winterthur, Schweiz.)

letztere durch eine diesbezügliche Vorschrift direct untersagt. Die eigentliche Bremsarbeit wird durch die Luftbremsen der Locomotive verrichtet, und zwar wird die Geschwindigkeit des Zuges durch Luft, welche in den Cylindern zusammengepreßt wird, regulirt. Durch die Dampfausströmungen wird atmosphärische Luft angezogen und in die Schieberkasten und Dampfeinströmungsrohre gedrängt, von wo ihr der Locomotivführer nach Gutdünken Abfluß gestattet. Der dabei auf die Kolbenflächen ausgeübte Luftdruck hemmt die Drehung der Räder. Die durch die Compression erzeugte Wärme wird durch Einspritzen kalten Wassers gedämpft und dadurch Stopfbüchsenverpackungen und Schieber vor schädlicher Erhitzung bewahrt.

Eine abnormale Abnützung der Schieber ist bei richtiger Construction und Wartung niemals zu befürchten, wohl aber kann eine Erwärmung der reibenden Theile dann eintreten, wenn die Rampen sehr lang sind und gleichzeitig den

Cylindern allein die Bremsarbeit für den ganzen Zug übertragen wird. Um dieser Eventualität vorzubeugen, empfiehlt es sich, auch Wagenbremsen zur Regulirung der Fahrgeschwindigkeit herbeizuziehen (wie auf den Adhäsionsbahnen), oder nach Steilrampen von circa 3 Kilometer Länge kurze horizontale oder schwach geneigte Strecken von einigen hundert Metern Länge einzuschalten. Sollte aus irgend einer Ursache eine der beiden Luftbremsen nicht sofort genügend wirken, so hat der Heizer — und zwar auf Anordnung des Führers — die auf die Treibräder wirkende Spindelbremse anzuziehen. Functionirt hingegen die Luftbremse ungenügend oder gar nicht, so ist die Backenbremse der Zahnräder unverzüglich anzuziehen.

Viercylinderige Locomotive System Abt, ausgeführt für die Visp-Zermatt-Bahn. (Effective Dampfspannung 14 Atmosphären; totale Heizfläche 64·7 Quadratmeter; Dienstgewicht 30 Tons.)
(Nach einer Photographie des Constructeurs: Locomotivfabrik in Winterthur, Schweiz.)

Für den Betrieb von Gebirgsbahnen mit gewöhnlichen Adhäsionsmaschinen hat Fairlie seinerzeit eine eigenartige Maschine construirt, die sich auch jetzt noch, und zwar unter Aufstellung außergewöhnlich schwerer Typen (vgl. S. 35) bewährt. Das erste Exemplar der sogenannten »Fairlie-Locomotive« wurde im Jahre 1869 auf der schmalspurigen Festiniogbahn in England in Betrieb gesetzt. Das Princip einer solchen Locomotive besteht darin, daß sie aus z w e i Maschinen mit e i n e m Kessel zusammengesetzt ist, und daß jede der beiden Maschinen auf einem besonderen Wagen montirt, sich unter dem Kessel bis zu einem gewissen Grade drehen und das Ganze sich durch Radialstellung der Achsen den Curven anschmiegen kann. Die Vortheile dieses Systems bestehen in Folgendem: Es gestattet große und ſtarke Maſchinen zu conſtruiren, deren Geſammtgewicht für die Adhäſion verwendet wird und deren Radſtand hierbei ein großer iſt. Dieſe Locomotiven bewegen ſich

Locomotive Syſtem Fairlie für die Kaukaſusbahn. (Effective Dampfſpannung 10·5 Atmoſphären; totale Heizfläche 159 Quadratmeter; Dienſtgewicht 75 Tons.)
(Nach einer Photographie des Conſtructeurs — Locomotivfabrik vorm. G. Sigl, Wr.-Neuſtadt.)

Fairlie-Locomotive (amerikaniſche Type).

daher bis zu gewiſſen Geſchwindigkeiten ſicher und ſtetig, und haben zugleich die gute Eigenſchaft, leicht und ohne großen Widerſtand durch Curven von kleinem Radius zu gehen. Der große Keſſel gewährt alle Vortheile der Brennmaterial-

ökonomie, die mit bedeutenden Heizflächen verknüpft sind. Das große Maschinen=
gewicht, das dieses System in einem Körper zu vereinigen gestattet, bietet Vortheile
gegen Entgleisungen. Die Fairlie=Locomotive hat vornehmlich in Amerika eine
weitgehende Ausgestaltung gefunden, obwohl sie als reine Bergmaschine nicht dem
amerikanischen Betriebssystem entspricht.

Damit sind wir mit unseren Mittheilungen über die Locomotiven zu Ende.
Aus denselben wird der Leser nicht nur einen schier unübersehbaren Reichthum an
constructiven Ideen entnehmen, sondern zugleich sich der Thatsache bewußt werden,
daß trotz aller Fortschritte der Mechanik im Allgemeinen und des eisenbahn=
technischen Maschinenwesens im Besonderen zur Zeit für die besten Typen vielfach
nur die principiellen Grundlinien gegeben sind, welche durch jede neue bahn=
brechende Erfindung auf einschlägigem Gebiete wieder verschoben werden.

Selbst innerhalb der kurzen Zeit, welche zur Niederschrift dieses Werkes be=
nöthigt wurde, tauchten neue Constructionen auf oder machten sich weitere Fort=
schritte bezüglich der Leistungsfähigkeit der Locomotiven geltend, theils im Sinne
der Zugkraft, theils in jenem der zu erreichenden Maximalgeschwindigkeit. Der
Leser weiß von früherher (vgl. S. 35), daß noch vor Kurzem das Maximalgewicht
der schwersten Locomotive 90 Tons Dienstgewicht nicht überschritten, und daß diese
nach dem System Fairlie construirten Maschinen auf der mexicanischen Central=
bahn verkehren. Man hielt schon damals eine Steigerung des Locomotivgewichtes
für nicht gut möglich. Diese Voraussetzung wurde nur zu früh gegenstands=
los, denn in allerjüngster Zeit hat obige Ziffer den ausgiebigen Sprung auf
130 Tons gemacht. Dies ist nämlich das Gewicht der in jüngster Zeit auf der
genannten Bahn in Dienst gestellten Locomotive der Rhode Island Locomotive
Works.

Auch bezüglich der Fahrgeschwindigkeit weiß man nicht, wessen man sich zu
versehen hat. Nachdem 100 Kilometer pro Stunde schon für eine außergewöhnliche
Leistung angesehen wird, ist im November 1892 auf der Strecke New=York=Phila=
delphia ein Expreßtrain gelaufen — allerdings nur zur Probe — der eine
Maximalgeschwindigkeit von 100 englische Meilen, also 160 Kilometer erreichte.
Die Leistung war gewiß darnach, gerechtes Erstaunen hervorzurufen. Ein Bericht=
erstatter, welcher jene Probefahrt mitgemacht hatte, gestand ohne weiteres, daß die
Wirkung einer solch' rasenden Geschwindigkeit etwas Sinnverwirrendes habe.
Gleichwohl ist diese Leistung nach wenigen Monaten übertroffen worden. Am
10. Mai 1893 legte eine von der Locomotivwerkstätte der New-York Central
& Hudson Railway construirte Maschine in der Strecke Batavia=Buffalo 112 eng=
lische Meilen — also 179·2 Kilometer — pro Stunde zurück! Das klingt schier
fabelhaft, beweist aber, daß Ueberraschungen solcher Art sich jeden Tag einstellen
können. Auch von der Ausgestaltung des Bergbetriebes, der elektrischen Motoren
u. s. w. dürfen wir noch überraschende Leistungen, vielleicht schon in allernächster
Zukunft, erwarten.

Wir haben bisher nur von den Maschinen als mechanischen Fahrapparaten, nicht aber von deren Bedienung gesprochen. Die lebendige Kraft, welche diesen leistungsvollen Maschinen innewohnt, bedarf nicht nur der rationellen Ausnützung durch sinnreiche Anordnung ihrer einzelnen Organe beziehungsweise Stärkung derselben, sondern auch der Führung. Es dürfte daher den Laien interessiren, einiges über den Maschienendienst zu erfahren.

Der Dienst des Maschinenführers ist unstreitig der wichtigste des executiven Bahndienstes überhaupt. Er erfordert nicht nur Männer von genügender Schul- und gewisser (wenn auch geringer) theoretischer Fachbildung, sondern auch nüchterne, besonnene, kaltblütige und entschlossene Charaktere und vollkommene physische Beschaffenheit. Nach dem trefflichen Ausspruche M. M. v. Weber's scheint das Talent für das Eisenbahnwesen eine specifische Nationaleigenschaft zu sein, sowie es specifische Befähigung für die Künste bei den verschiedenen Völkerschaften giebt. »Und so lehrt denn auch die allgemeine Wahrnehmung, daß man ein Geschlecht von englischen Locomotivführern und »Portern« nimmermehr aus den Söhnen der Pußta oder der Abruzzen ziehen wird. Dieselbe sichernde Administrationseinrichtung, derselbe mechanische Sicherungsapparat wird daher verschiedene Erfolge in den Händen verschiedener Völkerschaften haben. Der bewunderungswürdige Sicherungsapparat der Clapham-Junction oder von Canon-Street wird, vom bestgedrillten Neapolitaner oder Navareser manipulirt, dem Revolver in der Hand eines Kindes gleichen.«

Die Anstrengung, welche der Eisenbahndienst mit sich bringt, ist ein schwerwiegender Factor. Der beste Functionär wird zum schlechtesten, wenn er übermüdet wird. Im eigentlichen Fahrdienst sind wohl 16 auf der Strecke zugebrachte Stunden das Maximum des zu Verlangenden; es entspricht dies einer Strecke von 200 Kilometer für Lastzüge, von 400 Kilometer für Eilzüge. Das ist besonders für den Heizer eine Krafttour, welcher während dieser Zeit etwa 4 Tons Kohlen heizen, den Rost, Aschen- und Rauchkasten reinigen, schmieren, Tender füllen muß; in der Heimat und Wechselstation kommen noch die Ausrüstungsarbeiten und verschiedene andere Hantirungen dazu. Der Führer seinerseits erschlafft geistig durch die stets gespannte Aufmerksamkeit und Anstrengung des Sehvermögens, körperlich durch das Stehen und die stete Handhabung von einem Dutzend Hebeln und Griffen, sowie durch das Rütteln der Maschine. Die Beispiele, daß Führer und Heizer während der Fahrt eingeschlafen sind, zählen nicht zu den seltenen, und dies ist bedenklich in der Ausübung eines Dienstes, der die ununterbrochene Anspannung geistiger und physischer Kräfte gebieterisch erfordert.

Eine hervorragende Eigenschaft, welche dem Maschinenpersonale, insbesondere dem Führer innewohnen soll, ist die moralische Tüchtigkeit. Unter diesen Begriff fällt vornehmlich der persönliche Muth, die Geistesgegenwart und die Klarheit des Blickes. Man kann mit mäßigem Können und sehr wenig Wissen ein brauchbarer Eisenbahnfunctionär sein, nimmermehr aber ohne Muth und Geistesgegenwart.

Hierzu kommen Pflichttreue, Wahrhaftigkeit und Disciplin. Dabei iſt die Grenze
zwiſchen äußerſter Pflichterfüllung, die bis an aufopfernden Muth herangeht,
und ſtrafbarer Waghalſigkeit äußerſt fein gezogen. Die Erwägung, ob ſtrenges
Feſthalten an der In=
ſtruction oder beſorgtes
Ueberſchreiten derſelben
nach den Erforderniſſen
des Momentes im gege=
benen Falle das Richtige
ſei oder nicht, ein großes
Unglück herbeigeführt oder
verhütet zu haben, ent=
zieht ſich nachträglich
meiſt der Beurtheilung.
Sicher iſt, daß jeder
Eiſenbahndienſt ſofort
ſtille ſtehen würde, wenn
das Perſonal nur ſeinen
Inſtructionen buchſtäblich
folgt, gar nicht ſelbſt ur=
theilt, gar nicht wagt.

Im Allgemeinen hat
der Grundſatz zu gelten,
daß der Locomotivführer
nach Möglichkeit eine und
dieſelbe Maſchine beſtän=
dig zugetheilt erhalte,
damit er in deren Eigen=
ſchaften und Behandlung
vollkommen eindringen
könne. Die Ausbildung
im Schloſſerhandwerk iſt
Grundbedingung, jene im
Montirungshandwerke
ſehr wünſchenswerth. Der
Führer ſoll eben nicht nur

Tender=Locomotive für gemiſchte Züge. (Effective Dampfſpannung 10 Atmoſphären; totale Heizfläche
52·2 Quadratmeter; Dienſtgewicht 29 Tons.)
(Nach einer Photographie des Conſtructeurs: Maſchinenfabrik der ungariſchen Staatsbahnen, Budapeſt.)

die gute Leitung der im guten Betriebszuſtande befindlichen Maſchine und deren
kleinere Schwächen und Beſonderheiten, wie ſie jede Locomotive beſitzt, verſtehen,
ſondern auch entſtehende Gebrechen — den Bruch einer Achſe, eines Tyre, einer
Feder, einer Leit=, oder Kuppel=, oder Excenterſtange, das Platzen eines Rohres
o. dgl. — ſofort beim Auftreten erkennen; er ſoll auch ſchwieriger zu unterſcheidende

Mängel wahrnehmen und bestimmbar unterscheiden, z. B. das Blasen der Schieber, Ein- oder Ausströmung, das Schlagen eines Lagergehäuses, Futters, Bolzens u. s. w.

Der Locomotivführer ist verpflichtet, dem ihm zugewiesenen Heizer vor Allem die Handgriffe zu zeigen, welche er anwenden muß, um eine im Gange befindliche Locomotive zum Stillstand zu bringen und wie dieselbe in diesem Zustande und während seiner eigenen Abwesenheit gefahrlos zu erhalten ist. Ferner muß er dem Heizer mit den wesentlichen Maschinentheilen und mit den Verrichtungen bei den Vorbereitungen zur Fahrt bekannt machen, und bei allen seinen Verrichtungen über-wachen. Unmittelbar nach jeder Fahrt, vor jeder Abfahrt und zur Zeit des Standes im Heizhause hat der Führer eine gründliche und eingehende Untersuchung aller Theile der Locomotive und des Tenders vorzunehmen, damit etwaige Schäden und Gebrechen bei Zeiten entdeckt und rechtzeitig behoben werden können. Hierbei ist darauf zu sehen, daß der Kessel in allen seinen Theilen, die Siederohre, dann alle Röhren für Wasser oder Dampf so dicht schließen, daß kein Verlust statt-finden kann. Alle beweglichen Bestandtheile und jene, in welchen eine Bewegung stattfindet, müssen im normalen Zustande sein, weil es der richtige Gang der Loco-motive erfordert.

Es ist dem Führer strenge untersagt, eine Aenderung an den Federwagen (Springbalance) vorzunehmen, um einen großen Dampfdruck und dadurch eine große Leistungsfähigkeit der Maschine zu erzielen. Er hat sich von dem guten Zustande des variablen Blasrohres, des Funkenapparates, des Aschenkastens, der Achsenbacken, ebenso der Zug- und Stoßvorrichtung, der Bahnräumer, der Sandkasten und Sandstreuapparate zu überzeugen. Beim Tender ist hauptsächlich darauf zu sehen, daß der Wasserkasten nicht rinne, daß dessen Organe in vollkommen gutem Zu-stande seien, und daß die Verbindung des Tenders mit der Maschine eine ord-nungsmäßige sei. Der Führer ist dafür verantwortlich, daß kein die Regelmäßig-keit und Sicherheit des Verkehrs gefährdendes Gebrechen unbehoben bleibe und er ist mitverantwortlich für die Reinhaltung der Maschine und des Tenders, indem er verpflichtet ist, den Heizer und die zu diesem Geschäfte etwa bestimmten Indi-viduen zu unterrichten, beziehungsweise strenge zu verhalten, daß sie ihre Pflicht thun.

Das Ablassen des Wassers aus dem Kessel, welchem die Beseitigung des Feuers aus der Feuerbüchse vorauszugehen hat, darf nie bei einem hohen Dampf-druck, sondern es darf beides erst nach vorhergegangener langsamer Abkühlung des Kessels geschehen, weil durch eine schnelle, schädliche Abkühlung das Undicht-werden der Feuerbüchse, der Siederohre, Abspringen der Stegbolzen, Nietenköpfe, Rinnen und Schweißen hervorgerufen wird. Aus demselben Grunde soll auch der noch warme Kessel nicht mit kaltem Wasser gefüllt werden. Da der Kesselstein auch die Zugänge zum Kessel allmälig verstopft, so sind von Zeit zu Zeit die-selben freizumachen.

Die wichtigsten Obliegenheiten des Locomotivführers sind diejenigen, welche die Fahrt betreffen. Während derselben hat der Führer auf der Plattform in der Regel zunächst dem Steuerungshebel so zu stehen, daß er diesen, den Regulator und die Dampfpfeife möglichst schnell handhaben kann; er hat die Locomotive und ihre arbeitenden Theile genau zu beobachten, um jedes Gebrechen an derselben durch Auge oder Ohr unverzüglich wahrnehmen zu können. Große Aufmerksamkeit und gewissenhafte Sorgfalt erfordert die Speisung der Locomotive. Da der Führer hierfür verantwortlich ist, darf er die Speisung niemals seinem Heizer allein über= lassen, sondern kann höchstens die Handgriffe dazu nach seiner Anweisung und unter seiner Aufsicht vornehmen lassen. Die Kenntniß von dem Wasserstande im Kessel, der niemals unter dem zulässig tiefsten Stand (der am Kessel bezeichnet ist) herabsinken darf, ist nicht allein durch das Wasserstandglas, sondern auch öfter durch Oeffnen der Probirhähne zu verschaffen. Der unterste Probirhahn darf stets nur Wasser ablassen; der mittlere Probirhahn, welcher in der Regel den mittleren Wasserstand anzuzeigen hat, wird beim öffnen Wasser und Dampf aus= strömen, während der oberste Hahn nur Dampf ausströmen soll. Bei der Beur= theilung des Wasserstandes ist zu berücksichtigen, daß derselbe während des Ganges der Locomotive und bei heftiger Dampfentwickelung stets höher erscheint als beim Stillstand der Locomotive, bei geschlossenem Regulator oder bei niedriger Dampf= spannung. Es muß daher vor dem Anhalten in den Stationen darauf gesehen werden, daß genügend hohes Wasser vorhanden sei, widrigenfalls leicht die Feuer= kistendecke bloßgelegt werden könnte.

Verstärkte Aufmerksamkeit auf den Wasserstand ist bei der Fahrt in Strecken mit starken Steigungen nöthig, und in noch erhöhterem Maße, wo solche mit Ge= fällen häufig und plötzlich abwechseln, weil sonst bei zu niederem Wasserstande eine Gefahr einer Beschädigung für das vordere Ende der Siederöhren oder für die Feuerbüchse eintreten kann. Wenn die Maschine auf einer Steigung hinauffährt, muß der Wasserstand höher gehalten werden, damit die Rohrenden nächst dem Rauchfange nicht vom Wasser entblößt werden. Ueberhaupt gilt die ununter= brochene Ergänzung des Wasserverbrauches, wobei der Speiseapparat nur wenig Wasser auf einmal liefert, als Regel.

Eine weitere Hauptverrichtung auf der Locomotive ist die Beheizung der= selben. Der Heizer muß nach Angaben des Führers die Nachfeuerung besorgen. Dieselbe soll mit Gewandtheit, Schnelligkeit und Aufmerksamkeit geschehen, damit die Heizthüre nie länger als nöthig offen bleibe und das überflüssige Einströmen der kalten Luft vermieden werde. Das Oeffnen der Thüre soll in dem Augenblicke erfolgen, in welchem der Heizer mit der vollen Schaufel vor derselben ist; nach jedem Wurfe ist die Thüre sofort wieder zu schließen. Das Brennmaterial muß über die ganze Rostfläche in möglichst dünnen Schichten und gleichförmig aus= gebreitet werden. Eine zu scharfe Wirkung des Blasrohres ist nach Thunlichkeit zu vermeiden, indem die Verengung desselben nicht allein einen bedeutenden Gegen=

druck auf die Kolben verursacht, sondern dadurch auch Kohlenstückchen mitgerissen und durch den Rauchfang ausgeworfen werden. Dies wird vornehmlich dann ein= treten, wenn der Rost ungleich beschickt ist und durch Lücken die Außenluft heftig einströmt. Der Führer ist verpflichtet, mit möglichst geringem Brennstoffaufwande den Zug regelmäßig und anstandslos zu befördern und er muß seinen Heizer in dieser Hinsicht überwachen, belehren und zur Wirthschaftlichkeit strenge anhalten. Bei der Feuerung ist hauptsächlich auf die Bahnverhältnisse und auf die Schwere des Zuges Rücksicht zu nehmen und sind alle Mittel und Vorrichtungen anzuwenden, um die Dampferzeugung und den Dampfverbrauch derart zu reguliren, daß mit dem geringst erreichbaren Brennstoffaufwande jene Dampfspannung erzielt wird, welche erforderlich ist. Zur Ersparung von Brennstoff wird von der variablen Expansion (vgl. S. 254) der weiteste Gebrauch gemacht, vornehmlich bei leichten Zügen, auf Gefällen, bei günstiger Witterung und allen der Fortschaffung des Zuges günstigen Verhältnissen, wobei die volle Oeffnung des Regulators und des Blasrohres mit Vortheil angewendet werden kann.

Zur Aufmunterung für Ersparnisse beim Brennstoff sind auf den meisten Bahnen für das Maschinenpersonale Prämien für gemachte Ersparnisse eingeführt, von welchen dem Führer der größere, dem Heizer der kleinere Antheil zufällt. Anderseits aber wird jeder mißbräuchliche Vorgang in der Oekonomie des Brenn= stoffes, wenn dadurch Zugsverspätungen hervorgebracht werden, mit dem Verluste der Prämie beziehungsweise des Fahrgeldes bestraft und im Bedarfsfalle zu ver= schärften Strafen gegriffen. Zur Controle des Dampfdruckes (wie Seite 253 mit= getheilt wurde) dienen das Manometer und die Sicherheitsventile. Willkürliche Veränderungen an diesen letzteren ist dem Führer strenge untersagt.

Die an der Locomotive während der Fahrt eintretenden Gebrechen erfordern die allergrößte Aufmerksamkeit seitens des Maschinenpersonales. Versagt der Regu= lator — was eintritt, wenn die zu seiner Bewegung dienenden Zugstangen ge= brochen oder deren Bolzen herausgefallen, oder ein fremder Gegenstand zwischen die Schlitze gerathen ist — dann sind die Steuerung, die Bremsapparate und das Sandstreuen die Mittel, um den Zug zum Stillstande oder vorsichtig in die nächste Station zu bringen. Bei Nacht und ungünstigen Verhältnissen muß der Dampf auf jede zulässige Weise entfernt, das Feuer beseitigt werden und für den Fall, daß die Reparatur auf eine ganz verläßliche Weise nicht sogleich möglich wäre, ist eine Hilfsmaschine herbeizurufen. Der Eintritt von Gebrechen an den Siede= rohren — z. B. das Bersten derselben — hat ein schnelles Sinken des Wassers im Kessel zur Folge und kündigt sich an durch Entweichen von Wasser und Dampf in die Feuerbüchse oder in die Rauchkammer, oder in beide. Vor Allem ist hierbei der Wasserstand mindestens bis zum zulässig tiefsten Punkte zu erhalten und sind die beiden Mündungen des Rohres mit Stoppeln zu schließen. Sollte dies nicht durchführbar sein, so müßte zur Beseitigung des Feuers und nöthigenfalls zur Ab= lassung des Wassers geschritten werden.

Functionirt der Injector nicht, so ist zumeist die vorausgegangene Erhitzung desselben die Ursache und muß daher der Dampfkessel des Apparates geschlossen, der Tender- und der untere Apparatwechsel geöffnet, Tenderwasser durchgelassen, und erst dann, wenn auch dieses Mittel nicht helfen sollte, der Apparat mit kaltem Wasser übergossen und so gehörig abgekühlt werden. Sollte zu heißes Tenderwasser die Ursache der Nichtfunctionirung des Apparates sein, so muß kaltes Wasser in den Tender nachgefüllt werden. Auch die Verunreinigung des Apparates in Folge mangelhafter Reinigung des inneren Wasserkastens kann die Veranlassung zur unvollkommenen oder gänzlichen Unterbrechung der Speisung werden. Desgleichen ist die Wasserhöhe im Tender in dieser Hinsicht von Einfluß, daher der Führer die Eigenthümlichkeiten seiner Apparate kennen und ausprobirt haben muß, wie dieselben am wirksamsten zum Speisen gebracht werden können und bei welcher Wasserhöhe im Tender ein minderes oder gar kein Speisen mehr möglich ist.

Ueber die Obliegenheiten des Führers — und Maschinenpersonales überhaupt — während der Fahrt bezüglich der Bahnstrecke selbst, der Beachtung der Streckensignale, die Beobachtung der Streckenwächter und aller sonstigen Vorkommnisse, wird in einem späteren Abschnitte über die Bewegung der Züge die Rede sein. Es erübrigen zum Schlusse nur noch etliche Bemerkungen über den Führernachwuchs und die Heizer vorzubringen. Den ersteren bilden die sogenannten Lehrlinge, welche dem Werkstättenarbeiterstande entnommen und den besten Führern zur Ausbildung zugewiesen werden, wobei sie durch einige Zeit den Dienst der Heizer verrichten müssen. Später haben sie eine Prüfung zu bestehen, um das zur selbstständigen Ausübung des Führerdienstes unentbehrliche Staatszeugniß zu erlangen. Ihre praktische Verwendung finden sie vorerst beim Rangir- und Bereitschaftsdienste, späterhin bei Arbeits- und Lastzügen.

Die Obliegenheiten des Heizers ergeben sich zum Theile aus denen des Maschinenführers, wie aus dem Vorstehenden mehrfach sich ergiebt. Im Allgemeinen kommt ihnen jener Theil der Maschinenbedienung zu, der sich auf die Instandhaltung der Maschine und ihrer einzelnen Organe vor und nach der Fahrt bezieht. Die Heizer werden aus den stabilen Putzern des Heizhauses requirirt und zum Fahrdienste nach und nach ausgebildet, indem sie, wo zwei Heizer den Maschinen zugetheilt sind, zuerst als zweiter Heizer, sonst beim Verschieben, sodann bei den leichteren Personen-, endlich zu den Last- und anderen Zügen zugetheilt werden. Eine behördliche Prüfung entfällt, die wünschenswerthen praktischen Unterweisungen erhalten die Heizer vom Führer. Eine nicht unwesentliche Vorbedingung ist eine kräftige, gesunde Körperconstitution, da der Dienst des Heizers ein sehr anstrengender ist. Ueberhaupt ist der Heizer ein wichtiges Organ der Maschinenbedienung, indem seine physische Arbeit und sonstige Mithilfe dem besten Führer zur vollkommenen Führung der Locomotive unentbehrlich sind; nebstdem kann der Heizer durch Unfähigkeit, Lässigkeit oder bösen Willen der Maschine Schaden zufügen, ja selbst Unfälle herbeiführen, im Gegenfalle verhüten.

Außer dem Führer und Heizer erfordert die Maschinenbedienung noch andere Organe, welche den internen Heizhausdienst versehen. Es sind dies der Vorheizer und Putzer. Die Obliegenheiten des ersteren bestehen in der Mithilfe bei den Heizhausverschiebungen, beim Umdrehen und allen zur Remisirung und Ausrüstung der Maschinen, sowie in deren Reinigung, Auswaschung und Anheizung. Das erste Anheizen der Maschinen durch die Vorheizer erspart dem fahrenden Heizer 1½ bis 2 Stunden Anwesenheit im Heizhause, was bei langen Fahrstrecken, besonders bei Lastzügen und im Winter von Wesenheit ist, weil der Streckendienst den Heizer ohnedies stark in Anspruch nimmt. . . . Die Putzer haben den fahrenden Heizern beim Putzen der Maschine und anderen Hantirungen zu helfen und bilden die Pflanzschule für die fahrenden Heizer, während die Stellung des Vorheizers als eine Art Ruheposten für altgediente Heizer aufzufassen ist.

---

2. Die Personenwagen.

Die Eisenbahnwagen weisen im Großen und Ganzen eine mit der fortschreitenden Entwickelung des Locomotivbaues gleichen Schritt haltende Ausgestaltung der einzelnen Typen auf, doch sind hier die Constructionen etwas stationärer wie dort. Ja, gewisse Kategorien von Lastwagen sind durch Jahrzehnte auf derselben Stufe verblieben, z. B. in England, wo noch vielfach alterthümliche, ganz aus Holz gebaute Wagen ohne elastische Stoß= und Zugvorrichtungen laufen. Dagegen haben die vielfachen reformatorischen Bestrebungen auf allen Gebieten des Eisenbahnwesens auch reiche Früchte bezüglich der Einrichtung, Ausstattung und Benützung der Personenwagen getragen. Den gesteigerten Ansprüchen des reisenden Publicums sind die Bahnverwaltungen und Wagenconstructeure durch fortgesetzte Verbesserungen, Erhöhung des Comforts und Rücksichtnahme auf möglichst große Bequemlichkeit oft in einem Ausmaße nachgekommen, daß die Grenze des Zweckmäßigen mehrfach überschritten, dem Luxus hingegen Bahn gebrochen wurde.

Nicht ohne Einfluß waren hierbei die auf den amerikanischen Bahnen geschaffenen Einrichtungen, wo die Ausdehnung der Strecken in gebieterischer Weise zu Reformen zwang. Einzelne daselbst schon seit längerer Zeit bestehende zweckdienliche Ausstattungen von Waggons zu Speise=, Conversations= und Schlafräumen fanden allmählich auch auf dem Continente Eingang. Hand in Hand damit gingen die Verbesserungen an den vielfach noch sehr primitiven inneren Einrichtungen der Personenwagen, die eine völlige Umwälzung zur Folge hatten. Die

Aufmerkſamkeit, welche die conſtructiven Theile der Waggons, vornehmlich das
Radgeſtell und der Waggonkaſten zur Erhöhung der Sicherheit des Reiſenden er=
fuhren, führten gar bald zu einer behaglicheren Ausſtattung der Räume. Bahn=
brechend wurden für dieſe Reformen die Ausſtattungen und Einrichtungen der
Waggons zur Beförderung hoher und höchſter fürſtlicher Perſönlichkeiten; es über=
trugen ſich allmählich die dort ſtattgehabten Umwälzungen theilweiſe oder gänzlich
auf die üblichen ſogenannten »Normalſyſteme«, deren Beengtheit, ſchlechte Venti=
lation und ſonſtige allen Anforderungen der Geſellſchaft hohnſprechenden Gebrechen
ſolche Wagen faſt in eine und dieſelbe Linie mit dem alten Marterkaſten der Poſt=
kutſchen ſtellten.

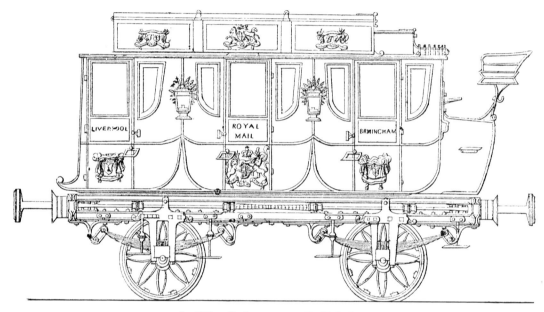

Engliſcher Perſonenwaggon I. Claſſe (1840).

Mit dieſem fortwährenden Beſtreben nach Verbeſſerungen war indes der
Uebelſtand verbunden, daß eine große Mannigfaltigkeit der Typen ins Leben trat,
wobei die bis dahin beſtandenen Normalſyſteme die Grundlage für die conſtruc=
tiven Reformen abgaben. Erſt im Laufe der letzten Jahre ſind einheitlichere Con=
ſtructionen entſtanden. Es war eben nicht leicht, die an verſchiedenen Stellen und
recht durcheinander gemachten Erfahrungen zu ſammeln, dieſelben ſcharf zu ſichten
und für die Neuausführungen zu verwenden. Deshalb iſt es erklärlich, daß auch
neuerdings Manches mit unterlaufen iſt, was erſt mit der Ausſcheidung der
Wagen wieder verſchwinden wird. Wie die Dinge liegen, haben die Wagencon=
ſtructeure zur Zeit ihr Augenmerk vornehmlich auf die erkannten Mängel zu richten,
die gemachten Erfahrungen zu verwerthen und die zahlreichen Einzelwünſche auf
ihre Berechtigung hin zu prüfen. Eine Hauptſchwierigkeit bei ſolchen Feſtſtellungen
liegt möglicherweiſe in der großen Zahl der zur Mitwirkung Berufenen.

Bevor wir auf die Details der einzelnen Typen eingehen, iſt es erforderlich, auf die conſtructiven Organe der Eiſenbahnwagen einen orientirenden Blick zu werfen. Dieſelben unterſcheiden ſich von dem gewöhnlichen Fuhrwerk zunächſt durch ihre größeren Abmeſſungen, welche ſie befähigen, bedeutende Laſten fortzuſchaffen. Die große Belaſtung der Eiſenbahnwagen hinwieder wird dadurch ermöglicht, daß dieſelben auf der glatten Bahn der Schienen fortbewegt werden, wobei das Beharrungsvermögen erheblich zur Verminderung des Eigengewichtes beziehungsweiſe der Geſammtlaſt beiträgt. Eine Eigenthümlichkeit der Eiſenbahnfahrzeuge gegenüber den Straßenfuhrwerken beſteht ferner darin, daß die Räder der erſteren an die Achſen feſtgekeilt ſind, während bei letzteren die Räder an feſtſitzenden Achſen ſich drehen. Der Vortheil der erſteren Anordnung beſteht darin, daß der Durchmeſſer der Achsſchenkel, auf welchen der Wagen ruht, ein kleineres Maß aufweiſt als die in der Rad= naben liegenden Theile der Achſe, wodurch der Eigenwiderſtand, den dim Wagen ihrer Bewegung entgegenſetzen, herabgemindert wird, da das Maß der Reibung an den Zapfen kleiner iſt, als an den Naben bei feſtſtehenden Achſen. Außerdem würde bei Rädern, welche ſich an einer unbeweglichen Achſe drehen, in Folge Ab= nützung die Führung zwiſchen Nabe und Achsſchaft ſich erheblich lockern, was bei Rädern, die an der Achſe feſtgekeilt ſind, unmöglich iſt, da die Laſt immer von oben auf die Achsſchenkel drückt und vermöge der eigenartigen Conſtruction der Achslager ein Hohllaufen der Zapfen ausgeſchloſſen iſt. Der Sachverhalt iſt ſo einfach und klar, daß er einer weiteren Auseinanderſetzung nicht bedarf.

Gleichwohl kommen auch Conſtructionen von Eiſenbahnwagen vor, bei denen einzelne Räder ſich auf den Achſen drehen, indem nämlich auf einer gemeinſchaft= lichen Achſe das eine Rad loſe, das andere feſt auf derſelben ſitzt. Dieſe Anord= nung kann nur dort mit Vortheil angewendet werden, wo es ſich um geringe Geſchwindigkeit und ſehr ſcharfe Curven handelt. In geraden Strecken drehen ſich beide Räder gemeinſchaftlich mit der Achſe, während in Curven das loſe Rad jener Drehung um die Differenz der Längen der beiden Schienenſtränge vorauseilt beziehungsweiſe, wenn es auf dem inneren Schienenſtrange läuft, gegen dieſelbe zurückbleibt.

Ein jeder Eiſenbahnwagen ſetzt ſich aus drei Haupttheilen zuſammen: dem Wagenkaſten, dem Radgeſtell (Rahmen, Unterkaſten) und den Rädern. Bei gewiſſen Kategorien von Laſtwagen fällt übrigens der Wagenkaſten ganz fort, indem um Zapfen drehbare Böcke mit ſeitlich aufſtrebenden Armen oder blos ſolche letzterer Art zur Aufnahme der Ladung (Schienen, Langhölzer ꝛc.) dienen. Was zunächſt die Räder und Achſen anbelangt, ſind die erſteren entweder Speichen= räder oder Scheibenräder, ihr Material Eiſen oder Stahl. Gußeiſen kommt meiſt nur für Schalengußräder, mitunter für Radſterne in Anwendung, doch dürfen erſtere nur unter Güterwagen ohne Bremſe laufen. Zur Zeit werden faſt aus= ſchließlich elaſtiſche Speichenräder verwendet. Ein Uebelſtand derſelben iſt, daß ſie bei ſchnellfahrenden Zügen bedeutende Mengen Staubes aufwirbeln. Verſuche mit

Scheibenrädern aus Holz und Papiermasse, welche den vorerwähnten Uebelstand weniger fühlbar machen, haben keine befriedigenden Resultate ergeben. Die Con= struction wäre indes der Verbesserung fähig, da erwiesenermaßen bisher kein voll= werthiges Material verwendet wurde. Dem weitgehenden Gebrauche des letzteren steht aber wieder das Hinderniß entgegen, daß solche Räder aus bester Papier= masse bedeutend theuerer sind als solche aus Eisen oder Stahl.

Jedes Speichenrad setzt sich aus drei Theilen zusammen: dem Radsterne mit der dazugehörigen Felge, der Nabe und dem Radreifen (Tyre, Bandage); letzterer hat aus einem besonders widerstandsfähigen Material zu bestehen und wird in Folge dessen in der Regel aus Gußstahl erzeugt. Der Radreifen ist an seiner Lauffläche konisch abgedreht und mit einem Spurkranze versehen, vermöge dessen das Rad die Führung auf der Schiene erhält. Der Durchmesser des Radreifens ist etwas kleiner als derjenige des Radsternes (mit der Felge); vor dem Aufziehen wird ersterer so weit erwärmt, daß er bequem über letzteren geschoben werden kann; in Folge des Erkaltens preßt sich der Radreif fest auf das Rad an und es bedürfte eigentlich keiner weiteren Befestigung beider Theile, da die Reibung eine so innige ist, daß eine Trennung nicht stattfinden kann. Indes sind die Rad= reifen entweder in Folge der mechanischen Angriffe, denen sie während der Fahrt ausgesetzt sind, oder durch zu starkes Zusammenziehen bei großer Kälte Brüchen ausgesetzt. Tritt ein solcher Fall ein, so würde der ganze Reif sofort abfallen, wenn er nicht an mehreren Stellen mit dem Rade vernietet oder verschraubt wäre. Um überdies zu verhindern, daß bei Tyrebrüchen einzelne Theile abgeschleudert werden, sind verschiedene Anordnungen getroffen, welche für den Laien ohne Interesse sind.

Die Speichen und Naben weisen vielfach abweichende Constructionen auf und werden erstere mitunter aus Holz hergestellt. Radsterne aus Papiermasse stehen sehr hoch im Preise. Man verwendet für erstere zur Zeit überwiegend solche aus Schmiedeeisen, und zwar mit massiven, ungenieteten Speichen, weil bei guß= eisernen Naben das Loswerden der Speichen sehr bald eintritt. Speichen mit ovalem Querschnitt sind sehr schön und dauerhaft. Daß Räder mit massiven Speichen weniger elastisch sind als solche mit genieteten und getheilten Speichen, ist eher ein Vorzug als ein Nachtheil für das Festhalten des Reifes. Mitunter (in Amerika) besteht das Radgestell aus zwei zusammengeschraubten oder genieteten Stahlblech=Scheibenringen, an der Peripherie gebördelt und der Bord je in eine eingedrehte Nuth des Tyre und der Nabe passend. Dabei braucht der Tyre nie erhitzt zu werden, das Rad ist elastisch und fest zugleich, der Tyre kann bis auf eine geringere als die Minimaldicke abgedreht werden, ohne Gefahr des Bruches oder Loswerdens. Das amerikanische Gußeisen ist von ganz ausgezeichneter Qualität und in Folge dessen stehen dort Schalengußräder in allgemeiner Anwendung, und zwar mit und ohne Rippen. Außer den ganz gußeisernen Rädern laufen auf den amerikanischen Bahnen noch eine Menge Räder von ungewöhnlichen Constructionen, so für Personenwagen solche mit gußeiserner Nabe, stählernem Radreif und Scheibe von gepreßtem Papier, andere mit Holzscheiben u. s. w. Den gußeisernen Rädern rühmen die amerikanischen Ingenieure eine sehr lange Lauffähigkeit nach; dem deutschen Maschineninspector J. Brosius wurden die durchlaufenen Strecken von einigen alten Rädern zu 202.166 englischen Meilen, von anderen 156.000 bis 178.000 englischen Meilen angegeben. Eine gußeiserne Bandage sollte 15 Jahre gelaufen sein, und von einigen Rädern wurde behauptet, sie seien 20 Jahre im Dienste gewesen und hätten 1½ Millionen englische Meilen zurückgelegt.

Wir haben schon bei den Locomotiven hervorgehoben, daß die Achse sozusagen die Basis alles technischen Eisenbahnwesens sei und die größte Beachtung verdiene. Die Achsen werden daher nicht mehr aus Schmiedeeisen, sondern durchwegs aus Gußstahl hergestellt, und muß jede derselben aus einem einzigen Ingot ausgeschmiedet sein. Der mittlere Theil der Achse wird Achsschaft genannt, die beiden etwas schmäleren Enden, mit welchen die Achsen in den Achslagern laufen, heißen Achsschenkel; der Theil der Achse, welcher beiderseits in die Naben der Räder zu liegen kommt, ist am stärksten dimensionirt. Die Befestigung der Räder auf den Achsen erfolgt lediglich durch Reibung, indem die Nabenbohrung der Räder einen etwas kleineren Durchmesser hat als der Achsschaft an seinen verdickten Stellen, doch sind die Abmessungen derart gehalten, daß die Nabe am Befestigungspunkte der Achse nur durch Anwendung eines starken hydraulischen Druckes aufgeschoben werden kann.

Die Verbindung der Achsen mit dem Rahmen (Radgestell) erfolgt mittelst der Achsbüchsen. Zu diesem Zwecke stützt sich der Achszapfen mit seiner oberen Hälfte gegen eine ihn bis zur Mitte umfassende Lagerschale aus Bronze, welche in der Achsbüchse befestigt wird. An Stelle der Lagerschale wird die Achsbüchse häufig oben durch ein weiches Metall (eine Mischung von Kupfer, Zinn und Antimon) ausgegossen, oder es wird die Lagerschale an der Lauffläche mit dieser Metallmischung ausgegossen, was sehr rationell ist. Um die Reibung der Achsschenkel in den Lagerstellen zu vermindern und gleichzeitig zu verhüten, daß erstere heiß laufen, enthält die Achsbüchse in ihrem Untertheile ein Schmiermittel (meist mit Petroleum versetztes Rüböl, seltener andere Oele, oder dickflüssige Schmieren), in welches der Achsschenkel entweder mit seiner unteren Hälfte eintaucht, oder es wird ihm die Schmiere mittelst Saugdochten und Schmierpolstern zugeführt. Die Schmierung muß aber auch von oben her erfolgen. Sie wird, wenn dickflüssige Schmiere in Anwendung kommt, erst dann wirksam, wenn sich der Achsschenkel in Folge der Bewegung bereits etwas erwärmt hat.

Die Achsbüchsen bilden entweder ein Stück, oder sie sind aus zwei Theilen, einem oberen und einem unteren, zusammengesetzt, welche miteinander verschraubt werden. Die Achsbüchsen werden von Vorne über die Achsschenkel geschoben und besitzen an den Seiten Gleitflächen, mit welchen sie sich gegen die Achshalter stützen, und zwar mit hinlänglicher Reibungsfreiheit, um nach auf- und abwärts gleiten

zu können. Zur Seite der Gleitflächen greifen Rippen vor, welche zur Begrenzung
der seitlichen Verschiebung der Achsbüchsen beziehungsweise der Achsen in den
Krümmungen dienen. Die Achshalter (auch Achsgabeln genannt), welche die Achsbüchsen aufnehmen, sind aus starkem Blech hergestellt und mit den Langträgern
des Rahmens vernietet oder verschraubt. Auf den oberen Theil der Achsbüchse
kommt die Feder aufzuruhen, welche die Stöße der Räder von der Fahrbahn her
mildern und abschwächen soll. Die älteren Constructionen — Spiralfedern, Bogen-
federn, Parallelfedern — finden wenig mehr Anwendung und sind allenthalben
durch die »Blattfedern« — eine Anzahl Klingen von Federstahl, deren Krümmung
einem Kreisbogen entspricht — verdrängt worden. Die einzelnen Klingen werden
gegen das Auflager hin immer kürzer und alle Klingen zusammen durch einen sie
umgreifenden Bund festgehalten. Eine andere Befestigungsweise besteht darin, daß
die Klingen in ihrer Mitte durch zwei miteinander verschraubte Platten festgehalten
werden.

Das Material der Federn leitet wegen der großen Elasticität den Schall
sehr gut weiter, so daß alle Geräusche vom Rollen der Räder auf den Schienen
und die Erschütterungen von den Schienenstößen sehr deutlich auf das ebenfalls
eiserne Untergestell und den Wagenkasten übertragen werden. Nur wenn die Federn
mit den Achsen und dem Untergestell derart verbunden würden, daß die Schallfortleitung an beiden Stellen — den Achslagern und der Federaufhängung —
unterbrochen wäre, ließe sich jener Uebelstand beseitigen und eine gute Schalldämpfung erzielen. Die Einführung von Gummistreifen zwischen die einzelnen
Klingen der Feder hat sich nicht bewährt, da hierbei die metallische Verbindung
für die Schallfortleitung bestehen blieb.

Die Federn der heutigen Personenwagen haben je nach der auf ihnen ruhenden Last 8 bis 11 Klingen. Je nach der Herstellung, Härte und Art des Federn-
materials in der Belastung machen solche Federn, wenn angestoßen, in der Secunde 1·8
bis 3·5 ganze Schwingungen, doch treten die höheren Zahlen seltener ein, so daß
die meisten Schwingungen in den engeren Grenzen von 1·8 bis 2·6 in der Secunde
liegen. Untersucht man, wie sich die Zeit für eine Federschwingung zu der Zeit
verhält, in der bei gewisser Fahrgeschwindigkeit eine Schienenlänge Weges zurückgelegt wird, die Schienenstöße also in der Zeit einer Federschwingung aufeinander-
folgen, so ergiebt sich, daß in Folge des Zusammenfallens der Schienenstöße mit
den Federschwingungen der Gang des Wagens ein ruhiger wird.

Wir kommen nun zum zweiten Hauptbestandtheile eines jeden Eisenbahnwagens,
dem Rahmen oder Untergestelle, auch Unterkasten genannt. Derselbe wird
neuerdings fast ganz aus Eisen hergestellt, doch findet man noch ganz hölzerne
Untergestelle, ferner solche, bei denen die Langträger aus Eisen, die übrigen Theile
aber aus Holz sind. Die Verbindung der Langträger wird vorne und hinten durch
sogenannte Kopfschwellen bewirkt; zwischen diesem, ein Rechteck bildenden Rahmen
kommen die Diagonalverstrebungen und Querverbindungen, welche eine größere

Versteifung des Rahmens bewirken, zu liegen. Mittelst der Achshalter erfolgt die Verbindung des Rahmens mit den Achsen, wobei die gleichfalls an den Rahmen aufgehängten Federn mitwirken.

Am Untergestelle werden die Zug= und Stoßvorrichtungen angebracht. Beide Organe mögen dem Nichtfachmanne wohl als sehr nebensächlich erscheinen, doch ist dies durchaus nicht der Fall. Was zunächst die Zugvorrichtung an= belangt, so ist es klar, daß eine Anordnung, durch welche bei jedem Wagen un= mittelbar die beiden Befestigungsstellen an den Kopfschwellen in Anspruch genommen würden, das ganze Untergestell beständig in Mitleidenschaft gezogen wäre. Um dies zu verhüten, führt man die Zugvorrichtung durch das Untergestelle hindurch, so daß letzteres durch die Zugkraft gar nicht in Anspruch genommen wird; es wirken nur die Zugstangen aufeinander. Da aber ungegliederte Zugstangen eine gewisse Steifheit der fortzubewegenden Wagencolonne verursachen würden, schaltet man in der Mitte der Zugvorrichtung eines jeden Wagens ein elastisches Mittelstück ein, wobei eine Spiralfeder die jeweils wirkende Zugkraft aufnimmt. Die Enden der Zugstangen gehen in starke Haken über, an welchen die Kuppelvorrichtung an= gebracht ist. Dieselbe ist die sogenannte Schraubenkuppelung, die ein Zusammen= ziehen gestattet, wodurch dem zu starken ruckweisen Anziehen vorgebeugt wird. Minderwerthig sind die sogenannten Nothkuppelungen, welche zu beiden Seiten der Hauptkuppelung angebracht sind und aus schlaff herabhängenden Ketten bestehen. Ihren Zweck, im Falle eines Bruches der Hauptkuppelung in Wirksamkeit zu treten, erfüllen sie in den seltensten Fällen, da das plötzliche starke Anziehen der langen Ketten auch diese zum Reißen bringt. Man zieht daher vielfach vor, die Hauptkuppelung entsprechend zu verstärken, die Nothkuppelungen dagegen gänzlich fortzulassen.

Zur Erhöhung der Elasticität und Beweglichkeit einer Wagencolonne dienen neben den elastischen Zugvorrichtungen auch die Stoßvorrichtungen oder »Puffer«, welche zu diesem Zwecke gleichfalls elastisch hergestellt werden. In der ersten Zeit der Eisenbahnen kannte man nur unelastische Puffer, wie solche zum Theile auch heute noch an englischen Güterwagen sich finden. Später ersetzte man diese Puffer durch Lederkissen von cylindrischer Form, welche mit Roßhaar gefüttert und mit starken eisernen Reifen versehen waren. Da sie sich als zu wenig elastisch erwiesen, setzte man an ihre Stelle eiserne, an einer Stange befestigte Pufferscheiben, wobei erstere auf eine am Wagenuntergestelle befindliche Blattfeder drückte. Diese Anordnung hat sich indes nicht bewährt und führte zunächst zu einer Construction, welche darin bestand, daß die Stange der Pufferscheibe in eine Büchse zu liegen kam, in welcher eine Anzahl durch Blechtafeln von einander geschiedener Kautschuk= ringe den Stoß aufnahmen. Die Kautschukringe wurden dann wieder durch Spiral= federn ersetzt, oder man legte in vorerwähnte Büchse gewölbte Scheiben aus Stahl= blech ein, die abwechselnd ihre concaven und convexen Seiten einander zukehrten und auf diese Weise als Federn wirkten. Sie heißen demgemäß »Scheibenfedern«.

Die Zug= und Stoßvorrichtungen stehen noch immer mitten im Stadium der Experimente, und gilt dies vornehmlich von der Anordnung der Kuppelung, welche Jahr für Jahr zahlreiche Projecte und Vorschläge ans Tageslicht bringt, ohne daß es bisher gelungen wäre, dem einen oder anderen Systeme ungetheilte Anerkennung zu verschaffen. Das Hauptgewicht wird auf eine Anordnung gelegt, durch welche Zug= und Stoßapparat in einer gemeinsamen Vorrichtung unter= gebracht sind, die überdies — was die Kuppelung anbetrifft — diese letztere ent= weder automatisch besorgt, oder vermittelst einer am Wagengestelle angebrachten Hebelvorrichtung bewirkt werden kann. Das zur Zeit noch herrschende Zweipuffer= system schließt schwerwiegende Nachtheile in sich, da der die Kuppelung besorgende

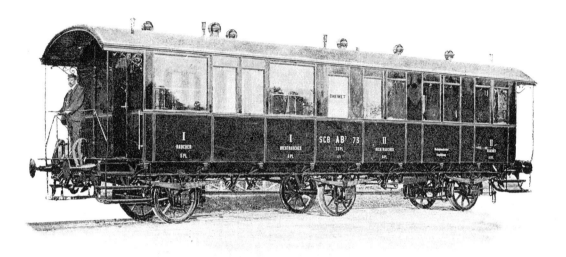

Schnellzugwagen mit Lenkachsen, Schweizerische Centralbahn.
(Nach einer Photographie des Constructeurs: Schweiz. Industrie=Gesellschaft in Neuhausen.)

Mann unter dem einen der beiden Puffer durchschlüpfen muß, wobei Verunglückungen nur zu häufig vorkommen.

Der dritte Haupttheil eines jeden Eisenbahnwagens ist der Oberkasten, auch kurzweg »Wagenkasten« genannt. Je nach dem Zwecke, für welche die Wagen gebaut sind, fällt der Wagenoberkasten außerordentlich verschieden aus. Wir sehen vorläufig von dem Güterwagen ab, und halten uns den Wagenkasten der Per= sonenwagen vor Augen. Die Kastengerippe der Personenwagen werden überwiegend noch aus Eichen=, Eschen= und Rusterholz angefertigt, doch findet das Eisen eine immer ausgedehntere Anwendung. Im Uebrigen sind die Wagenkasten durchwegs recht schwer gebaut. Bei guter Auswahl der Materialien würde sich das Gewicht der Kasten, ohne der Festigkeit und der Dauer zu schaden, sehr wohl noch ver= mindern lassen. Das todte Gewicht würde dann in wünschenswerther Weise herab= gemindert werden. Gegenwärtig zeigt sich vielfach das Bestreben, große, sehr schwere Wagen zu bauen, welche ein so großes Eigengewicht haben, daß selbst bei gün=

stiger Ausnützung der Sitzplätze, ein schreiendes Mißverhältniß zwischen der todten Last und der Nutzlast in die Erscheinung tritt.

Die Länge der Wagenkasten hängt mit einem anderen sehr wichtigen Factor — dem Radstand — zusammen. Man versteht darunter die Entfernung zwischen den Achsen eines Wagens, welche selbstverständlich nach der Kastenlänge sich richtet. Bei den älteren, meist kurzen Wagen ist der Radstand gering; bei den neueren, viel längeren Wagen ist derselbe jedoch für den ruhigen Gang bei schneller Fahrt nicht groß genug. Ein sehr bedeutender Radstand — wie ihn eine große Kasten-länge bedingt — behindert den Wagen im Durchlaufen der Curven und so ist man gezwungen, den Radstand herabzumindern. Dies hat aber zur Folge, daß die Wagenenden bedeutend überhängen, was den Fahrzeugen einen sehr unruhigen

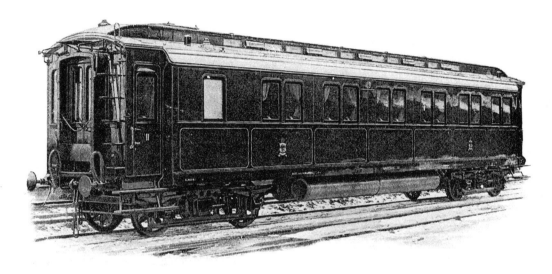

Durchgangwagen auf Drehgestellen der preußischen Staatsbahnen.
(Nach einer Photographie des Constructeurs: Van der Zypen & Charlier in Köln-Deutz.)

Gang verleiht und überdies einen größeren Kraftaufwand zu ihrer Fortbewegung erfordert.

Man kann z. B. an Wagen, die einen kurzen Radstand haben, beobachten, daß die Räder der Endachsen fortwährend mit ihren Spurkränzen gegen die Schienen anlaufen und an diesen reiben. Das ruhige Abrollen der Räder auf den Schienen hört dabei auf, das Reiben macht sich durch ein knurrendes, durchdringen-des Geräusch hör- und fühlbar, indem der ganze Wagen dadurch erschüttert wird. Man hat daher, um den Radstand möglichst groß zu wählen und dennoch die Beweglichkeit der Fahrzeuge in den Curven aufrecht zu erhalten, in neuester Zeit bei den großen, schweren und langen Wagen einer Anordnung amerikanischen Ur-sprunges Eingang verschafft, nämlich dem Truckgestelle. Dasselbe vereinigt je ein Achsenpaar an einem besonderen Wagengestelle, auf welchem das Wagenende aufruht. Die Verbindung ist mittelst eines starken Zapfens, um welchen sich das

Wagengestelle bei Drehungen des Truckgestelles unbehindert bewegen kann, bewirkt. Solche Wagen sind neuerdings in Deutschland in den Sommerverkehr gestellt worden, und zwar zunächst in den Schnellzügen von Berlin über Braunschweig nach Köln. Allerdings sind diese Wagen recht schwer, indem bei Besetzung aller Sitzplätze über 800 Kilogramm Wagengewicht auf jeden Fahrgast kommen, bei halber Besetzung das Doppelte dieses Gewichtes. Ursache dieses bedeutenden Gewichtes sind die kräftige Ausführung und die vielen Einbauten. Diese Wagen laufen sehr ruhig und machen sich nur die langen Blattfedern fühlbar, an denen man das Mitschwingen mit den Schienenstößen wahrnehmen kann. Die amerikanischen Wagen — die überdies leichter sind, da sie meist nur Sessel und keine überflüssigen Zwischenwände besitzen — haben an Stelle der Blattfedern Spiralfedern und vermeiden auf diese Weise die langsam verlaufenden Schwingungen.

Die Kastenverschalung wird allgemein mit etwa 2 Millimeter starken Blechen ausgeführt. Besteht das Kastengerippe aus Holz, so verbindet man die Ober- und Unterkastenschwellen durch Eck-, Thür- und Zwischensäulen, welche durch Querriegel versteift sind. Zur Herstellung geschlossener Seitenwände wird dieses Gerippe inwendig mit Brettern bekleidet, und außen mit einem Blechüberzuge, der nur in einzelnen Fällen durch Papiermaché ersetzt wird, überzogen. Die einzelnen Tafeln des Blechüberzuges besitzen in der Regel die ganze Höhe des Wagens und die Breite des Fensters, einschließlich der beiden halben Pfeiler; sie stehen unten etwas vor und sind mittelst inneren Langwinkels an dem Kastenrahmen befestigt. Gleicherweise werden Thüren und Stirnwände verschalt. Hätte man sich nicht so sehr an die glattlackirte Blechverschalung gewöhnt, so wären Holzverschalungen aus Brettern mit Feder und Nuth, sauber gekehlt, gefirnißt, oder auch mit Farben lackirt, dauerhafter und vielleicht — bei schöner Arbeit — nicht minder elegant. Das Unterlegen der Bleche mit Leinwand oder Stoffen überhaupt führt durch Anziehen der Feuchtigkeit das vorzeitige Verrosten der Bleche, trotz des Anstriches, herbei. Das beabsichtigte Vermeiden des rollenden Geräusches während der Fahrt wird durch gute Spannung und strammes Befestigen der Bleche ans Kastengerippe beseitigt. Die Wagendecke besteht aus gekrümmten Querhölzern, welche zwischen den Kastenschwellen eingelegt und mit einer Holzverschalung versehen sind. Diese letztere wird durch einen Ueberzug von stark mit Firniß und Farbe getränkter Leinwand oder durch eine Kupfer- oder Zinkbedeckung gegen die Einwirkungen der Sonne und Nässe geschützt. Der Fußboden besteht aus Brettern, welche meist in doppelten Lagen und mit Zwischenräumen von 30—50 Millimeter verlegt werden. Die Zwischenräume der beiden Bretterlagen füllt man passend mit schlechten Wärmeleitern aus. Die Anwendung elastischer Zwischenlagen (Gummi oder Spiralfedern) zwischen Oberkasten und Unterkasten, um die Stöße auf den ersteren noch weiter, als das schon durch die Tragfedern geschieht, abzuschwächen, ist sehr empfehlenswerth.

Die Bekleidung der inneren Wandflächen geschieht am zweckmäßigsten mit Wachstuch, da dasselbe hygienisch am vortheilhaftesten ist. Alle anderen Stoffe sind weniger geeignet, am wenigsten der erhaben gepreßte Linkruftastoff, welcher zwar dicht, aber nicht fest genug ist. Seine sehr rauhe Oberfläche giebt eine vorzügliche Bakterienlagerstätte ab. In dieser Hinsicht ist auch die Ueberladung mit all zu viel Leistenwerk zu vermeiden; wo eine Leiste genügt, brauchen drei nicht genommen zu werden. Große Staubbehälter sind ferner die Plüsche= und die Cocosfasern= teppiche. Ein einziger scharfer Tritt wirbelt aus ihnen so viel Staub auf, um ein ganzes Coupé damit zu füllen.

Bevor wir die Einrichtung der Personenwagen im Einzelnen behandeln, ist es nothwendig, deren Anordnung bezüglich der Zwischenräume kennen zu lernen. Man unterscheidet diesfalls drei Systeme: den Coupéwagen oder das »englische System«, den Intercommunicationswagen oder das »amerikanische System«,

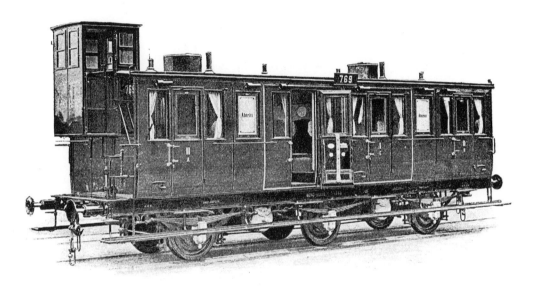

Coupéwagen I. und II. Classe für Vollbahnen.
(Nach einer Photographie des Constructeurs: »Düsseldorfer Eisenbahnbedarf«.)

und den Coupéwagen mit Mittel= oder Seitengang oder das »gemischte System«. Früher, als die letztgenannte Wagengattung noch nicht gebaut wurde, sprach man ganz allgemein von einem »deutschen System«, d. h. einem Coupéwagen mit langem Oberkasten und drei Achsen.

Die älteste Anordnung ist der Coupéwagen, zuerst in England construirt und im Großen und Ganzen der alten Postkutsche nachgebildet. Das Coupésystem, entsprossen dem englischen Wesen mit seiner Vorliebe nach Abgeschlossenheit, hat sich bislang als das herrschende erwiesen, obwohl der Vorzug der Abgeschlossenheit den schweren Uebelstand der Beengtheit mit sich brachte. Dagegen sind solche Wagen mit den an der Langseite angebrachten Thüren rasch besetzt und entleert, was in einem Lande wie England, wo die Aufenthalte kurz bemessen und eine Bevormundung der Fahrenden seitens des Dienstpersonales in Bezug auf An= weisung der Plätze u. s. w. nicht statthat, von Vortheil ist. Die leichte und schnelle

Besetzung und Entleerung der Wagen wird unterstützt durch die Form der Bahnhof-
perrons, welche so hoch über den Schienen liegen, daß von außen her unmittelbar der Boden des Coupés betreten wird. Gleichwohl hat man sich auch in England vielfach von dem unbequemen Coupéwagen emancipirt und dieselben fast
ausschließlich in den Dienst des Localverkehrs gestellt, während für den Fernverkehr allmählich die Pullman'schen Salon- und Familienwagen in Aufnahme
kamen. Im Uebrigen sind die englischen Personenwagen durchaus keine Muster von
Eleganz und Bequemlichkeit, und steht der Wagenbau in Deutschland und Oesterreich auf einer bedeutend höheren Stufe.

Durchgangwagen II. und III. Classe für Secundärbahnen mit Normalspur.
(Nach einer Photographie des Constructeurs: »Düsseldorfer Eisenbahnbedarf«.)

Der Intercommunicationswagen ist amerikanischen Ursprungs und entspricht
den dortigen Verhältnissen, wo verschiedene Classen und getrennte Abtheilungen für
Raucher und Nichtraucher nicht üblich sind. Zu beiden Seiten des ungefähr in
der Mitte laufenden Ganges sind die Sitzplätze angeordnet, je nach der Ausstattung
entweder mit Leder überzogen, oder aus Rohrsesseln beziehungsweise Holzbänken
bestehend. Die Intercommunicationswagen haben sehr lange Kasten ohne seitliche
Thüren, da mit Benützung von Plattformen an den Stirnseiten der Wagen ein-
gestiegen wird. Die Kasten ruhen auf zwei vierräderigen Truckgestellen, welche den
Wagen eine große Schmiegsamkeit in den Curven und einen ruhigen Gang verleihen. Ihre Nachtheile sind: das große Gewicht im Verhältnisse zur Zahl der
Sitzplätze, die überdies durch den Gang stark beengt werden, und die Unruhe,
welche in solchen Wagen in Folge des Aus- und Einsteigens der Reisenden herrscht.

Die Intercommunicationswagen weisen übrigens kleine Abweichungen von den ursprünglichen Typen auf, indem sie mitunter durch Querwände in Coupés eingetheilt sind, einen kurzen Kasten aufweisen und in Folge dessen nicht auf Trucks, sondern auf festen Achsen (meist 3) ruhen. In Deutschland und Oesterreich sind solche Wagen fast ganz auf die Flügel- und Localbahnen verwiesen worden.

Die ursprünglich nach dem Coupésysteme gebauten deutschen Wagen nähern sich in neuerer Zeit durch Anbringung von Mittel- und Seitengängen mehr dem amerikanischen Intercommunicationsysteme. Die Wagen sind länger als die englischen und kürzer als die amerikanischen und wurden früher häufiger als in der Neuzeit durch drei Achsen unterstützt. In der Schweiz sind dreiachsige Wagen noch immer sehr verbreitet und sind sogar die neuesten Wagen nach diesem Modell gebaut, jedoch mit lenkbarer Mittelachse, da steife Mittelachsen das Durchfahren der Curven sehr erschweren. Wir kommen auf diesen Sachverhalt in dem Capitel über die Garnituren ausführlich zurück.

Die Wagen gemischten Systems, d. h. solche mit Coupéeintheilung, aber seitlichem Verbindungsgange, in dem die Thüren des Coupés münden, sind unstreitig die zweckmäßigste Anordnung und bei den Reisenden sehr beliebt. Sie verbinden den Vortheil der Abgeschlossenheit der Coupéwagen reinen Systems mit der größeren Beweglichkeit, welche das Intercommunicationssystem gestattet und bieten durch die Einbeziehung von Toileteräumen größere Bequemlichkeit, als sie irgend eine andere Wagentype zu bieten vermag. Da die Anbringung des Seitenganges, bei Festhaltung an den herkömmlichen Abmessungen der Sitzplätze, eine größere Breite des Wagenkastens zur Folge hat, sind an den Fenstern Vorrichtungen angebracht, welche ein Hinausbeugen verhindern sollen, da alle über die Breite des Wagenkastens vorspringenden Theile gefährdet sind.

Die innere Einrichtung der Personenwagen ist, von ihrer Untertheilung nach Classen abgesehen, sehr verschieden. Was die erstere anbelangt, führen die amerikanischen Züge beispielsweise nur eine Wagenclasse, während sonst allgemein drei Classen, in manchen Ländern sogar vier Classen üblich sind. Wagen IV. Classe haben keine Sitzplätze. Was die Ausstattung der einzelnen Classenabtheilungen anbelangt, herrschen in den verschiedenen Ländern sehr abweichende Ansichten über das Maß der aufzuwendenden Fürsorge und Eleganz. Die geringsten Ansprüche machen die Amerikaner, obwohl die von Pullman in Verkehr gesetzten Extrawagen — als Schlaf-, Salon- und Speisewagen — prachtvolle Inneneinrichtung und größten Comfort aufweisen, und solche Wagen von begüterten und vornehmen einheimischen und fremdländischen Reisenden mit Vorliebe benützt werden. Die englischen und französischen Wagen nehmen eine Mittelstufe ein, während die deutschen und österreichischen Wagen, und, was die höheren Classen anbelangt, neuerdings die russischen und schweizerischen Wagen, sich einer wahrhaft luxuriösen Ausstattung befleißigen. Vielleicht ist man hier in der Befriedigung der Bedürfnisse des reisenden Publicums zu weit gegangen, und zwar bedauerlicherweise meist nur zu Gunsten der Passa-

giere I. Classe, während die III. Classe, welche der Natur der Sache nach den
größten Procentsatz der Reisenden aufweist, noch vielfach sehr stiefmütterlich
daran ist.

Hand in Hand mit der luxuriösen Ausstattung, welche das Publicum ver=
wöhnt hat, geht das Bestreben des letzteren dahin, sich möglichst zu isoliren, was
eine schwache Besetzung der einzelnen Plätze zur Folge hat, insbesondere bei den
Schnellzügen, welche sich demgemäß nicht rentiren, da die Selbstkosten nicht gedeckt,
sondern durch den Güterverkehr mitbezahlt werden. Eine weitere ungünstige Aus=
nützung der Sitzplätze ergiebt sich aus der Untertheilung der einzelnen Classen in
Coupés für Raucher und Nichtraucher und in solche für Frauen. Um allen diesen
Anforderungen zu entsprechen, sind die Bahnleitungen gezwungen, eine verhältniß=
mäßig große Zahl von Wagen in Bereitschaft zu halten und alle Kategorien in
einen Zug einzustellen. Durch die Einführung sogenannter »gemischter Wagen« mit
Coupés I. und II. beziehungsweise II. und III. Classe ist man der ökonomischen
Ausnützung der Wagenräume um einen Schritt näher gerückt, doch ist das Er=
gebniß noch lange nicht befriedigend.

Auffällig ist es, daß trotz des Luxus, dem Constructeure und Bahnver=
waltungen Eingang verschafft haben, noch immer vielfach die Bequemlichkeit dem
äußerlichen Prunk hintangesetzt wird. So hat man beispielsweise künstliche Ein=
richtungen getroffen, welche ermöglichen, die Sitze in Schlafstätten umzuwandeln.
Solche Liegestätten sind aber durchaus nicht bequem und man muß bereits im
Reiseverkehr stark »abgerollt« worden sein, um sich mit jener Einrichtung zufrieden
geben zu können. Die Polsterungen werden vielfach faltig hergestellt, wodurch
sie zu den ärgsten Staubbehältern werden. Glatte Bezüge lassen sich viel leichter
rein halten und sind demgemäß in hygienischer Beziehung den gefalteten vor=
zuziehen. Am geeignetsten ist dichtes Tuch, am ungeeignetsten Plüsch. Dem Deco=
rationsbedürfnisse kann durch gemusterte, aber glatte Stoffe Genüge geleistet
werden.

Sehr stiefmütterlich wird, wie bereits erwähnt, die III. Classe behandelt.
Daß die harten Sitzplätze dieser Wagenclasse Bequemlichkeit bieten, wird Niemand
behaupten wollen. Sie unterstützen den Körper nicht genügend, der Kopf kann
nirgends angelehnt werden, die Vorderkante der Sitze ist häufig nicht abgerundet,
was die Kniemuskeln sehr ermüdet. In der II. Classe ist es besser bestellt, obwohl
auch hier die Vorderkante der Polstersitze häufig zu hart ist, wenn es auch prin=
cipiell von Vortheil ist, wenn der Sitz eine gewisse Steifheit besitzt. Bei der
Polsterung beziehungsweise Wölbung der Rücklehne wird sehr oft nicht darauf
Rücksicht genommen, daß der gefederte Sitz beim Platznehmen um ein bedeutendes
Maß einsinkt, wodurch Sitz und Lehne in ein Verhältniß zueinander kommen,
welche der Körperlage nicht entspricht. Auf solch' schlecht construirten Sitzen ruht
man nicht aus und vermeidet nach Thunlichkeit das Anlehnen. Ueberdies sind die
Ohrpolster vielfach so hart, daß sie Schmerzen verursachen, mitunter sind sie so hoch

angebracht, daß eine mittelgroße Person mit dem Kopf nicht hinanreicht und höchstens der oberste Kopftheil mit der Schläfe eine Stütze findet. Man bekommt in Kürze einen steifen Hals, die harte Unterlage macht jede Erschütterung des Wagens fühlbar und der Schluß ist ein Taumelzustand, der nur durch zeitweiliges Hinaus= lehnen beim Fenster beseitigt werden kann.

Nicht wesentlich besser ist es mit den Ellbogenklappen und Eckstützen bestellt. Sie sind entweder hart oder so schmal, daß sie von zwei nebeneinander Sitzenden nicht gleichzeitig benützt werden können, oder sie liegen so tief, daß der Körper zur Seite neigen muß, um dem Unterarme die erwünschte Stütze zu bieten. Alle diese Mißstände ermüden und führen zu Mißmuth. Auch bezüglich der Länge der Bogenklappen sollte ein praktisches Mittelmaß eingehalten werden. Sind sie zu kurz, so unterstützen sie den Unterarm schlecht; sind sie zu lang, so müssen die Ohrkissen übermäßig hoch angebracht werden, da sich sonst die Ellbogenstützen nicht auf= klappen lassen. Feste Ellbogenstützen, welche es unmöglich machen, unbesetzte Sitze als Liegestätte zu benützen, kommen bei den neuesten Typen wohl nicht mehr vor, finden sich aber noch vielfach in Wagen älterer Constructionen.

Von besonderer Wichtigkeit sind die Vorrichtungen für Ventilation, Be= leuchtung und Beheizung. Da die letzteren zwei — gleich den Bremsen und Noth= signalen — der ganzen Garnitur gemeinsam sind, kommen dieselben bei Behand= lung dieses Gegenstandes zur Sprache.

Was die Ventilation anbelangt, sind folgende Vorrichtungen in Anwendung: Feststellbare Thürfenster, Luftschieber oberhalb der Thüren und Seitenfenster, diagonal an den Seitenwänden angebrachte Knierohre, Deflectoren und Exhaustoren, kastenförmige Ventilationsaufsätze am Wagendache. Die ausgedehnteste Anwendung haben bisher die über den Thüren und Fenstern der Coupés angebrachten verstell= baren Luftschieber gefunden; sie werden aber durch die Kohlenasche der Locomotive stark verunreinigt und sind selten recht gangbar. Durch die geöffneten Klappen dringen sehr viele solcher Schmutztheile in den Wagen und verunreinigen die Mittelsitze erheblich. Nur bei starkem Seitenwind ist das weniger fühlbar, in diesem Falle wird aber nicht gelüftet, weil es die Fugen im Wagen reichlich genug thun und leicht zu viel Zugluft entsteht. Bei schwachem Wind und stillem Wetter zieht der Rauchschwaden von der Locomotive über den Zug, je nach den Wendungen desselben in den Bahnkrümmungen bald die eine, bald die andere Seite der Wagen bespülend.

Dieser Uebelstand tritt namentlich bei den Dachaufsätzen der modernen langen Durchgang= und Extrawagen hervor, indem erstere mit ihren Ecken vortreffliche Fangvorrichtungen für Rauch, Ruß und Kohlenasche abgeben, da letztere seitlich nicht gut ausweichen können und durch die Oeffnungen in den Wagen eindringen. Man kann also diese Einrichtung als gute Lüftung nicht bezeichnen. Erheblich besser ist die seitliche Lüftung über den Fenstern, nur muß sie groß genug sein. Der über den Zug streichende Rauch wird von den Dachflächen der Wagen so

weit abgelenkt, daß er durch die Seitenöffnungen nicht eindringen kann. Die Dach=
aufsätze dienen zugleich dazu, Oberlicht eindringen zu lassen, was aber in nur un=
vollkommener Weise erreicht wird. Die Fensterklappen werden in Kürze durch
Rauch und Ruß derart verschmiert, daß der durch sie angestrebte Zweck vereitelt
wird. Man ist daher neuerdings bestrebt, möglichst hohe und breite Fenster=
öffnungen herzustellen, über denen noch immer Raum genug übrig bleibt, um
Lüftungsschieber oder Klappen anbringen zu können.

Zu der Ausstattung der heutigen Durchgangwagen gehören noch die Rein=
lichkeitseinrichtungen — Toilette und Anstandsort. Ihre Unterbringung in einem
und demselben Raume ist allerdings keine glückliche Anordnung, jedoch aus Raum=
rücksichten geboten. So vortheilhaft nun diese Einrichtungen sind, so weiß dennoch
jeder Reisende, daß in diesen Räumen nicht Alles klappt. Auf manchen Bahnen

Schlafwagen der preußischen Staatsbahnen.
(Nach einer Photographie des Constructeurs: Van der Zypen & Charlier in Köln=Deutz.)

findet man Waschwasser so selten, wie in der arabischen Wüste. Alle Bemühungen,
dem Hahne einen Tropfen des köstlichen Naß zu erpressen, sind vergeblich. Da
das Waschwasser zugleich zur Durchspülung des Abortschlauches dient, bedingt
dessen Mangel eine anstandswidrige Verunreinigung des letzteren.

Für die Wände und Decke wird theils Holzgetäfel, theils Woll= oder Seiden=
rips, seltener Wachstuch verwendet, doch ist das letztere, wie bereits hervorgehoben,
vom hygienischen Standpunkte das empfehlenswertheste. Holztäfelung verursacht
beim Fahren etwas dumpfes Geräusch und sollen die Ueberplatten mit Tuch
unterlegt sein. Für die Decke, dessen Ueberzug beim deponiren des Gepäcks häufig
beschädigt wird, bedient man sich vorzugsweise lichten Holzgetäfels bei einfacher
Profilirung der Dachbögen und Fournirung derselben. Fenster, welche in den
Falzen nicht mit Kautschuk oder Tuchstreifen gefüttert sind, verursachen ein un=
aufhörliches, nervenstörendes Geklirr.

Die Thüren versichert man durch ringsum angeheftete Filz=, Kautschuk= und
Sammtstreifen gegen den Luftzug; innen sind Leisten vor dem Charnierspalt, gegen

das Einklemmen, in ganzer Höhe bei allen Classen unerläßlich. Das häufige
Werfen (Verziehen) der Thüren rührt von nassem Holz, zu schwachen Friesen oder
unzureichendem Eisenbeschlage her; man macht sie daher möglichst stark, belegt die
offene Kante der ganzen Breite nach mit Façoneisen; damit sie nicht allein an den
Charnieren und am Schloßriegel hängen, wird im Spalte an der Schloßseite eine
conische Leiste, an der Thüre eine correspondirende Nuth angebracht, welche bei
verschlossener Thüre sich ineinanderfügen. Zum Reinigen des in den Fensterspalt
gefallenen Staubes oder Unrathes wird innen unten eine mit dem Wagenschlüssel
verschließbare Klappe angebracht. Jede Thüre soll mindestens zwei Verschlüsse haben,
und zwar den Drucker (auch von innen zu handhaben) und das von außen mit
dem hohlen Dornschlüssel zu öffnende Schloß. Es ist jedoch zweckmäßig, einen dritten
Verschluß in Form eines drehbaren Reibers außen so anzubringen, daß er von
innen aus durch das geöffnete Fenster mit ausgestrecktem Arme eben noch erreicht
werden kann. Bei der steten Eile der Bedienungsmannschaft werden die Thüren,
damit sie gleich sicher schließen, mit einer gewissen Wucht zugeschlagen, was bei
den oft anhaltenden Personenzügen, namentlich Nachts, für die ruhebedürftigen
Fahrgäste sehr unangenehm ist. Eine ausreichend schalldämpfende Auskleidung der
Thüröffnungen mit Filz oder anderen Stoffen würde diese Uebelstände wirksam
vermindern.

Es ist selbstverständlich, daß die verschiedenartigen technischen und künst=
lerischen Erzeugnisse nicht ohne Einfluß auf den Wagenbau geblieben sind. Seit
einiger Zeit wetteifern Bahnverwaltungen und Constructeure in der Ausnützung
der diesfalls vorhandenen reichen Hilfsmittel. Hervorzuheben sind vor Allem die
Erzeugnisse der Wagenbauanstalten von Van der Zypen & Charlier (Köln=
Deutz) und R. Ringhoffer (Prag=Smichow), welche neben ihrer großen Leistungs=
fähigkeit viel Geschmack bekunden und wo die Gelegenheit geboten ist (z. B. bei
den Hofwagen), den größten Luxus entfalten.

Mit Hilfe der erstgenannten Firma hat neuester Zeit insbesondere die Eisen=
bahndirection Frankfurt a. M. der preußischen Staatsbahnverwaltung bei Aus=
stattung von den drei Classenabtheilungen eine recht erfreuliche bahnbrechende Um=
gestaltung der herkömmlichen Normalwagen vorgenommen. Zeigen schon die con=
structiven Theile der Wagen einen bedeutenden Schritt zur Besserung hinsichtlich
des geräuschloseren und bequemeren Fahrens und sichereren Beförderung der
Reisenden, so hat die Innendecoration einen noch größeren Fortschritt gemacht.
Die neuen Wagen I. und II. Classe haben Mobilien und Thüren aus Nußholz,
alle Beschläge an Thüren, Sitzplätzen, Fensterrahmen, Constructionstheilen, Venti=
lations= und Beleuchtungsobjecte sind in vergoldeter Bronce hergestellt. Sitz= und
Wandbekleidung bis zur Fensterbrüstung sind in blaugrünlichem beziehungsweise
bräunlichem gepreßten Wellplüsch, die obere Wandbekleidung in dazu gestimmten
Seidenstoff ausgeführt. Die Decken zeigen in Oel gemalte Luftpartien. An den
Kopfenden der Sitzplätze sind unter Politur ausgeführte ornamentale Malereien

auf Ahornfournier angeordnet. Die Sitzeinrichtung ist mit Mittelgang bewerkstelligt,
damit ein bequemerer Verkehr der Reisenden unter sich stattfinden kann, wie den
überhaupt rücksichtlich der Bequemlichkeit weitgehendste Vorsorge getroffen ist. Der
sich streng dem Normalprofil anschließende Wagenoberbau hat jede Möglichkeit
ausgenützt, die eine vortheilhafte Verwerthung des gewonnenen Raumes zuläßt.
Mit Gegengewichten versehene große Fenster, vor denen je ein Klapptischchen an=
gebracht ist, gestatten einen freien Umblick. Die Scheiben sind mit Randornamenten
geziert, Vorhänge sind im Stoff und der Farbe der oberen Wandverkleidung aus=
geführt. (Vgl. Bild Seite 16.)

    Das Bestreben der Bahnverwaltungen, dem Publicum das Reisen so an=
genehm als möglich zu gestalten, verlieh dem Wagenbau neue Impulse, welche von

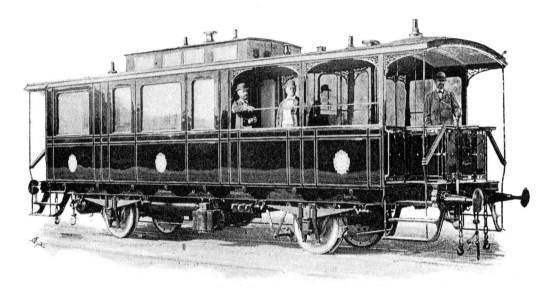

Salonwagen der Gotthardbahn.
(Nach einer Photographie des Constructeurs: Schweiz. Industrie=Gesellschaft in Neuhausen.)

einer Reihe hervorragender Constructeure durch Geschmack und Erfindungsgabe unter=
stützt wurden. Zur Beseitigung der leiblichen Bedürfnisse der Reisenden trat zunächst die
internationale Schlafwagen=Gesellschaft ins Leben, welche auf den großen
europäischen Transitlinien für den durchgehenden Verkehr Schlafwagen in die regel=
mäßig verkehrenden Züge einstellte. Der Anklang, welche diese Einrichtung gefunden,
veranlaßte eine Erweiterung derselben, indem nun auch — ganz nach amerikanischem
Muster — Speise= und Salonwagen nach Pullman'schem System in Verkehr
gesetzt, beziehungsweise ganze Züge unter der Bezeichnung »Expreßzüge« der Be=
nützung des anspruchsvolleren Publicums zugeführt wurden. Solche Züge laufen
Kraft der mit den betreffenden Bahnverwaltungen abgeschlossenen Verträge auf
mehreren europäischen Hauptlinien und erfreuen sich hinreichenden Zuspruches, um
das Unternehmen zu rentiren. Nach und Nach sahen sich indes einzelne Bahnver=

waltungen veranlaßt, für ihren eigenen Bedarf Extrawagen einzustellen. Den Anfang machten die Salonwagen, welchen die Schlafwagen folgten. Neuester Zeit sind auch Speisewagen schnellfahrenden Zügen im durchgehenden Verkehr einverleibt worden.

Neben diesen Neuerungen ist eine andere zu verzeichnen, welche mit dem Ausbau der Gebirgsbahnen im Zusammenhange steht. Um den Reisenden den Genuß einer Gebirgsfahrt möglichst ungeschmälert zu vermitteln, werden auf vielen Strecken eigens zu diesem Zwecke gebaute Wagen — sogenannte »Aussichtswagen« — den Zügen angehängt. Ihre Anordnung ist verschieden, doch kommen sie alle ihrer Bestimmung: eine möglichst freie Uebersicht auf die durchfahrende Gegend zu gestatten, dadurch nach, daß thunlichst viele und große Fenster angebracht werden,

Galleriewagen I. Classe der Brünigbahn (Schweiz), Spurweite 1 Meter.
(Nach einer Photographie des Constructeurs: Schweiz. Industrie-Gesellschaft in Neuhausen.)

so daß der obere Theil des Kastens eigentlich nur aus Oeffnungen und den sie gliedernden Streben und Säulchen besteht. Die rückwärtige Stirnwand ist gänzlich freigelegt, jedoch für den Bedarfsfall (bei schlechtem Wetter, in Tunnels ꝛc.) durch große Fensterrahmen zu schließen. Verschieden von dieser Anordnung sind die auf der Gotthardbahn verkehrenden Salonwagen, welche aus einer geschlossenen und einer offenen Abtheilung bestehen. Die Ausstattung ist von größter Eleganz, die Eintheilung der Räumlichkeiten sehr bequem. Ein Wagen dieser Art ist nebenstehend abgebildet. Auf der Brünigbahn rollen seit neuester Zeit Aussichtswagen von ganz eigenartiger Anordnung. Sie unterscheiden sich von den gewöhnlichen Personenwagen nur durch eine seitlich angebrachte, ganz offene, durch ein entsprechend hohes Geländer abgegrenzte Gallerie, welche einen ideal vollkommenen Ueberblick auf die vom Zuge durchfahrenen Strecken gestattet. Auf Secundärbahnen, welche Gebirgsgegenden durchziehen, pflegt man ein Stirncoupé I. Classe durch

Freilegung der rückwärtigen Stirnwand dem durch die Aussichtswagen angestrebten
Zweck dienstbar zu machen. Mitunter werden auch die Plattformen etwas geräumiger
gemacht, mit Geländern versichert und den Reisenden zur Benützung überlassen.
Auf amerikanischen Bahnen sind solche an den Salonwagen angebrachte Platt=
formen sehr beliebt.

Die Krone der modernen Waggonausstattung bilden die Salonwagen für
fürstliche Persönlichkeiten und die Vehikel der Hofzüge. Hier ist Alles aufgewendet,
was technisches Können, kunstgewerblicher Geschmack und Luxus zu leisten ver=

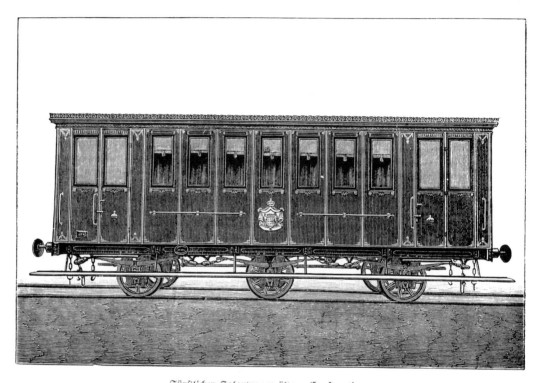

Fürstlicher Salonwagen älterer Construction.
(Nach einer Photographie des Constructeurs: Nürnberger Maschinenbau=Actiengesellschaft.)

mögen. Von Außen in den seltensten Fällen besonders auffällig, wendet man auf
der Innenausstattung die denkbar größte Sorgfalt in Bezug auf Behaglichkeit und
Eleganz, welch' letztere vielfach ans Prunkhafte streift, zu. Nichts was Kunst und
gewerbliche Technik zur behaglichen Ausstattung der Wohnräume aufbieten, bleibt
von den Constructeuren unbeachtet, um es zweckentsprechend zu verwerthen. So
gestaltet sich das Innere solcher Wagen zu wahren Prachträumen, und nicht mit
Unrecht hat man sie als »fahrende Paläste« bezeichnet. Großes haben in dieser
Beziehung die Waggonbauanstalten von J. Ringhoffer in Smichow (Prag) und die
Waggonfabrik in Breslau in der Ausführung und Zusammenstellung des öster=
reichischen beziehungsweise deutschen »Kaiserzuges« geleistet. Ebenbürtig diesen
Leistungen sind jene der Firma Van der Zypen & Charlier in Köln=Deutz,

J. Rathgeber in München, der Waggonfabrik zu Oldbury in England, welche derlei Vehikel vorwiegend für exotische Fürstlichkeiten baut, u. a. m.

Das beigegebene Vollbild giebt eine ungefähre Vorstellung von der luxuriösen Ausstattung der Hofwagen. Derselbe enthält zunächst einen Empfangs= beziehungs= weise Vorraum, aus welchem man in den Salon gelangt. Die mäßigen Ab= messungen von 2·85 zu 3·55 Meter mußten natürlich zu großen Beschränkungen führen, so daß die Einrichtung der Hauptsache nach aus zwei vergoldeten Bronze= kaminen, einem als Ruhebett eingerichteten Sopha, Klapptisch, Sessel und Prunk= schränkchen besteht. Die rechts von dem letzteren sich befindliche Thür führt nach dem Schlafgemache mit Bettstatt, Fauteuil und den sonstigen üblichen Bequemlich= keiten. Aus diesem Gelasse gelangt man nach dem Toiletteraum mit Closet, Wasch= vorrichtung, Toilettespiegel; Behältnisse für Toiletteartikel und dergleichen vervoll=

Salonwagen der Kaiserin Friedrich.
(Nach einer Photographie des Constructeurs: Van der Zypen & Charlier in Köln=Deutz.)

ständigen die Ausstattung. Ein Gang führt ferner vom Salon nach dem letzten Raume, dem Dienergelaß mit Kochvorrichtung. Es sind somit alle Gemächer unter sich in Verbindung, ohne daß ein Betreten des Schlafcabinets nothwendig würde.

Bezüglich der im modernen Renaissancestyl entworfenen Decoration sei er= wähnt, daß sämmtliche Mobilien und sonstige aus Holz verfertigten Architektur= theile aus Nußbaumholz, theils matt, theils polirt, insbesondere im Salon= und Empfangsraume mit reichen Schnitzereien versehen, ausgeführt sind. Zur Wand= bekleidung des Salons= und Empfangsraumes wurden im unteren Theile bis zur Brüstungshöhe der Fenster ein blaugrüner, schwerer, damascirter Seidensammt gewählt, während die oberen Theile mit tiefgelber Seide, die Decke mit hellgelber Rohseide bekleidet ist. Die einzelnen Wandfelder sind von einer Lisenenanordnung eingefaßt, die dem Gerüstaufbau des Waggons entspricht, während die Feder= theilung der Decken durch vergoldete Bronzeleisten gebildet wird. Das Schlaf= und Toilettegemach ist mit mattrothem Tuche ausgeschlagen. Für die Ruhebettausstattung ist eine zur Wandbekleidung passende persische Teppichdrapperirung angewendet. Die Anordnung ist derart getroffen, daß die Einrichtung tagsüber als Divan benützt werden kann. Die Sitzmöbel sind im Salon und Empfangsraume im Tone der unteren Lambrisbekleidung, die des Schlafgemaches mit zum Ruhebett abge= paßtem Seidensammt überzogen. Die Glas= scheiben des oberen Auf= baues sind farbig, die= jenigen der Fenster mit reichen Randornamenten umrahmt; außerhalb der Fenster befinden sich Zug= jalousien, innerhalb Springrouleaux und bis zum Fußboden reichende seidene Gardinen.

Schlafcoupé des Königswagens im rumänischen Hofzuge; anstoßend das Saloncoupé.
(Nach einer Photographie des Constructeurs: F. Ringhoffer in Smichow bei Prag.)

Eine recht an= heimelnde Wirkung bietet die Ausstattung des Schlaf= und Toilettege= maches. Der warme rothe Ton der Wandbekleidung, die prächtige Holzfarbe und die in kleinen Farben= varianten spielende De= coration des Ruhebettes, in Gemeinschaft mit den mäßig vertheilten Gold= staffirungen der Wand= und Deckenfelder, die Heizkörper und Beschlags= theile (Thür= und Fenster= griffe) zeigen dem Auge eine allseitig wohlthuende Ruhe, die dem mehr prunkhaft ausgestatteten Salon und Empfangsraume nichts nachgiebt. Selbstverständlich sind alle technischen Errungenschaften in Bezug auf Heizung, Beleuchtung, Ventilation, Wasserzufuhr, Closeteinrichtung, Brems= und sonstige Sicherheitsvorkehrungen in vollkommenster Weise ausgenützt, was auch rücksichtlich der constructiven Theile gilt, wodurch der Wagen einen äußerst ruhigen Gang hat und alle sonst sich bemerkbar machenden

Inneres des Salonwaggons des Großherzogs von Oldenburg.
(Nach einer Photographie des Constructeurs: Van der Zypen & Charlier in Köln-Deutz).

Unzuträglichkeiten (Schienenstöße, Federschwingungen, Bremserschütterungen) so gut wie ganz entfallen.

Wir haben uns mit der Einrichtung dieses einen, vom Architekten P. Koch entworfenen, von der Firma Van der Zypen & Charlier gebauten Wagen deshalb eingehender beschäftigt, um dem Leser eine ungefähre Vorstellung von der inneren Ausstattung solcher Vehikel zu vermitteln. Die anderen beigegebenen Abbildungen dienen zur Vervollständigung des Gebotenen. Es sind dies Interieure des Hofzuges des Königs von Rumänien, Constructeur ist die Firma F. Ringhoffer in Smichow-Prag. Die eine Abbildung führt eine Abtheilung des »Königswagens« vor, die zweite die Anordnung des Speisewagens. Ersterer hat an seinen beiden Enden gedeckte Entrés, einen Salon mit zwei Divans, einem Tisch, vier Fauteuils und einem Schlafdivan. Vom Salon gelangt man in das (hier abgebildete) Schlaf=coupé, welches zwei in Schlafstellen umzuwandelnde Divans, zwei Nachttische und zwei kleine Fauteuils enthält. Durch einen in der Mitte befindlichen Doppelvor=hang kann dieser Raum in zwei Schlafcoupés eingetheilt werden.

In dem anstoßenden Toiletteraum befindet sich ein Waschtisch mit zwei Cuvetten, gegenüber ein Spiegel mit Consoltischchen. Aus diesem Gelasse führt eine Thür zum Closet, eine andere in den Corridor, in welchen die Thür des Gelasses mündet, welches den Wärmewasser=Heizapparat enthält, und jene der Garderobe mit Fauteuils (welche in Schlafstellen umgewandelt werden können) und zwei großen Gepäcksschränken. . . . Das Innere des Speisewagens, welcher auf drei Achsen ruht, ist 10·5 Meter lang und 7·8 Meter breit, und hat ein gedecktes Entré, einen Rauch=salon, welcher durch einen Doppelvorhang vom Speisezimmer getrennt ist, und ein Buffet. Die Zusammenstellung solcher Hofwagen in ganze Züge (»Hofzüge«) erfordert abweichende Einrichtungen der einzelnen Vehikel, je nach dem Range der Personen, für die sie bestimmt sind, und dem Zwecke, welchem sie dienen sollen. Ein solcher Zug besteht demgemäß aus einem Dutzend und mehr Wagen, z. B. aus Salon= und Schlafwagen für die Allerhöchsten Herrschaften, Suitensalonwagen und Suiten=schlafwagen, Dienerwagen mit und ohne Separatcoupés für Hofbeamte, Speise=wagen und Küchenwagen, Gepäck und Conducteurwagen. Zur Erzielung möglichst ausgiebiger Schalldämpfung werden die Wände und die Decke mit doppelten Ver=schalungen von weichem Holze versehen, über welcher mehrfache Lagen von Cellulose o. dgl. angebracht werden; die innere Wagenseite wird außerdem mit starker Segel=leinwand und einer dicken Lage von Filz verkleidet. Der äußere Ueberzug des Wagenkastens besteht aus Blech. Der Fußboden, durch welchen das meiste Geräusch in die Coupés dringt, erhält eine doppelte oder dreifache Holzverschalung und zwischen derselben wieder je mehrere Lagen von Cellulose o. dgl. Der obere Fußboden erhält mitunter einen Bleibelag, auf welchem Filz stärkster Sorte zu liegen kommt, auf diesem Linoleum und schließlich schwere Teppiche. Außerdem werden behufs elastischer Auflagerung zwischen Untergestell und Wagenkasten Kautschukeinlagen angebracht.

Die Fenster sind von feinstem Spiegelglas, meist mit Gegengewichten zum zwanglosen Auf= und Niederlassen eingerichtet, wodurch dieselben in jeder beliebigen Höhe stehen bleiben. Die Fenster können eventuell entfernt und durch Jalousien ersetzt oder mittelst aufziehbarer Blenden verdeckt werden. Große Sorgfalt wird selbstverständlich auf Be= heizung, Ventilation und Beleuchtung — letztere in den neuesten Hofwagen elektrisch — gelegt, sodann auf die Sicherheitsvor= kehrungen, als Bremsen, Nothsignale u. s. w.

Die Möbel und Wände der Gala= und Suitewagen sind mit den feinsten Stoffen, die Sitze der Dienerwagen mit Leder überzogen, die Wände der letzteren mit dessinirten Wachstuch= tapeten verkleidet. Zur Decorirung der Decken in den Salonwagen wählt man glatte oder gemusterte Seidenstoffe, reich ge= schnitzte Karniesen, Gold= borten u. s. w. Vorhänge werden aus schwerem Grosgrain mit Crepinen, Moosfransen, Quasten, Agraffen u. dgl. ausge= stattet. Die sichtbaren Theile sind meist in Nuß= holz, matt oder polirt hergestellt, für die Fül=

Inneres des Speisewagens im Hofzuge des Königs von Rumänien.
(Nach einer Photographie des Constructeurs: F. Ringhoffer bei Smichow in Prag.)

lungen der Täfelungen verwendet man in neuester Zeit mit Vorliebe das schöne ameri= kanische Vogelaugen=Ahornholz. Die Beschläge in den Gala= und Suitewagen sind reich vergoldet, jene der Dienerwagen aus Bronze. Bezüglich der Einrichtung der Gelasse mit Möbeln, Spiegeln, Lampen und Luxusgegenständen ist der Phantasie des Constructeurs und der Kunst der gewerblichen Hilfskräfte ein weiter Spielraum gesteckt, der nach Maßgabe der aufzuwendenden Kosten in innerhalb weiteren oder

engeren Grenzen liegt. Der Speisewagen erhält einen von ihm getrennten aber
durch breite Thüren bequem zugänglichen Buffetraum, der Küchenwagen ist mit
Kochherd, Anrichtetisch, Geschirrkästen und Eisschränken, Gefäßen für Nutzwasser,
Ausgußvorrichtung und Behälter für Brennmaterial, und außerdem mit einer wirk-
sameren Ventilationsvorrichtung versehen. Für Hofköche wird ein Separatcoupé
mit daranstoßendem Toilette= und Closetraum angeordnet. Die Küchenbeiwagen

Salonwagen eines indischen Fürsten.

werden im Allgemeinen so eingerichtet, daß sie Gepäcksräume mit Geschirrkisten,
Kasten für lebendes Geflügel und zurückklappbare Betten für das Küchenpersonale
enthalten. Die Anordnung weicht natürlich da und dort ab. Wenn der disponible
Raum das Verladen von größeren Collis gestattet, werden an den Seitenwänden
Schubthüren angebracht. Im Gepäckwagen werden getrennte Räume für das Gepäck,
den Inspectionsbeamten, den Conducteur, und ein Cabinet mit Toilette und Closet
angeordnet.

Was die Personenwagen im Allgemeinen anbelangt, ist noch Einiges über
die Unterbringung des Zugbegleitungspersonales nachzutragen. Die neuesten Con=

ſtructionen enthalten durchwegs kleine Cabinete, in welchem die Conducteure, ſoferne ſie nicht dienſtliche Functionen verrichten, ſich aufhalten. Bei den Coupé= wagen ſind ſolche Räume nicht vorhanden und treten an ihrer Stelle die an der einen Stirnſeite der Wagen angebrachten ſogenannten »Hütteln«, welche mittelſt einer Treppe beſtiegen werden. Es ſind hochliegende, durch eine Thüre verſchließ= bare Käſten, mit Fenſtern auf allen Seiten, um einen möglichſt freien Ausblick zu geſtatten, und einem gepolſterten Sitze. In den neuen Wagen mit Seitengang ſind die Hütteln von innen zugänglich.

Etagenwagen (Syſtem Thomas) der heſſiſchen Ludwigsbahn.
(Nach einer Photographie des Conſtructeurs: Nürnberger Maſchinenbau=Actiengeſellſchaft.)

Während bei Conducteur= und Bremſerhütten die ganze Kaſtenlänge aus= genützt werden kann, geht bei Anordnung von Plateaus ungefähr der Raum eines halben Coupés verloren. Die Anwendung ſolcher Bremſerplattformen wird demnach immer ſeltener, nicht nur weil ſie nutzbaren Raum beanſpruchen und die Ueberſicht des Zuges erſchweren, ſondern weil die Einführung der durchgehenden Bremſen die vorſtehende Anordnung überhaupt entbehrlich macht. Allerdings führen viele Wagen mit durchgehenden Bremsapparaten auch Vorrichtungen, welche die Hand= habung der Bremſe für jeden einzelnen Wagen geſtatten. Da alle dieſe Ein= richtungen einem ſpäteren Abſchnitte vorbehalten ſind, kann auf dieſelben hier nicht näher eingegangen werden.

Zu den außergewöhnlichen Conſtructionen zählen noch die Etagenwagen. Sie finden nur auf Nebenlinien mit geringer Fahrgeſchwindigkeit Anwendung und

Inneres des Salonwagens der Kaiserin Friedrich.
(Nach einer Photographie des Constructeurs: Van der Zypen & Charlier in Köln-Deutz.)

kommt ihnen der Vortheil einer besonders rationellen Ausnützung der Sitzplätze zu. Die nebenstehende Abbildung führt einen solchen Wagen der bayerischen Ludwigsbahn vor. Neuerdings ist übrigens der Versuch angestellt worden, Etagenwagen auch in den Schnellverkehr einzuführen, doch handelte es sich bei diesen Constructionen weniger um die Ausnützung des Sitzraumes, als vielmehr um die Erfüllung einer Bedingung, welche mit dem Schnellverkehr selbst eng zusammenhängt. Der Leser hat aus unseren Mittheilungen über den Locomotivbau erfahren, daß die gesteigerten Ansprüche an die Bahnen rücksichtlich der Fahrgeschwindigkeit besondere Anordnungen an den Locomotiven nothwendig machte. Vor Allem mußte

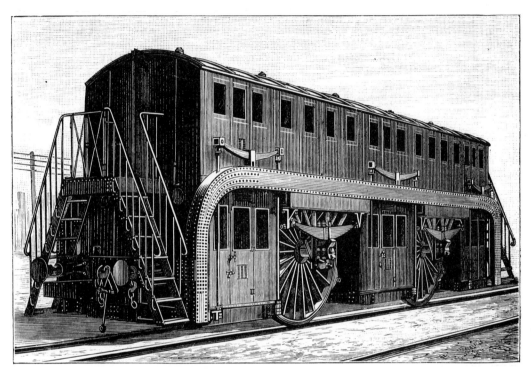

Estrade's Etagenwagen für Schnellzüge.

man die Treibräder vergrößern, damit dieselben bei jeder Umdrehung, d. i. bei jedem Kolbenhub der Maschine, eine größere Wegstrecke durchrollten. Zu diesem Zwecke erhielten die Räder 2 bis 2½ Meter Durchmesser. Auf die anderen Anordnungen — die größere Dimensionirung der Kessel u. s. w. — brauchen wir nicht wieder zurückzukommen.

Es ist einleuchtend, daß bei schnellfahrenden Zügen die Stabilität der Fahrzeuge erhöht wird, wenn sie entsprechend schwerer sind, ohne daß sie ein gewisses Maß des zulässigen Gesammtgewichtes überschreiten, da diesfalls wieder verschiedene Nachtheile damit verbunden wären. Was aber bisher nicht erwogen wurde, betrifft den relativ kleinen Durchmesser der Wagenräder, welche bei großer Fahrgeschwindigkeit außerordentlich schnell rotiren, was aus mehrfachen Gründen bedenklich ist.

Indes hat die Praxis des Betriebes schwerwiegende Unzuträglichkeiten nicht ergeben. Gleichwohl hat sich ein Constructeur — der Pariser Mechaniker Estrade — veranlaßt gesehen, eine Wagentype aufzustellen, welche den vorstehend berührten Bedingungen gerecht werden soll. Der Construction kommt nur ein theoretisches Interesse zu, soll aber der Vollständigkeit halber an der Hand der beigegebenen Abbildung erläutert werden.

Da Estrade von der Annahme ausging, daß es zweckmäßig sei, den Wagen schnellfahrender Züge Räder von möglichst großem Durchmesser zu geben, mußte seine Construction eine ungewöhnliche Form erhalten. Die Anordnung in zwei Etagen ergab sich aus der Supposition, wenige, aber stark besetzte Wagen in Anwendung zu bringen und aus der Anordnung der großen Räder, welche den Aufbau des ganzen Kastens über denselben nicht zuließen. Demgemäß ist der untere Theil des Wagenkastens zwischen den Rädern angebracht. Da der Wagen als zweiachsig gedacht ist, ergeben sich drei, von einander vollständig isolirte Abtheilungen nach dem Coupésystem, während der über den Rädern und den unteren Abtheilungen liegende Wagenkasten nach dem Intercommunicationssystem construirt ist. Die Passagiere der unteren drei Abtheilungen steigen also durch seitliche Thüren ein, während die obere gemeinschaftliche Wagenabtheilung mittelst einer Treppe erreicht und an den Stirnseiten des Wagens betreten wird. Interessant ist die eigenthümliche Aufhängungsweise an drei großen, oberhalb des aus starken Blechen hergestellten Rahmens angebrachten Federn, deren jede mittelst zweier Zugstangen die herabhängenden drei Abtheilungen des Wagens halten, während die Federn, mittelst welchen der Wagenkasten auf den Achsen aufruht, nach herkömmlicher Art angeordnet sind. Seitens sachverständiger Techniker wird bezweifelt, ob die Vergrößerung der Räder wirklich zur Verminderung der Zugkraft, wie dies doch in der Absicht des Constructeurs liegt, beiträgt. Estrade will nicht mehr als zwei Wagen per Zug einstellen und mit einem solchen ungefährdet eine Geschwindigkeit von 120 Kilometer pro Stunde erreichen.

Die Einrichtungen des amerikanischen Eisenbahnwesens, welche in vielfacher Weise von denen bei uns abweichen, drücken auch dem dort üblichen Wagenbau ein besonderes Gepräge auf. Wie bekannt, hatte man bei uns bei der Construction der ersten Personenwagen die alte Postkutsche als maßgebendes Modell vor Augen. Dabei ist es geblieben, so weit nämlich die Coupéwagen in Betracht kommen, trotz des allgemeinen Fortschrittes und der mancherlei Bestrebungen zur Erhöhung der Bequemlichkeit für die Reisenden und der rationelleren Ausnützung der Nutzlast. Auch in Amerika waren die ersten für den Personenverkehr bestimmten Fahrzeuge nach europäischem Muster. Alsbald aber emancipirte man sich von ihnen und setzte die bekannten, ungemein langen Durchgangwagen an ihre Stelle, deren Vortheile auch seitens europäischer Constructeure und Bahnverwaltungen anerkannt wurden, so daß auch hier zu Lande, wenn auch in beschränktem Maße, das System der Durchgangwagen zur Anwendung kam. Später wurden die Vehikel dieser Art

meist den Localstrecken überwiesen und erst in jüngster Zeit hat man sie erheblich
verbessert und den heutigen Bedürfnissen der Reisenden angepaßt, in den durch=
gehenden Verkehr da und dort eingestellt.

Die amerikanischen Personenwagen zeigen in ihren einzelnen Elementen
durchaus charakteristische Anordnungen, die wir nun der Reihe nach vornehmen
wollen. Was zunächst die Räder anbelangt, haben wir bereits früher einmal
darauf hingewiesen, daß das in den Vereinigten Staaten in ausgezeichneter
Qualität erzeugte Gußeisen Anlaß zur ausgedehntesten Anwendung der Schalen=
gußräder geführt hat. Sie sind außerordentlich widerstandsfähig, welche Eigenschaft
sie der sehr sorgfältigen und rationellen Behandlung des Schalengusses verdanken,
indem ein hoher Werth auf die langsame Kühlung gelegt wird. Durch längeres
Belassen in der Form, sowie durch Eingraben in warmem Sand oder Einlegen
in geschlossene Räume, wird den ungleichen Spannungen in der Masse entgegen=
gearbeitet. Zur Erreichung dieses Zieles wurden vielfache Versuche angestellt und
man muß den amerikanischen Eisenbahntechnikern das Zeugniß ausstellen, daß sie
der »Räderfrage« seit jeher die größte Aufmerksamkeit schenkten, eingedenk der
Thatsache, daß unter allen Elementen eines Eisenbahnfahrzeuges das Rad das=
jenige ist, dessen Bruch die schlimmsten Folgen nach sich zieht.

Dieser Sachlage gemäß ist die Zahl der Constructionsweisen Legion, wobei
die Form des Rades selbst geradezu typisch geblieben ist und nur die Art der
Herstellung wechselte. In sehr früher Zeit wurden Räder mit hohler Nabe, hohlen
Speichen und hohlem Radreifen, dann solche mit theilweiser doppelter, theilweise
einfacher Wand hergestellt. Diese letztere, auch jetzt noch häufige Radform vereinigt
die Vortheile der doppelwandigen und der einwandigen Räder. Im unmittelbaren
Anschlusse an die Nabe sind nämlich zwei Wände, welche sich jedoch zu einer einzigen
vereinigen. Diese durch einseitige Rippen verstärkte Radwand schließt sich an den
Tyre an und unterstützt diesen in vortheilhafter Weise.

Eine eigenartige Befestigungsweise der stählernen Tyre an das Radmittel
besteht darin, daß der etwas größer im Durchmesser gehaltene Tyre concentrisch
über das Rad gelegt und der Zwischenraum, nachdem beide Theile auf Schweiß=
hitze gebracht worden sind, ausgegossen wird. Dadurch entsteht eine innige
Verbindung verschiedener Elemente zu einem sehr soliden Ganzen. Eine andere
Methode ist das Aufschweißen stählerner Radreifen auf ganz aus Gußeisen her=
gestellte Radsterne, oder richtiger gesagt, das Eingießen dieser Radsterne in stählerne
Tyres. Die Innenfläche des Radreifens wird zu diesem Ende nicht eben, sondern
convex gehalten, so daß für den Fall, daß die Schweißung sich lösen sollte, der
Radreif nicht ablaufen kann. Die Schweißung wird dadurch erzielt, daß man den
Stahlradreif in Rothgluth versetzt, ehe der Guß des Radmittels in demselben erfolgt.
Das Verfahren hat den Vortheil, daß Spannungen innerhalb des Radreifens,
wie sie bei der herkömmlichen Methode des Aufziehens in glühendem Zustande
vorkommen, nicht eintreten können.

Das Haupterforderniß guter Räder für Eisenbahnfahrzeuge besteht neben einer großen Widerstandsfähigkeit in einem gewissen Grade von Elasticität, damit es unter den Stößen, welche die Bewegung mit sich bringt, nicht sehr leide und dieselben thunlichst abgeschwächt auf die Achsen und das ganze Fahrzeug übertrage. Man kommt in Amerika dieser Anforderung auf zweierlei Wegen nach: erstens durch Anwendung elastischen Materials für die Radmittel, zweitens durch Einschaltung elastischer Elemente zwischen Tyre und Radmittel. Was zunächst den letzteren Vorgang anbetrifft, verwendet man dazu Hanf oder Holz. Ersterer wird vor seiner Einführung zwischen Radreif und Radmittel in Glycerin getränkt; die Anwendung von Holzkeilen, welche zwischen dem Radreifen und dem Radmittel eingetrieben werden, kommt eigentlich nur bei den Locomotivrädern vor.

Noch größere Elasticität erzielt man durch Herstellung des ganzen Radmittels aus einem diesem Zwecke entsprechenden Material. Amerika war das erste Land, welches Eisenbahnräder aus Papier in Anwendung brachte. Die Naben dieser Räder sind aus Gußeisen, die Radreifen aus Stahl. Die aus gepreßtem Papier hergestellte Radwand wird mittelst eiserner Ringe, durch welche die quer durch die Papierscheibe geführten Befestigungsschrauben gehen, unveränderlich zwischen Nabe und Radreif erhalten. Das Einpressen der Papierscheibe erfolgt unter dem sehr bedeutenden Drucke von 400.000 Kilogramm. Solche Räder rollen mit sehr herabgemindertem Geräusch, sind elastischer als die ganz eisernen Räder und überdies sehr dauerhaft. Wie die Erfahrung zeigt, können sie über 600.000 Kilometer durchlaufen, ehe sie außer Gebrauch gesetzt werden müssen. Es gilt dies insbesondere von den unter den Pulman'schen Luxuswagen rollenden Rädern, deren Radreifen aus Tiegelgußstahl hergestellt sind.

Wenn stählerne Radreifen ohne Einschaltung elastischer Substanzen auf gußeiserne Radmittel aufgezogen werden, fügt man, obgleich durch das Aufpressen der vorgesetzten Radreifen gegen das Ablaufen hinreichende Sicherheit geboten ist, mitunter noch einige durch den Radreif durchgreifende Nieten, häufiger Schrauben, deren Gewinde in das Innere des Radreifens eingeschnitten ist, bei, um für den Fall, daß der letztere springen sollte, dessen Loslösung zu verhindern.

Bezüglich des Werthes der amerikanischen Schalengußräder, denen hier zu Lande vielfach noch Mißtrauen entgegengebracht wird, ist eine diesbezügliche Erprobung, welcher der Ingenieur E. Pontzen beigezogen war, auch für weitere Kreise von Interesse. Das betreffende Rad war ein Ausschußrad und aus einer großen Menge von Rädern ohne Auswahl hervorgeholt. Es hatte die sogenannte Washburnform, d. h. es war nächst der Nabe doppelwandig, nächst dem Radreifen einwandig und in diesem einwandigen Theile mit Rippen versehen, welche sich an den Radreifen anschloßen. Mit Hilfe eines circa 25 Kilogramm schweren Stahlhammers gelang es den kräftigen, abwechselnd hiezu berufenen Arbeitern in die einfache Radwand zwischen je zwei Rippen Löcher zu schlagen. Daß das Gußmaterial frei von jeder Sprödigkeit war, beweist der Umstand, daß jedesmal, bevor ein Loch durchgeschlagen werden konnte, die Wand zwischen den beiden Nachbarrippen sich ausbauchte und erst einige Risse erhielt, als das Loch geschlagen war. Alsdann legte man das Rad horizontal unter einem 550 Kilogramm schweren Rammklotz, welcher aus einer Höhe von 4½ Meter zum freien Fall ausgelöst werden konnte. Dieser Rammklotz traf auf einen eisernen, in die Nabe des Rades eingesetzten Keil, und es bedurfte vier Schläge, ehe das Rad zertrümmert ward. Nach dem ersten und zweiten Schlage hatte die kreisrunde Nabenöffnung sich zu einer ovalen Oeffnung verzogen; nach dem dritten Schlage bemerkte man radiale Risse, und erst der vierte Schlag brachte die Trennung hervor, jedoch ohne daß die Stücke herumgeschleudert worden wären. Als Material für die Achsen bricht sich auch in Amerika neuerdings der Stahl allmählich Bahn. Die Lagerschalen sind vielfach aus Phosphorbronze. Die Achsbüchsen weisen sehr abweichende Constructionen auf; einige haben vorne eine Klappe, die geöffnet den Schenkel bloßlegt und, wenn er heiß ist, eine schnelle Abkühlung und alsdann eine gute Schmierung zulassen. Große Aufmerksamkeit wird den Federn zugewendet, welche theils elliptische Lamellenfedern, theils Spiralfedern — letztere vorzugsweise — sind. Um eine kräftige Feder zu erhalten, werden in der Regel mehrere Spiralen verbunden, und geschieht dies entweder in der Weise, daß dieselben in Gruppen nebeneinandergestellt werden, oder daß man sie verschieden groß dimensionirt und ineinander fügt. Die beiden gußeisernen Platten, zwischen welchen diese zu einer einzigen Tragfeder vereinigten Spiralen eingespannt werden, sind mittelst einer oder mehrerer Schrauben auf eine der gewünschten Spannung der Federn entsprechende Entfernung gestellt. Unter dem Drucke der zu tragenden Last, oder unter den Stößen, welchen die Feder ausgesetzt ist, können sich selbstverständlich diese beiden Platten je nach dem Spiele der Federn nähern.

Die Achsen werden bei den amerikanischen Wagen bekanntlich in eigenen Wagengestellen, den Trucks vereinigt und giebt es zwei- und dreiachsige Gestelle dieser Art, je nach der Länge des Wagenkastens oder des von den Rädern aufzunehmenden Gewichtes. Aus der Plattform eines jeden Trucks ragt ein starker Zapfen senkrecht hervor, in welchem sich der Wagenkasten in der Horizontalebene dreht, wodurch den ungemein langen und schweren Wagen in den Curven die größtmögliche Bewegungsfreiheit verliehen ist. Außerdem verhindert eine sinnreiche Anordnung auf die Plattform der Trucks das Ueberneigen der Wagenkasten in den Curven nach einwärts (der Ueberhöhung des äußeren Schienenstranges entsprechend), was im Allgemeinen für den Reisenden sehr angenehm, bei den Salonwagen jedoch geradezu geboten ist. Diese haben nämlich, wie wir später sehen werden, um einen verticalen Zapfen drehbare Lehnsessel, welche, sofern sie von einem darauf Sitzenden belastet sind, in den Curven das Bestreben zeigen, sich zu drehen, was durch Anstemmen der Füße verhindert werden kann. Würde der Wagenkasten, wie es bei unseren Fahrzeugen der Fall ist, in den Curven überhängen, so würde vorberührter Uebelstand noch schärfer hervortreten.

Wie mehrfach hervorgehoben, unterscheiden sich die amerikanischen Wagen von den diesseitigen vornehmlich durch ihre außergewöhnliche Länge und durch ihre Einrichtung nach dem Intercommunicationssystem. Die bedeutende Länge bedingt eine besonders solide Herstellung des Wagenkastens, was durch Construction der Seitenwände als Balkenträger erreicht wird. Es sind Sprengwerktrag= wände und liegt in dieser Bauart die Erklärung dafür, daß die Fenster nicht wie bei uns durch Senken der Scheiben, sondern durch Heben ge= öffnet werden. Ebenso be= dingt die große frei= tragende Länge des ameri= kanischen Wagens, daß auch im Fußboden des= selben für genügende Steifigkeit gesorgt werde. Dieselben bestehen daher aus hochkantigen Lang= und Querhölzern, welche durch kreuzförmige Ver= strebungen und eiserne Zugstangen versteift sind. Durch die doppelte, einen Zwischenraum von 0·15 Meter freilassende Be= dielung ist dafür gesorgt, daß sowohl die Steifig= keit des ganzen Wagens erheblich vergrößert

Amerikanischer Durchgangwagen. (Nach einer Photographie.)

werde, als auch dafür, daß bei kalter Witterung die Abkühlung des Fußbodens nicht stattfinde.

Gleich dem Fußboden sind auch die Wände des Wagens durch doppelte Verschalungen geeignet, einen besseren Schutz gegen die äußere Temperatur zu ge= währen. Die Decke des Kastens ist gewölbt und wird von gebogenen Querhölzern getragen. Die freie Höhe zwischen dem Fußboden und der Unterkante der Quer= träger genügt zwar zur freien Bewegung im Mittelraume, doch wird sie im In= teresse der besseren Ventilation und um die Beleuchtung entsprechender bewirken zu

können, durch einen Oberlichtaufbau in der ganzen Länge des Wagens noch ver=
mehrt. Die Seitenwände dieses Aufbaues tragen abwechselnd feste Glasfenster und
bewegliche Ventilationsklappen. Die Wagenkasten enden in zwei ziemlich geräumige,
mit Schutzgeländern versehene Plattformen, auf welche die Eingänge münden. Behufs
Freilassung der Intercommunication von Wagen zu Wagen ist das Geländer über
der Kuppelung unterbrochen und kann diese Stelle durch eine Kette oder einen
beweglichen Stab abgesperrt werden. Häufig fehlt diese Sperrvorrichtung, was un=
bedenklich ist, da die Kuppelung so eng ist, daß zwischen den Brustbäumen
der aufeinanderfolgenden Wagen ein Zwischenraum von kaum 0·15 Meter
frei bleibt.

Die Innenausstattung der amerikanischen Personenwagen ist, wenn man von
den noch zu besprechenden Luxuswagen absieht, eine einfache und ökonomische. Die
Holzwände, sowie die hölzernen Einrichtungsstücke, die Thüren, Fensterrahmen und
Jalousien sind nicht polirt, sondern gefirnißt. Die Decke ist in der Regel mit
farbigem Wachstuche überspannt, oder mit Nuß= oder Lindenholz getäfelt. Die
Sitze sind entweder aus Holzstäben oder Rohrgeflecht hergestellt, oder gepolstert.
Der Breite des Wagens entsprechend befinden sich auf jeder Seite des Mittel=
ganges zwei Sitzreihen, bei den Wagen der Schmalspurbahnen hingegen zwei und
eine Sitzreihe. Alle Sitze haben umklappbare Rücklehnen, so daß die Reisenden
nach Belieben, bald mit dem Gesichte in der Richtung der Fahrt, bald nach der
entgegengesetzten Seite sich placiren können. Vorhänge kommen nur in den Luxus=
wagen vor, sonst dienen allgemein Jalousien zum Abwehren des Sonnenlichtes.
Sie werden, wie bereits erwähnt, nach aufwärts geschoben und sind derart mit
Stellvorrichtungen versehen, daß sie in jeder beliebigen Höhe erhalten werden
können.

Von den Gepäcksnetzen ist nichts Gutes zu sagen; sie sind so beschränkt, daß
das Handgepäck vielfach unter die Sitze gestellt werden muß, was Unbequem=
lichkeit herbeiführt. Die Beleuchtung der Wagen erfolgt in der Regel mittelst
mehrerer in dem Oberlichtaufsatz angebrachter Lampen. Die älteren Oellampen sind
fast durchwegs durch Gaslampen, und diese versuchsweise durch elektrisches Licht
verdrängt worden. In den Schlafwagen, wo nach erfolgter Herrichtung der Liege=
stätten die central angebrachten Lampen nicht genügen würden, sind in ent=
sprechenden Nischen in den Wagenwänden mit Kerzen versehene Lampen vorhanden.
Die Beheizung der Wagen findet theils durch selbstständige Oefen, theils durch
Warmwasserheizvorrichtungen statt. Im ersteren Falle, welcher eine günstige Ver=
theilung der Wärme nicht gestattet, wird je ein Ofen an jedem Wagenende an=
gebracht. Für eine günstige Ventilation bestehen die mannigfachsten Einrichtungen
und Vorschläge und wird im Allgemeinen dieser Angelegenheit viel Aufmerksamkeit
geschenkt. Hervorzuheben ist Wilschell's »Deflector «und Creamen's Ventilations=
klappengehäuse, deren Anordnung wir, weil zu sehr ins Detail eingehende Er=
läuterungen nothwendig wären, übergehen.

Die amerikanischen Eisenbahnfahrzeuge haben nur einen centralen Puffer,
der zugleich auch die Zugvorrichtung bildet. Die Zahl der Constructionen und
Vorschläge ist Legion, doch sind die meisten derselben complicirt. Der Hauptsache
nach ist die gebräuchliche Vorrichtung durch folgende Einzelheiten gekennzeichnet.
Die Pufferplatte ist nur nach einer, und zwar der horizontalen Richtung gekrümmt
und hat eine nach der horizontalen Richtung in die Länge gezogene Oeffnung
zur Aufnahme des Kuppelungsgliedes, eines länglichen Ringes, der in beiden
Pufferköpfen durch zwei durchgesteckte Bolzen festgehalten wird. Die Puffer liegen
unterhalb der Kopfschwelle, zur Federung dienen kleine Metallfedern oder Kautschuk. Durchgehende Zugapparate sind wenig verbreitet. Das Ankuppeln geschieht
durch den Bremser, indem dieser das Kuppelungsglied in die Oeffnung des Puffers
des herankommenden Fahrzeuges zu stecken sucht, was nicht ganz ungefährlich ist.

Jn letzter Zeit sind zahlreiche Vorschläge zu automatischen Kuppelungsvor-
richtungen gemacht worden, doch behauptet sich noch immer die ältere Construction
von Miller, welche auch bei den Pullman'schen Wagen eingeführt ist. Sie besteht
aus zwei eisernen Balken mit seitlich abgerundeten Nasen, die sich aneinander vorbei-
schieben, bis sie einschnappen. An der der Nase entgegengesetzten Seite liegt hinter
dem Balken eine Feder, welche ein selbstthätiges Loskuppeln nicht zuläßt. Soll der
Wagen abgehängt werden, so wird von der Plattform aus mittelst eines Hebels
der Haken seitwärts gedrückt, wodurch die Nase frei wird und der Wagen abgeschoben werden kann.

Von der Miller'schen Kuppelung unterscheidet sich vortheilhafterweise der
Zug- und Stoßapparat von J. B. Safford, bei welchem die Form der Oeffnung
im Kopfe, sowie Aussparungen das Ankuppeln in verschiedener Pufferhöhe zulassen.
Ein Verbiegen oder Brechen des Kuppelgliedes bei Verticalschwankungen tritt bei
dieser Vorrichtung seltener ein, als bei der Miller'schen. Andere Constructionen
sind: jene E. W. Barker's, welche zwar das selbstthätige Ankuppeln durch das
bloße Zusammenstoßen der Wagen gestattet, wogegen beim Loskuppeln ein Mann
zwischen die Fahrzeuge treten muß; Mc. Nabb's »Self-Car Coupler«, der Miller-
schen Kuppelung ähnlich, u. s. w. Die Bremsvorrichtungen bestehen theils aus
Spindelbremsen, theils aus automatisch wirkenden durchgehenden Bremsen, und zwar
vorzugsweise aus Westinghouse's Luftbremse, über welche in einem späteren
Abschnitte noch eingehender referirt wird.

Wir haben schon früher einmal hervorgehoben, daß die langen amerikanischen
Jntercommunicationswagen mit den Thüren in den Stirnseiten für die Reisenden
manche Vortheile und Annehmlichkeiten haben. Sie sind aber auch nicht frei von
Nachtheilen. Zu letzteren muß unbedingt der Umstand gezählt werden, daß ein
rasches Aus- und Einsteigen der Reisenden, beziehungsweise ein rasches Füllen und
Entleeren der Wagen nicht möglich ist. Jn Stationen mit kurzem Aufenthalte
entsteht an den beiden Thüren und im Mittelgange selbst ein Gedränge, das unter
Umständen gefährlich werden kann. Außerdem ist es, im Falle einer Katastrophe,

den Reisenden nicht leicht, aus dem Wagen herauszukommen, insbesondere bei Zu=
sammenstößen, bei welchen die Stirnseiten der ersteren in Folge des sogenannten
»Teleskopirens« (d. h. Ineinanderfahrens der Wagen) zuerst in Trümmer gehen, zum
mindesten aber verkeilt werden.

Auf Grund dieser Erwägung ist in neuester Zeit eine Construction auf=
getaucht, welche einen gewissen H. Tillson zum Urheber hat und welche außer
den Eingängen an den Stirnseiten auch noch eine größere Zahl von Thüren an
den Längsseiten aufweist. Der Zugang zu den letzteren ist hier allerdings ver=
mittelst eines erhöhten Bahnsteiges gedacht, weil die große Breite des Wagens in

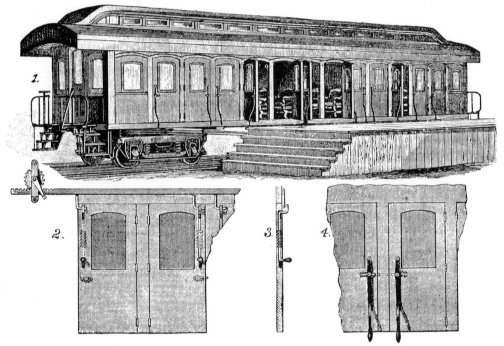

Tillson's neuer amerikanischer Personenwagen mit Seitenthüren.

Berücksichtigung des Luftraumprofiles der betreffenden Bahn die Anbringung von
seitlichen Stufen nicht gestattet. Doch würde man sich dort, wo es nothwendig
erscheint, durch Anwendung von umlegbaren Stufen leicht behelfen können.

Die Thüren sind paarweise derart geordnet, daß sich je zwei Flügel gegen=
einander bewegen, also von einer gegenseitigen Behinderung keine Rede ist und
auch die Bewegung der Reisenden ganz zwanglos erfolgen kann. An jeder Thüre
(Fig. 2 und 3 zeigen dies deutlich) befindet sich eine Klinke, welche vom Inneren
des Wagens kurz gehandhabt werden kann. Man braucht nur den Handgriff so
weit herabzuziehen, daß der verticale Bolzen, der in einer Nuth der Thüre sich
bewegt und mittelst einer kräftigen Feder stets aufwärts gedrückt wird, mit seinem
oberen abgebogenen Theile unter den eisernen Haken gelangt, also der Bewegung
der Thüre nach auswärts kein Hinderniß mehr entgegensetzt.

Diese eisernen Haken sind an einer Stange befestigt, die an der Decke des
Wagens im Innern desselben hinläuft und an ihren beiden Enden auf ein kürzeres
Stück gezahnt ist. Durch ein Zahngetriebe mit Hebel kann die Stange sonach etwas
verschoben werden, wodurch die Haken von den Verschlußbolzen entfernt und
letztere frei werden. Es ist also dem Conducteur möglich, mit einer einzigen Bewegung sämmtliche Thüren an einer Wagenseite zu öffnen oder zu schließen, was
insbesondere in Gefahrsmomenten von größter Wichtigkeit ist. Allerdings darf
keine (z. B. bei Collisionen) Deformirung des Wagenkastens eintreten, was
unfehlbar eine Störung des Zugapparates zur Folge hätte. Zur Oeffnung der
Wagen von außen dient der in Figur 3 sichtbare Hebel, der mit einem horizontal
beweglichen Riegel in Verbindung steht.

In den ersten Jahrzehnten des amerikanischen Eisenbahnwesens hatten die
Wagen ein durchwegs einheitliches Aussehen und dem demokratischen Geiste der
Vereinigten Staaten entsprechend, keine Untertheilung in Classen. Indes ergab sich
im Laufe der Zeit ganz zufällig, oder in Folge getroffener Neuerungen im Wagenbau
eine gewisse »Kategorisirung« des Publicums, die ihrem Wesen nach auf dasselbe
hinausläuft, wie unsere Unterscheidung nach Wagenclassen. Zunächst mußte den
weiblichen Reisenden Rechnung getragen werden, indem man das Rauchen in den
gemeinsam benützten Wagen untersagte und die Raucher in einen, jedem Zuge
eigens zu diesem Zwecke einverleibten Wagen verwies. Es zeigte sich bald,
daß diese Vehikel nicht gerade von den vornehmsten Reisenden benützt wurden,
und so ergab sich ganz von selbst eine stillschweigende Absonderung der social höher
stehenden Elemente von den Angehörigen der unteren Schichten.

Die zweite Bresche, welche in das Einclassensystem gelegt wurde, hing mit
der Nothwendigkeit zusammen, den alljährlich in großer Zahl in der Union sich
einfindenden Einwanderern, welche durchgängig über geringe Mittel verfügten, mit
möglichst wenig Kosten auf große Strecken zu befördern. Dies führte zur Einstellung besonderer Emigrantenwagen, welche zwar im Großen und Ganzen
den gewöhnlichen Wagen glichen, jedoch in Bezug auf die innere Einrichtung viel
einfacher gehalten waren. Als drittes Element, welches die Absonderung der Ge-
sellschaftsclassen ganz wesentlich förderte, sind die Luxuswagen anzusehen. Es ist
freilich zu berücksichtigen, daß die Benützung der letztgenannten Wagen nicht auf
Grund eines Titels oder der Rangstellung, welche die Reisenden einnehmen, erfolgt,
sondern vornehmlich dem Grade der Wohlhabenheit entspringt. Die Classensonde-
rung auf den amerikanischen Bahnen, die sich in naturgemäßer Weise vollzogen
hat, unterscheidet sich also dort ganz wesentlich von der hier zu Lande herrschenden,
so daß ein Vergleich diesfalls hinfällig wäre.

Immerhin haben die vorbesprochenen Neuerungen die Einheitlichkeit der
amerikanischen Personenwagen zu einem überwundenen Standpunkte gemacht, wobei
der Unterschied zwischen den einzelnen Wagenkategorien vielleicht noch schärfer zu
Tage tritt als bei uns. Den auffallendsten Gegensatz bilden die vielfach sehr ver-

wahrlosten Rauchwagen und die schlichten Emigrantenwagen zu den mit außer=
gewöhnlichem Luxus ausgestatteten Extrawagen, mit denen sich in Europa höchstens
die Hofwagen messen können. Wie in allen Eisenbahneinrichtungen ist auch bezüg=
lich der Extrawagen eine stufenweise Entwickelung zu verzeichnen. Den Anfang
machten die Schlafwagen, welche aus naheliegenden Gründen alsbald großen
Anklang fanden. Wir haben berichtet, daß die Sitze der gewöhnlichen Wagen alle
nach einer Seite gerichtet sind, jedoch umlegbare Lehnen haben. Ist ein Wagen
stark besetzt, so sind viele Reisende gezwungen, die Nacht in sitzender Stellung zu
verbringen, was außerordentlich ermüdend ist, da die Lehnen dem Kopf keine
genügende Stütze bieten. Bei schwacher Besetzung wird es durch entsprechende Ver=
theilung der Reisenden auf die einzelnen Sitzreihen möglich, Liegestätten zu im=
provisiren. Die Bänke sind jedoch nicht zum Herausziehen eingerichtet und muß
demnach dem Körper durch Unterschiebung von Gepäcksstücken zwischen je zwei
(durch Zurückklappen der einen Lehne) zu einer Liegestatt hergerichteten Sitzen die
nothwendige Unterstützung gegeben werden. Daß ein solcher Schlafplatz wenig
Annehmlichkeiten bietet, liegt auf der Hand.

Die ersten Schlafwagen, für deren Benützung eine verhältnißmäßig kleine
Aufzahlung gefordert wird, wurden durch George Pullman gebaut und ein=
geführt. Er ist zugleich der Urheber der nachmals im Dienst gestellten Speise=
wagen und Salonwagen und sind alle diese Vehikel geradezu typisch für die mit
ihnen verbundenen Neuerungen auf europäischen Bahnen geworden, welche die Er=
zielung ähnlicher Bequemlichkeiten für das diesseitige Reisepublicum anstrebten.
Das Charakteristische der Pullman'schen Schlafwagen besteht darin, daß die zu
beiden Seiten eines Mittelganges der Quere nach gestellten, je paarweise gegen=
überstehenden Doppelsitze durch Verschieben der Sitzpolster und Umlegen der Lehnen=
polsterung in Liegestätten verwandelt werden können. Ueberdies kann durch Herab=
klappen der über den vorerwähnten Sitzen in die Wagendecke geborgenen Betten
eine zweite Etage von Liegestätten hergestellt werden. Die derselben beigegebenen
Matratzen, Kopfpölster und Decken sind bei Tag theils in den unter den Sitzen
befindlichen Behältern, theils in den durch die geneigte, an die Wagendecke sich
anschließende Klappe gebildeten Räumen untergebracht.

In dem aufgeklappten oberen Bette befinden sich auch die Theilungswände,
welche bei Nacht, auf die unbeweglichen Sitzlehnen aufgesetzt, zur vollständigen
Trennung der sich aneinanderreihenden unteren und oberen Lagerstellen dienen. Der
Abschluß der Betten vom Mittelgange wird durch schwere Seidenvorhänge, welche
tagsüber gleich den Scheidewänden in den oberen Betträumen untergebracht sind,
erzielt. Die neuesten Pullman'schen Schlafwagen haben sehr bequeme Sitze und
eine luxuriöse Ausstattung im Allgemeinen, vornehmlich in decorativer Beziehung,
nach welcher Richtung ihnen in Europa nichts Ebenbürtiges zur Seite gestellt
werden kann. Um überdies kleineren Gesellschaften, Familien oder Damen ein be=
hagliches Unterkommen zu bieten, befinden sich in den Schlafwagen abgeschlossene

Coupés, welche in der Regel nächst den Eingangsthüren untergebracht sind. Auch besondere Rauchcoupés (eines pro Wagen) kommen vor. Die Schränke zur Auf=

Schlafwagen der Pullman Palace Car Cy.
(Nach einer vom Constructeur zur Verfügung gestellten Photographie.)

bewahrung der Bettwäsche und Handtücher, sowie die Sorge zur Herrichtung beziehungsweise Aufräumung der Betten sind in jedem Wagen einem Diener über= tragen, der zugleich die Reinigung der Kleider und Schuhe besorgt.

Um den Schlafwagen auch tagsüber zu einem angenehmen Aufenthaltsorte zu gestalten, tragen außer der bereits erwähnten eleganten Ausstattung mancherlei Einrichtungen bei, z. B. Doppelfenster, Rahmen mit feinem Drathgewebe, welches bei geöffnetem Fenster das Eindringen von Staub verhindert, größere Gepäcks= räume, kleine Klapptische zwischen je zwei Sitzen u. s. w. Die in der Wand zwischen je zwei Fenstern in besonderen Nischen angebrachten Lampen, welche zur Be= leuchtung der durch die Vorhänge abgesonderten Liegestätten dienen, sind tagsüber durch Spiegel oder verzierte Thürchen verdeckt. Ein großer Vorzug der amerikanischen Schlafwagen besteht ferner darin, daß dieselben vermöge ihrer Schwere und der soliden und zweckmäßigen Construction der sechsräderigen Trucks sehr ruhig laufen.

Die zweite Kategorie der Luxuswagen bilden die Hôtel=Cars (oder Dining= Cars). Solche Speisewagen wurden auf den amerikanischen Bahnen schon früh= zeitig in Verwendung gebracht, ohne daß sie sich eines besonderen Zuspruches erfreut hätten. Auch machte man die Erfahrung, daß diese Räume in einem dem Dienste abträglichen Grade von den Fahrbeamten benützt wurden, welche haupt= sächlich den Spirituosen zusprachen. Es handelte sich übrigens diesfalls nicht um die zur Zeit üblichen Speisewagen, sondern um förmliche ambulante Restaurationen, welche auf Kosten der betreffenden Bahnverwaltungen in Dienst gestellt wurden. Als letztere diese Einrichtung in Folge der berührten Uebelstände wieder aufgaben und Pullman mit seinem Schlafwagen einen so durchschlagenden Erfolg erzielte, wagte er den Versuch, besondere Speisewagen einzuführen, die gleichfalls Anklang fanden und seitdem allenthalben auf den Hauptlinien in die Züge eingestellt sind. In der Uebergangsperiode liefen diese Wagen nur auf wenigen Linien, oder sie wurden in bestimmten Stationen den Zügen angehängt, und blieben zurück, wenn die Mahlzeit beendet war.

Die dritte Kategorie der Extrawagen bilden die Salonwagen (Drawing-Room Car, Parlor Car) gewöhnlich »Palace Car« genannt. Sie sind in der That fahrende Paläste, Vehikel von vollendeter Ausführung, mit allen erdenklichen, bis ins kleinste Detail gehenden sinnreichen Einrichtungen zur Erhöhung der Bequem= lichkeit. Die Sitzplätze dieser Wagen sind elegante Fauteuils, welche sich um eine verticale Achse in jede beliebige Richtung stellen lassen. Jedem solchen Sitze ist ein Fußschemmel beigegeben. Auf dem Boden des Mittelganges ist ein Teppich gespannt, die Wände sind reich verziert, für Beleuchtung und Ventilation ist ausreichend gesorgt, Doppelfenster und Staubrahmen, Spucknäpfe, aufklappbare Tischchen, Toilett= und Closeträume, zweckmäßige Heizvorkehrung und Eiswasserbehälter ver= vollständigen die Einrichtung.

Außerdem ist noch folgende Anordnung getroffen. In den beiden, den Ein= gangsthüren zunächst gelegenen Abtheilungen befinden sich Lehnstühle von gewöhn= licher Bauart, welche beliebig verstellt werden können, deren ordnungsmäßiger Standort aber zur Vermeidung von Einsprache bei vollständiger Besetzung des Wagens durch die an den Wänden befestigten Nummern ersichtlich gemacht ist.

Diese Unterabtheilungen sind namentlich für Gesellschaften, welche während der Fahrt vereint und von den übrigen Reisenden abgesondert bleiben wollen, sehr

Speisewagen der Pullman Palace Car Cy.
(Nach einer vom Constructeur zur Verfügung gestellten Photographie.)

angenehm. Noch abgesonderter sind jene Reisenden, welche in der von den Enden des Wagens weiter entfernten, mit einem Divan und zwei Lehnstühlen ausge=rüsteten Abtheilung Platz nehmen, da diese Abtheilung von den Mitreisenden nicht betreten zu werden braucht. Diese und ähnliche Einrichtungen beweisen, daß dem besseren amerikanischen Reisepublicum der Geschmack für Separation nicht abgeht

Salonwagen der Pullman Palace Car Cy.
(Nach einer vom Constructeur zur Verfügung gestellten Photographie.)

und durch schüchterne Versuche das demokratische Princip der Classengleichstellung zu durchbrechen, ersterem in verschämter Weise gehuldigt wird. Wie der Leser weiß,

hat man bei uns durch die Coupéwagen mit Seitengang die Vortheile beider
Systeme in glücklichster Weise vereint.

Außer diesen typischen Extrawagen hat sich der amerikanische Wagenbau
noch einer großen Zahl von anderen Luxuswagen zugewendet, welche von reichen
und vornehmen Leuten in Bestellung gegeben werden und im gewissen Sinne die
Stelle unserer Hofwagen einnehmen. Solche Vehikel sind wahre Wunder von
Eleganz und Comfort und stehen auf gleicher Höhe mit den Prunkwagen unserer
Hofzüge. Ueberhaupt hat der amerikanische Wagenbau in letzterer Zeit einen Auf-
schwung genommen, den man im Hinblicke auf die durch geraume Zeit stationär
verbliebenen älteren Constructionen nicht vorhergesehen hatte. Die Pullman'schen
Wagen haben ihren Weg auch nach Europa gefunden und sind hier in besondere
internationale Expreßzüge vereinigt, welche auf einigen großen europäischen Linien
laufen. Die Zahl der bis jetzt von der Pullman Palace Car Cy. hergestellten Luxuswagen beziffert sich auf mehrere Tausend; die der Schlafwagen allein beträgt 2000
und repräsentirt jeder derselben einen Werth von rund 16.000 Dollars. Die
Etablissements, aus welchen diese Vehikel hervorgehen, befinden sich in der Nähe von
Chicago, wo sie mit den Arbeiterhäusern und anderen Baulichkeiten eine Stadt für
sich bilden, welche den Namen »Pullman« führt. Die Etablissements werfen jährlich
eine Revenue von 8 Millionen Dollars ab; die Zahl der Angestellten beträgt
13.000 und die Gesammthöhe der Bezüge etwa $6\frac{1}{2}$ Millionen Dollars. Die
Stadt Pullman ist mit allem Grund und Boden und allen darauf befindlichen
Gebäuden ausschließliches Eigenthum der Pullman Palace Car Cy., und ist bezüglich ihrer Anlage, Einrichtung und Verwaltung eine Mustercolonie in vollem
Wortsinne. Eine Schöpfung des Industriellen und Philanthropen George M. Pullman
und nach ihm benannt, ist diese Stadt erst vor 11 Jahren gegründet worden und
zählt zur Zeit über 16.000 Bewohner.

In neuester Zeit hat der amerikanische Wagenbau noch einem anderen Sachverhalte Rechnung getragen. Die dortigen Schienenwege durchziehen — selbst wenn
man von den großartigen Scenerien der Felsengebirge und der Sierra Nevada
absieht, vielfach durch ihr landschaftliche Gestaltung hervorragende Gegenden. Nun
wird, wie Jeder weiß, der Genuß solcher Schaustücke durch den beschränkten
Ausblick, den die schmalen Coupéfenster gewähren, sehr verkürzt. Bei uns ist diesem
Uebelstande schon seit längerer Zeit, insbesondere seit der gesteigerten Frequenz der
neuerbauten Gebirgsbahnen, durch Einstellung der »Aussichtswagen«, von welchen
weiter oben die Rede war, abgeholfen worden. Die Amerikaner haben nun weniger
aus eigener Initiative als vielmehr in Folge der Bekanntschaft, welche sie hierorts
mit dieser Einrichtung gemacht haben, von derselben auch ihrerseits Gebrauch gemacht, und so ist jüngst ein sogenannter Observatorium-Schlafwagen, dessen
Constructeur Mr. Bride ist, in Anwendung gekommen.

Die Anordnung dieses Vehikels ist eine von den hiesigen Aussichtswagen
gänzlich abweichende, indem nicht ein eigener Wagen durch entsprechende Ein-

richtung, vornehmlich durch Beschränkung der oberen Kastenwände auf das aller=
nothwendigste Gerippe für große Fensterflächen und Freilegung der einen Stirn=
wand, als Aussichtswagen benützt wird, sondern ein gewöhnlicher Schlafwagen
durch entsprechende Umgestaltung des Kastens hierzu verwendet wird. Jeder solche
Wagen hat drei Aussichtswarten aus leicht gewölbtem Glas und zwischen eisernen
Rippen gefügt, welche
den freien Ausblick
nach allen Seiten ge=
statten. Leichte und
bequeme Stiegen
führen vom Fußboden
des Wagens zu den
Sitzen in den Warten
und diese Sitze selbst
sind so praktisch ge=
staltet, daß man sich in
vollstem Maße dem
Genuß der vorüber=
huschenden Land=
schaftsbilder hingeben
kann. Ueberdies können
die Sitze zur Nachtzeit
in Betten umgewandelt

werden, so daß der Ruhende über sich die
Sternendecke sich wölben sieht, also von
jener dumpfen Beengung verschont wird,
welche man sonst in Schlafcoupés em=
pfindet. Bride's Wagen ist durch den Ein=
bau der Aussichtswarten nur 26 Centi=
meter höher als die gewöhnlichen Wagen.

Es erübrigt nur noch zum Schlusse
einige allgemeine Bemerkungen an das Vor=
gebrachte anzufügen. Die Bewegung der
Reisenden in den Personenwagen ist auf
amerikanischen Bahnen eine viel freiere als

Bride's Aussichtswagen von außen und im
Innern.

bei uns. Auffallend ist zunächst die Stellung des Conducteurs, der den Fahrgästen
gegenüber eine vollkommen nebengeordnete Haltung einnimmt. Er setzt sich, wenn
sein Dienst ihn nicht davon abhält, zu den Reisenden; er benützt meist das für
Raucher reservirte Coupé, um bei Nacht nach Thunlichkeit der Ruhe zu pflegen,
und benützt, gleich jedem anderen Reisenden, das Waschbecken, um Toilette zu machen.
Auf längeren Reisen nimmt der Verkehr zwischen dem Conducteur und den Fahr=

gästen nicht selten intimere Formen an. Kurz, ein amerikanischer Conducteur fühlt sich nicht als untergeordnetes Organ, sondern füllt eine Stellung aus, die etwa derjenigen unserer Zugsrevisoren entspricht.

Ein Nachtheil des Intercommunicationssystems ist bekanntlich die Unruhe, welche im Wagen dieser Art herrscht. In Amerika fühlt man dies ganz besonders, da sich in dem Mittelgange tagsüber nicht nur die Reisenden, sondern auch Obst=, Cigarren= und Zeitungsverkäufer u. dgl. unablässig drängen und so den Fahrgast nicht zur Ruhe kommen lassen.

Der Umstand, daß der Durchgang von einem Wagen in den anderen frei= gegeben ist, wird vielfach dazu benützt, auf den Plattformen zu verweilen, was die den Zug begleitenden Beamten niemals verwehren, obwohl ein Anschlag an jeder Wagenthüre das Betreten der Plattformen ausdrücklich verbietet. Die War= nungen haben eben nicht den Zweck, Unglücksfälle zu verhüten, sondern sind des= halb angebracht, um die Bahnverwaltungen gegen eventuelle Schadenersatzansprüche zu decken. Thatsächlich findet man die Plattformen häufig überfüllt, daß selbst der Bremser in seinen Functionen behindert ist. Die Sorglosigkeit der Passagiere und mit ihnen jene des Zugbegleitungspersonales geht so weit, daß selbst das Besetzen der Dächer seitens etlicher waghalsiger Reisender kaum Aufmerksamkeit erregt.

Den vielgepriesenen amerikanischen Schlafwagen haftet mancher Uebelstand an, der dort nicht empfunden wird, für den an Abgeschlossenheit gewöhnten Reisenden aber manches Mißliche hat. Die Benützung eines gemeinsamen Schlafraumes, die Ungenirtheit, mit welcher die Vorbereitungen zur Nachtruhe getroffen werden, sodann die Unruhe, welche jederzeit von etlichen Passagieren durch laut gepflogene Unterhaltungen verursacht wird, Kindergeschrei u. s. w., das Alles würde uns nicht behagen. Das Sitzen in den gewöhnlichen amerikanischen Personenwagen ermüdet auf die Dauer sehr; unter Tags zeitweilig der Ruhe zu pflegen ist nicht möglich, da die Sitze nicht zum Ausziehen eingerichtet sind und die Benützung der gegen= überliegenden Sitze zum Auflegen der Füße nicht nur nicht gestattet, sondern auch nicht möglich ist, wenn die Lehne nicht zuvor umgelegt wird, was aber der Passa= gier selbst nicht vornehmen kann, wenn er nicht den Bremser herbeiruft, der die Sperrvorrichtung aufschließt. Kurz, das allgemeine Urtheil geht dahin, daß das Reisen in einem gewöhnlichen amerikanischen Wagen nicht wesentlich angenehmer sein dürfte, als in einem diesseitigen Coupé III. Classe, weil in letzterem dem Fahrgaste die Möglichkeit geboten ist, bei schwacher Besetzung der Plätze sich nach Thunlichkeit bequem einzurichten. Er kann den Körper abwechselnd in verschiedene Lagen bringen, wodurch der Uebermüdung vorgebeugt wird.

Der Uebelstand ungenügender Gepäcksräume wurde bereits hervorgehoben. Die Rauchwagen befinden sich mitunter in einem ekelerregenden Zustande, indem sie das Absatzgebiet für Speisereste, Cigarrenstummel, gebrauchten Kautabak und anderen Unrath bilden. Andere Einrichtungen hängen mit dem amerikanischen Wesen zusammen, z. B. die auf manchen Linien des Westens in jedem Wagen befindlichen gußeisernen Kasten mit der Aufschrift »Read and retorn«. Die Kasten enthalten eine Bibel, die Briefe der Apostel, Psalme und andere religiöse Erbauungsschriften, von welchen jedoch, nach deren Zustand zu urtheilen, wenig Gebrauch gemacht wird. Auf manchen durch wenig bewohnte Gegenden ziehenden Linien findet man in den Personenwagen Handwerkszeuge: Axt, Säge, Hammer u. s. w., eine weise Vorsorge für eventuelle Katastrophen. Auch Feuereimer, ja sogar kleine Handspritzen werden mitunter angetroffen. Der Unfug, aus den Wagen auf Jagdwild und andere Thiere zu schießen, ist schon seit längerer Zeit bei Strafe untersagt. Erzählungen von Duellen u. dgl. auf amerikanischen Bahnzügen, wie man sie hin und wieder liest, gehören in den Bereich der Fabel. Dagegen sind manche Gegenden noch immer sehr unsicher, was die Passagiere zwingt, sich zu bewaffnen.

Während die amerikanischen Personenwagen für das Zugbegleitungspersonale gefahrlos sind, bieten sie den Fahrgästen keine größere Sicherheit. Fälle, daß Reisende die Thüre selbst öffnen und vorzeitig abspringen und dabei vom Trittbrette stürzen, kommt alle Augenblicke vor. Auch diesbezüglich verbieten Anschläge, welche indes lediglich den Zweck haben, die Bahnverwaltungen vor Schadenersatzansprüchen zu decken, solche Voreiligkeiten, doch kehrt sich Niemand daran. Bei Zügen, welche die Straßen einer Stadt passiren, kann man häufig die Beobachtung machen, daß Personen in der Nähe ihrer Wohnungen auf= und abspringen, ohne daß sie daran gehindert würden. Daß bei allen diesen Freiheiten auf amerikanischen Bahnen mehr Fahrgäste zu Grunde gehen als auf den unserigen, wo die Befolgung der zur Sicherheit der Reisenden aufgestellten Vorschriften eventuell erzwungen wird, ist zweifellos, wenn auch nicht ziffermäßige Belege gegeben werden können.

Obwohl die Privatgesellschaften (Pullman, Wagner, Woodruff, Silver Palace-Car Co.) bezüglich der Einstellung ihrer Luxuswagen in die fahrplanmäßigen Züge eine Art von Monopol ausüben, muß gleichwohl anerkannt werden, daß trotz dieser Vorzugsstellung der genannten Unternehmungen dieselben bestrebt sind, das reisende Publicum nach Kräften — ja vielfach über die wirklichen Bedürfnisse hinaus — zu befriedigen. Die zwischen den Gesellschaften und den Bahnverwaltungen getroffenen Vereinbarungen gehen dahin, daß erstere für die Beistellung der Luxuswagen, beziehungsweise für ihre Beheizung, Beleuchtung und Reinhaltung Sorge tragen und einen eigenen Conducteur, welcher die zu entrichtende Mehrgebühr zu beheben hat, bestellen; die Bahnverwaltungen, über deren Linien Luxuswagen verkehren, heben von jedem Reisenden die normale Fahrgebühr ein und haben die Verpflichtung, ohne besondere Entschädigung den Wagen zu befördern, die Achslager zu schmieren, die Stationsverschiebungen vorzunehmen und, falls der Wagen verunglücken sollte, ihn entweder vollkommen wieder in Stand zu setzen, oder die vereinbarte Entschädigung zu zahlen.

3. Die Güterwagen.

Die Güterwagen bilden diejenige Kategorie der Eisenbahnfahrzeuge, welche den Hauptstock des Fahrparkes ausmacht und welche am meisten in Anspruch genommen wird. Diese Wagen sollen daher möglichst solid gebaut und sehr leistungsfähig sein; sie sollen ein geringes todtes Gewicht haben und so einfach construirt sein, daß das Reparaturbedürfniß auf ein Minimum sich stellt. Von besonderer Wichtigkeit ist das Verhältniß des todten Gewichtes zum Fassungsraum und zur Tragfähigkeit, weil die Belastung der Züge der bestimmende Factor ist. Dieses Verhältniß hängt nun theils von der Art des zur Construction der Wagen verwendeten Materials, theils von der Construction selbst ab. Holz und Eisen sind die Hauptbestandtheile der Güterwagen; das Laufwerk und das Traggerippe, die Zug- und Stoßvorrichtungen bestehen aus Stahl oder Eisen, der Kasten aus Holz, welcher durch Eisenbeschlag festgehalten wird. Eiserne, mit Blech verschalte Kasten geben ein Mehrgewicht von 50 Procent. Bei Wagen, wo der Oberkasten ganz wegfällt oder nicht geschlossen construirt ist, wird ein sehr bedeutendes Gewicht erspart, welches zwischen 700 bis 1800 Kilogramm beträgt.

Aus diesen Andeutungen ergiebt sich, daß die Güterwagen bezüglich der Anordnung ihrer constructiven Theile in eine Reihe von Typen zerfallen, je nach dem Zwecke, dem sie zu dienen haben. Man unterscheidet demgemäß Colliwagen, Viehwagen, Kalkwagen, Schienenwagen, Holztransportwagen (Plateauwagen), Kleinviehwagen u. s. w. Bezüglich der Construction des Wagenoberkastens unterscheidet man offene und gedeckte Güterwagen. Die anderen Unterscheidungsformen, nach der Zahl der Achsen, der Tragfähigkeit, Wagen mit oder ohne Bremsen, sind weniger bemerkenswerth. Schließlich zerfallen die Güterwagen, wie bereits angedeutet, nach dem Materiale des Wagenunterkastens in hölzerne, eiserne und solche aus Holz und Eisen.

Im Allgemeinen zeigen die Güterwagen eine große Musterkarte von Typen, welche einerseits durch die größere Zahl der früheren Privatbahnen, anderseits durch Berücksichtigung der verschiedenen Wünsche der Verfrachter entstanden sind. Desgleichen haben die divergirenden Anschauungen der Techniker rücksichtlich der einzelnen Constructionen wesentlich zur Vermehrung der Typen beigetragen. In jüngster Zeit hat sich indes, wenn auch langsam, eine gewisse Zahl bestimmter Arten herausgebildet, die aber immer noch recht groß ist und auch noch vermehrt wird. Letzteres kann man nur billigen, wenn damit ein Fortschritt erzielt und Erleichterungen im Gebrauch erreicht werden. Einzelne Bedürfnisse werden durch sogenannte Specialwagen zu befriedigen gesucht.

Ganz aus Holz hergestellte Güterwagen findet man nur mehr auf den ältesten Bahnen, dann vornehmlich in England, wo Wagen mit hölzernen Langträgern ohne beweglichen Puffern noch vielfach in Verwendung stehen, insbesondere bei den Privatbahnen. Das Vorhandensein einer so großen Zahl von Wagen mit unelastischen Puffern in Verbindung mit dem Umstande, daß an den Güterwagen sich fast nur Handbremsen und sehr selten Spindelbremsen vorfinden, beweist, daß man in England in Bezug auf die Sicherheitsvorrichtungen an den Güterzügen weit weniger schwierig ist als auf dem Festlande. Man kann Güterzüge fahren sehen, welche nur eine einzige während der Fahrt in Thätigkeit zu setzende Bremse in einem besonders hierfür eingestellten Wagen haben. Mancher leere Kohlenzug der Privatwagen=Gesellschaften fährt sogar ohne jede Wagenbremse.

Auf dem Continente verschwindet das Holz mehr und mehr, um dem Eisen Platz zu machen, namentlich bei denjenigen Wagen, welche dem Massenverkehr dienen sollen und dabei naturgemäß sehr beansprucht werden. So sind z. B. die Erfahrungen mit den eisernen als günstig zu bezeichnen. Neuerdings werden auch eiserne Kalkwagen, deren Seitenwände aus gebuckeltem Eisenblech bestehen, her= gestellt. Nirgends ist das Eisen mehr angebracht, als bei den jederzeit sehr rauh behandelten Güterwagen. Gut durchgebildete Ausführungen sind aber noch nicht sehr zahlreich, was wohl beim weiteren Ausbau von 15= bis 30=Tons=Wagen zu erwarten ist. Ein weiterer Uebelstand ist, daß gewisse Constructionstheile meist sehr schwer gemacht werden, wodurch die todte Last eine unwillkommene Erhöhung erfährt. Anderseits fällt man wieder in den entgegengesetzten Fehler, z. B. bei den Pufferbohlen, bei denen das hierzu verwendete Profileisen im Stege viel zu dünn ist, so daß beschädigte Pufferbohlen häufig zu sehen sind. In dieser Beziehung haben sich die hölzernen Pufferbohlen weit besser bewährt. Auch die Puffer und die Zugvorrichtungen stehen vielfach noch nicht auf der Höhe der Zeit. Den früher sehr vernachläßigten Bremsvorrichtungen wendet man jetzt, in Anbetracht der wünschenswerthen größeren Fahrgeschwindigkeit, erhöhte Aufmerksamkeit zu und sind auch Versuche mit durchgehenden Bremsen angestellt worden. Ein schwieriges Moment bei der Einführung der letzteren besteht darin, daß Güterzüge fast in jeder Zwischenstation Wagen aufzunehmen beziehungsweise zurückzulassen haben, wodurch die Rangirmanipulationen bei Anwendung der durchgehenden Bremsen erheblich complicirter werden. Bei durchgehenden Eilgüterzügen im Fernverkehr tritt dieser Uebelstand zurück.

Was das Laufwerk der Güterwagen anbelangt, hat das bisher verwendete Material für Achsen und Räder im Großen und Ganzen den an dasselbe gestellten Anforderungen entsprochen. Für Achsen ist unbedingt Tiegelgußstahl, für Rad= sterne Schmiedeeisen, für Thres, welche gebremst werden, Bessemerstahl oder Tiegel= gußstahl zu verwenden, doch hat die längere Laufzeit der letzteren bei Güterwagen, die ohnedies periodisch ausgebunden werden müssen, weniger für sich, als bei Per= sonenwagen, weil sie doch viel theurer sind, als der genügende Bessemerstahl. Da= gegen sind für Bremsräder Schalengußräder zweckentsprechend, wenn sie auch nur beschränkt zur Verwendung kommen. Bei den Achslagern und ihren Nebentheilen scheint die wünschenswerthe Einfachheit und Zweckmäßigkeit noch nicht erreicht zu

sein, da diese Theile, insbesondere die gußeisernen Lagerkasten und ihr Zubehör,
noch häufig Beschädigungen erleiden. Will man die jetzige, der Herabminderung
des todten Gewichtes zu statten kommende leichte Ausführung beibehalten, so
empfiehlt sich die Verwendung eines besseren Materials. Dabei ist großes Gewicht
auf einfache Construction, welche eine geringe Wartung beansprucht, zu legen:
keine complicirten Schmierpolster, sondern obere Schmiere mittelst Docht, von außen
durch den schiefen Deckel leicht zugänglich.

Wie bei den Locomotiven, ist auch bei den Güterwagen der Radstand selbst
bei den neueren noch recht gering, bei den älteren Wagen im Verhältniß zu ihrer

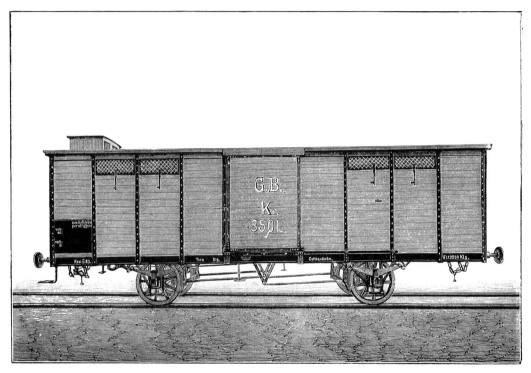

Gedeckter Güterwagen der Gotthardbahn.
(Nach einer Photographie des Constructeurs Maschinenbau-Gesellschaft in Nürnberg.)

meist sehr geringen Länge sogar günstiger. Auch hier hat der kurze Radstand große
überhängende Gewichte im Gefolge, wodurch die Wagen unruhiger laufen, sich an
den Puffern in ungünstiger Weise berühren, sobald sie in die Bahnkrümmungen ge=
langen, im Zuge mehr Widerstand verursachen und in Folge dessen mehr Zug=
kraft beanspruchen. Die Räder werden schneller abgenützt, alle Theile des Wagens
leiden mehr und auch der Oberbau wird übermäßig in Anspruch genommen. Da=
gegen ist bezüglich der Abfederung der Güterwagen ein erheblicher Fortschritt gegen
früher zu verzeichnen.

Auf den nachfolgenden Seiten sind die wichtigsten Typen von Güterwagen
nach photographischen Originalen abgebildet und wollen wir dieselben nun der

Reihe nach vornehmen. Die bekannteste, auf dem Continente vorwiegend in Ver=
wendung stehende Type ist der gedeckte Güterwagen. Er dient hauptsächlich
zur Beförderung solcher Güter, welche des sorgfältigen Schutzes gegen Witterungs=
einflüsse bedürfen, oder aus anderen Rücksichten unter Verschluß befördert werden
müssen. Ein solcher Wagen hat einen ganz geschlossenen, mit einer gewölbten Decke
versehenen Oberkasten, dessen Gerippe aus Eichenholz oder Eisen hergestellt ist.
Das Gerippe erhält innen eine Bekleidung mit horizontalen Fugen verlegter
Bretter, außen gleichfalls eine Holzverschalung mit vertical gestellten Fugen, oder
eine Bekleidung von Eisenblech. Die Decke besteht meist von Holz mit gefirnißtem
Zeugüberzuge. In der Mitte der Längswände sind Eingänge ausgespart, welche
mittelst Rollthüren verschlossen werden. Da geschlossene Güterwagen in ihrem
Innern eine hohe Temperatur aufweisen, welche vielen Waaren verderblich werden
kann, pflegt man den Wagen einen Anstrich von hellerer Farbe zu geben und
kleine vergitterte Fenster anzubringen. Einfache Täfelung mit vertical gestellten
Brettern ist empfehlenswerther als solche mit viereckigen Feldern in Rahmen, weil
diese leicht springen oder aus den Fugen gehen und hierdurch umständliche Repa=
raturen erheischen.

Die geschlossenen Güterwagen kommen auch beim Transporte von Truppen
und Pferden zur Verwendung und bedürfen diesfalls einer entsprechenden Ein=
richtung. Für den Transport von Mannschaften werden Bänke eingestellt, welche
zweckmäßig an den Längswänden und in der Mitte angebracht werden, um das
Aus= und Einsteigen nicht zu behindern. Pferde werden rechts und links von dem
durch die Thüröffnungen bezeichneten Mittelraume, und zwar drei zu drei, mit den
Köpfen nach dem Mittelraume hin, untergebracht. Letzterer ist beiderseits durch
Schlagbäume abgegrenzt und dient den Wärtern zum Aufenthalte. Um eine kräftige
Ventilation zu erzeugen, werden die Rollthüren offen gelassen, jedoch zur Sicher=
heit der Wärter beiderseits mit Schlagbäumen in Brusthöhe verlegt. In anderer
Weise werden Luxuspferde transportirt. Die hierfür bestimmten Wagen haben
Stirnwände und ist der Innenraum in förmliche Stände, mit gepolsterten Scheide=
wänden, eingetheilt. Die Pferde stehen demgemäß nach der Breite des Wagens,
was insoferne ein Uebelstand ist, als die ersteren beim heftigen Anziehen der
Wagen leicht fallen und dann umsichschlagen, wobei sie leicht Schaden nehmen
können.

Außer für den Truppen= und Pferdetransport werden die geschlossenen
Güterwagen auch für Sanitätszwecke eingerichtet. Solche Wagen bieten unter Um=
ständen eine große Hilfe, aber ihre primitive Einrichtung entspricht nicht den
wünschenswerthen Bedingungen, um den Transport schwer verwundeter Leute auf
größere Entfernungen sicherzustellen. Diese Erwägung hat die leitenden Kreise
dahin geführt, die Eisenbahntransportmittel für Kriegszwecke in entsprechender
Weise zu vervollkommnen, und es sind in neuerer Zeit Sanitätszüge entstanden,
die für wirklich rollende und gut eingerichtete Spitäler gelten können. Sie sind im

Kriege mit eigenen Mitteln ausgestattet und haben die Aufgabe, während des ganzen Feldzuges den Dienst zwischen den Feldlazarethen und heimatlichen Spitälern zu unterhalten.

Die beigegebene Abbildung veranschaulicht den »Verwundetenwagen« eines französischen Sanitätszuges, der aus einer größeren Zahl solcher Wagen, außerdem aus einem Aerztewagen und einem Küchenwagen besteht. Die Einrichtungen sind vortrefflich; es frägt sich aber, ob ein solcher Fahrpark, der in der langen Friedenszeit fast beständig remisirt ist, nicht etwas kostspielig sich gestaltet, da die Nichtbenützung gleichbedeutend mit langsamer Abnützung ist. Ein solches Wagen-

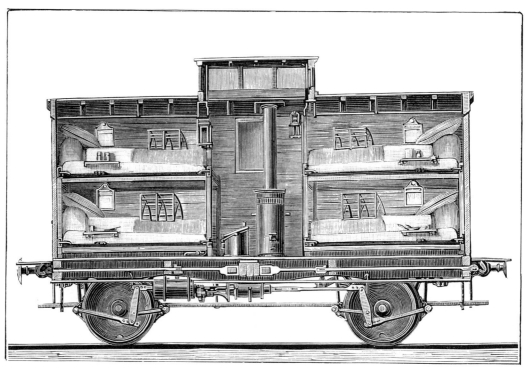

Wagen eines französischen Sanitätszuges.

material könnte im Augenblicke des Gebrauches möglicherweise ganz und gar den Dienst versagen.

Der hier vorgeführte Verwundetenwagen hat acht Betten. Der Construction der Federn und der Befestigungsart der Betten wurde mit Rücksicht auf ihre Bestimmung eine ganze besondere und sorgfältige Aufmerksamkeit zugewendet. Außer dem sehr elastischen Federwerk sind zwischen den Wänden und den Matratzen Fütterungen aus Wollstoff angebracht. Jeder solche Wagen ist in der Mitte mit einer Beleuchtungsvorrichtung versehen, die in Verbindung mit kleinen Guckfenstern, die sich an den Thüren befinden, eine gute Ventilation gestattet. Der Mittelraum enthält einen Ofen, der mit allen erdenklichen Gesundheits-Schutzeinrichtungen und überdies mit einer Plattform zum Wärmen von Speisen und Getränken eingerichtet ist. Der Boden ist mit Linoleum bedeckt, eine Bodenklappe gestattet die rasche Entfernung des Kehrrichts. Ebenso praktisch sind die übrigen Wagen, jener für die Aerzte, für die Wärter und der Küchenwagen, eingerichtet, die wir jedoch übergehen.

Wir haben weiter oben erwähnt, daß in gedeckten Güterwagen die in demselben herrschende Temperatur eine beträchtliche ist. Bei Täfelung mit Eisenblech steigt die Hitze mitunter auf 40 bis 50° R. Hellerer Anstrich und kleine Gitterfenster helfen dem Uebelstande nur theilweise ab, indem sie sich bei Transporten

Extrawagen mit Drehgestellen.
(Nach einer Photographie des Constructeurs: F. Ringhoffer in Prag-Smichow.)

von gewissen Artikeln als unzureichend erweisen. Es gilt dies vornehmlich von Fleisch und Bier. Bei den Bierwagen behilft man sich mit hellem Anstrich und festem Verschluß. Fleischwagen hingegen bedürfen einer kräftigen Ventilation, welche durch in der Decke und dem Boden angebrachte Oeffnungen erzielt wird. Die circulirende Luft streicht über Eisbehälter, wodurch die Temperatur sehr niedrig gehalten wird. Neuerdings ist vielfach ein besonderer Fleischwagen (Schreiber's »Eiswagen«) in Verkehr getreten, bei welchen die Luftlöcher vermieden werden. Im Innern des Wagens befindet sich ein an dessen Decke befestigter Kasten, welcher fast eine Tonne Eis aufnehmen kann. Die Kastenwände sind doppelt und der Zwischenraum ist mit Isolirmaterial (Kuhhaaren, Sägemehl), welches die Außenwärme abhalten soll, ausgefüllt. Das Fleisch selbst hängt auf Stangen, wobei die einzelnen Stücke sich

nicht berühren dürfen. In einem solchen Wagen herrscht eine durchschnittliche Tem=
peratur von 0 bis 5° R. Das an den Außenflächen des Eiskastens sich conden=
sirende Wasser, sowie das Schmelzwasser läuft durch eine Rinne ab.

Geschlossene Güterwagen werden ferner für verschiedene Bedürfnisse, für
Fabriken und besondere Waarentransporte zweckentsprechend eingerichtet und führen
dieselben gemeinhin die Bezeichnung Extrawagen. Sie werden durchaus von
Privaten beigestellt, zählen also nicht zum normalen Fahrpark der Bahnver=
waltungen.

Die continentalen Zollverhältnisse bedingen die weitgehendste Anwendung der
gedeckten Güterwagen gegenüber den offenen Güterwagen. Selbst der Ersatz
der schweren Kasten durch Theerdecken ist nur bei gewissen Frachten zulässig. Die
allgemein herrschende Tragfähigkeit ist 10 Tons für bedeckte, 11·25 Tons für
offene Wagen; als Gewichtsminimum kann für gedeckte Wagen mit Bremse und
eisernem Gerippe bei 4 Meter Radstand und etwa 6·5 Meter Kastenlänge 6·5 Tons,
ohne Bremse 6 Tons, für offene Wagen 5·5, respective 5 Tons angenommen
werden. Es stellt sich demnach die Tara zum Brutto beim vollbeladenen gedeckten
Wagen wie 1 : 2·5 bis 1 : 3·0 (ohne Bremse) beziehungsweise wie 1 : 2·25 bis
1 : 3·0 (mit Bremse); beim offenen Wagen hingegen wie 1 : 3·0 bis 1 : 3·8 be=
ziehungsweise wie 1 : 2·4 bis 1 : 3·0. Indem die volle Gewichtsladung aber nur
bei Massengütern (Eisen, Holz, Steinen, Getreide, Papier 2c.) möglich ist, ergiebt
sich, wie sehr die todte Last den Ertrag beeinflußt, und dies umsomehr, je geringer
die Verfrachtung von Massengütern ausfällt, die Zahl der Bremsen wegen
Steigungen dagegen wächst.

Die offenen Güterwagen dienen zum Transporte solcher Güter, welche den
Wettereinflüssen nicht unterliegen. Um gleichwohl gewisse Ladungen zu schützen,
werden dieselben mit Theerdecken zugedeckt und diese entsprechend verschnürt. Bei
Kalkwägen legt man Deckel auf. Im Allgemeinen bilden die offenen Güterwagen
ein sehr gutes Transportmittel, da sie sich bei Benützung von Krahnen rasch laden
und entladen lassen. Deshalb findet man in England, wo der Drehscheibenbetrieb
die Anwendung von Captans (vgl. S. 235) und hydraulischen Aufzügen geradezu
offene Güterwagen verlangt, diese dortselbst zahlreich vertreten. Diese Wagen sind
zugleich fast durchgängig mit beweglichen Bodenklappen versehen, wodurch die
meisten Rohmaterialien ungleich schneller und in wenig kostspieliger Weise entladen
werden können. Selbstverständlich müssen, um die Bodenklappen für die Entladung
benützen zu können, entsprechende Baulichkeiten vorhanden sein.

Ein hervorragendes Beispiel hierfür bietet die lange und erheblich ansteigende
Hochbahn, welche vom Bahnhof Kings=Croß der Great Northern=Bahn in London
zu den anstoßenden Etablissements der Imperial=Gaswerke auf einem Viaduct
geführt ist. Noch interessanter sind Anlagen dieser Art, welche bei Middlesborough
von den dortigen zahlreichen Hochofenwerken ausgeführt sind. Bei allen diesen
Werken in der dortigen fast ganz flachen Gegend findet sich eine auf 4—5 circa

Beladung offener Güterwagen mittelst Bremsfahrstühlen.
(Nach einer Photographie.)

10 Meter hohen Pfeilern liegende Schienenbahn, unterhalb welcher in den durch die Pfeiler gebildeten circa 8 Meter breiten Abschnitten die Magazine für Erze, Kalksteine und Coaks liegen. An diese Bahn werden die Eisenbahnwagen zu ebener Erde herangeführt, alsdann durch eine hydraulisch bewegte Platte hinaufgehoben, oben über den betreffenden Magazinen durch öffnen der Bodenklappen entladen und auf der entgegengesetzten Seite der Hochbahn durch die hydraulische Vorrichtung wieder auf das Anschlußgeleise hinabgesenkt. Die Einrichtung erscheint

Offener Güterwagen mit Drehgestellen.
(Nach einer Photographie des Constructeurs: J. Ringhoffer in Prag=Smichow.)

überall in der nämlichen Gestalt und empfiehlt sich durch ihre Einfachheit, sowie durch die Leichtigkeit, mit welcher sie sich auf beschränktem Raum anbringen läßt. Hier zu Lande erfolgt die Beladung der offenen Güterwagen, wenn es sich um Kohlen, Erze, Steine (Schotter) u. dgl. handelt, meist mittelst schiefer Rinnen, die von Gerüsten ausgehen, auf welchen die Züge der betreffenden Förderbahnen verkehren.

Der Kasten der offenen Güterwagen (Lowries) besteht aus mäßig hohen Wänden (Borden), und zwar ist die Höhe bald größer, bald geringer, so daß man »Hochbordwagen« und »Niederbordwagen« unterscheidet. Die letzteren haben meist die Einrichtung, daß man sie erforderlichenfalls durch Anbringung von Aufsätzen in Hochbordwagen verwandeln kann. Für Steinkohlentransporte erhalten die Wagen

Borde zum Umlegen, um die Entladung leichter und rascher vornehmen zu können. Fallweise können die Borde ganz abgenommen werden, so daß nur der ebene Boden des Kastens zur Aufnahme der Ladung (z. B. Schwellen, Schienen) er= übrigt.

Da die offenen Güterwagen, wenn sie nicht bis zum vollen Durchgangsprofil aufgepackt werden können, einen verhältnißmäßig beschränkten Laderaum haben, behilft man sich mit längeren Wägen. Indes ist hier die Länge, soweit es sich um zweiachsige Wagen handelt, von vornher gegeben. Um ein günstiges Verhältniß zu gestalten, wendet man Trucks an; jedoch sind lange Wagen dieser Art nur dann von Vortheil, wenn nicht vorwiegend schwere Massengüter transportirt werden.

Ihre Zahl ist dann zu beschränken, wenn nicht etwa Vieh, Stück= oder Colonial= und Indu= strieproducte leichterer Natur vorhanden sind, weil die Tragfähigkeit jedenfalls als Grenze der Fassung gilt. Etwa 22 Cubikmeter genügen fast allen schweren Massengütern, während bei Thieren, Coaks, Torf, Stroh die volle Ladung nie erreicht wird.

Abdeckbarer gedeckter amerikanischer Güterwagen.

Eine amerikanische Wagenconstruction neuester Art gestattet, einen und denselben Wagen je nach Bedarf, entweder als gedeckten, geschlossenen oder sogenannten Plattformwagen zu benützen; ja, es ist sogar möglich, den Wagen auch nur theil= weise seiner Längswände zu entkleiden, je nachdem eine leichte und rasche Entladung dies erfordert. An den vier Ecken der Plattform dieses Wagens sind Holzsäulen aufgestellt, die am oberen Ende durch einen Rahmen aus Eisen zusammengehalten werden. Auf diesem Rahmen ruht das Dach, indem es sich mit einer Flansche gegen dessen innere Seite stützt. Mittelst mehrerer Ringe, welche auf dem Dache befestigt sind, kann dasselbe durch Krahne oder andere Vorrichtungen gehoben werden. Die Stirnwände sind definitiv hergestellt; die Längswände bestehen aus einer Reihe sich übergreifender Thüren, deren jede an ihrem oberen Ende eine L=förmige Flansche trägt, mit welcher sie auf einer Führung am Metallrahmen hängt. Auf solche Weise ist es ermöglicht, die Thüre vertical zu stellen, sie aber auch nach auswärts zu drehen, in horizontale Lage zu bringen und hierauf unter das Dach einzuschieben, wo sie auf Längsträgern ruht, die an den beiden

Stirnwänden in besonderen Schuhen lagern. Am unteren Ende sind die Thüren mit einer Flansche versehen, welche deren leichte Verschiebung auf eine Schiene gestattet, die an den beiden Ecksäulen durch Gelenke und an der einsetzbaren Mittelsäule durch ein eigenes Schloß befestigt ist.

Für das Entladen der Eisenbahn-Materialwagen wird bekanntlich noch allgemein nur Menschenkraft benützt, wodurch sich diese Arbeit zeitraubend, umständlich und kostspielig gestaltet. Um dem abzuhelfen, bedient man sich der sogenannten

E. Chevalier's Materialwagen mit pneumatischer Kippvorrichtung.

Kippwägen, die aber gleichfalls nur durch Menschenkraft bedient werden. Abweichend hiervon besorgt eine neue Construction, welche von dem französischen Ingenieur Buette herrührt und vom Ingenieur Chevalier ausgeführt wurde, das Umkippen durch eine pneumatische Vorrichtung. Solche Wagen sind seit längerer Zeit auf mehreren französischen Bahnen in Verwendung und haben sich dieselben vortrefflich bewährt.

Wie die beigefügte Abbildung zeigt, sind zu jeder Seite der Längsachse eines solchen Wagens in entsprechender Entfernung von ihr an der unteren Bodenfläche des Kastens je drei mit Kolben versehene Stangen mittelst Gelenken befestigt. Die Kolben bewegen sich in oscillirenden Cylindern, welche vom Wagengestelle getragen

werden. Je nachdem nun der Kasten nach der einen oder anderen Seite entleert
werden soll, müssen die drei dieser Seite entgegengesetzt liegenden Kolben gehoben
werden. Hierbei ist die Anordnung so getroffen, daß die jeweilige Drehungsachse
des Kastens mit jener der Kolbenstangen, welche außer Thätigkeit sind, zusammen=
fällt. Die comprimirte Luft, welche als Betriebskraft dient, wird in besonderen,
auf einem oder mehreren Wagen befindlichen Reservoirs aufgespeichert, von welchen
aus die durch ein den Wagen entlang laufendes Hauptrohr und durch kürzere
Zweigrohre in die Cylinder geleitet wird. Für die Steuerung beider Cylinder,
d. h. für die Zuleitung der Luft in die eine oder andere Cylinderreihe jedes
Wagens, dient ein gewöhnlicher Dreiweghahn.

In Folge der entsprechenden Bohrungen dieses an jedem Wagen ange=
brachten, mit einem Handgriffe zu bewegenden Hahnes ist es durch einfache Mani=
pulation mit demselben möglich, alle Wagen eines Materialzuges, oder — wenn
erforderlich — auch nur einen Theil derselben, nach der einen oder anderen Seite
zu kippen; bei den nicht zu entladenden Wagen ist der Hahn so zu stellen, daß
die comprimirte Luft nur durch die Hauptleitung ziehen kann. Nach der Entleerung
des Kastens genügt es, die Hauptleitung mit der äußeren Luft in Verbindung zu
setzen, damit derselbe in Folge seines Eigengewichtes in die normale Lage
zurückkehrt.

Auch das Oeffnen und Schließen der Seitenthüren der Wagen wird auto=
matisch bewirkt. Zu diesem Behufe sind die Thüren mittelst Charnieren an eisernen
Stützen aufgehängt und werden durch einen Haken, der an einem rechtwinkeligen,
um eine Achse drehbaren Hebel angebracht ist, und einen kleinen, an der Seite der
Thüre befindlichen Zapfen umfaßt, geschlossen gehalten. Sobald der Kasten gehoben
wird, stößt der nach abwärts hängende Hebelarm an das Puffergehäus, wird
daher in seiner Bewegung gehemmt und zwingt den Haken, sich von dem Zapfen
abzuheben, so daß sich die Thüre öffnet. Wird der Kasten nach seiner Entleerung
in die normale Stellung zurückgelassen, so hängt sich auch der Haken — wie leicht
zu erkennen ist — wieder selbstthätig in den Zapfen ein und hält hierdurch die
Thür geschlossen.

Handelt es sich um die Ausführung einer bestimmten Arbeit, z. B. um eine
Anschüttung, so kann es von großem Vortheil sein, sämmtliche Wagen eines Ma=
terialzuges auf einmal nach der einen oder anderen Seite zu entleeren. In diesem
Falle läßt sich die Einrichtung so treffen, daß die Manipulation von der Loco=
motive aus — ähnlich wie bei den Luftdruckbremsen — erfolgt. Statt an jedem
Wagen wird nur an der Locomotive ein Hahn angebracht; die Rohrleitung sammt
Abzweigungen wird durch zwei Leitungen, und zwar je eine für die rechts= be=
ziehungsweise linksseitigen Cylinder, ersetzt.

Für die Anschüttung von Dämmen und Plateaus, sowie auch für die Ver=
breiterung solcher Unterbauten ist die seitliche Entleerung der Materialwagen von
Vortheil; für die Beschotterung von Geleisen ist es jedoch weit besser, das Bettungs=

material gleich direct vom Wagen zwischen die Schienen zu bringen. Für diesen Zweck hat Chevalier eine zweite Wagentype construirt, welche von der eben beschriebenen nur durch die Anordnung des Kastens abweicht. Die Bethätigung der Kolben geschieht auf die oben angegebene Weise durch einen auf der Locomotive angebrachten Hahn. Auch das Oeffnen und Schließen der Thüren wird automatisch auf gleiche Art, wie früher beschrieben, bewerkstelligt. Selbstverständlich läßt sich an Stelle der comprimirten Luft auch verdünnte Luft anbringen. Es würde dies jedoch wegen des geringen Ueberdruckes, welcher für die Bewegung

Cisternenwagen.
(Nach einer Photographie des Constructeurs: Maschinenbau-Actiengesellschaft in Nürnberg.)

der Kolben vorhanden ist, eine ziemlich beträchtliche Vergrößerung der Cylinderdurchmesser und die Einschaltung einer Transmission für das Heben des Kastens erforderlich machen.

Eine specielle Art der Bordwagen sind die Cisternenwagen, welche ganz aus Eisen construirt sind. Ihrer Borde gänzlich entkleidete offene Güterwagen werden Plateauwagen genannt. Durch die Vereinigung zweier solcher Wagen entsteht der Langholzwagen, der übrigens auch zum Transporte anderer, ungewöhnlich langer Gegenstände (z. B. Kessel, Brückentheile u. s. w.) dient. Es leuchtet ein, daß derlei Gegenstände nicht ohne weiteres auf die hierzu bestimmten beiden Wagen gebracht werden können, weil die Reibung der Ladung auf den Böden der Wagen deren radiale Einstellung in den Curven verhindern würde. Es würde sich einfach ein langer Achtråder mit festen Achsen ergeben. Um diesem Uebelstande abzuhelsen, wird auf jedem Wagen in dessen Mitte eine Vorrichtung angebracht, welche der Hauptsache nach aus einem um einen Mittelzapfen (»Reitnagel«) beweglichen Balken und zwei seitlichen, auf= und niederklappbaren Armen besteht. Auf dem Balken und zwischen den Armen jedes Wagens kommen die Langhölzer (Kessel, Brückentheile) zu liegen. Die Wagen bewegen sich unabhängig von einander durch

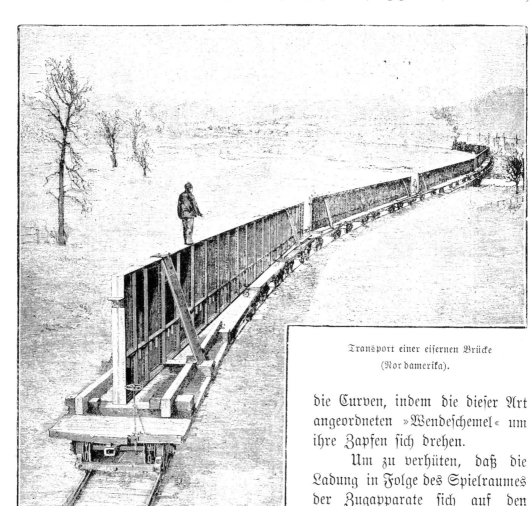

Transport einer eisernen Brücke
(Nordamerika).

die Curven, indem die dieser Art angeordneten »Wendeschemel« um ihre Zapfen sich drehen.

Um zu verhüten, daß die Ladung in Folge des Spielraumes der Zugapparate sich auf den Wendeschemeln verschiebe, wird eine feste Kuppelung angebracht. Mit= unter macht man noch überdies die Elasticität der Federn an der Zugvorrichtung durch Einschieben eines Bolzens hinter den Zughaken unwirksam.

Bei manchen auf diese Weise transportirten Gegenständen erscheint es un= thunlich, die ganze Last blos auf den beiden Wendeschemeln aufruhen zu lassen. Man unterstützt erstere dann durch eine auf und zwischen den Wendeschemeln hergestellten Bodenfläche, oder durch entsprechend angebrachte Längsträger (Balken),

Kanonenwagen.

wodurch eine gleichmäßige Lagerung erzielt wird. Auf diese Weise können übrigens auch kürzere, aber sehr schwere Gegenstände, für deren Gewicht ein einzelner Wagen nicht ausreichen würde, verladen und transportirt werden.

Ganz außergewöhnlich schwere Gegenstände, z. B. Kanonen schwersten Calibers, Panzerlafetten, Theile von Panzerthürmen, Torpedoboote u. dgl. bedürfen eigens construirter Wagen, welche man gemeinhin Kanonenwagen nennt. Sie werden jederzeit von den betreffenden Fabrikanten selber beigestellt.

Handelt es sich um kurze aber schwere Gegenstände, so bedient man sich gewöhnlicher Plateau= oder Niederbordwagen von sehr schwerer Construction und möglichst vielen Achsen, zehn, zwölf und darüber. Bei langen Gegenständen hin=

Schweinewagen.
(Nach einer Photographie des Constructeurs: Maschinenbau=Gesellschaft in Nürnberg.)

gegen werden mehrere Wagen nach Art der Langholzwagen eingerichtet, mit mehr= achsigen Trucks von großem totalen Radstande, oder man begnügt sich mit kürzeren Wagen gewöhnlicher Construction (ohne Trucks). Ein mittelgroßes Torpedoboot z. B. beansprucht fünf gewöhnliche vierachsige Plateauwagen.

Eine besondere Type unter den Güterwagen bilden die Kleinviehwagen. Sie sind geschlossen, doch bestehen die Wände aus Lattenwerk, wodurch eine günstige Ventilation erzielt wird. Diese Wagen sind meistens in zwei Etagen eingerichtet, da man andernfalls eine viel zu geringe Belastung erhalten, beziehungsweise der verfügbare Raum nicht ausgenützt würde. Jede Etage hat ihre eigenen Thüren, Futter= und Tränkevorrichtungen.

Schließlich sei noch der für den Bahndienst selbst erforderlichen Hilfs=
wagen gedacht. Dieselben sind dem Zwecke, dem sie dienen, nämlich im gegebenen
Falle sofort Arbeiter, Handwerker, Aufsichtsorgane nebst den erforderlichen Uten=
silien nach dem Schauplatze eines Unglücksfalles zu bringen, entsprechend ein=
gerichtet. Meist sind es gewöhnliche, sperrbare, gedeckte Güterwagen mit zwei oder
mehreren großen Innenabtheilungen, wovon eine für die Aufbewahrung der Hilfs=
werkzeuge, eine andere zur Aufnahme der Hilfsarbeiter eingerichtet ist. Als sehr
zweckmäßig erweist sich eine Anordnung, wie sie die beigefügte Abbildung veran=

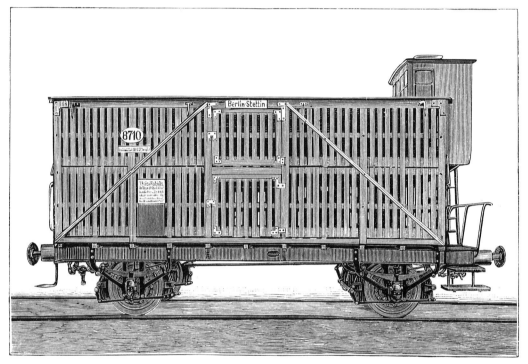

Kleinviehwagen.
(Nach einer Photographie des Constructeurs: Maschinenbau=Gesellschaft in Nürnberg.)

schaulicht, indem nämlich die eine Hälfte des Hilfswagens gedeckt, die andere
offen ist.

Die ganz geschlossenen Hilfswagen sind mit Laufbrettern versehen. Wagen
dieser Art sind an den End= und Hauptknotenpunkten, jedenfalls am Sitze großer
Werkstätten und Heizhäuser in Entfernungen von etwa 150 bis 300 Kilometer
auf einem Stutzgeleise in der Nähe der Verkehrsgeleise in stets bereitem und dienst=
fähigem Zustande aufgestellt, um im Bedarfsfalle nach wenigen Minuten, bei Tag
und Nacht, an Ort und Stelle abgehen zu können. Jeder solche Wagen enthält als
unentbehrliches Requisit Pratzen= und Schraubenwinden, hydraulische Winden und
ebensolche Aufzughaken, Ketten, Seile, Entgleisungsschuhe, Blöcke, Platten und
Keile von verschiedenen Dimensionen, einige Garnituren Schlosserwerkzeuge und

verschiedene andere Materialien. Hierzu gehören hauptsächlich Kuppel= und Schrauben=
ketten, Spiralfedern, Schraubenmuttern, Stahl= und Eisendraht, Handlaternen und
Arbeiterlampen, Fackeln, Schmier= und Brennöl, Petroleum in verschlossenen
Kannen, Dochte, Hanf und Werg, endlich einen entsprechenden Vorrath von Oberbau=
Kleineisenzeug, d. i. Laschen, Schrauben, Unterlagsplatten, Schienennägel u. s. w.

Es erübrigt noch die Besprechung zweier Wagentypen, der Gepäck= und der
Postwagen. Die ersteren stimmen rücksichtlich ihrer inneren Anordnung auf den
verschiedenen Bahnen wenig überein, doch ist ihnen allen ein größerer Raum für

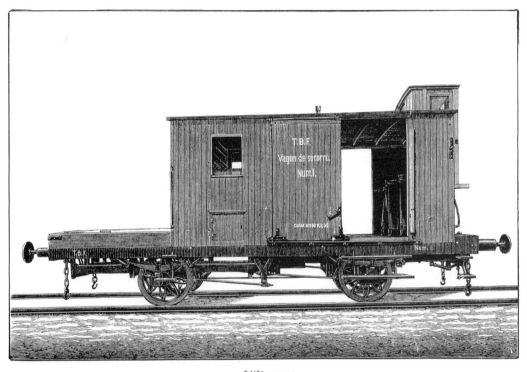

Hilfswagen.
(Nach einer Photographie des Constructeurs: Maschinenbau=Gesellschaft in Nürnberg.)

das Reisegepäck und ein abgeschlossenes Coupé für den Zugführer gemein. Das
letztere Gelaß erhält mitunter ein überhöhtes Dach mit Fenstern, um den Zug=
führer den Ueberblick über den Zug zu ermöglichen. Die Einrichtung besteht aus
einem kleinen Schreibtisch und Fächerstellagen, einer Lampe mit Rauchabzug nach
außen, mitunter einem Ofen, außerdem ein Closet und einen Hundekasten. Die
Gepäckwagen sind meist aus Eisen und schwer construirt.

Zu den schwersten Wagentypen gehören die Postwagen, was schon durch
ihre Größe bedingt ist. In diesen Wagen wird die Postambulance untergebracht
und ist die innere Einrichtung eine dementsprechende: Regale zur Sortirung,
Stempelung und Bezeichnung der Briefe, Theilung des Gesammtraumes in zwei
Gelasse, von welchem das größere zur Unterbringung des Gepäcks, das kleinere

für die dienstthuenden Beamten bestimmt ist. Im Gepäcksraum befinden sich meist
an den Längsseiten und an der einen Stirnwand Packetborde, im eigentlichen
Bureauraume ist ein großer hufeisenförmiger Sortirtisch mit Fächern untergebracht.
Mehrere Briefkörbe aus Eisendraht, ein gepolsterter Sessel und ein Ofen vervoll=
ständigen die Einrichtung. Dieselbe weicht übrigens bezüglich der Einzelheiten bei
verschiedenen Constructionen da und dort ab. In der Schweiz verkehren seit einiger
Zeit Postwagen mit Seitengallerie, welche einen doppelten Zweck erfüllen, indem
damit einerseits den Manipulanten Gelegenheit geboten wird, in den Dienstpausen

Gepäckwagen (die mittlere Achse lenkbar).
(Nach einer Photographie des Constructeurs: Schweiz. Industrie=Gesellschaft in Neuhausen.)

den meist sehr schwülen Arbeitsraum zu verlassen, anderseits den die Wagen ab=
gehenden Conducteuren die Möglichkeit geboten wird, auch dann von einem Wagen
zum andern zu gelangen, ohne das Postbureau zu betreten, wenn der Postwagen
etwa in der Mitte des Zuges sich befinden sollte.

Was die sonstige Einrichtung der Güterwagen anbetrifft, dürften die nach=
folgenden Bemerkungen genügen. Für die äußere Ausstattung ist grauer Oelfarben=
anstrich für den Kasten, schwarzer für Gestell und Laufwerk, für die innere gelber
oder brauner Anstrich überwiegend im Gebrauch, obwohl auch grüne Anstriche
und sogar Lackirungen angewendet werden. Indes ist die Erhaltung in letzterem
Falle sehr kostspielig. Neuerdings wendet man andere, sehr hart werdende Anstriche

aus Metalloxyden an. Für grauen Anstrich wird meist Zinkweiß, für schwarzen auch Theer angewandt.

Die Nummerirung der Wagen geschieht nach Serien und fortlaufenden Nummern, so daß, je nach der Größe des Fahrparkes, je bei einem neuen Tausender oder nach mehreren Tausendern für die neue Serie mit dem diesbezüglichen höheren Tausend begonnen wird. In der Regel umfassen die einzelnen Serien folgende Typen: Gepäckwagen, bedeckte Wagen, offene Wagen (Lowries), Plateauwagen mit abnehmbaren hohen Borden, auch mit Wendeschemeln für Langholz 2c., Kohlen=

Postwagen mit Seitengallerie (die mittlere Achse lenkbar).
(Nach einer Photographie des Constructeurs: Schweiz. Industrie=Gesellschaft in Neuhausen.)

Coaks= und Torfwagen, gedeckte Hornviehwagen, Kleinviehwagen mit Doppeletagen, Pferdewagen. Für den Transport von Geflügel dienen Steigen auf offenen Wagen. Kippwagen befinden sich nur ausnahmsweise im Besitze der Bahnverwaltungen, da der Schotter in der Regel mittelst Lowries transportirt wird.

Als Platz für den Bremser wird der Sitz meist auf dem Dache angebracht und sind dieselben jetzt fast durchgehends geschlossen, auf den offenen Wagen da= gegen offen, doch werden neue Wagen dieser Art nunmehr gleichfalls mit ge= schlossenen, etwas überhöhten Hütteln versehen (vgl. das Bild S. 379). Bei Plateau= wagen befindet sich der Bremsersitz im Niveau der Bordwand und ist durch Eisen= stäbe vom Laderaum abgegrenzt.

Von den ausländischen Güterwagen sind vornehmlich die amerikanischen, weil von den hierlands in Gebrauch stehenden vielfach abweichend, von Interesse. Auch hier macht sich das Bestreben geltend, trotz der Verschiedenheiten der einzelnen Typen, möglichst viele Theile gleichartig zu construiren. Für den Kohlentransport dienen sowohl kurze vierrädrige, als lange mit den herkömmlichen Trucks ausgerüstete Bordwagen. Die achträdrigen Plateauwagen werden durch Anbringung von Borden auch zum Schottertransport verwendet. Die für die schwersten Lasten bestimmten Kanonenwagen haben sechzehn Räder. Zu diesem Ende sind je zwei gewöhnliche vierrädrige Trucks möglichst nahe aneinander unter gemeinschaftlichem Rahmen angebracht, welche sodann, wie die herkömmlichen Trucks, mit dem Wagenplateau verbunden werden. Um durch die Einschaltung des je zwei Truckgestelle verbindenden Uebertragungsrahmens das Plateau des Wagens nicht zu hoch über das Schienenniveau gelangen zu lassen, sind die Räder von geringerem Durchmesser als sonst üblich.

Die auf zwei vierrädrigen Trucks ruhenden gedeckten Güterwagen haben meist ein Eigengewicht von 9000 Kilogramm. Die Langrinnen des Kastens sind nicht nur in ihrer Ausdehnung zwischen den Truckgestellen, sondern auch über diese hinaus bis zu den Brustbäumen durch eiserne Sprengwerke versteift. In der Mitte der Längswände befinden sich die üblichen Rollthüren, doch wendet man für den Getreidetransport überdies Drehthüren an, welche im Innern des Wagens derart an verticalen, ihnen als Angeln dienenden Stangen befestigt sind, daß man sie auch wie Wehren senkrecht heben oder senken kann, womit der Abfluß des unverpackten Getreides entsprechend regulirt wird. Auf dem First des Wagens ist ein Brett angebracht, auf welchem der Bremser, auch wenn der Zug in Bewegung ist, hin- und herläuft. Am Ende des Laufbrettes befindet sich, dieses überragend, das Handrad der Bremse. Am entgegengesetzten Brettende erfolgt die Bedienung der Bremse nicht von der Höhe aus, sondern mittelst eines Handrades mit horizontaler Achse, welches unter dem Laufbrette liegt. An jeder Stirnseite des Wagens sind steigbügelartige Fußtritte und Handhaben entsprechend angebracht, um auf die Wagendecke oder zu den Bremsrädern gelangen zu können.

Eigenartig ist die folgende Anordnung. Da nämlich der Abstand zwischen den Wagen beziehungsweise den Enden der Laufbretter sehr knapp bemessen ist, wäre der Fall nicht ausgeschlossen, daß bei starkem Aneinanderfahren zweier Wagen in Folge der elastischen Nachgiebigkeit der Pufferfedern der Bremser in eine gefährdete Lage käme. Um dies zu verhüten, trägt jeder Lastwagen an jedem Ende gußeiserne, an die Brustbäume befestigte unelastische Puffer, welche die zu starke Wirksamkeit den elastischen Puffer paralysiren.

Die amerikanischen Wagen für den Viehtransport unterscheiden sich wenig von den hierorts üblichen, doch macht sich das Bestreben geltend, die todte Last nach Thunlichkeit herabzumindern, was durch geringen Holzaufwand und leichtere Eindachung erreicht wird. Die amerikanischen Bahnverwaltungen sind bislang wenig schonend mit dem transportirten Vieh verfahren, doch tritt allmählich eine Wendung zum Besseren ein. Ingenieur E. Pontzen berichtet hierüber: »Die Grausamkeit, daß man das Vieh, selbst wenn es auf sehr lange Strecken transportirt wurde, weder mit Nahrung noch mit Wasser bedachte, veranlaßte, daß endlich Gesetze zur Beseitigung dieser Thierquälerei erlassen wurden. Man geht jetzt daran, Viehwagen zu bauen, die es gestatten, das in denselben befindliche Vieh rasch und ausreichend mit Wasser und Nahrung zu versorgen. Die zu diesem Ende in den Seitenwänden angebrachten um horizontale Achsen drehbare Gründe erhalten das Wasser von der Wagendecke aus, längs welcher von dem Einlauftrichter ein Rohr hinzieht, aus welchem sich dünnere Rohre zu den zu beiden Seiten des Wagens befindlichen Wasserträgern abzweigen. In den Stationen, in welchen das Vieh getränkt werden soll, sind Wasserkrahne errichtet worden, welche succesive die Viehwagen vom Dache aus mit Wasser versorgen können«. . . Als Beispiel der bislang dem Vieh auferlegten Tortur mag erwähnt werden, daß die von Chicago nach Pittsburg verkehrenden Viehzüge diese circa 750 Kilometer lange Strecke in 36—42 Stunden zurücklegen, und daß früher in den seltensten Fällen während der Fahrt für Fütterung oder auch nur für Tränkung gesorgt worden wäre.

Um die Bedeutung der amerikanischen Viehtransporte zu erkennen, sind einige Zahlen von Interesse. Der Gesammtwerth der Ein= und Ausfuhr lebenden Viehes in Chicago betrug 1890 über 231 Millionen Dollars; die Zahl der im gleichen Jahre geschlachteten Schweine betrug $5^3/_4$ Millionen, die des übrigen Viehes $2^1/_4$ Millionen. Die Viehhöfe (Union Stock Yards), Eigenthum einer Actiengesellschaft, bedecken ein Areal von 400 Acres, deren Anlage etwa 4 Millionen Dollars kostete, während die Schlacht= und Pökelhäuser der verschiedenen Pökelgeschäfte ein Anlagecapital von circa 10 Millionen Dollars repräsentiren. Der Geschäftsumsatz einer einzigen Firma (Armour & Co.) betrug 1890 an 65 Millionen Dollars. Die Zahl der von ihr geschlachteten Schweine im gleichen Zeitraume 1,450.000 Stück, des Rindviehes 650.000, der Schafe 350.000 Stück. Diese Firma allein besitzt für den Transport frischen Fleisches 1800 Refrigeratorwagen, welche mustergiltig eingerichtet sind und selbst auf den längsten Strecken niemals versagen.

Zum Transporte von Petroleum, welches bekanntermaßen einen sehr bedeutenden Transportartikel amerikanischer Bahnen bildet, werden mitunter achträdrige Wagen, auf welchen zwei geschlossene senkrechte Tonnen aus Eisenblech stehen, angewandt. Diese beiden Tonnen sind derart placirt, daß ihre Mittelpunkte sich über den Drehzapfen des Trucks befinden. Jede Tonne ist mit einem Einlaß= und einem Ablaßhahne, sowie mit einem Mannloche und einem Sicherheitsventile versehen. Ganz allgemein kommt eine zweite Type zur Verwendung, welche aus einem auf zwei vierrädrigen Truckgestellen liegenden horizontalen Kessel von etwa 14 Cubikmeter Fassungsraum ruht. Diese Kessel werden stets so weit gefüllt, daß die Flüssigkeit bis oder nahe bis zum oberen Rande des ober der Mitte angebrachten

Domes reicht. Dadurch wird die Veränderung des Schwerpunktes dieser Ladung
während der Fahrt verhindert. Diese Kesselwagen sind mit Bremsen versehen und
gestatten die an den Plattformen angebrachten Geländer einen ungefährdeten
Verkehr von Wagen zu Wagen während der Fahrt.

Für den Kalktransport dienen ganz allgemein vierrädrige Wagen, welche mit
doppelpultförmigem Dache versehen sind. Durch Aufklappen der einen der Pult=
decken ist das Einschütten des Kalkes in den Wagenkasten billig zu bewerkstelligen.
Das Entleeren geht leicht durch das Aufklappen der um ihre obere Kante dreh=
baren Längswände vor sich. . . . Schotterwägen haben häufig Kippeinrichtungen,
vorwiegend aber (gleich den Kohlen= und Erzwagen) Bodenklappen. Ganz eiserne
Kohlenwagen finden eine sich von Jahr zu Jahr steigernde Verwendung.

Von den Güterwagen sind noch die Obstwagen (Peaches Cars) zu erwähnen,
deren es zwei Typen giebt. Die eine ist nichts anderes, als ein gedeckter Güterwagen,
dessen Innenraum in horizontale Abtheilungen gegliedert ist, während die zweite
mehrere vom Boden bis zur Decke reichende verticale Abtheilungen zur Aufnahme
von Eis oder Kältemischungen im Sommer aufweist. Diese Wagen haben doppelte,
mit Isolirmaterial gefüllte Wände, und Bodenlücken für den Wasserablauf.

Auf unseren Bahnen läuft bei Güterzügen der Wagen des Zugführers gleich
hinter der Maschine; bei dem amerikanischen Güterverkehr ist es üblich, denselben
als Schlußwagen laufen zu lassen. Dieser Schlußwagen (Cabin car, Caboose car)
hat keine Trucks, sondern zwei Achsen mit festem aber kurzem Radstande. Bei
Nacht führt er die Schlußsignale und bei Tag kennzeichnet er selbst den Schluß
des Zuges, zu welchem Ende er auf manchen Bahnen grell roth angestrichen ist.
Es befinden sich im Wagen ein Schreibpult, ein Kasten mit verschiedenen Geräthen,
zwei erhöhte Sitze, welche eine bequeme Ausschau durch das in dem Ueberbau be=
findliche Fenster zulassen; außerdem sind drei Doppelbetten vorhanden, da der
Cabin car dem Zugspersonale gleichzeitig als Uebernachtungslocal dient. Das
Güterzugspersonal bereitet sich auf längeren Fahrten selber die Speisen, zu welchem
Ende in dem Schlußwagen ein Kochofen mit Kohlenbehälter eingestellt ist. Wenn
gelegentlich ein Stück Vieh vom Zuge erfaßt und getödtet wird, liefert es gleich
das nothwendige Fleisch. . . Auf den amerikanischen Bahnen läuft in den Winter=
monaten mit jedem Güterzuge ein geheizter Wagen für das Personal, was umso
nothwendiger ist, als die Bremser, wie wir gesehen haben, keinen Schutz gegen
Kälte und Wetterunbilden genießen.

Bekanntlich wird in Amerika das Gepäck auf einigermaßen langen Strecken
durch besondere Unternehmungen (Expreß=Gesellschaften) befördert, zu welchem Ende
entsprechende Wagen bereitgestellt werden. Die auf kurzen Strecken verkehrenden
Gepäckswagen unterscheiden sich in Nichts von jenen der gewöhnlichen Personen=
wagen, nur sind die Fenster bis auf eines an jeder Seite unterdrückt. . . . Die
Postwagen zeigen vielfach Einrichtungen, welche auf eine rasche Abfertigung der
Poststücke abzielen, und von welchen diejenigen besonders originell sind, welche der

Aufnahme beziehungsweise Abgabe der Postbeutel während der Fahrt dienen. Wir kommen auf diese Einrichtung in einem späteren Abschnitt zurück.

Eine sehr praktische Anordnung ist die folgende: Der Innenraum des Post= wagens zerfällt in drei Abtheilungen, von denen die an den Stirnseiten gelegenen zum Sortiren der Briefe beziehungsweise zur Aufnahme der Packete dienen und zu diesem Ende die bekannten Einrichtungen haben. Die mittlere Abtheilung ist mit einem Schranke ausgestattet, welcher der Länge nach frei steht und mit einem Sortirtische verbunden ist, von welchem aus der Beamte die für je einem Post= beutel bestimmten Briefe oder Packete in eines der vor ihm befindlichen 65 Fächer wirft. Diese letzteren haben stark geneigte Bodenflächen, so daß die in sie geworfenen Packete bis zu der durch eine Klappe geschlossenen Rückwand gleiten. Zwischen der Wagenwand und dieser Rückseite des Schrankes läuft ein schmaler Gang, der den rückwärtigen Verschluß eines jeden Faches zugänglich macht. Der Inhalt der ein= zelnen Fächer fällt in vorgehängte Beutel, welche in die für die Postpackete be= stimmte Abtheilung abgeliefert werden.

Ueber die einzelnen Constructionstheile der amerikanischen Güterwagen ist wenig Bemerkenswerthes zu sagen. Die Verwendung von Eisen ist auf das geringste Maß beschränkt; selbst die Langträger sind von Holz. Das Untergestell wird aus diesen und den Kopfschwellen gebildet und dieser Rahmen ist durch Längs= und Querstreben, ebenfalls von Holz, versteift. Wo der Wagenkasten mit einem be= sonderen, der Pfanne des Trucks angepaßten Gußstücke auf der Spurpfanne ruht, ist selbstverständlich die Querverstrebung sehr stark. Sowohl in der Längsrichtung als in der Querrichtung werden zur Verstärkung der hölzernen Schwellen eiserne Anker unter denselben durchgezogen, wie denn auch mitunter die Seitenwände der gedeckten Güterwagen durch eingelegte Eisenstangen verstärkt werden. Die äußere Verschalung ist aus verticalen Brettern mit Feder und Nuth, die Bedachung aus Zink= und Eisenblech, oder auch einfach aus Holz hergestellt. In letzterem Falle liegen abweichend von der bei uns üblichen Ausführung die Bedachungsdielen oft quer zur Wagenachse.

Wir wollen nun einige Mittheilungen über die mit den Güterwagen und den Eisenbahnwagen überhaupt verbundenen Dienstleistungen anfügen. Da die Eisenbahnwagen einer steten Controle über ihren Zustand bedürfen, werden sie von Zeit zu Zeit untersucht. Solche Revisionen werden in der Regel nach einem oder zwei Jahren, wenn die Wagen etwa 25.000 bis 30.000 Kilometer durchlaufen haben, vorgenommen. Hierbei müssen alle Theile, insbesondere aber Achsen, Räder, Lager, Federn, Bremsen, Zug=, Stoß= und Heizvorrichtungen untersucht werden. Die stattgehabte Revision wird mit leichter Oelfarbe, und zwar kurz das Datum, mitunter auch der Name der Werkstätte, welche die Revision besorgt hat, ange= schrieben. Der internationale Durchgangsverkehr bedingt ferner die Anmerkung des Tages des Schmierens in einer Scala mit gleichzeitiger Angabe, zu welcher Zeit das Schmieren normalmäßig stattzufinden habe. Bei Personenwagen wird die Zahl der Sitzplätze und das Eigengewicht (bei Güterwagen auch die Tragfähigkeit), sodann bei allen Wagen Serie, fortlaufende Nummer und die Initialen der Bahn mit heller Oelfarbe angebracht.

Das Putzen und Reinigen der Güterwagen geschieht nur aus Anlaß des Desinficirens oder nach erfolgtem Viehtransport beziehungsweise die Wagen verunreinigenden Gegenständen, also von Fall zu Fall. Die Reinigung der Personenwagen hat während des Stillstandes zwischen Ankunft und Abfahrt auf den Endstationen zu erfolgen. Die Außenwände werden mit reinem Wasser unter Zuhilfenahme eines weichen, keinen Sand enthaltenden Badeschwammes abgewaschen und sodann mittelst eines Rehhäutels, und zuletzt mit einem reinen Leinen- oder Baumwollappen gut abgetrocknet. Thürgriffe und andere Beschläge sind blank zu halten. In entsprechender Weise, am besten mit Zuhilfenahme von Bürsten, sind auch die Uebergestelle der Personenwagen von Koth zu reinigen. Alle drei bis vier Wochen ist die Reinigung der Kastenwände mit Seifenwasser vorzunehmen. Zur bestmöglichen Erhaltung der inneren Einrichtung und des äußeren Zustandes ist bei den zeitweilig außer Verwendung stehenden Personenwagen, insbesondere wenn dieselben nicht in Remisen untergebracht werden können, darauf zu sehen, daß die Fenster, Thüren und Vorhänge, ausgenommen die Zeit des Lüftens, fortwährend geschlossen gehalten, und die Wagen möglichst gegen Einwirkung des Staubes, der Sonnenhitze und der schlechten Witterung geschützt sind.

Die in den Stationen befindlichen Wagen müssen zum Schutze gegen Entwendungen oder boshafte Beschädigungen unter entsprechender Bewachung stehen. Dieselbe wird im Allgemeinen von jenem Stations- und Arbeitspersonale besorgt, welches im Bereiche der Aufstellung der Wagen beschäftigt, oder durch seine Dienstobliegenheit an den Ort, wo die Wagen stehen, gebunden ist. Werden aber die Wagen auf solchen Geleisen untergebracht, wo die vorerwähnten Voraussetzungen nicht zutreffen, so muß für den entsprechenden Schutz durch Aufstellung eigener Wächter Sorge getragen werden.

Bei verkehrenden Zügen erfolgt die Untersuchung der ankommenden beziehungsweise abgehenden Wagen durch die Revisionsschlosser. Sie haben kleinere Herstellungen, z. B. Auswechslungen von Kuppeln, Schrauben, Muttern, Splinten und anderen kleinen Theilen sofort zu besorgen und die reparaturbedürftigen Wagen zu bezetteln. In den Zwischenstationen erstreckt sich bei kurzem Aufenthalte die Revision vorzugsweise auf Achsen, Räder, Thyres und Federn. Die Untersuchung der Achsen und Thyres geschieht durch Anschlagen mit einem Bankoder Handhammer. Der Klang ist bei anbrüchigen oder losen, nicht mehr festsitzenden Thyres dumpf oder unmetallisch. Die Revisionsschlosser müssen bei Tag und Nacht zu allen Zügen erscheinen und auf großen Stationen müssen sie oft vierundzwanzig Stunden anwesend sein, wonach sie abgelöst werden und ebenso lange ruhen. Auf Stationen von minderer Bedeutung kann der Wärter der Wasserstationsmaschine den Revisionsdienst ausüben. Auf Uebergangsstationen

ist die Function des Revisionsschlossers besonders wichtig, weil sie in der Untersuchung der fremden und eigenen Wagen besteht und bei Nachlässigkeit oder
Uebersehen der Bahn Ersätze oder Schäden erwachsen können.

Eine weitere Dienstesobliegenheit ist das Schmieren der Wagen, zu welchem
besonders hierzu bestellte und sehr verläßliche Leute verwendet werden. Dieselben
haben gleich nach dem Stehenbleiben des Zuges die Lager aller Wagen durch
Befühlen mit der Hand zu untersuchen, ob keines derselben »warm laufe«. Gleichzeitig ist bei den offenen Lagern nachzusehen, ob dieselben hinreichend mit Schmiermaterial versehen sind.

Wenn einzelne warmgehende Lager vorkommen, deren Zustand ein Weiter-
laufen des Wagens noch zuläßt, hat der Wagenschmierer vorher für ein möglichstes
Abkühlen derselben zu sorgen, den Wagen sodann sorgfältig nachzuschmieren und
das Zugbegleitungspersonale auf den Sachverhalt aufmerksam zu machen, damit
dasselbe den Wagen bei der Weiterfahrt genau beobachte. Nach vollendetem
Schmieren ist die Schmierscala des Wagens auszufüllen.

4. Die Garnituren.

Nachdem wir die Einrichtung der Locomotiven und Wagen, ihre Typen und
Kategorien kennen gelernt haben, erübrigt nun noch über die Zusammenstellung
der besprochenen Fahrmittel zu förmlichen Zügen eingehende Mittheilung zu machen.
Eine Wagencolonne, welche zu einem bestimmten Zwecke zusammengesetzt ist, wird
fachmännisch gemeinhin »Garnitur« genannt. Mit der Locomotive, welche die
Wagencolonne zu befördern hat, wird die Garnitur begrifflich zum »Zug«, womit
streng genommen die im Verkehr begriffene Wagencolonne gemeint ist. Die
Züge wieder zerfallen, je nach dem Zwecke, dem sie dienen, oder nach der Form
des Verkehrs, in Last- und Gemischte Züge, Eillastzüge, Personenzüge, Eil- (Courier-)
und Expreßzüge, Militär- und Sanitätszüge, Arbeitszüge, Hof- und Luxuszüge.
Außerdem unterscheidet man Abgetheilte Züge, Nebenzüge u. s. w.

Die Einleitung der Züge in den Verkehr wird Zugförderung genannt
und bildet als solche die Grundlage der Technik des Transportes. Ihre Aufgabe
ist, die Züge laut Fahrordnung in gewisse, regelmäßige, periodische, Bedarfs- und
außergewöhnliche (Separat-) Züge eingetheilt und zumeist vorbestimmt zusammenzustellen und zu befördern. Sie umfaßt also den Dienst der Motoren, ihre Remisirung, Wartung und Instandhaltung (soweit dies nicht den Werkstätten zufällt),
deren technische Ueberwachung, Fahrturnus, Uebernahme aus der und Zuweisung

zur Reparatur, den Wasserspeisungsdienst, ferner die Bestimmung der Belastung und Geschwindigkeit der Züge nach Einvernehmen mit den durch den expeditiven Betriebsdienst aufgestellten Erfordernissen, endlich verschiedene administrative Arbeiten, sowie der in den Streckendienst einschlägigen Maßnahmen. In diesem Abschnitte soll indes nur von der Zusammenstellung der Züge die Rede sein, da dem Verkehr eine besondere Abtheilung dieses Werkes gewidmet ist.

Einer der wichtigsten Acte der Zugförderung ist die Aufstellung der regelmäßigen Fahrordnung der Züge; sie ist von größtem Einflusse auf die Bewältigung des Verkehrs. Ein ökonomisches Vorgehen in dieser Richtung ist schon deshalb von durchschlagender Bedeutung, weil die Fahrordnung beziehungsweise die Einleitung der Züge sich den Verkehrsbedürfnissen anzupassen hat. Insbesondere ist die Vermehrung der Zahl und Gattung der Züge

Schlafwagen.

vom Uebel und rächt sich beim Luxus so sehr als der in Eil- und Personenzügen, die nicht nach Bedarf eingeleitet werden können, wie die Güterzüge, sondern fort verkehren müssen, ob sie besetzt und frequentirt sind oder nicht, und deren Einstellung stets eine mißliche Sache bleibt. Mit Ausnahme der Postzüge, bei denen die Staatsverwaltung bezüglich der Abfahrts- und Ankunftszeit ihre Vorbehalte macht, ist es Sache der Bahn, die Fahrordnung der übrigen Züge festzustellen, wobei bei Personen= und Eilzügen im Conferenzwege auf fremde Anschlüsse, bei den Güterzügen auf die Lieferzeit oder sonstige Factoren Rücksicht genommen wird. Die Factoren, welche den Charakter des Zuges bestimmen, sind Geschwindigkeit und Belastung; beide Factoren wachsen mit dem Verkehr, d. h. mit der Frequenz.

Die Zusammenstellung der Züge erfolgt durch das Rangiren. Auf kleinen Zwischenstationen, wo es sich in der Regel lediglich um die Abstoßung beziehungs= weise Aufnahme des einen oder anderen Wagens handelt, besorgt die Zugsmaschine selbst den Rangirdienst, anders auf großen Bahnhöfen. Hier, wo der Rangirdienst ununterbrochen stattfindet und derselbe von mehreren Maschinen besorgt wird, empfiehlt sich die Verwendung besonderer Locomotiven, welche dementsprechend Rangirmaschinen genannt werden. Meist sind es Maschinen älterer Construction oder kleine Tender=Locomotiven. Die Rangirmaschinen dienen überdies als Bereit= schaftsmaschinen für die Strecke.

Ueber die Art und Weise, wie die einzelnen Wagen beziehungsweise ganze Wagengruppen herangeholt und zu Zügen zusammengestellt werden, ist Bemerkens= werthes nichts zu sagen. Dagegen ist hervorzuheben, daß der Rangirdienst zu den anstrengendsten und nicht minder gefahrvollsten Manipulationen gehört. Das Durcheinanderschieben der Wagen vermittelst Ausweichungen über die Geleise erstreckt sich sehr häufig über alle Spuren der Bahn, auch Diejenigen nicht aus= genommen, auf welchen die Züge aus= und einfahren. Da nun die gewaltige Aus= dehnung großer Bahnhöfe jede Uebersicht der in allen Abschnitten desselben vor= gehenden Manipulationen und die Verständigung erschwert, ergiebt sich der wunde Punkt des Rangirdienstes von selbst. Insbesondere bei Nebel, Sturm und Schneegestöber steigert sich die Gefahr im Allgemeinen und für jede am Rangir= dienst betheiligte Person im Besonderen. Die Hantirungen müssen im raschen Tempo erfolgen (umso rascher, je größer die Station), die Leute kriechen zwischen und unter die Wagen, springen auf dieselben und von denselben, lösen hier Kuppelungen oder hängen sie ein u. s. w.

Erfolgt diese Bewegung der Massen mit der gleichen Hast bei ungünstigem Wetter oder in der schlechten Jahreszeit, dann stellt sich die Sache noch schlimmer. Auf Glatteis oder beim raschen Ueberspringen schneeverdeckter Geleise strauchelt der Fuß, die rollenden Wagenburgen verdecken die Signale, das Durcheinanderpfeifen verwirrt im gleichen Maße wie das immerwährende Rollen der Wagen. In der That kann man den Muth und die Geschicklichkeit des Personales nur bewundern, und man ist erstaunt, daß das Treffen, welches der Bahnbetrieb Tag für Tag auf den Stationen liefert, nicht zu einer großen Schlacht wird.

Trotz alledem sind die Verluste an Menschenleben, welche der Stationsdienst nach sich zieht, weit größer als jene, welche durch Zwischenfälle in offener Strecke verursacht werden. Den größten Procentsatz zu diesen Unfällen stellt die Thätigkeit beim Schließen und Lösen der Kuppelungen, zu welchem Ende die betreffenden

Functionäre gebückt zwischen die Wagen (also zwischen die Puffer) sich begeben müssen. Alle Bestrebungen, die Gefährlichkeit dieser Manipulation durch eine zweckentsprechende, womöglich automatische Kuppelung abzustellen, haben noch zu keinem

Salonwagen.

befriedigenden Resultate geführt. Wir stehen hier noch auf demselben Punkte wie zu Beginn des Eisenbahnwesens und es ist in der That zu verwundern, daß der Erfindungsgeist, der gerade im Eisenbahnwesen so Großes geleistet hat, dieses Problem bisher nicht zu lösen vermocht hat.

Die Beistellung geeigneter Locomotiven für die Züge, sodann die Uebernahme der aus dem Dienste heimkehrenden Maschinen geschieht durch die Heizhausleitung. Die Ausrüstungen der Locomotiven werden stets nach dem Einrücken vom Dienste

Speisewagen.

vorgenommen. Kommt also eine Maschine wieder in den Dienst, so hat nichts weiter zu geschehen, als sie in Betrieb zu setzen. Zu diesem Ende wird die Locomotive angeheizt, und zwar durch besondere Organe, um das Maschinenpersonale zu schonen, welches damit zugleich Zeit gewinnt. Es ist zu bemerken, daß die Locomotiven im Heizhause oder in dessen Bereiche derart rangirt sein müssen, daß sie mit Rücksicht darauf, ob sie früher oder später in Dienst treten, ob sie reparirt, ausgewaschen oder ausgeblasen werden sollen, an entsprechendem Orte sich befinden. In der Dunkelheit müssen die unter Dampf stehenden Maschinen ihre Signallaternen an= zünden, sobald sie eine Ortsveränderung vornehmen.

Für Rangirmaschinen hat zu gelten, daß der Führer derselben keinerlei Ver= schiebung ohne Beisein des leitenden Organes vorzunehmen hat; er muß vielmehr durch den hierzu berufenen Functionär für jede auszuführende Bewegung im Vor= hinein verständigt werden, und ist ihm zugleich unter Mittheilung aller sonstigen auf die Sicherheit Einfluß nehmenden Nebenumstände anzugeben, mit wie viel

Wagen er zu verschieben, wie viel Wagen und auf welches Geleise er dieselben zu stellen, oder wie viel Wagen und von wo er dieselben abzuholen habe. Das Ein= und Auskuppeln der Maschine oder des Tenders an die zu verschiebenden Wagen geschieht durch das Stations= personale; der Heizer darf dies niemals besorgen, da er die Bremse zu bedienen hat. Bei Verschiebungen ist darauf zu sehen, ob die Bahn frei be= ziehungsweise ob kein Hinderniß in der Richtung der Fahrt zu befürchten ist. Es hat immer, wenn diesfalls nicht vollkom= mene Sicherheit herrscht, und wenn die Maschine Wagen zu= rückschiebt, ein mit nöthigen

Schlafcoupé am Tage.

Signalmitteln ausgerüsteter Bediensteter in entsprechender Entfernung voranzugehen, um etwaigen Unfällen vorzubeugen, beziehungsweise die erforderlichen Signale zu geben. Das Verschubpersonale hat sich längs des Zuges oder der zu verschiebenden Wagenreihe derart zu vertheilen beziehungsweise aufzustellen, daß es dem Führer stets sichtbar ist. Bei im Bogen liegenden Geleisen steht das Personale auf der inneren Seite der Wagen.

Selbstverständlich bestehen bezüglich des stationären Maschinendienstes in den verschiedenen Ländern die mannigfachsten Vorschriften. Wir halten uns, um so obenhin ein Bild von den Obliegenheiten des Maschinenpersonales zu geben, an die hierorts bestehenden Vorschriften, mit Hinweglassung aller in den Instructionen enthaltenen Einzelheiten. Eine gute Uebersicht giebt E. Tilp in seinem »Prak=

tischen Maschinendienst im Eisenbahnwesen«, an welchem wir uns vorzugsweise anlehnen.

Der Dienst mit der Locomotive, sei es Fahr=, Verschieb= oder Reservedienst, wird für den Führer und dem ihm zugewiesenen Heizer in der Regel durch die im Heizhause angeschlagene Dienstordnung bestimmt. Der Führer ist verpflichtet, sich recht= zeitig davon Kenntniß zu verschaffen und sich zur gehörigen Zeit bei der von ihm zu bedienenden Maschine einzufinden, um sie in vollkommen dienstfähigen Zustand zu versetzen. Zu diesem Zwecke muß der Führer mit seinem Heizer in der Regel drei Stunden vor dem zum Abgange des Zuges oder vor einem zum Antritte der

anderweitigen Dienstleistung be= stimmten Zeitpunkte bei seiner Maschine erscheinen. Werden indes die Maschinen durch Vor= heizer bedient, so restringirt sich der vorstehend angegebene Zeit= abschnitt auf eine Stunde.

Die Füllung des Kessels hat in der Regel schon früher stattgefunden. Es ist dem Ma= schinenpersonale strenge unter= sagt, ohne Wissen der Heizhaus= leitung dem Speisewasser welch' immer namenhabende Bei= mischungen in den Kessel oder Tender beizugeben. Was die Füllung betrifft, welche in der Regel aus der Wasserleitung des Heizhauses mittelst Schläu= chen geschieht, ist zu bemerken, daß hierbei für das Ent=

Schlafcoupé des Nachts.

weichen der Luft aus dem Kessel gesorgt werden muß, widrigenfalls die zu= sammengepreßte Luft ein solches Hinderniß werden kann, daß der Wasserdruck aus dem Reservoir nicht genügt, um das Wasser in gehöriger Menge in den Kessel eintreten zu lassen. Die Oeffnung des Regulators zum Entweichen der Luft ist gefährlich, weil bei Unterlassung des Schließens desselben unter Umständen die Maschine sich nach Ansammlung von Dämpfen von selbst in Bewegung setzen könnte. Zur Verhütung eines solchen Vorkommnisses, welches auch in Folge Un= dichtheit des Regulators eintreten kann, muß der Steuerungshebel aufs Mittel gestellt werden (vgl. Seite 259). Während der Füllung des Kessels mit Speisewasser genügt es, wenn die Probirhähne geöffnet sind. Unter Umständen erscheint es nicht unzweckmäßig, durch den Druck, den die vom Wasser zusammengepreßte Luft erzeugt,

einigermaßen die Dichtung zu prüfen. Dann aber muß der Maschinenführer zur
rechten Zeit die Probirhähne zum Auslassen der Luft öffnen.

Nach geschehener Füllung auf die erforderliche Höhe, mindestens bis zum
mittleren Probirhahn (vgl. Seite 324), muß sich die Ueberzeugung verschafft
werden, daß der Ablaßhahn am Kessel gut und haltbar, die Wärmerohrhähne,
der Hahn der Füllschale und die übrigen Wechsel und Hähne geschlossen sind.
Ebenso muß sich der Führer immer überzeugen, daß die Rauchkastenthüre dicht
und haltbar verschlossen, die Siederohre nicht verstopft und gehörig gereinigt sind.
Wenn der Tender aus irgend einer Ursache von der Maschine abgeschoben war,

Küche in einem Expreßzuge.

muß er vor dem Anfeuern der Locomotive unbedingt angeschoben und mit der
Locomotive auf das Sorgfältigste verbunden werden, wovon der Locomotivführer
sich persönlich zu überzeugen hat.

Nach all' dem Vorgesagten kann erst zur Anlegung des Feuers im Feuer=
kasten geschritten werden. Das auf dem im vollkommen guten Zustande befindlichen
Roste hergerichtete, gehörig verkleinerte und trockene Vorheizholz wird nun in
Brand gesetzt. Die weitere Nachfeuerung ist derart zu unterhalten, daß zur gehörigen
Zeit der nothwendige Dampf vorhanden ist, ohne daß mit dem Brennmaterial
vergeudet werde, was der Führer genau zu überwachen hat. Bei rasch von statten
gehender Dampfentwickelung ist der überflüssige Dampf zur Erwärmung des Tender=
wassers bis zur bestimmten Temperaturgrenze (mit Bezug auf Injectoren) in den
Tender zu leiten. Das Vorheizen geschieht in der Regel im Heizhause, wobei darauf
zu achten ist, daß die Maschine mit ihrem Rauchfang unter ein Abzugsrohr,

niemals aber unmittelbar unter das Dachgehölze zu stehen komme. Bei Anheizen außerhalb des Heizhauses (beziehungsweise bei Abwesenheit eines solchen) ist auf die Nähe von Magazinen oder feuergefährlichen Gegenständen Bedacht zu nehmen.

Das Schmieren der Locomotive und des Tenders soll entweder vom Locomotivführer persönlich geschehen, oder es kann dies unter Aufsicht und Anleitung des Führers dem Heizer dann übertragen werden, wenn derselbe bereits genügend erfahren und als zuverlässig erprobt ist. Für Ersparnisse beim Schmiermaterialverbrauch sind allenthalben Prämien eingeführt, woran Führer und Heizer theilhaben und es ist somit Aufmunterung zu einem sorgsamen und rationellen Vorgang beim Schmieren gegeben. Andererseits aber werden Vernachläffigungen, sowie ander-

Vorrathskammer in einem Expreßzuge.

weitige Mißbräuche mit schweren Strafen belegt und es wird bei vorkommenden Verreibungen oder Beschädigungen der Maschinentheile der angerichtete Schaden dem Schuldtragenden zur Last gelegt. Das Schmieren muß rasch, dabei jedoch sorgfältig und mit Geschicklichkeit derart geschehen, daß alle Theile genügend aber nicht überflüssig geschmiert werden, und daß kein Schmiermaterial unnütz vergeudet werde.

Die Schmierapparate müssen öfter nachgesehen, gereinigt, die Schmierlöcher und Oelzuführungen frei gemacht, die Dochte nach Bedarf ausgewechselt und so gestaltet werden, daß weder zu viel noch zu wenig Oel zugeführt wird. Dies richtet sich nach der herrschenden Temperatur und der Festigkeit oder Dünnflüssigkeit des zur Verwendung gelangenden Schmiermateriales. Das Schmieren der Cylinder (Kolben) und Schieber ist nur vor Beginn der Fahrt erforderlich. Während des Ganges der Maschine ersetzt der feuchte Dampf die Schmierung.

Auf jedem Tender müssen jene Werkzeuge, Geräthschaften und Materialien vorhanden sein, welche während des Dienstes entweder regelmäßig oder fallweise benöthigt werden sollten. Hierzu zählen Fackeln, Kuppelungsbolzen und Reserve= kuppelungen, eiserne und hölzerne Stoppel für Feuerröhren, Hanf= und Arbeits= schnüre, Zugleine, Wassereimer und Schmierkübel, Schürhaken und Holzhacke, ver= schiedene Hämmer, Zangen und eiserne Hebel, Kannen, Signallaternen und Laterne für Wasserstand und Manometer, Hand= und Kreuzmeißel, Aschenräumer und Rauchkastenräumer, Kohlen= und Schlackenschaufel, Signalscheiben von Blech, ver= schiedene Schraubenschlüssel, Kohlenzange, englische Schrauben= und Stockwinde,

Damencoupé.

Pratzenwinde, Schraubenzieher und Lampenscheere, eine Fackelkiste und eine Kiste für die Kleider des Maschinenpersonales u. s. w. Jedes Werkzeug oder Geräthe wird mit der Nummer des zugehörigen Tenders, die Schraubenschlüssel mit jener der Locomotive versehen. Für die Vollständigkeit dieser Tenderausrüstung ist der Maschinenführer verantwortlich beziehungsweise ersatzpflichtig.

Der Maschinenführer hat vor der Fahrt aus dem Heizhause die Locomotive genau zu revidiren und zu untersuchen. Alle Keile, Bolzen, Schrauben 2c. müssen gehörig nachgezogen sein und hat sich der Führer zu überzeugen, daß alle Hand= haben, wie zum Regulator, zur Aschenkastenklappe, zum Blasrohr u. s. w., der Steuerungshebel und alle Hähne gangbar und leicht zu dirigiren sind, ob die Ver= bindung des Tenders mit der Maschine verläßlich sei. Die Sandstreuapparate

müssen mit trockenem, scharfem Sande gefüllt, ein entsprechender Vorrath von dem=
selben mitgeführt und gegen Eindringen von Nässe gesichert sein. Der Führer hat
ferner darauf zu sehen, daß die vorgeschriebenen Signallaternen sich in vollkommen
brauchbarem Zustande befinden und die Wasserstands= und Manometerlaterne vor
Eintritt der Dunkelheit angezündet werden. Es ist zu bemerken, daß die auf den
Stationsgeleisen verkehrenden Maschinen, sowie verschiebende oder außerhalb des
Heizhauses in Bereitschaft stehende Maschinen bei Nacht vorne und rückwärts je
eine Signallaterne mit rothem Licht zu tragen haben.

Soll die Locomotive an die Garnitur gebracht werden, so wird die Tender=
bremse gelüftet, das Achtungssignal mit der Dampfpfeife gegeben und der Regu=
lator ganz mäßig geöffnet, um ein allmähliches Anwärmen der Cylinder zu be=
wirken. Das hierbei aus dem erkalteten Dampfe niedergeschlagene Condensations=
wasser muß durch die Cylinderhähne abgelassen werden, welche zu diesem Zwecke
so lange als nöthig offen zu halten sind. Principiell soll der Führer nie eine Be=
wegung ausführen, d. h. den Regulator nicht öffnen, bevor er nicht das Achtungs=
signal gegeben hat.

Bei der langsamen Fahrt vom Heizhause zur Garnitur hat der Führer Ge=
legenheit, sich von dem richtigen Gange aller Bewegungstheile und der Thätigkeit
der verschiedenen Vorrichtungen zu überzeugen. Die Fahrt zur Garnitur hat nach
den Weisungen des Stationsvorstandes zu geschehen und ist die Maschine von
einem Functionär zu begleiten. Das Anstellen der Locomotive an den Wagenzug
muß mit besonderer Vorsicht und Behutsamkeit geschehen, damit das starke An=
stoßen vermieden werde. Die Verbindung des Tenders mit dem ersten Wagen der
Garnitur wird durch das Stationspersonale besorgt, doch liegt dem Führer die
Verpflichtung ob, sich von der vollkommenen und sicheren Verbindung die Ueber=
zeugung zu verschaffen.

Auf die einzelnen Kategorien der Züge übergehend, beginnen wir mit den
Güterzügen. Ihre Zahl beziehungsweise die Anzahl der Achsen pro Zug hängt
in erster Linie von der Dichte des Verkehrs, die Achsenzahl überdies von den
Steigungsverhältnissen der betreffenden Bahn ab. Nachdem die todte Last der Züge
an sich constant bleibt, erhellt, daß die Kosten leerer oder halbleerer Züge, und
je mehr, desto schneller sie verkehren, ein ungünstiges Verhältniß ergeben. Das
Ideal wäre: für den Verkehr eben hinreichende Zahl möglichst vollbelasteter Züge,
denn den Transport der Maschinen und Wagen muß die Bahn, der Personen
und Frachten aber das Publicum bezahlen.

Die Einleitung der Güterzüge liegt ganz im Belieben der Bahn, während
jene der Personenzüge einen gleichmäßigen täglichen Verkehr bedingt. Die Einleitung
von vollen Lastzügen wird durch die Verkehrsmasse bedingt; ist die letztere keine
bedeutende, so werden gemischte Züge eingestellt. Es ist indes im Auge zu be=
halten, daß bei Zügen dieser Gattung die Fracht, für welche es hierbei keinen
höheren Satz giebt, schneller, also mit höheren Selbstkosten transportirt werden

muß. Daher sollen gemischte Züge den Charakter von Güterzügen mit Personen=
beförderung haben. Bei kurzen Lieferzeiten empfehlen sich Eilgüterzüge für
Vieh, Stückgüter u. s. w.

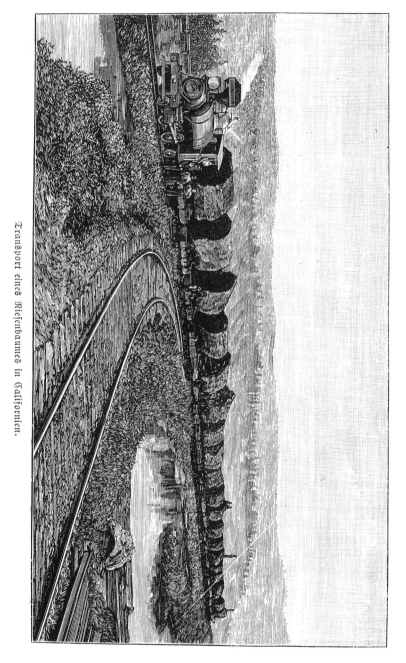

Transport eines Riesenbaumes in Californien.

Rücksichtlich
der Belastung der
Züge handelt es
sich zunächst darum,
die Leistung der zur
Verfügung stehen=
den Maschinen ge=
nau zu kennen, was
durch Rechnung
oder Leistungs=
fahrten geschieht.

Daraufhin
wird die »Bela=
stungstabelle« für
die einzelnen Zugs=
gattungen be=
ziehungsweise
Streckengruppen
aufgestellt. Wenn
wegen localer Stei=
gungen, deren zu
Liebe die Bela=
stung der ganzen
Streckensection
nicht herabgemin=
dert werden kann,
Verdoppelung der
Maschine nöthig ist,
entschließt man sich
in der Regel für
das Nachschieben,
welches die An=
wendung der Ma=
ximallast für jede

Maschine, die Schonung der Zugvorrichtungen, die Sicherheit gegen Abreißen und
Entrollen des Zuges gewährt. Züge auf ganzen Streckensectionen mit doppelten Ma=
schinen zu befördern, ist nicht rationell, außer für den Rücktransport von Maschinen
ohne Gegenzug, wo bei Steigungsstrecken eine davon als Vorspann= oder Schiebe=

maschine benützt wird, wenn der halbe Transport sich als unvortheilhaft erweisen sollte. Sollten die Güterzüge auf gewissen Strecken regelmäßig weit unter dem Normale belastet sein, so empfiehlt es sich, diese geringe Last den Personen= oder gemischten Zügen beizugeben.

Der Locomotivführer ist verpflichtet, die Züge mit den denselben nach der Belastungstabelle zukommenden Lasten zu befördern. Auch Ueberlasten soll er inner= halb der in den allgemeinen Bestimmungen angegebenen Grenzen nach Möglichkeit zu befördern trachten. Nur wenn der Zustand seiner Maschine, die Witterungs= verhältnisse oder andere ungünstige Umstände die anstandslose Beförderung des überlasteten Zuges in Frage stellen oder nicht möglich machen würden, kann der Führer unter Angabe der Ursachen dienstlich die Erklärung abgeben, daß er die Ueberlast nicht mitnehmen könne. Im Uebrigen hat sich aber der Führer der Anordnung seiner Vorgesetzten zu fügen und ist der diesbezügliche Sachverhalt in den Stundenpaß einzutragen. Bei Beförderung der Züge mit zwei Maschinen müssen dem zugführenden Locomotivführer der Name und die Nummer des Vor= spannführers, dem letzteren die gleichartigen Angaben des zugführenden Maschinen= führers angegeben, d. h. in deren »Leistungsbücheln« eingetragen werden. Dem Zugführer ist die volle Brutto= und Nettolast, dem Vorspannsführer hingegen nur die volle Bruttolast bekanntzugeben.

Ueber die Zusammenstellung der Personenzüge ist Bemerkenswerthes nichts zu sagen. Die Anzahl der Wagen richtet sich nach den jeweiligen Bedürfnissen, ebenso die Auswahl nach Classen. In der Regel überwiegen die Wagen III. Classe und begnügt man sich rücksichtlich der II. Classe vielfach mit gemischten Wagen I. und II. Classe. Auf Secundärbahnen sind Wagen I. Classe häufig gar nicht vertreten. Da die Fahrgeschwindigkeit der Personenzüge relativ gering ist, stellt sich die Zahl der Wagen (Achsen) höher als bei den Schnellzügen, für welche in der Regel das beste und bequemste vorhandene Wagenmaterial eingestellt wird. In früherer Zeit bestanden die Schnellzüge vielfach nur aus Wagen I. Classe, jetzt führen sie allenthalben alle drei Classen, mit wenigen Ausnahmen, bei denen die III. Classe entfällt.

Eine besondere Stellung im Eisenbahnbetrieb nehmen die internationalen Expreßzüge ein. Seit man die oceanischen und die Flußdampfboote mit allen nur erdenklichen Behaglichkeiten versehen hat, war man bestrebt, dieselben auch dem Eisenbahnreisenden zu bieten. Den ersten Anstoß hierzu gaben die Amerikaner durch Einstellung von Schlaf=, Speise= und Salonwagen in die fahrplanmäßigen Züge. Die Einrichtung des Schlafwagens war die erste, welche sich auf europäischen Eisenbahnen Eingang verschaffte. Es bildete sich zunächst in Frankreich eine Unter= nehmung unter der Bezeichnung »Compagnie internationale des Wagons-Lits«. Die anderen Länder folgten bald nach. In der Folge wurden auch Speisewagen auf einzelnen Strecken in Betrieb gebracht und schließlich brach sich die Einrichtung com= pleter Expreßzüge, welche auf den europäischen Hauptlinien in Verkehr gesetzt wurden, rasch Bahn. Dieselben führen durchwegs Wagen nach amerikanischem System, nämlich Schlaf=, Speise= und Salonwagen, einen Küchenwagen mit Vor= rathskammer und einen Gepäckwagen. Die Zugkraft wird von der jeweiligen Bahn= verwaltung, auf welche der Zug übergeht, beigestellt. Die Zusammenstellung der Garnitur ist derart getroffen, daß die Fahrgäste von einem Wagen in den anderen übertreten können, ohne gefährdet zu werden. Zu diesem Ende sind die Verbin= dungsstege zwischen je zwei Wagen durch sogenannte »Souflets« — schmale Gänge aus Lederbalgen — geschützt.

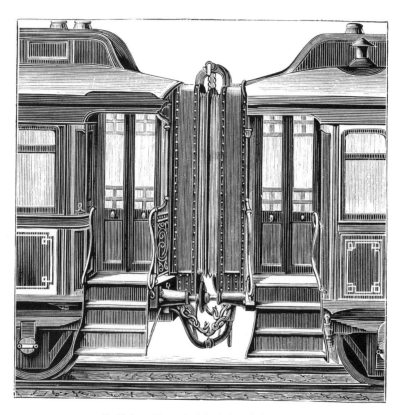

Verbindungssteg mit Lederbalgen (»Souflet«).

Luxuszüge sind in Europa, soweit Private in Betracht kommen, nur eine vereinzelte Erscheinung. Zwi= schen Dover und Paris verkehrt seit etwa zwei Jahren ein sogenannter »Clubzug«, welcher großen Comfort und tadellose Ele= ganz verbindet. In Amerika, wo der freien Entfaltung der individuellen Laune kaum irgend welche Grenzen ge= steckt sind, findet man Luxuszüge häufiger. Insbeson= dere sind es die Eisenbahnkönige, welche sich eine solch' kostspielige Einrichtung gönnen und der Natur der Sache nach auch gönnen können. Züge dieser Art unterscheiden sich von den gewöhnlichen Expreßzügen dadurch, daß die Wagen ganz nach den Eingebungen und dem Geschmacke der Besteller gebaut und ausgestattet werden. Selbst Spiel= wagen für die Kinder, Bibliothek= und Musikwagen, Badecoupés u. s. w. findet man vertreten.

An Stelle der amerikanischen Luxuszüge treten in Europa die einzelnen Luxuswagen hervorragender Persönlichkeiten und die förmlichen Hofzüge. Ihre Anordnung und Einrichtung haben wir gelegentlich der Besprechung der Wagen dieser Züge (vgl. Seite 346) kennen gelernt. Die Hofzüge verkehren immer als

Separatzüge, also nicht fahrplanmäßig, wogegen die einzelnen Luxuswagen der Natur der Sache nach in die regelmäßig verkehrenden Züge eingestellt werden. Bei ersteren findet eine besondere Beaufsichtigung seitens hierzu bestellter Organe statt, wozu wohl die Anwesenheit eines höheren Beamten genügt. Es empfiehlt sich nicht, das Maschinenplateau mit höheren Organen zu füllen, da dadurch die Maschinenbedienung behindert, Führer und Heizer leicht verwirrt werden könnten. Neben der Anwesenheit eines höheren Beamten, dessen Dasein dem executiven Personale die Nothwendigkeit vermehrter Sorgfalt vor Augen führt, bietet die Wahl des besten, besonnensten, erfahrendsten und mit der Strecke wohlvertrauten Zugspersonales die Garantie eines glatten Betriebes.

Mit der Vereinigung der einzelnen Wagen zu einem Zuge tritt eine Reihe von technischen Hilfseinrichtungen in Verbindung, welche die Garnitur zu einem im technischen Sinne organischen Ganzen gestaltet. Die einzelnen Wagen sind sodann nur mehr die Glieder einer Kette, welche sich um so complicirter gestaltet, je vielgestaltiger die dem Zuge gemeinsamen Hilfseinrichtungen sind. Zunächst müssen die einzelnen Wagen in Zusammenhang gebracht werden, was durch die Zugvorrichtungen (Kuppelungen) erreicht wird. Damit in Verbindung stehen die Stoßapparate, welche die Zugwirkungen zu paralysiren haben. Alsdann wird es sich Fallweise darum handeln, den in der Bewegung befindlichen Zug in seinem Laufe zu hemmen, was mittelst der sogenannten durchgehenden Bremsen von einem Punkte des Zuges aus für alle Wagen desselben gleichzeitig erzielt wird. Gemeinsam sind allen Wagen eines Zuges ferner die Beheizung und die Beleuchtung und jene Vorkehrungen, welche zur Sicherheit der Reisenden beziehungsweise des Zuges selbst dienen und Noth= und Hilfssignale genannt werden. Wir wollen nun diese Vorrichtungen der Reihe nach besprechen.

Die Zug= und Stoßapparate. — Lenkachsen.

Das Princip dieser Vorrichtungen wurde bereits an anderer Stelle (vgl. Seite 333) kurz erläutert. Bestünde jede Wagencolonne aus einem einheitlichen festen, in seinen einzelnen Theilen unbeweglichen Ganzen, so würde die zu seiner Fortbewegung nothwendige Maschinenkraft weit größer ausfallen, als in dem Falle, wenn die Verbindungen zwischen den Wagen Spielraum gewährten. In letzterem Falle wird ein Wagen nach dem anderen in Bewegung gesetzt, die Gesammtlast sonach allmählich von der Stelle gerückt, bis der ganze Zug ins Rollen kommt. Nun ist es aber von Belang, daß die Vorrichtungen, welche die Verbindung von Wagen zu Wagen herstellen, derart eingerichtet sind, daß das ruckweise Anziehen auf die einzelnen Vehikel nicht nachtheilig wirke, weil sie sonst sehr bald Schaden nehmen würden. Man erreicht dies durch die elastischen Zugvorrichtungen, welche indes ihre Aufgabe nur unvollkommen erfüllen würden, wenn sie lediglich von Wagen zu Wagen reichten. Aus diesem Grunde gestaltet man die Zugvorrichtungen als ein einheitliches Ganzes, indem die unterhalb eines jeden Wagens durchgeführten Zugstangen miteinander in elastischer Weise verbunden sind.

In ähnlicher Weise sind, wie der Leser von früherher weiß, die Stoßapparate angeordnet. Die einzelnen Wagen eines Zuges würden, wenn sie fest aneinander ständen, ohne die Puffer eine steife Masse bilden, welche sich nicht durch Krümmungen bewegen könnte. Umgekehrt würden die einzelnen Wagen, wenn sie in einiger Entfernung von einander ständen und der Zug sich in Bewegung befände, im Falle daß die Locomotive rasch bremste oder irgend ein Unfall eine plötzliche Hemmung herbeiführte, erstere mit ihrem vollen Gewicht aufeinanderstoßen und schwere Beschädigungen herbeiführen. Unelastische Puffer, wie sie in der ersten Zeit des Eisenbahnwesens bestanden, erfüllen die Aufgabe der Abschwächung der Stöße nicht; sie werden daher elastisch eingerichtet. Zugleich wird, indem man die Schraubenkuppelungen so weit anzieht, daß die gegenüberstehenden Pufferteller je zweier Wagen in Berührung kommen, der erforderliche Spielraum von Wagen zu Wagen lediglich auf die Wirkung der elastischen Zug- und Stoßvorrichtungen beschränkt, wodurch die Garnitur in festen Zusammenschluß gelangt, ohne die Beweglichkeit ihrer einzelnen Theile einzubüßen.

Die Zug- und Stoßapparate spielen eine nicht unwesentliche Rolle in der Reihe jener Factoren, welche man »Zugwiderstände« nennt. Man hat dieselben in neuester Zeit gründlichen Studien unterzogen und sich bemüht, Vorkehrungen zu treffen, welche diejenigen Zugwiderstände beseitigen sollten, die sich aus der unrichtigen Stellung der bewegten Fahrzeuge in den Geleisen ergeben. Als richtige Stellung eines Fahrzeuges wird diejenige angesehen, welche der Bewegung desselben den geringsten Widerstand entgegensetzt. Von Einfluß hierbei sind, und zwar seitens der Fahrzeuge: das Radreifenprofil, der Radstand (beziehungsweise die Beweglichkeit der Achsen) und die Zug- und Stoßapparate; seitens des Geleises: das Schienenprofil und die Form und Ausführung des Geleises. Für uns handelt es sich hier nur um die Zug- und Stoßapparate, wozu noch einige später anzubringende Bemerkungen über die Lenkbarkeit der Achsen hinzukommen.

Theoretisch richtig ist, daß diejenige Lage der Zugstangen und Kuppelungen die beste ist, in welcher dieselben ein die Geleismittellinie umschließendes Polygon bilden (erste Figur auf Seite 411). Ferner machte sich die Anschauung geltend, daß die Zugapparate auf den Zugwiderstand am günstigsten einwirken müßten, wenn dieselben die Schwerpunkte der Wagen gelenkig verbinden, so daß in der Curve die Geleismittellinie das Zugkräftepolygon umschließt. Da es aber constructiv schwierig ist, die Zugstangen in den Schwerpunkten der Wagen gelenkig zu machen, würde es genügen, die Knickpunkte etwa über den Achsmitten anzubringen. Wie nun von fachmännischer Seite geltend gemacht wird, hatte man hierbei übersehen, daß der Curvenwiderstand des frei laufenden Wagens größer ist, als bei den im Zuge laufenden Wagen, und daß für die radiale Verschiebung der Wagen in der Curve den Angriffspunkt der Kräfte gar nicht und nur die Richtung derselben in

Betracht kommt. Die Gelenkigkeit der Zugstangen empfiehlt sich gleichwohl, und zwar bei Wagen von außergewöhnlicher Kastenlänge, weil bei der Curvenstellung solcher Wagen die Zughaken so weit von der Mittellinie des Geleises abstehen können, daß einerseits der angekuppelte Wagen derart durch die Kuppelung gezogen wird, daß das anlaufende Rad einen sehr starken Spurkranzdruck erfährt, anderseits der Wagen selbst in eine gefährliche Lage gebracht werden kann. Durch das Druck= moment, welches die Puffer an der Innenseite der Curve ausüben, werden die Wagen in der Rich= tung Pr (Fig. 2 nebenstehend) hinaus= geschoben. Daraus folgt aber, daß sich die Spurkranzdrücke sämmtlicher äußeren Räder der mittleren Wagen eines Zuges in demselben Maße vermehren, wie sich die Spurkranzreibung an den äußeren Vor= derrädern der ersten und letzten Fahrzeuge vermindert. Der Wagenzug wird dem= entsprechend in der Mitte stärker ge= krümmt sein als die Geleismittellinie und die Verbindungslinie der Wagenschwer= punkte (vgl. Fig. 3 nebenstehend).

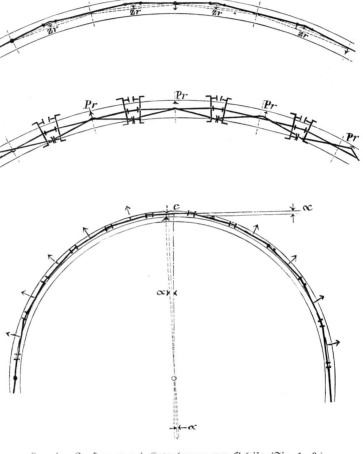

Lage der Zugstangen und Kuppelungen zum Geleise. (Fig. 1—3.)

Die Puffer= pressung in den Curven hängt, wenn man vom Curvenradius absieht, von zwei Momenten ab: erstens von der Pufferspannung der im geraden Geleise befindlichen Fahrzeuge, welche derart bemessen wird, daß die Wagen ruhig laufen; zweitens von dem Pufferabstande beziehungsweise dem Abstande des Puffers vom Zughaken (b in umstehender Figur), welcher der Hebelarm desjenigen Mo= mentes ist, das auf die Geradstrebung des Zuges wirkt. Je kleiner dieser Abstand gemacht wird, desto geringer wird die schädliche Einwirkung der Pufferpressungen auf den Curvenwiderstand sein.

Das Ideal wäre sonach, den fraglichen Abstand = 0 zu machen und ent= spricht dies dem Einpuffersystem. Zur Zeit besteht dasselbe nur auf einigen Secundärbahnen, vornehmlich bei solchen mit schmaler Spur, wo die geringere Kastenbreite die Doppelpuffer dem Zughaken zu nahe bringen würde. Die für die Curvenbefahrung zweckmäßigste Stellung und Form veranschaulicht die hier unten= stehende Figur. Um das Schlingern der Wagen zu vermeiden, werden die Puffer=

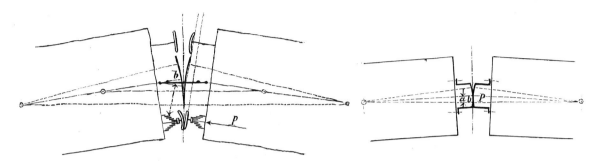

Pufferstellung in den Curven.

flächen abgerundet. Die Kuppelung kann beliebig fest angespannt werden, ohne den Zug in Curven steifgängig zu machen.

Die Gegner des Zweipuffersystems machen mit Recht geltend, daß mit dem= selben große Gefahren für das mit der Kuppelung betraute Personale erwachsen, da sie sich zwischen die Puffer stellen müssen, wobei jede Unachtsamkeit mit dem Leben oder schwerer Verstümmelung bezahlt wird. Nun bilden aber bei freier — nicht zwangläufiger — Kuppelung der Wagen die seitlichen Puffer das sicherste Mittel zur Verminderung der Schlingerbewegungen und wird des= halb sowohl der Bewegungswiderstand wie die Sicherheit von Entgleisungen im geraden Geleise einerseits durch scharfes Kuppeln der Fahrzeuge, ander= seits durch großen Pufferstand erhöht. Um nun der Vortheile des Zweipuffer=

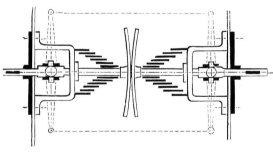

Einpuffersystem.

systems nicht verlustig zu werden, ist man schon seit Jahren bemüht, Vorrichtungen zu ersinnen, welche das Kuppeln der Wagen außerhalb des Geleises ermöglichen, um die berührten Gefahren für das Personale zu beseitigen. Bis jetzt ist es nicht gelungen, eine allen diesfälligen Anforderungen entsprechende Vorrichtung zu con= struiren. Dagegen ist es klar, daß mit dem Centralpuffersystem ein völlig gefahr= loses Kuppeln verbunden ist.

Indes muß, sollen Druck und Zug bei den Wagen in derselben Linie er= folgen, bei Centralpuffern die Kuppelung verdoppelt werden, also ein gegenseitiges

Anspannen der Wagen bei größerer Durchbiegung der Zug= und Druckfedern aus=
führbar sein. Will man hierbei die Zugstange gleichzeitig als Pufferstange, d. h.
die Pufferfeder auch als Zugfeder benützen, so wird man auf eine bedeutend
einfachere, in Figur auf S. 412 unten veranschaulichte Construction geführt, bei
welcher jedoch die Zugstange selbst steif bleiben muß und nicht gelenkig gemacht
werden kann. Die Zugketten müßten paarweise und an einem Balancier angebracht
werden (Vgl. A. O. B.: »Ueber die Mittel zur Verminderung der Widerstände bei
Eisenbahnzügen.«)

Die Nachtheile der Centralpuffer, nämlich die freiere Oscillation der Fahr=
zeuge, hat neuerdings der französische Ingenieur Roy durch nachstehend beschriebene

Roy's centrale Pufferkuppelung.

Construction nach Thunlichkeit zu beheben getrachtet. Die Puffer haben hier (vgl.
vorstehende Abbildung) die Form verticaler Halbcylinder (T) und werden von
zwei Ringen (A) umfaßt, welche sie zusammenhalten und die auf solche Weise die
Function von Zughaken verrichten. Der Durchmesser dieser Ringe ist um etwa
10 Millimeter größer als jener der Puffer, damit sie leicht über die letzteren gelegt
werden können. Die Puffer selbst sind nach einem Sägezahn geschnitten, um ihre
Verbindung zu erleichtern, denn in Folge dieser Gestaltung nehmen sie sofort die
gegenseitige richtige Stellung ein. Ein Spielraum von 3 Centimeter zwischen den
Oberflächen gestattet ihnen übrigens, sich in den Curven nach Erforderniß gegen=
einander zu neigen.

Die Kuppelung der Wagen vollzieht sich nun in folgender Weise: Der
Ring A ist an dem Reifen C, welcher sich um die Pufferachse drehen kann,

befestigt. Wenn die Puffer sich berühren, wird der Ring A gehoben, indem man den
Reifen entsprechend dreht und ersteren sodann über die beiden Puffer fallen läßt.
Hierbei legt sich die jenseitige Nase des Ringes A in die Gabel, welche den Reif C
trägt. Durch einen Bolzen, den man durch die Oesen der Gabel und der Ring=
nase hindurchschiebt und der ein Gegengewicht (P) besitzt, wird diese Lage des
Ringes fixirt. Mit dem unteren Ringe verfährt man auf gleiche Weise. Jeder Ring
kann für sich allein ohne Deformation die Wirkung der Zugkraft aushalten. Die
Kuppelung bietet daher doppelte Sicherheit. Roy's System hat auf der Gebirgs=
bahn von St. Georges de Commiers nach La Mure in Frankreich praktische Ver=
wendung gefunden.

  Wir haben nun noch einige Bemerkungen über den Widerstand, welchen die
steifen Achsen in den Curven der Zugkraft entgegensetzen, vorzubringen, beziehungs=
weise der Mittel zu gedenken, welche diesem Uebelstande abzuhelfen suchen. Die

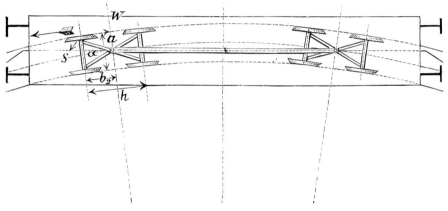

Stellung der Trucks in der Curve.

Sache liegt bekanntlich so: bei Wagen für gerade Geleise ist ein großer Radstand
von Vortheil, weil dieselben sehr ruhig laufen; die Beschränkung des Curvenwider=
standes erfordert aber einen kleinen Radstand. Beiden Verhältnissen werden die
Wagen mit Truckgestellen gerecht. Es ist indes hervorzuheben, daß der Truck
die Tendenz hat, sich bei einem einseitig auftretenden bedeutenden Schienenwider=
stande (W in vorstehender Figur) mit dem Momente W a zu drehen, welchem
das aus der Spurkranzreibung (S) und dem Abstand $\frac{b}{2}$ gebildeten Moment ent=
gegenwirkt. Dadurch erleidet das Truckgestell in geraden und gekrümmten Geleisen
stark schlingernde Bewegungen und neigt zum Entgleisen. Diesem Uebelstand kann
nur durch Vergrößerung von b, d. i. des Partialradstandes, entgegengewirkt werden.
Ein großer Partialradstand liefert dem Truckwagen auch im geraden Geleise eine
leichte Beweglichkeit; der Totalradstand aber kann rücksichtlich des Widerstandes
überhaupt nicht groß genug gewählt werden.

  Das Trucksystem ist indes nicht ohne Nachtheile. Wagen mit Drehgestellen
haben ein bedeutendes Gewicht, wodurch der Zugwiderstand in den Steigungen

sich erheblich vermehrt. Außerdem bleiben die Achsen des Trucks in den Curven in paralleler Lage zu dem durch die Drehzapfen gehenden Curvenradius, wodurch die radiale Einstellung der Achsen nur annähernd erfolgt. Theoretisch und praktisch correct wird dies aber nur durch die sogenannten Lenkachsen erreicht. Ihre Construction beruht auf dem Gedanken, die Schienenwiderstände beider Räder einer Achse beziehungsweise der vier Räder eines Achsenpaares gleich groß zu machen, welches umgekehrt voraussetzt, daß zwei Räder einer Achse symmetrisch und die Achse rechtwinkelig zum Geleise stehen.

Nehmen wir beispielsweise an, daß die Achsen a b und c d (in nebenstehender Figur) eines in der Curve fahrenden Wagens sich um ihre Mittelpunkte m und m₁ drehen könnten, so würden, da das Vorderrad a an die äußere Schiene und das Hinterrad c an die innere anläuft, die Achsen die punktirte Lage einzunehmen suchen und nach außen conversiren und sich der Schienenwiderstand mit der zunehmenden Unrichtigkeit der Achsenstellung verschlimmern. Um diesen Uebelstand auf-

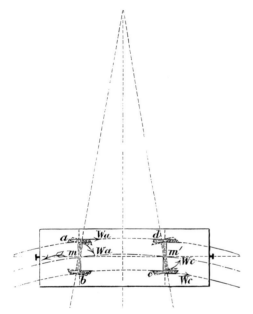
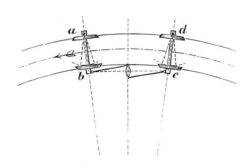

Falsche Stellung der Achsen in Curven und radiale Einstellung durch Lenkachsen.

zuheben, muß der Ueberschuß der in den Rädern a und c auftretenden stärkeren Widerstände beziehungsweise der horizontalen Achsdrucke derart auf die Räder b und d übertragen werden, daß dieselben unter sich gleich groß ausfallen.

Klose hat mit seiner Lenkachse, welche auf Seite 416 abgebildet ist, dies in der Weise bewirkt, daß der horizontale Achsschenkeldruck des Rades a durch die Hebel αβ und die Schubstangen l und l¹ auf den Achsschenkel des Rades d übertragen wird, ebenso die des Rades c auf den des Rades b. Die Verschiebungen der Räder a und c in der Bewegungsrichtung haben sonach eine entgegengesetzte Verschiebung der Räder d und b zur Folge, und da die Achsen absolut steif sind, so daß die auf Rad b übertragene Kraft der Schwenkung des Rades a entgegen wirkt, so müssen beide Achsen die richtige Stellung einnehmen, d. h. symmetrisch zum Geleise und radial stehen. Da indes die Kraftübertragungen mit Bewegung,

also mit Kraftverlust verbunden sind, erfolgt die radiale Einstellung nicht voll=
ständig, indem dasjenige Rad gegen die richtige Einstellung etwas zurückbleibt,
welches den größten Widerstand erfährt. Klose hat diesem Uebelstande in der
älteren Construction seiner Lenkachse dadurch zu begegnen gesucht, daß er die Achsen
um den einen Achsschenkel drehbar machte (vgl. die untere Figur Seite 415). Bei
derselben bleibt jedoch der bei einem Rade auftretende erhöhte Widerstand un=
ausgeglichen; die Radialstellung ist demnach weniger genau und empfindlich.

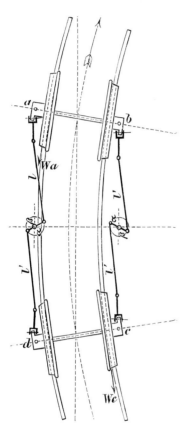

Klose's Lenkachsen.

Bei den sogenannten »freien Lenkachsen« findet eine Uebertragung der an
beiden Rädern einer Achse verschieden großen Schienen=
widerstände nicht statt, und es kann somit auch von
einer Radialstellung nicht die Rede sein. Wenn trotz=
dem die Erfahrung einen besseren Lauf solcher Wagen
ergeben hat, so dürfte die Ursache hierfür in den ge=
ringeren Schlingerbewegungen sein, zu welchen die
Bahnunebenheiten bei den nachgiebigen Achsen Ver=
anlassung geben, nicht aber die Lenkachsigkeit. Man
bezeichnet demnach solche Achsen treffender als »ela=
stische Achsen«. Den Lenkachsen kommt übrigens noch
ein anderer Uebelstand zu. Sie haben, wie aus=
einandergesetzt wurde, den Zweck, die Schienen=
widerstände auszugleichen; es wird also die Schwan=
kung der Achse schon dann eintreten, wenn von den
Rädern das eine einen größeren Widerstand erfährt
als das andere. Dies kann ebensowohl in Curven
als in geraden Geleisen eintreten, und zwar inner=
halb sehr kurzer Pausen, wodurch ein Schlottern der
Achsen eintreten würde, was für die Widerstands=
vermehrung von größerem Belange wäre als die
Steifachsigkeit.

Dieser allzugroßen Empfindlichkeit, welche über=
dies durch den Gang der Lenkvorrichtung vermehrt
wird, hat man durch die sogenannte »Zwangstellung
für die Mittellage der Achsen« vorgebeugt. Das Wesen derselben besteht in Folgendem:
das Federgehänge ist zu einem Hebel h (S. 417) ausgebildet, welcher von der Schub=
stange l bewegt wird. Dadurch erhält die Feder nicht nur durch die Achsbüchse ver=
mittelst des Bolzens, sondern auch durch das Gehänge eine seitliche Verschiebung, welche
gleichzeitig mit einem Anheben der Federn verbunden ist. Bei der Mittelstellung der
Achse waltet die tiefste Lage der Feder vor; es muß daher die Federbelastung selbst=
thätig auf die tiefste Lage, sonach auf die Mittelstellung der Achse hinwirken.

Durch die Klose'sche Lenkachsenconstruction ist der Ausgleich der Schienen=
widerstände dadurch bewirkt, daß immer bei zwei auf einer Schiene laufenden

Rädern die horizontalen Achsschenkeldrucke ins Gleichgewicht gesetzt werden. Eine mindestens ebenso nahe liegende Lösung bietet aber der Ausgleich der Widerstands= differenz der auf einer Achse befindlichen Räder, indem man jede Achse für sich und unabhängig von der anderen Achse lenkbar macht. Dieselbe ist in den unten= stehenden Figuren schematisch veranschaulicht. Die Druckstange l des Rades a greift hier an einem Hängeeisen h'' an, von welchem aus der Druck durch ein Charnier=

band s auf einen horizontalen Balancier B übertragen wird. Letz= terer bewegt auf der Seite des Rades b einen um den Bolzen o des Federgehänges schwingenden zweiarmigen Hebel α β, an dessen Ende die Druckstange l' der Achs=

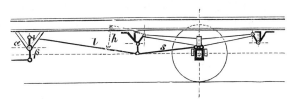

Zwangstellung für die Mittellage der Achsen.

büchse des Rades b eingreift. Um auch hier eine Zwangsstellung für die Mittellage herbeizuführen, sind die Federgehänge durch je ein Charnierband sowohl mit dem Hängeeisen h, wie mit dem Hebel α β verbunden.

Für alle diejenigen Fälle, in denen man in der Lage ist, zwei Achsen mit= einander kuppeln zu können, wird die unabhängige Lenkbarkeit jeder Achse sich

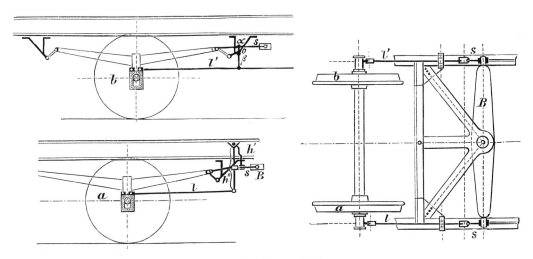

Lenkbarkeit einzelner Achsen.

nicht empfehlen; wohl aber kann dieselbe von Vortheil sein, wenn es sich darum handelt, einzelne Achsen lenkbar zu machen, wie die Locomotivlaufachsen. (Ver= gleiche den anonymen Autor von »Ueber die Mittel zur Verminderung der Wider= stände bei Eisenbahnzügen«.)

Die ungünstigste Rolle bezüglich des Bewegungswiderstandes in Curven spielen die dreiachsigen Wagen. Hier wird die Mittelachse lenkbar gemacht. Eine ganz neuartige Construction rührt von dem weiter oben genannten französischen Ingenieur Roy her. Zu ihrem Verständnisse müssen wir einige Bemerkungen

vorauseilenden. Um im Allgemeinen die Wirkungen der Zug= und Stoßkräfte auf
die Achſen abzuſchwächen, dienen die zwiſchen den Achslagern und Achsſchenkel=
binden, den Achsgabeln und Achsgabelführungsleiſten vorgeſehenen Spielräume.
Der Spielraum a (in untenſtehender Figur) in den Achsſchenkeln bewirkt, daß die
Schwingungen des Wagenkaſtens ſich nur mit der Stärke auf die Achſen über=
tragen, welche der in der Längsrichtung auftretenden Achsſchenkelreibung entſpricht.

Wollte man erreichen, daß die durch die Spurkranzſtöße verurſachten Seiten=
ſchwingungen des Wagenkaſtens nicht wiederum in Stöße der Lagerſchalen gegen
die Achsſchenkelbinde übergehen,
ſo würde man den Spielraum
a ſo groß zu machen haben, daß
die Reibung die Stoßwirkung
aufzehrt, beziehungsweiſe daß

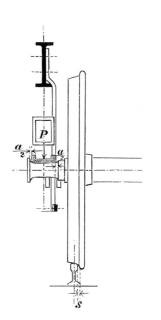

Spielräume in den Achslagern.

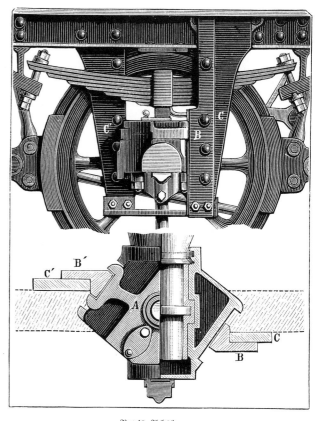

Roy's Achslager.

ſich die Schwankung der Achſe ohne Stoß gegen die Achsgabeln bei feſtſtehend ge=
dachtem Wagenkaſten vollziehen kann. Letzterem würde entſprochen, wenn man den
Spielraum a der Lagerſchale gleich oder größer macht als den Spurkranzabſtand s.
Theoretiſch würde ſich der Spielraum nach der Größe der Achsſchenkelreibung
beziehungsweiſe nach der Belaſtung P richten, auf welche jedoch in der Praxis
keine Rückſicht genommen werden kann.

In ſehr bemerkenswerther Weiſe hat Roy die Frage der Beweglichkeit der
Achſen auf der Seite 413 erwähnten Gebirgsbahn gelöſt. Die Wagen dieſer Bahn
ruhen auf drei Achſen, deren mittlere feſt iſt. Die beiden Endachſen ruhen dagegen
in beſonders conſtruirten Achslagern, welche den Achſen geſtatten, ſich in den

Curven bei gleichzeitiger Drehung um einen Zapfen auch transversal um ein be=
bestimmtes Maß zu verschieben. Die Gabel des Achshalters besteht aus zwei von
einander unabhängigen Theilen, die in verschiedenen Ebenen liegen; der eine
Arm C ist auf der äußeren Seite, der andere Arm C¹ auf der inneren Seite
des Längsbalkens des Wagenrahmens, jener vor, dieser hinter dem Federbunde
befestigt. An diese beiden Arme sind die Gleitschienen B B' angenietet, auf
welchen die Backen des Achslagers schleifen. Diese letzteren bilden einerseits
eine Folge von Gabeln, die mit einem gewissen Spiel die innere Gleitschiene
B' umfassen und anderseits eine Ebene, welche schräg steht zur Mittellinie
der Radachse und an der Gleitschiene B schleift, wenn sich die Achse um ihre
Mitte dreht. Die Neigung dieser Fläche begrenzt zugleich die Größe der Ver=
schiebung, weil sie die Achse in ihre normale Lage zurückzuführen sucht und die
Gleitschiene nur dann eine Bewegung zuläßt, wenn die Achse einen hinreichend
starken Stoß ausübt, veranlaßt durch die Wirkung der gekrümmten Schiene gegen
den Spurkranz des Rades. Um anderseits die Verschiebung der Achse zu begrenzen,
ist eine doppelte geneigte Ebene über dem oberen Theile des Achslagergehäuses
bei A und über dem Auflager der Tragfedernstütze, welche die Last des Wagens
auf die Achsbüchse überträgt, entsprechend angeordnet.

Beheizung und Beleuchtung der Wagen.

Was zunächst die Beheizung anbelangt, ist eine rationelle Lösung dieser
Frage bisher nicht erfolgt. Die Schwierigkeiten sind nicht zu unterschätzen, wenn
man erwägt, daß man es hier mit sehr kleinen beengten Räumen zu thun hat,
deren Luft durch Oeffnen der Fenster oder der Thüre in wenigen Secunden gegen
die rasch einströmende Außenluft getauscht wird. Wünschenswerth ist, daß: der
Feuerherd außerhalb des Wagens liege; gegen das Eindringen von Verbrennungs=
gasen ins Innere des Coupés möglichst vorgesorgt sei; die Temperatur möglichst
gleichförmig sei und über eine gewisse Grenze von etwa 12⁰ nicht getrieben werden
könne; die Einlage des Brennstoffes zur Heizung blos am Ausgangspunkt des
Zuges; der Wechsel blos an beliebigen Hauptstationen mit langen Aufenthalten
erforderlich und letzterer in wenigen Minuten bewerkstelligt sei.

Zur Zeit bestehen auf verschiedenen Bahnen folgende Heizvorrichtungen:
Dampf von der Zugmaschine, Dampf durch besondere Dampfkessel, Heizung mit
präparirter Kohle, durch eiserne Füllöfen mit Steinkohlen oder Braunkohlen, Füll=
öfen mit Holzkohlen und Wärmflaschen beziehungsweise mit heißem Wasser gefüllte
Kästen. Die älteste Methode der Heizung durch Wärmflaschen gewährt allerdings
vollkommene Sicherheit gegen Feuersgefahr, sie wirkt jedoch unvollkommen und
bewirkt hohe Betriebskosten. Ofenheizung ist nicht ungefährlich, überdies unöko=
nomisch und gesundheitsschädlich. Ferner nimmt diese Vorrichtung mehrere Sitz=
plätze weg und werden die dem Ofen Zunächstsitzenden durch die strahlende Wärme

sehr belästigt. Bei der gleichfalls, wenn auch in minderem Grade gefährlichen
Heizung mit präparirter Kohle, welche in Drahtkästen sich befindet, die wieder von
besonderen eisernen Kästen umgeben sind, tritt der Uebelstand zu Tage, daß mit
der Zeit Fugen und Oeffnungen sich bilden, durch welche Gasausströmungen stattfinden. Die Kohle glimmt unter mäßiger Luftzuführung langsam weiter und gelangen die Verbrennungsgase durch besondere Röhren ins Freie.

Die Wasserheizung ist wenig ausgiebig und durch Ausschwitzen und Lecke
in den Röhren und deren Knien, Bügen und Flanschen, und durch unmerkliches
Nässen den ganzen Kasten schädigend. Die Dampfheizung ist billig, wenn, was
aber bei den ohnehin erheblichen Anforderungen an den Kessel nicht immer angänglich ist, der Dampf der Locomotive entnommen wird; sie schließt die Feuersgefahr aus und ist einfach und leicht regulirbar. Die Anlage ist freilich nicht ganz
unkostspielig und kommt ihr der Uebelstand zu, daß Wagen mit Dampfheizungs-
vorrichtung, die auf andere Bahnen übergehen, wo eine andere Methode der
Heizung besteht, mittelst Wärmflaschen geheizt werden müssen.

In Amerika ist vorwiegend die Ofenheizung eingeführt. Da diese Methode
eine sehr ungleichmäßige Erwärmung der langen amerikanischen Wagen ergiebt,
sind immer zwei Oefen in den entgegenstehenden Ecken des Wagens untergebracht. Sehr verbreitet und in den Luxuswagen in ausschließlicher Verwendung
ist die Warmwasserheizung. Dieselbe besteht in einem eisernen Ofen, in welchem die
Kohle von oben aus eingeführt wird. Der Ofen ist aus starkem Blech und enthält
spiralförmig gewundene, mit Wasser gefüllte Eisenröhren, deren Enden mit dem
continuirlichen, unter den Sitzen und von Sitz zu Sitz längs der unteren Wagen-
kanten im Innern des Wagens hinziehenden Eisenrohre verbunden sind. Durch
Heizung des Ofens entsteht in diesem Rohrsysteme ein Kreislauf des heißen Wassers,
welches alle, auch die vom Ofen entferntesten Theile des Wagens, gleichmäßig heizt,
während die doppelte Umhüllung des Ofens die demselben Zunächstsitzenden vor
zu großer Hitze schützt. Um das Frieren des Wassers während der Zeit zu verhindern, während welcher der Wagen unbenützt ist, wird dasselbe reich mit Salz
versetzt. Auch wird bei Beginn der Heizung stets dafür Sorge getragen, daß keine
Luft in den Röhren sich befinde. Das Einfüllen des Wassers geschieht von einem
auf der Wagendecke angebrachten Gefäße aus. Wenn die Röhren einmal gefüllt,
die Luft aus denselben ausgetrieben und der Einlaufhahn geschlossen ist, kann dasselbe Wasser lange benützt werden.

Als einen der Vortheile dieses Heizapparates führt E. Pontzen an, daß
bei etwaigen Zusammenstößen oder sonstigen, die Wagen stark erschütternden oder
zertrümmernden Unfällen, das Vorhandensein des Feuers im Innern des Wagens
zu keinem Brande Anlaß geben kann, weil nicht nur die starke Blechwand und
der gute Verschluß das Verstreuen der glühenden Kohlen hindert, sondern weil
überdies im Falle der Zerdrückung des Ofens die Wasserröhren, welche das Feuer
umgeben, platzen und das Feuer löschen würden. Die eisernen Röhren sind auf

einen Druck von etwa 15 Kilogramm pro Quadratcentimeter probirt. Die in der Spirale dem Feuer direct ausgesetzten Rohre haben 4 bis 5 Meter Länge, während in einem gewöhnlichen Wagen die Gesammtlänge der Rohrleitungen 60 bis 70 Meter beträgt. Der Kohlenverbrauch bei dieser Heizungsmethode ist, wie sich ergeben hat, ein sehr geringer, hingegen belaufen sich die Kosten der Anlage pro Wagen auf mehr als 300 Dollars.

Was die Beleuchtung der Wagen anbelangt, hat dieselbe im Laufe der Zeit zu den mannigfachsten Versuchen geführt. Ursprünglich wurde bei vielen Bahnen in der Scheidewand zweier Wagencoupés eine Laterne angebracht, in welcher

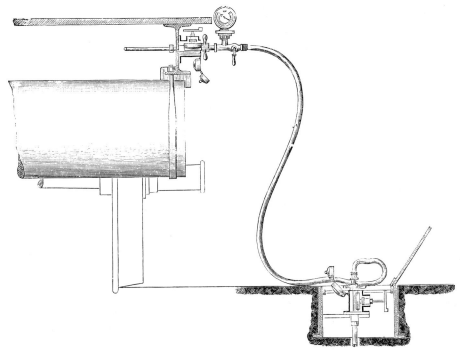

Ueberführung des Leuchtgases aus dem Stationsrecipienten in den Regulator.

eine Kerze brannte, die durch den Conducteur eingesetzt wurde, und welche eine Spiralfeder von unten nach oben drückte. Nach der Stearinkerze folgte die Rüböl= beleuchtung, welche in Bezug auf Leuchtkraft sehr viel zu wünschen übrig ließ und daher bald von der sogenannten Photogenbeleuchtung verdrängt wurde. Später erfolgte sodann die Beleuchtung mit Petroleum, dessen Neuheit zu Explosionen und anderen störenden Zwischenfällen führte, wodurch es auf einige Zeit wieder verschwand. So kam wieder die Rübölbeleuchtung, jedoch in verbesserten Lampen zu Ehren.

Diese Beleuchtungsmethode hat sich zwar bis auf den Tag erhalten, wird jedoch allmählich durch die Gasbeleuchtung ersetzt.

Die ersten Versuche, Gas der Wagenbeleuchtung dienstbar zu machen, reicht in die ersten Fünfzigerjahre zurück, nachdem es bereits in den Dreißigerjahren gelungen war, Gas unter hohem Drucke in geeignete Behälter zusammenzupressen, und es durch den im Jahre 1839 von N. Boguillon in Paris erfundenen Hochdruck-Reductionsapparat ermöglicht wurde, den hohen Druck des comprimirten Gases auf den entsprechenden Beleuchtungsdruck zu reduciren. Im Jahre 1857 trat in England Th. J. Thompson mit einem vollkommen ausgearbeiteten Systeme zur Beleuchtung von Eisenbahnwagen in die Oeffentlichkeit und wurden im Jahre darauf auf der Linie Dublin-Kingstown mit einem durch Gas beleuchteten completen Zug die ersten Probeversuche unternommen. Im gleichen Jahre wurde von der Societé du Gas portatis ein Wagen I. Classe mit Gasbeleuchtung versehen, welcher auf der Strecke Paris-Straßburg verkehrte. Diese beiden Versuche ergaben so glänzende und befriedigende Resultate, daß in den beiden genannten Ländern die neue Beleuchtungsmethode eingeführt wurde. Nordamerika folgte unmittelbar, Belgien im Jahre 1863. Im Jahre 1871 verkehrten die Züge der Mont Cenisbahn mit der neuen Beleuchtung, 1872 wurde sie in Deutschland, Ende der Siebzigerjahre in Oesterreich eingeführt.

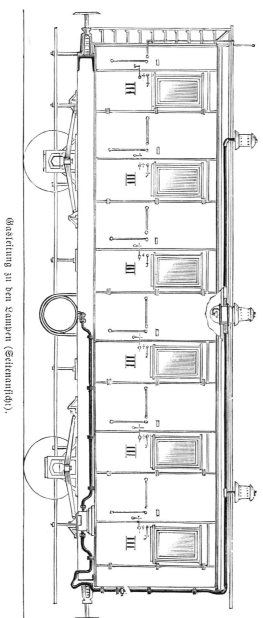

Gasleitung zu den Lampen (Seitenansicht).

Das erste Gas, welches für derartige Beleuchtungszwecke verwendet wurde, war das sogenannte Bogheadgas, von welchem pro Flamme und Stunde 35 Liter Consum genügten. Es wurde jedoch bald durch Oelgas, in Folge dessen größerer Leuchtkraft bei gleichem Consum, verdrängt. Der inzwischen angestellte Versuch, gewöhnliches Steinkohlengas mit flüchtigen Kohlenwasserstoffen zu carboniren, fand zwar vielen Beifall, doch wurde schon nach kurzer Zeit die Verwendung desselben von einigen Staaten seiner Gefährlichkeit halber verboten.

Das zur Wagenbeleuchtung bestimmte Oelgas wird in der Regel in einer Hauptstation erzeugt und mittelst besonderer Compressionspumpen in die sogenannten

Stationsrecipienten bis zu einem Drucke von 10 bis 12 Atmosphären ein= gepumpt. Von diesen Stationsrecipienten werden Leitungen zwischen die Zuggeleise zu den Füllständern geführt, von welchen aus mittelst starkwandiger Gummi= schläuche die Wagenrecipienten durch die Füllventile des Wagens bis auf den normalen Druck von 0 Atmosphären mit Gas gefüllt werden. Der Recipienten= inhalt ist derart bemessen, daß durchschnittlich eine sechsunddreißigstündige Brenn= dauer erreicht wird.

Jeder Wagen erhält an jeder Längsseite ein Füllventil, damit derselbe bei jeder Stellung im Zuge leicht mit dem Füllständer verbunden werden kann. Beide Füllventile sind unter sich und mit dem Recipienten durch starkwandige Rohre verbunden. Von dieser Verbindung führt eine gleiche Leitung nach dem Regulator, der an irgend einer geeigneten Stelle des Wagen=

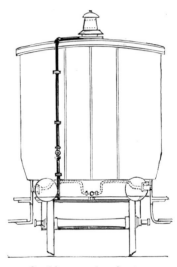

Gasleitung zu den Lampen (Stirnansicht).

untergestelles befestigt ist. Dieser Apparat, ein Mem= branregulator mit Federbelastung, reducirt selbst= thätig jeden Füllungsdruck im Recipienten auf den geeigneten Beleuchtungsdruck und ist so construirt, daß er selbst bei den stärksten Stößen während der Fahrt vollkommen gleichmäßig und ruhig functionirt. Vom Regulator führt eine Niederdruckleitung an einer Stirnwand des Wagens auf das Wagendach. In diese Leitung ist in handlicher Höhe ein Haupt= hahn eingeschaltet, mittelst welchem die gesammte Dachleitung abgesperrt werden kann. Die auf das Wagendach geführte Leitung erhält dort für jede zu versorgende Flamme eine Abzweigung, an welcher sich unmittelbar das Lampengelenk mit dem Regulirhahn für die betreffende Lampe anschließt.

Die umstehend abgebildeten Lampen zeigen deren Anordnung so klar, daß eine eingehende Beschreibung überflüssig erscheint. Die erste Abbildung stellt eine Lampe dar, wie sie zur Beleuchtung von Coupés III. Classe, für Corridore, in Closets Verwendung findet. Die Pfeile zeigen den Weg, welchen die frische Luft zur Flamme und die Verbrennungsgase von derselben ins Freie nehmen müssen. Durch diese Anordnung ist es gelungen, selbst bei stärkstem Sturme ein ruhiges Brennen der Flamme zu erreichen. Die zweite Lampe findet nur zur Be= leuchtung von Coupés I. und II. Classe Anwendung. Dieselbe wurde in letzterer Zeit wesentlich verbessert und erzielt vornehmlich durch einen von der Firma Kurz, Rietschel & Henneberg construirten Reflector bei gleichem Gasconsum eine 50 bis 60 Procent höhere Leuchtkraft, welche durch starke Vorerwärmung der der Flamme zugeführten frischen Luft erreicht wird. Außerdem erhalten die Lampen Dunkelsteller, welche mit den Blendenschleiern automatisch verbunden sind, so daß beim Herabschlagen derselben die Flamme klein gestellt wird. Bei vor=

erwähnter Lampe ist diese Blende so construirt, daß ein beliebiger Blendetheil geschlossen werden kann ohne die Flamme zu beeinflussen und erst die Dunkelstellung in Wirksamkeit tritt, wenn man beide Blendentheile schließt. Der stündliche Consum einer Coupélampe beträgt durchschnittlich 25 Liter Gas, der einer Corridor- und Closetlampe 12 Liter.

Die bis jetzt angestellten Versuche, elektrische Beleuchtung in den Eisenbahnfahrzeugen anzubringen, wird noch immer durch die Complicirtheit und Kostspieligkeit der Ausführung behindert. Zur Zeit ist diese Beleuchtungsmethode auf Salonwagen und Hofzüge und vereinzelte Linien beschränkt. Wir wollen im Nachstehenden den jetzigen Stand dieser Frage an der Hand einiger Versuche klarlegen.

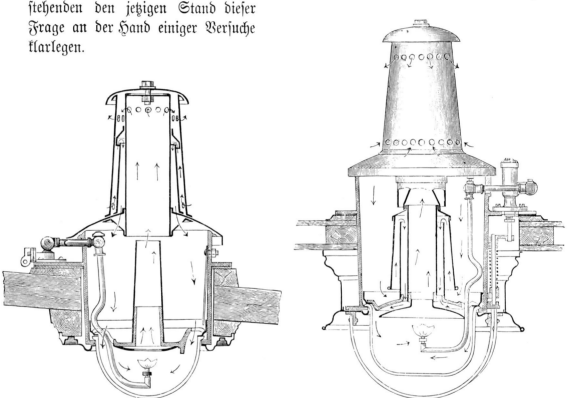

Waggonlampen.

Die elektrische Beleuchtung einer Wagengarnitur kann auf dreierlei Weise bewirkt werden: entweder durch gewöhnliche galvanische Batterien; durch Accumulatoren, welche in bestimmten Stationen geladen bereitgehalten werden; durch Dynamomaschinen, welche auf der Locomotive installirt und durch den Dampf des Kessels bedient werden; schließlich durch kleine, in jedem einzelnen Wagen untergebrachte Accumulatoren, für welche eine eigene Dynamomaschine aufgestellt ist. Diese selbst wird nicht durch die Dampfkraft des Locomotivkessels, sondern durch die Bewegung des Zuges in Betrieb gesetzt.

Von den hier angeführten Methoden besprechen wir zunächst diejenige, bei welcher eine selbstständige Dynamomaschine und ein unterhalb des Tenders installirter

Motor in Anwendung kommt. In Frankreich hat man den Versuch mittelst gal= vanischer Batterien durchgeführt, und zwar einerseits mit Chromsäurebatterien (System Desruelles), anderseits mit den Batterien nach dem System Meritens. Die ersteren ergaben ein vollständig negatives Resultat; die zweitgenannten Batterien sind erst kürzlich auf der Französischen Ost= und Westbahn erprobt worden. Die Elemente der Meritens'schen Batterie bestehen aus einer Zinkplatte in Verbindung mit zwei platinirten durchlöcherten Bleiplatten; die Durchlöcherung der Bleiplatten hat den Zweck, die Wasserstoffentwickelung in der Flüssigkeit zu erleichtern. Als Erregungsflüssigkeit dient ein Gemenge von 4 Theilen Wasser und 1 Theil Schwefelsäure. Die aus neun Elementen zusammengesetzte Batterie liegt in einem Gehäuse (Fig. 1 und 2) und ist unter dem Wagenkasten angebracht. Jeder Wagen besitzt zwei solche Batterien, die mitein= ander durch einen Com= mutator verbunden sind. Dadurch wird es möglich, die Grup= pirung der Elemente beliebig zu wechseln, indem je nach Maß= gabe der erforderlichen Lichtstärke 14 bis 18 Elemente eingeschaltet werden können.

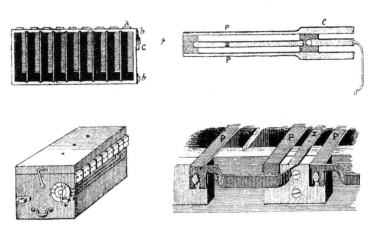

Meritens' elastischer Beleuchtungsapparat. (Fig. 1—4.)

Jedes Coupé erhält zwei Lampen, deren eine weißes Licht, die andere rothes Licht ergibt; die letztere ist eine Aushilfslampe, welche in dem Falle automatisch in Wirk= samkeit tritt, wenn die weiße Lampe durch irgend einen Zufall versagen sollte. Ein Stundenzähler an der Seite des Batteriekastens (Fig. 3) avisirt das mit der Beleuchtung beschäftigte Personal, wenn eine Batterie erschöpft ist, also wieder actionsfähig hergerichtet werden muß. Beide Batterien (jede zu 9 Ele= menten) wiegen sammt ihren Behältnissen 120 Kilogramm und erzeugen ge= nügend Elektricität, um Licht für drei Lampen (die Aushilfslampe inbegriffen) zu 8 Normalkerzen Lichtstärke durch 48 Stunden zu liefern. Hierbei beträgt die elektrische Spannung 10 Volts, die Stromstärke 1·6 Ampères.

Wir kommen nun zur Beleuchtung mittelst Accumulatoren. Die hiermit in jüngster Zeit in Frankreich angestellten Versuche sind vielversprechend und darf man auf deren weitere Anwendung gespannt sein. Es handelt sich hierbei um solche Accumulatoren, welche in bestimmten Stationen geladen beziehungsweise um= getauscht werden. Hierbei handelt es sich um zwei Systeme: um die Accumulatoren der anonymen Gesellschaft für elektrische Metallarbeiten in Paris, die mit den französischen Nord= und Oftbahnlinien erprobt wurden, und um das »System Tommasi«, das auf der Paris=Lyon=Mittelmeerbahn in versuchsweise Anwendung kam.

Bei dem erstgenannten System werden für jeden Wagen 16 Accumulatoren verwendet, welche paarweise in einem Kistchen verwahrt sind. Diese acht Büchsen befinden sich in einem seit= und unterhalb eines jeden Wagens angebrachten Kasten. Von den Accumulatoren führt die Drahtleitung auf das Wagendach und zu den Lampen. Dieselben haben nach den Wagenclassen abgestufte Lichtstärken: für die I. Classe 10 Normalkerzen, für die II. 8, für die III. 6. Das Gewicht der Accumulatoren beträgt 240 Kilogramm und functionirt jeder derselben bei 4 Lampen zu je 10 Normalkerzen durch 30 Stunden.

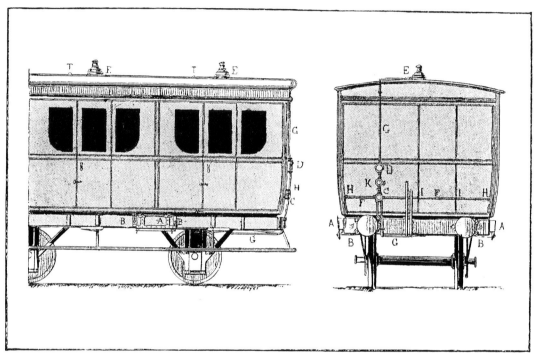

Anordnung des Beleuchtungsapparates mit Accumulatoren.

Auf der Paris=Lyon=Mittelmeerbahn ist seit Kurzem eine Anzahl Wagen I. Classe mit Accumulatoren nach dem System Tommasi ausgerüstet. Zur Beleuchtung eines jeden Wagens wird je eine Accumulatoren=Batterie von 12 nach Intensität eingeschalteten Elementen verwendet, und ist jede solche Batterie in 4 Elementgruppen zu je 3 Elementen abgetheilt und jede Gruppe ist in einem luftdicht verschlossenen Kistchen untergebracht. Der Batteriekasten selbst liegt in einem Gehäuse von Eisenblech, das mit Holz ausgefüttert ist (A in vorstehender Abbildung). Die Gehäuse sind seitlich am Wagengestelle angebracht und mit einem Thürchen versehen, durch welches die Batteriekästchen eingebracht werden. Selbstverständlich sind alle Kästchen gleich dimensionirt, so daß das Wechseln mit keinen Umständlichkeiten verbunden ist.

Zur Verbindung der Drahtleitung mit den Polen der Elementgruppen in den Batteriekäſtchen dienen inwendig an den beiden Seitenwänden des Gehäuſes angebrachte Meſſingfedern, mit welchen außen angebrachte, aus einer Legirung von Blei und Antimon beſtehende Drucker correſpondiren (B in der Abbildung); durch dieſe Anordnung findet die Verbindung der Leitung mit den Elementgruppen ſofort ſtatt, ſobald die Batteriekäſtchen in ihre Gehäuſe eingebracht werden. Vermittelſt dünner eiſerner Röhren führen die iſolirten Leitungsdrähte einerſeits zu den Contactpunkten der Batteriekäſtchen, anderſeits zum Beleuchtungsapparat, und zwar laufen ſie längs des Wagenrahmens nach einer der beiden Stirnſeiten des Wagens, wo ſie mit einem Commutator (C), einem Stundenzähler (K) und einem Rheoſtat (D) in Verbindung treten. Schließlich führt die Leitung auf das Wagendach, wo ſich der Zuleitungsmechanismus (E) zu den Lampen befindet. Der aus einem Uhrwerk beſtehende Stundenzähler zeigt ein Zifferblatt mit 35 Theilſtrichen, welche den 35 Beleuchtungsſtunden entſprechen, für welche der Accumulator Licht liefern ſoll. Der Rheoſtat hat den Zweck, in der erſten Zeit der Ausladung den Ueberſchuß an Spannung der Batterien auf das für die Beleuchtung nothwendige Maß zurück-

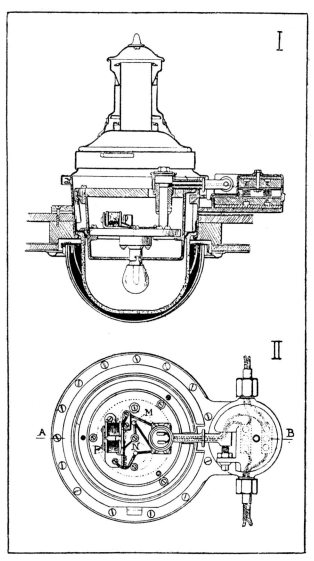

Elektriſche Lampe für Waggonbeleuchtung.

zuführen. Der Rheoſtat bleibt in der Stromleitung ſo lange eingeſchaltet, bis der Stundenzähler 17 markirt, doch kann er auch etwas früher beziehungsweiſe etwas ſpäter ausgeſchaltet werden.

Jedes Coupé wird durch eine Lampe mit 2 Glühlichter (M und N in vorſtehender Abbildung) beleuchtet, deren jedes eine Lichtſtärke von 10 Normalkerzen hat. Indes leuchtet in der Regel nur das eine Glühlicht; ſollte der Kohlenfaden desselben zufällig untauglich werden, so tritt das zweite Glühlicht automatisch in Function. Außerdem ist eine Vorrichtung angebracht, durch welche, im Falle der elektrische Beleuchtungsapparat versagen sollte, eine gewöhnliche Oellampe angebracht werden kann.

Eine sehr interessante Beleuchtungsmethode hat die Jura-Simplonbahn in Versuch genommen, und zwar mit sehr gutem Erfolge. Die hierbei in Anwendung kommenden Accumulatoren sind die nach dem System Huber. Jedes Element besteht aus 5 Platten und sind je drei Elemente in den entsprechenden Fächern eines Kistchens untergebracht. Die Platten, welche aus einer schwer oxidirenden Legirung von Blei und Antimon bestehen, sind gitterartig durchbrochen. Die Gitterzellen sind an der positiven Elektrode mit Minium, an der negativen Elektrode mit Bleiglätte ausgefüllt. Jede Accumulatorenbatterie setzt sich aus 3 Kästchen mit je 3 Elementen, sonach aus 9 Elementen zusammen, die in der gewöhnlichen Reihenschaltung verbunden sind. Die Leistungsfähigkeit einer Batterie stellt sich auf 20 Ampère-Stunden und giebt bei einer Spannung von 18 Volts $120 \times 18 = 2160$ Watt-Stunden. Die Maximalstromstärke der Ladung beträgt 15 Ampères, die gewöhnliche Stromstärke 9·3 Ampères. Die zur Beleuchtung verwendeten

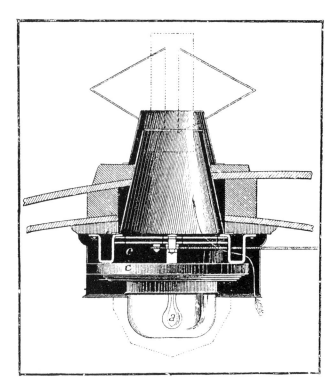

Die elektrische Lampe der Jura-Simplon-Bahn.

Lampen consumiren für je eine Normalkerze 3 Volts, somit kann die Batterie $\frac{9·3 \times 18}{3} = 56$ (abgerundet) Normalkerzen liefern.

Die nothwendige Intensität für eine Normalkerze bei einer Differenz an innerer Kraft von 18 Volts beträgt $\frac{3}{18} = 0·17$ Ampères, somit kann jede Batterie $\frac{120}{0·17} = 705$ Normalkerzenstunden liefern und stellt sich demgemäß die Beleuchtungsdauer zu $705 : 56 = 12·6$ Stunden. In Wirklichkeit bewegt sich die Lichtintensität aller Lampen eines Wagens zwischen 30 und 35 Normalkerzen; die ganze Beleuchtungsdauer für eine Ladung variirt daher zwischen $\frac{705}{30} = 23·5$ und $\frac{705}{35}$

= 20 Stunden. Jede Batterie hat ein Gewicht von 110 Kilogramm und wird in einem auf der Unterseite des Fußbodens jedes Wagens sich befindlichen Kasten untergebracht. An jeder Seitenwand des Kastens sind zwei mit Contactstücken versehene Schlitze. Sobald die Accumulatorenbatterie in den Kasten eingebracht wird, schließt der Stromkreis. Das Anzünden und Auslöschen der Lampen wird mittelst eines an der Stirnseite des Wagens angebrachten Commutators bewerkstelligt. Der Commutator kann nur mittelst eines eigenen Schlüssels, der sich in Verwahrung des Zugführers befindet, verstellt werden, wodurch unbefugter Eingriff ausgeschlossen ist. Ueberdies befindet sich in jedem Wagen eine besondere Unterbrechungsvorrichtung, welche es gestattet, die Beleuchtung eines Coupés, falls es unbesetzt

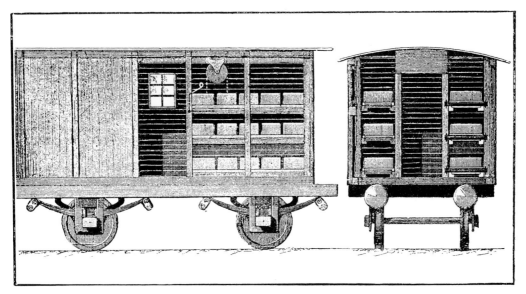

Installationswagen der Jura-Simplon-Bahn.

sein sollte, außer Function zu setzen. Die Construction der Lampe ist aus der beigegebenen Abbildung zu ersehen.

Mit ihr ist zugleich eine sehr wirksame Ventilationsvorrichtung verbunden, deren Anordnung deshalb als zwingend sich erwies, als die hohe Temperatur, welche im Innern des Beleuchtungsapparates herrscht, deren Bestandtheilen schädlich werden könnte.

Die Zahl der Beleuchtungsstunden, welche jede Batterie liefert, ist am Batteriekasten angeschrieben. Dieselbe wird der Sicherheit wegen immer mit fünf Sechstel der wirklichen Leistungsfähigkeit angenommen. Diese letztere kann am Stundenzähler, welcher gleichfalls an der Außenseite des Kastens angebracht ist, abgelesen werden. Zur Unterbrechung des Stromes dient eine Einhängevorrichtung, die mittelst eines Elektromagnetes regulirt wird; ein Balancier wird arretirt, sobald sich der Elektromagnet aushängt, was immer geschieht, wenn der Stromkreis unterbrochen wird. Am Zifferblatte dieses Apparates kann sonach der betreffende Bedienstete aus der Zeigerstellung sofort ersehen, ob die Batterie erschöpft ist, somit die Auswechslung stattfinden muß. Die Auswechslung, welche an den Hauptstationen stattfindet, vollzieht sich rasch, da zwei Mann zum Transporte einer Batterie genügen.

Zur Vertheilung der Batterien dienen eigens zu diesem Zwecke construirte Wagen, in welchen erstere in Etagen und Fächer untergebracht sind. In einem solchen Wagen finden 60 Batterien Platz. Zum Zwecke des Aus= und Einhebens der Batteriekästen dient ein am Wagendache hängender Flaschenzug. Jeder Batterie= kasten hat an der Vorderseite eine bewegliche Metallplatte, welche auf der einen Seite die Aufschrift »geladen«, auf der anderen die Aufschrift »entladen« trägt.

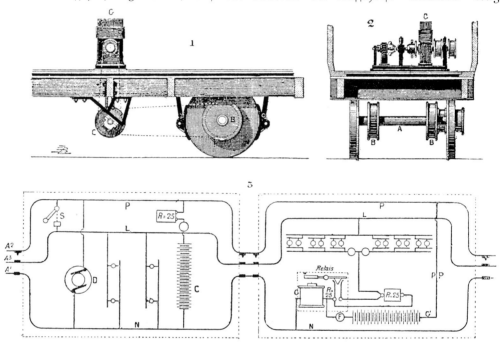

Schnitte der Dynamo=Installation (1, 2). — Plan des Dynamowaggons und des nächstfolgenden Waggons (3).

Die Platte ist dementsprechend drehbar. Jedes Fach des Batteriewagens ist mit einem metallenen Contactstücke (ähnlich jenem der Batteriekästen) versehen, welches derart angeordnet ist, daß es mit den Contactstücken an den Batteriekästen corre= spondirt. Sind nun die in ein Fach gehörigen fünf Batterien eingeladen, so entsteht sofort ein Stromkreis durch alle fünf Batterien. Die Pole jeder Batteriegruppe treffen wieder auf eine metallische Platte, die oberhalb jedes Faches angebracht ist, und welche es ermöglichen, alle fünf Batterien im Wagen zu laden, ohne sie ausheben zu müssen. Um alle 60 Batterien eines Vertheilungswagens zu laden, bedarf es eines Zeitaufwandes von acht Stunden, worauf die Rücksendung der Batterien in ihre Wechselstationen unverzüglich erfolgen kann.

Wir haben nun noch einige Bemerkungen über die combinirte Beleuch= tung mittelst Dynamomaschinen und Accumulatoren vorzubeugen. Dieses System findet seine Anwendung vornehmlich auf englischen Bahnen und ist gegenwärtig bei den Wagen der »Internationalen Schlafwagengesellschaft«, und zwar bei den »Süd-Expreßzügen« in Anwendung. Die Dynamomaschine ist in einem von den gewöhnlichen Gepäckwagen kaum sich unterscheidenden Wagen installirt, und erhält erstere ihre Bewegung durch die Radachsen mit Hilfe einer doppelten Rollen= transmission, und zwar dient eine nur zur Reserve, für den Fall daß der Riemen der anderen reißen sollte. Die Figuren 1 und 2 in der beigegebenen Abbildung veranschaulichen die Anordnung dieser Transmissionen. Die Rollen B sind mit den Achsen durch Bolzen fest verbunden und überdies vernietet. Sie übertragen mittelst

Installation der Dynamomaschine für die Süd=Expreßzüge.

der Transmissionsriemen die Bewegung auf die Welle der Dynamomaschine. Damit aber der Transmissionsapparat nicht durch Staub und Schmutz leide, ist er in ein Gehäuse von Eisenblech eingehüllt. Außerdem befindet sich in jedem Wagen des Zuges eine Accumulatorenbatterie zu 18 Elementen in besonderen Kästen unterhalb der Wagen=Fußböden.

Die Welle der Dynamomaschine C trägt zu ihrer Linken eine zweite, etwas kleinere Dynamomaschine, der eine besondere Rolle zugedacht ist. Dem Motor — d. i. hier die Wagenachse — kommt der Natur der Sache nach eine ungleichmäßige Bewegung zu, da ihre Umdrehungen bald schneller, bald langsam vorsichgehen. Trotz dieser unregelmäßigen Bewegung soll die Dynamomaschine folgenden An= forderungen entsprechen: sie soll automatisch in den Stromkreis eingeführt werden können, sobald der Zug jene Geschwindigkeit erreicht hat, welche es ermöglicht, daß die elektromotorische Kraft der Dynamomaschine jene der Accumulatoren (welche in den Stromkreis eingeschaltet sind) übersteigt, weil letztere im entgegengesetzten Sinne wirkt. Ist dieses Resultat einmal erreicht, so soll die elektromotorische Kraft der Dynamomaschine constant erhalten werden können, mag die Geschwindigkeit des Zuges nun ab= oder zunehmen. Zu diesem Zwecke ist die vorstehend erwähnte kleinere Dynamomaschine eingeschaltet.

Der Inductor der größeren Maschine (C) bringt zwei Stromkreise hervor: einen Nebenstrom mit großem Widerstand, der mit den Accumulatoren verbunden ist, und einen zweiten Strom mit kleinerem Widerstand, in welchen die kleine Maschine eingeschaltet ist. Hat die Zugsgeschwindigkeit ihr Maximum erreicht, so genügt der Nebenstrom, um die Maschine zu erregen; dann liefert die Aushilfsmaschine denjenigen Strom, welcher die im entgegengesetzten Sinne elektromotorische Kraft der Accumulatoren aufheben, paralysiren soll. Sinkt die Zugsgeschwindigkeit unter die normale, dann geschieht die Erregung der Dynamomaschine durch einen Strom, dessen Stärke durch die Differenz der elektromotorischen Kraft der Accumulatoren und der Aushilfsmaschine ausgedrückt wird. Ein Centrifugalregulator an der Welle der Dynamomaschine führt automatisch den Strom in die Accumulatorenbatterien.

Jeder Wagen wird durch 16 Glühlichtlampen zu 8 Normalkerzen beleuchtet; sie functioniren mit einer Spannung von 65 Volts und consumiren 0·7 Ampères. Die Figur 3 auf Seite 430 zeigt die Einrichtung des Dynamowagens und des nächstfolgenden Wagens. Die zwei Hauptleitungen P und W, welche von den Polen der Dynamomaschine abzweigen, laufen längs des ganzen Zuges; eine dritte Leitung (L) führt zu den Lampen und ist mit der Hauptleitung P durch den Commutator S in Verbindung zu setzen Die Accumulatorenbatterie (G) des Dynamowagens ist in Verbindung mit den beiden Hauptleitungen; in den Stromkreis dieser Batterie ist ein Rheostat von 25 Ohms und ein aus leicht schmelzbarem Blei erzeugter Stopfer (F) eingeschaltet. Die Lampen stehen in leitender Verbindung und sind zwischen den Leitungen N und L eingeschaltet. Der Strom, welcher in die folgenden Wagen übergeht (er wird durch die Leitung N dahingeführt), passirt die Multiplicatorspule eines automatisch functionirenden Relais von 25 Ohms Widerstand, und läuft von hier, nachdem er den leicht schmelzbaren Bleistopfer F passirt hat, zu den Wagenaccumulatoren und den Lampen. Hat der Strom sämmtliche Wagen durchlaufen, so kehrt er durch die Leitung L in den Commutator S zur Hauptleitung und damit auch zur Elektricitätsquelle zurück.

Diese ebenso genial erdachte als praktisch durchgeführte Beleuchtungsmethode functionirte bisher in zufriedenstellender Weise. Die ihr anhaftenden Mängel lassen sich in folgenden zwei Punkten zusammenfassen: complicirte Manipulationen beim An= und Abkuppeln der Wagen; höhere Kosten, als bei anderen elektrischen Beleuchtungssystemen. Dagegen ist einleuchtend, daß diese Betriebseinrichtung weniger umständlich ist, als die mit isolirten Wagenaccumulatoren, und daß diesfalls die große Zahl von Wechselbatterien die höheren Anlagekosten der Dynamoeinrichtung theilweise compensirt.

Als Auskunftsmittel in Fällen, wo mit der elektrischen Beleuchtung haushälterisch umgegangen werden soll, kann eine Erfindung von Tourtel gelten. Es ist dies eine elektrische Lampe, die in jedem Wagen beliebig aufgehängt werden

kann und welche automatisch functionirt. Das Princip ist dasselbe, wie bei den zahlreichen anderen im Gebrauche stehenden Automaten. Man wirft eine Münze durch die Oeffnung des Beleuchtungsapparates und erhält hierfür die Beleuchtung für einen bestimmten Zeitabschnitt, z. B. eine halbe Stunde. Der Fahrgast kann sich die Beleuchtungsdauer durch Einwerfen der gleichen Münze beliebig verlängern.

Die Versuche, welche auf der MetropolitanDistricteisenbahn in London mit einer Anzahl solcher Lampen gemacht wurden, haben so überraschend günstige Resultate ergeben, daß die Verwaltung dieser Bahn Anlaß nahm, eine große Zahl solcher Lampen in Betrieb zu setzen. Sie sollen keines

Tourtel's elektrische Waggonlampe mit automatischer Vorrichtung.

wegs die Gaslampen in den Wagen ersetzen, sondern haben lediglich den Zweck, den Fahrgästen ein helles und angenehmes Licht für den Fall zu liefern, daß diese desselben aus irgend einem Grunde bedürfen. Der ganze Mechanismus ist sehr einfach und hat in einer Büchse von 12 Centimeter Länge, 5 Centimeter Breite und 7·5 Centimeter Höhe Platz. Das Licht wird in der Weise hervorgerufen, daß man an einen vorspringenden Knopf der Büchse drückt, nachdem man zuvor das Geldstück

in die hierfür bestimmte Oeffnung eingeführt hat. Die Lichtstärke beträgt 13 Normal=
kerzen und wird durch einen Reflector verstärkt, dessen Neigungswinkel der Fahrgast
beliebig verstellen kann, um das Lichtbündel nach der gewünschten Richtung dirigiren
zu können.

Wie aus der beigefügten Abbildung zu ersehen ist, befindet sich die Lampe
an jener Stelle der Coupéwand, wo das Licht der Gaslampe am ungünstigsten
wirkt. Gespeist werden die Lampen durch einen unter den Sitzplätzen angebrachten
Accumulator. Jeder Wagen hat sonach seine selbstständige Lichtquelle, was für die
Zusammenstellung der Züge von großem Vortheil ist. Die Accumulatoren bestehen
aus je 6 Elementen mit einer Stromstärke von 72 Ampère=Stunden. Sie sind in
Holzschachteln eingesetzt und können beliebig gewechselt werden. Die Leistung einer
Lampe beträgt ungefähr $3/4$ Ampères mit einer Spannung von 12 Volts. Diese
schwache Spannung wurde absichtlich gewählt, um jede Gefahr zu vermeiden.

Für den Fall, daß die Ladung der Accumulatoren vollständig ausgenützt,
daher eine Leuchtkraft nicht mehr zu erwarten ist, besitzt der Apparat eine besondere
Construction, welche eingeworfene Geldstücke durch eine Oeffnung an der Unter=
seite der Büchse sofort wieder auswirft. Der Fahrgast erleidet somit keinen Schaden
und wird zugleich verständigt, daß die Lichtquelle erschöpft ist.

Das Intercommunicationssignal.

Wir kommen nun auf eine andere Einrichtung, welche die zu einem Zuge
vereinigten Wagen betrifft, zu sprechen: den Intercommunicationssignalen,
für gewöhnlich auch »Nothsignale« genannt. Sie haben die Aufgabe, einen Nach=
richtenaustausch zwischen dem Zugbegleitungs= und Maschinenpersonal, oder auch
zwischen den Reisenden und den vorgenannten Functionären zu ermöglichen, mit
dem Endzweck, das Anhalten des Zuges zu veranlassen. Ursprünglich behalf man
sich behufs Erfüllung dieser Bedingungen durch Aufstellung einer sogenannten
»Tenderwache«, deren Aufgabe in der ausschließlichen Beaufsichtigung des Zuges
und fallweisen Benachrichtung des Maschinenpersonales bestand. Später, als man
genöthigt war, längere Züge zu befördern und die ohnehin zweifelhafte Leistungs=
fähigkeit der Tenderwache noch fraglicher wurde, versuchte man es mit anderen
Einrichtungen.

Das einfachste Signal dieser Art ist die Zugsleine. Sie läuft längs des
ganzen Zuges und steht an einem Ende mit der Locomotivpfeife so in Verbindung,
daß diese letztere ertönt, wenn die Leine an irgend einem beliebigen Punkte kräftig
angezogen wird. Diese Einrichtung entspricht dem Zwecke, dem sie dient, in nur
unvollkommener Weise. Insbesondere dann, wenn die Leine nicht innerhalb, sondern
außerhalb des Wagens angebracht ist, erscheint sie nicht in wünschenswerther Weise
zugänglich. Ueberdies erfordert das wirksame Anziehen der Leine eine nicht un=
bedeutende Kraftanstrengung, um den Widerstand, den bei sehr langen Leinen

Gewicht und Reibung verursachen, zu überwinden. Einen Ersatz für diese unvoll=
kommene Einrichtung glaubte seinerzeit Obermaschinenmeister Hennig durch fol=
gende Anordnung zu bieten. Sie bestand aus je einer an der Längsseite des
Wagens geführten Eisenstange; die Verbindung mit dem nächsten Wagen geschah
mittelst leicht eingehängter Ketten. Die Verschiebung der Eisenstangen nach rückwärts
und das dadurch bewirkte Anziehen der Locomotivleine geschah durch Auslösung
eines im Innern des Coupés angebrachten Hebels. Ein aufgehängtes Gewicht fiel
herab, zog die Stange durch Hebelwirkung zurück und spannte die Verbindungs=
ketten. Zugleich fielen alle Gewichte in den Wagen zwischen demjenigen, in welchem
gezogen wurde und der Locomotive, wodurch deren Stangen rasch und wirksam
angezogen wurden.

Man gelangte bald zur Erkenntniß, daß diesen und ähnlichen Vorrichtungen
nur ein problematischer Werth zukomme. Mit der Ausgestaltung der elektrischen
Einrichtungen der Eisenbahnen wuchs die Hoffnung, die bisherigen primitiven
Hilfssignale auf den Zügen durch zweckmäßigere ersetzen zu können. Es währte in
der That nicht lange,
daß allerlei Vorschläge
und Versuche diesem
Gegenstande sich zu=
wendeten und schließ=
lich zur Anwendung
elektrischer Hilfssignale

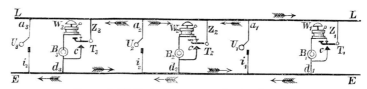

Preece & Walker's Intercommunicationssignal.

führten. Den Anfang machten England und Frankreich, dann folgten andere Länder,
so daß zur Zeit mehrere Systeme im Allgemeinen oder theilweise in Anwendung
stehen.

In England ist es vorzugsweise die Anordnung von Preece und Walker,
welche sich zunächst einbürgerte. Das Stromlaufschema des Preece'schen älteren
Systems zeigt die vorstehende Figur. Die zwei Telegraphenleitungen L und E
laufen als isolirte Kabel den ganzen Zug entlang. In jedem Zugbegleitercoupé
befindet sich ein Wecker (Selbstunterbrecher) W, eine Batterie B und ein Taster T;
in jedem Passagiercoupé ist ein Taster U vorhanden. Die von der Leine aus=
gehenden Anschlüsse sind sämmtlich zu den positiven, die Anschlüsse der Rückleitung E
zu den negativen Polen der Batterie geführt.

So lange allerwärts die Ruhelage vorhanden ist, kann keiner der Wecker
läuten, da die vermöge der Stromtheilung in ungleichen Richtungen die Wecker=
spulen passirenden Ströme wirkungslos sind und die Weckeranker sonach ab=
gerissen bleiben. Wird jedoch mittelst eines Tasters U ein kurzer Schluß zwischen
den Linien L und E hergestellt, so kann jede der nächstliegenden Batterien wirksam
werden und ihren Wecker in Thätigkeit bringen. Dasselbe geschieht, wenn einer der
Zugbegleiter durch Umstellung eines Tasterhebels seine Batterie und seinen Wecker
aus der Linie bringt. Es können sonach die Zugbegleiter unter sich Zeichen geben

und auch aus den Passagiercoupés das Nothsignal empfangen. Die gewöhnlich benützte Tastervorrichtung der Passagiere ist ein Kurbelumschalter. Die Kurbel befindet sich in einem mit einer Glastafel abgedeckten Holzgehäuse an der Seiten= wand oder an der Decke des Wagens. Will ein Fahrgast das Nothsignal geben, so schlägt er die Glastafel ein und dreht die Kurbel zur Seite. Zurückgestellt kann die Kurbel nur durch den Zugführer mittelst eines eigenen Schlüssels werden.

Die Verbindung der Leitung von Wagen zu Wagen bestand anfänglich darin, daß das Ende des einen Leitungsdrahtes beim Austritte aus der Wagenwand durch Hanfumspannung die Gestalt eines soliden Kabels erhielt, das mit einer blanken Oese aus starkem Kupferdraht endigte, während der zweite Leitungsdraht zu einem Haken geführt wurde, der an der Stirnwand durch ein Hartgummistück isolirt war. Es kommt also im Zuge zwischen zwei Wagen immer ein Kabel gegen= über einem Haken zu stehen und werden beim Ankuppeln der Wagen auch die Leitungsverbindungen für das Intercommunicationssignal bewerkstelligt, indem die zwei Kabelenden in die gegenüberstehenden Contacthaken eingehängt werden.

Die neuere Anordnung nach Preece besteht in einem zweidrähtigen Kabel, das durch alle Wagen des Zuges ungefähr in der Mitte der inneren Wagendecke nach Art der amerikanischen Zugleine seilförmig über Rollen geführt wird. Die Verbindung von Wagen zu Wagen erfolgt durch eine Federkluppe. (Vergleiche die Figuren auf S. 437.) Letztere ist derart angeordnet, daß die Kabelenden an Federn geführt sind, welche im Contact stehen, so lange die Kluppe nicht mit einer zweiten zusammengeschoben wird. Geschieht aber das letztere, so werden die Contacte auf= gehoben und contactirt nun jede Feder der einen Kluppe mit je einer der zweiten Kluppe. Im ersten und letzten Wagen befindet sich ein Wecker (Selbstunterbrecher) und eine Batterie. Die zwei Batterien sind einander entgegengeschaltet. So lange der Zug in Ordnung ist, können sonach die Wecker nicht in Thätigkeit kommen; würde aber der Zug zerrissen, oder ein Fahrgast das an der Decke des Wagens laufende Kabel anziehen, so ginge die nächste Verbindungskluppe auseinander. Der elektrische Schließungskreis wird dadurch in zwei getheilt, in welchem die Batterien wirksam werden und den Wecker in Thätigkeit setzen.

Elektrische Intercommunicationssignale mit solchen Contactkluppen, aber mit Tastern an Stelle des anzuziehenden Kabels und mit einer auf Arbeitsstrom ge= schalteten Batterie, sind vom österreichischen Oberingenieur Bechtold construirt worden. Das zweidrähtige Kabel K (Figur 1 auf S. 437) tritt, behufs Uebertritt von Wagen zu Wagen, durch die Stirnwand W des einen Wagens und wird am austretenden Theile durch ein Hartgummirohr (r) und eine darüber gesteckte, an der Wagenwand befestigte gußeiserne Hülse (h) gehalten, das Kabelende von der Metallhülse M, in welche des cylindrische Hartgummistück eingesetzt ist, umfaßt. An diesem letzteren sind die zwei Stahlfedern F befestigt, welche jede ein prisma= tisches Messingstück (m beziehungsweise m_1 im Durchschnitt) trägt, und welches seitlich mit einer Hartgummiplatte p (p_1), oben bei c aber mit einem Platin=

contact versehen ist. An diese Messingstücke schließen sich durch Vermittelung der Schrauben s und s₁ die beiden Kabeldrähte an, der eine an m, der andere an m₁. Da die beiden Federn F gegeneinander drücken, so berühren sich die beiden Messingstücke bei c, d. h. die beiden Kabeldrähte sind an dieser Stelle in metallischer Verbindung. Der Kabelabschluß des Nachbarwagens ist natürlich in der gleichen Weise angeordnet. Werden die beiden Kluppen. kreuzweise übereinander geschoben, so wird in beiden der Contact c gelöst, weil sich die Federn durch die Pressung der Prismen m von einander ein wenig abheben, dagegen je zwei m der beiden Kluppen gegenseitig in Contact treten.

In der zweiten Figur ist diese Einrichtung schematisch dargestellt. Nach erfolgter Kuppelung sind die beiden Leitungsdrähte LL und L₁L₁ fortlaufend in leitende Verbindung gebracht, gegenseitig jedoch isolirt. Die aus sechs Leclanché-Elementen bestehende Batterie befindet sich im Coupé des Zugführers und schließt mit einem Pole an den Wecker, mit dem anderen an eine Kabelader an; die

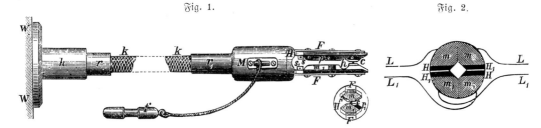

Fig. 1.   Fig. 2.

Kabel des Bechtold'schen Intercommunicationssignals.

zweite Kabelader steht mit dem zweiten Anschluß des Weckers in Verbindung. Kommen an irgend einer Stelle die beiden Kabeladern in metallischen Contact, so ist der Stromkreis geschlossen und der Wecker läutet. Demgemäß darf am letzten Wagen das nicht gekuppelte Kabelende keinen Contact c geben, zu welchem Ende ein an M mit einer Schnur befestigter Hartgummistift f zwischen die beiden Messingstücke m in die Oeffnung h eingeführt wird, wodurch die Federn F auseinandergedrückt und die Verbindung bei c aufgehoben wird. In jedem Coupé befinden sich Drucktaster, mittelst welchen ein andauernder Linienschluß hergestellt wird, der dann mittelst eines besonderen Schlüssels wieder aufgehoben werden kann. Die Zugbegleiter haben in ihren Bremshütten ebenfalls Taster und ist es ihnen dadurch ermöglicht, dem Zugführer Weckersignale zu geben. . . . Das Walker'sche System unterscheidet sich von dem vorbesprochenen nur in einigen abweichenden Constructionsdetails, weshalb wir dasselbe übergehen. (Vgl. Kohlfürst, »Die elektrischen Einrichtungen der Eisenbahnen ꝛc.«)

Eine ziemlich allgemeine Verbreitung hat das Intercommunicationssignal von Prudhomme gefunden. Seine Anordnung ergiebt sich aus der umstehenden schematischen Darstellung. Eigenartig sind die Leitungsverbindungen. Es wird nämlich nur eine Leitung benöthigt und dient die Erde durch Verbindung des einen Tastercontactes mit dem eisernen Gestelle des Wagens und directe Führung des Stromes von diesem über die Wagenräder und Schienen als Rückleitung. Obgleich nur eine Leitung direct gespannt ist, werden zur Verbindung der einzelnen Wagen stets zwei Kuppeln (K K) verwendet. Der Zweck dieser doppelten Kuppelung ist nicht nur der, eine erhöhte Sicherheit der Verbindung zu erzielen, sondern bezweckt auch eine bequemere Manipulation. Bei einfacher Verbindung müßten nämlich, um die einander zugehörigen Verbindungsglieder zweier Wagen einander gegenüberzustellen, die einzelnen Wagen fallweise umgedreht werden, dem durch die doppelte Kuppelung vorgebeugt ist.

Die weitere Einrichtung gestaltet sich wie folgt: Vom Hauptdrahte (zu den Kuppeln) zweigen die Drähte zu den

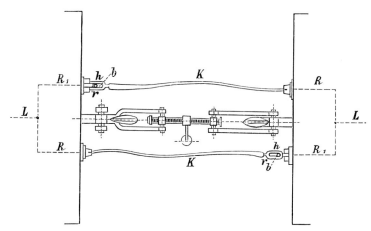

Kuppelvorrichtung beim Prudhomme'schen Intercommunicationssignal.

Tastern (c bis c_6) und zu den Signalapparaten K l und K l$_1$ mit den Batterien B B$_1$ ab. Diese Vorrichtungen befinden sich im ersten und letzten Wagen des Zuges und sind die Batterien im Gegenschluß geschaltet. Die Signalhebung erfolgt durch Druck auf irgend einen der Taster; es wird dadurch die Verbindung mit der Erde hergestellt und entstehen zwei Stromkreise, welche die Signalapparate bethätigen. Nehmen wir beispielsweise an, es werde durch Druck auf den Taster c_1 der Contact hergestellt, so wird der Strom der Batterie B über K l E$_2$ durch die Wagengestelle und Schienen nach E$_6$, über c_1 nach 5, über L'' nach 4 verlaufen; hier theilt sich der Strom in zwei Zweigströme über K K, vereinigt sich wieder in 3 und geht über L' (Abzweigung 1) zur Batterie zurück. In gleicher Weise findet der Strom der Batterie B$_1$ über E$_{14}$, c_1, 5, L'', 8, K K, 9, L''', 13 seinen Weg. Beide Klingelwerke werden ertönen.

Schon Anfang der Achtzigerjahre ging der Engländer Floyd von der An=
schauung aus, daß für den Fall, als das Hilfssignal neben der Benützung durch
die Fahrgäste auch das Lostrennen von Wagen anzeigen soll, die Zeichen für diese
verschiedenen Anlässe verschieden sein müßten. Diese Anschauung hat allerdings
ihre Berechtigung, wenn die Bestimmung vorausgesetzt wird, daß der Locomotiv=
führer sofort den Zug anzuhalten hat, sobald ein Hilfssignal erfolgt. Durch vor=
eiliges Anhalten kann aber, insbesondere auf Gefällsstrecken, dem Zuge Gefahr
erwachsen; seit Einführung der continuirlichen Bremsen ist indes dieser Eventualität
wirksam vorgebeugt, und somit entfällt die Floyd'sche Erwägung.

Beim Prudhomme'schen System stellt sich der Sachverhalt im Falle einer
Zugstrennung wie folgt. Mit dem Riß der Wagenkuppelung erfolgt gleichzeitig

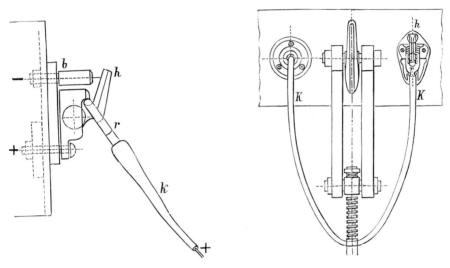

Kuppelvorrichtung beim Prudhomme'schen Intercommunicationssignal.

die der elektrischen Kuppelung K K; der Hebel h jedes der beiden getrennten
Wagen legt sich an den mit der Erde verbundenen Contact b leitend an, wodurch
wieder zwei Stromkreise, und zwar selbstthätig, geschlossen werden.

Nehmen wir an, die beiden Wagen I und II (in Abbildung Seite 438)
hätten sich getrennt. Es wird nun der Strom B über Kl, E_2, E_4, b, h, 3, L^1,
1 und der Strom von B_1 über Kl_1, E_{14}, E_5, b, h, 4, L'', 8, K K, 9, L'''' 13
zur Batterie zurückkehren.

Schauen wir uns nun die Einzelheiten der Kuppelvorrichtung an. Mit der
rechtsseitigen Abzweigung der Leitung jedes Wagens ist ein bewegliches, durch
eine zweckentsprechende Umhüllung gegen äußere Einflüsse wirksam geschütztes
Kabel (K in vorstehender Figur) fest verbunden. Dasselbe trägt am Ende
einen mit der Kabelseele (dem Leiter) leitend verbundene Metallöse (r). Der um
eine Achse drehbare und mit der linksseitigen Abzweigung der Leitung ver=
bundene Contacthebel (h) wird durch eine kräftige Feder an den Contactbolzen

(b) anzudrücken gesucht. Sobald nun die Oese des gegenüberstehenden Wagens in
diesen Contacthebel eingesteckt wird, hebt sich h von b ab und die beiden Wagen
sind leitend miteinander verbunden. Da aber solche Kuppeln vorhanden sind, muß
die Kuppelung zweifach erfolgen, weil andernfalls durch Stromschluß das Signal
sofort ertönen würde. Die beigefügte Figur veranschaulicht den Vorgang, durch
welchen die Trennung zwischen h und b im ersten und letzten Wagen durchgeführt
wird. Es geschieht dies durch Aufstecken der Oese des Kabels k auf den an der
gleichen Stirnwand befestigten Contacthebel h.

Rücksichtlich der Signalgeber ist zu bemerken, daß dieselben verschieden con=
struirt sind, je nachdem das Signal von einem Bremsposten oder vom Gepäcks=
wagen, oder von einer Wagenabtheilung aus gegeben wird. Die beigefügten Ab=
bildungen führen die diesbezüglichen Anordnungen vor. Der Signalgeber für
Bremsposten besteht aus einem um die
Achse x in der Pfeilrichtung so weit dreh=
baren Hebel h, daß er sich an den Con=
tact c anlegen kann, wobei x mit der

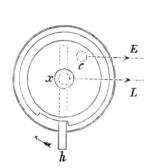

Signalgeber für die Bremsposten.

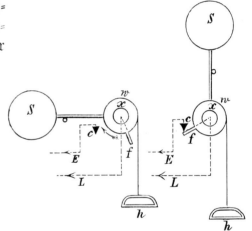

Signalgeber in der Wagenabtheilung.

Leitung, b und c mit der Erde E verbunden ist. Legt sich nun x an c an, so
erfolgt Stromschluß und das Klingelwerk ertönt. Die Vorrichtung ist in einem
Gehäuse untergebracht, so daß nur ein Stück des drehbaren Hebels h hervorsteht.

Der Signalgeber in den Wagenabtheilungen zeigt eine etwas abweichende
Anordnung. Um die Rolle w ist eine Schnur geschlungen, welche in einen Hand=
griff (h) endigt. Die Rolle w ist um die Achse drehbar. Wird nun die Schnur
mittelst des Handgriffes angezogen, so erfolgt eine Drehung der Rolle nach der
Richtung des Pfeiles und die Nase f legt sich an den Contact c an, wodurch x
mit der Leitung und c mit der Erde in leitende Verbindung treten und Strom=
schluß erfolgt. An der Rolle ist weiter eine kleine rothe Signalscheibe (s) angebracht,
welche den Ort andeutet, von dem das Signal ausgegangen ist.

Die Signalscheibe, welche an der Außenseite dadurch sichtbar wird, daß sie
aus ihrem Gehäuse hervortritt und sich senkrecht aufstellt, kann nur durch den Zug=
begleiter in seine Ruhelage zurückgebracht werden, und ist, sowie die Rolle w, dem

Fahrgaste unzugänglich. Dadurch wird einer mißbräuchlichen Benützung des Sig=
nales vorgebeugt. Außerdem ist die Handhabe durch eine Glasscheibe verdeckt, oder
sie wird durch eine plombirte Schnur festgehalten, um der eventuellen Versuchung
des einen oder anderen Fahrgastes, mit dem Apparate zu manipuliren, entgegenzu=
treten. Im Falle der Benützung derselben muß entweder die Glasscheibe einge=
schlagen beziehungsweise die Schnur abgerissen werden. Als Stromquelle für dieses
Intercommunicationssignal werden kräftige und constante Trockenelemente verwendet,
welche in einem mit zwei Fächern versehenen Kästchen untergebracht sind, indem das
eine Fach die Elemente sammt dem Isolirmaterial (zum Schutze gegen Einfrieren),
das andere Fach den als Signalapparat dienenden Unterbrechungswecker enthält.

Das Kästchen ist mit allen seinen Einzelheiten hier stehend abgebildet. $E E_1 E_2$
sind die Elemente, Kl stellt das Klingelwerk dar, ö ö sind zwei Mettallösen, mittelst
welchen das Kästchen an den Metall=
haken r r aufgehängt wird. Die
Haken stehen mit der Leitung be=
ziehungsweise Erdleitung in Ver=
bindung. Demnach wird, da die
beiden Oesen mit dem Klingelwerke
(beziehungsweise der Batterie) lei=
tend verbunden sind, durch einfaches
Einhängen der Kästchen in die
Haken, die Verbindung zwischen
Batterie und Signalapparat mit
den Leitungen hergestellt, wodurch
dasselbe jederzeit durch ein anderes
ersetzt werden kann.

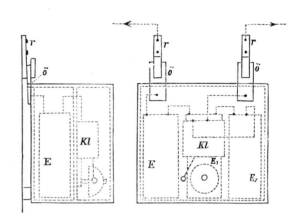

Anordnung des Kästchens mit den Trockenelementen.

Das Prudhomme'sche Hilfssignal steht hauptsächlich auf den französischen
Bahnen, aber auch anderwärts (z. B. in Oesterreich) in Anwendung. Ein neueres
System ist auf den Linien der Orléans=Eisenbahngesellschaft eingeführt worden,
vornehmlich mit der Absicht, einen Austausch von Signalen zwischen dem Zugs=
personale zu ermöglichen. Die entlang des Zuges laufende Leitung besteht aus
zwei isolirten Kabeln, deren jedes als Seele eine Litze aus 7 Kupferdrähten in
einer hinreichend dicken Guttaperchahülle enthält. Das Ganze ist mit einem in Kaut=
schuk getränkten baumwollenen Bande und darüber mit einem getheerten Baum=
wollgeflechte umwickelt, so daß der Gesammtdurchmesser des Kabels 5 Millimeter
beträgt. Die Kuppelung der Leitungen zwischen je zwei Wagen ist ähnlich con=
struirt, wie die Röhrenverbindung bei den Luftdruckbremsen.

Im ersten und letzten Wagen des Zuges ist je eine Batterie vorhanden,
wovon jedoch nur die erstere als Betriebsbatterie dient, während die letztere zur
Reserve mitgeht. Ueber den Batterien sind Tasterknöpfe angebracht, welche bestimmt
sind, dem Zugspersonale den Austausch kurzer Signale zu ermöglichen. Die Taster=

vorrichtungen für die Fahrgäste sind an den Zwischenwänden der Wagencoupés
befestigt und bestehen aus einer cylindrischen, verschlossenen Büchse B (in unten=
stehender Abbildung), aus welcher der an einer in Führungen laufenden Stange d
befestigte Knopf vorsteht. In der Büchse ist eine Achse a gelagert, auf welcher inner=
halb der Büchse das versilberte Messingstück c und außerhalb der Büchse eine
kleine, in der Zeichnung nicht dargestellte Kurbel fest aufgekeilt sind. An letzterer
ist die Stange S drehbar befestigt. Dieselbe geht innerhalb der Coupéwand bis
unter den Wagenboden, wo sie mittelst eines ähnlichen Kurbelarmes mit einer
quer über den Wagen angebrachten Welle in Verbindung steht.

Diese letztere trägt an jeder Wagenseite einen weiß emaillirten Blechflügel,
der in der Ruhelage zum Wagenboden parallel liegt, so daß nur seine Schmalseite
sichtbar ist. Eine starke, auf die Flügelwelle einwirkende Wurmfeder strebt die
Achse um 90° herumzudrehen, also die Stange S nach abwärts zu ziehen, kann

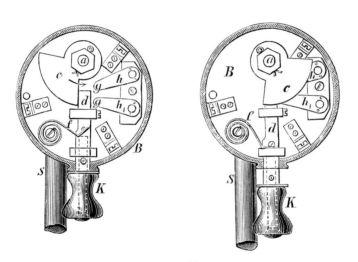

es aber nicht, weil S oben
in der Büchse (wie die linke
Figur in der Abbildung
es darstellt) festgehalten
wird, indem die Knopf=
stange d vor dem Stück c
liegt und dieses verhindert,
in die durch den Pfeil
gekennzeichnete Richtung
zurückzugehen. Wird K
jedoch angezogen und das
Stück c also frei, so nimmt
c die in der zweiten Figur
gekennzeichnete Lage ein,
S ist nach abwärts ge=

Tastervorrichtung.

gangen und demzufolge konnte sich die Flügelwelle drehen, so daß die Blechflügel nun=
mehr mit den vollen Flächen sichtbar sind. An dieser Lage kann, weil sich das Stück c
vor d gestellt hat, nichts mehr geändert werden, bis nicht wieder der Zugführer durch
das Umlegen der weißen Blechflügel in die Ruhelage das Stück c in die Ruhelage
zurückbringt, worauf dann die Knopfstange d durch Einwirkung der Feder f wieder in die
Arretirungslage einspringt. Die Leitung ist auf gewöhnlichen Arbeitsstrom geschaltet;
es sind daher in der Büchse zwei auf einer Ebonitplatte befestigte silberne Contact=
federn h und h_1 vorhanden, welche mit den beiden über dem Zuge führenden
Leitungsdrähten verbunden sind und gegenseitig in Contact gelangen, sobald sich
das ausgelöste Stück c auf sie legt, wie es die zweite Figur darstellt.

Eine ganz einfache Hilfssignalanordnung ist (nach Kohlfürst: »Fortentwicke=
lung der elektrischen Eisenbahneinrichtungen«) jene von Thomas Paul, welche
auf den indischen Bahnen eingeführt ist. Dieselbe besteht nur aus einem auf der

Locomotive angebrachten Wecker sammt Batterie und Umschalter. In den Wagen sind einfache Druckknöpfe angebracht, mit welchen die über den Zug geführte Leine unterbrochen werden kann. Die Zugbeamten haben ebensolche Taster, die jedoch nur so lange unterbrechen, als sie gedrückt werden, wogegen die ersterwähnten Druck= knöpfe nach der Gebrauchsnahme durch eine Schnappfeder in der Unterbrechungs= lage festgehalten werden, bis sie der Zugführer wieder losmacht.

Das betreffende Schaltungsschema macht untenstehende Figur ersichtlich. Der Umschalter U, welcher aus zwei von einander isolirten Contactstücken besteht, kann zweierlei Lagen einnehmen; steht er auf F (Fahrt), so stellt er einen Stromweg von c nach d zur Contactschraube s_1 her; wird er auf V (Verschiebung) gestellt, dann ist der Weg bei d unterbrochen, dafür ein anderer von a über b zur Contact= schraube s_2 hergestellt. A ist der mit zwei Contactfedern und dem Glockenklöppel versehene Anker des Weckers W. Die bei der Klemme K_1 angeschlossene Kabel=

leitung L läuft über den Zug und dabei durch die verschiedenen Druck= taster. Die Leitung L_1 geht entweder gleichfalls als Rückleitung über den Zug, oder ist durch das Locomotiv= gestell zur Erde angeschlossen, in welchem Falle natürlich das Ende von L am letzten Wagen in gleicher Weise zur Erde geführt wird, was sich aber, nebenbei bemerkt, in Indien nicht als zulässig erweisen soll.

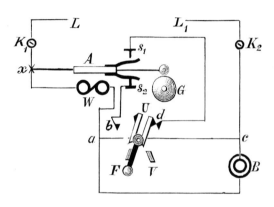

Schaltungsschema des Paul'schen Hilfssignales.

Ist der Zug zur Abfahrt bereit, so kommt der Umschalter auf F, der Batteriestrom gelangt in die Linie und der Anker A bleibt angezogen und auf der Schraube s_2 zu liegen. Wird die Linie in einem Druckknopfe oder durch Zerreißen unterbrochen, so beginnt der Wecker zu läuten, und zwar arbeitet derselbe, wie aus der Figur leicht zu ersehen ist, als Selbstunterbrecher. Kommt während der Fahrt in einer Station eine Wagenauswechslung vor, so wird natürlich die Leitung getrennt und läutet der Wecker, bis der Locomotivführer den Umschalter auf V stellt. Nun schweigt der Wecker allerdings, indes nur so lange, bis der Zug und die Signalleitung in Ordnung gebracht sind; denn sobald L mit L_1 wieder einen Stromkreis bildet, wird der Wecker wieder thätig, arbeitet aber jetzt als Selbst= ausschalter, bis der Locomotivführer, hierdurch aufgefordert, V in die alte Stellung F zurückversetzt.

Ein vornehmlich auf österreichischen Bahnen vielfach in Verwendung stehen= des Intercommunicationssignal ist das von Rahl. Seine bemerkenswerthen Eigen= thümlichkeiten sind, daß erstens für die Leitungen keine gesonderten Kuppelungen vorhanden sind, sondern unter Einem mit der Kuppelung der Vacuumschläuche

erfolgen; zweitens wird nicht die Erde als Rückleitung angewendet, sondern über=
nehmen dies die unter den Wagengestellen angebrachten schmiedeeisernen Röhren der
Vacuumbremsen. Bekanntlich sind die Verbindungsglieder dieser Röhren von Wagen

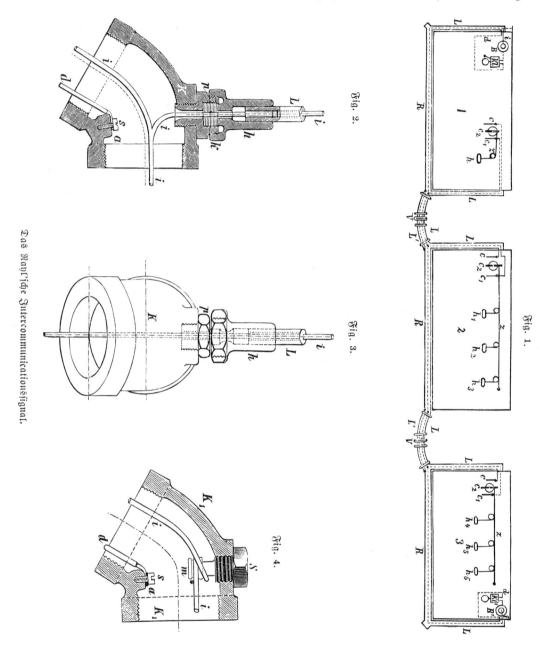

Das Rayl'sche Intercommunicationssignal.

Fig. 2.

Fig. 3.

Fig. 4.

Fig. 1.

zu Wagen Kautschukschläuche. Da nun Kautschuk ein Nichtleiter ist, befindet sich
im Inneren der Kautschukröhren eine besondere Leitung. Die vollkommen isolirte
Hauptleitung ist durch die Vacuumschläuche gezogen.

Vorstehende Abbildung (Fig. 1) veranschaulicht schematisch die ganze Anordnung.
R sind die als Rückleitung benützten Röhren, L ist die innerhalb derselben geführte

Hauptleitung. In den Vacuumschläuchen sind zwei Leitungen vorhanden, von welchen die Leitung L_1 mit den Röhren R leitend verbunden ist, wogegen die Leitung L die vollkommen isolirte Fortsetzung der Hauptleitung bildet. Die Batterien B B' sind (wie bei Prudhomme) in Gegenschluß geschaltet. Für die Signalgebung ist in jedem Wagen nur ein Signalgeber vorhanden, welcher jedoch von jeder Wagenabtheilung aus bethätigt werden kann.

Eine weitere Eigenthümlichkeit dieses Systems besteht darin, daß die Vacuum= leitung, je nachdem die Wagen für die Signalabgabe allein oder auch für den Signalempfang ausgerüstet werden sollen, verschieden construirt sind. In den beiden hier stehenden Figuren ist die Anordnung des schmiedeeisernen Vacuumrohres bei Wagen für Signalabgabe und Empfang veranschaulicht. Das Rohr hat an seinen beiden an der Wagenbrüstung liegenden Enden ein Kniestück (K in Fig. 2, 3), welches gleichzeitig zur Aufnahme des Verbindungsschlauches von Wagen zu Wagen dient. In die obere Biegung dieses Kniestückes ist ein durchbohrter Pfropfen p eingeschraubt, auf welchen die gleichfalls durchbohrte Hülse h festgeschraubt wird. Zwischen p und h liegt eine Gummidichtung k, durch welche der Luftzutritt in die Rohr= leitung verhindert wird. Der isolirte Hauptleitungsdraht i theilt sich unmittelbar vor dem Pfropfen p in zwei Zweige, deren einer durch den Pfropfen p, die Dichtung k und die Hülse h geht und von da durch das auf die Hülse auf= gelöthete Rohr L in das Innere des Wagens entweder zum Signalapparate und der Batterie, oder zum Signalgeber führt. Der zweite Zweig führt durch den Ver= bindungsschlauch bis zur Kuppelungsvorrichtung und ist dortselbst isolirt befestigt. An dem Ansatze a des Kniestückes ist durch die Schraube s ein zweiter Draht d befestigt, welcher gleichfalls durch den Verbindungsschlauch bis zur Kuppelungs= muffe führt und dort mit ihr leitend verbunden wird.

Soll ein Wagen nur zur Signalabgabe eingerichtet werden (Wagen 2 in der schematischen Darstellung auf Seite 444), so bedarf es nur an einem Ende des Wagens einer Abzweigung der Hauptleitung und es wird in diesem Falle — wie die angefügte Figur veranschaulicht — am zweiten Ende desselben die am Knie= stück K durch den Propfen p vorgesehene Oeffnung durch die Schraube S luftdicht verschlossen. Die Kuppelung der Leitung erfolgt gleichzeitig mit der Kuppelung der Vacuumschläuche. Diese von dem abgebogenen Theile des Kniestückes abgehenden Schläuche aus vulcanisirtem Kautschuk tragen an ihrem Ende Metallmuffen M (in Figur A, B und C Seite 446 an deren Steg der von der Schraube s des Kniestückes K (Figur 2 bis 4 Seite 444) kommende Draht d mittelst der Schraube B befestigt wird. An der Unterseite dieses Steges ist durch eine Hart= gummiplatte h isolirt das Metallplättchen p vermittelst der Schrauben $s_1 s_2$ be= festigt. Mit diesem Plättchen wird der von K kommende Hauptleitungsdraht i durch eine Schraube leitend verbunden; das Plättchen p hat vorne gegen das Ende des Steges eine Nase (n), welche in einen Schlitz des Steges, von demselben jedoch vollkommen isolirt, einpaßt. Dieses Plättchen trägt ferner noch den um eine

Achse drehbaren Hebel H, welcher, wenn die beiden Muffen zweier gegenüber=
liegender Vacuumschläuche nicht verkuppelt sind, durch die Feder F in die in
Figur B gezeichnete Lage gedrückt wird, wobei sich der Contact r dieses Hebels
an die Muffe M anlegt. Hierdurch werden die beiden Leitungen i und d (in den
Figuren 2 bis 4 Seite 444) miteinander verbunden.

Werden jedoch zwei Muffen miteinander gekuppelt (in oberer Figur
Seite 447), so drückt die Nase n der einen Muffe den Hebel H der anderen Muffe
nach abwärts (beziehungsweise aufwärts), wodurch sich der Contact r von M

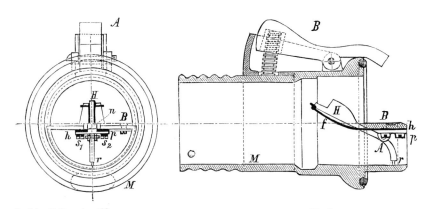

abhebt und die leitende Ver=
Drahte i des einen Wagens
deren Wagens herstellt;
und n von dem Metall der
sind, die Verbindung zwi=
Da ferner d mit dem nicht=
verschraubt ist, wird sich —
Metall auf Metall zu liegen
d des einen Wagens mit d
stellen. Sollten die Kuppeln
getrennt werden, so wirkt
tischer Taster, indem sich
die Muffe M anlegt und hier=
wirkt, der die Signalappa=
Die Construction der
auf den Schlauch des letzten

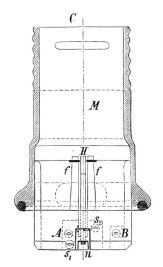

Das Rayl'sche Intercommunications=
signal.

bindung zwischen dem
mit dem Drahte i des an=
gleichzeitig wird, da H, p
Muffe vollkommen isolirt
schen i und d aufgehoben.
isolirten Steg der Muffe
es kommt bei der Kuppelung
— auch die Verbindung von
des anderen Wagens her=
durch irgend einen Umstand
der Hebel H als automa=
diesfalls der Contact r an
durch den Stromschluß be=
rate in Thätigkeit setzt.
Vacuumbremse bedingt, daß
Wagens eine Blindmuffe

aufgesetzt werden muß. Damit nun auch bei der letzten Muffe die Verbindung
zwischen H und M aufgehoben werde, ist an der Blindmuffe, welche mit den
Leitungen nicht in Verbindung steht, ein Holzklötzchen mit einer Nase eingesetzt,
welches beim Einschieben den Hebel H von M abhebt. In gleicher Weise hebt ein
solches Holzklötzchen in der Muffe des Tenders den Hebel H von M in der
vorderen Muffe des ersten Wagens ab.

Die untenstehende zweite Figur veranschaulicht den Signalgeber. Er ist an der inneren Stirnwand des Wagens verdeckt angebracht und besteht aus der Trommel R', an welche die Zugschnur z fest verbunden und derart um erstere gewunden ist, daß ein Anziehen der Schnur eine Drehung der Trommel in der Pfeilrichtung bewirken muß. Mit der Achse der Trommel ist die Signalscheibe S an einem Stiele fest verbunden, wodurch sie sich mit der Trommel drehen muß und sich nach aufwärts stellt, sobald das Signal in Wirksamkeit tritt. Durch diese Ein=

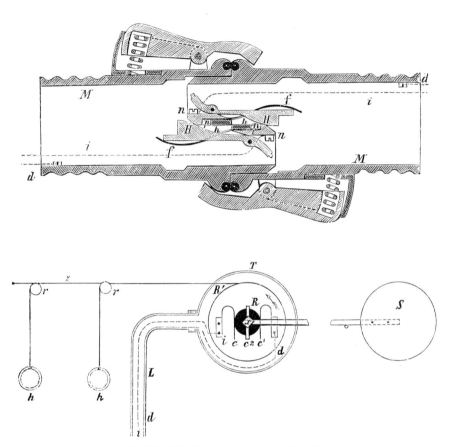

Das Rayl'sche Intercommunicationssignal.

richtung läßt sich sofort der Wagen erkennen, aus welchem das Signal abgegeben worden ist. Das Ertönen der Klingeln erfolgt, indem der Metallstab c^2, den die Hartgummischeibe R trägt, bei der Drehung von R um 90° (da R mit R' fest verbunden ist) an die beiden Contactformen c c' sich anlegt und dieselben leitend verbindet. Dadurch wird, weil c mit der Hauptleitung i c' mit der Rückleitung d verbunden ist, Stromschluß hergestellt. Die Zugschnur läuft über Rollen durch den Wagen und sind an derselben mit Handhaben (h) versehene Abzweigungsschnüre angebracht. Da in jede Wagenabtheilung eine solche Handhabe hineinreicht, kann, trotzdem nur ein Signalgeber pro Wagen vorhanden ist, aus jedem der ersteren

Signal gegeben werden. (Nach Bauer, Prasch und Wehr: »Die elektrischen Ein=
richtungen der Eisenbahnen«.)

Zum Schlusse sei noch einer Signalvorrichtung gedacht, die bisher nur eine
specielle Anwendung gefunden hat. Dieselbe rührt von Gattinger her und wird
nicht bei Personenzügen, sondern bei Güterzügen, und zwar zur Zeit nur bei
Zurücklegung der Arlbergtunnels verwendet. In demselben herrscht bei gewissen
Windverhältnissen eine so intensive Rauchanhäufung, daß am Zuge angebrachte
optische Signale gänzlich versagen. Ueberdies sind auch die Gefällsverhältnisse
nicht günstig und werden die Schienen durch Niederschläge so schlüpfrig, daß schwere
Güterzüge dadurch an der gleichmäßigen Fahrt behindert werden.

Um nun eine eventuelle Zugstrennung sofort selbstthätig dem Locomotiv=
führer zu signalisiren, sowie zu ermöglichen, daß jeder Zugbegleiter nach beiden
Enden des Zuges Signale geben könne, erhält jeder in den Arlbergtunnel ein=
fahrende Güterzug den hier in Frage kommenden Signalapparat, der bei der
Ausgangsstation wieder abgegeben wird. Dieser Apparat besteht aus einem zwei=
drähtigen, mit feinem Stahldraht völlig übernetztem Kabel, das mit Hilfe einer
auf einem eisernen Karren angebrachten Rolle längs des Zuges ausgelegt wird,
wozu nur wenige Minuten erforderlich sind. In das Leitungskabel sind in Ent=
fernungen von circa zwei Wagenlängen Knöpfe eingelegt, die einen kleinen Unter=
brechungsdrücker enthalten. Das Kabel wird so vertheilt, daß jeder Zugbegleiter
einen solchen Knopf in Handweite bekommt. Am Anfange und am Ende des Zuges
sind die Apparatenkästen untergebracht.

Die Bremsen.

Die Bewegung eines Zuges beruht nicht ausschließlich auf der durch die
Zugkraft des Motors ausgeübten Wirkung, sondern zugleich auf dem den bewegten
Körpern innewohnenden Beharrungsvermögen, wobei das Maß der Geschwindigkeit
und der bewegten Masse die maßgebenden Factoren sind. Ein Eisenbahnzug würde
also, sobald (durch Absperrung des Dampfes) die motorische Kraft unwirksam
gemacht wird, noch geraume Zeit in Bewegung verharren und sich diesfalls jeder
Regulirbarkeit entziehen. Um dem vorzubeugen und den Zug je nach Bedarf ent=
weder in langsamen Gang zu versetzen, ihn an einem bestimmten Punkte, oder in
bestimmten Voraussetzungen (Gefahrsmomenten) in der zu erreichenden kürzesten
Zeit zum Stehen zu bringen, dienen die Bremsen.

An eine gute Bremsvorrichtung ist die Bedingung gestellt, daß sie sich leicht
handhaben lasse, ordnungsmäßig functionire, jedoch nicht zu energisch die Bewegung
hemme, weil dadurch gefährliche Wirkungen eines Stoßes gegen feste Körper ver=
ursacht würden. Um diese Bedingungen zu erfüllen, sind die mannigfachsten Vor=
richtungen ersonnen worden, bei denen entweder Menschenkraft oder eine motorische
Kraft die Bremsen bedient. Die ersteren nennt man schlechtweg Handbremsen,

die letzteren schnellwirkende Bremsen. Die ersteren wieder unterscheiden sich in
Klotz-, Keil-, Schlitten- und Bandbremsen. Bei den Klotzbremsen ist der Mechanismus, welcher die Bremsklötze (früher Holz, jetzt meist Gußeisen oder Gußstahl)
gegen die Räder drückt, verschieden und theilt man dieselben demgemäß in Hebel-,
Spindel- und Kettenbremsen ein. Bei den Klotzbremsen sind die Bremsklötze entweder
an den Langträgern des Wagens oder an den Achsbüchsen angebracht. Die letztere
Anordnung ist die rationellere, da bei ihr das Federspiel eines gebremsten, also
zwischen den Klötzen eingezwengten Rades nicht durch die starre Aufhängung der
letzteren behindert wird, weil der an der Achsbüchse befestigte Aufhängepunkt des
Bremsklotzes und daher dieser selbst den Bewegungen der Achsbüchse und dem
Federspiel folgen kann.

Bei der Hebelbremse erfolgt die Wirkung mittelst eines am Langträger
befestigten Winkelhebels, dessen längerer Arm, sobald die Bremse außer Thätigkeit
ist, entsprechend unterstützt wird. Bei Auslösung dieser Stütze verursacht der längere
Hebelarm durch sein Gewicht das Anpressen des Bremsklotzes gegen das Rad.
Die Wirkung ist gering, kann aber erhöht werden, wenn der längere Hebelarm
mit einem Auftritt versehen ist, auf welchen sich der Bremser stellt, um durch sein
Körpergewicht den Bremsdruck zu verstärken. Diese Methode ist indes gänzlich
veraltet und findet sich nur vereinzelt auf Secundärbahnen ältester Anlage, auf
denen noch die mit dieser Vorrichtung versehenen Wagen rollen.

Die weiteste Verbreitung haben die Spindelbremsen. Ihre Anordnung ist
allgemein bekannt, bedarf also keiner eingehenden Beschreibung. Durch Drehung
einer verticalen Schraubenspindel werden mittelst eines Hebelwerkes die sämmtlichen
Bremsklötze eines Wagens gegen ihre Räder gedrückt. Eine entsprechend geformte
Handhabe erleichtert die Bedienung dieser Vorrichtung. Die Wirkung der Spindelbremsen ist eine sehr ausgiebige und können die Räder völlig festgeklemmt werden,
so daß sie auf den Schienen schleifen. Indes hat die Erfahrung ergeben, daß das
Maximum der Bremswirkung schon vor dem Festhalten der Räder eintritt, was
Wöhler veranlaßt hat — unter gleichzeitiger Berücksichtigung der starken Schienen-
abnützung durch festgebremste Räder — eine Construction zur Anwendung zu
bringen, vermöge welcher der durch die Bremsspindel auszuübende Zug mit dem
Gewichte der Wagen sich ändert.

Kettenbremsen, Keil- und Schlittenbremsen erklären sich aus ihren
Bezeichnungen. Bei den ersteren wird durch das Drehen der Spindel eine über eine
Rolle laufende Kette angezogen und werden die Bremsklötze durch ein Gegengewicht wieder von den Rädern entfernt. Bei den Keilbremsen wird die beabsichtigte Wirkung durch einen zwischen Rad und Schiene sich einschiebenden Körper,
welcher die Reibung zwischen den ersteren erhöht, erzielt. Die Keilbremsen haben
den Uebelstand, daß sie heftige Stöße erzeugen, was beispielsweise bei den Schlittenbremsen vermieden wird. Bei diesen tritt wieder das Mißliche zu Tage, daß sie
die Schienen sehr angreifen. Die umstehende Abbildung zeigt eine Construction,

wie sie auf manchen Kohlenbahnen Nordamerikas im Gebrauche steht. Ihre Wirkung erklärt sich von selbst.

Alle die vorbesprochenen Systeme erfüllen mehr oder minder ihren Zweck, haben aber den großen Fehler, daß sie viel zu langsam wirken und einen großen Bedienungsapparat bedingen. Wenn das Bremssignal von der Locomotive aus= gegangen ist, bedarf es mindestens einer Minute, bis alle Bremsen in Thätigkeit sind, und ebensoviel Zeit verstreicht bis zum Festklemmen der Räder. Im Eisen= bahnbetrieb entscheiden aber häufig nicht Minuten, sondern Secunden.

Um dies zu begreifen, braucht man sich nur zu vergegenwärtigen, daß ein mit 75 Kilometer in der Stunde verkehrender Schnellzug in der Minute 1250,

in der Secunde 21 Meter zurücklegt. Bis die herkömm= lichen Handbremsen in Wirk= samkeit treten, ist ein solcher Zug im günstigsten Falle 1250 Meter vorwärts ge= kommen, was in den meisten Fällen die Absicht, welche mit der Bremsung ver= bunden ist, vereiteln wird.

Diese Erwägung führte zur Einführung der soge= nannten continuirlichen (durchgehenden) Bremsen, deren Princip darin besteht, daß der Locomotivführer dieselben von seinem Stande aus in Thätigkeit versetzt und der Beihilfe der Zug=

Amerikanische Schlittenbremse.

begleiter hierzu nicht bedarf. Auch wirken sie viel kräftiger und rascher, so daß ein Zug innerhalb 100 bis 200 Meter zum Stehen gebracht werden kann. Endlich ist den meisten Schnellbremsen die Einrichtung gemeinsam, daß sie im Falle einer Zugstrennung selbstthätig wirken. Bezüglich der motorischen Kraft, welche die Schnellbremsen bedient, bestehen erhebliche Abweichungen. Die einen wirken durch Luftverdünnung in den Bremscylindern, die anderen umgekehrt durch Luftdruck, andere durch hydraulischen Druck, bei andern wieder tritt die Elektricität in Thätigkeit. Gemeinschaftlich ist Allen der Nachtheil, daß sie complicirt und theuer sind und das Rangiren der Züge erschweren, weil die Bremsvorrichtung gleich= falls gekuppelt werden muß. Trotzdem waren die Vortheile so schwerwiegend, daß die durchgehenden Bremsen in allen Ländern bei schnellfahrenden Zügen und vielfach bei den Personenzügen überhaupt eingeführt sind. Auch bei Eilgüterzügen ſind ſie bereits in Anwendung gekommen. — Zu den verbreitetſten Schnellbremſen zählen die Conſtructionen von Carpenter, Weſtinghouſe, Smith, Henderſon, Heberlein u. ſ. w. Die erſten beiden Syſteme beruhen auf dem Principe der Luftverdichtung, das Smith'ſche auf Luftverdünnung (Vacuumbremſen), das Henderſon'ſche auf Waſſerdruck, das Heberlein'ſche auf Friction. . . .

Sehen wir uns nun die einzelnen Conſtructionen etwas an. Zum Mechanis= mus der Carpenterbremſe gehört zunächſt eine Luftpumpe, welche über und zwiſchen den Treibrädern angebracht iſt. Die verdichtete Luft gelangt aus derſelben meiſt vorerſt in einen großen Behälter, für welchen ſich unter dem Führerſtande ein entſprechender Raum vorfindet. Von dieſem führt ein Rohr zum ſogenannten Reductionsventil, ſodann zum Bremshahn und von dieſem zu einer Rohrleitung, welche durch den ganzen Zug geht. In dieſe Rohrleitung iſt bei jedem Wagen ein Bremscylinder eingeſchaltet. Selbſtverſtändlich iſt von Wagen zu Wagen eine ent= ſprechende Kuppelung angeordnet. In den Bremscylindern findet ſich ein Kolben,

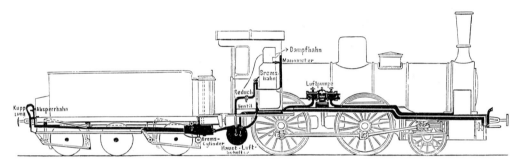

Carpenterbremſe.

der mit den Bremsklötzen verbunden iſt. Endlich iſt eine Vorrichtung vorhanden, durch welche aus jedem Coupé die Bremſe in Thätigkeit geſetzt werden kann, was aber nur bei thatſächlicher Gefahr geſtattet iſt.

Wenn die Bremsklötze ruhen, alſo während der Fahrt, iſt zu beiden Seiten des Kolbens im Bremscylinder verdichtete Luft vorhanden. Soll der Bremsapparat in Thätigkeit verſetzt werden, ſo läßt der Locomotivführer die verdichtete Luft auf der vorderen Seite des Kolbens aus, wodurch dieſer vorwärtsgeſchoben wird und die Bremsklötze ſich an die Räder anpreſſen. Zum Entbremſen wird wieder ver= dichtete Luft eingeführt. Der Druck im Hauptbehälter und in den Leitungen ſoll in der Regel 7 bis 8 Atmoſphären betragen; doch ſinkt er nach jedem Bremſen herab. Vermittelſt der Luftpumpe auf der Maſchine kann der Führer den Druck reguliren und ſomit auf conſtanter Höhe erhalten. Die Carpenterbremſe functionirt in ihrer jetzigen Vervollkommnung ſehr gleichmäßig, nicht ruckweiſe und iſt daher nicht von Stößen begleitet.

Das Princip der Weſtinghouſebremſe, welche vornehmlich in England und Nordamerika im Gebrauche ſteht, iſt folgendes: An der Locomotive iſt eine direct wirkende Druckpumpe angebracht, welche, vom Dampfkessel gespeist, in einem unter dem Führerstande horizontal angebrachten cylindrischen Recipienten von etwa ¹/₂ Cubikmeter Fassungsraum Luft unter 7 bis 9 Atmosphären Druck ansammelt. Von diesem Reservoir geht eine Rohrleitung aus. Sowohl der Tender als jeder Wagen hat an seiner Bodenfläche ein gleiches Rohr. Die Verbindung dieser Elemente der dem Zug entlang herzustellenden Leitung erfolgt mittelst entsprechend starker biegsamer Schläuche, welche an ihrem Ende mit Verbindungsvorrichtungen versehen sind, welche, insolange die Vereinigung der zu verbindenden Röhren nicht erfolgt ist, diese gegen Außen abschließen. Durch das Aneinanderdrücken der beiden sich überplattenden Kuppelungsgehäuse erfolgt gegenseitiges Zurückdrücken der Abschluß- ventile, wodurch die Communication zwischen den sich aneinander reihenden Röhren hergestellt wird.

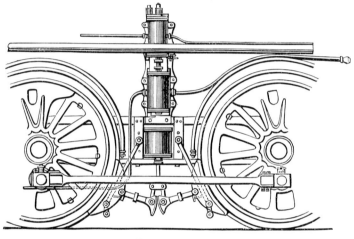

Westinghousebremse.

Jedes Fahrzeug ist mit einem Hilfsreservoir für comprimirte Luft und mit einem Bremscylinder versehen, in welchem ein die Bewegung der Brem- sen bewirkender Kolben sich befindet. Zwischen diese beiden Bestandtheile und der Luftleitung ist ein Ventilgehäuse einge- schaltet, welches auto- matisch die Verbindung zwischen diesen drei Theilen und der freien Luft in folgender Weise regelt: befindet sich in der Rohrleitung comprimirte Luft, so stellt sich ein Dreiweghahn derart, daß die Rohrleitung mit dem Luftreservoir, der Bremscylinder jedoch mit der freien Luft communicirt. Hört jedoch die Compression der Luft in der Rohrleitung auf — und das kann sowohl vom Locomtivführer, als von irgend einer Wagen- abtheilung aus erfolgen — so stellt sich das Ventil im Dreiweggehäuse derart, daß das Reservoir mit dem Bremscylinder in Verbindung tritt, des letzteren Communication mit der freien Luft jedoch abgeschnitten wird. Während in ersterer Stellung die Bremsklötze mittelst der an denselben befindlichen Federn von den Rädern ferngehalten werden, tritt durch die Einwirkung der comprimirten Luft auf den Kolben des Bremscylinders dessen Verschiebung und damit die Bremsung der Räder ein.

So wie durch das absichtliche Oeffnen eines Ablaßhahnes, desgleichen nimmt der Druck in den Leitungsröhren auch dann ab, wenn durch zufälliges Loslösen eines Theiles des Zuges oder durch sonst einen Unfall die Continuität der Luftleitung gewaltſam unterbrochen wird. Erſt wenn man von dem Hauptreſervoir, welches unter der Locomotive ſich befindet, wieder comprimirte Luft in die Röhren gelangen läßt, ſtellt ſich das Ventil wieder in ſeine urſprüngliche Lage, die com= primirte Luft tritt aus dem Bremscylinder aus, ſein Kolben wird durch die auf ihn wirkende Feder zurückgeführt und die Bremsklötze entfernen ſich unter dem Einfluſſe dieſer ſowie der direct auf ſie wirkenden Federn von den Rädern. Gleich= zeitig wird die durch die Bremſung in den einzelnen Hilfsreſervoirs eingetretene Abnahme des Druckes durch die wieder hergeſtellte Verbindung derſelben mit der Rohrleitung auf die urſprüngliche, im Hauptreſervoir ſtets erhaltene Höhe gebracht.

Die Gegner dieſes Syſtems machen ihm daraus einen Vorwurf, daß ein= zelne ſeiner Beſtandtheile ſehr complicirt ſind und eine ſehr genaue Ausführung erfordern. Die empfindlichen Beſtandtheile der Bremſe befinden ſich in Gehäuſen, die niemals geöffnet werden brauchen; ſie ſind keinem Zugrundegehen ausgeſetzt und können, wenn ſie durch irgend einen Unfall beſchädigt werden ſollten, von jedem Schloſſer durch andere in Bereitſchaft zu haltende Reſerveſtücke erſetzt werden. Die langjährigen Erfahrungen mit der Weſtinghouſebremſe und ſtets zunehmende Verbreitung derſelben beweiſen am beſten, wie unbegründet alle früheren Ein= wendungen gegen ſie waren und ſind.

Von Intereſſe iſt ein Verfahren, welches bei der Einführung der Weſting= houſebremſe auf einer franzöſiſchen Bahn verſucht worden iſt, nämlich: die Züge von den Stationen aus zu Bremſen. Vor der Bahnhofseinfahrt war zwiſchen den Schienen ein 2 Meter langer, 0·1 Meter breiter Kupferſtreifen über Schienenkopf= höhe befeſtigt. Dieſer Kupferſtreifen war in eine von der Station ausgehende und endigende elektriſche Leitung eingeſchaltet, welche ſich auch an das Geleiſe anſchloß. An der Locomotive befand ſich ein Elektromagnet, welcher bei Stromſchluß einen Anker anzog, durch deſſen Bewegung der Hahn der Luftleitung geöffnet und die Zugsbremſe in Thätigkeit geſetzt wurde. Die Leitung des Elektromagneten endigte einerſeits in einer Bürſte aus Kupferdraht, welche ſo tief hing, daß ſie über die Kupferplatte ſtreichen mußte, und war andererſeits in metalliſcher Verbindung mit der Locomotivachſe, folglich auch mit den Schienen. Sollte der Zug in oder vor der Station halten, ſo wurde der elektriſche Strom, welcher beim Paſſiren des Zuges durch die Kupferplatte und durch die Locomotive nach der Schiene ging, eingeſchaltet, wenn nicht, unterblieb die Einſchaltung.

Das nächſtwichtigſte Bremsſyſtem iſt die Smith'ſche Vacuumbremſe. Ihr Princip iſt Folgendes: Unter jedem Wagen befinden ſich zwei aus Kautſchuk her= geſtellte Cylinder, deren Umhüllungsfläche ſich blaſebalgartig zuſammenfalten, wenn in der Richtung der Cylinderachſe ein Druck ausgeübt wird. Um ſeitliche Eindrücke des Kautſchukcylinders zu verhindern, ſowie um deſſen Streckung noch erfolgter Zuſammendrückung wieder zu bewirken, trägt jeder ſolche an den Enden geſchloſſene Cylinder, im Innern an die Kautſchukhülle anſchließend, mehrere eiſerne Reifen und an der in der Achſe jedes Cylinders befindlichen Leitungsſtange zwei Spiralfedern, welche unter dem Drucke von 340 beziehungsweise 500 Kilogramm die vollständige Zusammenschiebung des Cylinders zulassen.

Wird nun aus dem untereinander und mit der Locomotive durch Röhren in Verbindung gesetzten Bremscylindern die Luft ausgesogen, so bringt die atmosphärische Luft die Zusammendrückung beziehungsweise Verkürzung der Kautschukcylinder hervor, und die Bewegung der Cylinderdeckel, an welchen Zugstangen befestigt sind, bewirkt die Bremsung der betreffenden Wagen.

Vergleichen wir die Smith'sche Vacuumbremse mit der Westinghouse'schen Luftdruckbremse, so finden wir, daß letztere eine rasche Action gestattet, indem bei derselben stets ein Vorrath von frischer Luft vorhanden ist und nur die Zeit der Ausströmung der Luft zur Ausführung der Bremsung erforderlich ist, während bei

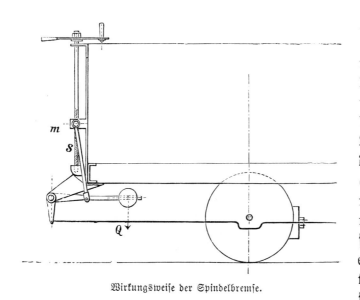

ersterer die Auspumpung der Luft, und zwar mittelst eines Ejectors, erst in dem Momente beginnt, in welchem die Action der Bremsen bereits gewünscht wird. Durch Umstürzung der Action der Bremscylinder, nämlich wenn die Bremsen durch Federn an die Räder gedrückt und nur durch die luftleer gemachten Cylinder von denselben ferngehalten werden, erreicht man manchen Vortheil; immerhin ist es schwieriger, die Luftverdünnung als die comprimirte Luft in der Rohrleitung und den Cylindern zu erhalten.

Wirkungsweise der Spindelbremse.

Die Selbstthätigkeit der Luftbremsen erreichte man dadurch, daß man in der Kraftleitung die Zugkraft beständig unterhielt und die Bremswirkung erst dann eintreten ließ, nachdem in der Kraftleitung die Spannung aufgehoben war. Wie man sieht, kehrte man dadurch den Bremsvorgang gegen den der nicht selbstthätigen Bremse in derselben Weise um, wie er sich auch bei der gewöhnlichen Spindelbremse umkehrt, wenn man die Abwärtsbewegung der Mutter m zum Abdrücken eines Gegengewichtes benützt, welches beim Lösen, d. i. bei der Aufwärtsbewegung der Mutter, den Bremsdruck hervorruft (vgl. die vorstehende Figur). Die nach Entleerung der Luftleitungen angefüllt bleibenden Räume sind dann dem Gegengewicht (Q) und dem Leitungsdruck der Spannung in der Stange (S) vergleichbar. Durch die Umschaltung in der Wirkung der Kraftquelle entstanden die neueren selbstthätigen Luftdruck- und Luftleerbremsen.

Erwägt man, daß der Ejector als Kraftquelle mit wesentlich geringerem Nutz=
effect (25 %) arbeitet als die Dampfgänge (40 %), so ergiebt sich, daß die Va=
cuumbremsen bezüglich des Kraftverbrauches von den Luftdruckbremsen übertroffen
werden. Da aber anderseits die Unterhaltungskosten bei gleicher Sicherheit der Luft=
leitungen mit der Höhe der Luftspannungen wachsen, werden die Vacuumbremsen
billiger zu unterhalten sein. Diese Unterschiede bleiben auch für die selbstthätigen
Luftbremsen bestehen, deren wesentliche, das Princip nicht berührende Aenderungen
von den nicht selbstthätigen Bremsen darin liegen, daß der beständig erhaltene
Leitungsdruck zu beiden Seiten des am Anzughebel angreifenden Kolbens des Luft=
cylinders sich erst dann äußert, wenn die verdichtete oder verdünnte Luft auf der
einen Seite des Kolbens die Spannung verliert. Die Selbstthätigkeit wird dann
bei einigen Bremsen mittelst automatisch wirkender Umschaltungsventile bewirkt,
welche bei anderen Bremsen durch automatisch wirkende Kolbenmanschetten ersetzt
werden. Die Verkleinerung der Bremscylinder in der Längsrichtung wird bei ein=
zelnen Apparaten durch die Einschaltung einer selbstthätigen Nachstellvorrichtung
für die Bremsklötze erkauft.

Bezüglich der automatischen steifen Kolbenmanschetten äußert sich ein (anonymer)
Fachmann dahin, daß sie gegenüber den leichtbeweglichen automatischen Ventilen
die Schnelligkeit der Luftströmungen benachtheiligen, daher auch die des Bremsens.
»Jeder Vorzug auf der einen Seite wird demnach durch einen Mangel auf der
anderen erkauft. Trotzdem wird man den Mangel eines Gliedes durch die Ver=
stärkung eines anderen ausgleichen können, so daß z. B. die Luftleerbremsen nicht
minder energisch wirken müßten wie die Luftdruckbremsen, sobald man bei den
ersteren einen ungewöhnlich starken Ejector anwendet. Ebenso wird die Carpenter=
bremse die Westinghousebremse erreichen, wenn erstere einen höheren Leitungsdruck
beziehungsweise ein doppelt so großes Hauptreservoir oder einen größeren Cylinder=
durchmesser erhielte, als das jetzige Modell nachweist.«

Bei der Henderson=Bremse verwendet man Wasser, welches mit Glycerin
gemengt ist, als Kraftübertragungsmedium. Der Zusatz von Glycerin bezweckt die
Herabminderung des Gefrierpunktes. Wasser, dem 30 % Gewichtstheile Glycerin
zugesetzt sind, friert erst bei — 6° C.; ein größerer Zusatz von Glycerin, z. B. von
50 %, bringt den Gefrierpunkt des Gemenges gar auf — 31·3° C. herab. Diese
Flüssigkeit befindet sich in einem am Tender angebrachten Gefäße, von welchem
aus zwei Röhrenstränge ausgehen, welche durch den ganzen Zug gehen. Mittelst
eines vom Locomotivführer zu handhabenden Hahnes mit dreifacher Bohrung kann
das Ab= oder das Rückleitungsrohr abgeschlossen werden. In das Ableitungsrohr
ist in erster Linie eine an der Locomotive befestigte doppeltwirkende Druckpumpe
eingeschaltet, welche von einem directwirkenden Dampfcylinder in Bewegung gesetzt
wird. Das von der Druckpumpe ausgehende Rohr steht mit den Druckgehäusen
in Verbindung. Die Druckgehäuse sind aus je zwei mit ihren Vertiefungen sich
zugekehrten tiefen gußeisernen Schlüsseln gebildet. Zwischen den beiden Schlüsseln ist

eine Kautschukplatte eingespannt. Wird nun das an einer Seite dieser Platte befindliche Wasser durch Activirung der Druckpumpe gedruckt, so preßt dieses die Kautschukplatte und mit dieser eine an dieselbe befestigte, durch das gußeiserne Gehäuse gehende Eisenstange gegen den Boden der gegenüberstehenden Gußschale und nähert dadurch die beiden Querbalanciers, an welchen die Bremsschuhe festsitzen, weil das Gehäuse mit dem

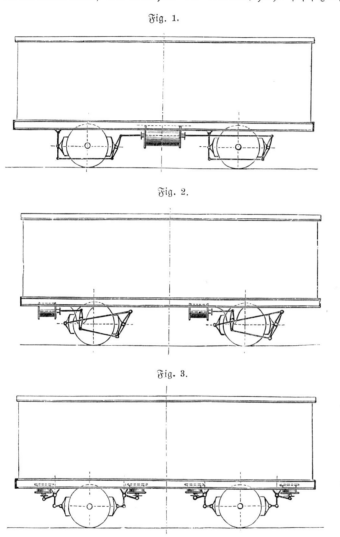

Fig. 1.

Fig. 2.

Fig. 3.

Arten der Kraftquellen bei den durchgehenden Bremsen.

einen, die vorerwähnte Eisenstange aber mit dem anderen Querbalancier verbunden ist. Sobald das andere Ende der Röhrenleitung geöffnet wird, preßt die Spannung der Kautschukplatten die Verbindungsstangen wieder zurück, die Flüssigkeit strömt in die Behälter zurück und die Bremsen sind gelöst. Da die erzeugte Bewegung sehr gering ist, muß die Stellung der Bremsbalken je nach der Abnützung der Bremsklötze stets gut regulirt sein. Während die rasche, fast gleichzeitige Anziehung aller Bremsen eines Zuges ein Vortheil dieser Vorrichtung ist, muß es als ein Nachtheil bezeichnet werden, daß ein die sämmtlichen Räder bis zum Festklemmen derselben sich steigender Druck ausgeübt werden kann.

Eine ältere, von Creamer construirte und nur vereinzelt in Nordamerika zur Verwendung gelangte Vorrichtung ist als Specimen einer mittelst einer Leine in Bewegung gesetzten Bremse erwähnenswerth. In einem an den Plattformen jedes Wagens angebrachten Gehäuse ist eine kräftige Spiralfeder enthalten, welche vor Abgang des Zuges vom Bremser durch Aufwinden gespannt wird. Die vom Locomotivführer sowohl als von jedem Punkte des Zuges erreichbare Leine bringt, wenn sie angezogen wird, die Auslösung dieser Feder und dadurch das Anziehen der Bremsen hervor. Das Loslösen der Bremsen wird durch neuerliches Aufwinden

der einzelnen Spiralfedern bewirkt, was sehr umständlich ist. Da durch Zugs=
trennungen die Bremse activirt wird, zählt sie zu den selbstthätigen.

Ueberblicken wir das bisher Gesagte, so ergeben sich bezüglich der Kraft=
quelle folgende Unterscheidungen: 1. Bremsen, von denen von einem Punkte des
Wagens der Bremsdruck nach allen Rädern geleitet wird, welche mithin nur eine
isolirte Kraftquelle mit langer Kraftleitung besitzen (Fig. 1) . . . 2. Bremsen, bei
denen für jede Bremsachse eine Kraftquelle mit kurzer Kraftleitung vorgesehen ist
und deren Kraftquellen durch eine Einstellvorrichtung verbunden sind (Fig. 2) . . .
3. Bremsen, bei denen jedes Rad, beziehungsweise jeder Bremsklotz eine besondere
Kraftquelle hat, die Kraftleitung wegfällt, dafür aber eine längere Einstellungs=
verbindung vorhanden ist (Fig. 3).

Die Zugbremsen mit einer Kraftquelle unter sich sind vollkommener als die
Zugbremsen mit vertheilten Kraftquellen und Einstellungsverbindungen. Die letzteren
zerfallen in Gewichts= und Reibungsbremsen; diese wieder sind entweder
Reibungsbremsen mit elektrischen Einstellungsverbindungen und solche mit Ein=
stellungsverbindungen mittelst Seil und Rollen, statt deren sich ebenfalls Luft=
leitungen verwenden ließen.

Bleiben wir zuvörderst bei den Reibungsbremsen. Bei ihnen wird die Brems=
kraft aus der Bewegung des Zuges entnommen, so wird durch sie die Kraft zum
Bremsen selbst gespart und es bedarf nur der Kraft zum Einstellen der Apparate,
welche durch die Einstellungsverbindung von einem Punkte nach allen Bremsen fort=
gepflanzt wird. Je geringer diese Kraft ist, desto vollkommener ist die Zusammen=
hangbremse bezüglich des Kraftverbrauches. Am geeignetsten ist diese Einstellungs=
kraft bei den als Kettenrolle ausgebildeten frei schwebenden Elektromagneten der
Achard'schen Bremse, auf welche wir weiter unten bei Besprechung der elektrischen
Bremsen eingehender zurückkommen.

Ein Uebelstand dieses Bremsapparates ist, daß sich die eingerückten Bremsen,
so lange der Zug in Bewegung ist, also Kettenspannung und Rollenreibung in
Wechselwirkung bleiben, durch Einschaltung des elektrischen Stromes nicht wieder
lösen lassen und erst abgewartet werden muß, bis die Geschwindigkeit des Zuges
fast ganz aufgehoben ist. Bei den Reibungsbremsen, deren Einstellungsverbindung
mittelst Seil und Rollen bewirkt wird, bei denen die Einstellungskraft zur Ueber=
windung eines Theiles der Schwerkraft beziehungsweise des Gewichtes des
Reibungsapparates dient (Heberlein, Becker), treten bezüglich der Kraftquelle
dieselben Uebelstände auf, wie bei der Achardbremse. Die Bremswirkung ist hart,
daher die Abnützung der Apparate bedeutend.

Bei der Schmid'schen Schraubenradbremse mit Seileinstellung, wie
auch bei neueren mit Planscheiben=Reibungsrädern versehenen Bremsen der Heberlein=
Gesellschaft erleidet das vorstehend Gesagte eine Modification. Bei denselben ist
es gelungen, sowohl die Einrückung der Bremse stoßfrei als auch den Bremsdruck
constant zu erhalten, gleichzeitig aber auch die Kraft zur Einstellung durch das

Seil zu vermindern. Allerdings sind diese Errungenschaften z. B. bei der mehrfach in Betrieb genommenen Schmid'schen Bremse sehr theuer erkauft, und zwar durch die Einschaltung eines Schrauben= und doppelten Reibungsräderpaares nebst Federn und Gewichtshebeln zur Stoßabmilderung und Kraftbegrenzung, so daß bei derselben die Einfachheit überhaupt aufgegeben ist, ohne die Vortheile der Luft= bremsen und damit ihre Verwendbarkeit auf Hauptbahnen gewonnen zu haben. Bei den Reibungsbremsen ist überdies die Wirkung unsicher, weil bei ihnen die Größe des Bremsdruckes von der Größe des Reibungsdruckes abhängt und letzterer mit dem von der Witterung und dem Material beeinflußten Reibungscoëfficienten der Reibungsrollen schwankt. Trotzdem ist die Heberlein'sche Bremse in Deutschland auf Secundärbahnen sehr verbreitet. Auf den Vollbahnen überwiegt die Carpenter= Bremse.

Bei den Gewichtsbremsen bildet die Schwerkraft eines Gewichtes die Kraftquelle, welche den Bremsdruck erzeugt; demgemäß muß durch die Einstellungs= verbindung diese Schwerkraft aufgehoben werden. Dies geschieht entweder durch einen Seilrollenzug (Systeme: v. Borries, A. Rudolf) oder durch Luftleitung (Schrabertz). Diese Einstellungsverbindung kann aber auch als Kraftleitung be= trachtet werden, weil durch die Aufhebung der Zugspannung im Seil das Gewicht zur Wirkung kommt. Streng genommen hätte man daher die Gewichtsbremsen unter die Zugbremsen mit einer Kraftquelle und mit Kraftleitung einzureihen; dieselben unterscheiden sich aber von den letzteren durch die Fähigkeit, die Brems= kraft an jedem Fahrzeug vermitteln zu können, also dadurch, daß sie Einzelbremsen, und zwar schnellwirkende Einzelbremsen sind. Da jedoch diese Vorrichtungen der großen Wege halber, welche die Gewichte bis zum Anliegen der Bremsklötze zu machen haben und wegen der verzögerten Reibung bei der Abwickelung des Seiles (beziehungsweise bei der Kolbenbewegung des Einstellungscylinders) nicht als schnellwirkende Zugbremsen anzusehen sind, so wird sich die Anwendung derselben nur auf kurze, mit geringer Geschwindigkeit fahrende Züge beschränken.

Sollten die Gewichtsbremsen auch als schnellwirkende Zugbremsen hergestellt werden, dann müßten entweder die Gewichte eine unhandliche Größe erhalten, oder die Kraftleitung an der Einzelbremse würde so vielgliedrig und groß, daß aus ihr viele Defecte zu besorgen wären. Mithin werden die Gewichtsbremsen nur in sehr einfacher Gestalt eine vortheilhafte Verwendung finden, und zwar bei Zügen, für welche die pneumatischen Bremsen sich als zu kostspielig erweisen würden. Die Gewichtsbremsen wirken stets weniger elastisch und ihre Einstellung nimmt einen verhältnißmäßig längeren Zeitabschnitt in Anspruch. (Vgl. A. D. V.: »Die Zusammenhangbremsen für Eisenbahnzüge.«)

Resumiren wir das vorstehend Gesagte, so ergiebt sich nachfolgende Ein= theilung der Bremsen: 1. Nach Art der Kraftquelle: Hand=, Gewichts=, Feder=, Reibungs=, Luftdruck=, Luftleer=, Dampf=, Wasser= und elektrische Bremsen. . . . 2. Nach Art der Kraftquelle: Radbremsen, Schlittenbremsen. . . . 3. Nach dem Grade der Schnelligkeit des Bremsvorganges: langsam wirkende Bremsen, Schnellbremsen.... 4. Bezüglich der Veranlassung des Bremsens: Nichtselbst= thätige und selbstthätige Bremsen.... 5. Nach der Masse des Arbeitsver= brauches: kraftverbrauchende Bremsen, kraftsammelnde Bremsen, und Bremsen, welche weder Kraft verbrauchen noch sammeln.... Bei den Radbremsen überhaupt sind ferner noch folgende Unterabtheilungen zu unterscheiden: Bremsen mit Brems= klötzen, Bremsen mit Bremsbinden und Bremsen mit Bremskegeln (Reibungskegeln).

Bezüglich der Art der Kraftquelle hätten wir nur noch die elektrischen Bremsen zu besprechen. Es wurde bereits früher einmal darauf hingewiesen (vgl. Seite 22), daß von berufener Seite die bestimmte Anschauung vertreten wird: die elektrischen Bremsen würden so lange eine wenig aussichtsreiche Zukunft haben, als man mit den im Großen und Ganzen völlig entsprechenden Luftdruck= oder Saugbremsen das Auslangen finden werde. Nur für den Fall, daß die elektrischen Systeme sowohl in Bezug der Bremskraft als rücksichtlich des Kosten= punktes den bestehenden Einrichtungen nahekommen oder vollends übertreffen sollten, würden die Aussichten der ersteren sich günstiger gestalten. Wir wollen nun die geschichtliche Entwickelung und die bemerkenswerthesten Systeme von elektrischen Eisenbahnbremsen besprechen, wobei wir uns an die übersichtliche Dar= stellung L. Kohlfürst's (»Die elektrischen Einrichtungen der Eisenbahnen«) halten.

Der erste Vorschlag zur Anwendung der Elektricität für Zugsbremsen scheint 1851 von Amberger gemacht worden zu sein. Später (1853) hat sich Maigrot eine derartige Vorrichtung patentiren lassen. Seit einer langen Reihe von Jahren beschäftigt sich A. Achard mit der Construction elektrischer Bremsen. Bevor wir auf die Versuche nach dieser Richtung eingehen, muß zur allgemeinen Orientirung über das Wesen der elektrischen Bremsen eine Erklärung vorausgeschickt werden. Die auszunützende elektrische Kraft kann nämlich nach drei Richtungen erfolgen: entweder sind es verschiedene andere Bahneinrichtungen (z. B. Signalvorrichtungen), welche mit Hilfe elektrischer Ströme unter gewissen Umständen von außen her auf die vorhandene mechanische (pneumatische) Zugbremse dahin einwirken, daß diese automatisch thätig gemacht wird; oder es dient der elektrische Strom am Zuge selbst mittelbar zur Wirksammachung der mechanischen oder pneumatischen Bremsen; oder endlich, es wird direct durch in Kraft umgewandelte Elektricität gebremst.

Ein Beispiel der ersten Gattung ist eine auf der französischen Nordbahn eingeführte Ausnützung ihrer mit den Stationsdeckungssignalen verbundenen soge= nannten »Krokodilcontacte«. Die letztere Einrichtung besteht — wie wir später sehen werden — darin, daß durch Contact einer an der Locomotive befestigten Draht= bürste mit einem neben der Schiene angebrachten Leitungstücke, über welche erstere dahinstreicht, ein Stromschluß erfolgt, der die Dampfpfeife auf der Locomotive zum Ertönen bringt (System Lartigue). An Stelle der Dampfpfeife, oder neben derselben wird nun seit der ausgedehnteren Anwendung der Smith'schen Vacuum= bremse bei den Zügen der genannten Bahn ein Apparat benützt, welcher in dem

Fall, als das Signal auf »Halt« steht, beim Befahren des Krokodils auch die Bremse automatisch auslöst.

Diese von Delebecque und Banderodi construirte Vorrichtung (S. 461) besteht aus einem an der Locomotive festgeschraubten Blechkästchen (K), in welchem ein sehr kräftiger Hughes'scher Elektromagnet angebracht ist. Die aus weichem Eisen bestehenden Polenden (m) des kräftigen Stahlmagnetes (M) sind von Drahtspulen umgeben; das eine Ende der Bewickelung ist an die Leine L (zur Metallbürste der Locomotive und zur Intercommunications=Signalleitung), das andere an die Kastenwand (zur Erde) angeschlossen. Der Anker A, dessen um y drehbarer Trag= hebel durch ein Gelenk (x) mit der in Führungen laufenden Stange S in Ver= bindung steht, bleibt normal angezogen, obwohl die um S gewundene kräftige Spiralfeder F, die Stange nach aufwärts drückend, den Anker A abzureißen strebt.

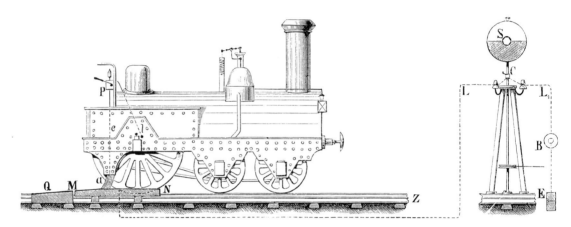

Lartigue'scher »Crocodilcontact«.

S steht am unteren Ende wieder durch ein Gelenk mit dem in der Figur nur an= gedeuteten Injectorhebel N der Vacuumbremse in passender Verbindung. Gelangt ein Strom durch m von einer Richtung, welche der Polarität des Magnetes ent= gegengesetzt ist, so erfolgt eine Schwächung, oder bei entsprechender Stromstärke die völlige Aufhebung der in m vorhandenen magnetischen Kraft; die Feder F kann wirksam werden, reißt den Anker ab und hebt also die Stange S, d. h. den Hebel des Injectors (beziehungsweise den Hahn des zum Injector der Bremse führenden Dampfrohres), wodurch die Vacuumbremse in Thätigkeit tritt. Durch Niederdrücken des Handgriffes H stellt der Maschinenführer, sobald die Bremse nicht mehr wirksam sein soll, die Stange S und damit den Anker A in die Normal= lage zurück.

Die elektrische Auslösung der Vacuumbremse ist — wie L. Kohlfürst mit Recht hervorhebt — wohl die denkbar wirksamste Form, da sie Befehl und Vollzug vereinigt. Die Vorrichtung ist übrigens derart mit der Intercommunications= Signaleinrichtung der Züge in Zusammenhang gebracht, daß es auch dem Zug=

führer möglich wird, im Bedarfsfalle und nach seinem Ermessen die Zugsbremse in Wirksamkeit zu setzen.

Die diesfällige Verbindung mit dem bei den Personenzügen der Französischen Nordbahn durchweg eingeführten Prudhomme'schen Intercommunicationssignal erläutert das Stromlaufschema in untenstehender Figur.

Die für den Zweck des Hilfssignales den Zug entlang laufende Leitung L ist mit den von der Dampfpfeife oder dem Brems=auslösungsapparat M kommenden Leitung (L in nebenstehender Abbildung die auch zur Metallbürste der Locomotive geht) gekuppelt. Die Rückleitung E bilden bekanntlich die Eisentheile der Wagen und der Maschine, sowie die Bahnschienen. Die Schal=tung im ersten Conducteurwagen, dem gewöhn=lichen Aufenthalte des Zugführers, versinnlicht in der beigefügten Figur die Gruppe I, jene im letzten Conducteurwagen des Zuges die Gruppe II; zwischen I und II befinden sich die Personen=wagen. Die beiden gleich starken Batterien B_1 und B_2 sind für gewöhnlich im entgegengesetzten Sinne in die Leitung L E geschaltet. Drückt ein Fahrgast den Taster T — deren natürlich so viele in der Linie vorhanden sind, als Personencoupés im Zuge — so bringt er L mit E in Ver=bindung; die Wecker W im ersten und letzten Wagen des Zuges werden in diesem Falle läuten, und zwar so lange, bis der benützte Taster vom Zugführer wieder zurückgestellt wird. Will aber einer der Conducteure, z. B. in I, die Weckerein=

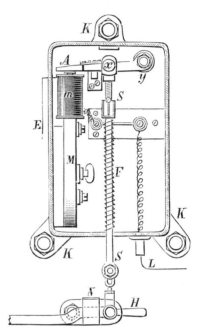

Delebecque's Apparat.

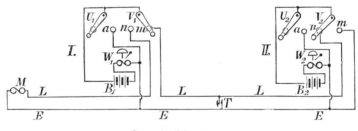

Stromlaufschema.

richtung zur gegenseitigen Verständigung benützen, so bringt er die Kurbel seines Umschalters U_1 auf den Contact a, um seine Batterie B_1 kurz zu schließen. Ein zweiter in beiden Conducteurwagen befindlicher Umschalter V muß im ersten Wagen hinter der Maschine mit seiner Kurbel auf m, im letzten Wagen des Zuges auf n gelegt sein.

Der im ersten Wagen sich aufhaltende Zugführer kann, wie man sieht, mit V_1, indem er die Kurbel dieses Umschalters auf n umstellt, die Dampfpfeife beziehungs=weise die Zugsbremse c. thätig machen.

Zur zweiten Gattung von elektrischen Bremseinrichtungen zählen vorerst jene Anordnungen, welche den Zweck haben, die Luftdruckbremsen verschiedenen Systems für lange Güterzüge anwendbar zu machen. Das Westinghouse'sche Ventil wird durch Verminderung des Druckes im Luftrohre auf dem Zuge in Thätigkeit gesetzt. Wenn nun die Luft blos durch eine einzige Oeffnung entweichen kann, nämlich durch das Ventil an der Locomotive, so tritt der Druck am vorderen Zugende früher ein als am hinteren, und die Bremsen werden nach rückwärts erst nach und nach an den einzelnen Wagen wirksam. Deshalb war Westinghouse vorüber= gehend bestrebt, mit Hilfe der Elektricität eine raschere Wirkung zu erzielen, doch machte die Erfindung des rasch wirkenden Ventils späterhin das elektrische Arrangement wieder überflüssig.

Westinghouse hatte in angemessenen Abständen an der Röhre auf dem Zuge drei Entleerungsventile angeordnet, welche, wenn die Bremse wirksam werden sollte, durch einen innerhalb der Röhre zugeführten elektrischen Strom geöffnet wurden. Die 1887 angestellten Versuche zeigten, daß die selbstthätige Bremse ebenso sicher mit der elektrischen Anordnung wirke, als ohne dieselbe. Aber die Bremsen konnten nur mit ihrer Hilfe außer Thätigkeit gesetzt werden und man lief daher Gefahr, daß, wenn der Stromkreis durch eine zufällige Ableitung geschlossen würde, die Bremsen zu wirken beginnen und nicht wieder unwirksam gemacht werden könnten. Eine weitere Schwierigkeit lag darin, daß die elektrisch zu öffnenden Ventile gleich= mäßig über den Zug vertheilt werden sollten.

Aehnliche Auslösungsvorrichtungen wurden auch von Eames und von Carpenter benützt. Die erstere dieser Anordnungen, die sogenannte »Eames= Bremse«, unterscheidet sich von der bisher unter demselben Namen bekannt ge= wesenen dadurch, daß der Luft der Eintritt in das Rohr auf dem Zuge zum Zwecke der Anwendung der Bremse durch ein elektrisches Oeffnen eines Ventils auf jedem Wagen gestattet wird und nicht blos durch ein einziges Ventil auf der Locomotive; als Elektricitätsquelle wird eine auf der Locomotive untergebrachte Dynamomaschine verwendet, die in dem Augenblicke in Gang gesetzt wird, wo die Bremsung erforderlich wird.

Bei der Carpenter=Bremse besteht jeder Vertheiler aus zwei Ventilen. Das erste kann durch Elektricität oder durch Luft aus dem Rohre auf dem Zuge zur Wirkung gebracht werden und legt die Bremsschuhe an, indem es der verdichteten Luft den Zutritt aus dem Hilfsbehälter zu dem Bremscylinder ermöglicht. Das zweite wird blos durch Elektricität in Thätigkeit gesetzt und macht die Bremse wieder unthätig. Den Strom liefert eine Julien=Batterie auf der Locomotive. Als Leiter dienen zwei isolirte Drähte, die Rückleitung bildet das Rohr auf der Locomotive.

Eine andere Gruppe von mittelbar elektrisch wirkenden Bremsen benützt die Elektricität zur Auslösung von mechanischen Anordnungen, welche erst die eigent= liche Bremsarbeit zu verrichten haben. Der älteste und ausgestaltetste Repräsentant

davon ist die Achard'sche Bremse. Dieses System hat vielfache Modificationen
erfahren. Die erste Constructionsform ist untenstehend abgebildet. Bei jedem Brems=
wagen sollte auf einer Wagenachse ein Excenter G angebracht sein, das bei den
Umdrehungen den um eine feste Achse X drehbaren, mit dem Arm C verbundenen
Kniehebel L auf= und abbewegte, wodurch C von der vollgezeichneten Lage in die
gestrichelte und dann wieder in die erstere zurück hin= und herbewegt wurde. An
C war der Eisenanker A befestigt; gleichfalls an der Achse A, jedoch nur lose
aufgesteckt, befand sich ein Arm B, der durch sein Eigengewicht unter normalen
Verhältnissen senkrecht herunterhing. Auf diesem Arm saß der Elektromagnet E,
zu dem die längs des ganzen Zuges geführte Leitung,
welche im ersten Conducteurwagen eine Batterie
passirte, anschloß.

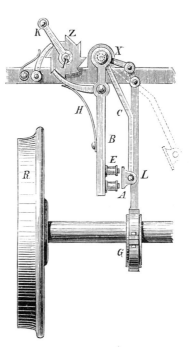

Achard'sche elektrische Bremse älteren
Systems.

So lange kein Strom den Elektromagnet durch=
floß und der Zug sich in Bewegung befand, ging C
einfach in besagter Weise hin und her. Kam jedoch
der Strom in die Leitung, so wurde vermöge der
magnetischen Anziehung zwischen A und E der Arm B
genöthigt, die Bewegungen des Armes C mitzumachen,
wobei der auf B sitzende Sperrriegel bei jeder Um=
drehung des Wagenrades, beziehungsweise des Ex=
centers G, das Sperrad Z von Zahn zu Zahn weiter=
schob. Auf der Zahnradachse P war eine Kette befestigt,
welche durch die Drehungen des Rades Z auf P auf=
gewickelt, d. i. verkürzt wurde und dadurch die Brems=
backen an die Wagenräder drückte, also den Wagen
bremste.

Hierbei ergab sich der mißliche Umstand, daß
in Fällen, wo der Zug nach erfolgter Auslösung der
Bremse vermöge seiner gehabten Geschwindigkeit und
der gegebenen Gefällsverhältnisse noch eine Strecke weiterfuhr, die Achse P des Rades Z
so weit gedreht wurde, beziehungsweise die Ketten so viel aufgewickelt wurden, daß
entweder diese letzteren oder andere Theile des Apparates zerreißen mußten. Um
dies zu verhüten, verband Achard die Bremsketten nicht direct mit der erwähnten
Achse, sondern gab der Vorrichtung die in den Abbildungen auf Seite 464
dargestellte Anordnung. Statt einer Leitung sind zwei Leitungen vorhanden,
welche die Eisentheile der Wagen und die Schienen oder einen besonderen Draht
als gemeinschaftliche Rückleitung haben. Die eine Leitung verbindet die Elektro=
magnete der Auslösungsvorrichtungen sämmtlicher Fahrzeuge des Zuges und ist
vom Ruhestrom durchflossen. Sobald dieser Strom unterbrochen wird, sei es durch
einen der Zugbeamten, sei es durch einen Fahrgast, fällt an jeder Vorrichtung des
Zuges das von dem vierfachen Elektromagneten E bis dahin festgehaltene Schienen=

(Anker=)paar A ab und damit der Hebel C auf das an der Wagenachse ange=
brachte Excenter G, welches nun bei jeder ferneren Umdrehung der Wagenachse
durch den in das Zahnrad Z eingreifenden Sperrkegel K dieses Rad und die
damit fest verbundene Achse M um eine Zahnbreite weiter dreht.

Die Achse M wirkt durch aufgesetzte Daumen auf den Hebel H und macht
hierdurch eine Alarmglocke g thätig. Die über Rollen r r₁ geführten Bremsketten
werden aber noch nicht angezogen, weil sie an gußeisernen Muffen O befestigt sind,

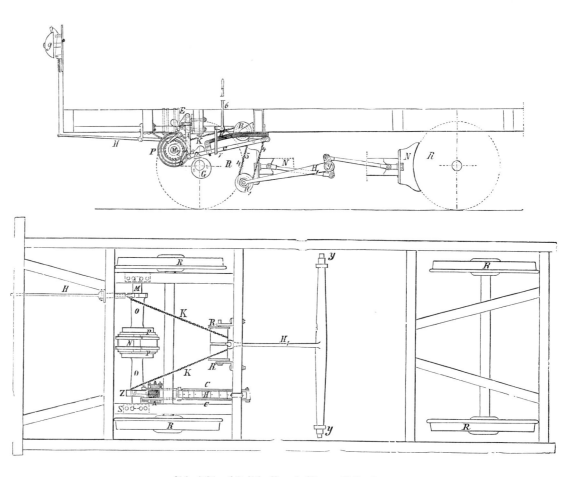

Achard'sche elektrische Bremse älteren Systems.

die auf der Achse M nicht festsitzen, sondern leer laufen. Erst wenn der Locomotiv=
führer, welcher am Tender einen Commutator hat, auf Grund des Alarmsignales
durch Umstellen seines Wechsels den Batteriestrom durch die vorbesagte zweite Linie
(die sonst stromleer ist) sendet, erfolgt das Bremsen. Die zweite Linie ist nämlich
durch zwei kräftige Elektromagnetpaare geführt, welche auf der Achse M bei N
festgekeilt sind und sich mit M drehen. Werden sie durch den durchgehenden Strom
magnetisch gemacht, so wirken sie auf die knapp gegenüberliegenden, scheibenförmigen
Muffenenden P als Mitnehmer und nunmehr wickeln sich die Bremsketten O auf,

heben dabei den Hebel H_1 und pressen die Backen N an die Räder R. Sobald
der Strom in dieser zweiten Linie wieder durch Zurückstellen des Comutators unter=
brochen wird, werden auch die Muffen wieder losgelassen und die Ketten wickeln
sich vermöge des von H_1 ausgeübten Gegendruckes wieder ab.

Aus der hier beschriebenen Einrichtung ergiebt sich, daß durch sie zwar die
Auslösung des Allarmsignales und die Vorbereitung zum Bremsen von allen Zug=
begleitern und den Fahrgästen bewerkstelligt, das Bremsen jedoch nur vom Ma=
schinenführer vorgenommen werden kann.

Später gab Achard seinem Bremsapparat eine Anordnung, welche aus der
untenstehenden Abbildung zu ersehen ist. Sie besteht darin, daß die Welle, welche
beim Bremsen die Kette aufzuwinden hat, nicht durch die oben beschriebene elektrisch

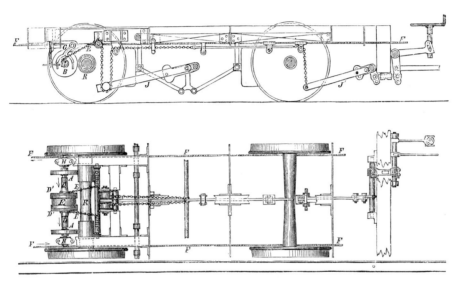

Verbesserte Anordnung der Achard'schen Bremse.

auslösbare Hebelvorrichtung, sondern unmittelbar durch die Wagenradachse, lediglich
durch die Vermittelung der zwei Frictionsscheiben A A (in der zweiten Figur),
die auf der Achse H H festsitzen, gedreht wird. Die Achse ist also in beständiger
Umdrehung, so lange eben der Zug fährt. Die Bremskette wird aber hierbei nicht
aufgewickelt, so lange nicht die lose auf A gesteckten zwei Muffen D D durch
den zwischen den scheibenförmigen Muffenenden D' D' auf A festgekeilten vier=
fachen Elektromagnet E angezogen beziehungsweise mitgenommen werden. Es ist
nur eine Hin= und Rückleitung nöthig. Ein in diese Linie geschalteter gewöhnlicher
Stromschließer (Kurbelumschalter) ist behufs der Stromentsendung entweder auf
der Locomotive oder im Coupé des Gepäckswagens vorhanden. Achard benützt eine
Batterie aus vier Planté'schen Elementen, die jedes durch drei Meidinger=Elemente
geladen werden.

In ihrer letzten Modification hat die Achard'sche Bremse die aus der nächst=
folgenden Abbildung zu ersehende Einrichtung erhalten. Unterhalb des Wagen=

bodens sind am Gestelle im Gelenke befestigte Träger T angebracht, welche durch eine Achse c c' (in der ersten Figur), auf welcher der Elektromagnet festsitzt, verbunden sind. Die Achse c c' liegt zur Räderachse A (in der zweiten Figur) parallel und der Elektromagnet M schwebt also frei gegenüber der Radachse A. Seine beiden Polstücke f und f' (in der ersten Figur) legen sich, wenn ein Strom durch die Drahtspule des Elektromagnetes gesendet wird, wie Reibungsrollen an zwei auf der Achse A angebrachte, gleichsam als Anker dienende, eiserne Ringe. Zufolge der zwischen den Ringen und den Elektromagnetpolen vorhandenen Reibung

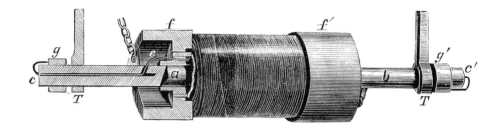

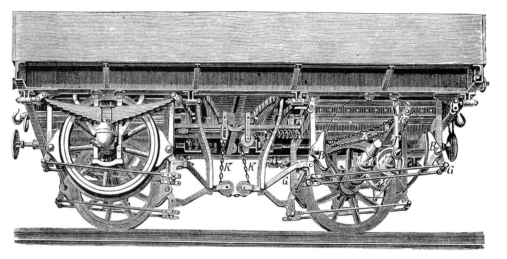

Achard'sche elektrische Bremse neuen Systems.

und magnetischen Anziehung wird der Magnet sammt seiner Achse c c' (in der ersten Figur) von der Wagenachse mitgenommen und die auf diese Art in Drehung versetzte Achse c c' wickelt eine Kette K (in der zweiten Figur) auf, durch welche das Bremsgestänge angezogen wird. Die schließliche Spannung der Kette K und die Geschwindigkeit, mit welcher die Achse c c' umläuft, hängt von der Stromstärke ab, welche der Locomotivführer nach seinem Ermessen reguliren kann.

Wir wollen nun noch einige Constructionen hier nach der Zusammenstellung von L. Kohlfürst (»Fortentwickelung der elektrischen Eisenbahneinrichtungen«) kurz besprechen.... Auf der Französischen Nordbahn wurden 1886 Versuche mit der sogenannten »Parkbremse« vorgenommen, die aber bald wieder aufgegeben wurden, weil der mechanische Theil dieser Anordnung sich nicht als zweckdienlich erwies; desgleichen wurde eine von Card construirte, in Amerika versuchte elektrische Bremsvorrichtung, welche mittelst zweier Speichenbatterien betrieben werden sollte, gleich wieder fallen gelassen.

Eine von Duwelius herrührende, unter dem Namen »Waldumerbremse« bekannt gewordene Construction ist im September 1887 auf der Cincinati=Washington=Baltimorebahn probirt worden. Eine Reihendynamo, welche von einer den Dampf dem Locomotivkessel entnehmenden Dreicylindermaschine getrieben wird, liefert den Strom. Der Locomotivführer handhabt die Bremse mittelst eines Umschalters. Stellt er den Umschalterhebel auf die Mitte seines Weges, so entsendet er einen Strom, welcher die Ketten anzieht und die Bremsbalken anlegt. Wird der Hebel bis ans Ende geführt, so bleibt die Bremse bei der gewöhnlichen Geschwindigkeit der Dynamo wirksam. Der Druck in der Bremse kann vergrößert werden, indem man das Dampfventil weiter öffnet und dadurch die Geschwindigkeit der Dynamo und die elektromotorische Kraft des Stromes vergrößert.

Unter jedem Wagen liegt eine wagrechte Welle, welche den Kern eines in eine Trommel eingeschlossenen Elektromagnetes bildet. Einerseits trägt die Trommel ein Rad, welches durch eine endlose Kette mit einer als Trommel für die Brems=kette dienenden Hilfswelle verbunden ist. Anderseits trägt die Welle des Elektro=magnetes ein Rad, das auf sie mittelst einer endlosen Kette von einer Achse aus eine beständige Drehung überträgt. Wird ein Strom durch den Elektromagnet gesendet, so wirken seine Pole auf innerhalb der Trommel angebrachte parallele Eisenstäbe anziehend, und zufolge der so hervorgebrachten Reibung muß die Trommel an der Drehung des Elektromagnetes Theil nehmen. Hört der Strom auf, so fällt die Bremse ab, da die Verbindung sich löst. Es ist nur ein Leiter vorhanden, die Elektromagnete sind parallel geschaltet und die Rückleitung erfolgt durch die Räder und Schienen; der isolirte Leiter hat Kuppelungen gleich einer Luftbremse. Die Bremse wird selbstthätig, wenn man im letzten Wagen noch einen zweiten Stromerzeuger unterbringt, der von der Achse getrieben wird. So lange Alles in Ordnung ist, wird diese Dynamo durch ein Relais außer Thätigkeit gehalten; beim Auftreten eines Fehlers im Leiter, sei es in Folge mangelhafter Isolirung oder beim Zerreißen des Zuges, wird die Dynamo an den Leiter gelegt und die Bremse in Thätigkeit gesetzt.

Große Kraftäußerungen der Elektricität verlangen die Bremssysteme von S. v. Sawiczenski, William Siemens & Boothby und Marcel Deprez. Der Erstgenannte läßt Elektromagnete unmittelbar bremsend auf die Radkränze, ähnlich wie gewöhnliche Bremsbalken, wirken; die angestellten Versuche ergaben keine günstigen Resultate. Siemens und Boothby bringen unter jedem Bremswagen eine secundäre Dynamomaschine an, auf deren Rotationsachse eine Schraube ohne Ende sitzt, die in einen Zahnbogen eingreift und diesen je nach der Rotations=richtung der Dynamomaschine nach vorwärts oder rückwärts dreht. Auf der Achse

des Zahnsegmentes sind die Hebel festgekeilt, welche das Bremsgestänge mit den
gewöhnlichen Bremsbacken festziehen oder lüften, je nachdem der Zahnbogen hinüber
oder herüber bewegt wird.

Auf der Locomotive befand sich die primäre Dynamomaschine und ein Umschalter, mit welchem der Locomotivführer die Richtung des entsendeten Stromes
umkehren konnte und es sonach in der Hand hatte, die Bremsen anzuziehen und
zu lüften.

Von der dritten Art elektrischer Bremsen, nämlich solcher, bei welchen die
Elektricität direct wirkt (vergleiche vorstehend: System Sawiczenski), dürfte ein

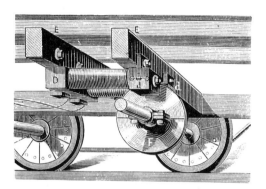

Edison's elektrische Bremse.

von Edison stammendes höchst einfaches Project wohl das älteste sein. Es
sollte, wie die nebenstehende Abbildung
veranschaulicht, auf einer Radachse des
Wagens in der Mitte zwischen den
beiden Rädern eine Kupferscheibe F befestigt werden, die zwischen den nahe
einander gegenüberstehenden Polen d eines
kräftigen Elektromagneten rotirt, so lange
der Zug sich in Bewegung befindet, beziehungsweise so lange die Räder des
Bremswagens sich drehen. Schickt der Loco-
motivführer die Ströme eines auf der Locomotive aufgestellten Generators durch den
Bremselektromagnet, so erzeugen sich in der rotirenden Kupferscheibe Foucault'sche
Ströme. Die hierdurch auf die Scheibenachse, also auf die Radachse des Wagens ausgeübte Bremswirkung ist ziemlich nennenswerth, so lange der Zug in rascher Bewegung
ist, schwächt sich aber mit der Verminderung der Zugsgeschwindigkeit so sehr,
daß sehr bald jede erfolgreiche Wirkung aufhört. Es müßte also neben dieser Bremse
noch eine zweite vorhanden sein, welcher der hervorgehobene Uebelstand nicht
anhaftet.

Dritter Abschnitt.

Die Stationen und das Signalwesen.

Die Stationen und das Signalwesen.

1. Die Bahnhofsanlagen.

Die Bahnhöfe (oder Stationen) sind diejenigen Punkte einer Eisenbahnlinie, von denen der Verkehr mit allen seinen technischen, executiven und administrativen Manipulationen ausgeht, beziehungsweise an denen er Sammelstätten findet, an welchen Betrieb und öffentliches Leben in wechselseitige Beziehungen treten. Da die letzteren sich nach den betreffenden Oertlichkeiten richten, welche von einer Bahnlinie berührt werden und demnach bald auf ein sehr lebhaftes, bald sehr geringes Maß herabgedrückt sind, stufen sich Bedeutung und Rang, den die Stationen einnehmen, nach localen Verhältnissen ab. Große Städte und hervorragende Verkehrsmittelpunkte erhalten dann entsprechend großartige Bahnhofsanlagen mit monumentalen Baulichkeiten und allen nothwendigen Einrichtungen, welche zur Bewältigung eines lebhaften Verkehrs dienen, wogegen minder bedeutende Stationen sich mit bescheideneren Mitteln behelfen müssen, welche in den einfachen Haltepunkten (Haltestellen) schließlich die größtmöglichste Beschränkung erfahren, indem häufig nur ein Wächterhaus für die Abfertigung der aus- und einsteigenden Reisenden zur Verfügung steht.

Je größer die Station ist, desto vielgestaltiger sind die Elemente, aus welchen sie sich zusammensetzt. Bei sehr großen Stationen findet eine völlige Trennung der Verkehrs- und Betriebsmanipulationen rücksichtlich des Personen- und Güterverkehrs statt, wozu noch besondere Bahnhofsräume kommen, welche ausschließlich der Zusammenstellung der abgehenden Züge, beziehungsweise der Auflösung der angekommenen Züge dienen. Schließlich pflegt man auch, wo die Bedürfnisse es erheischen, dem rein mechanisch-technischen Dienste eine besondere Arbeitsstätte anzuweisen.

Daß alle diese Abtheilungen durch Geleise miteinander verbunden sind, versteht sich von selbst. Man unterscheidet demgemäß: Personen- und Güterbahnhöfe,

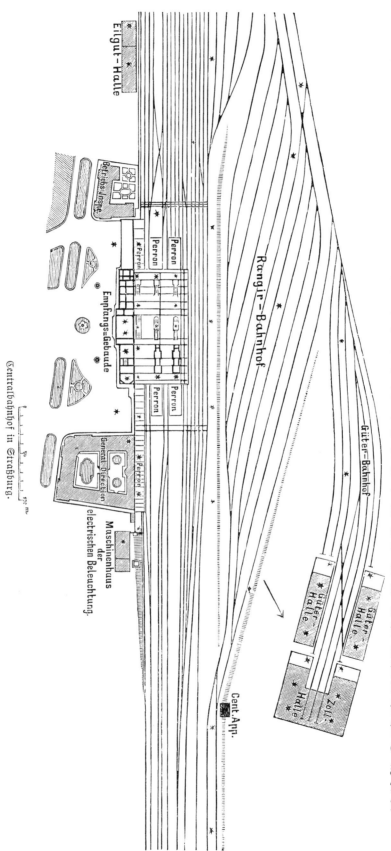

Eilgut-Halle

Betriebs-Inspe.

Perron
Perron
Perron

Empfangs-Gebäude

Rangir-Bahnhof

Güter-Bahnhof

Perron

Perron

General-Direction

Perron

Maschinenhaus
der
electrischen Beleuchtung.

Cent.App.

Güter-Halle.

Güter-Halle.

Halle

Zoll.

Centralbahnhof in Straßburg.

Rangir= und Werk=
stättenbahnhöfe.

Die Trennung
des Personenverkehrs
vom Güterverkehr ist
eine der wichtigsten
Anordnungen auf
großen Stationen. Das
Zusammenlegen der=
selben ist daher ein
Fehler, mit dem theils
Störungen im regel=
mäßigen und glatten
Betriebe, theils Ge=
fahren für das Sta=
tionspersonale und die
Reisenden verbunden
sind. Am consequente=
sten durchgeführt ist
dieser Fehler auf vielen
Zwischenstationen der
continentalen Bahnen,
wogegen in England,
Frankreich und Ame=
rika die Trennung
beider Verkehre, wenn
es nur immer angeht,
streng durchgeführt
ist. Dort betreten die
Reisenden die Geleise,
auf welchen die Per=
sonenzüge kommen und
gehen, und schieben
sich auch mehrere für
den Güterdienst be=
stimmte Geleise zwi=
schen hinein, so daß
eingefahrene Güter=
züge häufig getheilt
werden müssen, um
den Reisenden den Zu=

und Abgang von den Personenzügen zu er=
möglichen. Besonders bedenklich wird dieser
Zustand bei Nacht und Nebel, Schneegestöber
und Regenstürmen, und erstreckt sich diese
Gefahr zugleich auf das Zugbegleitungs=
und Stationsper= sonale, welches zwischen
den Wagencolonnen sich bewegt, die Geleise
überschreitet oder auf sonstigen Gefahrs=
punkten sich aufhält.

Die Wurzel dieses Uebels liegt in der
Anwendung gedeckter Güterwagen und der
dadurch bedingten An= lage der Stationen und
ihrer Manipulations= Hilfsmittel. Mißver=
standene Oekonomie führte hier zur Zu=
sammenlegung der Per= sonen= und Güterbahn=
höfe und unglückliche Verallgemeinerung der
Consequenzen einiger in der Jugend des
Eisenbahnwesens durch falsche Stellung von
Drehscheiben vorge= kommener Unfälle, zur
Verbannung dieser nützlichen Betriebs=
vorrichtungen aus dem Programm unserer

Personenhalle des Centralbahnhofes in Frankfurt a. M.

Stationsconstructeure. Der geschlossene Güterwagen verbittert, im Gegensatze zu
dem in Frankreich, England u. s. w. gebräuchlichen, mit beweglicher Decke ver=
sehenen Güterwagen, durch seinen festen Dachverschluß und sein Volumen die
Anwendung aller jener wirksamen mechanischen Hilfsmittel zum Beladen und Ent=
laden, Verschieben, Heben und Senken, Hin= und Herbewegen der Fahrzeuge und
somit auch aller jener ausgiebigen Manipulationsformen des Güterverkehrs, durch
welche unsere westlichen Nachbarn, insbesondere die Engländer, denselben auf so
kleinen, aber unglaublich leistungfähigen Stationen, durch sehr wenige aber vor=
trefflich geschulte Hände bewältigen. Die Handarbeit fällt hierbei fast ganz weg und
werden kolossale Massen in für hierortige Betriebsanschauungen unbegreiflich kurzer
Zeit und mit geringer Gefahr für das Personale behandelt.

Bleiben wir zunächst bei den Personenbahnhöfen. Man unterscheidet zwei
Hauptformen der baulichen Anlage, nämlich Kopfstationen und Langstationen.
Die erstere Anlage ist nur bei großen End= oder Kreuzungsstationen möglich, da
sie zum förmlichen Abschluß einer Anzahl »todtlaufender« Geleise führt, indem
das Hauptgebäude quer zu den Geleisachsen aufgeführt ist. Diese Anordnung ist
indes nicht die einzige. Vielfach befindet sich am Ende der todtlaufenden Geleise
kein Gebäude, wohl aber getrennte Baulichkeiten zu beiden Seiten der Geleise,
welche in der Regel durch ein Hallendach (oder mehrere Hallendächer) überspannt
sind. Die Baulichkeiten auf der einen Seite der Geleise sind dem Abfahrtsdienst,
diejenigen auf der entgegengesetzten Seite dem Ankunftsdienst zugewiesen. Schließlich
kann die Anordnung auch so getroffen sein, daß das Hauptgebäude die Mitte
einnimmt und die Geleise zu beiden Seiten des ersteren laufen. Die eine Geleis=
gruppe dient alsdann für die abfahrenden, die andere für die ankommen=
den Züge.

Die Langstationen haben das Hauptgebäude zur Seite der Geleise stehen,
doch erhalten die großen Anlagen dieser Art gleichwohl getrennte Abfahrts= und
Ankunftsräume mit den dazugehörigen Perrons. Man verlegt diese Theile in der
Regel auf die Flügel des Hauptgebäudes, während in der Mitte die Bureaus,
Warteräume u. s. w. untergebracht sind. Bei kleineren Stationen ist diese Trennung
der Raumökonomie wegen nicht durchgeführt. Das kleine Bahnhofsgebäude enthält
getrennte Räume für das Bureau, mit dem häufig auch die Gepäcksabfertigung
verbunden ist, und für den Aufenthalt der Reisenden. Das Vestibul fehlt, wird
aber hin und wieder durch eine kleine, offene Halle, welche zugleich im Sommer
als Warteraum dient, ersetzt. Die Anordnungen sind übrigens je nach den Be=
dürfnissen der betreffenden Stationen und deren Rang so verschieden, daß sich eine
Type von einem solchen kleinen Bahnhofe nicht gut aufstellen läßt.

Die großen Bahnhöfe, seien sie nun Kopf= oder Langstationen, zeigen mit=
unter, insbesondere in den Hauptstädten, einen großen Aufwand von baulichen
Constructionen, indem das meist mehrstöckige Aufnahmsgebäude zugleich als Ver=
waltungsgebäude dient. Mit decorativen Prunk wird nicht immer Maß gehalten.

Es sind wahre Paläste, deren Bestimmung man beim Anblick von außen nicht ohne weiteres erkennt. Luxuriöse, mit Fresken, Marmortreppen und Säulen geschmückte Vestibuls nehmen die Reisenden auf; weitläufige, meist mit förmlichen Restaurants verbundene Warteräume bieten das Größtmögliche an Bequemlichkeit. Alle für die dienstlichen Manipulationen bestimmten Räumlichkeiten sind möglichst

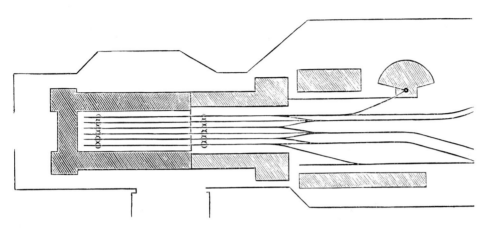

Kopfstation und Frontgebäude.

vortheilhaft angeordnet, mit getrennten Schaltern für den Local= und Fernverkehr, mit Cabineten für Geldwechsler, Zeitungs= und Bücherverkäufer, Victualienhändler u. s. w. Als störend für den Betrieb erweist sich übrigens der Umstand, daß die Bahnhofs=Restaurationen in großen Städten einen beliebten Sammelpunkt der

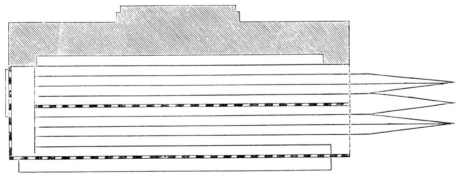

Kopfstation mit Langgebäude.

Ortsbewohner bilden, wodurch eine große Zahl Nichtreisender in den Bahnhofs= räumen verkehrt und durch Füllung der Localitäten Anlaß zur Beengung geben.

Als sehr bequem und praktisch erweisen sich die großen Bahnhofsanlagen, wie sie z. B. an den großen Centralbahnhöfen zu München, Frankfurt u. s. w. zum Ausdrucke kommen. Es sind Kopfstationen mit dem Aufnahmsgebäude vor den todtlaufenden Geleisen. Unter der mächtigen Halle sind die einzelnen Geleisgruppen für verschiedene Abfahrtsrichtungen durch Perrons getrennt, welche sämmtlich auf

einen gemeinsamen Querperron münden. Dieser wieder steht in Verbindung mit
getrennten Warteräumlichkeiten (nebst Buffets), wodurch allem Drängen, Hin= und
Herlaufen vorgebeugt wird. Durch Tafeln mit Aufschriften, welche über die Ab=
fahrtsrichtung der Züge Aufschluß geben, wird die Orientirung wesentlich erleichtert.

Die Hallen, welche die todtlaufenden Geleise überspannen, sind gewaltige
Constructionen aus Holz und Eisen, oder lediglich aus Eisen, mit Blech= oder
Glasbedachung. Die Spannungen sind mitunter außerordentlich groß; ist die
Breite des Bahnhofes sehr bedeutend, so wird durch Zwischenstützen der Raum
in mehrere Hallen eingetheilt. So weist beispielsweise die Personenhalle des Bahn=
hofes St. Nazaire zu Paris 6 Spannweiten auf und liegen unter diesen nicht
weniger als 26 Geleise. 10, 12, 13 Geleise sind nicht selten. Auf englischen Bahn=
höfen verkehren die Straßenfuhrwerke bis auf die Perrons unter den Hallendächern
und hie und da auch die Tramways, so daß der Reisende vom Straßenvehikel

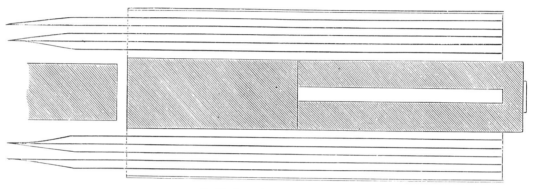

Kopfstation mit zwei Hallen.

unmittelbar in den Zug einsteigen kann, wenn er für Billet und Gepäck vorher
gesorgt hat.

Die Bahnhofsanlagen hängen vielfach von den gegebenen Raumverhältnissen
ab, wodurch die mannigfachsten Anordnungen zu Stande kommen. Dieselben com=
pliciren sich ganz erheblich, wenn die Stationen Kreuzungs= oder Knotenpunkte
bilden. Dieselben müssen derart angelegt sein, daß die in verschiedenen Richtungen
und zu gleicher Zeit ankommenden Züge ihre Reisenden gegenseitig austauschen
können. Bei Langstationen macht sich hierbei der Uebelstand geltend, daß die ab=
zufertigenden Züge sämmtlich an einem Perron halten, was eine große Länge
desselben bedingt, wodurch die Reisenden oft übermäßig weit dirigirt werden
müssen, bis sie ihre Züge finden. Lange Perrons sind überdies schwer zu
beaufsichtigen. Um der Nothwendigkeit langer Perrons auszuweichen, schaltet man
Zwischenperrons ein, welche mit dem Hauptperron eine zweckmäßige Vertheilung
der Zugsplätze gestatten. Diese Zwischenperrons sind indes nur in dem Falle von
Vortheil, daß die Reisenden, um zu ihnen zu gelangen, beziehungsweise von ihnen
sich zu entfernen, nicht die dazwischen liegenden Geleise betreten. Man erzielt dies

durch bedeckte, unter dem Bahnniveau gelegene Zugänge oder brückenartige Ueber=
gänge. Die Umständlichkeiten einer mehrfachen Wanderung treppenauf und treppenab
muß man im Interesse der Sicherheit mit in den Kauf nehmen.

Eine ähnliche Anordnung findet man bei den sogenannten Inselbahnhöfen,
auf denen das Aufnahmsgebäude in der Mitte der beiden zusammenstoßenden
Bahnen sich befindet, das Betreten der Geleise also nicht zu verhüten wäre, wenn
nicht die vorbesprochenen Vorkehrungen die gewünschte Lösung ergäben. Sehr vor=
theilhaft sind die sogenannten Keilperrons, welche durch den Zusammenlauf
zweier Bahnen im spitzen Winkel entstehen. Der Perron nimmt hier den ganzen
Raum zwischen dem Winkelpunkte und den beiden Schenkeln ein und ist eigentlich
ein Doppelperron, der unter Umständen beliebig lang gemacht werden kann. Die
Front des Aufnahmsgebäudes befindet sich auf der dem Winkelpunkte entgegen=
gesetzten Seite, so daß ein Ueberschreiten der Geleise innerhalb des Bahnhofrayons
nicht stattfindet. Convergiren die beiden Bahnlinien sehr stark und liegt die Ortschaft,

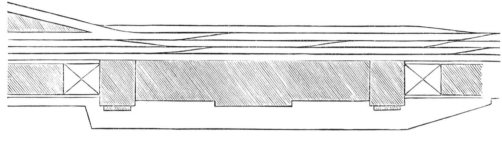

Langstastion.

der die Station zugehört, innerhalb der ersteren, dann erweisen sich die Bahnhöfe
mit Keilperrons als besonders bequem und praktisch.

Die Ausstattung der Personenbahnhöfe sowohl nach der Seite des Comforts
als rücksichtlich der Betriebsmanipulationen läßt zur Zeit kaum etwas zu wünschen
übrig. Viele Bahnhöfe werden jetzt elektrisch beleuchtet, die Warteräumlichkeiten
sind elegant, ja die für Reisende I. Classe mitunter mit übertriebenem Luxus ein=
gerichtet. Allerlei Placate, bunte Affichen, Tableaus von Bildern und Photographien,
hervorragende Reiseziele darstellend, Reclamen u. dgl. bedecken die Wände der
Hallen oder Vestibuls. Die Zahl der Schalter ermöglicht eine rasche Abfertigung
der Reisenden, die Gepäcksmanipulationen nehmen von Jahr zu Jahr einfachere
Formen an, ohne im Uebrigen das amerikanische Ideal zu erreichen.

In der That erfährt hier der Reisende in der Beförderung seines Gepäckes
die denkbar geringste Belästigung. Sobald er im Besitze der Fahrkarte ist, wendet
er sich, unter Vorzeigung derselben, an den am Perron stehenden »Bagage=Marker«,
um die Abfertigung des Gepäcks zu veranlassen. Dieser Functionär hat eine
große Zahl von Lederstreifen zu seiner Verfügung, auf deren jedem zwei mit
derselben Nummer und denselben Stationsnamen versehene Blechmarken (oder

»Checks«) angebracht ſind. Nennt man nun die Station, nach welcher das Ge=
päcksſtück expedirt werden ſoll, ſo nimmt er einen Riemen, auf welchem Marken
mit dem Namen der betreffenden Station ſich befinden, reicht dem Reiſenden die
eine der Marken und befeſtigt mittelſt des Riemens, der zu dieſem Zwecke an

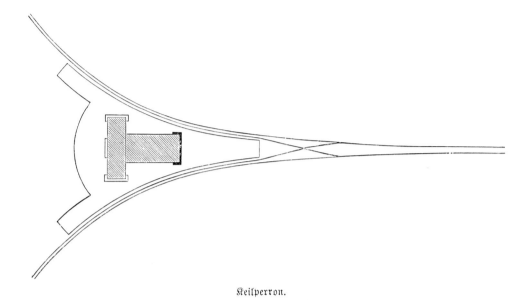

Keilperron.

beiden Enden mit knopflochartigen Schließen verſehen iſt, die andere Marke an das
Gepäcksſtück. Hat der Reiſende mehrere Gepäcksſtücke, ſo erhält er die gleiche
Anzahl von Blechmarken. Der Fall, daß ein Gepäcksſtück, welches in angedeuteter
Weiſe mit Marke verſehen wurde, in Verluſt geräth, kommt faſt niemals vor. Der

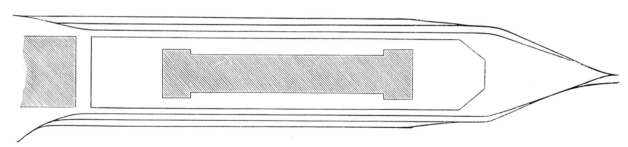

Inſelbahnhof.

Beſitz der Marke und ein Schwur bezüglich des Werthes eines verlorenen Gepäcks=
ſtückes ſichert dem Reiſenden übrigens ohne ſonſtige Formalitäten und in kürzeſter
Friſt eine angemeſſene Entſchädigung.

Den Eilgutverkehr vermitteln vielfach die ſogenannten »Expreßgeſellſchaften«.
Es verkehrt auf den Hauptlinien der amerikaniſchen Eiſenbahnen kaum ein Per=
ſonenzug, in welchem nicht ein einer Expreßgeſellſchaft gehöriger Wagen enthalten
wäre. Dieſe Geſellſchaften ſchließen mit den Bahnverwaltungen Verträge ab, auf

Grund deren ſie den ganzen Eilgutdienſt einſchließlich der Zu= und Abſtreifung beſorgen. Zur Bequemlichkeit des Publicums haben ſie überdies zahlreiche Bureaux in den Städten und beſorgen gegen mäßigen Tarif auch die Packetſendungen im Innern der Städte. In den meiſten Fällen haben die Eiſenbahnorgane nur die Handhabung des Reiſegepäcks zu beſorgen.

An Stelle der auf dem Continente, insbeſondere in Deutſchland und Deſter= reich üblichen, je nach der Bedeutung der Städte reich ausgeſtatteten, häufig monumentalen Stationsgebäude mit eleganten, reich möblirten und bequemen Aufenthaltsräumen für die Reiſenden, mit Toiletten, Damenzimmern, reich beſetzten Buffets u. ſ. w. finden ſich auch in den größeren amerikaniſchen Städten vielfach nur ganz einfache Empfangsgebäude mit den nothwendigſten, meiſt ſehr dürftig ausgeſtatteten Räumlichkeiten. An kleineren Stationen ſind die betreffenden Gebäude ſelbſt nicht mit den bei uns üblichen proviſoriſchen Anlagen zu vergleichen. Sehr oft findet man ſtatt ihnen nur einfache Schutzdächer. Zur Befriedigung der leib= lichen Bedürfniſſe findet ſich in den eingentlichen Warteſälen großer Stationen ein Waſſerbehälter, mit einigen angeketteten (!) Trinkgeſchirren, in beſonderen Räumen iſt zuweilen ein Buffet. Tiſche und Stühle fehlen meiſtens und findet man an ihrer Statt hölzerne Sitzbänke. In den Warteräumen ſind die Geſchlechter getrennt; in den Südſtaaten wird den Negern ein beſonderer Warteraum zugewieſen.

Auf den engliſchen Bahnen unterſcheidet man Endſtationen (Terminus), Mittelſtationen (Intermediat Stations), Abzweigeſtationen (Junctions), Ausweich= ſtellen (Sidings), welch letztere blos zum Zwecke der Zugsüberholungen eingeſchaltet ſind, und ſchließlich Signalſtationen (Signal boxes). Die Endſtationen ſind zumeiſt als Kopfſtationen angelegt und ſo weit als möglich in die Centren der Städte vorgeſchoben, was in London mit ganz außergewöhnlichen Koſten durchgeführt wurde. Beinahe ſämmtliche Bahnhöfe in London werden für den Zugsverkehr von mehreren Geſellſchaften gemeinſchaftlich benützt. Die Perſonenbahnhöfe ſind in Be= rückſichtigung des ſehr dichten Verkehrs verhältnißmäßig klein und ſehr beſcheiden eingerichtet. Ein beſonders großer Werth wird darauf gelegt, daß eine Vermengung der ankommenden mit den abgehenden Reiſenden nicht ſtattfindet. Am Querperron befinden ſich die Bureaux, ſowie Schalter für Bücher= und Zeitungsverkauf und der Zugsanzeiger (Train Indicator).

In unmittelbarer Nähe des Ankunftsperrons iſt der Aufbewahrungsort für Handgepäck, während Billetſchalter, Auskunftsbureau, Warteſäle, Buffet, Waſch= und Ankleidezimmer auf der Abfahrtsſeite ſich befinden. Die Abfahrts= und Ankunfts= perrons ſind bei jenen Bahngeſellſchaften, welche die Reviſion der Fahrkarten vor dem Betreten des Abfahrtsperrons vornehmen laſſen, durch Gitter geſchloſſen, während die übrigen Perrons dem Publicum freigegeben ſind. Eine ſehr bequeme Einrichtung iſt die, daß die Perrons derart über die Schienen überhöht ſind, daß man von jenen unmittelbar den Boden der Coupés betritt, das läſtige Auf= und Niederklettern ſonach entfällt.

Eine eigenartige Einrichtung zur schnelleren Abfertigung des Reisegepäckes
wurde kürzlich auf dem Pariser Bahnhofe der französischen Ostbahn ins Leben
gerufen. Die Bahn befindet sich nämlich in etwa 5 Meter Höhe über dem Straßen=
niveau, weshalb für den Transport der zu= und abgehenden Güter der raschen
und bequemen Förderung wegen eine besondere Anordnung getroffen wurde. Ge=
wöhnlich bedient man sich in ähnlichen Fällen der verticalen Aufzüge, doch lassen
sich dieselben nicht mit der wünschenswerthen Schnelligkeit bedienen. Man ersetzte
daher die Aufzüge durch eine schiefe Ebene mit einer über Rollen laufenden end=

Paternosterwerk für Abfertigung des Reisegepäcks.

losen Kette, mittelst welcher kleine, dreiräderige Gepäckskarren direct auf= und nieder=
wärts in gleichförmig fortlaufender Bewegung sich befördern lassen. Um das
Gepäck der ankommenden und abreisenden Passagiere zu trennen, stehen drei solcher
schiefer Ebenen zur Verfügung. Die mittlere befördert die beladenen Gepäckskarren
nach abwärts, während die beiden anderen schiefen Ebenen die Karren nach
aufwärts befördern. Die Bewegung der Ketten erfolgt durch eine Zahnräder=
lage, mit welchem durch einen hydraulischen Motor die Achse der unteren Ketten=
räder in Umdrehung versetzt wird. Um die Aufzüge unabhängig von einander
betreiben zu können, hat jede der schiefen Ebenen ihren eigenen Motor. Jede Kette
kann eine Last von 1500 Kilogramm ziehen, indem sie 5 Karren von 100 Kilo=

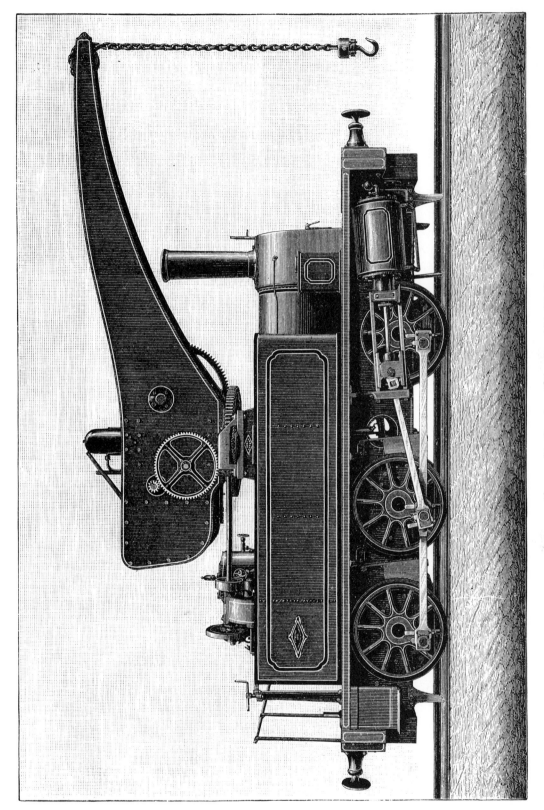

Locomotive mit Krahn (Dienstgewicht 32 Tons).

(Nach einer Photographie des Constructeurs: Dubs & Co. in Glasgow.)

gramm Eigengewicht und 200 Kilogramm Ladung fortbewegt, und zwar mit einer
Geschwindigkeit von 0·3 Meter in der Secunde, was für den Dienst völlig aus=
reichend ist.

Ueber die Einrichtung der Güterbahnhöfe ist in Kürze zu sagen, daß
sie bezüglich ihrer Lage und Anordnung gleich den Personenbahnhöfen den Verkehrs=
bedürfnissen entsprechen und alle zur glatten Abfertigung der ankommenden und
abgehenden Güter nothwendigen Einrichtungen besitzen müssen. Angesichts der prin=
cipiellen Trennung zwischen Personen= und Güterverkehr verstößt es nicht, wenn
der Güterbahnhof sich räumlich weit entfernt vom Personenbahnhof befindet, wenn
nur die Lage den zu erfüllenden Aufgaben entspricht. Die Güterbahnhöfe werden
daher sehr häufig den Centren des Verkehrs nahegerückt, mit Hafenanlagen in
Verbindung gebracht u. s. w.

Da die Güterwagen nicht remisirt werden, handelt es sich bei Güterbahn=
höfen um keine anderen Baulichkeiten, als Magazine (Güterschuppen), welche auf
großen Stationen eine sehr bedeutende Länge und nach der Gattung der Güter
in verschiedene Abtheilungen getheilt sind. Die Lage der Schuppen ist eine solche,
daß das innerste Geleise hart an demselben heranreicht, und erhält der Schuppen
eine schmale, von einem stark ausladenden Dache geschützte Plattform (Laderampe),
auf welche die Güter entweder durch Menschenkraft oder mittelst Fuhrwerken
gebracht werden. Auf diese Weise werden die Manipulationen wesentlich vereinfacht.

Immerhin steht dieses System, sofern das Anstellen der zu bedienenden
Wagen dadurch erfolgt, daß sie auf den langen Geleisen hin= und abrollen, um
mittelst der Weichen die Geleise zu wechseln, entschieden der englischen Betriebs=
methode, welche sich ausschließlich der Drehscheiben bedient, nach. Um dort einzelne
Wagen aus dem Zuge auszuscheiden und an die Laderampe heranzubringen, be=
ziehungsweise von dieser letzteren bereits abgefertigte Wagen abzustoßen, müssen
ganze lange Züge, oder doch große Theile desselben in Bewegung gesetzt werden,
was umständlich und zeitraubend und nicht ungefährlich für das den Verschubdienst
besorgende Personale ist.

Dazu kommt das hierorts übliche Wagensystem, welches die rasche Entleerung
mittelst Krahnen verbietet, entgegen den Einrichtungen auf englischen, französischen
und belgischen Güterstationen, mit ihren zahlreichen Drehscheiben, welche die Ver=
stellung der Wagen rasch und sicher gestatten, den Krahnen und Winden, hydrau=
lischen Aufzügen u. s. w.

Auf englischen Stationen stehen sogar Locomotiven mit aufmontirten schweren
Krahnen in Betrieb, welche überall dort eingreifen, wo die stabilen Vorrichtungen
aus irgend einem Grunde nicht zur Benützung herangezogen werden können.

Die auf den Güterstationen zur Anwendung gelangenden Krahne sind von
sehr verschiedenartiger Construction. Sie werden theils durch Menschenkraft bedient,
theils durch Dampf betrieben. In letzterem Falle sind sie auf einem niedrigen
Wagengestelle montirt, so daß sie auf den Schienen nach einem beliebigen Orte

gebracht werden können. Die stabilen Krahne sind entweder als Hebelkrahne oder
als Laufkrahne construirt. Die letzteren haben die Gestalt eines sehr breiten und
sehr starken, auf senkrechten Säulen horizontal gestellten Balkens, auf welchem mittelst
einer Rollenvorrichtung das eigentliche Hebewerk sich bewegt. Solche Krahne reichen
oft über mehrere Geleise hinweg und ermöglichen ein sehr rasches Beladen und
Entladen der Wagen, beziehungsweise Umladen der Fracht von einem Wagen in
den andern.

Das Heben der Wagen geschieht mittelst Winden, von denen mehrere
Garnituren, und zwar Pratzen= und Stockwinden (auch Bockwinden sind zweck=
mäßig), beizustellen sind. Die Hebevorrichtungen für Locomotiven gehören nicht
auf die Güterstation, sondern in die Werkstätten. Am zweckmäßigsten sind die

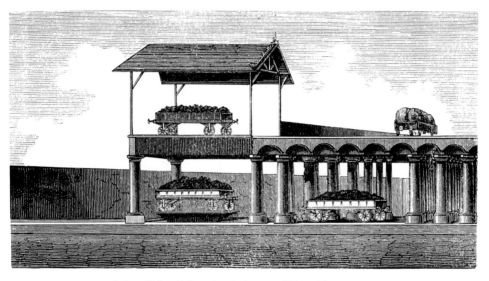

Hydraulisches Hebewerk auf einer englischen Güterstation.

Hebeböcke, von welchen auch jede kleinere Werkstätte und jedes nicht am
Orte einer Werkstätte befindliche Heizhaus eine Garnitur besitzen soll, während
ein fahrbarer Laufkrahn von etwa 3 bis 4 Tons Tragfähigkeit die Canäle
bestreicht, der für Schornsteine, Cylinder, Dächer und andere Bestandtheile genügt.
Große Krahne zum Heben der Locomotiven sind sehr kostspielig und beruht deren
Sicherheit immer nur auf den Ketten, welche im Winter selbst bei sorgfältiger
Vorwärmung gerne springen. Sind die Locomotiven und Tender mit den Hebe=
böcken (die am besten ganz aus Eisen construirt und mittelst des Laufkrahns leicht
von Canal zu Canal transportabel sind) gehoben, so werden starke Böcke unter=
stellt, auf denen die Locomotiven behufs der weiteren Demontirung ruhen, und
die Hebeböcke werden anderweit verwendet.

Wo eine größere Zahl von Krahnen, welche systematisch geordnet sind, gleich=
zeitig bedient werden soll, bedient man sich mit Vortheil der hydraulischen Vor=

richtungen. Eine kräftige Dampfmaschine pumpt Wasser unter sehr hohem Drucke in einen aufrecht stehenden gußeisernen Cylinder, welcher oben durch einen schwer belasteten Kolben geschlossen ist. Der Kolben mit seiner Last wird dadurch gehoben und drückt nun das unter ihm angesammelte Wasser durch unterirdische Rohrleitungen nach den Stellen, wo hydraulische Krahne, Aufzüge u. s. w. sich befinden und durch Druckwasser betrieben werden.

Auf englischen Güterstationen werden ganze Wagen mit ihrer Last durch hydraulische Hebewerke von den im Bahnhofsniveau gelegenen Geleisen auf die Geleise der oberen Etage gehoben. Hier macht die Beschränktheit des Raumes die Noth zur Tugend. Die vielen aber kurzen Geleise des Güteraufnahms- und Güterabgabsraumes in der unteren Etage ermöglichen die rasche Abfertigung der Stückgüter; die ausgiebige Anwendung der Drehscheiben gestattet die rasche und wiederholte Verschiebung der Betriebsmittel in horizontaler, der hydraulischen Hebeanstalten in verticaler Richtung. Das Rangiren der Züge auf den Geleisen der zweiten Etage erfordert abermals verhältnißmäßig wenig Zeit und noch weniger Raum, da die ganze Manipulation sich auf die Benützung zahlreicher Drehscheiben, welche die Geleise miteinander verbinden, beschränkt.

Nicht minder reichlich vorhanden sind die bedeckten Räume, welche dem Publicum als Lagerplätze überlassen werden. Selbst in unterirdischen Stationen stehen zu diesem Zwecke ziemlich ausgedehnte Hallen zur Verfügung. Daneben befinden sich oft besondere Einrichtungen, welche den Vertretern einzelner Verkehrsbranchen zugewiesen sind, z. B. Magazine zum Handel von Kartoffeln (auf der Kings-Cross-Station kommen täglich an 200 mit Kartoffeln beladene Wagen an), sowie Getreidespeicher, ferner Bureaus für Kohlenhändler, endlich auf verschiedenen Londoner Stationen Pfeilerbahnen mit darunter liegenden bequemen Magazinen für das Entladen und Sortiren der Kohlen (drops or barges). Diese letzteren Vorrichtungen scheinen übrigens ein Nothmittel zu sein, zu welchen die Beschränktheit des Raumes und die Nothwendigkeit gegenüber der in London für den Kohlentransport so wirksamen Wasserconcurrenz, dem Publicum Vortheile zu bieten, geführt hat.

Unverhältnißmäßig ausgedehnt sind auf englischen Güterstationen die Entladegeleise. In manchen der großen Stationen stehen mitunter an 2000 beladene Wagen, wovon indes höchstens der vierte Theil an einem und demselben Tage eingegangen ist. Ebenso verhält es sich mit der Zahl der entladenen Wagen. Es hängt dieses ungünstige Verhältniß mit der gewohnheitsmäßigen Nachsicht zusammen, welche die Londoner Bahnen theils aus Rücksicht für die Bequemlichkeit des Verkehrs, theils aus Concurrenzfurcht bei Behandlung der vom Publicum zu entladenden Wagen üben. Die regelmäßige Miethe für die eigenen, beziehungsweise das Standgeld für die Privatwagen, wird sehr selten erhoben; es kommt deshalb vor, daß vornehmlich Privatwagen wochenlange unentladen stehen bleiben. Diese Praxis mag nicht wenig zu der Ausdehnung der Ladegeleise beigetragen haben.

Die sehr schnelle und regelmäßige Beförderung, welche zwischen den durch directe Güterzüge verbundenen Hauptstationen Englands stattfindet, beruht auf folgenden Momenten: der bedeutenden Entwickelung des Waarenverkehrs zwischen diesen Plätzen; dem großen Aufwand an baulichen Einrichtungen und Personal, der für diesen Zweck gemacht wird; dem Umstände, daß an allen diesen Plätzen die Bestätterei von den Bahnen selbst ausgeführt wird.

Ein treffendes Beispiel für die Anstrengungen, welche bezüglich des Aufwandes an lebenden Arbeitskräften gemacht wird, bietet die Güterstation Camden-Town der London- und North-Westernbahn. Die Beladung der 350 durchschnittlich mit 1500—2000 Kilogramm belasteten Stückgüterwagen, welche von dort in jeder Nacht abgehen, wird durch eine Colonne von 200 Arbeitern in der Zeit von 8 Uhr Abends bis 3 Uhr Früh ausgeführt; am Tage wird nur Massengut, z. B. Roheisen, verladen. Um 4 Uhr Morgens beginnt die Entladung der angekommenen Wagen und Fuhrwerke seitens einer anderen Schicht von 200 Mann. Im Ganzen sind auf der Station Camden-Town, auf welcher 1100 und mehr Wagen täglich beladen ab- und zugehen, 1300 Beamte und Arbeiter beschäftigt, etwa 160 allein im Expeditionsbureau.

Unter den vielen Güterbahnhöfen in London ist wohl einer der interessantesten jener von Broad Street der London- and North-Westernbahn. Er liegt im Mittelpunkt der City, und zwar im Niveau der Straße, während der Personenbahnhof gleichen Namens, sowie die Geleise für die Zusammenstellung, wie Ankunft und Abgang der Güterzüge eine Etage höher liegen. Es stehen drei hydraulische Hebevorrichtungen zur Verfügung, welche durch zwei Maschinen von je 80 Pferdekräften betrieben werden. Das Lagerhaus, welches erst vor einigen Jahren fertiggestellt wurde, hat vier Stockwerke und erfolgt die Hebung der Frachten in die einzelnen Stockwerke durch hydraulische Hebevorrichtungen.

Auf einigen großen Getreidestationen geschieht das Aufspeichern der Getreidemassen durch mit Dampf sehr rasch getriebene Fördermaschinen direct aus den Wagen in alle Räume vierstöckiger Magazine. Allgemein bekannt sind die ähnlichen aber weit großartigeren Vorkehrungen auf amerikanischen Bahnen, die sogenannten »Elevators«: ungeheuere, vielstöckige Gebäude, in welchen das zugeführte Getreide frei lagert, bis es zur Weiterverfrachtung verladen oder sonstiger Verwendung zugeführt wird. Auch bezüglich des Transportes von Petroleum bestehen auf den amerikanischen Hauptbahnhöfen sehr bedeutende Installationen.

Die Beladung der offenen Güterwagen erfährt, abgesehen von der zulässigen Belastung, jene Beschränkung, welche durch das »Normalprofil« (vgl. Seite 96) gegeben ist, d. h. die Ladung eines solchen Wagens darf die durch das Normalprofil festgestellte Umrißlinie nicht überschreiten. Um eine Controle hierfür zu haben, bestehen besondere Vorrichtungen, welche Lademaße genannt werden. Es sind Gerüste in Form eines Galgens, innerhalb welchen eine bewegliche Holzleere oder ein eiserner Bogen hängend oder in Charnieren beweglich angebracht ist und dessen innere Lichte genau dem Luftraume des Normalprofiles entspricht. Wird nun ein Wagen unter das Gerüste hindurchgeschoben, so darf der bewegliche Theil nicht angestreift werden. Mitunter meldet eine Klingel, welche in Verbindung mit der Leere steht, den erfolgten Anstoß. Statt der Leere bedient man sich mitunter einer Anzahl von Schnüren, welche an ihren unteren Enden durch Gewichte straff gespannt werden. Ein hindurchgeschobener Wagen darf keinen der Schnüre in Bewegung setzen.

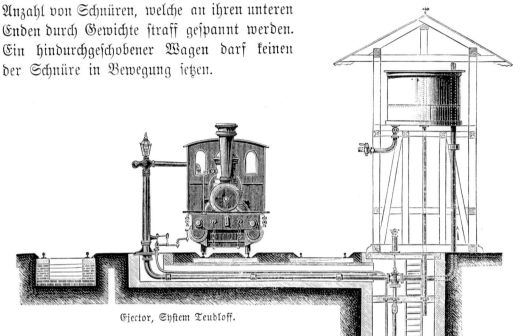

Ejector, System Teudloff.

Diejenigen Stationen, welche mit den entsprechenden Vorrichtungen ausgerüstet sind, um die Tender der Locomotiven mit Wasser zu versehen, werden Wasserstationen genannt. Die erwähnten Vorrichtungen bestehen in Brunnen, Pumpwerken, Wasserbehältern (Cisternen) und den Wasserkrahnen; ferner aus den Röhrenleitungen, welche einzelne dieser Installationen miteinander verbinden, und dem sogenannten »Vorwärmeapparate«. Ueber die Brunnen ist weiter nichts zu sagen, als daß sie wasserreich sein müssen, um aus ihnen das mitunter sehr bedeutende Quantum von Speisewasser entnehmen zu können. Das Heraufpumpen des Wassers wird meistens durch kleine Dampfpumpen bewirkt; nur auf kleinen Stationen, wo nicht täglich gepumpt zu werden braucht, bedient man sich einer guten Handpumpe, welche durch einige Leute bedient wird. Manche Eisenbahnpraktiker verwerfen sie durchaus, da sie wenig leistungsfähig und der Betrieb durch Menschenkraft kostspielig ist. Mitunter wird der Betrieb der Pumpen mit Windflügel (Turbinen) besorgt, doch sind dies Ausnahmen.

Im Interesse eines nicht zu stark variirenden Wasserniveaus, beziehungsweise der Saughöhe, sowie auch um bequem in den Brunnen gelangen und in Nothfällen eine zweite Maschine darauf setzen zu können, wird der Brunnendurchmesser nicht viel unter 3 Meter angenommen. Zweckmäßig ist die Anlage eines durch einen Saugcanal mit dem Brunnen in Verbindung stehenden Separatschachtes für die Pumpe im Innern des Maschinenhauses und Verlegung des Brunnens nach außen. Ist dessen Tiefe nicht groß, so kann das Saugrohr direct zur Pumpe in den Schacht geleitet werden. Bei großer Tiefe muß die Pumpe außerhalb und eine Bewegungsübertragung durch Wellen oder Rinnen angebracht werden. Ueber 4 Meter sollte der innere Schacht nicht tief sein.

Bei der Anwendung der Dampfkraft zum Pumpen bedient man sich theils der Ejectoren, theils der Pulsometer. Für Wasserstationsanlagen ist die erste Bedingung, einen absolut sicher functionirenden Wasserapparat zu besitzen, der unter allen Verhältnissen zuverlässig arbeitet. Dieser Bedingung wird durch die vorerwähnten Einrichtungen vollauf entsprochen. Die neueren Ejectoren (und Pulsometer) besitzen keine beweglichen Theile, sind daher auch keiner Reparatur und Abnützung unterworfen. Ein Einfrieren der Rohre, selbst bei strengstem Frost, ist gänzlich ausgeschlossen, indem bei Außerbetrieb-

Ejector (Reserve-Wasserhebeapparat, System Teudloff).

setzung des Apparates weder Dampf noch Wasser in den Röhren zurückbleibt, was bei den älteren Pumpen nicht der Fall ist.

Der Seite 485 abgebildete Ejector (System Teudloff) zeigt eine Anordnung zum directen Schöpfen mittelst Dampfes der Locomotive durch einen Krahn in den Tender derselben, beziehungsweise in ein höher gelegenes Reservoir. Einem solchen Ejector kommt eine stündliche Leistung von 40.000 Liter zu. Die Disposition, nur direct in den Tender zu schöpfen, ist die einfachste und billigste und wird vornehmlich für Zwischenstationen in Anwendung gebracht. Für Remisen- oder Heizhaus-Wasserstationsanlagen kommen besondere Vorkehrungen in Anwendung.

Wie aus der Abbildung ersichtlich, ist der Ejector an einem Holzpfosten anmontirt und steht letzterer auf der Sohle des Brunnens auf, so daß der Seiher vom Ejector ungefähr 400 bis 500 Meter von der Sohle noch Abstand hat. Die Dampfentnahme vom Kessel der Locomotive geschieht mittelst eines Ankuppelungs= rohres, welches unmittelbar an der Krahnsäule befestigt ist, und tritt der ent= nommene Dampf durch dasselbe in das Dampfrohr und den Ejector. Dieser letztere hat zu unterst ein Umhüllungs= oder Schutzrohr, damit das Dampfrohr, so weit es im Wasser steht, vor allzu starker Condensation des einströmenden Dampfes geschützt ist. Parallel zum Dampfrohr ist das Steig= oder Druckrohr angeordnet, das mittelst eines Dreiweghahnes theils unmittelbar durch den Krahn in den Tender, theils durch ein Abzweigrohr in das Reservoir schöpfen kann. Die Hand= habung dieses Apparates geschieht wie folgt. Beim Einfahren der Locomotive in die Station wird das Ankuppelungsrohr mittelst eines Holländers an ein an der Locomotive angebrachtes Gewindestück oder Ventil angekuppelt. Ist dies geschehen, so wird das Dampfanlaßventil am Kessel geöffnet und der Ejector tritt sofort in Thätigkeit. Beim Abbestellen der Wasserzufuhr wird das Dampfanlaßventil am Kessel geschlossen und der Holländer der Ankuppelung gelöst.

Von Wichtigkeit ist es, vornehmlich in wasserarmen Gegenden, welche von einer Bahn durchzogen werden, einen Reserve=Wasserapparat auf der Loco= motive selbst anmontirt zur Verfügung zu haben. Derselbe besteht aus einem Ejector, der sehr compendiös gehalten ist, um möglichst wenig Raum einzunehmen. In der nebenstehenden Abbildung ist ein Teudloff'scher hängender Ejector dar= gestellt. Derselbe ist an der Seite des Tenders anmontirt, eine Anordnung, die den Vortheil hat, daß der Gummi=Spiralsaugschlauch, wenn an den Saugstutzen mittelst des Holländers am Apparat angekuppelt, kein Knie bildet. Der Ejector erhält durch ein Dampfrohr den directen Kesseldampf zugeführt und wirft das durch den Saugschlauch angesaugte Wasser durch ein kurzes Auslaufknie direct in den Tenderkasten. In der Abbildung ist der Ejector nicht seitlich an der Tender= wand, sondern auf derselben befestigt, wodurch der Gummischlauch gleich hinter dem Saugstutzen einen Bogen macht. Der Saugschlauch bleibt für gewöhnlich am Saugstutzen angekuppelt, um im Bedarfsfalle einfach in einen nahe gelegenen Bach, Fluß oder Teich geworfen zu werden. Am Ende des Schlauches ist es gut, einen Seiher anzubringen, damit nicht etwa Holztheilchen oder sonstige grobe Unreinlich= keiten mit aufgesaugt werden.

Die Pulsometer — bekanntlich eigenthümliche Dampfpumpen ohne Kolben, bei denen der Dampf direct auf das zu hebende Wasser drückt — empfehlen sich besonders durch ihre Einfachheit. Sie bedürfen, da sie außer den Ventilen keine beweglichen Theile haben, keiner Schmierung und Wartung und können tief in den Brunnen hineingestellt werden. Besonders vertheilhaft und billig ist der Teudloff'sche »Perfections=Pulsometer«. Die Anordnung des Apparates ist um= stehend abgebildet. Die Dampfentnahme zur Inbetriebsetzung kann entweder direct

durch die Locomotive oder durch einen eigens aufgestellten stabilen Dampfkessel
erfolgen.

Für Anfangs- und Endstationen, wo das Wasser in ein Reservoir gefördert,
und von welchen aus dasselbe zur Speisung der Tender durch Krahne entnommen wird, eignet sich die Anwendung dieses Pulsometers vortrefflich, da
man in diesem Falle den Dampf einer Locomotive, welche ihren Turnus beendet
hat, noch zum Schöpfen verwenden kann. Die Teudloff'schen Perfections-Pulsometer haben als Ventile keine Kautschuklappen,
sondern metallene Doppelsitzventile, wodurch
dem Uebelstande, daß erstere häufig verbrannten,
vorgebeugt ist.

Die Reservoirs (Cisternen)
sind große Behälter aus Gußeisen oder
Blech, seltener aus Holz,
welche derart angeordnet
sind, daß sie sich in einer

Wasserstations-Pumpe (Perfections-Pulsometer, System Teudloff).

gewissen Höhe über den Schienen befinden. Ihre Aufstellung
erfolgt entweder am Stationsgebäude oder auf Pfeilern.
Gewöhnlich werden mehrere solche Cisternen, die durch
Rohrleitungen miteinander verbunden sind, aufgestellt. Behilft man sich mit einem einzigen größeren Behälter, so
soll sein Fassungsraum nicht unter 50 Cubikmeter betragen.

Auf kleineren Stationen, auf welchen die Züge
nur kurzen Aufenthalt haben, wäre es nicht möglich,
die Locomotiven mittelst der vorbesprochenen Einrichtungen
mit Wasser zu versorgen. Es geschieht dies vielmehr mittelst der Wasserkrahne,
welche an beiden Enden des Bahnhofes derart placirt sind, daß der zum Stehen
gebrachte Zug in unmittelbare Nachbarschaft des Krahnes gelangt. Die gewöhnliche Anordnung desselben ist die, daß vermittelst einer unterirdischen Leitung
Wasser zugeführt wird, das durch entsprechenden Druck in die Krahnsäule aufsteigt
und weiterhin durch einen horizontalen Arm — der nach zwei Seiten drehbar ist

— abfließt. Bei schnellfahrenden Zügen, deren Locomotiven einen großen Wasser=
bedarf haben, muß das Ausflußrohr so weit gemacht werden, daß selbes innerhalb
anderthalb bis zwei Minuten vollständig mit Wasser gefüllt ist. Befinden sich —
was bei den größeren Stationen der Fall ist — an beiden Enden des Bahnhofs
Wasserstationsanlagen, so entnehmen die Locomotiven ihren Wasserbedarf den Re=
servoirs, die gleichfalls mit einem Auslaufrohr versehen sind.

Die Wasserkrahne können mit einfacher oder doppelter Säule construirt sein.
Die Stellung des Krahnes zum Canal soll das Wassernehmen sowohl durch die
Seitentaschen als auch durch das rückwärtige Mannloch des Tenders gestatten. In
Zwischenstationen werden stets zwei an Canälen stehende, in größeren Stationen
sogar vier Krahne erfordert, je zwei für kurze, dem Perron näherstehende Per=
sonenzüge, je zwei für Güterzüge, und ist jeder Krahn an der gemeinschaftlichen
Abzweigung mit Schieberventil, von außen zugänglich, absperrbar.

Gegen das Gefrieren des Wassers in den Reservoirs bedient man sich noch
vielfach — obwohl, seitdem die Locomotiven mit Injectoren gespeist werden, dies nicht
mehr nothwendig — der sogenannten »Vorwärmer«. Es sind dies kleine eingemauerte
Dampfkessel, welche durch zwei Rohre mit den darüber liegenden Wasserbehältern
in Verbindung stehen. Das in dem Kessel angewärmte Wasser dringt in die Be=
hälter vor, während gleichzeitig das Wasser aus letzterem in den Kessel zurückfließt.
Durch diesen beständigen Austausch wird das Einfrieren des Wassers verhütet.
Wo man zum Pumpen eine kleine Dampfmaschine hat, pflegt man den abgehen=
den Dampf oder auch frischen Kesseldampf zur Anwärmung zu benützen.

Auf gemeinschaftlichen Bahnhöfen wird hie und da ein größeres Wasserwerk
von verschiedenen Bahnen gleichzeitig benützt; selbst Anlagen größerer Städte oder
Etablissements liefern an Bahnen das Wasser. In solchen Fällen wird ein genau
präcisirter Vertrag abgeschlossen und die völlig sichergestellte, täglich zu liefernde
Wassermenge als Hauptpunkt behandelt, weil es für deren Ausbleiben ein Aequi=
valent nicht gibt und keinerlei Geldentschädigung im Stande wäre, eine durch
Wassermangel herbeigeführte Betriebsstörung auszugleichen.

Da es selbstverständlich von Wichtigkeit ist, den jeweiligen Wasserstand des
Reservoirs zu kennen, ist eine stete Controle desselben erforderlich. Hierzu bedient
man sich vielfach der elektrischen Wasserstandsanzeiger, welcher die jeweilige
Höhe des Wasserstandes entweder akustisch, optisch, oder beides zugleich anzeigen,
und zwar entweder nur den höchsten Wasserstand, oder den höchsten und tiefsten
Wasserstand. Die Anordnung des Wasserstandanzeigers ersterer Art besteht im
Wesentlichen aus einem Schwimmer (S), der sich vermittelst einer Stange,
die durch die Führungslöcher zweier Arme (PP_1) eines Metallbügels (G) geht,
auf= und abwärts bewegt. Bei der Aufwärtsbewegung wird durch die Stange
eine Feder (F) gegen einen Contact (C) gedrückt und dadurch der Unterbrechungs=
wecker (W) bethätigt. Durch einen an der Stange oberhalb des unteren Führungs=
armes befestigten Ring ist dem Abfallen des Schwimmers ein nur ganz kleiner

Spielraum gegeben. Ein Taster (T) dient überdies zur Vermittelung der Corre=
spondenz mit dem Pumpenwärter.

Eine Anordnung des Wasserstandanzeigers zur Anzeige des höchsten und
tiefsten Wasserstandes ist nebenstehend abgebildet. Hier bewegt sich der Schwimmer T
vermittelst der Oesen $p\,p_1$ längs des
Führungsrahmens a b nach auf= und
abwärts und ist zugleich durch ein Gegen=
gewicht Q ausbalancirt, und zwar derart,
daß der Schwimmer um Weniges schwerer
ist. Die Verbindung beider Theile wird
durch eine über die Rolle R laufende
Kette K bewirkt und sind an dieser
letzteren zwei Hülsen g und g_1 derart
mittelst Klemmen befestigt, daß die eine
Hülse (g) beim Aufsteigen des Schwim=
mers, die andere (g_1) beim Abfall des=
selben an die Gabel M (beziehungs=

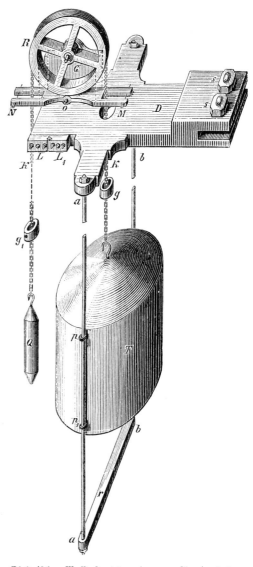

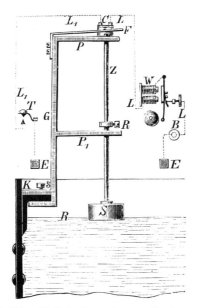

Elektrischer Wasserstandsanzeiger zur Anzeige des
höchsten Wasserstandes.

Elektrischer Wasserstandsanzeiger zur Anzeige des
höchsten und tiefsten Wasserstandes.

weise N) des bei o drehbaren Armes M N anstößt und sie hebt. In beiden Fällen
wird ein Contact hergestellt, der Stromkreis einer Batterie geschlossen und der
Controlwecker bethätigt.

Die Wasserstationen theilen sich in Haupt= und Aushilfswasserstationen.
Erstere sind solche, woselbst der Wasserbedarf der Locomotiven in erster Reihe
gedeckt wird, d. h. wo die Hauptabfassung jeder wasserbedürftigen Locomotive

geschehen muß. In den Aushilfswasserstationen soll nur ausnahmsweise Wasser genommen werden, und zwar: wenn in einer der zunächstliegenden Hauptwasserstationen gänzlicher oder theilweiser Mangel eingetreten ist, oder wenn bei ungünstigen Verhältnissen, widrigem Wetter u. s. w. ein abnormaler Wasserverbrauch die Nachfüllung des Tenders nothwendig macht. Anderntheils aber dienen die Aushilfswasserstationen dazu, die Wasserabfassung aus den zunächst gelegenen Haupt-Wasserstationen beständig zu ergänzen, und zwar dann, wenn die Entfernung der Haupt-Wasserstation so groß ist, daß selbst unter normalen Verhältnissen eine Nachfüllung in den Zwischenstrecken erforderlich ist. Aber auch in diesem Falle muß sich die Wasserabfassung in der Aushilfsstation nur auf den erforderlichen Bedarf beschränken, und zwar deshalb, weil in solchen Stationen das Wasser erheblich theurer zu stehen kommt, als in den vollkommen ausgerüsteten Wasserstationen.

Nachdem es der Hauptzweck des Wasserdienstes ist, den Locomotiven geeignetes Wasser, d. h. solches, welches möglichst wenig Kesselstein ablagert, in ausreichender Menge zuzuführen, so sind diejenigen Wasserstationen als Haupt-Wasserstationen zu bestimmen, welche dieser Anforderung entsprechen. Wasserstationen mit minder gutem Wasser sollen grundsätzlich nur zu Aushilfe-Nachfüllungen benützt werden und sind den Führern als solche zu bezeichnen. Sowohl der guten Instandhaltung der Reservoirs als der Wasserergiebigkeit der Schöpfbrunnen ist die größte Aufmerksamkeit zu schenken. Die Reinigung der Kessel der Dampfpumpen muß, je nach der Güte des Wassers, hinreichend oft vorgenommen werden.

Die Wasserstationen sind zumeist auch Kohlenstationen. Die Einnahme von Brennmaterial erfolgt entweder direct aus den Lagerplätzen, oder es sind an den beiden Endpunkten des Bahnhofes, wo die Locomotive des haltenden Zuges zu stehen kommt, Perrons oder einfache Holzgerüste errichtet, auf welchen, und zwar in gleicher Höhe mit dem Tender, das Brennmaterial (Kohle, Lignit, Torf, Holz) in handsamen Körben aufgeschichtet und dieser Art zum Einwerfen in den Tender bereitgestellt ist. Ein Tender faßt den Inhalt von 50—80 solcher Körbe mit je 25—40 Kilogramm Brennmaterial.

Auf einigen größeren Stationen hat man zur Beschleunigung und Erleichterung des Ladens auch mechanische Vorrichtungen angebracht. Auf amerikanischen Bahnen sind dieselben sehr verbreitet. Gewöhnlich sind es überhöhte und gedeckte Kohlenbühnen, von welchen durch seitlich herangeschobene Kippwagen das Brennmaterial in den darunterstehenden Tender geschüttet wird. Wo das Brennmaterial nicht auf den Stationen, sondern (um Transportkosten zu sparen) möglichst nahe den Zechen eingenommen wird, verkehren Kohlenkarren (Hunde) auf eigenen, senkrecht zur Bahn gerichteten Geleisen auf eine über die Bahn führende Brücke, wo deren Entleerung durch eine Fallthüre der Brückenbahn stattfindet. Diese Ladevorrichtung auf freier Strecke in der Nähe der Zechen hat übrigens nicht nur den angeführten Zweck, sondern ist für den Fall ein Nothbehelf, wenn bei schweren Güterzügen und widrigem

Wetter eine Tenderladung nicht ausreichen sollte, um den Zug an den Bestimmungsort führen zu können.

Das Brennmaterial wird in der Regel für ein Jahr, und zwar für den
Bedarf der Locomotiven, Wasserschöpfwerke, Werkstätten-Schmiedefeuer und verschiedenen Productionsöfen, dann für die Beheizung der einschlägigen Räume,
endlich nach Zuschlag der Mengen für Stations- und andere Zwecke, gedeckt und
die Einlieferung in der Regel franco Waggon irgend einer dem Kohlenwerke
zunächst gelegenen Einbruchstation verlangt. Die Hauptabfaßplätze des Brennmateriales sollen in den Haupt-Maschinen- und Wechselstationen der Bahn sein, so
daß eine Regieverführung der Waggons möglichst entfalle. In der Regel wird der
Bezug des Brennmaterials aus dem eigenen (im Bereiche gelegenen) Productionsgebiete der ökonomischeste sein, weil der Preis der Kohle überwiegend von der
Fracht abhängt.

Die Lagerung der Kohle im Freien ist nur bei schnellem Verbrauche und
bei solchen Gattungen statthaft, die nicht rasch zerfallen; es ergibt sich jedoch immer
ein Abgang durch Verstäubung, Zerfall, Entwendung, Vermischung mit Erde,
Sand u. s. w. Außerdem besteht die Gefahr der Selbstentzündung, welcher durch
Querschläge, halbgefütterte Durchlochungen und Trennung der einzelnen Haufen
vorgebeugt wird. Damit das Personale durch zu geringes Maß beim Abfassen
nicht verkürzt, und in Folge dessen die Statistik durch falsche Daten nicht zu eben-
solchen Schlüssen geführt werde, ist die in den Körben gefüllte Kohle von Zeit zu
Zeit durch den Heizhausleiter nachzuwiegen.

Rangirbahnhöfe kommen nur auf großen Endstationen vor und werden
dieselben zu dem Zwecke angelegt, daß für die zur Abfahrt bestimmten Locomotiven
und Wagen, welche in Züge vereinigt werden sollen, beziehungsweise den in ihre
Theile zu zerlegenden ankommenden Zügen, ein besonderer Raum zur Verfügung
stehe. Der exacte Rangirdienst verlangt eine scharfe Trennung des Localverkehrs
vom durchgehenden Verkehr. Die Züge mit durchgehenden Gütern haben dann nur
sehr wenig zu rangiren und die localen Güterzüge verkehren langsamer mit entsprechenden Aufenthalten. Eine den englischen Rangirbahnhöfen entnommene Anordnung, welche man zuweilen auf deutschen Bahnhöfen findet, ist der sogenannte
»Rangirkopf« — eine etwas überhöhte Plattform, in welcher ein sehr langes Geleise liegt, in das alle übrigen Rangirgeleise zusammenlaufen. Auf diesen Rangirkopf wird der Güterzug, mit der Locomotive voran, gefahren, und nun jeder Wagen
— der hinterste zuerst — von der Locomotive auf die geneigte Ebene, welche
zum Plateau hinaufführt, geschoben. Dieser Wagen, sowie jeder folgende, rollt
vermöge seiner Schwere auf dasjenige Geleise hinab, welches ihm durch die entsprechende Weichenstellung freigegeben wird.

Im weitesten Maße findet dieses System, wie bereits angedeutet, auf
englischen Güterstationen Anwendung. Entweder sind es Bahnhöfe, welche in ge-
neigter Lage verschiedene Geleisabtheilungen enthalten, um aus dem oberen Theil

die Wagen der ankommenden Züge in die unteren Geleisgruppen ablaufen zu lassen und dadurch zu rangiren; oder es genügt das Gefälle nicht, um die Wagen durch ihr eigenes Gewicht bis in die unteren Rangirabtheilungen zu bringen, und müssen die Wagen durch die Weichenstraße, welche zu den tieferen Aufstellungsgeleisen führt, durch Pferde gezogen werden und laufen dann erst allein weiter. In beiden Fällen wird eine bedeutende Menge von Wagen, welche auf verschiedenen in der Station zusammenlaufenden Linien herangeführt wird, in verhältnißmäßig kurzer Zeit rangirt. Die Vortheile, welche das System vornehmlich dort, wo es rein durchgeführt wird, darbietet — durch die Ersparniß an Locomotivkraft — und an Rangirmannschaft, durch die größere Sicherheit für das beim Rangiren beschäftigte Personal und durch die Schnelligkeit der Ausführung — dürfen als sehr gewichtig angesehen werden.

Wo Rangirbahnhöfe aus irgend einem Grunde nicht als selbstständige Anlage bestehen, muß der Rangirdienst selbstverständlich am Güterbahnhofe eingerichtet werden. Gleichwohl ist eine Abtheilung des Raumes, der einerseits dem Rangirdienst, anderseits dem eigentlichen Güterverkehr zugewiesen wird, nothwendig. Auf kleinen Stationen, wo übrigens wenig rangirt wird, da es sich in der Regel nur um Mitnahme, beziehungsweise Abstoßung eines oder einiger Wagen handelt, werden die Fahrgeleise zum rangiren benützt, unter Beachtung der unerläßlichen Vorsicht, die bei jeder Verlegung der Fahrgeleise durch Fuhrwerke strenge gehandhabt werden muß.

Zu den Anlagen größerer Stationen zählen auch jene Baulichkeiten, welche die außer Gebrauch stehenden Fahrzeuge aufnehmen, um sie unter Dach zu bringen und dieser Art gegen die Wetterunbilden zu schützen, beziehungsweise an ihnen kleine Reparaturen vornehmen zu können. Es sind dies die Locomotiv- und die Wagenremisen. Die ersteren führen auch die Bezeichnung »Heizhäuser«, da in ihnen die Indienststellung der Locomotiven stattfindet. Heizhäuser befinden sich in der Regel nur am Ausgangs- und Endpunkte der Fahrstrecken-Sectionen, doch ist vorzusehen, daß die Heimatstation möglichst vieler Locomotiven am Orte der großen Werkstätte sich befinde.

Bezüglich der Grundformen der Locomotivremisen ist zu bemerken, daß dieselbe vorwiegend rechteckig ist; doch kommen auch kreisförmige, ovale, halbkreisförmige, polygonale, hufeisenförmige, ringförmige Remisen vor. Die kreisförmigen Remisen haben in ihrem Mittelpunkte eine Drehscheibenanlage, welche so groß sein muß, daß die größte Locomotive mit ihrem Tender darauf Platz findet. Von der Drehscheibe gehen in der Richtung der Radien die einzelnen Locomotivstände ab. Rechteckige Remisen haben mehrere parallele Geleise, welche mit den Bahnhofsgeleisen durch Weichen verbunden sind. Diese Remisen können entweder an der einen Stirnseite geschlossen sein, oder es liegen beide Stirnseiten offen, so daß die Locomotiven durchfahren können. Die Anbringung der Drehscheibe in kreisförmigen, halbkreisförmigen oder polygonalförmigen Remisen wird vielfach als unzweckmäßig

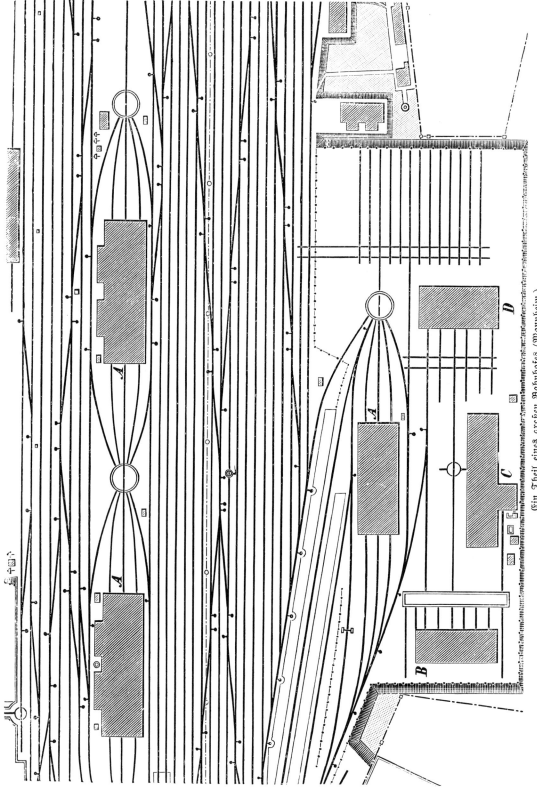

Ein Theil eines großen Bahnhofes (Mannheim.)

A, A, A Locomotivremisen. B, D Wagenremisen. C Wagen-Reparaturwerkstätte.

bezeichnet, weil im Falle einer Beschädigung der Scheibe, sämmtliche remifirten Maschinen blockirt wären. Gleichwohl findet man diese Anordnung sehr häufig.

Die Anlage des Heizhauses innerhalb des Bahnhofes muß die unbehinderte Zu- und Abfahrt der Maschinen zu den Zügen und den Kohlen-Abfaßplätzen ohne Kreuzung der Hauptgeleise gestatten; die freien Heizhausgeleise müssen Canäle und Wasserkrahne zum Ausblasen und Wasserfüllen besitzen; das Rangiren der Maschinen beim und im Heizhause soll ohne Beirrung der bereits remifirten Maschinen und möglichst ohne Verschiebung geschehen können. Die Drehscheiben müssen derart placirt werden, daß sie nicht in Geleisen liegen, über welche zum und vom Heizhause unaufhörlich gefahren wird, weil sie diesfalls stets im schlechten Zustande und steter Beschädigung ausgesetzt sind.

In den Remifen wird zwischen je zwei Ständern ein Krahn oder Hydrant mit Schlauch aufgestellt und ist über jedem Canal für jede Maschine ein fester Schornstein angebracht, der womöglich, nicht aber unbedingt, zum gänzlichen Herablassen auf den Schlot der Maschine eingerichtet ist. Bei runden Heizhäusern ist dessen Stellung gegen die Außenperipherie zu angemessener, um den Tender außerhalb des Thores schieben zu können. Das Dachgesparre soll einen Flaschenzug zum Anhängen von Schornsteinen, Cylindern und anderen Theilen tragen können. Zum Rauchabzug sind Laternen oder Satteldächer nöthig. Viel Licht und gute Heizbarkeit sind Haupterfordernisse für jede Remise. Als Fußboden ist Asphalt oder Holzstöckelpflasterung dem Steinpflaster vorzuziehen.

Jede in Dienst tretende Maschine muß derart bereit gemacht werden, daß sie in voller Dienstbereitschaft kurz vor Abgang des Zuges aus dem Heizhause direct ohne weiteren Aufenthalt zum Zuge oder auf das in dessen Nähe dafür bestimmte Geleise fahren kann. Das Rangiren der Maschinen im und beim Heizhause geschieht mittelst angekommener, noch im Dampf oder Bereitschaft stehender Maschinen und wird auf das Auswaschen, Ausblasen und Repariren besonders Rücksicht genommen. Solche Maschinen werden, wenn man sie entleeren mußte, mittelst der inneren Heizhauskrahne wieder gefüllt. Das Auswaschen findet bei gutem Speisewasser nach 500—800, bei schlechtem nach 300—500 Kilometer zurückgelegter Fahrt, oder nach 8, beziehungsweise 5—6 Tagen Reservedienst statt, doch bestehen hierüber, wie nicht anders zu denken, in den verschiedenen Ländern abweichende Vorschriften.

In der Regel werden die Ankommenden oder vom Dienste ins Heizhaus zurückkehrenden Maschinen zuerst umgedreht, sodann Aschen- und Rauchkasten und die angerosteten Theile gereinigt, und zuletzt der Tender mit Wasser gefüllt. Das alles geschieht auf den freien Canälen und bei deren Krahnen. Sodann fährt die Maschine in die Remise auf den mit Rücksicht auf die Tour vorbestimmten Standplatz, oder wird dahin geschoben, und entweder sofort geputzt und reparirt, oder, wenn ihre Ankunft zur Nachtzeit erfolgt, mit Tagesbeginn, wenn die Umstände nicht eine sofortige Instandsetzung erheischen.

Die außer Dienst stehenden Wagen verbleiben entweder in den Personen=
hallen oder sie werden in besonderen Wagenremisen aufgestellt. Das Verlegen
der Hallengeleise mit ganzen Garnituren ist nur dort zulässig, wo der vorhandene
Raum — sehr lange Hallen und viele Geleise — eine Störung des Betriebes
nicht herbeiführen. Ueber die Einrichtung der Wagenremisen selbst ist nicht viel zu
sagen. Je nach den Erfordernissen werden sie kleiner oder größer hergestellt und
mit einem, beziehungsweise mehreren Geleisen versehen. Die Beaufsichtigung und
Untersuchung der Wagen obliegt in der Regel der Heizhausleitung, beziehungsweise
den Stationsvorständen. Unbedingt und jeder Zeit muß an dem Grundsatze fest=
gehalten werden, daß jeder zum Transporte in Verwendung zu nehmende Wagen
sich in vollkommen betriebssicherem Zustande sich befinden muß und keinen Mangel
an sich tragen darf, durch welchen die Sicherheit des Verkehrs gefährdet oder eine
Beschädigung von Personen oder Sachen herbeigeführt werden könnte.

Das letzte Glied großer Bahnhofsanlagen sind die Werkstätten. Sie haben
den Zweck der Erhaltung des rollenden Materials, der mechanischen Ausrüstung
und einschlägigen Reparaturen in Folge der Abnützung durch den Betrieb, dann
der Neuherstellungen und ausnahmsweise des Neubaues von Fahrmitteln. Die
Werkstätten sind selten so umfangreich und vollständig, daß in ihnen der Neubau
von Locomotiven mit einigem Erfolg betrieben werden könnte.

Hingegen besitzen viele größere Bahnen vollkommen für den Wagenbau aus=
gerüstete Werkstätten und bauen sich ihre Wagen, besonders die Güterwagen selbst.
Trotz alledem bestreiten die meisten Bahnen ihren Bedarf an Fahrmitteln bei den=
jenigen Unternehmungen, welche sich im Besonderen mit der Construction der ersteren
befassen. Neue Typen gehen nur aus diesen Etablissements hervor, und ist die
Leistungsfähigkeit der größeren derselben eine sehr bedeutende.

Die nachstehende Zusammenstellung, welche keinen Anspruch auf Vollständig=
keit macht, gestattet einen orientirenden Ueberblick auf die hier in Frage kommen=
den Unternehmungen in Deutschland, Oesterreich und der Schweiz.

Locomotivfabriken.

Firma der Fabriken	Jährliche Leistung	Zahl der bis 1891 gelieferten Loco= motiven
Deutschland.		
1. A. Borsig in Berlin	?	?
2. Berliner Maschinenbau=Actien=Gesell= schaft (vormals L. Schwarzkopf) . .	120—150	rund 1400
3. Eßlinger Maschinenfabrik in Eßlingen bei Stuttgart mit Filiale in Cannstadt	80—100	rund 2260

Firma der Fabriken	Jährliche Leistung	Zahl der bis 1891 gelieferten Locomotiven
4. Hannover'sche Maschinenbau = Actien-Gesellschaft (vormals G. Egestorff) in Linden bei Hannover	200—250	rund 2500
5. Chr. Hagans in Erfurt	30—40 kleine Tendermaschinen	» 00 » 200
6. Henschel & Sohn in Cassel . . .	250	» 3440
7. Kraus & Comp. in München und Linz a. d. Donau	150—180	» 2400
8. v. Maffei's Maschinenfabrik in Hirschau bei München	80—100	» 1600
9. Maschinenbau-Gesellschaft in Karlsruhe	50—70	» 1300
10. Sächsische Maschinenfabrik (vormals R. Hartmann) in Chemnitz . . .	100—120	» 1800
11. Stettiner Maschinenbau = Actien = Gesellschaft »Vulcan« in Bredow bei Stettin	100	» 1100
12. Vereinigte Elsässische Maschinenfabriken in Mühlhausen (vormals André Köchlin & Grafenstaden) . .	200	» 3000
Oesterreich-Ungarn.		
13. Actiengesellschaft der Locomotivfabrik vormals G. Sigl in Wr.-Neustadt	180—200	» 3500
14. Maschinenfabrik der österr. = ungar. Eisenbahn-Gesellschaft in Wien . .	80—100	» 2250
15. Maschinenfabrik der königl. ungar. Staatsbahnen in Budapest . . .	60—70	» 330
16. Wiener Locomotivfabriks=Actiengesellschaft in Floridsdorf bei Wien . .	80—100	» 800
Schweiz.		
17. Locomotiv= und Maschinenfabrik in Winterthur	80—90	» 700

Eisenbahnwagen-Fabriken.

Firma der Fabriken	Jährliche Leistungsfähigkeit im Bau der	
	Personenwagen	Güterwagen
Deutschland.		
1. Actiengesellschaft Düsseldorfer Eisen= bahnbedarf (vormals C. Weyer & Co.)	200—250	1600—1800
2. Actiengesellschaft für Fabrikation von Eisenbahnmaterial zu Görlitz . . .	250—300	1500—1800
3. Beuchelt & Co., Grünberg in Schlesien	—	800—1000
4. Breslauer Actiengesellschaft für Eisen= bahnwagenbau	250—300	1400—1700
5. Dietrich & Co. in Niederbronn bei Reichshofen	100—200	1200—1500
6. Gebr. Gastell in Mombach bei Mainz	300	1500
7. J. Grossens in Aachen	60—80	1000—1200
8. Killing & Sohn in Hagen, Westf. .	150—200	1000—1500
9. Gebr. Lüttgens in Burbach a. d. Saar	—	1000—1500
10. Maschinenbau = Actiengesellschaft in Nürnberg (vormals Klett & Co.) .	600—700	2700—3000
11. Mecklenburgische Maschinen= und Wagenbau=Actiengesellschaft in Gü= strow	200	800—1000
12. Joh. Rathgeber in München . . .	200	700—800
13. L. Steinfurt in Königsberg . . .	100—150	1000
14. G. Talbot & Co. in Aachen . . .	80—100	800—1000
15. Van der Zypen & Charlier in Köln=Deutz.	300	3500
16. Waggonfabrits=Actiengesellschaft vor= mals Herbrand & Co. in Ehrenfeld bei Köln a. Rh.	300	1200—1500
17. Wegmann & Co. in Cassel . . .	200	1000—1500
Oesterreich=Ungarn.		
18. Ganz & Co. in Budapest, Leobers= dorf bei Wien und Ratibor . . .	250	2500

Firma der Fabriken	Jährliche Leistungsfähigkeit im Bau der	
	Personenwagen	Güterwagen
19. Maschinen= und Waggonbaufabriks= Actiengesellschaft (vorm. H. D. Schmid) in Simmering=Wien	250	2000
20. F. Ringhoffer in Smichow b. Prag.	400	3000 (und 150 Tender)
Schweiz.		
21. Schweizerische Industrie=Gesellschaft in Neuhausen bei Schaffhausen . .	200—300	800—1000

In der Frage, ob es vortheilhafter für Bahnen von größerer Ausdehnung sei, eine einzige große Werkstätte zu besitzen, oder mehrere kleinere Werkstätten, geht die Antwort dahin, daß die erstere Disposition (»Centralwerkstätten«) viel billiger, dabei auch viel vollkommener und zweckmäßiger ist, als der Betrieb mehrerer kleiner Werkstätten. Auch die Anlage sogenannter »Filial=Werkstätten« ist auf das Aeußerste zu beschränken und blos durch örtliche Verhältnisse gerechtfertigt. Das Ideal wäre die Anlage einer Werkstätte, wenn sie von keinem Endpunkte der Bahn mehr als 250 bis 350 Kilometer entfernt und zugleich am selben Orte die Centralremise und die Hauptlocomotivstation wäre.

In der Regel fällt die Anlage großer Centralwerkstätten mit dem Hauptverkehrsknotenpunkte der Bahn zusammen, weil die zahlreichen Familien der Beamten und Arbeiter bessere Unterkunft, genügende Schulen für die Kinder und überhaupt bessere Lebensverhältnisse finden — nicht zu vergessen die erleichterte geistig=fachliche Anregung und Ausbildung. Die Anlage an kleinen Ortschaften bedingt den Bau von Arbeiter= und selbst Beamten=Colonien, die sich schwer verzinsen.

Wir können hier in die Einzelheiten einer Werkstättenanlage nicht eingehen, da die betreffenden Einrichtungen lediglich Hilfsmittel des technischen Eisenbahnwesens sind und als Fabriksbetriebe in ein anderes Fach hinübergreifen.

In Kürze sei hervorgehoben, daß die Verschiedenartigkeit der Arbeiten eine Trennung der Gebäude nach Zwecken bedingt; es kann nicht in demselben Raum geschmiedet, gedreht und lackirt werden. Die Gruppirung dieser Gebäude ergiebt sich aus deren Bestimmung. In der Mitte, zunächst dem Maschinenhause, sind die Schmiede und die Gebäude mit den Hilfsmaschinen zu stellen, um kurze Transmissionen zu erhalten. Eine Haupttrennung hat stattzufinden zwischen den Locomotiv= und Wagenwerkstätten, welche zu beiden Seiten der das Centrum bildenden Schmiede, Dreherei und Holzbearbeitungsmaschinen zu stehen kommen. Die einzelnen Gebäude sind: Schmiede, Gießerei, Schlosserei, Werkstatt zum Hobeln, Drehen und Bohren, eine Stellmacherei und Tischlerei, eine Sattler= und Riemer= werkstatt, eine Lackirerwerkstatt; außerdem Materialdepôts für Werkholz, Eisen, Oel, Brennmaterial, fertige Theile, altes Material. Sodann Bureaus und Zeichen= ateliers, Räume für die Dampfmaschinen, Höfe für Aufstellung von Glühöfen u. s. w.

In der neuesten Zeit geht man von der Anordnung von verschiedenen ge= trennten Baulichkeiten oder von in verschiedene Gebäudeflügel vertheilte Räumlich= keiten ab und erbaut einen einzigen großen Raum, in dem die einzelnen Betriebe installirt, die Bureaux alle untergebracht sind. Die Ausführung der Bauten ist in definitiver Weise und nicht etwa aus Holz= oder Riegelbau zu bewirken, weil die Bewegungen der Motoren, Transmissionen, Hilfsmaschinen (Dampfhämmer) ꝛc., provisorische Bauten fortwährend in baufälligen Zustand versetzen. Indes wird von berufener Seite empfohlen, die Anlagen nicht überflüssig massiv herzustellen, da, nächst den Verhältnissen des Güterverkehrs, sich nichts so wenig voraussehen läßt, wie die Anforderungen, die sich im Laufe der Zeit an die Werkstatt stellen, welche Veränderungen mit den Baulichkeiten sich nöthig zeigen werden.

Zum Betriebe der Werkstätte wird entweder ein großer Motor, oder werden mehrere kleinere Motoren, ja selbst Locomobilen installirt. Da der Werk= stättenbetrieb ein beständiger, von ziemlich gleicher Intensität ist, und einem Wechsel nur durch eine vorherzusehende Steigerung unterliegt, empfehlen sich große Dampf= maschinen, da sie einen besseren Nutzeffect gewähren, an Personale, Raum und in allen Regiepunkten geringere Ansprüche machen, als mehrere und kleinere Maschinen.

An Stationen, wohin keine Hauptwerkstätte verlegt wurde und dennoch Loco= motiven installirt sind, muß eine kleine Werkstätte zunächst dem Heizhause auf= gestellt werden. Dampfkraft ist hierfür erforderlich, es müßte sich denn um eine Heizhausstation handeln, deren Maschinen im regelmäßigen Turnus nie die Central= werkstätte berühren, wo sie etwa geringere Herstellungen, z. B. Auswechseln der Lauf= oder Tenderräder, etlicher Lager, Kolben oder Schieber und anderer Theile, welche höchstens drei Tage erheischen, erhielten.

----

2. Die Eisenbahn-Telegraphen und das Signalwesen.

Zu den sinnreichsten Einrichtungen, welche das Eisenbahnwesen aufzuweisen hat, gehören diejenigen, die zur Vermittelung aller den Betrieb regelnden Ver= ständigungen, seine Sicherheit gewährleistenden Maßnahmen dienen. Die Mittel hierzu sind Telegraph und Signal, die man passender Weise die »Sprache im

Eisenbahnbetriebe« genannt hat. Sie sind die technischen Formen, durch welche Willen und Gehorchen, Kundgebung und Maßnahme auf räumliche Entfernungen vermittelt werden. Für die Allgemeinverständlichkeit und sichere Handhabung der Ausdrucksformen einer Sprache ist die Grundbedingung, daß sie einheitlich seien: daß überall und unwandelbar dasselbe Wort denselben Begriff ausdrücke. Das Gleiche gilt vom Signalwesen, dessen Zeichen das lebendige Wort ersetzen. Die zweite Hauptbedingung sind Kürze und Exactheit der Ausdrucksweise, welche Zweifel oder Mißverständnisse ausschließen. Die Kürze der zu übermittelnden Signalbegriffe erhöht deren Verständlichkeit, was in Anbetracht der zumeist auf einer niedrigen Bildungsstufe stehenden Functionäre, für welche der Signalcodex bestimmt ist, von Wichtigkeit ist. Die Exactheit der Ausdrucksweise hinwieder verhindert Mißgriffe und Gefahren, sie festigt die Wirksamkeit des ganzen Apparates und gestaltet ihn zu einem unter normalen Verhältnissen niemals versagenden Ausdrucksmittel, welches allen Organen im gleichen Maße verständlich ist.

Wie die menschliche Sprache ihre correcte Gestaltung durch Ausmerzung alles überflüssigen Wortschwalles erhält, im gleichen Sinne die Signalsprache. Alle Complicationen sind vom Uebel. Noch in verhältnißmäßig kurzer Zeit lag das Signalwesen sehr im Argen, und zwar deshalb, weil vielgestaltige staatliche Einflüsse einheitlichen Signalvorschriften entgegenarbeiteten. Anderseits wirkte der doctrinäre Geist, der über das praktisch Zweckmäßige hinaus unerreichbaren Voll-kommenheiten zustrebte, lähmend auf eine gedeihliche Entwickelung des Signal-wesens. Zahlreiche Experimente führten zu einer fortschreitenden Trübung der that-sächlich vorhandenen Bedürfnisse, indem eine unübersehbare Zahl von Ausdrucks-mitteln gegen das oberste Gesetz jeder zweckmäßigen Einrichtung: Klarheit und Kürze, versündigte. Zur Zeit der höchsten Entwickelung dieses Zustandes wurde beispielsweise auf österreichischen und deutschen Bahnen der Ausdruck von über 80 Begriffen durch Signale erfordert und mit ungefähr 800 verschiedenen Signal-formen geleistet, während die englischen Bahnen ihre weit complicirteren Betriebe durch den Ausdruck von circa 14 Begriffen in 48 Formen sicherten. Während das Signalbuch der größten englischen Bahn — der London Northwestern-Bahn — aus einem Heftchen von wenigen Blättern bestand, erreichten die Signalbücher mancher continentalen Bahn den Umfang eines starken Bandes.

Nächst der Complicirtheit und relativen Unklarheit krankte das Signalwesen durch geraume Zeit in den häufigen Modificirungen der betreffenden Vorschriften, wenn sie auch zu principiellen Verbesserungen führten. Mit Recht bemerkt, auf diesen Sachverhalt sich beziehend, M. M. v. Weber, daß als das sicherndste Element in einem Signalsystem ein nüchternes, besonnenes, seine Pflichten kennendes und heilig haltendes Personal bezeichnet werden muß. »Ein solches wird sich aber nur da erzeugen, wo die Ausübung des Dienstes, durch Unwandelbarkeit der Functionen zur mechanischen Geläufigkeit geworden ist, die das Richtige mit ganz unwillkür-lichem Griffe findet. Der Signalmann, der häufig neue Instructionen auswendig lernen, neue Handhabungen einüben muß, wird ein schlechter Signalmann sein. Das Unvollkommene, das Altgewohnte, Geläufige und Wohlgeübte wird im Eisen= bahnwesen immer sichernder sein, als das vortrefflichste Neue, das aber zu seiner Manipulation der zweifelnden Ueberlegung bedarf, zu der beim Eisenbahnbetriebe oft keine Zeit ist.«

Die Meinungen über das Maß des sichernden Einflusses der verschieden= artigen Signalgattungen sind zu verschiedenen Zeiten und an verschiedenen Orten sehr wechselnd gewesen. Gewiß ist, daß es sehr frequente Bahnen gegeben hat und giebt, denen die eine oder andere Gattung der Signale ganz fehlt, die mit außer= ordentlich einfachen Signalformen betrieben werden und dennoch ein hohes Maß von Sicherheit aufweisen — während andere, mit allen Sicherungsmitteln, welche das Signalwesen nur bieten kann, ausgerüstet, weit weniger günstige Sicherheits= resultate ergeben. Trotzdem hat das in manchen Staaten herrschende Bestreben nach Uniformität beziehungsweise Verallgemeinerung der Vorschriften zu obliga= torischen Einrichtungen geführt, die zu argen Mißverhältnissen Anlaß gaben. Waren nämlich dieselben für Hauptbahnen begründet, so mußten sie logischerweise die Nebenbahnen in unökonomischer Weise belasten. Der schwächstfrequentirten, nur durch größte Sparsamkeit ihre Existenz fristenden Bahn, deren dünner, langsamer Verkehr zu seiner Sicherung vielleicht fast gar keiner Signalvorkehrungen bedurfte, wurde er complicirte Signalapparat aufgebürdet, dessen die frequenteste, mit Expreß=, Schnell= und zahlreichen anderen Zügen verschiedenster Geschwindigkeit befahrenen Bahn zur Manipulation und Sicherung ihres complicirten großen Verkehres bedurfte.

Der Telegraph gehört nicht eigentlich zu den Signalmitteln, doch bildet er einen wichtigen Behelf zum Austausche von Nachrichten, durch welche der Bahn= betrieb gesichert und der Verkehr überhaupt erst ermöglicht wird. Zwischen Telegraph und Signal liegt ferner der principielle Unterschied, daß ersterer Auskünfte, Wahr= nehmungen oder Befehle in räumlich bedeutenden Erstreckungen bewirken kann, während das Signal, welches sinnlich wahrgenommen werden muß, zwischen Punkten von beschränkter Entfernung zu functioniren hat. Seit Ausnützung der Elektricität als fernwirkende Kraft sind übrigens die Signalvorkehrungen unabhängig von den in Frage kommenden Entfernungen gemacht worden. Das durch die Elektricität hervorgerufene Signal kann ohne Kraftanstrengung seitens des Signalisirenden augenblicklich gegeben werden und ist die Verbindung des Signalstandortes mit dem Absendungsorte leichter herzustellen, wie bei jeder anderen Anlage; selbst die ge= fürchteten störenden Beeinflussungen durch atmosphärische und tellurische Elektricität lassen sich bis zu einem gewissen Maße unschädlich machen.

Die ersten bei den Eisenbahnen in Anwendung gekommenen Telegraphen waren der Nadeltelegraph von Wheatstone und der Zeigerapparat von Fardely. Verbesserte Constructionen verschafften diesen Apparaten selbst dann noch große Verbreitung, als der Morse'sche Schreibtelegraph die allgemeine Auf=

merksamkeit auf sich lenkte. Merkwürdigerweise überschätzte man die Schwierigkeit der Dienstausübung beim Morse'schen Schreibtelegraphen, indem man die Umständlich= keit der Erlernung des telegraphischen Spieles fürchtete. Sobald dieses Vorurtheil durch die Erfahrung gebrochen war, verdrängte das Morse'sche System sehr bald alle anderen Einrichtungen, oder führte zu combinirten Einrichtungen, wie beispiels= weise auf den nordamerikanischen Bahnen, wo die schreibenden Zeichenempfänger durch sogenannte »Klopfer« ersetzt sind, von welchen die Depeschen nach dem Gehör gewonnen werden. In Frankreich und Belgien hat man versucht, für die Morse'sche Correspondenz »Sender« zu construiren, die wie jene Zeigertelegraphen gehand= habt werden können (System Galget). In England, das bezüglich der Signal= einrichtungen bahnbrechend gewesen ist, blieb man bezüglich des Telegraphen con= servativ; es wird hier noch vorwiegend der Nadeltelegraph von Wheatstone und Cooke benützt.

Die größeren Eisenbahnen besitzen in der Regel eine Telegraphenlinie, durch welche die Centralleitung mit den wichtigsten Stationen bis zu den Endpunkten der Bahn direct verbunden ist. Dies ist die sogenannte »Hauptlinie«. Eine zweite Linie, welche alle zwischen zwei Hauptstationen (»Dispositionsstationen«) liegenden Stationen der Reihe nach untereinander verbindet, wird »Omnibusleitung« (oder »Betriebslinie«) genannt. Zu diesen beiden Leitungen kommt in vielen Fällen noch eine dritte Linie, welche die telegraphische Verbindung von Station zu Station herstellt und häufig zugleich für Signalgebung benützt wird. Für gewisse Zwecke wird eine Telegraphenlinie gleichzeitig sowohl für die elektrische Signalisirung als auch zur Vermittelung telegraphischer Correspondenzen ausgenützt. Diese doppelte Verwendbarkeit der Telegraphenleitung wird dadurch ermöglicht, daß man die empfindlicheren Telegraphenapparate durch eine Verstärkung oder Schwächung des circulirenden Stromes dienstbar machen kann. Diese Stromvermehrung — beziehungsweise Stromverminderung — darf natürlich eine bestimmte Grenze nicht überschreiten, da sonst auch die gröber adjustirten, daher minder empfindlichen Signalapparate hierdurch beeinflußt werden könnten.

Zum besseren Verständnisse dieses Sachverhaltes ist es erforderlich, einen orientirenden Blick auf die Anordnung der Elektricitätsquelle in Bezug auf die einzelnen zu einer vollständigen Telegrapheneinrichtung gehörigen Apparate zu werfen. In Bezug auf den Unterschied, welcher in dem Verhalten der Elektricitäts= quelle während des Ruhezustandes des Schließungskreises und jenem während der Zeichengebung besteht, unterscheidet man: 1. den »Arbeitsstrom«, bei welchem die Elektricitätsquelle in der Ruhelage der Apparate nicht in Thätigkeit und aus dem Stromkreise ausgeschaltet ist und erst, wenn telegraphirt wird, durch den Zeichen= geber eingeschaltet wird; 2. den »Ruhestrom«, bei welchem die Elektricitätsquelle im Ruhezustande der Apparate in fortgesetzter Thätigkeit sich befindet, selbe daher direct in den Stromkreis eingeschaltet ist; den »Gegenstrom«, bei welchem zwei gleich starke, aber in entgegengesetzter Richtung wirkende, in einem und denselben

Stromkreis eingeschaltete Elektricitätsquellen sich in ihren Wirkungen gegenseitig aufheben. Bei letzterem Systeme wird, trotzdem die Elektricitätsquellen in den Schließungskreis eingeschaltet sind, derselbe stromlos erscheinen.

Die zwei Hauptformen, bei welchen in den Pausen zwischen der Zeichen= gebung die Elektrititätsquelle thätig, also im Schließungskreis verbleiben, erfordern zur Zeichengebung entweder einfach die Wegbringung der Elektricitätsquelle beziehungsweise die Hemmung ihrer Wirkung, oder die Abänderung dieser Wirkung hinsichtlich der Stärke oder hinsichtlich der Richtung. Im ersteren Falle heißt dann die Anordnung »Ruhestromschaltung«, im zweiten »Differenzstromschaltung«, im dritten »Wechselstromschaltung«.

Die Elemente, aus welchen sich eine Telegraphenleitung zusammensetzt, sind: die Elektricitätsquelle, die Leitung, der Sender und Empfänger, und die Neben= apparate. Von der Elektricitätsquelle war bereits die Rede. Was die Leitung anbetrifft, so bezweckt sie, was schon der Name besagt, die Herstellung eines ge= schlossenen Stromkreises.

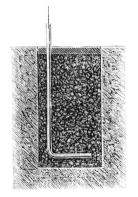
Anlage der Erdleitung.

Man unterscheidet oberirdische und unterirdische Leitungen, d. h. solche, welche offen längs geeigneter Stützen, und solchen, welche in unterirdischen Canälen, wohl isolirt, geführt werden. Die erste Eisenbahn=Telegraphenleitung in Deutschland, jene auf der geneigten Ebene bei Aachen, war allem Anscheine nach eine unterirdische, weil es erwiesen ist, daß die von Fardely an der Taunusbahn im Jahre 1844 angelegte Leitung die erste in der Praxis angewendete Luftleitung auf dem Con= tinente gewesen ist. Der hierzu verwendete Kupferdraht ruhte auf niederen, hölzernen, etwa 40 Meter von einander ent= fernten Pfählen, welche zu diesem Zwecke Einschnitte mit Unterlagen aus getheertem Filz hatten.

Die Telegraphenleitungen bestehen in der Regel aus folgenden Theilen: der Erdleitung, der Luftleitung, der Einführung (Verbindung der Außenleitung mit der Bureauleitung) und der Bureauleitung. Durch die Möglichkeit, die Erde als Leiter verwenden zu können, werden ganz außergewöhnliche Vortheile gewonnen, indem nicht nur die sonst erforderliche zweite Leitung gänzlich erspart, sondern zugleich an Stromstärke gewonnen wird, da der Widerstand der Erdleitungen im Verhältnisse zu dem Widerstande der zweiten Leitungen sehr gering ist. Zur An= lage von Erdleitungen verwendet man bekanntlich zumeist Metallplatten (Kupfer, Eisen oder Blei), welche so tief in den Boden versenkt werden, daß sie bis an den Spiegel des Grundwassers reichen. Läßt sich aus irgend einem Grunde (un= günstiges Erdreich, zu tiefe Lage des Grundwasserspiegels) eine derartige Anlage nicht herstellen, so bedient man sich mit Vortheil der obenstehend abgebildeten An= ordnung. Eine etwa 2 Meter tiefe und 1½ Quadratmeter im Querschnitt haltende Grube wird zunächst am Boden mit einer 10 Centimeter dicken Lage von kleinen

Coaksstücken belegt, diese Schichte wird festgestampft und hierauf das Bleirohr, welches etwa 30 Centimeter über die Grube hervorzuragen hat, versenkt. Zuletzt wird die Grube unter fortwährendem Begießen und Stampfen bis ein Kleines unter dem natürlichen Niveau ausgefüllt. Zu oberst kommt eine Schicht humus=reicher Erde zu liegen.

Die Luftleitungen setzen sich aus dem Leitungsdraht, den Trägern, den Isolatoren und den Isolatorenträgern zusammen. Als Leitungsmaterial wird in der Regel verzinkter oder auch blos in Oel gesottener Eisendraht von 3—5 Milli=meter Durchmesser, für Zuleitungen von der Haupt=leitung bis zum Einführungsträger verzinkter oder in Oel gesottener Eisendraht von 3 Millimeter Durchmesser verwendet. In neuester Zeit ist für die Zuleitung zu=meist Siliciumbronzedraht von 1—2 Millimeter Durch=messer im Gebrauche. Zur Führung der Leitungen vom Einführungsträger durch die Mauern und die Bureaulocalitäten werden Kupferdrähte, welche mit einem isolirenden Ueberzuge von Guttapercha, der außerdem mit asphaltirtem Hanf oder sonst gut imprägnirter Pflanzenfaser umwickelt ist, verwendet,

Die Drahtstücke (Adern) haben eine Länge von 800—1000 Meter und müssen untereinander nicht nur in gutem metallischen Contact gebracht, sondern auch so fest verbunden sein, daß sie der bedeutenden Span=nung, der sie ausgesetzt sind, entsprechend widerstehen. Die Bünde müssen demnach solid hergestellt und durch Verlöthen oder durch Ueberzüge (Blei, Guttapercha) vor Oxydation geschützt werden. Für die Führung der Lei=tungen innerhalb der Bureaus werden ebenfalls isolirte Drähte, und zwar sogenannte Wachsdrähte (mit Baum=wolle umsponnen, nachträglich in Wachs, Paraffin oder Ceresin getränkte Kupferdrähte) verwendet.

Zur Unterstützung der Drähte der Luftleitungen dienen in bestimmten, den Lageverhältnissen entsprechen=den Abständen aufgestellte hölzerne oder eiserne Träger. Die ersteren sind fast allgemein im Gebrauche, während eiserne Träger nur dort (z. B. in Städten) ver=wendet werden, wo es sich um eine gefälligere Form der Leitungsanlage handelt. Für die hölzernen Stützen werden hauptsächlich Kiefern= und Lärchenstangen verwendet. Ihre Länge und Stärke richtet sich nach der Zahl der Drähte und schwankt zwischen 6 bis 11 Meter. Die Anordnung von Doppelsäulen ergiebt sich aus der Nothwendigkeit, einer größeren Zahl nebeneinander laufenden Leitungen eine solide Stütze zu geben. Zur Zeit werden die hölzernen Telegraphensäulen fast

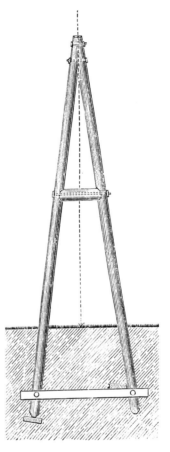

Doppelsäule.

ausnahmslos imprägnirt und wird das Kopfende kegelförmig zugeſpitzt und mit einem Oelanſtriche verſehen, um das Eindringen des atmoſphäriſchen Waſſers zu verhüten.

Zur Führung der Leitungen an Felswänden, Mauern, Gebäuden, Brücken und in Tunnelen, alſo überall dort, wo die Aufſtellung von Säulen entweder nicht möglich oder überflüſſig iſt, bedient man ſich der ſogenannten »Mauerbügel«, welche meiſt aus Eiſen ſind. Sind die Leitungen durch die örtlichen Verhältniſſe einer raſchen Zerſtörung preisgegeben (z. B. in naſſen Tunnelen) oder erheiſchen

Mauerbügel.

es andere Umſtände (z. B. Platzmangel auf Bahnhöfen), daß von der Aufſtellung von Stangen abgeſehen werde, ſo ſchaltet man in die Luftleitungen Kabelleitungen ein, die in Tunnelen mit Klemmen befeſtigt und mit einem Schutzdache verſehen, oder in Röhren gelegt, beim Durchſetzen von Flüſſen wohlverankert ins Flußbett gelagert und auf Bahnhöfen in die Erde verſenkt werden.

Die Iſolirung des Drahtes von Stützpunkt zu Stützpunkt beſorgt die atmo=ſphäriſche Luft, an den Stangen und Trägern aber, welche den Strom in die Erde leiten könnten, müſſen die Berührungspunkte iſolirt werden. Es geſchieht dies durch ſchlechte Leiter (»Iſolatoren«), welche aus Glas, Guttapercha, vorzugsweiſe aber aus Porzellan bestehen. Sie haben Glockenform und werden auf eiserne Träger (»Winkelträger«) aufgegypst.

Die Form der Isolatoren begünstigt sehr das Abrinnen der feuchten Nieder=
schläge. Häufig sind die Glocken im unteren Theile mit doppelten Wandungen
versehen. In neuerer Zeit werden zur Erhöhung der isolirenden Wirkung nur
sogenannte Doppelglocken, und zwar zumeist in drei Größen verwendet. Der
Leitungsdraht wird entweder um den Hals der Isolatorglocke umgewickelt, oder auf
deren Kopf aufgelegt, oder seitlich angebracht und mit Bindedraht festgemacht, oder
durch die im Kopfe angebrachte Oeffnung durchgesteckt. Zu letzterer Anordnung
bedient man sich der kleinsten Glocken.

Die Leitungen der Eisenbahnen unterscheiden sich principiell in nichts von
jenen der Staatstelegraphen. Zu bemerken ist, daß die ersteren nicht nur dem
Telegraphenbetriebe entsprechend, sondern auch mit Rücksicht auf die Bahnsicherheit
ausgeführt sein müssen. Die Stangen müssen demgemäß derart angebracht sein,
daß sie im Falle des Umstürzens kein Geleise verlegen, die Weichenständer, Zug=

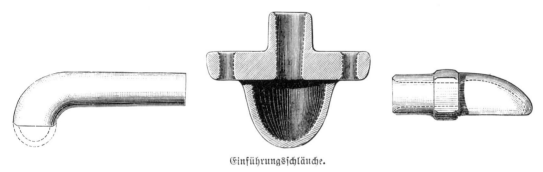

Einführungsschläuche.

schranken oder Signalkörper nicht beschädigen können. Ferner dürfen die Stangen
niemals in die Gesichtslinie der optischen Bahnsignale gestellt werden. Auch soll
das Ueberspannen der Bahngeleise nach Thunlichkeit vermieden werden.

Ueber die Einführungen ist Bemerkenswerthes nichts zu sagen. Die offene
Leitung wird von irgend einer sich hierzu eignenden Säule (der »Zuführungssäule«)
mittelst Abzweigung an das Gebäude geführt und hier an den sogenannten »Zu=
führungsträger« festgemacht. Soll eine größere Anzahl von Drähten eingeführt
werden, so ordnet man zwei Träger an, einen größeren und einen kleineren,
welch' letzterer unmittelbar unter der Einführungsöffnung angebracht wird. Da
die Drähte von der Mauer, durch welche sie geführt werden, isolirt sein müssen,
unterbringt man sie in aus Ebonit oder Porzellan bestehenden Einführungs=
schläuchen von vorstehend abgebildeter Form. Mit Vortheil werden auch Ein=
führungsplatten aus Porzellan, deren eine an der Außenseite der Mauer, die andere
an der Innenseite angebracht ist, angewendet. Um hierbei das Abrinnen des Nieder=
schlagswassers in die Löcher der Außenplatte zu verhindern, bringt man sie höher
an als den Einführungsträger, wodurch die Tropfen nach letzterem hin abrinnen.
Außerdem schützt man die Platte durch ein kleines Regendach aus Blech.

Zur Isolirung der Bureauleitungen dienen Führungsbretter und Führungs=
leisten, welche direct an die Mauer befestigt werden. Bei den Führungsleisten
werden in dieselben Porzellannägel eingeschlagen, die Drähte schraff gespannt und
zur Befestigung um die Köpfe der Nägel so herumgewunden, daß selbe die Leisten
nicht direct berühren. Die Befestigung an den Führungsbrettern erfolgt entweder
in gleicher Weise oder dadurch, daß in die Bretter eine der Anzahl der Drähte
entsprechende Anzahl Nuthen eingehobelt, die ersteren in letztere eingelegt und
mittelst Drahtklammern an das Brett festgeheftet werden.

Es wurde schon einmal gesagt, daß die Leitungsverbindungen solid hergestellt
und durch entsprechende Maßnahmen vor der Oxydation geschützt werden müssen.
Die beistehenden Abbildungen veranschaulichen die Art und Weise der Verbindungen.
Die eine stellt den sogenannten »Würgebund«, die andere den »Wickelbund« dar.
Der erstere ist leichter zu bewerkstelligen, der letztere hingegen wirksamer. Jede
Leitungsverbindung ist mit vollkommen metallisch blank gemachten Drahtenden
zu bewirken. Der Bund daselbst ist zu verlöthen, und wo dies nicht durchführbar,
mit feinem Kupferdraht zu umwickeln.

Würgebund.   Wickelbund.

Es würde zu weit führen, an dieser Stelle der Telegraphenapparate
in eingehender Weise zu gedenken. Es genügt wohl, darauf hinzuweisen, daß die
bei den Eisenbahntelegraphen in Verwendung kommenden Apparate diejenigen jeder
großen Telegraphenanlage sind, mit einigen für den Eisenbahnbetriebsdienst noth=
wendigen, im Uebrigen ganz unwesentlichen Modificationen. Das herrschende System
ist das Morse'sche. Die bei demselben in Verwendung kommenden Apparate sind:
der Empfänger oder Schreibapparat, der Zeichengeber oder Taster, das Relais,
die Boussole, der Umschalter (oder Linienwechsel) und die Blitzschutzvorrichtung.
Der Schreibapparat ist entweder der »Reliefschreiber« (Eindrücke der Zeichen mittelst
eines Stahlstiftes) oder der »Farbschreiber« (farbige Zeichen). Der letztere hat sich
erst neuerdings in den Eisenbahndienst einzubürgern begonnen. Bei jedem Schreib=
apparate sind zu unterscheiden: der Elektromagnet, die Schreibvorrichtung, die
Papierführung.

Im Großen und Ganzen hat das Telegraphenwesen der Eisenbahnen mit
der Entwickelung des Verkehrs gleichen Schritt gehalten; jeder Steigerung der
Ansprüche des Dienstes hat man zu entsprechen angestrebt, und so ist es gekommen,
daß man sich mit den die Stationen untereinander verbindenden Telegraphen
(Stationstelegraphen) nicht mehr begnügte, sondern auch die einzelnen Posten der
Streckenbewachungsorgane einbezog, oder endlich dahin abzielte, den Zug selbst
mit den Stationen oder mit anderen Zügen in telegraphische Verbindung zu

bringen. Eine Besonderheit der Eisenbahnen ist es, daß sie häufig dem Signaldienst gewidmete Leitungen gleichzeitig auch für Correspondenzzwecke ausnützen. Auf diese Weise kann eine zweite Sprechlinie oder eine Sprechlinie überhaupt erspart, beziehungsweise eine vornehmlich für Hilfstelegraphenzwecke geeignete Linie gewonnen werden. In der Regel ist es die Läutewerkslinie (Glockenlinie), welche dem zweifachen Zwecke dienstbar gemacht wird.

In Bezug auf die Lage der Stationen in einer Telegraphenleitung unterscheidet man Zwischenstationen und Endstationen. Die Art und Weise der Verbindungen der Zwischenstationen ist aus den nebenstehenden Figuren zu ersehen, und zwar bei der ersten für Arbeitsstrom, bei der zweiten für Ruhestrom. Bei der Ruhestromschaltung ist für sämmtliche Telegraphenstationen nur eine Batterie erforderlich und bleibt sich die Wirkung vollkommen gleich, ob die ganze Anzahl der verwendeten Elemente in einer Station untergebracht wird, oder ob dieselbe, wie sich dies aus mancherlei Gründen empfiehlt, auf mehrere oder sämmtliche Stationen vertheilt wird. Das hier abgebildete Stromlaufschema zeigt eine derartige Ver-

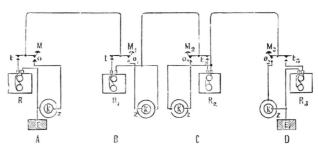

Verbindung der Zwischenstation für Arbeitsstrom.

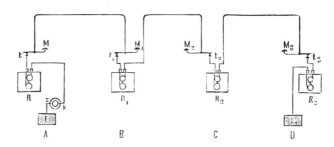

Verbindung der Zwischenstation für Ruhestrom.

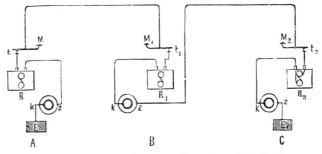

Ruhestromschaltung mit Vertheilung der Batterien auf die Stationen.

theilung der Batterien auf die einzelnen Stationen und ist die Gesammtsumme der in den einzelnen Stationen vertheilten Elemente so groß, als die Batterie Elemente enthalten müßte, wenn selbe nur in einer Station aufgestellt wäre. Es ist völlig gleichgiltig, ob diese Batterie am Anfange, am Ende, oder in der Mitte der Leitungskette aufgestellt ist.

Wenn in einer Endstation zwei Telegraphenlinien zusammenstoßen, deren eine gewissermaßen die Fortsetzung der anderen Telegraphenlinie bildet, so wird, speciell im Eisenbahndienste, bei welchem der Inhalt einer Depesche für sämmtliche Stationen von Wichtigkeit ist, die Uebertragung dieser Depeschen von der einen Linie auf die andere nothwendig werden. Es geschieht dies in der Regel durch einfache Umsteckung der Stifte, wodurch beide Linien direct miteinander verbunden werden. Eine solche Station, welche für jede der beiden Linien ein separates Apparatensystem haben muß, wird »Uebertragungsstation« genannt. Läuft jedoch die eine Telegraphenlinie durch die Station durch, so daß selbe für diese Leitung als Mittelstation zu betrachten ist, und zweigt von dieser Station eine zweite Telegraphenlinie ab, für welche diese Station als Endstation anzusehen kommt, so nennt man eine solche Station »Abzweigestation«. Auch hier wird die Uebertragung von Depeschen von der einen oder anderen Linie auf die Zweiglinie stattfinden können, doch ist diese Uebertragung nur einseitig möglich, und zwar von demjenigen Theile der Linie, in deren Ausgangsstation der gleiche Batteriepol zur Erde geht, wie in der Abzweigestation für die Zweigleitung. Es würden sich

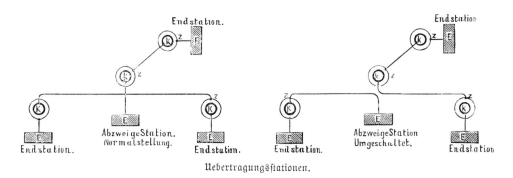

Uebertragungsstationen.

sonst, wie dies die beigefügte schematische Darstellung veranschaulicht, die Batterien entgegenwirken.

Sind die beiden in einer Station zusammenstoßenden Telegraphenleitungen so lange, daß bei einer directen Verbindung der Telegraphenbetrieb nicht vollständig gesichert ist, so bedient man sich zur Vermittelung der Correspondenz zwischen der einen Linie und der anderen gewisser Vorrichtungen, welche die Zeichen automatisch übertragen. Dieselben unterbrechen bei Ruhestrom, wenn die eine Leitung unter= brochen wird, die zweite Leitung, und bewirken bei Schluß des Stromkreises in der ersten Leitung das Gleiche in der zweiten Leitung. Diese Vorrichtungen werden »Uebertragungsvorrichtungen« oder Translationen genannt und heißen die betreffenden Stationen »Translationsstationen«.

Zur Erklärung dieses Sachverhaltes diene die umstehende Figur, welche absichtlich eine falsche Translationsschaltung zeigt, um die Unmöglichkeit der Trans= lationsverbindung auf diesem Wege klarzulegen. Die Figur stellt zwei in eine Station einmündende Linien dar, mit je einem gesonderten Apparatensystem; die Linien sind derart geführt, daß der Strom der ersten Linie durch den Contact des Schreibapparates der zweiten Linie und der Strom der zweiten Linie durch

den Contact des Schreibapparates der erſten Linie hindurchgeht. Die beiden Strom=
kreiſe ſind in der Ruhelage geſchloſſen. Die Anker der Schreibapparate ſind, da die
Localkette nicht geſchloſſen iſt, von den Elektromagneten abgeriſſen.

Wird nun beiſpielsweiſe auf der Linie I der Strom durch Taſterdrücken
unterbrochen, ſo wird der Relaisanker des zugehörigen Apparatenſyſtems I ab=
geriſſen, ſchließt die Localkette und bewirkt hierdurch die Anziehung des Anker=
hebels am Schreibapparate. Durch dieſe Anziehung wird der Contact O_1 für die
zweite Linie aufgehoben und ſomit der Strom in der zweiten Linie unterbrochen.

Dieſe Unterbrechung bewirkt aber durch Schluß der Localkette die Anziehung
des Ankerhebels des zweiten Schreibapparates und hierdurch die Unterbrechung
der erſten Linie durch Aufhebung des Contactes bei O_2. Es werden alſo beide
Linien unterbrochen, und
ſelbſt wenn der Taſter
wieder in die normale
Lage zurückkehrt, unter=
brochen bleiben.

Eine Correſpondenz
wäre daher abſolut un=
möglich. Um eine auto=
matiſche Unterbrechung
möglich zu machen, muß
dieſe rückwirkende Unter=
brechung der einen Linie
auf die andere beſeitigt
werden. Dies wird da=
durch erzielt, daß man an

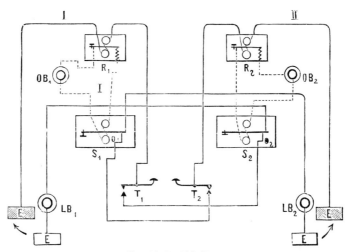

Translationsſchaltung.

jedem Schreibapparate noch einen zweiten Contact anbringt, durch welchen der
Localſtrom der zweiten Linie hindurchgehen muß. Hierdurch wird auch dieſer
Localſtromkreis unterbrochen, wenn eine Anziehung des Ankerhebels erfolgt. Nun
wird durch den Schreibapparat der erſten Linie zu gleicher Zeit die zweite Linie
unterbrochen und ein Schließen des zweiten Localſtromkreiſes unmöglich gemacht,
der zweite Schreibapparat kann nicht zum Sprechen gelangen und ſomit auch nicht
die zweite Linie unterbrechen.

Im Eiſenbahndienſte tritt der Fall häufig ein, daß manche ganz beſtimmte
Nachrichten, beiſpielsweiſe das Uhrzeichen, von einer Centralſtelle möglichſt raſch
und gleichzeitig an alle Stationen des ganzen Bahnnetzes befördert werden ſollen,
daß aber für eine gegenſeitige directe Correſpondenz kein Bedürfniß vorliegt. In
dieſen Fällen bedient man ſich der Halbtranslationen, welche wohl die Corre=
ſpondenzübertragung nach einer Richtung, nicht aber auch in entgegengeſetzter
Richtung geſtatten. Durch dieſe Halbtranslationen iſt man in der Lage, eine Mit=
theilung gleichzeitig auf eine unbeſchränkte Anzahl von Zweiglinien zu übertragen.

. . . Die Einrichtung iſt eine äußerſt einfache, indem man den Strom der Zweig=
linie durch den Morſeapparat der correſpondirenden Linie hindurchleitet und den=
ſelben durch die Bewegung des Ankerhebels unterbrechen und ſchließen läßt. Eine
rückwirkende Unterbrechung iſt aus dem Grunde ausgeſchloſſen, weil die corre=
ſpondirende Linie nicht durch den Schreibapparat der Zweiglinie hindurchgeht,
ſomit durch die Bewegung desſelben nicht beeinflußt wird. (Vgl. »Die elektriſchen
Einrichtungen der Eiſenbahnen«, von Bauer, Praſch und Wehr, S. 137—153.)

Wo die Entfernung einer Bahnſtation zu einer anderen beträchtlich iſt, wird
es für die ſchleunige und ſichere Durchführung des Dienſtes bei außergewöhnlichen
Ereigniſſen, alſo insbeſondere zum Zwecke der Herbeirufung raſcher Hilfe, von
größtem Vortheile ſein, wenn auch von einer entſprechenden Anzahl von Punkten
der laufenden Bahnſtrecke aus eine telegraphiſche Verbindung mit der nächſten
Station beſteht. In der Regel ſind ſolche Streckentelegraphen in den Wärter=
buden untergebracht und werden daſelbſt bei Bedarf in die Hilfslinie eingeſchaltet,
nach der Gebrauchsnahme aber wieder ausgeſchaltet. Mitunter ſind für die Ein=
ſchaltung des Streckenapparates die Leitungszuführungen und Einſchaltvorrichtungen
in den Läutewerksbuden (hierüber ſpäter) angebracht und der Apparat, der für
gewöhnlich im nächſten Wächterhauſe deponirt iſt, wird im Bedarfsfalle in die
Läutebude gebracht, dort eingeſchaltet und benützt, und hierauf wieder nach ſeinem
Aufbewahrungort zurückgebracht.

*   *   *

Während die Eiſenbahntelegraphen ſich aus den Einrichtungen des Staats=
telegraphen heraus entwickelt haben, iſt das Signalweſen aus den unmittelbaren
Bedürfniſſen des Eiſenbahnverkehrs hervorgegangen, nämlich aus dem Zwange,
den Gefahren zu begegnen, welche an ſich durch die bewegten Maſſen für Per=
ſonen und Sachen, oder unter beſonderen Tracen= oder Bauverhältniſſen der
Bahnen erwuchſen. Außerdem konnten und ſollten die Signalmittel die mit der
Betriebsführung verbundenen Manipulationen vereinfachen, beſchleunigen und er=
leichtern. Schließlich beeinflußten Ausdehnung und Dichte des Verkehrs und andere
Factoren die Ausgeſtaltung der verſchiedenen Signalſyſteme.

Die Entwickelung des Signalweſens war eine langwierige und complicirte.
Wir haben in den einleitenden Zeilen zu dieſem Capitel das Princip des Signales
erläutert und zugleich dargethan, inwieweit eine Beeinfluſſung ſeitens der ſtaatlichen
Factoren im günſtigen oder ungünſtigen Sinne platzgegriffen hat. Es hat langer
Zeit und vielfacher Experimente bedurft, um ſchließlich jene Klärung des geſammten
Signalweſens herbeizuführen, welche an Stelle des Chaos ein allen Bedürfniſſen
entſprechendes, in ihrer Wirkſamkeit wohldurchdachtes Syſtem ſetzen. Demgemäß
kann das Signalweſen, wie es zur Zeit den Eiſenbahnen dienſtbar gemacht iſt,
als abgeſchloſſen angeſehen werden, wenigſtens bezüglich ſeiner Geſammtheit, wo=
gegen im Einzelnen die praktiſchen Erfahrungen zu neuen Vervollkommnungen

Stationssignale eines großen englischen Bahnhofes.

fortgesetzt Anlaß geben. Das letztere kann allerdings den Uebelstand nach sich ziehen, daß mit der fortschreitenden Abklärung eine Complicirtheit Hand in Hand geht, die schließlich den Betriebsmechanismus zu einem außerordentlich subtilen Instrument gestaltet, bei welchem das Versagen eines einzigen Elementes unberechenbare Gefahren nach sich ziehen kann.

Schon in der ersten Kindheit des Signalwesens wurde an dem Principe festgehalten, daß überall und immer das Erscheinen der rothen Farbe — sei es nun in Licht oder als Signalfläche 2c. — oder ein rasch und weit bewegter Signalkörper (geschwungene Lichter, Fahnen u. s. w.) »Gefahr« andeuten und »Halt« befehlen. In gleicher Weise sollte die grüne Farbe, der langsam bewegte Signalkörper »ungewöhnlichen Zustand«, »Vorsicht« und »Langsamfahren« befehlen. Die Abwesenheit jedes Signales, der ruhende Signalkörper, hatte »Ordnung« anzudeuten und »Freie Fahrt« zu gestatten. Auf diesen einfachen Grundlagen, die später noch durch einige wenige allgemein giltige Bestimmungen — z. B. daß der horizontal gestellte Arm eines Flügeltelegraphen, oder die Zukehrung der vollen Fläche einer Scheibe stets »Halt«, die Senkung oder Hebung der Armes »Langsam Fahren« oder »Freie Fahrt« bezeichnen sollte — ergänzt wurden, hat sich das gesammte Signalwesen mit einfachen und klaren Kundgebungen aufgebaut.

In der Folge wurden diese einfachen Grundlagen immer mehr und mehr complicirt und durch die häufigen Modificirungen der Signalvorschriften griff allmählich, wenn dadurch auch materielle Vortheile erzielt wurden, eine wahrhaft babylonische Verwirrung Platz, welche dadurch noch wesentlich gesteigert wurde, daß man die betreffenden Vorschriften ohne Rücksicht auf den Rang und die Bedeutung der Bahnen verallgemeinerte. Nun ist es aber unzweifelhaft, daß das Constructionssystem der Bahn, sodann die Dichte und Form des Betriebes Einfluß auf die Wirksamkeit der verschiedenen Signalgattungen äußern. Um dies zu verstehen, sei vorläufig bemerkt, daß es im Principe genommen zwei Hauptgattungen von Signalen giebt: sogenannte »durchlaufende«, welche das Personal einer ganzen Strecke von den Vorkommnissen des Betriebes unterrichten sollen, und locale Signale, welche die an Ort und Stelle betreffenden Maßnahmen anordnen.

Es ist nun ohne weiteres einleuchtend, daß z. B. für Bahnen, welche nach englischem System mit verhältnißmäßig wenigen Uebergängen, mit Einzäunungen in der ganzen Länge der Linien, tief in das Terrain gelegt, gebaut sind, die durchgehenden Signale nur geringen Werth haben können, da es außerordentlich wenig Bewachungsmaterial auf der Strecke zu benachrichtigen giebt. Auf deutschen und österreichischen Bahnen hingegen, welche durchschnittlich auf den Kilometer Länge einen Niveauübergang und einen Wächterposten enthalten, frequente Straßen kreuzen, zum großen Theile nicht eingezäunt sind, können die durchgehenden Signale nicht entbehrt werden.

So kam es, daß, der durch Nationaleigenschaften und örtliche Einwirkungen bedingten charakteristischen Gestaltung der Eisenbahnen in Deutschland und England gemäß, die Durchgangssignale mehr in Deutschland, die Localsignale mehr in England, Frankreich und Belgien cultivirt wurden. Anderseits vollzog sich, durch die Noth und die gesteigerten Bedürfnisse angeregt, allmählich ein Austausch und Wechsel zwischen den einzelnen Ländern beziehungsweise großen Bahncomplexen. So hat beispielsweise das in Deutschland und Oesterreich=Ungarn entstandene und zur Entwickelung gelangte durchlaufende Signal seinen Weg nach Holland, Belgien, Frankreich, Italien, der Schweiz u. s. w. gefunden, während umgekehrt Oesterreich=Ungarn schon lange früher das französische Distanzsignal aufnahm, das später, und hauptsächlich in jüngster Zeit, in verwandter Form als sogenanntes »Vorsignal« in Deutschland seine Vertretung fand. Deutschland und Oesterreich wenden, seitdem sie Nebenbahnen ohne Glockensignal=Einrichtungen herstellen, das specifisch schweizerische und französische Niveau= oder Avertirungssignal als »An= näherungssignal« an, oder benützen auf besonders ausgedehnten Bahnhöfen das Princip der englischen »Trains describers«. Das deutsche Bahnhofs=Abschluß= signal nimmt seinen Weg am europäischen Continente so ziemlich überall hin, wo eine Centralisirung des Weichenstelldienstes platzgreift, sowie das englische »Zug= deckungssignal« (Blocksignal) allerwärts sich aufzwingt, sobald die Verkehrsdichte eine gewisse Höhe erreicht hat.

Es ist eigenthümlich, daß in der Entwickelung des Signalwesens die Elek= tricität verhältnißmäßig so spät zur Geltung kam. Die in ihrem physikalischen Principe unzulänglichen optischen Zeichen, deren man sich anfangs zum Ertheilen der durchlaufenden Signale bediente, zeigten sich bei zunehmendem Verkehr den Aufgaben nicht gewachsen, sondern wurden vielmehr die Quelle zahlreicher Un= sicherheiten, da der Zustand der Atmosphäre während einer ansehnlichen Zahl von Tagen im Jahre theils durch Nebel, theils durch Schneewehen und andere Unzu= träglichkeiten ihre Fortpflanzung entweder ganz hinderte, oder durch Einwirkungen auf die Farbe und Sichtbarkeit der Lichter und Signalkörper Mißverständnisse herbeiführte. Als aber die durch elektrische Vorkehrungen zum Ertönen gebrachten starken Signalglocken eingeführt wurden, verdrängten sie die ersten nur ganz all= mählich; ja man glaubte einerseits, in ihnen ein fast unfehlbares Mittel entdeckt zu haben, während man anderseits mißtrauisch genug war, neben den Glocken= signalen auch die alten optischen Signale stehen zu lassen.

Alsbald aber verfiel man in das Gegentheil. Das Glockensignal entwickelte sich zu einem förmlichen Lexikon, mit einer unübersehbaren Zahl von Begriffen und Combinationen von Gruppen von Glockenschlägen und Intervallen, die sich oft auf 20 und 30 Pulse erhoben und mehrere Minuten dauerten. Um einen solchen Codex zu erlernen, bedurfte es scharfer Köpfe, welche man bei den Bediensteten, die noch kurze Zeit vorher das Feld bestellten oder ihrer sonstigen ländlichen Be= schäftigung nachgingen, gewiß nicht vertreten fand. Die eingerissene Verwirrung erreichte ihren Gipfelpunkt, als die Verkehre sich hoben, »Kreuzungspunkte« mit vier, fünf und mehr Linien entstanden, und von allen Richtungen zugleich Glocken=

zeichen ertönten. Es war einleuchtend, daß dieser Zustand mehr Gefahren als Sicherheit in sich schloß; eine radicale Umgestaltung des Signalwesens ergab sich ganz von selbst.

Deutschland stand an der Spitze der Reform, es kehrte zur sicheren Einfachheit zurück. An Stelle vieler Begriffe, welche dem Personale durch Glockensignale mitgetheilt wurden, traten nur zwei, welche die Zugbewegung in jeder Richtung ankündigen, und ein oder zwei weitere untergeordnete. Das Schema dieser Signalordnung ist das folgende:

1. Der Zug geht in der Richtung von A nach B (Abmeldesignal): einmal eine bestimmte Anzahl von Glockenschlägen.

2. Der Zug geht in der Richtung von B nach A (Abmeldesignal): zweimal dieselbe Anzahl von Glockenschlägen.

3. Die Bahn wird bis zum nächsten fahrplanmäßigen Zuge nicht mehr befahren: dreimal dieselbe Anzahl von Glockenschlägen.

4. Es ist etwas Außergewöhnliches zu erwarten: sechsmal dieselbe Anzahl von Glockenschlägen.

Aus diesen Vorschriften ist zu ersehen, daß die Signalzeichen immer aus derselben Glockengruppe blos durch Wiederholung gebildet sind. Die österreichische Signalordnung hingegen verbindet, indem sie aus einzelnen Schlägen erst Gruppen bildet, diese mit oder ohne Wiederholung zum Signalzeichen. Die Signale sind die folgenden:

1. Der Zug fährt gegen den Endpunkt der Linie: dreimal zwei Glockenschläge.

2. Der Zug fährt gegen den Anfangspunkt der Linie: dreimal drei Glockenschläge.

3. Der Zug fährt nicht ab gegen den Endpunkt der Linie: dreimal die Gruppe von zwei Glockenschlägen und einem Glockenschlage.

4. Der Zug fährt nicht ab gegen den Anfangspunkt der Linie: dreimal die Gruppe von drei Glockenschlägen und einem Glockenschlage.

5. Die Locomotive soll kommen: dreimal fünf Glockenschläge.

6. Locomotive mit Arbeitern soll kommen: dreimal die Gruppe von fünf Glockenschlägen und einem Glockenschlag.

7. Alle Züge Anhalten: viermal die Gruppe von drei und zwei Glockenschlägen.

8. Entlaufener Wagen: viermal vier Glockenschläge.

9. Uhren richten: zwölf einfache Glockenschläge.

10. Der Zug fährt auf dem unrichtigen Geleise gegen den Endpunkt der Bahn: dreimal die Gruppe von zwei und fünf Glockenschlägen.

11. Der Zug fährt auf dem unrichtigen Geleise gegen den Anfangspunkt der Linie: dreimal die Gruppe von drei und fünf Glockenschlägen.

Nicht obligate, aber im Bedarfsfalle zulässige Signale sind:

12. Der Zug fährt von der Strecke gegen den Endpunkt der Linie: neun und zweimal zwei Glockenschläge in gleichen Pausen.

13. Der Zug fährt von der Strecke gegen den Anfangspunkt der Linie: neun und zweimal drei Glockenschläge.

14. Der Zug fährt von der Strecke auf dem unrichtigen Geleise gegen den Endpunkt der Linie: neun, zweimal je zwei, dann fünf Glockenschläge.

15. Der Zug fährt von der Strecke auf dem unrichtigen Geleise gegen den Anfangspunkt der Linie: neun, zweimal je drei, dann fünf Glockenschläge.

16. Die Strecke ist verweht: dreimal die Gruppe von vier Glockenschlägen und einem Glockenschlag in gleichen Pausen.

Mit diesen Ausführungen haben wir in dem hier zu behandelnden Gegenstande vorausgegriffen. Nachdem Begriff und Wesen des Eisenbahnsignals erläutert wurde, handelt es sich weiterhin um die genaue Umschreibung der einzelnen Signalgattungen. Die Eintheilung wird eine verschiedene sein, je nach dem Gesichtspunkte, von dem ausgegangen wird. Man kann daher die Signale unterscheiden nach ihrer Wahrnehmbarkeit (sichtbare, hörbare oder beides zugleich), nach dem Orte, von welchem aus sie gegeben werden (Stationssignale, Streckensignale, Zugssignale), nach dem Zwecke, welchem sie entsprechen sollen (Anzeige, Warnung, Befehl, Verbot), nach der Art der Aufstellung und Beweglichkeit (fixe Signale, bewegliche an fixen Vorrichtungen, transportable Signale), und nach der Art und Weise wie die Signale hervorgerufen werden (Handsignale, mechanische, elektrische und automatische). Bei den elektrischen Signalen unterscheidet man ferner rein elektrische Signale, bei denen die Zeichen unmittelbar durch die Einwirkung elektro-motorischer Kräfte hervorgebracht werden, und elektro-mechanische Signale, deren Zeichen mit Hilfe von mechanischen Vorrichtungen hervorgerufen werden. Die Elemente aller elektrischen Signale sind die Elektricitätsquelle, der Signalapparat, der Signalgeber und die Signalleitung. Außerdem lassen sich nach Art und Weise des Antriebes der elektrischen Signalvorrichtungen drei Grundtypen unterscheiden: Signale mit directer Wirksamkeit des elektrischen Stromes; Signale mit directem Antrieb und Hinzutritt eines Hilfsmechanismus; endlich Signale, deren Stellung durch eigene Wärter besorgt wird, wobei jedoch die Beschränkung besteht, daß die Beweglichkeit des Mechanismus der Stellvorrichtung von der Befehlsstelle abhängt.

Die hörbaren Signale sind überwiegend Glockensignale, während andere akustische Geräusche (Hörner, Knallkapseln) nur in beschränktem Maße zur Anwendung kommen. Bei den sichtbaren Signalen handelt es sich principiell darum, einen Signalkörper nach Bedarf in zwei verschiedene, den Signalbegriff zum Ausdrucke bringende Stellungen zu bringen. Auch die Farbe des Signalkörpers wird in die Combination einbezogen, vornehmlich des Nachts, wo mit den veränderlichen Stellungen eines Signales das Auslangen nicht zu finden ist.

Nach der Aufgabe, welche die elektrischen Signale zu erfüllen haben, werden dieselben eingetheilt in:

a) Correspondenzsignale,

b) Hilfssignale, und zwar von der Strecke,

c) Annäherungssignale,

d) Durchlaufende Signale (Streckensignale),

e) Distanzsignale,

f) Zugdeckungssignale (Blocksignale).

Zu diesen Signalen kommen ferner die von uns bereits an anderer Stelle behandelten elektrischen Sicherungseinrichtungen für die Fahrt der Züge über Weichen und die Hilfssignale auf dem Zuge (Intercommunications=signale), schließlich die elek=trischen Controlvorrich=tungen, von welchen jene für die Zugsgeschwindigkeit in einem späteren Capitel behandelt werden.

a) Correspondenzsignale.

Eigentlich sollte es »Corre=spondenzapparate« heißen, denn die unter diesem Namen ein=zubeziehenden Vorrichtungen stehen — nach L. Kohlfürst's trefflicher Bemerkung — »gleich=sam in der Mitte zwischen den Telegraphen und den Signalen, indem sie, gleichwohl zur Nach=richtengebung dienend, keines=wegs jede beliebige Mittheilung, sondern nur eine beschränkte

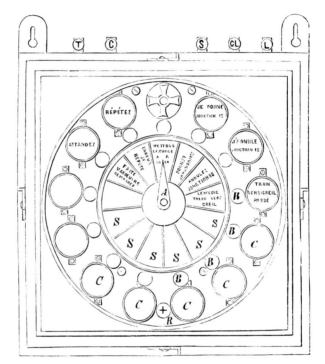

Guggemos'scher Correspondenzapparat.

Anzahl von sich gleichbleibenden beziehungsweise stets sich wiederholenden, aber doch über die gewöhnlichen Eisenbahnsignalbegriffe hinausgreifenden Meldungen, Auf=trägen oder Rückmeldungen gestatten«.

Die Correspondenzapparate stehen namentlich in England vielfach in An=wendung, und zwar hauptsächlich dort, wo die Weichenstellposten für Bahn=abzweigungen sich in einer so großen Entfernung von der Station befinden, daß die Wirksamkeit der optischen Signalgebung nicht mehr sichergestellt ist. Es handelt sich hierbei nur für die Zugsanmeldung, für welche der Walker'sche »Train describer« sich als vorzüglich bewährt hat. Es sind dies nach dem Principe des Wheatstone'schen Zeigertelegraphen construirte Vorrichtungen, je mit einem Zeiger versehene Apparate an der Abgabsstelle und an der Empfangsstelle, mit Scheiben, die in zwölf Felder getheilt sind. In den letzteren sind die erforderlichen Zugs=

meldungen eingeſchrieben. . . . Gleichfalls auf dem Principe des Zeigertelegraphen
beruht der Guggemos'ſche Correſpondenzapparat, der auf der franzöſiſchen Nordbahn
eingeführt iſt. Die Abbildung Seite 517 veranſchaulicht die Anordnung des
Apparates. Die elektriſche Leitung bethätigt einen Elektromagnet, deſſen Anker den
vor dem in Feldern getheilten, mit den Meldungen beſchriebenen Uhrblatte ſich
bewegenden Zeiger ſchrittweiſe weiterſchiebt. Der Einzelſtrom wird mittelſt Kurbel=
drehung abgegeben und in dem Augenblicke eingeſtellt, wenn der Zeiger A auf
dem gewünſchten Felde angelangt iſt. Sowohl an der Abgabsſtelle, wie an der

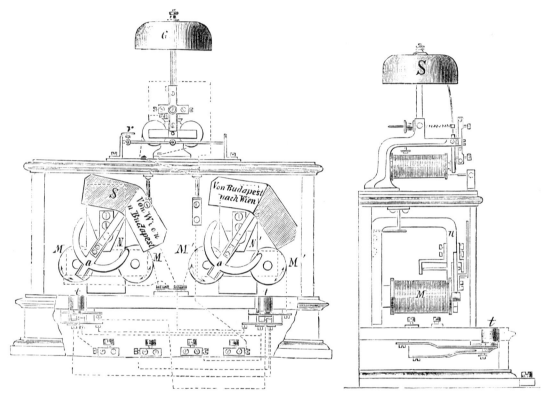

Correſpondenzapparat von Pollitzer.

Empfangsſtelle iſt je ein ſolcher Apparat aufgeſtellt. Ein mit der Scheibe in
Verbindung gebrachter Wecker läutet ſo lange, als die Zeiger nicht auf die mit
dem Kreuze bezeichneten Felder zurückgeſtellt ſind, was nach jeder Meldung zu
geſchehen hat, ſobald dieſelbe von der Empfangsſtelle durch Wiederholung quittirt
worden iſt.

Wecker, welche mit Abfallſchieber verbunden ſind, werden vielfach als Cor=
reſpondenzapparate benützt, da ſie beſchränkte Meldungen in ausgezeichneter Weiſe
vermitteln. Ein derartiger, von Pollitzer conſtruirter Apparat iſt vorſtehend
abgebildet. Er hat den Zweck, den Weichenſtellern an Centralwerken die zu öffnen=
den Fahrſtraßen mitzutheilen. Die halbkreisförmigen Anker a, deren Arme die
Aufſchrifttafeln tragen, ſind an den Stahlmagneten $N N_1$ angebracht und werden

von diesen magnetisirt. Die Zeichengebung erfolgt durch Ströme verschiedener
Richtung, indem bei der einen Signalscheibe der Befehl mit einem positiven,
bei der zweiten mit einem negativen Strom ertheilt wird. Ein gleicher Apparat
befindet sich an der Empfangsstelle und wird vom Weichensteller zur Quittirung
des erhaltenen Befehles in Thätigkeit gesetzt.

Als sehr zweckmäßig hat sich der Hattemer'sche Correspondenzapparat für
Rangirzwecke erwiesen, und zwar als Verständigungsmittel zwischen dem Leiter
der Verschiebungen und dem Weichen=
steller am Centralwerke. Zunächst
jener Stelle des Ausziehgeleises, von
welcher das Abstoßen beziehungsweise
Rollenlassen der abgestoßenen Wagen
erfolgt, befindet sich der »Melder«,
welcher nebenstehend abgebildet ist.
Ein eiserner Säulenschaft (S), durch
welchen die unterirdisch zugeleiteten
Telegraphendrähte geführt sind, trägt
ein Blechgehäuse (G), dessen Vorder=
seite durch einen vorstehenden Blech=
schirm (P) noch besonders geschützt ist
und bei Dunkelheit mittelst einer vor=
zuhängenden Laterne (L) beleuchtet
wird. Das Gehäuse umschließt sämmt=
liche elektrischen Apparate, nämlich so
viele Stromsender und Zeichen=
empfänger, als Geleise gemeldet werden
sollen. In der Vorderwand ist ein
verglaster Schlitz (p q) ausgeschnitten,
hinter welchem während der Gebrauch=
nahme unter bestimmten Umständen
und an verschiedenen Stellen weiße
Vierecke (»Geleistäfelchen«) sichtbar werden.

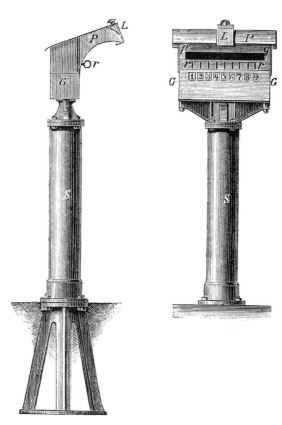

Hattemer's Correspondenzapparate für Rangirzwecke.

Die Anzahl der letzteren entspricht natürlich wieder der Zahl der zu melden=
den Geleise und unter jedem ist am Gehäuse ein entsprechend großer, mit der
Nummer des betreffenden Geleises beschriebener Schild angebracht. Zwischen der
von den Nummernschildern gebildeten Reihe und dem Schlitze treten in gleicher
Anzahl Messingstangen (r) aus dem Gehäuse, welche an ihrem Ende mit Messing=
ringen versehen sind, ähnlich wie die Klingelzüge an Hausthüren. Eine ganz über=
einstimmend angeordnete zweite Einrichtung (»Rückmelder«) befindet sich in der
Bude des Stellwerkwärters. Im Melder und Rückmelder wird das Erscheinen
und Verschwinden der Geleistäfelchen mittelst je eines Elektromagnetes für jedes

einbezogene zu meldende Geleis hervorgerufen. Von der Beschreibung der Strom=
schaltung und der Wirksamkeit der einzelnen Constructionselemente sehen wir ab.
(Vgl. »Organ für die Fortschritte des Eisenbahnwesens«, 1890.)

b) Hilfssignale von der Strecke.

Bei außergewöhnlichen Vorkommnissen auf der Strecke, welche entweder Bahn=
unfälle betreffen, oder die Hilfeleistung erheischen, um solche zu verhindern, bedient man
sich specieller Signalvorrichtungen, deren Princip darin besteht, die diesfalls abzu=
gebenden wenigen Signale von der herkömmlichen Bedienungsweise mit der Hand
unabhängig zu machen. Man begreift, daß die Abgabe von Signalen, welche sich
aus einzelnen Signalschlägen und Gruppen solcher Signalschläge zusammensetzen
und bei der Vielgestaltigkeit der Combinationen eine größere Anzahl von Signal=
begriffen, die daraus erwächst, das correcte Signalisiren von der ruhigen, correcten
Bedienung der Apparate abhängt. Bei außergewöhnlichen Vorkommnissen kann es
sich aber leicht ereignen, daß zur Abgabe der hier in Frage kommenden Signale
die correcte Handhabung des Apparates in Folge der Aufregung nicht zu erreichen
ist, wodurch die Situation nur noch verschlimmert wird.

Um solchen Eventualitäten vorzubeugen, stehen vielfach Signalautomaten,
d. h. selbstthätige Signalgeber, in Verwendung, welche unter allen Umständen eine
vollkommen correcte Signalabgabe gestatten, da sie, einmal aufgezogen, selbstthätig
arbeiten. Auf vielen Bahnen werden die durchlaufenden elektrischen Liniensignale
gleichzeitig zur Abgabe von Hilfssignalen mitbenützt, indem entweder die Läutewerks=
leitung zum Morsesprechen mitverwendet wird, oder die Einrichtung getroffen ist,
von den Bahnwärterhäusern aus durch besondere Vorrichtungen einzelne bestimmte
Depeschen abgeben zu können. Da sich die Hilfssignale auf einige wenige Begriffe
beschränken, rangiren sie naturgemäß unmittelbar hinter die Correspondenzapparate,
mit denen sie ja verwandt sind.

Siemens & Halske's Glockenanlagen, wie beispielsweise jene für die
Gotthardbahn, gestatten die vorerwähnte Verbindung mit Hilfssignaleinrichtungen,
indem die Läutewerksleitung auch für die Morsecorrespondenz verwendet werden
kann. Zu diesem Ende wird bei dem Läutewerke jedes Streckenpostens ein auto=
matischer Signalgeber angebracht, auf dessen Achse die zur Abgabe der beabsich=
tigten Glockensignale mit entsprechenden Vorsprüngen versehenen Scheiben im Be=
darfsfalle aufgesteckt werden. Im Eingriffe mit dieser Achse steht eine zweite, auf
welcher beständig eine ähnliche Scheibe steckt, deren Vorsprünge jedoch einem be=
stimmten Morsezeichen entsprechen, nämlich jenem, welches als Name des betreffen=
den Postens ein= für allemal festgesetzt ist. Während die erste Scheibe, sobald der
durch ein eigenes Läutewerk betriebene Signalgeber in Gang gesetzt wird, einen
Unterbrechungscontact schließt, bethätigt die zweite Scheibe einen Contact, so daß
das eine Rad Glockensignale, das andere ein sich stetig wiederholendes Morse=

zeichen giebt. Da indes, der Deutlichkeit der Signalisirung wegen, nicht beide Zeichen gegeben werden sollen (wenngleich sich beide Räder gleichzeitig bewegen), ist folgende Anordnung getroffen: Das Signalrad des Automaten schließt einen Ausschalter, durch welchen der Schreibradautomat auf so lange in kurzen Schluß gebracht, d. h. unwirksam gemacht wird, bis das Signal abgegeben ist. In der Station erscheinen in Folge dessen unmittelbar nach dem Glockensignale die Morsezeichen, aus welchen entnommen werden kann, von welchem Streckenposten das erstere kommt.

Die principielle Einrichtung des Signalautomaten ist die eines mittelst einer Schnur oder einer Kurbel aufzuziehenden Uhrwerkes, das eine Scheibe oder Walze in Bewegung setzt. Die an letzterer angebrachten Zähne gleiten an einer Contact-vorrichtung vorbei, wodurch der Strom geschlossen oder unter-brochen wird. Der Ablauf des Uhrwerkes entspricht immer nur einem Signal, so daß im Falle der Wiederholung des letzteren das Uhrwerk jedesmal wieder aufgezogen werden muß.

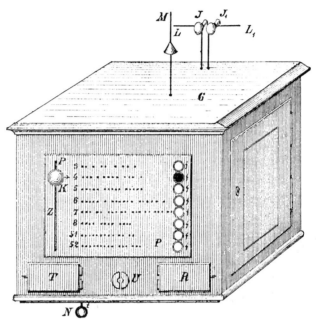

Automatischer Signalgeber.

Unter den mancherlei Signalautomaten zeichnen sich die nachstehend beschriebenen durch besonders sinnreiche Ein-richtung aus. Eine ältere An-ordnung ist die hier abgebildete. An der Vorderwand des Kastens, der den Glockenapparat enthält, ist die Signalgeberplatte (P) mittelst Schrauben befestigt. Auf dieser Platte sind alle etwa von der Strecke auszugebenden Glockensignale zeilenweise untereinander aufgeschrieben. Soll nun ein Signal gegeben werden, so wird ein Knopf (K) so weit nach aufwärts oder abwärts verschoben, daß der horizontal abstehende Zeiger auf die das betreffende Signal bezeichnende Zeile eingestellt ist. Durch eine Stellfeder wird der Zeigerknopf in der gewünschten Lage festgehalten. Alsdann wird die mit einem Ringe versehene Schnur angezogen und nach erfolgtem An-schlag wieder losgelassen. Durch diese Manipulation wird das Uhrwerk im Gehäuse aufgezogen beziehungsweise das Signal abgegeben. Dem Zeigerknopf entgegen-gesetzt befindet sich am Ende jeder Signalzeile ein weißes Fensterchen. Sobald die Schnur angezogen wurde, erscheint in jenem Fensterchen, welches an der Signalzeile dem Zeigerknopf diametral gegenübersteht, ein rothes Scheibchen. Ein Rückstellung auf »weiß« ist nur dem Functionär möglich, der den Schlüssel des Apparatkastens in Verwahrung hat, wodurch eine unfehlbare Controle über das erfolgte Signal gegeben ist.

Eine ähnliche Einrichtung zeigt der nachstehend beschriebene Apparat. Das Gehäuse, welches die Triebfeder für das Uhrwerk aufnimmt, ist an der Gestell= wand des letzteren befestigt. Die Achse der Signalwalze (a) reicht mit einem Ende in das Federhaus (b) hinein und ist an ihr das zweite Federende befestigt. Das zweite Ende derselben geht durch das äußere Schutzgehäuse hindurch und wird an selbes die Aufziehkurbel (c) aufgesteckt. Beim Drehen der Kurbel in der Richtung des Uhr= zeigers spannt sich die Feder, womit das Werk aufgezogen ist. In die Signalwalze sind, corre= spondirend mit den auf der Deckplatte ein= gravirten Signalgruppen, Stifte in entsprechen= den Abständen eingeschraubt. An der Welle d ist der Arm e derart aufgesteckt, daß er der Länge der Welle nach verschoben werden kann, die Welle aber, sobald der Arm durch einen vorbeigleitenden Stift gehoben wird, der hierbei

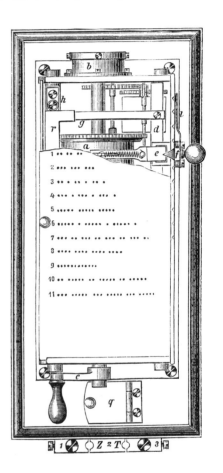

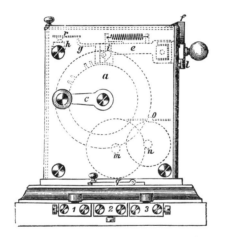

Signalautomat.

entstehenden Drehung folgen muß. Ein mit diesem Arme verbundener Knopf, welcher außerhalb des Gehäuses liegt, gestattet diesen Arm von außen zu ver= schieben und vermittelst der Feder f auf jedes der vorgesehenen Signale genau ein= zustellen. Der an der Welle d unverrückbar befestigte Arm g reicht bis unter die Contactfeder r, ohne sie jedoch in der Ruhelage zu berühren. Die Contactfeder ihrerseits liegt in der Ruhelage auf den isolirten, mit der Klemme 1 jedoch leitend verbundenen Contact h auf.

Der Arm e hat am Ende einen Schlitz eingeschnitten, in welchen der Stahl= lappen i um einen Stift drehbar eingesetzt ist. Die Form dieses Stahllappens, welcher bei richtiger Einstellung vor den Signalstiften so liegt, daß ihn dieselben bei Drehung der Walze treffen müssen, läßt denselben dem Drucke dieser Stifte bei der Drehung der Walze in der Richtung des Uhrzeigers leicht nachgeben. Bei der entgegengesetzten Drehung hingegen ist ein Nachgeben dieses Stahllappens für sich allein nicht mehr möglich, sondern es wird derselbe durch den Druck der Stifte auf die schiefe Fläche mit sammt dem Arme e in die Höhe gehoben beziehungs= weise mit der Welle d um deren Achse gedreht. Sofort nach Passiren eines Stiftes fällt der Arm durch sein eigenes Gewicht wieder nach abwärts. Der mit der Welle d fest verbundene Arm g muß der Bewegung derselben folgen, drückt daher

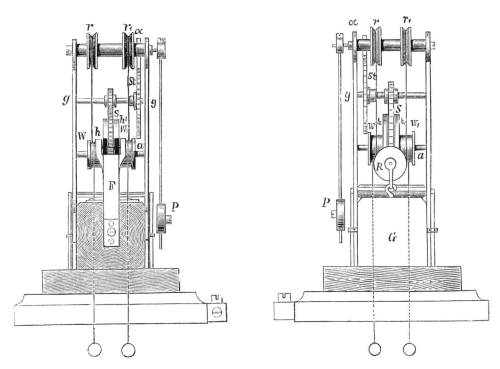

Signalautomat von A. Prasch.

auf die Contactfeder r und hebt sie vom Contacte ab. Eine am Arme e befestigte und mit dem Lappen i verbundene schwache Spiralfeder verhindert das Ueberschlagen des Lappens beim Aufziehen. Soll ein Signal gegeben werden, so stellt man den Zeiger f auf das betreffende Signal der Deckplatte ein und dreht die Kurbel in der Richtung des Uhrzeigers so weit, als es der Mechanismus zuläßt. Nach Aus= lossen der Kurbel geht die Walze in durch das Uhrwerk regulirter, gleichmäßiger Drehung zurück und die an dieser Stelle befindlichen Stifte bringen die beab= sichtigte Stromunterbrechung hervor. (Vgl. Bauer, Prasch und Wehr, »Die elek= trischen Einrichtungen« ꝛc. . .)

A. Prasch hat seinen Signalautomaten für nur zwei Signale eingerichtet. Er wird auf einigen Strecken der österreichischen Staatsbahnen benützt und ist

mehr für die Abgabe der Signale von der Strecke und dem äußeren Stations=
platze, als von den Bureaux aus bestimmt. Bei demselben ist die Einstellung auf
ein bestimmtes Signal beseitigt, da, je nachdem das Laufwerk mit der rechtsseitigen
oder linksseitigen Schnur aufgezogen wird, das vorgesehene Signal ertönt. Als
treibende Kraft für diesen Automaten wurde ein Gewicht gewählt. Doch kann der=
selbe auch auf Federbetrieb eingerichtet werden.

    Die Wirkung des Apparates beschreibt dessen Erfinder wie folgt.... Auf
die zwischen den beiden galgenförmigen Gestellplatten g g eingesetzte Hauptwelle a
ist genau in der Mitte das Stromrad S fest aufgesetzt. Die beiden Scheiben h h₁

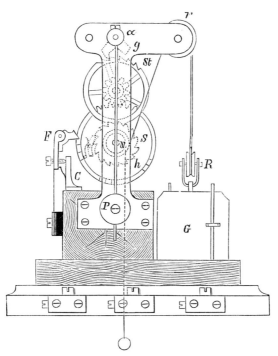

Signalautomat von A. Prasch.

mit den eingesetzten oder eingeschnitte=
nen Signalstiften sind sammt den mit
selben verbundenen zweinuthigen
Walzen W W₁ rechts und links des
Rades S mehr an dasselbe heran=
gerückt, auf die Welle a lose derart
aufgesetzt, daß sie sich zwar drehen,
nicht aber seitlich verschieben können.
An die beiden Signalscheiben h h₁ ist
an der dem Rade S zugekehrten Seite
je ein Sperrrad mit Schrauben un=
beweglich befestigt. In diese Sperr=
räder greifen zwei an dem Rade S
angebrachte Speerkegel ein. Die Stel=
lung der Sperräder ist eine solche,
daß bei einer Drehung der beiden
Signalscheiben nach rechts (in der
Drehrichtung des Uhrzeigers, welche
dem Aufziehen entspricht) das Haupt=
rad nicht mitgenommen wird. Das=
selbe muß sich aber bei der entgegengesetzten Drehung einer dieser Signalscheiben
mitbewegen. Diese letztere Drehung entspricht dem Ablaufe des Weckers.

    Die Gewichtsschnur ist mit je einem Ende an die innere Nuth der beiden
Walzen W W₁ befestigt und läuft, von einer Nuth ausgehend, über die corre=
spondirende Rolle r, sodann über die bewegliche Rolle R, die zweite Rolle r₁ zur
zweiten Walze.

    Das Triebgewicht G wird an die bewegliche Rolle R aufgehängt und ist
durch eine Stangenführung am seitlichen Schlenkern verhindert. Die Gewichtsschnur
wird durch das Triebgewicht, welches sich auch bei abgelaufenem Werke nicht auf
den Boden auflegt, in steter Spannung erhalten. An die äußere Nuth der beiden
Walzen werden die beiden Aufziehschnüre befestigt, sodann um dieselbe je einmal
herumgewunden und nach außen geführt. Ein am Ende dieser Schnüre befestigter

Metallknopf hält durch sein Gewicht diese Schnüre, welche auch durch schwache Metallketten ersetzt werden können, in mäßiger Spannung.

Die Laufgeschwindigkeit des Werkes wird durch ein Pendel (P) geregelt, indem der an der Pendelachse befestigte Anker α in das Steigrad St eingreift. Dieses letztere wird von dem Hauptrad, welches in ein Trieb der Steigradachse eingreift, beim Ablaufe des Werkes mitgenommen. Die Pendellinse läßt sich an der Pendelstange nach auf= oder abwärts verschieben, wodurch die Laufgeschwindigkeit nach Bedarf zu reguliren ist. Die Contactvorrichtung besteht aus einem Contact=ständer C und einer Contactfeder F, welche letztere mit ihrem Contacte an den Contact des Ständers fest anliegt. An das obere Ende der Contactfeder ist ein Messingstück, in das ein Schlitz eingeschnitten ist, befestigt. In diesem Schlitze sind zwei Stahllappen um einen gemeinsamen Stift drehbar angebracht. Die Stahl=lappen stehen den Signalscheiben so nahe gegenüber, daß die Stifte der Scheiben nur dann vorbei können, wenn die Lappen ausweichen. Die Form dieser letzteren läßt sie beim Aufziehen des Werkes direct ausweichen, während beim Ablauf ein Ausweichen nur durch das Abbiegen der Contactfeder und damit verknüpfter Contactunterbrechung möglich ist.

Wird nun das Werk aufgezogen — beispielsweise an der rechten Schnur — so dreht sich die rechte Signalscheibe nach rechts, wobei sich die Gewichtsschnur auf die innere Nuth dieser Walze aufwindet und zugleich das Gewicht hebt. So=wohl das Triebrad als die zweite (linke) Walze können dieser Bewegung nicht folgen; ersteres, weil der Sperrkegel an den Zähnen der Sperrrades abgleitet, letzteres, weil das Gewicht die Walze in entgegengesetzter Richtung zu drehen sucht. Diese Drehung ist aber nicht möglich, weil die Schnur von der Nuth abgelaufen ist und der Zug des Gewichtes sich an dem Widerstand der Achse aufhebt. . . . Beim Ablaufe des Werkes wird das Triebrad, da nunmehr der Sperrkegel in einen Zahn des Sperrrades eingreift, mitgenommen und die Signalscheibe wird sich mit entsprechend regulirter Geschwindigkeit bewegen. Die zweite Signalscheibe wird auch bei Ablauf aus dem gleichen Grunde wie vorher in Ruhe bleiben. Da beim Aufziehen des Werkes der bezügliche Lappen der Contactvorrichtung den Stiften des Signalrades durch Umkippen ausweicht, bei Ablauf jedoch von jedem Signalstifte nach rückwärts gedrängt wird, wodurch sich die Feder abbiegt und eine Contactunterbrechung hervorruft, muß das Signal regelmäßig ertönen.

Beim Aufziehen des Werkes durch die linke Schnur ergiebt sich der ganz gleiche Vorgang, nur daß an Stelle des rechten Signalrades das linke sich dreht und das erstere in Ruhe verbleibt. Der Apparat ist von einem Schutzgehäuse um=geben, aus welchem nur die Knöpfe zum Aufziehen des Signalwerkes hervorragen.

c) Annäherungssignale.

Die Annäherungssignale (Ueberwegsignale, Avertirungssignale) haben den Zweck, überall dort, wo durchlaufende Liniensignale nicht bestehen, das bevor=

stehende Eintreffen eines Zuges an einem bestimmten Punkte der Bahn, sei es dem
daselbst dienstthuenden Functionär oder dem Publicum, anzukündigen. Es geschieht
dies mittelst eines auf Distanz wirksamen Signales, wodurch gewisse Gefahrspunkte
rechtzeitig frei gemacht beziehungsweise gesichert werden. Ihrem Wesen nach sind
die Avertirungssignale Vorläufer der Distanzsignale, mit welchen sie häufig combinirt werden. Zugleich bilden sie einen Ersatz für die durchgehenden Liniensignale
und sind demgemäß vornehmlich dort entwickelt, wo diese fehlen. Ihre Wirksamkeit
ist eine automatische, indem in angemessener Entfernung vor dem Avertirungs-
punkte durch Schienencontacte Wecker, Läutewerke und Signalscheiben in Thätigkeit
gesetzt werden.

Annäherungssignal von Leblanc und Loisseau.

Unter den älteren Annäherungssignalen ist eines der bekanntesten dasjenige
von Leblanc und Loisseau, das hier abgebildet ist. Der Signalständer ist eine
gußeiserne Säule mit einem prismatischen Blechkasten als Abschluß zu oberst. In die
beiden Hauptwände dieses Kastens sind Glastafeln mit der Aufschrift »Uebergang verboten« eingesetzt, doch sind dieselben erst dann sichtbar, wenn hinter ihnen weißange-
strichene Blenden vorgeschoben werden. Diese letzteren (B, B_1 u. s. w.) stehen in Verbindung mit einem Hebelsystem, deren Drehachsen (M, M_1, N, N_1) auf der einen Seite
mit Elektromagneten (E, E_1) in Verbindung treten, und zwar mittelst des Eisenstückes A
an einer (in der Figur nicht sichtbaren) Querstange. Liegt das Eisenstück, welches
als Anker functionirt, an dem Elektromagnet E, so haben die Blenden (B, B,
B_1, B_1) die in der Abbildung dargestellte Lage. Wird der Anker an Elektromagnet E_1 gebracht, so stellen sich die Blenden, durch die Hebelübertragung dazu
veranlaßt, von beiden Seiten her gegen die Mitte des Kastens und verdecken so

die Aufschrift. Das Hebelsystem, auf welchem die Blenden hängen, ist gleich einer Wage ausbalancirt. Um das richtige Oeffnen und Schließen der Blenden zu bewerkstelligen, ist es nothwendig, daß die aufeinander folgenden Ströme genau abwechslungsweise in beide Elektromagnete gelangen. Dies wird durch Einschaltung eines besonderen elektrisch-automatischen Linienwechsels in die Signallinie erreicht.

Der Schienencontact besteht, wie aus untenstehender Figur zu ersehen ist, aus der mit der Erdleitung verbundenen Contactfeder F und dem zur Signalleitung angeschlossenen Contactamboß C; ferner aus dem Blasebalg B und dem Pedalhebel P. Eine starke, in der Abbildung nicht sichtbare Feder hat das Bestreben, den Blasebalg zu öffnen, kann aber nicht wirksam werden, weil der lange Arm des Hebels H und das daran befestigte Gewicht G den Blasebalg niederhalten. Zugleich drückt das vorderste Ende des Pedalhebels (Q) die Feder F von C ab. Wird aber das Pedal durch das Locomotivrad niedergedrückt, sonach G und Q gehoben, so kann die vorerwähnte Feder des Blasebalges diesen öffnen, während

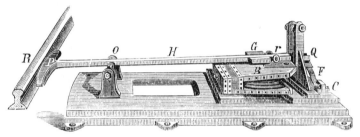

Schienencontact zum Leblanc'schen Apparat.

gleichzeitig F nun unbehindert mit C in Berührung gelangt. Eine solche Contactvorrichtung befindet sich in angemessener Entfernung vor, eine zweite hinter der zu deckenden Bahnübersetzung, wo der Signalständer angebracht ist. Der herannahende Zug giebt Contact und läßt dadurch am Signalständer die warnende Inschrift erscheinen. Hat der Zug die Rampe des Wegüberganges passirt und kommt er zur zweiten Contactvorrichtung, so wird durch die neuerliche Stromgebung die Aufschrift am Signalständer wieder verschwinden gemacht. Mitunter ist mit diesem optischen Signale ein akustisches verbunden, z. B. mit einer elektrischen Klingel, welche so lange läutet, als die Blenden geschlossen sind. Diese Combination ist indes nur in dem Falle nothwendig, wenn die betreffende Bahnstelle nicht blos durch ein sichtbares Warnungszeichen gedeckt, sondern durch Hinzuthun des Wächters abgesperrt werden soll. Die Klingel ist sodann ein Avertirungssignal für den Wächter und nicht für das Publicum.

Ein derartiger Apparat ist beispielsweise der Elektro-Semaphor der französischen Nordbahn nach der Anordnung, wie sie die umstehende Abbildung veranschaulicht. Zur Unterbringung des Apparatkastens dient entweder eine Wand des Wächterhauses oder ein eigener Ständer. Der Apparat besteht für jede Fahrrichtung aus einem Elektromagnet (M_1, M_2), einem Fallarm (A_1, A_2) und einem

Wecker (W₁, W₂). Der Apparat kann entweder von dem benachbarten Strecken=
posten, oder von der Station, oder schließlich vom Zuge selbst aus bethätigt
werden, in welch' letzterem Falle wieder ein Schienencontact in Wirksamkeit tritt.
Die Abfallarme werden von den Elektromagneten festgehalten, gleichzeitig aber an
entgegenwirkende Federn (F₁, F₂) angepreßt. Wird der Magnet durch Unter=

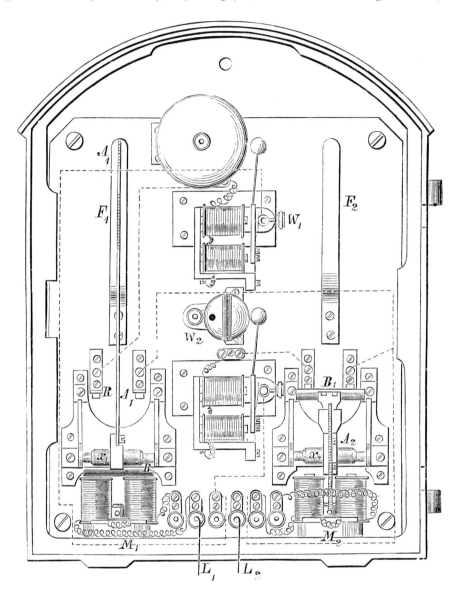

Elektro=Semaphor der französischen Nordbahn.

brechung des Stromes unwirksam, so functionirt die Feder und macht den Arm
abfallen, zu welchem Ende in dem Apparatkasten entsprechende Schlitze angebracht
sind. Mit dem Abfallen des Armes in die wagrechte Lage erfolgt gleichzeitig der
Schluß einer Localbatterie, in welche der zugehörige Wecker eingeschaltet ist. Das

Klingeln dauert so lange, bis der Wächter den Arm mittelst eines Kästchens wieder in die senkrechte Lage, also an den Elektromagneten bringt.

Um Irrungen zu vermeiden, sind die beiden Weckerglocken ungleich gestimmt. Sartiaux hat an Stelle des Weckers eine Trompete gesetzt, durch welche mittelst eines Kolbens, der sich in einem Metallcylinder bewegt, comprimirte Luft gepreßt wird. Die Compression erfolgt durch ein Laufwerk mit Gewichtsbetrieb, das durch den Anker eines Elektromagnetes ausgelöst wird.

Da die Hauptbahnen allmählich mit durchgehenden Liniensignalen versehen wurden, hätten mit der Zeit die Annäherungssignale nur mehr ein historisches Interesse beanspruchen können, wenn nicht neuerdings der Bau so vieler Neben=bahnen ihnen erneute actuelle Bedeutung verschafft hätte. Auf solchen Nebenbahnen, welche die kostspielige Anlage von durchgehenden Liniensignalen nicht vertragen, sind, wie bereits hervorgehoben wurde, die Avertirungssignale vorzüglich am Platze, um gewisse Gefahrpunkte in wirksamer Weise zu decken. Die gewöhnlichen Läute=werke der Liniensignale, welche man vorerst zu dem vorgedachten Zwecke benützte, ergaben Schwierigkeiten. L. Kohlfürst sagt: »Solche an sich ganz dienliche An=ordnungen haben das Ueble, daß sie, weil die in Frage kommenden Bahnen nur eingeleisig sind und sonach für jedes Signal zwei Streckencontacte vorhanden sein müssen, nochmals ausgelöst werden, wenn der von der Signalhalle sich entfernende Zug den zweiten Contact passirt. Die Begegnung dieser Mißlichkeit durch Strecken=contacte, welche nur für eine Fahrtrichtung der Züge entsprechen, ist mehrfach versucht worden, stößt aber auf constructive Schwierigkeiten.

Siemens & Halske haben durch entsprechende Einrichtung an ihrer Läut=säule für Spindelwerke (vgl. S. 533) ein sehr brauchbares Annäherungssignal geschaffen. Das Glockenschlagwerk giebt nach jeder Auslösung zwei Schläge und es erfolgt die erste Auslösung elektrisch, wenn der Zug den Streckencontact thätig macht. Weitere Auslösungen geschehen mechanisch durch ein Uhrwerk, welches von dem Triebwerke des Glockenapparates bei dem ersten Abschlagen mit aufge=zogen wird, aber zufolge des Einflusses eines Pendelwerkes nur langsam abläuft. Die Auslösungen, welche das Nebenwerk mechanisch veranlaßt, folgen sich circa zwei Minuten hindurch alle sechs bis sieben Secunden und haben jedesmal zwei Glockenschläge zur Folge. Das bezeichnete Nebenwerk braucht zum vollen Ablaufen noch weitere sechs bis acht Minuten, löst aber in dieser Zeit das Glockenwerk nicht mehr weiter aus, sondern hält nur eine Unterbrechung der Leitung offen zu dem Zwecke, daß der zweite Schienencontact so lange wirkungslos bleibt, bis ihn der Zug hinter sich hat.

Verwandt mit diesem Annäherungssignale ist jenes von H. Hattemer, das umstehend in der Ansicht und im Durchschnitt abgebildet ist. Eine circa $2^3/_4$ Meter hohe Säule mit hohlem Schafte trägt am oberen Ende eine abwärs gekehrte Glocke (G) und einen cylindrischen, unten glockenförmig erweiterten Kasten (K), in welchem sich das auf einem Träger montirte Läutewerk befindet. In den Holz=

käften (k₁, k₂) unterhalb des Fußendes des Säulenschaftes ist die Batterie installirt, welche durch die Thüre T mittelst eines Rahmenwerkes und der Kette r eingesetzt wird. Das Bleikabel P besorgt die Verbindung zwischen der Batterie und dem Läutewerk. Von der Beschreibung des Läutewerkes und der Art der Signalgebung sehen wir ab, da sie zu sehr ins Detail gehen würde. Das erstere ist übrigens neuerdings mehrfach verbessert worden. Principiell erwähnenswerth ist, daß mit Angehen des Läutewerkes dasselbe mit der Batterie in kurzen Schluß gebracht wird, indem sich ein Rad weiterschiebt und mittelst eines Ringes, eines Contactes und einer Feder in leitende Verbindung tritt. Es entsteht Localschluß und das Läuten setzt sich — unbeschadet ob der Streckencontact geschlossen ist oder nicht — so lange fort, bis das fragliche Rad, das mit jedem Glockenschlage um einen Zahn vorrückt, völlig herumgedreht wurde. Die Dauer des Läutens läßt sich innerhalb gewisser Grenzen durch die Wahl des Rades, d. h. durch die Anzahl der Zähne desselben, dem jeweiligen Bedürfnisse anpassen.

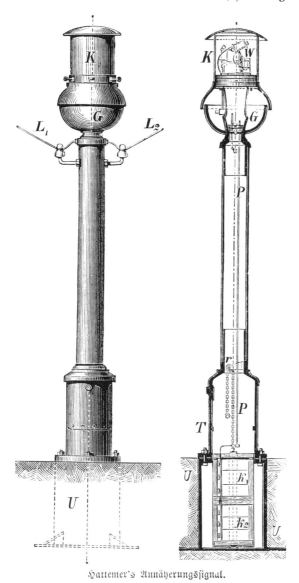

Hattemer's Annäherungssignal.

So wie die Annäherungssignale sich mit den weiterhin zu besprechenden Distanzsignalen combiniren, desgleichen mit den Deckungs- (Block-) Signalen. Hierbei handelt es sich hauptsächlich um Avertirung des Fahrpersonales, vornehmlich des Locomotivführers. Es ist nämlich unter Umständen nicht ausgeschlossen, daß der Führer — entweder mit einer Manipulation beschäftigt, oder durch widrige Wetterverhältnisse behindert — das Distanzsignal nicht bemerkt. Von den noch zu besprechenden Knallsignalen abgesehen, sind bisher nur solche akustische Avertirungssignale in Anwendung gekommen, welche in einer automatischen Bethätigung der Locomotivpfeife durch Schienencontact bestehen.

Die bekannteſte Anordnung iſt die von Lartigue und Digney-Frères, deren Details aus untenſtehender Figur zu erſehen ſind. Die Dampfpfeife P hat ihr Dampfzuſtrömungsrohr bei R und kann nur dann Dampf erhalten, wenn das an der Ventilſtange d ſitzende Ventil geöffnet wird. Die Ventilſtange iſt an dem Hebelarme H, welcher mit dem Hebel H₁ durch die Zugſtange v verbunden iſt, befeſtigt. H₁ trägt bei A den Anker für den Hughesmagnet ME und wird daher ſo lange in der durch die Figur dargeſtellten (gehobenen) Lage bleiben, als die Drahtwindungen E des Magneten ſtromlos ſind. Ebenſo lange bleibt das Ventil des Dampfzuſtrömungsrohres geſchloſſen. Letzteres wird aber geöffnet, ſobald ein Strom die Drahtwindungen durchfließt und den Anker A durch die nun zur Wirkung kommende, um v gewundene Spiralfeder abgeriſſen wird. Man bringt die Pfeife wieder zur Ruhe, indem man den Knopf K hineindrückt und dadurch den Hebel H₁ hebt, oder auf den Hebel G n bei G drückt, wodurch das Ende n den Hebel H hebt. In jedem Falle wird der Anker A dem Magnet ſo weit genähert, daß letzterer erſteren feſt= halten kann, in der Voraus= ſetzung, daß der elektriſche Strom inzwiſchen unter= brochen wurde.

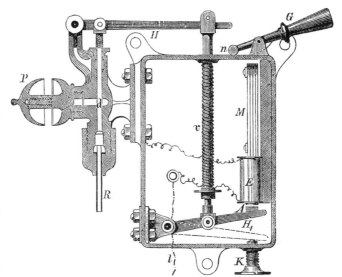

Elektriſch-automatiſche Dampfpfeife von Lartigue und Digney-Frères.

Die Verbindung der elektriſchen Dampfpfeife mit dem Schienencontacte wurde bereits an anderer Stelle beſprochen (S. 460), wo ſich auch die dazugehörige Figur befindet.

Eine Combination des Avertirungsſignales mit dem Blockſyſtem wurde neuerdings von dem Amerikaner Guiley in einfacher Weiſe bewerkſtelligt. Das Guiley'ſche Signal hat hauptſächlich den Zweck, das Gegeneinanderfahren der Züge zu verhüten. Guiley hat den einen Schienenſtrang durch eine ganz einfache Vorrichtung zu einem elektriſchen Stromleiter umgeſtaltet, indem er die Schienen an ihren Enden bei den Laſchen durch gute elektriſche Leiter verbindet. Der andere Schienenſtrang iſt in einzelne Strecken (Blocks) getheilt, welche durch Drähte ver= bunden ſind. Zwiſchen den Schienenkränzen liegen in angemeſſenen Entfernungen Contactplatten, die aus zwei von einander iſolirten Platten gebildet ſind und diagonal geſtellte lothrechte Rippen tragen. Die Drähte der einzelnen Schienenblocks knüpfen in entſprechender Weiſe an dieſe Platten an. Die Locomotive trägt einen metallischen »Fühler«, der die Rippen dieser Platten, und zwar immer die in der Fahrtrichtung zuerst liegenden Rippen streift.

Eine Batterie, die neben einem Läutewerk beim Standorte des Führers montirt ist, sendet den elektrischen Strom durch den »Fühler«, die Platten und die Schienen bis zu einer in der Fahrtrichtung liegenden, für die Gegenrichtung bestimmten Platte. Kommt nun eine Locomotive entgegen, so wird der Strom durch die Berührung des »Fühlers« derselben mit der entsprechenden Platte geschlossen und setzt das Läutewerk in Bewegung. Die Anordnung bei Drehbrücken und Kreuzungen ist eine ähnliche. Es handelt sich immer darum, von der vorwärts-

Guiley's elektrisches Annäherungssignal.

eilenden Locomotive einen Strom nach jener Richtung zu senden, von wo Gefahr drohen kann, und diesen Strom in eine entgegenkommende Locomotive zu senden.

d) Die durchlaufenden Signale.

Von dieser Signalgattung war im Vorstehenden bereits andeutungsweise die Rede. Es sind Signale, welche von Station zu Station so gegeben und fort-gepflanzt werden, daß sie von allen auf dieser Strecke liegenden Bahnbewachungs-posten mitempfangen beziehungsweise wahrgenommen werden können. Es ist nicht zu leugnen, daß die früher all-gemein im Gebrauche gestandenen opti-schen Signale ihre Vortheile hatten: Das andauernde Festhalten des Zeichens, die große Fernwirkung bei klarer Luft, die Schnelligkeit der Fortpflanzung, sowie

die leichte Handhabung und Controle. Dem entgegen sind auch die Nachtheile nicht zu übersehen: Starke Beeinträchtigung der Wirkung durch atmosphärische Einflüsse (Regen, Nebel, Schneegestöber), die Möglichkeit der Täuschung bei Nacht durch Ver-wechslung mit anderen Lichtern, oder gar das Verschwinden des Signales durch Erlöschen des Lichtes. Die optischen Streckensignale waren außerdem unökonomisch, weil, insbesondere auf Strecken im eingeschnittenen Terrain und in Krümmungen, die Signalposten sehr dicht aufeinander folgen mußten. Für das Wärterpersonale war es eine Erschwerniß, daß es sich stets zur rechten Zeit am Posten befinden mußte, was bei außergewöhnlichen Zwischenfällen selbstverständlich nicht ohne weiteres zu erzielen war.

Durch Einführung der durchlaufenden akustischen Signale mit elektrischem Betrieb sind die vorstehend berührten Uebelstände beseitigt worden, obwohl auch

ihnen Nachtheile anhaften: beschränkte Wirkung (Schallweite), nicht dauerndes Fest=
halten des Zeichens, Undeutlichkeit desselben bei Wind oder Dazwischentreten anderer
insbesondere ähnlicher Geräusche, geringe Combinationsfähigkeit der Zeichen. Die
Vortheile der akustischen Signale bestehen darin, daß sie bei Tag und Nacht gleich,
gut wirken und die Aufmerksamkeit auf sich ziehen, auch ohne daß der Empfänger
des Signals auf dasselbe besonders Acht zu geben braucht. Es darf indes nicht
verhehlt werden, daß der Aufwand an Geräuschen und Mißtönen, der vornehmlich
auf deutschen und österreichischen Eisenbahnen zur Sicherung des Betriebes für
erforderlich gehalten wird, ein übermäßig großer ist und
die mit dem Eisenbahnwesen verbundene Excitation in
bedenklicher Weise vermehrt. Der Lärm, der auf großen
Stationen, auf denen mehrere Züge in kurzen Inter=
vallen verkehren, mit Dampfpfeifen, Handpfeifen,
Hörnern, Glocken, elektrischen Läutewerken und Klingeln,
Trembleues rc. gemacht wird, erregt das Staunen der
fremden Fachmänner.

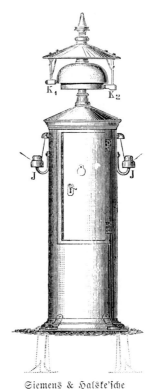

Siemens & Halske'sche
Läutebude.

Der intellectuelle Urheber der durchlaufenden
elektrischen Signale war der Oberingenieur A. Mohns
der Thüringischen Eisenbahngesellschaft, nach dessen
Entwurf im Jahre 1846 durch F. Leonhardt die
ersten Läutewerke auf der Strecke Halle=Weißenfels
eingerichtet wurden. Der Glockensignalapparat auf der
Strecke besteht aus zwei Haupttheilen: der Glocke und
dem Schlagwerk. Der Apparat wird entweder auf dem
First des Wächterhauses oder in eigenen hölzernen oder
blechernen Buden (»Läutebuden«) untergebracht; in
Oesterreich ist die erstere, in Deutschland die zweite
Anordnung vorherrschend. Die durch Siemens und
Halske eingeführten blechernen Läutebuden (siehe neben=
stehende Abbildung) bestehen aus einem aus Stab= oder
Gußeisen hergestellten Gerüst, das mit Blech verschalt und gedeckt ist. In dem
cylindrischen Ständer gestattet eine verschließbare Thür den Zugang zu dem im
Innern der Bude auf Consolen befestigten Apparate. Der Glockenstuhl ist mit dem
Dache mittelst Schrauben verbunden und die vom Schlagwerk zu den Hämmern
(K₁ und K₂) führenden Zugdrähte finden ihren Weg durch den hohlen Schaft
des Glockenständers. Die für die Einführung der Leitung nöthigen zwei Isolatoren=
träger (J) sind gleichfalls mittelst Schrauben an den Blechwänden befestigt.

Wird der Glockenapparat am Wächterhause oder an einem Bahnhofsgebäude
angebracht, so kommt der Glockenstuhl entweder auf den Dachfirst zu stehen, oder
er wird mittelst guß= oder schmiedeeisernen Consolen an die Hauswand befestigt.
Das Läutewerk besteht entweder aus einer einfachen oder aus einer Doppelglocke,

welche ineinander angebracht werden, indem die eine der beiden Glocken einen kleineren Durchmesser hat. Diese »Doppelschläger« bieten den Vortheil, daß die damit gegebenen Signale sich von anderen ähnlichen Schallerregungen in auffälliger Weise unterscheiden, da die Glocken ungleich gestimmt sind. . . . Wie die eine der beiden hier stehenden Figuren veranschaulicht, setzt sich ein Doppelschläger aus

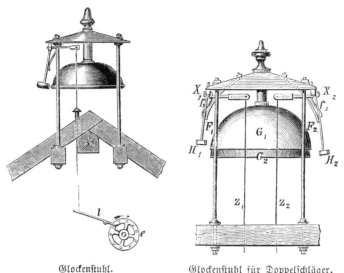

folgenden Theilen zu=
sammen: Die um die
Achsen X_1 und X_2 dreh=
baren Hämmer H_1 und H_2
haben in am Dache an=
genieteten Lagern Dreh=
achsen und werden durch
die Federn f_1 und f_2 gegen
die Glocke gepreßt, wäh=
rend es die stärkeren
Federn F_1 und F_2 ver=
wehren, daß die Hämmer
in der Ruhelage die
Glocken G_1 und G_2 völlig
berühren. Werden die

Glockenstuhl.   Glockenstuhl für Doppelschläger.

Zugdrähte Z_1 und Z_2 angezogen und plötzlich losgelassen, so schnellen die gehoben gewesenen Hämmer gegen die Glocken, worauf sie durch die Federn F_1 und F_2, welche

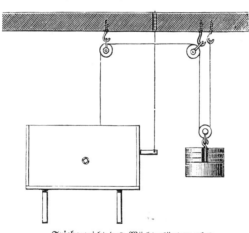

durch das Fallmoment der Hämmer vor=
übergehend niedergedrückt wurden, wieder
in die Ruhelage zurückgeführt werden.
Das Fernhalten der Hämmer durch die
Federn bezweckt einen kurzen Anschlag,
wodurch ein heller, reiner Glockenton erzielt
wird, was nicht der Fall wäre, wenn die
Hämmer an der Glocke liegen blieben.

Die Triebgewichte für die Wächter=
läutewerke haben ein Gewicht von 20 bis
25 Kilogramm und sind — wie die bei=
gefügte Figur zeigt — nicht direct unter
dem Kasten auf der Gewichtsschnur auf=

Triebgewicht des Wächterläutewerkes.

gehängt, sondern es ist die Schnur über Rollen zur Decke und von dieser wieder herab zum Werke geführt. Die innere Einrichtung einer Signalbude nach der Type der k. k. österreichischen Staatsbahnen veranschaulicht die auf der nächsten Seite stehende Abbildung. Der eigentliche Signalapparat ist hierbei nur schematisch dargestellt. Wie zu ersehen, ist die Gewichtsschnur über Flaschenzugrollen geführt, wodurch die Höhe eines Gewichtsabfalles für eine einmalige Auslösung eine geringere wird, als bei dem directen Angriffe desselben. Es ist dies nothwendig, um trotz der geringen Höhe, welche für den Ablauf des Gewichtes verfügbar ist, ein allzu häufiges Aufziehen zu vermeiden. Die Abbildungen auf Seite 536 endlich zeigen die Art und Weise der Anordnung der Consolen= glocken an Stationsgebäuden u. dgl. Hier kann der Hammerzugdraht nicht immer direct von dem Hammerhebel des Läutewerkes zu dem Zughebel des Glockenhammers geführt werden, sondern man wird, da der Drahtzug nur wagrecht aus den Gebäuden herausgeführt werden kann, zu Uebersetzungen Zuflucht nehmen müssen, welche in der einfachsten Weise durch sogenannte Zugwinkel (z) erfolgt.

Eine sehr compendiöse Anordnung eines Läutewerkes ist die von Siemens & Halske eingeführte, von F. v. Hefner=Altenek con= struirte Läutesäule. In den hohlen eisernen Schaft der Säule (S), welche unten in einem Ansatzrohre (R) endigt, ist das Treibgewicht untergebracht. An der verbreiterten Console des Schaftes ist durch Rippenstücke das Dach (B), die Glocke (G) und die Einführungs= vorrichtung befestigt, in der Blechtrommel (T) unter dem Dache der Apparat untergebracht. Die Trommel läßt sich, nachdem das dazu ge= hörige Schloß aufgesperrt wurde, mittelst zwei Handhaben (H) seitlich drehen und hinab= schieben, so daß der Apparatenraum zugängig wird. Die Anordnung der Leitungseinführung ist aus der Abbildung deutlich ersichtlich.

Mitunter wird — z. B. auf deutschen Bahnen — mit dem Läutewerk an der Außen= seite der Bude eine Signalscheibe verbunden. Dieselbe hat für gewöhnlich eine horizontale Lage, stellt sich jedoch vertical auf, sobald das Signal bethätigt wird. Diese Einrichtung ist insoferne von Vortheil, daß der Bahnwärter, für den Fall, daß er das Signal überhört

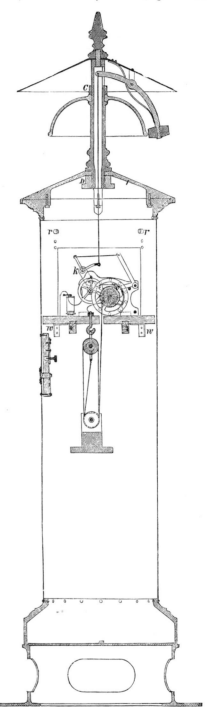

Signalbude der k. k. österr. Staatsbahnen.

oder im Zweifel sein sollte, durch Augenschein von dem Sachverhalt sich über= zeugen kann. Da der Bahnposten verhalten ist, nach Empfang des Signales die

Scheibe sofort wieder in die Horizontallage zurückzudrehen, gelangt das Fahr=
personal durch die Verticalstellung zur Kenntniß, daß der Wärter sich nicht auf
seinem Posten befindet und wird dadurch zur Vorsicht angehalten.

Eine sehr sinnreiche Anordnung ist jene von Dietz. Dieselbe verbindet mit
dem Läutewerk ein Zeigersignal, das auch bei Nacht sichtbar
ist, da sich der Zeiger vor einer beleuchteten Mattscheibe be=
wegt. Für gewöhnlich weist der Zeiger senkrecht nach abwärts.
Erfolgt das Signal (mit Glockenschlägen), so dreht sich der
Zeiger um 90°. Der Wärter hat nun den Zeiger um 45°
weiterzuschieben, womit dem Zuge die Bahn freigegeben und
gleichzeitig das empfangene Signal quittirt wird. Bei einer

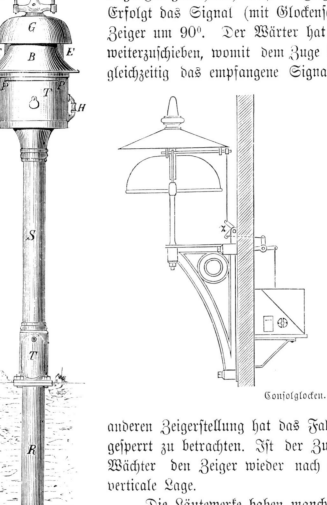

Läutesäule von Hefner=
Alteneck.

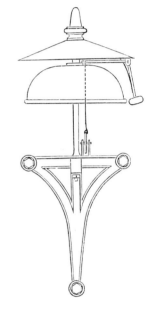

Consolglocken.

anderen Zeigerstellung hat das Fahrpersonal die Strecke als
gesperrt zu betrachten. Ist der Zug vorüber, so dreht der
Wächter den Zeiger wieder nach abwärts in seine normale
verticale Lage.

Die Läutewerke haben mancherlei Einrichtungen, deren
Erläuterung zu weit führen würde. Zur Kennzeichnung der
Anordnung eines solchen Apparates sei indeß ein in Oester=
reich und Frankreich für Liniensignale häufig angewandtes
Laufwerk — das von Leopolder construirte — hier beschrieben. Die bewegende
Kraft dieses Laufwerkes bildet wie gewöhnlich ein Gewicht, welches durch das
Seil t auf die Welle T wirkt. Das Aufziehen des Werkes erfolgt mittelst der
Kurbel K. Die Bewegungsrichtung der einzelnen Räder des Getriebes ist durch bei=
gesetzte Pfeile ersichtlich gemacht. Der Zugdraht ist an den Arm Z des zweiarmigen

Hebels Z Z₁ befeſtigt, deſſen Arm Z₁ durch die Daumen r des Rades R gehoben wird, ſobald das Laufwerk ausgelöſt iſt. Die Auslöſung beſorgt der durch 2 und 3 in die Drahtwindungen des Elektromagnetes M M geſandte elektriſche Strom.

Dieſer veranlaßt nämlich die Anziehung des Ankers A durch die Polſchuhe i i; da der Anker durch das Verbindungsſtück h auf der Welle x befeſtigt iſt, muß dieſe und ebenſo das darauf ſitzende Winkelſtück G gedreht werden. In Folge dieſer Drehung fällt der gekrümmte Anſatz e, welcher durch S auf den in z dreh= baren Hebel H₁ befeſtigt iſt, in den Raum zwiſchen die beiden »Paletten« p und q. Der Arm H₃ des genannten Hebels nimmt durch den Stift y den um o drehbaren Hebel N mit, auf deſſen Naſe n in der Ruhelage der Anſatz c auflag. An letzterem

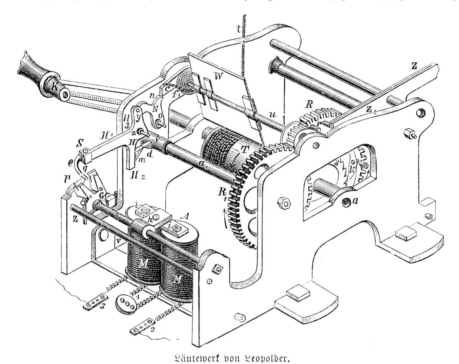

Läutewerk von Leopolder.

aber iſt die mit dem Windflügel W verbundene Spiralfeder f₁ befeſtigt. Der Windflügel ſitzt auf der Welle u, welche durch ein Zahnrad mit den übrigen Rädern des Laufwerkes in Verbindung ſteht. Verliert alſo der Anſatz c ſein Auf= lager auf der Naſe n in Folge der eben angegebenen Bewegungsvorgänge, ſo iſt die Windflügelaxe und ſomit das ganze Laufwerk freigegeben oder ausgelöſt und bewirkt das Glockenſignal. . . . Die Avertirung des Laufwerkes nach Unterbrechung des Stromes erfolgt in nachſtehender Weiſe: die Welle a₁ erhält durch das Rad R₁ die durch den beigeſetzten Pfeil angedeutete Drehung und hebt durch den auf ihr befeſtigten Daumen d den auf dem Arme H₂ des Hebels H ſitzenden Daumen m; der Hebel H muß ſich daher derart drehen, daß der Arm H₁ gehoben wird und e wieder auf die Paletten p und q zu liegen kommt (die durch den Rückgang des Kaſtens gleichfalls in die Ruhelage gelangt ſind). Durch die Drehung des Hebels H hebt aber auch der Arm H_3 den Hebel N und nun wird das Stück c wieder auf die Naſe n zu liegen kommen und dadurch das Laufwerk hemmen.

Zur Zeichengebung benützt man Taſter. Wird die Glockenlinie mit Arbeits= ſtrom betrieben, ſo wird durch das Niederdrücken des Taſters die Läutewerkslinie eingeſchaltet und gleichzeitig werden hierdurch etwa vorhandene Hilfstelegraphen= apparate ausgeſchaltet. Bei Ruheſtrombetrieb erfolgt durch das Niederdrücken des Taſters einfach Stromunterbrechung. Um dem Beamten die Möglichkeit einer Con= trole des Linienſtromes zu bieten, iſt der Taſter häufig mit einer Bouſſole an einem gemeinſchaftlichen Brette befeſtigt. Man nennt einen ſolchen Apparat, der meiſt mit einem Stöpſelumſchalter ausgerüſtet iſt, eine »Taſterbouſſole«.

Die beigefügten Figuren zeigen in ſchematiſcher Weiſe die Betriebsmethode der Glockenſignaliſirung. Fig. 1 veranſchaulicht die Schaltung für Ruheſtrombetrieb. $B_1 B_2$ ſind die Batterien in den Stationen und gehen dieſelben mit den entgegen= geſetzten Polen in die Erde und in die Leitung. Sie haben daher die gleiche Stromrichtung und arbeiten gemeinſam. L ſind die Läutewerke, T $T_1 T_2$ ſind die Signalgeber oder Taſter. — Fig. 2 veranſchaulicht die Schaltung auf Arbeits= ſtrom, aber mit einer eigenartigen Modification, welche von Křižik herrührt. Die beiden Stationen ſind mit ſchwachen Batterien verſehen, welche den Ruheſtrom für die Glockenlinie bilden, der jedoch zu ſchwach iſt, um ſie in Thätigkeit zu ſetzen; wohl aber ſpricht das Läutewerk der genannten Station hierauf an. Mit dieſem Läutewerk iſt die Kurbel eines Inductors derart verbunden, daß bei Auslöſung des Läutewerkes auch die Armatur des Inductors rotirt und dann Inductions= ſtröme in die Linie ſendet, um die auf ſtarken Arbeitsſtrom gerichteten Läutewerke in Thätigkeit zu ſetzen. Dieſe Anordnung iſt ſehr ökonomiſch, die Einſtellung der Streckenläutewerke einfach und ihr Functioniren ſicher, vorausgeſetzt, daß das Stationsläutewerk gut arbeitet.

Die Schaltung einer Glockenſignallinie für Gegenſtrom zeigt Fig. 3. Die beiden gleich ſtarken Batterien $B_1 B_2$ in den Stationen gehen mit den gleichnamigen Polen zur Erde und in die Leitung; ſie haben daher die entgegengeſetzte Strom= wirkung und heben ſich in ihren Wirkungen auf. Soll ſignaliſirt werden, ſo ge= ſchieht dies dadurch, daß die eigene Batterie aus der Linie ausgeſchaltet, der Stromkreis hierbei jedoch nicht unterbrochen wird. Da aber die Batterie der Nachbarſtation wirkſam wird, löſt ſie die einzelnen Läutewerke aus. Dieſes Aus= ſchalten der eigenen Batterie wird durch Niederdrücken des Taſters bewirkt; dadurch hebt ſich letzterer von dem rechtsſeitigen Contacte ab und legt ſich an den links= ſeitigen: die Verbindung der Leitung mit der eigenen Batterie wird aufgehoben hingegen eine directe Verbindung mit der Erde hergeſtellt. Bei der Signaliſirung von der Strecke aus wird durch Niederdrücken des Taſters nach beiden Richtungen Erdſchluß hergeſtellt und werden hierdurch zwei Stromkreiſe geſchaffen. Jede der beiden Batterien kommt zur Wirkung und ſämmtliche Apparate werden ausgelöſt. (Praſch, a. a. O.)

Zu dieser Anordnung, welche von Gattinger herrührt, bemerkt Kohlfürst, daß diese Schaltung zwar weit ökonomischer sei als die Ruhestromschaltung, daß aber die Verläßlichkeit der Signalisirung hinsichtlich der Stationssignale nicht viel besser sich erweise, als bei Ruhestromschaltung; für die Streckensignale sei sie noch weitaus fraglicher, da hierbei die Lage des Signalpostens beziehungsweise die Vertheilung der Widerstände in den beiden getrennten Stromkreisen ins Gewicht fällt. Es scheint, daß neuerdings durch gute Erdleitungen bei jeder Signalisirungs= stelle diesem Uebelstande vorgebeugt ist.

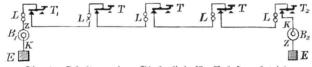

Fig. 1. Schaltung einer Glockenlinie für Ruhestrombetrieb.

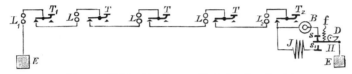

Fig. 2. Křižik's Anordnung für Inductionsbetrieb.

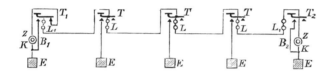

Fig. 3. Schaltung einer Glockenlinie für Gegenstrombetrieb.

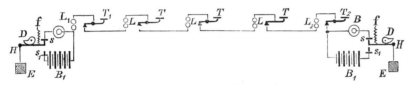

Fig. 4. Schaltung der Glockensignal=Einrichtung auf der Gotthardbahn.

An die Křižik'sche Schaltung erinnert diejenige, welche von Siemens und Halske bei der Gotthardbahn benützt wurde. Der Unterschied liegt in dem, daß das Stationsläutewerk L_1 (in Figur 4) bei der Unterbrechung des schwachen, von den Batterien B erzeugten Ruhestromes mittelst eines der Taster T ver= anlaßten Auslösung die Entstehung eines starken Batteriestromes statt eines Inductionsstromes bewirkt. Meist sind in den beiden Stationen jeder Strecke solche als automatische Sender dienende Läutewerke — wie dies in der Zeichnung an= gedeutet ist — in welchem Falle selbstverständlich die Anschlüsse der beiden Arbeits= batterien B_1 derart angeordnet sein müssen, daß sich die Ströme addiren.

Häufig sind auch in den Bureaux der Stationen Läutewerke angebracht. Diesen giebt man dann zwar eine mit den Linienwerken übereinstimmende Con=

struction, stellt sie aber in kleineren Dimensionen her — N und N_1 in der untenstehenden Figur. Aus dieser ist zugleich die Schaltungsweise zu ersehen, die zu
dem Zwecke getroffen wird, damit die Läutewerkslinie auch für die Correspondenz
durch Morseapparate ausgenützt werden könne. Die Schaltung bezieht sich auf
die Verbindung der einzelnen Stationsapparate untereinander und mit der Linie.
Bei dem hier gegebenen Beispiele sind die Läutewerkslinien auf constanten Batteriestrom geschaltet und zumeist in jeder Station zur Erde geleitet. Ein durch die
Linie L_1 in der Station anlangender Strom nimmt hierbei folgenden Weg: durch
die Blitzplatte p in das Linienläutewerk N, durch den Automatentaster S in das
Relais R und von hier aus über den Taster T und das Galvanometer G zur
Erde. Am Relais ist ein Umschalter (e d i) angebracht, der in der Regel so gestellt

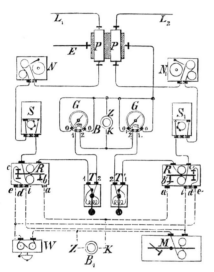

Schaltung auf constantem Batteriestrom.

ist, daß er den Stromkreis der Localbatterie B_1
über dem Wecker W schließt. Soll jedoch correspondirt werden, so wird der Localstromkreis
mit Einschaltung des Schreibapparates M geschlossen. Das Relais bleibt also stets in der
Leitung eingeschaltet. Die Abreißfeder des
Relaisankers wird so stark gespannt, daß das
Relais nicht die gänzliche Unterbrechung des
Stromes erfordert um anzusprechen, sondern daß
es bereits bei Stromschwächung seinen Anker
losläßt. Hingegen sind die Abreißfedern bei den
Elektromagneten der Glockenapparate N N_1 und
auch bei jenen auf der Strecke sehr schwach
gespannt, so daß die Magnete ihre Anker nur
bei vollständiger Stromunterbrechung loslassen,
also nur bei vollständiger Unterbrechung

die Laufwerke auslösen. Ferner sind die Taster T T' so eingerichtet, daß durch ihr
Niederdrücken keine Unterbrechung des Stromkreises, sondern nur die Einschaltung
eines Widerstandes erfolgt, wie dies in der Figur durch die Spirallinie angedeutet
ist. Man nennt einen solchen Taster einen »Widerstandstaster«.

Diese Einrichtungen der Stationen ergeben folgendes Verhalten des Gesammt-
apparates.

Wird der Morseschlüssel T in der herkömmlichen Weise gehandhabt, so
werden hierdurch aufeinanderfolgende Schwächungen des Linienstromes bewirkt.
Diese bleiben auf die Anker der Glockenwerksmagnete ohne Wirkung, verursachen
aber das Ansprechen des Relais R in der zweiten Station, und durch dessen Vermittlung die Aufzeichnung der von der ersten Station abgesandten Depesche durch
den Schreibapparat M. Werden hingegen durch den Automatentaster S eine Reihe
von Stromunterbrechungen bewirkt, so sprechen sämmtliche Glockenwerke der betreffenden Linie an und geben das gewünschte Glockenzeichen.

Um die abgegebenen Glockenzeichen von der subjectiven Auffassung des Streckenwächters unabhängig zu machen, werden den Zimmerläutewerken der Glockenlinien zuweilen auch noch sogenannte Registrirapparate beigegeben. Dieselben bestehen im Principe aus einem Räderwerke, welches einen Papierstreifen von einer Rolle abwickelt und an einen Drücker vorbeiführt, der die Zahl der Glockenschläge in den Streifen einstößt. Der Stationsvorstand hat den Apparat unter Verschluß, trennt einmal täglich zu gleicher Stunde den abgelaufenen Streifen ab und vergleicht die darauf verzeichneten Striche mit dem wirklich stattgehabten Zugsverkehr. Allfällige Signalunregelmäßigkeiten werden dadurch in präciser Weise constatirt.

e) Die Diftanzfignale.

Eine weit weniger emsige technische Pflege als das durchgehende Signal fand bis in die neuere Zeit auf deutschen und österreichischen Bahnen die Ausbildung und Anwendung des wichtigsten der localen Signale, das Deckungssignal. Es besteht im Principe aus einer Signalvorrichtung, welche das Befahren gewisser gefährdeter Punkte der Bahn: Bahnkreuzungen, Bahnabzweigungen, Stationseinfahrten, Niveauübergänge u. s. w., nur unter gewissen Bedingungen gestatten. Da das Signal nur dann von Wirkung sein kann, wenn dem in der Bewegung sich befindlichen Zuge die Möglichkeit geboten wird, vor dem gefährdeten Punkte anzuhalten, muß sich das erstere in einer gewissen Entfernung vom letzteren befinden. Man nennt daher solche Signale Diftanzfignale. Eine weitere wesentliche Bedingung ist die, daß das Diftanzfignal stets von der zu sichernden Stelle aus gestellt werde, weil nur von dort aus zu beurtheilen ist, ob einem Zuge die Weiterfahrt gestattet werden kann oder nicht.

Die Diftanzfignale sind optische Signale und umfassen in der Regel nur zwei Begriffe, indem bei Tage durch die Stellung einer Scheibe (oder Signalarmes) die Fahrt »Frei« gegeben oder durch »Halt« untersagt wird. Bei Nacht kommen die Signalbegriffe durch verschiedenartige Lichter zum Ausdruck. Mitunter findet noch ein dritter Signalbegriff — »Vorsicht« (Langsam fahren) — Anwendung. Seine volle sichernde Wirksamkeit kann ein Diftanzfignal nur äußern, wenn es einen Gefahrpunkt permanent abschließt und nur auf directen Befehl dessen, der die Befahrbarkeit desselben allein kennen kann, ohne Zwischentritt eines dritten Willens, dem heranfahrenden Zuge die Ein= oder Durchfahrt öffnet und hinter ihm sofort wieder abschließt. Jede andere Anordnung ist principiell nicht richtig, wenngleich die Erfahrung ergeben hat, daß auch auf solchen Bahnen, welche das Diftanzfignal permanent offen lassen und es nur dann schließen, wenn ein Hinderniß die Weiterfahrt verbietet, die Betriebssicherheit eine vollkommene ist.

Nach der Art, wie die Diftanzfignale bethätigt werden, unterscheidet man mechanische und elektrische Diftanzfignale. Bei den ersteren erfolgt die Stellung

des Signals mittelst Drahtzügen, welche über Führungsrollen laufen, während bei
der zweiten Methode die Bewegung des Signalkörpers in die beabsichtigte Stellung

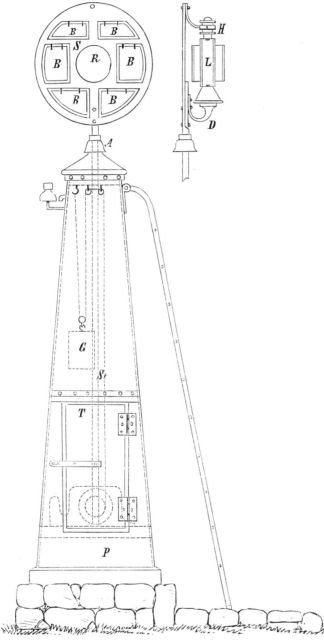

Elektrisches Distanzsignal der k. k. österreichischen Staatsbahnen.

mit Hilfe eines elektrisch
auslösbaren und nach
vollendeter Function sich
selbstthätig einlösenden Lauf=
werkes erfolgt. Die elek=
trischen Distanzsignale ent=
sprangen aus dem Bedürf=
nisse, die nicht ganz
zuverlässigen mechanischen
Vorrichtungen zu ersetzen,
doch sind letztere im Laufe
der Zeit vielfach verbessert
worden, so daß sie noch
immer Anwendung finden.
Diese letztere ist indes durch
die jeweils gegebenen Ent=
fernungen und die Be=
schaffenheit des Terrains und
die Lage der Bahn in diesem
eine beschränkte.

Ueber 1800 Meter
Distanz vom Stellorte in
ebenem Terrain und 1200
Meter in welligem Terrain
mit vielen Bahnkrümmungen
wird das mechanische
Distanzsignal mit Vortheil
nicht anzuwenden sein.

Das elektrische Distanz=
signal besteht aus der Signal=
vorrichtung, dem Signal=
geber, der Elektricitätsquelle
und der Verbindungsleitung
zwischen dieser und dem
Signal; dieses selbst zerfällt

in den Signalkörper, das Laufwerk und das Schutzgehäuse, welches den mechanischen
Theil der Signalvorrichtung umgiebt. Bei dieser unterscheidet man wieder Wende=
scheiben oder Signalarme (Flügeltelegraphen, Semaphoren). Die ersteren sind circa
einen Meter im Diameter messende Blechscheiben, welche an einem soliden, meist aus

Eisen construirtem Gestelle vier bis sechs Meter über der Bahn angebracht sind. Diese Scheiben bewegen sich, sei das Distanzsignal nun ein mechanisches oder elektrisches, durch einen entsprechenden Mechanismus derart um ihre verticale Achse, daß sie dem ankommenden Zuge entweder ihre volle Fläche oder ihre scharfe Kante zuwenden; im ersteren Falle zeigt die Scheibe überdies die rothe Farbe und bezeichnet die angegebene Stellung »Halt«, während die Stellung der Scheibe mit der Kante gegen den Zug »Frei« bedeutet. Für »Vorsicht« (oder Langsam fahren) wird die grüne Farbe angewendet. In den Nachtstunden werden zur Signalisirung Laternen an der Signalvorrichtung angebracht, und zwar derart, daß mit der Drehung des Signales auf »Halt« rothes Licht erscheint, während bei der »Frei«-Stellung des Signales weißes Licht sichtbar ist. Grünes Licht bedeutet »Vorsicht«. Die Drehung der Scheiben kann, wie ersichtlich, nur in einem Winkel von 90° erfolgen.

Die weiteren Einzelheiten eines elektrischen Distanzsignals mit Wendescheibe sind aus der Abbildung Seite 542 zu ersehen. Die Scheibe S zeigt hier in der Mitte eine runde Oeffnung (R), welche das Licht der auf einen Dorn (D) aufsetzbaren und durch ein Halseisen (H) versicherten Signallaterne (L) bei der »Halt«-Stellung der Scheibe durchläßt, während bei der »Frei«-Stellung die beiden viereckigen seitlichen Scheiben sichtbar sind. Bei der Stellung auf »Halt« sendet die Laterne durch das runde Loch gegen den ankommenden Zug rothes Licht, während das entgegengesetzte Glas — also gegen die zu deckende Strecke hin — farblos ist. Die seitlichen viereckigen Fenster sind grün, bedeuten also »Frei«, was der Stellung der Scheibe mit der Kante gegen den Zug entspricht. Außer dem runden Loche noch weitere sechs Durchbrechungen (B), welche durch Blechflügel verdeckt sind.

Die Signalscheibe ist an eine Stange (St) festgemacht, welche durch das Dach des pyramidenförmigen Schutzgehäuses (P) reicht und mit dem Laufwerke in Verbindung gebracht ist. Dieses wird durch ein Gewicht (G) in Betrieb gesetzt, sobald auf elektrischem Wege die Auslösung des Bewegungsmechanismus erfolgt. Das Schutzgehäuse ist durch eine Thür (T) zugänglich. Um zu verhindern, daß von der Scheibe Nässe und Regen in das Innere der Pyramide eindringt, ist über die Spitze des Daches ein glockenförmiger Ansatz (A) aufgekappt. Eine an der Pyramide befestigte schmiedeeiserne Leiter gestattet den Zugang zu der Laterne. Von der Beschreibung des Laufwerkes sehen wir, der vielen Details wegen und in Anbetracht des Umstandes, daß die mancherlei Systeme abweichende Anordnung zeigen, ab.

Die zweite Gattung von Distanzsignalen sind die Flügeltelegraphen oder Semaphoren. Es sind dies Maste mit beweglichen Armen, die neben der Bahn an gut sichtbaren Punkten am besten so hoch aufgestellt sind, daß sie einen hellen Hintergrund haben. Die an den Masten befindlichen Arme oder Flügel sind 1½ bis 2½ Meter lang, etwa ½ Meter breit und werden, um dem Angriffe des Windes möglichst wenig Widerstand entgegenzusetzen, mit gitterförmig durchbrochener Fläche hergestellt. Die Arme werden durch Drahtzüge oder Gestänge mittelst Hebel bewegt,

so daß sie in die gewünschten Stellungen gebracht werden können. Conform der
Vollstellung der Wendescheibe bedeutet der wagrecht ausgestreckte Signalarm
»Halt«. Bei Nacht schiebt sich mit der wagrechten Lage des Armes eine rothe
Scheibe vor die Laterne. Steht der Arm schräg nach aufwärts, so bedeutet dies
»Frei«, zugleich zeigt sich das weiße Licht der Laterne. Das Vorsichtssignal wird
dadurch ertheilt, daß der Arm schräg nach abwärts gerichtet wird und eine grüne
Blende vor der Laterne erscheint.

Diese Signalordnung ist übrigens nicht überall die gleiche; so wird beispiels=
weise auf den englischen Bahnen das Ordnungssignal durch gänzliches Niederlassen
des Armes, so daß er am Maste herabhängt, gegeben. Auf deutschen Bahnen fällt
das Signal beim Reißen des Drahtes von selbst in die »Halt«=Stellung; es kann
überhaupt nicht tiefer als in die wagrechte Lage gelangen, da es in dieser durch
kräftige Gabeln aufgefangen und gehalten wird. Demgemäß ist auch das Vorsichts=
signal, weil der Arm in die Stellung schräg nach abwärts nicht gebracht werden
kann, ein anderes: mit dem schräg nach aufwärts gerichteten Arme erscheint gleichzeitig
eine grüne Scheibe am Maste. Auf deutschen und österreichischen Bahnen besteht
noch das »Ruhesignal«, bei welchem die Arme frei am Maste herabhängen.

Auf englischen Bahnen kennt man das Ruhesignal nicht und nehmen hier
die Arme in der Regel die »Halt«=Stellung ein.

Der gewöhnliche Flügeltelegraph trägt nur einen Arm. Es können aber im
Bedarfsfalle auch mehrere Arme angebracht werden, wobei man zu unterscheiden
hat zwischen Signalen, welche einen bestimmten gefährdeten Punkt der Bahn decken,
und solchen Signalen, die den Zustand der ganzen hinter ihnen liegenden Strecke
bezeichnen sollen. Die Signale ersterer Gattung stehen in einer bestimmten Ent=
fernung von dem gefährdeten Punkte, die Signale der zweiten Gattung jedoch am
Anfangspunkte der betreffenden Strecke. In beiden Fällen ist an jeder Seite des
Mastes je ein Signalarm angebracht. In Fällen, wo mehrere Bahnen an einem
Punkte zusammenlaufen, werden die Arme an dem Maste übereinander angeordnet
und gilt der oberste Arm für das am weitesten rechts, der unterste für das am
weitesten links gelegene Geleise; die Zwischenarme correspondiren mit den anderen
noch vorhandenen Geleisen. Eine ähnliche Anordnung wird bei Geleisabzweigungen
größerer Bahnhöfe getroffen, in welchem Falle der oberste Arm in der Regel für
das Hauptgeleise bestimmt ist. Eine dritte Anordnung endlich tritt dann ein, wenn
mehrere Geleise verschiedener Bahnen nebeneinander liegen; der Mast zeigt dann
auf beiden Seiten mehrere Arme untereinander, von welchen die rechtsstehenden
für die eine, die linksstehenden für die andere Fahrtrichtung bestimmt sind.

Eine recht sinnreiche Anordnung zeigt der hier abgebildete Flügeltelegraph.
Derselbe setzt sich zusammen: aus dem Sockel b, der Säule c, dem Laufwerks=
gehäuse d, dem Rollengehäuse e, dem Flügel i', dem Laternenträger k, der Leit=
stange l, der Aufzugkette und dem Isolatorenträger f. Da bei diesem Signal die
Bethätigung auf elektrischem Wege erfolgt, ist der Arm mit dem in dem Gehäuse d

montirten Laufwerke in Verbindung gebracht, und zwar mittelſt der Achſe g, welche nicht innerhalb des Gehäuſes gelagert iſt, ſondern auf zwei Körnerſchrauben läuft,

welche von den hinten und vorne am Gehäuſe befeſtigten Winkeln h gehalten werden. Aus dieſer Anordnung geht hervor, daß der Signalarm einen doppelarmigen Hebel bildet, deſſen kürzerer Arm — der für die Signaliſirung bei Nacht beſtimmt iſt — in eine Brille mit farbigen Gläſern (oben grün, unten roth) endigt. An der Armachſe g iſt ein zweiter kleiner Arm (i), und zwar an der Rückſeite des Lauf= werksgehäuſes angebracht; er trägt eine einfache Brille mit grünem Glaſe.

Die Signaliſirung bei Tag ergiebt ſich aus unſeren früheren Mittheilungen. Bei Nacht wird die Laterne an der Leitſtange mittelſt der Zugkette aufgezogen, wobei ein in den Haken m einzu= hängender größerer Ring den Punkt bezeichnet, bis zu welchem die Laterne empor= zuziehen iſt. Wird nun der Arm auf »Halt« — alſo wagrecht — geſtellt, ſo legt ſich die rothe Scheibe vor die Laterne und das Signal zeigt nach vorne (gegen die Strecke) rothes Licht, nach rückwärts (gegen die zu deckende Strecke) weißes Licht. Steht der Arm auf »Frei« — alſo ſchräg nach aufwärts — ſo legen ſich, weil der kleine Arm i ſich mitbewegt, ſowohl nach vorne als nach rückwärts grüne Gläſer vor die Laterne.

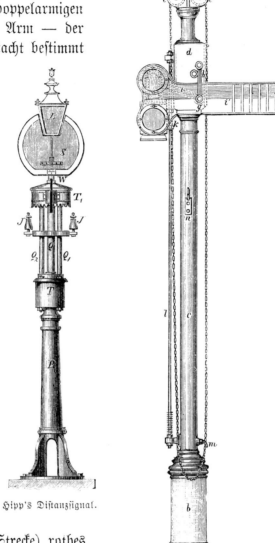

Hipp's Diſtanzſignal.

Armſignal der öſterreichiſchen Nordweſtbahn.

Bei den Schweizer Bahnen findet vielfach das Diſtanzſignal von Hipp An= wendung. Daſſelbe iſt eine Wendeſcheibe in der Anordnung, wie ſie vorſtehend abgebildet ist. Auf dem eisernen Säulenschaft R ruht zunächst die Trommel T, in welcher das Laufwerk und die elektrische Auslösung untergebracht sind. Drei Röhren (Q, Q₁, Q₂), welche auf diesem Gehäuse aufstehen und an denen die Isolatorenträger (J) angebracht sind, endigen an einer zweiten Trommel (T₁), deren mit der Scheibe sich drehende Haube zwei senkrecht stehende Windflügel (W) trägt. Diese letzteren haben den Zweck, die Scheibe gegen Winddruck zu schützen. In der zweiten Linie ist das Arretirungswerk montirt.

In Frankreich hat die von uns bereits wiederholt besprochene automatische Bethätigung der Locomotivpfeife für Signalzwecke nach dem System Lartigue zu

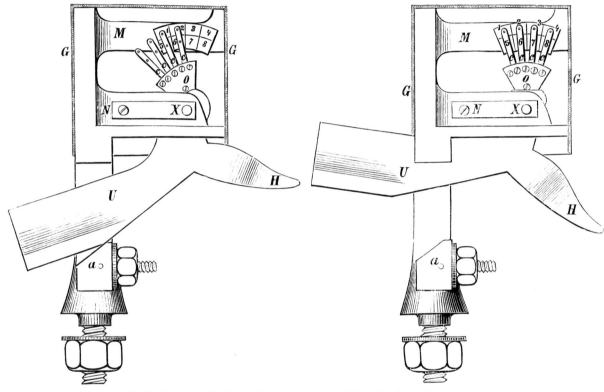

(Freistellung.)   Als Wendescheibe construirtes Distanzsignal.   (Haltstellung.)

einem auf Schienencontact beruhenden Distanzsignal geführt, das hier abgebildet ist. In der Regel wird nämlich durch den bekannten »Krokodilcontact« (und die elektrisch auszulösende Dampfpfeife), wo sich in der durch das betreffende Distanz-signal gedeckten Station auch ein Annäherungssignal befindet, dieses gleichzeitig bethätigt, gleichgiltig, ob das Stationssignal auf »Halt« oder »Frei« steht, be-ziehungsweise ob die Lartigue'sche Dampfpfeife ausgelöst wird oder nicht.

Die hier stehenden Abbildungen führen die Contactvorrichtung eines solchen als Wendescheibe construirten Distanzsignales vor. Das Signal wird mittelst Draht-zuges gestellt. Bei der Freilage berührt das schwere, um die Achse X drehbare Eisenstück U die Nase a, wie dies in der ersten Abbildung veranschaulicht ist.

c, c, c, c ſind vier Contactſpangen, die mit dem Ebonitſtück o an U befeſtigt ſind, und von welchen zwei die gleichfalls in eine Ebonitplatte eingelaſſenen und auf dem Geſtellarme M befeſtigten Contactlamellen berühren.

Es ſind acht ſolche Lamellen vorhanden, die paarweiſe übereinander ſtehen, $\frac{1}{5}$, $\frac{2}{6}$, $\frac{3}{7}$, $\frac{4}{8}$. Wird die Wendeſcheibe auf »Halt« geſtellt, ſo drückt ein an der Scheibenſpindel vorſtehender, ſich mit derſelben bewegender Arm auf H und hebt das Syſtem in die in der rechtsſeitigen Abbildung dargeſtellte Lage. Während vorher nur die Lamellen $\frac{1}{5}$ und $\frac{2}{6}$ durch die Spangen c verbunden waren, ſind nunmehr auch $\frac{3}{7}$ und $\frac{4}{8}$ miteinander in Verbindung gebracht. Nach Rückſtellung der Scheibe auf »Frei« tritt wieder die in der linksſeitigen Abbildung dargeſtellte Lage ein, weil U durch ſein Eigengewicht auf a herabfällt.

Die Art, wie die geſammte Signalvorrichtung functionirt, ergiebt ſich aus der angefügten ſchematiſchen Darſtellung. Nehmen wir an, ein Zug nähert ſich der Station, deren Diſtanzſignal auf »Frei« ſteht. In dem Augenblicke, wo die

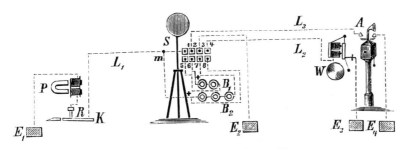

Geſammtanordnung des nebenſtehenden Signals.

Metallbürſte der Locomotive (R) den Schienencontact (das Krokodil K) berührt, wird eine in der Nähe des Signales untergebrachte Batterie (B_1) bethätigt. Dieſelbe entſendet den Strom über die Lamellen $\frac{6}{2}$ der früher beſchriebenen Contactvorrichtung und weiterhin vermittelſt der Leitung L_3 zum Annäherungsſignal A, von hier in die Erde (E_4), zuletzt über E_1 und von hier in den Körper der Locomotive, den Elektromagnet der Lartigue'ſchen Dampfpfeife (P), den Schienencontact (M) und vermittelſt der Leitung L_1 über die Lamellen $\frac{1}{5}$ zurück zum Zinkpole der Batterie B_1. Es wird alſo das Annäherungsſignal bethätigt, nicht aber die Dampfpfeife, deren Anker nur durch einen poſitiven, aus der Linie kommenden Strom abgeriſſen wird. Steht das Signal auf »Halt«, d. h. ſoll das Annäherungsſignal und die Dampfpfeife bethätigt werden und gleichzeitig ein Wecker (W) — von dem eine eigene Leitung (L_2) zum Signale führt — die Stationsdeckung controliren, ſo tritt eine zweite Batterie (B_2) in Wirkſamkeit. Steht das Signal auf »Halt«, ſo findet der Strom dieſer Batterie über $\frac{7}{3}$, E_2, E_3, W, L_2 und $\frac{4}{8}$ ihren Schluß und betreibt den Controlwecker. Wird nun durch einen herannahenden Zug der Schienencontact bethätigt, ſo werden, da vom poſitiven Pole der Batterie B_2 auch noch ein Nebenſchluß bei m zur Leitung L_1 beſteht, beide Batterien über L_1, K, R, P zu E_1 geschlossen, was einerseits die Auslösung des Annäherungssignales A durch B_1, andererseits die Bethätigung der Dampfpfeife durch den positiven Stromüberschuß der Batterie B_2 zur Folge hat.

Neuester Zeit sind übrigens viele französische Locomotiven mit Vorrichtungen versehen worden, welche ganz der Lartigue'schen Dampfpfeife gleichen, jedoch mit dem Unterschiede, daß der abgerissene Elektromagnetanker nicht den Dampfweg zu einer Pfeife, sondern jenen zum Injector der Smith'schen Vacuumbremse öffnet. Bei dieser Anordnung wird sonach der Maschinenführer nicht durch ein Warnungssignal auf die »Halt«-Stellung des Distanzsignales, dem er sich nähert, aufmerksam gemacht, sondern es wird gleich der Zug selbst gebremst. (Vgl. Kohlfürst, a. a. O.)

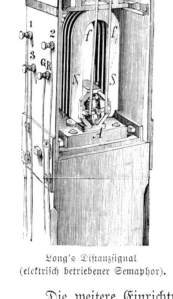

Abweichend von den bisher beschriebenen Anordnungen der Distanzsignale ist der »Elektrische Semaphor« von Long, der auf amerikanischen Bahnen Eingang gefunden hat. Das Eigenartige an dieser Vorrichtung ist, daß die Stellung des Signalarmes nicht durch Vermittelung eines besonderen Laufwerkes, sondern direct durch die elektrische Vorrichtung erfolgt. Den ziemlich complicirten Mechanismus ersieht man aus der nebenstehenden Abbildung. Der Apparat wird durch eine dem Siemens'schen Magnetinductor ähnliche magnet-elektrische Maschine betrieben, indem vom Stellorte aus nach dem Apparate Wechselströme geleitet werden, die daselbst den Anker (A) einer magnetischen Batterie (NS) abwechselnd nord- und südmagnetisch machen, so daß er in rasch oscillirende Bewegung geräth. Durch eine sinnreiche Vorrichtung werden diese Oscillationen in eine continuirliche Bewegung umgesetzt, welche sich auf den Signalarm überträgt.

Long's Distanzsignal
(elektrisch betriebener Semaphor).

Die weitere Einrichtung des Mechanismus ist die folgende. An der Drehachse des Signalarmes ist ein Kurbelarm (K) angebracht, der durch eine kleine Gelenkstange mit einem Krummzapfen in Verbindung steht, der seinen höchsten Punkt einnimmt, wenn der Signalarm horizontal, also auf »Halt« steht, dagegen seine tiefste Lage hat, wenn der Arm unter 60° nach abwärts zu liegen kommt, d. h. nach amerikanischer Uebung auf »Frei« zeigt. Der erwähnte, in der

Abbildung nicht fichtbare Krummzapfen fitzt auf der Welle eines Zahnrades, welches durch ein kleines Trieb (t) gedreht wird. Die Achfe (o) diefes Triebes wird durch den Anker A vermittelft der beiden Spangen f und f₁ angetrieben; die Spangen find einerfeits an den Anker derart befeftigt, daß fie durch feine oscillirenden Bewegungen auf= und abgezogen werden, während fie anderfeits mit der Trommel T in Verbindung ftehen, und zwar die eine Spange mit der einen Hälfte derfelben, die zweite Spange mit der anderen Hälfte. Dadurch machen die beiden Trommel= hälften (Ringe) die Bewegungen der Spangen nach aufwärts und abwärts mit. Durch eine weitere Vorrichtung innerhalb der Trommel wird bewirkt, daß nur die Abwärtsbewegungen die Achfe des Signalarmes mitnehmen, während die Auf= wärtsbewegungen der Spangen zwar eine Verschiebung des betreffenden Ringes bewirken, jedoch keinen Antrieb auf die Achfe äußern. Für jede Signalftellung wird eine befondere Leitung benützt, weshalb am Stellorte zwei Tafter, am Stellapparate ein automatifcher Um= fchalter vorhanden find.

Gleich den Glockenfignalen werden auch die Diftanzfignale entweder mit galvanifchen Batterien oder Inductoren betrieben. Es handelt fich fonach entweder um Ruheftrombetrieb oder Arbeitsftrom= betrieb. Bei Batteriebetrieb fteht das Signal, fo lange die Elektromagnetfpulen ftromdurchfloffen find, auf »Frei« und ftellt fich bei unterbrochenem Stromkreis auf »Halt«. Man erfieht hieraus, daß die

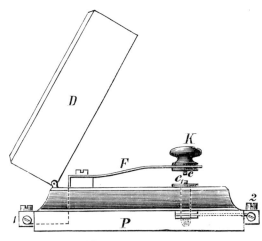

Signalgeber=Tafter.

»Halt«=Stellung auch dann erfolgen muß, wenn irgend eine Störung die Leitung unterbrochen hat, was aus Sicherheitsgründen von großem Vortheil ift. Dagegen hat der Inductionsbetrieb den Vorzug, daß er mit kräftigen Strömen arbeitet, welche ein Verfagen des mechanifchen Theiles des Apparates — fofern diefer in Ordnung ift — ausfchließen. Die Leitungen find entweder Doppelleitungen, oder es wird nur eine Leitung hergeftellt und die Erde als Rückleitung benützt, doch kommt man in neuefter Zeit von letzterer Anordnung immer mehr ab, da die Koften der Doppelleitungen nicht wefentlich höher find und der Widerftand fich nicht fo fühlbar macht wie bei den Erdleitungen.

Da die Stromabgabe beim Inductionsbetrieb mittelft der am Inductor an= gebrachten Kurbel erfolgt, ift principiell ein Signalgeber entbehrlich, fobald der Inductor in dem gefchloffenen Stromkreis fich befindet. Um nun das zufällige Kurbeln, welches eine Umftellung des Signales bedingen würde, unfchädlich zu machen, ift in den Stromkreis ein Tafter eingefchaltet, der den Stromkreis unter= bricht. Soll alfo das Signal bethätigt werden, fo genügt das Kurbeln allein nicht, sondern es muß gleichzeitig der Taster niedergedrückt werden. Die Anordnung dieses Tasters ist aus der Figur Seite 549 zu ersehen. F ist eine kräftige Messingfeder, K der Drücker, c c₁ sind die Contacte, 1, 2 die Klemmen für die Leitungsdrähte. Der Taster ist auf einem Postamente (P) montirt und wird für gewöhnlich mit einem Deckel (D) geschlossen, um ein zufälliges Drücken auf den Knopf zu verhüten.

Bei den Distanzsignalen ist es principiell wichtig, an jenem Punkte, von welchem aus das Signal bethätigt wird, über das richtige Arbeiten des Signals jederzeit genaue Kenntniß zu geben. Das Distanzsignal steht häufig so entfernt, oder es wird durch das Terrain derart verdeckt, daß durch den Augenschein die gewünschte Orientirung nicht gewonnen werden kann. Aus diesem Grunde sind besondere Vorrichtungen nothwendig, welche entweder durch optische oder akustische Zeichen über

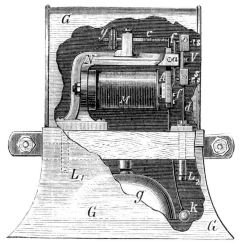

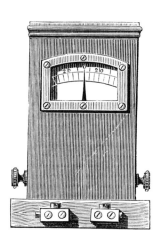

Controlklingelwerk.   Galvanoskop.

die Wirksamkeit des Signalapparates, beziehungsweise über seinen Zustand Aufschluß geben.

Man nennt diese — auch sonst bei Eisenbahnsignalen und den einschlägigen Installationen (vgl. die Centralweichenstellwerke 2c.) nothwendigen — Vorrichtungen Controlapparate. Bei den Distanzsignalen handelt es sich um Contactvorrichtungen, welche derart construirt sein müssen, daß sie beim Umstellen des Signales entweder den Stromkreis schließen oder unterbrechen, beziehungsweise die Stromrichtung umkehren. Bei jeder dieser Voraussetzungen wird in der Leitung ein Zustand geschaffen, welcher die mit dem Signalapparat in Verbindung gebrachte Controlvorrichtung bethätigt und so lange wirksam bleibt, als das Distanzsignal in der ihm gegebenen Stellung verharrt.

Als typisch für einen derartigen Apparat kann das Controlklingelwerk gelten, das man z. B. auf den österreichisch-ungarischen Eisenbahnen auf allen Stationsperrons findet und von dem hier eine Abbildung gegeben ist. Die Glocke g

wird durch den Anſchlag des Klöppels k bethätigt, und zwar dadurch, daß der
an letzterem angebrachte Anker A von den Spulen M abwechſelnd angezogen und
abgeſtoßen wird. Das eine Multiplicationsende iſt zur Anſchlußklemme L₁ geführt,
das zweite mit dem Metallbügel N verbunden. Das von letzterem iſolirte Metall=
ſtück V trägt die Contactſchraube s₂ (s₁ hat eine Elfenbeinſpitze) und iſt mit der
zweiten Anſchlußklemme durch den Draht d verbunden. Bei abgeriſſenem Anker iſt
der Stromweg von L₁ über M N, dem Anker A und der daran befeſtigten Feder f,
die Contactſchraube s₂, den Verbindungsdraht d und L₂ hergeſtellt. Wird der
Anker angezogen, ſo ſchlägt der Klöppel
an die Glocke und die Feder f verläßt
den Contact s₂, die Linie unterbrechend.
Das Klingelwerk iſt alſo ein Selbſtunter=

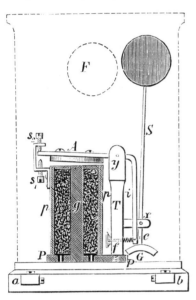

A. Allmer's optiſcher Controlapparat.

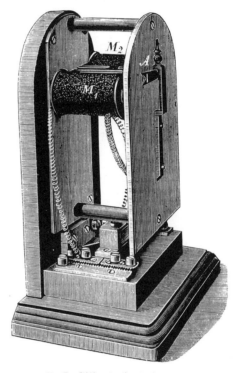

A. E. Gilbert's Controlapparat.

brecher. Um ſein läſtiges Raſſeln zu verhüten, macht man den Stiel des Klöppels
möglichſt lange. Die ganze Vorrichtung iſt in dem Schutzgehäuſe G, welches an
die Perronwand feſtgemacht wird, montirt.

Von den mancherlei optiſchen Controlvorrichtungen, welche meiſt einfache
Galvanoſkope ſind, giebt die S. 550 abgebildete ein Beiſpiel. Hinter einem Fenſterchen
bewegt ſich ein Zeiger, welcher in der Ruheſtellung ſenkrecht ſteht, bei der Be=
thätigung des Apparates aber entweder rechts oder links ausſchlägt. Iſt die Linie
ſtromlos, d. h. frei, ſo verharrt der Zeiger in ſeiner ſenkrechten Stellung. Erfolgt
der Ausſchlag nach rechts oder links, ſo iſt Strom in der Linie, was dem »Halt«=
Signale entſpricht. Bei anderen Apparaten treten entweder die roth= oder die weiß=
geſtrichenen Segmente einer kleinen Scheibe vor das Fenſterchen. Der von
A. Allmer conſtruirte Controlapparat ſetzt eine kleine rothe Scheibe in Bewegung,

welche ſich vor das ſonſt weiß erſcheinende Fenſterchen legt. Zu dieſem Ende wird, wie die vorſtehende Figur zeigt, der mit einem bogenförmigen Gewichte (G) ver= ſehene, um eine Achſe (x) drehbare Scheibenſtiel von einem vom Anker (A) recht= winkelig abgebogenen (um die Achſe y des Ständers T drehbaren) Schenkel (i) ſeitwärts gedrückt. Bei abgeriſſenem Anker wird der Druck durch die Gegen=

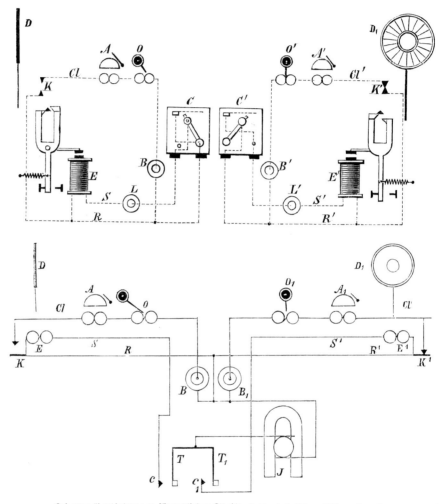

Leitende Verbindungen ſämmtlicher Theile eines elektriſchen Diſtanzſignals.

wirkung der Feder aufgehoben. Die übrigen Details der Zeichnung veranſchaulichen die Anordnung des ringförmigen Elektromagneten, deſſen Drahtwindungen zwiſchen dem in die ſchmiedeeiſerne Fußplatte eingeſchraubten cylindriſchen Schenkel p und dem ſchmiedeeiſernen Röhrenſtücke G liegen; s_1 und s_2 ſind die Contactpunkte.

　　Ein von A. E. Gilbert erſonnener, auf der Hochlandseiſenbahn eingeführter Controlapparat wiederholt vermittelſt eines kleinen Armes die Stellungen des Signalarmes am Flügeltelegraphen. Der Apparat functionirt nur dann, wenn eine der beiden Leitungen, der Stellung des Signales entſprechend, geſchloſſen iſt, indem einer der beiden Elektromagneten des Controlapparates (M_1 und M_2 in Figur auf Seite 551) vom Strome durchflossen wird und der angezogene Anker den kleinen Signalarm bethätigt. Derselbe nimmt alsdann die Stellung von »Halt« oder »Frei«, conform derjenigen des Armes am Signalmaste, an. In der Ruhe= lage oder bei jeder incorrecten Stellung des Signalmastes wird der Control= apparat nicht bethätigt.

Die leitenden Verbindungen sämmtlicher Theile eines elektrischen Distanz= signales ergeben sich aus den beigefügten Zeichnungen, und zwar zeigt die erste derselben die Anordnung für zwei durch Batteriestrom betriebene Distanzsignale, während die zweite Zeichnung die Anordnung bei Inductionsbetrieb veranschaulicht. Hier ist J der gemeinsame Inductor, $T T_1$ sind die Taster, mittelst welchen die Inductionsströme entsendet werden, je nachdem die ersteren an die Contacte c oder c_1 gedrückt werden. Zur weiteren Erklärung diene: in der ersten Darstellung sind $L L'$ die Leitungsbatterien, $S S'$ die Stellleitungen, $R R'$ die Rückleitungen, $D D_1$ die Distanzsignale, $E E'$ die Elektromagnete, $Cl C'$ die Centralleitungen, $K K'$ die Contacte an den Distanzsignalen, $A A'$ die akustischen, $O O'$ die optischen Control= vorrichtungen, $B B'$ die Batterien zur Bethätigung der letzteren. Eine weitere Vor= richtung sind die Commutatoren $C C'$, von welchen in unseren Ausführungen nicht die Rede war, weil zu ihrem Verständnisse eine genaue Beschreibung des Mechanis= mus des Laufwerkes am Signalkörper des auf S. 542 abgebildeten und besprochenen Wendescheibensignales nothwendig gewesen wäre. Wir haben davon abgesehen, weil wir uns hiebei zu sehr in rein fachmännische Erläuterungen hätten einlassen müssen. . . . Für die zweite Figur gelten die zu der ersten Figur gegebenen Buchstabenerklärungen.

Wir haben schon gelegentlich der Besprechung der akustischen Avertirungs= signale (Lartigue'sche Dampfpfeife S. 531) die Nothwendigkeit hervorgehoben, dem Locomotivführer die Möglichkeit zu bieten, bei störenden Einflüssen sich von dem Zustande der befahrenen Strecke zu unterrichten, d. h. in solchen Fällen, in denen er, durch andere wichtige Manipulationen behindert, das Distanzsignal nicht gesehen hat oder dasselbe wegen Nebel, schwerem Regen oder dichtem Schneefall überhaupt nicht sehen konnte. Zu diesem Zwecke dienen ganz allgemein die Knallsignale oder, wie sie in England bezeichnend heißen: »Nebelsignale«. Diese Signale bestehen aus flachen Kapseln aus starkem Blech, die mit einer Zündmasse gefüllt sind und mittelst daran gelötheten Blechstreifen auf den Schienen befestigt werden können. Drückt das erste Rad auf eine solche Kapsel, so explodirt sie mit heftigem Knalle, welcher stets als Gefahrsignal gilt und somit »Halt« gebietet.

Da die Knallkapseln den Nachtheil haben, durch atmosphärische Einflüsse zu verderben, werden stets mehrere derselben hintereinander gelegt, und zwar auf beiden Gestängen des zu sperrenden Geleises. Knallsignale werden übrigens auch auf offener Strecke im Momente der Gefahr von den dienstthuenden Wärtern benützt. Stehen die Knallsignale mit dem Distanzsignale in Beziehung, so trifft man mit= unter die Anordnung, daß beide Signale durch eine mechanische Vorrichtung derart in Verbindung gebracht werden, daß die Kapseln jedesmal bei der Umstellung des

Distanzsignales auf »Halt« selbstthätig auf die Schiene geschoben, bei der Um=
stellung auf »Frei« wieder weggeschoben werden. Sollte also der Locomotivführer
die »Halt«=Stellung nicht bemerken, so erhält er durch die Detonation der Knallkapsel
ein zweites Signal. Muß ein Zug aus irgend einem Grunde in offener Strecke halten,
so werden, um denselben nach beiden Richtungen gegen anfahrende Züge zu decken,
mindestens 500 Meter von ihm entfernt, rück= und vorwärts, Knallkapseln ausgelegt.

Die Knallsignale stammen aus England und finden auf englischen Bahnen
eine weit ausgedehntere Anwendung als auf den Bahnen des Continents, so
daß dort während der so häufigen Nebeltage oft die ganze Betriebssicherung durch
diese Signale erfolgt. Diese Erscheinung spiegelt sich in den Zahlen der verbrauchten
Kapseln. Während beispielsweise an einem Nebeltage die Stationen der South=
Easternbahn, welche in London liegen, 1440 Stück verbrauchten, consumirte die
Köln=Mindener Bahn auf fast 800 Kilometer Bahnlänge nur zwischen 50—60 Stück
jährlich! . . . Für den Verkehr während der Nebeltage bestehen auf den englischen
Bahnen eigene Instructionen, worunter die wichtigste die Aufstellung von Nebel=
wärtern (Fogmen) zu den Distanzsignalen ist. Jeder Fog=Signalmann ist mit einer
Handlampe, einer entsprechenden Anzahl von Knallkapseln und einer rothen und
grünen Signalfahne versehen; er hat sich beim Distanzsignal derart aufzustellen,
daß er genau die Stellung desselben zu erkennen vermag, um dem Maschinen=
führer die jeweiligen Signale mit den Fahnen geben zu können. Er hat ferner
zwei Knallsignale auf die Schienen zu legen und selbe so lange dort zu belassen,
als das Distanzsignal auf »Halt« (Danger Signal) steht. Wird das Signal auf
»Ordnung« (All right) gestellt, sind die Knallkapseln zu entfernen, jedoch sofort
wieder auf die Schienen zu legen, sobald der Zug passirt ist und das Distanz=
signal wieder die normale »Halt«=Stellung angenommen hat.

Auch sonst sind im englischen Signalwesen einige Eigenthümlichkeiten zu
constatiren, die von Interesse sind. Die stationären Signale sind durchwegs Sema=
phoren, deren Stellung ausnahmslos auf mechanische Weise erfolgt. Die Stations=
signale (Home Signales) haben ihren Aufstellungspunkt in den Stationen und bei
jedem Signalhäuschen und ist für jedes Stamm= oder Mittelgeleise ein besonderer
Mast aufgestellt, an welchem so viele Flügel angebracht sind, als vom Stamm=
geleise Fahrstraßen abzweigen. Bei Abzweigestationen (Junctions) sind diese Signale
unmittelbar neben den abzweigenden Weichen aufgestellt. Auf den größeren Stationen
sind die Ein= beziehungsweise Ausfahrtssignale zu möglichst großen übersichtlichen
Signalbildern zusammengefaßt, wie das beigefügte Vollbild veranschaulicht. Die
englische Signalordnung gestattet dem Locomotivführer, wenn das Distanzsignal
auf »Halt« steht, die Strecke vor ihm aber frei ist, ersteres langsam und vorsichtig
zu überfahren, unbedingt aber beim Stationssignale anzuhalten.

Der Eisenbahnbetrieb erfordert neben den im Vorstehenden ausführlich be=
schriebenen Signaleinrichtungen noch verschiedene optische und akustische Signale,
für welche besondere Vorrichtungen nicht bestehen, indem sie entweder mit

solchen Signalkörpern erfolgen, die das Personale mit sich herumträgt (Laternen, Fahnen), oder mittelst an den Zügen in bestimmten Constellationen angebrachten farbigen Lichtern, oder schließlich mittelst der Locomotivpfeife gegeben werden. Auch die Stellung, welche der Bahnwärter auf seinem Posten einnimmt, wird für Signal= zwecke ausgenützt. Ist die Strecke in Ordnung, so macht auf deutschen und öster= reichisch=ungarischen Eisenbahnen der Wärter Front gegen den Zug und läßt beide Arme am Leibe herunterhängen; auf englischen Bahnen wird ein Arm wagrecht ausgestreckt, was unlogisch ist, da die wagrechte Flügelstellung am Signalmast »Halt« bedeutet.... Das Vorsichtssignal wird gegeben, und zwar auf deutschen Bahnen durch den wagrecht ausgestreckten Arm, auf österreichisch=ungarischen Bahnen durch die Haltung des Armes schräg nach abwärts, während auf englischen Bahnen der Wärter einen Arm über dem Kopfe hält. Unter diesen Handsignalen ist das österreichische das zweckmäßigste, weil die Stellung des Armes dem betreffenden Signal für »Langsam fahren« entspricht. Um das »Halt«=Signal zu geben, wird auf deutschen Bahnen irgend ein Gegenstand, in Oesterreich=Ungarn eine rothe Fahne (Nachts ein Licht) hin und her geschwenkt; auf englischen Bahnen hat der Wärter beide Arme über dem Kopfe senkrecht erhoben zu halten.

Die zu den bekannten drei Signalbegriffen in Anwendung kommenden Farben sind dieselben wie an den stationären Signalen: Roth = Gefahr, Grün = Vorsicht, Weiß = Ordnung. Auf englischen Bahnen ist sehr zweckmäßig die Einrichtung ge= troffen, daß die zur Verwendung kommenden Signalfahnen der hierfür bestimmten Farbe entsprechen müssen, so daß beispielsweise eine rothe Fahne absolut nicht für das Signal »Vorsicht« oder »Ordnung« in Verwendung genommen werden darf. Das Personale ist in Folge dieser, jeden Irrthum ausschließenden Maßregel mit je einer rothen, grünen und weißen Fahne ausgerüstet. In Oesterreich=Ungarn sind die rothen Handscheiben und Fahnen nicht immer Haltesignale, sondern sie werden auch als Langsamfahrsignale benützt, je nachdem sie in oder neben dem Geleise aufgestellt sind, oder je nach der Stellung, in welcher sie von dem Signalisirenden in der Hand gehalten werden.

Auch am Zuge sind rothe Scheiben und Laternen mit verschiedenfarbigen Gläsern gebräuchlich. Roth ist auch hier für den nachfahrenden Zug jederzeit das Gefahrsignal; dagegen haben die grünen Signale verschiedene Bedeutung, indem sie in keiner Beziehung zu dem Langsamfahrsignal stehen, sondern das Bahnpersonal nur auf besondere Vorgänge aufmerksam machen sollen. Allgemein gebräuchlich ist, daß jeder Zug nach Sonnenuntergang oder bei Nebel am letzten Wagen drei Schluß= signallichter tragen muß. Die Art der Avisirung mittelst der Schlußlichter ist übrigens in den verschiedenen Ländern eine abweichende. So erfolgt beispielsweise auf englischen Bahnen die Avisirung eines Extrazuges seitens des vorausgehenden fahrplanmäßigen Zuges derart, daß ein Separat=Personenzug durch zwei am letzten Wagen angebrachte übereinander stehende, ein Separat=Lastzug durch zwei nebeneinander stehende rothe Schlußlaternen signalisirt wird.

Zu den akustischen Signalen gehören, außer den elektrisch betriebenen Läute=
werken und den Knallsignalen noch diejenigen, welche von der Stationsglocke dem
Publicum gegeben werden, die Signale des Zugspersonales mittelst Schrillpfeifchen
und Hörnern und die Locomotivpfiffe. Die letzteren sind meistens nur Achtungs=
signale, sodann Bremssignale in Fällen, wo die durchgehenden Bremsen noch nicht
eingeführt sind. Auf englischen Bahnen dienen die Locomotivpfiffe überdies zur
Verständigung des Personales über die Gattung des zu erwartenden Zuges. So
wird beispielsweise signalisirt: ein Personenzug (Passenger Train) — ein langer
Pfiff; ein Güterzug (Good Train) — zwei lange Pfiffe; ein Kohlenzug (Mineral
Train) — drei lange Pfiffe; eine leere Maschine — vier lange Pfiffe u. s. w.

Auf den amerikanischen Bahnen (es sind damit immer diejenigen der Ver=
einigten Staaten von Amerika gemeint) sind noch andere Dampfpfeifensignale üblich,
und zwar (— langer Ton, ‿ kurzer Ton):

1. ‿ ‿ Antwort während der Fahrt auf das Signal des Zugführers,
daß auf der nächsten Station gehalten werden soll;

2. ‿ ‿ ‿ beim Halten — der Führer will den Zug nach rückwärts schieben;

3. ‿ ‿ ‿ beim Fahren — der Zug trägt Signale;

4. — — — Ruft den Flaggen= oder Signalwärter herbei;

5. ‿ ‿ ‿ ‿ Führer ruft nach Signalen;

6. — — ‿ ‿ der Zug nähert sich im Gefälle einer Kreuzung;

7. ‿ ‿ ‿ ‿ ‿ der Flaggenwärter soll zurückgehen und den Zug decken;

8. ‿ ‿ ‿ ‿ ‿ ‿ ‿ . . . . Alarmsignal, wenn Vieh den Bahnkörper
besetzt hält und Gefahrssignal überhaupt.

9. ▬▬▬ ein fünf Secunden andauernder langer Pfiff — Annäherung
an eine Station, Zugbrücke, Kreuzung.

Außerdem werden die herkömmlichen Dampfpfeifensignale als Achtungssignale
Bremssignal (‿) und Signal zum Lösen der Bremsen (— —) gegeben.

Zum Verständnisse einiger der vorstehend gekennzeichneten Signale sind einige
Bemerkungen über das amerikanische Signalwesen nothwendig. Die amerikanischen
Bahnen begnügten sich bislang mit sehr einfachen, ja geradezu primitiven Signal=
mitteln, um an Kosten möglichst zu sparen, was bei der ungeheueren Ausdehnung
der einzelnen Linien allerdings von Belang ist. Außerdem ist auf den meisten
Linien der Verkehr sehr wenig dicht und die Fahrgeschwindigkeit der Züge eine
weit geringere als auf den diesseitigen Bahnen. Indes haben sich diese Verhält=
nisse in letzter Zeit erheblich geändert, indem in manchen Staaten, insbesondere in
den östlichen, durch Vermehrung der Verbindungs= und Abzweiglinien ein ziemlich
engmaschiges Eisenbahnetz entstanden ist, die Fahrgeschwindigkeit nicht unbeträchtlich
erhöht wurde, sondern fallweise sogar ein Maximum erreichte, das Alles übertrifft,
was nach dieser Richtung in Europa selbst nur auf dem Wege des Experiments
versucht wurde. Daraus erwuchs die Nothwendigkeit, auch dem Signalwesen er=
höhte Aufmerksamkeit zu schenken und überall dort, wo es die Umstände erheischen,

mit dem alten Schlendrian zu brechen. Wir haben bereits an anderer Stelle (vgl. S. 21) hervorgehoben, wie fruchtbringend sich dieser neue Impuls bei einem mit technischem Genie so reich bedachten Volke, wie es die Amerikaner sind, erwies, und daß aus dem Stadium der Experimente mehrere theils mehr theoretisch= sinnreiche, theils praktisch=zweckmäßige Erfindungen hervorgegangen sind.

Das amerikanische Signalwesen, nach altherkömmlichen, größtentheils noch in Kraft stehenden Formen und Normen, ist sehr verschieden von dem europäischen. Die durchgehenden optischen Signale beziehungsweise elektrischen Läutewerke sind dort unbekannt. In Folge dessen fehlt das eigentliche Bahnbewachungspersonale (Streckenposten, Barrièrewächter) auf freier Linie fast gänzlich und sind mit ihnen auch deren Buden beziehungsweise Wohnhäuser gespart. Bei Tage besorgen die mit der Bahnerhaltung beschäftigten Arbeiter eine gewisse Aufsicht. Auf denjenigen Bahnen, auf welchen Signalthürme an den von dem Führer nicht zu übersehenden Stellen der Bahn vorhanden sind, haben deren Wärter mit der Bewachung der Strecke nichts zu thun, denn diese Thürme sind dem Principe nach eine Art von Blockstationen, indem durch entsprechende Zeichengebung ein vorangehender Zug gegen den Anlauf eines nachfolgenden gesichert werden soll. Ständig bewacht sind nur die Weichen, welche an Bahnabzweigungen liegen, wogegen die zu Nebengeleisen für Ueberholungen und Kreuzungen führenden Weichen keine ständige Bewachung haben. Will der Führer in das Nebengeleise einfahren, so öffnet der Heizer die Weiche und ein Bremser — gewöhnlich der »Stockmann«, der aber hier »Signalmann« heißt — stellt sie wieder in die Richtung »Fahrt in die Gerade«. Die Zugleine, welche zur Glocke auf der Locomotive führt, wird vom Zugführer zur regelmäßigen Signalgebung benützt. Steht der Zug still, so gibt ein Schlag den Befehl zur Abfahrt, zwei Schläge fordern den Locomotivführer auf, dem Flaggenwärter zu pfeifen, drei Schläge bedeuten, den Zug nach rückwärts in Bewegung zu setzen. Während der Fahrt besagen zwei Schläge sofort, drei Schläge auf der nächsten Station zu halten. Es giebt nämlich zahlreiche Haltestellen, auf denen kein irgendwie Namen habender Functionär anwesend ist. Will ein Fahrgast an einem solchen Punkte aussteigen, so giebt der Zugführer das betreffende Haltsignal, während ein Reisender, der den Zug besteigen will, einfach das an der Haltestelle vorhandene Signal selber bedient und den Zug auf diese Weise zum Stehen bringt, worauf er das betreffende Signal wieder abstellt. Ein weiteres Signal während der Fahrt ist ein Glockenschlag; er bedeutet, daß eine Zugstrennung erfolgt ist.

Die früher erwähnten Signalthürme, welche auf einzelnen Bahnen aufgestellt sind, stehen nur an solchen Punkten, welche die Aussicht nicht behindern, sind also oft dicht hintereinander angebracht, häufig aber auch auf sehr große Entfernungen verlegt. Ueberdies besteht zwischen den einzelnen Signalposten keine elektrische Ver= bindung behufs Verständigung oder dergleichen. Ein solcher Signalthurm trägt auf einem nach Maßgabe des Erfordernisses höheren oder niedrigerem Untergestell ein dreiseitiges Prisma, dessen Flächen roth, blau und weiß angestrichen

beziehungsweise bei Nacht mit den gleichfarbigen Laternen versehen sind. Weiß
bedeutet, daß ein Zug in Sicht und die Strecke frei ist, Roth ist das Haltsignal,
Blau das Vorsichtssignal, d. h. wenn zwei Züge zu schnell aufeinander folgen;
wird die Entfernung zwischen diesen Zügen allmählich zu kurz, so wird abwechselnd
roth und blau signalisirt. Auch andere Combinationen sind noch üblich, z. B.
weiß und blau, wenn die Strecke zwar frei, aber Vorsicht geboten ist.

Diese Einrichtung ist also ein Blocksignalsystem, das erst weiter unten zur
Besprechung kommt. Deshalb übergehen wir auch vorläufig die mancherlei eigenartigen Vorschriften, welche den Zweck haben, die fahrenden Züge auf der Strecke
gegenseitig zu decken, insbesondere wo es sich um Ueberholungen oder Zugs-
kreuzungen (letztere auf eingeleisigen Bahnen) handelt. Haltsignale auf der Strecke
haben häufig eine für europäische Verhältnisse fremdartige Einrichtung, z. B. ein
niedriger Signalmast, dessen herabhängender Arm (ein einfaches Brett) die Durchfahrt völlig sperrt, so daß er von der Locomotive zertrümmert wird, falls der
Führer das Signal übersehen sollte. Durch das Geräusch der Zertrümmerung
wird das Maschinenpersonale selbst bei größter Unachtsamkeit auf das übersehene
Signal aufmerksam. Ein nicht minder originelles Signal ist das Folgende. Bei
bedeckten Güterwagen nimmt der Bremser seinen Platz auf dem Laufbrette des
Daches ein, wo er sich entweder stehend oder sitzend erhält. (Bei offenen Güterwagen nimmt er ohne weiteres auf der Ladung Platz, vgl. das Bild S. 384.) Steht
nun der Bremser aufrecht, so reicht er in vielen Fällen bis an das Gebälk von
über die Bahn führenden Brücken, würde also unfehlbar erschlagen werden, wenn
nicht ein eigenartiges Signal ihn darauf aufmerksam machte, daß eine solche
Brücke demnächst unterfahren wird. Dieses Signal besteht aus einem Galgen,
deren horizontaler, in mehr als Mannshöhe über die Wagendächer angebrachter
Arm eine große Zahl von herabhängenden Tauen trägt. Mit diesen letzteren kommt
der aufrechtstehende Bremser in sehr fühlbarer Weise in Berührung und veranlassen ihn, sich schleunigst auf das Laufbrett flach niederzulegen. (Vgl. J. Brosius,
»Erinnerungen an die Eisenbahnen in den Vereinigten Staaten von Amerika«.)

f) Die Zugdeckungs- oder Blocksignale.

Aus der Ausdehnung des Deckungssignalsystems (Distanzsignal, Avertirungssignal 2c.) von einzelnen Gefahrspunkten aus auf die ganze Bahnstrecke entwickelte
sich der größte Fortschritt, den das Signalwesen aufzuweisen hat: die Einführung
des Raumsystems an Stelle des Zeitsystems, d. h. die Trennung der Züge auf
einer Bahn in ihrer Aufeinanderfolge nach Raumdistanzen, statt nach Zeitintervallen. Das Raumsystem hat seinen vollkommensten physischen Ausdruck im sogenannten Block- (Absperr-)system gefunden, von dem bereits bei Besprechung der
Centralweichenstellwerke die Rede war.

Das Principielle dieser Einrichtung besteht darin, daß die ganze Bahn in
permanent abgesperrte Strecken getheilt wird, und daß unbedingt kein Zug den

Stationsblocksignal.

(Nach einer photographischen Aufnahme des Verfassers.)

Anfang einer ſolchen Strecke überſchreiten darf, ehe nicht vom Ende derſelben her nach jenem Anfange hin durch ein einfaches Signal gemeldet iſt, daß der voran= gehende Zug das Ende paſſirt hat. Zwiſchen je zwei Zügen liegt alſo der Raum von Signalpoſten zu Signalpoſten, wodurch abſolut verhindert wird (was beim Zeitſyſtem nicht zu erreichen iſt), daß ein nachfahrender Zug an den vorausfahrenden anrennt. Es fällt aber noch ein anderer ſchwerwiegender Umſtand in die Wagſchale: die erhöhte Leiſtungsfähigkeit der Bahn, welche an der Hand der hier ſtehenden ſchematiſchen Darſtellung erläutert werden ſoll. Nehmen wir an, die Entfernung zwiſchen den beiden Stationen dieſer Darſtellung betrüge 10 Kilometer. Nach dem Zeit= intervalle könnten dieſe Strecke, bei angenommener Fahrgeſchwindigkeit von 40 Kilo= meter per Stunde, höchſtens von drei Zügen befahren werden, wenn man das Zeitintervall auf 5 Minuten feſtſeßt, oder von nur zwei Zügen, wenn die Folge= zeit 10 Minuten beträgt. Theilt man aber die 10 Kilometer lange Strecke in ebenſoviele Blockſtrecken, ſo iſt es klar, daß ohne Gefährdung des Verkehrs — ja mit abſoluter Sicherung desſelben — die ganze Strecke gleichzeitig von 10 Zügen in einer und derſelben Richtung befahren werden kann.

Schematiſche Darſtellung der Blockſectionen.

Da nun, wie wir geſehen haben, die Blockſtationen von einander in einer gewiſſen Abhängigkeit ſtehen, ſo bedürfen deren Wärter eines Verſtändigungsmittels, auf Grund deſſen jeder Wärter einerſeits in Erfahrung bringt, ob er die Einfahrt in ſeine Blockſtrecke freigeben darf, anderſeits ob dieſe Blockſtrecke von dem vorangegangenen Zug bereits verlaſſen worden iſt. Dieſe Verſtändigung kann auf dreifachem Wege bewerkſtelligt werden: auf optiſchem, akuſtiſchem oder elektriſchem Wege. In erſterem Falle muß jeder Wärter einer Blockſtrecke die ihm beiderſeits benachbarten Signale genau ſehen und ſonach aus deren Stellung den jeweiligen Zuſtand der Bahn zu erkennen vermögen; im zweiten Falle tritt an Stelle des ſichtbaren das hörbare Signal; im dritten Falle endlich erfolgt die Verſtändigung durch Hinzutritt einer elektriſchen Leitung, welche entweder einen Sprechapparat, oder ein optiſches beziehungsweiſe akuſtiſches, oder auch ein optiſch=akuſtiſches Signal bethätigt.

Es iſt indes zu bemerken, daß bei der ſyſtemmäßig durchgeführten Zug= deckung auf Rauminterualle mittelſt Streckenſignalen nach Maßgabe der Dichte des Verkehres und der gegenſeitigen Entfernung der Stationen zweierlei Wege ein= geſchlagen werden können. Man kann nämlich als Zugdeckungsdiſtanz die ganze Strecke von Station zu Station (»Stationsdiſtanz«) feſtſtellen, oder Deckungs= punkte (Blockſectionen, Streckenblocks) auf der Strecke zwiſchen den Stationen ein= ſchalten. Die Zugdeckung auf Stationsdiſtanz iſt ſehr zweckdienlich und geſtaltet sich am einfachsten, wenn zur Verständigung, ob eine Strecke frei ist oder nicht, sich des elektrischen Telegraphen bedient wird. Functionirt aber der Telegraph nicht oder wird eine Correspondenz unmöglich, dann muß der Termin der Ab= lassung eines Folgezuges nach der Fahrzeit des vorangegangenen Zuges bemessen werden, wodurch an Stelle der Zugdeckung auf Raumdistanz jene auf Zeitinter= valle provisorisch in Kraft tritt.

Die Anwendung des Stationsdistanzsystems ist aber nur dann als zweckmäßig zu betrachten, wenn die Stationen nahe aneinander liegen und der Verkehr nicht sehr dicht ist. Sowie einerseits die Zwischendistanzen größer werden, beziehungsweise die Zahl der verkehrenden Züge so groß ist, daß die zwischen zwei Zügen ver= fügbare Zeit kleiner wird als die Fahrzeit eines Zuges von Station zu Station, so müssen Signalposten eingeschaltet werden. Es ist dies das reine Blocksystem. In England wird das Stationsdistanzsystem selbst bei dichtem Verkehre, wenn auch in nicht sehr bequemer Weise, durch eine eigenartige Einrichtung aufrecht= erhalten. Zu diesem Ende wird jedem Zug außer dem gewöhnlichen Zugspersonale noch ein besonderer Functionär, der sogenannte »Pilotman«, beigestellt. Derselbe trägt auf dem Arme eine Binde, auf welcher das Wort »Pilotman« mit großen Buchstaben verzeichnet ist. Die Signalmänner dürfen unter keinem Umstande einem Zuge die Bahn freigeben, der nicht von dem Pilotman begleitet ist, oder zum Mindesten die Weisung zur Abfahrt ertheilt. Da nun in einer bestimmten Strecke immer nur ein Pilotman Dienst versieht und derselbe somit nicht alle Züge be= gleiten kann, ist noch ein sogenannter »Zugstab« (Train-Staff) vorhanden, ohne welchem kein Locomotivführer abfahren darf. Sollen mehrere Züge hintereinander nach einer Station abgehen, so hat der Pilotman den Führern dieser Züge den Zugsstab zu zeigen, muß aber dann mit dem letztabgehenden Zuge fahren und den Zugsstab dem Führer dieses Zuges einhändigen. Das Abfahren eines Loco= motivführers ohne Zugsstab oder ohne denselben gesehen zu haben, wird strenge bestraft. Die Stäbe sind circa $\frac{1}{2}$ Meter lang und für jede Strecke anders geformt und gefärbt. An einem Ende des Stabes ist der Name der Strecke eingeschrieben. (Vgl. Frank, »Der Betrieb auf den englischen Bahnen«.)

Nicht minder eigenartig sind die Hilfsmittel zur Zugsdeckung auf amerikanischen Bahnen, soweit nicht das reine Blocksystem sich Bahn gebrochen hat. Hier liegt die Sicherheit der Züge gegen Zusammenstoß und Aufrennen bei Kreuzen und Ueberholen auf freier Strecke, wie überhaupt während der ganzen Fahrt, lediglich in den Händen des Zugspersonales. Bei zweigeleisigen Bahnen kommen nur Ueberholungen, bei eingeleisigen Bahnen auch Kreuzungen in Betracht. Für das Ueberholen, Kreuzen und Folgen von Zügen und für die Signalisirung und sonstigen Vorsichtsmaßregeln bei Verspätungen auf den Stationen, oder für die Fälle, daß Züge auf der Strecke Fahrverluste haben oder liegen bleiben, gelten die Bestimmungen der Train Rules (Zugregeln), von welchen hier einige bekannt= gegeben sind.

Streckenblocksignal.

(Nach einer photographischen Momentaufnahme des Verfassers.)

Die Züge sind in den Fahrplänen bezüglich ihres Ranges, d. h. Bevorzugung, classificirt. Die höchste Classe repräsentiren die Personenzüge, alsdann die Güter= züge, welchen die Extrazüge und leeren Maschinen im Range folgen. Ein Zug niederer Classe muß in allen Fällen einem Zuge höherer Classe ausweichen. Andere Fahrrechte beziehen sich auf die Richtung der Fahrt (nach der Weltgegend). In der Regel genügen für Ueberholungen und Kreuzungen die hierzu bestimmten Seitengeleise; bei Verspätungen jedoch, für Extrazüge und leere Maschinen stehen an vielen Stellen der Bahn Seiten= oder Mittelgeleise zur Verfügung. Im Uebrigen herrscht das System nach Zeitintervallen. So müssen ein Extrazug oder eine leere Locomotive einem Personenzug 20 Minuten, einem Güterzuge 10, ein Güterzug auf eingeleisiger Bahn einem begegnenden Personenzuge 10 Minuten vor der fahrplanmäßigen Ankunft das Hauptgeleise freigemacht haben; ein Güterzug muß dem folgenden, höher classificirten Güterzuge 5 Minuten, dem folgenden Personen= zuge 10 Minuten vor der fahrplanmäßigen Ankunft ausgewichen sein u. s. w. Aehn= liche Bestimmungen bestehen für zweigeleisige Bahnen, so daß eine große Zahl von Combinationen möglich ist, die gewiß nicht zur Sicherung des Betriebes beiträgt.

Bezeichnend für die Mangelhaftigkeit dieses Systems ist, daß eine Block= station einen Zug nie zu dem Zwecke aufhält, um den vorhergehenden die vor= liegende Blockstation erreichen zu lassen, sondern sie giebt einem Güterzuge durch das Haltesignal nur 5 Minuten Vorsprung vor einem folgenden und läßt diesen unter Grünsignal (Vorsicht) vorrücken. Folgt ein Personenzug, so wird er an= gehalten und der Führer verständigt, daß ein Güterzug sich auf der Blockstrecke befindet; der Zug darf dann unter Grünsignal vorsichtig weiterfahren. Befindet sich indes in der Blockstrecke ein Seitengeleise, so wird ein in derselben laufender Zug gar nicht gedeckt, weil vorausgesetzt wird, daß derselbe das zur Ausweichung benützte Seitengeleise rechtzeitig erreicht.

Eine wichtige Function fällt dem »Stockmann«, d. h. dem letzten Bremser eines Zuges zu, hier »Flaggenwärter« (Signalmann) genannt. Was er zu thun hat, besagt sein Name. Die Zugsignale bilden, angesichts der schlechten Bewachung der Strecke, überhaupt eine wichtige Rolle. Bei Nacht führt jeder Zug als Schluß= signal zwei rothe Laternen, die jedoch, wenn derselbe auf dem Nebengeleise steht und das Hauptgeleise frei ist, entfernt oder verhängt werden müssen, um den Führer des nachkommenden Zuges nicht zu beirren. Nähert sich ein Folgezug dem voranfahrenden Zuge in bedrohlicher Weise, so erfolgt bei Tag kein besonderes Signal, wogegen bei Nacht der Flaggenwärter in gewissen Zwischenpausen un= auslöschliche Zünder (Fusee) zwischen die Schienen wirft. Dieselben brennen etwa 10 Minuten lang, und kein Folgezug darf eine auf diese Weise blockirte Stelle passiren, bevor der Zünder nicht verlöscht ist. Hält ein Zug auf der Strecke nicht fahrplanmäßig an, so wird unmittelbar vor der Weiterfahrt durch den Zugführer ein solcher Zünder in Brand gesetzt und hinter dem Zuge zwischen die Schienen gelegt.

Für Zugdeckungszwecke wird auch von den Knallsignalen reichlich Gebrauch gemacht, und zwar ausschließlich am Tage. Erfolgt ein unvorhergesehenes Anhalten auf der Strecke, so eilt der Flaggenwächter auf derselben zurück und legt zunächst in einer Entfernung von etwa 500 Meter eine Knallkapsel, auf 1000 Meter aber zwei Kapseln, letztere etwa einen Meter von einander entfernt. Trifft nun der Folgezug ein, so wird er durch die Detonation der beiden entfernteren Kapseln zur Vorsicht ermahnt, während die Detonation der einen Kapsel als »Halt«-Signal zu gelten hat. Setzt sich jedoch der stehengebliebene Zug wieder in Bewegung ehe noch der Folgezug in gefahrdrohende Nähe nachgerückt ist, so läßt der

Registrirvorrichtung der Abfahrtszeit der Züge.

Flaggenwärter — der durch die Locomotivpfeife von der zu erfolgenden Weiterfahrt verständigt wird — die beiden Knallkapseln in der größeren Entfernung liegen, nimmt jedoch die eine Kapsel an der »Halt«-Stelle an sich. Der Führer des Folgezuges wird also durch die Doppeldetonation zur Vorsicht gemahnt, erkennt aber an dem Ausbleiben der einen Detonation, daß der Vorzug den sichernden Vorsprung gewonnen hat.

In neuerer Zeit sind indes derlei primitive Zugdeckungssignale mehrfach durch moderne, sicher wirkende Constructionen ersetzt worden. Eine derselben ist die Registrirvorrichtung der Abfahrtszeit der Züge der Ingenieure Duckover und Scott. Dieselben sind hierbei von dem richtigen Gedanken ausgegangen, daß es vor allem Andern wichtig erscheint, dem Führer eines Zuges in jeder Haltestelle in unzweifelhafter Weise jenen Zeitpunkt bekanntzugeben, zu welchem der ihm vorausgehende Zug diese Stelle passirt hat. Dies ist nun eigentlich die Aufgabe des Stationsbeamten, der die Züge zu expediren hat. Aber es giebt auf amerikanischen Bahnen — wie bereits hervorgehoben wurde — Haltestellen ohne Beamte; überdies kann sich ein Beamter irren.

Der fragliche Apparat wird an der äußeren Wand des Stationsgebäudes auf einer Console angebracht. Er besteht der Hauptsache nach aus einer doppelseitigen Uhr, über deren Zifferblättern eine Tafel mit den Worten angebracht ist: Last train passet at ... (der letzte Zug passirte um ...). Das Räderwerk dieser Uhr fteht durch Wellen, Räder, Zapfen und Hebel mit jenem einer gewöhnlichen Uhr im Amtslocale in entsprechender Verbindung; doch werden durch geeignet angebrachte Mechanismen, deren Beschreibung hier zu weit führen würde, die Zeiger derselben verhindert, sich zu drehen. Der nach dem Mechanismus entsendete elektrische Strom bethätigt den als Anker dienenden Hebel, wodurch die Hemmung des Uhrwerkes ausgelöst und der Minutenzeiger freigegeben wird. Dieser dreht sich, den Stunden= zeiger mitnehmend, rasch über das Zifferblatt, bis die Zeiger die gleiche Stellung einnehmen wie die Bureauuhr, d. h. die gleiche Stunde zeigen wie diese. Die umstehende Abbildung zeigt auch die elektrische Batterie, welche als Elektricitäts= quelle dient.

Es ist zu bemerken, daß die Stromleitung von ihr nicht direct, sondern über eine Contactvorrichtung, die sich in der Nähe der Uhr neben dem einen Schienenstrange befindet, zum Elektromagnet führt. Werden die beiden kleinen Spitzen, aus welchen die Contactvor= richtung besteht, zur Berührung gebracht, so ist der Strom geschlossen und der Magnet vermag die Hemmung des Minutenzeigers auszulösen. Die Locomotive drückt nun, die Stelle der Con= tactvorrichtung überfahrend, einen Hebel nieder, welcher die Spitzen zur Berührung bringt, und im selben Augenblicke rücken die Zeiger der Uhr vorwärts und bezeichnen den genauen Zeitpunkt, zu welchem der Zug passirte.

Diese Erfindung ist neuesten Datums. Es muß indes constatirt werden, daß in Amerika ein wirkliches Zugdeckungssignal (also nicht blos ein einfacher Registrirapparat), das von Putman, schon viel früher dortselbst in An=

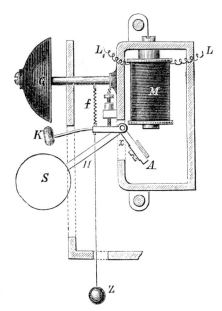

Putman's Zugdeckungssignal.

wendung gekommen ist. Das den Signalapparat enthaltende Käſtchen ist auf der Locomotive untergebracht. Es enthält (in nebenstehender Figur) den Elektro= magnet M mit seinem Anker A, welcher ebenso wie der die Signalscheibe S tragende Arm H und der Klöppel K der Glocke G um x drehbar befestigt ist. Diese drei Theile bewegen sich immer gemeinschaftlich. An dem Klöppel sind ferner noch die Abreißfeder f und die die Kugel Z tragende Schnur befestigt; s bildet den regulir= baren Anschlagstift des Hebelsystems. Fließt durch L L₁ und somit auch durch die Drahtwindungen das Elektromagnetes ein Strom, so hält dieser den Anker A fest, sobald er durch Anziehen an der Schnur dem Magnete genähert wird. Dies ist die Ruhestellung des Apparates und bedeutet, daß die Bahn frei ist; hierbei bleibt die Signalscheibe innerhalb des Käſtchens, ist also unsichtbar. Sind jedoch die Drahtwindungen des Elektromagnetes stromfrei, so fällt der Anker ab und das

Hebelsystem nimmt die in der Figur dargestellte Lage ein; die Signalscheibe tritt aus dem Kästchen heraus und die Glocke ertönt. In Folge der Erschütterungen der Locomotive wiederholen sich die Glockenschläge, weil die Feder f den Klöppel aufwärts, die Kugel Z denselben abwärts zieht. Dem Führer wird dadurch das »Halt«-Signal gegeben.

Die Wirkungsweise des Signales erhellt aus der Betrachtung der unten-stehenden schematischen Darstellung. An der Locomotive ist (ähnlich wie bei der Lartigue'schen Dampfpfeife) eine Metallbürste (P) und die Leitung zum Pole einer kleinen elektrischen Maschine geführt, welche durch die Locomotive betrieben wird; am Tender befindet sich eine zweite Bürste (P_1), oder es werden einfach die Metall-theile desselben benützt. In den einzelnen Sectionen der Bahn (drei bis vier pro Kilometer) befinden sich isolirte Theile der Schienenstränge (c) von beiläufig Zugs-länge, während die übrigen Schienen nicht isolirt sind. An jeder Theilungsstrecke

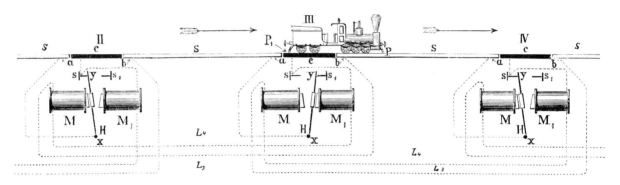

Anordnung des Putman'schen Zugdeckungssignals.

befindet sich ein Hilfsapparat, bestehend aus den Elektromagneten M und M_1, den um x drehbaren Ankerhebel H, der Contactfeder s und der Anschlagspitze s_1.

Fährt nun ein Zug aus der Section I in die Section II, so schleift die Metallbürste der Locomotive über das isolirte Geleisstück, während die Bürste am Tender über die nichtisolirte Schiene gleitet; es entsteht hierbei ein Stromkreis von P aus über die Schiene S zwischen II und III, dem Hilfsapparate der Section I, dem Elektromagnet M_1 der Section II, s, c und P_1. Der Magnet M_1 zieht den Anker an und legt dadurch den Hebel x y auf den isolirten Stift s_1. Gelangt hierauf der Zug zum Uebertritte aus der Section III nach IV, so wird von III aus nachfolgender Stromschluß hergestellt: Bürste P, b, Leitung L_3, Elektro-magnet M der Section II, Leitung L_1, Elektromagnet der Section III, s, a und P_1; der Magnet M der Section II zieht daher den Anker an und legt den Hebel x y auf den Contactstift s; der Elektromagnet M_1 der Section III legt den Hebel x y auf den isolirten Stift s_1. Der Zug tritt dann ganz auf S zwischen III und IV über und giebt hierdurch seinem Signalapparate stets kurzen Schluß über P_1, s und P. Tritt nun aber ein zweiter Zug aus der

Section III nach IV über, während der Vorzug sich noch zwischen III und IV befindet, so wird der Stromschluß im Signalapparat des zweiten Zuges in dem Moment unterbrochen, als dessen Bürste P auf c in III gelangt; seine Bürste P_1 berührt a (bei III), von wo aus die Leitung über x y nur bis zum isolirten Stift s_1 führt. Der Signalapparat des Folgezuges kommt also in der früher erläuterten Weise zur Wirksamkeit und giebt das »Halt«-Signal. Der Stromkreis des Signales auf dem Folgezuge wird erst dann wieder hergestellt, wenn der Vorzug die isolirte Stelle IV passirt hat, weil dadurch ein Strom durch die Leitungen L_3 L_4 (zwischen III und IV) zu dem Magnete M von III gesandt wird.

Obwohl diese Anordnung nicht weniger als vier Leitungen (zwei für jeden Strang) erfordert, ist sie gleichwohl nicht sonderlich complicirt, wodurch sie allgemeine Beachtung und mehrfache Anwendung gefunden hat. Im Uebrigen gehört dieses System, wie alle ähnlichen, bei welchen sich der Signalapparat auf dem Zuge befindet, zu den älteren Zugdeckungssignalen, von welchen man allmählich wieder abgekommen ist, und zwar aus dem einfachen Grunde, weil es seine Schwierigkeiten hat, einen verhältnißmäßig subtil

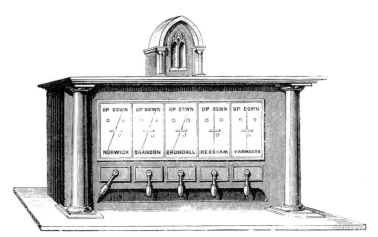

Fothergill's automatisches Blocksignal.

construirten Apparat auf der Locomotive zu installiren und die Elektricitätsquelle auf diese zu verlegen. In Berücksichtigung dessen haben jene Zugdeckungssignale, welche gleich den anderen Signalen vom Streckenpersonale bedient werden und dem Fahrpersonale auf optischem oder akustischem Wege zur Wahrnehmung gelangen, sich viel rascher Eingang verschafft und eine weitgehende Ausgestaltung erfahren.

Kein Wunder also, daß in dieser Richtung in allen Ländern viel experimentirt und hierbei mancher praktische Erfolg erzielt wurde. Eine der ältesten, bereits Mitte der Vierzigerjahre getroffene Anordnung ist die W. Fothergill-Cooke'sche auf der Great Eastern-Bahn zwischen den Stationen Norwich und Warmouth. Die Verständigung erfolgte mittelst einfacher Correspondenztelegraphen und hatte der Empfangsapparat die in vorstehender Abbildung veranschaulichte Einrichtung. Die senkrecht stehende Nadel bedeutet »Bahn frei«, die abgelenkte Nadel »Zug auf der Strecke« (Train on line), wobei die Ablenkung nach rechts oder links zugleich die Zugsrichtung anzeigte. War der Streckenposten in dieser Weise verständigt, so stellte dieser einen dauernden Stromschluß her, den er erst wieder aufheben durfte, wenn der Zug seinen Posten passirt hatte. In ähnlicher Weise wurden früher Morse-Schreibtelegraphen als Verständigungsmittel von Posten zu Posten verwendet (ganz so wie bei dem Stations-Distanzsystem). Das mit der Signalisirungsmanipulation in Verbindung gestandene optische Signal durfte erst dann auf »Frei« gestellt werden, wenn die Erlaubnißdepesche eingetroffen beziehungsweise quittirt war.

In neuerer Zeit hat ein ähnliches System auf amerikanischen Bahnen platzgegriffen, wodurch der auf Seite 557 berührte, etwas primitive Zugdeckungsdienst wesentlich verbessert wurde. An Stelle der geschilderten dreiflächigen Signalthürme tritt ein größeres Bauwerk mit achteckigem Obergeschoß mit Fenstern an der Bahnseite. In diesem Raume befindet sich ein Manipulationstisch mit Telegraphenapparat (dem in Amerika üblichen Morseklopfer), und der Signalmann bedient zugleich das auf Traversen außerhalb der Cabine angebrachte Blocksignal mittelst Zugschnüren.

Die Blocksignalisirung mit gleichzeitiger Verwendung von Correspondenzapparaten zeigt noch eine gewisse Schwerfälligkeit und ist auch insoferne mit Zeitverlust verbunden, als die Abgabe und der Empfang von telegraphischen Zeichen einen solchen naturgemäß bedingen. Auch ist nicht mit Unrecht hervorgehoben worden, daß den Sprechtelegraphen die mit ihrer Bedienung betrauten Functionäre auch anderweitig, und nicht zum mindesten für Privatangelegenheiten ausnützen, wodurch die betreffenden Organe in ihren Dienstesobliegenheiten beeinträchtigt werden, was auch dann der Fall wäre, wenn die bequeme Handhabung solcher Sprecheinrichtungen zu einer lebhafteren Correspondenz in Dienstesangelegenheiten Veranlassung geben sollte. Trotzdem ist ein Vortheil der Blocksignale in Form von Schreibtelegraphen nicht zu verkennen, der nämlich, daß die gegebenen Signale in dauernden Zeichen gegeben werden, also auch hinterher controlirbar sind, was bei optischen und akustischen Signalen selbstverständlich nicht der Fall ist. Es ist daher von Interesse, wahrzunehmen, daß die Abneigung vor den Telegraphen für Blocksignale von englischen Bahnen ausgeht, die sich bekanntlich der Zeigertelegraphen bedienen, die nur Sprechtelegraphen und keine Schreibtelegraphen sind.

Damit betreten wir unser eigentliches Gebiet, die elektrischen Zugdeckungseinrichtungen, d. h. solche Blockstationen, welche mit Signalapparaten ausgestattet sind, zu deren Bedienung besondere Blockwärter aufgestellt werden. Hierbei sind zwei Anordnungen möglich: die eine, bei welcher die elektrische Zeichengebung und das Bahnzustandssignal getrennt sind, und die andere, bei welcher beide in mechanische Verbindung gebracht sind. Das letztere ist jedenfalls das vollkommenste Blocksignal.

Das Strecken-Blocksignal ist englischen Ursprungs, wo es unmittelbar aus den Erfordernissen eines Verkehrs von außergewöhnlicher Dichte hervorgegangen ist und vornehmlich dadurch einen Anstoß erhielt, daß dortselbst durchgehende Liniensignale mit Läutewerken, wie wir sie in einem vorangegangenen Capitel

kennen gelernt haben, nicht üblich ſind. So hatte Walker ſchon 1852 die Block=
ſignaliſirung mittelſt Glocken verſucht und damit auch praktiſche Erfolge erzielt,
doch erwies ſich der Zeitverluſt, den die mittelſt Weckern bewirkten Anfragen und
Quittirungen verurſachten, ſo bedeutend, daß dieſes Syſtem bei dichtem Verkehr
nicht aufrecht zu erhalten war. Daraufhin verſah Walker einen neuen von ihm
conſtruirten Apparat zuerſt mit Zeigernadeln, an deren Stelle er ſpäterhin
einen kleinen Semaphor ſetzte.

Die Anordnung dieſes Apparates erhellt aus der beigefügten Abbildung.
Jeder Blockpoſten iſt für jede Zugsrichtung mit einem Signal ausgeſtattet, welches

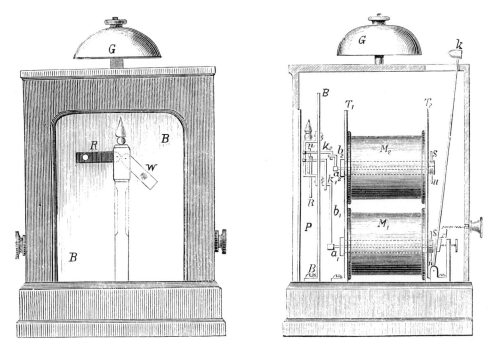

Walker's Blockapparat.

in Form eines Blechkaſtens eine Weckerglocke trägt, mit deren Triebwerk ein kleines
optiſches Signal, und zwar in Form eines Flügeltelegraphen in Verbindung
gebracht iſt. Die beiden beweglichen Arme des letzteren (R und W), von welchen
der eine roth mit weißem Fleck, der zweite weiß mit rothem Fleck iſt, ſind an der
Vorderſeite des mit einer Fenſterſcheibe geſchloſſenen Kaſtens derart angebracht,
daß ſie ſich möglichſt deutlich vom Hintergrunde abheben. Der linke (rothe) Arm
kann nur von der Nachbarſtation bethätigt werden und giebt deſſen wagrechte
Stellung das »Halt«=Signal, deſſen Neigung nach abwärts das Signal »Bahn
frei«. Der zweite (weiße) Arm bewegt ſich in gleicher Weiſe wie der rothe,
wodurch die eigene Zeichengebung gewiſſermaßen controlirt wird. Für den Zug
dient das gewöhnliche Maſtſignal und wird daſſelbe von dem Blockwächter geſtellt.
Es müſſen alſo ordnungsgemäß die Arme beider Apparate gleiche Armſtellungen
einnehmen.

Wir lassen hier noch eine kurze Erklärung der zweiten Figur, welche den Mechanismus des Signalkastens zeigt, folgen. Von den beiden übereinander angebrachten Elektromagneten bethätigt der untere (M_1) den rothen, der obere (M_2) den weißen Flügelarm und zieht letzterer gleichzeitig den Anker (A), an welchem der Glockenklöppel (k) befestigt ist, an. Es erfolgt also das optische und akustische Signal zu gleicher Zeit. Die Stellung der beiden Arme wird durch einen drehbaren Anker des respectiven Elektromagnetes bewirkt. Auf die näheren Details dieser Vorrichtung einzugehen, erscheint überflüssig.

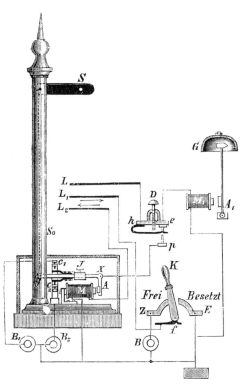

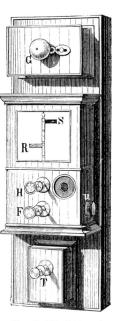

Das Tyre'sche Blocksignal unterschied sich im Principe nur insoferne von dem Walker'schen, als Tyre die optische Signalisirung (Zeiger) auf automatischem Wege durch die vorbeifahrenden Züge, welche ein Pedal niederdrückten, bewirken ließ. Später traten an Stelle dieser Contacte gewöhnliche, von den Blockwärtern bediente Taster, und zwar zwei: einer zur Bethätigung des »Halt«=Signals, der andere zur Ertheilung des Signals »Bahn frei«.

H. Preece's Blockapparat.　　　　　　Tyre's Blockapparat.

Von den beiden Zeigern war der eine schwarz, der andere roth und diente der erstere zur Zeichengebung, der letztere zur Controle. Von dem Walker'schen Apparate zeigte der Tyre'sche die principielle Abweichung, daß bei letzterem das akustische Signal nicht mit einer besonderen Leitung betrieben wurde, sondern gemeinsam mit dem optischen durch eine Leitung. Hieraus ergab sich aber das mißliche, daß immer nur jener Taster in Benützung kommen durfte, welcher der Stromrichtung, die der eigene schwarze Zeiger und der rothe der Nachbarstation hatte, entsprach. Trotzdem waren Irrungen nicht ausgeschlossen und denselben konnte auch dann nicht wirkungsvoll genug vorgebeugt werden, als der Umstellungstaster durch eine Klappe maskirt wurde.

Daraufhin schaltete Tyre einen eigenen Taster für das optische Signal ein, womit sein Apparat die vorstehend dargestellte Gesammtanordnung erhielt. Hier iſt T der vorſtehend erwähnte Taſter zur Bethätigung des Weckers; zur Ertheilung des Signales »Bahn frei« dient der Taſter F, zur Bethätigung des »Halt«= Signales der Taſter H, und werden in beiden Fällen der eigene Arm (R) und der der Nachbarſtation (S) demgemäß bewegt, d. h. in erſterem Falle ſchief nach abwärts, im zweiten Falle horizontal. Der Arm der Nachbarſtation wird nur durch fremde Ströme bewegt und damit zugleich die Glocke angeſchlagen. Der Mecha= nismus wurde urſprünglich durch einen Indicator, ſpäter durch Elektromagnete betrieben. Einen nicht unweſentlichen Fortſchritt bedeutete das anfangs der Sechziger= jahre auf den Linien der South Weſtern=Bahn eingeführte, von H. Preece er= fundene Blockſignal. Principiell wichtig iſt bei dieſer Anordnung — welche drei Leitungsdrähte erfordert — daß das akuſtiſche Signal mit einem beſonderen Controlapparate verbunden iſt, der nicht durch den abgehenden Signalſtrom, ſondern von der Nachbarſtation bethätigt wird. Jede Blockſtation hat für jede der beiden anſtoßenden Sectionen einen kleinen Semaphor (ſiehe die Abbildung Seite 568), deſſen Arm (S) die »Frei=« oder »Halt=«Stellung einnimmt. Mit dem Semaphor in Verbindung ſteht die Signalglocke (G), welche eine verſtellbare Scheibe (in der Abbildung iſt ſie entfallen) trägt, auf der zur Controle die Bezeichnungen »On« (hin) oder »Off« (her) ſtehen. Ein Stellhebel (K) bethätigt auf elektriſchem Wege das Semaphorſignal, ein Taſter (D) das akuſtiſche Signal. Mittelſt des auf der Achſe x ſich drehenden Ankerhebels des Elektromagneten M wird der Signalarm durch Uebertragung der Wirkung auf die Zugſtange, welche bei y an den Anker= hebel befeſtigt iſt, in der horizontalen Lage erhalten, und zwar durch das Gewicht J. Dieſe Lage (das »Halt=«Signal) bedingt, daß mittelſt einer an dem Ankerhebel an= gebrachten Feder der Contact bei c_2 erfolgt. Kommt Strom in die Linie, ſo erfolgt die Anziehung des Hebelarmes an den Elektromagnet, der horizontale Theil des Hebels kommt mit dem Contact bei c_1 in Schluß und hebt gleichzeitig die Zug= ſtange y nach aufwärts, in Folge deſſen ſich der Signalarm ſenkt, das heißt auf »Bahn frei« ſtellt.

Das Klingelwerk iſt derart eingerichtet, daß durch Bethätigung des Elektro= magneten M ein an dem Stiel des Glockenklöppels angebrachter Anker (A_1) an= gezogen, d. h. die Glockenſchläge bewirkt werden. Außerdem beſorgt ein in der Figur nicht erſichtlicher beweglicher Anker die Verſchiebung von zwei Täfelchen, welche die Aufſchriften »On« (hin) und »Off« (her) tragen und derart unter Verſchluß ſtehen, daß immer nur eines der beiden Täfelchen an einem Fenſter= ausſchnitte ſichtbar wird. Zur Bethätigung des Geſammtapparates dient der Hebel K, der entweder — wie die Darſtellung zeigt — auf »Linie frei« oder »Linie beſetzt« geſtellt werden kann, wodurch mittelſt der Backenſtücke Z und E, an welche ſich der bei f die leitende Verbindung herſtellende Hebel anlegt, in der einen oder anderen Weiſe Stromſchluß erfolgt. Das Leitungsſchema iſt aus der Zeichnung unſchwer zu erſehen. (Das verbeſſerte Preece'ſche Syſtem hat übrigens nur eine Drahtleitung.)

Es würde zu weit führen, die verschiedenen Systeme von Streckenblocksignalen, welche theils in versuchsweise Benützung genommen wurden, theils sich definitiv einbürgerten, an dieser Stelle zu analysiren. Sowohl den vorstehend besprochenen Einrichtungen als den mancherlei Systemen, die sich in England, Frankreich, Belgien u. s. w. Eingang verschafft haben (George Kift Winter, J. Regnault, Marqfoy, Spagnoletti, Highton 2c.), kommt der Uebelstand zu, daß Blockapparat und Bahnzustandssignal von einander getrennt sind, und daß das letztere unmittelbar von dem Blockwächter bedient wird. Es ist also gar keine Garantie geboten, daß selbst für den Fall, daß das akustisch-optische Blocksignal functionirt, tadellos auch das Bahnzustandssignal, welches für das Fahrpersonale allein maßgebend ist, in Ordnung, d. h. mit dem elektrisch betriebenen Blocksignal in Uebereinstimmung sich befinde. Das ist aber der Kernpunkt der Frage; denn es leuchtet auch dem Laien ein, daß eine Vorrichtung, welche als Verständigungsmittel dient, tadellos arbeiten kann, daß aber der auf diese Weise Verständigte, welcher daraufhin das eigentliche Streckensignal erst zu stellen hat, Mißgriffe begehen kann, wodurch die Blockeinrichtung völlig illusorisch wird; der Nachbarposten kann nur das Blocksignal controliren, nicht aber das Bahnzustandssignal. Es mag sich also auf der Correspondenzlinie alles ordnungsmäßig abwickeln, während das Bahnzustandssignal von seinem Wärter in falsche Stellung gebracht beziehungsweise belassen werden kann.

In Berücksichtigung dieser den Bahnbetrieb gefährdenden Möglichkeit hat das Princip Geltung erhalten, daß eine Streckenblockeinrichtung nur dann als in ihrer Weise vollkommen angesehen werden könne, wenn Blocksignal und Bahnzustands-signal in mechanischen Zusammenhang gebracht würden, daß also mit der Be-thätigung des einen die des andern zwingend erfolgen muß; mit anderen Worten: es genügt nicht, daß der Blockwärter vom Nachbarposten her die Verständigung bekommt, keinen Zug nachfolgen zu lassen, sondern es soll ersteren absolut unmöglich gemacht werden, die Strecke freizugeben, so lange der Nachbarposten dies nicht gestattet. Diesem Principe gemäß wird also die Bedienung des Bahnzustandssignals — getrennt vom Blocksignal — der Hand des Blockwärters entzogen. Dieses Princip hat seine Verwirklichung in jenen Streckenblockvorrichtungen gefunden, bei welchen die beiden Signale miteinander gekuppelt, d. h. in mechanische Abhängigkeit von einander gebracht wurden.

Am einfachsten und zweckmäßigsten wäre dieses Ziel nur durch automatische Blocksignale zu erreichen, also solche, welche durch Menschenhand überhaupt nicht bedient werden, Irrthümer sonach absolut ausgeschlossen wären. Aber abge-sehen davon, daß in verkehrsdichten Gebieten Streckenwärter nicht zu entbehren sind und ihr Vorhandensein naturgemäß den ganzen Bahnbewachungsdienst ihnen zufallen macht, ist es bisher nicht gelungen, ein tadellos und sicher functionirendes automatisches Blocksystem aufzustellen. Principiell können dieselben nichts anderes als Contactvorrichtungen sein, indem der verkehrende Zug auf automatischem Wege das Signal bethätigt. Mit wenigen Ausnahmen (vgl. Seite 526) sind es immer

Schienencontacte, welche dieſen Dienſt leiſten; bei anderen Syſtemen handelt es ſich um direct vom Zuge auszuübende elektriſche oder magnetiſche Wirkungen (vgl. Lartigues, Dampfpfeife; Putman's Zugdeckungsſignale u. ſ. w.). Neben dem Schienencontact (L. Mons, Siemens & Halske) hat man auch eine Vorrichtung empfohlen, bei der ein in das Geleiſe gelegtes Pedal den Contact vermittelt (L. v. Overſtraeten, Ducouſſo ꝛc.). Aber alle dieſe Bemühungen haben zu erſprieß= lichen Reſultaten nicht geführt, weil die Herſtellung einer exacten Verbindung zwiſchen Zug und Signalmittel zu den noch ungelöſten Problemen der Betriebs= technik gehört. Allgemein gilt in Fachkreiſen die Anſchauung, daß Schienencontacte den der Abnützung ſehr ausgeſetzten Pedalen vorzuziehen ſeien. Ferner iſt zu er= wägen, daß die bei allen bekannten automatiſchen Syſtemen angewendeten feuchten

R. Peter's automatiſches Blockſignalſyſtem.

Batterien der fortgeſetzten Pflege entweder entbehren oder zu ihrer Inſtandhaltung außergewöhnlichen Aufwand erfordern.

Schließlich können vom elektriſchen Strome direct betriebene Zeichenapparate nur von geringem Umfange ſein, wodurch die von ihnen gegebenen Signale vom Fahrperſonale leicht überſehen werden möchten. Große Apparate aber bedürfen eines Triebwerkes, das der Natur der Sache nach der Beaufſichtigung und Be= dienung nicht entrathen kann.

Am meiſten gepflegt wird das automatiſche Blockſignal auf den amerikaniſchen Bahnen, auf denen eine ſyſtematiſche Streckenbewachung nicht beſteht und das Sparen mit Menſchenkräften auf Syſteme dieſer Art überhaupt zwingend hinführt. Aus dieſem Streben ſind auch mancherlei andere Signalvorrichtungen gleicher Tendenz hervorgegangen, wie Guiley's Avertirungsſignal (S. 532), Duckover's und Scott's Regiſtrirvorrichtung der Abfahrtszeit der Züge u. ſ. w. Neuerdings hat R. Peter ein automatisches Blocksignal construirt, das aber noch nicht in die Praxis übertragen worden zu sein scheint. Dasselbe ist vorstehend abgebildet.

Die Figur 1 zeigt die schematische Ansicht von zwei anstoßenden Blocksectionen, Fig. 2 giebt die perspectivische Ansicht der Bahnstrecke, Fig. 3 endlich zeigt den Signalapparat, zur Hälfte im Mittelschnitt, zur Hälfte in der Seitenansicht. Da die Signalvorrichtung für eingeleisige Bahnen bestimmt ist, zeigt sie nicht nur an, ob sich ein Zug in der Blockstation in der Fahrtrichtung befindet, sondern signalisirt auch den Gegenzug. Die Signalscheiben (Gehäuse) sind paarweise mit ihrer Rück= seite einander zugekehrt zusammengestellt und befindet sich dazwischen eine Lampe. Der hohle Ständer ist in Verbindung mit einer zum Gehäuse führenden Röhre, durch welche die Leitungen von den neben dem Geleise angebrachten Contacten zu den Inductionsspulen in den Gehäusen führen. Die an letzteren angebrachten Scheiben haben im Kreise gestellte Ziffern, hinter deren jeder sich ein Magnet befindet. Die Contacte bestehen aus Metallplatten mit aufwärts anstehenden Federn und stehen außerhalb des Geleises so nahe den Schienen, daß sie von der Contact= bürste der Locomotive bestrichen werden können.

Die Scheiben der Signalapparate, welche in Entfernungen von einer englischen Meile stehen, weisen so viele Ziffern (Marken) von 1 fortlaufend auf, als Block= signale sich in der betreffenden Strecke (von Station zu Station) vorfinden. Je zwei Signalapparate stehen sich zu beiden Seiten des Geleises gegenüber, der links= seitige für die Fahrtrichtung, der andere für die Gegenfahrt. Ein Erdleitungsdraht steht mit je einem Pole aller hinter den Ziffern angebrachten Magnete im Verband und geht durch die Röhre und den hohlen Signalständer in den Boden. Durch den= selben wird der Stromkreis geschlossen und der hierbei in den Magneten hervorgerufene verstärkte Magnetismus veranlaßt ein Anziehen beziehungsweise Fortschreiten des Zeigers auf dem Zifferblatte bis zur correspondirenden Marke. Ein Leitungsdraht läuft von dem am Anfang der Blockstrecke sich befindenden Contacte zu dem Magnet, der mit der Ziffer 1 auf der Signalscheibe correspondirt, und zwar auf jener Scheibenseite, woher der Zug kommt; ein zweiter Leitungsdraht läuft von demselben Contact zur Signalscheibe auf der entgegengesetzten Scheibenseite, d. i. auf der Signalscheibe, die dem laufenden Zuge abgekehrt ist.

Nach dem Durchlauf der ersten Meile (Section) wird die Ziffer 2 in ähn= licher Weise markirt u. s. w. Die Elektricitätsquelle für die Contactbürste an der Locomotive befindet sich auf dieser und ist entweder eine an passender Stelle installirte Dynamo= oder eine galvanische Batterie. Für Doppelgeleise, Seitengeleise, Kreuzungsgeleise u. s. w. ist der Blockapparat entsprechend modificirt.

Auf der französischen Nordbahn und der Paris=Lyon=Mittelmeerbahn ist eine von Ducousso herrührende Contactvorrichtung erprobt worden, welche die umstehend abgebildete Anordnung zeigt.

Neben dem Geleise (A) befindet sich eine mit Paraffin ausgegossene, an der Schiene befestigte Büchse, in welche der Magnet (D) eingelagert ist. Der Empfänger (die dritte Figur) ist derart construirt, daß auf dem Nordpole eines rechtwinkelig gebogenen Magnetes eine eiserne Zunge (n n₁) drehbar befestigt ist, so daß das untere Ende frei zwischen den südpolaren Enden der aus weichem Eisen hergestellten, auf dem Südpole des Magnetes befestigten Krone hängt. Auf den Kronen stecken die in die Leitung (L) eingeschalteten Drahtspulen. Fährt der Zug über die Contactvorrichtung, so gelangt in die Linie Strom, der den Magnetismus bei s_1 schwächt, bei s_2 aber verstärkt, so daß sich die Zunge, welche für gewöhnlich an der Schraube u liegt, an v anlegt und dadurch den Stromkreis x einer Localbatterie schließt. Die Zurückstellung der Zunge erfolgt durch den Wärter mittelst eines aus dem Apparatengehäuse herausragenden Knopfes.

Das von L. von Overstraeten herrührende Blocksignal mit Contactvorrichtung besteht aus dem optischen Signal in Form eines größeren, auf der Bahnseite weiß gestrichenen Kastens, in welche zwei kreisförmige Fenster ausgeschnitten sind. Bei der »Frei«-Stellung ist die ganze Fläche weiß, bei der »Halt«-Stellung hingegen erscheinen in den Kreisausschnitten die rothen Scheiben. Die Contact-

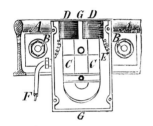 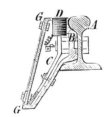 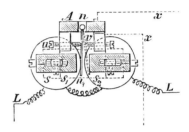

Ducousso's automatisches Blocksystem.

vorrichtung als eigentlicher Blockirapparat besteht aus einem zwischen den Schienen angebrachten Pedal, mittelst welchem das optische Signal, wenn der Zug über jenes fährt, in die »Halt«-Stellung gebracht wird. Das Pedal steht in Verbindung mit dem gleichfalls in einem Gehäuse untergebrachten, entweder an der Säule des optischen Signales oder in der Wärterbude placirten Apparates — einer für jede Fahrtrichtung — bestehend aus einer Batterie, einem Kurbelumschalter, Klingeln und Controlscheiben. Zwei Leitungen verbinden diese Apparate derart untereinander, daß der Blockwärter mittelst der Kurbel das Signal auf »Halt« stellen, die Deblockirung aber nur in dem Falle vornehmen kann, wenn in der Blockstrecke kein Zug rollt, da am Blockapparate so lange die rothe Scheibe sichtbar bleibt und die Klingel ertönt, so lange der Zug nicht in die nächste Blocksection eingefahren ist, die Entsendung eines die »Frei«-Stellung bedingenden Stromes also unmöglich ist. Ein sehr energisch wirkendes Alarmsignal (Läutewerk) ergänzt diese Vorrichtung, welche in dieser Anordnung für eingeleisige Bahnen bestimmt ist. Das Alarmsignal tritt in Action, wenn zwei Züge in entgegengesetzter Richtung abgelassen worden sein sollten und sich bereits bis auf zwei Blockstrecken genähert haben. Bei zweigeleisigen Bahnen kommen wechselständige Streckensignale und zwei Pedale in Anwendung. Das letzte Streckensignal ist zugleich Bahnhofabschlußsignal und wird ausnahmslos von dem hiermit betrauten Stationsbeamten bedient.

L. Mons hatte anfangs der Achtzigerjahre für die Annäherungssignale der Paris=Lyon=Mittelmeerbahn einen Streckencontact construirt, der aus einem eisernen, mit Quecksilber gefüllten Gefäße bestand, welches derart unter der Schiene angebracht wurde, daß ein mit der Leitung verbundener Contactkegel nur etwa zwei Millimeter über der Oberfläche des Quecksilbers zu stehen kam. In Folge der Durchbiegung der Schienen unter dem fahrenden Zuge erfolgte Stromschluß und die Bethätigung des Signales.

Auf diese Anordnung gestützt, haben Siemens & Halske eine ähnliche Vorrichtung construirt, welche nebenstehend abgebildet ist und deren Wirksamkeit in Verbindung mit dem Streckensignal in den nächstfolgenden Figuren klargemacht ist. Maßgebend bei dieser Construction war die Erwägung, daß es wünschenswerth sei, das einem Blockapparate zugehörige Mastsignal erst dann in der »Halt«=Stellung zu verriegeln,

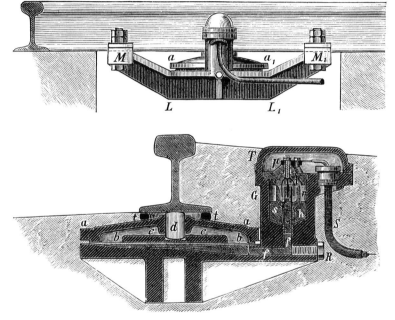

Quecksilbercontact von Siemens & Halske.

wenn der letzte Wagen des Zuges dieses Signal bereits überfahren hat, um zu verhüten, daß beim etwaigen Anhalten des Zuges beim Mastsignal dieses von einem Theil des ersteren noch nicht überfahren ist, während bereits ein zweiter Zug in die Blocksection einfährt.

Die Gesammtanordnung eines derartigen Apparates setzt sich aus dem Schienencontact und eine im Blockapparat angebrachte Arretirvorrichtung für die Blocktaste, einer Batterie zum Betriebe dieser Einrichtung und der dazu gehörigen Leitung zusammen. Der erste Theil, der Schienencontact, ist, wie erwähnt, ein Quecksilbercontact. Er befindet sich auf einer Entfernung von 200 bis 600 Meter über das Mastsignal im Sinne der Fahrtrichtung hinaus und besteht der Hauptsache nach (siehe vorstehende Abbildung) aus dem Contactkörper und dem damit verbundenen Gehäuse, welches das Quecksilbergefäß und andere Bestandtheile um=

schließt. Der Contactkörper (M L L₁ M₁ in der ersten Figur) wird an den Schienenfuß derart befestigt, daß seine tellerförmig ausgeweitete Mitte unter die Schiene zu liegen kommt.

Diese Ausweitung wird durch eine Stahlblechplatte (b b) nach außen abgeschlossen und auf die eine Eisenscheibe (c c) in der Weise angebracht, daß ein in ihrer Mitte befestigter Stempel (d) die untere Fläche des Schienenfußes berührt. Der Stempel reicht durch eine Durchlochung des über die Eisenscheibe gelegten Deckels (a) und wird von einem Gummiring (t t) umfaßt, um zu verhüten, daß in die vorbeschriebenen Theile Sand oder andere Unreinlichkeiten eindringen.

Durch diese Anordnung bleibt unter der Stahlplatte (b b) ein Hohlraum ausgespart, welcher mittelst des Knierohres f f mit dem kelchförmigen Gefäß p communicirt und bei r in denselben hineingreift. In diesem Theile ist das Rohr aus einem Nichtleiter hergestellt. Die Vorrichtung ist in einem Topfe (G) untergebracht und die Verbindung des Hohlraumes mit dem Rohre durch die in letzterem angebrachte Oeffnung (h) bewirkt. Ein ähnliches Loch (s) befindet sich am Boden des Kelches. Der Topf, die Röhre und der Hohlraum unter dem Teller des Schienencontactes sind mit Quecksilber ausgefüllt, das mit einem hydrostatischen Drucke von etwa 30 Kilogramm wirkt und dadurch den Stempel gegen die Unterseite des Schienenfußes andrückt. Bei diesem Zustande ist der Boden des Kelches r eben noch bedeckt.

Die Wirksamkeit des Apparates ist die folgende. Wenn ein Zug über die Schienen hinwegrollt, wird vermöge deren verticaler Durchbiegung der Stempel und demgemäß die Stahlplatte (c c) einen Druck auf das im Hohlraume unter der Platte lagernde Quecksilber ausüben. Dieses steigt durch die Knieröhre in den Kelch hinauf, aus welchem es, wenn der Druck aufgehört hat (also nach Passirung des letzten Wagens), durch das Loch s in den Topf und von hier durch das Loch h in die Knieröhre beziehungsweise in den Hohlraum unter der Platte wieder zurückfließt. Zu dieser Herstellung des Gleichgewichtszustandes in der Flüssigkeit werden ungefähr 10 Secunden erfordert. Die weitere Wirksamkeit des Apparates beruht nun darauf, daß in den Kelch und in das aus einem Nichtleiter hergestellte Rohrende eine Gabel (i) hineinreicht und mit einem Kabel (S) in Verbindung steht. Die Gabel ist an einem von all' den vorbeschriebenen Theilen isolirten Glasdeckel befestigt und leicht verstellbar. Durch das Aufsteigen des Quecksilbers in den Kelch wird der Contact zwischen dem Contactkörper und dem Schienenfuße beziehungsweise mit der in dem Topfe untergebrachten Contactvorrichtung und der Kabelleitung zuverlässig hergestellt.

Das Weitere ergiebt sich aus der Betrachtung der umstehenden schematischen Darstellung, welche die Arretirvorrichtung am Blockapparat für die Blocktaste veranschaulicht. Hier ist a₁ die Blocktaste, welche in der Stellung der einzelnen Theile des Apparates der linksseitigen Darstellung (a) nach abwärts nicht gedrückt werden kann, weil sich der Contacthebel h vorlegt, der seinerseits wieder durch den

Arm i des bei x_3 drehbaren Ankerhebels A gestützt wird. Wie die Figur zeigt, ist der Ankerhebel vom Polschuh p des Elektromagneten e abgerissen. Ist jedoch der Elektromagnet stromdurchflossen und erfolgt demgemäß die Anziehung des

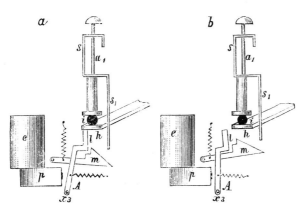

Ankers, so entfernt sich dessen Arm l vom Contacthebel h, wodurch dem Niederdrücken des Blocktasters a_1 kein Hinderniß mehr entgegensteht. Da nun der Elektromagnet durch den Contactschluß ein Schienencontact bethätigt und damit der Blocktaster freigegeben wird, kann die Verriegelung des Mastsignales erfolgen. Das eigene Signal wird dadurch blockirt, daß der Schuber s nach abwärts gedrückt wird und in Folge dessen

Arretirvorrichtung zu untenstehendem Quecksilbercontact.

die mit ersterem verbundene Feder s_1 auf die Nase m stößt, wodurch der Anker frei wird. Das Abreißen desselben von den Polschuhen des Elektromagneten er-

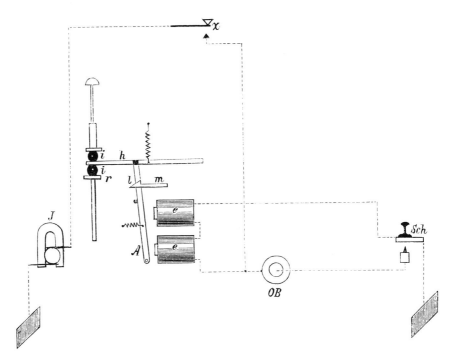

Sicherungsvorrichtung für den Quecksilbercontactapparat.

folgt selbstverständlich erst dann, wenn der letzte Wagen den Schienencontact überfahren und die Kabelleitung somit stromlos geworden ist. Die Blocktaste bleibt so lange verriegelt, bis abermals im Quecksilbercontact Stromschluß erfolgt.

Es kann sich aber ereignen, daß der Schienencontact aus irgend einem Grunde schlecht functionirt, oder die für die Arretirungsvorrichtung verwendeten galvanischen Elemente (meist Leclanché) versagen, in welchem Falle der Wärter die Blockirung nicht vornehmen könnte, da der Blocktaster alsdann unverrückbar festgekeilt wäre. Als Auskunftsmittel in diesem Falle ist eine ganz einfache Vorrichtung vorhanden, nämlich ein Nothtaster, welcher für gewöhnlich unter Plombenverschluß gehalten ist, damit er nicht unberufener Weise in Verwendung genommen werde. Durch Niederdrücken dieses Nothtasters (z in Figur Seite 576) wird mittelst des Inductors J ein kurzer Stromimpuls gegeben, wobei der bekannte Vorgang sich abspielt, indem der Arm 1 (in Figur b Seite 576) unter dem Contacthebel h hinweggleitet, so daß der Blocktaster nach abwärts gedrückt werden kann. In der unteren Zeichnung auf Seite 576 ist auch der unter dem Contacthebel befindliche Tastertheil (r), welcher bei den Darstellungen a und b der Deutlichkeit wegen fortgelassen werden mußte, ersichtlich. Bei Sch ist der Schienencontact, O B ist die galvanische Batterie zum Betriebe des Blockapparates.

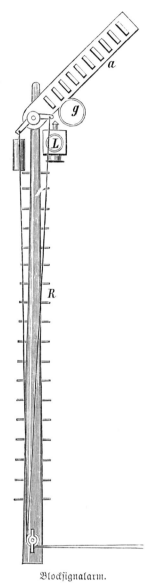

Blockfignalarm.

Die ganze Vorrichtung wird vervollständigt durch das Mastfignal, welches im Großen und Ganzen den als Flügeltelegraphen construirten Distanzsignalen gleicht. (Vergleiche die nebenstehende Figur.) An der Spitze des mit Steigeisen versehenen Schaftes (R) ist der gitterförmig durchbrochene, an der Zugseite roth mit weißem Rande, auf der entgegengesetzten Seite grau oder schwarz gestrichene Signalarm (a) angebracht, der durch eine doppelte Zugvorrichtung in Bewegung gesetzt wird. Seines Uebergewichtes halber ist der Arm durch ein Gegengewicht ausbalancirt. Dennoch ist das Uebergewicht groß genug, um den Arm zu zwingen, daß er im Falle des Reißens des Drahtzuges bei der Stellung auf »Halt« in dieser verharre, beziehungsweise bei der Stellung auf »Frei« in die Haltlage zurückfalle.

Entsprechen die automatischen Blockfignale aus den Eingangs dieser Besprechungen hervorgehobenen Gründen theoretisch in vollkommenster Weise dem Ideal einer solchen Vorrichtung, so haben sie gleichwohl in der Praxis nur beschränkte Anwendung gefunden, und zwar vornehmlich dort, wo — wie z. B. in Amerika — die Streckenbewachung principiell nicht durchgeführt ist, die Bedienung der Signale durch Menschenhand also entfällt. Die Hauptschwierigkeit auf europäischen Bahnen, welche — zum Mindesten auf den großen Durchgangslinien — von zahlreichen Streckenposten besetzt sind, liegen vornehmlich in der bereits hervorgehobenen Erwägung, daß kleinere, mit stationären Batterien betriebene Batterien nur kleine Signalapparate, welche leicht übersehen würden, bethätigen können, wogegen größere, mit einem Triebwerke versehene Vorrichtungen der steten Betreuung bedürfen, in welchem Falle also mit Menschenmaterial nicht gespart werden kann. Dazu kommt, daß dem Grundprincipe eines vollkommenen Blocksignals — die mechanische Abhängigkeit des Blockapparates vom Bahnzustandssignal — durch andere Systeme Genüge geleistet wurde.

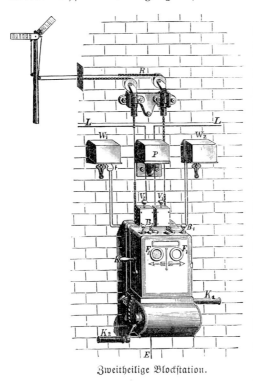

Zweitheilige Blockstation.

Das bei uns bekannteste und am meisten angewendete Blocksignal dieser Art ist jenes von Frischen, hervorgegangen aus dem Etablissement Siemens und Halske in Berlin. An der Wand des Blockwärterzimmers ist ein gußeiserner Schutzkasten befestigt, in dessen unterstem Theile sich die mechanischen Vorgelege befinden, mit welchen die optischen Bahnzustandssignale bethätigt werden. Die Kurbel K_1 dient für die Stellung des Signales der einen, die Kurbel K_2 für die Stellung des Signales der anderen Fahrtrichtung. Im oberen Theile des Kastens ist ein Inductor untergebracht, dessen Kurbel aus dem Kasten herausragt, ferner das Blocksystem für jede Fahrtrichtung, bestehend aus der Auslösevorrichtung, der Blocktaste, der Sperrklinke und der Sicherheitsklinke. Im Bedarfsfalle ist in diesem Raume auch die Arretirvorrichtung des Schienencontactes untergebracht. Die beiden Fensterchen F_1 und F_2 lassen die weiße oder rothe Hälfte einer Glimmerscheibe sichtbar werden. Die Handgriffe B_1 und B_2 der Blocktaster sind von außen zugänglich, desgleichen die Taster $V_1 V_2$ für die in kleinen Kästchen untergebrachten Wecker $W_1 W_2$. P ist das Gehäuse für die Blitzschutzvorrichtung.

Die Abfahrt eines Zuges meldet der Blockwärter der Abfahrtsstation dem nächstgelegenen Blockwärter durch das sogenannte »Vorläuten«, welches Signal weiterhin von allen Posten bis zur nächsten Station gegeben wird. Sowie der Zug über das Blockmastsignal der Abfahrtsstation hinaus ist, wird der Arm in die »Halt«-Stellung gebracht und verriegelt. Derselbe Vorgang wiederholt sich beim nächsten Blockposten, doch bedingt hier die Verriegelung die gleichzeitige Entriegelung des Mastsignales beim zurückliegenden Blockposten, so daß dieses wieder auf »Frei« gestellt werden kann.

An der Hand der untenstehenden schematischen Darstellung wollen wir nun den Zusammenhang der einzelnen Theile einer Blockstation und die Abhängigkeit zweier benachbarter Blockapparate für eine Fahrtrichtung erläutern. Aus der

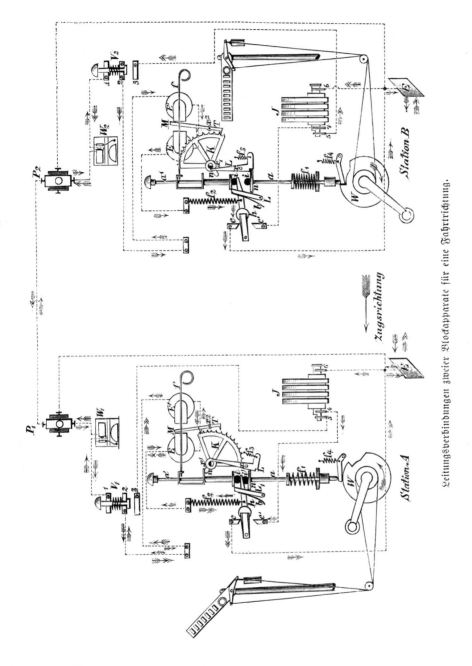

Leitungsverbindungen zweier Blockapparate für eine Fahrtrichtung.

Stellung der Mastsignale ist zu ersehen, daß die Station A frei, die Station B dagegen blockirt ist. Nehmen wir nun an, ein Zug führe von der Station B nach der Station A, so hat zunächst von B aus die Verständigung nach A mittelst des akustischen Signales zu erfolgen. Dieses »Vorläuten« wird mit dem Wecker=

signal bewirkt, indem der Weckertaster V_2 niedergedrückt und die Kurbel am In=
ductor in Bewegung gesetzt wird. Es ist noch zu erwähnen, daß letzterer mit
Schleifcontacten für Gleich= und Wechselstrom versehen ist.

Durch das Niederdrücken des Weckertasters V_2 kommen die Lamellen 1 und 2
in leitende Verbindung und es entsteht im Inductor ein Gleichstrom, welcher
folgenden Weg nimmt: Vom Stromabnehmer 5 des Inductors J der Station B
zur Lamelle 3 über dem Weckertaster V_2 zur Lamelle 1, durch den eigenen Wecker
zur Blitzplatte P_1 der Station A, den Wecker W_1 über die Lamellen 1 und 2
des Weckertasters V_1, durch die Elektromagnete E' und E, über die Feder f_2, den
Contacthebel h und den Contact c zur Erde der Station A, weiterhin zur Erde
der Station B und zuletzt über den Gleitcontact 6 zum Inductor dieser Station
zurück. Es werden also beide Wecker in Thätigkeit gesetzt und damit zugleich für
den Blockwärter in A das Vorsignal gegeben.

Nun passirt der von B kommende Zug die Station A, woselbst der Block=
wärter das Bahnzustandssignal auf »Halt« stellt. Dadurch kommt in der Station B
der Einschnitt der Welle W unter den Blocktaster zu stehen, so daß dieser nieder=
gedrückt werden kann. Erfolgt anderseits in der Station A der Druck auf den
Blocktaster, so wird der Contact bei c geöffnet, jener bei c_1 hingegen geschlossen;
durch gleichzeitiges Drehen der Kurbel entstehen Wechselströme, welche folgenden
Weg nehmen: Vom Stromabnehmer 4 des Inductors J der Station A über
den Contact c_1, den Contacthebel h, die Feder f_2, die Elektromagnete E und E',
die Lamellen 2 und 1 des Weckertasters V_1, den Wecker W_1, die Blitzplatte P_1,
durch die Leitung zur Blitzplatte P_2 der Station B, weiterhin über den Wecker W_2
die Lamellen 1 und 2 des Weckertasters V_2, die Elektromagnete E' und E, die
Feder f_2, den Contacthebel h und den Contact c zur Erde der Station B, dann
zur Erde der Station A und zuletzt zum Geleitcontact 6 des Inductors der
Station A zurück.

Durch diese Ströme wird folgender Vorgang durchgeführt: Es kommen durch
sie die Anker M und die an derselben Achse (x_2) befestigten Auslösungsanker T in
pendelnde Bewegung, zugleich kommt in der Station A (wo der Taster a^1 nieder=
gedrückt ist) das Kreissegment K [1] durch Vermittelung der Feder f beziehungs=
weise des Tasterschubers, der auf die Nase n drückt, in aufsteigende Bewegung,
während das Kreissegment K der Station B sich senken wird. In A wird nach
vollendeter Aufwärtsbewegung des Kreissegmentes dieses durch die Sperrklinke L
arretirt und damit gleichzeitig das Mastsignal in der »Halt«=Stellung verriegelt,
wogegen in der Station B, wo, wie erwähnt, unter der Einwirkung des gleichen
Stromimpulses das Kreissegment K sich gesenkt hat, der Blocktaster a a_1 empor=
schnellt, worauf das Mastsignal entriegelt wird und in die »Frei«=Stellung

---

[1] Es ist dasselbe Segment, welches eine Glimmerscheibe — zur Hälfte weiß, zur Hälfte
roth — trägt und demgemäß in den beiden Fensterchen F_1 und F_2 in Abbildung Seite 578
die betreffenden Farben, beziehungsweise Signalstellungen, zeigt.

gebracht werden kann. Daß der Blockwärter nicht auch sein eigenes Maftfignal frei=
geben kann, ergiebt sich aus Folgendem: Durch die Stellung des Signales auf
»Halt« und dem Niederdrücken des Blocktafters wird der Contact bei c^1 her=
gestellt. Nun wird die
Inductorkurbel gedreht,
wodurch die zurückliegende
Blockftation frei giebt,
das eigene Signal jedoch
verriegelt.

Neben diesem auf
den österreichischen und
deutschen Bahnen allent=
halben eingeführten Block=
fignale giebt es noch eine
anjehnliche Zahl anderer
Conftructionen, welche
wir, um nicht zu weit=
schweifig zu werden, im
Nachfolgenden summa=
risch behandeln wollen.
Unter Bedachtnahme auf
die in Oefterreich=Ungarn
geltenden Signalbeftim=
mungen und beftehenden
Signaleinrichtungen
haben Hattemer und
Kohlfürft nach den
Grundjätzen des vorbe=
jprochenen Blockfignales
eine Conftruction aufge=
ftellt, und zwar mit folgen=
den Abweichungen: Das
Vorläuten ift durch die
Glockenfignalifirung er=
jetzt gedacht, obwohl auch
eine diesbezügliche Vor=

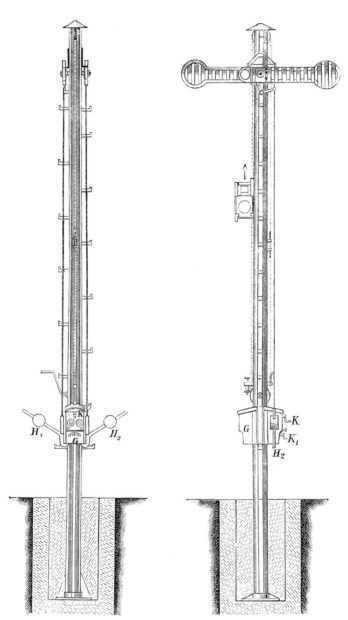

Streckenblock von Hattemer=Kohlfürft.

richtung angebracht werden kann; das optische Signal der Blockftation soll nicht
auch zugleich als Bahnzuftandsfignal benützt werden, sondern nur der Zugdeckung
dienen, Gefahrsfälle ausgenommen.

Der Apparat ift bei den Streckenblocks in einem gußeifernen Kaften (G)
unmittelbar an der Säule des Maftfignales angebracht; die Hebel H_1 und H_2

dienen zum Halt= und Freistellen der Arme. In dem der Bahn zugekehrten Theile
der Säule befinden sich die eigentlichen Blockapparate, deren Lage für jede Bahn=
richtung sich wieder an dem in die Kastenwand geschnittenen Fensterchen optisch
kennzeichnet. Die Normallage des Alarmsignals ist nach Maßgabe der bei der be=
treffenden Bahn geltenden Bestimmungen »Halt« oder »Frei«, die Lage des
optischen Signales auf »Frei« (weiß im betreffenden Fensterchen in der Kasten=
wand). Soll ein Zug in die Section einfahren, so hat der Blockwärter denselben
durch Umstellen des betreffenden Signalarmes auf »Halt« zu decken, wobei der

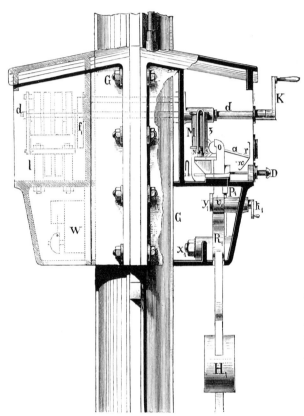

zugehörige Hebel automatisch
blockirt wird, im Fensterchen er=
scheint »Roth«. Ein neuerliches
Geben des »Frei«=Signales ist
nur möglich, nachdem zuvor vom
Vorwärter die Entriegelung auf
elektrischem Wege erfolgt ist.

  In der nebenstehenden Ab=
bildung sind die Details der In=
stallation dargestellt, auf welche
wir kurz eingehen wollen, und zwar
an der Hand der Beschreibung,
welche der Erfinder (Kohlfürst)
selbst giebt … Der Signalarm
wird dadurch auf »Halt« gestellt,
daß mit dem um x_1 drehbaren
Hebel H_1 die Zugstange nach auf=
wärts geschoben wird. Vorher
muß mit der Kurbel k_1 die Klinke v_1
ausgehoben werden; kommt H_1 in
die »Halt«=Stellung, so fällt v_1
wieder in die Reitscheibe R_1, und
zwar um etwa 17 Millimeter tiefer

Detail zum Streckenblock Hattemer=Kohlfürst.

als bei der »Frei«=Stellung. Für eine spätere Wiedereinstellung von »Halt« auf
»Frei« muß wieder vorher mit der Kurbel die Klinke genügend hoch ausgehoben
werden können, was indes nur möglich ist, wenn die auf der Klinke sitzende
senkrechte Stange (P_1), die mit der elektrischen Vorrichtung zusammenhängt, gehoben
werden kann.

  Die zur Beweglichmachung der Stange nöthigen Wechselströme liefert der im
rückwärtigen Theil des Kastens angebrachte Inductor. Hat ein Wächter einen Zug
einfahren lassen und sodann den Signalarm auf »Halt« gestellt, so kann er den
Semaphor des Nachbarwächters deblockiren, indem er an den Tasterknopf D
drückt und die Inductorkurbel fünfmal herumdreht. Die auf diese Weise entsendeten

Ströme würden im Empfangsapparate des Nachbarwächters die Stange P, frei=
gemacht haben, er könnte v_1 ausklinken und einem nachfahrenden Zuge das Signal
»Frei« geben. Die Abſendung der Deblockirſtröme (welche, wenn es gewünſcht
wird, durch den Wecker W akuſtiſch controlirt werden können) kann nur bei genauer
»Halt«=Stellung des Semaphors ge=
ſchehen, weil ſich andernfalls die mit der
Verſchlußklinke verkuppelte Stange in
einem Schlitze der Taſterſtange befindet
und das Bewegen dieſes Taſters unmög=
lich macht. Von der weiteren Ausein=
anderſetzung der Conſtruction, des elek=
triſchen Verriegelungsapparates, der
Schaltung einer Streckenblockſtation nach
dieſem Syſtem u. ſ. w. müſſen wir leider
abſehen.

　　Auf der franzöſiſchen Nordbahn
ſteht ein Blockſignal von Lartigue,
Teſſe und Prudhomme in Verwen=
dung, welches hier abgebildet iſt. Das
Eigenthümliche an dieſer Vorrichtung iſt
die Combination von zwei verſchieden
hoch geſtellten und ungleich großen Sig=
nalarmen, von welchen der an der Spitze
des Maſtes befindliche (F) als eigent=
liches Blockſignal (Bahnzuſtandsſignal),
der kleinere, ungefähr in halber Höhe
und entgegengeſetzt geſtellte Arm (f) zur
Rück= und Vormeldung benützt wird.
Die Bewegung dieſer Arme erfolgt durch
Kurbeln (K k) beziehungsweiſe durch die
an den Kurbeln ſitzenden Krummzapfen
(Z z) und Geſtänge (G g). Bei der
Stellung des großen Armes nach ab=
wäts befindet ſich die ihm zugehörige

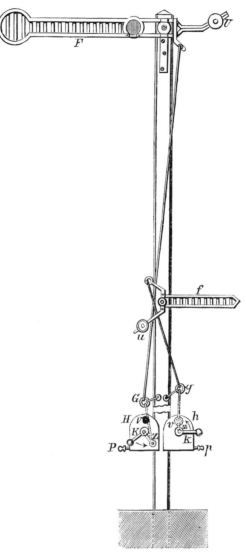

Blockapparat von Lartigue, Teſſe und Prudhomme.

Kurbel in horizontaler Lage; wird dieſe aber um 210 Grad gedreht (was in
Folge des Vorhandenſeins eines Sperrkegels nur nach e i n e r Richtung möglich
iſt), ſo ſtellt ſich der Arm horizontal. Bei dem kleinen Arm iſt dies anders,
indem er mit der Kurbel des großen Armes gleichzeitig die horizontale Stellung
einnimmt; bei der »Frei«=Stellung jedoch wird er durch drehen der ihm zuge=
hörigen Kurbel um 210 Grad ſenkrecht nach aufwärts gehoben. Die Bewegung
der Arme geſchieht auf elektriſch = automatiſchem Wege, zu welchem Ende die

treffenden Vorrichtungen in den Gehäusen H und h am Signalmast untergebracht
sind. In den Fensterchen V und v erscheinen die mit der Signalstellung über-
einstimmenden Farben (roth oder weiß); die Gegengewichte U und u dienen zur
Regulirung der Bewegungen der Arme, P und p sind Taster. In der Nacht erhält
nur der große Arm eine Laterne; der kleine Arm wird durch einen am großen

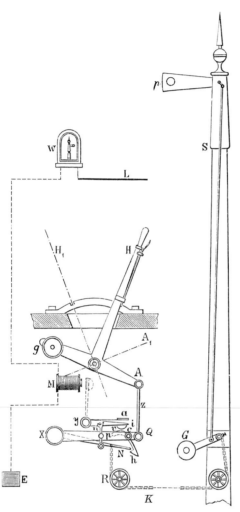

Arm angebrachten Reflector beleuchtet. . . .
Auch bei diesem Apparate müssen wir von
einer eingehenden Beschreibung der Block=
apparate, ihrer Wirksamkeit, das Leitungs=
schema u. s. w., weil dem Laieninteresse ferne
liegend, absehen.

Das nebenstehend abgebildete, von
Farmer und Thyre herrührende Block=
signal hat ein ziemlich complicirtes Hebel=
werk, dessen Wirksamkeit im Wesentlichen
in Folgendem besteht. An der Signalsäule S
ist der Arm p angebracht, welcher durch
eine Zugstange mit Uebergewicht (G) bewegt
wird. Das letztere stellt einen zweiarmigen
Hebel dar, von dessen kürzerem (dem Ge=
wichte entgegengesetzten) Arme eine Zug=
kette (K) über Rollen (R) zum Stellwerke
geht, das mittelst des Hebels H gehandhabt
wird. Mit demselben steht ein Hebelwerk
in Verbindung, dessen Anordnung der
Kürze zu Liebe aus der Zeichnung ersehen
werden möge. W ist der sogenannte »Wieder=
holer« — eine Nachahmung des Sema=
phors im Kleinen — welcher von dem
vorliegenden Wärter mittelst der Leitung L
bethätigt wird. Nur dann, wenn dieser
Wiederholer »Frei« zeigt, darf das Mast=
signal in die gleiche Stellung gebracht
werden.

Blocksignal. von Farmer und Thyre.

In diesem Falle nimmt der Stellhebel die Lage bei H_l ein. Bei der Umstellung wurde vermittelst der Armes A und der daran befindlichen Zugstange z
der bei X drehbare Hebel X Q gehoben. Nun bewegt sich aber mit diesem Hebel
der an ihm drehbar angebrachte Haken h, welcher den gleichfalls um X drehbaren
Hebel N mitnimmt, wodurch die Zugkette angezogen, das Gewicht G gehoben
und damit der Signalarm p nach aufwärts gestellt, also auf »Frei« gebracht wird.
An dem Hebel N, der die Zugkette bethätigt, befindet sich aber noch der Arm n,

in dessen oberem gabelförmigen Ende der seitliche Zapfen des Hammers y ruht. Bei der Umstellung des Stellhebels von H auf H₁ (also auf »Frei«) wird mittelst des Armes n der Hammer, der bei y drehbar befestigt ist und einen federnden Anker (a) hat, gegen den Elektromagneten M geworfen, wodurch der Arm, wenn der Magnet stromdurchflossen ist, in dieser Lage festgehalten wird. Ist jedoch der Magnet stromlos, so fällt der Hammer zurück und schlägt mit seinem Kopfe i auf das gebogene Stück p des Hakens h. Da dieser bei c drehbar ist, wird er in Folge des Schlages von dem Hebel abgezogen, wodurch das Gegengewicht am Mastsignal wirksam wird und den Signalarm auf »Halt« stellt. Aus diesem Vorgange ist zu ersehen, daß die »Frei«-Stellung nur dann erfolgen kann, wenn der Magnet M stromdurchflossen ist. Die Zuführung oder Absperrung des Stromes liegt aber in der Hand des Vorwärters, so daß dieser das auf »Frei« stehende Armsignal im Bedarfsfalle sofort in die Stellung auf »Halt« bringen kann.

*　　*　　*

Außer den vorstehend besprochenen Signaleinrichtungen, welche in ausreichendem Maße dem Nichtfachmanne ein Bild von den Hilfsmitteln geben, deren sich die Verkehrstechnik bedient, um den Eisenbahndienst nach Maßgabe des menschlichen Vermögens sicherzustellen, giebt es noch mancherlei andere Systeme, von deren Auseinandersetzung füglich abgesehen werden kann. Dagegen erscheint es am Platze, zum Abschlusse dieses Capitels noch kurz der Resultate zu gedenken, welche die Bestrebungen, die Telephonie dem Eisenbahnbetriebe dienstbar zu machen, ergeben haben.

Wie jede ingeniöse Neuerung die Geister weit über das Ziel hinauszureißen pflegt, war es auch mit der Telephonie der Fall, als sie dem praktischen Gebrauche zugeführt wurde. Viele Verkehrstechniker glaubten in ihr diejenige Form der Verständigung im räumlichen Sinne erblicken zu sollen, welche auch im Eisenbahndienste eine verheißungsvolle Zukunft zu gewärtigen habe. So weit ist es nun nicht gekommen.

Vorurtheilsfreie Beurtheiler erkannten bald, daß das neue Sprechmittel zwar unschätzbare Vorzüge besitze, daß es aber zugleich gerade für den wichtigsten Gesichtspunkt des Eisenbahnbetriebes — dessen verantwortlicher Seite — unzweckmäßig sei. Bei allen im Eisenbahnbetriebe vorkommenden Verständigungsmitteln ist es nämlich von principieller Wichtigkeit, daß die hierbei sich entwickelnde Correspondenz, sei sie von welch' immer Form, Nachweise, d. h. dauernde Zeichen gebe, was bei der Telephonie ausgeschlossen sei. Es gilt hier dasselbe Wort, das einst M. M. v. Weber gelegentlich der Besprechung eines englischen Blocksignales ausgesprochen: »Das System hat neben der Untugend der Vergänglichkeit der Zeichen auch noch die, den in den Händen der Signalmänner befindlichen elektrischen Apparat zur Correspondenz geeignet zu machen, wodurch viel öfter schlimme Mißverständnisse hervorgerufen werden als Nutzen geschafft wird, obwohl letzteres zuweilen unleugbar der Fall ist.«

Sind nun auch die seinerzeit von dem berühmten Eisenbahnfachmanne bezüglich der elektrischen Blocksignale hervorgehobenen Bedenken durch die Erfahrungen der Praxis hinfällig geworden, so gilt dies im gleichen Maße von dem seitens erfahrener Betriebstechniker aufgestellten Vorbehalte bezüglich der Telephone. Beweis dessen, daß letzteres allgemach im Eisenbahndienste Eingang gefunden hat, jedoch mit der Beschränkung, welche die sachliche Abwägung der Vor= und Nachtheile dieses Sprechsystems zwingend ergeben hat. So hat das Telephon hauptsächlich dort Anwendung gefunden, wo es vermöge seiner Eigenschaften in zweckmäßiger Weise ausgenützt werden kann, z. B. innerhalb des Bureauverkehrs an Central= stellen und im Verkehr der Bahndienststellen mit Parteien. In allen übrigen Fällen wird sich der Fernsprecher der Natur der Sache nach als ein schätzbares Hilfs= mittel zur Ergänzung der bestehenden Signalmittel erweisen, wenn er mit diesen parallel in Benützung steht. Dadurch werden die Betriebsangelegenheiten nicht un= wesentlich erleichtert und beschleunigt, ohne daß sich eine unmittelbare Ingerenz in die bestehenden Mittel zur Sicherung des Zugsverkehres ergäbe. Diese letzteren vollends durch das Fernsprechwesen ersetzen zu wollen, ist und bleibt eine Utopie, welche zur Zeit wohl kaum mehr von einem nüchternen Fachmanne im Auge behalten wird.

Das Telephon findet, seinem Wesen gemäß, die häufigste Verwendung im Bureaudienst, sodann facultativ im Streckendienst und zuletzt zur Erzielung eines unmittelbaren Verständigungsmittels zwischen den fahrenden Zügen und den Stationen beziehungsweise der Strecke. Die Versuche nach letzterer Richtung werden wir im nächstfolgenden Abschnitte (»Fahrdienst«) besprechen; bleibt sonach der Bureau= und Streckendienst. Die hiermit verbundenen Methoden des Fernsprechens weichen von einander insoferne ab, als die telephonischen Einrichtungen für den Bureaudienst sich in nichts von denjenigen unterscheiden, die im Fernsprechwesen überhaupt Geltung erlangt haben. Hingegen bedingt der telephonische Streckendienst gewisse Einrichtungen, welche vornehmlich dadurch sich kennzeichnen, daß die hierbei zur Anwendung kommenden Apparate nicht stationär untergebracht sind, sondern dem Zwecke gemäß, dem sie dienen, mobilen Charakters sein müssen.

Bevor wir diesen Einrichtungen uns zuwenden, müssen wir indes, des besseren Verständnisses halber, einige allgemeine Bemerkungen vorausjenden. Die Telephon= stationen nach herkömmlicher Einrichtung haben bekanntlich ihre eigenen Leitungen. Dem Laien wird bei dieser Wahrnehmung die Frage nahegelegt, ob solche specielle Leitungen unbedingt nothwendig, d. h. die Benützung der bestehenden Tele= graphenlinien unmöglich ist, oder ob die Telephonleitungen nur in Ermangelung anderer Leitungen hergestellt werden. Die Antwort geht dahin, daß die durch die Sprache oder sonstigen Laute (sei es mit oder ohne Benützung eines Mikrophons) in einer Telegraphenleitung entstehenden Inductionsströme wechselnder Richtung von so geringer Intensität sind, daß sie eine telegraphische Correspondenz oder elektrische Signalisirung auf dieser Leitung in keiner Weise beeinträchtigen können. Wohl aber wirken die für die elektrischen Telegraphen oder Signalisirung benützten ziemlich kräftigen Batterieströme auf die telephonischen Apparate so störend ein, daß ein gleichzeitiges Telegraphiren und Sprechen auf einem und demselben Drahte einfach unmöglich wird.

Es liegt also auf der Hand, daß dieser gleichzeitigen Benützung eines und desselben Drahtes nichts im Wege steht, wenn ein Mittel angewendet wird, um die erwähnte schädliche Beeinflussung zu paralysiren. Diese Mittel sind die Condensatoren, deren Anordnung wohl Jedem bekannt ist. Zweck der Condensatoren ist — conform dem gleichen Principe bei den Leydnerflaschen-Batterien — durch

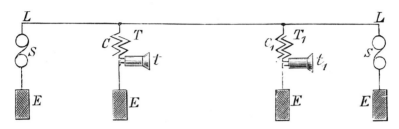

Fig. 1. Schaltungsschema für Telephoncorrespondenz.

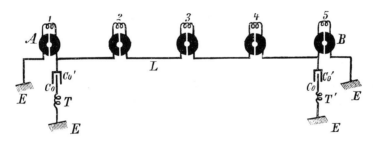

Fig. 2. Anschaltung des Telephons an eine Glockensignallinie.

metallische Belegungen die Oberfläche der Elektricitätssammler zu vergrößern, um größere Elektricitätsmengen aufzuspeichern. Die Condensatoren werden von den galvanischen Strömen nur wenig beeinflußt, wogegen dieselben für die momentanen Impulse der Telephonströme gewissermaßen »durchlässig« sind, in dem Sinne nämlich, daß die Influenzwirkung zur Geltung kommt.

Auf diesem Principe — auf dessen Einzelheiten wir nicht näher eingehen können — beruhen die Streckentelephone der Eisenbahnen. Eine diesbezügliche Anordnung zeigt das vorstehende Schema Figur 1. An die gewöhnliche Telegraphenleitung L L (Ruhestrom) mit den Morsestationen S S sind die Telephonstationen $T T_1$ angeschlossen, indem ein Ende der Primärwindung eines Spulencondensators (C, C_1) mit der Telegraphenleitung, ein Ende der Secundärwindung des Condensators hingegen mit der Telephoneinrichtung (t, t_1) und durch diese mit der Erde (E) leitend verbunden ist.

Neben dieser Form der stationären Streckentelephons ist eine andere — dem Principe der facultativen Ausnützung des Fernsprechens im Eisenbahnbetriebe entsprechende — Anordnung als ganz besonders zweckmäßig hervorzuheben. Es ist dies das mobile oder Feldtelephon. Mittelst desselben kann, wenn in einer Station eine Mikrotelephoneinrichtung an eine Signal- oder Telegraphenlinie angeschaltet ist, durch Einbeziehung einer zweiten derartigen Einrichtung an einem beliebigen Punkte der Leitung (also der Strecke) der telephonische Verkehr hergestellt werden. Selbstverständlich ist das gleiche Arrangement auch zwischen zwei beliebigen Punkten auf der Strecke möglich. Die telegraphische Correspondenz oder

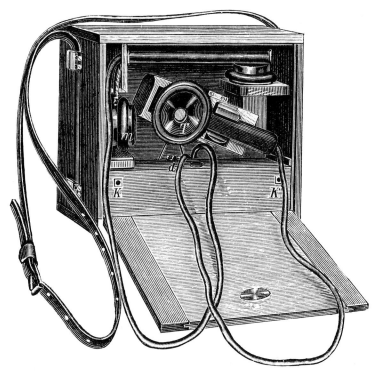

Telephonstation System Gattinger.

die elektrische Signalisirung bleiben durch diese Anschaltungen unberührt, so daß Störungen nach dieser Richtung absolut ausgeschlossen sind.

In der Figur 2 Seite 587 ist L die Glockensignallinie, in welcher 1, 2, 3, 4, 5 die einzelnen Streckenapparate, T und T' die Telephoneinrichtungen, Co und Co' die Condensatoren und E die Erdleitung darstellen. Die Verbindung zwischen der Leitung und den mobilen Telephons wird dadurch bewirkt, daß die Abzweigung an den sogenannten »Halbmondklemmen« der Glockenapparate angebunden wird. Zur Unterbringung der einzelnen Bestandtheile der Telephoneinrichtung dient ein dem Zwecke entsprechend sehr compendiös gehaltenes Kästchen wie ein solches (System Gattinger) hier abgebildet ist. T ist das Hörtelephon, m das Mikrotelephon, d die flexible Verbindungsleitung Im rückwärtigen Theile

des Kästchens ist die aus einigen Trockenelementen bestehende Batterie unter=
gebracht.

Um auch auf freier Strecke die Vorrichtung benützen zu können, d. h. auf
Punkten, wo sich keine Signalposten befinden, benützt man eine nach Art der
bekannten ausziehbaren Fischstöcke construirte Bambusstange (B in der hier stehen=
den Abbildung), deren einzelne Messingbeschläge sowohl mit dem Haken H, mittelst
welchem die Stange auf die Drahtleitung aufgesetzt wird, als mit dem untersten
Messingbeschlag durch im hohlen Inneren der Stange laufende Drähte in leitender
Verbindung stehen. Jede der Messinghülsen hat eine Oeffnung, in welche ein
Stöpsel (n) eingesteckt und damit die Verbindung des Condensators mit der Leitung
hergestellt wird. Die Verbindung des zweiten Beleges des Condensators über das
Telephon mit der Erde geschieht
mittelst der am Schienenfuß be=
festigten Klammer K, in welcher
gleichfalls zur Aufnahme eines
Stöpsels (n') eine Oeffnung vor=
handen ist. Auf diese Weise wird
das mobile Telephon rasch, sicher
und zweckmäßig an die Linien=
leitung angeschlossen und kann
binnen wenigen Minuten zum
Sprechen benützt werden, was bei
gewissen Vorkommnissen von außer=
ordentlichem Nutzen sein kann.

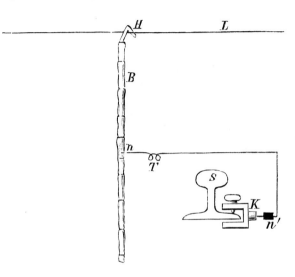

Anschaltung der Telephonstation an die Leitung.

Telephoneinrichtungen finden
auch in langen Tunnels Ver=
wendung, wie beispielsweise im
Arlbergtunnel und im großen Gotthardtunnel. Dort sind die neun Rettungs=
nischen des zehn Kilometer langen Tunnels mit Telephonstationen ausgerüstet,
welche von den Tunnelwärtern und den Organen des Bahnerhaltungsdienstes
zur Correspondenz mit den beiden angrenzenden Tunnelstationen St. Anton und
Langen benützt werden. Die verwendeten Apparate sind bezüglich ihrer Theile
und Anordnung dieselben wie anderwärts, doch ergeben sich abweichende Einzel=
heiten bezüglich des verwendeten Materiales und der Art der Verwahrung, was
sich aus der Nothwendigkeit erklärt, so subtile Vorrichtungen vor den schädigenden
Einwirkungen der Feuchtigkeit und der Rauchansammlung beziehungsweise dessen
Niederschlages zu schützen.

Die Fernsprecheinrichtung im Gotthardtunnel, welche vor einigen Jahren in
Betrieb gesetzt wurde, verbindet die beiden Tunnelstationen Airolo und Göschenen
untereinander und mit den innerhalb des 14.900 Meter langen Tunnels installirten
Wärterposten. Das Leitungskabel hat eine Länge von 16.000 Meter. Nur die

Endstationen haben mit Mikrophone versehene Fernsprecheinrichtungen, während
die Zwischenposten, um die Aufstellung von Batterien zu ersparen, der Mikrophone
entbehren. Der Apparat der Tunnelstationen besteht im Wesentlichen aus einem
Gehäuse aus Zink (Z), das mittelst einer Thüre geöffnet wird. Innerhalb dieses
Gehäuses befindet sich der mittelst der Thüre T zu versperrende Holzkasten G
mit den Apparaten, und zwar mit dem Siemens=Halske'schen Präcisions=Sprechtele=
phon F₁, dem Hörtelephon F₂, einem Wechselstrominductor nebst verschiedenen Vor=
richtungen, d. i. dem vierlamelligen Umschalter u₁ u₂, dem Hakenumschalter h und
der Platte p an der Thüre. Letztere verhindert das Schließen der Thüre, wenn

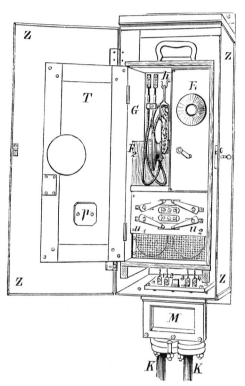

die Lamellen nicht die in der Figur dar=
gestellte Lage einnehmen, wodurch der Wärter
darauf aufmerksam wird, daß der Apparat
nicht ausgeschaltet ist. An der Unterseite des
Zinkkastens befindet sich die eiserne Muffe M,
an welche die Sprechkabel K K ange=
schlossen sind.

Der Aufruf der Tunnelposten geschieht
mittelst dem gewöhnlichen Läutewerke durch
ein eigens hierzu bestimmtes Signal, dessen
sich auch die Wärter untereinander bedienen
können. An der Thüre des Zinkkastens hat
der Schlüssel beständig zu stecken; jener zu
der Thüre des Holzkastens hängt an einer
Schnur. Ist die Kastenthüre geöffnet, so
werden die vier Umschalterkurbeln auf die
mittleren Lamellen eingestellt und wird
durch die dreimalige Umdrehung der In=
ductorkurbel (für Göschenen, wenn Airolo
gerufen wird, ist die dreimalige Umdrehung
zu wiederholen) der Anruf bewirkt. Ist die
Rückmeldung mittelst Wecker eingelangt, so

Telephonapparat im Gotthardtunnel.

wird das Hörtelephon vom Haken genommen und dicht ans Ohr gelegt. Da die Fern=
sprechapparate der Tunnelposten, wie erwähnt, nicht mit Mikrophonen versehen
sind, so muß möglichst laut gesprochen werden bei dichter Haltung des Mundes
an der Schallmündung des Sprechtelephon.

Vierter Abschnitt.

Betrieb und Bahnschutz.

1. Die Züge in der Bewegung.

(Fahrdienst.)

In den vorangegangenen Abschnitten haben wir einen vollkommenen Ueberblick auf die Gestaltung einer Bahn bezüglich ihres Baues, sowie über die zur Sicherung des befahrenen Schienenweges erforderlichen Einrichtungen kennen gelernt. Wir haben ferner erfahren, wie die Eisenbahnfahrzeuge beschaffen sind, welcherlei Anordnungen sich als nothwendig erweisen, um den Zusammenschluß von Locomotiven und Wagen zu ganzen Zügen organisch innig zu gestalten und daran ein kurzes Referat über die Stationsanlagen und gewisser Betriebsvorrichtungen angefügt. Das alles ist, wenn man sich so ausdrücken darf, nur eine Art Vorschule, die Grundlage, vermöge welcher der Verkehr überhaupt erst ermöglicht wird; es ist der äußere Rahmen zu den im Eisenbahndienste sich abspielenden lebendigen Erscheinungen und all' den Impulsen und Wechselwirkungen, welche mit der Bewegung zusammenhängen. Durch diese wird die »Form« in »That« umgesetzt, es tritt an Stelle der Theorie das intellectuelle Handeln, welches die Seele des Eisenbahnbetriebes ist.

Damit ist der Wahrsatz gekennzeichnet, daß — trotz all' der vielartigen ingeniösen Einrichtungen, über welche das Eisenbahnwesen verfügt — die beste Sicherung des Eisenbahnverkehrs ein gutes Betriebspersonale sei. Sehr treffend kennzeichnet diesen Standpunkt M. M. v. Weber, indem er Folgendes sagt: »Wie nach des Generals v. Schweinitz geistreichem Ausspruche diejenige Armee immer die siegreiche sein wird, in der sich die meisten Kämpfer befinden, welche überzeugt sind, daß gesiegt werden müsse, so ist dasjenige das beste Eisenbahnmaterial, für welches es selbstverständlich ist, daß vor allem Anderen der Dienst gethan werden müsse. Nur tüchtige Völker, denen die Ideen von Recht und Pflicht und ernster Zucht seit Generationen in Fleisch und Blut übergegangen sind, produciren tüchtige Eisenbahnpersonale.«

Die menschliche Gesellschaft kennt außer dem militärischen Berufe keinen zweiten, in welchem die Strammheit und die eiserne Nothwendigkeit der Disciplin sich

in gleichem Maße Geltung verschafften, als im Eisenbahndienste. Und auch in
anderer Beziehung erinnert dieser an den Militarismus. So wie hier — von den
leitenden Köpfen abgesehen — das Können höher steht als das Wissen, so auch
im Eisenbahndienste. Man darf diese Erfahrungsäußerung allerdings nicht miß-
verständlich für eine Verneinung des Bedürfnisses nach einem gewissen Grade
allgemeiner Bildung bei dem Subalternpersonal der Eisenbahnen halten. Früher
war diese Negation so vollgiltig, daß — wie v. Weber erzählt — Isambert
Brunnel, eines der größten organisatorischen Talente, die das Eisenbahnwesen je
gehabt hat, behaupten durfte: nur ein Mann, der weder Lesen und Schreiben
könne, würde einen guten Locomotivführer abgeben. Es ist klar, daß ein einigermaßen verwendbarer Eisenbahnfunctionär der fachlichen Befähigung absolut nicht
entbehren kann; daneben machen sich aber noch drei weitere Elemente geltend: die
physische Möglichkeit der fachlichen Befähigung gerecht zu werden, moralische
Tüchtigkeit und disciplinelle Trainirung. Von besonderem Werthe sind Offenheit
der Sinne, Raschheit der Auffassung und Wohlüberlegtheit der Action. Die disciplinelle Trainirung besteht im Wesentlichen in der bis zur Unwillkürlichkeit gewordenen Geläufigkeit in der Ausübung der Dienstesnothwendigkeiten und der
daraus erwachsenden Rechte und Pflichten.

Neben diesem generalisirenden Standpunkte ergeben sich indes nicht nur verschiedene Abstufungen bezüglich der Cardinaleigenschaften der Eisenbahnbediensteten,
sondern es nehmen diese selbst verschiedene Formen an, deren prägnanteste Unter-
scheidungsmerkmale die Wirksamkeit nach der intellectuellen beziehungsweise physischen
Seite ist. Principiell entscheidend und unerläßlich ist, daß er rechte Mann am rechten
Posten sich befinde, daß von Jedem nach dem Grade seines Wissens und Könnens
ein bestimmtes Maß von Leistung gefordert werden könne, und daß der Speciali-
sirung — die allgemeine fachliche Bildung immer vorausgesetzt — der breiteste
Spielraum angewiesen werde. Die hieraus resultirende Einseitigkeit ist weit eher
eine Tugend als ein Fehler. Nur bei der obersten Leitung kann und darf man
von diesem Gesichtspunkte abgehen. Die Befähigung zur Leitung einer Eisenbahn
soll durchaus nicht an technische Vorbildung geknüpft sein, sie erfordert aber unbedingt die Kenntniß des Faches, durch Dienst in demselben von unten auf. In
dieser Beziehung deckt sich das früher gegebene Gleichniß zwischen Militarismus
und Eisenbahndienst nicht; wie dort Niemand General werden kann, der nicht in
den untersten Graden seine Laufbahn begonnen, desgleichen sollte Niemand Chef
eines großen Eisenbahnunternehmens werden, der nicht die Stufenleiter der Praxis
durchlaufen hat.

Beherzigenswerth sind in dieser Beziehung die Worte einer der größten
Autoritäten im Eisenbahnfache. Sie lauten: »Ein Eisenbahnchef kann und braucht
nicht alle Details seines Ressorts selbst zu verstehen, ebensowenig wie es nöthig
ist, daß ein Capellmeister alle Instrumente seines Orchesters selbst spielen könne.
Aber wie dieser Natur und Klangfarbe und Leistungssphäre aller Instrumente

genug kennen muß, um fähig zu sein, ihre Wirkung zu leiten, so muß der Eisenbahnchef tief und praktisch genug in alle Branchen des Faches eingeweiht sein, um beurtheilen zu können, ob Andere ihre Sache verstehen; er muß im Stande sein, den Werth der Individualität und der Leistungen zu schätzen, und wissen, welches Maß von Kräften und Mühen zu jeder Bethätigung im Fach gehört.« ... Bezüglich des Faches, dem der oberste Leiter einer Bahn angehören soll, gehen die Meinungen auseinander. Manche haben sich für das kaufmännische (commercielle), Andere für das juridische, wieder Andere für das technische Fach entschieden; darin aber sind Alle einig, daß er ein Mann von bedeutender Bildung, von der umfassendsten Kenntniß des Eisenbahnwesens, und mit Repräsentationstalent begabt, im Uebrigen aber in seinem Fache durch eigene Anschauung und Leitung diverser Specialbranchen geschult sein und frei von allem autodidaktischen Dilettantismus sein müsse. Die traditionelle Bevorzugung der Juristen hat neuerdings bei den preußischen Staatsbahnen ein Regulativ gefunden, indem auch Technikern zu Geschäften rein administrativer Natur im Wirkungskreise der Directionen — die ihnen bis dahin verschlossen waren — der Weg freigegeben wurde. In Frankreich, England und Belgien war man in dieser Beziehung schon lange früher vorausgegangen. —

Nach dieser nicht eigentlich zu unserem Thema gehörigen Einleitung schreiten wir zur Sache. Wir greifen in medias res und vergegenwärtigen uns alles das, was zur organischen Completirung eines in Verkehr zu setzenden Zuges gehört: die Garnitur mit der vorgespannten Locomotive, die Indienststellung derselben, der Zusammenschluß der Wagen durch Kuppelung der Zugvorrichtungen, der Leitungen für die durchgehenden Bremsen, der Beheizung und des Hilfssignals. Der Zug steht zur Abfahrt bereit, das Liniensignal ist abgegeben, die Wärter im Centralweichenthurm stehen auf ihrem Posten, um dem Zuge die Weichenstraßen, welche er zu durchfahren hat, freizugeben.

Alsdann erfolgt das Abfahrtssignal mit der Stationsglocke, das Zeichen des Zugführers mit der Handsignalpfeife oder dem Horne und schließlich der vorschriftsmäßige Achtungspfiff mit der Dampfpfeife der Locomotive. Um den Zug in Bewegung zu setzen, wird bei vorwärts gestelltem Steuerungshebel der Regulator langsam und vorsichtig geöffnet, um das Schleifen der Räder, das Auswerfen von Wasser (»Spucken«) und die Beschädigung der Kuppelungen zu verhüten. Sollte beim Anfahren ein Schleifen der Räder stattfinden, so hat unverzüglich der Führer die Sandbüchse zu öffnen. Bei der Durchfahrt und Ausfahrt aus der Station hat sich das Maschinenpersonal davon zu überzeugen, ob der Zug auch ganz und ob nicht ein Theil desselben zurückgeblieben ist (was nach den Schlußsignalen am letzten Wagen zu beurtheilen ist), ob der Zug nicht etwa von der Station her durch entsprechende Signale zum nochmaligen Anhalten aufgefordert wird. Die Signalkörper sind scharf im Auge zu behalten, um sich zu überzeugen, daß die betreffenden Weichen richtig stehen und die zur Nachtzeit gegen die Spitze zu befahrenden Wechsel vollkommen beleuchtet sind.

Obwohl auf Bahnen mit Sicherheitsstellwerken das rasche Durchfahren der Weichenstraßen zulässig ist, soll die fahrplanmäßige Geschwindigkeit dennoch erst in offener Bahn angenommen werden. Dieselbe ist derart einzuhalten, daß sie nicht blos der mittleren Fahrgeschwindigkeit zwischen zwei Stationen entspricht, sondern daß in offener Strecke nicht stellenweise mit einer größeren als der erlaubten Fahrgeschwindigkeit gefahren werde. Nur bei Verspätungen, welche einzubringen sind, ist ein Abgehen von dieser Vorschrift gestattet, doch sind diesfalls die kürzesten Fahrzeiten genau festgesetzt und jedes Ueberschreiten derselben ist verboten. Der Locomotivführer muß während der Fahrt auf der Plattform der Locomotive in der Regel so stehen, daß er den Regulator und die Dampfpfeife möglichst schnell handhaben könne. Ferner hat der Führer die arbeitenden Theile der Locomotive durch den Augenschein und das Gehör sorgfältig zu controliren, um etwaige Gebrechen sofort wahrnehmen zu können. Führer und Heizer, zwischen denen ein geeignetes Zusammenwirken stattfinden soll, müssen sich häufig (vornehmlich in Krümmungen) umsehen, um den Gang des Zuges zu beobachten und dessen Zustand zu controliren.

Größte Aufmerksamkeit ist den Blocksignalen zuzuwenden, nach welchen sich, conform unseren vorangegangenen Ausführungen, strenge zu halten ist. Bei Bahnen, wo solche Signaleinrichtungen nicht bestehen, sind die Streckenwächter und die Haltung, die sie einnehmen, im Auge zu behalten, um etwaigen Handsignalen Folge leisten zu können. Wächter, welche sich nicht auf ihrem Posten befinden, sind durch Achtungssignale mit der Dampfpfeife zu avisiren oder zu rufen. Bei Wegübersetzungen ist darauf zu achten, ob die Schranken geschlossen sind, und hat jeder Vorgang auf dem Bahnplanum die erhöhte Aufmerksamkeit des Maschinenpersonales in Anspruch zu nehmen.

Neben diesen Beobachtungen ist selbstverständlich die Locomotive dasjenige Object, welches die volle Achtsamkeit des Maschinenpersonales, insbesondere des Führers erfordert. Er muß fortwährend in Kenntniß vom Wasserstande im Kessel sein, zu dessen Controlirung das Wasserstandglas und die Probirhähne dienen. Der unterste Probirhahn darf stets nur Wasser ablassen, der mittlere Probirhahn, der in der Regel den mittleren Wasserstand anzuzeigen hat, wird beim Oeffnen Wasser und Dampf ausströmen, während der oberste Hahn nur Dampf ausströmen soll. Verstärkte Aufmerksamkeit auf den Wasserstand ist bei der Fahrt auf Strecken mit starken Steigungen nöthig, und in noch erhöhterem Maße, wo Steigungen mit Gefällen häufig und plötzlich abwechseln, weil sonst bei niedrigem Wasserstande die Gefahr einer Beschädigung der vorderen Enden der Siederöhren beziehungsweise der Feuerbüchse eintreten kann.

Eine weitere Hauptverrichtung auf der Locomotive ist die Beheizung derselben. Für die Nachfeuerung giebt der Führer den Auftrag. Hierbei ist Sorge zu tragen, daß die Feuerthüre erst dann geöffnet werde, wenn der Heizer mit der vollen Kohlenschaufel davorsteht. Ein zu langes Offenlassen der Thüre würde ein starkes

Einströmen der kalten Außenluft bewirken, wodurch die Dampfentwickelung Abbruch erleiden und eventuell auch dem Kessel Schaden zugefügt werden könnte. Das Brennmaterial ist möglichst rasch einzuführen und in möglichst dünnen Schichten gleichmäßig über die ganze Rostfläche zu vertheilen. Bei Brennstoffen, deren Gluth leicht durch die Siederohre in die Rauchkammer mitgerissen wird — namentlich bei Verengung des Blasrohres, welche überhaupt thunlichst zu vermeiden ist — und wodurch eine große Erhitzung der Rauchkammerwände herbeigeführt werden kann, wird durch Oeffnen des Spritzrohrhahnes von Zeit zu Zeit Wasser in die Rauchkammer gespritzt, um die Gluth abzulöschen.

Allgemeine Vorschrift ist, daß während der Fahrt durch Ortschaften, über hölzerne Brücken, beim Vorüberfahren an feuergefährlichen und leicht entzündlichen Gegenständen das Nachfeuern und Schüren des Feuers vermieden, die Wirkung des Blasrohres gemäßigt und die Aschenkastenklappe geschlossen werde. Bei Nacht ist den Funkenfängern erhöhte Aufmerksamkeit zu schenken. Wahrnehmungen, welche während der Fahrt über Anhäufung von feuergefährlichen Gegenständen an der Bahn gemacht werden, sind in der nächsten Station dem betreffenden Organe zur Kenntniß zu bringen.

Für die Abgabe von Achtungspfiffen bestehen in den verschiedenen Ländern verschiedene Vorschriften, so daß wir specielle Angaben uns erlassen können. Ziemlich allgemein gebräuchlich sind Achtungspfiffe bei Wahrnehmung von Vorgängen auf dem Bahnplanum (Anwesenheit von Menschen, Thieren, Fuhrwerken), bei der Fahrt durch Krümmungen in Einschnitten, durch Tunnels, im Falle der Behinderung der Fernsicht durch klimatische Einflüsse (Schneetreiben, Nebel), bei Begegnung eines Gegenzuges, bei zweifelhafter Stellung eines Streckensignales oder sonstigen verdächtigen Vorkommnissen.

Auf Bahnen, deren Wagen mit durchgehenden Bremsen nicht versehen sind, wird das Signal zum Bremsen und Entbremsen gleichfalls mittelst der Locomotivpfeife gegeben. Erfolgt das Nothsignal vom Zuge aus, so hat sich der Führer durch Umsehen zu informiren, ob er den Zug ungesäumt oder mit Anwendung entsprechender Vorsicht anzuhalten habe; denn unter Umständen kann das augenblickliche Anhalten gefährlicher werden als das Nichthalten. Es wäre dies der Fall, wenn Wagen sich vom Zuge getrennt haben sollten, die beim plötzlichen Anhalten heftig an den vordern Theil des Zuges anstoßen würden; oder wenn ein Wagen im vordern Theil des Zuges in Folge Achs-, Radreifen- oder Federbruches niedergesunken wäre, in welchem Falle bei plötzlichem Anhalten die nachfolgenden Wagen auf den schadhaften aufsteigen und noch größere Beschädigungen verursachen würden. In gewöhnlichen Fällen hat der Führer das Anhalten des Zuges durch Mäßigung der Geschwindigkeit mittelst allmählicher Schließung des Regulators und Bethätigung der Bremsen zu bewerkstelligen. Nur in Nothfällen und wenn die Weiterfahrt mit Gefahr verbunden wäre, darf durch Rückwärtsstellung der Steuerung plötzlich angehalten werden. Das Abblasen des Dampfes durch die Sicherheits-

ventile wird durch Schließung der Aschenkastenklappe und, wo zulässig, durch
Zurücklassen des Dampfes in das Tenderwasser zu vermeiden sein.

Wenn die Last eines Zuges zu groß ist, oder in Folge örtlicher Verhältnisse
(starke Steigungen) ein Zug mit normaler Belastung nicht befördert werden könnte,
wird zu der Zugsmaschine noch eine Hilfsmaschine zur Dienstleistung herangezogen werden. Die letztere kann in diesem Falle entweder als Vorspann oder
zum Nachschub benützt werden. Letzterer soll niemals bei solchen Zügen stattfinden,
welche Personen befördern. Ferner sollen Güterzügen, denen nachgeschoben werden
muß, Wagen, welche derart beladen (z. B. mit Langholz) oder miteinander verbunden sind, daß sich die Puffer nicht berühren können, nicht beigegeben werden.
Ferner dürfen Schiebemaschinen nie an den Zug angekuppelt werden. Bei Ingangsetzung des Zuges gilt ziemlich allgemein die Vorschrift, daß zuerst die Schiebemaschine durch den Achtungspfiff das Abfahrtssignal und gleich nachher vorsichtig
Dampf giebt. Sowie der Führer der Zugsmaschine aus der Bewegung der rückwärtigen Wagen ersieht, daß der Nachschub erfolgt ist, giebt er seinerseits das
Achtungssignal und setzt seine Locomotive in Gang.

Während der Fahrt muß eine möglichst gleiche Geschwindigkeit eingehalten
werden, worauf beide Führer, vornehmlich aber jener an der Spitze des Zuges, zu
achten haben. In erhöhtem Maße gilt dies bei Uebergängen von einer starken Steigung
in eine sanftere. Wird in diesem Sinne gefahren, dann wird sich die Schiebemaschine vom Zuge nicht trennen. Für den Fall, daß es dennoch geschehen sollte,
hat die Schiebemaschine dem Zuge vorsichtig zu folgen und sich an diesen wieder
anzulegen, vorausgesetzt, daß dies ohne heftigem Anstoßen möglich ist. Im anderen
Falle — besonders wenn die Fernsicht gehemmt ist oder andere Hindernisse sich
ergeben — hat der Führer der Schiebemaschine das Bremssignal zu geben, worauf
seitens des Zugbegleitungspersonales das Haltsignal zu erfolgen hat. Steht der
Zug still, so legt sich die Schiebemaschine an denselben an und nun spielt sich
derselbe Vorgang ab, wie bei der ersten Ingangsetzung. Sollte der Führer der
Schiebemaschine ein Gefahrsmoment am Zuge wahrnehmen, so hat er unverzüglich
anzuhalten, und gleichzeitig das Bremssignal zu geben. Desgleichen hat die Schiebemaschine sofort anzuhalten, wenn seitens der Zugsmaschine das Gefahrs- oder
Bremssignal erfolgt. Zugleich ist der Führer der Schiebemaschine gehalten, das
betreffende Signal zu quittiren, d. h. zu wiederholen. Findet der Zugsführer
Anlaß, den Zug anzuhalten, so hat er das diesbezügliche Signal zuerst dem Führer
der Schiebemaschine und hierauf erst jenem der Zugsmaschine zukommen zu lassen.

Nähert sich der Zug einer Station, so hat der Führer der Schiebemaschine
die Geschwindigkeit allmählich zu mäßigen und sich an den speciell für jede Station
hierzu bestimmten Punkte vom Zuge zu trennen, worauf sie diesem vorsichtig und
in entsprechender Entfernung folgt. Beim Stillhalten des Zuges nimmt die Schiebemaschine auf eingeleisigen Bahnen ihren Standpunkt entweder hinter dem Zuge,
und zwar innerhalb der Sicherheitsmarke (vgl. Seite 216), oder auf einem vom

dienstthuenden Stationsbeamten besonders bezeichneten Geleise. In Stationen doppel=
geleisiger Bahnen verbleibt die Schiebemaschine hinter dem Zuge, es wäre denn,
daß andere Verfügungen getroffen würden.

Bei Fortsetzung der Fahrt wiederholt sich der eingangs beschriebene Vorgang.
Läuft der Dienst der Schiebemaschine in freier Bahn ab, so trennt sie sich vom Zuge
und fährt demselben entweder nach oder sie kehrt in die Station zurück, je nachdem
die Bestimmung lautet. Im ersteren Falle muß die Maschine so lange warten, bis der
Zug in die nächste Blocksection eingefahren ist; gleichzeitig wird erstere nach rück=
wärts gedeckt. Soll die Maschine in die Station zurückkehren, so wird sie gleich=
falls nach rückwärts gedeckt und tritt hierauf — in Berücksichtigung, daß der
Zug die nächste Station bereits erreicht habe — nach erfolgter Signalisirung
seitens des Wächters die Rückfahrt an. Zur Erhöhung der Sicherheit wird die
vorliegende Station gleich nach Abfahrt des Zuges in der Fahrtrichtung gesperrt
und so lange gesperrt gehalten, bis die Schiebemaschine von der Strecke zurück=
gekehrt ist. Sollte während der Fahrt die Zugsmaschine untauglich werden, so
ist das Herbeiholen einer Hilfsmaschine von rückwärts, d. h. die Weiterbeförderung
des Zuges mit zwei Schiebemaschinen zu vermeiden. Wird hingegen die Schiebe=
maschine untauglich, so kann der in zwei Theile getrennte Zug von der Zugs=
maschine in zwei Fahrten in die Station gebracht werden.

Wird die Hilfsmaschine als Vorspann benützt, so hat der Führer der an
der Spitze des Zuges befindlichen Maschine den Gang des Zuges zu regeln und
die erforderlichen Signale zu geben. Der Führer der zweiten Maschine hat sich
nach dem Führer der vorderen Maschine zu richten und auf dessen Manipulationen
zu achten. Bei der Abfahrt hat der Führer der ersten Locomotive dieselbe zuerst
in Bewegung zu setzen und darf der zweite Führer erst Dampf geben, wenn die
vordere Maschine angezogen und die Zugvorrichtung sich gespannt hat. Gleichzeitig
dürfen die Maschinen in keinem Falle in Gang gesetzt werden.

Während der Fahrt haben zwar beide Führer auf alle Vorkommnisse auf
der Strecke zu achten, doch haben im Bedarfsfalle die zu treffenden Maßnahmen
(Bremsen, Anhalten des Zuges 2c.) vom ersten Führer auszugehen, der sie durch
Zeichen dem zweiten Führer übermittelt. Hingegen werden vom Zugbegleitungs=
personale ausgehende Signale zuerst vom zweiten Führer empfangen und von
diesem dem ersteren übermittelt. Desgleichen hat bei Annäherung an die Stationen
die zweite Maschine zuerst den Dampf abzustellen.

Besondere Vorsicht erfordert das Fahren mit zwei Maschinen durch Curven.
Das plötzliche Mäßigen der Geschwindigkeit beziehungsweise unvermittelte Ueber=
gehen zur vollen Geschwindigkeit ist in Curven überhaupt zu vermeiden, umsomehr
beim Fahren mit zwei Maschinen. Ist die Dienstleistung der Vorspannmaschine
abgelaufen, fährt sie jedoch mit dem Zuge weiter, um entweder in die Heimat=
station zurückzufahren, oder in der nächsten Station bei einem Gegenzuge Vorspanns=
dienste zu leisten, so hat dieselbe als »leer am Zuge befindliche Maschine« zu

gelten, muß also in der letzten Station hinter die Zugsmaschine gestellt werden. Die gleiche Disposition ist in dem Falle zu treffen, wenn die Vorspannmaschine mit dem Tender vorangestellt ist. Das Fahren mit dem Tender voran ist überhaupt nur auf Verbindungsbahnen und kurzen Localstrecken zulässig.

Nun noch einige Worte über die Hilfsmaschine als solche. Dieselbe wird den in gewissen Stationen befindlichen sogenannten Reservemaschinen entnommen. Sie müssen entweder zu einer bestimmten Zeit oder während der ganzen Dauer eines Tages geheizt sein, um gegebenen Falles die vorbesprochene Vorspanns= oder Nachschubdienstleistung bewirken zu können, beziehungsweise im Falle einer Hilfs= action bei der Hand zu sein. Längstens 10 Minuten nach eingelangter Ordre soll die Maschine befähigt sein, die Fahrt anzutreten. Sie wird von einem Organe des Verkehrsdienstes begleitet, das alle nothwendigen Anordnungen bezüglich der Fahr= geschwindigkeit, Unterbrechung der Fahrt u. s. w. trifft, und welchem sich der Führer unbedingt zu fügen hat. Als einzelne Maschine darf die Hilfsmaschine die kürzeste Fahrzeit für Personenzüge einhalten, es wäre denn, sie führe mit dem Tender voran, in welchem Falle die normale Personenzug=Fahrzeit einzuhalten ist. Ferner hat sich die Hilfsmaschine streng nach den von den Blockstationen gegebenen Sig= nalen zu halten. Das Durchfahren der Stationen ist nicht zulässig. Sollte eine telegraphische Verständigung nicht möglich sein, so steht die Hilfsmaschine allen Zügen im Range nach.

Mitunter kommt es vor, daß eine Maschine im halbwarmen oder kalten Zustande mit Zügen befördert wird. In diesem Falle ist die Maschine, wenn sie sich im halbwarmen Zustande befindet, mit dem Maschinenpersonale besetzt zu halten und hat dasselbe bezüglich des Sicherheitsdienstes auf der Strecke die gleichen Obliegenheiten wie bei gewöhnlichen Fahrten. Bei kalten Fahrten hingegen kann der Führer der betreffenden Maschine vom Mitfahren dispensirt werden. Eine kalt vorfahrende Maschine sollte bei keinem Zuge geduldet werden, desgleichen ist deren Mitnahme durch Schnellzüge unzulässig. Bei Maschinenzügen pflegt man zwischen der zweiten und dritten Maschine, desgleichen zwischen der dritten und vierten u. s. w. je einen vollbeladenen Wagen einzuschalten. Indes verkehren, insbesondere auf amerikanischen Bahnen, Maschinenzüge auch ohne Beachtung dieses Arrangements. Es ist noch zu erwähnen, daß bei kalt verkehrenden Locomotiven die Leitstangen abgenommen oder ausgelöst und auf dem dazu angebrachten Bügel sicher auf= gehängt oder im Führerstande untergebracht, die Steuerung ausgerückt und die Cylinderhähne geöffnet werden. Besondere Vorsichten sind gegen das Einfrieren zu beobachten. Das Wasser muß entweder aus allen Röhren und Schläuchen, sowie aus dem Tender abgelassen werden, oder es ist nach Umständen Feuer in der Maschine zu halten, um das Wasser im Kessel anzuwärmen; bis zur Dampf= bildung darf es aber niemals kommen.

Für außergewöhnliche Vorfälle auf der Strecke bei normalmäßig verkehren= den Zügen bestehen verschiedene Vorschriften, welche sich einerseits nach der dies=

bezüglich in Kraft stehenden Signalordnung, anderseits darnach richten, ob eine Bahnlinie überhaupt mit allen erforderlichen Signalmitteln ausgerüstet ist, oder nur unvollkommen oder gar nicht. Bei halbwegs vorgeschrittenen Sicherungsein=

Ein Zug von Compound=Locomotiven.

richtungen werden etwa folgende Bestimmungen Giltigkeit haben.... Bleibt ein Zug auf der Strecke liegen, beziehungsweise kann wegen übermäßiger Belastung der complete Zug nicht weiterfahren, so ist er zu theilen und in Abtheilungen in die Station zu bringen, indem die dienstthuende Maschine sich auf die Strecke zurückbegiebt und den stehengelassenen Zugstheil einholt. Dieser selbst ist während dieses Vorganges nach rückwärts entsprechend zu decken. Die Fortsetzung der Fahrt mit dem einen Zugstheile kann indes nur nach erfolgter Verständigung mit der vorliegenden Station stattfinden. Ist eine Correspondenz nicht möglich, so kann die Fahrt unter Anwendung der größten Vorsicht (Voraussendung eines Boten) angetreten werden. Zwischen dem mit Hand= und Knallsignalen ausgerüsteten Boten und dem Zuge soll eine Entfernung von mindestens einem Kilometer bestehen. Bei der Rückfahrt der leeren Maschine müssen die Signale auf derselben entsprechend gestellt und während der Fahrt selbst die größte Vorsicht beachtet werden, insbesondere bei trübem Wetter und zur Nachtzeit. Bei Annäherung an die Stelle, wo der zurückgebliebene Zugstheil liegt, ist diese Vorsicht selbstverständlich in erhöhtem Maße zu üben.

Kann ein auf der Strecke liegender Zug in Folge eines Defectes an der Maschine oder den Wagen, beziehungsweise an der Bahn überhaupt, nicht weiterfahren, so muß derselbe — wenn eine Blockeinrichtung nicht bestehen sollte — in geeigneter Weise nach vor= oder rückwärts gedeckt werden. Sodann hat der Zugsführer die Einstellung der Fahrt mittelst des Liniensignales anzuzeigen und kurz hierauf das Hilfssignal abzugeben, welches von der angerufenen Station quittirt wird. Ist eine Correspondenz nicht möglich, so hat der Zugsführer ein schriftliches Aviso durch das Streckenpersonale eiligst an die nächstliegende Telegraphenstation zu übermitteln. Ist die Maschine nicht beschädigt, so kann dieselbe unter Anwendung geeigneter Vorsichtsmaßregeln die Ueberbringung des Avisos besorgen.

Es kann aber auch der Fall eintreten, daß der die Weiterfahrt behindernde Zwischenfall früher beseitigt wird, ehe noch die Hilfsmaschine eintrifft. Hierbei kann in verschiedener Weise vorgegangen werden, je nach Maßgabe der vorhandenen Signalmittel. Bei einem vollkommenen Blocksystem sind die Manipulationen verhältnißmäßig einfach und sicher und ergeben sich aus den diesbezüglichen Vorschriften. Beschränken sich die Signalmittel auf das gewöhnliche durchgehende Liniensignal, so wird dasselbe für die Correspondenz benützt und die Weiterfahrt angetreten, ohne die Hilfe abzuwarten. Bei dichtem Nebel oder sonstigen ungünstigen atmosphärischen Zuständen, desgleichen bei Nacht, muß indes die Fahrt sehr vorsichtig geschehen und seitens des Maschinenführers vor jedem Wächterhause das Achtungssignal gegeben werden. Ist aber eine Verständigung auf dem Correspondenzwege überhaupt nicht möglich, so hat in der Richtung der Fahrt ein mit Hand= und Knallsignalen ausgerüsteter Bediensteter in einer Entfernung von etwa 1000 Meter vorauszugehen, um die Hilfsmaschine anzuhalten und zur Rückfahrt zu veranlassen. Erfolgt die Hilfeleistung von rückwärts, so hat der Führer des weiterfahrenden Zuges eine entsprechende Weisung für den Führer der gerufenen Hilfsmaschine beim nächst zugänglichen Streckenwärter zurückzulassen. Das Aviso kann entweder die Bestimmung enthalten, daß die Hilfsmaschine dem Zuge folgen solle, um bei Eintritt eines neuerlichen Gebrechens bei der Hand zu sein, oder daß sie in die Heimatstation zurückkehren könne. Im ersteren Falle treten für die Hilfsmaschine die diesbezüglichen Vorsichtsmaßregeln in Kraft, im Falle der Rückfahrt die weiter oben erläuterten Bestimmungen für Nachschubmaschinen.

Abstrahiren wir nun von all' den vorstehend geschilderten Möglichkeiten und denken wir uns einen Zug unter gewöhnlichen Verhältnissen auf der Fahrt begriffen, so ergiebt sich die normalmäßige Unterbrechung der Fahrt von den für jede Zugsgattung festgesetzten Haltepunkten oder Stationen. Bei der Annäherung an eine Station hat das Maschinenpersonale seine Aufmerksamkeit hauptsächlich auf die Stellung des letzten Block= beziehungsweise Stations=Deckungs=(Distanz=) Signals zu richten. Steht das letztere auf »Halt«, so sollte principiell über dasselbe nicht hinausgefahren werden, doch ist dies unter Umständen zulässig, wenn dem Führer hierzu die Erlaubniß ertheilt wird. Selbstverständlich darf die Weiterfahrt nur ganz langsam erfolgen. Ist der Zug angehalten worden und setzt er nach Freigebung der Strecke die Fahrt wieder fort, so hat der Führer mittelst der Dampfpfeife den Achtungspfiff zu geben, desgleichen bei der Stellung des Distanz= signals auf »Frei«, wenn die Maschine dasselbe erreicht hat.

Beim Einfahren in die Stationen wurde vor Einführung der Central= Weichenstellwerke strenge darauf gehalten, daß die Geschwindigkeit möglichst früh herabgemindert und das Fahren über die Wechsel mit gebremsten Rädern vermieden wurde. Jetzt ist man in dieser Richtung weniger scrupulös und mäßigen die Züge — insbesondere die schnellfahrenden — die Geschwindigkeit erst im letzten Augenblicke, wobei von den durchgehenden Bremsen in einer den Mitreisenden ziemlich fühlbaren Weise Gebrauch gemacht wird. Wo noch die alten Einrichtungen bestehen, hat der Maschinenführer zu trachten, die erforderliche langsame Einfahrt in die Station durch Absperren des Dampfes schon in entsprechender Entfernung von der Station und durch Inanspruchnahme der Wagenbremsen zu erreichen.

Demgemäß ist das Zugspersonale gehalten, vor der Einfahrt in eine Station immer des Bremssignales gewärtig zu sein und demselben unverzüglich Folge zu leisten. Was das Bremsen selbst anbelangt, soll dasselbe nicht so geschehen, daß die Räder feststehen und auf den Schienen fortschleifen; ferner soll die Fahrt über schadhafte Objecte, hölzerne Brücken, Bahnkreuzungen und Wechsel nur mit un= gebremsten Rädern geschehen. Dementsprechend ist der Führer gehalten, von der Fahrt über Ausweichvorrichtungen u. dgl. das Signal zum Loslassen der Bremsen zu geben. Bei Nebel, Glatteis, bei feuchten Schienen u. s. w. werden die Bremsen der Natur der Sache nach viel weniger wirksam, als unter normalen Verhältnissen. In Berücksichtigung dieses Sachverhaltes hat der Führer (sowie auf der Fahrt in starken Gefällen) beim Mäßigen der Geschwindigkeit beziehungsweise beim Anhalten die erforderlichen Maßregeln früher als sonst in Anwendung zu bringen. Unter keiner Bedingung sollte ein Zug durch den eigenen Nachschub in die Station ge= langen, sondern derselbe nach Hemmung der innegehabten Geschwindigkeit mittelst Dampfanwendung hineingeführt werden. Dadurch hat der Führer den Zug in

seiner Gewalt und es wird ersterem leichter, den letzteren im Falle unvorher=
gesehener Hindernisse sofort anzuhalten. Bei Anwendung der durchgehenden Bremsen
liegt allerdings die Verlockung nahe, auf die Sicherheit, welche diese Vorrichtung
gewährt, zu sündigen.

Die Fahrt über die Weichen ist jetzt, in Anbetracht der absoluten Sicherheit
der Centralstellwerke und ihrer Controlvorrichtungen, nicht mehr so umständlich,
wie es früher war und wie es noch überall dort der Fall ist, wo diese Ein=
richtungen fehlen. Nach den alten Bestimmungen hatte der Führer vor dem Ein=
fahrtswechsel zu halten, wenn der Zug auf ein anderes als das für ihn bestimmte
und zur regelmäßigen Einfahrt normirte Geleise einfahren sollte, sofern der Führer
in der vorhergehenden Station nicht entsprechend informirt worden war. Andere
Bestimmungen waren, daß bei der Fahrt über Weichen die Geschwindigkeit
20 Stunden=Kilometer, bei Weichen, »welche gegen die Spitze« befahren werden
müssen (vgl. Seite 204), aber in der Geraden liegen, die Geschwindigkeit 25 Stunden=
Kilometer zu betragen habe u. dgl. m.

Das Durchfahren der Stationen ist selbstverständlich nur solchen Zügen ge=
stattet, welche fahrplanmäßig in denselben nicht zu halten haben, also den be=
schleunigten Personen= und Eilzügen, den Eilgüterzügen und Extrazügen u. s. w.
Principiell sollte jede Stationsdurchfahrt mit gemäßigter Geschwindigkeit bewerk=
stelligt werden, indes wird vielfach hiervon Umgang genommen und durchfahren
insbesondere die Schnellzüge mitunter die Stationen ohne Aufenthalt nicht nur
mit der ihnen zukommenden Geschwindigkeit, sondern sogar mit einer größeren. Es
hängt dies von der Lage der Bahngeleise zum Streckengeleise, sodann von gewissen
Weichenconstructionen und anderen Umständen ab. Auch der Rang der Durchfahrts=
stationen ist entscheidend, indem kleinere Haltepunkte dieser Art oft nur ein, höchstens
zwei durch keine Fahrzeuge besetzte Nebengeleise besitzen.

Bei der Einfahrt in die Station hat der Führer darauf zu achten, daß er
den Zug ohne Stöße an dem vorbestimmten Punkte des Stationsgeleises zum
Stillstande bringe. Ist es nothwendig, hinterher die Maschine etwas in Bewegung
zu setzen, um z. B. die richtige Stelle für das Wassernehmen zu erreichen, so ist
das Zugbegleitungspersonale durch die Dampfpfeife zu verständigen. Ist aber eine
größere Bewegung nach vorwärts nothwendig, so muß die Maschine abgekuppelt
werden.

Die Zeit des Anhaltens muß zur Vornahme aller für die Weiterfahrt noth=
wendigen Vorrichtungen benützt werden. Die Einnahme von Wasser und Brenn=
material erfolgt normalmäßig in den hierfür bestimmten Haltepunkten. Zu den
Vorrichtungen, welche in jeder Haltestation vorgenommen werden, vorausgesetzt, daß
die Wartezeit dies überhaupt gestattet, gehören die Untersuchungen an Maschine
und Tender und einige andere mit der Instandhaltung des Fahrapparates ver=
bundene Manipulationen. An der Maschine sind alle sich drehenden und reibenden
Theile zu untersuchen, insbesondere die Achslager, die Leit= und Kuppelstangen und

überhaupt alle beweglichen Bestandtheile, deren Verbindung, Schließen, Splinte, Stellschrauben, Keile, Muttern, Bolzen u. s. w. Das gleiche Augenmerk ist auf den Zustand der Radreifen, Federn, Gehänge und sonstigen Theile zu legen. Sind Nachschmierungen nöthig, so müssen sie vorgenommen werden. Bei allen diesen Manipulationen hat der Heizer den Führer zu assistiren und die ihm zukommenden Weisungen zu befolgen.

Das Ausräumen der Gluth aus dem Aschen- und Rauchkasten wird durch das Stationspersonale auf Verlangen und nach Weisung des Führers vorgenommen und soll stets über dem Ausgußcanale geschehen, darf aber unter keiner Bedingung auf einer Weiche vorgenommen werden. Behutsam ist bei Auflockerung des Feuers und der Freimachung des Rostes von den Schlacken vorzugehen. Alle diese Manipulationen haben möglichst rasch, dabei aber ruhig vorgenommen zu werden, die dienstlichen Mittheilungen haben ohne Lärm und überflüssigen Wortaufwand stattzufinden.

Trifft ein Zug in einer Station ein, in welcher die Locomotive gewechselt wird, so kann bei Annäherung an dieselbe — vorausgesetzt, daß nicht sogleich beim Eintreffen in der Wechselstation die Maschine zu weiterer Dienstleistung verwendet wird — die Feuerung ermäßigt werden, jedoch keineswegs in dem Maße, daß etwa der Rost bloßgelegt würde, da dies den Siederohren Schaden zufügen könnte. Der Wasserstand im Kessel muß entsprechend hoch gehalten werden. Auch darf kein Dampfmangel vorkommen, so daß die Locomotive anstandslos die Fahrt zur Drehscheibe, zur Brennstoffabfassung und ins Heizhaus bewirken, beziehungsweise etwa erforderliche Verschiebungen vornehmen könne. Sofort nach dem Anhalten des Zuges wird die Maschine sammt Tender von der Garnitur abgekuppelt und die erstere außer Dienst gestellt, beziehungsweise ihr für weitere Dienstleistungen der Aufstellungsort angewiesen.

Erfolgt die weitere Dienstleistung nicht später als nach Verlauf einer Stunde, so muß — bei gleichzeitiger Innehaltung eines mäßigen Dampfdruckes — die Feuerung herabgemindert werden. Je nach Erforderniß ist die Maschine auf der Drehscheibe umzukehren, mit Brennmaterial und Wasser zu versorgen, zu reinigen und überhaupt ordnungsmäßig wieder in Dienst zu stellen. Erst wenn alle Vorrichtungen zur neuerlichen Ingangsetzung der Maschine beendigt sind, kann das Maschinenpersonale abwechselnd die Maschine zur nöthigen Erholung verlassen. Ganz ohne Aufsicht darf eine Locomotive selbstverständlich nicht gelassen werden.

Hat eine Locomotive mit dem Eintreffen in der Wechselstation ihre Dienstleistung beendet, so muß das Feuer ausgeräumt und die Gluth unter Beobachtung der gegen Feuersgefahr nothwendigen Vorsichtsmaßregeln gelöscht werden. Das Ausräumen hat immer über dem Putzcanal stattzufinden. Bei Wind wird die ausgeräumte Gluth mit Wasser abgelöscht. Um das plötzliche Abkühlen des Kessels zu verhüten, dürfen nach Beseitigung des Feuers die Rauchkammer und Heizthüre nicht offen gelassen werden und muß die Aschenkastenklappe geschlossen werden.

Hierauf wird die Locomotive umgedreht, mit Brennmaterial und Wasser versorgt und auf den ihr im Heizhause angewiesenen Platz gebracht. Unter Umständen erfolgt eine nochmalige Revision der Maschine, beziehungsweise unter Hinzuziehung der betreffenden Organe die Feststellung etwaiger Gebrechen, welche mit thunlichster Beschleunigung zu beseitigen sind.

*　　*　　*

Postambulancen.

Eine der wichtigsten Manipulationen des Fahrdienstes der Eisenbahnen ist die Besorgung beziehungsweise Abwickelung der Postsendungen. Unbestritten ist, daß die Bahnposten heutzutage die Pulsadern des Weltverkehres bilden. Durch erstere wird es allgemein möglich, daß die zur Beförderung gelangenden Brief- und Packetsendungen ohne Aufenthalt auf den Zwischenstationen an ihre Bestimmung gelangen. Während die Eisenbahnzüge im Fluge dahineilen, ist das Postpersonale der sogenannten »Ambulancen« ununterbrochen, Tag und Nacht, in angestrengtester Thätigkeit, um mit seinen Arbeiten, die keinen Aufschub dulden, sondern bei Ankunft in jeder Station pünktlich erledigt werden müssen, dem Fluge des Dampfrosses zu folgen.

Auf jeder Station wird ein Theil der während der Fahrt bearbeiteten Sendungen abgegeben, auf jeder Station tritt aber auch neuer Zuwachs ein; bald ist der Abgang, bald der Zugang umfangreicher, immer jedoch und unaufhaltsam drängt die Arbeit. Besonders umfangreich gestalten sich die Manipulationen bei Bahnen großer Ausdehnung beziehungsweise bei durchgehenden Zügen. So sind beispielsweise auf einer einzigen Fahrt zwischen Köln und Verviers (es ist dies die dem Postverkehr zwischen Deutschland und England dienende Linie) über 80.000 Briefe und Kreuzbandsendungen und zugleich über 1000 eingeschriebene Sendungen zu sortiren, zu verpacken, und was letztere Sendungen anbelangt, Stück für Stück einzutragen.

Im durchgehenden Verkehr, vornehmlich auf internationalen Strecken, erreicht die Zahl der zu behandelnden Poststücke mitunter eine ganz erstaunliche Höhe. Die sogenannte »Indische Ueberlandpost«, welche — so weit die Beförderung auf der Schiene in Betracht kommt — ihren Weg von Calais über Paris nach Brindisi nimmt, umfaßt mitunter 800 Postsäcke, woraus sich eine Gesammtzahl pro Jahr von über 20.000 Postsäcken ergibt, da die indische Ueberlandpost circa alle vierzehn Tage abgefertigt wird. Um diese enormen Mengen müssen vielfach Extra-Postzüge eingeleitet werden, und beträgt die Zahl derselben in manchem Jahre zwischen 180 bis 200.

Der Andrang der Postsendungen bei dichtem Verkehre hat die Einleitung eigener Postzüge — mit welchen nur Postsachen und keine Passagiere befördert werden — nothwendig gemacht. Den Anfang machten die englischen Bahnen, und

haben viele große continentale Bahnen diese zweckmäßige Einrichtung nachgeahmt.
Solche Züge bestehen aus mehreren Postambulancewagen oder aus einem solchen
und einer Anzahl von Gepäckswagen. In England, wo die Postanstalten nur ganz

Postambulanz eines Expreßzuges.

kleine Packete von bestimmter Größe und Gewicht zur Beförderung annehmen,
bestehen die Postzüge nur aus Ambulancewagen. Für das Reisegepäck — welches
der Natur der Sache nach nicht zu den Postsendungen gehört — bestehen in den
verschiedenen Ländern abweichende Einrichtungen. Auf dem Continente gewähren

manche Bahnen den Reisenden Freigewicht, manche gar keines. In England ist
das Freigewicht sehr bedeutend, in Amerika besteht zwar die Vorschrift, daß jedem
Reisenden nur 45 Kilogramm Freigewicht zugestanden werde, doch wird dieselbe
so wenig beachtet, daß man beinahe nie zur Abwage des aufzugebenden Gepäckes
schreitet. Nur wenn eine allzu auffällige Ueberschreitung des Freigewichtes zu constatiren ist, wird eine Aufzahlung für Uebergewicht verlangt.

Auf den englischen Eisenbahnen richtet sich das Freigewicht nach der Wagenclasse, und zwar wird den Reisenden I. Classe das doppelte Freigewicht gegenüber
demjenigen der III. Classe gewährt. Es besteht ferner die Einrichtung, daß Packete
nicht nur mit den gewöhnlichen Personenzügen, sondern auch mit eigenen Pack-
wagenzügen (Parcels trains) befördert werden, und wird bei dieser Art von Beförderung nur die halbe Gebühr eingehoben. An Sonntagen verkehren keine Pack-
wagenzüge.

Bei den weiter oben erwähnten Post-Expreßzügen bestehen auf englischen
und amerikanischen Bahnen Einrichtungen, welche es ermöglichen, die Aufnahme
und Abgabe der Poststücke auch in solchen Stationen, welche von den Post-Expreßzügen ohne Aufenthalt durchfahren werden, bewerkstelligen zu können. Die Vorrichtungen hierzu sind verschiedener Art, doch laufen sie alle auf das gleiche Princip
hinaus. Auf englischen Bahnen ist die Einrichtung wie folgt getroffen. Die zur
Abgabe für Stationen, welche der Post-Extrazug durchfährt, bestimmten Postsendungen werden in eine starke, mit einem eisernen Ringe versehene Tasche untergebracht und die letztere an die an einem eisernen Hebelarm angebrachte automatische Zange gehängt. Der Hebelarm ist am Fußboden des Postwagens in unmittelbarer Nähe der Seitenthüre befestigt und läßt sich bei geöffneter Thüre
mittelst Charnieren bequem aus dem Wagen legen.

Am obersten Ende des Hebels befindet sich eine bewegliche Auslösevorrichtung,
welche beim Anschlagen an einen festen Gegenstand die automatische Zange öffnet
und damit das Herabfallen der Posttasche bewirkt. In der betreffenden Station,
welche der Postzug durchfährt, ist ein mit einem eisernen Ansatze versehener Pflock
derart neben dem Geleise angebracht, daß die bewegliche Auslösevorrichtung des
aus dem Wagen reichenden Hebelarmes, an welchem die Posttasche hängt, unbedingt anstoßen muß.... Conform dieser Einrichtung für die Abgabe der Postbeutel ist jene zur Aufnahme derselben. Auf einem höheren neben dem Geleise
stehenden, mit einem eisernen Querriegel versehenen Pflock wird die Tasche mit
ihrem Ringe angebracht, und zwar an der am Ende des Querriegels befindlichen,
mit der automatischen Auslösung versehenen Zange. An der Seite des Postwagens
hängt ein in einem eisernen Rahmen gespanntes Fangnetz, welches ein Vorbeifahren
an die vorerwähnte Zange beziehungsweise an deren Auslösevorrichtung stößt, wodurch der Postbeutel in das Netz fällt. Ist die Ab- und Aufgabe der Postbeutel erfolgt, so werden vom Postwagen aus Hebelarm und Fangnetz wieder eingezogen.

Auf amerikanischen Eisenbahnen sind mehrere derartige Einrichtungen praktisch
verwerthet worden. Eine derselben besteht in folgender Anordnung. An einem dicht
neben dem Geleise stehenden Pfahl ist der Postbeutel an einem flachen, mit seiner
Oeffnung in die Fahrtrichtung gestellten Haken aufgehängt. An der Thüre des
Postwagens ist ein schwacher Balken horizontal und in Brusthöhe angebracht, an
dessen Außenseite ein etwas abstehender Theil drehbar befestigt ist, so daß die
beiden horizontal nach vorne und rückwärts ausgreifenden Arme desselben vom
Wagen aus mittelst eines Handgriffes gehoben und gesenkt werden können. Bei

Postabfertigung (Abgabe und Aufnahme der Briefbeutel) während der Fahrt.

der Vorüberfahrt des Zuges gelangt der nach vorne stehende Arm innerhalb des
Tragriemens der an dem Haken des Pfahles hängenden Tasche, wodurch dieselbe
von jenem abgestreift wird. Durch die rasche Drehung des horizontalen Doppel=
armes wird der vordere Arm, an welchem die Tasche nun hängt, gehoben und so
das Abgleiten verhütet. Zugleich wird der rückwärtige Arm durch diese Bewegung
gesenkt und der daran hängende Postbeutel fällt zu Boden.

Sinnreicher ist die hier abgebildete Anordnung. Wir erblicken unter dem
Postwagen eine cylindrische, nach vorne offene Kammer, welche die Postbeutel der
Station aufnimmt; wir sehen ferner die vom Zuge abzugebenden Packete an dem
aus dem Wagen vorgelegten Gestelle an Haken hängen, von welchen sie durch ein
Fanggitter abgestreift werden, um in die Vertiefung neben dem Geleise zu fallen.

Die aufzunehmenden Packete hängen an einem galgenförmigen Gestelle und werden von ihren Haken abgestoßen, sobald die vorstehende Kammer mit ihrer muschelförmigen Oeffnung an dieselben stößt. Nach bewirkter Ab- und Aufgabe wird vom Postwagen aus das Abgabgestelle aufgezogen und die cylindrische Kammer beigedreht.

In jüngster Zeit hat sich ein Herr Azénna aus Limoges einen Apparat patentiren lassen und denselben probeweise in Betrieb gesetzt, der sich bewährt zu haben scheint. Die Gesammtanordnung, sowie die einzelnen Theile des Apparates sind hier abgebildet. Derselbe soll stets bei einer Zugsgeschwindigkeit von 90 Kilometer in der Stunde tadellos functioniren. Die einzelnen Theile der im Postwagen untergebrachten Vorrichtung sind: die Schiebevorrichtung, der Postkasten und dessen Träger. Die Schiebevorrichtung setzt sich zusammen: aus der ein umgekehrtes ⊥ bildenden Stange A B C D (Fig. 5), welche bei P mit einem Handgriffe versehen ist und sich in der Röhre A' auf- und abwärtsbewegen läßt. Diese letztere stützt sich mit zwei schiefen Seitenarmen B' C' an die beiden benachbarten Achsbüchsen und ist die Abwärtsbewegung der Röhre selbst durch einen federnden Zahn begrenzt. Der horizontale Querarm der Schubstange C D endet auf jeder Seite in zwei biegsame Stahllamellen, deren Form aus Fig 1 zu ersehen ist. Die Größe der Oeffnung wird durch eine Stellschraube regulirt. Behufs leichterer Handhabung der Schiebestange ist dieselbe durch das Gewicht E, dessen Leine über Rollen an der Wagendecke läuft, ausbalancirt. Ein entsprechend großer Ausschnitt am Fußboden des Wagens, durch welchen die Stange hindurchgeht, ermöglicht die ungehinderte Manipulation mit dem unteren Theile der Vorrichtung.

Der stationäre Apparat, welcher in unmittelbarer Nähe des Geleises installirt ist, ist conform dem im Waggon untergebrachten angeordnet. Der an jedem Ende mit zwei federnden Lamellen versehene horizontale Arm H K ist auf der Säule F bei dem Punkte G der Schiene M N drehbar, so daß er in der Verticalebene umgelegt, d. h. innerhalb der im Bilde sichtbaren Versenkung, welche für gewöhnlich mit einem eisernen Deckel verschlossen ist, gebracht werden kann.

Fig. 3 zeigt den Träger für den Postkasten. Er besteht aus zwei horizontalen Metallplatten c und d und den darunter angebrachten beiden Pratzen, deren eine (f) mit einer Stellschraube versehen ist. Der Kasten selbst ist aus Metall hergestellt, versperrbar und mit vorstehenden Führungsleisten versehen, mittelst welchen er in die gebogenen Enden der Pratzen des Trägers eingeschoben werden kann. Da die Kasten je nach der Größe der zu expedirenden Postsendungen verschieden dimensionirt sind, dient die Stellschraube v an der rechten Pratze des Kastenträgers zur Regulirung der Breite des Führungsraumes.

Der Vorgang bei der Postabgabe beziehungsweise Aufnahme ist nun der folgende. Bevor der Zug die betreffende Poststation durchfährt, befestigt der Manipulant im Postwagen den Kasten mit den abzugebenden Poststücken an den Pratzen des Trägers c d und wird derselbe mittelst der Stellschraube leicht ein-

geklemmt, hierauf der Träger mit dem Kaſten über die der Fahrtrichtung abge=
kehrten Lamelle des Querarmes C D aufgeſchoben. Dieſe Vorbereitungen finden
innerhalb des Wagens ſtatt. Durch den Einſchnitt am Boden des Wagens wird
nun mittelſt der Schiebeſtange A B der untere Theil des Apparates ſo tief außer=
halb des Wagens herabgeſchoben, bis der eingangs erwähnte federnde Zahn ein=
ſchnappt. In der Station wird bei Annäherung des Zuges die Grube geöffnet,
der weiter oben beſchriebene Apparat (Fig. 4) mittelſt des Kniegelenkes bei G

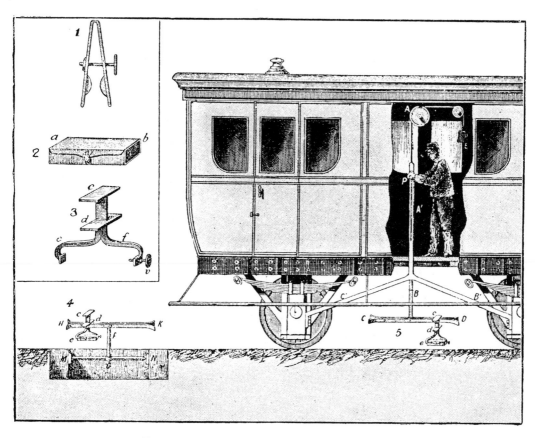

Azénna's Apparat für automatiſche Poſtpacketabfertigung.

vertical geſtellt und der Träger mit dem Poſtkaſten, in ganz gleicher Weiſe wie
vorſtehend geſchildert wurde, auf den horizontalen Arm H K, und zwar auf den
in der Fahrtrichtung liegenden Theil, aufgeſchoben. Der Unterſchied zwiſchen beiden
Anordnungen, im Wagen und in der Station, beſteht, von der entgegengeſetzten
Placirung im Sinne der Fahrtrichtung abgeſehen, darin, daß der Kaſtenträger des
Wagens mit ſeiner oberen Platte (c) auf dem betreffenden Lamellenpaar, der=
jenige der Station aber mit der unteren Platte (d) aufruht.

Die Auswechslung der beiden Kaſten erfolgt in der Weiſe, daß beim Zu=
ſammentreffen beider Vorrichtungen die Lamellen C der Wagenſchiebeſtange den
Träger der Stationsvorrichtung am Halſe zwiſchen c und d erfaſſen, ihn dieſer

Art von dem horizontalen Arm H K abstreifen und ihn auf den vorderen Theil
des Armes C D des Wagenapparates aufstülpen. Der Kastenträger des Wagens
hingegen wird von den Lamellen K des Stationsapparates am Halse zwischen c
und d erfaßt, somit vom Arme D des Wagenapparates abgestreift beziehungsweise
auf den Arm K des Stationsapparates aufgestülpt. ... Der Austausch der beiden
Träger mit ihren Kasten soll sich nach den bisherigen Versuchen sehr präcise ab=
spielen. Der Befürchtung, die verticalen Schwankungen der Wagen während der
Fahrt würden ein correctes Eingreifen der beiderseitigen Lamellen in die ziemlich
kurzen Hälse der Träger illusorisch machen, wurde dadurch vorgebeugt, daß der
im Wagen installirte Apparat sich auf die Achslager stützt. Nach vollführtem
Austausch wird auf der Station der Träger mit seinem Kasten von dem Arme K
abgestreift, der Apparat umgeknickt und die Grube geschlossen. Der Manipulant
im Wagen hingegen hebt den unteren Theil des Apparates durch den Schlitz am
Boden in das Innere des Wagens und besorgt hier die Auswechslung der Träger
mit ihren Kästen.

Controle der Fahrgeschwindigkeit.

Es muß auch dem Nichtfachmanne einleuchten, daß die Möglichkeit, genau
feststellen zu können, ob die in Verkehr gesetzten Züge die ihnen vorgeschriebene
Fahrgeschwindigkeit einhalten, von großem Werthe ist. Das Maß der Fahr=
geschwindigkeit ist immer ein durchschnittliches und ist die zulässige Maximal=
geschwindigkeit je nach den Bahnverhältnissen und der Zugsgattung genau festgesetzt.
Da nun gleichzeitig die Locomotivführer bei sonstigem Verlust der Fahrprämien
verhalten sind, rechtzeitig in den Stationen einzutreffen, liegt für erstere die Ver=
suchung nahe, im Falle eingetretener Verspätungen die Fahrgeschwindigkeit über
das zulässige Maß hinaus zu steigern, was absolut unzulässig ist. Einer nach dieser
Richtung ausgeübten Controle kommt sonach in erster Linie die moralische Wirkung
zu, daß die Führer angehalten werden, die vorgeschriebene Fahrgeschwindigkeit ein=
zuhalten; in zweiter Linie wird durch die Controle die Möglichkeit geboten, bei
eingetretenen Unfällen constatiren zu können, ob nicht etwa eine zu große Fahr=
geschwindigkeit den Zwischenfall herbeigeführt hat. Zugleich werden dadurch die
Zugbegleiter vor unbegründeten Verdacht geschützt. Schließlich ist die Controle der
Fahrgeschwindigkeit auch für verschiedene bahntechnische Fragen, insbesondere was
die Inanspruchnahme des Oberbaues anbetrifft, von nicht zu unterschätzendem
Werthe.

Die Vorrichtungen, welche zur Ausübung der vorerwähnten Controle dienen,
scheiden sich in zwei Gruppen; in solche, welche am Bahngestänge angebracht sind,
und in solche, die der Zug selbst mit sich führt, indem in einem Wagen desselben
der diesbezügliche Apparat installirt ist. Bei der ersteren Kategorie läßt sich noch
ein weiteres Unterscheidungsmerkmal aufstellen. Die betreffenden Vorrichtungen

können nämlich einen mobilen oder einen stabilen Charakter aben, indem sie ent=
weder ohne alle Vorbereitungen an irgend einem Punkte der Bahn zur Be=
thätigung gebracht werden, oder indem sie, in Gestalt stationärer Einrichtungen,
ede Bewegung auf den Schienen registriren und zugleich die Controlapparate in
den benachbarten Stationen auf elektrischem Wege bethätigen. Beide Kategorien von
Controlapparaten beruhen auf dem Principe der Schienencontacte, wobei wieder
zwei Anordnungen möglich sind, indem der Contact entweder durch ein Pedal, über
welches die Räder der Fahrzeuge rollen, oder in Folge der Durchbiegung der
Schienen hergestellt wird. Während die stationären Contactvorrichtungen dem regel=
mäßigen Betriebsdienste zu Gute kommen, ermöglichen die mobilen Vorrichtungen,
an irgend einem Punkte der Bahn aus irgend einem Betriebs= oder bautechnischem
Grunde die erwünschte Controle durchzuführen.

Die Zahl all' dieser Apparate ist eine ziemlich ansehnliche, doch kann nicht
behauptet werden, daß dieselben allgemeine Verbreitung gefunden hätten, obwohl

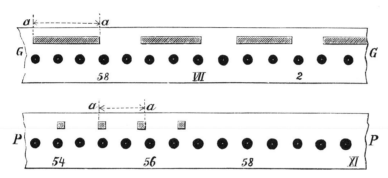

Papierstreifen für Fahrgeschwindigkeits=Registrirapparate.

die ersten Versuche bis in das Jahr 1867 zurückweichen. Damals construirte der
Schweizer M. Hipp einen Contactapparat, der im Wesentlichen aus einer Anzahl
von Pedalen bestand, die in Kilometer=Entfernung längs des Geleises angebracht
und mit einem Schreibapparat in der Station verbunden waren. An dem letzteren
wickelte sich gleichmäßig und entsprechend langsam ein Papierstreifen ab, auf
welchem durch den Schreibstift so viele Punkte markirt wurden, als Wagenachsen
über das betreffende Pedal in der Strecke rollten. Auf der Papierrolle waren Zeit=
zeichen vorgedruckt, so daß aus der Vergleichung dieser letzteren mit den Markirungen
des Schreibstiftes die in Frage stehende Controle ausgeübt werden konnte. Eine
andere Anordnung bediente sich statt der vorgedruckten Zeitzeichen eines zweiten
Schreibstiftes, der, in Verbindung mit einem Uhrpendel, durch Localschluß bethätigt
wurde und auf demselben Papierstreifen, auf welchem die von der Streckenleitung
bewirkten Einzeichnungen des Schreibstiftes statthatten, die Zeitintervalle markirte.

Registrirapparate dieser Art haben, wie auf den ersten Blick zu erkennen ist,
große Aehnlichkeit mit den Morseschreibern; es wird eben nur der Papierlauf
genau regulirt beziehungsweise mit einer Uhr direct oder indirect in Verbindung

gebracht. Im ersteren Falle läuft ein gelochter Papierstreifen über eine Stiften=
walze, an dessen einem Rande der mit einer scharfen Fräse versehene Ankerhebel eines
Magnetes die Streckenmarken einschneidet. Die Markirung kann auch statt mittelst
der Fräse in Farben erfolgen. Da bei den Registrirern mit vorgelochten Papier=
streifen die Zeitintervalle gegeben sind, ist es erforderlich, den Streifen derart in die
Führung zu bringen, daß die an der unter die Fräse des Ankerhebels zu liegen
kommende Papierstelle angeschriebene Zeit mit der wirklichen Uhrenzeit übereinstimmt.

In der Figur Seite 613 sehen wir zwei solche gelochte Papierstreifen, deren
einer (G G) einem Güterzuge, der andere (P P) einem Personenzuge entspricht. Die
schraffirten Stellen bezeichnen in beiden Fällen die von der Fräse des Ankerhebels
erzeugten Streckenmarken. Die Stiftenlöcher sind gegenseitig 6 Millimeter von

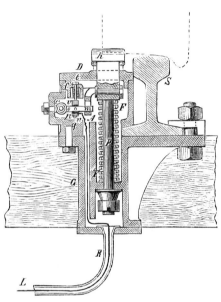

einander entfernt und entsprechen je zwei einem
Zeitabschnitte von einer Minute, d. h. also in
jeder Minute wickelt das Uhrwerk 12 Milli=
meter Streifen ab. Das Stück a a (die Strecken=
marke) bedeutet die Entfernung von einem
Schienencontact zum nächsten, welche gleich
einem Kilometer ist. Um nun die Geschwindig=
keit bestimmen zu können, wird das Stück a a
gemessen beziehungsweise die Zugsgeschwindig=
keit — welche unter der vorausgesetzten Papier=
geschwindigkeit gleich 720 ist — durch den in
Millimetern ausgedrückten Werth a a dividirt.
Behufs rascher Bestimmung der Geschwindigkeit
bedient man sich eigener Lineale, auf welchen
die den jeweiligen Werthen a a entsprechende
Fahrgeschwindigkeiten abgelesen werden können.

Schell's Schienencontact.

Nicht so einfach sind die Streckencontacte,
von welchen jene mit Pedalen ausgerüsteten sehr der Abnützung ausgesetzt sind.
Die vorstehende Figur veranschaulicht eine derartige, von A. Schell construirte
Vorrichtung. Der Apparat ist in einem gußeisernen Gehäuse (G) montirt, das an
die Schiene befestigt wird. Die einzelnen Theile des Apparates sind: der von der
Feder F beständig nach aufwärts gedrückte, aus dem Kasten mit dem Kopfe K
herausstehende Stempel P; aus dem mit einem Ausschnitte versehenen Arm A des
Stempels, der in den bei c beweglichen Hebel m eingreift; aus dem durch einen
Hartgummiring von m isolirten, an seiner unteren Seite mit einem Platincontact p
versehenen Metallring v, der an seiner oberen Seite an die gleichfalls isolirte
Stange t befestigt ist; aus der Feder f, welche den Ring v nach abwärts drückt, und
aus der an diesen Ring angeschlossenen in der Röhre R isolirten Controlleitung L.

Die Figur veranschaulicht die normale Stellung aller Theile des Apparates,
bei welcher der Kopf des Stempels ein bestimmtes Maß über die Schienenober=

kante hinausreicht. Geht nun das Rad eines Fahrzeuges über den erwähnten Kopf hinweg, so wird die Spannkraft der Feder F überwunden und der Stempel P niedergedrückt. Diese Abwärtsbewegung macht auch der Arm A mit und mit ihm der Hebel m, wodurch der Platincontact des Ringes v an dem Gehäuseabsatz q gelangt und dadurch Stromschluß bewirkt. Das auf den Schienen metallisch auf= sitzende Gehäuse G dient als Erdleitung.

Da, wie erwähnt, die Schienencontacte mit Pedal sehr der Abnützung aus= gesetzt sind, zieht man ihnen jene Vorrichtungen, bei welchen der Contact durch die Durchbiegungen der Schienen erzielt wird, vor. Ein Apparat dieser Art ist der hier abgebildete, von H. Schellen construirte. Die Anord= nung der einzelnen Theile ist in Kürze die folgende: Ein doppel= armiger, um x drehbarer Hebel M N kommt mit seinem kürzeren abgeknickten Arm N zwischen zwei Schwellen unter die Schienen= basis zu liegen, während der längere Arm M in eine auf dem Träger T befestigte Röhre R hineingreift und sich in dieser ver= mittelst eines Ausschnittes um ein bestimmtes Maß nach aufwärts bewegen läßt. Auf dem Ende des Hebelarmes sitzt eine durch die federnden Führungen m und n leicht bewegliche Stange s s auf, die in das Gehäuse G hineingreift, in welchem die Contactvor= richtung untergebracht ist. Dieselbe setzt sich zusammen: aus den bei y drehbar an die Stange s s befestigten und durch die Feder f in horizontaler Lage erhaltenen Arm K, an dessen unteren Seite sich der Platincontact c be= findet; aus dem mit der Feder F versehenen Hartgummistück K, mit welch' ersterer durch Ver= mittelung des von der Stange s s isolirten Messingringes r die

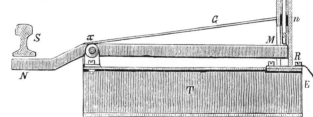

Schellen's Contactvorrichtung.

Leitung L verbunden ist; aus der am Messingring schleifenden, vom Apparatträger isolirten, mit L jedoch durch einen isolirten Draht verbundenen Feder P. Die Erdleitung wird durch den mit der Stange, der Röhre und dem Träger T ver= bundenen Arm K und dessen Platincontact c hergestellt.

Betrachtet man den Apparat in der Ruhelage, wie er hier abgebildet ist, so erkennt man ohne weiteres, daß in dem im Gehäuse G untergebrachten Apparat keine leitende Verbindung zwischen der Erde und der Linie besteht. Sobald jedoch das Rad eines Fahrzeuges über jene Stelle der Schiene fährt, wo sich unter dieser der Arm N befindet, so wird in Folge der Schienendurchbiegung auf N ein Druck ausgeübt, in Folge dessen sich der Arm M heben und die Stange s s emporschieben wird. Da sich dieser Vorgang so oft wiederholt als der vorüberfahrende Zug Achsen hat, entsteht eine fortgesetzte schwingende Bewegung des Hebels K nach

auf= und abwärts, wobei jedesmal der Contactstift c mit der Feder F in Be=
rührung kommt, d. h. es entstehen ebensoviele Stromschlüsse zwischen der Contact=
leitung und der Erde, welche am Controlapparate in der Station markirt werden.

Die bisher besprochenen Apparate dienen lediglich für die Controle der
Fahrgeschwindigkeit. Eine neuere, von C. Diener und C. A. Mayerhofer her=
rührende Vorrichtung verbindet mit dieser Controle zugleich eine Darstellung der
Zugkraft. Die Anordnung ist derart getroffen, daß ein Zeiger in wagrechter
Richtung vor einem die Strecke darstellenden und mit Distanzmarken versehenen
Bilde successive vorrückt und damit den Lauf des Zuges und den Ort, wo sich
derselbe jeweilig befindet, kenntlich macht. Zur Verwendung kommen Streckencontacte,

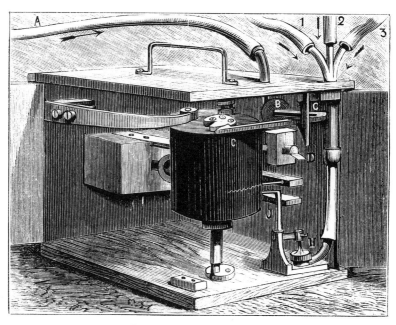

Carpentier's Contactapparat.

welche sich in Entfernungen von ganzen, halben oder viertel Kilometern von ein=
ander befinden und elektrische Ströme entsenden, welche den Elektromagnet eines
Triebwerkes bethätigen. Durch jeden Stromschluß wird das Triebwerk ausgelöst,
der Zeiger rückt um eine bestimmte Distanz vor, worauf sich das Triebwerk wieder
selbstthätig arretirt. Die Marken auf dem Bilde des Apparates entsprechen den
Contactstellen der Strecke. Diese letzteren bestehen aus Metallplatten, welche an
Säulen befestigt und an den Enden abgebogen sind. Die Stromschließungen ver=
mitteln an der Locomotive angebrachte Metallbürsten. So oft das Triebwerk aus=
gelöst wird, schließt es den Localstrom eines Registrirapparates, auf dessen Papier=
streifen die entsprechenden Zeichen erscheinen. Der Registrirer gleicht völlig einem
Morseschreiber; er wird automatisch ausgelöst, muß aber, nachdem er functionirt
hat, mit der Hand arretirt werden. Diese einfache Anordnung gestaltet sich etwas
complicirter, wenn die Bahn doppelgeleisig ist, oder wenn mehrere Züge und

Strecken gleichzeitig controlirt werden, in welchem Falle selbstverständlich mehrere Zeigerapparate beziehungsweise Registrirer in Verwendung kommen, welche man zweckmäßig in ein übersichtliches Tableau zusammenfaßt.

Von den vorstehend besprochenen Controlapparaten, welche stationäre Vorrichtungen sind, unterscheiden sich die mobilen, welche je nach Erforderniß an irgend einem Punkte der Strecke aufgestellt und in Thätigkeit gesetzt und nach erfolgter Controle wieder fortgenommen werden. Ein Beispiel soll das Princip dieser Kategorie von Controlapparaten erläutern. Die hier stehenden Abbildungen veranschaulichen die Vorrichtung des französischen Ingenieurs Carpentier. Es ist gleichfalls ein Contactapparat und besteht derselbe aus der Contact- und der Registrir-

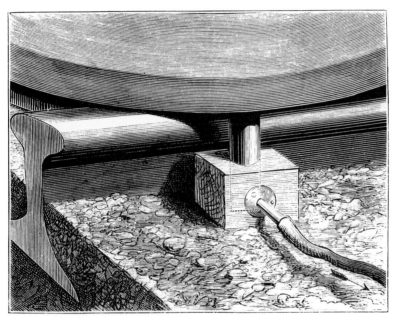

Carpentier's Schienencontact.

vorrichtung. Die letztere ist in einem handlichen Kasten mit Tragbügel untergebracht und stellt sich als ein Triebwerk dar, das sich aus folgenden Theilen zusammensetzt: ein um eine verticale Achse sich drehender kupferner Cylinder, dessen Mantelfläche mit einem rußgeschwärzten Papier überklebt ist, gelangt in Folge Antriebes durch eine Feder (im ersten Bilde) in Bewegung, wobei er — durch sein Eigengewicht zum Niedersinken veranlaßt — der schneckenförmigen Einkerbung der Achse folgt. Der Antrieb zu dieser Bewegung kann indes erst dann erfolgen, wenn die Arretirvorrichtung, das ist die Klinke C, ausgelöst wird, was vermittelst des Luftventils B, auf dessen Functionirung wir gleich zurückkommen, geschieht. Neben dem Cylinder befindet sich eine horizontal mit den Zinken übereinander gestellte Stimmgabel, welche an der oberen Zinke eine feine Borste trägt, mittelst der die Schwingungen der Stimmgabel auf dem geschwärzten Papier markirt werden. Unter dieser Borste wird die Spitze eines zweimal nach entgegengesetzten Richtungen

rechtwinkelig abgebogenen, an seinem unteren Knie um eine feste Stütze drehbaren
Hebels (J), durch das Luftventil H gegen den Cylinder gepreßt. Dieses Ventil
schließt das untere Ende einer senkrecht durch den Kasten reichenden, bei deren
Austritte aus letzterem in drei Mündungsenden sich auszweigenden Röhre.

Diese drei Rohrenden, sowie der das Ventil B bethätigende Rohrstutzen werden
nun in folgender Weise mit den Schienencontacten in Verbindung gesetzt. In ent=
sprechender Entfernung vom Einstellungsorte des Registrirapparates, und zwar in
der Richtung, aus welcher der Zug erwartet wird, befindet sich der erste Schienen=
contact. Er besteht aus einem parallelopipedförmigen Holzklotz, in welchem von oben
ein größeres, an der Seite ein kleineres Loch eingebohrt ist. In ersteres wird ein
dem Durchmesser des Loches entsprechend dicker Korkstöpsel eingeführt, während das
horizontale engere Loch in einen mit dem Holzklotze fest verbundenen Rohrstutzen

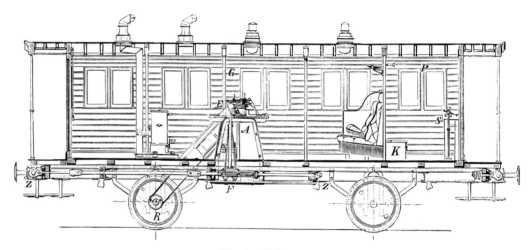

Fig. 1. Meßwagen.

übergeht. An diesen Stutzen einerseits, sowie an dem zum Ventil B führenden
wird ein Kautschukschlauch aufgestülpt.

Sobald nun das erste Rad des herankommenden Zuges über den die
Schienenoberkante überragenden Korkstöpsel rollt, wird dieser in die Höhlung
hineingetrieben und die verdrängte Luft übt einen genügend starken Druck aus,
um vermittelst der Schlauchleitung A das Ventil B zu bethätigen; dasselbe klinkt
den Sperrhaken C aus und durch den Antrieb der im Bilde links sichtbaren
Feder wird der Cylinder in Umdrehung versetzt. In demselben Augenblicke beginnen
durch die Erschütterung des Zuges die Zinken der Stimmgabel zu schwingen und
die Borste markirt dieselben in Form einer Zickzacklinie auf dem geschwärzten
Papier des sich drehenden und allmählich nach abwärts senkenden Cylinders. Mit
dem Sperrhaken wird gleichzeitig der Hammer D ausgelöst, dessen Bestimmung
die ist, im gegebenen Moment auf die Stimmgabel herabzufallen, um deren
Schwingungen ein Ziel zu setzen.

Der dieser Art angeordnete Streckencontact soll sich so weit entfernt vom Registrirapparat befinden, daß dieser sich correct in Gang zu setzen vermag. Drei weitere ganz gleich eingerichtete Streckencontacte befinden sich eine Strecke weiter in der Fahrtrichtung des Zuges, und zwar Nr. 1 und Nr. 3 genau 6 Meter von einander entfernt, Nr. 2 in der Mitte zwischen den beiden ersteren. Die Leitungsschläuche dieser drei Contacte münden in die Rohrstutzen 1, 2 und 3 des Registrirapparates, und sowie das erste Rad des Zuges nacheinander die Kork= stöpsel der drei Contacte niederdrückt, wird jedesmal das Ventil H bethätigt und dadurch der dreiarmige Kniehebel J mit seiner oberen Spitze gegen die Rußfläche des Cylinders gepreßt, wo er jedesmal ein Zeichen markirt. Die Ermittelung der Fahrgeschwindigkeit erfolgt nun auf Grund der Erfahrung, daß die auf den Ton a gestimmte Stimmgabel in der Secunde 435 Schwingungen macht. Als zweiter

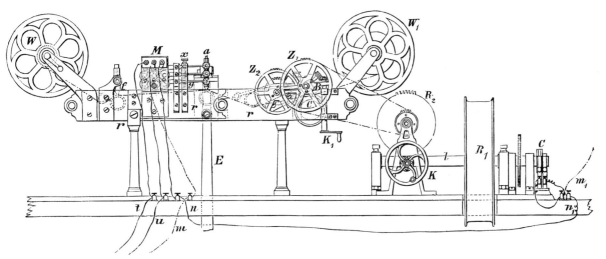

Fig. 2. Apparat des Meßwagens (Vorderansicht).

Factor der Berechnung kommt die fixe Raumdistanz von 6 Meter zwischen dem 1. und 3. Schienencontact in Betracht. Das Resultat ergiebt sich von selbst.

Die zweite Hauptgruppe von Apparaten zur Controle der Zugsgeschwindigkeit betrifft jene Vorrichtungen, welche am Zuge selbst angebracht sind. Sie werden in besonderen, dem Zuge beigegebenen Wagen, welche man Meßwagen nennt, installirt. Der auf den meisten Bahnen Frankreichs in Gebrauch stehende Meß= wagen, mittelst welchem fallweise und auf jeder Strecke die Zugsgeschwindigkeit con= trolirt wird, ist sowohl in seiner Gesammtanordnung, sowie in seinen Details in den vor= und nachstehenden Abbildungen dargestellt. Der Waggon ist in zwei Abtheilungen getrennt, deren eine (P) als Werkstätte dient, zu welchem Ende eine Werkbank mit Schraubstock (S) und eine Werkzeugkiste (K) vorhanden sind. In der zweiten größeren Abtheilung (Q) ist der Apparat installirt und sind Sitze für die mit dem Apparate manipulirenden Beamten angebracht. Der Apparat registrirt übrigens nicht nur die Fahrgeschwindigkeit, welche sich aus der durchfahrenen Bahnlänge und der laufenden Zeit ergiebt, sondern auch die Radumdrehungen und die jeweilige Zugkraft. Letztere wird durch eine mechanische, die ersteren drei Elemente durch eine elektrische Vorrichtung bethätigt.

Ueber die Anordnung der einzelnen Theile des Apparates giebt L. Kohlfürst (nach der »Revue Général des Chemins de fer«) folgende Beschreibung. . . . Der Apparat (Fig. 2 und 3) steht mit seiner Längsachse senkrecht auf die Längenachse des Waggons. Die Aufzeichnungen geschehen auf einem Papierstreifen, welcher zwischen zwei Führungswalzen läuft, von diesen über andere Walzen (r) mit einer der Bewegung des Zuges entsprechenden Geschwindigkeit weitergezogen und dabei von der Spule W abgewickelt und auf der Spule W' wieder aufgewickelt wird. Die Papierführungswalzen erhalten ihren Antrieb von einer Radachse des Waggons (R in Figur 2) durch Vermittelung eines Treibriemens, welcher die Radachse mit einer im

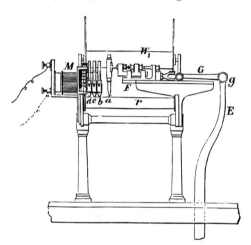

Fig. 3. Apparat des Meßwagens (Seitenansicht.)

Beobachtungsraum auf einer Welle (l in Fig. 2) festsitzenden Riemenscheibe (R₁) verbindet, die ihrerseits die Umdrehungen durch eine Schraube ohne Ende auf ein Zahnrad (R₂) überträgt. Eine auf der Achse des letzterwähnten Rades festsitzende Schnurscheibe überträgt die Bewegungen auf zwei Zahnräder (Z₁, Z₂) und schließlich auf die Papierführungsrollen. Durch Drehung einer Handkurbel (K) läßt sich das Laufwerk des Apparates von dem mechanischen Vorgelege nach Bedarf lösen oder mit demselben kuppeln, während eine zweite Kurbel (K₁) dazu dient, dem Streifen die richtige Lage zu ertheilen. Zur Aufzeichnung der Controldaten (Zugkraft, Bahnlänge, laufende Zeit und Radumdrehungen) sind vier in einer Reihe nebeneinander stehende Schreibstifte (a, b, c und d in Fig. 3) vorhanden; ein fünfter fixer, in der Zeichnung nicht sichtbarer, in der Längsrichtung des Papierstreifens (Fig. 4) genau hinter a liegender Schreibstift e hat die Aufgabe, eine continuirliche Gerade (»Zonenlinie«) aufzuzeichnen.

Diese Gerade ermöglicht einerseits die Controle, ob der Streifen die richtige Lage hat, während sie anderseits die Basis beziehungsweise die Abscisse für die graphische Darstellung der Zugkraft bildet und letztere darstellt, wenn sie gleich Null ist, d. h. wenn der Zug still steht. Die fünf Schreibstifte sind Glasröhrchen, die am unteren Ende in eine feine Spitze auslaufen. Sie hängen in Metallhülsen und werden durch feine Spiralfedern so gehalten, daß ihre Spitzen den Papierstreifen ganz leicht berühren. Da die Glasröhrchen mit dünnflüssiger Anilinfarbe gefüllt sind, lassen sie am Papier an den Berührungsstellen farbige Spuren zurück.

Der zur Darſtellung der Zugkraft beſtimmte Stift (a in Fig. 3 und 4) ſteht durch ein Schlittengeſtelle (F) und eine Schieberſtange (G in Fig. 3) vermittelſt eines Kugelgelenkes (g) mit einer ſteifen Stange (E in Fig. 1, 2 und 3) in Ver= bindung; dieſe Stange iſt an einem unter dem Wagen liegenden, an die Zugſtange (Z Z, Fig. 1) anſchließenden Federbund (F) befeſtigt. Das Schlittengeſtelle nimmt nun die Längswirkungen von dem Arm E an, welche der letztere durch die größeren oder minderen Federeinbiegungen während der Fahrt erhält; der Stift a wird alſo nur mechaniſch wirkſam gemacht, erleidet aber hierbei weder durch die Be= wegung des Wagens, noch durch die ſenkrechten Stöße beim Fahren irgend eine Beeinfluſſung.

Die Schreibſtifte b, c, d und e werden hingegen auf elektriſchem Wege gelenkt, indem jeder an dem Arm eines bei x y (Fig. 2) drehbaren Doppelhebels hängt, deſſen zweiter Arm mit einem Anker verſehen iſt. Jeder dieſer Anker liegt

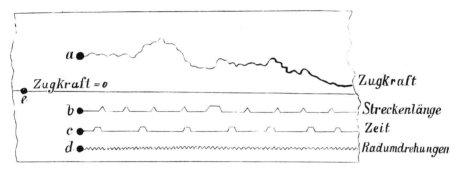

Fig. 4. Diagramm des Meßapparates.

wieder je einem zugehörigen Elektromagneten (M) gegenüber und wird bei der Ruhelage durch eine Abreißfeder an eine Stellſchraube gedrückt. Jeder der drei Stifte zeichnet alſo eine Gerade, ſo lange nicht ein Strom durch den betreffenden Elektromagnet geht; andernfalls wird der Stift aus ſeiner Normalrichtung gebracht und ſeitlich gezogen. Iſt die Anziehung nur kurz, ſo wird das Zeichen ähnlich einem ſpitzen Zahne; bei einer längeren Stromſchließung gleicht es einem flachen Zahne. Sämmtliche drei Elektromagnete ſind durch die Leitung m zu einem Pole einer gemeinſchaftlichen Batterie angeſchloſſen. Der zweite Anſchluß t des zu dem Schreibſtift b gehörigen Elektromagnetes iſt zu einem einfachen Arbeitstaſter geführt, jener des zu a gehörigen Elektromagnetes ſteht durch den Leitungsdraht u mit dem Contacte einer genau gehenden Uhr, und der letzte Anſchluß n mit einer auf der Riemenſcheibenwelle l angebrachten Contactvorrichtung C in Verbindung.

Der Schreibſtift b hat die vom Zuge durchfahrenen Längen zu regiſtriren; die Stromgebung geſchieht mit Hilfe des erwähnten Taſters, den der Beobachter, welcher durch das Waggonfenſter die Längenmarken an der Bahn ins Auge zu faſſen hat, beim Erblicken jedes Hektometerpflockes kurz, bei jedem Kilometerpflock aber doppelt ſo lange niederdrückt. Der Elektromagnet des Schreibſtiftes c, welcher die Zeit zu notiren hat, bekommt seine Stromschlüsse regelmäßig alle 10 Minuten durch den Contact der vorerwähnten Uhr, und der Elektromagnet des Schreibstiftes a, der die Radumdrehungen registrirt, wird durch die Contactvorrichtung C bethätigt. Letztere — ein Federncontact an der Welle l — schließt bei jeder Umdrehung derselben (da sich, wie bereits erläutert, l ebenso bewegt, wie die Radachse des Waggons) den Strom, kann aber auch so geschaltet werden, daß sie nur bei jeder zweiten Radumdrehung den Schluß bewirkt.... Aus Fig. 4 ist zu ersehen, in welcher Weise sich die graphische Darstellung der Registrirungen ergiebt und wie dieselbe zur Feststellung der jeweiligen örtlichen Zugsgeschwindigkeit in Vergleich zu ziehen ist.

Telegraphische und telephonische Correspondenz auf fahrenden Zügen.

In der Fachwelt ist es eine längst bekannte Thatsache, daß kaum auf einem zweiten eisenbahntechnischen Gebiete so viele problematische Speculationen genährt und ein gleiches Maß von Scharfsinn aufgewendet wurde, als rücksichtlich des zu verwirklichenden Gedankens, fahrende Eisenbahnzüge mit den Stationen beziehungsweise untereinander in telegraphischen oder telephonischen Verkehr zu setzen. Dazu kommt, daß (ähnlich wie auf dem Gebiete der Flugtechnik) die meisten diesbezüglichen Projecte nicht von ausgesprochen fachmännischer Seite, zum mindesten nicht von Praktikern herrühren, denen die zu überwindenden Schwierigkeiten wohl bekannt sind, sich also nicht so leicht von dem dilettantischen Optimismus fortreißen lassen.

Immerhin haben sich neben den vielen Unberufenen auch hervorragende Elektrotechniker auf dieses schlüpfrige Arbeitsfeld gewagt. Daß diese Versuche allenthalben befriedigend ausfielen, spricht zwar für die Möglichkeit, die diesfalls vorschwebende Idee zu verwirklichen, nicht aber für die bedingungslose Anwendung in der Praxis, welche mit mancherlei Factoren zu rechnen hat, unter welchen auch dem Kostenpunkte große Bedeutung zukommt. So kann es nicht Wunder nehmen, daß alle Versuche, von fahrenden Eisenbahnzügen aus mit den Stationen oder vollends mit anderen fahrenden Zügen in telegraphische (telephonische) Correspondenz zu treten, das Stadium interessanter Experimente bisher nicht überschritten haben.

Ehe wir auf dieselben eingehen, muß darauf hingewiesen werden, daß sogenannte Zugstelegraphen, welche unter gewissen Voraussetzungen in Anwendung kommen, bereits seit längerer Zeit eingeführt sind. Sie unterscheiden sich aber von den zu besprechenden Versuchen ganz wesentlich dadurch, daß sie nicht bei fahrenden Zügen in Action treten, sondern lediglich ein Hilfsmittel abgeben, auf der Strecke aus irgend einem Grunde stecken gebliebene Züge mit den Nachbarstationen in telegraphische Verbindung zu setzen. Zu diesem Ende führen die Züge mancher Bahnen (französische, deutsche, russische) Telegraphenapparate mit sich, welche gegebenen Falles in die Hilfslinie eingeschaltet werden. Die Voraussetzung ist selbstverständlich immer die, daß der Zug stille steht. Die Einschaltung des portativen

Telegraphenapparates kann entweder vermittelst der in einigen oder sämmtlichen Wächterhäuser eingeführten Hilfslinie erfolgen, oder es wird letztere einfach an dem Orte, wo sich der Zug befindet, durchschnitten und der Apparatendraht mit dem der Hilfslinie in Verbindung gebracht.

Die letztere Art und Weise der Einschaltung ist entschieden die minder= werthige, da es dem Zugspersonale nicht immer leicht ist, aus einer großen Menge von Drähten die Hilfslinie herauszufinden, und weil die Wiederherstellung der durchschnittenen Linie unter Umständen sehr schwierig werden kann. Da außerdem die ambulanten Streckentelegraphen nur in außergewöhnlichen Fällen zur An=

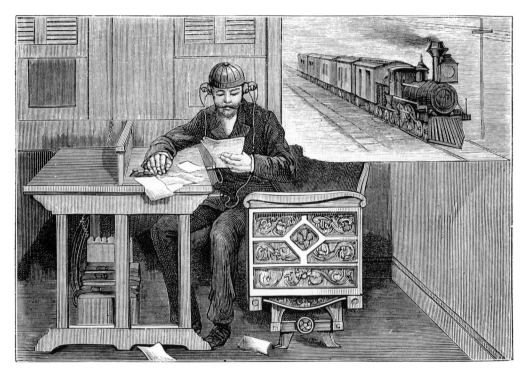

Telephonische Correspondenz zwischen fahrenden Zügen.

wendung kommen, dürfte das Zugbegleitungspersonale schwerlich über jenes Maß der Fertigkeit im Telegraphiren verfügen, um eine anstandslose Correspondenz einleiten zu können. Die mit dem Zwischenfall verbundene Aufregung gestaltet diesen Sachverhalt natürlich noch ungünstiger. Ferner ist zu erwägen, daß der ambulante Hilfstelegraph mit dem Unfall, von dem der Zug betroffen, beschädigt werden kann, also unbrauchbar wird, oder daß der telegraphenkundige Zugführer dienstuntauglich geworden ist, wodurch der Werth des portativen Zugsapparates völlig illusorisch wird. Man zieht daher die stationären in den Wächterhäusern (oder Läutebuden) installirten Hilfstelegraphen den ambulanten vor.

Damit sind wir nun freilich unserem eigentlichen Thema nicht näher, sondern ferner gerückt. Kommt schon den portativen Zugstelegraphen ein sehr geringer praktischer

Werth zu, so frägt man sich unwillkürlich, was man von Einrichtungen halten
soll, welche die telegraphische Correspondenz von fahrenden Zügen aus
anstreben. Allerdings ist es geglückt, dieses schwierige Problem wenigstens nach der
principiellen Seite hin zu lösen und die diesbezüglichen Versuche haben, wie nicht
anders zu denken, berechtigtes Aufsehen erregt.

Es handelt sich hierbei zunächst um zwei auf Induction beruhende Systeme:
Phelps bedient sich der elektrodynamischen, Edison der elektrostatischen Induction.
Beide Systeme stehen in Amerika in praktischem Gebrauch. Bei dem Systeme Phelps
wird der zur Correspondenz dienende Draht in eine schützende hölzerne Rinne
zwischen den Schienen verlegt. Unterhalb des Eisenbahnwagens, der das fahrende
Bureau enthält, wird zwischen seinen Rädern ein langer Rahmen befestigt, auf
welchem in vielen Windungen ein Kupferdraht aufgewickelt ist. Eine solche Wicke-
lung besteht aus etwa 100 Windungen und enthält 2500 Meter Draht. Dieser
Rahmen wird senkrecht unter dem Wagen befestigt, so daß eine seiner Längsseiten
möglichst nahe an den zwischen den Schienen verlegten Telegraphendraht heran-
kommt. Wenn im letzteren kräftige, die Richtung schnell wechselnde Stromimpulse
circuliren, so induciren sie in dem Rahmen ähnliche Ströme, welche, durch das
Telephon geleitet, dasselbe zum Ansprechen bringen.

Zum Telegraphiren werden Wechselströme, welche durch eine elektromagnetische
Stimmgabel in einer Inductionsspule oder durch einen Polwechsler erzeugt werden
können, verwendet. Wenn durch den Morsetaster die Leitung abwechselnd geöffnet
und geschlossen wird, giebt das Telephon den Punkten und Strichen des Morse-
Alphabetes entsprechend lange und kurze akustische Signale, welche von einem geübten
Manipulanten trotz der starken Geräusche, welche ein fahrender Zug verursacht, ohne
weiteres vernommen werden. Phelps hat überdies ein empfindliches polarisirtes
Relais construirt, welches diese intermittirenden Ströme in gewöhnliche Morseschrift
umwandelt. Als Sender kann man natürlich auch ein Mikrophon verwenden und
sich auf demselben Wege telegraphisch verständigen, vorausgesetzt, daß die von demselben erzeugten Stromschwankungen stark genug und die Telephone sehr empfindlich
sind. Ursprünglich war der unterhalb des Wagens angebrachte Rahmen mit den
Windungen nur 175 Millimeter oberhalb der zwischen den Schienen geführten Primärleitung entfernt. Bei der Ausprüfung der Versuchsstrecke wurde indes ganz zufällig
die überraschende Beobachtung gemacht, daß man bei 1·2 Meter Entfernung der
Waggon-Drahtrollen vom Leitungsdrahte telegraphiren konnte. Es wurde nunmehr
auf der doppelgeleisigen Bahn mit nur einer in dem einen Geleise liegenden
Leitung zu telegraphiren versucht, während der Wagen auf demselben oder auf
dem anderen Geleise fuhr. Trotzdem die Entfernung der Inductionsrolle, wenn der
Waggon im zweiten Geleise lief, von der Primärleitung über 3·3 Meter betrug,
gelang der Versuch vollständig.

Das Phelps'sche System wurde zuerst auf der 20 Kilometer langen Versuchsstrecke von New-York über New-Haven bis Hartford zur Anwendung gebracht.

Während der Fahrt, welche zeitweise 40 englische Meilen in der Stunde erreichte, blieb die Abgangsstation mit dem fahrenden Zuge in ununterbrochener Verbindung. Die vielerlei Meldungen und Anfragen, welche im praktischen Bahnbetriebsdienst vorkommen können, wurden mit Leichtigkeit erledigt. Das Gefahrsignal kam dem Zuge schon nach wenigen Secunden, nachdem es abgegeben worden, zu. Mit gleicher Schnelligkeit wurden die Signale, daß die Strecke frei sei oder die Fahrgeschwindig= keit vergrößert werden könne, aufgenommen. Die Versuchsstrecke war so aus= gewählt, daß sie die bestmöglichste Abwechslung in Bezug auf Lage im Terrain, Anordnung der Objecte u. s. w. darbot. Sie kreuzt Teiche und fließendes Wasser, mehrere Bahnübersetzungen u. s. w. Von Interesse ist nachstehendes Detail. Als der erste Versuchszug verkehrte, waren vor der Harton River=Station Instand= setzungsarbeiten im Gange, welche eine seitliche Verlegung der hölzernen Rinne mit der Leitung des Primärstromes bedingten. Während nun der Zug über diese Stelle fuhr, ließ Phelps die Nachbarstation ansprechen. Als der Zug die Station er=

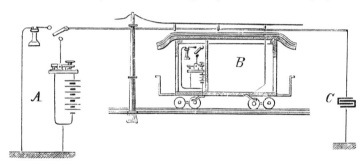

Telephonischer Verkehr zwischen fahrenden Zügen (System Edison).

reicht hatte, gab der Beamte zum allgemeinen Erstaunen die Worte wieder, welche Phelps an jener Stelle gesprochen hatte. Dadurch wurde, wie weiter oben flüchtig berührt, constatirt, daß man bei 1·2 Meter Entfernung der Waggon=Drahtwelle vom Leitungsdrahte telegraphiren könne.

Die Phelps'schen Versuche konnten selbstverständlich nicht verfehlen, nach= haltiges Interesse zu erregen, und sie sind der Anstoß für weitere Versuche geworden, an welchen sich unter Anderen auch Edison betheiligte. Dieser ver= wendet statt der elektrodynamischen die elektrostatische Induction. Ueber dem Wagen B (in vorstehender Figur), welcher das Bureau enthält, oder noch besser über mehrere Wagen, werden isolirte Metallplatten gelegt, die miteinander ver= bunden sind, und die eine Belegung eines Condensators bilden. Die Metallplatten stehen mit dem einen Ende einer Inductionsspule in Verbindung, während das andere Ende zur Erde geleitet ist. Entstehen in der Inductionsspule starke undu= lirende Ströme, so werden dadurch die Metallplatten auf dem Eisenbahnwagen entsprechend positiv und negativ geladen. Diese Ladungsströme induciren in den über dem Wagen hinführenden Telegraphendrähten entsprechende Ladungs= und Entladungsströme, welche auf irgend einer in diese Drähte eingeschalteten Bahn=

station durch Condensatoren oder Inductionsspulen aufgefangen und in die als
Empfänger dienenden Telephone geleitet werden. Der Sender besteht ebenso wie
bei Phelps aus einem gewöhnlichen Morsetaster, durch welchen der gebende Strom=
kreis der Inductionsspule abwechselnd geschlossen und unterbrochen wird....

Eine vom amerikanischen Capitän C. W. Williams herrührende Anordnung
besteht im Wesentlichen in einer längs der Strecke gelegten, durch häufige Zwischen=
räume unterbrochenen Telegraphenleitung. Die Enden der Unterbrechungsstellen
sind an Contactvorrichtungen angeschlossen, welche innerhalb des Geleises auf
Querschwellen isolirt angebracht sind. Die Verbindung der Leitungsenden auf dieser
Contactvorrichtung geschieht mittelst zweier oben mit Rollen versehener Metallfedern,
welche bei aufrechter Lage sich an ein gemeinsames metallenes Mittelstück anpressen.
So lange sich diese Rollen in aufrechter Stellung befinden, wird also die Linie
continuirlich hergestellt sein; dieselbe wird jedoch unterbrochen, sobald die zwei
Rollen durch Niederdrücken von dem Verbindungsstücke getrennt werden. Der Boden
des Waggons, von dem aus telegraphirt werden soll, hat einen vorstehenden
Schuh mit zwei Metallschienen oder Stangen, welche, indem der Wagen die
Strecke durchläuft, bei jeder vorerwähnten Contactvorrichtung mit den geschilderten
federnden Rollen in Berührung gelangen und dieselben gleichzeitig niederdrücken.

Da nun der Apparatensatz des Wagens mit den beiden Druckschienen ver=
bunden ist, wird derselbe bei jedem Streckencontacte in die Leitung eingeschaltet.
Die mehrerwähnten, am Waggon befestigten Druckschienen oder Druckstangen sind
so lang als der Waggon selbst, und es kann sonach mit denselben unter Hilfe
der schnell aufeinander folgenden Streckencontacte eine Art leitende Verbindung
zwischen dem Zuge und der Telegraphenlinie hergestellt werden. Bei den ersten
Versuchen mit der Williams'schen Anordnung auf der Atlanta- and Charlotte-
Bahn in den Vereinigten Staaten von Amerika waren die Streckencontacte in
Entfernungen von circa 12 Meter von einander eingelegt. Telegramme wurden im
Waggon sowohl während der Zug still stand, als auch während der Bewegung
aufgenommen, wobei die größte Geschwindigkeit des Zuges etwa 40 englische
Meilen betrug.

Die bei den Versuchen mit dem Phelps'schen System gemachten Wahr=
nehmungen, daß die Induction für die Zwecke der telegraphischen Correspondenz
auf relativ ansehnliche Entfernung wirksam sei, führte logischerweise zu der Er=
wägung, ob man des besonderen Leitungsdrahtes nicht entrathen und an dessen
Stelle die vorhandenen, längs der Bahn ziehenden Telegraphenleitungen benützen
könnte. William Wiley hat dieser Erwägung von dem Gesichtspunkte aus, daß
die längs der Bahn geführten Leitungen sich in ihrer Gesammtheit als die eine
Belegung eines riesig großen Condensators betrachten lassen, eine praktische Unter=
lage gegeben. In Consequenz dessen war die Möglichkeit geboten, eine zweite Be=
legung zu schaffen, und zwar durch Anbringung von entsprechend großen Metall=
platten, die an den Wagen des fahrenden Zuges anzubringen wären. Durch die

zwiſchen dieſen Metallplatten der Zugswagen und den Telegraphenleitungen der Strecke vorhandene Luftſchichte als Nichtleiter war der Condenſator vervollſtändigt.

Die untenſtehende Figur erläutert dieſen Sachverhalt in ſchematiſcher Weiſe, und zwar in der Art und Weiſe, wie Ediſon, Smith, Gilliland u. A. die Wiley'ſche Idee verwirklicht haben. . . . L_1, L_2 u. ſ. w. ſind die vorhandenen Telegraphenleitungen, C_1, C_2 u. ſ. w. ſind Condenſatoren. Durch die Verbindungs= leitungen l_1, l_2 u. ſ. w. iſt die erſte Belegung geſchaffen, während die zweite Be= legung durch den die Condenſatoren verbindenden Draht bewerkſtelligt iſt. Dieſer

letztere geht von a über b zu den ſecundären Windun= gen eines Inductors (J) und von hier zum Telephon (K), beziehungsweiſe zur Erde (E). Der Umſchalter U ge= ſtattet entweder die Unter= brechung oder den kurzen Schluß der Telephonleitung. Die primären Windungen des Inductors bilden mit der Batterie B eine Local= linie, in welche das Räd= chen R mit der Schleiffeder f eingeſchaltet iſt, und von welcher bei m und n Abzwei= gungen zu dem Taſter T gehen.

Im Waggon, welcher das fahrende Bureau bildet, iſt ganz der gleiche Apparat, wie er vorſtehend geſchildert wurde, untergebracht. Er ſteht in leitender Verbin=

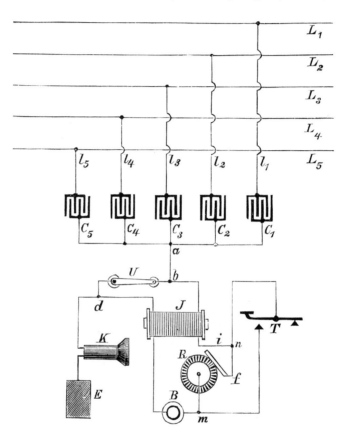

Einrichtung der Stationen nach Smith 2c.

dung mit einem Kupferblechſtreifen, welcher außerhalb des Wagens ſeiner ganzen Länge nach läuft. Auch die anderen Wagen ſind mit ſolchen Metallſtreifen verſehen und können dieſelben überdies durch biegſame Leitungsſtücke miteinander verbunden werden.

Iſt der Apparat außer Thätigkeit, ſo iſt der Umſchalter U geſchloſſen, wie es die Figur darſtellt. Das Gleiche gilt von dem Apparate in der Station. Soll aber der Apparat in Thätigkeit geſetzt werden, ſo wird zunächſt das Rädchen R ausgelöſt, damit es in Bewegung gelange. Daſſelbe hat auf ſeiner Mantelfläche abwechſelnd leitende und nichtleitende Stellen, welche, von der Schleiffeder f berührt,

die Ströme der Batterie B fortgesetzt kurz unterbrechen. Diese Ströme werden in
die Primärrolle des Inductors (J) entsendet, und da gleichzeitig mit der Ingang=
setzung des Rädchens R der Kurbelumschalter U geöffnet wurde, werden jene
Localströme in eine Folge von Wechselströmen umgesetzt, welche das Telephon der
Station bethätigen. In diesem macht sich nichts weiter als ein summendes Geräusch
bemerkbar, das sofort aufhört, wenn der Taster T im Waggon niedergedrückt,
d. h. die stromunterbrechende Wirkung des Rädchens R aufgehoben wird. Erfolgen
nun diese Tasterniederdrücke in kürzeren oder längeren Pausen, so wird das
summende Geräusch in der Empfangsstation in conformer Weise sich bemerkbar
machen und eine Art von Correspondenz, wie sie vermittelst der Morseklopfer
bewirkt wird, ermöglichen. Dasselbe gilt, wenn von der Station nach dem fahren=
den Zuge gesprochen wird.... Die ersten Versuche mit dieser Anordnung sind im
Jahre 1886 auf der Strecke Clifton=Tottenville angestellt worden.

Controle des Bahnzustandes.

Die Natur des Eisenbahnbetriebes bringt es mit sich, daß sowohl die Bahn,
vornehmlich der Oberbau, als die fortbewegten Fahrzeuge ununterbrochen mecha=
nischen und anderen Einflüssen ausgesetzt sind, welche eine momentane oder dauernde
Schädigung derselben herbeiführen. Nicht nur die kraftvollen Maschinen mit ihrem
verwickelten Mechanismus, auch die solidest construirten Wagen, sowie die beste
Geleisanlage erfahren eine beständige Abnützung und kann das gleichzeitige Zu=
sammenfallen mehrerer Defecte dieser Art von den bedenklichsten Folgen begleitet
sein. Daneben machen sich bezüglich der bewegten Massen und des Schienenweges,
auf welchem jene rollen, Erscheinungen mechanischer Natur geltend, welche nicht
als Defecte bezeichnet werden können, da die Wirksamkeit von Kräften, die hier in
Frage kommen, sich durch äußerliche Kennzeichen nicht bemerkbar machen, und deren
Ursachen lediglich aus Erfahrungssätzen ermittelt werden können.

Dieser Sachverhalt bezieht sich in erster Linie auf den Schienenweg. Der=
selbe ist sowohl dem verticalen Drucke der über ihn hinwegrollenden Lasten, wie
den seitlichen Angriffen der Fahrzeuge ausgesetzt. Es entsteht nämlich einerseits
starke Reibung zwischen Schienenfuß und Schwellenoberfläche, anderseits ebensolche
zwischen Radkranz und Schienenkopf. Dem seitlichen Drucke widersetzen sich die
Befestigungsmittel nach dem Maße ihrer Widerstandsfähigkeit, welche durch die
Reibung derselben Fahrzeuge, von denen die Angriffe auf das Geleise ausgehen,
verstärkt wird. Die Erfahrung hat längst festgestellt, daß die Befestigungsmittel
nicht ausreichen würden, die Stabilität des Geleises aufrecht zu erhalten, wenn
die von den Fahrzeugen ausgehenden Reibungskräfte nicht im vorstehenden Sinne
wirksam würden. Würde beispielsweise in Folge Schwingens der Tragfedern die
Vorderachse einer dreiachsigen Locomotive in dem Augenblicke entlastet werden, da
sie auch eine Seitenbewegung ausführt, so würde der Stoß eine unbelastete Schiene

treffen und dadurch eine momentane Spurerweiterung hervorgerufen werden, welche unzweifelhaft eine Entgleisung zur Folge hätte.

Daraus ergiebt sich zugleich, daß die Ursache eines Bahnunfalles derart maskirt sein kann, daß eine nachmalige Ermittelung derselben, nachdem das Geleise einmal zerstört ist und auch die Maschine eine Beschädigung erfahren hat, kaum möglich erscheint. Sind solche Fälle auch nicht an der Tagesordnung, so kommt der Erwägung, daß Bahnzustände, welche einen solchen Zwischenfall herbeizuführen geeignet sind, jeden Augenblick eintreten können, eine große Bedeutung zu. Was aber diese Zustände besonders bedenklich gestaltet, begründet sich auf die Erfahrung, daß sie momentan sich einstellen, ohne sichtbare Spuren zu hinterlassen. Durch die eingangs erwähnten Wirkungen der Druck- und Schubkräfte ist das Geleise, während es befahren wird, gewissermaßen Wellenbewegungen nach abwärts und seitwärts ausgesetzt, welche hinterher wieder ausgeglichen werden, wenn die fraglichen Kräfte zu wirken aufgehört haben. Eine Controle ist daher ausgeschlossen. Ein Geleise kann, wenn der Zug es soeben durchfahren hat, bei der Revision sich als tadellos darstellen, während es unter der Last desselben Zuges nur wenige Minuten vorher den bedenklichsten Verschiebungen ausgesetzt war.

Unter diesem Gesichtspunkte würden die Schienenwege eine beständige Gefahr in sich schließen, wenn es nicht auf dem Wege des Experimentes gelungen wäre, das Maß der Wirksamkeit jener Druck- und Schubkräfte kennen zu lernen, beziehungsweise Gegenmaßregeln zu veranlassen, welche dem Geleise jenen Grad von Stabilität verleihen, der nach menschlicher Berechnung die — wenn man sich so ausdrücken darf — latente Gefahr beseitigt. Seit einer langen Reihe von Jahren sind die Eisenbahnverwaltungen bestrebt, die im mechanischen Gefüge des Geleises begründete Widerstandsfähigkeit in dem Maße zu vergrößern und weniger abhängig von der Reibung zu machen, als die Betriebsforderungen wachsen.

Zunächst ergab sich ganz von selbst die Frage, ob bei der stets zunehmenden Fahrgeschwindigkeit und der wachsenden Belastung zur Erhaltung einer guten Geleislage außer der Laschenverbindung an den Schienenstößen und der Befestigung der Schienen mittelst Hakennägeln (beziehungsweise Schwellenbolzen) noch weitere Mittel gegen das Eindrücken des Schienenfußes in die Schwellen und das damit verbundene Kanten und seitliche Ausbiegen der Schienen, sowie gegen das in Folge des geringen Widerstandes der Hakennägel entstehende seitliche Verschieben der Schienen erforderlich seien. Die Erfahrung hat nun ergeben, daß es für die größere Stabilität des Geleises nicht nur wünschenswerth, sondern nothwendig sei, durch vermehrte Anbringung von Unterlagsplatten einerseits das Maß der Schwelleneindrücke herabzumindern, anderseits durch Verstärkung der Nagelung dem Seitenschube wirksamer entgegenzuarbeiten.

In den Verhandlungen des »Vereines deutscher Eisenbahnverwaltungen« wurde schon vor längerer Zeit durch eine große Zahl von Verwaltungen nachstehender Sachverhalt constatirt. »Bei jenen Bahnen, deren Oberbau nach den

neueren Erfahrungen, also mit starken, den Bahnverhältnissen entsprechenden Stahl=
schienen, kräftigen Laschen, Schwellen aus hartem Holz, oder bei weichen Schwellen
mit einer größeren Anzahl von Unterlagsplatten, der nöthigen Anzahl von Spur=
bolzen hergestellt und mit gutem wasserdurchlässigem Material eingebettet ist,
welches in möglichst gutem Stande erhalten und nur von Maschinen befahren
wird, welche den verschiedenen Geschwindigkeiten der Wagenzüge entsprechend con=
struirt sind, entspricht der Widerstand des Gestänges den Angriffen selbst noch
bei der größtzulässigen Geschwindigkeit und der größten Zugsbelastung. Hingegen
ist bei solchen Bahnen, deren Oberbau nicht in allen Theilen aus den besten Ma=
terialien und vollkommen ausgeführt ist, namentlich auch bei Verwendung von
Locomotiven, welche für die geforderte Geschwindigkeit nicht construirt sind, erscheint
der Gleichgewichtszustand zwischen Angriff und Widerstand im Gestänge schon
erreicht oder zum Nachtheil des letzteren schon überschritten. Es ist daher zu
empfehlen, beim Baue neuer Bahnen den Oberbau (durch Verwendung von Stahl=
schienen, eichenen Schwellen, oder bei Anwendung weicher Schwellen durch Ver=
mehrung der Unterlagsplatten) so auszuführen, daß er den stets wachsenden An=
forderungen eines lebhaften Betriebes in Bezug auf Widerstand vollkommen zu
entsprechen vermag.«

Unter den deutschen Technikern, welche sich mit den hier in Frage kommen=
den Verhältnissen besonders eingehend befaßten, sind in erster Linie v. Weber,
v. Kaven und Susemihl zu nennen. Ersterem verdanken wir ein ausgezeichnetes
Werk (»Die Stabilität des Gefüges der Eisenbahngeleise«), in welchem auf Grund
zuverlässiger Versuche die ersten ziffermäßigen Nachweise über die Druck= und
Schubkräfte, welche von den rollenden Fahrzeugen auf das Gestänge ausgeübt
werden, niedergelegt sind. Was zunächst die Preßbarkeit des Schwellenholzes an=
betrifft, durch welche Verdrückungen der Schienen veranlaßt werden können, ehe
noch die Widerstandfähigkeit der Befestigungsmittel zur Geltung gelangt, unter=
suchte v. Weber das Verhalten der Schwellen zuerst im Laboratorium. Zu diesen
Experimenten kamen etwa meterlange Holzstücke, welche in den üblichen Breiten=
und Höhenmassen aus neuen Hölzern oder aus gebrauchten Schwellen geschnitten
waren, zur Verwendung. Dieselben wurden auf eine unnachgiebige Unterlage ge=
bracht, quer über sie, so wie in Wirklichkeit der Schienenstrang zu liegen käme, ein
kurzes Stück Schiene gelegt, auf dieses mit Hilfe einer Hebelvorrichtung Druck von
bekannter Größe ausgeübt und jedesmal das Niedergehen des Schienenfußes mittelst
eines Fühlhebels gemessen.

Das Ergebniß ist in Kürze folgendes: »Die Widerstandsfähigkeit des
kiefernen Schwellenholzes ist nicht groß genug, um bei seitlichen Pressungen gegen
den Kopf der Schiene nicht ein theilweises Umkanten derselben durch Eindrücken
einer Seite des Schienenfußes in die Schwellenfläche und somit augenblickliche
Spurerweiterung zu gestatten, welche sofort nach Aufhören der Einwirkung wieder
verschwinden und sich nachträglich weder am Zustande der Nägel, noch der Schwellen

und Schienen erkennen lassen. . . . Die Zusammenpressungen, welche Kiefern= und andere sogenannte weiche Hölzer unter dem Schienenfuße erleiden, sind so groß, daß sie nothwendig das Zellengefüge des Holzes nach und nach lösen und ein Eindrücken des Schienenfußes, das einem Einschneiden ähnlich ist, in die Schwelle erfolgen muß, besonders wenn die oberen Faserschichten desselben durch Auslaugen im Witterungswechsel ihre Elasticität mehr oder weniger verloren haben.«

Nach diesen Experimenten im Laboratorium wendete sich v. Weber den Ver= suchen in offener Bahn zu. Hier lagen die Verhältnisse insoferne anders, als in Berücksichtigung gezogen werden mußte, daß mit dem Einpressen des Schienenfußes in die Schwellen zugleich ein Einsinken der letzteren in den Bettungskörper statt= findet oder vielmehr stattfinden kann. Diese doppelte Bewegung wurde mit Hilfe der nachstehend beschriebenen Vorrichtung festgestellt. Ein entsprechend starker eiserner Pfahl, der einen beweglichen doppelarmigen kleinen Hebel trug, dessen zu einem Zeiger verlängerter äußerer Arm die doppelte Länge des inneren, hakenförmig nach auf= wärts gebogenen Armes hatte, wurde dicht neben dem Schwellenkopfe eingerammt. An der Kante des letzteren befand sich ein kleines Winkeleisen, welches sich derart über den kurzen Hebelarm legte, daß die geringste Abwärtsbewegung der Schwelle durch den anderen als Zeiger dienenden Arm an einem graduirten Kreisbogen angezeigt wurde. Ganz die gleiche Vorrichtung wurde dicht neben der Schwelle aufgestellt, welche in derselben Weise das Niedergehen des Schienenfußes ver=

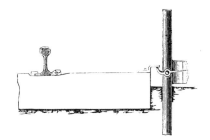

M. M. v. Weber's Vorrichtung.

zeichnete. Hatte man Sorge getragen, daß letzterer fest auf seiner Unterlage saß, so gab der Unterschied aus den beiden Ablesungen an den Gradbögen das ge= wünschte Maß der Einpressung der Schiene in das Schwellenholz.

Auf Grund dieser Versuche hat v. Weber die nachstehende Tabelle aufgestellt. Die Werthe sind das Ergebniß der Belastung durch eine Maschine von 12 Tons Achsendruck.

Beschaffenheit der Schwellen	Alter derselben in Jahren	Breite	Senkung	Senkung der Schienen	Zusammen= drückung der Schwellen
		der Schwellen			
		Millimeter			
1. Kiefernschwelle	4	230	1·0	4·5	3·5
2. »	4	230	1·0	2·0	1·0
3. » (Stoßschwelle)	4	300	1·0	3·0	2·0
4. » »	4	200	1·0	4·5	3·5
5. » »	4	200	2·5	5·5	3·0

Beschaffenheit der Schwellen	Alter derselben in Jahren	Breite	Senkung	Senkung der Schienen	Zusammen= drückung der Schwellen
		der Schwellen			
		Millimeter			
6. Kiefernschwelle (Stoßschwelle)	4	200	3·0	6·5	3·5
7. » »	4	230	2·0	4·5	2·5
8. » »	4	200	2·5	5·0	2·5
9. » =	4	230	0·5	5·0	4·5
10. » »	4	250	1·0	4·5	3·5
11. » »	4	200	0·5	5·0	4·5
12. » »	4	200	0·5	5·0	4·5
13. » »	4	250	1·5	4·5	3·0
14. » »	6	200	0·5	6·0	5·5
15. » »	6	190	1·5	6·5	5·0
16. » »	6	190	3·3	6·8	3·3
17. » »	6	190	3·0	5·0	2·0
18. » »	6	190	1·5	8·5	7·0
19. » »	6	190	3·5	9·0	5·5
20. » »	6	190	3·5	7·5	4·0
21. » (Knieholz, sehr fest)	6	230	6·5	7·5	1·0
22. » » » »	6	230	6·0	7·5	1·5
23. » » » »	6	210	5·5	6·5	1·0
24. » » « »	6	210	6·0	7·3	1·3

Die weiteren Untersuchungen v. Weber's bezogen sich auf die Wirksamkeit des seitlichen Druckes der Spurkränze auf die Schienen, beziehungsweise auf das Maß der Widerstandsfähigkeit der Befestigungsmittel. Hierbei war die Beobachtung von Interesse, daß zum Ausreißen eines prismatischen mit meißelförmiger Schneide versehenen Nagels ein Kraftaufwand nöthig war, der, wenn derselbe nur in der Richtung der Nagelachse erfolgte, doppelt so groß war, als jener, wenn die Kraft zugleich seitlich drängend wirkte. Es ergab sich ferner, daß ganz mäßige Seiten= drücke eine momentane Spurerweiterung zwischen 6 und 10 Millimeter hervorzu= rufen geeignet sind, und daß ein Druck von 4 Tons genügt, eine dauernde Spur= erweiterung zu schaffen, vorausgesetzt, daß die Nagelung eine ungenügende ist. Weit wichtiger aber war die Wahrnehmung, daß selbst Spurerweiterungen bis 25 Millimeter in Folge einer Kantung der Schiene nach Aufhören des Druckes wieder gänzlich verschwanden, und weiter, daß dieses Maß auf die Hälfte reducirt werden konnte, wenn durchgehende Unterlagsplatten angewendet wurden. Die edeutende, hinterher wieder verschwindende Spurerweiterung ist umso bedenklicher, weil sie sich, wie bereits hervorgehoben, der Controle entzieht.

Die richtige Lage der Schienenstränge in Bezug auf Spurweite und Ueber=
höhung eines Stranges in den Curven ist sonach eine der Grundbedingungen
eines sicheren Betriebes. Das Maß der momentan auftretenden, nach Aufhören
der von außen wirkenden Kraft sich wieder ausgleichenden Bewegungen im Ge=
stänge kann durch entsprechend verstärkte Befestigungsmittel auf ein Minimum
reducirt, niemals aber — ihrer Elasticität und der Constructionsfugen wegen —
gänzlich aufgehoben werden. Bei der Controle des Bahnzustandes kann es sich daher
consequenterweise nur um Lageveränderungen am Geleise handeln, welche dauernd
in die Erscheinung treten. Um diese Controle ausüben zu können, bedarf es gewisser
Vorrichtungen, welche man »Geleismesser« nennt.

Die älteren Anordnungen mit Spurmaß, Setzwage und Libelle, welche nur
mühsam Einzelmessungen gestatten, deren Ergebnisse einzeln durch jedesmalige Ein=
stellung gefunden und abgelesen werden müssen, kommen immer mehr und mehr
außer Gebrauch. Es liegt auf der Hand, daß eine Vorrichtung, welche so zeit=
raubende Manipulationen erfordert und so unvollkommen ist, insofern als die
Resultate — will man nicht tausende von Einzelmessungen anstellen — nicht an
jedem Punkte des zu revidirenden Geleises ermittelt werden können, dem Zwecke,
dem sie dient, nicht entspricht.

Ganz anders verhält es sich mit dem Geleismesser von H. Dorpmüller,
der — dank seiner großen Leistungsfähigkeit und leichten Behandlung — sich
immer mehr einbürgert. Dieser Apparat — der aus dem Kaiser'schen Geleis=
revisions=Instrumente hervorgegangen ist — ermöglicht, ohne umständliche, zeit=
raubende Handmessungen, die Spurweite und die gegenseitige Höhenlage der beiden
Schienenstränge eines Geleises an jedem Punkte der Bahn zu ermitteln. Während
das Kaiser'sche Instrument die Abweichungen von der normalen Spurweite und
von der horizontalen Querlage eines Geleises durch Zeiger auf zwei Scalen
nur vorübergehend zur Erscheinung bringt, stellt der Dorpmüller'sche Apparat die
Spurdifferenzen und ebenso auch die Differenzen in der gegenseitigen Höhenlage
der beiden Schienenstränge eines Fahrgeleises auf einem fortlaufenden Papier=
streifen nebeneinander selbstthätig graphisch dar. Die Diagramme werden hierbei
auch gleichzeitig stationirt, und ist, um ein sicheres Durchfahren von Herzstückspitzen
mit den gefederten Rädern des Apparates leicht zu ermöglichen, eine rasch zu
handhabende Einziehvorrichtung für dieselben angebracht, wodurch sie, momentan
auf Normalspur gestellt, die Herzstücke im Fahrgeleise wie Räder eines gewöhn=
lichen Fahrgeleises passiren. Der große Vortheil des Apparates liegt nun darin,
daß er ein fortlaufendes Bild erzeugt, welches Rückschlüsse auf die Bewegung der
Fahrzeuge in den revidirten Geleisen gestattet und in den mit demselben gewonnenen
Diagrammen Formen in die Erscheinung treten, welche eine ausgiebigere Be=
urtheilung der Geleislage ermöglichen, als dies aus den Resultaten irgend eines
anderen bis jetzt bekannten Instrumentes zum Messen der Spurweite und Ueber=
höhung erreicht werden kann. Dies gilt vornehmlich bezüglich der Uebergänge aus

dem geraden in das gekrümmte Geleise. Das Höhendiagramm giebt unzweifelhaft auch einen gewissen Anhalt für die Stopfarbeiten bei der Bahnerhaltung.

Wir lassen nun die Beschreibung des Apparates folgen und schließen die hierzu nothwendigen Abbildungen an. Von dem hinteren linken Laufrade R' (in der Zeichnung schiebt der Manipulant in verkehrter Richtung um den Apparat nicht zu verdecken) des Apparates wird durch zwei Zahngetriebe und durch ein linksseitig neben der Tischplatte desselben befindliches Schneckengetriebe die Schreibwalze des Apparates in Bewegung gesetzt, und zwar der Fahrtrichtung entgegen. Die Schreibwalze zieht

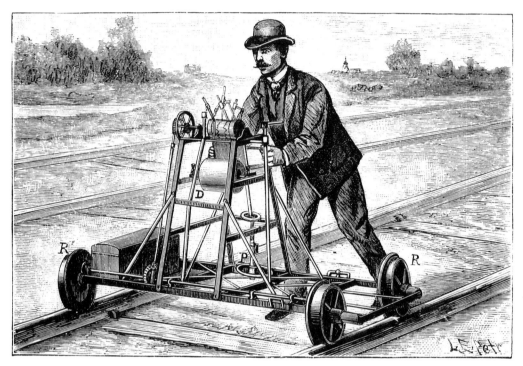

Dorpmüller's Geleismesser. Fig. 1.
(Um den Apparat nicht zu verdecken, wurde die Figur auf die entgegengesetzte Seite gestellt.)

einen Papierstreifen ohne Ende von einer unter der Tischplatte liegenden Welle (D) ab. Dieselbe ist, damit die Aufwickelung recht straff erfolgt, in zwei Lager gelegt, deren Deckel durch Spiralfedern angepreßt werden können, und sonach ein beliebig träger Gang derselben ermöglicht ist. Die Aufwickelung des erwähnten Papierstreifens erfolgt auf einer durch eine besondere Federzugvorrichtung gegen die Schreibwalze angepreßten Reibungsrolle, welche den Papierstreifen fortlaufend aufnimmt. Dieselbe kann nach beendigter Revisionsfahrt, nachdem der Streifen durchschnitten worden ist und sie durch Niederdrücken eines kleinen Handhebels (e in Fig. 2) an der Hinterseite des Apparates ausgeschaltet worden ist, leicht herausgenommen werden, um alsdann das beschriebene Papier bequem abziehen zu können.

Auf der Schreibwalze (p in Fig. 2 und 3) arbeiten vier Schreibstifte: t, t′ und u, u′; t und u zeichnen die gefundenen Abweichungen, t′ und u′ die betreffenden geraden Linien, von welchen aus die Abweichungen gemessen werden, indem sie gleichzeitig auch den Stand angeben, welchen die Stifte t und u in einem regelrecht gespurten geraden und genau wagrecht liegenden Geleise einnehmen würden. Die Spurabweichungen werden durch die Seitenschiebungen des rechtsseitigen gefederten Hinterrades aufgenommen und durch einen gleichschenkeligen Hebel nach dem Stifte t in wirklicher Größe übertragen; die Abweichungen in der Höhenlage werden durch ein schweres Pendel (P in der Abbildung S. 634) erzeugt, welches

in Körnerspitzen spielend leicht aufgehängt ist und an dem oberhalb seines Drehpunktes sich fortsetzenden Hebel den Stift u trägt, der die Abweichungen von der wagrechten Lage des Geleises, je nachdem zur Rechten oder zur Linken der von u′ gezeichneten geraden Linie, aufträgt. Da dieser Hebel nur 0·5 Meter Länge hat und die Entfernung von Mitte zu Mitte des Schienenkopfes 1·5 Meter beträgt, kommen die Höhenunterschiede zum dritten Theile ihrer Größe zur Darstellung. In Folge der durch die Fahrbewegung des Apparates hervorgerufenen kleinen Er-

Dorpmüller's Geleismesser. Fig. 2.

schütterungen wird die Diagrammlinie der Ueberhöhung nicht ganz scharf aufgetragen. Um aus derselben ein ganz genaues Maß der Ueberhöhung zu erhalten, hat man den senkrechten Abstand von der Normallinie bis zur Mitte des vom Stifte u erzeugten Linienzuges zu messen und dieses Maß alsdann dreimal zu nehmen.

Der am Apparate rechts oben sichtbare kleine Hebel gestattet die Handhabung der weiter oben erwähnten Einziehvorrichtung, vermöge welcher man den Apparat wie ein gewöhnliches Fahrzeug über die Herzstücke der Weichen führen kann.

Bei Beginn der Revisionsfahrt muß zunächst die Einstellung des Apparates vorgenommen werden, beziehungsweise dann, wenn die Schreibstiftspitzen zum Anspitzen herausgenommen werden. Dabei ist vorher nöthig, die Schreibwalze aus-

zuschalten, d. h. da das dieselbe treibende Schneckenrad nur durch Reibung mitgenommen
wird, ist die neben demselben befindliche Mutter (m in Fig. 3) zu lösen. Dadurch
kann beim Stillstand des Apparates die Walze beliebig mit der Hand bewegt
werden. Alsdann steckt man die Bleistifte auf, zuerst die für die Normal-
schreiber t' und u', hierauf die für die Diagrammschreiber t und u. Um letztere
in diejenige Lage zu bringen, welche sie in einem regelrecht gespurten und genau
wagrecht liegenden Geleise einnehmen, werden zwei Stifte eingeschoben, deren einer
(f in Figur 2 und 3) an der Tischplatte, deren anderer (x in Fig. 4) in der
Nähe der Hinterachse angebracht ist. Der Stift f wird durch das Lager a (Fig. 2
und 3) gesteckt und weiter durch eine runde Oeffnung in den Pendelhebel geschoben
wozu man letzteren so weit nöthig heranholen muß. Ebenso wird der Stift x

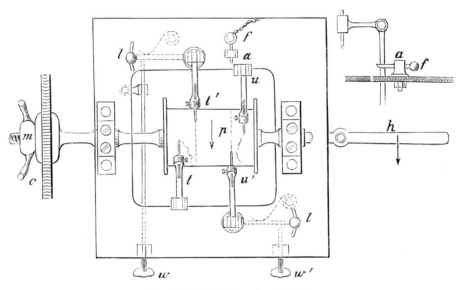

Dorpmüller's Geleismesser. Fig. 3.

(Fig. 4) durch die in die Schubstange S gebohrte Oeffnung o gesteckt, welche ebenfalls durch seitliches Schieben in der Richtung des Pfeilers am Hebel z so weit
als nöthig hervorzuziehen ist, falls dieselbe in Folge der Verschiebbarkeit dieser
Stange innerhalb der Federbüchse b liegt.

Nachdem beide Stifte eingeführt sind, haben die Schreiber t und u diejenige
Stellung, welche sie in einem regelrecht gespurten und wagrecht liegenden Geleise
einnehmen würden. Man legt hierauf ihre Schreibstiftspitzen auf, zeichnet mit denselben durch Drehen der Walze mit der Hand zwei gerade Linien auf den Papierstreifen, legt alsdann auch die Bleistiftspitzen t' und u' auf und regelt mit Hilfe
der Schrauben w und w' (Fig. 3) dieselben seitlich so, daß sie mit t und u auf
derselben Linie schreiben. Nunmehr ist der Apparat richtig eingestellt, die Mutter m
wird festgedreht, die Stifte f und x werden ausgezogen und die Fahrt kann
beginnen.

Soll eine neue Papierrolle aufgesteckt werden, so hat man die unter der Tischplatte liegende Walze (D in Fig. 1, v in Fig. 2) herauszunehmen, zu welchem Zwecke die Deckel der Lager, worin dieselbe liegt, zum Aufklappen eingerichtet sind. Nachdem die Vorlagscheibe und die Mutter q von der Walze entfernt sind, wird die Papierrolle möglichst centrisch aufgesteckt, jedoch so, daß das lose Papierende nach der dem Pendel zu liegenden Vorderseite des Apparates hochgezogen werden kann. Mittelst Vorlagescheibe und Mutter wird dann die Rolle befestigt und die Walze in den Apparat wieder eingelegt, der Papierstreifen auf die Schreibwalze hochgezogen, genau nach der Mitte spitz zugeschnitten und um die Aufwickelungsrolle geführt, so daß er sich bei der Bewegung der Schreibwalze mit der Hand fest und glatt aufwickelt.

Auf dem Papierstreifen werden, wie bereits erwähnt, zwei Diagramme auf=
gezeichnet: dasjenige der
Spurweite (Spurdiagramm)
und das der Höhenlage
(Höhendiagramm). Bei erste=
rem werden die gefundenen
Abweichungen von der regel=
rechten Spurweite des ge=
raden Geleises (1.435 Meter)
in wirklicher Größe, bei
letzterem die Abweichungen
von der wagerechten in ein
Drittel der wirklichen Größe
dargestellt. Ihre Größe ist
in beiden Bildern durch den

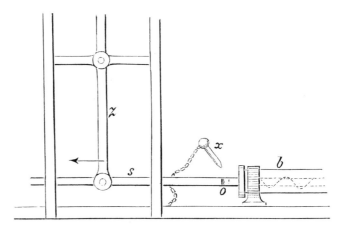

Dorpmüller's Geleismesser. Fig. 4.

seitlichen Abstand von den beiden geraden Linien, die jedes der beiden Diagramme durchziehen, bestimmt. Finden sich die Aufzeichnungen im Spurdiagramm zur Linken der geraden Linie verzeichnet, so stellen dieselben Spurerweiterungen dar, sind sie zur Rechten aufgetragen, so bedeuten sie Spurverengungen. Ist im Höhendiagramm die Aufzeichnung rechtsseitig der geraden Linie erfolgt, dann liegt die rechtsseitige Schiene höher, umgekehrt die linksseitige.

Um aus den beiden Diagrammen, welche im Längenmaßstabe von fast 1:500 aufgetragen sind, die ermittelten Differenzen in jedem Punkte des erwähnten Geleises wieder auffinden zu können, müssen dieselben stationirt werden. Man bewirkt dies einfach dadurch, daß man beim Vorüberfahren an einem Profilsteine an einem der beiden vorstehenden Knöpfe 1 (in Fig. 3) auf der Tischplatte des Apparates in der Fahrtrichtung drückt, worauf der bezügliche Schreibstift, mit welchem der Knopf in Verbindung steht, eine Marke auf dem Papierstreifen erzeugt, an welche man die Nummer des Profilsteines anfügt. Es ist übrigens nicht nöthig, jeden Profil= stein zu markiren, sondern es genügt vielmehr, dies bei jedem Kilometerstein zu bewirken, da man den Papierstreifen nachträglich in zehn gleiche Abschnitte theilen kann, wodurch sich die Profilmarken von selbst ergeben. Zur größeren Bequemlich= keit ist auch an der rückwärtigen Seite des Apparates (welche sich dadurch kenn= zeichnet, daß hier die Zughaken zum Fortbewegen fehlen) oben an der Tischplatte eine kleine vorstehende Oese vorhanden, an welcher man einen Bindfaden befestigen kann, den man bei der Vorüberfahrt an einem Profilsteine nur anzuziehen braucht, um dann in gleicher Weise eine Marke im Diagramm zu erhalten, wie durch das Niederdrücken der vorerwähnten Knöpfe.

Der Apparat wird mit mäßiger Geschwindigkeit durch das zu revidirende Geleise gezogen. Für ganz scharfe Aufnahmen, bei denen es auf besondere Ge= nauigkeit ankommt, empfiehlt es sich, den Apparat langsam und mit möglichst geringen Erschütterungen (ohne Ruck) durch das Fahrgeleise vor sich herzuschieben. Die Bilder werden dann bei gut gespitzten Schreibstiften sehr genau und scharf zum Ausdrucke kommen. Damit der Apparat überall, auch auf Strecken mit leb= haftem Verkehr, Verwendung finden kann, ist er dementsprechend leicht gebaut, wiegt 80 Kilogramm und kann von zwei Arbeitern bequem ausgesetzt werden.

Für Tunnelstrecken, auf welchen Handmessungen der Spurweite und Ueber= höhung nur bei Licht vorgenommen werden können und deshalb besondere Schwierigkeiten verursachen, ist der Apparat so gut wie unersetzlich und steht aus diesem Grunde bei vielen Gebirgsbahnen im Gebrauche. Desgleichen bedienen sich desselben schon seit geraumer Zeit viele deutsche, schweizerische, holländische und österreichisch=ungarische Bahnverwaltungen, die dänische Staatsbahn, die Paris= Lyoner Mittelmeerbahn u. a. m.

Die Beförderung des Apparates in unbenütztem Zustande geschieht am besten in dem beigegebenen Holzkasten, wobei die Räder in die besonders hiefür aus= geschnittenen Holzklötze eingesetzt werden. Jeder Apparat erhält außerdem eine Schutzkappe, mit welcher die Schreibvorrichtung bei eintretendem Regenwetter be= deckt wird. Nach dem Gebrauche des Apparates, sowie während seiner Verpackung im Transportkasten wird die weiter oben erwähnte Einziehung für die gefederten (rechtsseitigen) Räder freigelassen, um die Federn nicht unnützer Weise dauernd in Spannung zu erhalten. Soll der Apparat nach rückwärts bewegt werden, so muß die Schreibvorrichtung durch Lösung der Mutter (in Fig. 2) ausgeschaltet werden. Zum Zwecke des Aushebens und Einhebens des Apparates dienen die an dem= selben befestigten Handhaben. —

Wir haben eingangs unserer Mittheilungen über die Stabilität des Gefüges der Eisenbahngeleise wiederholt hervorgehoben, daß die Bewegungen der Schienen in Folge der auf letztere von außen wirkenden Kräfte hauptsächlich solche sind, die momentan, d. h. während der Fahrt der Züge, auftreten und nach dem Auf= treten der Wirksamkeit jener Kräfte wieder die alten Verhältnisse eintreten. Die gewöhnlichen Geleismesser, den Dörpmüller'schen inbegriffen, registriren sonach nur die dauernd auftretenden Veränderungen in den Lageverhältnissen der Schienen, nicht aber die mitunter viel wichtigeren Bewegungen ersterer Art, welche häufig zu Unglücksfällen Anlaß geben, ohne daß man die Ursachen derselben hinterher festzustellen vermöchte.

Die Schwierigkeit der Controle in letzterer Beziehung ist nicht zu verkennen. Da theoretisch genommen jeder Punkt des Geleises einer solchen Controle bedarf, so läßt sich dieselbe nicht nur in der vollkommenen Weise der Dorpmüller'schen Geleiserevision durchführen, sondern nur fallweise an bestimmten Stellen, welche auf Grund irgend einer gemachten Wahrnehmung während des Betriebes hierzu Veranlassung giebt, ausüben. Die diesbezüglichen Apparate unterscheiden sich im Principe nicht von den vielerlei Contactvorrichtungen für andere Zwecke (Signal-

Couard's Apparat zur Messung der Schienenverschiebungen (I).

controle, Geschwindigkeitsregistratoren u. s. w.), haben aber wenig Anwendung gefunden. Man begreift ohne weiteres, daß eine durchgreifende, möglichst viele Stellen des Bahngeleises betreffende Controle ungemein zeitraubend ist und überdies durch momentan auftretende Nebenumstände den Sachverhalt, den es zu untersuchen gilt, verdecken können. Es kann sich nämlich der Fall ergeben, daß ein bestimmter Punkt des Gestänges von zwei verkehrenden Zügen nicht im gleichen Maße beeinflußt wird, weil gewisse Voraussetzungen (Zugswiderstände, fortbewegte Last, Zustand der Schienen in Folge klimatischer Einwirkungen) nicht für beide Fälle Giltigkeit haben.

Im Nachstehenden ist eine von dem französischen Ingenieur Couard herrührende Contactvorrichtung für die Controle des Verhaltens der Geleise während des Betriebes abgebildet und beschrieben. Demselben ist das Princip des von

Louisson im Jahre 1860 erfundenen Sphygmograph zu Grunde gelegt. Er zer=
fällt, wie jede Schienencontactvorrichtung, in zwei Theile: die eigentlichen Contact=
vorrichtung und den Registrir=Apparat. Erstere kann dem angestrebten Zwecke
nach eine abweichende Anordnung haben, je nachdem man die Pressung des
Schwellenholzes, oder das Niedergehen der Schiene mit der Schwelle, oder schließ=
lich die Spurerweiterung einer Controle unterziehen will.

Um das Maß der Pressung und des Niedergehens der Schwelle zu ermitteln,
bedient sich Couard der ersteren der hier abgebildeten Vorrichtungen. Ein Brett,
das auf einem senkrechten zum Theile in die Erde eingerammten Holzklotze be=
festigt ist, wird in unmittelbarer Nähe der Schwelle angebracht. Auf dem Brette

Couard's   Apparat zur Messung der Schienenverschiebungen (II).

ist ein Hebelwerk montirt, dessen einer (längerer) Arm an der Oberfläche der Schwelle
befestigt ist, während auf dem anderen (kürzeren) Arm das knopfartige Ende einer
senkrechten Achse, an der sich eine Gummischeibe befindet, die nach Art eines Blase=
balges wirkt, aufruht. Die Gummischeibe lehnt sich nach oben an eine Metallbüchse
und wird durch eine Spiralfeder beständig nach abwärts gedrückt. An der Metallscheibe
befindet sich ein Rohrstutzen, auf welchen ein Kautschukschlauch aufgestülpt wird,
der zum Registrirapparat führt. Die Art, wie der Apparat functionirt, ergiebt sich
von selbst. Durch das Niedergehen der Schwelle, an welchem der längere Hebel=
arm theilnimmt, wird der kürzere Arm gehoben. Dieser drückt an die senkrechte
Achse des Blasebalges, wodurch die Luft in demselben verdichtet und durch den
Leitungsschlauch in den Registrirapparat geführt wird. Hier werden die Schwin=
gungen der Schwelle auf einem horizontal gestellten, mit einer geschwärzten Mantel=

fläche versehenen Cylinder, der durch ein Uhrwerk in Umdrehung versetzt und zugleich seitlich verschoben wird (wie die Walze einer Spieldose), mittelst eines Rußschreibers verzeichnet.

Die zweite Vorrichtung dient zum Messen der seitlichen Verschiebung der Schiene, also der momentan auftretenden Spurerweiterung. Zu diesem Ende ist an der Außenseite des Schienensteges ein Winkeleisen hochkantig angeschraubt, und zwar derart, daß die breite Kante des auswärts stehenden Winkelarmes sich an eine Contactvorrichtung lehnt, die der vorbeschriebenen völlig gleicht; der Unterschied besteht nur in der Lage des Blasebalges und seines Zubehörs, der hier nicht horizontal, sondern vertical steht. Auch bei dieser Vorrichtung wird die im Gummi-Blasebalge zusammengepreßte Luft mittelst eines Leitungsschlauches dem Registrirapparate zugeführt, wo ein Rußschreiber die auftretenden Seitenschübe registrirt. Nach demselben Principe ist schließlich eine dritte Anordnung, vermittelst welcher die Schienendurchbiegungen ermittelt werden. Die Achse mit dem Blasebalg befindet sich diesfalls unter dem Schienenfuße zwischen zwei Schwellen. Er ruht aber nicht auf der Bettung auf, sondern wird von einem an der Schiene bei der Nagelung befestigten starken Winkeleisen getragen. Dadurch

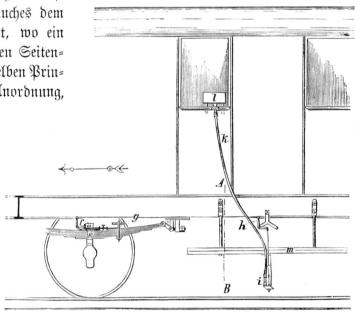

Der Mack'sche Controlapparat. Fig. 1.

wird vermieden, daß beim Niedergehen der Schiene die Vorrichtung in den Bettungskörper eingepreßt werde, was in der Registrirung einen falschen Werth ergeben würde.

Wesentlich abweichend von den bisher beschriebenen Controlapparaten ist eine neue, von Oberingenieur G. Mack (Nürnberg) herrührende Anordnung. Durch dieselbe wird der Zustand des Geleises mittelst einer am Zuge angebrachten Vorrichtung bewirkt, und zwar in der originellen Weise, daß am Bahnkörper zurückbleibende Farbenspuren ein sichtbares Bild von dem Zustande des Oberbaues geben. Diese Vorrichtung löst also das Problem wie bei dem Dorpmüller'schen Geleisemesser, die ganze Strecke, Punkt für Punkt, zu controliren, und zwar nicht nach der Befahrung des Geleises, sondern während derselben.

Der Mack'sche Apparat beruht auf der Thatsache, daß jede schlecht gelagerte oder mangelhafte Stelle im Eisenbahngeleise beim Durchfahren gewisse Stoß-

wirkungen verursacht. Ueberschreiten diese Stöße ein bestimmtes Maß, so tritt ein
an einem Waggon des Zuges angebrachter Spritzapparat in Thätigkeit, welcher,
je nach der Heftigkeit des Stoßes, durch Ausspritzen einer rothen beziehungsweise
blauen Flüssigkeit auf dem Bahnplanum 30 bis 200 Centimeter lange, 3 bis
6 Centimeter breite Streifen markirt. Demgemäß besteht die Mack'sche Vorrichtung
aus einem Apparat, welcher die Stöße und Schwingungen aufnimmt und die
stärkeren dazu benützt, um den erwähnten Spritzapparat in Thätigkeit zu setzen,
der die betreffenden fehlerhaften Stellen des Oberbaues auf dem Planum verzeichnet.

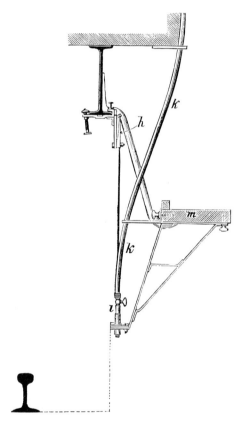

Der Mack'sche Controlapparat. Fig. 2.

Was nun die erstere Vorrichtung —
den Stoßapparat — anbetrifft, ist derselbe
in Figur 3 bis 5 dargestellt. (Bilder und
Beschreibung aus der Schweizerischen Bau-
zeitung vom 18. Februar 1893.) Mittelst
zweier Schrauben d ist auf der Flantsche F
des Tragfedernbundes die Lamelle b festgeschraubt. Auf derselben ruht ein 7 Kilogramm schwerer Bleiklotz a, der an der
Leitstange e e' befestigt ist. Diese ist um die
Achse c aufwärts drehbar. Durch den vom
Wagenrad auf die Tragfedern ausgeübten
Stoß an lockeren oder unebenen Stellen des
Schienenstranges wird der Bleiklotz um 1
bis 15 Millimeter in die Höhe geschnellt
und diese Emporhebung wird durch die im
Innern des Klotzes befindliche Spiralfeder
beschleunigt und erhöht.

Um nun die vielen kleinen und be-
deutungslosen Vibrationen auszuschließen,
wird zwischen den beiden Schrauben e und f'
(Fig. 3) ein freier Spielraum von 4 bis
6 Millimeter gelassen. Durch den Winkel f
wird die Bewegung auf die Verbindungsstange g (Fig. 3 und 4) und durch diese auf
den Winkel h (Fig. 1) übertragen, der nun die zweite Vorrichtung, den Spritzapparat,
in Thätigkeit setzt, indem er sofort das Ventil i öffnet. Dasselbe steht durch einen
Gummischlauch (k in Fig. 1 und 2) mit dem Reservoir (l), das die rothe oder blaue
Anilinfarbe enthält, in Verbindung. Durch die Luftdruckbremse m m (Fig. 3), die mit
der Leitstange e e' verbunden ist, fällt der Bleiklotz etwas langsamer auf seinen Ruhe-
punkt zurück, so daß die Ausströmungen am Ventil etwas länger dauern und in
Folge dessen der Streifen auf dem Bahnplanum außerhalb der Schienen, je nach
der Heftigkeit des Stoßes, länger und stärker wird.

Ueber den Stoßapparat — oberhalb f f — ist ein elektrischer Contact in angemessener Höhe angebracht (Fig. 5), welcher durch Drahtleitungen mit einem im Innern des Wagens befindlichen Trockenelement und Klingelwerk verbunden ist. Letzteers ertönt bei jedem einigermaßen bedeutenden Stoß oder Schlag, so daß die Wahrnehmung und Beobachtung der Markirungen während der Fahrt wesent=

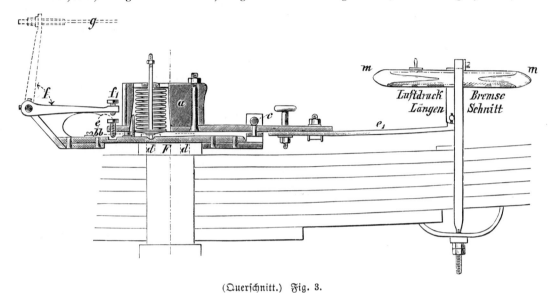

(Querschnitt.) Fig. 3.

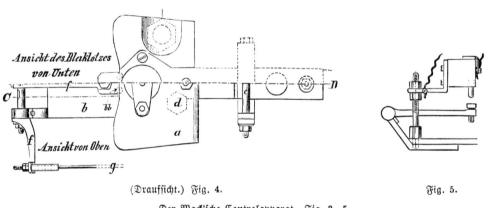

(Draufsicht.) Fig. 4.   Fig. 5.

Der Mack'sche Controlapparat. Fig. 3—5.

lich erleichtert wird, wenn der Begleiter seinen Standpunkt an der hinteren offenen Seite oder auf der hinteren Plattform des Wagens nimmt.

Die Mack'sche Vorrichtung wird an einem zweiachsigen Wagen angebracht, und zwar ist auf jeder Seite desselben ein Apparat, links an der einen, rechts an der anderen Achse, wobei der Spritzapparat links mit rother, rechts mit blauer Farbe versehen ist. Die am Bahnplanum haftenden Merkmale werden gleich nach der Fahrt aufgenommen und in einem Formular eingetragen, wobei die rothen und blauen Striche besonders bezeichnet werden. Die sofortige Aufnahme empfiehlt

sich deshalb, weil die Zeichen durch starken oder anhaltenden Regen verwischt
werden können. Die Geschwindigkeit des Zuges, dem die Apparate beigegeben sind,
soll eine gleichmäßige sein, weil sonst eine ungleichmäßige Markirung stattfindet.

<hr>

2. Betriebsstörungen.

Wenn man sich vor Augen hält, wie groß die Zahl der Factoren ist, deren
Ineinandergreifen die Exactheit des Betriebes bedingt, wenn man ferner erwägt,
daß die Complicirtheit der Mechanismen, welche die Sicherheit erhöhen, im steigen=
den Maße das Versagen derselben herbeiführen kann, daß die vollkommenste
Maschinerie nur dann tadellos functionirt, wenn sie einerseits durch keine störenden
Einflüsse behindert, anderseits in vertrauten Händen ruht, so liegen in diesen
Voraussetzungen ebensoviele Ursachen von Störungen im regelmäßigen technischen
Eisenbahnbetriebe. Es ist eben irrig, anzunehmen, daß die Complicirtheit des
Sicherungsapparates die Gewähr der Sicherheit in sich schließt. Manche Bahnen
finden mit sehr geringen Hilfsmitteln ihr Auslangen. Auch die Vollkommenheit
beziehungsweise Unvollkommenheit der Constructionen, der Werth des lebenden
Materiales und die Güte der Administration sind nicht immer entscheidend. Es
giebt schlecht verwaltete, mangelhaft gebaute und ungenügend dotirte Bahnen, auf
welchen der Betrieb mit ausreichender Sicherheit vor sich geht, während in jeder
Beziehung tadellose Einrichtungen und Mittel häufige und schwere Störungen nicht
verhindern können, wenn das Zusammenwirken ungünstiger Momente dieselben
zwingend nach sich zieht.

Dazu kommt, daß neben den technischen und administrativen Gebrechen
zugleich dem Wirken der Elemente eine unberechenbare Bedeutung zukommt. Eine
nicht minder große Rolle spielt der Zufall — ja, man kann behaupten, daß diesem
weitaus der weiteste Spielraum eingeräumt ist. Denn alle Sicherheit ist nur relativ,
und wenn nach menschlicher Berechnung alles klappt, kann der geringfügigste
Zwischenfall zum Anlaß von schweren Störungen und Katastrophen werden. Eine
weitere Verschärfung in der Combination von Möglichkeiten ist in der menschlichen
Leistung, sei es in physischer oder geistiger Beziehung, gegeben. Daß ganze Kate=
gorien von Eisenbahnunfällen bezüglich ihrer Ursachen der Ergründung sich ent=
ziehen, ist jedem Eisenbahnpraktiker bekannt. Denn nichts liegt näher bei solchen
Zwischenfällen als die Wahrscheinlichkeit, daß Ursache und Wirkung verwechselt werden.
Ist eine Entgleisung wegen zu großer Spurerweiterung in einem Curvengeleise
erfolgt, oder ist diese durch erstere bewirkt worden? Ist eine gebrochene Achse, die

sich vorfindet, die Ursache des Unfalles gewesen oder erst in dessen Folge gebrochen? Ist ein Deckungssignal zu spät bethätigt worden, oder hat es der Locomotivführer im dichten Nebel übersehen? Hundert derartige Eventualfragen werden sich im technischen Eisenbahnbetriebe einstellen, wenn es sich darum handelt, die vorkommenden Fälle zu untersuchen.

Die Begriffe »Sicherheit« und »Unfall« lassen übrigens in ihren Wechselwirkungen die mannigfachsten Combinirungen zu. Die eingangs hervorgehobenen Momente müssen bei der Anschauung von Eisenbahnunfällen verwirrend auf die Auffassungsfähigkeit wirken, wenn die maßgebenden Anzeichen, aus denen man auf die wirklichen Ursachen des Unfalls und etwa dabei im Spiele gewesene Verschulden durch Fahrlässigkeit oder Böswilligkeit schließen könnte, verwischt sind. Die neue englische Gesetzgebung erklärt jeden, im Betriebsbereiche der Bahnen, auch in deren Werkstätten, Güterspeichern, Kohlen- und Erzgruben, Hüttenwerken u. s. w. vorgekommenen Unfall für einen unter das Gesetz über die Haftpflicht der Bahnen gehörigen »Eisenbahnunfall«. Andere Autoritäten schränken ihn auf die Unfälle ein, die beim Betriebe selbst und bei Thätigkeiten vorkommen, welche mit denselben in directer Beziehung stehen. Dritte endlich lassen nur jene Unfälle gelten, welche durch die mechanischen Einrichtungen des Betriebsapparates hervorgebracht werden.

Mit der mangelhaften Präcisirung des Begriffes »Unfall« geht jene bezüglich der »Eisenbahnsicherheit« insoferne Hand in Hand, als man sich hier klar darüber sein muß, ob man letztere auf die Passagiere oder auf die Bahnfunctionäre oder auf Beide bezieht. Manche Betriebsform ist sehr sicher für die Reisenden, weit unsicherer für die Functionäre. Zwei Bahnen können dieselbe Ausdehnung, dieselbe Dichte des Verkehrs und die gleichen technischen und administrativen Einrichtungen haben, und dennoch wird die eine dieser Bahnen unter den Einwirkungen örtlicher Verhältnisse die Sicherheit ihres Betriebes in höherem Maße gefährdet sehen, wenn beispielsweise in sie mehrere Zweigbahnen einmünden, die örtlichen Verhältnisse den Verkehr von Zügen von verschiedener Geschwindigkeit, die sich auf der Strecke überholen müssen, erfordern, der Dienst also sich complicirter gestaltet, das Personal stärker ist, Ueberblick und Leitung der Manipulationen erschwert wird. Hier kann eine Unregelmäßigkeit zehn andere im Gefolge haben, und um sie zu verhindern, wird diese letztere Bahn einen um das Vielfache höheren Aufwand von Umsicht, Fachkenntniß und Befähigung erfordern, um dasselbe Maß der Betriebssicherheit zu erzielen, wie bei der ersteren, obwohl Bahnlänge und Transportsmasse dieselben sind.

Sehr bemerkenswerth sind die folgenden Ausführungen M. M. v. Weber's: ...»Das gefahrbringende Element beim Betriebe einer Eisenbahn ist durchaus nicht der Personenverkehr allein. Die Sicherheit des Eisenbahnpersonales ist in weit höherem Maße durch die Manipulation des Güterverkehrs gefährdet. Die bei weitem größere Zahl der Opfer von Menschenleben und Gesundheit erheischt das Rangiren der Züge auf den Stationen und die Behandlung der großen Masse von Fuhrwerken,

welche der Gütertransport erfordert. Auf die Gesammtzahl der Verluste von Leib
und Leben hat es wenig directen Einfluß, ob eine Bahn eine oder zwei Millionen
Passagiere, zehn oder fünfzig Millionen Centner Güter transportirt. Auf die
Form, in der es geschieht, kommt es allein an. Nur zur Vergleichung der relativen
Sicherheit, welche die Passagiere auf den verschiedenen Bahnen genießen, kann
die Anzahl der transportirten Reisenden einen gewissen Anhalt gewähren. Die An=
nahme leitet aber zu Trugschlüssen, wenn es die Ermittelung der gesammten Ge=
fährdung an Leib und Leben auf einer Bahn gilt.« Weber führt weiter aus, daß
als Einheitsmaß für die Vergleichung der Gefährdung, der Achskilometer, d. h. die
Bewegung einer Wagen=, Locomotiv= oder Tenderachse auf die Entfernung eines
Kilometers anzusehen ist; denn die bewegte Achse ist das Grundelement der Ge=
fahren beim Eisenbahnbetriebe, und die Zahlen der Achskilometer, die auf zwei
Bahnen gefahren werden, können sonach als Maß für die Gefährdungen beim
Betriebe derselben angesehen werden.

In den nachfolgenden Ausführungen wird es sich hauptsächlich um jene
Unfälle handeln, welche ausschließlich auf die Bahn und deren Fahrbetriebsmittel
beziehungsweise auf die den Betrieb gefährdenden äußeren Einflüsse sich beziehen.
Daraus läßt sich unschwer eine Gruppirung vornehmen, und zwar je nachdem
die Unvollkommenheit der Constructionen oder Elementarereignisse in Betracht gezogen
werden. In ersterem Falle ist der Begriff »unvollkommen« sehr dehnbar; absolut
vollkommen ist eben nichts auf dieser Welt und man braucht nicht eine mangel=
hafte Ausführung des Schienenweges oder der auf ihm sich bewegenden Vehikel
vor Augen zu haben, um zu begreifen, daß an beiden jeden Augenblick irgend ein
Gebrechen zu Tage treten kann, das geeignet erscheint, einen Unfall nach sich
zu ziehen. In der Regel bezeichnet man jedes Vorkommniß als »Betriebsstörung«,
wenn durch dasselbe der executive Stations= oder Streckendienst momentan unter=
brochen wird. Bei schweren Unfällen pflegt man von Katastrophen zu sprechen.
Hierbei ist indes wesentlich die Art der Wirkung, nicht die der Ursache maßgebend.
So kann beispielsweise eine Entgleisung sehr glimpflich verlaufen, aber auch mit
furchtbaren Zerstörungen verbunden sein. Außerdem kommt es auf Nebenumstände
an, welche eine Verschiebung der Begriffe »Unfall« und »Katastrophe« bedingen.
Stürzt eine Brücke unter dem verkehrenden Zuge ein und verschlingen die Fluthen
Wagen und Passagiere, so wird Niemand leugnen, daß dies eine Katastrophe der
schwersten Art zu nennen ist. Erfolgt aber der Zusammenbruch der Brücke, wenn
der Zug dieselbe bereits hinter sich hat, so reducirt sich der Zwischenfall auf eine
mit schwerem materiellen Schaden verbundene Betriebsstörung — also auf einen
»Unfall«.

Die Bahnunfälle im Allgemeinen lassen sich, wie bereits erwähnt, der
Natur ihres Ursprunges nach — wobei von Pflichtversäumniß, Irrthum und der
Unvollkommenheit der menschlichen Leistung überhaupt hier abgesehen werden soll
— in technische und elementare eintheilen.

Die ersteren betreffen einerseits Beschädigungen oder Mängel am Schienen=
wege und dem Unterbau, anderseits plötzlich eintretende Gebrechen an den Fahr=
zeugen. Dort handelt es sich um Störungen in der Stabilität des Gefüges der
Geleise, um momentan auftretende Spurerweiterungen, Kanten der Schienen, Los=
lösung derselben von ihren Verbindungsmitteln, Verkrümmungen u. dgl. Den Unter=
bau betreffen: Setzungen des Bahnkörpers, Rutschungen im Anschnitt, Deformation
der eisernen Brücken oder völliger Einsturz derselben, Verdrückungen in Tunnels
oder deren theilweiser Einsturz, Bewegung der Stütz= und Futtermauern, Blähungen
des Bahnplanums in Einschnitten in Folge Wasserauftriebes oder anderer im
Bahnkörper wirksame dynamische Ursachen.

Sehr mannigfaltig sind die an den Fahrzeugen auftretenden Gebrechen,
welche zu Unfällen, beziehungsweise Katastrophen führen können. Der mechanische
Fahrapparat ist nicht nur in seinen einzelnen Organen, sondern auch in seiner
Gesammtheit ein so complicirter Mechanismus, daß man nach dieser Richtung,
trotz aller technischen Fortschritte, dem Zufalle völlig preisgegeben ist. Dank der
Strenge, mit der jedes Versäumniß pflichtmäßiger Obsorge seitens des Fahrpersonales
geahndet wird, und dank den ausgezeichneten Betriebsmitteln, welche zur Zeit bei
allen großen und stramm administrirten Bahnen in Gebrauch stehen, haben die
von Fall zu Fall eintretenden Gebrechen in den seltensten Fällen schwere Zwischen=
fälle im Gefolge. Hierzu zählen: Achsbrüche an der Locomotive oder den Wagen,
Thyresbrüche, Kuppelrisse, Beschädigungen an den beweglichen Theilen der Loco=
motive, Federbrüche, heißlaufende Achsen und deren Folgen, Versagen der durch=
gehenden Bremsen oder des Intercommunicationssignales oder — wo solche in
Verwendung stehen — der Schienencontacte, wenn damit wichtige Signalisirungen
verknüpft sind. Da indes solche Einrichtungen als ein Bestandtheil des Oberbaues
aufzufassen sind, können sie nur für den Fall in die vorstehende Kategorie von
Ursachen zu Störungen eingereiht werden, wenn die betreffende Vorrichtung ein
Signal auf der Locomotive (z. B. die Lartigue'sche automatische Dampfpfeife) zu
bethätigen hat.

Die elementaren Ursachen von Bahnunfällen liegen in den Witterungs=
erscheinungen, sind also physikalischer Natur. Man kann sie in gewöhnliche und
außergewöhnliche eintheilen. Dichte Nebel, schwere Regengüsse mit oder ohne
Gewittern, dichtes Schneetreiben und Schneeverwehungen werden in die erste
Kategorie, Murbrüche, Ueberschwemmungen, Erdbeben, Wirbelstürme (Tornados in
Nordamerika) in die zweite Kategorie einzutheilen sein.

Wir wollen nun diesen Factoren, von welchen die Betriebssicherheit — von
äußerlichen Gesichtspunkten beurtheilt — abhängig ist, im Einzelnen näher treten.
Ursache und Wirkungen bei Schäden am Bahnkörper selbst wurden bereits in dem
betreffenden Abschnitte dieses Werkes besprochen. Desgleichen ergeben sich aus den
vorausgegangenen Mittheilungen über die in den Geleisen sich bethätigenden Be=
wegungen während der Fahrt die Anhaltspunkte, nach welchen die für den Betrieb

verbundenen Gefahren sich ableiten lassen. Es ist also diesbezüglich weiter nichts zu sagen.

Anders verhält es sich bezüglich der an den Fahrzeugen auftretenden Gebrechen, von welchen allerdings schon in den vorangegangenen Abschnitten hin und wieder die Rede war. Man kann sagen, daß die häufigsten Störungen des Zugsverkehrs in Verspätungen bestehen, welche größtentheils durch Dienstunfähigwerden der Fahrbetriebsmittel verursacht werden. Hierbei sind es weniger die Wagen, als die Locomotiven, welche der Beschädigung ausgesetzt sind, was bei dem außerordentlich complicirten Mechanismus der letzteren ohne weiteres verständlich ist. Ein hervorragender Fachmann sagt: »Jeder Wagen, jede Locomotive, kurz jedes Object der mechanischen Ausrüstung einer Eisenbahn ist nur in jenem Momente in vollkommen dienstfähigem Zustande, da es neu erzeugt oder eingeliefert ist oder aus der Reparatur kommt. Von diesem Zeitpunkte an wird sein Zustand verschlechtert und erreicht endlich jenen Grad, der es zu fernerem Dienste untauglich macht und zur Reparatur bemüssigt; denn jede Bewegung erzeugt Reibung, jede Reibung Abnützung, jeder Druck vermindert die Festigkeit und alterirt die Lage des Gedrückten, und wenn auch alle diese Processe anfangs meist nur mikroskopische Wirkungen verursachen, so verstärken sie und summiren sie sich fortwährend, während andere Wirkungen momentan auftreten.«

Je unvollkommener der Zustand der Fahrbetriebsmittel ist, desto wahrnehmbarer wird er dem Gehörssinne. Ein heranklappernder Zug, der alle möglichen Geräusche verursacht, wird selbst in der Beurtheilung des Laien sich als ein solcher darstellen, an welchem Vielerlei nicht klappt. Allerdings zieht ein schlechter Bahnzustand die Fahrzeuge sehr in Mitleidenschaft und so darf der Grundsatz gelten, daß, wo das Eine schlecht ist, auch das Andere nicht gut sein kann. Am stärksten sind die Radreifen der Abnützung ausgesetzt. Ist das Maß dieser letzteren so bedeutend, daß der Spielraum zwischen der inneren Schienenkante und den Spurkränzen 25 Millimeter erreicht hat, so ist Gefahr am Verzuge, da in Curven, bei Wechseln und Herzstücken die Räder das Bestreben haben, mit dem Spurkranze »aufzusteigen«. Ungenügende Thyresbreite kann auch das »Durchfallen« der Achsen am Innenstrange des Curvengeleises zur Folge haben.

Bei Gebrechen dieser Art ist es leicht, Abhilfe zu schaffen, da sich dieselben durch Augenschein ergeben. Anders dagegen steht die Sache mit den an Radreifen, Scheiben, Speichen, Naben und Kränzen auftretenden Rissen, welche zu Beginn so fein sind, daß sie entweder gar nicht wahrzunehmen oder von Unreinlichkeiten (im Anstrich untermengten Haaren, Borsten 2c.) nicht zu unterscheiden sind. Für die Praxis ist ein gewisses Maß der Risse und Sprünge ohne Belang, doch erheischt die Vorsicht, nach Thunlichkeit Abhilfe zu schaffen. Unvollständige oder oberflächliche Revisionsarbeiten führen zu Uebersehen, welche sich hinterher schwer rächen. Ein geübtes, im Fahrdienste geschultes Gehör wird übrigens schon durch die verschiedenerlei wahrnehmbaren Geräusche die Quelle des Gebrechens entdecken. So pflegen sich beispielsweise lose Räder durch Streifen an anderen Bestandtheilen oder Schwanken, ausgelaufene Thyres durch tactmäßiges Hämmern, zu großes Spiel des Achslagers durch Schlagen u. s. w. bemerkbar zu machen.

Augenfällig sind plötzlich eintretende Gebrechen in Folge Bruches, z. B. einer Tragfeder, was sofort ein Seitwärtsneigen des Fahrzeuges zur Folge hat. Dem Bruche eines Radreifens folgt ein starker Knall oder Schlag, viele an der Maschine eintretende Gebrechen melden sich durch entsprechende Geräusche oder im ungleichen »Schlag« des Dampfes, dem sogenannten »Galoppiren«. Das am häufigsten vorkommende Gebrechen bei Wagen ist das Warmlaufen der Achsen, das sich durch Pfeifen, Rauch oder gar Flammen, im ersten Stadium durch einen widerlichen Geruch, der von den Schmierbüchsen ausgeht, verräth.

Groß ist die Zahl der Gebrechen, welche an der Maschine auftreten und dieselbe momentan gänzlich dienstunfähig machen können. Sehr der Verletzung ausgesetzt sind die Kuppelstangen, Kreuzköpfe und Schieberstangengabeln. Der Bruch einer Kuppelstange ist insoferne sehr gefährlich, als der herabfallende rückwärtige Theil sich in der Fahrtrichtung in die Bahnkörper einbohrt und die Maschine zur Entgleisung bringen kann. Ist man genöthigt, eine gebrochene Kuppelstange zu entfernen, so muß auch die intact gebliebene abmontirt werden, da es unzulässig ist, mit einer Kuppelstange zu fahren. Hingegen ist der Bruch einer Treibstange oder deren Kurbelzapfen kein Hinderniß für die Weiterfahrt, wenn sie unter Beachtung der nothwendigen Vorsicht stattfindet oder eine Hilfsaction nicht sofort eingeleitet werden kann. Um die »Fahrt mit einem Cylinder« bewirken zu können, ist es selbstverständlich nothwendig, den Dampf im todten Cylinder unwirksam zu machen, was dadurch erreicht wird, daß nach Auslösung der Schieberstange von der Coulisse und Abnahme der Excentricstangen Kolben und Schieber ganz an das Ende des Cylinders geschoben werden. Die andere Methode, den Schieber auf den »todten Punkt« zu stellen, ist minder empfehlenswerth, weil die geringste Dampfeinströmung durch die Einströmungscanäle den Kolben an den Cylinderdeckel vorstoßen und diesen durchschlagen würde.

Nicht minder bedenklich ist das Versagen des Regulators. Durch Bruch der Regulatorstange kann der Regulator entweder constant offen oder geschlossen bleiben; in ersterem Falle kann der Zug mittelst Reversiren, Bremsen und Sandstreuen bis in die nächste Station geführt, im zweiten Falle muß er jedoch sofort zum Stehen gebracht werden. Das Versagen der Dampfpfeife hat zur Folge, daß dieselbe entweder ununterbrochen forttönt oder zum Tönen nicht zu bringen ist. Gefährlich kann nur — unter gewissen Voraussetzungen — der letztere Zustand werden, so daß vorsichtige Weiterfahrt und Verminderung der Geschwindigkeit diesfalls geboten sind.

Wie groß die Achtsamkeit des Maschinenpersonales sein muß, ergiebt sich aus der Erwägung, daß jedes scheinbar noch so geringfügige Vorkommniß dem vertrauten Ohre sich bemerkbar macht. Schlagen die Kolben, so rührt dies von

ausgeleierten Ringen, losen Muttern oder Deckeln, oder von den harten Kugeln,
welche sich aus Kohlenstaub und Oel in den Kolben bilden, her. Aeußert sich die
abnormale Bewegung der Kolben nun durch ein charakteristisches Summen, so liegt
die Ursache in ungenügender Schmierung oder zu harter Beweglichkeit der Theile.
Auf denselben Sachverhalt ist das eigenthümliche Pfeifen der Schieber rückzuführen.

Das Platzen eines Siederohres hat zur Folge, daß das Feuer rasch verlöscht
und der Wasserstand im Kessel rapid abnimmt. In Folge zu geringen Wasserstandes tritt ein Verbrennen der Rohre und des Plafonds ein, was leicht zu
erkennen ist. In diesem Falle hat der Führer aller Mittel, welche zum Sinken der
Dampfspannung beitragen, sich zu bedienen: Entfernen des Feuers, Oeffnen
der Heizthüre, Lösen der Federwage am Sicherheitsventil u. s. w. Das Platzen
oder Rinnen eines Siederohres kann unter Umständen durch Eintreiben eines
eisernen Stoppels an der Seite des Feuerkastens und eines hölzernen an der
Seite der Rauchkammer unschädlich gemacht werden. Selbstverständlich muß zur
Vornahme dieser Manipulationen die Maschine vorher zum Stehen gebracht worden
sein. Zugleich ist der Wasserstand mindestens bis zum zulässig tiefsten Punkte zu
erhalten. Ist die Verstoppelung nicht durchführbar, so muß das Feuer beseitigt
und nöthigenfalls das Wasser abgelassen werden.

Eine Unterbrechung der Fahrt ist immer eine mißliche Sache, weil eine un-
vorhergesehene Störung die Verkettung einer ganzen Reihe von Zwischenfällen
herbeiführen kann. Besonders störend ist sie bei Personenzügen, weil hierbei leicht das
Mißvergnügen der Passagiere erweckt wird. Tritt daher ein Gebrechen an der Locomotive, dem Tender oder einem der Wagen ein, so hat der Maschinenführer unter
Mithilfe des Zugsbegleitungspersonales alles aufzubieten, um den Schaden schnell
und nach Maßgabe des Grades der Beschädigung so gut als möglich zu beseitigen,
damit der Zug mit thunlichster Abkürzung der Verspätung in die nächste Station
gebracht werde. Sollten während der Fahrt dem Führer sich Wahrnehmungen auf-
drängen, welche es als wahrscheinlich erscheinen lassen, daß die Maschine in Kürze
dienstunfähig werden könnte, so hat er zeitrecht darauf bedacht zu sein, eine Hilfsmaschine zu bestellen.

Zu den herkömmlichen Zwischenfällen während der Fahrt gehören ferner die
Zugstrennungen. Sie treten bei Personen- und überhaupt schnellfahrenden
Zügen äußerst selten, häufiger bei schweren Güterzügen auf, sodann hauptsächlich
auf Gebirgsbahnen, weniger auf Thalbahnen. Das Loslösen eines Zugstheiles
wird bei Personenzügen, welche gewisse Intercommunicationssignale führen, dem
Locomotivführer selbstthätig signalisirt. In allen anderen Fällen wird dem Maschinenpersonale der Vorfall, sollte es ihn nicht selbst wahrnehmen, entweder durch
die Zugsbegleiter oder die Streckenwächter mittelst des Haltsignals zur Kenntniß
gebracht. Der Führer hat nun zu entscheiden, was zu geschehen hat. Ist er dem
getrennten Theile so weit voraus, daß er ihn aus dem Gesichte verloren hat, so
ist die Beobachtung mehrfacher Maßnahmen nothwendig, welche mit größter

Vorsicht durchgeführt werden müssen. Zunächst hat der Führer die rückgängige Bewegung einzuleiten, wobei in bedecktem Terrain mit vielen Krümmungen und Einschnitten ein Bediensteter auf die Entfernung von etwa einem Kilometer voran= zugehen hat. Bezüglich der weiteren Maßnahmen kommt es darauf an, in welcher Verfassung sich der zurückgebliebene Zugstheil befindet. Wurde dieser mittelst der Handbremse zum Stehen gebracht, so wird der rückläufige Zugstheil sachte an= geschoben und die Nothkuppelung bewirkt; im Gegenfalle hat der Führer mit seinem Zugstheile die Geschwindigkeit mit Berücksichtigung der Geschwindigkeit des getrennten Zugstheiles derart zu mäßigen, daß dieser ohne heftigen Anprall an den vorlaufenden Theil anschließe, worauf der ganze Zug zum Stehen gebracht und die Nothkuppelung bewirkt wird. Schwieriger gestaltet sich diese Maßnahme, wenn der abgetrennte Theil auf einer Steigung eine der Fahrtrichtung entgegen= gesetzte Bewegung angenommen hat und nicht wirksam gebremst werden kann. In diesem Falle hat, sobald Entfernung und Nebenumstände es nicht verbieten, der Führer dem getrennten Zugstheile in rückläufiger Bewegung nachzufahren und zu trachten, ihn einzuholen und sachte anzufahren, um die Nothkuppelung vornehmen zu können. Selbstverständlich ist bei allen Betriebsstörungen auf der Strecke die= selbe im Bereiche des Zwischenfalles nach vor= und rückwärts so lange zu decken, bis die Störung behoben und der liegengebliebene Zug die Weiterfahrt angetreten hat. Bei Bahnen mit Blockeinrichtungen ist die Einfahrt in die betreffende Strecke ohnedem gesperrt, so lange sich der vom Unfall betroffene Zug auf derselben befindet.

Die Praxis des Bahnbetriebes hat die eigenthümliche Erscheinung zu Tage gefördert, daß eine Anzahl von Unfällen sich meist in einem kurzen Zeitraum zu folgen pflegt, was nicht ohne demoralisirende Wirkung auf das Zugspersonale bleibt. Ob nun die letztere oder das zufällige Zusammentreffen der die Unfälle bedingenden Ursachen hieran den Hauptantheil haben, ist umso schwerer festzustellen, als die Kenntniß, welche zur Gestaltung einer competenten Ansicht über das Vor= gefallene sich als nothwendig erweist, in vielen Fällen verschleiert ist. Es liegt dies in den bereits eingangs auseinandergesetzten Causalitätsverhältnissen zwischen Ursache und Wirkung. Dazu kommen Befangenheit des Urtheiles und andere moralische Momente, worunter die rasche Beseitigung von Indicien für vorliegende Verschuldung zum Zwecke der Beruhigung der öffentlichen Meinung die verwerf= lichste ist. Selbst bei der besten Administration kommen solche Vertuschungen vor, welche eine spätere gründliche Erörterung der Unfallsursachen erheblich erschwert oder ganz unmöglich macht.

Auch die technische Seite dieser Frage liegt nicht so einfach, wie man an= nehmen möchte. Achsbrüche, welche in rascher Aufeinanderfolge stattfinden, machen es zur zwingenden Nothwendigkeit, ganze Lieferungsserien derselben zu untersuchen, um weitere Unfälle zu verhüten. Ob dies immer möglich sein wird, ohne den Betrieb durch Entzug von Fahrbetriebsmitteln zu benachtheiligen, sei dahingestellt.

Häufige Tyresbrüche können ebenso häufig dem Materiale, wie äußeren Urachen, z. B. starken Temperaturwechseln in der kälteren Jahreszeit, anhaltender strenger Kälte oder selbst Mängeln am Oberbau zugeschrieben werden. Wird den wahren Urachen nicht nachgeforscht, so kann es nicht Wunder nehmen, wenn die Unfälle in rascher Aufeinanderfolge eintreten. Bei einem gleichalterigen und gleichmäßig in Anspruch genommenen Rollmateriale wird das Eintreten häufiger und gleich= artiger Gebrechen consequenterweise der im gleichen Maße fortgeschrittenen Ab= nützung zuzuschreiben sein.

Wir kommen nun auf diejenigen Betriebsstörungen zu sprechen, deren Ur= sachen physikalischer Natur sind. Nennen wir sie kurzweg: elementare Zwischen= fälle. Schwere Regenfluthen, Gewitterstürme sind meteorische Erscheinungen, welche vornehmlich an dem Bahnkörper schwere Beschädigungen nach sich ziehen können, während sie den fahrenden Zug selbst wohl kaum ernstlich bedrohen. Im Bereiche großer Ströme, mehr noch aber in Gebirgsländern, wo das plötzliche Anschwellen der Wildbäche und Torrenten in kürzester Zeit die größten Ver= heerungen herbeizuführen pflegt, sind ausgiebige und anhaltende Regengüsse be= sonders zu fürchten. Sehr lehrreiche Beispiele hierfür bieten die in den östlichen Alpenländern gelegenen Bahnen, wo in Folge der fortschreitenden Entwaldung der sehr bewegliche bröckelige Felsboden jedes Haltes beraubt und durch die Regen= fluthen fortgeschwemmt wird. Thalengen werden binnen wenigen Stunden in ein Strombett mit wildtobenden, schlammbraunen Fluthen verwandelt, welche den Schienenweg auf ansehnliche Strecken derart vom Boden wegfegen, daß nichts mehr sein ehemaliges Dasein verräth. Die Gebirgsbahnen weichen solchen gefährlichen Stellen nach Möglichkeit aus, indem sie die in das Hauptthal hineinragenden Muren tunnelartig unterfahren. Rationelle Wildbachverbauungen können die Gefahr wohl herabmindern, jedoch nicht gänzlich beseitigen.

Eine sehr störende, mannigfache Gefahren in sich schließende Erscheinung ist der Nebel. Er wird besonders im Rangirdienste großer Stationen, wo eine fort= während intensive Bewegung auf all den zahlreichen ineinander verschlungenen Geleisen stattfindet, im hohen Grade bedrohlich. Aber auch auf der Strecke ist er ein gefürchteter Gast, weil er die Wirksamkeit der optischen Signale beeinträchtigt. Manches Signal wird entweder gänzlich übersehen oder zu spät wahrgenommen und die möglichen Folgen liegen auf der Hand. Im nebelreichen Großbritannien ist die Sicherheit des Betriebes oft durch viele Wochen ganz in die Hand eines Signalmännercorps gegeben, das sich in wunderbarer Weise an diese Verhältnisse angepaßt hat und seinen Dienst mit staunenerregender Präcision verrichtet. Vornehmlich ist es die Dichte des Verkehrs im Bereiche der großen Londoner Bahnhöfe, welche ein großes Maß von Verantwortung den Signalmännern aufbürdet. Hier hat sich denn auch eine diesen Zuständen entsprechende sehr wirksame Signalart entwickelt: das Knallsignal oder, wie es in England bezeichnender genannt wird: das »Nebel= signal«. Dasselbe bildet während andauernden Nebelwetters die einzige Gewähr

Schneeverwehung.

für die Betriebssicherung. Manche große Londoner Station verbraucht an einem einzigen Nebeltage anderthalb= bis zweitausend Kapseln. Auf dem Continente finden die Knallsignale, wie wir bereits anderwärts ausgeführt haben, weit weniger Anwendung, obwohl auch hier die Noth sie zu einem schätzenswerthen Auskunftsmittel gemacht hat.

Zu den regelmäßigen, den Bahnbetrieb störenden elementaren Zwischenfällen zählen Schneefall und Schneeverwehungen. Der Schneefall an sich, sobald er bei ruhiger Luft erfolgt und aus compacten großen Flocken besteht, wird der Bahn weniger bedrohlich, da die Freihaltung des Geleises diesfalls auf keine nennenswerthen Schwierigkeiten stößt. Die Schneelage wird den Locomotiven erst dann gefährlich, wenn sie so hoch ist, daß die Aschenkasten zu streichen beginnen und somit die Betriebsfähigkeit der Maschinen in Frage gestellt wird. Um dies zu verhüten, genügt die Verwendung von Schneepflügen und Schleudern. Ganz anders stellt sich aber die Angelegenheit, wenn der Schneefall in der Form kleiner trockener Krystalle erfolgt und überdies heftige Luftströmungen die Schneelage in Bewegung setzen. Die leichten, staubförmigen Massen werden dann zu gewaltigen Wehen aufgethürmt, welche in kürzester Zeit die Bahn förmlich verschwinden machen, so daß mit Pflügen dagegen nicht mehr aufzukommen ist. Um sich solcher Zwischenfälle, die den regelmäßigen Betrieb oft durch viele Tage, ja durch Wochen stören können, zu erwehren, führt man an den besonders bedrohten durch die Erfahrung gekennzeichneten Stellen der Bahn Schutzvorrichtungen auf, welche man Schneeschutzanlagen nennt.

Der Schnee ist schon an sich störend, da er durch seine Nässe die Adhäsion beeinträchtigt und damit den Widerstand der gezogenen Wagen vermehrt, die Beweglichkeit des Mechanismus der Locomotive stört. Bei geringer Schneelage behilft man sich damit, daß entweder die Zugsmaschine selbst dieselbe durchbricht oder eine Vorspannmaschine zu Hilfe genommen wird. In dem einen wie in dem anderen Falle muß Sorge getroffen werden, daß der Aschenkasten nicht an der Schneelage streift. Er ist also eventuell abzunehmen. Vergrößert sich das Hinderniß, so ist der Zug zum Stehen zu bringen und nun mit der abgekuppelten Maschine der Versuch zu unternehmen, die Schneelage zu durchbrechen, jedoch mit Festhaltung an dem Grundsatze, daß der Angriff auf das Hinderniß nicht mit jener Gewalt unternommen werden darf, daß die Gefahr des Steckenbleibens der Maschine ohne Möglichkeit der Befreiung platzgreife. Die Geschwindigkeit bei dem Durchbruchs= versuche hat daher eine mäßige zu sein. Das gleichzeitige Vorgehen zweier Maschinen ist durchaus unzulässig, weil die rückwärts angekuppelte zweite Maschine kein directes Hinderniß zu überwinden hat und die vordere durch die Gewalt des Stoßes unbedingt gefährden würde. Die zweite Maschine wird hingegen mit Vortheil in Action treten, wenn es der ersten nicht möglich sein sollte, aus den vertheilten Schneemassen herauszukommen. Ist der Angriff erfolgt, so müssen die Schienen an jener Stelle, wo das Festfahren stattgefunden hat, von dem daselbst

zusammengepreßten Schnee und den unter den Rädern gebildeten keilförmigen
Schneeklötzen befreit werden. Die Angriffe sind so oft zu wiederholen, bis der
Durchbruch geglückt und die Schienen in der vorstehend angedeuteten Weise
gesäubert worden sind.

Ist ein Durchkommen jedoch nicht möglich, so muß der Zug in die Abgangs=
station zurückgeschoben werden, und zwar mit umso größerer Vorsicht, je mehr sich
die Schneeverhältnisse verschlechtert haben. Bei solch' rückgängigen Bewegungen ist
die Entgleisungsgefahr imminent, da die Räder der leichten Wagen, insbesondere in
Curvengeleisen, leicht aufsteigen.

Ist der Zug anstandslos in die Abgangsstation zurückgeschoben worden, so
ist die Abräumung des Hindernisses mittelst des Schneepfluges vorzunehmen.
Dieser letztere kann übrigens auch dann mit Vortheil zur Verwendung kommen,
wenn die Schneelage den Betrieb noch nicht behindert, eine Ansammlung größerer
Niederschlagsmengen aber vorgebeugt werden soll. Es fährt dann der Pflug einfach
vor dem Zuge und werden demselben einige Arbeiter beigegeben, welche erforder=
lichen Falles einzugreifen haben.

Fährt ein Schneepflug dem Zuge voraus, so hat derselbe eine möglichst
gleiche Geschwindigkeit einzuhalten, nach der sich auch der nachfolgende Zug zu
richten hat. Erhöhte Vorsicht wird dann am Platze sein, wenn der vorangehende
Pflug voraussichtlich an ein nicht ohne weiteres zu bewältigendes Hinderniß
gelangen sollte. Ist dasselbe sehr bedeutend, so wird vor dem eigentlichen Anlaufe
die Handarbeit einzugreifen haben. In diesem Falle müssen 3 bis 5 Meter von
einander entfernt liegende Schneegruben (Querschläge) von 2 bis 2·5 Meter Länge
und 2·5 bis 3 Meter Breite bis zur Schienenoberfläche herab durch Arbeiter
ausgeschaufelt werden.

Eine mittelst des Schneepfluges freigemachte Strecke bedarf auch fernerhin
der sorgsamsten Ueberwachung, da selbst dann, wenn derlei Strecken schon befahren
worden sind, durch später eingetretenen Frost die alte Schneebahn — z. B. in
Einschnitten — in der Sohle sich erhöht und die Seitenwände verengt. Ferner
wird der innerhalb der Schienen und über denselben befindliche Schnee durch die
darüber hinwegrollenden Räder zusammengedrückt und fester an die Schienen gepreßt,
wodurch namentlich in Krümmungen und bei Wegübersetzungen Entgleisungen statt=
finden können. Der Maschinenführer hat bei derlei Fahrten darauf zu achten, ob
der Schnee tief genug abgenommen ist, ob die Schienen an den inneren Seiten
von Schnee und Eis auf entsprechende Tiefe gereinigt sind, ob in Einschnitten die
Breite der Ausschaufelung genügend ist, so daß die Durchfahrt mit Rücksicht auf
die breitesten Wagen anstandslos geschehen kann. Diese Vorsicht ist umso noth=
wendiger, als die erste Aushebung der verwehten Strecken der wünschenswerthen
baldigen Behebung des Hindernisses wegen nur auf mäßige Breite stattfindet
und dieselbe erst später durch Handarbeit vergrößert wird. Nicht minder hat der
Führer fortwährend darüber zu wachen, daß das Wasser in dem Speiseapparate

nicht einfriere. Ist dies unter Anwendung aller vorhandenen Hilfsmittel nicht zu verhindern, so muß das Wasser sowohl aus dem Kessel als aus dem Tender abgelassen werden.

Die gewöhnlichen Schneepflüge sind sechsräderige Fahrzeuge mit Verticalkeil und horizontaler Schneide, die Seitenflächen windschief nach rückwärts bis zur größtmöglichen Ausladung verlaufend, durchaus mit Blech verkleidet und mit Steinen belastet, ohne Federspiel und mit 4—6 Tons Druck per Achse. Mitunter sind keilförmige Apparate direct an den Locomotiven angebracht. Sie werden in der Regel bei ein Meter hoher Schneelage, in England und Amerika sogar bei drei Meter hoher Schneelage angewendet. Dieselben haben indes den großen Nachtheil, daß sie — insbesondere bei einseitigen Schneewehen — oft vorkommenden Entgleisungen dadurch sehr gefährlich werden, daß der Pflug mit der Spitze in dem Boden sich festsetzt und so für die Locomotive bedenkliche Folgen nach sich ziehen kann. Ein weiterer Uebelstand ist der, daß, da der Pflug zu nahe an der Maschine ist, bei großer Schneehöhe der Mechanismus und die Räder der letzteren mit Schnee angefüllt werden. Für Strecken ohne oder mit nur unbedeutenden Verwehungen dagegen eignen sich solche Schneepflüge vorzüglich dazu, den frisch gefallenen Schnee durch eine, wenn nöthig, täglich mehrmals fahrende Reservelocomotive zu beseitigen. Ein sehr zweckdienlicher Apparat rührt von Oberingenieur Slávy her. Derselbe ist aus Blech und Winkeleisen construirt und ist speciell in der Form der beiden Pflugflächen und in dem mantelartigen Schirm, wodurch dem Mechanismus der Locomotive ausreichender Schutz gewährt wird, charakteristisch und durchaus originell.

Schneepflüge, welche nicht von der Locomotive, sondern von Pferden gezogen werden, kommen selten in Anwendung. Sie haben die Form der gewöhnlichen auf Landstraßen in Gebrauch stehenden »Schneeschlitten«, nämlich diejenige eines Keiles mit Schrägdielen, welche bis zur Bettungskante reichen, damit der Schnee in der ganzen Breite der Bettung beseitigt werden könne. Die untere Seite der Dielen und die Ausschnitte für die Schienen sind mit Eisen beschlagen. Besondere Vorsicht ist nöthig an Wegübergängen, Weichen, insbesondere aber auf offenen Brücken, wo die Pferde auf dem Dielenbelag leicht Schaden nehmen können. Derselbe ist daher vor Eintritt des Winters genau zu untersuchen. Der Schneeschlitten wird von einer Anzahl Arbeitern begleitet, welche denselben erforderlichen Falles sofort vom Geleise entfernen.

Durchaus eigenartig und in Anbetracht der zu bewältigenden gewaltigen Schneemassen auf sehr ausgedehnten Strecken außergewöhnlich dimensionirt sind die amerikanischen Schneepflüge, von welchen hier einige der bemerkenswerthesten Constructionen abgebildet sind. Es sind keine einfachen Schneepflüge, sondern Schleuderapparate von oft erstaunlicher Leistungsfähigkeit. So vermag beispielsweise der von Orange Jull construirte, von zwei Locomotiven geschobene Pflug die Bahn in einer Breite von drei Metern von einer Schneemasse von

236 Cubikmeter in einer Minute zu befreien. In etwa sieben Minuten verrichtet
er eine Arbeit, zu welcher hundert Arbeiter zum Mindesten einen vollen Arbeitstag
benöthigen würden. Der Hauptbestandtheil des Jull'schen Apparates besteht aus
einem gewaltigen Bohrer, dessen Spitze nur einige Centimeter über die Spitze der
Schienenkante emporragt. Der Antrieb erfolgt durch eine kräftig wirkende Dampfmaschine, welche im Pflugwagen montirt ist und deren Bewegung durch Hebelmechanismus und Zahnräder auf die Achse des Bohrers übertragen wird. Die
Geschwindigkeit, mit welcher sich letzterer dreht, kann bis auf 300 Umdrehungen
in der Minute gesteigert werden. Die gelockerten Schneemassen laufen mit großer
Geschwindigkeit an den schraubenförmigen Flügeln empor und ihre Fliehkraft

Mechanismus des Schneepfluges von Orange Jull.

steigert sich hierbei in solcher Weise, daß sie schließlich, beim letzten Flügel angelangt,
in weitem Bogen und garbenartig durch die Oeffnung im Dache des Bohrer-
gehäuses hinausgeschleudert werden.

Während Jull's Apparat, wie wir gesehen haben, die Schneemassen durchbohrt, erzielt die Construction von Mc. Carthy und Moran die gleiche Wirkung
mit dem Durchschneiden der Schneemassen. Der Schneepflugwagen, auf zwei Trucks
ruhend, trägt an der vorderen Seite einen mächtigen, aus Stahlplatten gebildeten
Panzer von dreieckigem Querschnitte, der nach vorne in eine concave Schneide
ausläuft. Aus den Seitenwänden dieses Panzers, der als Pflugschar zur Durch-
schneidung der Schneemassen dient, ragt je eine Welle hervor, auf der in entsprechender Weise eine Art Schiffsschraube mit vier Flügeln befestigt ist. Diese
Flügel sind, gleich den Wellen, aus Stahl erzeugt und derart gegen die Verticale

geneigt, daß der Schnee durch sie unter einem bestimmten, von den jeweiligen Ver=
hältnissen abhängigen Winkel über das Bahnplanum hinausgeschleudert wird. In
dem Schneepflugwagen selbst ist ein Dampfkessel untergebracht, welcher die drei
mit ihm verbundenen Dampfmaschinen mit Arbeitskraft versorgt. Zwei dieser Ma=
schinen sind Rotationsmaschinen; sie sind an der Vorderwand des Wagens unter=
gebracht und treiben, von einander völlig unabhängig, je ein Flügelrad.

Die dritte Maschine ist eine liegende Dampfmaschine und sie bethätigt jenes
Paar kleinerer Schneeräder, das im oberen Theile der Panzerschneide auf einer
gemeinschaftlichen Welle befestigt ist. Der Pflug wird durch die Zugslocomotive
oder durch eine besondere Locomotive vorwärts bewegt. Mit seiner scharfen Panzer=
schneide dringt er in die Schneelage ein und zertheilt sie, während die Flügel der

Schneepflug von Orange Jull.

Räder, welche in einer Minute mehr als 200 Umdrehungen machen, den gelockerten
Schnee über den Bahnkörper hinausschleudern. Durch diese Anordnung wird ver=
hindert, daß der Schnee an der Seite des Pfluges sich allmählich zu einer dichten,
compacten Masse ansammelt, beziehungsweise Pflug und Maschine festrennen.

Eine andere Construction — Caldwell's »Cyclone«=Dampfschnellpflug
— erinnert lebhaft an Jull's Schneebohrer. Die Aufgabe, den Schneewall zu
durchdringen und ihn zu lockern, fällt beim Caldwell'schen Apparate einem Bohrer
mit horizontaler Welle und nur wenigen Windungen zu. Unmittelbar an den
Bohrer schließt eine mächtige rotirende Trommel, deren Gehäuse oben in einer
Oeffnung einen entsprechend geneigten trichterförmigen Ansatz trägt. Die Welle des
Bohrers geht durch die hohle Welle der Trommel, so daß beide sich unabhängig
von einander bewegen. Die Trommel wird durch eine doppelte, aufrecht stehende
Dampfmaschine bethätigt, also durch eine in vier Cylindern entwickelte Arbeitskraft.

Der Antrieb des Bohrers erfolgt durch eine ähnliche, ebenfalls doppelte und aufrecht stehende Dampfmaschine von der gleichen Größe. Den Dampf liefert ein Locomotiv= kessel, der in dem Wagen hinter der Maschine gelagert ist. Befindet sich der Pflug in voller Bewegung, so werden die gelocker= ten Schneemassen durch die Windungen des Bohrers in die Trommel geführt, wo sie eine bedeutende Centrifugalkraft er= halten und durch den Trichter des Trom= melgehäuses ins Freie geschleudert werden. Eine in der Oeffnung des Gehäuses ange= brachte Klappe ge= stattet, die Richtung der austretenden Schneegarbe beliebig zu ändern, so daß örtliche Verhältnisse Berücksichtigung finden können.

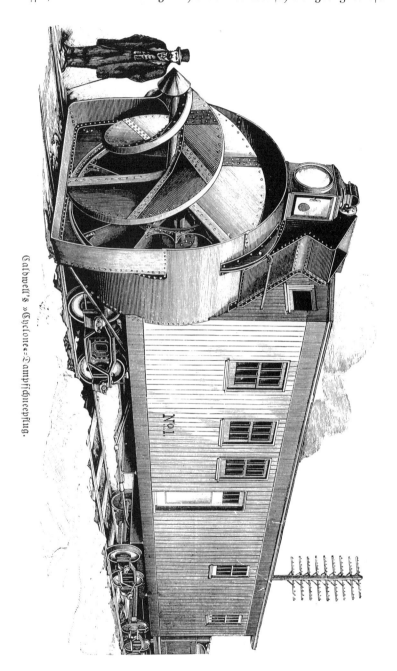

Caldwell's »Cyclone«=Dampfschneepflug.

Von den vor= stehend erläuterten Mitteln, die Bahn von ihren Schnee= massen zu befreien, unterscheiden sich ganz wesentlich jene Vor= kehrungen, welche die= selben verhindern, also die Ursache beseitigen sollen. Seit einem hal= ben Jahrhundert wird dieser Frage von betheiligter Seite die vollste Aufmerksamkeit geschenkt, ohne daß es gelungen wäre, eine in jeder Hinsicht befriedigende Grundlage für die zu treffen= den Maßnahmen zu gewinnen. Manche Bahnverwaltungen haben es sogar ver= säumt, sich mit dieser Frage überhaupt zu beschäftigen, andere wieder sind mehr

oder weniger empirisch vorgegangen, wodurch dem Uebel selbstverständlich nicht
gesteuert wurde. Der Kern der Frage lag und liegt nämlich darin, die Gesetze zu
ergründen, nach welchen die Bildung von Schneewehen vor sich geht. Dies ist
zwar nicht Sache des Eisenbahntechnikers, sondern jene des Meteorologen, aber in
der Noth lernt man beten, und ein erleuchteter Kopf wird es wahrlich nicht ver-
schmähen, sich mit Dingen abzugeben, die zwar nicht unmittelbar in seine Berufs-
sphäre fallen, in dieselbe jedoch hinübergreifen.

F. Schuberth, dem man eine werthvolle Schrift über »Schneewehen und
Schneeschutzanlagen« verdankt, macht darauf aufmerksam, daß dieselben Thatsachen
und Erfahrungen, welche bereits Fries und Targé in ihren Werken aus den
Jahren 1847 und 1848 angegeben, in allen späteren Veröffentlichungen, wenn
auch entsprechend ergänzt und erweitert, wiederkehren. Anderseits ist aber sogar ein
Rückschritt zu verzeichnen, indem Fachmänner vielfach für die Schneepflüge be-
ziehungsweise die größeren Schleudermaschinen eintreten, und hierbei auf das
Beispiel Nordamerikas, Skandinaviens und anderer Länder hinweisen. Indem
Schuberth dieser Anschauung entgegentritt, entwickelt er in ausführlicher Weise
Wesen und Größe der Schneeablagerungen, die verschiedenen Arten von Schutzvorkehrungen, sowie die Maßnahmen während des Betriebes. Von besonderem
Interesse ist die Mittheilung einer Zusammenstellung des königlich preußischen
meteorologischen Institutes über die Schneeverhältnisse und die damit verbundenen
Betriebstörungen während der außergewöhnlich starken Schneefälle in dem Zeitraum vom 20. bis 24. December 1886. Damals traten auf den preußischen Bahnen
334 Zugsstockungen ein und betrug die Höhe des Schnees an den Störungsstellen
durchschnittlich 110 Centimeter. Vertheilt man die Zugsstockungen nach der Höhe
des Schnees, so ergiebt sich, daß

8% der Züge bei einer Schneehöhe von 0·3 bis 0·5 Meter
36% » » » » » » 0·5 » 1·0 »
49% » » » » » » 1·0 » 2·0 »
7% » » » » » » mehr als 2 »

stecken geblieben sind. Ferner blieben 67% der Züge in Einschnitten, 28% im
freien Felde und 5% auf Bahndämmen liegen; so daß also von den 67% der
Züge, welche in Einschnitten ins Stocken geriethen, nur 7% auf größere Schnee-
tiefen als 2 Meter entfallen. Die etwa neunmal größere Anzahl blieb in niedrigeren
Einschnitten, oder wohl richtiger in den niedrigen Anfängen der Einschnitte (in
der Nähe der Einschnitts-Nullpunkte) liegen. Hieraus folgert Schuberth, daß einerseits gerade den niedrigen Theilen der Einschnitte bei Herstellung von Schneeschutzvorkehrungen eine besondere Beachtung zu schenken sei, sowie anderseits, daß die
Schneeprofile an sich in den vorstehenden Fällen keineswegs erheblich groß waren.

Der Stand der Frage bezüglich des wirksamsten Bahnschutzes gegen Schneeverwehungen ist der, daß in erster Linie die örtlichen Erfahrungen als entscheidend zu gelten haben, welche Stellen geschützt werden sollen. In zweiter Linie

handelt es sich um die Wirksamkeit des Mittels. Als solche figuriren: einfache
Schwellen oder Bretterzäune, einfache dichte Zäune mit Wall und Abgrabung,
dichte Doppelzäune, Doppelzäune aus Schwellen, Flechtwerk oder Hecken, Doppel=
zäune mit Erdwällen, Drahtzäune und schließlich versetzbare Schutzmittel. Sie alle
sind auf dem Wege der Erfahrung erprobt worden, wodurch zunächst die Anhalts=
punkte für die in jedem einzelnen Falle erforderlichen Vorkehrungen gegeben sind.
Nicht ganz so einfach ist aber die Sache schon aus der ganz zwanglos sich ergebenden

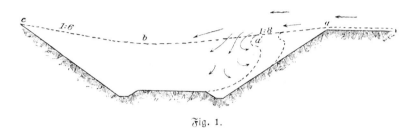

Fig. 1.

Erwägung, daß nicht ausschließlich die Form, in der die Erscheinung auftritt,
maßgebend sein kann, sondern vielmehr ein bestimmter Factor, den man die »Größe
des Ablagerungsquerschnittes« nennt. Indes ist auch dieser Factor sehr veränderlich,
da er von der Stärke, Art und Dauer des Schneetreibens, von der Geschwindigkeit
des Sturmes, von der Menge und Beschaffenheit des bereits vor Eintritt des
Sturmes gefallenen Schnees und schließlich von der Ausdehnung und Beschaffenheit
des Vorlandes abhängt. Dieser letztere Punkt ist insoferne von Wichtigkeit, als die

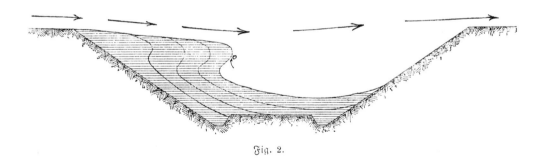

Fig. 2.

Wirksamkeit der Schutzvorkehrungen ganz wesentlich von der Entfernung, aus welcher
Schnee herangetrieben werden kann, abhängt.

Dies ergiebt sich aus Folgendem: Es entfällt ein Quadratmeter Querschnitts=
fläche jener Schneemasse, welche der Sturm an einer bestimmten Stelle ablagert,
bei Ausdehnung (Tiefe) des Vorlandes von über 800 Meter durchschnittlich auf
je 40 Meter, bei geringerer Ausdehnung indes schon auf 30 Meter u. s. w. Nicht
minder von Einfluß ist die Beschaffenheit des Vorlandes; Hindernisse irgend welcher
Art, die sich dem Schneetreiben entgegenstellen (Hecken, Baumgruppen, Gräben,
Hügelwellen u. s. w.) wirken erheblich modificirend auf obige Ziffern. Auch die

Neigung des Vorlandes ist von Wichtigkeit, indem erfahrungsgemäß der Wind nur bis zu einem gewissen Neigungswinkel bergan getrieben wird.

Für die bewegte Schneewehe tritt ein weiterer Umstand bedeutungsvoll hervor. Wo dieselbe ein Hinderniß findet, wird sie sich theilweise oder gänzlich niederschlagen; sie wird sich aber auch an allen jenen Stellen niederschlagen, welche in Bezug auf die Luftströmung in todtem Winkel liegen. Da die Einschnitte der Bahn solche Stellen bilden — vorausgesetzt, daß der Wind senkrecht zur Bahn oder unter einem nicht zu spitzen Winkel weht — so sind sie besonders gefährdet. Die beigegebene Figur 1 veranschaulicht den Vorgang. Schreitet die Verwehung fort, so erhält die im Einschnitt allmählich die in Figur 2 dargestellte Form, womit die Verwehung der Bahn perfect geworden ist.

Anders gestalten sich die Verhältnisse bei Dämmen. Sind dieselben niedrig, so werden Sturm und Wehen über denselben hinwegfegen und keine Ablagerungen bilden. Ist der Damm jedoch hoch, so bildet er den herankommenden Schneemassen

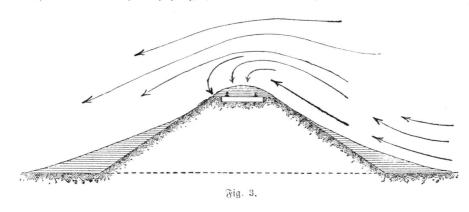

Fig. 3.

ein Hinderniß, wodurch sich dieselben zunächst am Fuße des Dammes ablagern und von hier allmählich gegen die Dammkrone zu anwachsen. Diese bildet aber zugleich eine Stelle, welche dem todten Winkel im Einschnitte entspricht, indem dort eine relative Luftruhe eintritt, welche den noch in der Höhe wirbelnden Schneestaub zum Niedersinken veranlaßt. Diesen Sachverhalt illustrirt die Figur 3.

Aus den vorstehend erläuterten Vorgängen ergeben sich unschwer die Gesichtspunkte, nach welchen zu verfahren ist, um die bedrohten Bahnstellen wirksam zu schützen. Principiell handelt es sich darum, den vom Winde herangetriebenen Schneemassen Räume zu schaffen, in welchen sich letztere ablagern können. Die Factoren, welche für die Ermittelung der Ausdehnung solcher Räume maßgebend sind, betreffen in erster Linie die weiter oben erwähnte Größe der Ablagerungsquerschnitte, sodann die Böschungsverhältnisse der Wehen. Dieselben betragen in der Regel 1 : 6 oder 1 : 8. Auf diesen Sachverhalt fußt das Princip der Schneewehre. Welcher Art dieselbe sein soll, ergiebt sich aus den örtlichen Verhältnissen oder aus Erfahrung, welche die theoretischen Grundsätze von Fall zu Fall modificiren wird.

Wir haben die Arten der Schutzmittel bereits aufgestellt. Die einfachste Form
ist der Schwellen= oder Bretterzaun, der entweder unmittelbar an der Kante des
Einschnittes oder in einiger Entfernung davon errichtet wird. In ersterem Falle
muß die Schutzwehr so hoch sein, daß eine Ablagerung unbedingt verhindert wird;
in letzterem Falle ist die Entfernung in Berücksichtigung der normalen Neigung
der Oberfläche der Schneeablagerung zu wählen.

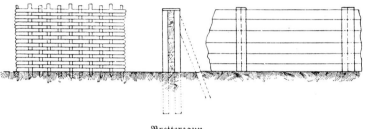

Bretterzaun.

Bei tiefen Einschnitten, welche größere Ablagerungsquerschnitte ergeben, muß
der Zaun auf einen Erdwall gesetzt werden. Als Ersatz für die letztere Vorkehrung
empfehlen sich dichte Doppelzäune, deren einer an die Einschnittskante zu stehen
kommt, während der andere so weit abzurücken ist, als es die Größe des Ab=
lagerungsquerschnittes erfordert. Kommen Grundablösungen in Betracht, so werden
mit Vortheil lebende Zäune (Flechtwerk) Anwendung finden. Dieselben haben

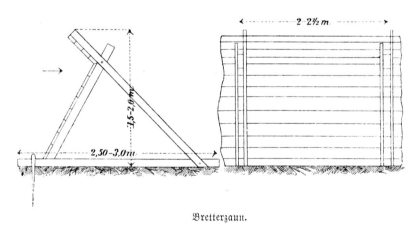

Bretterzaun.

gegenüber den Bretterwänden den Vortheil, daß sie erstens luftdurchlässig sind,
zweitens nicht verderben und mit fortschreitender Entwickelung immer widerstands=
kräftiger werden. Für Erdwälle gelten dieselben Grundsätze wie für die Bretter=
oder Schwellenzäune.

Ein weiterer Schutz gegen Verwehung besteht in der Abflachung der
Böschungen. Da aber tiefe Einschnitte bedeutende Grundablösungen erfordern, wird
dieses Mittel in der Regel nur bei niedrigen Einschnitten in Anwendung kommen
können. In neuester Zeit hat ein russischer Ingenieur — W. v. Rudnicki —

eine neue Art von Schutzvorkehrung construirt, welche auf der von ihm ausfindig gemachten Thatsache fußt, daß alle Winde, welche die Erdoberfläche berühren, zum Horizont geneigt, und zwar in Winkeln von 8 bis 15 Grad, wehen. Die wechselnde Größe des Winkels richtet sich nach der Stärke der Luftströmung und nach örtlichen Verhältnissen, kann aber für einen und demselben Ort als ziem= lich constant angenommen werden. Die Folge dieser geneigten Windrichtung ist nun die Reflexion der unteren Luft= schichten an den Unebenheiten der Erd= oberfläche nach den verschiedensten Rich= tungen. Hierdurch erhalten dieselben eine wellenförmige Bewegung in der Haupt= richtung der niederströmenden Luft; die zurückgestoßenen Schneetheilchen steigen so hoch empor, bis die eigene Schwere und die Einwirkungen des Windes sie wieder zu Boden führen.

Mag auch die letztere Annahme nicht ganz stichhältig sein, so verdient gleichwohl die auf dem Principe des schiefen Windauffalles fußende Schutz= wehr Rudnicki's der Beachtung. Die nach= folgenden Figuren 1 bis 3 veranschaulichen

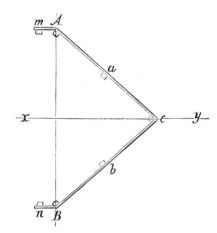

Rudnicki's Schutzanlage. Fig. 1.

Princip und Schutzanlage. Rudnicki baut seine Schneewehren aus Holz und Erde. In den Punkten A, B, a, b, c (Fig. 1) sind entsprechend starke Holzsäulen unter einem

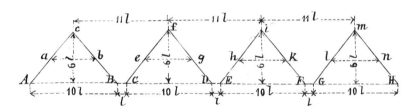

Rudnicki's Schutzanlage. Fig. 2.

Winkel von 45 bis 47 Grad gegen das Innere geneigt in den Boden eingegraben, während die Ränder in m und n eine Neigung von 60 bis 65 Grad erhalten. Das Balkengerippe wird mit Schindeln, Rohr und Brettern verkleidet und die obere Abgrenzungsfläche r s mit einer solchen Neigung ausgeführt, daß die auf= fallenden Schneetheilchen in der Richtung der Vorderwand reflectirt werden. Nach= dem diese Wand einen Winkel von circa 45 Grad besitzt, so wird die Flugweite der Schneetheilchen nach den Grundsätzen der Wurfbewegung in diesem Falle die

größte sein, welche sie bei sonst gleichen Umständen überhaupt erlangen können. . .
In Figur 2 sehen wir eine Reihe solcher Schneewehren nebeneinander errichtet.
Durch die Zwischenräume derselben dringen heftige Luftströme in den Raum hinter
die Wehren ein, so daß also hier keine Windstillen eintreten und demgemäß keine
Schneeablagerungen stattfinden können. Figur 3 endlich zeigt einen Erdwall nach
dem Rudnicki'schen Principe.

Oertliche Verhältnisse werden es mitunter aus pecuniären oder anderen
Gründen zwingend erheischen, von der Herstellung dauernder Schneeschutzanlagen
abzusehen und an deren Stelle provisorische zu setzen. Man bezeichnet Hilfsmittel
dieser Art als »Versetzbare Schutzvorrichtungen«. Dieselben bestehen aus Bretter-
zäunen, aus Hürden, Schwellenzäunen
oder pultartigen Gestellen, welche entsprechend verankert werden. . . . Eine
weitere Vorrichtung ist der sogenannte
»Selbstthätige Schneezaun« des amerikanischen Ingenieurs L. Howie,
welcher in Amerika und in Norwegen,
indes nur bei eingeleisigen Bahnen,
Anwendung gefunden hat. Die Anordnung besteht darin (vergl. die
Figuren auf S. 665), daß über dem
oberen Theile der Böschungen des
Einschnittes und nahezu gleichlaufend
zu denselben Windfänge aus Brettern
errichtet werden, welche die ankommende Luftströmung auffangen und
nach unten über das Geleise leiten, so
daß also Schneeablagerungen sich

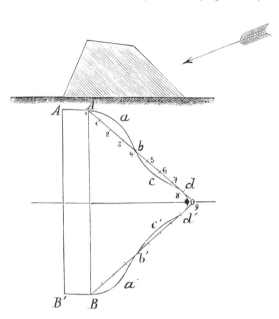

Rudnicki's Schutzanlage. Fig. 3.

daselbst nicht bilden können. Diese Vorrichtung kann indes nur in schmalen (also
eingeleisigen) Einschnitten und steilen Böschungen wirksam sein, da bei größerer
Breite des Einschnittes die Luftströmung Raum findet, sich so ausgiebig zu erheben,
daß sie die Windfänge der jenseitigen Böschung nicht mehr erreicht, d. h. über
dieselben hinwegströmt. Dadurch wird über dem zweiten Geleise Windstille und in
Folge dessen Schneeablagerung entstehen. Der Howie'schen Vorrichtung wird
übrigens auch nachgesagt, daß sie zur Lockerung der Böschungen Veranlassung giebt.
Bei eingeleisigen Bahnen hat sie sich bewährt, doch ist sie kostspielig und erfordert
aufmerksame Instandhaltung.

Besonders ausgedehnt und zum Theile großartig sind die Schneeschutzanlagen
in Nordamerika. Für die Union- und Central-Pacificbahn sind diese Schutzvorkehrungen (Schneedächer und Gallerien) so charakteristisch, daß sie ein unzertrenn-
liches Merkmal derselben bilden. Die Länge der auf der ganzen Bahn bestehenden

Schneedächer und Gallerien beträgt weit über 100 Kilometer und entfällt der
ungleich größere Theil derselben auf die Central-Pacificbahn, welche, dank dieser
Vorkehrungen, selten auf längere Zeit nicht unterbrochen ist, während die Union-
Pacificbahn, die noch vorwiegend durch Wände geschützt ist, fast jeden Winter durch
mehrere Wochen hindurch den Betrieb sistiren muß. Diese Schneewände sind durchaus
aus Holz hergestellt und kehren dem Winde keine senkrechte, sondern eine gegen die zu
schützende Strecke geneigte Fläche zu; auch ist die Wand nicht ganz dicht verschalt
und wird dieselbe an ihrem oberen Ende durch eine in entgegengesetzter Richtung
geneigte Ebene abgeschlossen.

Bei den auf der Central-Pacificbahn üblichen Schneedächern reicht die Ver-

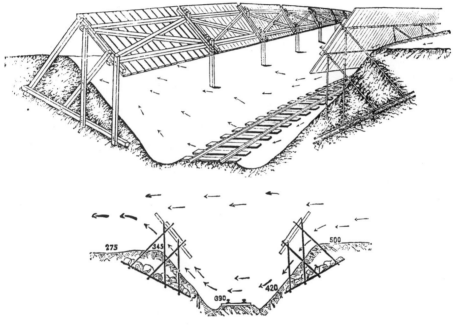

Howie's Schutzanlage.

schalung der Seitenwände nicht dicht bis zum Boden. Durch die jalousieartige
Uebergreifung der an den verticalen Säulen und an den geneigten Streben angebrachten Verschalung und die zahlreichen Luftthürmchen ist die Ventilation der
Gallerien, welche auf viele Kilometer hergestellt sind, vollkommen gesichert. Während
des Sommers werden überdies in einzelnen Gesperren Seitenfelder, welche, entweder
in Coulissen laufend, gesenkt oder an Charnieren beweglich, aufgeklappt werden
können, geöffnet, um dem Lichte und der Luft leichteren Zutritt zu verschaffen. Da
es wiederholt vorgekommen ist, daß durchfahrende Züge solche Schneegallerien in
Brand gesteckt haben, sind die Dächer inwendig mit wellenförmigem Eisenblech
verkleidet; ferner sind in einigen Stationen Dampf-Feuerspritzen in Bereitschaft,
welche, auf Waggons befestigt, unverzüglich in Action treten können. Die Feuer-
löschzüge haben den Vorrang von allen übrigen Zügen. Der Wasserstrahl der

Dampfspritze ist kräftig genug, um bei seinem Anpralle auf die Verschalung dieselbe sofort loszureißen. In den Gallerien befinden sich in kurzen Entfernungen Wächter, welche bei Eintritt eines Brandes das Alarmzeichen in die nächste Feuerlösch=station abgeben.

Ein amerikanischer Fachmann, der um die Durchführung der Central=Pacific=bahn hochverdiente Oberingenieur S. S. Montague, bezeichnet die Schneegallerien auf der Hochgebirgsstrecke der genannten Bahn als »wichtiges Element« der=selben. Anfangs waren vorwiegend nur die Ein=schnitte überdeckt, während man es den Schneepflügen überließ, die Dämme frei zu machen. Die Erfah=rung hat indes gezeigt, daß überall, wo Schnee=ablagerungen von großer Mächtigkeit vorkommen, deren Beseitigung, auch von Dämmen, zeitraubend ist. In Folge dessen wurde die ununterbrochene Ueberdeckung der ganzen, in der Region des hohen Schnees liegenden Bahn für nothwendig erachtet. Bei der Herstellung dieser Vorkehrungen wurden zwei Constructionsarten angewandt; die eine in solchen Fällen, wo nur das Gewicht des nieder=fallenden oder angewehten

Schneegallerie auf der Pacificbahn.

Schnees in Betracht kam, die andere an solchen Stellen, welche dem Lawinensturze ausgesetzt waren. Beide Vorkehrungen erwiesen sich als vollkommen zweckentsprechend. Vom Winde zusammengetragene Schneemassen von einer Mächtigkeit zwischen 3 bis 6 Meter — ja von mehr als 15 Meter — bedeckten die Gallerien, ohne sie einzudrücken und ohne den Zugsverkehr auch nur einen Augenblick zu unterbrechen. Ueber die betreffenden Anlagen haben wir bereits an anderer Stelle referirt. (Vgl. Seite 120.)

Schneeschutzgalerien auf der Pacificbahn in der Sierra Nevada.

Zu den elementaren Betriebsstörungen haben wir noch jene zu rechnen, welche durch Stürme oder Erdbeben hervorgerufen werden. Sie sind meist von schweren Unglücksfällen begleitet, vornehmlich in jenen Ländern, wo diese Erscheinungen mit verheerender Gewalt auftreten. In Europa sind Fälle dieser Art selten, am häufigsten noch — was die Stürme anbelangt — in den Karstgegenden am Nord- und Ostrande der Adria, wo durch heftige Borastürme nicht nur Zugstrennungen vorkommen, sondern auch Waggons umgeworfen werden.

Ungleich größer ist die Wucht und die damit verbundenen Zerstörungen in

Lawinenschutzgallerie auf der Pacificbahn.

außereuropäischen Ländern, vornehmlich in Nordamerika und in einigen Theilen Indiens.

Dort, wo die gefürchteten »Tornados« ihre gewaltigen mechanischen Wirkungen ausüben, tritt die Erscheinung blitzartig auf. Der Windstoß an jedem einzelnen Orte, welcher in der Bahn des Tornados liegt, währt selten länger als eine Minute. Vor dem Eintritte des Sturmes ist die Temperatur in der untersten Luftschichte sehr hoch, im Sommer herrscht drückende Schwüle. Eine bis zum Boden herabreichende Wolke, welche die Gestalt einer Säule oder eines umgekehrten Kegels hat, nähert sich mit der Geschwindigkeit von 15 bis 20 Meter in der Secunde. Ein Stoß, ein Krach, und vorüber ist der Unhold, einen Streifen von sehr wechselnder, durchschnittlich etwa 700 Meter betragenden Breite hinter sich lassend, auf welchem Alles verwüstet ist: Häuser demolirt, Bäume entwurzelt oder

Von einem Tornado umgeworfener Eisenbahnzug.

abgebrochen, schwere Gegenstände gehoben oder meilenweit fortgeführt, Eisenbahn= züge umgeworfen sind.

Bezüglich der Verheerungen durch Erdbeben liegen wenige zuverlässige Be= obachtungen vor. Sehr schätzenswerthe Anhaltspunkte hat die große Katastrophe

in Japan am 28. October 1891 gegeben. Ueber die damit verbundenen Zer=
störungen verdanken wir den der Universität in Tokio angehörigen Professoren
John Milne und W. K. Burton eine vortreffliche, mit zahlreichen Original=
photographien geschmückte Publication, der auch die mitfolgenden Abbildungen,
welche das Verhalten des Schienenweges und der eisernen Brückenbauten gegen=
über den Elementarereignissen zeigen, entnommen sind.

Zunächst ist aus der einen Abbildung an der Hand des schlangenförmig
gewundenen Geleises zu ersehen, daß sowohl die Schienen als die Schwellen sich

Einsturz der Nagarabrücke durch Erdbeben am 25. October 1891.

theils in der Längs=, theils in der Querrichtung der Bettung verschoben haben.
Eine zweite Wahrnehmung ist die, daß an einigen Stellen die Schwellen zwar in
der Bettung liegen geblieben sind, aber der Untergrund mit dem ganzen Gestänge
sich verschoben hat.

Der in der Nähe der eben beschriebenen Stelle liegenden 549 Meter langen
Brücke, welche den Kitogawa überschreitet, ist es verhältnißmäßig leidlich ergangen.
Ihre 3 bis 6 Meter messenden, 4½ bis 9 Meter hohen steinernen Pfeiler erhielten
an der Basis arge horizontale Risse, die Brücke jedoch blieb intact. Bei einer
unfern derselben liegenden Nebenüberbrückung von zwei Spannweiten von je
21·3 Meter wurden die Steinniederlager auf der einen Seite horizontal, auf der

anderen Seite diagonal zerrissen. Am schlimmsten aber erging es der über den
Fluß Nagara führenden Eisenbrücke. Dieselbe bestand aus fünf langen Gitterträgern
von je 60·9 Meter Spannweite und zwei an beiden Ufern liegenden kürzeren,
auf wenigen hohen eisernen Säulen ruhenden Hochfluthträgern. Am meisten gelitten
haben die in der Mitte liegenden hohen Säulen, welche mehrfach durchbrochen
wurden und dadurch drei auf ihnen ruhende Träger zu Fall brachten. Diese selbst
blieben indes unversehrt. Wie die zweite Abbildung zeigt, sind die Verschiebungen
in der Brückenachse sehr bedeutend. Der aufgeschüttete Brückenzugang auf dem einen

Einsturz der Nagarabrücke (Innenansicht).

Ufer wurde gänzlich weggeschüttelt, so daß das Schienengestänge in der Luft
schwebte, wie dies häufig bei Hochwasserkatastrophen der Fall ist.

Diese Unfälle, sowie die Erwägung, daß für den gewöhnlichen Verkehr con=
struirte Brücken noch bei einem Winddrucke (Taïfun) widerstanden, bei welchem
schwere Locomotiven umgeworfen wurden, hat in den betheiligten Fachkreisen die
Frage angeregt, ob es nicht möglich sei, Eisenbahnbrücken zu construiren, welche
bei plötzlichem Auftreten von Bodenverschiebungen, standhalten würden. Die Ansicht
competenter Ingenieure geht dahin, daß Fälle, wie sie vorstehend beschrieben wurden,
vielleicht zu verhüten wären, wenn man den Pfeilern eine breitere Basis und
einen eiffelthurmartigen Aufbau geben würde.

*   *   *

Es wurde bereits hervorgehoben, daß bei Eisenbahnunfällen Ursache und Wirkung sehr ungleich bemessen sein können, d. h. daß selbst ein geringfügiges Gebrechen an der Bahn oder an den Fahrzeugen zu den schwersten mit Katastrophen verbundenen Zwischenfällen Anlaß geben kann. Anderseits sind es gewisse Formen des Verkehrs — Dichte, Schnelligkeitsmaß, Zusammensetzung — beziehungsweise der Grad der Exactheit jener Mittel, die zur Verständigung unter den Organen der Leitung und der Handhabung des Betriebes (Signaleinrichtungen) dienen, welche auf die Sicherheit des Eisenbahnbetriebes Einfluß nehmen. Bahnen, in welche mehrere Zweiglinien einmünden, dann solche, auf welchen die Verkehrs=

Verschiebungen am Eisenbahngeleise durch Erdbeben.

verhältnisse Züge verschiedener Gattung und von ungleicher Geschwindigkeitsmasse in der Fortbewegung erfordern, bedingen durch die vielfachen Zugsüberholungen und Kreuzungen einen sehr complicirten Betrieb, welcher zur Quelle schwerer Collisionen werden kann.

Dieselben begreifen vornehmlich solche Fälle in sich, in welchen durch falsche Weichenstellung oder Stellungnahme der Züge über die Sicherheitsmarken hinaus ein Anstreifen des einen Zuges an den anderen stattfinden und zu ernstlichen Beschädigungen führen kann. Alsdann sind diejenigen Fälle in Betracht zu ziehen, in welchen durch irgend ein Versäumniß oder eine irrige Signalgebung das vollständige Aufrennen eines Zuges auf den anderen in derselben Fahrtrichtung erfolgen kann. Zwar reduciren das Streckenblocksystem und die Central=Weichenstellwerke solche Möglichkeiten auf ein Minimum, aber ausgeschlossen sind sie, wie die Praxis lehrt, durchaus nicht. Wo derlei Einrichtungen nicht bestehen, liegt die Gefahr für derlei Collisionen selbstverständlich viel näher. Die dritte Form derselben ist der Zusammenstoß zweier gegeneinander fahrender Züge auf offener Strecke.

Die Wirkung solcher Unfälle hängt von einer Reihe von Factoren ab, unter welchen das Geschwindigkeitsmaß in der Fortbewegung und die bewegte Last den vornehmsten Antheil haben. Nebenher kommen die Bauart der Fahrzeuge und der Grad des Widerstandes, den sie ihrer Demolirung oder Deformirung entgegensetzen, in Betracht. Seit der Waggonbau für seine wichtigsten Organe sich des Eisens bedient

Zusammenstoß bei Warwick (England).

und auch sonst Fabrikate von großer Stabilität und Widerstandsfähigkeit liefert, sind die Fahrzeuge weit weniger der Zerstörung ausgesetzt als in früherer Zeit, in welcher fast jeder vehemente Zusammenstoß ein Trümmerchaos zur Folge hatte. Die Erfahrung zeigt, daß bei solchen Zwischenfällen viele Wagen ziemlich intact bleiben, selbst wenn sie aus dem Geleise und über Dammböschungen geschleudert werden. Dagegen bringt die Beleuchtung der Wagen mit Gas den schwerwiegenden Uebelstand mit sich, daß durch Explosion in den Gasometern, beziehungsweise in Folge Deformirung der Zuleitungsröhren, nicht nur einzelne Fahrzeuge, sondern ganze Züge in Brand gerathen. Eine besonders gefürchtete, weil in der Regel außergewöhnlich viele Opfer erheischende Form der Wagendemolirung ist das sogenannte »Teleskopiren«, d. h. das Ineinanderschieben der von den Gestellen abgehobenen

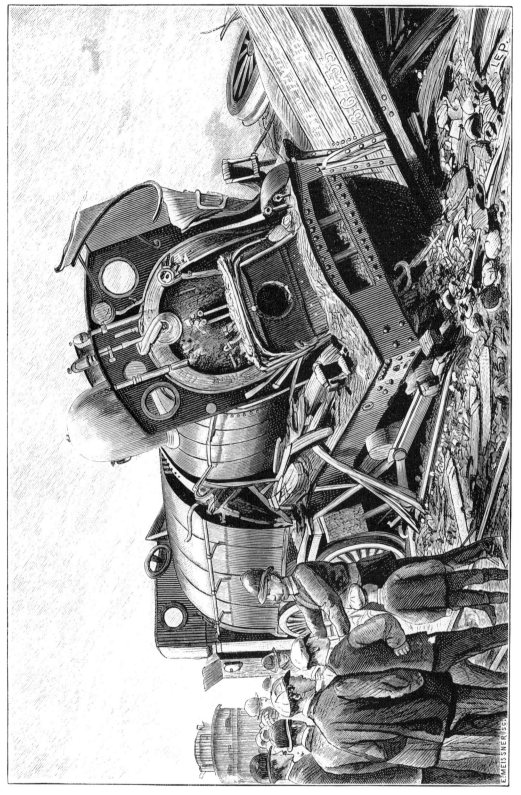

Zusammenstoß bei Taunton (Strecke Bristol—Exeter) am 11. Nov. 1890.

Wagenkasten. Sehr lange und schwere, auf Drehschemeln ruhende Wagen, die nicht leicht umfallen und sich nur schwer aufbäumen können, neigen am meisten zum Teleskopiren.

Mitunter verlaufen Zusammenstöße in ihren Folgen sehr glimpflich, sei es, daß die Fahrgeschwindigkeit keine sehr bedeutende, oder die Wirkung der selbst= thätigen Bremsen den Anprall entsprechend abschwächte. Im Allgemeinen werden exact functionirende Signalvorrichtungen solche Zwischenfälle verhüten. Die in dieser Beziehung reichlich ausgerüsteten englischen Eisenbahnen, auf welchen

Zusammenstoß auf der »Great Western-Railway«.

Zusammenstöße häufiger als auf den continentalen Eisenbahnen stattfinden, beweisen indes, wie selbst das beste Sicherungssystem versagen muß, wenn die Dichte des Verkehrs Dimensionen annimmt, bei welchen das geringste Versehen oder selbst nur das zeitweilige Versagen einer mechanischen Vorrichtung nicht nur einen, sondern eine ganze Reihe von Unfällen zur Folge haben kann. Am häufigsten finden Zusammenstöße auf den nordamerikanischen Bahnen statt. Man wird sich indes hüten müssen, diese Erscheinung auf einen besonderen Grad von Lässigkeit im Dienste zurückzuführen, sondern man wird sich vielmehr vor Augen halten müssen, daß hier ein natürliches Causalitätsprincip zwischen der bedeutenden ab= soluten Länge aller Bahnen des nordamerikanischen Netzes und der auf dieselben vertheilten Zahl von Unglücksfällen zu Recht besteht.

Die folgenreichsten Unglücksfälle, mit welchen jederzeit mehr oder minder schwerere Katastrophen im Zusammenhange stehen, sind die Brückeneinstürze. Sie sind besonders häufig in Nordamerika, dessen Brückenbausystem sonst mancherlei Vorzüge vor den europäischen Constructionen voraus hat, und wo die von den Brückenbauanstalten cultivirte Uniformität der Bestandtheile eine exacte durch nicht gewöhnliche Routine gestützte Montirungsweise ausgebildet hat. Es scheint denn auch, daß hier nicht das System, sondern die mangelhafte Ueberwachung und in Vielem die Hast, mit welcher Eisenbahnbrücken fertiggestellt werden, die Ursachen der bedauerlichen Erscheinung sind. Der amerikanische Ingenieur George Thomson

Zusammenstoß auf der »North-British-Railway«.

beziffert die innerhalb zehn Jahren in den Vereinigten Staaten und Canada statt-gehabten Brückeneinstürze auf 250, doch sind in diese Ziffer nur die während des Betriebes eingetretenen Katastrophen inbegriffen, nicht aber die durch außergewöhn-liche Elementarereignisse erfolgten.

Die häufigsten directen Ursachen bei amerikanischen Brückeneinstürzen sind übermäßige Belastung und auf der Brückenbahn stattfindende Entgleisungen. Für die letztere Behauptung liegen indes keine beglaubigten Thatsachen vor und es ist zu vermuthen, daß hier, wie so häufig in der Betriebspraxis, Ursache und Wirkung verwechselt werden. Gewiß ist, daß jeder Klarblickende zugeben wird, wie schwer es sich erweist, nach erfolgtem Unfalle festzustellen, ob die Zertrümmerung einer Brücke in Folge einer Entgleisung erfolgt ist, oder ob diese nothwendiger Weise eintreten mußte, weil das Gefüge der Brückenconstruction gelöst wurde. Insbesondere bei großer Fahrgeschwindigkeit, oder in finsterer Nacht, wird die wahre Ursache so verschleiert sein, daß nachträgliche sichere Anhaltspunkte für die Beurtheilung des Sachverhaltes schwerlich zu gewinnen sein würden.

Die Brückeneinstürze sind diejenige Art von Katastrophen, mit welchen der größte Schaden an Leib und Gut verbunden ist. Auch ist die demoralisirende Wirkung solcher Zwischenfälle größer als bei irgend einem anderen auf den Eisenbahnbetrieb bezugnehmenden Anlasse. Aus diesem Grunde wird in denjenigen Ländern, wo eine staatliche Aufsicht über die Eisenbahnen besteht, seitens der letzteren

Teleskopirte Waggons.

eine durch peinliche Vorschriften vorgezeichnete Controle ausgeübt und auf eine regelmäßige Revision des Bauzustandes der Brücken scharfes Augenmerk gehalten. Dazu kommt, daß die Erfahrungen, welche man mit Eisenbrücken gemacht hat, sich zur Zeit noch auf eine verhältnißmäßig kurze Periode erstrecken und insbesondere bezüglich der betriebssicheren Dauer solcher Constructionen allgemein giltige Normen nicht aufgestellt werden konnten. Die Fortschritte der Technik und die Leistungen der Hüttenwerke bürgen allerdings dafür, daß man ein großes Maß von Zuverlässigkeit voraussetzen kann; das Uebel liegt aber vornehmlich in dem relativen Verhalten der Structur des Materials gegenüber atmosphärischen Einflüssen und den beständigen Erschütterungen, denen es ausgesetzt ist.

Daß auch von außen wirkende besonders ungünstige Umstände, sodann in der Bewegung schwerer Lasten begründete störende Zufälligkeiten von schweren

Folgen für die Stabilität einer Brücke beziehungsweise deren Zusammenhalt sein
können, ist selbstverständlich. Bekannt ist, daß das schwere Unglück des theilweisen
Zusammensturzes der Taybrücke in Schottland am 28. December 1879 auf den
außergewöhnlich großen Winddruck, in Verbindung mit der bedeutenden Fahr=
geschwindigkeit des Zuges, rückgeführt wurde. Die Nacht war stockfinster. Ein Orkan
raste und hatte die Telegraphenlinien unterbrochen. Augenzeugen sahen die langsam
vorrückenden Lichter des Zuges die Curve von Wormit passiren; dann kam er an
der Signalstelle der Südseite vorüber und trat auf die gerade Strecke des mittleren
Brückentheiles. Hier schien der Zug mit großer Geschwindigkeit vorwärts zu eilen.

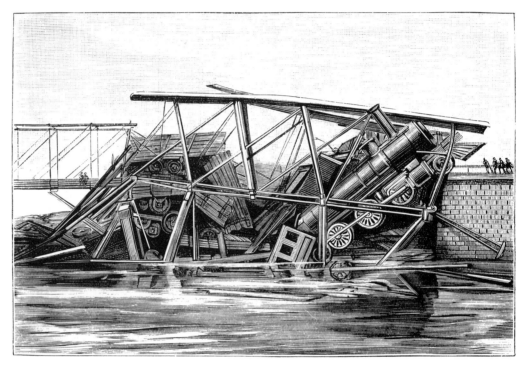

Brückeneinsturz zu Greenfield (Nordamerika).

Als er jenen Brückentheil erreicht hatte, wo die Bindebalken eine Art Tunnel
bilden, sahen die Beobachter einen hellen Lichtschein aufflammen, der in einen langen
Feuerstreifen überging und sich zum Meere herabsenkte ... 13 Spannungen sammt
den eisernen Tragsäulen waren in den Wellen verschwunden; die Lücke betrug fast
900 Meter. Eine Reihe von Strudeln zeigte an, wo Eisenwerk und Zug in der
Tiefe lagen. Von den 90 Fahrgästen und dem Dienstpersonale des Zuges fanden
Alle ihren Tod in den Fluthen.

Entgleisungen können sehr glimpflich verlaufen, jedoch auch zu schweren
Katastrophen führen. Ihre Ursachen sind mannigfacher Art und lassen sich hinterher
schwer feststellen, wenn sie durch die Folgen verwischt worden sind. Die Anlässe
können ebenso gut in der Bahn, als an den Betriebsmitteln, sowie in äußeren

Urfachen liegen. Die erfteren betreffen vornehmlich: nichtparallele Lage der Schienen=
ftränge in gerader Bahn, zu geringe Schienenüberhöhung des Außengeleifes in
Krümmungen, zu geringe oder zu große Spurerweiterung, faule Schwellen, mangel=
hafte Befeftigung der Schienen auf den Unterlagen, Unebenheiten auf der Ober=
fläche des Schienenkopfes, zu hoch oder falfch liegende Herzftücke, fchlecht fchließende
Weichenzungen u. f. w. Anläffe an den Fahrzeugen: Lofe Räder, gebogene Achfen,
falfche Spurweite eines Räderpaares, gefprungene Thres, Achsbrüche, fcharfgelaufene
Spurkränze, einfeitiger Pufferdruck in den Curven oder ungleiche Pufferhöhe. Die
in der Bewegung liegenden Urfachen find vornehmlich: Zu große Fahrgefchwindig=
keit, Schlingern der Locomotive, zu heftiges Bremfen, größere Gefchwindigkeit der
Schiebemafchine gegenüber derjenigen der Zugmafchine, zu großer fteifer Radftand
in Bezug auf die Curvenradien oder unparallele Stellung der Achfen eines und
desfelben Fahrzeuges. Schließlich können auch äußere Urfachen, als: Eis, Schnee,
in das Profil hereinragende fremde Gegenftände, Herabfallen lofer Beftandtheile
auf die Schienen, Verlegung der Bahn durch Felsftürze und Erdrutfche, Waffer=
unterfpülungen durch Regenfluthen u. f. w., zu Entgleifungen führen.

Findet nur eine partielle Entgleifung ftatt, fo wird der Unfall felten von
fchwereren Folgen begleitet und die Störung rafch zu beheben fein. Einzelne ent=
gleifte Wagen werden mittelft der Winden und Werkzeuge der Locomotive ein=
gehoben. Gute Dienfte leiften die fogenannten »Entgleifungsfchuhe«; fie beftehen
aus einer trapezförmigen dicken Eifenplatte mit verfchieden aufgebogenen Rändern,
welche an die Schiene vor das entgleifte Rad des Fahrzeuges gelegt werden und
welche, wenn die Entfernung des Rades von der Schiene nicht mehr als 4 bis
4½ Centimeter beträgt, durch das erleichterte Gleiten des Rades ein fchnelleres
Einheben unterftützen. Sind mehrere Wagen entgleift, fo müffen zunächft die
Kuppelungen gelöft und fodann jeder Wagen einzeln eingehoben werden. Da größere
Arbeiten diefer Art fich mit den auf dem Tender befindlichen Werkzeugen und mit
den vorhandenen Menfchenkräften nicht durchführen laffen, muß ein Hilfswagen
und die nothwendige Zahl von Arbeitern herbeigerufen werden. (Vgl. Seite 386.)

Größere Anftrengungen erfordert das Einheben entgleifter Locomotiven. Der
fchweren Maffen wegen ift hier jede durch die Hebungsarbeiten hervorgerufene Ver=
änderung der Schwerpunktslage geeignet, den Gefammtkörper in oft unbeabfichtigte
Bewegung zu verfetzen. Alle Vorfichtsmaßregeln gelten im höheren Maße bei einer
umgeworfenen Locomotive. Ift diefe weit ab von der Bahn entgleift oder vom
Damme geftürzt, fo bringt man fie zuerft in die aufrechte, möglichft wenig gegen
das Geleife geneigte Längenftellung, fchiebt fodann Schienen unter die Räder,
welche durch ein Nothgeleife mit dem Fahrgeleife verbunden werden. Arbeiten diefer
Art find höchft mühevoll und zeitraubend, doch find fie unerläßlich, will man die
geftürzte Mafchine nicht gänzlich demontiren, was nicht immer möglich fein wird.
Thatfache ift, daß Nothgeleife der vorbefchriebenen Art oft für ganze abgeftürzte
Züge in Längen von 500 Meter und darüber hergeftellt worden find. Selbftver=

ständlich sind bei entgleisten Locomotiven auch seitens der Bedienungsmannschaft entsprechende Sicherungsmaßregeln zu ergreifen. Hohes Feuer muß herausgerissen und abgelöscht, der Dampf durch Oeffnen der Heizthüre und Aufschrauben der Sicherheitsventile zum Sinken gebracht werden. Diese Maßregeln gelten jedoch nur für den Fall, wenn eine baldige Behebung des Unfalles nicht zu erwarten steht.

Zu den selteneren Unfällen schwerer Art gehören die Kesselexplosionen. Das Vorhandensein von Kesselstein oder der schlechte Zustand des Kessels überhaupt, ja selbst nur einzelne Bleche derselben sind die hauptsächlichen Ursachen solcher Explosionen, seltener das zu rasche Sinken des Wassers bei zunehmender Dampfspannung. Seit Einführung genau bestimmter periodischer Kesseluntersuchungen sind die Kesselexplosionen viel seltener geworden als in früherer Zeit, in welcher überdies durch den Unfug der Belastung der Federwagen der Sicherheitsventile und in Folge der dadurch hervorgerufenen Dampfspannung über das zulässige Maximum Unglücksfälle geradezu provocirt wurden.

Eigenthümliche Wirkung einer Kesselexplosion. (Nach einer Photographie.)

Wenn sich der Leser zum Abschlusse ein zusammenfassendes Bild von der heutigen technischen Ausgestaltung der Eisenbahnen macht, wenn er sich der Erwägung hingiebt, mit welchem bedeutenden Aufwande an Wissen und Können alle

Die Brücken-Katastrophe bei Mönchenstein in der Schweiz
(14. Juni 1891).

materiellen, geistigen und moralischen Factoren zu einem organisch Ganzen von großer Vollkommenheit zusammenwirken, so wird er sich der Erkenntniß nicht verschließen, daß der Mechanismus einer großen Bahn ein Maß von Sicherheit in sich schließt, welches selbst durch zeitweilige Unfälle und Katastrophen in seinem Werthe nicht herabgedrückt werden kann. In technischer Beziehung dürfte das Schwergewicht größerer Betriebssicherheit — von einem tadellos functionirenden Signalsystem abgesehen — vornehmlich in der Verstärkung des Oberbaues liegen.

Erfreulicher Weise machen sich Bestrebungen in dieser Richtung in allen großen Staaten bemerkbar. Die ersten Maßnahmen dieser Art gingen von Belgien aus, das eine wesentliche Verstärkung des Oberbaues durch probeweise Einführung der Sandbergschen Schiene (der sogenannten Goliathschiene) anbahnte. In Frankreich konnte man

Von einem Felssturz verlegte Geleise.

sich der Erwägung nicht verschließen, daß die daselbst bestehenden Oberbausysteme vielfach den gesteigerten Verkehrsverhältnissen nicht mehr entsprechen. Einige Bahnen haben sich denn auch veranlaßt gesehen, zu neuen, stärker dimensionirten Schienen zu greifen. In der Schweiz hat die Gotthardbahn mit ihren besonders schwierigen Betriebsverhältnissen der Oberbaufrage von Anbeginn her ein lebendiges

Interesse bewahrt. Auch in Deutschland haben sich Rücksichten geltend gemacht, welche eine Verbesserung der Oberbauconstructionen erwünscht erscheinen lassen. In Oesterreich sind im gleichen Sinne die k. k. Staatsbahnen durch probeweise Einführung einer engeren Schwelleneintheilung mit gutem Beispiele vorangegangen: andere Bahnen beschäftigten sich mit den Befestigungsmitteln der Schienen u. s. w. In England hält man zwar mit unbesiegbarer Zähigkeit an dem altbewährten Stuhlschienen-Oberbau fest, trachtet jedoch denselben stärker zu dimensioniren. In Amerika endlich ist man gleichfalls durch die gesteigerten Verkehrsverhältnisse dahin gedrängt worden, durch Anwendung schwerer Schienen die Widerstandsfähigkeit der Geleise zu erhöhen.

Geistreiche Statistiker haben herausgefunden, daß die Gefahren, mit welchen uns das tägliche Leben und Treiben umgiebt, weit größer sind, als die mit dem Reisen auf Eisenbahnen verbundenen. Nach den heutigen Verhältnissen in civilisirten Staaten ist die Wahrscheinlichkeit, auf einer Eisenbahnfahrt zu verunglücken, nicht größer als jene, einen Haupttreffer zu machen. Es ist berechnet worden, daß in Ländern mit sehr dichten Verkehrsverhältnissen ein Passagier, der sein ganzes Leben auf der Fahrt zubrächte, mindestens 300 Jahre alt werden müßte, bis er verletzt, und 1500 Jahre, bis er getödtet würde.

Leider hat man bezüglich der Unfallstatistik der Eisenbahnen mit einem nicht ganz zuverlässigen Factor zu rechnen, da die Auslegung des Begriffes »Eisenbahnunfall«, wie wir bereits an anderer Stelle erläutert haben, in den verschiedenen Ländern eine abweichende ist. Gleichwohl gestatten die Unfallzusammenstellungen einen Rückschluß auf die Wirksamkeit der in den einzelnen Ländern bestehenden Sicherungssysteme, beziehungsweise auf das Maß der Gefährdung, dem einerseits die Reisenden, anderseits die Eisenbahnorgane unterworfen sind. Desgleichen geben die statistischen Vergleichungen der Ursachen jener Unfälle, welche auf Gebrechen an den Betriebsmitteln — und zwar nach Kategorien geordnet — rückzuführen sind, werthvolle Anhaltspunkte, welche sowohl in der Betriebsführung als in der Wahl des Materials und für die Constructionsprincipien von ausschlaggebender Bedeutung sind.

Fünfter Abschnitt.

Eisenbahnen niederer Ordnung. — Außergewöhnliche Constructionen.

1. Stadtbahnen.

Wie ein gewaltiger Strom gegen seinen Ursprung hin allmählich an Mächtigkeit und elementarer Kraft verliert und in ein Netz von kleinen Wasseradern sich auflöst, so gliedern sich an dem kräftigen Organismus einer mit allen technischen Hilfsmitteln ausgerüsteten Vollbahn die kleinen und kleinsten Zweige des Verkehrs, der Hauptader ihr Dasein verdankend, dieser aber frischpulsirendes Leben in allen möglichen Formen zuführend. Das Große ist eine Summande von kleinen Werthen und der Begriff der Größe kann nur auf Grund der Werthbestimmungen relativer Abstufungen aufgestellt werden. Zugleich bedingt das Wesen der Causalität ein Ineinandergreifen von zahlreichen Factoren, welche im öffentlichen Leben, in den Arbeitsleistungen und den Austausch der auf dem Wege der Arbeit gewonnenen Erzeugnisse fußen. Die Form des Verkehrs ist eine variable; je vielgestaltiger die Formen sind, desto beweglicher, lebenskräftiger wird der Gesammtorganismus eines großen Verkehrs sein, in welchem jeder Einrichtung nach Maßgabe ihres Zweckes und ihrer Leistungsfähigkeit der ihr gebührende Platz angewiesen ist.

In Berücksichtigung dieses Sachverhaltes ist es wohl am Platze, wenn in einem die Technik des Eisenbahnwesens behandelndem Werke auch jenen Verkehrseinrichtungen das Wort geredet wird, an welchen sich die Principien, nach denen der Mechanismus eines großen Betriebes geleitet wird, mehr und mehr verwischen und schließlich nur mehr im losen begrifflichen Zusammenhange mit dem stehen, was wir unter einer Eisenbahn verstehen. Wenn also die nachstehend behandelten Constructionen und Einrichtungen mit der diesem Buche vorangestellten sinnbildlichen Ueberschrift »Vom rollenden Flügelrade« collidiren, möge man mit dem Verfasser nicht zu strenge ins Gericht gehen; die Nothwendigkeit, alles einschlägige Material, welches das Eisenbahnwesen in seiner begrifflichen Erweiterung liefert, einem Werke gleich dem vorliegenden einzuverleiben, ist einleuchtend genug, um das Beginnen zu entschuldigen.

Mit der Klarlegung dieses Standpunktes ergeben sich die sachlichen Angliede=
rungen, die wir im Auge haben, von selbst. In erster Linie sind es die Klein=
bahnen, welche als Vermittler des örtlichen Verkehrs zahlreichen Nothwendigkeiten
dienen und demgemäß unser Interesse erheischen. Unbeschadet der bei ihrer Anlage als
maßgebend angenommenen technischen Formen lassen sich die Kleinbahnen in Stadt=
und Land= (Vicinal=) Bahnen und drittens in solche eintheilen, welche in Form
stabiler Herstellungen den Zwecken der Industrie und der Landwirthschaft dienen.
Die nächstniedere Ordnung sind die transportablen Industrie=, Feld= und
Waldbahnen, bei welchen die Translation vielfach vom Dampfbetrieb und vom
elektrischen Betrieb abgeht, und an dessen Stelle das Zugthier und die Handarbeit
treten läßt. Zum Abschlusse des Ganzen sei dann einer Construction gedacht,
welche sich im Betriebe industrieller und landwirthschaftlicher Unternehmungen
steigenden Erfolges erfreut: der Förderbahnen mit Drahtseilbetrieb und der
eng damit verknüpften einschienigen Hängebahn. Bei Besprechung der Kleinbahnen
trennen wir auf Grund der motorischen Einrichtungen die Locomotivbahnen von
den elektrischen Bahnen, da die letzteren ihrer Eigenart und der ganz in sich
abgeschlossenen Entwickelung wegen eine gesonderte Behandlung erfordern.

Unter den Kleinbahnen bilden die Stadtbahnen, sofern sie als Normal=
bahnen hergestellt sind, gewissermaßen den Uebergang von den Hauptbahnen zu
den eigentlichen Klein= oder Straßenbahnen. Die technische Form der Stadtbahnen
liegt in ihrer Bestimmung. Da sie den Verkehr der überfüllten Straßen der Groß=
städte zu entlasten haben, hat ihre Anlage nur dann praktische Bedeutung, wenn
sie auf gesondertem Pfade sich bewegen, also nicht auf den Straßen, sondern über
oder unter denselben. Von welcher Bedeutung eine solche Anlage werden kann,
zeigt am deutlichsten das Stadtbahnnetz von London, die Metropolitan
District= und Metropolitan=Railway. Der Doppelring dieser Bahn umschließt
denjenigen Theil Londons, welcher die reizendsten Parks, die königlichen Schlösser,
die wichtigsten öffentlichen, sowie der Kunst und Wissenschaft dienenden Gebäude,
die schönsten und großartigsten Straßen und Plätze, sowie die Mittelpunkte des wirth=
schaftlichen Lebens: Börse, Bank, Post u. s. w., aufweist. Beide Linien gehören ver=
schiedenen Gesellschaften. Die Metropolitan=Districtbahn umschließt in elliptischer
Curve jenen Stadttheil, in welchem alle Fäden des Londoner Verkehrs zusammen=
laufen: die City, während die Metropolitanbahn mit den großen Linien des nörd=
lichen London in Verbindung steht; sie verläuft in unmittelbarer Nähe der großen
Personen= und Güterbahnhöfe der nördlichen und westlichen Linien (Paddington=,
Batter=Street=, Pancras= und Kings Croß=Station) und endet in Moorgate=Street
unweit der Ausgangsstation Mansion=House.

Der Verkehr auf der unterirdischen Bahn ist, wie es sich leicht denken läßt,
von außergewöhnlicher Intensität. Von den beiden Endstationen Mansion=House
und Moorgate=Station verkehren täglich durchschnittlich je an 200 Züge (von
6 Uhr Früh bis 11 Uhr 40 Minuten Nachts) und die gleiche Zahl von Zügen

trifft in den genannten Stationen ein. Es verkehren also durchschnittlich etwa 400 Züge im Tage, und zeitweilig erhöht sich diese Zahl auf 500 und selbst auf 600. Diese erstaunliche Leistungsfähigkeit ergiebt sich daraus, daß die von den Ausgangs=, beziehungsweise zu den Endstationen verkehrenden Züge der unterirdischen Bahn auch den directen Verkehr mit den großen Centralstationen der übrigen Bahnen vermitteln. Nach der Configuration dieses Bahnnetzes unterscheiden die Betriebsdispositionen der unterirdischen Bahn drei Zugscurse, von denen zwei ausschließlich über die Linien der unterirdischen Bahn (Inner= und Mittelzirkel),

Eine Station der Londoner Untergrundbahn.

der dritte (Außenzirkel) nur zum Theil über diese, zum Theil über Linien der London and North-Western- und der North-London-Railway sich erstrecken. Die Züge folgen einander, je nachdem sie zu dem einen oder anderen Zugscurse gehören, in Pausen von 10 bis 20 Minuten, doch sind zwischen die Züge der einen Route allemal solche der anderen Route eingeschoben, so daß alle drei, vier Minuten ein Zug abgefertigt wird, beziehungsweise in den Endstationen eintrifft.

Die Anlage der Londoner Stadtbahnen als Ringbahnen hat sich im Laufe der Zeit insofern als ungenügend erwiesen, als damit den stetig wachsenden Stauungen in den Verkehrsstraßen der Londoner Innenstadt nicht abgeholfen

wurde. Erst in den letzten Jahren sind Schritte nach dieser Richtung unternommen
worden, indem man eine unterirdische Transversalbahn mit elektrischem Betrieb
hergestellt hat, auf welche wir weiter unten zurückkommen. Zugleich giebt London ein
Beispiel ab, wie groß die Schwierigkeiten ausreichender Lüftung mit Dampf
betriebener, stark befahrener langer Tunnelstrecken sind, und wie schwer eine Ver=
zinsung derartiger Anlagen zu erwarten ist.

Leider gilt das letztere auch im Allgemeinen von den auf hohen Viaducten
geführten Bahnen mit doppelspurigen Betriebsmitteln, welche überdies die Straßen=
züge entstellen und auch sonst mit allerlei Uebelständen verbunden sind. Kein

Stadtbahn in Berlin: Janowitzbrücke.

Wunder also, daß seit Langem in Fachkreisen die Frage: Tief= oder Hochbahn
hin= und herschwankt, ohne daß eine principielle Entscheidung sich ergäbe. Auf
der Londoner Untergrundbahn sind vielfach Verbesserungen gemacht worden, welche
den früheren so häufig gerügten Uebelständen wenigstens theilweise abgeholfen
haben. Der Rauch belästigt im Allgemeinen weniger als man vermuthen sollte.
Besondere Luftschläuche setzen die Tunnelstrecken mit dem Freien in Verbindung,
welche die Luft in ersteren zweifellos verbessern, wenn auch nicht sehr wesentlich.
Bedenklicher ist, daß die sich ansammelnden Rauchmassen das Erkennen der Signal=
lichter durch die Locomotivführer sehr erschweren. Aus diesem Grunde wurden
wenigstens die neuen unterirdischen Strecken mit mächtigen Ventilationsmotoren bedacht.

Vergleicht man mit dieser Anlage die Hochbahn von Berlin, so wird
Niemand die der letzteren innewohnenden Vorzüge verkennen. Von kühnen Eisen=

constructionen überspannt, erheben sich die großartigen Hallen über den Erdgeschossen mit ihren zahlreichen weiten Thoren. »Durch die mattblauen Glaswände dringt das Tageslicht gedämpft in die Hallen, oder es strahlt des Nachts das elektrische Licht in zauberischem Glanze in die Stadt hinab. Und wenn wir im bequemen Wagen über die Schienen rollen: welch' reizender Wechsel prächtiger Stadt- und Land- schaftsbilder, welch' angenehmer Blick in das Gewoge großstädtischen Lebens unter uns, oder in den zitternden Widerschein von tausend und tausend Lichtern zu unseren Füßen. Auf der Untergrundbahn fährt man nur, um Zeit zu ersparen — auf der Hochbahn zu Berlin kann man auch zu seinem Vergnügen fahren.«

Allerdings ist auf der Londoner Untergrundbahn einer der wichtigsten Forderung, die man an eine Stadtbahn stellen kann, großartig Genüge geleistet: der Möglichkeit, jederzeit von jeder Station wegfahren zu können. Aber die Er- füllung dieser Forderung steht mit dem Systeme selbst in keinem Zusammenhange. Die Bedenken gegen die Verunzierung der Straßenzüge hat die praktischen Amerikaner nicht verhindert, die Stadtbahnen ihrer großen Emporien durchwegs als Hoch- bahnen, und zwar als Pfeilerbahnen, auszuführen. Diese »Elevated Raylways« sind zum Theile in sehr ingeniöser Weise angeordnet, um Raum zu sparen. Die ältere Anlage von New-York, welche ausschließlich dem localen Personenverkehr dient, wird von einer einzigen an der Trottoirkante der Straßen aufgestellten Säulenreihe getragen. Die Entfernung der Tragsäulen schwankt je nach den Um- ständen zwischen 9 bis 15 Meter. Um Entgleisungen vorzubeugen, beziehungsweise um für den Fall der Entgleisung die Folgen derselben zu beschränken, sind den Schienen entlang innerhalb der Gestänge Langhölzer als Sicherheitspfosten befestigt. Die Höhe der Säulen ist eine solche, daß die Fahrbahn über das Niveau des ersten Stockwerkes hinausragt, schwankt somit zwischen 4 bis 5 Meter. Vom Straßenniveau führen eiserne Treppen auf die Bahnperrons, auf welchen außer der kleinen Hütte des Billetencassiers in der Regel auch ein überdeckter, mit Bänken versehener Warteraum sich befindet. Die Züge verkehren von 6 Uhr Früh bis 8 Uhr Abends (Sonntags ausgenommen, wo der Verkehr des Morgens erst um 8 Uhr eröffnet wird) und folgen einander in Zwischenräumen von 10 Minuten. Die Züge bestehen aus einer Tenderlocomotive, welche mit einem Wagengehäuse umschlossen ist, und zwei Waggons, welche je 48 Sitzplätze haben. Die stärkste in der Bahn vorkommende Steigung ist 1 : 41, die kleinste Curve hat nur 17 Meter Radius. Die Fahrgeschwindigkeit ist eine mäßige, denn sie beträgt nur etwa fünf Meter in der Secunde.

Eine Hochbahn mit elektrischem Betriebe zeigt die Abbildung auf Seite 689. Bei der etwas leichten Construction des Eisengerüstes sind selbstverständlich möglichst leichte Wagen, wie sie bei den gewöhnlichen Straßenbahnen in Verwendung stehen vorausgesetzt. Die gut fundamentirten Ständer befinden sich in Entfernungen von 25 Meter und sind sehr solid mit den dreieckförmigen Gitterträgern verbunden. Eigenartig ist die nach John Meigg's System ausgeführte Hochbahn in Boston,

welche in dem beigegebenen Vollbilde dargeſtellt iſt. Dem Principe nach iſt es
eine einſchienige Bahn, und zwar von durchaus origineller Anordnung.

Die Wagen »reiten« gewiſſermaßen auf der Fahrbahn, wobei ſie unterhalb
von ſchräg einwärts gerichteten, auf Schienen laufenden Rädern getragen werden.
Die Fahrbahn beſteht aus einem eiſernen, durch zahlreiche ſeitliche Stützen ver=
ſteiften Balken, auf welchem drei Schienen angebracht ſind: zu oberſt eine Schiene, auf
welcher die am Boden der Wagen angebrachten Rollen gleiten, dann auf jeder Seite
des Balkens je eine Schiene, in welche die ſchiefſtehenden Räder eingreifen. Die freie
Höhe unter der Bahn beträgt 4·2 Meter. Ein ganz eigenthümliches Ausſehen haben

Hochbahn in New=York.

die Wagen — rieſige Cylinder, welche innen durchwegs gepolſtert und ſehr bequem
eingerichtet ſind. Die Treibräder der Locomotive, welche in ihrer Geſammtanordnung
den Wagen entſpricht, haben einen Durchmeſſer von einem Meter und ſind wie die
Gleichgewichtsrollen der Wagen horizontal geſtellt. Ihre Achſen ſind mit Kolben
verſehen und ſitzen in Cylindern, ſo daß die Räder in Folge des an den Kolben
wirkſam werdenden Dampfdruckes gegen die Seitenkanten der oberen Schiene an=
gepreßt werden und dadurch die zur Fortbewegung nothwendige Adhäſion hervor=
gerufen wird. Ueber die Ausdehnung der Anwendung dieſes Syſtems konnte der
Verfaſſer Näheres nicht in Erfahrung bringen.

Wie aus der Aufgabe der Stadtbahn die Art und Weiſe des Betriebes, ſo
folgt aus dieſer die Wahl des Motors. Vom Pferdebetrieb — der dieſe Aufgabe

John Meigs Hochbahn in Boston.

nicht erfüllen kann — abgesehen, entschied man sich naturgemäß für den Dampf=
betrieb. Locomotiven für Stadtbahnen müssen verhältnißmäßig kräftig und dabei
doch geschmeidig genug sein, um auch scharfe Bögen anstandslos durchlaufen zu
können; sie müssen rasch anfahren, aber auch rasch und ohne Stoßwirkung an=
halten können; sie dürfen nicht viel Rauch und Ruß absondern und müssen

Hochbahn, System Clark.

größere Strecken mit einer einzigen Ausrüstung an Brennmaterial und Wasser
zurücklegen können. Das Bestreben, die Zugkraft möglichst nutzbringend zu ver=
wenden, führte zur Bevorzugung der Tenderlocomotiven gegenüber den Loco=
motiven mit Schlepptender.

Die mancherlei nicht zu beseitigenden Uebelstände der Dampflocomotiven —
Geräusch durch den Auspuff, Rauch und Ruß — ließen große Hoffnungen in die

sogenannten »feuerlosen« Locomotiven, von welchen an anderer Stelle die Rede war (vgl. Seite 305), setzen. Die Hoffnung ist indes nicht in Erfüllung gegangen und so schenkten die Constructeure der elektrischen Maschine erhöhte Aufmerksamkeit, indem sie von ihr alles Heil erwarteten und erwarten. So äußerte sich beispielsweise ein hervorragender Fachmann, Gustav Kemmann, welcher kürzlich von der technischen Hochschule in Berlin den Auftrag erhalten hatte, die Verkehrseinrichtungen Londons zu studiren, in seinem aus diesem Anlasse verfaßten prächtigen Werke wie folgt: »Wenn sich die Frage, welcher Art von Verkehrsmitteln für den inneren Stadtverkehr (in London) die Zukunft gehören wird, vorläufig noch nicht endgiltig zu Gunsten der elektrischen Betriebsweise entscheiden läßt, so hat sich doch bereits beim Betriebe der City- und Südlondon-Bahn gezeigt, daß mit dieser neuen Art von Verkehrsmitteln ernstlich gerechnet werden muß. Sie bieten so in die Augen springende Vortheile, daß ihre allgemeine Einführung nicht allein in London, sondern auch in Berlin, Paris und New-York aufs Lebhafteste befürwortet wird.«

2. Elektrische Straßenbahnen.

Es kann nicht unsere Aufgabe sein, an dieser Stelle die gesammte Entwickelungsgeschichte der elektrischen Eisenbahnen vorzutragen. Das, was wir auf Seite 298 u. ff. im Allgemeinen über diesen Gegenstand vorgebracht haben, dürfte zur Orientirung ausreichen, so daß wir sofort auf den heutigen Stand des elektrischen Bahnbetriebes übergehen können. Schon geraume Zeit hat man versucht, die Pferde durch verschiedene Motoren zu ersetzen, ohne daß dies — den Dampf ausgenommen — in zweckentsprechender Weise gelungen wäre. Durch einige Zeit beschäftigte man sich viel mit einer Construction, bei welcher das Zugseil in Anwendung kam.

In der That bewährte sich dieses System an mehreren Orten, besonders dort, wo starke Steigungen vorkommen und ein großer Verkehr zu bewältigen ist. Indes haften dem Systeme auch vielfache Gebrechen an und sind die Herstellungskosten sehr bedeutende. In Amerika, wo diese Construction hauptsächlich zur Anwendung kam, ergab sich, daß der Leitungscanal allein 30.000 bis 50.000 Dollars per Kilometer einfaches Geleise kostet. Außerdem sind mit diesem Canal viele Unzukömmlichkeiten verbunden, darunter die Schwierigkeit seiner Reinigung und die Kostspieligkeit seiner Instandhaltung. Nachdem jedes einzelne Seil eine Betriebseinheit ist, führt ein Reißen desselben zur Unterbrechung des ganzen Verkehrs auf einer langen Strecke. Ein Seilriß kann einen Wagen auf den andern schleudern, wie es in Philadelphia geschah, oder er kann einen in Ruhe befindlichen Wagen plötzlich in Bewegung setzen, wie es in New-York vorgekommen ist. Von den mancherlei anderen Nachtheilen sei nicht weiter die Rede.

In Folge Vervollkommnung der elektrischen Motoren hat auch die Ausgestaltung des elektrischen Eisenbahnbetriebes ein rascheres Tempo genommen. Schon mühen sich kühne Projectanten mit der Realisirung des Fernverkehrs durch Anwendung großer und starker elektrischer Locomotiven ab und die sanguinischsten sehen bereits die »elektrischen Blitzzüge« in den internationalen Verkehr eingestellt. Daß es sich hierbei um ganz enorme Geschwindigkeiten (200 bis 250 Kilometer) handelt, versteht sich von selbst. Vorläufig wollen wir indes bei dem bleiben, was besteht und was sich bewährt hat.

Gegen ein ausgedehntes Netz von elektrischen Straßenbahnen wird in der Regel der Einwurf gemacht, daß dessen Betrieb kaum möglich sei, daß der Stromkreis häufige Unterbrechungen erleide, daß eine größere Zahl von Wagen nicht fortbewegt werden könne, daß die Motoren Beschädigungen unterliegen u. dgl. m. Solche Einwürfe sind nur dort begründet, wo das System mangelhaft, das Material ein minderwerthiges, die Betriebsführung eine nachlässige ist. Wie viele Gebrechen haften nicht der Locomotivbahn an und wie häufig versagt nicht das eine oder andere Organ dieses complicirten Mechanismus, ohne daß es Jemanden einfiele, gegen die Zweckmäßigkeit desselben zu eifern. Thatsache ist, daß es wenige oder gar keine Maschine giebt, die so schwer in Unordnung zu bringen ist, wie der elektrische Motor, und daß keiner die veränderlichsten Belastungen leichter erträgt als dieser.

Der elektrische Betrieb der Straßenbahnen findet auf zweierlei Weise statt. Entweder wird von einer Centralstelle aus der am Wagen montirte Motor bethätigt, oder dieser führt die Elektricitätsquelle mit sich. Für die Zuleitung des Stromes können entweder die Schienen, auf welchen die Räder laufen, benützt werden; oder eine dritte Schiene, welche entweder in der Mitte des Geleises oder neben demselben angebracht ist; oder unterirdische Canäle, in welchen sich der Leiter befindet; schließlich oberirdische Drahtleitungen. Ferner kann entweder ein geschlossener metallischer Stromkreis in Anwendung kommen, oder es werden die Schienen und die Erde für den Rückstrom gewählt.

Das Accumulatorensystem, bei welchem jeder Wagenmotor die Kraftquelle mit sich führt, kann im Principe als das vollkommenste System angesehen werden. Indes machen die Gegner desselben geltend, daß beim Betriebe mit Accumulatoren ein bedeutendes, mehrere Tons betragendes Gewicht — das der Batterien — das todte Gewicht des Wagens bedeutend erhöht. Dazu kommt noch, daß eben dieses Sachverhaltes wegen die Wägen bedeutend schwerer construirt werden müssen, so daß sich bei der kleinsten Type noch immer ein Totalgewicht von $6\frac{1}{2}$ Tons ergiebt. Nicht ohne Berechtigung ist auch die andere Einwendung, dahin gehend, daß der elektrische Strom in den Batterien eine bedeutende Schwächung erleidet, da er zuerst zu den Accumulatoren und von diesen aus zum Motor geht, während beim Leitungssystem der Strom der primären Dynamo direct zum Motor gelangt. Der Verlust ist sehr bedeutend und kann unter Umständen bis auf 35 Procent steigen. Außerdem kommen die Manipulationskosten doppelt so hoch zu stehen als die Erhaltungskosten für das Leitungsnetz bei directem Systeme. Im Uebrigen befindet sich das Accumulatorensystem noch völlig im Stadium der Experimente, und da

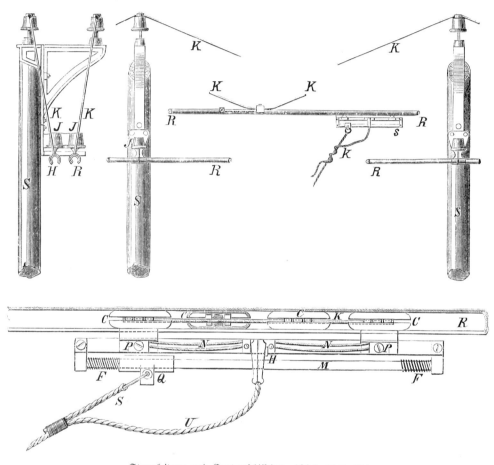

Stromleitung und Contactschiffchen. (Siehe Seite 694.

die hierbei erzielten Fortschritte nicht zu verkennen sind, muß es sich früher oder später zeigen, ob die in dieses System gesetzten Hoffnungen sich erfüllen lassen.

Sehen wir nun zu, wie es mit den einzelnen Formen des sogenannten »directen Systems« bestellt ist. Wir sehen hierbei von Gleitschienen, als einer veralteten Anordnung, ab und gehen auf die beiden anderen Formen über, bei welchen entweder eine Luftleitung oder eine unterirdische Leitung zur Anwendung kommt. Beide haben ihre Vor- und Nachtheile. Die oberirdische Leitung mit ihrem auf Pfählen geführten Kabel ist kostspielig und beengt den Raum, die unterirdische Canalleitung ist kaum billiger und haften ihr alle Unzukömmlichkeiten an, die

weiter oben bei den Zugseilbahnen her=
vorgehoben wurden. Es wird also jedes
der beiden Systeme auf Grund der sich
jeweilig ergebenden Nebenumstände sich
in keiner Weise als das zweckmäßigere
erweisen.

Eine typische Anlage mit unter=
irdischer Leitung ist das System Bently=
Knight. Die Construction besteht aus
gespaltenen eisernen Röhren, welche in
Stücken von etwa zwei Meter Länge
zusammengesetzt werden. In den Röhren
befindet sich der Stromleiter und erfolgt
die elektrische Verbindung durch Contacte
(Gleitstücke), welche vom Wagen durch
den Längsspalt der Röhren bis zu den
Kupferkarren der Leitung herabreichen.
Trotz des mißlichen Umstandes, daß durch
den Spalt allerlei Unrath in das Innere
der Röhre eindringen und dadurch das
ordnungsmäßige Functioniren der Gleit=
contacte behindern oder gänzlich unter=
brechen kann, hat sich dieses System
gleichwohl in der Praxis bewährt.

Ein anderes System ist das von
M. Wynne, von welchem Etienne de
Fodor in seinem Werke »Die elektri=
schen Motoren« die folgende Beschreibung
giebt. »M. Wynne versieht den Tram=
wagen mit Contactbürsten, welche ganz
einfach auf direct neben oder zwischen
dem Geleise befindlichen Stromabnahme=
stellen in Knopfform schleifen. Die
Stromzuleiter sind in einer ganz ge=
schlossenen Röhre verborgen. Von dieser
Röhre gehen (sagen wir jede 20 Centi=
meter) Contactstellen in Knopf= oder
Zahnform aus, welche, sorgsam von
einander isolirt, auf der Straße frei

zu Tage liegen. Durch diese Anordnung soll verhütet werden, daß der frei=
liegende Theil des unterirdischen Leiters eine ununterbrochene Linie bilde. Das

Thomson=Houston's doppelter Motor=Truck.

Publicum bekommt von den Leitern nichts anderes zu sehen, als eine Reihe von metallenen Knöpfen, welche längs des Geleises einherzieht. In diesen Knöpfen soll aber nie Strom vorhanden sein, um die unausbleiblichen großen Stromverluste zu vermeiden. Es soll nur in jenen Knöpfen Strom sein, welche gerade vom Wagen und seinen Contactbürsten bedeckt werden.« Zu diesem Ende ist eine besondere An= ordnung mit einem kleinen Motor getroffen, die indes zu complicirt ist, um sie hier zu erläutern. Aus demselben Grunde stellen sich der Uebertragung dieses Systems in die Praxis ganz erhebliche Schwierigkeiten entgegen. Unterirdische

Elektrische Straßenbahn, System Thomson=Houston.

Systeme werden ferner durch folgende Constructeure repräsentirt: Siemens & Halske, Crompton & Soll, Lineff & Bailey, Wheleß u. A.

Die oberirdischen Leitungen sind zur Zeit das verbreitetste System elektrischer Straßenbahnen. Eine bekannte Anordnung ist die von Siemens & Halske, welche auf Seite 692 abgebildet ist. Die Leitung besteht aus eisernen Röhren (H R), welche an ihrer unteren Seite der Länge nach aufgeschlitzt sind, durch über Isolatoren geführte Kabel (K) einerseits und durch Isolatoren (J J) anderseits getragen werden. Die Isolatoren für die Kabel, welche gleichzeitig mit den Röhren die Stromleitung besorgen, ebenso die Isolatoren für die Röhren, sind mittelst eiserner Träger an kräftigen Holzsäulen (S) befestigt. Die Verbindung dieser Stromleitung mit der secundären Maschine am Wagen vermitteln in den Röhren gleitende Schiffchen (s) welche durch Kabel (k) mit der vorerwähnten Secundärmaschine in Verbindung stehen. Dieses Schiffchen ist durch ein Zugseil am Wagen befestigt und wird von diesem bei seiner Vorwärtsbewegung nachgezogen.

Die zweite Figur veranschaulicht die Anordnung. R ist die unten der Länge nach aufgeschlitzte Eisenröhre, CC.. sind die vier Contactstücke, aus welchen sich das Schiffchen zusammensetzt. Um diese Stücke im sicheren Contact mit der Röhre zu erhalten, ist jedes derselben aus zwei Schalen zusammengesetzt, welche durch eine innen angebrachte Feder an die innere Röhrenwandung angedrückt werden. Unter einander sind diese Contactstücke durch das Kabel K aus biegsamen Kupferdrähten leitend verbunden.

Das erste und letzte Contactstück besitzt je einen nach abwärts gerichteten Ansatz (P P), welcher durch den Schlitz der Röhre aus dieser herausragt und mit einer elastischen Stahlstange (M) fest verbunden ist. Auf dieser gleitet eine Muffe (Q), an der das Zugseil (S) sich anschließt. Um das stoßweise Anziehen des Wagens durch das Seil zu mildern, ist zwischen der Muffe und dem Ansatzstücke eine Spiralfeder (F) eingeschaltet. Die Stromableitung aus dem Contactschiffchen erfolgt durch das Kabel U, welches an den Zapfen H befestigt ist. Letzterer steht durch die Kupferseile NN und die Ansatzstücke PP mit dem Schiffchen in leitender Verbindung. Die Auflösung des Schiffchens in vier Contactstücke einerseits und die Elasticität der Stahlstange M anderseits ermöglicht das Passiren von Krümmungen von sehr geringem Radius. Jeder Wagen oder Zug (es fahren auch bis zu drei Wagen zusammen) führt zwei solcher Schiffchen mit sich, von welchen das eine in der stromzuleitenden, das andere in der stromableitenden Röhre gleitet.

In Nordamerika, wo die elektrischen Maßnahmen eine große Entwickelung genommen haben, sind hauptsächlich zwei Systeme vorherrschend, das von Thomson-Houston und das von Sprague. Bei ersterem sind die Motoren — wie aus Abbildung Seite 693 zu ersehen — beweglich auf dem Rahmen aufgehängt und vollständig unabhängig vom Wagenkörper. Jeder Motor hat blos einen Commutator; auf dem Anker liegt blos ein Bürstenpaar auf, und brauchen die Bürsten nicht gedreht zu werden, wenn der Wagen rückwärts laufen soll... Beim System Sprague wird ein Ende des Motors nahe dem Mittelpunkte des Wagens durch doppelte Compressionsfedern getragen, welche an einem losen Bolzen hängen, der an der Querstange in dem Wagenboden befestigt ist. Es ist dadurch eine wiegende Bewegung der Motoren ermöglicht. Die Bewegung der Anker wird auf die Wagenachsen durch eine federnde Zahnradübersetzung (Combination von Federn und Zahnrädern) übertragen. Jede Wagenachse hat ihren eigenen Motor, wodurch die Adhäsion vergrößert wird.

Der Anwendung von hochgespannten Strömen für den elektrischen Betrieb von Straßenbahnen stehen verschiedene Schwierigkeiten im Wege, welche durch das sogenannte »Seriensystem« überwunden zu sein scheinen. Wenigstens hat eine Anlage dieser Art, die von Northfleet in England, befriedigende Erfolge ergeben.

Auf das System näher einzugehen, würde zu sehr in das elektrotechnische fach=
wissenschaftliche Gebiet hinüberführen.

Ein ganz eigenartiges System ist die Straßenbahn mit senkrechter Spur
des österreichischen Ingenieurs Zipernowsky. Erwägt man, daß die gewöhnlichen
Straßenbahnen bei ihrer Anlage durch die gegebenen räumlichen Verhältnisse sehr
behindert sind und hierbei eine gänzliche Neu= oder Umpflasterung des Straßen=
körpers in der beiläufigen Breite von drei Meter zu erfolgen hat, so wird man
ohne weiteres die Vorzüge eines Systems anerkennen müssen, welches jenen Uebel=
ständen aus dem Wege geht. Dies ist nun mit dem von Ganz & Co. in Budapest
construirten Zipernowsky'schen System erreicht. Die beigegebene Abbildung ver=
anschaulicht diese interessante Anordnung. Die Räder, auf denen das Wagengewicht

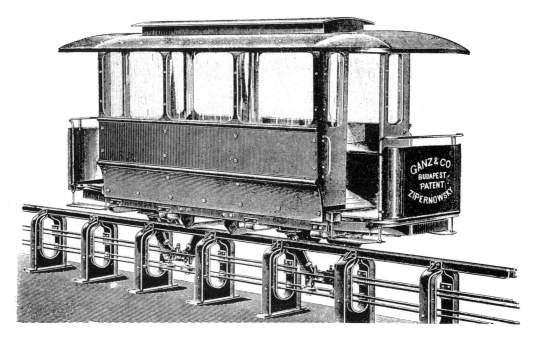

Einspurige elektrische Straßenbahn, System Zipernowsky.

ruht, laufen auf einer doppelten Schlitzschiene, unter der sich ein gemauerter Canal
befindet. In diesen letzteren reichen starke, mit dem Wagen starr verbundene Arme
hinein, die sich mittelst Führungsrollen gegen beiderseitig im Canal untergebrachte
Schienen stemmen und dadurch dem Wagen die erforderliche Stabilität verleihen.

Wie man sieht, unterscheidet sich diese Construction sehr wesentlich von den
bisher bekannten Straßenbahnen, da sich bei jener nur ein Schienenstrang, be=
ziehungsweise eine Doppelschiene auf dem Niveau des Straßenkörpers befindet,
während das zweite Schienengeleise in einem unterhalb der Straßenoberfläche be=
findlichen Canal versenkt ist. Die Ebene, welche diese beiden Geleise verbindet, ist
also eine senkrechte, weshalb auch diese Construction »Straßenbahn mit senkrechter
Spur« genannt wird. Im Uebrigen können die Fahrzeuge, ohne daß das Wesen

der Bahn= oder Wagenconstruction eine Aenderung erfahren müßte, je nach Belieben durch animalische Kraft oder andere Motoren bewegt, beziehungsweise die Bahn selbst außer für elektrischen Betrieb auch für Seil= oder Kettenantrieb eingerichtet

Elektrische Untergrundbahn in London.

werden. (Vgl. Etienne de Fodor, »Die elektrischen Motoren mit besonderer Berück=sichtigung der elektrischen Straßenbahnen«.)

Wir haben weiter oben, gelegent=lich der Besprechung der Stadtbahnen, der versuchsweisen Einführung des elek=trischen Betriebes in London Erwähnung gethan. Es betrifft dies die Ende 1890 dem Betrieb übergebene, 5 Kilometer lange »City= und Südlondon=Bahn«, welche die King=Williamstreet in der City unter der Themse hindurch über Great Doverstreet, Elephant and Castle, Ken=nington=Park und Oval mit Stockwell bei Clapham Road in zwei getrennten Tunnels unterirdisch verbindet. Die Tunnels sind eigentlich nichts anderes als zwei gußeiserne Röhren, deren eine für die Hinfahrt, deren andere für die Rückfahrt bestimmt ist. Beide Röhren sind zumeist nebeneinander, stets aber die eine höher als die andere angeordnet,

1. Inneres eines Personenwagens. 2. Verbindung der Locomotive mit der elektrischen Leitung. 3. Mündung des Tunnels in einer unterirdischen Station.

damit die Passagiere in den Stationen über oder unter den Röhren zu den hydrau=lischen Aufzügen gelangen können, welche die Verbindung mit der Oberwelt herstellen. Die Geleise der Zwischenstationen liegen höher als die der Tunnelstrecken, so daß vor und hinter ihnen stark geneigte Rampen entstehen, welche bei der Einfahrt verzögernd, bei der Abfahrt beschleunigend auf die Geschwindigkeit wirken.

Die beiden mitfolgenden Abbildungen veranschaulichen das Aussehen einer Station, beziehungsweise die Anordnung der Wagen und der tunnelartigen Röhren. Die elektrischen Locomotiven haben ein Gewicht von zehn Tons und ruhen auf zwei Achsen, deren jede unabhängig von der anderen durch die Dynamo angetrieben wird. Der elektrische Strom wird vermittelst einer zwischen den Gestängen des Geleises liegenden dritten Schiene, auf welcher drei schwere Contactschlitten der Locomotive gleiten, zugeführt. Als Rückleitung dienen die Fahrschienen. Eine Locomotive befördert einen Zug aus drei Wagen mit einer Geschwindigkeit von 24 Kilometer per Stunde, doch kann dieselbe ohne Bedenken auf 40 Kilometer erhöht werden. Die Wagen fassen 30 bis 40 Personen und werden elektrisch beleuchtet, während die Röhren ohne Licht sind. Trotz des Lobes, das diesem Systeme von autoritativer Seite zugesprochen wird, meint ein witziger Fachmann: »Soweit die Annehmlichkeit der Fahrt in Betracht kommt, wird man den Hochbahnen nicht erfolgreiche Concurrenz bieten. Das Geräusch der Contactschlitten auf den Schienen findet an den eisernen Wänden hundertfachen Widerhall, die Luft im Tunnel pfeift und zischt — für starke Nerven keine wohlthuende Musik, für kranke Nerven aber so ein Lied, »das Steine erweichen, Menschen rasend machen kann.«

3. Kleinbahnen.

Wir fassen unter diese Bezeichnung jene Gruppe von Eisenbahnen zusammen, welche — mit Ausschluß der vorbesprochenen Stadtbahnen und elektrischen Straßenbahnen — entweder allgemeinen localen Verkehrsbedürfnissen in der einfachsten Form dienen, oder besonderen, vornehmlich wirthschaftlichen Zwecken und Verhältnissen angepaßt sind. Für die Kleinbahnen der ersteren Kategorie sind die Dampftramways, für welche kein besonderer Bahnkörper angelegt, sondern die vorhandenen Straßen benützt werden, typisch. In die zweite Kategorie fallen alle industriellen, landwirthschaftlichen, montanistischen Zwecken dienende feste Bahnanlagen, zum Unterschiede von den transportablen, ganz leichten und nicht ausschließlich für den Locomotivbetrieb eingerichteten Anlagen, welche sich allmählich zu einem besonderen Zweig der Eisenbahntechnik entwickelt haben.

Die Dampf-Straßenbahnen haben den Schienenweg und den Fahrapparat mit den großen Eisenbahnen gemein, während sie bezüglich der Verkehrsform dem Landfuhrwerke und allen anderen zur Bewältigung eines lebhaften Personenverkehrs dienenden Vehikeln sich nähern, beziehungsweise organisch anschließen. Damit ist die Rolle, welche den Dampf-Straßenbahnen zufällt, gekennzeichnet und zugleich das Unterscheidungsmerkmal gegenüber den entweder als Vollbahnen oder

als Schmalspurbahnen hergestellten Bahnen niederer Ordnung, welche an anderer
Stelle besprochen worden sind (S. 56 u. ff.), gegeben. Die Bedeutung der ersteren
liegt — conform derjenigen der Stadtbahnen — vornehmlich darin, daß sie dem
in den großen Städten aufgewachsenen Wagenverkehr dienstbar gemacht werden.
In dicht bevölkerten Fabriks= und Landdistricten geben sie ein ausgezeichnetes und
rentables Verkehrsmittel ab. Auf einzelne lange, das flache Land durchziehende
Linien ist diese Verkehrsform bisher nur ausnahmsweise übertragen worden, doch

Straßenbahn=Locomotive mit Führerstand in der Mitte, Spindelbremse oder Wurfbremse, Feuerungsthür an der
Seite (Constructeur: Märkische Locomotivfabrik, Schlachtensee).

wird man sich nicht der Thatsache verschließen können, daß die Straßenbahnen als
letzter Zweig der mit Dampf betriebenen Schienenwege dazu berufen sind, die ent=
legensten Theile eines Landes an das große Eisenbahnnetz anzugliedern.
    Die in den Dampf=Straßenbahnen verkörperte Form des secundären Transport=
wesens fand alsbald in der regen Theilnahme der Maschinenbauer eine wirksame
Unterstützung, so daß zur Zeit die im Gebrauche stehenden Motoren allen billigen
Anforderungen, die man an sie zu stellen berechtigt ist, entsprechen. Es gilt dies
vornehmlich — wenn wir von den ausländischen Fabrikaten absehen — von den
Maschinen der Firma Kraus & Co. und der Märkischen Locomotivfabrik,

welch' letztere überdies in der Construction leichter, den verschiedensten Zwecken
dienenden Maschinen Vorzügliches leistet. Alle diese Maschinen zeichnen sich durch
geräuschlosen Gang und durch sparsamen Brennmaterialverbrauch aus. Solid und
stabil gebaut, befahren sie mit Leichtigkeit auch größere Steigungen und scharfe
Curven. Die Construction ist einfach, übersichtlich, das Triebwerk vor Staub
geschützt, aber gut zugänglich; die Maschinen sind dauerhaft, zuverlässig und billig
im Betriebe. Der Führer kann sich frei bewegen, hat freie Aufsicht auf die zu
befahrende Bahn beziehungsweise die zu befahrende Straße und kann bei plötzlich
eintretenden Hindernissen die Geschwindigkeit mittelst einer kräftig wirkenden Bremse
rasch vermindern oder den Zug innerhalb kürzester Zeit zum Stehen bringen.

Die Abbildung Seite 699 veranschaulicht die Gesammtanordnung einer
Straßenbahn=Locomotive der Märkischen Locomotivfabrik (in Schlachtensee bei
Berlin). Da die Dampf=Straßenbahnen vielfach in die Randbezirke der großen
Städte eindringen, erscheint es nothwendig, sowohl die Rauchentwicklung, als das
durch den Auspuff hervorgerufene Geräusch, vor welchem Pferde scheuen, nach
Thunlichkeit zu beschränken. In Fällen, wo als Feuerungsmaterial nicht Cokes
verwendet wird, erhalten die Maschinen sorgfältig construirte Apparate zur Ver=
meidung des Funkenfluges. Petroleumfeuerung ist nicht empfehlenswerth, da sie
einerseits die Hinzugabe eines umständlichen, die Locomotive erheblich vertheuernden
Apparates bedarf, anderseits große Vorsicht in der Behandlung erheischt. Dem
geräuschvollen Dampfauspuff wird durch Anwendung eines Exhaustors vorgebeugt.
Dagegen sind die mancherlei kostspieligen und schweren Compensationseinrichtungen
minder praktisch; denn durch die Condensation des ausströmenden Dampfes beraubt
man sich des künstlichen Zugmittels, mittelst dessen der Locomotivkessel viermal
mehr Dampf in derselben Zeit produciren kann, als ein feststehender Dampfkessel
von gleicher Heizfläche. Man ist diesfalls gezwungen, entweder ein weiteres künst=
liches Zugmittel, z. B. ein Gebläse oder einen Ventilator, zu benützen oder einen
viel größeren Kessel zu verwenden. Das Alles vertheuert und complicirt den
Mechanismus.

Bezüglich der äußeren Ausstattung der Tramway=Locomotiven ist nicht viel
zu sagen. Im Allgemeinen ist man bestrebt, demselben durch entsprechende Ver=
hüllungen das Aussehen eines gewöhnlichen Waggons zu geben, um das Scheu=
werden der Pferde und damit möglicherweise verbundene Unglücksfälle zu verhüten.
Die Seiten der Maschine sind demgemäß meist mit geschlossenen Wänden construirt,
oder mit Klappfenstern versehen; das Triebwerk wird durch Fallthüren maskirt.

Der Charakter der Straßenbahnen schließt die Herstellung eines besonderen
Unterbaues in der Regel aus und werden solche Constructionen nur ausnahms=
weise, durch örtliche Verhältnisse bedingt, zur Anwendung kommen. Umso größere
Achtsamkeit hat man dem Oberbau zuzuwenden, bei dessen ökonomischer Beurthei=
lung die eigenthümliche Thatsache sich ergibt, daß er umso theurer wird, je unter=
geordneter die Bedeutung der betreffenden Linie bezüglich der Verkehrsverhältnisse

ift. Es abſorbirt nämlich bei Hauptbahnen der Oberbau etwa 15—20 Procent des geſammten Anlagecapitals, während er ſich bei Nebenbahnen auf 25—30 Procent beläuft. Aus dieſem Grunde wird man bei der Oberbau-Conſtruction für Straßen- bahnen (wie überhaupt für Bahnen niederſter Ordnung) die ſorgfältigſten und allſeitigſten Erwägungen anzuſtellen haben, um vor ſchweren Mißgriffen bewahrt zu bleiben. Gutes Material, widerſtandskräftige Schwellen und nicht zu leichte

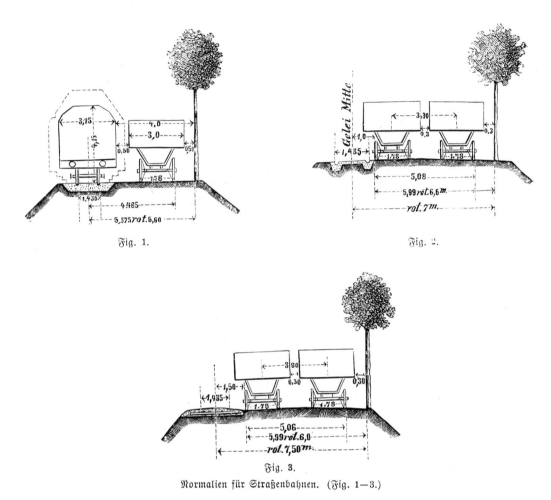

Fig. 1.

Fig. 2.

Fig. 3.

Normalien für Straßenbahnen. (Fig. 1—3.)

Schienen werden den diesfälligen Erforderniſſen entſprechen. Leichte Schienen ſind überhaupt unökonomiſch, da mit ihrer ſchnellen Abnüßbarkeit größere Koſten ver- bunden ſind, als die Beſchaffung ſchwererer Schienen ſie bedingen.

Bezüglich der Lage der Straßenbahn im Terrain, d. h. als ergänzender Theil eines bereits beſtehenden Communicationsmittels, beſtehen in den einzelnen Ländern diesbezügliche Vorſchriften, deren Beachtung umſo wichtiger iſt, als die Benützung einer Fahrſtraße durch die Bahn unter Umſtänden zu Unzukömmlich- keiten verſchiedener Art führen kann. Im Nachſtehenden ſind einige der wichtigſten Verfügungen wiedergegeben, welche ſeitens der preußiſchen Regierung in dieſer

Angelegenheit erlassen wurden und welche so ziemlich die hierbei auch anderwärts maßgebenden Gesichtspunkte illustriren.

Bei der Mitbenützung eines öffentlichen Weges zur Anlage einer Eisenbahn untergeordneter Bedeutung soll die Fahrgeschwindigkeit in der Regel 20 Kilometer in der Stunde nicht übersteigen. Größere Geschwindigkeiten sind nur nach Maßgabe der jeweils sich ergebenden Verhältnisse zuläßig. Bezüglich der Anordnung der Geleise hat der Grundsatz zu gelten, daß der für den Verkehr der Landfuhrwerke verbleibende Straßenraum auf einer Seite der Bahn liegt. Die Breite desselben ist in der Regel derart zu bemessen, daß ein Landfuhrwerk von der größten vor= kommenden Ausladung (d. i. etwa 3 Meter) unbehindert neben einem Bahnzuge passiren könne, beziehungsweise daß zwei solche Wagen bei Abwesenheit eines Bahnzuges einander ausweichen können. Die Erfüllung dieser Bedeutung knüpft sich an die Voraussetzung, daß das Planum der Straßenbahn vom Landfuhrwerke

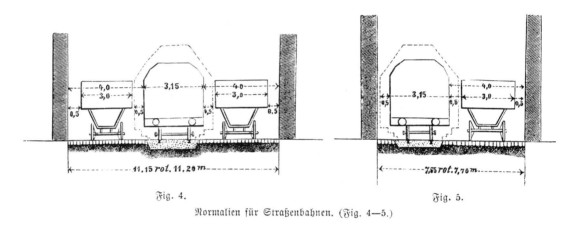

Fig. 4.　　　　　　　　　　　　　　Fig. 5.

Normalien für Straßenbahnen. (Fig. 4—5.)

befahren werden kann. Die diesbezüglichen Anordnungen und Abmessungen sind aus Fig. 1 auf Seite 701 zu entnehmen.

Die beiden anderen Figuren (2 und 3) veranschaulichen die Situation, wenn der von der Straßenbahn in Anspruch genommene Raum für Landfuhrwerke nicht benützbar ist. In diesem Falle hat die für letztere erforderliche Wegbreite zwischen dem Punkte, bis zu welchem das Rad eines Landfuhrwerkes sich dem Geleise nähern kann, und die Begrenzung des Weges auf der der Bahn entgegen= gesetzten Seite etwa 6 Meter zu betragen. Das Maß der Entfernung von der Geleismitte bis zu der entgegengesetzten Straßenbegrenzung hängt in diesem Falle außer von der Spurbreite des Bahngeleises, auch von der Breite des Raumes neben dem Geleise, beziehungsweise der inneren Schiene ab, wenn die Oberbau= Construction die Befahrung dieses Raumes durch Landfuhrwerke nicht zuläßt.

Bei Führung einer Straßenbahn durch Ortschaften erscheint es zweckmäßig, das Geleise, wenn irgend thunlich, in der Mitte der Straße zu legen. Sofern, was in der Regel der Fall sein wird, der Raum zwischen und neben den Schienen derart beschaffen ist, daß er vom Landfuhrwerke benützt werden kann, sind die Breiten so zu bemessen, daß auf jeder Seite des Zuges Raum für mindestens einen Wagen von der größten vorkommenden Ausladung erübrigt. Die vorstehende Fig. 4 veranschaulicht diese Situation . . . . Ist die erforderliche Breite nicht vorhanden, so ist das Geleise auf einer Seite der Straße anzuordnen, wie Fig. 5 zeigt, wobei jedoch die Minimalbreite der Straße (7·7 Meter) in der Regel nur für einzelne kurze, durch Baulichkeiten besonders beengte Strecken als zulässig erachtet wird.

Scharfe Curven sind nach Thunlichkeit zu vermeiden, da durch dieselben die Zugsverhältnisse stark beeinflußt werden und auch auf die Schienen und das Rollmaterial schädigend einwirken. Desgleichen sind starke Steigungen nur auf ganz kurze

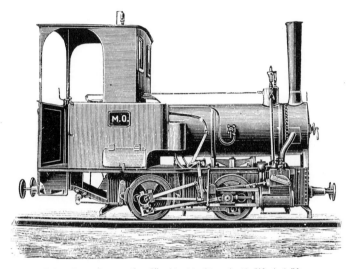

Schmalspur-Locomotive für 10, 20, 30 und 40 Pferdekräfte.
(Constructeur: Märkische Locomotivfabrik, Schlachtensee.)

Strecken zulässig. Das Fahren durch Curven, vornehmlich wenn der Ausblick begrenzt oder gänzlich behindert ist, erfordert auf Straßenbahnen der Natur der Sache nach noch größere Achtsamkeit als auf Hauptbahnen, wo das Betreten der Fahrbahn strenge verboten ist und die anwesenden Streckenwächter jeden unzukömmlichen Zwischenfall controliren. Besondere Vorsicht erheischt ferner das Fahren — wie dies ja bei solchen Anlagen häufig vorkommt — in der Nähe von Objecten, welche der Feuersgefahr ausgesetzt sind. An solchen Stellen sind die Aschenkastenklappen fest zu schließen und muß der Auspuff aus den Cylindern möglichst verengt werden, indem man entweder größere Expansion anwendet, oder durch Schließung des Regulators die Dampfzufuhr verringert.

Von den Dampf-Straßenbahnen, welche ausschließlich dem öffentlichen Verkehr dienen, unterscheidet sich bezüglich der hierbei zur Geltung kommenden technischen Formen nicht unwesentlich jene Kategorie von Kleinbahnen, welche gewerblichen, landwirthschaftlichen und sonstigen Zwecken dient und als solche den Uebergang zu den transportablen Anlagen dieser Art bildet. Je nach der Bedeutung des betreffenden Objectes, seiner Lage zu bereits bestehenden Haupt= oder Nebenbahnen und sonstigen Gesichtspunkten, werden derlei »Arbeitsbahnen«, wie man sie kurzweg nennen möchte, entweder normalspurig oder schmalspurig, oder als transportable Bahn hergestellt. Meist sind es wohl feste Schmalspurbahnen von 0·5 bis 1·0 Meter Spurweite mit Locomotivbetrieb und zum Theile eigenartigen Betriebsvorrichtungen, welche die mancherlei Manipulationen bei der Verfrachtung der Güter erleichtern.

Große Mannigfaltigkeit, conform den vielerlei Bedürfnissen und Zwecken, denen solche Bahnanlagen dienen, zeigen die Fahrbetriebsmittel. Wir werden im nächsten Capitel sehen, wie es sich damit verhält, und wollen an dieser Stelle nur

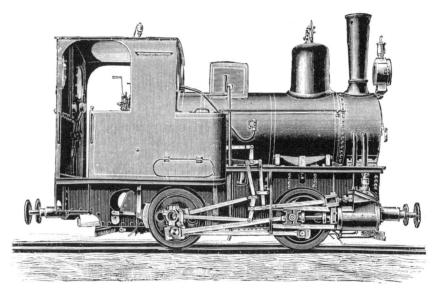

Schmalspur=Locomotive für 80, 90, 100 und 125 Pferdekräfte.
(Constructeur: Märkische Locomotivfabrik, Schlachtensee.)

einige Bemerkungen über die Locomotiven anfügen. Aus den beigegebenen Ab= bildungen ist zu ersehen, daß bei principieller Festhaltung an der äußeren Er= scheinung die Maschinen bezüglich ihrer Gesammtanordnung eine große Schmieg= samkeit im Sinne ihrer jeweiligen Bestimmung bekunden, d. h. dem Principe der Individualisirung der weiteste Spielraum gegeben ist. Dem Typus einer Loco= motive entsprechen noch am meisten die kleinen, leichten Maschinen — wie sie beispielsweise von der bereits erwähnten »Märkischen Locomotivfabrik« in muster= giltiger Weise gebaut werden — welche den Betrieb auf schmalspurigen Eisenbahnen besorgen.

Die Gesammtanordnung kommt derjenigen einer großen Locomotive sehr nahe, und besteht der Unterschied vornehmlich in der Dimensionirung, beziehungs= weise in der Vereinfachung oder dem gänzlichen Wegfall einzelner Hilfsorgane in der maschinellen Construction.

Die leichten Locomotiven für Montanzwecke, sodann für gewisse land=
wirthschaftliche und industrielle Betriebe bedürfen keiner besonderen Einrichtungen,
beziehungsweise Abweichungen von dem herkömmlichen Typus. Anders verhält es
sich mit den Locomotiven für Hüttenwerke, Bergwerke und sonstige außergewöhn=
liche Verwendungen. So erhalten die Maschinen, welche zur Beförderung geschmolzener
Metalle auf längeren Strecken von den Hochöfen nach den Gießereien, beziehungs=
weise heißer Blöcke nach den Walzenstraßen benützt werden, dementsprechende Ein=
richtungen: hohe Pufferwände, um den Führerstand hinten, die Cylinder und das
Triebwerk vorne gegen Beschädigungen zu schützen. Die Führerstände werden,

Vierrädrige Tunnel= und Bergwerks=Locomotive.

Sechsrädrige Tunnel= und Bergwerks=Locomotive.

Vierrädrige Tunnel= und Bergwerks=Locomotive.

(Constructeur aller drei Typen: Märkische Locomotivfabrik, Schlachtensee.)

wenn die Maschinen bei Hochöfen, Bessemerwerken u. s. w. arbeiten sollen, meist
geschlossen angeordnet, um das Maschinenpersonale nicht der großen Hitze auszu=
setzen. Es ist vortheilhaft, eine größere Locomotive zu wählen, als zur Förderung
der glühenden Massen bezüglich des Gewichtes unbedingt erforderlich wäre, da die
zum Transporte benützten Wagen meist eine ungenügende Schmiervorrichtung haben
und das Schmieröl in den Lagern verbrennt.

Zum Betriebe der Grubenbahnen werden Maschinen leichtester Bauart
und außergewöhnlich geringer Höhe verwendet. Bei diesen Maschinen, auf welchen
der Führer sitzend seine Arbeit verrichten kann, wird zweckmäßig mit Coaks
gefeuert, um möglichst geringen Rauch zu erzeugen. Die Verwendung solcher Loco=
motiven ist viel ökonomischer als die bisher gebräuchliche Förderung mittelst Kette

oder Seil, auch sind sie bei Verlegung der Arbeitsstätte weniger hinderlich als
sonstige maschinelle Einrichtungen. Will man die Rauchbildung auf ein Minimum
beschränken oder gänzlich beseitigen, so construirt man den Aschenkasten mit besonders
dicht verschließbarer Klappe, zugleich wird der Kamin geschlossen und der Auspuff
mittelst eines besonderen Apparates nach Außen geleitet. Das Feuer wird dadurch
gedämpft, es muß jedoch der Kessel eine entsprechende Größe erhalten, um für die
bestimmte Zeit den Dampf aufspeichern zu können. Bei einer Spurweite von
0·5 bis 0·6 Meter durchlaufen derlei Maschinen Curven von 10 bis 15 Meter

Waldbahn-Locomotive.

Radius ohne Anstand, doch empfiehlt es sich aus den bei den Straßenbahnen an=
geführten Gründen, den Curvenradius nicht unter 20 Meter zu wählen.

Ein außerordentlich leistungsfähiges Hilfsmittel in großen einschlägigen Be=
trieben sind die Waldbahnen. Sie sind die billigste und beste Anlage zur Be=
förderung von Baumstämmen nach den Schneidemühlen, beziehungsweise nach der
Verladestation der Normalbahn. Die Spurweite der meisten Bahnen beträgt
0·6 oder 0·75 Meter, weil Wagen mit diesen Spurweiten die Anwendung langer
Untergestelle gestatten und bequem zu beladen sind, ohne daß zu befürchten wäre,
daß die Stämme zu hoch zu liegen kämen. Für Waldbahnen mit leichten Schienen,
deren Gewicht 7 Kilogramm per laufenden Meter beträgt, ist die enge Spur von
0·6 Meter vorzuziehen. Außergewöhnliche Spurweiten sind zu vermeiden, weil das
betreffende Rollmaterial wenig gebaut beziehungsweise gebraucht wird und auch

kostspieliger ist als das gewöhnlich im Gebrauch stehende Wagenmateriale für allgemein angewandte Spurweiten.

Schienen von 7 bis 16 Kilogramm Gewicht per laufenden Meter sind die geeignetsten. Zur Vermeidung unbequemer Arbeiten (Anschüttungen u. s. w.) können sonst wenig verwendbare geringwerthige Stämme in Senkungen eingebaut werden. Die Schienen werden dann mit Hackennägeln auf den Schwellen befestigt und letztere kreuzweise versteift, um ihrer Beweglichkeit vorzubeugen. Zuweilen kommen auch hölzerne Schienen zur Verwendung und liegen diesbezüglich interessante Er=

James Burt's Locomotive der »hölzernen« Bahn (Seitenansicht und Kopfende).

fahrungen vor. Die beste Holzart hierzu ist Ahorn. Entsprechend hergerichtete (d. h. mit Einschnitten versehene Schwellen) geben den Holzschienen eine gute Auflage. Befestigt werden die letzteren mit Holzkeilen, welche an der Außenseite der Schienen eingetrieben werden. Obwohl nun diese Construction auch den Locomotivbetrieb zuläßt, sind gleichwohl die Stahlschienen vorzuziehen, da diese dauerhafter sind und sich dadurch auf die Länge der Zeit billiger stellen; außerdem verschwenden hölzerne Geleise Kraft, sie sind bei nassem Wetter oder Frost sehr glatt, erfordern beständige Reparaturen und zwingen zu geringer Fahrgeschwindigkeit. Eine eigenartige Con= struction, welche jüngst in Nordamerika auftauchte, rührt von James Burt her. Der Oberbau dieser Waldbahn besteht aus je drei ungefähr 10 Centimeter breiten Holzbalken, welche der Länge nach eng aneinander gezimmert und auf Querschwellen

derart befestigt sind, daß dadurch zwei je circa 30 Centimeter breite fortlaufende
Schienen mit einem freien Zwischenraum entstehen. Auf diesen Schienen laufen
die Locomotive und Wagen auf eigenartig geformten Rädern. Diese walzenförmigen,
circa 30 Centimeter breiten Räder (f. Bild S. 707) sind zusammenstoßend derart
montirt, daß der dazwischen liegende Spurkranz in die Spalte zwischen den Lauf=
schienen eingreift und jedes Rad unabhängig vom anderen sich um die gemeinschaft=
liche Achse drehen kann, welch' letztere Einrichtung überdies ein Entgleisen bei Krüm=

James Burt's Locomotive und ein Lastwagen der »hölzernen« Bahn.

mungen der Bahn verhindert. Im Uebrigen besteht die Locomotive selbst aus einem
gewöhnlichen Dampfkessel mit Armatur und allen übrigen zur Ausrüstung eines
Dampfwagens gehörigen Nebenapparaten wie bei gewöhnlichen Bahnen. Die Ab=
bildung Seite 707 zeigt die auf dem Rahmen aus Holz und Eisen ruhende Armatur
und die Verbindung der breiten Räder unter der Brust des Kessels, sowie die ein=
fache Steuerung, während die obenstehende Darstellung ein Bild der ganzen Loco=
motive und eine Lastwagens bietet. Die ganze Anlage macht den Eindruck des
Primitiven, ist aber nichtdestoweniger sehr solide und sicher, wie denn überhaupt
das ganze System mannigfache Vortheile besitzt und für die dortige Gegend bei

deren Holzreichthum von besonderer Wichtigkeit ist, sowie viele Chancen für die Zukunft hat.

Zum Betriebe der Waldbahnen bedient man sich besonders hiefür construirter Locomotiven, welche weder schwere Schienen, noch ein tadellos gelegtes Geleise erfordern und überdies Curven sehr leicht durchlaufen.

In Berücksichtigung auf das häufige schwere Anziehen ist das Gewichts= verhältniß der Locomotiven zur effectiven Zugkraft ein hohes und reicht letztere selbst für sehr schwere Züge aus. Auf größere Fahrgeschwindigkeit wird es umso= weniger ankommen, als die vielfachen, durch die Disponirung der Lagerplätze u. s. w. bedingten Fahrtunterbrechungen ohnedies eine mäßige Fahrgeschwindigkeit bedingen.

Neuartige Ketten=Locomobil=Locomotive.

Die Locomotiven werden zweckmäßig für Holzfeuerung eingerichtet und ist zur Verhinderung des Funkenfluges durch entsprechende Vorkehrungen Sorge getragen.

Die Vortheile und die Billigkeit, welche die Anwendung der Waldbahn= Locomotiven in sich schließt, stützen sich keineswegs ausschließlich auf große Unter= nehmungen. Während die großen Locomotiven bis 10.000 Cubikmeter per Woche auf einer Strecke von 10 bis 20 Kilometer Länge fördern können, sind die kleineren Maschinen (Bild Seite 703) ebenso rationell verwendbar für 1500 bis 2000 Cubik= meter Leistung auf eine Entfernung von 1 Kilometer. Ist der Bestand abgeholzt, so erfordert er nur geringe Mühe und Kosten, die Bahn nach einem anderen Arbeitsplatze zu verlegen. Dadurch können ihrer Unzugänglichkeit wegen als gering= werthig angesehene Plätze bequem nutzbar gemacht werden. In großen Betrieben ist zudem die Möglichkeit gegeben, minderwerthige Holzsorten, welche bei anderen Beförderungsarten der Fäulniß überantwortet werden müssen, mit Verdienst zu verwerthen.

Für Mühlen, Sägewerke und sonstige landwirthschaftliche Unternehmungen eignen sich die kleinen leistungsfähigen Locomotiven vorzüglich, indem sie selbst sehr mangelhafte Geleisanlagen mit Sicherheit befahren. Leichte Construction, entsprechende Feuerungseinrichtungen (z. B. für Abfälle der Sägewerke), zweckmäßige Führerstände zur Erleichterung der Uebersicht und die mannigfachste Anordnung der Vorkehrungen für die verschiedensten Transportmethoden verleihen solchen Maschinen ein so großes Uebergewicht gegenüber der Verwendung von Zugthieren, daß ihr Vorzug in die Augen springend ist. Eine sehr zweckmäßige Anordnung ist die sogenannte »Ketten-Locomobil-Locomotive«, welche außergewöhnliche Vorzüge in sich vereinigt, da sie außer zum Transport auch als Locomobile bei verschiedenen landwirthschaftlichen Verrichtungen, sowie auch als Dampfwinde Verwendung finden kann ... Damit haben wir aber bereits in das Gebiet der Feldbahnen, beziehungsweise der transportablen Bahnanlagen hinübergegriffen, die nun besprochen werden sollen.

— — — — — —

4. Transportable Industrie- und Feldbahnen.

Die Transportsanlagen, welche unter der vorstehenden Bezeichnung zusammengefaßt werden, zeigen in handgreiflicher Weise, von welcher einschneidenden Wirkung die Pulsschläge, die vom Großverkehr ausgehen, auf die Bethätigungen des Gewerbefleißes, beziehungsweise die Bedürfnisse der landwirthschaftlichen Betriebe sich äußern. Denn gerade hier zeigt sich das Gebot der Noth von zwingendem Einflusse und die von

Transportables Geleise, System Decauville.

den Fortschritten der Technik in ausgiebiger Weise unterstützten Strebungen, billige und leistungsfähige Transportmittel zu schaffen, um den Anforderungen des Großverkehrs zu genügen, entsprangen in erster Linie dem Zwange äußerer Verhältnisse, weniger den inneren Bedürfnissen. Den Anstoß zu den transportablen Industrie- und Feldbahnen — insbesondere aber zu den letzteren — gaben die beunruhigenden Vorgänge auf dem Weltmarkte, welche die mit ungenügenden Mitteln betriebenen Wirthschaften auf das ungünstigste beeinflußten. Zunächst waren es die in großen Productionsgebieten in Action getretenen Maschinen, welche allmählich einen gewaltigen Umschwung in der Landwirthschaft hervorriefen. Werk= zeuge und Maschinen sind die Mittel, mit welchen der Mensch die Naturkräfte ausnützt; sie ersparen Arbeit und erübrigen Kräfte, welche, wie diejenigen des Menschen, in würdigerer Weise verwendet werden können. Durch zweckentsprechende Combinationen können die Maschinen zu Leistungen erhoben werden, welche be= züglich der Kraft und Schnelligkeit in anderer Weise kaum zu ermöglichen wären. Zugleich schaffen sie, in Folge der Gleichmäßigkeit ihrer Arbeit, bessere und nebenbei billigere Production; sie ermöglichen die Erübrigung productiver Kräfte, woran sich beschleunigtere und bessere Verwerthung der Producte und sicherer Absatz knüpfen.

Durch die Entwickelung des land= wirthschaftlichen Maschinenwesens erlangten die. großen Productionsgebiete, vornehmlich diejenigen jenseits des Oceans, einen Vor= sprung der schwerwiegendsten Art. Dazu kam noch die Schnelligkeit und Billigkeit des Transportes nach Europa, vermöge welcher die in jenen Ländern geschaffenen riesigen Güter in großen Mengen und zu einem sehr niedrigen Preise auf den europäischen Markt geworfen werden konnten, wodurch hierselbst allmählich die Concurrenz lahm= gelegt wurde. Die damit verknüpfte Werth= reducirung der Bodenproducte, welche die Lage unserer Landwirthe immer mißlicher gestaltete, zwang gebieterisch zur Abhilfe. Durch Einführung der Maschinen wurden zunächst die Betriebskosten verringert. Nun bilden aber neben den Erzeugungsspesen die

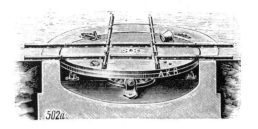

Drehscheiben für festes Geleise.

Transportkosten einen noch weit einschneidenderen Factor, da unter ungünstigen Verhältnissen die letzteren einen großen Theil des Gewinnes absorbiren. Mit anderen Worten: der Werth fast aller Bodenproducte ist im Vergleiche zu ihrem bedeuten= den Volumen und der deshalb sehr theuren Verfrachtung ein verhältnißmäßig sehr geringer.

Unter dem Drucke dieser Verhältnisse mußten sich der Land= und Forstwirth und nicht minder die industriellen Unternehmungen nach einem Mittel umsehen, die ihnen in eigener Wirthschaft erwachsenden Frachtspesen möglichst einzuschränken und den Transport der Producte in der Weise einzurichten, daß mit möglichst wenig Aufwand an Kraft und Arbeit von Mensch und Thier, sowie an Zeit, das Möglichste geleistet werde. Dieses Mittel fand sich — von der rationellen

Ausnützung der technischen Erfindungen im Allgemeinen abgesehen — in der Herstellung billiger und leistungsfähiger Transporteinrichtungen, d. i. in den transportablen Arbeitsbahnen.

Transportable Drehscheiben.

Gußeiserne Drehscheibe mit Kreuzgeleis und selbstthätiger Feststellung.

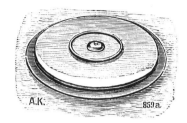

Gußeiserne Zapfendrehscheibe mit Spurring.

Gußstählerne Kletterdrehscheibe.

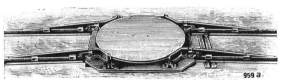

Schmiedeeiserne Kletterdrehscheibe.

Der Urheber dieses Verkehrsmittels ist der französische Ingenieur Decauville, dessen System die Richtschnur für alle späteren Constructionen gegeben hat.

Transportable Kletterweichen.

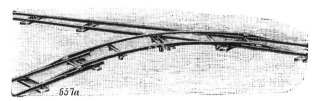

Einfache, unverstellbare Kletterweiche.

Kletterweiche in Zungenweichen-Construction.

Es beruht darauf, daß sowohl das Bahngeleise, wie auch der Fahrpark, in derartigen Dimensionen und solcher Construction hergestellt werden, daß einerseits die Nothwendigkeit der Anlage eines eigenen Unterbaues entfällt, anderseits ein Verlegen der Bahn ohne große Mühe durchgeführt werden kann. Hierdurch ist die Möglichkeit gegeben, das Geleise an beliebigen Orten und zu den mannigfachsten

Zwecken, entsprechend den jeweils zu bewältigenden Translationsarbeiten, zu verwerthen und auf diese Weise die für die Rentabilität der betreffenden Wirthschaftsanlagen nothwendigen Jahresleistungen zu erzielen. Insbesondere bei Abfuhr von Ernteproducten, zu Mergelungen, Erd- und Düngertransporten leisten die kleinen mobilen Feldbahnen Außerordentliches. Sie bringen nicht nur eine weit größere Leistung mit einem bedeutend geringeren Viehstande mit sich, sondern haben auch, insbesondere in schwerem Boden und bei nasser Witterung, den nicht zu unterschätzenden Vortheil, daß Felder und Wege beim Transporte fast gar nicht beschädigt werden.

Die technische Seite der transportablen Eisenbahnen ist zwar bezüglich ihres Principes sehr einfach, in den Details aber ungemein mannigfaltig. Das Decau=

Transportable Weichen.

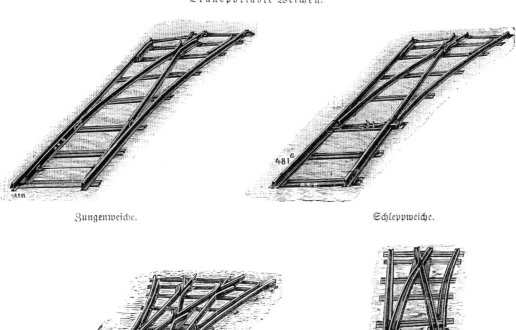

Zungenweiche.   Schleppweiche.

Dreiwegeweiche.   Weiche für Doppelgeleise.

ville'sche System, welches als bahnbrechend zu bezeichnen ist, hat eine große Zahl von verbesserten und vervollkommneten Constructionen nach sich gezogen, und bezieht sich dies vornehmlich auf den Oberbau. Die bekanntesten Systeme werden durch folgende Constructeure vertreten: Decauville, Orenstein, Koppel, Janiter, Kaehler, Birnbaum, Halske, Wagemann, Spelding, Dietrich, Brunou= Frère, Agthe, Mehrtens, Langnickel, Dolberg, Martin, Lehmann und Leyrer, Rintelen, Mathieu, Legrand, Larraber, Heike & Sierig, Freudenberg, Demerbe, Schmedler, Remy u. A. Die Abweichungen in den einzelnen Constructionen sind gering, indem sie theils die Form und Anordnung

der einzelnen Geleisstücke (Rahmen, Joche), theils die Art ihrer Verbindung unter=
einander, Einzelheiten an den Befestigungsmitteln zwischen Schwellen und Schienen,
an den Betriebsvorrichtungen (Weichen, Kreuzungen, Drehscheiben) und den Fahr=
zeugen betreffen. Wir werden uns in diese Einzelheiten nicht einlassen, sondern
lediglich allgemeine Gesichtspunkte berühren.

Die Spurweite beträgt bei den gewöhnlichen Feldbahnen gewöhnlich 40 bis
50 Centimeter, bei den Waldbahnen meist 60 Centimeter. Mehrfach wurde die
Anregung gegeben, eine gewisse Einheitlichkeit bezüglich des Spurmaßes anzubahnen,
doch sind greifbare Erfolge damit nicht erzielt worden. Das Geleise setzt sich aus

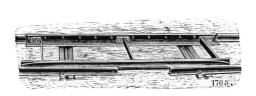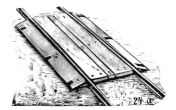

Geleisbrücke und Wegübergang.

einzelnen entweder parallel oder diagonal armirtern Jochen aus Gußstahlschienen zu=
sammen und ist das Gewicht derselben derart bemessen, daß ein Arbeiter damit
ohne erhebliche Anstrengung manipuliren kann. Die Stoßverbindung erfolgt auf
verschiedene Weise; eine sehr einfache Anordnung ist die Seite 570 abgebildete

Geleiskreuzungen.

Soll ein Geleise gelegt werden, so kommt es zunächst darauf an, ob eine planirte
Bahn vorhanden ist, oder die Verlegung einfach auf dem natürlichen Boden erfolgen
soll. Im ersteren Falle gestaltet sich der Vorgang ungemein einfach. Der mit den
Jochen (etwa 12 Stück) beladene Transportwagen bewegt sich in der Richtung
des zu legenden Geleises, wobei dem ersteren von einem Arbeiter ein Joch nach
dem andern entnommen und in der jeweils vorgeschriebenen Weise behandelt wird,
während ein zweiter Arbeiter den Wagen um das betreffende Wegstück vorwärts=
schiebt. Soll die Arbeit beschleunigt werden oder handelt es sich um längere
Strecken, so empfiehlt es sich, den Wagen durch Pferde ziehen zu lassen.

Die Betriebsvorrichtungen entsprechen im Principe denjenigen der Normal=
bahnen mit den durch den Charakter der transportablen Feldbahnen bedingten

Modificationen. Die Weichen werden entweder als Schleppweichen oder als Zungenweichen, oder als feste Weichen (also mit unbeweglichen Zungen) ange= ordnet. Sehr praktisch sind die »Kletterweichen«, deren Princip darin besteht, daß überhöhte, mit Auflaufstücken versehene Schienenrahmen auf das feste Geleise gelegt werden, wodurch ermöglicht wird, die Wagen über das letztere im Bedarfs=

Transportabler Baumkrahn mit »Teufelsklaue«.

falle hinwegzuführen und sodann die Weiche wieder zu entfernen. Die einfache Kletterweiche dient zur zeitweiligen Benützung eines Nebengeleises, mit welchem eine Verbindung durch eine feste Weichenanlage nicht besteht. Geleisverbindungen

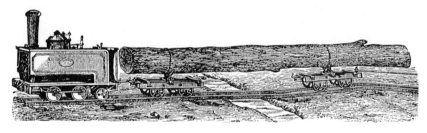

Transport langer Baumstämme.

lassen sich übrigens auch durch Einlegen von Kreuzungen — der sogenannten »Kletterkreuzung« — bewirken.

Andere Hilfsmittel, um den Verkehr zwischen und über die Geleise zu er= leichtern, sind in den Schienenbrücken (Postjochen) und Schienenübergängen gegeben. Die ersteren werden angewendet, wenn es sich darum handelt, eine von zwei Seiten in Angriff genommene Strecke in der Mitte in Zusammenschluß zu bringen. Bei Schienenübergängen empfiehlt es sich, den Raum zwischen den Ge= stängen abzupflastern oder mit einer festen Bohlenlage zu versehen und zugleich

die Schienenunterlagen an diesen Stellen etwas länger zu dimensioniren, um der
schrägen Auflauf= und Ablaufbahn eine festere Unterlage zu geben.

Sehr vielseitig ist das Princip der Drehscheiben ausgebildet. Man unter=
scheidet einfache »Wendeplatten«, welche vornehmlich für Geleiskarren und Wagen
mit lose laufenden Rädern angewendet werden; sodann Drehscheiben im engeren
Sinne, welche die herkömmliche Construction zeigen, im Uebrigen aber mannig=
faltige Anordnungen aufweisen, von welchen die verlegbare, auf Rollen laufende,
und die leichte, auf Gleitkolben schleifende Drehscheibe hervorzuheben sind. »Kletter=

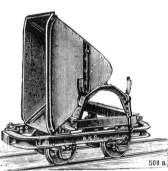

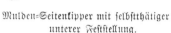

Mulden=Seitenkipper mit selbstthätiger   Mulden=Vorderkipper und Rundkipper.
        unterer Feststellung.

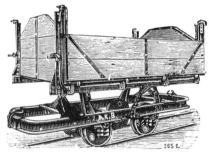

Kasten=Kippwagen.

scheiben« entsprechen dem Principe der Kletterweichen und Kletterkreuzungen.
»Zapfen=Drehscheiben« endlich, welche sehr leicht zu behandeln sind, unterscheiden
sich von den vorstehend genannten, daß sie keine Geleisstücke tragen, womit der
Vortheil verbunden ist, daß die einmündenden Geleise regellos, d. h. unter allen
zulässigen Winkeln, sich anschließen können. Die Anordnungen der Drehscheiben im
Detail schließen sich an die herkömmlichen Constructionen der Normalbahnen an.
Es sei noch erwähnt, daß in neuester Zeit, wenn auch vereinzelt, auch Schiebe=
bühnen zur Anwendung kommen, und zwar der Natur der Sache nach vor=
wiegend in industriellen Betrieben, wo die Fabriksräume und die in ihrer Nachbar=
schaft sich befindlichen Arbeitsplätze mit fest planirten oder gepflasterten Bodenflächen
die Anlage solcher Betriebsmittel als zweckmäßig erscheinen lassen.

Die größte Mannigfaltigkeit weisen die Wagen der transportablen Bahnen auf. Außer den herkömmlichen Typen unterscheidet man noch eine große Zahl von »Specialwagen«, welche nach und nach auf Grund der verschiedensten Zwecke, welchen solche Bahnen zu dienen haben, sich entwickelten und durch zweckmäßige Neuerungen immer wieder verbessert werden. Im Allgemeinen erfordern es die Verhältnisse, daß die Wagen leicht, aber leistungsfähig gebaut seien, daß sie eine rasche Be= und Entladung zulassen, die Curven sicher durchlaufen und mit Bremsen ausgerüstet seien. Der Form nach unterscheidet man einflanschige, zweiflanschige Räder (Rillenräder) und solche mit doppelten Laufkränzen, welch' letztere Anordnung das Fahren auf Geleisen und auf dem gewöhnlichen Boden gestattet; sodann Scheiben= und Speichenräder. Das Material ist entweder Hartguß oder Stahl. Die Radsätze und Achslager erfahren, je nach dem Zwecke und

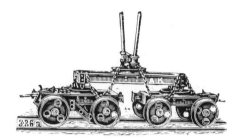

Achtachsiger Waldbahn=Truckwagen.

Plateauwagen.

Plateauwagen.

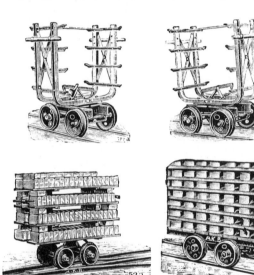

Ziegelwagen.

der Bauart der Wagen, die vielseitigste Construction und sind dieselben bei Locomotivbetrieb größtentheils den betreffenden Anordnungen bei den Vollbahnen nachgebildet. Radsätze mit lose laufenden Rädern erhalten besondere Schmiervorrichtungen.

Die Constructionsweise der Bremsen richtet sich naturgemäß nach der Art der Betriebsmittel und den Neigungsverhältnissen der Bahn. Die einfachste Form ist die Tritthebelbremse, ein an der Seite des Wagens angebrachter langer Hebel mit Auftritt, auf welchen sich der Bremser stellt, um den Apparat zu bethätigen. Sie findet vornehmlich beim Handbetriebe Anwendung, während bei Verwendung von Zugthieren die Handspindelbremse, mehr noch aber die Schneckenbremse empfehlenswerth ist. A. Koppel hat für Waldbahnwagen eine Bremse construirt,

welche durch eine vom Bremser gehandhabte Schnur bethätigt wird. Eine vielfach
in Anwendung kommende selbstthätige Bremse ist derart construirt, daß mit der
Bremsung des ersten Wagens die aller übrigen Wagen durch das einfache Auf=
laufen auf ihre Kuppelstangen erfolgt, zu welchem Ende Bremsapparat und Kuppel=
vorrichtung in constructiven Zusammenhang gebracht sind.

Puffer sind entbehrlich, wenn die Rahmen entsprechend stark gebaut und
an den Schmalseiten abgerundet sind. Uebrigens werden auch Wagen, insbesondere

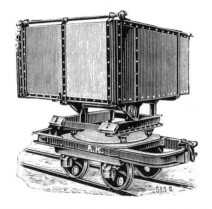

Rundkipper für den Transport von ausgelaugter
Salpetererde.

Rundkipper für Betontransport.

die größeren und schwereren, mit elastischen Stoßvorrichtungen, und zwar durchwegs
nach dem Centralpuffersystem und mit der Zugvorrichtung in Verbindung stehend,

Trichterwagen.

ausgerüstet. Sowohl die Rahmen als die Wagenkasten werden entweder ganz
aus Holz oder ganz aus Eisen, beziehungsweise aus Holz und Eisen combinirt,
hergestellt. Daß eiserne Constructionen widerstandskräftiger, also dauerhafter und
damit ökonomischer sind, liegt auf der Hand; es kommt ihnen aber der Nachtheil
zu, daß bei ernstlichen Beschädigungen Reparaturen umständlich sind und häufig
nicht ohne weiteres vorgenommen werden können. Die hölzernen Wagen sind
diesfalls weit leichter zu behandeln. Sie sind auch nicht so schwer wie die eisernen
— was unter Umständen von Belang ist — und kommen billiger zu stehen.

Groß ist die Zahl der Wagentypen. Die gewöhnlichen sind die Kippwagen und die Plateauwagen. Die ersteren zerfallen wieder in die ganz kleinen Mulden= kippkarren, in die Muldenkippwagen und in die großen Kastenkippwagen. Die

Wagen, welche sowohl auf Geleisen als auf Landwegen fahren können.

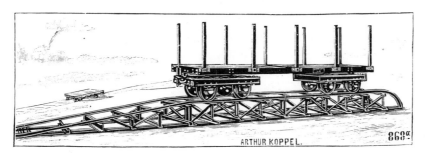

Wagen auf der Rampe.

Aufstecken der Räder für Landwege.

Fertig zum Abfahren auf den Landweg.

ersteren sind entweder aus Holz oder aus Eisen, die letzteren immer aus Holz, jene entweder nach vorne oder nach der Seite, diese nach beiden Seiten kippend. Die Muldenkipper erhalten übrigens Einrichtungen, vermöge welcher sie nach allen Seiten hin entleert werden können. Man nennt sie Rund= oder Universalkipper. Besondere Vorrichtungen sind die Registrirapparate, welche die Ladungen anzeigen, und wodurch Entwendungen während der Fahrt vorgebeugt wird; sodann die An=

ordnung, daß eine Entleerung des Kippers nur dann möglich ist, wenn dieser
volle Ladung hat.

Die Plateauwagen sind entweder aus Holz oder aus Eisen, mit festen
Achsen oder zwei Drehschemeln, mit Vorrichtungen zur Aufnahme von Trag=
körben oder zum Einhängen von Seiten= und Stirnwänden, mit abnehmbarem
Wendeschemel u. s. w. Die Plateauwagen dienen vornehmlich zum Transporte
langer Stückgüter und können im Bedarfsfalle mehrere der ersteren gemeinsam
zur Aufnahme einer untheilbaren Fracht, z. B. langer Baumstämme, herangezogen
werden, wobei eine Kuppelung der Wagen entfällt. Zur Beladung bedient man
sich diesfalls mit Vortheil eines transportablen Baumkrahnes, der sogenannten
»Teufelsklaue«, welche auf einem verstellbaren Unterfuße montirt ist. Die Mani=
pulation mit dieser Vorrichtung veranschaulicht die Abbildung auf Seite 713.

Zu den größeren Typen zählen die Kastenwagen und die Universal=
wagen. Erstere sind entweder einfache oder doppelte Wagen, letztere sind theils
mit eisernen Rahmen und entsprechenden Aufsätzen, theils mit aufklappbaren Seiten=
wänden oder — wenn sie aus Eisen sind — mit Bodenklappen versehen. Diese
Wagen erhalten zwei Trucks, doch giebt es auch achtachsige Wagen für Langholz=
transporte. Kesselwagen zur Beförderung von Flüssigkeiten, Mörtelwagen,
Wagen mit Wippen für Bergwerksbetriebe u. a. Constructionen bilden das ver=
mittelnde Glied zu den zahlreichen Typen von Specialwagen.

Dieselben dienen allen erdenklichen Zwecken und Betrieben. Ziegelwägen
(und zwar für feuchte Ziegel) werden derart angeordnet, daß durch Uebereinander=
stellung regalartiger Bretter die Beladung durch keine Constructionstheile behindert
wird. In der Mitte des Wagens befindet sich ein Bock zur Unterstützung für
das unterste Brett, wodurch diese Type auch zweckmäßiger Weise als Plateauwagen
für trockene oder gebrannte Ziegel verwendet werden kann. Zu letzterem Zwecke
kommen auch kleine für den Handbetrieb bestimmte Wagen mit Stahluntergestell,
Radsätzen mit durchgehenden Schmierbüchsen oder Kapseln, mit festen Rädern, oder
einem festen und einem losen Rade, zwei Stirnwänden aus Holz oder Stahl zur
Anwendung. Für den Pferde= oder Locomotivbetrieb bestimmte Wagen dieser Art
erhalten stählerne Stirnwände, Rundpuffer und Spindelbremse.

Bei den Specialwagen für gefüllte Fässer sind die Stirnrungen mit
dem Rahmen durch Gelenke verbunden, so daß erstere hinuntergeklappt werden
können, um beim Be= und Entladen als Schrotleiter zu dienen. Die kleineren Typen
sind derart construirt, daß die als Schrotleiter zu verwendenden Rungen sowohl
an den Stirnseiten als an den Langseiten eingehängt werden können, wodurch die
Be= und Entladung auf allen Seiten erfolgen kann. Eine ähnliche Anordnung
zeigen die Wagen für leere Fässer, doch reichen hier die Rungen bedeutend höher
hinauf, um eine größere Zahl von Fässer transportiren zu können.

Die Special=Seitenkipper (mit Stahlmulden) finden vorzugsweise in
beschränkten Räumen Verwendung. Sie sind entweder sehr schmal (für enge Durch=

läſſe, tunnelartige Strecken) oder ſehr kurz (für Aufzüge, Förderſchachte ꝛc.) gehalten. Special=Rundkipper werden ferner conſtruirt für den Transport von Rigio (aus= gelaugter Salpetererde), für Erze, Betontransport u. ſ. w. Bei den Betonwagen wird die Kaſtenklappe vermittelſt einer Daumenwelle mit ſeitlicher Handhabe ge= ſchloſſen, beziehungsweiſe geöffnet. Die Fugen zwiſchen Wagenkaſten und Klappe ſind abgedichtet, um ein Heraustropfen des im Beton enthaltenen Waſſers zu ver= hüten. Specialwagen für Kohlen und Coaks werden, der Beengtheit der Rollen entſprechend, verhältnißmäßig lang und ſchmal gebaut. Eine ſehr praktiſche Type iſt der Förderwagen, bei welchem die Seitenwand vermittelſt eines wagrechten großen Schließhebels leicht zu öffnen iſt. Der Wagen wird um ein Gelenk, welches ſich an der Langſeite unterhalb der Oeffnung befindet, gekippt und dadurch entleert. Die Trichterwagen haben trichter= oder kegelförmige Mulden, welche unten

Wagen für gefüllte Fäſſer.

Wagen für leere Fäſſer.

mittelſt eines Schiebers oder einer Klappe verſchloſſen werden. Sie dienen vor= nehmlich zur Heranſchaffung des Brennmaterials für große Feuerungen, Schacht= öfen u. ſ. w. Bei den großen viereckigen Trichterwagen wird die untere zweiflügelige Klappe mittelſt einer im Innern des Trichters nach oben führenden Stange geöffnet. Die kleinen Trichterwagen haben meiſtens eine ausgeſprochene kegelförmige Geſtalt und erfolgt die Bewegung des unteren Schiebers mittelſt eines außen angebrachten Hebels.

Der Special=Zuckerwagen hat die Beſtimmung, die aus dem Vacuum fließende heiße Zuckermaſſe aufzunehmen und dieſelbe ſpäter, wenn ſie abgekühlt iſt, nach der Maiſchmaſchine zu befördern. Eine weitere Verwendung findet dieſe Type als Aufnahme=Reſervoir von zur Auskryſtalliſirung beſtimmten Nachproducten aus der Melaſſe. Der Wagen dient in dieſem Falle gewiſſermaßen als großer Schützenbach'ſcher Kaſten, welcher des leichteren Transportes wegen als Wagen conſtruirt und auf Achſen und Räder geſtellt iſt. . . . Noch haben wir der Feld= bahnwagen (Transporteure) zu gedenken, welche die Umlegung eines gewöhnlichen Leiterwagens auf die Feldbahn geſtatten. Dieſelben werden zu dieſem Ende auf

eine Rampe geführt, um die gewöhnlichen Wagenräder entweder aufzustecken oder
abzunehmen, je nachdem der Wagen auf den gewöhnlichen Fahrweg oder auf das
Geleise überführt werden soll. Die Abbildungen Seite 719 veranschaulichen diesen
Vorgang.

Bezüglich der bei den transportablen Bahnen zur Verwendung gelangenden
Locomotiven gilt im Großen und Ganzen das bei den Kleinbahnen Mitgetheilte.
Sie werden in dem Falle mit Vortheil auszunützen sein, wenn größere, durch
Zugthiere nicht mehr leicht zu bewältigende Transportmengen befördert werden

Militärbahn: Transport einer Brücke.

sollen und ein rascheres Tempo in der Abfuhr erwünscht ist. Ihre Dimensionirung
und sonstige Einrichtung ist von dem Charakter der zu befahrenden Bahn abhängig.
Es sind vorwiegend Tenderlocomotiven mit möglichst tief liegendem Schwerpunkte
behufs Erzielung einer größeren Stabilität und eines ruhigeren Ganges. Bei
manchen Typen ist die Spurweite verstellbar. L. Corpet construirt Lomotiven mit
stehendem Dampfkessel und verticalen Dampfcylindern. Man lobt an ihr die über=
sichtliche Anordnung aller Bestandtheile des Mechanismus und die Einrichtung,
daß ein Umdrehen der Maschine dadurch entbehrlich wird, als der Führer für
jede Fahrtrichtung den entsprechenden Standplatz einnehmen kann... Die neueste
Type ist eine dreiachsige Maschine mit der Treibachse in der Mitte, einer Lauf=

achse hinten und einer Lenkachse mit Bisseltruck vorne. Durch diese Anordnung ist die Locomotive, welche in der Horizontalen bei einer Fahrgeschwindigkeit von 6 bis 8 Kilometer in der Stunde 100 Tons zu befördern vermag, befähigt, Krümmungen bis 5 Meter sicher zu durchfahren. Von der sehr praktischen Loco= mobil=Locomotive war bereits auf Seite 710 die Rede.

Die Kleinbahnen haben in den letzten Jahren erhöhte Wichtigkeit dadurch erlangt, daß die Kriegsverwaltungen aller großen Staaten das technische Princip derselben für militärische Zwecke angenommen und dadurch das System der Militärbahnen immer mehr der Vervollkommnung entgegengeführt haben. Als vornehmster Gesichtspunkt bei Ausgestaltung dieses Systems gilt allgemein das einheitliche Vorgehen der Privatbahnen bezüglich der Spurweite, um die so noth= wendige Uebereinstimmung mit den Normalien der betreffenden Militärbahn=Ein= richtungen herbeizuführen. Jede Heeresverwaltung hat nämlich ein Interesse daran, unter Umständen die privaten Schmalspurbahnen benützen, beziehungsweise deren Fahrpark in Verwendung nehmen zu können. In Frankreich haben die militärischen Kleinbahnen 60 Centimeter Spurweite, weshalb auch für die künftige Anlage aller Privat=Kleinbahnen die gleiche Spurweite gesetzlich vorgeschrieben worden ist. Dieselbe Spurweite hat die deutsche Heeresverwaltung für ihr Feldbahnmateriale angenommen.

Den größten Werth haben die Militärbahnen im Festungskriege, und zwar als Mittel für Transporte von Belagerungsmaterial aller Art. Im Felde werden solche Bahnen wohl nur dort von Nutzen sein, wo es an Eisenbahnverbindungen fehlt, oder zum Zwecke des Nachschubdienstes, beziehungsweise der Herstellung von Flußübergängen, die Herbeischaffung des betreffenden Materiales auf rasch gelegten Feldgeleisen die operativen Maßnahmen zu unterstützen geeignet ist.

---

5. Drahtseil- und Hängebahnen.

Ein interessantes Glied in der Reihe der Transportmittel, welche industriellen oder landwirthschaftlichen Zwecken dienen, sind die »Drahtseilbahnen«, die man zum Unterschiede von den eigentlichen Drahtseilbahnen — den auf Schienen laufen= den und von einem Drahtseile gezogenen Vehikeln — wohl passender Hänge= Drahtseilbahnen nennt. Ihre Anlage ist vornehmlich dort zweckmäßig, wo man mit besonders ungünstigen Bodenverhältnissen zu rechnen hat, z. B. in der Montan= industrie. Dem wirthschaftlichen Principe nach sind die Drahtseilbahnen Zubringer für die großen Verkehrswege; sie dienen hauptsächlich als Verbindungsglied zwischen Fabriken und mehr oder weniger entfernt gelegenen Lagerstätten von Roh= materialien, sowie einzelnen Fabriksgebäuden untereinander und bilden das ein=

fachste und billigste Transportmittel, welches bei absolut sicherem Betriebe die größten Terrainschwierigkeiten mit Leichtigkeit überwindet.

Als besonders leistungsfähig haben sich die Otto'schen Drahtseilbahnen (Concessionär J. Pohlig in Köln und Brüssel) erwiesen, nach welchem System bisher an 500 Anlagen ausgeführt wurden. Eine solche Anlage besteht aus zwei zwischen den einzelnen Stationen stramm gespannten starken Drahtseilen, welche parallel und in gleicher Höhe auf Unterstützungen aus Holz oder Eisen in gewisser Höhe über dem Terrain gelagert sind. Die Seile bilden die Laufbahn für die »Wagen«, welche gleichzeitig nach beiden Richtungen verkehren. Sogenannte Stationen werden außer an den Endpunkten bei Bahnen von mehr als 5000 Meter Länge auch dort errichtet, wo die Strecke von der geraden Richtung abweicht. Auf der einen Station sind die Seile (Tragseile) verankert, auf der anderen Station hingegen mit einer Spannvorrichtung versehen, und zwar derart, daß die Seilenden mit Ketten verbunden sind, die, über Rollen hängend, schwere Gewichte tragen, entsprechend der zulässigen Spannung der Seile. Diese Vorrichtung hat den Zweck, Spannungen in den Seilen, welche einerseits in Folge der Durchbiegungen unter der Wagen, anderseits durch Temperaturveränderungen entstehen, auszugleichen. Ist die Entfernung zwischen zwei Stationen größer als 2 Kilometer, so werden auch auf freier Strecke solche Spannvorrichtungen, und zwar von specieller Construction errichtet.

Die zum Tragen der Seile dienenden Unterstützungen befinden sich in Entfernungen von 30 bis 60 Meter, doch erreichen die Spannweiten, wenn die örtlichen Verhältnisse es bedingen (Uebersetzungen von Flüssen, Thälern u. s. w.), auch mehrere hundert Meter. Der obere Theil der Stütze stellt sich als ein horizontaler Querbalken dar, auf dessen Enden die zwei Seile in entsprechend geformten gußeisernen Schuhen lagern. Dadurch, daß man den Stützen verschiedene Höhen giebt, überträgt man die Terrainunebenheiten nicht auf die Seillinie und erhält diese letztere einen wellenförmigen Verlauf von Stütze zu Stütze. Zum Fortbewegen der Wagen ist ein besonderes, unter den Tragseilen angebrachtes Zugseil von geringerer Dimension vorhanden — ein Seil ohne Ende, das auf den Stationen um horizontale Seilscheiben geführt ist. Jede Scheibe ist auf einer verticalen Welle befestigt, welche mittelst Vorgelege durch irgend einen Motor in Bewegung gesetzt wird, wodurch das Zugseil die Wagen auf den beiden Seiten der Bahn in entgegengesetzten Richtungen zieht. Um genügende Reibung zum Mitnehmen des Zugseiles durch die Antriebseilscheibe zu erhalten, wird die Scheibe erforderlichen Falles mit zwei oder mehreren Rillen versehen, wobei eine entsprechende Leitscheibe in die Construction eingeführt wird. Die Scheibe auf der anderen Station dient nicht ausschließlich als Umführungsscheibe, sondern bildet zugleich einen Theil der Zugseil-Spannvorrichtung. Zu diesem Zwecke sitzt der Drehzapfen der Seilscheibe auf einem Schlitten, welcher in der Seilbahnrichtung in einer Führung verschiebbar ist. Die beständige Spannung des Zugseiles wird nun dadurch erzielt, daß ein Gewicht, welches an einer über eine Rolle geführten Kette hängt, den Schlitten mit der Seilscheibe in der Verlängerung der Bahn anzieht.

Während des Betriebes wird das in den Kuppelungsapparaten der Wagen ruhende Zugseil von letzteren getragen. Befinden sich keine Wagen auf der Strecke, so liegt das Zugseil auf Tragrollen, welche an den Unterstützungen so tief an= gebracht sind, daß die Wagen bequem darüber hinweggleiten können... Ein

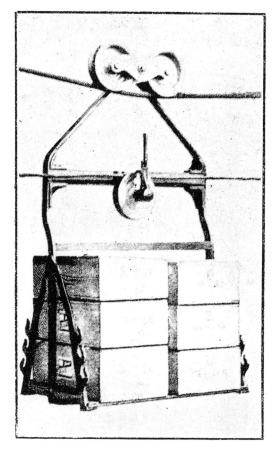

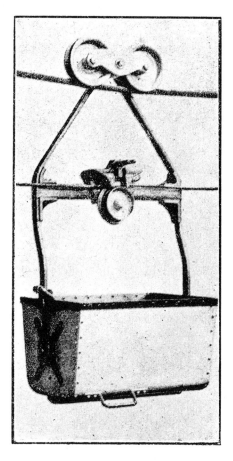

Transport von Kisten.　　Drehbarer Kasten zum Transporte von Kohlen, Erzen, Sand, Zuckerrüben ꝛc.

solcher Wagen besteht im Wesentlichen aus einem Laufwerk, dem Gehänge mit dem Kuppelungsapparat und dem eigentlichen Transportgefäß. Dieses bildet den unteren Theil des Wagens und hängt senkrecht unter dem Tragseil, während das auf dem Tragseil ruhende Laufwerk den oberen Theil des Wagens bildet. Das mit dem Kuppelungsapparat versehene Gehänge verbindet beide Theile... Das Lauf= werk setzt sich aus zwei zwischen zwei Stahlplatten gelagerten Stahlrollen zusammen, und sind die beiden ersteren in der Mitte zwischen den Rollen durch ein genietetes Gußstück zu einem festen Ganzen, dem Laufwerkgehäuse oder der »Traverse«, ver= bunden. Die Achsen der Laufrollen sind aus Phosphorbronze und sind mit beiden

Enden in die Stahlplatten eingeschraubt. Behufs Aufnahme von Schmiermaterial sind die Bolzen hohl. Der Laufkranz der beiden Rollen bildet eine halbkreisförmige Rille, wodurch der Wagen eine tiefere Führung auf dem Seile erhält.

Das Gehänge mit dem Transportgefäße ist einseitig nach außen mittelst eines kräftigen Bolzens zwischen den Laufrollen an das Laufwerk aufgehangen.

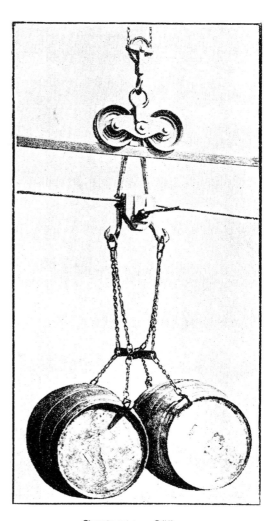

Transport von Säcken.   Transport von Fässern.

Dasselbe trägt senkrecht unter dem Tragseil das eigentliche Transportgefäß, welches, je nach dem zu befördernden Gut, eine abweichende Form hat. Die beigegebenen Abbildungen veranschaulichen die jeweilig zweckmäßigen Arrangements. Zum Transporte von Kohlen, Erzen, Steinen, Sand u. s. w. werden allgemein Kastenwagen verwendet, die behufs Entleerung sich um Zapfen drehen, wobei Vorsorge getroffen ist, daß ein willkürliches Drehen nicht stattfinde. Zur Aufnahme großer Colli (Kisten, Fässer, Ballen) verwendet man entsprechend construirte Specialwagen.

Langhölzer, Röhren, Eisenstangen u. dergl. werden durch Kuppelung zweier Wagen=
gehänge befördert.

Besondere Vorrichtungen erfordert die Verbindung der Wagen mit dem Zug=
seile. Diese Vorrichtungen sind die Kuppelungsapparate, welche wohl den wichtigsten
Theil einer tadellos functionirenden Drahtseilbahn=Anlage bilden, da von ihm
einerseits die Sicherheit des Betriebes, anderseits die mehr oder minder lange
Dauer des Zugseiles abhängt. Man unterscheidet »Frictions=Kuppelungsapparate«
und »Knoten=Kuppelungsapparate«. Bei den ersteren wird das Zugseil in dem
Apparat festgeklemmt, was an jeder beliebigen Stelle geschehen kann, während bei
der zweiten Art von Kuppelung sich am Seile in gewissen Abständen Knoten
befinden, an welchen die Kuppelung vorgenommen wird. Als Frictions=Kuppelungs=
apparat hat sich — nach den von J. Pohlig gemachten Erfahrungen — der Scheiben=
Kuppelungsapparat besonders gut bewährt. Derselbe besteht im Wesentlichen aus
zwei Scheiben, von denen die eine fest mit dem Wagengehänge verbunden, die
andere, zugleich als Laufrolle zum Tragen des Zugseiles ausgebildet, auf einem
Bolzen drehbar ist, dessen vorderer Kopf mit flachgängiger Schraube versehen ist
und einen Hebel trägt, dessen Auge als Mutter der Schraube dient. Durch Drehen
des Hebels um 180° wird die vordere Scheibe gegen die hintere gedrückt und
dadurch das Zugseil zwischen beiden Scheiben festgeklemmt. Ist der so angekuppelte
Wagen am Bestimmungsort eingetroffen, so schlägt der Hebel an eine gebogene
Ausrückplatte, wodurch er sich nach rückwärts dreht, die Scheiben rücken aus=
einander und geben das Zugseil frei.

Dieser Apparat läßt sich mit Vortheil bei Steigungen von 1 : 6, und zwar
bis zu einer Nettolast von 450 Kilogramm per Wagen verwenden. Für größere
Steigungen, d. i. bis 1 : 3, tritt der »Wellenbackenapparat« in Verwendung. Der=
selbe unterscheidet sich von der vorbesprochenen Construction dadurch, daß an Stelle
der Scheiben zwei eigenthümlich geformte verticale, mit wellenförmigen Vertiefungen
versehene Backen angeordnet werden. Die vordere bewegliche Backe wird vermittelst
eines Hebels mit Excenter gegen die rückwärtige Backe gedrückt und dadurch das
Zugseil festgeklemmt, und zwar in eine wellenförmige Lage, wodurch die Reibung
bedeutend vergrößert wird. Mit diesem Apparate ausgestattete Hängebahn=Anlagen
haben gezeigt, daß bei einer Gesammtförderung von über einer Million Tons
ein und dasselbe Zugseil, ohne Schaden zu nehmen, diese gewiß erstaunliche
Arbeit leistete.

Ein großer Vortheil der Frictionsapparate besteht noch darin, daß man
ohne weiteres bei gleicher Geschwindigkeit der Maschine, beziehungsweise des Zug=
seiles, das Förderquantum einer Bahn einfach dadurch vergrößern kann, daß die
Wagen in kürzeren Entfernungen angekuppelt werden, während man bei der Knoten=
vorrichtung die Entfernungen selbstverständlich nicht willkürlich ändern kann. Die
letztere weist, ihrer besonderen Wichtigkeit beim Betriebe wegen, die mannigfaltigsten
Entwickelungsstadien auf, von der ursprünglichen einfachen Muffe bis zum heutigen

»Sternknoten«, doch würde es zu weit führen, in diese Details näher einzugehen.
Hand in Hand mit der Vervollkommnung der Knotenvorrichtungen ging die Verbesserung der Kuppelungsapparate. Zu Beginn waren dieselben sehr complicirte
Constructionen — förmliche Uhrwerke — jetzt begnügt man sich mit einfacheren, aber
zweckmäßigeren Vorrichtungen, worunter in erster Linie Pohlig's »Klinkenapparat«
zu zählen ist. Zwei symmetrisch oberhalb einer Rolle mit Zapfen in einem Gehäuse
gelagerte gabelförmige Klinken sind in der Verticalebene des Zugseiles bis zu
einer gewissen Grenze drehbar; in ihrer unteren Lage ruhen dieselben durch das
eigene Gewicht auf einem Horn des Gehäuses, welches derart geformt ist, daß es
zugleich auch den Hut der Klinken begrenzt. Zum An- und Entkuppeln dienen
zwei an den Klinken befestigte Stifte, die an den Stationen über geeignete Aus-
rückerschienen geführt werden.

Das Ankuppeln geschieht auf folgende Weise: der Arbeiter schiebt den Wagen
von der Hängeschiene der Station auf das Tragseil; unmittelbar vor letzterem
heben sich die Klinken durch Auflaufen der Stifte auf die Ausrückerschiene. Beim
Weiterschieben legt sich das in entsprechender Höhe geführte Zugseil auf die Leit-
rolle des Apparates. Ist dies geschehen, so fallen am Ende der Ausrückerschiene
die beiden Klinken nieder und umfassen das Zugseil. Der nun mit dem Zugseil
ankommende Knoten schlüpft durch Heben der ersten Klinke zwischen diese und die
andere Klinke, wodurch der Wagen mitgenommen wird. Das Ankuppeln erfolgt
ohne Stoß, indem der Arbeiter den Wagen vor Ankunft des Knotens (der durch
ein Glockenzeichen avisirt wird) etwas verschiebt, und zwar mit geringerer Geschwindigkeit als die des Zugseiles. Das Entkuppeln der Apparate, also das Lösen
der Wagen vom Zugseil, erfolgt durch Auflaufen der Stifte auf die Ausrückerschiene, wobei die Klinken sich heben und das Zugseil mit dem Knoten frei wird.
Diese Vorrichtung hat sich in der Praxis außerordentlich bewährt, indem sie selbst
bei den größten Steigungen von 1:1 die Förderung von Lasten von 1000 Kilogramm und darüber absolut sicher gestattete.

Nun noch einige Worte über die Gesammtanlage einer Drahtseilbahn, ihren
Betrieb und ihre Leistungsfähigkeit. Die Länge einer Strecke zwischen zwei Stationen
kann 5000 bis 6000 Meter betragen. Bei größeren Längen müssen auf die vorstehend festgesetzten Entfernungen Zwischenstationen eingeschaltet werden. Es können
indes von einer Station aus zwei Strecken durch einen und denselben Motor
betrieben werden. Die Stationen bedürfen selbstverständlich besonderer Einrichtungen.
Zunächst sind hier, im Anschlusse an die Tragseile, »Hängeschienen« angeordnet,
auf welche die Wagen von der Hand geschoben werden. Sie sind in Höhe der
Tragseile, also etwa 2 Meter über dem Boden, einseitig auf Schuhe gelagert und
wird der Anschluß an das Tragseil dadurch bewirkt, daß das letzte Meter der
Schiene in eine nach unten ausgekehlte flache Zunge verläuft, welche sich an das
Tragseil legt. Bei einer Endstation verbinden die beiden Hängeschienen die beiden
Tragseile miteinander, wogegen bei einer Zwischenstation die ersteren die Verbindung

Otto'sche Drahtseilbahn bei Antonienhütte in Oberschlesien.

(Nach einer Photographie.)

der zwei Bahnstrecken bilden, und zwar auf der einen Seite der beiden Tragseile für die hinlaufenden (beladenen) Wagen, auf der anderen Seite für die zurück=kommenden (leeren) Wagen. Es ist noch zu bemerken, daß die Hängeschienen zum Zwecke des Be= und Entladens nach jedem beliebigen Punkte außerhalb der Station geführt werden können. In der Regel verbleiben die Wagen in den Stationen, wo die Manipulationen mit den ersteren durch zweckentsprechende Vorrichtungen und Hilfsmittel vorgenommen werden.

Wie sich aus den vorstehenden Ausführungen ergiebt, gestaltet sich der Betrieb auf einer Hängebahn, sofern deren Construction tadellos functionirt, ungemein einfach. Als Bedienungsmannschaft zum Ankuppeln, Be= und Entladen der Wagen genügen für jede Station durchschnittlich zwei Mann, während die Strecke selbst eines Dienstpersonales, beziehungsweise einer ständigen Wartung nicht bedarf. Um die volle Leistungsfähigkeit einer solchen Bahnanlage auszunützen, ist es erforderlich, in jeder Minute mindestens drei Wagen zu fördern, welche sich sonach in Zeit=intervallen von 20 Secunden zu bewegen haben. Rechnet man jedoch nur zwei Wagen in der Minute, also 120 in der Stunde, so wird bei einem Wageninhalte von 250, beziehungsweise 500 Kilogramm, das stündliche Förderquantum 30, be=ziehungsweise 60 Tons betragen. Bei Förderungen von mehr als 800 Tons im Tage (in 10 Arbeitsstunden) empfiehlt sich die Anlage einer Doppel=Drahtseilbahn.

Mit dem Bau von Drahtseilbahnen ist die Construction der sogenannten Hängebahnen eng verknüpft. Das Wesen derselben ergiebt sich aus der An=ordnung der weiter oben genannten Hängeschienen in den Endstationen der Draht=seilbahnen. Diese Anordnung kann nämlich zu größeren Anlagen erweitert oder als Bahn für sich hergestellt und entweder von Hand oder mittelst Seil betrieben werden. Constructionen dieser Art haben den doppelten Vortheil, daß erstens der Erdboden durch sie nicht verbaut und bei einer Höhenlage der Schienen von 2 bis 2¹/₂ Meter der Verkehr unter der Anlage in keiner Weise gestört wird, und daß zweitens ein Arbeiter doppelt so schwere Lasten fördern kann, wie auf einer Schienenbahn, und viermal so viel als bei Karrentransport. Bei Anlage von Hängebahnen in Etagen werden zwischen diesen Fahrstühle eingeschaltet.

6. Außergewöhnliche Constructionen.

In neuester Zeit hat sich die Eisenbahntechnik vielfach Constructionen zuge=wendet, welche von dem herkömmlichen Typus eines Schienenweges in mehr oder weniger auffallender Weise abweichen. Eine durchschlagende Bedeutung haben diese Constructionen nicht, doch ist nicht zu bestreiten, daß in ihnen die Keime neuer Formen schlummern, deren Ausgestaltung nach der rein praktischen Seite hin der

Zukunft vorbehalten ist. Sie kurzer Hand in den Bereich technischer Spielereien zu verweisen, geht schon deshalb nicht an, weil die Constructeure dieser Systeme Fach= männer von Bedeutung sind, ihnen sonach nicht zugemuthet werden kann, daß sie ihr Können Dingen zuwenden, die auf ernste Beachtung keinen Anspruch erheben. Der Kern der Frage liegt darin, durch Aufstellung gewisser Systeme, die von unseren eingelebten Vorstellungen von einer Bahn sich ganz erheblich entfernen, den Verkehrsbedürfnissen zu genügen, wobei vornehmlich durch Vereinfachung in der Anordnung der Construction an Kosten gespart, beziehungsweise räumliche Verhältnisse, welche die Anlage von gewöhnlichen Bahnen beeinträchtigen oder gänzlich unmöglich machen, überwunden werden.

Wir wollen nun einige dieser Constructionen, welche in jüngster Zeit auf= getaucht sind, das Stadium des Experimentes indes nicht überschritten haben, vor= nehmen. Da wäre in erster Linie der einschienigen Eisenbahn, System Lartigue, zu gedenken, nach welchem Principe zwei kurze Linien, die zwischen Listovel und Ballybunion in England und jene zwischen Foures und Canissières in Frankreich erbaut wurden und in Betrieb stehen. Es ist zu bemerken, daß die Idee der einschienigen Bahn durchaus nicht neuesten Datums ist. Schon zur Zeit, als George Stephenson den Gedanken faßte, eine Locomotivbahn ins Leben treten zu lassen, erbaute Robinson Palmer (1820) eine Bahn mit einem einzigen Schienenstrange, der aus einer mit Flachschienen versehenen Balkenlage auf senk= rechten Ständern bestand. Das Unzulängliche der Construction bestand vornehmlich darin, daß auf die beiderseits verlängerte Radachse des Vehikels Körbe für die aufzunehmende Last aufgehängt wurden, welche sich das Gleichgewicht halten mußten. Diese Voraussetzung ist aber so gut wie unerfüllbar. Man hörte daher von Palmer's Bahn nichts weiter, bis im Jahre 1840 eine verbesserte Construction derselben gelegentlich der Danziger Hafenarbeiten in Anwendung kam. Im Jahre 1876 endlich tauchte das Einschienensystem in wesentlich zweckentsprechenderer Form wieder auf, und zwar als Probestrecke im Weltausstellungsparke zu Philadelphia. Diese Linie, nach dem Systeme des Generals Stone erbaut, hatte eine Länge von 1·5 Kilometer und kam an demselben zum erstenmale das Princip der sogenannten Leitschienen zur Anwendung, welche auch Lartigue für seine einschienige Bahn acceptirte.

Die Einzelheiten der Lartigue'schen Construction sind aus den nachstehenden Abbildungen zu ersehen. Der Unterbau entfällt hier gänzlich; der Oberbau besteht aus eisernen Böcken, welche möglichst dicht in den Boden eingerammt sind und als Träger des Schienenstranges dienen. Die Wagen, welche an die Saumtaschen bei Lastthieren erinnern, reiten gleichsam auf dieser Schiene. Sie sind zu diesem Zwecke mit mehreren doppelflanschigen Rädern versehen, welche in dem Raume zwischen den beiden überhängenden Theilen der Wagen angeordnet sind. Die letzteren können selbstverständlich nicht gewendet werden, weshalb die Bahnen an den Enden schleifen= förmig angelegt sind. Die unten an den Böcken angebrachten Flachschienen dienen

Laufrädern zum Stützpunkte, wodurch den Schwankungen der Wagen im Falle der Störung des Gleichgewichtes vorgebeugt wird. Die Fahrgäste sitzen in den Wagen Rücken gegen Rücken, wie auf dem Dache eines Omnibus.

Aus dieser Darstellung ergiebt sich, daß die einschienige Bahn Lartigue's eine nur sehr geringe Bodenfläche einnimmt, daß die Ueberwindung von kleineren Un-

ebenheiten des Bodens ge-
ringe Kosten und Arbeit
beansprucht und daß Ent-
gleisungen zu den Unmög-
lichkeiten gehören. Dagegen
haftet der Lartigue'schen
Bahn der Uebelstand an,
daß Wagen nur mit Hilfe
eines Krahnes auf das Ge-
leise gebracht, beziehungsweise von demselben herab-
genommen werden können.
Die Zusammensetzung der
Züge bleibt also nothge-
drungen fast stets die gleiche,
was bei Localbahnen allerdings wenig auf sich hat,
im Fernverkehr aber als
eine Erschwerung des Dienstes anzusehen ist. An Stellen,
wo Straßen die Bahn im
Niveau kreuzen, ruht der
betreffende Theil des Oberbaues auf einem verticalen
Zapfen, so daß er wie eine
Drehbrücke behandelt werden
kann. Selbstverständlich werden solche Punkte der Bahn

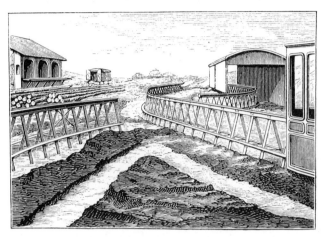

Geleisanlage der Lartigue'schen einschienigen Eisenbahn.

Locomotive der Lartigue'schen einschienigen Eisenbahn.

durch entsprechende Signalvorrichtungen versichert. Bei Uebersetzung größerer Vertiefungen werden die Träger der Fahrschiene größer und stärker dimensionirt und
ihre Entfernungen von einander nach Maßgabe der örtlichen Hindernisse geregelt.
Die bei der Lartigue'schen Bahn in Anwendung stehende Weiche rührt von
Ingenieur Bocandé her und besteht aus einer Art Drehscheibe, welche eine
gekrümmte Schiene trägt und sich um einen Zapfen dreht, der sich im Durch-
schnittspunkte der Tangenten dieses Bogenstückes befindet. Die zu verbindenden
Schienenstränge laufen strahlenförmig gegen einen Kreis von 5 bis 6 Meter

Durchmesser, dessen Mittelpunkt der Zapfen der Weiche ist. Es werden daher immer zwei und zwei der Schienenstränge miteinander verbunden, so daß der

Lartigue's einschienige elektrische Eisenbahn Listovel-Ballybunion.

Geleiswechsel nach jeder gewünschten Richtung vorgenommen werden kann, ohne einen einzigen Wagen abkuppeln zu müssen.

Die älteren Lartigue'schen Bahnen sind für den Locomotivbetrieb eingerichtet und rührt die hiebei verwendete Type von dem Ingenieur Mallet her. Sie hat

drei gekuppelte Räder, die in eiſernen Rahmen gelagert ſind; an jeder Längsſeite
dieſes Rahmens iſt ein horizontalen Röhrenkeſſel befeſtigt. Unterhalb des Rahmens
befinden ſich jederſeits zwei horizontalliegende Räder, welche an den vorſtehend er=
wähnten Leitſchienen laufen und Seitenſchwankungen verhindern. Die Locomotive
hat ein Dienſtgewicht von 6·7 Tons und die ziemlich bedeutende Zugkraft von
1 Tons, da das ganze Gewicht für die Adhäſion nutzbar gemacht iſt. Injectoren
nach Giffard's Syſtem und Weſtinghouſe'ſche Luftdruckbremſen vervollſtändigen
die maſchinelle Ausrüſtung dieſer eigenartigen Locomotive. Der Tender, welcher
ein Gewicht von 4·5 Tons hat, iſt derart angeordnet, daß er mit Hilfe des
Dampfes der Locomotive als Motor benützt werden kann, alſo die Zugkraft der
erſteren weſentlich erhöht. Iſt dies nicht erforderlich, ſo wird der diesbezügliche
Mechanismus ausgeſchaltet und der Tender figurirt einfach als Schlepptender wie

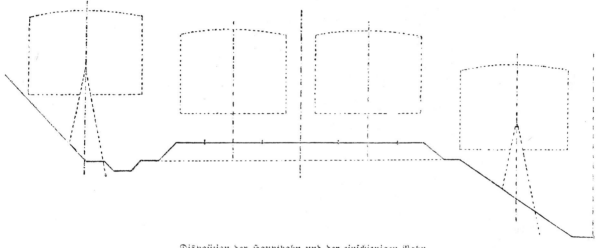

Dispoſition der Hauptbahn und der einſchienigen Bahn.

bei der normalen Bahn. Es ſei noch erwähnt, daß die Güterwagen ein Eigen=
gewicht von 2·5 Tons haben und mit 3·5 Tons belaſtet werden können; die
Perſonenwagen haben je 24 Sitzplätze.

Neuerdings hat Lartigue ſein Syſtem für den elektriſchen Betrieb ausgeſtaltet.
Die Vorzüge der einſchienigen Bahn, ferner die erwieſene finanzielle Unmöglichkeit
des Baues von elektriſchen Bahnen mit bedeutenden Fahrgeſchwindigkeiten, ſobald
hierzu ein eigener Bahnkörper erforderlich iſt, und weiter die Unverträglichkeit eines
ſolchen Betriebes mit dem Güter= und Perſonenzugsverkehr: dieſe Erwägungen
haben Lartigue und nach ihm den engliſchen Ingenieur Behr dazu geführt, eine
Löſung des diesfalls in Frage kommenden Problems auf Grund des einſchienigen
Geleiſes anzuſtreben. Lartigue's Idee geht dahin, die zu beiden Seiten des Bahn=
planums unbenützt bleibenden Theile des Unterbaues (Böſchungen, Gräben u. ſ. w.)
für die Anlage der elektriſchen Schnellbahnen auszunützen, und zwar in der Weiſe,
wie ſie vorſtehende Figur veranſchaulicht. Aus derſelben iſt die Dispoſition der

Hauptbahn und die Anordnung der einschienigen Bahn auf jeder Seite des Planums deutlich zu ersehen.

Die Sache hat aber — so einfach sie sich darstellt — gleichwohl mancherlei Schwierigkeiten für sich. Zunächst erfordert die Anlage der einschienigen Seiten= bahnen die Verbreiterung der Tunnels und Brücken; ferner erfordern die Stationen umfangreichere Herstellungen, indem beispielsweise an solchen Stationen, wo die Züge der Hauptbahn anhalten, diejenigen der elektrischen Seitenbahnen aber nicht, die letzteren um die Haltepunkte herumgeführt werden müßten. Der unbehinderte Zu= und Abgang zu und von den Zügen zweier Bahnen würde nothgedrungen zu complicirten Einrichtungen führen. Die Durchfahrt durch umfangreiche Güter=

Boynton's Bicycle=Locomotive.

bahnhöfe erfordert endlich eine hohe Lage der Lartigue'schen Geleise oder die Unter= fahrung der ersteren. Die Vertheuerung der Anlage Lartigue'scher einschieniger elektrischer Bahnen in Folge all der aufgezählten Schwierigkeiten und Compli= cationen hält mit den Kosten einer selbstständigen elektrischen Fernbahn fast die Wage.

Die Wagen der elektrischen Züge gleichen im Allgemeinen den weiter oben beschriebenen. Da sie aber meist einzeln fahren, erhalten sie vorne einen gedeckten Sitz für den Maschinisten, der zugleich die Bremse bedient. Zur besseren Ueber= windung des Luftwiderstandes, sind die Wagen in der Fahrtrichtung keilförmig gebaut. Wegen ihrer großen Länge, welche beim Fahren durch die Krümmungen hinderlich sein könnte, ist das Laufwerk nach Art der amerikanischen Trucks ein= gerichtet. Den Antrieb erhalten die Wagen durch Elektromotoren, welche auf den Achsen von sechs großen Treibrädern angeordnet sind. Die Stromzufuhr erfolgt mittelst Kabelleitung seitwärts der Bahn. Die Wagen erhalten die gleiche Aus=

stattung wie die der Luxuszüge; die Fahrgäste sitzen mit dem Gesichte nach außen, mehrere Seitenthüren erleichtern das Ein= und Aussteigen. Außerdem vermittelt eine Treppe den Uebergang von einem Seitengange von den Sitzen zum anderen. Ueber die Zweckmäßigkeit dieses Systems und die Möglichkeit seiner Verwirklichung sind die Acten noch nicht geschlossen; wir enthalten uns daher aller Raisonnements nach dieser Richtung.

In anderer Weise als Lartigue hat der Amerikaner Boynton das Princip der einschienigen Bahn zu lösen angestrebt. Er verlegt den einen Schienenstrang auf den Boden, wodurch er sich unzweifelhaft des hauptsächlichsten Vortheiles des Lartigue'schen Systems begiebt, wenngleich auch Boynton's »Bicyclebahn« — wie er sie nennt — bezüglich ihrer Anlage eine im räumlichen Sinne sehr schmiegsame Construction zukommt. Wie die beigefügte Abbildung veranschaulicht, läuft die Locomotive der Boynton'schen Bahn mit einem großen Treibrade und zwei kleinen unter dem Tender angebrachten Laufrädern auf dem Schienenstrange, und erhält dieselbe ihre Führung durch einen über der Maschine an galgenartigen Gerüsten befestigten horizontalen Balken und vermittelst zweier an den letzteren sich pressenden horizontalen Räderpaare. Die Locomotive hat ein Gewicht von 22 Tons und hat eine Höhe von 4·7 Meter; Treibrad und Laufräder haben auf jeder Seite einen Spurkranz, um von der Schiene nicht abgleiten zu können; der Durchmesser des Treibrades ist 2·35 Meter. Der Führerstand ist etagenartig an= gelegt, so daß der Führer über dem Heizer zu stehen kommt.

Dieselbe Anordnung in Etagen zeigen die Personenwagen; bei einer Höhe von 4·3 Meter beträgt ihre Breite nur 1·2 Meter, ihre Länge dagegen 12·2 Meter, wodurch sich der Raum für die stattliche Zahl von 108 Sitzplätzen ergiebt. Da ein solcher Wagen 6000 Kilogramm wiegt, entfällt, wenn alle Sitzplätze ausgenützt sind, auf einen Reisenden ein zu beförderndes todtes Gewicht von nicht ganz 50 Kilogramm. Die Güterwagen haben die gleichen Dimensionen wie die Per= sonenwagen. Die Breite der Fahrbetriebsmittel gestattet, daß eine eingeleisige Bahn gewöhnlicher Construction und mit der normalen Spurweite von 1·435 Meter nach Herstellung der oberen horizontalen Führungsbalken mit ihren jochförmigen Trägern ohne Abänderung des eigentlichen Oberbaues sofort als zweigeleisige Bahn nach Boynton's Einschienensystem eingerichtet werden kann.

Gleich Lartigue hat auch Boynton in jüngster Zeit seine Construction für den elektrischen Betrieb entsprechend umgestaltet und eine Linie dieser Art — auf der Insel Long Island bei New=York — erbaut. In Berücksichtigung der an= gestrebten großen Fahrgeschwindigkeit (100 englische Meilen pro Stunde) laufen die Wagen an der Stirnseite keilförmig zu, also wie die Lartigue'schen. Jeder Wagen hat nur zwei Laufräder mit doppeltem Spurkranz, eines vorne, ein zweites hinten. Diese Räder sind an je einer eisernen Säulen montirt, welche senkrecht durch die Kopfstücke der Wagen gehen und um ihre Achse drehbar sind. Das obere Ende jeder Säule trägt einen Rahmen mit je vier festen stählernen, auf senkrechten

Spindeln rotirenden Rädern. Diese letzteren besorgen die Führung an den horizontalen hölzernen Balken, welcher über den Wagen laufen und in die jochförmigen

Boynton's electrische Bicycle-Eisenbahn zu Bellport (Nordamerika).

Träger eingespannt sind. Da die Boynton'sche Bicyclebahn in ihrer verbesserten Gestalt nicht ausschließlich auf dem natürlichen Boden, sondern auch in der jeweils nothwendigen Ueberhöhung über demselben läuft, haben die Träger eine etwas veränderte Form erhalten. Beim Durchfahren der Curven folgen die Führungsräder genau der Krümmung der Balken und drehen den Rahmen, auf dem sie montirt sind, damit auch die betreffende Säule und durch die letztere die unteren Laufräder, so daß ein ruhiger Gang der Vehikel erzielt wird. Außerdem ruht der Wagen mit jedem Ende auf Federn, welche an den drehbaren Säulen angebracht sind, wodurch alle Erschütterungen ausgeglichen werden.

Der in Fig. 3 dargestellte elektrische Motor ist nach der Gramme'schen Type gebaut. Die Zeichnung zeigt (der betreffende Theil des Gehäuses ist abgehoben) vier Spulen und rückwärts den Gramme'schen Ring mit seinen Verbindungen gegen die Commutatoren und die Bürsten. Der Ring ist an die Treibräder angenietet, wogegen das motorische Feld von einem stabilen Rahmenwerke getragen wird, so daß, in Bewegung begriffen, nur das Rad mit dem Ring rotirt, während das Feld in der Ruhelage bleibt. Ein sechspoliger Motor, dessen Armatur 43 engl. Zoll im Durchmesser hat, liefert 75 Pferdekräfte. Je ein solcher Motor ist an den Stirnenden eines Wagens (dem »Motorwagen«) in einem besonderen Gehäuse untergebracht.

Den Querschnitt eines Wagens mit den oberen Rädern und der zur Stromleitung dienenden Metallschiene zwischen denselben ist in Fig. 2 veranschaulicht, die Anordnung dieses Bestandtheiles der Bahn sammt den hölzernen Balken für die oberen Räder in Fig. 4. Jeder Wagen hat sechs Abtheilungen mit je vier Sitzplätzen, welche rücklings angeordnet sind; jede Wagenabtheilung ist durch zwei Seitenthüren zugänglich. Fig. 1 zeigt den Wagen im Grundrisse, Fig. 5 giebt eine Ansicht des zur Unterbringung des Rades sammt Rahmen und Tragfedern reservirten Raumes. Die Strom-

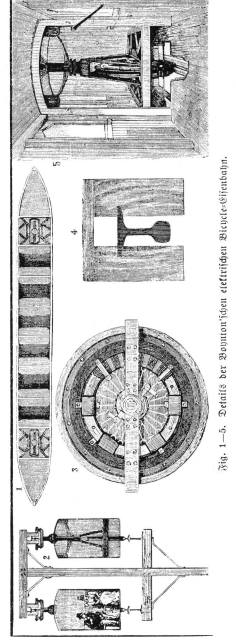

Fig. 1—5. Details der Boynton'schen elektrischen Bicycle-Eisenbahn.

leitungsvorrichtung im oberen Theile der Construction ist aus der Abbildung Seite 738 ersichtlich, welche zugleich die neueste Anwendung eines Hemmschuhes statt der bisher gebräuchlichen Bürsten darstellt. Es wurde bereits bemerkt, daß die oberen Räder nur die Führung zu besorgen haben; die Inanspruchnahme ist in Folge dessen so gering, daß versuchsweise um die Peripherie dieser Räder

gelegte Gummireifen noch nicht gänzlich abgenützt waren, nachdem der Wagen
bereits 5000 Kilometer durchlaufen hatte.

Die hier stehende Abbildung veranschaulicht einen zur Abfahrt bereiten Zug.
Hier läuft die Bahn noch in der Ebene, da die örtlichen Verhältnisse dies ge=
statteten, steigt aber dann zur Hochbahn an und gleicht in diesen Theilen bezüglich
der äußeren Construction anderen Anlagen dieser Art, vornehmlich der einschienigen
Bahn John Meigg's (vgl. S. 687). Für den gewöhnlichen Betrieb werden Züge

zusammengestellt, die aus
drei Wagen ohne Motoren,
also reinen Personenwagen,
bestehen und außerdem am
Anfange und Ende je einen
Motorwagen führen. Durch
ihre Bauart überwindet die
Bahn Steigungen von 9⁰
und Curven von einem
Radius pro 220 Meter mit
größter Leichtigkeit. Die
Wagen laufen ruhig und
ohne Seitenschwankungen.
Die Erklärung hiefür ergiebt
sich daraus, daß in den
Curven die obere Leitschiene
gegen die untere Laufschiene
bis 60 Centimeter nach dem
Mittelpunkt der Curve zu
gerückt ist, welches Maxi=
mum vom Beginn der Curve
an allmählich erreicht wird,
so daß der Wagen gleich=
falls successive der Krüm=
mung sich anschmiegt und

Stromleitung und oberer Theil der Bahnanlage.

demnach die Neigung für die Fahrgäste kaum fühlbar wird. Da nun auch die
Führungsräder auf dem Rahmen derart angebracht sind, daß deren Achsen den
hölzernen Führungsbalken in Form des oberen Theiles eines umgekehrten U um=
geben, so ist, falls ein Rad brechen sollte, Schutz gegen das Abgleiten des
Wagens geboten.

Für die Leistungsfähigkeit der Bahn sprechen folgende Daten: ein Motor=
wagen, der wegen Unterbringung der Motoren an den Endseiten naturgemäß
weniger disponiblen Raum bietet, enthält 24 Sitzplätze, während die reinen Per=
sonenwagen deren 50 aufweisen; das Gewicht eines Wagens ersterer Art beträgt

6 Tons, eines der letzteren Art 3 Tons. Die Wagen sind 17 Meter lang 1·35 Meter breit und 2·4 Meter hoch. Ein Zug aus zwei Motorwagen und drei Personenwagen hat ein Gewicht von 21 Tons und kann 200 Personen bequem aufnehmen, was einem Nutzeffect gleichkommt, wie ihn — bei gleicher Geschwindigkeit — die modernen Blitzzüge nicht zu überbieten vermögen.

Das Princip der einschienigen Bahnen hat in allerjüngster Zeit ein deutscher Techniker — Eugen Langen — einer weiteren, sehr rationellen Ausgestaltung entgegengeführt. Die Langen'sche Construction sieht von einer Fahrschiene gänzlich ab, indem sie ähnlich wie die bekannten Hängebahnen angeordnet ist. Zum Unterschiede von diesen führt sie die Bezeichnung »Schwebebahn«. Ueber deren Einzelheiten entnehmen wir einer Schrift ihres Urhebers die nachfolgenden Daten. Hochbahnen mit hängenden Wagen haben vor den Hochbahnen gewöhnlicher Art allgemein den Vorzug größerer Sicherheit, denn ein hängender Körper muß stets von selbst wieder in die Gleichgewichtslage zurückkehren, wenn er dieselbe in Folge äußerer Einflüsse verlassen hat; ferner ist bei hängenden Wagen die Sicherung derselben gegen Hinabstürzen von der Bahn bei außergewöhnlichen Unfällen mit weit einfacheren Mitteln zu erreichen, als bei den auf Radachsen stehenden Wagen.

Die Elasticität der Eisenconstruction des Langen'schen Systems gewährleistet eine außergewöhnlich ruhige Fahrt und die Federung in den Aufhängeorganen ist eine rationellere als bei den Bahnen gewöhnlichen Systems. Die freischwebende Aufhängung hat den weiteren Vortheil, daß die außergewöhnliche und nicht unbedenkliche Beanspruchung des Trägers auf Verdrehung, wie sie bei nicht freischwebend hängenden Wagen durch die auf den Wagenkasten wirkenden Horizontalkräfte (Winddruck, Centrifugalkraft) vermittelst der Führungs- und Klemmrollen ausgeübt wird, vermieden ist, da diese Horizontalkräfte bei freischwebender Aufhängung eine geringe Neigung des Wagens, nicht aber eine Beanspruchung des Trägers verursachen. Ebenso werden bei freischwebender Aufhängung die Spurkränze der Laufräder weit weniger durch starke und stoßweise wirkende Seitenkräfte beansprucht als bei anderen Systemen. Weitere Vorzüge des fraglichen Systems sind die Möglichkeit, sehr kleine Krümmungen zu durchfahren, und die sehr einfache Anlage von Weichen und Kreuzungen.

Bezüglich der Sicherheit ist zu bemerken, daß dieselbe durch eine mehr oder weniger feste Führung der Wagen selbst, wie sie bei den vorbesprochenen einschienigen Hängesystemen gebräuchlich ist, nicht erhöht wird; im Gegentheile: je mehr stetig mitwirkende Führungs- oder Festhaltungsorgane (Klemmrollen, Führungsrollen) eine Construction erfordert, umso größer ist die Möglichkeit des Versagens oder des Bruches einer dieser Organe, womit unstreitig die Gefahr des Entgleisens, oder doch eines beständigen Störung der Fahrt gegeben ist. Dem gegenüber gewährt die ruhige, von Erschütterungen freie Fahrt in den Wagen der Langen'schen Bahn, welche freischwebend nur an den Laufrädern hängen, das Gefühl großer Sicherheit;

dabei fehlen nicht die Organe, welche bei etwa denkbaren außergewöhnlichen Un=
fällen sichernd eingreifen.

Die Schwebebahn System Langen bietet der Ausführung zwei Grundformen:
die zweischienige und die einschienige. Bei der zweischienigen Anordnung besteht die
Bahn aus einem, am besten in Gitterwerk hergestellten unten offenen kastenförmigen
Längsträger, welcher durch in entsprechenden Abständen angeordnete Säulen oder
Stützen getragen wird; die Schienen sind auf den unteren inneren Gurtungen der

Langen's Schwebebahn (Curve).

Seitenwände des Kastenträgers befestigt. An den Achsen der auf diesen Schienen
laufenden Räder sind Drehgestelle mittelst gelenkiger Organe aufgehängt und unter
diesen Drehgestellen hängt in Federn der eigentliche Wagen. — Bei der ein=
schienigen Grundform ist die Schiene selbst trägerartig ausgebildet und wird seitlich
von der Stütze gefaßt. Die Hängeorgane sind diesfalls zu Bügeln erweitert, welche
die Laufräder von oben umfassen und beiderseits die Lagerstellen der Achsen tragen.
Die Sicherheit erscheint hier in noch höherem Maße gewährleistet als bei zwei
Schienen. Selbstverständlich haben die Laufräder dieser Bahn auf jeder Seite einen
Spurkranz.

Während die zweischienige Grundform vornehmlich für Bahnanlagen inner=
halb der Städte Verwendung finden wird, eignet sich die einschienige Bahn haupt=

E. Langen's Schwebebahn.

sächlich für den Fernverkehr zur Einrichtung sogenannter Schnellbahnen, sowie für solche Bahnanlagen, bei welchen auf Grund örtlicher Schwierigkeiten Bahnsysteme ausgeschlossen sind. Beide Grundformen lassen sich eingeleisig und zweigeleisig ausführen und gestatten die mannigfaltigste Ausgestaltung hinsichtlich Anordnung der Geleise und Anbringung der Stützen, wovon mitfolgend einige Proben gegeben sind. So zeigt Figur 1 die Anordnung einer zweigeleisigen Bahn mit nebeneinander liegenden Geleisen, welche zu beiden Seiten fester Säulen angebracht sind. Fig. 2 zeigt, wie bei einer solchen Bahn eine Haltestelle unter Benützung eines in der Straßenflucht gelegenen Hauses anzuordnen ist, indem man am ersten Stockwerke des betreffenden Gebäudes einen balkonartigen Ausbau anbringt, welcher bis

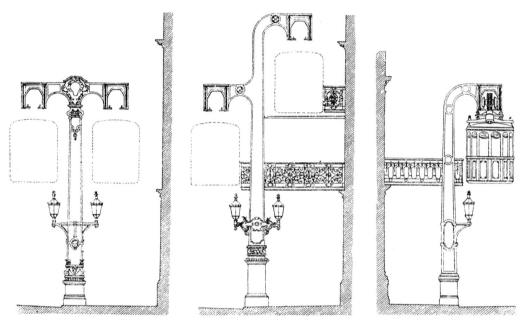

Fig. 1—3. Langen's Schwebebahn. Anordnung der Haltestellen.

zu dem einen Geleise reicht, und das andere Geleise mit entsprechender Steigung bis zum zweiten Stockwerk führt, von wo aus die Wagen ebenfalls mittelst eines Balkons bestiegen werden. . . . Figur 3 zeigt eine ähnliche Haltestelle für eine eingeleisige Bahn.

Trotz dieser Anordnung ist die seitens der Fahrgäste zu ersteigende Höhe bedeutend geringer als bei gewöhnlichen Hochbahnen; denn bei letzteren muß die Unterkante des festen Unterbaues des Bahnkörpers so hoch liegen, daß der gewöhnliche Straßenverkehr nicht beeinträchtigt wird; der Wagen, welcher bestiegen werden soll, steht sonach noch um die Höhe dieses Unterbaues und den Durchmesser der Wagenräder höher, während bei der Schwebebahn, bei welcher das Geleise über dem Wagen liegt, der Wagenboden nur so hoch über dem Straßenpflaster sich befindet wie bei der gewöhnlichen Hochbahn (einschließlich der Construction Boynton) die Unterkante des festen Bahnunterbaues. Der Unterschied in der zu ersteigenden Höhe kann auf 1·5 bis 3 Meter angenommen werden.

Auf freien Plätzen lassen sich die Haltestellen mit besonderen Warteräumen verbinden, deren Erdgeschoß gleichzeitig als Trinkhalle benützt werden kann. In Straßen mittlerer Breite wird man die Fahrbahn über dem Straßendamm anbringen und die Stützen auf die Kanten des Gangsteiges stellen, während man sie in engen Straßen direct an die Häuser anlehnen kann. Ganz besonders geeignet ist die Schwebebahn zur Anlage einer Verkehrslinie über einem Wasserlaufe, wobei die Stützen, welche schräg gestellt werden, ihre Fußpunkte an den Ufern finden, während die Wagen über dem Wasser schweben. Gegenüber anderen Hochbahnen bietet diesfalls die Schwebebahn den besonderen Vortheil, daß sie das Bett des Wasserlaufes gänzlich unberührt lassen kann. Haltestellen lassen sich bei solcher Bahnanlage leicht in Verbindung mit vorhandenen Brücken bringen.

Wie bereits erwähnt, eignet sich die einschienige Anordnung vorzugsweise für den Fern- oder Schnellverkehr. Der Wagen erhält diesfalls zur besseren Ueberwindung des Luftwiderstandes (wie bei Lartigue und Boynton) keilförmige Stirnseiten; die Laufräder sind verhältnißmäßig groß. Zur Verhinderung der etwa durch den Winddruck verursachten seitlichen Schwankungen können auf dem Wagendache befestigte, über die Fahrbahn hinausragende Windschirme angebracht werden, welche den Winddruck paralysiren, indem sie dem letzteren den gleichen Widerstand oberhalb der Laufschiene entgegensetzen wie dem Wagen selbst unterhalb derselben.

Den Hochbahnen wird bekanntlich vom ästhetischen Standpunkte aus der Vorwurf gemacht, daß sie das Straßenbild wesentlich beeinträchtigen. Man wird zugeben, daß dieser Vorwurf bei der Schwebebahn am wenigsten berechtigt ist, da ihr Unterbau jedenfalls weit weniger massiv ist als bei einer Hochbahn gewöhnlicher Art und auch ihre Fahrbahn weit weniger Luftraum einnimmt, also die Aussicht weniger behindert als bei den bisherigen Constructionen. Ganz beseitigen läßt sich der hier in Frage kommende Uebelstand selbstverständlich nicht; aber die Rücksichten auf die Aesthetik treten heutzutage mit Recht gegenüber den Anforderungen des Verkehrs in den Hintergrund. Die Bündel von Telegraphen- und Telephondrähten und deren Isolatorenträger tragen gleichfalls nicht dazu bei, die Straßenveduten großer Städte zu verschönern, und dennoch hat man sich an sie gewöhnt, sich aus Zweckmäßigkeitsgründen mit ihnen abgefunden. Welcher Unterschied aber zwischen einer Anlage gleich dem Langen'schen Systeme mit seinen leichten, zierlichen constructiven Elementen gegenüber den herkömmlichen Hochbahnen, welche einen festen Wall von Mauerklötzen und Bögen unter Verunstaltung ganzer Viertel durch die Stadt zieht, besteht, liegt auf der Hand.

Die Schwebebahn bietet das Mittel, die großen Prunkstraßen zunächst überhaupt von Bahnanlagen freizuhalten, weil sie sich, im Gegensatze zu anderen Hochbahnen, leicht in vorhandenen Straßen zweiter Ordnung anbringen läßt. Ist aber die Anlage einer Bahn in einer Prunkstraße nicht zu umgehen, so ist die

Schwebebahn ohne Zweifel hierzu das geeignetste System. Bei der Erweiterung und dem Ausbau von Städten oder Stadtvierteln aber dürfte die Schwebebahn

Die Stufenbahn.

vermöge ihrer Leichtigkeit und Anpassungsfähigkeit an örtliche Verhältnisse bei der ursprünglichen Anlage und Grundrißgestaltung anderen Arten von Hochbahnen gegenüber unbestritten den Vorzug verdienen.

Um die praktische Durchführbarkeit des Langen'schen Hochbahnsystems zu erproben, ist auf dem Grundstücke der bekannten Waggonfabrik Van der Zypen

& Charlier in Deutz bei Cöln eine Probestrecke von circa 100 Meter Länge hergestellt worden, welche durch die Abbildung auf Seite 740 und das Vollbild veranschaulicht wird. Die Strecke besteht aus gleichlaufenden geraden Stücken, die an den Enden durch Halbkreise von 10 Meter Durchmesser zu einer geschlossenen Linie verbunden sind. Bahncurven von so kleinem Halbmesser dürften kaum irgend sonstwo vorkommen. Der bei dieser Probestrecke in Verwendung stehende Wagen wird durch einen Elektromotor betrieben, welchem der Strom durch eine innerhalb des Trägers der Bahn befindliche Leitung zugeführt wird. Die Versuche auf dieser Probestrecke haben den gehegten Erwartungen vollkommen entsprochen und nach dem Urtheile aller Fachleute, welche den Versuchen beigewohnt haben, die Brauch= barkeit des Systems bewiesen.

Die Stufenbahn.

Eine in jeder Beziehung originelle Idee, ein billiges Massentransportsmittel zu schaffen, dem auch der Vortheil einer außergewöhnlich einfachen Art der Be= nützung zukommt, ist in der sogenannten Stufenbahn verkörpert. Ihre Urheber sind der Oberbaurath Wilhelm Rettig und der Baurath Heinrich Rettig. Das Eigenthümliche dieser Construction besteht darin, daß die Züge in ununter= brochener Bewegung sich befinden, ein Anhalten derselben also weder beim Zu=, noch beim Abgange stattfindet. Auf den ersten Blick erscheint dies als ein Problem, umsomehr, als sich die Züge mit einer Geschwindigkeit von 4·5 Meter in der Secunde (16 Kilometer in der Stunde) bewegen.

Auf welchem Principe beruht nun diese originelle Construction? Ganz einfach auf der Anordnung mehrerer, in Stufen angeordneten Fahrbühnen, deren Bewe= gungsgeschwindigkeit eine verschiedene ist, so daß der Uebertritt von einer Bühne auf die nächstfolgende ohne irgendwelche persönliche Gefährdung bewerkstelligt

werden kann. Dies verhält sich nämlich so. Ein gewöhnlicher Fußgänger bewegt
sich im Durchschnitte mit einer Geschwindigkeit von 1·5 Meter in der Secunde;
bewegt sich nun eine Fahrbahn, welche etwa 10 Centimeter über dem Gehwege
liegt, mit der gleichen Geschwindigkeit, so liegt es auf der Hand, daß der Uebertritt
auf die erstere ohne irgendwelche Beeinträchtigung erfolgen kann. Nehmen wir nun
an, eine zweite, knapp anschließende Fahrbahn bewegte sich mit einer Geschwindigkeit
von 3 Meter in der Secunde, so leuchtet ein, daß auch das Betreten dieser Bahn
leicht und gefahrlos erfolgen kann. Die dritte, nächst höhere Fahrbahn endlich
bewegt sich mit einer Geschwindigkeit von 4·5 Meter in der Secunde, so daß mit
dem Uebertritt des Fahrgastes auf diese letztere das eigentliche Beförderungsmittel

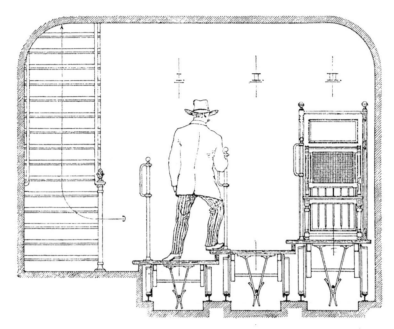

Schematische Darstellung der Stufenbahn.

in Benützung kommt. Dieses — der »Zug« — ist in einzelne Abtheilungen mit
bequemen Sitzen geschieden. Feste Geländer oder freistehende Haltestangen erleichtern
den Auf= und Abstieg. Die Wagen sind 2 bis 3 Meter lang und durch lothrechte
Bolzen auf ihre Längenachse verkuppelt. Sie bilden einen ebenen Boden, dessen
Oberfläche dadurch zusammenhängend gemacht wird, daß die bei Krümmungen um
einige Centimeter sich öffnenden Anschlußfugen mit flachen Eisenbändern über=
brückt werden.

    Das Wesen der Bahn bedingt eine ringförmige Anlage, mit Ausschluß aller
Weichen und Kreuzungen, und zwar muß jede einzelne Fahrbühne einen Ring
bilden, dessen Grundform jedoch nicht etwa ein Kreis zu sein braucht. Auch sind
gerade Strecken zwischen den Bögen zulässig. Jede Fahrbühne erhält ihren Antrieb
durch ein Zugseil, das in den Gabeln, welche unter den Wagen angebracht sind,

lagert. Die einzelnen Bühnen ruhen auf Rädern, welche auf Geleisen von 50 bis
60 Centimeter Spurweite laufen. Feststehende Maschinen bewegen eine Welle, um
welche das Seil sich herumdreht, und fördern auf diese Weise die einzelnen Bühnen.
Die beschränkte Anwendungsweise der Stufenbahn kommt auch noch dadurch zum
Ausdrucke, daß sie ihres Hauptvortheiles, an jeder beliebigen Stelle bestiegen oder
verlassen werden zu können, bei ihrer Anlage als Hoch= oder Tiefbahn verlustig
wird. Einige Schwierigkeiten verursacht die Controle der Fahrgäste, da dieselben,
wie hervorgehoben, an jeder beliebigen Stelle der Bahn dieselbe betreten, beziehungs=

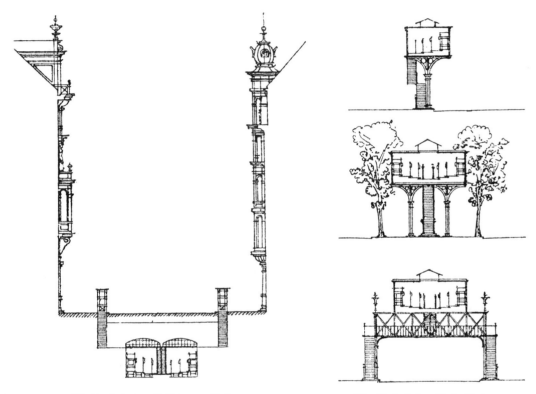

Die Stufenbahn als Untergrundbahn.   Die Stufenbahn als Hochbahn.

weise verlassen können. Selbst einem vielköpfigen Bedienungspersonale wäre es nicht
möglich, unausgesetzt das Kommen und Gehen der Fahrgäste zu überschauen. Die
Erfinder schlagen daher vor, an den Eingängen selbstthätige Apparate anzubringen,
welche die Abschlüsse öffnen, sobald ein Geldstück von entsprechendem Werthe ein=
gelegt wird. Es knüpft sich aber an diese Einrichtung die Voraussetzung, daß jeder
Fahrgast, wenn er seinen Sitz verläßt, den Eingang wieder verschließt, was nicht
zuversichtlich zu erwarten ist. Ein zweiter Vorschlag besteht darin: in den Kauf=
läden sind Fahrscheine erhältlich, welche zur uneingeschränkten Fahrt auf sämmt=
lichen Bühnen (Ringen) berechtigen, jedoch nur für bestimmte Zeitabschnitte. Jeder
Fahrgast hätte diesen Schein, sobald er den Wagen betreten hat, in einen kleinen
Rahmen über seinem Sitze zu stecken, so daß ihn die Aufsichtsbeamten leicht wahr=

nehmen können. Diese letzteren sind auf die Fahrbühnen vertheilt und haben die herkömmlichen Functionen der Eisenbahnconducteure.

Nicht ohne Interesse ist die Frage der Rentabilität einer Anlage nach dem Principe der Stufenbahn. Die Betriebskosten jeder Bahnlage sind bekanntlich das Ergebniß in der Wechselbeziehung zwischen der aufzuwendenden Betriebskraft und dem Maße der Leistungsfähig= keit. Das Stufenbahnsystem würde sich demgemäß, soll es sich bezüglich der Betriebskraft einer Locomotiveisenbahn gegen= über concurrenzfähig erweisen, nur in dem Falle rentiren, wenn der zu bewältigende Verkehr außerordentlich stark ist. In dieser Beziehung liegen die Chancen für die Stufenbahn außerordentlich günstig, denn einestheils kann die Betriebs= kraft bis auf den vierten Theil der für den gleichen Verkehr beim Eisenbahnbetrieb erforder= lichen Kraft herabsinken, wäh= rend anderseits die Transport= leistung 12.000 Personen pro Stunde beträgt. Wollte man diese Leistung auf eine Loco= motivbahn übertragen, so wären hierzu stündlich 30 Züge zu je 8 Wagen erforderlich. Dazu kommt, daß bei den Stufen= bahnen jeder Zeitverlust durch Anhalten entfällt, so daß im Durchschnitte die Locomotivbahn (als Stadtbahn) einen Kilometer

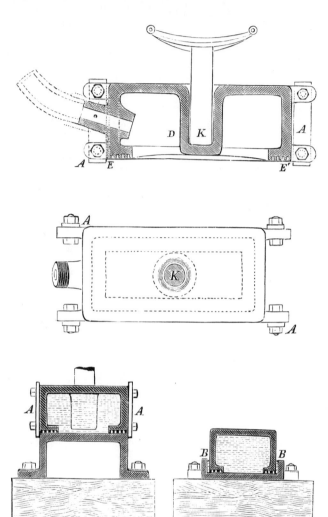

Die Gleitbahn (Schuhe).

in 6·18 Minuten, die Stufenbahn aber in 4·6 Minuten (Pferdebahn in 8 Minuten) zurücklegt.

Bisher ist die Stufenbahn nur versuchsweise in Anwendung gekommen und es läßt sich sonach schwer ein Urtheil über ihre praktische Bedeutung fällen. Die allen Zugseilsystemen zukommenden Nachtheile (vergl. S. 690) entfallen bei der Stufenbahn allerdings, da sich hier keine Reibungswiderstände ergeben, denn die Seile besorgen nur den Antrieb der auf Schienen laufenden Wagen. Auch würde die

Ausdehnung der Anlage durch die örtlichen Verhältnisse mannigfache Beschränkungen erfahren; bei Anlagen im Straßenniveau scheinen uns Unzukömmlichkeiten unver=

Girard's Gleitbahn.

meidlich. Dagegen verdient die Anwendung des Systemes als Hochbahn — möglichst viele Zugangsstellen (mit Treppen) vorausgesetzt — immerhin Beachtung. Daß indes die Stufenbahn die gewöhnlichen Straßenbahnen völlig ersetzen könnte, dünkt uns denn doch etwas optimistisch. Als Verkehrsmittel einzelner Stadttheile mit Bahn=

höfen, öffentlichen Gärten, Belustigungsorten u. s. w. hat das System, schon seiner großen Leistungsfähigkeit wegen, entschieden Berechtigung; ebenso ist, vom rein technischen Standpunkte, das hier zum Ausdrucke kommende Princip beachtenswerth, nämlich die Benützung des Schienenweges zur Verminderung der Reibungswiderstände, womit die Möglichkeit der Massenbeförderung mit verhältnißmäßig geringem Kraftaufwande zusammenhängt.

Die voranstehenden Abbildungen veranschaulichen die Arten der Anwendung der Stufenbahn, sowohl im Straßenniveau, wie als Hoch=, beziehungsweise Tiefbahn. Die Abbildung auf Seite 745 ermöglicht einen Einblick in die Art und Weise, wie die einzelnen Fahrbühnen zu einander angeordnet sind, wie deren Oberbau beschaffen ist und wie der Uebertritt auf die einzelnen Stufen bewerkstelligt wird.

Zu den außergewöhnlichen Constructionen zählt unter anderen auch die sogenannte »Gleitbahn«, deren Urheber der französische Ingenieur Girard ist.

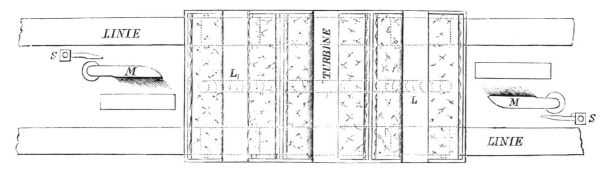

Die Gleitbahn (Turbinen und Wasserausflußapparat).

Verwirklicht wurde diese Idee durch Girard's Schüler und Mitarbeiter, den Ingenieur Barre, der eine Probestrecke der Gleitbahn gelegentlich der Pariser Weltausstellung im Jahre 1889 herstellte und in Betrieb setzte. Wie schon die Bezeichnung dieser Construction andeutet, entbehrt die Gleitbahn der Räder, indem an ihre Stelle »Schuhe« treten, von der Form, wie sie die Abbildungen Seite 747 im Durchschnitt und Grundriß zeigen. Diese Schuhe sind niedrige, sechseckige Büchsen, die mit ihrer offenen, durch Rippen in mehrere Fächer getheilten Seite nach abwärts gekehrt sind. Jeder Wagen erhält 4 bis 6 solcher Schuhe. In der Mitte eines jeden derselben befindet sich ein horizontales Zapfenlager, in welchem ein entsprechend geformter Tragzapfen des Fahrzeuges seine Stütze und Führung findet. Mit seiner unteren Seite ruht der Schuh auf der Oberfläche der breiten flachen Schiene. Da das Princip der Gleitbahn darauf beruht, bei der Fortbewegung den Reibungswiderstand auf ein Minimum zu reduciren, dient die Aushöhlung der Schuhe zur Aufnahme von Wasser. Dasselbe wird mittelst hydraulischem Druck in die Höhlung der Schuhe gepreßt. Nun sind aber die nach innen vorragenden breiten Ränder der Schuhe in mehrfachen Reihen rinnenförmig ausgehöhlt. Durch

den Eintritt des Wassers in die Schuhkammer bei verhältnißmäßig hohem Druck
strebt das erstere, unter den auf der Schiene aufliegenden Flächen des Schuhes
zu entweichen, was in Folge der Anwesenheit der Rinnen nur ganz allmählich
geschehen kann. Die schließliche Wirkung des hydraulischen Druckes, wobei auch die
in der Schuhkammer angesammelte Luft in Mitleidenschaft gezogen wird, ist die,
daß der Schuh mit der auf ihm ruhenden Last um ein ganz kleines Maß gehoben
wird. Dadurch legt sich zwischen Schiene und Schuh eine dünne Schichte Wassers,
was eine außerordentliche Verminderung des Reibungswiderstandes zur Folge hat.

Die Schwierigkeit, welche bei diesem Systeme sich geltend macht, ist also
zunächst die, daß der hydraulische Druck genau geregelt ist. Ein Versuch ergab,
daß bei einer Belastung von 1000 Kilogramm die in die Schuhkammer unter
einem Drucke von zwei Atmosphären gepreßte Wassermenge ungefähr einen Liter
für jede Secunde der Fortbewegung betrug. Die zweite Schwierigkeit liegt in der
Fahrbahn. Damit sie ihren Zweck erfülle, muß der wasserdichte Zusammenschluß der
Schuhe an die Schienen vollkommen sein, was an den Schienenstößen nur durch
sorgfältigste Construction zu erreichen ist. Es heißt, daß Barre in befriedigender
Weise über diesen heiklen Punkt hinweggekommen sei und auch das Mittel gefunden
habe, Ausweichgeleise auszuführen.

Was nun den Bewegungsvorgang selbst anbelangt, basirt derselbe auf nachfolgender Einrichtung: Unter dem Boden jedes Wagens befindet sich eine turbinen-
artige Vorrichtung mit entsprechend angeordneten gekrümmten Schaufeln, die auf
einer gemeinsamen langen Achse sitzen, deren Lage der Längsrichtung des Wagens
entspricht. Der Antrieb erfolgt nun dadurch, daß ein Wasserstrahl durch eine selbstthätige Auslösevorrichtung gegen die Turbinenschaufeln wirksam wird. Die Anordnung des Ganzen veranschaulicht die Abbildung auf Seite 749. Hier ist $L\,L_1$ die
Turbine, $M\,M$ sind die Wasserausflußapparate, $S\,S$ die Hebel, welche durch die an
dem Wagen angebrachte Auslösevorrichtung bethätigt werden. Es leuchtet ein, daß die
Wasserabflußapparate in solchen Entfernungen von einander angeordnet sein müssen, daß
mindestens einer derselben die Turbine des in der Bewegung sich befindlichen Wagens
erreicht, da anderenfalls letzterer zum Stillstande kommen würde, es wäre denn,
man zöge das Beharrungsvermögen in Betracht, das bei dem geringen Reibungswiderstande immerhin in Erwägung zu ziehen ist.

In den vorstehenden Mittheilungen ist indes nur die principielle Seite des
Bewegungsmechanismus berührt. Der Leser erkennt sofort, daß die in dieser Weise
getroffene Anordnung die Bewegung lediglich nach einer Richtung ermöglicht. Um
nun vor- und rückwärts fahren zu können, erhält jeder Wagen eine zweite Turbine,
deren Schaufeln im Sinne derjenigen der ersten Turbine in entgegengesetzter Richtung
gekrümmt sind. Conform dieser Einrichtung sind auch die Wasserausströmungs-
apparate doppelt angeordnet. Das Gesammtbild dieser Anordnung veranschaulicht
die umstehende Figur, sowie die perspectivische Abbildung auf Seite 748. Man
sieht hier die zwischen den Schienen laufenden eisernen Röhren, welche die Aus-

strömungsapparate mit der erforderlichen Menge Wassers versorgen; ferner die sogenannten »Accumulatoren«, das sind eiserne Behälter, welche in angemessenen Entfernungen längs der ganzen Bahn aufgestellt sind und dazu dienen, den »Tender« des Zuges der Gleitbahn mit Wasser zu versorgen, und welches von hier in die Schuhkammern gepreßt wird. Die Speisung des Tenders kann übrigens auch während der Fahrt erfolgen, so daß eine Unterbrechung der letzteren wegen eventuellen Wassermangels ausgeschlossen ist. Schließlich sei noch erwähnt, daß sowohl das gegen die Turbinen getriebene, als aus den Schuhkammern abfließende Wasser in einen Sammelcanal gelangt, um der abermaligen Verwendung zugeführt zu werden.

Die Girard=Barre'sche Gleitbahn hat nicht ermangelt, in maßgebenden Kreisen Beifall zu finden, doch verlautet zur Zeit, obwohl seit den ersten Versuchen fünf

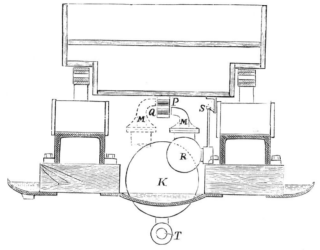

Die Gleitbahn (Sammelcanal).

Jahre verstrichen sind, nichts über die seinerzeit geplanten Unternehmungen. Die Vortheile, welche das System in sich schließt: geräuschlose, ruhige Fahrt, Abwesenheit von Ruß und Dampf, geringe Betriebskraft u. s. w. liegen auf der Hand. Dem entgegen ist aber nicht zu verkennen, daß die Anlagekosten ziemlich hohe sind und das System des Wasserbetriebes an die wärmere Jahreszeit gebunden ist. Außerdem erfordert die exacte Functionirung der ganzen Construction einen peinlichen Ueber= wachungsdienst und beständige Reparaturen. Die von Barre angegebenen hohen Geschwindigkeiten, welche zu erreichen wären (bei einem Wasserdrucke von 22 Atmo= sphären bis 200 Kilometer in der Stunde!) kämen nur im Fernverkehr in Betracht, für den sich dieses System weniger als irgend ein anderes eignet. Wenn wir schließlich noch zugeben, daß der Gleitbahn bei nicht übertriebener Fahrgeschwin= digkeit ein hoher Grad von Sicherheit innewohnt, der noch dadurch erhöht wird, daß ein Anhalten des Zuges fast augenblicklich erfolgen kann, so haben wir alle Vor= und Nachtheile des Systemes in objectiver Weise einander gegenübergestellt.

*   *   *

Es dürfte am Platze sein, am Schlusse dieses der modernen Technik des Eisenbahnwesens gewidmeten Werkes, einen Blick auf die allgemeine Entwickelung der Schienenwege, und zwar im Besonderen derjenigen unseres Erdtheiles, zu werfen. Wie alles Neue, dem ein weitgehender, die Verhältnisse umgestaltender Geist innewohnt, wurde die aus England kommende Nachricht von der Eröffnung des neuartigen Verkehrsmittels auf dem Continente mit sehr getheiltem Interesse aufgenommen. Die Eisenbahnen waren kein Deut ex machina, sondern ein Glied in der Entwickelungsgeschichte des Verkehres überhaupt; daß die Grundlagen zur Einführung, beziehungsweise Ausgestaltung des neuen Verkehrsmittels in den verschiedenen Ländern — sei es nun in politischer oder wirthschaftlicher Beziehung — verschieden waren, liegt auf der Hand.

In England, von dem die Eisenbahnen ausgingen, führte die dort herrschende Gewerbefreiheit zu der ganz zwanglosen Schöpfung von Schienenwegen, die gleich zu Beginn den Stempel ebenso reger als rücksichtsloser Privatspeculation trugen. Man baute die Eisenbahnen nach denselben Gesichtspunkten, wie vorher die Schiffahrtscanäle gebaut wurden. Daher einerseits die oft sinnlose Anlage der neuen Schienenwege in unmittelbarer Nachbarschaft zu einander, anderseits die Aufstellung des Systems der Benützung einer und derselben Eisenbahn von mehreren Unternehmern. Der Staat übte auf diese Verhältnisse so gut wie gar keine Ingerenz aus, von der formalen Bestimmung abgesehen, daß die aufgestellten Projecte innerhalb bestimmter Zeitabschnitte einzubringen waren. Unter dem Gesichtspunkte der freien Concurrenz entwickelte sich daher das englische Eisenbahnnetz rasch und erhielt alsbald eine großartige Ausdehnung, wozu allerdings die beschränkten räumlichen Verhältnisse wesentlich beitrugen. In technischer Beziehung machte sich seit Anbeginn her ein starker conservativer Geist geltend, woraus sich erklärt, daß ersprießliche Neuerungen nach dieser Richtung nicht so rasch Eingang fanden, als man bei einem, für praktische Dinge so empfänglichen Volke vorauszusetzen berechtigt ist. Eine gesetzliche Bestimmung, nach welcher Bahnen nach Ablauf bestimmter Zeitabschnitte dem Staate zufallen, giebt es in England nicht; dagegen ist diesem das Ankaufsrecht nach einer Reihe von Jahren (15, beziehungsweise 21) gewahrt. Ebensowenig kennt man ein staatliches Aufsichtsrecht. Das nach harten Kämpfen errungene Recht der Tarifrevision entsprang vornehmlich den schweren Krisen, in welche eine maßlose Concurrenz die verschiedenen Eisenbahngesellschaften gestürzt hatte. Was diese selbst zu ihrem gemeinschaftlichen Vortheile ins Leben gerufen haben, ist das unter dem Namen »Clearinghouse« bekannte Centralabrechnungssystem, eine Einrichtung von großer administrativer Tragweite.

Erst sieben Jahre nach Eröffnung der ersten Eisenbahn in England — Stockton-Darlington, 1825 — begann sich das Interesse in Frankreich für das neue Verkehrsmittel zu regen. Es blieb geraume Zeit ein blos akademisches, da das Capital sich an Unternehmungen dieser Art nicht heranwagte. So war der Staat gezwungen, wenigstens den ersten Schritt zu unternehmen. Langsam, mehr zögernd

und tappend als zielbewußt, bereiteten die officiellen Kreise das Feld vor. Erst
als man so weit war, das öffentliche Interesse erweckt zu haben, wurde zur Anlage
der ersten Schienenwege geschritten. Es waren dies die Linien von Straßburg nach
Basel (1841) und von Rouen nach Orléans (1843). Dabei blieb es bis über die
achtundvierziger Sturmjahre hinaus. Nun erst regten sich die capitalistischen Kreise,
es bildeten sich große Gesellschaften, welche nicht nur die bestehenden Linien
erwarben und ausbauten, sondern zugleich zwischen den von Paris radialartig
auslaufenden Hauptlinien transversale Verbindungen herstellten. Im Anfange über=
wogen ausschließlich wirthschaftliche Gesichtspunkte; erst nach den Kriegsjahren 1870/71
hielt man sich auch die militärische (strategische) Bedeutung der Schienenwege vor
Augen. Seitdem ist diesbezüglich das Versäumte im reichlichsten Maße nach=
geholt worden.

Charakteristisch für die wirthschaftliche Seite des französischen Eisenbahn=
wesens ist die große finanzielle Macht, welche den sechs großen Eisenbahngesell=
schaften innewohnt. Es ist eine Monopolherrschaft von großer Tragweite (auch in
politischer Beziehung), die sich, dank ihrer großen Capitalskraft, zu fast souveräner
Selbstständigkeit hinaufschwingen und vor allen Ereignissen der Staatsgewalt
schützen konnte. Dieser Sachverhalt hat indes insoferne seine gute Seite, als die
Monopolherrschaft sich auch auf die geistige Seite des Eisenbahnwesens erstreckt,
und zwar in der Form, daß die technische und administrative Leitung ausschließlich
in Händen von Functionären liegt, welche aus der technischen Musteranstalt, die
unter dem Namen »Ecole des Ponts et Chaussées« weltbekannt ist, hervorgegangen
sind. Diese Pflanzstätte hat dem französischen Eisenbahnwesen unverkennbar ihren
Stempel aufgedrückt: stramme, theoretische Schulung, bedeutsamen Ueberschuß an
Kenntnissen, Aufwand eines gelehrten Apparates, wie er anderwärts erst viel
später in Thätigkeit kam, u. dgl. Ein genialer Autodidactismus, wie er in England
zu Zeiten das gesammte Eisenbahnwesen beherrschte, würde sich mit dem scharf
ausgeprägten centralistischen Wesen des französischen Geistes als unvereinbar er=
weisen. Allerdings brachte es die Schematisirung aller Erfahrungen und Studien
mit sich, daß dem Doctrinarismus in schädigender Weise Vorschub geleistet wurde.
Die Folge hiervon war eine gewisse theoretische Schwerfälligkeit, welche erst in
jüngster Zeit durch zahlreiche technische Neuerungen eines überquellenden Erfindungs=
geistes paralysirt wurde. Wir brauchen zu diesem Ende nur auf die vielen Ein=
richtungen hinzuweisen, welche wir in diesem Werke behandelt haben.

In technischer Beziehung unterscheiden sich die französischen Bahnen wenig
von den englischen; sie sind die Uebergangsform von diesen zu den deutschen. Die
Zahl ausgezeichneter Techniker ist in Frankreich groß; im Tunnelbau waren sie
schon sehr früh denen aller übrigen Länder voraus. Unter den Viaducten und
Brücken findet man viele großartige Anlagen dieser Art, die Bahnhofsanlagen sind
mit allen erdenklichen technischen Hilfsmitteln ausgestattet; die Trennung des
Personendienstes von dem Güterdienste ist, wenigstens auf den Hauptlinien, strengstens

durchgeführt. Die Personenstationen sind tief in die Städte hineingeschoben und bilden bezüglich ihrer Anordnung und Ausstattung gewissermaßen den Uebergang von den englischen zu den deutschen Stationen. In neuester Zeit sind in Frankreich vorzügliche Locomotivconstructionen aufgestellt worden, wogegen die Ausstattung der Wagen entschieden hinter derjenigen in Deutschland zurücksteht. Der geringe Unterschied zwischen der zweiten und ersten Wagenclasse bedingt indes eine bessere Ausnützung der letzteren. Auffällig ist, daß für Schnellzüge keine höheren Tarife berechnet werden.

So räumlich nahe Belgien zu Frankreich liegt, nahm das Eisenbahnwesen dortselbst gleichwohl wesentlich andere Formen an als hier. Zunächst war es hier der Staat, welcher sich des neuen Verkehrsmittels bemächtigte. Bei der geringen räumlichen Ausdehnung des Landes, der ausgesprochen industriellen Thätigkeit der Bewohner in hervorragenden, eng an einander gedrängten Centren war der für das Staatsbahnsystem entscheidende Gesichtspunkt ein vorzüglicher. In der Praxis aber trat der fühlbare Uebelstand zu Tage, daß die Centralisirung des Eisenbahn= wesens eine gewisse Schwerfälligkeit und Stetigkeit der Formen mit sich brachte, wodurch alsbald ein scharfes Mißverhältniß zwischen dem vorwärts strebenden Geiste in Verkehr und Industrie und den althergebrachten Normen im Eisenbahnwesen ent= stand. Man ließ deshalb die Privatthätigkeit zu und ist dabei gut gefahren. In technischer Beziehung sind die belgischen Bahnen mehr den englischen als den franzö= sischen ähnlich; die großartige Entwickelung der Eisenindustrie und der Kohlen= reichthum des Landes gaben der neuen Verkehrsform gewaltige Impulse und so finden wir das kleine, aber dicht bevölkerte Belgien von einem engmaschigen Eisenbahnnetze übersponnen. Die Trennung des Personen= vom Güterverkehre ist hier nicht so consequent durchgeführt wie in England, doch ist auf die diesfälligen Bedürfnisse in ausreichendem Maße Rücksicht genommen. Die neuen Personen= bahnhöfe sind sehr stattlich, Gebäude und Hallen architektonisch schön, die räumliche Anordnung zweckmäßig. Die Ausstattung der Personenwagen erinnert an die englischen. Die Maximal=Fahrgeschwindigkeit ist auf ebenen geraden Strecken mit 100 Kilometer normirt, und fahren Güterzüge mit der ansehnlichen Geschwindigkeit von 25 bis 30 Kilometer. Bemerkenswerth ist, daß Belgien die Geburtsstätte des »Dampfomnibus«, aus welchem sich die Dampftramway entwickelte, ist (1876). . . . Die erste in Belgien dem Verkehr übergebene Bahn war jene von Brüssel nach Malines (1835).

Als man in Deutschland an die Schöpfung von Eisenbahnen dachte, hatte man zwar das englische Vorbild vor Augen, doch zeigte es sich bald, daß die Verhältnisse dort grundverschiedene von den englischen waren. Zunächst war es die politische Zersplitterung, die »Kleinstaaterei«, welche dem deutschen Verkehrs= leben schwere Fesseln anlegte. So entstanden bald Privatbahnen, bald Staats= bahnen, Alles ohne System; auf der einen Seite wurde die Concurrenz gefördert, auf der anderen unterdrückt, und so war von leitenden Gesichtspunkten nie und nirgends die Rede. Selbst bahnbrechende Geister, wie List, Harkort, Denis, Mellin, Kurz u. A. konnten sich von dem herrschenden Geiste nicht losreißen, und wenn auch ihr Verdienst um die Schöpfung der ersten deutschen Schienenwege nicht geschmälert wurde, kann gleichwohl nicht geleugnet werden, daß selbstständiges Denken auf ihrer Seite durch die herrschende Kleinstaaterei nicht gefördert wurde.

Dagegen war die ethnische Individualität des deutschen Stammes von vorneher dazu prädestinirt, der neuen Culturform ein tüchtiges Werkzeug abzugeben. Der stramme germanische Geist bürgte gegen Unzuverlässigkeiten, deutsche Gelehrsamkeit und Gründlichkeit gegen technische und administrative Gebrechen, hochentwickeltes Pflichtgefühl gegen Gefährdung der persönlichen Sicherheit und der allgemeinen Interessen. Nächst England giebt es kein Land, in welchem das Eisenbahnwesen auf einer so großen Summe von individuellen Vorzügen der mit der Ausübung des Eisenbahnbetriebes betrauten Organe beruhte, wie in Deutschland. Pflichtgefühl und Ordnungssinn stehen mindestens hier so hoch wie dort, die Disciplin sicher noch höher. In England setzt man den größten Werth auf Ausnützung der Zeit und der materiellen Reichthümer, welch letztere man möglichst schnell und in großer Quantität außer Landes zu bringen trachtet. In Deutschland treten diese Factoren relativ zurück und kommt anderseits das Bedürfniß größerer individueller Bequemlichkeit bei großer Ordnungsliebe zur Geltung. Der Massenumsatz im Güterverkehr geht weniger rasch, aber mit Anwendung eines peinlichen Formenwesens vor sich. Große Bahnhofsanlagen sind die Regel, da der niedrige Stand der Bodenwerthe solche ausgedehnte Anlagen ermöglicht. Man hält auf geräumige und elegant eingerichtete Bahnhofsräume, stattet die Personenwagen fast luxuriös — luxuriöser als in irgend einem anderen Lande — aus und läßt dem reisenden Publicum die größtmögliche Bequemlichkeit zu Theil werden. Die stramme Organisation des Betriebsdienstes führt allerdings zu einer ziemlich weitgehenden Bevormundung der Passagiere, welche das deutsche Publicum durch seine Unselbstständigkeit zum Theile selbst herbeigeführt hat.

In technischer Beziehung sind die deutschen Eisenbahnen mustergiltig. Charakteristisch ist in dieser Hinsicht die hohe Lage der Bahnlinie im Terrain, wodurch den Damm- und Brückenbauten eine große Rolle zufällt, ferner die ausgedehnten Stationen, die mächtigen Hallen der neuen Centralbahnhofsanlagen. Der Tunnel- und Brückenbau weist Leistungen auf, welchen eine bahnbrechende Bedeutung zukommt, und die Schwarzwaldbahn beweist, daß die deutschen Techniker auch im Gebirgsbahnbau ihre Meister besitzen. Hand in Hand mit der technischen Entwickelung der deutschen Eisenbahntechnik schreitet die Maschinenindustrie, zumal der Locomotivbau. Daß auch der Wagenbau mustergiltige Leistungen zu verzeichnen hat, wurde bereits in dem betreffenden Abschnitte zur Sprache gebracht.... Die geistige Ausgangsstelle der auf deutschem Boden platzgegriffenen technischen Ausgestaltungen der einzelnen Fächer des Eisenbahnwesens sind die periodisch wiederkehrenden Versammlungen der Techniker des Vereines deutscher Eisenbahn-

Verwaltungen. In diesen Versammlungen »spricht der Kern der technischen
Intelligenz zu den Verwaltungen«; die bisher erreichten Resultate sind der greifbare
Beleg für die Nützlichkeit dieser Einrichtung, denn die Nothwendigkeit der Schöpfung
einheitlicher Normen in Bau und Betrieb der Bahnen hat sich weit über die
Grenzen Deutschlands hinaus geltend gemacht.

Die erste Locomotivbahn in Deutschland — die Nürnberg=Fürtherbahn —
wurde am 7. December 1835 eröffnet; ihr folgte am 24. April 1837 die erste
Theilstrecke der Leipzig=Dresdener Bahn, dann kamen der Reihe nach die Berlin=
Potsdamer Bahn (29. October 1838), die Linien Braunschweig = Wolfenbüttel
(1. December 1838), Mannheim=Heidelberg (März 1840), Magdeburg=Köthen=
Halle=Leipzig (August), München=Ulm und Frankfurt=Höchst (Taunusbahn, 1840)
u. s. w. Die neueste Zeit brachte die im großartigen Maßstabe durchgeführte Ver=
staatlichung der Privatbahnen und die technisch=administrative Neuorganisirung des
gesammten Eisenbahnsystems als unmittelbare Folge der politischen Einigung des
Deutschen Reiches.

Eine eigenartige Stellung in der Geschichte der Eisenbahnen nimmt Oester=
reich=Ungarn ein. Hier hat nicht nur die Idee zur Schaffung eines Schienen=
weges früher als in anderen Ländern des Continentes ihre erste Anregung
erhalten, sondern es wurde Oesterreich zugleich die Heimat des ersten Gebirgs=
eisenbahnbaues, ein Ereigniß von epochaler Bedeutung. Schon im Jahre 1807 setzte
Fr. R. v. Gerstner in einem Berichte an die österreichische Regierung die Gründe
auseinander, welche ihn bestimmten, von der Anlage eines die Moldau und die
Donau zu verbindenden Schiffahrtscanals abzusehen und an dessen Stelle die Aus=
führung eines »Eisenweges« zu empfehlen. Er fand indes taube Ohren. Erst im
Jahre 1828 wurde die Pferdeeisenbahn Budweis=Linz eröffnet und ihr folgte 1832
die Eröffnung der von M. Schönerer hergestellten Anschlußstrecke Linz=Gmunden.

Nun wandten sich die Projectanten der Locomotivbahn zu, vorzugsweise
angeregt durch die mittlerweile in Deutschland verwirklichte Idee. Der österreichische
Conservatismus wehrte sich aber gegen die Neuerung, und als Kaiser Franz im
März 1836 das Nordbahnprivilegium unterzeichnete, that er es nur deshalb, »weil
sich so etwas ohnehin nicht halten kann«. Gleichwohl erschien bald hierauf ein
kaiserliches Cabinetschreiben (25. November 1837), in welchem erklärt wurde, daß
die Staatsverwaltung das Recht, selbst Eisenbahnen zu bauen, sich vorbehalte, daß
jedoch im gegenwärtigen Zeitpunkte kein Gebrauch davon gemacht werden solle.
Die erste Bahnlinie für Locomotivbetrieb wurde am 6. Januar 1838 zwischen
Floridsdorf und Wagram eröffnet; demnächst folgten einige Strecken der Wien=
Raaberbahn (1841) und die Wien=Gloggnitzbahn (1846).

Die letztere bildete bekanntlich die Ausgangsstrecke der großen Linie Wien=
Triest, wobei das Alpengebirge am Semmering überschritten werden sollte. Die
Idee eines solchen Unternehmens erschien so abenteuerlich, daß ihr Urheber —
Carl Ghega — schwere Kämpfe durchzuführen hatte, ehe er sie verwirklichen

konnte. Am 8. August 1848 wurde mit dem Bau der Strecke Gloggnitz-Payer=
bach begonnen, alsdann die eigentliche »Semmeringbahn« in Angriff genommen.
Trotz der großen Schwierigkeiten, welche sich bei dem damaligen Stande der tech=
nischen Hilfsmittel dem Unternehmen entgegenstellten, schritt der Bau dennoch so
rasch vor, daß die Linie Gloggnitz-Mürzzuschlag am 17. Juli 1854 für den Ge=
sammtverkehr eröffnet wurde. . . . Bereits zwölf Jahre später (1867) war die
zweite Gebirgsbahn, die Brennerlinie, fertiggestellt.

Kein Land Europas — die Schweiz etwa ausgenommen — kann sich mit
Oesterreich in Bezug auf die Großartigkeit und Fülle seiner eisenbahntechnischen
Kunstbauten messen. Die Entwickelung, welche nach dem Muster der Semmering=
bahn das Gebirgseisenbahnwesen genommen, sind weiter nichts als die ausgebildeten
Formen des ursprünglichen Typus. Gewisse principielle Fragen, wie beispielsweise
die Möglichkeit, große Steigungen mit Adhäsionsmaschinen zu bewältigen, wurden
durch den Bau der Semmeringbahn aufgeworfen und gelöst. Bau und Betrieb
dieser Bahn hatten das bis dahin in Schablonen erstarrte Eisenbahnwesen mit
einer Fülle neuer Ideen und Formen bereichert, wodurch es aus seiner handwerks=
mäßigen Behandlung in die Sphäre der technischen Kunstleistung emporgehoben
wurde.

Minder Günstiges ist in Bezug auf die wirthschaftliche Seite des öster=
reichischen Eisenbahnwesens zu sagen. Während in Deutschland die Consolidirung
der Eisenbahnverhältnisse stetig fortgeschritten, griff in Oesterreich-Ungarn zu Beginn
der Siebzigerjahre in Folge eines in den Dienst einer faulen Speculation gestelltes
überwucherndes Concessionswesen, eine Verwirrung ökonomischer Natur um sich,
welche zu schweren Krisen führte. Die große Börsenkatastrophe im Jahre 1873
legte diese Wunde bloß. Nun war der Staat gezwungen, einzugreifen; er leistete
Hilfe, so weit es seine beschränkten Mittel gestatteten, und griff zugleich die
Idee des Staatsbahnbaues auf. Nach und nach gingen auch solche Bahnen in sein
Eigenthum über, welche bereits vor der großen Krisis entstanden waren, sich einer
gewissen Prosperität erfreuten, hinterher aber gleichwohl nothleidend wurden.
Seitdem hat das Staatsbahnsystem mächtig um sich gegriffen und umfaßt heute
einen ausgedehnten Complex von Linien, dessen Verwaltung mit Talent und Ge=
wissenhaftigkeit und strengster Wahrung der wirthschaftlichen Interessen geführt wird.

Was schließlich die übrigen Länder des Continents anbetrifft, können wir
uns kurz fassen. Was zunächst die Schweiz anbetrifft, kann von einer eigentlichen
Bauthätigkeit vor den Siebzigerjahren nicht gesprochen werden. Die erste dem
Verkehr übergebene Linie war jene von Zürich nach Aarau (1844—1847). Den
weiteren Anstoß gab der von Jahr zu Jahr anwachsende Fremdenverkehr, der
durch ein ausgezeichnetes Straßennetz gefördert wurde. Es war also begründete
Aussicht vorhanden, daß auch den zu schaffenden Eisenbahnen der Erfolg nicht
versagt bleiben würde. Gleichwohl bedurfte es bei der Natur des Landes noch
geraume Zeit, bis an den Ausbau des Schienennetzes geschritten werden konnte,

d. h. bis die Technik der entsprechenden Hilfsmittel theilhaftig wurde, mittelst welcher
die sich darbietenden örtlichen Hindernisse überwunden werden konnten. Die Schweiz
ist denn auch die Heimat eines charakteristischen eisenbahntechnischen Constructions=
systemes: der Gebirgsbahn mit denkbar größten Steigungen, durch welche Höhen
bewältigt wurden, auf die bis dahin nur der Bergsteiger und das Saumthier vor=
zudringen vermochten.

In den südlichen romanischen Ländern — Italien, Spanien und Por=
tugal — nahm das Eisenbahnwesen eine langsame Entwickelung bei fast aus=
schließlicher Anlehnung an die Vorbilder in den mittlerweile rüstig fortgeschrittenen
nord= und mitteleuropäischen Ländern. In Spanien wurden die ersten Bahnen in den
Jahren 1848 und 1851, in Italien im Jahre 1853, in Portugal vollends erst im
Jahre 1863 gebaut. Mit der Einigung des Reiches nahm das italienische Eisenbahn=
wesen einheitliche Formen an, doch machte sich gleich bei Beginn ein Schwanken
bezüglich der Frage ob Staatsbetrieb oder Privatbetrieb geltend, das sich bis auf
den Tag fortsetzte. Charakteristisch ist an diesen Bahnen Weniges, höchstens die
durch die günstigen klimatischen Verhältnisse bedingte relative Billigkeit im Bau
und Betrieb und die im Volksthum begründete große Leistungsfähigkeit auf Seite
der Techniker und Arbeiter. Daß das südländische Naturell Hauptursache des
geringen Formenwesens und eines nicht immer exacten Dienstbetriebes ist, erscheint
völkerpsychologisch begründet. Man vermißt die von anderwärts her gewöhnte
stramme Ordnung und auf Grund der einheimischen Bedürfnißlosigkeit nicht minder
die Bequemlichkeit bezüglich der Wagen und Bahnhofsräume — Eigenthümlichkeiten,
die in Spanien in noch erhöhtem Grade zu Tage treten.

In den nordischen Ländern ging Norwegen auf dem Gebiete des Eisen=
bahnwesens voran, indem es die erste Linie (Christiania=Eidsvold) im Jahre 1854
eröffnete. Schweden eröffnete die Aera der Eisenbahnbaues im Jahre 1856, und
mit ihm im gleichen Jahre Dänemark. Auf dem dänischen Festlande folgten indes
erst von 1864 die ersten Linien. Charakteristisch für das skandinavische Eisenbahn=
wesen ist die bemerkenswerthe Ausgestaltung des Schmalspursystems. Die Schmal=
spurbahnen Schwedens und Norwegens, deren Hauptlinien mitunter die enorme
Länge von mehreren hundert Kilometern erreichen, sind so sehr der Bodengestalt des
Landes und den allgemeinen Bedürfnissen angepaßt, daß sie in ihrer Art typisch
geworden sind und den Verfechtern des Schmalspursystems als Vorbilder dienen.

Rußland erhielt seine erste Eisenbahn in der Linie St. Petersburg=Zarskoje=
Selo, welche 1838 eröffnet wurde, blieb aber im Uebrigen aus Mißtrauen gegen=
über der »westländischen Neuerung« durch lange Zeit im Rückstande. Charakteristisch
für die Auffassung des Wesens der Eisenbahnen in den Augen der russischen Autokratie
ist die Schaffung der »breiten Spur«. Damit setzte sich Rußland mit der ganzen übrigen
Welt in Widerspruch; die breitere Geleisweite war allerdings militärischen Er=
wägungen entsprungen, verstieß aber zugleich gegen die Aufgaben des internationalen
Verkehrs. Von diesem Sachverhalt abgesehen und in Anbetracht der gewaltigen

räumlichen Verhältnisse hat das russische Eisenbahnwesen immerhin bemerkenswerthe Fortschritte aufzuweisen. Die hiebei maßgebenden Gesichtspunkte sind indes weniger ökonomischer als militärisch=strategischer Natur.

Zuletzt noch einige Worte über die Eisenbahnen der Balkanhalbinsel. Von den Linien Tschernawoda=Küstendsche und Rustschuk=Varna, welche bereits Ende der Fünfzigerjahre fertiggestellt wurden, abgesehen, begann die Aera des Eisenbahn= wesens im Jahre 1869, womit die Hauptlinien (Constantinopel=Philippopel und Salonicki=Mitrowitza) festgelegt wurden. Ihren Anstoß erhielten sie durch ausländische Speculation, obwohl das Bedürfniß hierzu auf der Hand lag; einheimischerseits würde es schwerlich befriedigt worden sein. Seit der politischen Neugestaltung auf der Balkanhalbinsel hat das Eisenbahnwesen daselbst neue Impulse erhalten, vor= nehmlich in Serbien und Bulgarien, wogegen es in Griechenland in schwere Krisen gerieth, die zur Zeit noch andauern. Bemerkenswerthes ist über die Schienenwege dieser Länder nicht zu verzeichnen, da sie sich durchaus den bekannten Formen anschließen.

Nordamerikanische Locomotive (Type »Mogul«).

Quellen-Literatur.

---

1. **A. O. Y.** (Anonymus), Ueber die Mittel zur Verminderung der Widerstände bei Eisenbahn=
zügen. (Mit 57 Textfiguren und 1 Tafel.)

2. — —, Ueber die Zusammenhangbremsen bei Eisenbahnzügen. (Mit 8 Abbildungen.)

3. **Baclé,** Les voies ferrées.

4. **Bauer, Prasch und Wehr,** Die elektrischen Einrichtungen der Eisenbahnen. (Mit
275 Abbildungen.)

5. **Becker, W.,** Die Absteckung von Straßen und Eisenbahncurven. (Mit Tafel.)

6. **Berlepsch, H. A.,** Die Gotthardbahn; Beschreibendes und Geschichtliches. (Mit einer
großen Karte.)

7. **Birk, Fr. A.,** Die Semmeringbahn. Denkschrift zum 25jährigen Jubiläum ihrer Betriebs=
eröffnung. (Mit 7 Holzschnitten und 1 Tafel.)

8. **Blank,** Ueber den Bau der Eisenbahnen in den Vereinigten Staaten von Amerika. (Mit
3 Tafeln.)

9. **Bode,** Die Berliner Stadteisenbahn.

10. **Borkhauser, G.,** Susemihl's Eisenbahnbauwesen.

11. **Brosius, J.,** Erinnerungen an die Eisenbahnen der Vereinigten Staaten von Amerika.
(2. Auflage, mit 63 Holzschnitten und 3 Tafeln.)

12. — —, Illustrirtes Wörterbuch der Eisenbahnmaterialien 2c.

13. — — und **Koch,** Die Schule des Locomotivführers. (Drei Abtheilungen mit über 1000 Ab=
bildungen.)

14. **Buresch, G.,** Der Schutz des Holzes gegen Fäulniß und sonstiges Verderben.

15. **Burkhardt, G.,** Die Störungen des Eisenbahnbetriebes durch Schnee und Eis und deren
Beseitigung. (Mit 32 Abbildungen.)

16. **Buschmann, H.,** Beiträge zur Theorie der combinirten Gitter= und Hängebrücken.

17. **Demarteau, A.,** Gedankenlese über die Wichtigkeit des Fairlie'schen Locomotivsystems.

18. **De Serres** und **Battig,** Eiserner Oberbau. (Mit vielen in den Text eingedruckten Holz=
schnitten und 32 Tafeln.)

19. **Ernst, H.,** und **Gottsleben, G.,** Handbuch für Geleiseanlagen 2c. (Mit 82 Holz=
schnitten.)

20. **Exner,** Das moderne Transportwesen im Dienste der Land= und Forstwirthschaft.

21. **Fenta, W.,** Der Stations= und Expeditionsdienst 2c. (Mit 3 Figuren und 1 Tafel.)

22. **Feyrer, A. v.,** Der Locomotivbau in den Vereinigten Staaten von Amerika. (Mit
34 Abbildungen und 8 Tafeln.)

23. **Fischer,** Post= und Telegraphie im Weltverkehr.

24. **Frank, E.,** Der Betrieb auf den englischen Eisenbahnen.

25. **Franberger,** Schmalspurige Eisenbahnen in Norwegen.

26. **Fries,** Die Schneewehen und die Mittel, die ersteren unschädlich zu machen.

27. **Goskowski, R. Br.,** Die Mechanik des Zugsverkehrs auf Eisenbahnen.

28. **Haberer, Th.,** Geschichte des Eisenbahnwesens.

29. **Haushofer, M.,** Eisenbahngeographie.

30. **Helmert,** Die Uebergangscurven für die Eisenbahngeleise.

31. **Heusinger von Waldegg,** Handbuch für specielle Eisenbahntechnik.

32. **Hilf, M.,** Der eiserne Oberbau, System Hilf, für die Eisenbahngeleise 2c.

33. **Hoffmann, L.,** Der Langschwellen-Oberbau der rheinischen Eisenbahnen 2c.

34. **Hofzug** der kgl. ungar. Staatseisenbahnen, Der. (12 große Lichtpausrisse mit Text.)

35. **Hostmann, W.,** Der Bau und Betrieb der Schmalspurbahnen. (Mit 7 Tafeln.)

36. **Hutzelmann,** Deutschlands erste Eisenbahn.

37. **Kaven, A. v.,** Die Rutschungen und Beschädigungen der Böschungen der Erdbauten bei Eisenbahnen und Straßen. (Mit 21 Tafeln.)

38. — —, Vorträge über Eisenbahnbau 2c.

39. **Kemmann, G.,** Der Verkehr Londons mit besonderer Berücksichtigung der Eisenbahnen. (Mit Textabbildungen und Plänen.)

40. **Koch, R.,** Lehrbuch des Eisenbahn-, Maschinen- und Werkstättendienstes 2c.

41. **Könyves Tóth, M.,** Tunnelbau im Allgemeinen und über die Ursachen der Deformationen bei Tunnelmauerungen. (Mit 2 Tabellen und 3 Tafeln.)

42. **Kohlfürst, L.,** Die elektrischen Einrichtungen der Eisenbahnen und das Signalwesen. (Mit 130 Abbildungen.)

43. — —, Die Fortentwickelung der elektrischen Eisenbahneinrichtungen. (Mit 106 Abbild.)

44. — —, Ueber Blocksignale. (Mit Abbildungen.)

45. — —, Ueber elektrische Distanzsignale für Eisenbahnen. (Mit Abbildungen.)

46. **Kosak, G.,** Katechismus der Einrichtung und des Betriebes der Locomotiven. (3. Auflage, mit zahlreichen Holzschnitten und 4 Tafeln.)

47. **Krämer, J.,** Die elektrische Eisenbahn bezüglich ihres Baues und Betriebes.

48. **Kramer, V.,** Der Maschinendienst auf der Eisenbahn. (Mit 5 Tabellen.)

49. **Kupka, P. F.,** Die Verkehrseinrichtungen in den Vereinigten Staaten von Amerika.

50. **Lazarini, O. v.,** Baukosten der Eisenbahnen.

51. **Leuschner, G.,** Berechnung von Bahnhofgeleisen. (Mit 58 Figuren auf 9 Tafeln und 2 Arbeitsplänen mit 8 Constructionen.)

52. **Loewe, F.,** Der Schienenweg der Eisenbahnen. (Mit 142 Abbildungen.)

53. **Lorenz, A.,** Tunnelbau mit Bohrmaschinenbetrieb.

54. **Marggraff,** Die Vorfahren der Eisenbahnen.

55. **Nördling, W. v.,** Stimmen über schmalspurige Eisenbahnen.

56. **Paulus, R.,** Der Eisenbahnoberbau in seiner Durchführung auf den Linien der k. k. priv. Südbahn-Gesellschaft. (2. Auflage, mit 22 Holzschnitten und 14 Tafeln.)

57. **Perles,** Handbuch des landwirthschaftlichen Transportwesens.

58. **Pinzger,** Die geometrische Construction von Weichenanlagen für Eisenbahngeleise. (2. Auflage.)

59. **Pontzen, E.,** Das Eisenbahnwesen in den Vereinigten Staaten von Amerika. (Mit 23 Abbildungen und 18 Tafeln.)

60. — —, Hölzerne Brücken unter besonderem Hinweise auf amerikanische Gerüstbrücken. (Mit Tafel.)

61. — —, Schneeschutzvorkehrungen auf amerikanischen und europäischen Eisenbahnen. (Mit 3 Tafeln.)

62. **Prasch, A.,** Handbuch des Telegraphendienstes der Eisenbahnen. (Mit 117 Abbildungen.) Siehe auch unter Nr. 4.

63. **Prenninger, C.,** Der Bau der Arlbergbahn. (Mit Tafeln.)

64. **Pressel, W.,** Ventilation und Abkühlung langer Alpentunnels. (Mit Tafeln.)

65. **Proske, L.,** Einrichtungen zur Sicherung des durchgehenden Zugsverkehres.

66. **Radinger, J.,** Ueber Dampfmaschinen mit hoher Kolbengeschwindigkeit.

67. **Rebhann,** Theorie des Erddruckes und der Futtermauern.

68. **Reitler, M. A.,** Der vereinfachte Eisenbahndienst und Vorschläge behufs Vereinfachung und Verbesserung des Personen- und Gütertransportdienstes.

69. **Riedler, A.,** Brandt's hydraulische Gesteinsbohrmaschine 2c. (Mit 7 Textfiguren und 7 Tafeln.)

70. **Röll, Dr. K.,** Encyklopädie des gesammten Eisenbahnwesens. (Reich illustrirt, zahlreiche Tafeln.)

71. **Rumschöttel.** Ueber die Stadtbahnen in Amerika. (Mit 4 Tafeln.)

72. **Rünnenbaum, A.,** Die Waldeisenbahnen.

73. **Sack, J.,** Die Verkehrstelegraphie mit besonderer Rücksicht auf die Bedürfnisse der Praxis.

74. **Schlagintweit, R. v.,** Die amerikanischen Eisenbahneinrichtungen. (Mit Abbildungen.)

75. — —, Die Santa Fé- und Süd-Pacificbahn in Nordamerika. (Mit Karten und zahlreichen Abbildungen.)

76. **Schwabe, H.,** Ueber Anlage secundärer Eisenbahnen in Preußen.

77. — —, Ueber das englische Eisenbahnwesen; Reisestudien.

78. **Schreiber, J. F.,** Das Tarifwesen der Eisenbahnen.

79. — —, Die Eisenbahnen als öffentliche Verkehrseinrichtungen und ihre Tarifpolitik.

80. **Schubert, E.,** Bahnwärter-Katechismus. (3. Auflage.)

81. — —, Schneewehen und Schneeschutzanlagen. (Mit 51 Figuren im Text und 7 Tafeln.)

82. — —, Weichensteller-Katechismus. (2. Auflage.)

83. **Simon, H.,** Das Fairlie-Locomotivsystem.

84. **Sonnenschein, S.,** Das Localbahnwesen in Oesterreich.

85. **Staně, A.,** Theorie und Praxis des Eisenbahngeleises. (Mit Textfiguren und Tafeln.)

86. **Steiner, Fr.,** Bilder aus der Geschichte des Verkehrs. (Mit 33 Abbildungen.)

87. — —, Ueber Brückenbau in den Vereinigten Staaten von Amerika. (Mit 97 Abbildungen und 13 Tafeln.)

88. **Streng, H.,** Altes und Neues aus der Eisenbahnstatistik.

89. **Stürmer,** Geschichte der Eisenbahnen.

90. **Supplementbände** des Organs für die Fortschritte des Eisenbahnwesens.

91. **Targé,** Ueber Schneeverwehungen auf Eisenbahnen und Mittel dawider.

92. **Tilp E.,** Der praktische Maschinendienst im Eisenbahnwesen.

93. — —, Handbuch der allgemeinen und besonderen Bedingnisse für Leistungen und Lieferungen im Eisenbahnwesen.

94. **Weber, M. M. v.,** Das Telegraphen- und Signalwesen der Eisenbahnen.

95. — —, Der Eisenbahnbetrieb durch lange Tunnels 2c. (Mit 7 Tafeln.)

96. — —, Die Individualisirung und Fortentwickelbarkeit der Eisenbahnen.

97. — —, Die Praxis des Baues und Betriebes der Secundärbahnen mit schmaler und normaler Spur 2c.

98. — —, Die Stabilität des Gefüges der Eisenbahngeleise.

99. — —, Nationalität und Eisenbahnpolitik.

100. — —, Neue Pfade der Volkswirthschaft. Die Secundärbahnen 2c.

101. — —, Normalspur und Schmalspur.

102. — —, Privat-, Staats- und Reichsbahnen.

103. **Weber, M. M. v.**, Die Schule des Eisenbahnwesens (4. Auflage, bearbeitet von R. Koch u. A., mit 170 Textabbildungen.)

104. **Wehrmann**, Reisestudien über Anlage und Einrichtungen der englischen Eisenbahnen ꝛc. (Mit Tafeln.)

105. **Weichs, F. v.**, Das Localbahnwesen, seine Organisation und Bedeutung für die Volkswirthschaft.

106. **Weil, S.**, Der Transportsdienst der Eisenbahnen.

107. **Weishaupt, Th.**, Untersuchungen über die Tragfähigkeit verschiedener Eisenbahnschienen ꝛc.

108. **Winkler, E.**, Vorträge über Eisenbahnbau.

109. **Zetsche, K. E.**, Handbuch der Telegraphie. (Mit mehreren hundert Abbildungen.)

110. **Ziffer, E. A.**, Ueber Feldeisenbahnen. (In der Zeitschrift »Stahl und Eisen«. Mit Tafeln.)

Transport eines kleinen hölzernen Stationsgebäudes (Amerika).

Verzeichniß der Abbildungen.

Vollbilder.

Abbildungen im Text.

Allgemeine Ueberficht.

Erster Abschnitt: Der Schienenweg.

Seite

Zweiter Abschnitt: Die Eisenbahnfahrzeuge.

Dritter Abschnitt: Die Stationen und das Signalwesen.

Vierter Abschnitt: Betrieb und Bahnschutz.

Fünfter Abschnitt: Eisenbahnen niederer Ordnung. — Außergewöhnliche Constructionen.

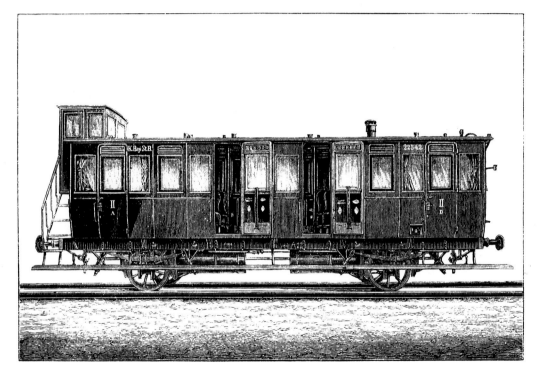

Coupéwagen.

Register.